2nd Edition

경제법 III

소비자 보호법

신동권

Consumer Protection Law
Shin, Dong Kweon

박영사

제2판 머리말

지난 2020년 경제법 시리즈 중의 하나로 소비자보호법을 출간한 지도 어언 3년의 세월이 흘렀다. 그간 소비자보호 관련법에 큰 변화는 없었으나, 일부 법령의 변화와 새로운 판결들이 나오게 되었다. 지난 2021년에는 플랫폼 경제시대를 맞이하여 전자상거래법의 전부개정이 추진되었으나, 최종적으로는 법 개정이 무산되었다. 방문판매법에 동의의결제도가 도입된 것도 주목할 만하다.

이번 소비자보호법 개정은 다음 몇 가지에 주안점을 두고 작업을 하였다. 첫째, 가장 최근까지의 주요 판결, 법령·고시·지침 등 변경내용을 모두 반영하였다. 둘째, 편집에 있어서 기존의 순서와 달리 약관규제법을 맨 뒤에서 제조물책임법 뒤로 옮겨 서술하였고, 전자상거래법을 맨 뒤에 배치를 하였다. 이는 특별한 이유가 있어서 라기 보다는 공정거래위원회가 홈페이지 등에서 소개하는 순서에 비슷하게 맞춘 것이다. 셋째, 기존에는 조문이 바뀌는 경우 항상 새로운 페이지로 배치를 하다 보니 불필요하게 여백이 많이 발생하였고, 분량이 두꺼워지다 보니 독자들에게 부담을 준 측면이 있었다. 이에 굳이 해설의 필요성이 없는 조문의 경우 한 페이지에 두 조문 내지 세 조문까지도 배치함으로써 전체적으로 페이지수를 상당히 줄이게 되었다. 그리고 마지막 부록 부분도 과감히 삭제를 하였다.

이러한 과정을 통하여 좀 더 간결하고 접근하기 좋을 책으로 만들고자 노력하였으나 독자들에게 얼마나 도움이 될지 걱정이 앞선다. 끝으로 어려운 출판환경에도 불구하고 개정판을 낼 수 있도록 허락해 주신 박영사와 조성호 이사, 그리고 교정작업을 충실히 수행해 주신 장유나 과장께 지면을 빌려 감사를 드린다.

2023. 3
잠실 석촌호수를 바라보며
저자 씀

머 리 말

경제법 시리즈 출간에 즈음하여

2011년에 공정거래 분야에서는 처음으로 주석서형식의 독점규제법을 출간한 이래 많은 독자들로부터 과분한 호응을 받았다. 최근에는 독점규제법 외에도 많은 공정거래 관련 법령에서 공정거래위원회 심결이나 법원 판례가 축적되어 가고 있다. 이에 저자는 기 출간된 독점규제법 개정작업과 함께 나머지 공정거래관련 법령까지도 추가로 작업을 진행하였고, 이번에 전체 12개 법령을 경제법 Ⅰ 독점규제법, 경제법 Ⅱ 중소기업보호법, 경제법 Ⅲ 소비자보호법으로 구분하여 3권의 책으로 출간하게 되었는데 본 서는 그 세 번째 부분에 해당한다.

지난 2년간 공정거래조정원의 원장 임무를 수행하면서 틈틈이 자료를 정리하고 주말에 작업을 하면서 보람된 시간을 보냈다. 그러나 무엇보다도 소비자보호법에 대해서 식견이 부족한 저자가 책을 출간하는데 많은 망설임이 있었다. 그럼에도 불구하고 이번에 출간을 결정한 것은 지금쯤 공정위 심결이나 법원 판결 등을 한번 정리해 놓는 것이 앞으로의 소비자보호법 발전을 위해서 조금이나마 도움이 된다는 생각에서였다. 그간에 소비자보호법 교과서들이 다수 출간되었으나 사례 등이 풍부하게 제시된 책들은 드물어 개인적으로는 다소 아쉬움을 가지고 있었던 것이 사실이다.

전자상거래 등으로 시장환경이 급속히 바뀌면서 소비자보호의 중요성도 더욱 증가해 가고 있고 보다 다양하고 심층적인 연구가 필요한 시점이다. 그러나 본 서는 저자의 독자적인 연구결과나 관련 사례를 심층분석한 결과물이 아니다. 기존에 출간된 소비자보호법 교과서들과 관련 사례, 그리고 법령, 지침 등을 종합하여 조문별로 보기좋게 모으고 정리한 것인데, 부족하지만 이 분야의 실무자나 연구자들에게 다소나마 도움이 되었으면 하는 바람이다.

　　표시광고법이나 약관법 같이 많은 사례가 축적된 경우도 있으나, 나머지는 아직 사례가 부족한 편이어서 어려움이 있었지만, 현재의 수준에서 담을 수 있는 것은 빠뜨리지 않으려고 노력하였다. 많은 사례를 다루다 보니 오류가 있지 않을까 두려움이 앞선다. 이번 출판을 계기로 앞으로 지속적으로 최신사례를 보완하고 자료들을 보충하여 더 나은 책이 되도록 노력할 계획이다.

　　어려운 환경임에도 불구하고 출판을 허락해 준 박영사와 조성호 이사, 그리고 힘든 교정작업을 충실히 수행해 주신 장유나 과장께 지면을 빌려 감사를 드린다.

2020년 1월
남대문시장을 바라보며
저자 씀

차 례

제 4 장　소비자정책의 추진체계

제 5 장   소비자단체

제 6 장   한국소비자원

제 7 장   소비자안전

제8장   소비자분쟁의 해결

제 9 장 조사절차 등

제 10 장 보칙

제 11 장　벌칙

제 2 편　제조물책임법

제 3 편   약관규제법

제 1 장   총칙

제 2 장   불공정약관조항

제3장   약관의 규제

제4장   분쟁의 조정 등

제 5 장 보칙

제 6 장 벌칙

제4편 표시광고법

제1장 총칙

제2장 부당한 표시·광고 행위의 금지 등

제3장 손해배상

제4장　보칙

제5장　벌칙

제 5 편 할부거래법

제 1 장 총칙

제 2 장 할부거래

제3장 선불식 할부거래

제6편　방문판매법

제1장　총칙

제2장　방문판매 및 전화권유판매

제3장　다단계판매 및 후원방문판매

제 4 장   계속거래 및 사업권유거래

제 5 장   소비자권익의 보호

제 6 장 조사 및 감독

제 7 장 시정조치 및 과징금 부과

제 7 편　전자상거래법

제 1 장　총칙

제 2 장　전자상거래 및 통신판매

제 3 장 소비자 권익의 보호

제 4 장 조사 및 감독

제 5 장 시정조치 및 과징금 부과

제 **1** 편

소비자기본법

총칙

제1조(목적)

이 법은 소비자의 권익을 증진하기 위하여 소비자의 권리와 책무, 국가·지방자치단체 및 사업자의 책무, 소비자단체의 역할 및 자유시장경제에서 소비자와 사업자 사이의 관계를 규정함과 아울러 소비자정책의 종합적 추진을 위한 기본적인 사항을 규정함으로써 소비생활의 향상과 국민경제의 발전에 이바지함을 목적으로 한다.

▨ 목 차

[참고문헌]

단행본: 공정거래위원회, 공정거래백서, 2021; 공정거래위원회, 미국의 경쟁/소비자법·제도 및 사건처리절차 연구, 중앙대학교 산학협력단 2015; 공정거래위원회, EU의 경쟁/소비자법·제도 및 사건처리절차 연구, 한국법제연구원, 2015; 권오승, 경제법(제13판), 법문사, 2019; 김두진, 경제법, 동방문화사, 2020; 박희주/황의관, 주요국가 소비자법제 연구 1－미국의 소비자법제, 한국소비자원, 2019; Gene A. Marsch, Consumer Protection Law, West Group, 1999

Ⅰ. 입법 배경 및 소비자정책의 추진

우리나라의 소비자정책은 1980년 헌법에 국가의 소비자보호 기능이 명시되고 같은 해인 1980. 1. 4. 법률 제 3257호로 「소비자보호법」이 제정되면서 본격적으로 발전하기 시작했다. 이는 "상품의 유통질서를 확립하고 상도의에 입각한 건전한 상거래질서를 유지하여 소비자의 합리적인 선택이 이루어질 수 있도록 소비자를 보호하고 소비자의 지위를 확립하기 위하여 사업자에 대한 일정한 규제를 과하고 소비자 이익을 옹호하며 소비자의 자주적이고 합리적인 역할을 조장"하기 위해 제정되었다.[1]

1986. 12. 31.에 개정된 소비자보호법은 약관에 의한 거래, 방문판매, 할부판매 등 특수한 형태의 거래에 관하여 법률의 제정 등 소비자를 위하여 필요한 시책을 국가가 강구하여야 한다고 규정하였고, 이에 따라 1986. 12. 31.에 「약관의 규제에 관한 법률」, 1991. 12. 31.에 「방문판매 등에 관한 법률」과 「할부거래에 관한 법률」이 제정되었다. 아울러, 전자상거래와 통신판매와 관련한 사항들을 종전의 「방문판매 등에 관한 법률」에서 별도로 분리하여 2002. 3. 30.에 「전자상거래 등에서의 소비자 보호에 관한 법률」을 제정하게 되었다.[2]

2006. 9. 27.에는 법률 제7988호로 「소비자보호법」에서 「소비자기본법」으로 법 명칭이 변경되었다. 이는 소비자정책의 패러다임이 '소비자보호' 위주에서 '소비자주권 실현' 중심으로 전환되었음을 상징적으로 보여준다.[3] 종래 소비자보호 위주의 소비자정책에서 탈피하여 중장기 소비자정책의 수립, 소비자안전·교육의 강화 등으로 소비자권익을 증진함으로써 소비자의 주권을 강화하고, 시장 환경 변화에 맞게 한국소비자원의 관할 및 소비자정책에 대한 집행기능을 공정거래위원회로 이관하도록 하며, 소비자피해를 신속하고 효율적으로 구제하기 위하여 일괄적 집단분쟁조정 및 단체소송을 도입하여 소비자피해구제제도를 강화하였다.[4]

소비자정책이란 시장경제에서 소비자문제를 해결하기 위하여 정부가 법과 제도 등을 통하여 시장에 직·간접적으로 개입하는 일련의 과정으로서, 과거 열

---

1) 【제정이유】 [시행 1982. 9. 13.][법률 제3257호, 1980. 1. 4., 제정].
2) 이상 공정거래백서(2021), 343면.
3) 소비자주권은 1936년 허트(William H. Hurt)가 그의 저서 「Economic and Public」에서 처음으로 사용하였다. 김두진, 379면, 각주 6).
4) 【개정이유】 [시행 2007. 3. 28.][법률 제7988호, 2006. 9. 27., 전부개정]

등한 지위에 있는 소비자를 보호하는 데 초점을 맞췄던 '보호론적 관점'에서 소비자가 자주적으로 문제를 해결할 수 있도록 지원해 주는 '주권론적 관점'[5]으로 패러다임이 전환되었으며, 소비자의 능력을 배양하는 효과적인 소비자정책은 소비자에게는 직접적인 후생증대를, 기업에게는 기술개발과 가격인하를 유도하는 경쟁압력으로 작용하는 선순환 구조의 초석이 된다.[6] 이에 경쟁과 소비자보호는 동전의 양면으로 표현된다.

소비자정책 추진체계는 2008년 2월 이명박 정부 출범과 함께 추진된 정부조직개편 과정에서 일원화되었다. 소비자정책 기본계획의 수립 및 평가 권한, 소비자정책위원회의 운영권한, 소비자기본법·제조물책임법·소비자생활협동조합법의 제·개정 권한이 구 재정경제부로부터 공정거래위원회로 이관되었다. 이에 따라 공정거래위원회는 명실상부한 소비자정책의 주무부처로서 여러 부처에서 집행되고 있는 소비자정책의 총괄·조정 기능을 수행하여 현재에 이르고 있다.

II. 외국의 입법례

미국의 경우 연방 차원에서 소비자보호는 1862년 설립된 농업부(Department of Agriculture) 화학부문이 불량 식품 및 의약품을 조사한 것으로부터 시작되었다고 할 수 있다.[7] 그리고 민간부문에서 공업화에 따른 도시노동자의 생활수준 향상과 노동운동의 전개로 1898년 전국소비자연맹(National Consumer League)이 창립되었다.[8] 그리고 1차 세계대전을 계기로 대량생산과 대량소비가 가능해지고 시장이 전국 규모로 확대되자 소비자보호에 대한 관심이 높아지기 시작하였다.[9]

1960년대와 1970년대에 주 또는 연방차원에서 많은 소비자보호법들이 제정되었다.[10] 1960년대 초반에는 대다수의 주들이 소비자법들을 제정하였고, 역시 「연방거래위원회법(FTC Act)」과 병행적으로 또는 보완적으로 UDAP("unfair or

---

5) 시장경제에 있어서 소비자가 사업자들이 어떠한 상품이나 용역을 어떠한 가격이나 거래조건으로 공급할 것인지를 지도하는 역할을 소비자 주권(consumer sovereignty)이라 한다. 권오승, 523면.

6) 공정거래위원회 홈페이지(http://www. ftc. go. kr).

7) 박희주/황의관, 21면.

8) 박희주/황의관, 21면.

9) 박희주/황의관, 21면.

10) Gene A. Marsch, 3면.

deceptive acts and practices") 법들을 통과시켰다.[11] 현대적 소비자보호법의 시작
은 1968년의 「소비자신용보호법(Consumer Credit Protection Act)」이다.[12] 1985년
에 UN에서는 「소비자보호를 위한 UN가이드라인(the United nations Guideline for
Consumer Protection)」을 채택하였고 각국의 소비자정책에 많은 영향을 끼쳤다.[13]

　　미국도 우리나라와 비슷하게 소비자법 집행의 가장 대표적인 기관은 연방
거래위원회(FTC)라고 할 수 있고, 소비자보호를 위해 57개나 되는 법률을 집
행하고 있지만, 우리나라의 소비자기본법과 같은 소비자관련 일반법은 제정되어
있지 않다.[14]

　　EU의 경우 EU집행위원회가 EU 차원의 소비자정책을 총괄 추진한다. EU소
비자법은 EU 차원의 소비자보호의 대원칙을 규정하고 있는 「EU기능조약」 제12
조, 제16조와 이를 구체화하는 각종 지침(direction)으로 구성되어 있다.[15]

---

11) Gene A. Marsch, 10면.
12) Gene A. Marsch, 6면.
13) Gene A. Marsch, 2면.
14) 중앙대학교 산학협력단(2015), 28면.
15) 한국법제연구원(2015), 74면.

제2조(정의)

이 법에서 사용하는 용어의 정의는 다음과 같다.

1. "소비자"라 함은 사업자가 제공하는 물품 또는 용역(시설물을 포함한다. 이하 같다)을 소비생활을 위하여 사용(이용을 포함한다. 이하 같다)하는 자 또는 생산활동을 위하여 사용하는 자로서 대통령령이 정하는 자를 말한다.
2. "사업자"라 함은 물품을 제조(가공 또는 포장을 포함한다. 이하 같다)·수입·판매하거나 용역을 제공하는 자를 말한다.
3. "소비자단체"라 함은 소비자의 권익을 증진하기 위하여 소비자가 조직한 단체를 말한다.
4. "사업자단체"라 함은 2 이상의 사업자가 공동의 이익을 증진할 목적으로 조직한 단체를 말한다.

 목 차

I. 소비자

"소비자"라 함은 사업자가 제공하는 물품 또는 용역(시설물을 포함)을 소비생활을 위하여 사용(이용을 포함)하는 자 또는 생산활동을 위하여 사용하는 자로서 *대통령령*[1])이 정하는 자를 말한다(제1호).

첫째, 소비자는 사업자가 제공하는 물품이나 용역을 사용하거나 이용하는 자이어야 하고, 둘째, 소비자는 소비생활을 위해 사업자가 제공하는 물품이나 용역을 사용하거나 이용하는 자를 말한다. 셋째, 예외적으로 생산활동을 위해 사용하더라도 최종적으로 또는 농업과 어업활동을 위해 사용하여야 한다.

---

1) 제2조(소비자의 범위) 「소비자기본법」(이하 "법") 제2조제1호의 소비자 중 물품 또는 용역(시설물을 포함)을 생산활동을 위하여 사용(이용을 포함)하는 자의 범위는 다음 각 호와 같다. 1. 제공된 물품 또는 용역(이하 "물품등")을 최종적으로 사용하는 자. 다만, 제공된 물품등을 원재료(중간재를 포함), 자본재 또는 이에 준하는 용도로 생산활동에 사용하는 자는 제외한다. 2. 제공된 물품등을 농업(축산업을 포함) 및 어업활동을 위하여 사용하는 자. 다만, 「원양산업발전법」 제6조제1항에 따라 해양수산부장관의 허가를 받아 원양어업을 하는 자는 제외한다.

▮ 소비자보호 관련 법령에서의 소비자 개념 비교

소비자 기본법	제2조(정의) 1. "소비자"라 함은 사업자가 제공하는 물품 또는 용역(시설물을 포함)을 소비생활을 위하여 사용(이용을 포함)하는 자 또는 생산활동을 위하여 사용하는 자로서 *대통령령*이 정하는 자
약관규제법	제2조(정의) 3. "고객"이란 계약의 한쪽 당사자로서 사업자로부터 약관을 계약의 내용으로 할 것을 제안받은 자를 말한다.
표시광고법	제2조(정의) 5. 사업자등이 생산하거나 제공하는 상품등을 사용하거나 이용하는 자
할부거래법	제2조(정의) 5. "소비자"란 다음 각 목의 어느 하나에 해당하는 자를 말한다. 가. 할부계약 또는 선불식 할부계약에 의하여 제공되는 재화등을 소비생활을 위하여 사용하거나 이용하는 자 나. 가목 외의 자로서 사실상 가목의 자와 동일한 지위 및 거래조건으로 거래하는 자 등 *대통령령*[2]으로 정하는 자
방문판매법	제2조(정의) 12. "소비자"란 사업자가 제공하는 재화등을 소비생활을 위하여 사용하거나 이용하는 자 또는 *대통령령*[3]으로 정하는 자를 말한다.
전자 상거래법	제2조(정의) 5. "소비자"란 다음 각 목의 어느 하나에 해당하는 자를 말한다. 가. 사업자가 제공하는 재화등을 소비생활을 위하여 사용(이용을 포함)하는 자 나. 가목 외의 자로서 사실상 가목의 자와 같은 지위 및 거래조건으로 거래하는 자 등 *대통령령*[4]으로 정하는 자

---

2) 할부거래법 시행령 제2조(소비자의 범위) 「할부거래에 관한 법률」(이하 "법") 제2조제5호나목에서 "사실상 가목의 자와 동일한 지위 및 거래조건으로 거래하는 자 등 대통령령으로 정하는 자"란 다음 각 호의 어느 하나에 해당하는 자를 말한다. 1. 재화 또는 용역(이하 "재화등")을 최종적으로 사용하거나 이용하는 자. 다만, 재화등을 원재료[중간재(中間財)를 포함] 및 자본재로 사용하는 자는 제외한다. 2. 법 제3조제1호 단서에 해당하는 사업자로서 재화등을 구매하는 자(해당 재화등에 대한 거래관계에 한정) 3. 재화등을 농업(축산업을 포함) 및 어업활동을 위하여 구입한 자로서 「원양산업발전법」 제6조제1항에 따라 해양수산부장관의 허가를 받은 원양어업자 외의 자

3) 방문판매법 시행령 제4조(소비자의 범위) 법 제2조제12호에서 "대통령령으로 정하는 자"란 사업자가 제공하는 재화 또는 용역(이하 "재화등")을 소비생활 외의 목적으로 사용하거나 이용하는 자로서 다음 각 호의 어느 하나에 해당하는 자를 말한다. 1. 재화등을 최종적으로 사용하거나 이용하는 자. 다만, 재화등을 원재료(중간재를 포함) 및 자본재로 사용하는 자는 제외한다. 2. 법 제3조제1호 단서에 해당하는 사업자로서 재화등을 구매하는 자(해당 재화등을 판매한 자에 대한 관계로 한정) 3. 다단계판매원 또는 후원방문판매원이 되기 위하여 다단계판매업자 또는 후원방문판매업자로부터 재화등을 최초로 구매하는 자 4. 방문판매자 또는 전화권유판매자(이하 "방문판매업자등")와 거래하는 경우의 방문판매원 또는 전화권유판매원(이하 "방문판매원등") 5. 재화등을 농업(축산업을 포함) 및 어업 활동을 위하여 구입한 자(「원양산업발전법」 제6조제1항에 따라 해양수산부장관의 허가를 받은 원양어업자는 제외)

Ⅱ. 사업자

"사업자"라 함은 물품을 제조(가공 또는 포장을 포함)·수입·판매하거나 용역을 제공하는 자를 말한다(제2호).

Ⅲ. 소비자단체

"소비자단체"라 함은 소비자의 권익을 증진하기 위하여 소비자가 조직한 단체를 말한다(제3호).

Ⅳ. 사업자단체

"사업자단체"라 함은 2 이상의 사업자가 공동의 이익을 증진할 목적으로 조직한 단체를 말한다(제4호).

제3조(다른 법률과의 관계)

소비자의 권익에 관하여 다른 법률에서 특별한 규정을 두고 있는 경우를 제외하고는 이 법을 적용한다.

---

4) 전자상거래법 시행령 제2조(소비자의 범위) 「전자상거래 등에서의 소비자보호에 관한 법률」(이하 "법") 제2조제5호나목에서 "대통령령으로 정하는 자"란 사업자가 제공하는 재화 또는 용역(이하 "재화등"이라 한다)을 소비생활 외의 목적에 사용하거나 이용하는 자로서 다음 각 호의 어느 하나에 해당하는 자를 말한다. 1. 재화등을 최종적으로 사용하거나 이용하는 자. 다만, 재화등을 원재료(중간재를 포함한다) 및 자본재로 사용하는 자는 제외 2. 법 제3조제1항 단서에 해당하는 사업자로서 재화등을 구매하는 자(해당 재화등을 판매한 자에 대한 관계로 한정) 3. 재화등을 농업(축산업을 포함) 또는 어업 활동을 위하여 구입한 자. 다만, 「원양산업 발전법」 제6조제1항에 따라 해양수산부장관의 허가를 받은 원양어업자는 제외.

제2장

소비자의 권리와 책무

제4조(소비자의 기본적 권리)

소비자는 다음 각 호의 기본적 권리를 가진다.

1. 물품 또는 용역(이하 "물품등"이라 한다)으로 인한 생명·신체 또는 재산에 대한 위해로부터 보호받을 권리
2. 물품등을 선택함에 있어서 필요한 지식 및 정보를 제공받을 권리
3. 물품등을 사용함에 있어서 거래상대방·구입장소·가격 및 거래조건 등을 자유로이 선택할 권리
4. 소비생활에 영향을 주는 국가 및 지방자치단체의 정책과 사업자의 사업활동 등에 대하여 의견을 반영시킬 권리
5. 물품등의 사용으로 인하여 입은 피해에 대하여 신속·공정한 절차에 따라 적절한 보상을 받을 권리
6. 합리적인 소비생활을 위하여 필요한 교육을 받을 권리
7. 소비자 스스로의 권익을 증진하기 위하여 단체를 조직하고 이를 통하여 활동할 수 있는 권리
8. 안전하고 쾌적한 소비생활 환경에서 소비할 권리

목 차

7. 단결권 및 단체활동권   8. 환경친화적 소비권

[참고문헌]
　단행본: 김두진, 경제법, 동방문화사, 2020; 사법연수원, 약관규제와 소비자보호연
구, 2012; 박희주/황의관, 주요국가 소비자법제 연구 1-미국의 소비자법제, 한국소비
자원, 2019

Ⅰ. 의의

　우리나라에서는 1980년부터 헌법에 소비자보호운동의 보장에 관한 근거가
있으나(헌법 제124조), 소비자권리에 대한 직접적 헌법근거규정은 없다.
　미국에서 1899년 전국소비자연맹(National Consumers League: NCL)이 최초의
소비자단체로 허가를 받아 결성되었고, 1960년대에 네이더(Nader) 등의 소비자
운동가들의 주도로 소비자운동이 활발하게 전개되었다.[1] 소비자의 권리를 최초
로 선언한 사람은 케네디 대통령으로, 1962년 의회에 보내는 "소비자보호에 관
한 특별교서"에서 소비자는 ① 안전의 권리(the right to safety), ② 알 권리(the
right to be informed), ③ 선택할 권리(The right to choose), ④ 의견을 반영할 권
리(the right to be heard) 등과 같은 네 가지 권리를 갖는다고 선언하였는데, 미
국에서는 이것이 소비자보호정책의 최고강령이 되었다.[2] Kennedy 대통령 사후
대통령직을 승계한 Johnson 대통령은 Kennedy 대통령의 소비자정책을 더욱 발
전시켜 1960년대 중반부터 소비자보호관련 법률들이 본격적으로 제정되기 시작
하였다.[3] 「국제소비자기구(IOCU)의 7대소비자권리(1980)」는 여기에서 ⑤ 공정하
고 신속한 피해보상을 받을 권리, ⑥ 교육을 받을 권리, ⑦ 인간으로서의 위엄
과 안녕이 보장되는 깨끗한 환경에서 생활하고 일할 수 있는 환경의 권리가 추
가되었다.

---

[1] 김두진, 377면.
[2] 사법연수원, 147면.
[3] 박희주/황의관, 22면.

II. 소비자의 기본적 권리

소비자기본법에서는 「국제소비자기구(IOCU)의 7대소비자권리(1980)」에 소비자단결권 및 단체행동권을 추가하여 8가지 기본적 권리를 규정하고 있다(법 제4조).

1. 안전의 권리

첫 번째 소비자권리는 물품 또는 용역(이하 "물품등")으로 인한 생명·신체 또는 재산에 대한 위해로부터 보호받을 권리(제1호)(안전의 권리)이다. 법 제8조에서 국가는 사업자가 소비자에게 제공하는 물품등으로 인한 소비자의 생명·신체 또는 재산에 대한 위해를 방지하기 위하여 사업자가 지켜야 할 기준을 정하도록 의무화하고, 법 제47조~제50조에서 리콜제도를 시행하고 있다.

2. 알 권리

두 번째 소비자권리는 물품등을 선택함에 있어서 필요한 지식 및 정보를 제공받을 권리(제2호)(알 권리)이다. 법 제10조에서 국가의 표시기준제정의무, 법 제13조에서 국가 및 지방자치단체의 소비자에 대한 정보제공의무, 법 제20조 제2항에서 사업자의 표시기준 준수의무 등을 규정하고 있다.

3. 선택할 권리

세 번째 소비자권리는 물품등을 사용함에 있어서 거래상대방·구입장소·가격 및 거래조건 등을 자유로이 선택할 권리(제3호)(선택할 권리)이다. 법 제19조 제2항에서 사업자가 소비자의 합리적 선택이나 이익을 침해할 우려가 있는 거래조건이나 거래방법을 사용하지 못하도록 규정하고 있다.

4. 의견을 반영시킬 권리

네 번째 소비자권리는 소비생활에 영향을 주는 국가 및 지방자치단체의 정책과 사업자의 사업활동 등에 대하여 의견을 반영시킬 권리(제4호)(의견을 반영시킬 권리)이다. 법 제24조 제3항 ii)에서 소비자정책위원회에 소비자대표가 직접 참여할 수 있도록 하고 있으며, 법 제26조 제1항에서는 소비자정책위원회의 심의에 필요한 경우에는 소비자문제에 관하여 전문지식이 있는 자 또는 소비자의 의견을 들을 수 있도록 규정하는 등 장치를 하고 있다.

5. 피해보상을 받을 권리

다섯 번째 소비자권리는 물품등의 사용으로 인하여 입은 피해에 대하여 신속·공정한 절차에 따라 적절한 보상을 받을 권리(제5호)(피해보상을 받을 권리)이다. 법 제16조 제1항 및 제2항에서는 국가 및 지방자치단체가 소비자의 불만이나 피해가 신속·공정하게 처리될 수 있도록 관련기구의 설치 등 필요한 조치를 강구하여야 하고, 국가는 소비자와 사업자 사이에 발생하는 분쟁을 원활하게 해결하기 위하여 소비자분쟁해결기준을 제정할 수 있다고 규정하고 있다. 또한 법 제4절에서 소비자단체소송제도를 운영하고 있다.

6. 교육을 받을 권리

여섯 번째 소비자권리는 합리적인 소비생활을 위하여 필요한 교육을 받을 권리(제6호)(교육을 받을 권리)이다. 법에서는 소비자교육을 소비자단체와 한국소비자원의 주요업무로 규정하고 있다.

7. 단결권 및 단체활동권

일곱 번째 소비자권리는 소비자 스스로의 권익을 증진하기 위하여 단체를 조직하고 이를 통하여 활동할 수 있는 권리(제7호)(단결권 및 단체활동권)이다. 법 제28조~제32조에서 소비자단체의 업무와 역할에 관하여 상세하게 규정하고 있다.

8. 환경친화적 소비권

일곱 번째 소비자권리는 안전하고 쾌적한 소비생활 환경에서 소비할 권리 (제8호)(환경친화적 소비권)이다. 4차 법개정시 재화와 서비스에 대한 현세대의 수 요뿐만 아니라 미래세대의 수요도 충족시킬 수 있는 '지속가능한 소비 (Sustainable Consumption)'를 강조하는 1999년 개정 「국제연합소비자보호지침(UN Guidelines on Consumer Protection)」의 핵심적 내용을 반영한 것이다.[4]

법은 제5조에서 소비자는 자원절약적이고 환경친화적인 소비생활을 함으로 써 소비생활의 향상과 국민경제의 발전에 적극적인 역할을 다하여야 한다고 규 정하고, 법 제13조 제2항에서 국가 및 지방자치단체는 소비자가 물품등을 합리 적으로 선택할 수 있도록 하기 위하여 환경성 등에 관련되는 사업자의 정보가 소비자에게 제공될 수 있도록 필요한 시책을 강구하여야 한다고 규정하고 있다.

제5조(소비자의 책무)

① 소비자는 사업자 등과 더불어 자유시장경제를 구성하는 주체임을 인식하여 물품등을 올바르게 선택하고, 제4조의 규정에 따른 소비자의 기본적 권리를 정당하게 행사하 여야 한다.

② 소비자는 스스로의 권익을 증진하기 위하여 필요한 지식과 정보를 습득하도록 노력 하여야 한다.

③ 소비자는 자주적이고 합리적인 행동과 자원절약적이고 환경친화적인 소비생활을 함 으로써 소비생활의 향상과 국민경제의 발전에 적극적인 역할을 다하여야 한다.

본 조는 「국제연합소비자보호지침(UN Guidelines on Consumer Protection)」을 반영하여 2006년 종전의 「소비자보호법」을 현재의 「소비자기본법」으로 변경하 면서 새로이 도입되었다.

---

4) 사법연수원, 151면.

제3장

국가·지방자치단체 및 사업자의 책무

제6조(국가 및 지방자치단체의 책무)

국가 및 지방자치단체는 제4조의 규정에 따른 소비자의 기본적 권리가 실현되도록 하기 위하여 다음 각 호의 책무를 진다.

1. 관계 법령 및 조례의 제정 및 개정·폐지
2. 필요한 행정조직의 정비 및 운영 개선
3. 필요한 시책의 수립 및 실시
4. 소비자의 건전하고 자주적인 조직활동의 지원·육성

국가 및 지방자치단체는 제4조의 규정에 따른 소비자의 기본적 권리가 실현되도록 하기 위하여 ① 관계 법령 및 조례의 제정[1] 및 개정·폐지(제1호), ② 필요한 행정조직의 정비 및 운영 개선(제2호), ③ 필요한 시책의 수립 및 실시(제3호), ④ 소비자의 건전하고 자주적인 조직활동의 지원·육성의 책무(제4호)[2]를 진다(법 제6조).

---

1) 제3조(조례의 제정) 지방자치단체는 법 제6조제1호에 따라 다음 각 호의 사항을 포함하는 조례를 제정할 수 있다. <u>1. 소비자안전에 관한 시책 2. 소비자와 관련된 주요 시책이나 정책결정 사항에 관한 정보의 제공 3. 사업자의 표시 및 거래 등의 적정화를 유도하기 위한 조사·권고·공표 등 4. 소비자단체·소비자생활협동조합(「소비자생활협동조합법」 제2조에 따른 소비자생활협동조합) 등 소비자의 조직활동 지원 5. 소비자피해구제기구의 설치·운영 등 6. 소비자의 능력 향상을 위한 교육 및 프로그램 7. 그 밖에 지역 소비자의 권익 증진에 필요한 사항</u>

2) 제4조(소비자의 조직활동 지원) ① 국가 및 지방자치단체는 법 제6조제4호에 따라 다음 각 호

제7조(지방행정조직에 대한 지원)

국가는 지방자치단체의 소비자권익과 관련된 행정조직의 설치·운영 등에 관하여 대통령령이 정하는 바에 따라 필요한 지원을 할 수 있다.

지방행정조직에 대한 지원에 대하여 *대통령령*[1])이 정하고 있다.

즉 지방자치단체가 소비자단체나 한국소비자원 직원파견 요청시 국가는 경비 등을 지원할 수 있다.

의 활동을 지원·육성하여야 한다. 1. 법 제28조제1항에 따른 소비자단체의 업무 2. 소비자단체 외의 소비자생활협동조합 등이 행하는 교육·홍보·공동구매·판매사업 및 공동이용시설의 설치·운영 3. 그 밖에 소비자의 권익 증진을 위하여 필요하다고 인정하는 소비자의 조직활동 ② 국가 및 지방자치단체는 소비자단체·소비자생활협동조합 등에 대하여 예산의 범위 안에서 필요한 자금을 지원할 수 있다.

1) 제5조(지방행정조직에 대한 지원) 국가는 지방자치단체가 소비자의 권익 증진에 관한 업무를 효율적으로 수행하기 위하여 다음 각 호의 단체나 법인의 장에게 그 단체나 법인에 소속된 직원의 파견을 요청하는 경우에는 법 제7조에 따라 파견에 드는 경비 등을 지원할 수 있다. 1. 법 제29조에 따라 등록된 소비자단체 2. 법 제33조에 따른 한국소비자원(이하 "한국소비자원")

제8조(위해의 방지)

① 국가는 사업자가 소비자에게 제공하는 물품등으로 인한 소비자의 생명 · 신체 또는 재산에 대한 위해를 방지하기 위하여 다음 각 호의 사항에 관하여 사업자가 지켜야 할 기준을 정하여야 한다.

   1. 물품등의 성분 · 함량 · 구조 등 안전에 관한 중요한 사항

   2. 물품등을 사용할 때의 지시사항이나 경고 등 표시할 내용과 방법

   3. 그 밖에 위해방지를 위하여 필요하다고 인정되는 사항

② 중앙행정기관의 장은 제1항의 규정에 따라 국가가 정한 기준을 사업자가 준수하는지 여부를 정기적으로 시험 · 검사 또는 조사하여야 한다.

관련하여 법 제19조(사업자의 책무) 제1항에서 사업자의 소비자 위해 발생 방지의무를 규정하고 있다. 또한 법 제20조(소비자의 권익관련 기준 준수) 제1항에서 사업자의 기준위반 물품 등의 제조 · 수입 · 판매 · 제공 금지를 규정하고 있다.

제9조(계량 및 규격의 적정화)

① 국가 및 지방자치단체는 소비자가 사업자와의 거래에 있어서 계량으로 인하여 손해를 입지 아니하도록 물품등의 계량에 관하여 필요한 시책을 강구하여야 한다.

② 국가 및 지방자치단체는 물품등의 품질개선 및 소비생활의 향상을 위하여 물품등의 규격을 정하고 이를 보급하기 위한 시책을 강구하여야 한다.

제10조(표시의 기준)

① 국가는 소비자가 사업자와의 거래에 있어서 표시나 포장 등으로 인하여 물품등을 잘
못 선택하거나 사용하지 아니하도록 물품등에 대하여 다음 각 호의 사항에 관한 표
시기준을 정하여야 한다.<개정 2011. 5. 19.>

1. 상품명·용도·성분·재질·성능·규격·가격·용량·허가번호 및 용역의 내용
2. 물품등을 제조·수입 또는 판매하거나 제공한 사업자의 명칭(주소 및 전화번호를
포함한다) 및 물품의 원산지
3. 사용방법, 사용·보관할 때의 주의사항 및 경고사항
4. 제조연월일, 품질보증기간 또는 식품이나 의약품 등 유통과정에서 변질되기 쉬운
물품은 그 유효기간
5. 표시의 크기·위치 및 방법
6. 물품등에 따른 불만이나 소비자피해가 있는 경우의 처리기구(주소 및 전화번호를
포함한다) 및 처리방법
7. 「장애인차별금지 및 권리구제 등에 관한 법률」 제20조에 따른 시각장애인을 위
한 표시방법

② 국가는 소비자가 사업자와의 거래에 있어서 표시나 포장 등으로 인하여 물품등을 잘
못 선택하거나 사용하지 아니하도록 사업자가 제1항 각 호의 사항을 변경하는 경우
그 변경 전후 사항을 표시하도록 기준을 정할 수 있다.<신설 2011. 5. 19.>

 목 차

Ⅰ. 표시기준의 설정 의무

국가는 소비자가 사업자와의 거래에 있어서 표시나 포장 등으로 인하여 물
품등을 잘못 선택하거나 사용하지 아니하도록 물품등에 대하여 ① 상품명·용도
·성분·재질·성능·규격·가격·용량·허가번호 및 용역의 내용(제1호), ② 물품

등을 제조·수입 또는 판매하거나 제공한 사업자의 명칭(주소 및 전화번호를 포함) 및 물품의 원산지(제2호), ③ 사용방법, 사용·보관할 때의 주의사항 및 경고사항(제3호), ④ 제조연월일, 품질보증기간 또는 식품이나 의약품 등 유통과정에서 변질되기 쉬운 물품은 그 유효기간(제4호), ⑤ 표시의 크기·위치 및 방법(제5호), ⑥ 물품등에 따른 불만이나 소비자피해가 있는 경우의 처리기구(주소 및 전화번호를 포함한다) 및 처리방법(제6호), ⑦ 「장애인차별금지 및 권리구제 등에 관한 법률」 제20조에 따른 시각장애인을 위한 표시방법에 관한 표시기준(제7호)을 정하여야 한다(법 제10조 제1항). 관련하여 「표시광고법」이 시행되고 있고 법 제20조(소비자의 권익증진 관련 기준의 준수) 제2항에서 사업자의 표시기준 준수의무를 규정하고 있다.

Ⅱ. 표시기준의 변경

소비자가 사업자와의 거래에 있어서 표시나 포장 등으로 인하여 물품등을 잘못 선택하거나 사용하지 아니하도록 사업자가 제1항 각 호의 사항을 변경하는 경우 그 변경 전후 사항을 표시하도록 기준을 정할 수 있다(법 제10조 제2항).

제11조(광고의 기준)

국가는 물품등의 잘못된 소비 또는 과다한 소비로 인하여 발생할 수 있는 소비자의 생명·신체 또는 재산에 대한 위해를 방지하기 위하여 다음 각 호의 어느 하나에 해당하는 경우에는 광고의 내용 및 방법에 관한 기준을 정하여야 한다.

1. 용도·성분·성능·규격 또는 원산지 등을 광고하는 때에 허가 또는 공인된 내용만으로 광고를 제한할 필요가 있거나 특정내용을 소비자에게 반드시 알릴 필요가 있는 경우
2. 소비자가 오해할 우려가 있는 특정용어 또는 특정표현의 사용을 제한할 필요가 있는 경우
3. 광고의 매체 또는 시간대에 대하여 제한이 필요한 경우

관련하여 법 제20조(소비자의 권익증진 관련 기준의 준수) 제3항에서 사업자의 광고기준 준수의무를 규정하고 있다.

제12조(거래의 적정화)

① 국가는 사업자의 불공정한 거래조건이나 거래방법으로 인하여 소비자가 부당한 피해
   를 입지 아니하도록 필요한 시책을 수립·실시하여야 한다.
② 국가는 소비자의 합리적인 선택을 방해하고 소비자에게 손해를 끼칠 우려가 있다고
   인정되는 사업자의 부당한 행위를 지정·고시할 수 있다.
③ 국가 및 지방자치단체는 약관에 따른 거래 및 방문판매·다단계판매·할부판매·통신
   판매·전자거래 등 특수한 형태의 거래에 대하여는 소비자의 권익을 위하여 필요한
   시책을 강구하여야 한다.

 목 차

I. 국가의 시책수립 · 실시 의무

국가는 사업자의 불공정한 거래조건이나 거래방법으로 인하여 소비자가 부
당한 피해를 입지 아니하도록 필요한 시책을 수립·실시하여야 한다(법 제12조
제1항). 관련하여 법 제19조(사업자의 책무) 제2항에서 사업자의 소비자 이익침해
거래 조건 및 거래 방법 사용금지 의무를 규정하고 있다.

II. 사업자의 부당행위 지정 · 고시

소비자의 합리적인 선택을 방해하고 소비자에게 손해를 끼칠 우려가 있다
고 인정되는 사업자의 부당한 행위를 지정·고시할 수 있다(법 제12조 제2항).
관련하여 공정거래위원회는 「사업자의 부당한 소비자거래행위 지정 고시」[1]

---

1) 공정거래위원회고시 제2022-13호(2022. 7. 18).

를 제정·운영하고 있다. 동 고시에서는 제3조(오인야기행위 금지) 등 행위를 규정하고 있다. 또한 법 제20조(소비자의 권익증진 관련 기준의 준수) 제4항에서 사업자의 준수의무를 규정하고 있다.

제3조(오인야기행위의 금지) 사업자는 소비자에게 사실과 다른 정보를 제공하거나 사실을 은폐·축소하는 방법을 사용하여 계약을 체결하는 다음 각 호의 어느 하나에 해당하는 행위를 하여서는 아니 된다.

1. 물품 또는 용역(이하 '물품 등'이라 한다)의 판매목적을 숨기거나 판매 이외의 행위가 주요 목적인 것처럼 위장하는 등의 방법으로 노인 등 사회적 취약계층에 속하는 소비자를 유인하여 계약을 체결하는 행위(판매 의도를 숨기는 방법에 의한 사회적 취약계층에 속하는 소비자 유인행위)
2. 물품 등의 종류, 품질, 안전성, 내용, 거래조건, 거래방식 등 소비자의 구매선택에 영향을 미치는 중요한 사항에 대하여 사실과 다르거나 사실을 은폐 내지는 축소함으로써 소비자로 하여금 잘못 알게 할 우려가 있는 정보를 제공하여 계약을 체결하는 행위(구매선택에 영향을 미치는 중요사항에 대한 사실과 다른 정보제공 등 행위)
3. 물품 등의 효과, 효능, 수익률, 이자율, 급부내용, 소비자가 부담하게 될 비용 등 장래 그 변동이 불확실한 사항에 대하여 소비자가 확실한 것으로 잘못 알게 할 우려가 있는 단정적 판단을 제공하여 계약을 체결하는 행위(불확실한 사항에 대해 단정적 판단 제공 행위)
4. 물품 등의 품질, 내용, 거래조건 등 소비자의 구매선택에 영향을 미치는 중요한 사항에 대하여 다른 사업자가 제공하는 것보다 유리하다고 소비자가 잘못 알게 할 우려가 있는 정보를 제공하여 계약을 체결하는 행위(유리하다고 잘못 알게 할 우려가 있는 행위)
5. 물품 등의 구입, 이용 또는 설치가 법령에 의해 의무화되어 있다고 소비자가 잘못 알게 할 우려가 있는 정보를 제공하여 계약을 체결하는 행위(법령 등에 따른 의무인 것처럼 잘못 알게 할 우려가 있는 행위)
6. 사업자를 공공기관 혹은 저명한 사회단체 등 공신력이 있는 기관·단체와 관련이 있는 것처럼 소비자가 잘못 알게 할 우려가 있는 정보 또는 물품 등이 공공기관 또는 유명인의 허가·인가·후원·추천 등을 받은 것처럼 잘못 알게 할 우려가 있는 정보를 제공하여 계약을 체결하는 행위(공공기관, 유명인 등과 관련 있는 것처럼 잘못 알게 할 우려가 있는 행위)

제4조(강압적인 계약체결 행위 등의 금지) 사업자는 강압적인 행위나 소비자의 불안

또는 심리적 부담 등을 야기하는 행위를 통하여 계약을 체결하는 다음 각 호의 어느 하나에 해당하는 행위를 하여서는 아니 된다.

1. 소비자의 신체를 억압하거나 소비자에 대하여 불이익 또는 해악을 끼칠 수 있음을 고지하는 등의 방법으로 소비자의 공포심을 유발하여 계약을 체결하는 행위(소비자의 공포심을 유발하는 행위)
2. 물품 등을 구매·이용하지 아니하면 건강, 노후 또는 생활측면에서 불행이 야기될 수 있음을 고지하는 등의 방법으로 소비자의 심리적 불안을 유발하여 계약을 체결하는 행위(소비자의 심리적 불안을 이용하는 행위)
3. 물품 등을 판매할 목적을 숨기고 다른 물품을 무상 또는 현저히 저렴하게 제공하거나 판매할 물품 등과는 무관한 공연·관광·강연 등의 서비스를 제공하는 등의 방법으로 소비자로 하여금 심리적 부담을 유발하거나 정상적인 판단을 할 수 없게 만들어 계약을 체결하는 행위(소비자의 심리적 부담을 이용하는 행위)
4. 계약에 따라 소비자에게 제공되는 급부의 내용, 범위, 시기, 한도 등을 결정하는 요소인 나이, 직업, 수입, 병력(病歷) 등에 관하여 사실과 다른 내용으로 계약서에 기재하도록 소비자에게 권유하여 계약을 체결하는 행위(허위기재 권유를 통한 계약체결행위)
5. 다단계 판매 또는 이와 유사한 거래에 있어서 장래의 불확실한 사업전망에 대하여 긍정적인 부분만 고지하는 등의 방법으로 소비자로 하여금 은행, 대부업체 등 여신업체로부터 대출을 받도록 하면서 계약을 체결하는 행위(대출을 받도록 하는 행위)

제5조(소비자에게 현저히 불리한 내용의 계약체결행위 금지) 사업자는 자신의 귀책 또는 자신이 공급한 물품 등의 하자로 인하여 계약이 해지·해제되거나 소비자에게 발생한 손해와 관련하여 정당한 이유없이 소비자에게 현저하게 불이익한 내용으로 교환·환급 또는 배상의 내용을 정하는 계약을 체결하여서는 아니 된다. 이 경우 교환·환급 또는 배상의 내용이 소비자에게 현저하게 불이익한 내용인지 여부를 판단함에 있어서는 소비자분쟁해결기준이나 공정거래위원회가 승인한 표준약관의 내용이 그 준거가 될 수 있다.

제6조(소비자의 권리행사 방해 행위의 금지) 사업자는 법규 또는 계약에 근거한 소비자의 정당한 권리 행사를 방해하여 소비자에게 불이익을 주거나 줄 우려가 있는 다음 각 호의 어느 하나에 해당하는 행위를 하여서는 아니 된다.

1. 소비자가 법규의 규정 또는 계약의 내용에 근거하여 사업자에게 대금반환, 원

상회복, 손해배상 등을 청구하였음에도 불구하고, 정당한 이유 없이 이를 거부하거나 그 이행을 지연하는 행위(소비자의 청구에 대해 정당한 이유 없이 이행을 거부하거나 또는 지연하는 행위)

2. 소비자가 법규의 규정 또는 계약의 내용에 근거하여 사업자에게 계약 또는 의사표시의 철회·취소·무효 또는 계약의 해제·해지를 주장하였음에도 불구하고, 법규의 규정 또는 계약의 내용을 초과하는 위약금 또는 손해배상을 요구하는 등의 방법으로 계약을 유지시키려는 행위(정당한 이유 없이 계약을 유지시키려는 행위)

3. 소비자가 사업자에게 채무의 이행을 최고한 경우 또는 사업자의 채무가 완전히 이행되지 아니하였다는 의사표시를 한 경우에 있어 정당한 이유 없이 그 이행을 위한 절차에 착수하지 아니하는 행위(정당한 이유 없이 소비자의 채무이행 최고 등에 대하여 이행절차에 착수하지 아니하는 행위)

제7조(권리남용행위의 금지) 사업자는 법규 또는 계약에 근거한 권리를 행사함에 있어 신의성실의 원칙에 반하여 그 권리를 남용함으로써 소비자에게 불이익을 주거나 줄 우려가 있는 다음 각 호의 어느 하나에 해당하는 행위를 하여서는 아니 된다.

1. 계약 체결 후 정당한 이유 없이 거래조건을 일방적으로 변경하거나 소비자에 대한 사전 통지 없이 사업자 자신의 채무의 이행을 중지하는 행위(정당한 이유 없이 거래조건을 일방적으로 변경하거나 채무이행을 중지하는 행위)

2. 소비자가 계약의 불성립 또는 무효를 주장하고 있음에도 불구하고, 일방적으로 계약의 성립 또는 유효를 주장하면서 소비자에 대하여 이른 아침 또는 늦은 밤에 전화를 하거나 소비자의 의사에 반하여 방문하는 등의 방법으로 채무이행을 독촉하거나 채무를 이행시키는 행위(이른 아침 또는 늦은 밤에 일방적으로 채무이행을 독촉하거나 채무를 이행시키는 행위)

III. 특수형태거래의 소비자권익시책 강구 의무

국가 및 지방자치단체는 약관에 따른 거래 및 방문판매·다단계판매·할부판매·통신판매·전자거래 등 특수한 형태의 거래에 대하여는 소비자의 권익을 위하여 필요한 시책을 강구하여야 한다(법 제12조 제3항). 관련하여 「약관규제법」「방문판매법」「할부거래법」「전자상거래법」 등이 시행되고 있다.

제13조(소비자에의 정보제공)

① 국가 및 지방자치단체는 소비자의 기본적인 권리가 실현될 수 있도록 소비자의 권익
　과 관련된 주요시책 및 주요결정사항을 소비자에게 알려야 한다.
② 국가 및 지방자치단체는 소비자가 물품등을 합리적으로 선택할 수 있도록 하기 위하
　여 물품등의 거래조건·거래방법·품질·안전성 및 환경성 등에 관련되는 사업자의
　정보가 소비자에게 제공될 수 있도록 필요한 시책을 강구하여야 한다.

목 차

Ⅰ. 국가 및 지방자치단체의 의무

　　국가 및 지방자치단체는 소비자의 기본적인 권리가 실현될 수 있도록 소비
자의 권익과 관련된 주요시책 및 주요결정사항을 소비자에게 알려야 하며(법 제
13조 제1항), 소비자가 물품등을 합리적으로 선택할 수 있도록 하기 위하여 물품
등의 거래조건·거래방법·품질·안전성 및 환경성 등에 관련되는 사업자의 정보
가 소비자에게 제공될 수 있도록 필요한 시책을 강구하여야 한다(법 제13조 제2
항). 관련하여 법 제19조(사업자의 책무) 제3항에서 사업자의 물품 등 정보제공의
무를 규정하고 있다.

Ⅱ. 공정거래위원회의 실무

　　공정거래위원회는 첫째, 「합리적 소비·소비문화 확산사업」을 추진하고 있
다. 2012년부터 소비자단체를 통해 독과점시장구조, 소비자들의 비합리적 고가

품 선호현상 등으로 가격이 높게 형성된 품목에 대한 유통채널별(백화점, 대형마트, 온라인 등) 가격, 유통구조, 국내외가격차, 가격관련 소비자인식 등 다양한 정보를 제공하고 있다. 둘째, 「상품비교정보 제공사업」이다. 국민생활과 밀접하고, 한번 구입하면 오래 사용할 수 있는 품목들을 중심으로 가격 · 품질에 대한 비교정보를 제공함으로써, 객관적인 시험결과를 토대로 제품의 성능 · 효과가 반드시 제품가격과 비례하지 않음을 소비자에게 알려주고 소비자들이 저렴하면서도 질 좋은 제품을 구매할 수 있도록 지원하는 사업이다.

그리고 2012년부터는 70개 정부 · 공공기관(106개 사이트)의 소비자정보를 연계 · 종합하여 소비자에게 제공하는 서비스로 구 스마트컨슈머(www.smart con-sumer.kr)를 운영하였으며, 비교정보, 소비자톡톡, 가격정보, 리콜정보, 안전/위해정보 등 서비스를 제공해 왔다.

한편 공정거래위원회는 모바일 앱 하나로 상품 정보(리콜 · 인증 등) 제공과 피해 구제 신청이 가능한 '행복드림 열린소비자포털(이하 "행복드림")' 1단계 구축사업을 완료하고 2017년 3월 21일부터 대국민 서비스를 시작하였다. 2018년 2월부터는 행복드림과 스마트컨슈머를 통합하여 소비자정보를 제공하고 있으며, 행복드림은 피해구제 접수기능과 함께 '비교공감', '소비자톡톡', '안전 · 리콜정보'를 제공하고 있다. 상조관련 피해주의보를 발령하는 것도 소비자정보제공의 한 예이다.

제14조(소비자의 능력 향상)

① 국가 및 지방자치단체는 소비자의 올바른 권리행사를 이끌고, 물품등과 관련된 판단 능력을 높이며, 소비자가 자신의 선택에 책임을 지는 소비생활을 할 수 있도록 필요한 교육을 하여야 한다.

② 국가 및 지방자치단체는 경제 및 사회의 발전에 따라 소비자의 능력 향상을 위한 프로그램을 개발하여야 한다.

③ 국가 및 지방자치단체는 소비자교육과 학교교육·평생교육을 연계하여 교육적 효과를 높이기 위한 시책을 수립·시행하여야 한다.

④ 국가 및 지방자치단체는 소비자의 능력을 효과적으로 향상시키기 위한 방법으로 「방송법」에 따른 방송사업을 할 수 있다.

⑤ 제1항의 규정에 따른 소비자교육의 방법 등에 관하여 필요한 사항은 대통령령으로 정한다.

목 차

Ⅰ. 소비자교육의 의무

국가 및 지방자치단체는 소비자의 올바른 권리행사를 이끌고, 물품등과 관련된 판단능력을 높이며, 소비자가 자신의 선택에 책임을 지는 소비생활을 할 수 있도록 필요한 교육을 하여야 한다(법 제14조 제1항). 제1항의 규정에 따른 소비자교육의 방법 등에 관하여 필요한 사항은 *대통령령*[1])으로 정한다(법 제14조 제5항).

---

1) 제6조(소비자교육의 방법) 국가 및 지방자치단체는 법 제14조제1항에 따른 소비자교육을 다음 각 호의 어느 하나에 해당하는 방법으로 실시할 수 있다. 1. 정보통신매체를 이용하는 방법 2. 현장실습 등 체험 위주의 방법 3. 평생교육시설(「평생교육법」 제2조제2호에 따른 평생교육기관으로서 법인·단체가 아닌 것)을 활용하는 방법 4. 「방송법」 제73조제4항에 따른 비상업적 공익광고 등 다양한 매체를 활용하는 방법

Ⅱ. 소비자능력향상 프로그램 개발 의무

국가 및 지방자치단체는 경제 및 사회의 발전에 따라 소비자의 능력 향상을 위한 프로그램을 개발하여야 한다(법 제14조 제2항).

Ⅲ. 소비자교육과 학교교육 · 평생교육의 연계의무

국가 및 지방자치단체는 소비자교육과 학교교육 · 평생교육을 연계하여 교육적 효과를 높이기 위한 시책을 수립 · 시행하여야 한다(법 제14조 제3항).

Ⅳ. 방송사업

국가 및 지방자치단체는 소비자의 능력을 효과적으로 향상시키기 위한 방법으로 「방송법」에 따른 방송사업을 할 수 있다(법 제14조 제4항).

제15조(개인정보의 보호)

① 국가 및 지방자치단체는 소비자가 사업자와의 거래에서 개인정보의 분실 · 도난 · 누출 · 변조 또는 훼손으로 인하여 부당한 피해를 입지 아니하도록 필요한 시책을 강구하여야 한다.

② 국가는 제1항의 규정에 따라 소비자의 개인정보를 보호하기 위한 기준을 정하여야 한다.

관련하여 「개인정보보호법」 「선불식할부거래 소비자보호지침」 「특수판매 소비자보호지침」 「전자상거래 소비자보호지침」 등이 시행되고 있다.

그리고 법 제19조(사업자의 책무) 제4항에서 사업자의 개인정보 성실취급 의무, 법 제20조(소비자의 권익증진 관련 기준의 준수) 제5항에서 사업자의 개인정보 보호기준 준수의무를 규정하고 있다.

제16조(소비자분쟁의 해결)

① 국가 및 지방자치단체는 소비자의 불만이나 피해가 신속·공정하게 처리될 수 있도록 관련기구의 설치 등 필요한 조치를 강구하여야 한다.

② 국가는 소비자와 사업자 사이에 발생하는 분쟁을 원활하게 해결하기 위하여 대통령령이 정하는 바에 따라 소비자분쟁해결기준을 제정할 수 있다.

③ 제2항의 규정에 따른 소비자분쟁해결기준은 분쟁당사자 사이에 분쟁해결방법에 관한 별도의 의사표시가 없는 경우에 한하여 분쟁해결을 위한 합의 또는 권고의 기준이 된다.

목 차

[참고사례]

유한양행 콘택600 제조물책임 손해배상청구 건{서울고등법원 2007. 6. 19. 선고 2006나9448; 대법원 2008. 2. 28. 선고 2007다52287[손해배상(기)]}

I. 소비자 불만·피해처리 관련기구 설치 등의 의무

국가 및 지방자치단체는 소비자의 불만이나 피해가 신속·공정하게 처리될 수 있도록 관련기구의 설치 등 필요한 조치를 강구하여야 한다(법 제16조 제1항).[1]

1372 소비자상담센터는 전국에 소재한 소비자 상담기관들을 네트워크화하여 소비자가 국번없이 1372번호로 전화를 걸면 신속하게 소비자상담을 제공하고 이를 통해 수집된 정보를 관리·가공하여 정책수립에 반영하는 시스템으로,

---

1) 제7조(소비자피해구제기구의 설치) 특별시장·광역시장·도지사 또는 특별자치도지사(이하 "시·도지사")는 법 제16조제1항에 따라 소비자의 불만이나 피해를 신속·공정하게 처리하기 위하여 전담기구의 설치 등 필요한 행정조직을 정비하여야 한다.

한국소비자원이 공정거래위원회로부터 위탁받아 담당하고 있다. 이와 관련하여 공정거래위원회는 「소비자상담센터 운영규정」2)을 제정 · 운영하고 있다.

한편 각 지방자치단체는 소비자기본법 시행령 제7조 "시 · 도지사는 법 제16조 제1항에 따라 소비자불만이나 피해를 신속 공정하게 처리하기 위하여 전담기구의 설치 등 필요한 행정조직을 정비하여야 한다"는 규정에 근거하여 제정된 소비자조례에 따라 「소비생활센터」를 구성하여 운영하고 있다.3) 이에 공정거래위원회는 「광역지방자치단체 소비생활센터 운영지침」4)을 제정 · 운영하고 있다.

II. 소비자분쟁해결기준의 제정 및 효력

국가는 소비자와 사업자 사이에 발생하는 분쟁을 원활하게 해결하기 위하여 *대통령령*5)이 정하는 바에 따라 소비자분쟁해결기준을 제정할 수 있다(법 제16조 제2항). 이에 따라 공정거래위원회는 「소비자분쟁해결기준」6)을 제정 · 운영하고 있다. 소비자분쟁해결기준은 소비자가 상품 · 용역을 사용하는 과정에서 사업자와 분쟁이 발생할 경우 그 분쟁의 실질적인 해결기준이 된다.

관련하여 법 제19조(사업자의 책무) 제5항에서 사업자의 피해보상 및 채무불이행 등 손해배상의무를 규정하고 있다.

제2항의 규정에 따른 소비자분쟁해결기준은 분쟁당사자 사이에 분쟁해결방법에 관한 별도의 의사표시가 없는 경우에 한하여 분쟁해결을 위한 합의 또는 권고의 기준이 된다(법 제16조 제3항).7)

---

2) 공정거래위원회예규 제77호(2009. 12. 21).

3) 공정거래백서(2019), 434면.

4) 공정거래위원회예규 제290호(2017. 12. 29).

5) 제8조(소비자분쟁해결기준) ① 법 제16조제2항에 따른 소비자분쟁해결기준은 일반적 소비자분쟁해결기준과 품목별 소비자분쟁해결기준으로 구분한다. ② 제1항의 일반적 소비자분쟁해결기준은 별표 1과 같다. ③ 공정거래위원회는 제2항의 일반적 소비자분쟁해결기준에 따라 품목별 소비자분쟁해결기준을 제정하여 고시할 수 있다. ④ 공정거래위원회는 품목별 소비자분쟁해결기준을 제정하여 고시하는 경우에는 품목별로 해당 물품등의 소관 중앙행정기관의 장과 협의하여야 하며, 소비자단체 · 사업자단체 및 해당 분야 전문가의 의견을 들어야 한다.

6) 공정거래위원회고시 제2021-7호(2021. 5. 25).

7) 제9조(소비자분쟁해결기준의 적용) ① 다른 법령에 근거한 별도의 분쟁해결기준이 제8조의 소비자분쟁해결기준보다 소비자에게 유리한 경우에는 그 분쟁해결기준을 제8조의 소비자분쟁해결기준에 우선하여 적용한다. ② 품목별 소비자분쟁해결기준에서 해당 품목에 대한 분쟁해결기준을 정하고 있지 아니한 경우에는 같은 기준에서 정한 유사품목에 대한 분쟁해결기준을

구 소비자보호법에 따라 당시 재정경제부 고시로 정한 「소비자피해보상규정」의 법적효력에 관한 다툼에서 대법원은 "일반의약품 '콘택600'의 포장지에 제조자가 기재한 보상 관련 문구를, 소비자에게 위 감기약을 정상적으로 사용하였을 경우에는 아무런 해를 끼치지 않는다는 것을 보증하고 사고발생시 무과실책임을 부담할 것을 약속하는 의사표시를 한 의미로는 볼 수 없다"고 판시하였다(<유한양행 콘택600 제조물책임 손해배상청구 건>).[8]

준용할 수 있다. ③ 품목별 소비자분쟁해결기준에서 동일한 피해에 대한 분쟁해결기준을 두 가지 이상 정하고 있는 경우에는 소비자가 선택하는 분쟁해결기준에 따른다.

8) 대판 2008. 2. 28. 2007다52287[손해배상(기)].

제16조의2(소비자종합지원시스템의 구축 · 운영)

① 공정거래위원회는 소비자에게 물품등의 선택, 피해의 예방 또는 구제에 필요한 정보의 제공 및 이 법 또는 다른 법률에 따른 소비자 피해구제(분쟁조정을 포함한다. 이하 같다)를 신청하는 창구의 통합 제공 등을 위하여 소비자종합지원시스템(이하 "종합지원시스템"이라 한다)을 구축 · 운영한다.

② 공정거래위원회는 종합지원시스템을 통하여 소비자에게 다음 각 호의 사항을 제공하여야 한다. 이 경우 공정거래위원회는 해당 사항을 관장하는 중앙행정기관의 장, 지방자치단체의 장 및 관련 기관 · 단체의 장(이하 이 조에서 "중앙행정기관의 장등"이라 한다)과 협의하여야 한다.

  1. 물품등의 유통이력, 결함, 피해사례, 품질인증 등 소비자의 선택, 피해의 예방 또는 구제와 관련된 정보 제공

  2. 소비자 피해구제기관 및 절차 안내, 피해구제를 신청하는 창구의 통합 제공, 피해구제신청에 대한 처리결과 안내 등 소비자 피해구제 지원

  3. 그 밖에 소비자의 물품등의 선택, 피해의 예방 또는 구제를 위하여 필요한 업무로서 대통령령으로 정하는 업무

③ 공정거래위원회는 종합지원시스템의 구축 · 운영을 위하여 필요한 경우 중앙행정기관의 장등에게 다음 각 호의 자료 또는 정보를 제공하여 줄 것을 요청하고 제공받은 목적의 범위에서 그 자료 · 정보를 보유 · 이용할 수 있다.

  1. 「국세기본법」 제81조의13에 따른 과세정보로서 소비자 피해가 발생한 물품을 제조 · 수입 · 판매하거나 용역을 제공한 사업자의 개업일 · 휴업일 및 폐업일

  2. 그 밖에 종합지원시스템의 구축 · 운영을 위하여 필요한 정보로서 대통령령으로 정하는 자료 또는 정보

④ 제3항에 따라 자료 또는 정보의 제공을 요청받은 중앙행정기관의 장등은 특별한 사유가 없으면 이에 협조하여야 한다.

⑤ 중앙행정기관의 장등은 공정거래위원회와 협의하여 종합지원시스템을 이용할 수 있다.

⑥ 공정거래위원회는 사업자 또는 사업자단체가 물품등에 관한 정보를 종합지원시스템에 등록한 경우 그 등록 사실을 나타내는 표지(이하 "등록표지"라 한다)를 부여할 수 있다.

⑦ 공정거래위원회는 필요한 경우 종합지원시스템 운영의 전부 또는 일부를 대통령령으로 정하는 기준에 적합한 법인으로서 공정거래위원회가 지정하는 기관 또는 단체에 위탁할 수 있다.

⑧ 제1항부터 제7항까지에서 규정한 사항 외에 종합지원시스템의 구축·운영, 등록표지
의 부여 등에 필요한 사항은 공정거래위원회가 정하여 고시한다.

[본조신설 2018. 3. 13.]

 목 차

I. 소비자종합지원시스템의 구축·운영

공정거래위원회는 소비자에게 물품등의 선택, 피해의 예방 또는 구제에 필
요한 정보의 제공 및 이 법 또는 다른 법률에 따른 소비자 피해구제(분쟁조정
포함)를 신청하는 창구의 통합 제공 등을 위하여 소비자종합지원시스템(이하 "종
합지원시스템")을 구축·운영한다(법 제16조의2 제1항).

공정거래위원회는 소비자종합지원시스템의 구축 및 운영을 위한 법적근거
를 마련하고자 소비자기본법 개정안을 2016년 11월에 국회에 제출하였다. 개정
안에는 소비자종합지원시스템의 구축 취지, 주요 업무 및 기능, 각종 정보처리
근거 등을 규정하였다. 2018년 2월에 국회 본회의를 통과하였고, 2018년 3월에
소비자기본법 개정안이 마침내 개정·공포되었다.

Ⅱ. 정보제공의 의무

공정거래위원회는 종합지원시스템을 통하여 소비자에게 ① 물품등의 유통
이력, 결함, 피해사례, 품질인증 등 소비자의 선택, 피해의 예방 또는 구제와 관

련된 정보 제공(제1호), ② 소비자 피해구제기관 및 절차 안내, 피해구제를 신청하는 창구의 통합 제공, 피해구제신청에 대한 처리결과 안내 등 소비자 피해구제 지원(제2호), ③ 그 밖에 소비자의 물품등의 선택, 피해의 예방 또는 구제를 위하여 필요한 업무로서 *대통령령*으로 정하는 업무(제3호)를 제공하여야 한다. 이 경우 공정거래위원회는 해당 사항을 관장하는 중앙행정기관의 장, 지방자치단체의 장 및 관련 기관·단체의 장(이하 "중앙행정기관의 장등")과 협의하여야 한다(법 제16조의2 제2항).

Ⅲ. 정보제공요청 및 보유·이용

공정거래위원회는 종합지원시스템의 구축·운영을 위하여 필요한 경우 중앙행정기관의 장등에게 ① 「국세기본법」 제81조의13에 따른 과세정보로서 소비자 피해가 발생한 물품을 제조·수입·판매하거나 용역을 제공한 사업자의 개업일·휴업일 및 폐업일(제1호), ② 그 밖에 종합지원시스템의 구축·운영을 위하여 필요한 정보로서 *대통령령*으로 정하는 자료 또는 정보(제2호)를 제공하여 줄 것을 요청하고 제공받은 목적의 범위에서 그 자료·정보를 보유·이용할 수 있다(법 제16조의2 제3항).

제3항에 따라 자료 또는 정보의 제공을 요청받은 중앙행정기관의 장등은 특별한 사유가 없으면 이에 협조하여야 한다(법 제16조의2 제4항).

Ⅳ. 종합지원시스템의 이용

중앙행정기관의 장등은 공정거래위원회와 협의하여 종합지원시스템을 이용할 수 있다(법 제16조의2 제5항).

Ⅴ. 등록표지의 부여

공정거래위원회는 사업자 또는 사업자단체가 물품등에 관한 정보를 종합지

원시스템에 등록한 경우 그 등록 사실을 나타내는 표지(이하 "등록표지")를 부여
할 수 있다(법 제16조의2 제6항).

Ⅵ. 운영의 위탁

공정거래위원회는 필요한 경우 종합지원시스템 운영의 전부 또는 일부를
대통령령[1]으로 정하는 기준에 적합한 법인으로서 공정거래위원회가 지정하는
기관 또는 단체에 위탁할 수 있다(법 제16조의2 제7항).

Ⅶ. 기타 필요한 사항

제1항부터 제7항까지에서 규정한 사항 외에 종합지원시스템의 구축·운영,
등록표지의 부여 등에 필요한 사항은 공정거래위원회가 정하여 고시한다(법 제
16조의2 제8항). 이에 공정거래위원회는 「소비자종합지원시스템 운영 등에 관한
고시」[2]를 제정·운영하고 있다.

---

1) 제9조의2(소비자종합지원시스템의 운영 위탁) ① 법 제16조의2제7항에서 "대통령령으로 정
   하는 기준에 적합한 법인"이란 다음 각 호의 요건을 모두 갖춘 법인을 말한다. 1. 소비자 피
   해 예방 및 구제 업무를 수행할 것 2. 다음 각 목에 해당하는 업무에 3년 이상 종사한 경력이
   있는 사람을 각각 1명 이상 보유할 것 가. 전문적인 소비자 피해 상담 업무 나. 소비자 피해
   예방을 위한 정보의 수집, 분석 및 생산 업무 다. 정보 관리 시스템의 개발, 관리 및 운영 업
   무 ② 공정거래위원회는 법 제16조의2제7항에 따라 소비자종합지원시스템 운영의 전부 또는
   일부를 위탁한 경우에는 위탁업무의 수행에 필요한 경비를 지원할 수 있다.
2) 공정거래위원회고시 제2020-15호(2020. 10. 8).

제17조(시험 · 검사시설의 설치 등)

① 국가 및 지방자치단체는 물품등의 규격·품질 및 안전성 등에 관하여 시험·검사 또는 조사를 실시할 수 있는 기구와 시설을 갖추어야 한다.

② 국가·지방자치단체 또는 소비자나 소비자단체는 필요하다고 인정되는 때 또는 소비자의 요청이 있는 때에는 제1항의 규정에 따라 설치된 시험·검사기관이나 제33조의 규정에 따른 한국소비자원(이하 "한국소비자원"이라 한다)에 시험·검사 또는 조사를 의뢰하여 시험 등을 실시할 수 있다.

③ 국가 및 지방자치단체는 제2항의 규정에 따라 시험 등을 실시한 경우에는 그 결과를 공표하고 소비자의 권익을 위하여 필요한 조치를 취하여야 한다.

④ 국가 및 지방자치단체는 소비자단체가 물품등의 규격·품질 또는 안전성 등에 관하여 시험·검사를 실시할 수 있는 시설을 갖출 수 있도록 지원할 수 있다.

⑤ 국가 및 지방자치단체는 제8조·제10조 내지 제13조 또는 제15조의 규정에 따라 기준을 정하거나 소비자의 권익과 관련된 시책을 수립하기 위하여 필요한 경우에는 한국소비자원, 국립 또는 공립의 시험·검사기관 등 대통령령이 정하는 기관에 조사·연구를 의뢰할 수 있다.

목 차

I. 시험 · 검사 등 기구 및 시설의 설치의무

국가 및 지방자치단체는 물품등의 규격·품질 및 안전성 등에 관하여 시험·검사 또는 조사를 실시할 수 있는 기구와 시설을 갖추어야 한다(법 제17조 제1항).

1. 시험·검사 또는 조사 의뢰

국가·지방자치단체 또는 소비자나 소비자단체는 필요하다고 인정되는 때 또는 소비자의 요청이 있는 때에는 제1항의 규정에 따라 설치된 시험·검사기관 이나 제33조의 규정에 따른 한국소비자원(이하 "한국소비자원")에 시험·검사 또 는 조사를 의뢰하여 시험 등을 실시할 수 있다(법 제17조 제2항)[1]

2. 시험등 결과공표 등 조치

국가 및 지방자치단체는 시험 등을 실시한 경우에는 그 결과를 공표하고 소비자의 권익을 위하여 필요한 조치를 취하여야 한다(법 제17조 제3항).

Ⅱ. 시설설치의 지원

국가 및 지방자치단체는 소비자단체가 물품등의 규격·품질 또는 안전성 등에 관하여 시험·검사를 실시할 수 있는 시설을 갖출 수 있도록 지원할 수 있 다(법 제17조 제4항).

Ⅲ. 조사·연구의 의뢰

국가 및 지방자치단체는 제8조·제10조 내지 제13조 또는 제15조의 규정에 따라 기준을 정하거나 소비자의 권익과 관련된 시책을 수립하기 위하여 필요한

---

1) 제10조(시험·검사 등의 요청) ① 국가 또는 지방자치단체는 법 제17조제2항에 따라 소비자로 부터 시험·검사 또는 조사를 요청받은 경우에는 지체 없이 법 제17조제1항에 따라 설치된 기 구와 시설(이하 "국공립검사기관") 또는 한국소비자원에 시험·검사 또는 조사를 의뢰하여야 하며, 그 결과를 지체 없이 요청인에게 통보하여야 한다. ② 국공립검사기관 또는 한국소비자 원은 법 제17조제2항에 따라 시험·검사 또는 조사를 의뢰받은 경우에는 의뢰를 받은 날부터 1개월 이내에 시험·검사 또는 조사의 결과를 의뢰인에게 통보하여야 한다. 이 경우 1개월 이 내에 그 결과를 통보할 수 없는 부득이한 사유가 있으면 그 사유와 통보기한을 정하여 의뢰인 에게 알려야 한다. ③ 제2항에 따른 시험·검사 또는 조사에 드는 비용은 시험·검사 또는 조 사를 의뢰한 자가 부담한다. 다만, 소비자의 요청에 따른 시험·검사 또는 조사의 경우에는 요 청한 소비자가 그 비용을 부담한다.

경우에는 한국소비자원, 국립 또는 공립의 시험·검사기관 등 *대통령령*[2])이 정하는 기관에 조사·연구를 의뢰할 수 있다(법 제17조 제5항).

---

2) 제11조(조사·연구 의뢰 대상기관) ① 법 제17조제5항에서 "대통령령이 정하는 기관"이란 다음 각 호의 기관을 말한다. 1. 한국소비자원 2. 국공립검사기관 3. 「정부출연연구기관 등의 설립·운영 및 육성에 관한 법률」에 따라 설립된 정부출연연구기관 4. 「과학기술분야 정부출연연구기관 등의 설립·운영 및 육성에 관한 법률」에 따라 설립된 과학기술분야 정부출연연구기관 5. 「특정연구기관 육성법」에 따른 특정연구기관 6. 법 제29조에 따라 공정거래위원회에 등록한 소비자단체 ② 법 제17조제5항에 따른 조사·연구에 드는 비용은 조사·연구를 의뢰한 자가 부담한다.

제2절 사업자의 책무 등

제18조(소비자권익 증진시책에 대한 협력 등)

① 사업자는 국가 및 지방자치단체의 소비자권익 증진시책에 적극 협력하여야 한다.

② 사업자는 소비자단체 및 한국소비자원의 소비자 권익증진과 관련된 업무의 추진에 필요한 자료 및 정보제공 요청에 적극 협력하여야 한다.

③ 사업자는 안전하고 쾌적한 소비생활 환경을 조성하기 위하여 물품등을 제공함에 있어서 환경친화적인 기술의 개발과 자원의 재활용을 위하여 노력하여야 한다.

④ 사업자는 소비자의 생명·신체 또는 재산 보호를 위한 국가·지방자치단체 및 한국소비자원의 조사 및 위해방지 조치에 적극 협력하여야 한다.<신설 2018. 12. 31.>

목 차

I. 소비자권익 증진시책 협력의무

사업자는 국가 및 지방자치단체의 소비자권익 증진시책에 적극 협력하여야 한다(법 제18조 제1항).

II. 자료 및 정보제공 협력의무

사업자는 소비자단체 및 한국소비자원의 소비자 권익증진과 관련된 업무의 추진에 필요한 자료 및 정보제공 요청에 적극 협력하여야 한다(법 제18조 제2항).

Ⅲ. 환경친화적인 기술개발 및 자원재활용 노력의무

사업자는 안전하고 쾌적한 소비생활 환경을 조성하기 위하여 물품등을 제공함에 있어서 환경친화적인 기술의 개발과 자원의 재활용을 위하여 노력하여야 한다(법 제18조 제3항).

Ⅳ. 국가 등의 조사 및 위해방지 조치 적극 협력의무

사업자는 소비자의 생명 · 신체 또는 재산 보호를 위한 국가 · 지방자치단체 및 한국소비자원의 조사 및 위해방지 조치에 적극 협력하여야 한다(법 제18조 제4항).

제19조(사업자의 책무)

① 사업자는 물품등으로 인하여 소비자에게 생명·신체 또는 재산에 대한 위해가 발생하지 아니하도록 필요한 조치를 강구하여야 한다.

② 사업자는 물품등을 공급함에 있어서 소비자의 합리적인 선택이나 이익을 침해할 우려가 있는 거래조건이나 거래방법을 사용하여서는 아니 된다.

③ 사업자는 소비자에게 물품등에 대한 정보를 성실하고 정확하게 제공하여야 한다.

④ 사업자는 소비자의 개인정보가 분실·도난·누출·변조 또는 훼손되지 아니하도록 그 개인정보를 성실하게 취급하여야 한다.

⑤ 사업자는 물품등의 하자로 인한 소비자의 불만이나 피해를 해결하거나 보상하여야 하며, 채무불이행 등으로 인한 소비자의 손해를 배상하여야 한다.

目 차

I. 소비자 위해발생의 방지의무

사업자는 물품등으로 인하여 소비자에게 생명·신체 또는 재산에 대한 위해가 발생하지 아니하도록 필요한 조치를 강구하여야 한다(법 제19조 제1항). 이는 법 제8조(위해의 방지) 제1항 국가의 위해방지 의무에 상응하는 규정이다.

II. 소비자 선택·이익침해 거래조건 등의 사용금지 의무

사업자는 물품등을 공급함에 있어서 소비자의 합리적인 선택이나 이익을 침해할 우려가 있는 거래조건이나 거래방법을 사용하여서는 아니 된다(법 제19

조 제2항). 이는 법 제12조(거래의 적정화) 제1항 및 제2항 관련 국가의 의무에 상응하는 규정이다.

Ⅲ. 물품 등의 정보제공의무

사업자는 소비자에게 물품등에 대한 정보를 성실하고 정확하게 제공하여야 한다(법 제19조 제3항). 이는 법 제13조(소비자에의 정보제공) 제2항의 국가 및 지방자치단체의 의무에 상응하는 조항이다.

Ⅳ. 개인정보의 성실 취급의무

사업자는 소비자의 개인정보가 분실 · 도난 · 누출 · 변조 또는 훼손되지 아니하도록 그 개인정보를 성실하게 취급하여야 한다(법 제19조 제4항). 이는 법 제15조(개인정보의 보호) 관련 국가 및 지방자치단체의 의무에 상응하는 조항이다.

Ⅴ. 피해보상 및 손해배상의무

사업자는 물품등의 하자로 인한 소비자의 불만이나 피해를 해결하거나 보상하여야 하며, 채무불이행 등으로 인한 소비자의 손해를 배상하여야 한다(법 제19조 제5항). 이는 법 제16조(소비자 분쟁의 해결) 관련 국가 및 지방자치단체의 의무에 상응하는 조항이다.

제20조(소비자의 권익증진 관련기준의 준수)

① 사업자는 제8조제1항의 규정에 따라 국가가 정한 기준에 위반되는 물품등을 제조·수입·판매하거나 제공하여서는 아니 된다.
② 사업자는 제10조의 규정에 따라 국가가 정한 표시기준을 위반하여서는 아니 된다.
③ 사업자는 제11조의 규정에 따라 국가가 정한 광고기준을 위반하여서는 아니 된다.
④ 사업자는 제12조제2항의 규정에 따라 국가가 지정·고시한 행위를 하여서는 아니 된다.
⑤ 사업자는 제15조제2항의 규정에 따라 국가가 정한 개인정보의 보호기준을 위반하여서는 아니 된다.

목 차

I. 기준 위반 물품등의 제조·수입·판매·제공 금지의무

사업자는 제8조 제1항의 규정에 따라 국가가 정한 기준에 위반되는 물품등을 제조·수입·판매하거나 제공하여서는 아니 된다(법 제20조 제1항).

II. 표시기준 등의 위반 금지의무

사업자는 제10조의 규정에 따라 국가가 정한 표시기준(법 제20조 제2항), 제11조의 규정에 따라 국가가 정한 광고기준(법 제20조 제3항), 제12조 제2항의 규정에 따라 국가가 지정·고시한 행위(법 제20조 제4항), 제15조 제2항의 규정에 따라 국가가 정한 개인정보의 보호기준(법 제20조 제5항)을 위반하여서는 아니 된다.

제20조의2(소비자중심경영의 인증)

① 공정거래위원회는 물품의 제조·수입·판매 또는 용역의 제공의 모든 과정이 소비자 중심으로 이루어지는 경영(이하 "소비자중심경영"이라 한다)을 하는 사업자에 대하여 소비자중심경영에 대한 인증(이하 "소비자중심경영인증"이라 한다)을 할 수 있다.

② 소비자중심경영인증을 받으려는 사업자는 대통령령으로 정하는 바에 따라 공정거래위원회에 신청하여야 한다.

③ 소비자중심경영인증을 받은 사업자는 대통령령으로 정하는 바에 따라 그 인증의 표시를 할 수 있다.

④ 소비자중심경영인증의 유효기간은 그 인증을 받은 날부터 2년으로 한다.

⑤ 공정거래위원회는 소비자중심경영을 활성화하기 위하여 대통령령으로 정하는 바에 따라 소비자중심경영인증을 받은 기업에 대하여 포상 또는 지원 등을 할 수 있다.

⑥ 공정거래위원회는 소비자중심경영인증을 신청하는 사업자에 대하여 대통령령으로 정하는 바에 따라 그 인증의 심사에 소요되는 비용을 부담하게 할 수 있다.

⑦ 제1항부터 제6항까지의 규정 외에 소비자중심경영인증의 기준 및 절차 등에 필요한 사항은 대통령령으로 정한다.

[본조신설 2017. 10. 31.]

▍목 차

I. 소비자중심경영인증 제도

공정거래위원회는 물품의 제조·수입·판매 또는 용역의 제공의 모든 과정이 소비자 중심으로 이루어지는 경영(이하 "소비자중심경영")을 하는 사업자에 대하여 소비자중심경영에 대한 인증(이하 "소비자중심경영인증")을 할 수 있다(법 제

20조의2 제1항).[1]

소비자중심경영(CCM) 인증제도는 당초 CCMS(Consumer Complaints Management System, 소비자불만 자율관리 프로그램)란 이름으로 도입되었으나, 2011년 8월 CCMS를 CCM(Consumer – Centered Management: 소비자중심경영)으로 개편하였다.

한편 2007년부터 소비자를 위한 기업 경영 확대를 유도하기 위하여 물품 등의 제조·수입·판매·제공의 모든 과정이 소비자 중심으로 이루어지는 경영을 하는 사업자에 대하여 소비자중심경영 인증제도를 운영하고 있었음에도 인증제도와 관련된 명시적 법적근거가 없었다. 이에 2017년 10월 31일 소비자기본법개정으로 소비자중심경영인증의 기준 및 절차와 인증기관의 지정등 제도운영에 관한 세부사항을 정하였다.

Ⅱ. 인증의 신청

소비자중심경영인증을 받으려는 사업자는 *대통령령*[2]으로 정하는 바에 따라 공정거래위원회에 신청하여야 한다(법 제20조의2 제2항). 소비자중심경영인증의 유효기간은 그 인증을 받은 날부터 2년으로 한다(법 제20조의2 제4항).

Ⅲ. 인증의 표시

소비자중심경영인증을 받은 사업자는 *대통령령*[3]으로 정하는 바에 따라 그

---

1) 제11조의2(소비자중심경영인증) ① 법 제20조의2제1항에 따른 소비자중심경영인증(이하 "인증"이라 한다)을 받으려는 사업자는 공정거래위원회가 정하여 고시하는 경영목표, 경영방식 및 성과관리 등의 심사항목과 심사항목별 배점에 따른 인증기준을 갖추어야 한다.

2) 제11조의2(소비자중심경영인증) ② 인증을 받으려는 사업자는 법 제20조의2제2항에 따라 인증신청서에 사업자등록증 및 조직도 등 공정거래위원회가 정하여 고시하는 서류를 첨부하여 공정거래위원회에 신청하여야 한다. ③ 공정거래위원회는 제2항에 따른 신청에 대한 심사결과 인증기준에 적합한 경우에는 사업자에게 소비자중심경영인증서를 발급하여야 하며, 부적합한 경우에는 지체 없이 그 사유를 명시하여 알려야 한다. ④ 공정거래위원회는 제3항에 따라 인증을 하는 경우 공정거래위원회가 정하여 고시하는 바에 따라 등급을 구분하여 인증을 할 수 있다.

3) 제11조의3(인증표시의 사용) ① 인증을 받은 사업자는 법 제20조의2제3항에 따라 제품의 포장·용기, 홍보물, 문서 등에 인증의 표시를 할 수 있다. ② 제1항에 따라 인증의 표시를 하는

인증의 표시를 할 수 있다(법 제20조의2 제3항).

Ⅳ. 포상 또는 지원

공정거래위원회는 소비자중심경영을 활성화하기 위하여 *대통령령*[4]으로 정하는 바에 따라 소비자중심경영인증을 받은 기업에 대하여 포상 또는 지원 등을 할 수 있다(법 제20조의2 제5항).

Ⅴ. 비용부담

공정거래위원회는 소비자중심경영인증을 신청하는 사업자에 대하여 *대통령령*[5]으로 정하는 바에 따라 그 인증의 심사에 소요되는 비용을 부담하게 할 수 있다(법 제20조의2 제6항).

Ⅵ. 기타 필요사항

제1항부터 제6항까지의 규정 외에 소비자중심경영인증의 기준 및 절차 등에 필요한 사항은 *대통령령*으로 정한다(법 제20조의2 제7항).

경우에는 소비자가 알아보기 쉽도록 인쇄하거나 각인하는 등의 방법으로 표시하여야 한다. ③ 제1항 및 제2항에서 규정하는 사항 외에 인증의 도안, 규격 등 표시방법에 대한 사항은 공정거래위원회가 정하여 고시한다.

4) 제11조의4(포상 또는 지원 등) ① 공정거래위원회는 법 제20조의2제5항에 따라 포상 또는 지원 등을 하는 경우 인증의 등급에 따라 그 내용을 달리 정할 수 있다. ② 포상 또는 지원 등의 요건, 절차, 심사방법 등에 대한 사항은 공정거래위원회가 정하여 고시한다.

5) 제11조의5(인증심사비용) ① 법 제20조의2제6항에 따른 인증심사비용은 인증을 신청하는 사업자가 부담한다. 다만, 「중소기업기본법」 제2조에 따른 중소기업 등에 대해서는 비용을 감면할 수 있다. ② 제1항에 따른 인증심사비용, 감면대상 및 감면비율 등은 공정거래위원회가 정하여 고시한다.

제20조의3(소비자중심경영인증기관의 지정 등)

① 공정거래위원회는 소비자중심경영에 관하여 전문성이 있는 기관 또는 단체를 대통령령으로 정하는 바에 따라 소비자중심경영인증기관(이하 "인증기관"이라 한다)으로 지정하여 소비자중심경영인증에 관한 업무(이하 "인증업무"라 한다)를 수행하게 할 수 있다.

② 인증업무를 수행하는 인증기관의 임직원은 「형법」 제129조부터 제132조까지의 규정을 적용할 때에는 공무원으로 본다.

③ 공정거래위원회는 인증기관이 다음 각 호의 어느 하나에 해당하는 경우에는 인증기관의 지정을 취소하거나 1년 이내의 기간을 정하여 업무의 정지를 명할 수 있다. 다만, 제1호 또는 제5호에 해당하면 그 지정을 취소하여야 한다.

1. 거짓이나 부정한 방법으로 지정을 받은 경우
2. 업무정지명령을 위반하여 그 정지기간 중 인증업무를 행한 경우
3. 고의 또는 중대한 과실로 제20조의2제7항에 따른 소비자중심경영인증의 기준 및 절차를 위반한 경우
4. 정당한 사유 없이 인증업무를 거부한 경우
5. 파산 또는 폐업한 경우
6. 그 밖에 휴업 또는 부도 등으로 인하여 인증업무를 수행하기 어려운 경우

[본조신설 2017. 10. 31.]

목 차

I. 인증기관의 지정

공정거래위원회는 소비자중심경영에 관하여 전문성이 있는 기관 또는 단체를 *대통령령*[1]으로 정하는 바에 따라 소비자중심경영인증기관(이하 "인증기관")으

---

1) 제11조의6(소비자중심경영인증기관의 지정) ① 공정거래위원회는 법 제20조의3제1항에 따라

로 지정하여 소비자중심경영인증에 관한 업무(이하 "인증업무")를 수행하게 할 수 있다(법 제20조의3 제1항). 현재 한국소비자원이 평가업무를 담당하고 있다.

인증업무를 수행하는 인증기관의 임직원은 「형법」제129조부터 제132조까지의 규정을 적용할 때에는 공무원으로 본다(법 제20조의3 제2항).

Ⅱ. 인증기관의 취소 또는 업무정지 명령

공정거래위원회는 인증기관이 ① 거짓이나 부정한 방법으로 지정을 받은 경우(제1호), ② 업무정지명령을 위반하여 그 정지기간 중 인증업무를 행한 경우(제2호), ③ 고의 또는 중대한 과실로 제20조의2 제7항에 따른 소비자중심경영인증의 기준 및 절차를 위반한 경우(제3호), ④ 정당한 사유 없이 인증업무를 거부한 경우(제4호), ⑤ 파산 또는 폐업한 경우(제5호), ⑥ 그 밖에 휴업 또는 부도 등으로 인하여 인증업무를 수행하기 어려운 경우(제6호)의 어느 하나에 해당하는 경우에는 인증기관의 지정을 취소하거나 1년 이내의 기간을 정하여 업무의 정지를 명할 수 있다. 다만, 제1호 또는 제5호에 해당하면 그 지정을 취소하여야 한다(법 제20조의3 제3항).

다음 각 호의 어느 하나에 해당하는 기관 중에서 소비자중심경영인증기관(이하 "인증기관"이라 한다)을 지정할 수 있다. 1. 한국소비자원 2. 다른 법률에 따라 소비자와 관련된 인증 · 평가업무를 위임 · 위탁받아 2년 이상 해당 업무를 수행한 법인 · 단체 또는 기관 ② 공정거래위원회는 인증기관을 지정한 경우에는 그 사실을 고시하여야 한다. ③ 공정거래위원회는 인증기관에 대하여 인증업무를 수행하는 데 필요한 경비를 예산의 범위에서 지원할 수 있다.

제20조의4(소비자중심경영인증의 취소)

① 공정거래위원회는 소비자중심경영인증을 받은 사업자가 다음 각 호의 어느 하나에 해당하면 그 인증을 취소할 수 있다. 다만, 제1호에 해당하면 그 인증을 취소하여야 한다.

1. 거짓이나 부정한 방법으로 소비자중심경영인증을 받은 경우
2. 제20조의2제7항에 따른 소비자중심경영인증의 기준에 적합하지 아니하게 된 경우
3. 소비자중심경영인증을 받은 후에 소비자의 생명·신체 또는 재산의 보호 등에 관한 법률로서 대통령령으로 정하는 법률을 위반하여 관계 중앙행정기관으로부터 시정명령 등 대통령령으로 정하는 조치를 받은 경우

② 공정거래위원회는 제1항제1호 또는 제3호에 따라 소비자중심경영인증이 취소된 사업자에 대하여 그 인증이 취소된 날부터 3년 이내의 범위에서 대통령령으로 정하는 기간 동안에는 소비자중심경영인증을 하여서는 아니 된다.

[본조신설 2017. 10. 31.]

목 차

Ⅰ. 인증의 취소

공정거래위원회는 소비자중심경영인증을 받은 사업자가 ① 거짓이나 부정한 방법으로 소비자중심경영인증을 받은 경우(제1호), ② 제20조의2 제7항에 따른 소비자중심경영인증의 기준에 적합하지 아니하게 된 경우(제2호), ③ 소비자중심경영인증을 받은 후에 소비자의 생명·신체 또는 재산의 보호 등에 관한 법률로서 *대통령령*으로 정하는 법률을 위반하여 관계 중앙행정기관으로부터 시정명령 등 *대통령령*[1]으로 정하는 조치를 받은 경우(제3호)의 어느 하나에 해당하

---

1) 제11조의7(소비자중심경영인증의 취소) ① 법 제20조의4제1항제3호에서 "대통령령으로 정하는 법률을 위반하여 관계 중앙행정기관으로부터 시정명령 등 대통령령으로 정하는 조치를 받

면 그 인증을 취소할 수 있다. 다만, 제1호에 해당하면 그 인증을 취소하여야
한다(법 제24조의4 제1항).

Ⅱ. 인증금지의 기간

　　공거래위원회는 제1항 제1호 또는 제3호에 따라 소비자중심경영인증이 취
소된 사업자에 대하여 그 인증이 취소된 날부터 3년 이내의 범위에서 *대통령
령²⁾*으로 정하는 기간 동안에는 소비자중심경영인증을 하여서는 아니 된다(법 제
24조의4 제2항). 즉 거짓이나 부정한 방법으로 받은 경우는 3년, 법 위반행위로
인한 경우에는 2년 이내에는 인증이 금지된다.

은 경우"란 다음 각 호와 같다. 1. 「방문판매 등에 관한 법률」을 위반하여 공정거래위원회로
부터 같은 법 제49조에 따라 시정조치 등을 받거나 같은 법 제51조에 따른 과징금 부과처분
을 받은 경우 2. 「전자상거래 등에서의 소비자보호에 관한 법률」을 위반하여 공정거래위원회
로부터 같은 법 제32조에 따라 시정조치 등을 받거나 같은 법 제34조에 따른 과징금 부과처
분을 받은 경우 3. 「할부거래에 관한 법률」을 위반하여 공정거래위원회 등으로부터 같은 법
제39조에 따라 시정조치를 받거나 같은 법 제40조에 따른 영업정지 등 또는 같은 법 제42조
에 따른 과징금 부과처분을 받은 경우 4. 「표시·광고의 공정화에 관한 법률」을 위반하여 공
정거래위원회로부터 같은 법 제7조에 따라 시정조치를 받거나 같은 법 제9조에 따른 과징금
부과처분을 받은 경우 5. 「독점규제 및 공정거래에 관한 법률」을 위반하여 공정거래위원회로
부터 같은 법 제49조 또는 제49조(같은 법 제46조를 위반한 경우로 한정)에 따라 시정조치를
받거나 같은 법 제43조 또는 제50조(같은 법 제46조를 위반한 경우로 한정)에 따른 과징금 부
과처분을 받은 경우.
2)　제11조의7(소비자중심경영인증의 취소) ② 법 제20조의4제2항에서 "대통령령이 정하는 기간"
　이란 다음 각 호의 구분에 따른 기간을 말한다. 1. 법 제20조의4제1항제1호에 따라 인증이 취
　소된 사업자: 그 인증이 취소된 날부터 3년 2. 법 제20조의4제1항제3호에 따라 인증이 취소된
　사업자: 그 인증이 취소된 날부터 2년

제**4**장

▼

소비자정책의 추진체계

제21조(기본계획의 수립 등)

① 공정거래위원회는 제23조의 규정에 따른 소비자정책위원회의 심의·의결을 거쳐 소비자정책에 관한 기본계획(이하 "기본계획"이라 한다)을 3년마다 수립하여야 한다. <개정 2008. 2. 29.>

② 기본계획에는 다음 각 호의 사항이 포함되어야 한다.

　　1.　소비자정책과 관련된 경제·사회 환경의 변화

　　2.　소비자정책의 기본방향

　　3.　다음 각 목의 사항이 포함된 소비자정책의 목표

　　　가.　소비자안전의 강화

　　　나.　소비자와 사업자 사이의 거래의 공정화 및 적정화

　　　다.　소비자교육 및 정보제공의 촉진

　　　라.　소비자피해의 원활한 구제

　　　마.　국제소비자문제에 대한 대응

　　　바.　그 밖에 소비자의 권익과 관련된 주요한 사항

　　4.　소비자정책의 추진과 관련된 재원의 조달방법

　　5.　어린이 위해방지를 위한 연령별 안전기준의 작성

　　6.　그 밖에 소비자정책의 수립과 추진에 필요한 사항

③ 공정거래위원회는 제23조의 규정에 따른 소비자정책위원회의 심의·의결을 거쳐 기본계획을 변경할 수 있다.<개정 2008. 2. 29.>

④ 기본계획의 수립·변경 절차 등에 관하여 필요한 사항은 대통령령으로 정한다.

기본계획의 수립·변경 절차 등에 관하여 필요한 사항은 *대통령령*[1]으로 정한다.

제22조(시행계획의 수립 등)

① 관계 중앙행정기관의 장은 기본계획에 따라 매년 10월 31일까지 소관 업무에 관하여 다음 연도의 소비자정책에 관한 시행계획(이하 "중앙행정기관별시행계획"이라 한다)을 수립하여야 한다.

② 특별시장·광역시장·특별자치시장·도지사 또는 특별자치도지사(이하 "시·도지사"라한다)는 기본계획과 중앙행정기관별시행계획에 따라 매년 11월 30일까지 소비자정책에 관한 다음 연도의 시·도별시행계획(이하 "시·도별시행계획"이라 한다)을 수립하여야 한다.<개정 2010. 3. 22., 2016. 3. 29.>

③ 공정거래위원회는 매년 12월 31일까지 중앙행정기관별시행계획 및 시·도별시행계획을 취합·조정하여 제23조의 규정에 따른 소비자정책위원회의 심의·의결을 거쳐 종합적인 시행계획(이하 "종합시행계획"이라 한다)을 수립하여야 한다.<개정 2008. 2. 29.>

④ 관계 중앙행정기관의 장 및 시·도지사는 종합시행계획이 실효성 있게 추진될 수 있도록 매년 소요비용에 대한 예산편성 등 필요한 재정조치를 강구하여야 한다.

⑤ 종합시행계획의 수립 및 그 집행실적의 평가 등에 관하여 필요한 사항은 대통령령으로 정한다.

종합시행계획의 수립 및 그 집행실적의 평가 등에 관하여 필요한 사항은

---

[1] 제12조(기본계획의 수립과 변경) ① 공정거래위원회는 법 제21조제1항에 따라 소비자정책에 관한 기본계획(이하 "기본계획")을 수립하려는 때에는 관계 중앙행정기관의 장 및 시·도지사에게 기본계획에 반영되어야 할 정책과 사업에 관한 자료의 제출을 요청할 수 있다. 이 경우 관계 중앙행정기관의 장 및 시·도지사는 특별한 사유가 없으면 요청에 따라야 한다. ② 공정거래위원회는 제1항에 따라 제출받은 정책과 사업에 관한 자료를 기초로 총괄·조정하여 기본계획안을 작성하며, 제출된 정책과 사업 외에 기본계획에 포함되는 것이 타당하다고 인정되는 사항은 관계 중앙행정기관의 장 및 시·도지사와 협의하여 기본계획안에 반영할 수 있다. ③ 제2항에 따라 작성된 기본계획안은 제14조의 소비자정책위원회의 심의·의결을 거쳐 기본계획으로 확정한다. ④ 공정거래위원회는 기본계획이 확정되면 지체 없이 관계 중앙행정기관의 장 및 시·도지사에게 통보하여야 한다. ⑤ 확정된 기본계획의 변경에 관하여는 제1항부터 제4항까지의 규정을 준용한다.

*대통령령*1)으로 정한다.

---

1) 제13조(시행계획의 수립 및 추진실적 평가) ① 관계 중앙행정기관의 장 및 시·도지사는 법
   제22조제1항에 따른 중앙행정기관별시행계획(이하 "중앙행정기관별시행계획")이나 같은 조제2
   항에 따른 시·도별시행계획(이하 "시·도별시행계획")을 수립·시행하기 위하여 필요한 경우
   에는 관계 행정기관 및 공공기관이나 단체의 장에게 협조를 요청할 수 있다. ② 관계 중앙행
   정기관의 장 및 시·도지사는 지난해의 중앙행정기관별시행계획이나 시·도별시행계획의 추진
   실적을 평가한 후 그 결과를 매년 1월 31일까지 공정거래위원회에 제출하여야 한다. ③ 공정
   거래위원회는 제2항에 따라 제출받은 추진실적결과를 종합하여 기본계획의 성과를 정기적으
   로 평가한 후 그 결과를 기본계획의 수립·변경에 반영하여야 한다.

제2절 소비자정책위원회

제23조(소비자정책위원회의 설치)

소비자의 권익증진 및 소비생활의 향상에 관한 기본적인 정책을 종합·조정하고 심의·의결하기 위하여 국무총리 소속으로 소비자정책위원회(이하 "정책위원회"라 한다)를 둔다.<개정 2008. 2. 29., 2017. 10. 31.>

[참고문헌]

단행본: 공정거래백서, 공정거래위원회, 2018

소비자정책위원회가 실질적인 범정부 컨트롤 타워로서의 위상과 기능을 갖도록 소비자정책위원회 위원장을 국무총리로, 공정거래위원장을 간사위원으로 변경함으로써 상급기관인 국무총리의 국정 총괄·조정 기능을 활용토록 하고, 긴급상황 발생 시 국무총리 주재로 간사인 공정거래위원회와 소비자피해발생 관련 부처들로 구성된 긴급회의를 개최하여 종합대책을 수립할 수 있도록 하는 등의 법적 근거를 마련하였다.[1]

---

1) 이상 공정거래백서(2018), 30~31면.

제24조(정책위원회의 구성)

① 정책위원회는 위원장 2명을 포함한 25명 이내의 위원으로 구성한다.<개정 2017. 10.31.>

② 위원장은 국무총리와 소비자문제에 관하여 학식과 경험이 풍부한 자 중에서 대통령이 위촉하는 자가 된다.<개정 2008. 2. 29., 2017. 10. 31.>

③ 위원은 관계 중앙행정기관의 장 및 제38조의 규정에 따른 한국소비자원의 원장(이하 "원장"이라 한다)과 다음 각 호의 어느 하나에 해당하는 자 중에서 국무총리가 위촉하는 자가 된다.<개정 2008. 2. 29., 2017. 10. 31.>

1. 소비자문제에 관한 학식과 경험이 풍부한 자

2. 제29조의 규정에 따라 등록한 소비자단체(이하 "등록소비자단체"라 한다) 및 대통령령이 정하는 경제단체에서 추천하는 소비자대표 및 경제계대표

④ 제2항의 규정에 따른 위촉위원장 및 제3항의 규정에 따른 위촉위원의 임기는 3년으로 한다.

⑤ 정책위원회의 효율적 운영 및 지원을 위하여 정책위원회에 간사위원 1명을 두며, 간사위원은 공정거래위원회위원장이 된다.<개정 2017. 10. 31.>

⑥ 국무총리는 제3항 각 호의 위촉위원이 다음 각 호의 어느 하나에 해당하는 경우에는 해당 위원을 해촉(解囑)할 수 있다.<신설 2017. 10. 31.>

1. 심신장애로 인하여 직무를 수행할 수 없게 된 경우

2. 직무와 관련된 비위사실이 있는 경우

3. 직무태만, 품위손상, 그 밖의 사유로 인하여 위원으로 적합하지 아니하다고 인정되는 경우

4. 위원 스스로 직무를 수행하는 것이 곤란하다고 의사를 밝히는 경우

⑦ 정책위원회의 사무를 처리하기 위하여 공정거래위원회에 사무국을 두고, 그 조직·구성 및 운영 등에 필요한 사항은 대통령령으로 정한다.<신설 2017. 10. 31.>

목 차

Ⅰ. 정책위원회의 구성

정책위원회는 위원장 2명을 포함한 25인 이내의 위원으로 구성한다(법 제24
조 제1항).

정책위원회의 효율적 운영 및 지원을 위하여 정책위원회에 간사위원 1명을
두며, 간사위원은 공정거래위원회위원장이 된다(법 제24조 제5항).

위원장은 국무총리와 소비자문제에 관하여 학식과 경험이 풍부한 자 중에
서 대통령이 위촉하는 자가 된다(법 제24조 제2항).[1]

위원은 관계 중앙행정기관의 장[2] 및 제38조의 규정에 따른 한국소비자원의
원장(이하 "원장")과 ① 소비자문제에 관한 학식과 경험이 풍부한 자(제1호), ②
제29조의 규정에 따라 등록한 소비자단체(이하 "등록소비자단체") 및 *대통령령*[3]
이 정하는 경제단체에서 추천하는 소비자대표 및 경제계대표(제2호)의 어느 하
나에 해당하는 자 중에서 국무총리가 위촉하는 자가 된다(법 제24조 제3항).

Ⅱ. 위원의 임기

제2항의 규정에 따른 위촉위원장 및 제3항의 규정에 따른 위촉위원의 임기
는 3년으로 한다(법 제24조 제4항).

---

[1] 제15조(위원장의 직무) ① 정책위원회의 위원장은 각자 정책위원회를 대표하고, 위원회의 업
   무를 총괄한다. ② 정책위원회의 위원장 모두가 부득이한 사유로 직무를 수행할 수 없는 경우
   에는 제14조제1항에 규정된 순서에 따라 정책위원회의 위원이 그 직무를 대행한다.

[2] 제14조(정책위원회의 구성) ① 법 제23조에 따른 소비자정책위원회(이하 "정책위원회"라 한
   다)의 위원이 되는 관계 중앙행정기관의 장은 기획재정부장관·행정안전부장관·농림축산식품
   부장관·산업통상자원부장관·보건복지부장관·환경부장관·국토교통부장관 및 공정거래위원회
   위원장으로 한다.

[3] 제14조(정책위원회의 구성) ② 법 제24조제3항제2호에서 "대통령령이 정하는 경제단체"란 다음
   각 호의 단체를 말한다. 1.「상공회의소법」에 따른 대한상공회의소 2.「중소기업협동조합법」에
   따른 중소기업중앙회 3. 사업자 등을 회원으로 하여「민법」에 따라 설립된 사단법인으로서 정
   관에 따라 기업경영의 합리화 또는 건전한 기업문화 조성에 관한 사업을 수행하는 법인 중 공
   정거래위원회가 정하여 고시하는 법인; 제4호에 따라「소비자정책위원회 위원 추천 관련 고시
   」[공정거래위원회고시 제2008-15호(2008. 2. 29.)]에서 전국경제인연합회로 정하고 있음.

Ⅲ. 위원의 해촉

국무총리는 제3항 각 호의 위촉위원이 ① 심신장애로 인하여 직무를 수행할 수 없게 된 경우(제1호), ② 직무와 관련된 비위사실이 있는 경우(제2호), ③ 직무태만, 품위손상, 그 밖의 사유로 인하여 위원으로 적합하지 아니하다고 인정되는 경우(제3호), ④ 위원 스스로 직무를 수행하는 것이 곤란하다고 의사를 밝히는 경우(제4호)의 어느 하나에 해당하는 경우에는 해당 위원을 해촉(解囑)할 수 있다(법 제24조 제6항).

Ⅳ. 사무국의 설치

정책위원회의 사무를 처리하기 위하여 공정거래위원회에 사무국을 두고, 그 조직·구성 및 운영 등에 필요한 사항은 *대통령령*으로 정한다(법 제24조 제7항).

제25조(정책위원회의 기능 등)

① 정책위원회는 다음 각 호의 사항을 종합·조정하고 심의·의결한다.<개정 2016. 3. 2 9., 2017. 10. 31.>

　1. 기본계획 및 종합시행계획의 수립·평가와 그 결과의 공표

　2. 소비자정책의 종합적 추진 및 조정에 관한 사항

　3. 소비자보호 및 안전 확보를 위하여 필요한 조치에 관한 사항

　4. 소비자정책의 평가 및 제도개선·권고 등에 관한 사항

　5. 그 밖에 위원장이 소비자의 권익증진 및 소비생활의 향상을 위하여 토의에 부치는 사항

② 정책위원회는 소비자의 기본적인 권리를 제한하거나 제한할 우려가 있다고 평가한 법령·고시·예규·조례 등에 대하여 중앙행정기관의 장 및 지방자치단체의 장에게 법령의 개선 등 필요한 조치를 권고할 수 있다.<신설 2016. 3. 29.>

③ 정책위원회는 제2항에 따른 법령의 개선 등 필요한 조치를 권고하기 전에 중앙행정기관의 장 및 지방자치단체의 장에게 미리 의견을 제출할 기회를 주어야 한다.<신설 2016. 3. 29.>

④ 중앙행정기관의 장 및 지방자치단체의 장은 제2항에 따른 권고를 받은 날부터 3개월 내에 필요한 조치의 이행계획을 수립하여 정책위원회에 통보하여야 한다.<신설 2016. 3. 29.>

⑤ 정책위원회는 제4항에 따라 통보받은 이행계획을 검토하여 그 결과를 공표할 수 있다.<신설 2016. 3. 29.>

⑥ 정책위원회는 업무를 효율적으로 수행하기 위하여 정책위원회에 실무위원회와 분야별 전문위원회를 둘 수 있다.<개정 2016. 3. 29.>

⑦ 이 법에 규정한 것 외에 정책위원회·실무위원회 및 전문위원회의 조직과 운영에 관하여 필요한 사항은 대통령령으로 정한다.<개정 2016. 3. 29.>

목 차

Ⅰ. 심의·의결 사항

정책위원회는 ① 기본계획 및 종합시행계획의 수립·평가와 그 결과의 공표(제1호), ② 소비자정책의 종합적 추진 및 조정에 관한 사항(제2호), ③ 소비자보호 및 안전 확보를 위하여 필요한 조치에 관한 사항(제3호), ④ 소비자정책의 평가 및 제도개선·권고 등에 관한 사항(제4호), ⑤ 그 밖에 위원장이 소비자의 권익증진 및 소비생활의 향상을 위하여 토의에 부치는 사항(제5호)을 종합·조정하고 심의·의결한다(법 제25호 제1항).

소비자정책의 평가 및 제도개선·권고 등에 관한 사항(제4호)와 관련하여 공정거래위원회는 「소비자 지향적 제도개선 사업 업무 운영지침」[1]을 제정·운영하고 있다. 한편 공정거래위원회는 「소비자지향성 평가사업 업무 운영지침」[2]을 별도로 제정·운영하고 있다.

Ⅱ. 법령개선 등의 권고

정책위원회는 소비자의 기본적인 권리를 제한하거나 제한할 우려가 있다고 평가한 법령·고시·예규·조례 등에 대하여 중앙행정기관의 장 및 지방자치단체의 장에게 법령의 개선 등 필요한 조치를 권고할 수 있다(법 제25조 제2항).

1. 의견제출 기회 제공의무

정책위원회는 제2항에 따른 법령의 개선 등 필요한 조치를 권고하기 전에 중앙행정기관의 장 및 지방자치단체의 장에게 미리 의견을 제출할 기회를 주어야 한다(법 제25조 제3항).

2. 이행계획 통보의무

중앙행정기관의 장 및 지방자치단체의 장은 제2항에 따른 권고를 받은 날부터 3개월 내에 필요한 조치의 이행계획을 수립하여 정책위원회에 통보하여야

---

1) 공정거래위원회예규 제340호(2020. 1. 31).
2) 공정거래위원회예규 제407호(2022. 7. 18).

한다(법 제25조 제4항).

3. 이행계획 공표

정책위원회는 제4항에 따라 통보받은 이행계획을 검토하여 그 결과를 공표할 수 있다(법 제25조 제5항).

Ⅲ. 실무위원회 및 분야별 전문위원회의 설치

정책위원회는 업무를 효율적으로 수행하기 위하여 정책위원회에 실무위원회와 분야별 전문위원회를 둘 수 있다(법 제25조 제6항).

Ⅳ. 기타 필요사항

이 법에 규정한 것 외에 정책위원회·실무위원회 및 전문위원회의 조직과 운영에 관하여 필요한 사항은 *대통령령*3)으로 정한다(법 제25조 제3항).

---

3) 제16조(정책위원회의 회의) ① 정책위원회의 회의는 재적위원 과반수의 출석으로 열고, 출석위원 과반수의 찬성으로 의결한다. ② 정책위원회의 위원장은 필요하다고 인정하는 경우 위원이 아닌 사람을 회의에 참석하게 하여 발언하게 하거나 배석하게 할 수 있다.
제17조(실무위원회의 조직과 운영) ① 법 제25조제6항에 따라 정책위원회에 올릴 안건을 미리 검토·조정하고, 정책위원회의 운영을 지원하기 위하여 실무위원회를 둔다. ② 제1항에 따른 실무위원회는 위원장 1명을 포함한 20명 이내의 위원으로 구성한다. ③ 실무위원회의 위원장은 공정거래위원회위원장이 되고 실무위원회의 위원은 다음 각 호의 사람이 된다. <u>1. 제14조제1항에 따른 관계 중앙행정기관 및 법 제25조제1항에 따른 정책위원회의 심의·의결 사항과 관계되는 중앙행정기관의 차관·차장(복수차관 또는 차장이 있는 기관은 해당 기관의 장이 지명하는 차관 또는 차장을 말한다) 또는 이에 상당하는 공무원 중 소속 기관의 장이 지명하는 사람 각 1명 2. 한국소비자원의 원장</u>
제18조(전문위원회의 조직과 운영) ① 법 제25조제6항에 따라 정책위원회에 올릴 안건 중 전문성이 요구되는 사안에 대한 연구·검토를 수행하도록 하기 위하여 분야별 전문위원회를 둔다. ② 제1항에 따른 각각의 전문위원회는 위원장 1명을 포함한 15명 이내의 전문위원으로 구성한다. ③ 전문위원회의 위원장은 법 제24조제3항에 따라 위촉하는 위원 중에서 국무총리인 정책위원회 위원장이 다른 정책위원회 위원장과 협의하여 임명하거나 위촉하고, 전문위원회의 위원은 다음 각 호의 사람이 된다. <u>1. 제14조제1항에 따른 관계 중앙행정기관 및 법 제25조제1항에 따른 정책위원회의 심의·의결 사항과 관계되는 중앙행정기관에 소속된 고위공무원단에 속하는 일반직 공무원 또는 이에 상당하는 공무원 중 소속 기관의 장이 지명하는 사람 각 1명 2. 한국소비자원의 원장이 지명하는 한국소비자원의 임원 1명 3. 해당 분야에 관하여 학식과 경험이 풍부한 사람 중에서 국무총리인 정책위원회의 위원장이 위촉하는 사람</u>
제19조(정책위원회 등의 운영세칙) 이 영에서 규정한 사항 외에 정책위원회·실무위원회·전문

제25조의2(긴급대응 등)

① 위원장은 다음 각 호에 해당한다고 인정하는 경우에는 긴급회의를 소집할 수 있다.

   1. 사업자가 제공하는 물품등으로 인하여 소비자의 생명 또는 신체에 대통령령으로 정하는 위해가 발생하였거나 발생할 우려가 있는 경우

   2. 제1호에 따른 위해의 발생 또는 확산을 방지하기 위하여 복수의 중앙행정기관에 의한 종합적인 대책 마련이 필요한 경우

② 긴급회의는 위원장, 간사위원 및 위원장이 종합적인 대책의 수립과 관계된다고 인정하는 중앙행정기관의 장으로 구성한다.

③ 긴급회의는 제1항에 따른 위해의 발생 및 확산을 방지하기 위한 종합대책을 마련할 수 있다.

④ 중앙행정기관의 장은 제3항에 따라 마련된 종합대책에 필요한 세부계획을 즉시 수립하고, 해당 세부계획의 이행 상황 및 결과를 정책위원회에 보고하여야 한다.

⑤ 중앙행정기관의 장 및 지방자치단체의 장은 제1항의 요건에 해당한다고 인정되는 위해가 신고 또는 보고되거나 이러한 위해를 인지한 경우에는 즉시 정책위원회에 해당 내용을 통보하여야 한다.

⑥ 정책위원회는 제3항에 따른 종합대책을 마련하기 위하여 필요한 경우에는 중앙행정기관 및 그 소속기관, 「공공기관의 운영에 관한 법률」 제4조에 따른 공공기관에 자료를 요청하거나 피해의 발생원인·범위 등의 조사·분석·검사를 요청할 수 있다.

⑦ 제1항부터 제6항까지 규정한 사항 외에 긴급회의의 운영, 종합대책 수립에 따른 중앙행정기관의 이행에 대한 점검 및 결과 공표 등 필요한 사항은 대통령령으로 정한다.

[본조신설 2017. 10. 31.]

목 차

위원회 및 긴급회의의 운영 등에 필요한 사항은 정책위원회의 의결을 거쳐 위원장이 정한다. 제20조(지방소비자정책위원회 설치) ① 시·도지사는 특별시·광역시·도 또는 특별자치도(이하 "시·도"라 한다)의 소비자권익증진시책 수립 및 시행에 필요한 사항을 심의하기 위하여 지방소비자정책위원회를 둘 수 있다. ② 제1항에 따른 지방소비자정책위원회의 조직과 운영에 필요한 사항은 해당 지방자치단체의 조례로 정한다.

Ⅰ. 긴급회의의 소집 및 구성

위원장은 ① 사업자가 제공하는 물품등으로 인하여 소비자의 생명 또는 신체에 *대통령령*[1]으로 정하는 위해가 발생하였거나 발생할 우려가 있는 경우(제1호), ② 제1호에 따른 위해의 발생 또는 확산을 방지하기 위하여 복수의 중앙행정기관에 의한 종합적인 대책 마련이 필요한 경우(제2호)에는 긴급회의를 소집할 수 있다(법 제25조의2 제1항).

긴급회의는 위원장, 간사위원 및 위원장이 종합적인 대책의 수립과 관계된다고 인정하는 중앙행정기관의 장으로 구성한다(법 제25조의2 제2항).

Ⅱ. 종합대책의 마련

긴급회의는 제1항에 따른 위해의 발생 및 확산을 방지하기 위한 종합대책을 마련할 수 있다(법 제25조의2 제3항).

중앙행정기관의 장은 제3항에 따라 마련된 종합대책에 필요한 세부계획을 즉시 수립하고, 해당 세부계획의 이행 상황 및 결과를 정책위원회에 보고하여야 한다(법 제25조의2 제4항).

중앙행정기관의 장 및 지방자치단체의 장은 제1항의 요건에 해당한다고 인정되는 위해가 신고 또는 보고되거나 이러한 위해를 인지한 경우에는 즉시 정책위원회에 해당 내용을 통보하여야 한다(법 제25조의2 제5항).

정책위원회는 제3항에 따른 종합대책을 마련하기 위하여 필요한 경우에는 중앙행정기관 및 그 소속기관,「공공기관의 운영에 관한 법률」제4조에 따른 공공기관에 자료를 요청하거나 피해의 발생원인·범위 등의 조사·분석·검사를 요청할 수 있다(법 제25조의2 제6항).

---

[1] 제18조의2(위해의 범위) 법 제25조의2제1항제1호에서 "대통령령으로 정하는 위해"란 다음 각 호의 어느 하나에 해당하는 경우를 말한다. 1. 사업자가 제공하는 물품등으로 인한 소비자의 사망 2. 불특정 다수의 소비자에게 발생한 「의료법」 제3조제2항에 따른 의료기관에서 3주 이상의 치료가 필요한 골절·질식·화상·감전 등 신체적 부상이나 질병 3. 그 밖에 중대한 위해로서 복수의 중앙행정기관이 종합대책을 수립하여 대응할 필요가 있다고 정책위원회의 위원장이 판단한 위해

Ⅲ. 기타 필요사항

제1항부터 제6항까지 규정한 사항 외에 긴급회의의 운영, 종합대책 수립에 따른 중앙행정기관의 이행에 대한 점검 및 결과 공표 등 필요한 사항은 *대통령령2)*으로 정한다(법 제25조의2 제7항).

제26조(의견청취 등)

① 정책위원회는 제25조제1항 각 호의 사항을 심의하기 위하여 필요한 경우에는 소비자문제에 관하여 전문지식이 있는 자, 소비자 또는 관계사업자의 의견을 들을 수 있다.

② 공정거래위원회는 소비자권익증진, 정책위원회의 운영 등을 위하여 필요한 경우 중앙행정기관의 장 및 지방자치단체의 장 등 관계 행정기관에 의견제시 및 자료제출을 요청할 수 있다.<개정 2008. 2. 29.>

---

2) 제18조의3(긴급회의의 구성 및 운영 등) ① 국무총리인 정책위원회의 위원장은 긴급회의의 의장이 된다. ② 정책위원회의 위원장은 법 제25조의2제1항에 따라 긴급회의를 소집하려는 경우에는 긴급회의 개최일 전에 회의의 일시·장소 및 안건을 종합적인 대책의 수립과 관계된다고 인정하는 중앙행정기관의 장에게 통보하여야 한다. 다만, 긴급한 사유가 있는 경우에는 그러하지 아니하다. ③ 제2항에 따른 긴급회의의 참석 대상인 중앙행정기관의 장은 관련 대책의 수립에 즉시 착수하는 등 종합대책의 수립에 적극 협력하여야 한다. ④ 중앙행정기관의 장은 긴급회의에서 종합대책이 마련된 경우 다음 각 호의 사항을 포함한 세부계획을 즉시 수립한 후 정책위원회에 보고하여야 한다. 1. 해당 물품등의 종류 2. 해당 물품등이 인체에 미치는 위해의 종류 및 정도 3. 법 제50조에 따른 제조·수입·판매 또는 제공의 금지가 필요한 경우 이에 관한 사항 4. 소비자에 대한 긴급대응요령 등의 교육·홍보에 관한 사항 5. 다른 행정기관의 장의 협조가 필요한 경우 이에 관한 사항 6. 그 밖에 물품등의 위해방지 및 확산을 막기 위하여 필요한 사항 ⑤ 정책위원회는 중앙행정기관의 장이 보고한 세부계획의 보완을 요구할 수 있다. 이 경우 해당 중앙행정기관의 장은 즉시 보완하여야 한다 ⑥ 중앙행정기관의 장은 수립한 세부계획을 즉시 이행하고 이행상황 및 결과를 정책위원회에 보고하여야 한다. ⑦ 정책위원회는 종합대책 시행에 필요한 세부계획의 이행상황을 점검하고 그 결과를 공표할 수 있다. ⑧ 정책위원회의 위원장은 종합대책의 수립을 위하여 필요한 경우 관련 사업자, 지방자치단체 및 공공기관의 장이나 소속 공무원·임직원, 관련 전문가를 긴급회의에 참석하게 하여 의견을 듣거나 필요한 자료 또는 의견의 제출 등을 요청할 수 있다. ⑨ 긴급회의에 출석한 사람에게 예산의 범위에서 수당과 여비를 지급할 수 있다. 다만, 공무원이 그 소관업무와 직접 관련되어 출석한 경우에는 그러하지 아니하다.

제27조(국제협력)

① 국가는 소비자문제의 국제화에 대응하기 위하여 국가 사이의 상호협력방안을 마련하는 등 필요한 대책을 강구하여야 한다.

② 공정거래위원회는 관계 중앙행정기관의 장과 협의하여 국제적인 소비자문제에 대응하기 위한 정보의 공유, 국제협력창구 또는 협의체의 구성·운영 등 관련 시책을 수립·시행하여야 한다.<개정 2008. 2. 29.>

③ 제2항의 규정에 따른 관련 시책의 수립 등에 관하여 필요한 사항은 대통령령으로 정한다.

목 차

Ⅰ. 소비자문제의 국제화 대책 강구의무

국가는 소비자문제의 국제화에 대응하기 위하여 국가 사이의 상호협력방안을 마련하는 등 필요한 대책을 강구하여야 한다(법 제27조 제1항).

공정거래위원회는 소비자분야 국제협력을 위해 OECD 소비자정책위원회(CCP: Committee on Consumer Policy)와 국제소비자보호집행기구(ICPEN: International Consumer Protection Enforcement Network)를 비롯하여 국제소비자제품보건·안전기구(ICPHSO: International Consumer Product Health and Safety Organization) 회의 등에 참여하고 있다. 또한, 공정거래위원회는 동아시아권의 상호 무역 및 여행객이 급증함에 따라 동아시아 국가들과의 협력을 강화하기 위해 아시아 소비자정책포럼을 격년으로 개최하고 있다.

Ⅱ. 정보공유 등 관련 시책의 수립 · 시행의무

공정거래위원회는 관계 중앙행정기관의 장과 협의하여 국제적인 소비자문제에 대응하기 위한 정보의 공유, 국제협력창구 또는 협의체의 구성 · 운영 등 관련 시책을 수립 · 시행하여야 한다(법 제27조 제2항).

제2항의 규정에 따른 관련 시책의 수립 등에 관하여 필요한 사항은 *대통령령*[1]으로 정한다(법 제27조 제3항).

---

1) 제21조(국제협력) ① 공정거래위원회는 법 제27조제2항에 따라 국제협력창구 또는 협의체를 구성하는 경우에는 정책위원회의 심의 · 의결을 거쳐야 한다. ② 공정거래위원회는 제1항에 따라 구성된 국제협력창구 또는 협의체의 운영비용을 예산의 범위 안에서 지원할 수 있다.

제5장

소비자단체

제28조(소비자단체의 업무 등)

① 소비자단체는 다음 각 호의 업무를 행한다.

1. 국가 및 지방자치단체의 소비자의 권익과 관련된 시책에 대한 건의

2. 물품등의 규격·품질·안전성·환경성에 관한 시험·검사 및 가격 등을 포함한 거래조건이나 거래방법에 관한 조사·분석

3. 소비자문제에 관한 조사·연구

4. 소비자의 교육

5. 소비자의 불만 및 피해를 처리하기 위한 상담·정보제공 및 당사자 사이의 합의의 권고

② 소비자단체는 제1항제2호의 규정에 따른 조사·분석 등의 결과를 공표할 수 있다. 다만, 공표되는 사항 중 물품등의 품질·성능 및 성분 등에 관한 시험·검사로서 전문적인 인력과 설비를 필요로 하는 시험·검사인 경우에는 대통령령이 정하는 시험·검사기관의 시험·검사를 거친 후 공표하여야 한다.

③ 소비자단체는 제78조의 규정에 따라 자료 및 정보의 제공을 요청하였음에도 사업자 또는 사업자단체가 정당한 사유 없이 이를 거부·방해·기피하거나 거짓으로 제출한 경우에는 그 사업자 또는 사업자단체의 이름(상호 그 밖의 명칭을 포함한다), 거부 등의 사실과 사유를 「신문 등의 진흥에 관한 법률」에 따른 일반일간신문에 게재할 수 있다.<개정 2009. 7. 31.>

④ 소비자단체는 업무상 알게 된 정보를 소비자의 권익을 증진하기 위한 목적이 아닌 용도에 사용하여서는 아니 된다.

⑤ 소비자단체는 사업자 또는 사업자단체로부터 제공받은 자료 및 정보를 소비자의 권익을 증진하기 위한 목적이 아닌 용도로 사용함으로써 사업자 또는 사업자단체에 손해를 끼친 때에는 그 손해에 대하여 배상할 책임을 진다.

목 차

[참고사례]

　　한국소비자연맹의 금제품 함량검사결과 공표관련 손해배상청구 건{서울고등법원 1990. 6. 8. 선고 90나8536 판결[손해배상(기)]}

I. 소비자단체의 업무

　　소비자단체는 ① 국가 및 지방자치단체의 소비자의 권익과 관련된 시책에 대한 건의(제1호), ② 물품등의 규격·품질·안전성·환경성에 관한 시험·검사 및 가격 등을 포함한 거래조건이나 거래방법에 관한 조사·분석(제2호), ③ 소비자문제에 관한 조사·연구(제3호), ④ 소비자의 교육(제4호), ⑤ 소비자의 불만 및 피해를 처리하기 위한 상담·정보제공 및 당사자 사이의 합의의 권고(제5호)의 업무를 행한다(법 제28조 제1항).

1. 조사·분석 등 결과 공표의무

　　소비자단체는 제1항 제2호의 규정에 따른 조사·분석 등의 결과를 공표할 수 있다. 다만, 공표되는 사항 중 물품등의 품질·성능 및 성분 등에 관한 시험·검사로서 전문적인 인력과 설비를 필요로 하는 시험·검사[1]인 경우에는 *대통령령*[2]이 정하는 시험·검사기관의 시험·검사를 거친 후 공표하여야 한다(법 제28

---

1) 제22조(시험·검사기관의 지정 등) ① 법 제28조제2항 단서에 따른 전문적인 인력과 설비를 필요로 하는 시험·검사는 다음 각 호의 분야에 관한 시험·검사로서 물품등의 품질·성능·성분 및 안전성에 관하여 비교평가나 종합평가가 필요한 시험·검사를 말한다. <u>1. 역학시험(力學 試驗)</u> 2. 화학시험 3. 전기시험 4. 열 및 온도시험 5. 비파괴시험 6. 음향 및 진동시험 7. 광학 및 광도시험 8. 의학시험 9. 생물학적 시험
2) 제22조(시험·검사기관의 지정 등) ② 법 제28조제2항 단서에서 "대통령령이 정하는 시험·검

조 제2항).

2. 자료제출 거부 사실 등 게재

소비자단체는 제78조의 규정에 따라 자료 및 정보의 제공을 요청하였음에도 사업자 또는 사업자단체가 정당한 사유 없이 이를 거부·방해·기피하거나 거짓으로 제출한 경우에는 그 사업자 또는 사업자단체의 이름(상호 그 밖의 명칭을 포함), 거부 등의 사실과 사유를 「신문 등의 진흥에 관한 법률」에 따른 일반 일간신문에 게재할 수 있다(법 제28조 제3항).

Ⅱ. 업무상 정보의 목적외 사용 금지 및 손해배상 책임

업무상 알게 된 정보를 소비자의 권익을 증진하기 위한 목적이 아닌 용도에 사용하여서는 아니 된다(법 제28조 제4항).

사업자 또는 사업자단체로부터 제공받은 자료 및 정보를 소비자의 권익을 증진하기 위한 목적이 아닌 용도로 사용함으로써 사업자 또는 사업자단체에 손해를 끼친 때에는 그 손해에 대하여 배상할 책임을 진다(법 제28조 제5항).

<한국소비자연맹의 금제품 함량검사결과 공표관련 손해배상청구 건>관련 민사소송에서 서울고등법원은 소비자권익의 보호 및 증진을 위한 것으로서 구 소비자보호법에 따른 소비자단체의 정당한 업무행위로 보아야 한다고 판시하였다.[3]

사기관"이란 다음 각 호의 어느 하나에 해당하는 시험·검사기관을 말한다. 1. 국공립검사기관 2. 한국소비자원 3. 「국가표준기본법 시행령」 제16조에 따라 관련 중앙행정기관의 장이 시험·검사를 행할 능력이 있다고 인정하는 시험·검사기관 4. 그 밖에 중앙행정기관의 장이 관계 법령에 따라 지정한 시험·검사기관 ③ 소비자단체는 제2항에 따른 시험·검사기관의 시험·검사 결과를 법 제28조제2항에 따라 공표하는 경우에는 공표 예정일 7일 전까지 해당 사업자의 의견을 들어야 한다.

3) 서고판 1990. 6. 8. 90나8536.

제29조(소비자단체의 등록)

① 다음 각 호의 요건을 모두 갖춘 소비자단체는 대통령령이 정하는 바에 따라 공정거래위원회 또는 지방자치단체에 등록할 수 있다.

1. 제28조제1항제2호 및 제5호의 업무를 수행할 것
2. 물품 및 용역에 대하여 전반적인 소비자문제를 취급할 것
3. 대통령령이 정하는 설비와 인력을 갖출 것
4. 「비영리민간단체 지원법」 제2조 각 호의 요건을 모두 갖출 것

② 공정거래위원회 또는 지방자치단체의 장은 제1항의 규정에 따라 등록을 신청한 소비자단체가 제1항 각 호의 요건을 갖추었는지 여부를 심사하여 등록 여부를 결정하여야 한다.

📝 목 차

Ⅰ. 등록 요건

① 제28조 제1항 제2호(물품등의 규격·품질·안전성·환경성에 관한 시험·검사 및 가격 등을 포함한 거래조건이나 거래방법에 관한 조사·분석) 및 제5호(소비자의 불만 및 피해를 처리하기 위한 상담·정보제공 및 당사자 사이의 합의의 권고의 업무)를 수행할 것(제1호), ② 물품 및 용역에 대하여 전반적인 소비자문제를 취급할 것(제2호), ③ *대통령령*[1]이 정하는 설비와 인력을 갖출 것(제3호), ④ 「비영리민간단체 지원법」 제2조 각 호의 요건을 모두 갖출 것(제4호)의 요건을 모두 갖춘 소비자단체는 *대통령령*[2]이 정하는 바에 따라 공정거래위원회 또는 지방자치단

---

[1] 제23조(소비자단체의 등록) ① 법 제29조제1항제3호에서 "대통령령이 정하는 설비와 인력"이란 다음 각 호의 설비와 인력을 말한다. 1. 법 제28조제1항 각 호의 업무를 처리할 수 있는 전산장비와 사무실 2. 법 제28조제1항 각 호의 업무를 수행할 수 있는 상근인력 5명 이상

[2] 제23조(소비자단체의 등록) ② 법 제29조제1항에 따라 다음 각 호의 어느 하나에 해당하는 소비자단체는 공정거래위원회에 등록할 수 있고, 그 밖의 소비자단체는 주된 사무소가 위치한

체에 등록할 수 있다(법 제29조 제1항).

Ⅱ. 등록 여부의 심사

공정거래위원회 또는 지방자치단체의 장은 제1항의 규정에 따라 등록을 신청한 소비자단체가 제1항 각 호의 요건을 갖추었는지 여부를 심사하여 등록 여부를 결정하여야 한다(법 제29조 제2항).

제30조(등록의 취소)

① 공정거래위원회 또는 지방자치단체의 장은 소비자단체가 거짓 그 밖의 부정한 방법으로 제29조의 규정에 따른 등록을 한 경우에는 등록을 취소하여야 한다.

② 공정거래위원회 또는 지방자치단체의 장은 등록소비자단체가 제29조제1항 각 호의 요건을 갖추지 못하게 된 경우에는 3월 이내에 보완을 하도록 명할 수 있고, 그 기간이 경과하여도 요건을 갖추지 못하는 경우에는 등록을 취소할 수 있다.

시·도에 등록할 수 있다. 1. 전국적 규모의 소비자단체로 구성된 협의체 2. 3개 이상의 시·도에 지부를 설치하고 있는 소비자단체 ③ 법 제29조제1항에 따라 등록하려는 소비자단체는 별지 제1호서식의 등록신청서에 다음 각 호의 서류를 첨부하여 공정거래위원회 또는 시·도지사에게 제출하여야 한다. 1. 정관(법인이 아닌 단체의 경우에는 회칙) 2. 해당 연도 및 전년도의 총회회의록 3. 해당 연도 및 전년도의 사업계획·수지예산서, 전년도의 결산서 4. 제1항 각 호의 설비 및 인력 현황 5. 지부 현황(지부를 설치하는 경우만 해당) 6. 회원명부 7. 최근 1년 이상의 공익활동실적을 증명할 수 있는 서류 ④ 공정거래위원회 또는 시·도지사는 제3항에 따라 등록신청서를 제출받은 경우에는 그 내용을 검토하여 그 등록신청서를 접수한 날부터 20일 이내에 소비자단체의 등록 여부를 결정하고, 그 결과와 이유를 지체 없이 등록을 신청한 소비자단체에 알려야 한다. ⑤ 공정거래위원회 또는 시·도지사는 제4항에 따라 소비자단체의 등록을 결정한 경우에는 등록을 신청한 소비자단체에 별지 제2호서식의 등록증을 교부하여야 하며, 별지 제3호서식의 등록대장에 이를 기재하여야 한다. ⑥ 법 제29조제1항에 따라 등록한 소비자단체는 다음 각 호의 사항이 변경된 경우에는 변경된 날부터 20일 이내에 공정거래위원회 또는 시·도지사에게 통보하여야 한다. 1. 명칭 2. 주된 사무소의 소재지 3. 대표자 성명 4. 주된 사업내용

제31조(자율적 분쟁조정)

① 제29조의 규정에 따라 공정거래위원회에 등록한 소비자단체의 협의체는 제28조제1항 제5호의 규정에 따른 소비자의 불만 및 피해를 처리하기 위하여 자율적 분쟁조정(紛爭調停)을 할 수 있다. 다만, 다른 법률의 규정에 따라 설치된 전문성이 요구되는 분야의 분쟁조정기구(紛爭調停機構)로서 대통령령이 정하는 기구에서 관장하는 사항에 대하여는 그러하지 아니하다.

② 제1항의 규정에 따른 자율적 분쟁조정은 당사자가 이를 수락한 경우에는 당사자 사이에 자율적 분쟁조정의 내용과 동일한 합의가 성립된 것으로 본다.

③ 제1항 본문의 규정에 따른 소비자단체의 협의체 구성 및 분쟁조정의 절차 등에 관하여 필요한 사항은 대통령령으로 정한다.

 목 차

Ⅰ. 등록 소비자단체협의체의 자율분쟁조정

제29조의 규정에 따라 공정거래위원회에 등록한 소비자단체의 협의체는 제28조 제1항 제5호의 규정에 따른 소비자의 불만 및 피해를 처리하기 위하여 자율적 분쟁조정(紛爭調停)을 할 수 있다. 다만, 다른 법률의 규정에 따라 설치된 전문성이 요구되는 분야의 분쟁조정기구(紛爭調停機構)로서 *대통령령*[1])이 정하는

---

1) 제25조(다른 법률에 따른 분쟁조정기구)법 제31조제1항 단서에서 "대통령령이 정하는 기구"란 다음 각 호의 기구를 말한다. 1. 「금융위원회의 설치 등에 관한 법률」 제51조에 따라 설치된 금융분쟁조정위원회 2. 「의료사고 피해구제 및 의료분쟁 조정 등에 관한 법률」 제6조에 따라 설립된 한국의료분쟁조정중재원 3. 「환경분쟁 조정법」 제4조에 따라 설치된 환경분쟁조정위원회 4. 「저작권법」 제112조에 따른 한국저작권위원회 7. 「개인정보 보호법」 제40조에 따라 설치된 개인정보 분쟁조정위원회 8. 「전기사업법」 제53조에 따라 설치된 전기위원회 9. 「우체국 예금·보험에 관한 법률」 제48조의2에 따라 설치된 우체국보험분쟁조정위원회 10. 그 밖에 다른 법령에 따라 설치된 분쟁조정기구로서 공정거래위원회가 필요하다고 인정하여 지정·고시하는 분쟁조정기구

기구에서 관장하는 사항에 대하여는 그러하지 아니하다(법 제 31조 제1항).

공정거래위원회는 2004년부터 특수거래 및 전자상거래, 할부거래분야의 소비자피해구제를 위하여 소비자단체협의체의 자율적 분쟁조정 예산을 지원하고 있는데, 자율분쟁조정위원회는 시간·비용·정보 등의 부족으로 소송을 제기할 처지가 어려운 소액의 다수피해자를 구제하는 것이 목적이다.[2]

제1항 본문의 규정에 따른 소비자단체의 협의체 구성 및 분쟁조정의 절차 등에 관하여 필요한 사항은 *대통령령*[3]으로 정한다(법 제31조 제3항).

II. 수락의 효력

제1항의 규정에 따른 자율적 분쟁조정은 당사자가 이를 수락한 경우에는 당사자 사이에 자율적 분쟁조정의 내용과 동일한 합의가 성립된 것으로 본다(법 제31조 제2항).

---

2) 공정거래위원회 내부자료(2017. 2).

3) 제24조(자율적 분쟁조정) ① 소비자와 사업자 간에 발생한 분쟁에 대하여 공정거래위원회 또는 시·도에 등록된 소비자단체가 법 제28조제1항제5호에 따라 합의를 권고하였음에도 불구하고 합의가 이루어지지 아니하면 소비자와 사업자는 법 제31조제1항에 따라 소비자단체의 협의체(제23조제2항제1호에 따라 공정거래위원회에 등록된 협의체를 말하며, 이하 "소비자단체협의체")에 자율적 분쟁조정을 신청할 수 있다. ② 소비자와 사업자 간에 발생한 분쟁에 대하여 공정거래위원회 또는 시·도에 등록된 소비자단체가 법 제28조제1항제5호에 따라 합의를 권고하였음에도 불구하고 합의가 이루어지지 아니하면 소비자단체는 법 제31조제1항에 따라 소비자를 대리하여 소비자단체협의체에 자율적 분쟁조정을 신청할 수 있다. ③ 소비자단체협의체는 법 제31조제1항에 따라 자율적 분쟁조정을 하는 경우에는 조정위원회(이하 "자율적 분쟁조정위원회")의 구성 및 조정서의 작성 등에서 공공성과 중립성이 유지되도록 하여야 한다. ④ 자율적 분쟁조정위원회는 위원장 1명을 포함한 40명 이내의 위원으로 구성하되, 자율적 분쟁조정위원회의 위원장·위원의 요건과 회의의 구성 등에 관한 사항은 소비자단체협의체가 정한다. ⑤ 자율적 분쟁조정위원회는 제1항이나 제2항에 따라 자율적 분쟁조정을 신청받은 경우 그 분쟁조정을 위하여 필요하다고 인정되면 분쟁당사자나 소비자를 대리하여 신청한 소비자단체에 증거서류 등 관련 자료의 제출을 요청할 수 있다. ⑥ 자율적 분쟁조정위원회는 제1항이나 제2항에 따른 분쟁조정의 신청을 받은 날부터 30일 이내에 그 분쟁조정을 마쳐야 한다. 다만, 부득이한 사정으로 그 기간 내에 분쟁조정을 마칠 수 없으면 그 사유와 기한을 구체적으로 밝혀 당사자나 그 대리인에게 알려야 한다. ⑦ 이 영에서 규정한 사항 외에 자율적 분쟁조정위원회의 운영 및 조정절차에 필요한 사항은 자율적 분쟁조정위원회의 의결을 거쳐 위원장이 정한다.

제32조(보조금의 지급)

국가 또는 지방자치단체는 등록소비자단체의 건전한 육성·발전을 위하여 필요하다고 인정될 때에는 보조금을 지급할 수 있다.

국가 또는 지방자치단체는 등록소비자단체의 건전한 육성·발전을 위하여 필요하다고 인정될 때에는 보조금을 지급할 수 있다.[1]

---

1) 제25조의2(보조금의 범위) 국가 또는 지방자치단체가 법 제32조에 따라 등록소비자단체에 지급할 수 있는 보조금은 등록소비자단체의 사업 및 운영에 필요한 경비로 한다.

제**6**장

한국소비자원

제33조(설립)

① 소비자권익 증진시책의 효과적인 추진을 위하여 한국소비자원을 설립한다.

② 한국소비자원은 법인으로 한다.

③ 한국소비자원은 공정거래위원회의 승인을 얻어 필요한 곳에 그 지부를 설치할 수 있다.

④ 한국소비자원은 그 주된 사무소의 소재지에서 설립등기를 함으로써 성립한다.

목 차

Ⅰ. 한국소비자원의 설립

소비자권익 증진시책의 효과적인 추진을 위하여 한국소비자원을 설립한다 (법 제33조 제1항). 한국소비자원은 법인으로 한다(법 제33조 제2항). 그리고 그 주된 사무소의 소재지에서 설립등기를 함으로써 성립한다(법 33조 제4항).

1980년 1월 4일 소비자보호법이 제정되었는데 동 법에 따라 소비자보호원이 설립되었고 2006년 소비자기본법으로 법명이 변경됨에 따라 한국소비자보호원도 한국소비자원으로 명칭이 변경되었으며 주관부처가 구 재정경제부에서 공정거래위원회로 되었다.

Ⅱ. 지부의 설치

공정거래위원회의 승인[1]을 얻어 필요한 곳에 그 지부를 설치할 수 있다(법 제33조 제3항).

제34조 (정관)

한국소비자원의 정관에는 다음 각 호의 사항을 기재하여야 한다.

1. 목적
2. 명칭
3. 주된 사무소 및 지부에 관한 사항
4. 임원 및 직원에 관한 사항
5. 이사회의 운영에 관한 사항
6. 제51조의 규정에 따른 소비자안전센터에 관한 사항
7. 제60조의 규정에 따른 소비자분쟁조정위원회에 관한 사항
8. 업무에 관한 사항
9. 재산 및 회계에 관한 사항
10. 공고에 관한 사항
11. 정관의 변경에 관한 사항
12. 내부규정의 제정 및 개정·폐지에 관한 사항

---

1) 제26조(지부 설치의 승인신청) 한국소비자원은 법 제33조제3항에 따라 지부의 설치에 관한 승인을 받으려면 다음 각 호의 사항을 적은 신청서를 공정거래위원회에 제출하여야 한다. 1. 지부의 명칭 2. 지부의 소재지 3. 설치예정 연월일 4. 설치 이유 5. 지부의 조직 6. 그 밖에 지부의 설치에 필요한 사항

제35조(업무)

① 한국소비자원의 업무는 다음 각 호와 같다. <개정 2020. 5. 19., 2020. 12. 29.>

1. 소비자의 권익과 관련된 제도와 정책의 연구 및 건의
2. 소비자의 권익증진을 위하여 필요한 경우 물품등의 규격·품질·안전성·환경성에 관한 시험·검사 및 가격 등을 포함한 거래조건이나 거래방법에 대한 조사·분석
3. 소비자의 권익증진·안전 및 소비생활의 향상을 위한 정보의 수집·제공 및 국제 협력
4. 소비자의 권익증진·안전 및 능력개발과 관련된 교육·홍보 및 방송사업
5. 소비자의 불만처리 및 피해구제
6. 소비자의 권익증진 및 소비생활의 합리화를 위한 종합적인 조사·연구
7. 국가 또는 지방자치단체가 소비자의 권익증진과 관련하여 의뢰한 조사 등의 업무
8. 「독점규제 및 공정거래에 관한 법률」 제90조제7항에 따라 공정거래위원회로부터 위탁받은 동의의결의 이행관리
9. 그 밖에 소비자의 권익증진 및 안전에 관한 업무

② 한국소비자원이 제1항제5호의 규정에 따른 업무를 수행함에 있어서 다음 각 호의 사항은 그 처리대상에서 제외한다.

1. 국가 또는 지방자치단체가 제공한 물품등으로 인하여 발생한 피해구제. 다만, 대통령령으로 정하는 물품등에 관하여는 그러하지 아니하다.
2. 그 밖에 다른 법률의 규정에 따라 설치된 전문성이 요구되는 분야의 분쟁조정기구에 신청된 피해구제 등으로서 대통령령이 정하는 피해구제

③ 한국소비자원은 업무수행 과정에서 취득한 사실 중 소비자의 권익증진, 소비자피해의 확산 방지, 물품등의 품질향상 그 밖에 소비생활의 향상을 위하여 필요하다고 인정되는 사실은 이를 공표하여야 한다. 다만, 사업자 또는 사업자단체의 영업비밀을 보호할 필요가 있다고 인정되거나 공익상 필요하다고 인정되는 때에는 그러하지 아니하다.

④ 원장은 제1항제2호 및 제5호의 업무를 수행함에 있어서 다수의 피해가 우려되는 등 긴급하다고 인정되는 때에는 사업자로부터 필요한 최소한의 시료를 수거할 수 있다. 이 경우 그 사업자는 정당한 사유가 없는 한 이에 따라야 한다.<신설 2018. 12. 31.>

⑤ 원장은 제4항 전단에 따라 시료를 수거한 경우 특별한 사정이 없으면 시료 수거일로부터 30일 이내에 공정거래위원회 및 관계 중앙행정기관의 장에게 그 시료수거 사실

과 결과를 보고하여야 한다.<신설 2018. 12. 31.>

 목 차

[참고사례]

　　이동쌀막걸리 관련 한국소비자보호원의 공표 관련 손해배상청구 건{서울고등법원 1997. 11. 11. 선고 96나 20354; 대법원 1998. 5. 22. 선고 97다57689[손해배상(기)] 판결}

Ⅰ. 한국소비자원의 업무

　　한국소비자원의 업무는 ① 소비자의 권익과 관련된 제도와 정책의 연구 및 건의(제1호), ② 소비자의 권익증진을 위하여 필요한 경우 물품등의 규격·품질·안전성·환경성에 관한 시험·검사 및 가격 등을 포함한 거래조건이나 거래방법에 대한 조사·분석(제2호), ③ 소비자의 권익증진·안전 및 소비생활의 향상을 위한 정보의 수집·제공 및 국제협력(제3호), ④ 소비자의 권익증진·안전 및 능력개발과 관련된 교육·홍보 및 방송사업(제4호), ⑤ 소비자의 불만처리 및 피해구제(제5호), ⑥ 소비자의 권익증진 및 소비생활의 합리화를 위한 종합적인 조사·연구(제6호), ⑦ 국가 또는 지방자치단체가 소비자의 권익증진과 관련하여 의뢰한 조사 등의 업무(제7호),[1) ⑧ 「독점규제법」 제90조 제7항에 따라 공정거래위원회로부터 위탁받은 동의의결의 이행관리(제8호). 그 밖에 소비자의 권익증진 및 안전에 관한 업무(제9호)이다(법 제35조 제1항).

---

　1) 제27조(위원회 등의 설치) ① 한국소비자원의 원장은 법 제35조제1항제7호의 업무를 효율적으로 수행하기 위하여 필요하면 한국소비자원에 관계 행정기관 및 관련 단체의 전문가 등으로 구성되는 위원회를 둘 수 있다. ② 제1항에 따른 위원회의 구성과 운영에 필요한 사항은 한국소비자원의 원장이 정한다.

법 제28조(소비자단체 등의 업무)와 유사하지만 소비자원은 정책연구, 정보수집제공 및 국제협력, 홍보 및 방송사업, 피해구제, 국가와 지방자치단체의 의뢰조사 등 업무를 수행하는 점에서 차이가 있다.

Ⅱ. 소비자 불만처리 및 피해구제의 예외

한국소비자원이 제1항 제5호(소비자의 불만처리 및 피해구제)의 규정에 따른 업무를 수행함에 있어서 ① 국가 또는 지방자치단체가 제공한 물품등으로 인하여 발생한 피해구제(다만, *대통령령*으로 정하는 물품등에 관하여는 그러하지 아니함)(제1호), ② 그 밖에 다른 법률의 규정에 따라 설치된 전문성이 요구되는 분야의 분쟁조정기구에 신청된 피해구제 등으로서 *대통령령*[2]이 정하는 피해구제의 사항(제2호)은 그 처리대상에서 제외한다(법 제35조 제2항).

Ⅲ. 소비자의 권익증진, 피해 확산 방지 등을 위한 공표의무

한국소비자원은 업무수행 과정에서 취득한 사실 중 소비자의 권익증진, 소비자피해의 확산 방지, 물품등의 품질향상 그 밖에 소비생활의 향상을 위하여 필요하다고 인정되는 사실은 이를 공표하여야 한다. 다만, 사업자 또는 사업자단체의 영업비밀을 보호할 필요가 있다고 인정되거나 공익상 필요하다고 인정되는 때에는 그러하지 아니하다(법 제35조 제3항).

구 한국소비자보호원이 제품의 유통경로에 대한 조사없이 제조자의 직접공급지역 외에서 일반적인 거래가격보다 저렴한 가격으로 단지 외관만을 보고 구입한 시료[3]를 바탕으로 '이동쌀막걸리'에서 유해물질이 검출되었다는 검사결과

---

2) 제28조(한국소비자원의 불만처리 및 피해구제 제외 대상) 법 제35조제2항제2호에서 "대통령령이 정하는 피해구제"란 다음 각 호의 어느 하나에 해당하는 것을 말한다. 1. 다른 법률에 따라 제45조제1항의 소비자분쟁조정위원회에 준하는 분쟁조정기구가 설치되어 있는 경우 그 분쟁조정기구에 피해구제가 신청되어 있거나 이미 그 피해구제절차를 거친 사항과 동일한 내용의 피해구제 2. 소비자가 한국소비자원에 피해구제를 신청한 후 이와 동일한 내용으로 제1호에 따른 분쟁조정기구에 피해구제를 신청한 경우 그 피해구제

3) 트럭노점상으로부터 원고가 제조자로 표시되고 '이동쌀막걸리'라는 상표가 부착된 막걸리를 구입하여 시료로 사용하였다.

를 언론에 공표한 사안에서, 대법원은 다음과 같이 판시하였다.

"일정한 행정목적 달성을 위하여 언론에 보도자료를 제공하는 등 이른바 행정상
의 공표의 방법으로 실명을 공개함으로써 타인의 명예를 훼손한 경우, 그 대상자
에 관하여 적시된 사실의 내용이 진실이라는 증명이 없더라도 그 공표의 주체가
공표당시 이를 진실이라고 믿었고 또 그렇게 믿을 만한 상당한 이유가 있다면 위
법성이 없는 것이고, 이 점은 언론을 포함한 사인에 의한 명예훼손의 경우와 다를
바 없다 하겠으나, 그러한 상당한 이유가 있는지 여부의 판단에 있어서는 실명공
표 자체가 매우 신중하게 이루어져야 한다는 요청에서 비롯되는 무거운 주의의무
와 공권력을 행사하는 공표주체의 광범위한 사실조사능력, 그리고 공표된 사실이
진실이라는 점에 대한 국민의 강한 기대와 신뢰 등에 비추어 볼 때 사인의 행위
에 의한 경우보다 훨씬 더 엄격한 기준이 요구된다고 할 것이므로, 그 공표사실이
의심의 여지없이 확실히 진실이라고 믿을 만한 객관적이고 타당한 확증과 근거가
있는 경우가 아니라면 그러한 상당한 이유가 있다고 할 수 없음. 공표의 기초가
된 시료가 원고제품이라는 점에 대한 객관적이고 타당한 확증과 근거가 있다고
볼 수 없으므로 공표내용의 진실성을 오신한 데 상당한 이유가 없음"(<이동쌀막
걸리 관련 한국소비자보호원의 공표 관련 손해배상청구 건>).4)

Ⅳ. 시료수거권

원장은 제1항 제2호 및 제5호의 업무를 수행함에 있어서 다수의 피해가 우
려되는 등 긴급하다고 인정되는 때에는 사업자로부터 필요한 최소한의 시료를
수거할 수 있다. 이 경우 그 사업자는 정당한 사유가 없는 한 이에 따라야 한다
(법 제35조 제4항).

원장은 제4항 전단에 따라 시료를 수거한 경우 특별한 사정이 없으면 시료
수거일로부터 30일 이내에 공정거래위원회 및 관계 중앙행정기관의 장에게 그
시료수거 사실과 결과를 보고하여야 한다(법 제35조 제5항).

---

4) 대판 1998. 5. 22. 97다57689[손해배상(기)].

제36조(시험 · 검사의 의뢰)

① 원장은 제35조제1항제2호 및 제5호의 업무를 수행함에 있어서 필요하다고 인정되는 때에는 국립 또는 공립의 시험 · 검사기관에 물품등에 대한 시험 · 검사를 의뢰할 수 있다.

② 제1항의 규정에 따른 의뢰를 받은 기관은 특별한 사유가 없는 한 우선하여 이에 응하여야 한다.

　　국립 또는 공립의 시험 · 검사기관에 물품등에 대한 시험 · 검사의뢰 절차에 대하여 *대통령령*[1])으로 규정하고 있다.

제37조(유사명칭의 사용금지)

이 법에 따른 한국소비자원이 아닌 자는 한국소비자원 또는 이와 유사한 한국소비자보호원 등의 명칭을 사용하여서는 아니 된다.

---

1) 제29조(시험 · 검사의 의뢰) ① 법 제36조제1항에 따라 시험 · 검사를 의뢰받은 국공립검사기관은 특별한 사유가 있는 경우가 아니면 의뢰받은 날부터 15일 이내에 시험 · 검사의 결과를 한국소비자원에 통보하여야 한다. 이 경우 15일 이내에 그 결과를 통보할 수 없는 부득이한 사유가 있으면 그 사유와 통보기한을 정하여 한국소비자원에 알려야 한다. ② 제1항에 따른 시험 · 검사에 드는 비용은 한국소비자원이 부담한다.

제2절　임원 및 이사회

제38조(임원 및 임기)

① 한국소비자원에 원장·부원장 및 제51조의 규정에 따른 소비자안전센터의 소장(이하 "소장"이라 한다) 각 1인을 포함한 10인 이내의 이사와 감사 1인을 둔다.

② 원장·부원장·소장 및 대통령령이 정하는 이사는 상임으로 하고 그 밖의 임원은 비상임으로 한다.

③ 원장은 「공공기관의 운영에 관한 법률」 제29조에 따른 임원추천위원회(이하 이 조에서 "임원추천위원회"라 한다)가 복수로 추천한 사람 중에서 공정거래위원회 위원장의 제청으로 대통령이 임명한다.<개정 2016. 3. 29.>

④ 부원장, 소장 및 상임이사는 원장이 임명한다.<개정 2016. 3. 29.>

⑤ 비상임이사는 임원추천위원회가 복수로 추천한 사람 중에서 공정거래위원회 위원장이 임명한다.<개정 2016. 3. 29.>

⑥ 감사는 임원추천위원회가 복수로 추천하여 「공공기관의 운영에 관한 법률」 제8조에 따른 공공기관운영위원회의 심의·의결을 거친 사람 중에서 기획재정부장관의 제청으로 대통령이 임명한다.<개정 2016. 3. 29.>

⑦ 원장의 임기는 3년으로 하고, 부원장, 소장, 이사 및 감사의 임기는 2년으로 한다. <신설 2016. 3. 29.>

 목　차

Ⅰ. 임원 및 임기

한국소비자원에 원장·부원장 및 제51조의 규정에 따른 소비자안전센터의 소장(이하 "소장") 각 1인을 포함한 10인 이내의 이사와 감사 1인을 둔다(법 제38조 제1항). 원장의 임기는 3년으로 하고, 부원장, 소장, 이사 및 감사의 임기는 2년으로 한다(법 제38조 제7항).

Ⅱ. 임원의 임명

원장·부원장·소장 및 *대통령령*1)이 정하는 이사는 상임으로 하고 그 밖의 임원은 비상임으로 한다(법 제38조 제2항).

원장은 「공공기관의 운영에 관한 법률」 제29조에 따른 임원추천위원회(이하 "임원추천위원회")가 복수로 추천한 사람 중에서 공정거래위원회 위원장의 제청으로 대통령이 임명한다(법 제38조 제3항). 부원장, 소장 및 상임이사는 원장이 임명한다(법 제38조 제4항). 비상임이사는 임원추천위원회가 복수로 추천한 사람 중에서 공정거래위원회 위원장이 임명한다(법 제38조 제5항).

Ⅲ. 감사의 임명

감사는 임원추천위원회가 복수로 추천하여 「공공기관의 운영에 관한 법률」 제8조에 따른 공공기관운영위원회의 심의·의결을 거친 사람 중에서 기획재정부장관의 제청으로 대통령이 임명한다(법 제38조 제6항).

---

1) 제30조(상임이사) ① 법 제38조제2항에서 "대통령령이 정하는 이사"란 한국소비자원의 원장이 임명한 자를 말한다. ② 제1항의 상임이사는 1명으로 한다.

제39조(임원의 직무)

① 원장은 한국소비자원을 대표하고 한국소비자원의 업무를 총괄한다.

② 부원장은 원장을 보좌하며, 원장이 부득이한 사유로 직무를 수행할 수 없는 경우에 그 직무를 대행한다.

③ 소장은 원장의 지휘를 받아 제51조제1항의 규정에 따라 설치되는 소비자안전센터의 업무를 총괄하며, 원장·부원장 및 소장이 아닌 이사는 정관이 정하는 바에 따라 한국소비자원의 업무를 분장한다.

④ 원장·부원장이 모두 부득이한 사유로 직무를 수행할 수 없는 때에는 상임이사·비상임이사의 순으로 정관이 정하는 순서에 따라 그 직무를 대행한다.

⑤ 감사는 한국소비자원의 업무 및 회계를 감사한다.

제40조(이사회)

① 한국소비자원의 업무와 운영에 관한 중요사항을 심의·의결하기 위하여 한국소비자원에 이사회를 둔다.

② 이사회는 원장·부원장·소장 그 밖의 이사로 구성한다.

③ 원장은 이사회를 소집하고 이사회의 의장이 된다.

④ 감사는 이사회에 출석하여 의견을 진술할 수 있다.

제3절   회계 · 감독 등

제41조(재원)

한국소비자원의 설립 · 시설 · 운영 및 업무에 필요한 경비는 다음 각 호의 재원으로 충당한다.

1. 국가 및 지방자치단체의 출연금
2. 그 밖에 한국소비자원의 운영에 따른 수입금

제42조(감독)

① 공정거래위원회는 한국소비자원(제51조의 규정에 따른 소비자안전센터를 포함한다. 이하 이 절에서 같다)을 지도 · 감독하고, 필요하다고 인정되는 때에는 한국소비자원에 대하여 그 사업에 관한 지시 또는 명령을 할 수 있다.

② 한국소비자원은 매년 업무계획서와 예산서를 작성하여 공정거래위원회의 승인을 얻어야 하며, 매년 결산보고서와 이에 대한 감사의 의견서를 작성하여 공정거래위원회에 보고하여야 한다. 이 경우 그 절차 등에 관하여는 대통령령으로 정한다.

③ 공정거래위원회는 필요하다고 인정되는 때에는 한국소비자원에 대하여 그 업무 · 회계 및 재산에 관한 사항을 보고하게 하거나 감사할 수 있다.

 목 차

Ⅰ. 공정거래위원회의 지도 · 감독

공정거래위원회는 한국소비자원(제51조의 규정에 따른 소비자안전센터를 포함)

을 지도·감독하고, 필요하다고 인정되는 때에는 한국소비자원에 대하여 그 사
업에 관한 지시 또는 명령을 할 수 있다(법 제42조 제1항).

Ⅱ. 업무계획서 등 승인 및 결산보고서 보고의무

한국소비자원은 매년 업무계획서와 예산서를 작성하여 공정거래위원회의
승인을 얻어야 하며, 매년 결산보고서와 이에 대한 감사의 의견서를 작성하여
공정거래위원회에 보고하여야 한다. 이 경우 그 절차 등에 관하여는 *대통령령*[1]
으로 정한다(법 제42조 제2항).

Ⅲ. 업무·회계 및 재산사항 보고 및 감사

공정거래위원회는 필요하다고 인정되는 때에는 한국소비자원에 대하여 그
업무·회계 및 재산에 관한 사항을 보고하게 하거나 감사할 수 있다(법 제42조
제3항).[2]

---

1) 제31조(사업계획서 등의 제출) 한국소비자원은 법 제42조제2항에 따라 매년 12월 10일까지
   다음 연도의 업무계획서와 예산서를 공정거래위원회에 제출하여야 한다.
2) 제32조(결산보고) 한국소비자원은 법 제42조제2항에 따라 해당 연도의 결산보고서와 감사의
   견서에 다음 각 호의 서류를 첨부하여 다음 해 3월 31일까지 공정거래위원회에 제출하여야
   한다. 1. 해당 연도의 대차대조표 및 수지계산서 2. 해당 연도의 사업계획서와 그 집행실적의
   대비표 3. 공인회계사의 의견서 4. 그 밖의 참고서류.

제43조(벌칙 적용에서의 공무원 의제)

다음 각 호의 어느 하나에 해당하는 사람은 「형법」 제129조부터 제132조까지의 규정에 따른 벌칙을 적용할 때에는 공무원으로 본다.

1. 한국소비자원의 임원
2. 제35조제1항제2호·제5호의 업무에 종사하는 직원
3. 제52조제1항·제2항의 업무에 종사하는 직원
4. 제60조에 따른 소비자분쟁조정위원회의 위원

[전문개정 2018. 6. 12.]

제44조(준용)

한국소비자원에 관하여 이 법 및 「공공기관의 운영에 관한 법률」에 규정하지 아니한 사항에 관하여는 「민법」 중 재단법인에 관한 규정을 준용한다.<개정 2016. 3. 29.>

제7장

소비자안전

제1절 총칙

제45조(취약계층의 보호)

① 국가 및 지방자치단체는 어린이·노약자·장애인 및 결혼이민자(「재한외국인 처우 기본법」 제2조제3호에 따른 결혼이민자를 말한다. 이하 같다) 등 안전취약계층에 대하여 우선적으로 보호시책을 강구하여야 한다.<개정 2016. 3. 29.>

② 사업자는 어린이·노약자·장애인 및 결혼이민자 등 안전취약계층에 대하여 물품등을 판매·광고 또는 제공하는 경우에는 그 취약계층에게 위해가 발생하지 아니하도록 제19조제1항의 규정에 따른 조치와 더불어 필요한 예방조치를 취하여야 한다.<개정 2016. 3. 29.>

본 조에서는 어린이·노약자·장애인 및 결혼이민자 등 취약계층 보호에 대한 국가 및 지방자치단체, 사업자의 의무를 규정하고 있다.

제46조(시정요청 등)

① 공정거래위원회 또는 시·도지사는 사업자가 제공한 물품등으로 인하여 소비자에게 위해발생이 우려되는 경우에는 관계중앙행정기관의 장에게 다음 각 호의 조치를 요청할 수 있다.<개정 2008. 2. 29., 2016. 3. 29., 2018. 3. 13.>

1. 사업자가 다른 법령에서 정한 안전조치를 취하지 아니하는 경우에는 그 법령의 규정에 따른 조치
2. 다른 법령에서 안전기준이나 규격을 정하고 있지 아니하는 경우에는 다음 각 목의 조치
   가. 제49조의 규정에 따른 수거·파기 등의 권고
   나. 제50조의 규정에 따른 수거·파기 등의 명령
   다. 제86조제1항제1호의 규정에 따른 과태료 처분
3. 그 밖에 물품등에 대한 위해방지대책의 강구

② 제1항에 따라 공정거래위원회 또는 시·도지사의 요청을 받은 관계 중앙행정기관의 장은 조치 여부 및 그 내용을 신속히 공정거래위원회 또는 시·도지사에게 통보하여야 한다.<신설 2018. 3. 13.>

 목 차

[참고사례]

석면 함유 베이비파우더 손해배상청구 건{서울고등법원 2011. 4. 12. 선고 2010나83894 판결; 대법원 2014. 2. 13. 선고 2011다38417[손해배상(기)] 판결}

Ⅰ. 소비자안전 관련 법률체계

공정거래위원회의 소비자안전 업무는 기본적으로 소비자기본법에 근거하여 시행되고 있다. 소비자기본법 제21조에 의거하여 소비자안전을 포함한 소비자정책 전반에 관한 종합계획을 매 3개년마다 수립하고 있다. 공정거래위원회는 소비자기본법 제46조에 따라 제품의 결함으로 소비자에게 위해 발생이 우려되는 경우 소관부처에 리콜 요청을 할 수 있는 등 리콜 제도의 총괄 부처로서의 기능을 하고 있다. 한국소비자원(소비자안전센터)은 소비자기본법 제52조에 근거하여 소비자 상담센터(국번없이 1372), 위해정보 제출기관(병원·소방서) 및 유관기관과의 정보 공유를 통해 각종 위해정보를 수집하고 있으며, 위해요소가 발견된 경우 해당 사업자에게 자발적 시정을 권고하는 등 후속조치를 실시하고 있다.

Ⅱ. 공정거래위원회 또는 시·도지사의 조치요청권

공정거래위원회 또는 시·도지사는 사업자가 제공한 물품등으로 인하여 소비자에게 위해발생이 우려되는 경우에는 관계중앙행정기관의 장에게 ① 사업자가 다른 법령에서 정한 안전조치를 취하지 아니하는 경우에는 그 법령의 규정에 따른 조치(제1호), ② 다른 법령에서 안전기준이나 규격을 정하고 있지 아니하는 경우에는 제49조의 규정에 따른 수거·파기 등의 권고, 제50조의 규정에 따른 수거·파기 등의 명령, 제86조 제1항 제1호의 규정에 따른 과태료 처분(제2호), ③ 그 밖에 물품등에 대한 위해방지대책의 강구 조치(제3호)를 요청할 수 있다(법 제46조 제1항).

대법원은 동 규정 및 소비자기본법 제1조 및 제49조, 50조등의 규정 내용과 형식에 비추어 보면, 사업자가 제공한 물품 등의 결함으로 인하여 소비자의 생명·신체 또는 재산에 위해를 끼치거나 끼칠 우려가 있다고 인정되는 경우에 당해 물품 등의 수거·파기·수리·교환·환급 또는 제조·수입·판매·제공의 금지 등을 권고하거나 명하도록 하는 등 사업자가 제공한 물품 등으로 인한 소비자에 대한 위해 발생을 예방하기 위한 조치를 취할 수 있는 합리적 재량권한을 공정거래위원회와 중앙행정기관의 장 및 관련 공무원에게 부여한 것이라고 본다.[1] 따라서 석면이 함유된 베이비파우더를 구입·사용한 영·유아와 부모들이 국가를 상대로 식품의약품안전청장, 공정거래위원회 등이 규제권한을 행사하지 않음으로써 정신적 고통을 입었다고 하면서 손해배상청구를 한 건에서 식품의약품안전청장, 공정거래위원회 등이 베이비파우더의 주원료인 탈크에 석면이 함유된 것에 대하여 대책을 마련하는 등 규제권한을 행사하지 않은 것이 현저하게 합리성을 잃어 사회적 타당성이 없다고 보기 어렵다고 판시하였다(<석면 함유 베이비파우더 손해배상청구 건>).[2]

Ⅲ. 관계중앙행정기관의 장의 통보의무

제1항에 따라 공정거래위원회 또는 시·도지사의 요청을 받은 관계 중앙행정기관의 장은 조치 여부 및 그 내용을 신속히 공정거래위원회 또는 시·도지사에게 통보하여야 한다(법 제46조 제2항).

---

1) 대판 2014. 2. 13. 선고 2011다38417[손해배상(기)].
2) 대판 2014. 2. 13. 선고 2011다38417[손해배상(기)].

제2절 소비자안전조치

제47조(결함정보의 보고의무)

① 사업자는 다음 각 호의 어느 하나에 해당하는 경우에는 제조·수입·판매 또는 제공한 물품등의 결함을 소관 중앙행정기관의 장에게 보고(전자적 보고를 포함한다. 이하 같다)하여야 한다. 다만, 제2호에 해당하는 경우로서 사업자가 제48조에 따라 해당 물품등의 수거·파기·수리·교환·환급 또는 제조·수입·판매·제공의 금지 및 그 밖의 필요한 조치(이하 이 조에서 "수거·파기등"이라 한다)를 한 경우에는 그러하지 아니하다.<개정 2017. 10. 31.>

1. 제조·수입·판매 또는 제공한 물품등에 소비자의 생명·신체 또는 재산에 위해를 끼치거나 끼칠 우려가 있는 제조·설계 또는 표시 등의 중대한 결함이 있다는 사실을 알게 된 경우

2. 제조·수입·판매 또는 제공한 물품등과 동일한 물품등에 대하여 외국에서 결함이 발견되어 사업자가 다음 각 목의 어느 하나에 해당하는 조치를 한 경우 또는 외국의 다른 사업자가 해당 조치를 한 사실을 알게 된 경우

   가. 외국 정부로부터 수거·파기등의 권고 또는 명령을 받고 한 수거·파기등

   나. 자발적으로 한 수거·파기등

② 제1항의 규정에 따른 보고를 받은 중앙행정기관의 장은 사업자가 보고한 결함의 내용에 관하여 제17조의 규정에 따른 시험·검사기관 또는 한국소비자원 등에 시험·검사를 의뢰하고, 시험·검사의 결과 그 물품등이 제49조 또는 제50조의 요건에 해당하는 경우에는 사업자에게 각각에 해당하는 규정에 따른 필요한 조치를 취하여야 한다.

③ 제1항의 규정에 따라 결함의 내용을 보고하여야 할 사업자는 다음 각 호와 같다.

1. 물품등을 제조·수입 또는 제공하는 자

2. 물품에 성명·상호 그 밖에 식별 가능한 기호 등을 부착함으로써 자신을 제조자로 표시한 자

3. 「유통산업발전법」 제2조제3호의 규정에 따른 대규모점포 중 대통령령이 정하는 대규모점포를 설치하여 운영하는 자

4. 그 밖에 소비자의 생명·신체 및 재산에 위해를 끼치거나 끼칠 우려가 있는 물품 등을 제조·수입·판매 또는 제공하는 자로서 대통령령이 정하는 자

④ 제1항의 규정에 따라 사업자가 보고하여야 할 중대한 결함의 범위, 보고기한 및 보고절차 등에 관하여 필요한 사항은 대통령령으로 정한다.

 목 차

[참고문헌]

단행본: 공정거래위원회, 공정거래백서, 2018; 김두진, 경제법, 동방문화사, 2020

Ⅰ. 결함정보의 보고의무

사업자는 ① 제조·수입·판매 또는 제공한 물품등에 소비자의 생명·신체 또는 재산에 위해를 끼치거나 끼칠 우려가 있는 제조·설계 또는 표시 등의 중대한 결함이 있다는 사실을 알게 된 경우(제1호), ② 제조·수입·판매 또는 제공한 물품등과 동일한 물품등에 대하여 외국에서 결함이 발견되어 사업자가 i) 외국 정부로부터 수거·파기등의 권고 또는 명령을 받고 한 수거·파기등(가목), ii) 자발적으로 한 수거·파기등(나목)의 어느 하나에 해당하는 조치를 한 경우 또는 외국의 다른 사업자가 해당 조치를 한 사실을 알게 된 경우(제2호)의 어느 하나에 해당하는 경우에는 제조·수입·판매 또는 제공한 물품등의 결함을 소관 중앙행정기관의 장에게 보고(전자적 보고를 포함)하여야 한다. 다만, 제2호에 해당하는 경우로서 사업자가 제48조에 따라 해당 물품등의 수거·파기·수리·교환·환급 또는 제조·수입·판매·제공의 금지 및 그 밖의 필요한 조치(이하 이 조에서 "수거·파기등")를 한 경우에는 그러하지 아니하다(법 제47조 제1항).

국내외에서 동일한 제품을 판매하고 있으면서 제품에 결함이 발견되어 외국에서 자진수거조치 등의 절차가 진행되는 경우에도 사업자가 국내에서 판매되는 동일 제품에 대해서는 리콜 대상이 아니라고 주장하는 등 국내 소비자의

안전이 무시되는 경우가 발생하였다.1) 이에 2017. 10. 31. 법 개정을 통하여 외
국에서 리콜이 발생하는 경우 사업자는 그 결함의 내용을 소관 중앙행정기관장
에게 보고하도록 하였다.

본 조에서 '결함'은 「제조물책임법」상의 결함과 같은 개념으로 "소비자의
생명·신체에 위해나 재산상 손실을 야기할 수 있는 위해요인이 제품의 설계·
제조·표시·유통과정에서 발생한 것"을 의미하며, 매매목적물에 존재하는 물질
적 흠결, 즉 제품이 갖추어야 할 질과 양을 갖추지 못한 것을 의미하는 민법상
의 '하자'보다 좁은 개념이다.2)

1. 시험·검사 의뢰 및 조치의무

제1항의 규정에 따른 보고를 받은 중앙행정기관의 장은 사업자가 보고한
결함의 내용에 관하여 제17조의 규정에 따른 시험·검사기관 또는 한국소비자원
등에 시험·검사를 의뢰하고, 시험·검사의 결과 그 물품등이 제49조 또는 제50
조의 요건에 해당하는 경우에는 사업자에게 각각에 해당하는 규정에 따른 필요
한 조치를 취하여야 한다(법 제47조 제2항).

2. 결함정보 보고사업자 등

제1항의 규정에 따라 결함의 내용을 보고하여야 할 사업자는 ① 물품등을
제조·수입 또는 제공하는 자(제1호), ② 물품에 성명·상호 그 밖에 식별 가능한
기호 등을 부착함으로써 자신을 제조자로 표시한 자(제2호), ③ 「유통산업발전법」
제2조 제3호의 규정에 따른 대규모점포 중 *대통령령*3)이 정하는 대규모점포를
설치하여 운영하는 자(제3호), ④ 그 밖에 소비자의 생명·신체 및 재산에 위해
를 끼치거나 끼칠 우려가 있는 물품등을 제조·수입·판매 또는 제공하는 자로
서 *대통령령*이 정하는 자(제4호)이다(법 제47조 제3항).

---

1) 공정거래백서(2018), 31면.
2) 김두진, 426면.
3) 제34조(중대한 결함의 범위 등) ③ 법 제47조제3항제3호에서 "대통령령이 정하는 대규모점포
   를 설치하여 운영하는 자"란 「유통산업발전법」 제2조제3호에 따른 대규모점포의 종류 중 대
   형마트·전문점·백화점·쇼핑센터·복합쇼핑몰 또는 그 밖의 대규모점포(이하 "대형마트등")
   를 설치하여 운영하는 자(이하 "유통사업자")를 말한다.

Ⅱ. 기타 필요사항

제1항의 규정에 따라 사업자가 보고하여야 할 중대한 결함의 범위, 보고기한 및 보고절차 등에 관하여 필요한 사항은 *대통령령*[4]으로 정한다.

---

4) 제34조(중대한 결함의 범위 등) ① 법 제47조제1항에 따라 사업자가 보고하여야 하는 중대한 결함의 범위는 다음 각 호와 같다. 1. 물품등의 제조·설계·표시·유통 또는 제공에 있어서 통상적으로 기대할 수 있는 안전성이 결여된 결함으로서 소비자에게 다음 각 목의 위험을 야기하거나 야기할 우려가 있는 결함 가. 사망 나. 「의료법」 제3조제2항에 따른 의료기관에서 3주 이상의 치료가 필요한 골절·질식·화상·감전 등 신체적 부상이나 질병 다. 2명 이상의 식중독 2. 물품등이 관계 법령이 정하는 안전기준을 위반한 결함 ② 국공립검사기관 또는 한국소비자원은 법 제47조제2항에 따라 시험·검사의 의뢰를 받으면 의뢰를 받은 날부터 1개월 이내에 시험·검사의 결과를 의뢰인에게 통보하여야 한다. 이 경우 1월 이내에 그 결과를 통보할 수 없는 부득이한 사유가 있으면 그 사유와 통보기한을 정하여 의뢰인에게 알려야 한다.
제35조(결함정보의 보고기한 및 보고절차 등) ① 사업자는 자신이 제공한 물품등에 중대한 결함이 있다는 사실을 알게 되면 그 날부터 5일 이내에 법 제47조에 따라 다음 각 호의 사항을 적어 서면(「전자문서 및 전자거래 기본법」 제2조제1호에 따른 전자문서를 포함한다. 이하 같다)으로 소관 중앙행정기관의 장에게 그 결함사실을 보고하여야 한다. 다만, 물품등의 중대한 결함으로 인하여 소비자의 생명·신체 및 재산상의 안전에 긴급한 위해를 끼치거나 끼칠 우려가 있다고 판단되면 지체 없이 구술로 그 결함사실을 보고하여야 한다. 1. 사업자의 이름(상호나 그 밖의 명칭을 포함)·주소 및 연락처 2. 물품등의 명칭과 제조연월일 또는 공급연월일 3. 중대한 결함 및 위해의 내용 4. 중대한 결함사실을 알게 된 시점과 경로 5. 소비자의 피해가 실제로 발생한 경우에는 피해를 입은 소비자의 인적사항 ② 사업자는 제1항 각 호 외의 부분 단서에 따라 구술보고를 하는 경우에는 제1항제4호 및 제5호의 사항에 관한 보고를 생략할 수 있으며, 구술보고를 한 경우에는 24시간 이내에 제1항 각 호 외의 부분 본문에 따라 서면으로 보고하여야 한다. ③ 유통사업자가 물품등의 중대한 결함사실을 알기 전에 법 제47조제3항제1호 또는 제2호의 사업자가 제1항에 따라 그 결함사실을 보고한 경우 그 유통사업자는 제1항에 따른 보고를 하지 아니할 수 있다. ④ 제1항에 따라 보고를 받은 중앙행정기관의 장은 그 물품등의 결함 여부가 확인될 때까지는 해당 결함보고사실을 공개하여서는 아니 된다.

제48조(물품등의 자진수거 등)

사업자는 소비자에게 제공한 물품등의 결함으로 인하여 소비자의 생명·신체 또는 재산에 위해를 끼치거나 끼칠 우려가 있는 경우에는 대통령령이 정하는 바에 따라 당해 물품등의 수거·파기·수리·교환·환급 또는 제조·수입·판매·제공의 금지 그 밖의 필요한 조치를 취하여야 한다.

　

본 조는 자발적 리콜제도에 대한 규정이다.

리콜은 자진리콜, 리콜권고, 리콜명령의 3가지로 분류되는데, 자진리콜은 사업자 스스로 당해 물품을 수거·파기 등을 하는 것인 반면, 리콜권고나 리콜명령은 행정기관의 권고나 명령에 따른 것이다.

공정거래위원회는 소비자들에게 리콜정보를 쉽고 빠르고 정확하게 전달할 수 있도록 정부 부처 전체에 적용되는 「리콜(결함 보상제, 이하 리콜) 공통 가이드라인」[1]을 마련하였다. 가이드라인에서는 위해성 등급제 적용 대상 품목 확대, 소비자들에게 제공되는 리콜 정보의 내용 확대, 위해성 등급에 따른 리콜 정보 제공매체 선정 등 리콜 정보를 효과적으로 제공하기 위한 기본 원칙을 정하고 있다.

---

1) 2017. 10. 11.

제49조(수거·파기 등의 권고 등)

① 중앙행정기관의 장은 사업자가 제공한 물품등의 결함으로 인하여 소비자의 생명·신체 또는 재산에 위해를 끼치거나 끼칠 우려가 있다고 인정되는 경우에는 그 사업자에 대하여 당해 물품등의 수거·파기·수리·교환·환급 또는 제조·수입·판매·제공의 금지 그 밖의 필요한 조치를 권고할 수 있다.

② 제1항의 규정에 따른 권고를 받은 사업자는 그 권고의 수락 여부를 소관 중앙행정기관의 장에게 통지하여야 한다.

③ 사업자는 제1항의 규정에 따른 권고를 수락한 경우에는 제48조의 규정에 따른 조치를 취하여야 한다.

④ 중앙행정기관의 장은 제1항의 규정에 따른 권고를 받은 사업자가 정당한 사유 없이 그 권고를 따르지 아니하는 때에는 사업자가 권고를 받은 사실을 공표할 수 있다.

⑤ 제1항 내지 제4항의 규정에 따른 권고, 권고의 수락 및 공표의 절차에 관하여 필요한 사항은 대통령령으로 정한다.

본 조는 리콜권고에 대한 조항이다.

권고, 권고의 수락 및 공표의 절차에 관하여 필요한 사항은 *대통령령*[1]으로 정한다.

---

1) 제37조(수거·파기 등의 권고) ① 중앙행정기관의 장은 법 제49조제1항에 따라 물품등의 수거·파기·수리·교환·환급 또는 제조·수입·판매·제공의 금지나 그 밖에 필요한 조치의 권고(이하 "시정권고")를 할 때 법 제52조제1항에 따른 위해정보(이하 "위해정보")가 필요하다고 인정되면 법 제51조제1항에 따른 소비자안전센터(이하 "소비자안전센터")에 위해정보의 제출을 요청할 수 있다. 이 경우 소비자안전센터는 특별한 사유가 없으면 요청에 따라야 한다. ② 중앙행정기관의 장은 시정권고를 하려는 경우에는 다음 각 호의 사항을 적은 서면으로 하여야 한다. 1. 시정권고의 대상이 되는 사업자의 이름 2. 시정권고의 대상이 되는 물품등의 명칭과 제조연월일 또는 공급연월일 3. 결함과 위해의 내용 4. 시정권고의 내용 5. 시정권고 수락 여부의 통지기한 6. 시정권고를 수락하지 아니하는 경우의 조치계획 ③ 제2항에 따라 시정권고를 받은 사업자는 7일 이내에 소관 중앙행정기관의 장에게 다음 각 호의 사항을 적어 서면으로 시정권고의 수락 여부를 통지하여야 한다. 1. 사업자의 이름·주소 및 연락처 2. 물품등의 명칭 3. 시정권고의 수락 여부 4. 시정권고를 수락하는 경우에는 조치계획 5. 시정권고의 수락을 거부하는 경우에는 그 사유 ④ 중앙행정기관의 장은 제2항에 따라 시정권고를 받은 사업자가 정당한 사유 없이 시정권고를 따르지 아니하면 법 제49조제4항에 따라 다음 각 호의 사항을 신문·방송 등을 통하여 공표할 수 있다. 다만, 사업자가 자신이 제공한 물품등의 안전성에 대하여 객관적 자료를 제시한 경우에는 공표하여서는 아니 된다. 1. 사업자의 이름 2. 시정권고의 대상이 되는 물품등의 명칭 3. 시정권고의 내용과 사업자의 시정권고 수락거부사유 4. 사업자의 시정권고 수락거부사유에 대한 중앙행정기관의 장의 의견 5. 그 밖에 시정권고와 관련된 사항

제50조(수거 · 파기 등의 명령 등)

① 중앙행정기관의 장은 사업자가 제공한 물품등의 결함으로 인하여 소비자의 생명 · 신체 또는 재산에 위해를 끼치거나 끼칠 우려가 있다고 인정되는 경우에는 대통령령이 정하는 절차에 따라 그 물품등의 수거 · 파기 · 수리 · 교환 · 환급을 명하거나 제조 · 수입 · 판매 또는 제공의 금지를 명할 수 있고, 그 물품등과 관련된 시설의 개수(改修) 그 밖의 필요한 조치를 명할 수 있다. 다만, 소비자의 생명 · 신체 또는 재산에 긴급하고 현저한 위해를 끼치거나 끼칠 우려가 있다고 인정되는 경우로서 그 위해의 발생 또는 확산을 방지하기 위하여 불가피하다고 인정되는 경우에는 그 절차를 생략할 수 있다.

② 중앙행정기관의 장은 사업자가 제1항의 규정에 따른 명령에 따르지 아니하는 경우에는 대통령령이 정하는 바에 따라 직접 그 물품등의 수거 · 파기 또는 제공금지 등 필요한 조치를 취할 수 있다.

③ 중앙행정기관의 장은 사업자에게 제1항에 따른 명령을 하는 경우 그 사실을 공표할 수 있다.<신설 2017. 10. 31.>

④ 제3항에 따른 공표방법 등 공표에 관하여 필요한 사항은 대통령령으로 정한다.<신설 2017. 10. 31.>

 목 차

Ⅰ. 수거 · 파기 등 명령

중앙행정기관의 장은 사업자가 제공한 물품등의 결함으로 인하여 소비자의 생명 · 신체 또는 재산에 위해를 끼치거나 끼칠 우려가 있다고 인정되는 경우에는 *대통령령*[1]이 정하는 절차에 따라 그 물품등의 수거 · 파기 · 수리 · 교환 · 환급

---

1) 제38조(위해물품등의 시정명령 등) ① 중앙행정기관의 장은 법 제50조제1항에 따라 사업자에게 다음 각 호의 어느 하나에 해당하는 조치(이하 "시정조치"라 한다)를 명할 때 위해정보가 필요하다고 인정되면 소비자안전센터에 위해정보의 제출을 요청할 수 있다. 이 경우 소비자안전센터는 특별한 사유가 없으면 요청에 따라야 한다. 1. 물품등의 수거 · 파기 · 수리 · 교환 또

을 명하거나 제조·수입·판매 또는 제공의 금지를 명할 수 있고, 그 물품등과 관련된 시설의 개수(改修) 그 밖의 필요한 조치를 명할 수 있다(법 제50조 제1항). 본 조는 리콜명령에 대한 규정이다.

중앙행정기관의 장은 사업자에게 제1항에 따른 명령을 하는 경우 그 사실을 공표할 수 있다(법 제50조 제3항). 제3항에 따른 공표방법 등 공표에 관하여 필요한 사항은 *대통령령*으로 정한다(법 제50조 제4항).

Ⅱ. 직접 수거·파기 등 조치

중앙행정기관의 장은 사업자가 제1항의 규정에 따른 명령에 따르지 아니하는 경우에는 *대통령령*[2]이 정하는 바에 따라 직접 그 물품등의 수거·파기 또는

는 환급 2. 물품등의 제조·수입·판매 또는 제공의 금지 3. 물품등과 관련된 시설의 개수나 그 밖에 필요한 조치 ② 중앙행정기관의 장은 법 제50조제1항에 따라 시정조치를 명할 때에는 그 사유와 의무사항 및 이행에 필요한 상당한 기간을 정하여 서면으로 알려야 한다. ③ 제2항에 따라 시정명령을 받은 사업자는 7일 이내에 다음 각 호의 사항이 포함된 시정계획서를 소관 중앙행정기관의 장에게 제출하고 시정조치를 하여야 한다. 이 경우 소관 중앙행정기관의 장은 소비자의 안전에 긴급하고 현저한 위해를 끼칠 우려가 있는 경우에는 시정계획서의 제출기한을 단축할 수 있다. 1. 결함이 있는 물품등의 명칭과 제조연월일 또는 공급연월일 2. 결함과 위해의 내용 및 원인 3. 결함이 있는 물품등으로 인하여 발생하는 위험과 주의사항 4. 시정조치의 이행방법과 이행기 5. 소비자 또는 판매자 등에게 시정조치계획을 알리기 위한 다음 각 목의 방법 가. 소비자의 주소를 알고 있는 경우: 등기우편에 의한 방법 나. 소비자의 주소를 모르거나 다수의 소비자 또는 판매자 등에게 시정조치계획을 신속하게 알릴 필요가 있는 경우: 방송이나 신문에 광고하는 방법 및 대형마트등이나 물품등의 판매·제공장소에 안내문을 게시하는 방법 ④ 중앙행정기관의 장은 제3항에 따라 제출받은 시정계획서가 소비자의 생명·신체 또는 재산에 끼치거나 끼칠 우려가 있는 위해를 제거하는 데 미흡하다고 인정되면 그 시정계획서의 보완을 요구할 수 있다. ⑤ 제3항에 따라 시정계획서를 제출한 사업자가 같은 항 제5호에 따라 소비자에게 시정조치계획을 알리는 경우에는 다음 각 호의 사항이 포함되도록 하여야 한다. 1. 제3항제1호부터 제4호까지에 규정된 사항 2. 사업자의 이름·주소 및 연락처 ⑥ 제3항에 따라 시정계획서를 제출한 사업자는 지체 없이 시정조치를 이행하여야 하며, 시정조치를 마치면 다음 각 호의 사항을 적어 서면으로 시정조치의 결과를 소관 중앙행정기관의 장에게 보고하여야 한다. 1. 시정조치의 내용과 실적 2. 시정조치를 이행하지 못한 물품등에 대한 조치계획 3. 위해의 재발 방지를 위한 대책

2) 제38조(위해물품등의 시정명령 등) ⑦ 중앙행정기관의 장은 사업자가 시정계획서상의 시정조치기간 이내에 그 물품등을 수거하여 파기하지 아니하면 소속 공무원에게 이를 수거하여 파기하게 할 수 있다. 이 경우 사업자 외의 자가 소유하거나 점유하는 물품등은 수거·파기 대상에서 제외할 수 있다. ⑧ 중앙행정기관 소속 공무원은 제7항에 따라 물품등을 수거하여 파기할 때에는 사업자를 참여시켜야 하며, 사업자가 이에 따르지 아니하거나 상당한 기간 사업자의 소재를 알 수 없는 경우에는 제7항에 따른 공무원 외에 관계 공무원을 1명 이상 참여시켜야 한다. ⑨ 제7항에 따른 수거·파기에 드는 비용은 사업자가 부담한다. 다만, 사업자의 파

제공금지 등 필요한 조치를 취할 수 있다(법 제50조 제2항).

산 등으로 사업자가 비용을 부담할 수 없으면 그 물품등을 수거 · 파기하는 중앙행정기관이 그 비용을 부담할 수 있다. ⑩ 중앙행정기관의 장은 법 제50조제3항에 따라 다음 각 호의 사항 을 신문 · 방송 또는 법 제16조의2에 따른 소비자종합지원시스템 등을 통하여 공표할 수 있다. 1. 제3항제1호부터 제4호까지에서 규정된 사항 2. 사업자의 이름 · 주소 및 연락처

제3절 위해정보의 수집 등

제51조(소비자안전센터의 설치)

① 소비자안전시책을 지원하기 위하여 한국소비자원에 소비자안전센터를 둔다.

② 소비자안전센터에 소장 1인을 두고, 그 조직에 관한 사항은 정관으로 정한다.

③ 소비자안전센터의 업무는 다음 각 호와 같다.

1. 제52조의 규정에 따른 위해정보의 수집 및 처리
2. 소비자안전을 확보하기 위한 조사 및 연구
3. 소비자안전과 관련된 교육 및 홍보
4. 위해 물품등에 대한 시정 건의
5. 소비자안전에 관한 국제협력
6. 그 밖에 소비자안전에 관한 업무

제52조(위해정보의 수집 및 처리)

① 소비자안전센터는 물품등으로 인하여 소비자의 생명·신체 또는 재산에 위해가 발생하였거나 발생할 우려가 있는 사안에 대한 정보(이하 "위해정보"라 한다)를 수집할 수 있다.

② 소장은 제1항의 규정에 따라 수집한 위해정보를 분석하여 그 결과를 원장에게 보고하여야 하고, 원장은 위해정보의 분석결과에 따라 필요한 경우에는 다음 각 호의 조치를 할 수 있다.

   1. 위해방지 및 사고예방을 위한 소비자안전경보의 발령

   2. 물품등의 안전성에 관한 사실의 공표

   3. 위해 물품등을 제공하는 사업자에 대한 시정 권고

   4. 국가 또는 지방자치단체에의 시정조치·제도개선 건의

   5. 그 밖에 소비자안전을 확보하기 위하여 필요한 조치로서 대통령령이 정하는 사항

③ 원장은 제2항제3호에 따라 시정 권고를 받은 사업자에게 수락 여부 및 다음 각 호의 사항을 포함한 이행 결과 등의 제출을 요청할 수 있다. 이 경우 사업자는 특별한 사유가 없으면 이에 따라야 한다.<신설 2018. 3. 13.>

   1. 시정 권고에 따른 이행 내용과 실적

   2. 시정 권고를 이행하지 못한 물품등에 대한 조치계획

   3. 위해의 재발방지를 위한 대책

④ 원장은 물품등으로 인하여 소비자의 생명·신체 또는 재산에 위해가 발생하거나 발생할 우려가 높다고 판단되는 경우로서 사업자가 제2항제3호에 따른 시정 권고를 이행하지 않는 경우에는 공정거래위원회에 제46조제1항에 따른 시정요청을 해 줄 것을 건의할 수 있다.<신설 2018. 3. 13.>

⑤ 제1항 및 제2항의 규정에 따라 위해정보를 수집·처리하는 자는 물품등의 위해성이 판명되어 공표되기 전까지 사업자명·상품명·피해정도·사건경위에 관한 사항을 누설하여서는 아니 된다.<개정 2018. 3. 13.>

⑥ 공정거래위원회는 소비자안전센터가 위해정보를 효율적으로 수집할 수 있도록 하기 위하여 필요한 경우에는 행정기관·병원·학교·소비자단체 등을 위해정보 제출기관으로 지정·운영할 수 있다.<개정 2008. 2. 29., 2018. 3. 13.>

⑦ 제1항 및 제2항의 규정에 따른 위해정보의 수집 및 처리 등에 관하여 필요한 사항은 대통령령으로 정한다.<개정 2018. 3. 13.>

목　차

[참고사례]

　유한양행 콘택600 제조물책임 손배상청구 건{서울고등법원 2007. 6. 19. 선고 2006
나9448; 대법원 2008. 2. 28. 선고 2007다52287 판결[손해배상(기)]}

I. 위해정보의 수집

　소비자안전센터는 물품등으로 인하여 소비자의 생명·신체 또는 재산에 위
해가 발생하였거나 발생할 우려가 있는 사안에 대한 정보(이하 "위해정보")를 수
집할 수 있다(법 제52조 제1항).

　소비자안전센터에서는 법 제52조에 따라 다양한 경로를 통해 위해정보를
수집하여 원인분석 및 사고의 재발방지 대책을 마련하기 위해 소비자 위해상황
상시감시 시스템(CISS:Consumer Injury Surveillance System)을 운영하고 있다.

1. 결과보고 및 조치

　소장은 제1항의 규정에 따라 수집한 위해정보를 분석하여 그 결과를 원장
에게 보고하여야 하고, 원장은 위해정보의 분석결과에 따라 필요한 경우에는 ①
위해방지 및 사고예방을 위한 소비자안전경보의 발령(제1호), ② 물품등의 안전
성에 관한 사실의 공표(제2호), ③ 위해 물품등을 제공하는 사업자에 대한 시정
권고(제3호), ④ 국가 또는 지방자치단체에의 시정조치·제도개선 건의(제4호),
⑤ 그 밖에 소비자안전을 확보하기 위하여 필요한 조치로서 *대통령령*이 정하는

사항(제5호)의 조치를 할 수 있다(법 제52조 제2항).

2. 수락여부 및 이행결과 제출 요청

원장은 제2항 제3호에 따라 시정 권고를 받은 사업자에게 수락 여부 및 ①
시정 권고에 따른 이행 내용과 실적, ② 시정 권고를 이행하지 못한 물품등에
대한 조치계획, ③ 위해의 재발방지를 위한 대책을 포함한 이행 결과 등의 제출
을 요청할 수 있다. 이 경우 사업자는 특별한 사유가 없으면 이에 따라야 한다
(법 제52조 제3항).

3. 시정요청 건의

원장은 물품등으로 인하여 소비자의 생명·신체 또는 재산에 위해가 발생
하거나 발생할 우려가 높다고 판단되는 경우로서 사업자가 제2항 제3호에 따른
시정 권고를 이행하지 않는 경우에는 공정거래위원회에 관계중앙행정기관에게
제46조 제1항에 따른 시정요청을 해 줄 것을 건의할 수 있다(법 제52조 제4항).
<유한양행 콘택600 제조물책임 손해배상청구 건>관련 민사소송에서 대법
원은 콘택600 복용당시 국민의 생명, 신체, 재산 등에 대하여 절박하고 중대한
위험상태가 발생하였거나 발생할 우려가 있음에도 식약청 공무원 또는 소비자
문제 소관 행정기관 공무원이 그 위험을 배제하기 위하여 관계법령에서 정한
조치를 취하지 아니한 과실이 인정되기 어렵다는 이유로 손해배상청구를 인정
하지 않았다.[1]

Ⅱ. 공표전 누설금지의 의무

제1항 및 제2항의 규정에 따라 위해정보를 수집·처리하는 자는 물품등의
위해성이 판명되어 공표되기 전까지 사업자명·상품명·피해정도·사건경위에 관
한 사항을 누설하여서는 아니 된다(법 제52조 제5항).

---

1) 대판 2008. 2. 28. 선고 2007다52287[손해배상(기)].

Ⅲ. 위해정보 제출기관의 지정·운영

공정거래위원회는 소비자안전센터가 위해정보를 효율적으로 수집할 수 있도록 하기 위하여 필요한 경우에는 행정기관·병원·학교·소비자단체 등을 위해정보 제출기관으로 지정·운영할 수 있다(법 제52조 제6항).

이와 관련하여 공정거래위원회는 「위해정보 제출기관 지정·운영 등에 관한 규정」2)에서 위해정보제출기관을 지정·운영하고 있다.

Ⅳ. 기타 필요사항

제1항 및 제2항의 규정에 따른 위해정보의 수집 및 처리 등에 관하여 필요한 사항은 *대통령령*3)으로 정한다(법 제52조 제7항).

---

2) 공정거래위원회고시 제2022-5호(2022. 4. 5). 일부개정

3) 제40조(수집된 위해정보의 관리) 소비자안전센터는 위해정보 제출기관이 제출한 위해정보를 유형별로 분류하여 3년 이상 보관하여야 한다.
제41조(경비지원) 소비자안전센터는 위해정보 제출기관에 대하여 한국소비자원 예산의 범위 안에서 경비를 지원할 수 있다.
제42조(소비자안전경보의 발령 등을 위한 평가) ① 한국소비자원의 원장은 법 제52조제2항제1호에 따른 소비자안전경보의 발령이나 같은 항 제2호에 따른 물품등의 안전성에 관한 사실을 공표하려면 소비자안전센터의 소장으로 하여금 해당 물품등에 대하여 위해정보의 발생빈도, 소비자의 위해정도, 그 밖에 한국소비자원의 원장이 정하는 평가요소에 대한 평가를 실시하게 할 수 있다. ② 제1항에 따른 평가를 효율적으로 수행하기 위하여 소비자안전센터에 위해정보평가위원회를 둔다. ③ 소비자안전센터의 소장은 제1항에 따른 평가를 하는 경우에는 제2항에 따른 위해정보평가위원회의 심의를 거쳐야 한다. ④ 제2항에 따른 위해정보평가위원회의 구성과 운영에 필요한 사항은 공정거래위원회의 승인을 받아 한국소비자원의 원장이 정한다.

제8장

▼

소비자분쟁의 해결

제1절 ▶ 사업자의 불만처리 등

제53조(소비자상담기구의 설치·운영)

① 사업자 및 사업자단체는 소비자로부터 제기되는 의견이나 불만 등을 기업경영에 반영하고, 소비자의 피해를 신속하게 처리하기 위한 기구(이하 "소비자상담기구"라 한다)의 설치·운영에 적극 노력하여야 한다.

② 사업자 및 사업자단체는 소비자의 불만 또는 피해의 상담을 위하여 「국가기술자격법」에 따른 관련 자격이 있는 자 등 전담직원을 고용·배치하도록 적극 노력하여야 한다.

제54조(소비자상담기구의 설치 권장)

① 중앙행정기관의 장은 사업자 또는 사업자단체에게 소비자상담기구의 설치·운영을 권장하거나 그 설치·운영에 필요한 지원을 할 수 있다.

② 공정거래위원회는 소비자상담기구의 설치·운영에 관한 권장기준을 정하여 고시할 수 있다.<개정 2008. 2. 29.>

제2절　한국소비자원의 피해구제

제55조(피해구제의 신청 등)

① 소비자는 물품등의 사용으로 인한 피해의 구제를 한국소비자원에 신청할 수 있다.

② 국가·지방자치단체 또는 소비자단체는 소비자로부터 피해구제의 신청을 받은 때에는 한국소비자원에 그 처리를 의뢰할 수 있다.

③ 사업자는 소비자로부터 피해구제의 신청을 받은 때에는 다음 각 호의 어느 하나에 해당하는 경우에 한하여 한국소비자원에 그 처리를 의뢰할 수 있다.

　1. 소비자로부터 피해구제의 신청을 받은 날부터 30일이 경과하여도 합의에 이르지 못하는 경우

　2. 한국소비자원에 피해구제의 처리를 의뢰하기로 소비자와 합의한 경우

　3. 그 밖에 한국소비자원의 피해구제의 처리가 필요한 경우로서 대통령령이 정하는 사유에 해당하는 경우

④ 원장은 제1항의 규정에 따른 피해구제의 신청(제2항 및 제3항의 규정에 따른 피해구제의 의뢰를 포함한다. 이하 이 절에서 같다)을 받은 경우 그 내용이 한국소비자원에서 처리하는 것이 부적합하다고 판단되는 때에는 신청인에게 그 사유를 통보하고 그 건의 처리를 중지할 수 있다.

목 차

I. 피해구제의 신청

소비자는 물품등의 사용으로 인한 피해의 구제를 한국소비자원에 신청할 수 있다(법 제55조 제1항).

Ⅱ. 처리의 의뢰

국가 · 지방자치단체 또는 소비자단체는 소비자로부터 피해구제의 신청을 받은 때에는 한국소비자원에 그 처리를 의뢰할 수 있다(법 제55조 제2항). 사업 자는 소비자로부터 피해구제의 신청을 받은 때에는 ① 소비자로부터 피해구제 의 신청을 받은 날부터 30일이 경과하여도 합의에 이르지 못하는 경우(제1호), ② 한국소비자원에 피해구제의 처리를 의뢰하기로 소비자와 합의한 경우(제2호), ③ 그 밖에 한국소비자원의 피해구제의 처리가 필요한 경우로서 *대통령령*이 정 하는 사유에 해당하는 경우(제3호)의 어느 하나에 해당하는 경우에 한하여 한국 소비자원에 그 처리를 의뢰할 수 있다(법 제55조 제3항).[1]

Ⅲ. 처리의 중지

원장은 제1항의 규정에 따른 피해구제의 신청(제2항 및 제3항의 규정에 따른 피해구제의 의뢰를 포함)을 받은 경우 그 내용이 한국소비자원에서 처리하는 것 이 부적합하다고 판단되는 때에는 신청인에게 그 사유를 통보하고 그 건의 처 리를 중지할 수 있다(법 제55조 제4항).

제56조(위법사실의 통보 등)

원장은 피해구제신청건을 처리함에 있어서 당사자 또는 관계인이 법령을 위반한 것으로 판단되는 때에는 관계기관에 이를 통보하고 적절한 조치를 의뢰하여야 한다. 다만, 다음 각 호의 경우에는 그러하지 아니하다.<개정 2011. 5. 19.>

1. 피해구제신청건의 당사자가 피해보상에 관한 합의를 하고 법령위반행위를 시정한 경우
2. 관계 기관에서 위법사실을 이미 인지하여 조사하고 있는 경우

---

[1] 제43조(피해구제의 청구 등) ① 법 제55조제1항부터 제3항까지의 규정에 따른 피해구제의 신 청이나 의뢰는 서면으로 하여야 한다. 다만, 긴급을 요하거나 부득이한 사유가 있는 경우에는 구술로나 전화 등으로 할 수 있다. ② 한국소비자원은 법 제55조제1항부터 제3항까지의 규정 에 따른 피해구제의 신청이나 의뢰를 받은 경우에는 지체 없이 그 피해구제의 신청이나 의뢰 에 관련된 피해구제신청건의 당사자와 의뢰인에게 서면으로 그 사실을 통보하여야 한다.

제57조(합의권고)

원장은 피해구제신청의 당사자에 대하여 피해보상에 관한 합의를 권고할 수 있다.

합의 결렬시 후속조정절차는 다음과 같다.

▌소비자 분쟁조정절차

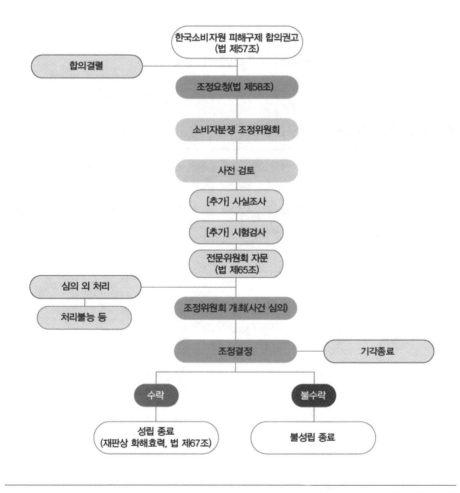

〈출처: 한국소비자원 홈페이지〉

제58조(처리기간)

원장은 제55조제1항 내지 제3항의 규정에 따라 피해구제의 신청을 받은 날부터 30일 이내에 제57조의 규정에 따른 합의가 이루어지지 아니하는 때에는 지체 없이 제60조의 규정에 따른 소비자분쟁조정위원회에 분쟁조정을 신청하여야 한다. 다만, 피해의 원인규명 등에 상당한 시일이 요구되는 피해구제신청건으로서 대통령령이 정하는 건에 대하여는 60일 이내의 범위에서 처리기간을 연장할 수 있다.

처리기간 연장 건에 대하여 *대통령령*[1]이 정하고 있다.

제59조(피해구제절차의 중지)

① 한국소비자원의 피해구제 처리절차 중에 법원에 소를 제기한 당사자는 그 사실을 한국소비자원에 통보하여야 한다.

② 한국소비자원은 당사자의 소제기 사실을 알게 된 때에는 지체 없이 피해구제절차를 중지하고, 당사자에게 이를 통지하여야 한다.

---

1) 제44조(처리기간의 연장) 법 제58조 단서에서 "대통령령이 정하는 건"이란 다음 각 호의 건을 말한다. 1. 의료 관련 건 2. 보험 관련 건 3. 농업 및 어업 관련 건 4. 그 밖에 피해의 원인규명에 시험·검사 또는 조사가 필요한 건

제3절 소비자분쟁의 조정(調停) 등

제60조(소비자분쟁조정위원회의 설치)

① 소비자와 사업자 사이에 발생한 분쟁을 조정하기 위하여 한국소비자원에 소비자분쟁 조정위원회(이하 "조정위원회"라 한다)를 둔다.

② 조정위원회는 다음 각 호의 사항을 심의·의결한다.

  1. 소비자분쟁에 대한 조정결정

  2. 조정위원회의 의사(議事)에 관한 규칙의 제정 및 개정·폐지

  3. 그 밖에 조정위원회의 위원장이 토의에 부치는 사항

③ 조정위원회의 운영 및 조정절차 등에 관하여 필요한 사항은 대통령령으로 정한다.

조정위원회의 운영 및 조정절차 등에 관하여 필요한 사항은 *대통령령*[1]으로 정한다.

---

1) 제45조(조정위원회의 회의) ① 법 제60조제1항에 따른 소비자분쟁조정위원회(이하 "조정위원회"라 한다)의 위원장(이하 "조정위원장"이라 한다)은 조정위원회의 회의를 소집한다. ② 조정위원장은 회의를 소집하려면 회의의 일시·장소 및 부의사항을 정하여 부득이한 사유가 있는 경우 외에는 회의 시작 3일 전까지 각 위원에게 서면으로 알려야 한다.

제61조(조정위원회의 구성)

① 조정위원회는 위원장 1명을 포함한 150명 이내의 위원으로 구성하며, 위원장을 포함한 5명은 상임으로 하고, 나머지는 비상임으로 한다.<개정 2017. 10.31.>

② 위원은 다음 각 호의 어느 하나에 해당하는 자 중에서 대통령령이 정하는 바에 따라 원장의 제청에 의하여 공정거래위원회위원장이 임명 또는 위촉한다.

    1. 대학이나 공인된 연구기관에서 부교수 이상 또는 이에 상당하는 직에 있거나 있었던 자로서 소비자권익 관련분야를 전공한 자

    2. 4급 이상의 공무원 또는 이에 상당하는 공공기관의 직에 있거나 있었던 자로서 소비자권익과 관련된 업무에 실무경험이 있는 자

    3. 판사·검사 또는 변호사의 자격이 있는 자

    4. 소비자단체의 임원의 직에 있거나 있었던 자

    5. 사업자 또는 사업자단체의 임원의 직에 있거나 있었던 자

    6. 그 밖에 소비자권익과 관련된 업무에 관한 학식과 경험이 풍부한 자

③ 위원장은 상임위원 중에서 공정거래위원회위원장이 임명한다.

④ 위원장이 부득이한 사유로 직무를 수행할 수 없는 때에는 위원장이 아닌 상임위원이 위원장의 직무를 대행하고, 위원장이 아닌 상임위원이 부득이한 사유로 위원장의 직무를 대행할 수 없는 때에는 공정거래위원회위원장이 지정하는 위원이 그 직무를 대행한다.

⑤ 위원의 임기는 3년으로 하며, 연임할 수 있다.

⑥ 조정위원회의 업무를 효율적으로 수행하기 위하여 조정위원회에 분야별 전문위원회를 둘 수 있다.

⑦ 제6항의 규정에 따른 전문위원회의 구성 및 운영에 관하여 필요한 사항은 대통령령으로 정한다.

 목 차

Ⅰ. 조정위원회의 구성

조정위원회는 위원장 1명을 포함한 150명 이내의 위원으로 구성하며, 위원장을 포함한 5명은 상임으로 하고, 나머지는 비상임으로 한다. 2017. 10. 31. 법개정시 50명에서 150명으로 확대되었다(법 제61조 제1항).

Ⅱ. 위원의 임명 또는 위촉

위원은 ① 대학이나 공인된 연구기관에서 부교수 이상 또는 이에 상당하는 직에 있거나 있었던 자로서 소비자권익 관련분야를 전공한 자(제1호), ② 4급 이상의 공무원 또는 이에 상당하는 공공기관의 직에 있거나 있었던 자로서 소비자권익과 관련된 업무에 실무경험이 있는 자(제2호), ③ 판사·검사 또는 변호사의 자격이 있는 자(제3호), ④ 소비자단체의 임원의 직에 있거나 있었던 자(제4호), ⑤ 사업자 또는 사업자단체의 임원의 직에 있거나 있었던 자(제5호), ⑥ 그밖에 소비자권익과 관련된 업무에 관한 학식과 경험이 풍부한 자(제6호)의 어느하나에 해당하는 자 중에서 *대통령령*[1])이 정하는 바에 따라 원장의 제청에 의하여 공정거래위원회위원장이 임명 또는 위촉한다(법 제61조 제2항).

위원장은 상임위원 중에서 공정거래위원회위원장이 임명한다(법 제61조 제3항). 위원장이 부득이한 사유로 직무를 수행할 수 없는 때에는 위원장이 아닌 상임위원이 위원장의 직무를 대행하고, 위원장이 아닌 상임위원이 부득이한 사유로 위원장의 직무를 대행할 수 없는 때에는 공정거래위원회위원장이 지정하

---

1) 제47조(위원의 구성) 한국소비자원의 원장은 법 제61조제2항에 따라 조정위원회의 비상임위원을 제청할 때에는 전국적 규모의 소비자단체 및 사업자단체로부터 추천된 자 중에서 각각 2명 이상이 균등하게 포함되도록 하여야 한다.
제48조(조정위원회 사무국) ① 조정위원회의 분쟁조정건에 대한 사실조사, 그 밖의 사무 등을 처리하기 위하여 조정위원회에 사무국을 둔다. ② 사무국에 사무국장 1명을 두며, 사무국장은 한국소비자원의 원장이 한국소비자원의 직원 중에서 임명한다.
제49조(시험·검사 또는 조사의 요청) ① 조정위원회는 분쟁조정을 위하여 필요하면 한국소비자원의 원장에게 시험·검사 또는 조사를 요청할 수 있다. ② 제1항의 요청을 받은 한국소비자원의 원장은 지체 없이 시험·검사 또는 조사를 실시하여 그 결과를 조정위원회에 통보하여야 한다.
제52조(조정위원회 등의 운영세칙) 이 영에서 규정한 사항 외에 조정위원회의 운영, 조정절차 및 전문위원회의 구성과 운영에 필요한 사항은 조정위원회의 의결을 거쳐 조정위원장이 정한다.

는 위원이 그 직무를 대행한다(법 제61조 제4항).

위원의 임기는 3년으로 하며, 연임할 수 있다(법 제61조 제5항).

Ⅲ. 분야별 전문위원회의 설치

조정위원회의 업무를 효율적으로 수행하기 위하여 조정위원회에 분야별 전문위원회를 둘 수 있다(법 제61조 제6항).

제6항의 규정에 따른 전문위원회의 구성 및 운영에 관하여 필요한 사항은 *대통령령*[2]으로 정한다(법 제61조 제7항).

제62조(위원의 신분보장)

조정위원회의 위원은 다음 각 호의 어느 하나에 해당하는 경우를 제외하고는 그의 의사와 다르게 면직되지 아니한다.

1. 자격정지 이상의 형을 선고받은 경우
2. 신체상·정신상 또는 그 밖의 사유로 직무를 수행할 수 없는 경우

[전문개정 2011. 5. 19.]

---

2) 제50조(전문위원회의 구성) ① 법 제61조제6항에 따른 전문위원회(이하 "전문위원회"라 한다)는 분야별로 10명 이내의 위원으로 구성한다. ② 전문위원회의 위원은 해당 분야에 관한 학식과 경험이 풍부한 자 중에서 조정위원장이 위촉한다.
제51조(전문위원회의 소집) ① 전문위원회의 회의는 조정위원장이 소집한다. ② 조정위원장은 전문위원회의 회의를 소집하려는 경우에는 회의의 일시·장소 및 회의에 부치는 사항을 정하여 부득이한 사유가 있는 경우 외에는 회의 시작 3일 전까지 전문위원에게 서면으로 알려야 한다.

제63조(조정위원회의 회의)

① 조정위원회의 회의는 다음 각 호에 따라 구분한다.

　1. 분쟁조정회의: 위원장, 상임위원과 위원장이 회의마다 지명하는 5명 이상 9명 이하의 위원으로 구성하는 회의

　2. 조정부: 위원장 또는 상임위원과 위원장이 회의마다 지명하는 2명 이상 4명 이하의 위원으로 구성하는 회의

② 조정위원회의 회의는 다음 각 호의 구분에 따라 주재한다.

　1. 분쟁조정회의: 위원장

　2. 조정부: 위원장 또는 상임위원

③ 조정위원회의 회의는 위원 과반수 출석과 출석위원 과반수의 찬성으로 의결한다. 이경우 조정위원회의 회의에는 소비자 및 사업자를 대표하는 위원이 각 1명 이상 균등하게 포함되어야 한다.

[전문개정 2011. 5. 19.]

제63조의2(분쟁조정회의와 조정부의 관장사항)

① 분쟁조정회의는 다음 각 호의 사항을 심의·의결한다.

　1. 제60조제2항제1호에 따른 소비자분쟁 중 대통령령으로 정하는 금액 이상의 소비자분쟁에 대한 조정

　2. 제60조제2항제2호에 따른 조정위원회의 의사에 관한 규칙의 제정 및 개정·폐지

　3. 제68조제1항에 따라 조정위원회에 의뢰 또는 신청된 분쟁조정

　4. 조정부가 분쟁조정회의에서 처리하도록 결정한 사항

② 조정부는 제1항 각 호의 사항 외의 사항을 심의·의결한다.

[본조신설 2011. 5. 19.]

대통령령[1]으로 소비자분쟁에 대한 조정기준을 정하고 있다.

---

1) 제45조의2(분쟁조정회의의 관장사항) ① 법 제63조의2제1항제1호에서 "대통령령으로 정하는 금액"이란 법 제28조제1항제5호 및 제57조에 따른 합의 권고 금액 200만원을 말한다. ② 법 제28조제1항제5호 및 제57조에 따른 합의 권고의 내용이 물품의 교환인 경우에는 해당 물품에 상당하는 금액을, 권고의 내용이 수리인 경우에는 물품의 수리에 드는 비용에 상당하는 금액을 제1항에 따른 합의 권고 금액으로 본다.

제64조(위원의 제척·기피·회피)

① 조정위원회의 위원은 다음 각 호의 어느 하나에 해당하는 경우에는 제58조 또는 제
65조제1항의 규정에 따라 조정위원회에 신청된 그 분쟁조정건(이하 이 조에서 "건"
이라 한다)의 심의·의결에서 제척된다.

　　1. 위원 또는 그 배우자나 배우자이었던 자가 그 건의 당사자가 되거나 그 건에 관
하여 공동의 권리자 또는 의무자의 관계에 있는 경우

　　2. 위원이 그 건의 당사자와 친족관계에 있거나 있었던 경우

　　3. 위원이 그 건에 관하여 증언이나 감정을 한 경우

　　4. 위원이 그 건에 관하여 당사자의 대리인으로서 관여하거나 관여하였던 경우

② 당사자는 위원에게 심의·의결의 공정을 기대하기 어려운 사정이 있는 경우에는 원
장에게 기피신청을 할 수 있다. 이 경우 원장은 기피신청에 대하여 조정위원회의 의
결을 거치지 아니하고 결정한다.

③ 위원이 제1항 또는 제2항의 사유에 해당하는 경우에는 스스로 그 건의 심의·
의결에서 회피할 수 있다.

제65조(분쟁조정)

① 소비자와 사업자 사이에 발생한 분쟁에 관하여 제16조제1항의 규정에 따라 설치된 기구에서 소비자분쟁이 해결되지 아니하거나 제28조제1항제5호의 규정에 따른 합의 권고에 따른 합의가 이루어지지 아니한 경우 당사자나 그 기구 또는 단체의 장은 조정위원회에 분쟁조정을 신청할 수 있다.

② 조정위원회는 제58조 또는 제1항의 규정에 따라 분쟁조정을 신청받은 경우에는 대통령령이 정하는 바에 따라 지체 없이 분쟁조정절차를 개시하여야 한다.

③ 조정위원회는 제2항의 규정에 따른 분쟁조정을 위하여 필요한 경우에는 제61조제6항의 규정에 따른 전문위원회에 자문할 수 있다.

④ 조정위원회는 제2항의 규정에 따른 분쟁조정절차에 앞서 이해관계인·소비자단체 또는 관계기관의 의견을 들을 수 있다.

⑤ 제59조의 규정은 분쟁조정절차의 중지에 관하여 이를 준용한다.

목 차

I. 분쟁조정의 신청

소비자와 사업자 사이에 발생한 분쟁에 관하여 제16조 제1항의 규정에 따라 설치된 기구[1]에서 소비자분쟁이 해결되지 아니하거나 제28조 제1항 제5호[2]의 규정에 따른 합의권고에 따른 합의가 이루어지지 아니한 경우 당사자나 그 기구 또는 단체의 장은 조정위원회에 분쟁조정을 신청할 수 있다(법 제65조 제1항).

---

[1] 법 제16조(소비자분쟁의 해결) ① 국가 및 지방자치단체는 소비자의 불만이나 피해가 신속·공정하게 처리될 수 있도록 관련기구의 설치 등 필요한 조치를 강구하여야 한다.

[2] 법 제28조(소비자단체의 업무 등) 5. 소비자의 불만 및 피해를 처리하기 위한 상담·정보제공 및 당사자 사이의 합의의 권고

Ⅱ. 조정의 절차

　　조정위원회는 제58조 또는 제1항의 규정에 따라 분쟁조정을 신청받은 경우에는 *대통령령*[3])이 정하는 바에 따라 지체 없이 분쟁조정절차를 개시하여야 한다(법 제65조 제2항).

1. 전문위원회의 자문

　　조정위원회는 제2항의 규정에 따른 분쟁조정을 위하여 필요한 경우에는 제61조 제6항의 규정에 따른 전문위원회에 자문할 수 있다(법 제65조 제3항).

2. 이해관계인·소비자단체 등의 의견 청취

　　조정위원회는 제2항의 규정에 따른 분쟁조정절차에 앞서 이해관계인·소비자단체 또는 관계기관의 의견을 들을 수 있다(법 제65조 제4항).

Ⅲ. 조정절차의 중지

　　제59조의 규정[4])은 분쟁조정절차의 중지에 관하여 이를 준용한다(법 제65조 제5항).

---

　3) 제46조(분쟁조정절차의 분리·병합) ① 조정위원회는 법 제58조 또는 법 제65조제1항에 따라 신청받은 분쟁조정을 효율적으로 하기 위하여 필요하다고 인정하면 분쟁조정절차를 분리하거나 병합할 수 있다. ② 조정위원회는 제1항에 따라 분쟁조정절차를 분리하거나 병합한 때에는 분쟁조정의 신청인 및 분쟁당사자에게 지체 없이 서면으로 그 뜻을 알려야 한다.
　　제53조(자료 등의 제출 요청) 조정위원회는 법 제58조 또는 법 제65조제1항에 따라 분쟁조정을 신청받은 경우에는 그 분쟁조정을 위하여 필요하다고 인정되면 그 신청인이나 분쟁당사자에게 증거서류 등 관련 자료의 제출을 요청할 수 있다.
　　제54조(조정위원장의 합의권고) 조정위원장은 법 제58조 또는 법 제65조제1항에 따라 분쟁조정을 신청받은 경우에는 분쟁조정 업무의 효율적 수행을 위하여 10일 이내의 기간을 정하여 분쟁당사자에게 보상방법에 대한 합의를 권고할 수 있다.
　4) 법 제59조(피해구제절차의 중지) ① 한국소비자원의 피해구제 처리절차 중에 법원에 소를 제기한 당사자는 그 사실을 한국소비자원에 통보하여야 한다. ② 한국소비자원은 당사자의 소제기 사실을 알게 된 때에는 지체 없이 피해구제절차를 중지하고, 당사자에게 이를 통지하여야 한다.

제66조(분쟁조정의 기간)

① 조정위원회는 제58조 또는 제65조제1항의 규정에 따라 분쟁조정을 신청받은 때에는 그 신청을 받은 날부터 30일 이내에 그 분쟁조정을 마쳐야 한다.

② 조정위원회는 제1항의 규정에 불구하고 정당한 사유가 있는 경우로서 30일 이내에 그 분쟁조정을 마칠 수 없는 때에는 그 기간을 연장할 수 있다. 이 경우 그 사유와 기한을 명시하여 당사자 및 그 대리인에게 통지하여야 한다.<개정 2017. 10. 31.>

[시행일: 2018. 5. 1.]

제67조(분쟁조정의 효력 등)

① 조정위원회의 위원장은 제66조의 규정에 따라 분쟁조정을 마친 때에는 지체 없이 당사자에게 그 분쟁조정의 내용을 통지하여야 한다.

② 제1항의 규정에 따른 통지를 받은 당사자는 그 통지를 받은 날부터 15일 이내에 분쟁조정의 내용에 대한 수락 여부를 조정위원회에 통보하여야 한다. 이 경우 15일 이내에 의사표시가 없는 때에는 수락한 것으로 본다.

③ 제2항의 규정에 따라 당사자가 분쟁조정의 내용을 수락하거나 수락한 것으로 보는 경우 조정위원회는 조정조서를 작성하고, 조정위원회의 위원장 및 각 당사자가 기명날인하거나 서명하여야 한다. 다만, 수락한 것으로 보는 경우에는 각 당사자의 기명날인 또는 서명을 생략할 수 있다.<개정 2018. 6. 12.>

④ 제2항의 규정에 따라 당사자가 분쟁조정의 내용을 수락하거나 수락한 것으로 보는 때에는 그 분쟁조정의 내용은 재판상 화해와 동일한 효력을 갖는다.

수락여부의 의사표시에 관하여 *대통령령*[1]에서 규정하고 있다.

---

1) 제55조(수락 여부의 의사표시 등) ① 법 제67조제2항 전단에 따른 수락 여부의 의사표시는 서면으로 하여야 한다. ② 조정위원회는 법 제67조제2항에 따라 분쟁조정의 내용을 수락하거나 수락한 것으로 보는 경우에는 조정조서를 작성하여 원본을 보관하고, 그 정본(正本)을 분쟁당사자에게 송달하여야 한다.

제68조(분쟁조정의 특례)

① 제65조제1항의 규정에 불구하고, 국가·지방자치단체·한국소비자원 또는 소비자단체
·사업자는 소비자의 피해가 다수의 소비자에게 같거나 비슷한 유형으로 발생하는 경
우로서 대통령령이 정하는 건에 대하여는 조정위원회에 일괄적인 분쟁조정(이하 "집
단분쟁조정"이라 한다)을 의뢰 또는 신청할 수 있다.

② 제1항의 규정에 따라 집단분쟁조정을 의뢰받거나 신청받은 조정위원회는 다음 각 호
의 어느 하나에 해당하는 건을 제외하고는 조정위원회의 의결로써 의뢰받거나 신청
받은 날부터 60일 이내에 제4항부터 제7항까지의 규정에 따른 집단분쟁조정의 절차
를 개시하여야 한다. 이 경우 조정위원회는 대통령령이 정하는 기간동안 그 절차의
개시를 공고하여야 한다.<개정 2011. 5. 19., 2018. 6. 12.>

1. 제1항의 요건을 갖추지 못한 건
2. 기존의 집단분쟁조정결정이 있는 건으로서 개시의결을 반복할 필요가 없다고 인
   정되는 건
3. 신청인의 신청내용이 이유가 없다고 명백하게 인정되는 건

③ 제2항에도 불구하고 조정위원회는 다음 각 호의 어느 하나에 해당하는 건에 대하여
는 제2항에 따른 개시결정기간 내에 조정위원회의 의결로써 집단분쟁조정 절차개시
의 결정을 보류할 수 있다. 이 경우 그 사유와 기한을 명시하여 의뢰 또는 신청한
자에게 통지하여야 하고, 그 보류기간은 제2항에 따른 개시결정기간이 경과한 날부
터 60일을 넘을 수 없다.<신설 2018. 6. 12.>

1. 피해의 원인규명에 시험, 검사 또는 조사가 필요한 건
2. 피해의 원인규명을 위하여 제68조의2에 따른 대표당사자가 집단분쟁조정 절차개
   시 결정의 보류를 신청하는 건

④ 조정위원회는 집단분쟁조정의 당사자가 아닌 소비자 또는 사업자로부터 그 분쟁조정
의 당사자에 추가로 포함될 수 있도록 하는 신청을 받을 수 있다.<개정 2018. 6.
12.>

⑤ 조정위원회는 사업자가 조정위원회의 집단분쟁조정의 내용을 수락한 경우에는 집단
분쟁조정의 당사자가 아닌 자로서 피해를 입은 소비자에 대한 보상계획서를 작성하
여 조정위원회에 제출하도록 권고할 수 있다.

⑥ 제65조제5항의 규정에 불구하고 조정위원회는 집단분쟁조정의 당사자인 다수의 소비
자 중 일부의 소비자가 법원에 소를 제기한 경우에는 그 절차를 중지하지 아니하고,
소를 제기한 일부의 소비자를 그 절차에서 제외한다.

⑦ 제66조제1항에도 불구하고 집단분쟁조정은 제2항에 따른 공고가 종료된 날의 다음 날부터 30일 이내에 마쳐야 한다. 다만, 정당한 사유가 있는 경우로서 해당 기간 내에 분쟁조정을 마칠 수 없는 때에는 2회에 한하여 각각 30일의 범위에서 그 기간을 연장할 수 있으며, 이 경우 그 사유와 기한을 구체적으로 밝혀 당사자 및 그 대리인에게 통지하여야 한다.<개정 2011. 5. 19., 2017. 10. 31.>

⑧ 집단분쟁조정의 절차 등에 관하여 필요한 사항은 대통령령으로 정한다.

 목 차

I. 집단분쟁조정의 의뢰 또는 신청

제65조 제1항의 규정에 불구하고, 국가·지방자치단체·한국소비자원 또는 소비자단체·사업자는 소비자의 피해가 다수의 소비자에게 같거나 비슷한 유형으로 발생하는 경우로서 *대통령령*[1]이 정하는 건에 대하여는 조정위원회에 일괄적인 분쟁조정(이하 "집단분쟁조정")을 의뢰 또는 신청[2]할 수 있다(법 제68조 제1항).

제1항의 규정에 따라 집단분쟁조정을 의뢰받거나 신청받은 조정위원회는

---

1) 제56조(집단분쟁조정의 신청대상) 법 제68조제1항에서 "대통령령이 정하는 건"이란 다음 각 호의 요건을 모두 갖춘 건을 말한다. 1. 물품등으로 인한 피해가 같거나 비슷한 유형으로 발생한 소비자 중 다음 각 목의 자를 제외한 소비자의 수가 50명 이상일 것 가. 법 제31조제1항 본문에 따른 자율적 분쟁조정, 법 제57조에 따른 한국소비자원 원장의 권고, 그 밖의 방법으로 사업자와 분쟁해결이나 피해보상에 관한 합의가 이루어진 소비자 나. 제25조 각 호의 분쟁조정기구에서 분쟁조정이 진행 중인 소비자 다. 해당 물품등으로 인한 피해에 관하여 법원에 소(訴)를 제기한 소비자 2. 건의 중요한 쟁점이 사실상 또는 법률상 공통될 것

2) 제57조(집단분쟁조정의 신청 등) ① 법 제68조제1항에 따른 일괄적인 분쟁조정(이하 "집단분쟁조정"이라 한다)의 의뢰나 신청은 서면으로 하여야 한다. ② 집단분쟁조정 절차의 분리·병합에 관하여는 제46조를 준용한다.

① 제1항의 요건을 갖추지 못한 건(제1호), ② 기존의 집단분쟁조정결정이 있는 건으로서 개시의결을 반복할 필요가 없다고 인정되는 건(제2호), ③ 신청인의 신청내용이 이유가 없다고 명백하게 인정되는 건(제3호)의 어느 하나에 해당하는 건을 제외하고는 조정위원회의 의결로써 의뢰받거나 신청받은 날부터 60일 이내에 제4항부터 제7항까지의 규정에 따른 집단분쟁조정의 절차를 개시하여야 한다. 이 경우 조정위원회는 *대통령령*이 정하는 기간동안 그 절차의 개시를 공고하여야 한다(법 제68조 제2항). 집단분쟁조정의 장기화하는 문제점을 해소하기 위해 2018. 6. 12. 법 개정시 신설된 조항이다.

II. 분쟁조정절차의 보류

제2항에도 불구하고 조정위원회는 ① 피해의 원인규명에 시험, 검사 또는 조사가 필요한 건(제1호), ② 피해의 원인규명을 위하여 제68조의2에 따른 대표당사자가 집단분쟁조정 절차개시 결정의 보류를 신청하는 건(제2호)의 어느 하나에 해당하는 건에 대하여는 제2항에 따른 개시결정기간 내에 조정위원회의 의결로써 집단분쟁조정 절차개시의 결정을 보류할 수 있다. 이 경우 그 사유와 기한을 명시하여 의뢰 또는 신청한 자에게 통지하여야 하고, 그 보류기간은 제2항에 따른 개시결정기간이 경과한 날부터 60일을 넘을 수 없다(법 제68조 제3항).

III. 분쟁조정의 추가신청 등

조정위원회는 집단분쟁조정의 당사자가 아닌 소비자 또는 사업자로부터 그 분쟁조정의 당사자에 추가3)로 포함될 수 있도록 하는 신청을 받을 수 있다(법 제68조 제4항). 그리고 사업자가 조정위원회의 집단분쟁조정의 내용을 수락한 경우에는 집단분쟁조정의 당사자가 아닌 자로서 피해를 입은 소비자에 대한 보상

---

3) 제59조(집단분쟁조정 절차에 대한 참가신청) ① 집단분쟁조정의 당사자가 아닌 소비자나 사업자가 법 제68조제3항에 따라 추가로 집단분쟁조정의 당사자로 참가하려면 제58조제1항의 공고기간 이내에 서면으로 참가신청을 하여야 한다. ② 조정위원회는 제1항에 따라 집단분쟁조정의 당사자 참가신청을 받으면 제1항의 참가신청기간이 끝난 후 10일 이내에 참가인정 여부를 서면으로 알려야 한다.

계획서4)를 작성하여 조정위원회에 제출하도록 권고할 수 있다(법 제68조 제5항).

　　제65조 제5항의 규정에 불구하고 조정위원회는 집단분쟁조정의 당사자인 다수의 소비자 중 일부의 소비자가 법원에 소를 제기한 경우에는 그 절차를 중지하지 아니하고, 소를 제기한 일부의 소비자를 그 절차에서 제외한다(법 제68조 제6항).

Ⅳ. 분쟁조정의 기간 및 연장

　　제66조 제1항에도 불구하고 집단분쟁조정은 제2항에 따른 공고가 종료된 날의 다음 날부터 30일 이내에 마쳐야 한다. 다만, 정당한 사유가 있는 경우로서 해당 기간 내에 분쟁조정을 마칠 수 없는 때에는 2회에 한하여 각각 30일의 범위에서 그 기간을 연장할 수 있으며, 이 경우 그 사유와 기한을 구체적으로 밝혀 당사자 및 그 대리인에게 통지하여야 한다(법 제68조 제7항).

　　제68조 제7항의 개정규정은 이 법 시행 후 최초로 분쟁조정 또는 집단분쟁조정이 신청되거나 의뢰되는 경우부터 적용한다.5)

Ⅴ. 기타 필요사항

　　집단분쟁조정의 절차 등에 관하여 필요한 사항은 *대통령령*6)으로 정한다(법 제68조 제8항).

---

4) 제60조(당사자가 아닌 자에 대한 보상계획) 법 제68조제5항에 따라 보상계획서 제출을 권고받은 사업자는 그 권고를 받은 날부터 15일 이내에 권고의 수락 여부를 조정위원회에 알려야 한다.
5) 부칙<법률 제15015호, 2017. 10. 31.> 제2조(분쟁조정의 기간 연장에 관한 적용례)
6) 제61조(집단분쟁조정 절차의 진행) 조정위원회는 제56조 각 호의 요건을 모두 갖춘 건에 대하여 집단분쟁조정 절차가 시작된 후 집단분쟁조정의 당사자인 다수의 소비자 중 일부의 소비자가 같은 조제1호가목 및 나목에 해당하게 된 경우에는 그 절차를 중지하지 아니하고, 같은 조제1호가목 및 나목에 해당하는 소비자는 그 절차에서 제외한다.
제62조(집단분쟁조정을 위한 운영세칙) 이 영에서 규정한 사항 외에 집단분쟁조정에 필요한 사항은 조정위원회의 의결을 거쳐 조정위원장이 정한다.

▎집단분쟁조정 절차

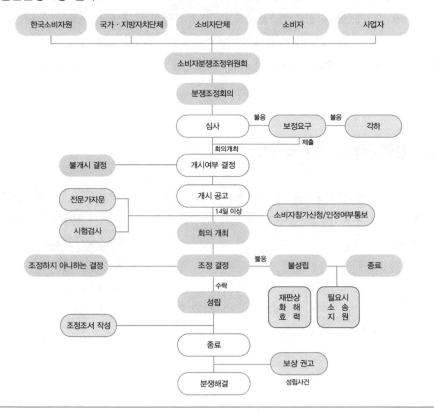

〈출처: 한국소비자원 홈페이지〉

제68조의2(대표당사자의 선임 등)

① 집단분쟁조정에 이해관계가 있는 당사자들은 그 중 3명 이하를 대표당사자로 선임할
수 있다.

② 조정위원회는 당사자들이 제1항에 따라 대표당사자를 선임하지 아니한 경우에 필요
하다고 인정하는 때에는 당사자들에게 대표당사자를 선임할 것을 권고할 수 있다.

③ 대표당사자는 자기를 선임한 당사자들을 위하여 그 건의 조정에 관한 모든 행위를
할 수 있다. 다만, 조정신청의 철회 및 조정안의 수락·거부는 자기를 선임한 당사자
들의 서면에 의한 동의를 받아야 한다.

④ 대표당사자를 선임한 당사자들은 대표당사자를 통하여서만 그 건의 조정에 관한 행
위를 할 수 있다.

⑤ 대표당사자를 선임한 당사자들은 필요하다고 인정하는 경우에는 대표당사자를 해임
하거나 변경할 수 있다. 이 경우 당사자들은 그 사실을 지체 없이 조정위원회에 통
지하여야 한다.

[본조신설 2011. 5. 19.]

제68조의3(시효의 중단)

① 제58조 및 제65조제1항에 따른 분쟁조정의 신청과 제68조제1항 및 제4항에 따른 집
단분쟁조정의 의뢰 또는 신청은 시효중단의 효력이 있다. 다만, 다음 각 호의 어느
하나에 해당하는 경우 외의 경우로 분쟁조정절차 또는 집단분쟁조정절차가 종료된
경우에는 그 조정절차가 종료된 날부터 1개월 이내에 소를 제기하지 아니하면 시효
중단의 효력이 없다.<개정 2018. 6. 12.>
 1. 당사자가 분쟁조정 또는 집단분쟁조정의 내용을 수락하거나 수락한 것으로 보는
    경우
 2. 당사자의 일방 또는 쌍방이 분쟁조정 또는 집단분쟁조정의 내용을 수락하지 아니
    한 경우
② 제1항 각 호 외의 부분 본문에 따라 중단된 시효는 같은 항 각 호의 어느 하나에 해
당하는 때부터 새로이 진행한다.
[본조신설 2016. 3. 29.]

제69조(「민사조정법」의 준용)

조정위원회의 운영 및 조정절차에 관하여 이 법에서 규정하지 아니한 사항에 대하여는
「민사조정법」을 준용한다.

제4절　소비자단체소송

제70조(단체소송의 대상등)

다음 각 호의 어느 하나에 해당하는 단체는 사업자가 제20조의 규정을 위반하여 소비자의 생명·신체 또는 재산에 대한 권익을 직접적으로 침해하고 그 침해가 계속되는 경우 법원에 소비자권익침해행위의 금지·중지를 구하는 소송(이하 "단체소송"이라 한다)을 제기할 수 있다.<개정 2016. 3. 29.>

1. 제29조의 규정에 따라 공정거래위원회에 등록한 소비자단체로서 다음 각 목의 요건을 모두 갖춘 단체
   가. 정관에 따라 상시적으로 소비자의 권익증진을 주된 목적으로 하는 단체일 것
   나. 단체의 정회원수가 1천명 이상일 것
   다. 제29조의 규정에 따른 등록 후 3년이 경과하였을 것
2. 제33조에 따라 설립된 한국소비자원
3. 「상공회의소법」에 따른 대한상공회의소, 「중소기업협동조합법」에 따른 중소기업협동조합중앙회 및 전국 단위의 경제단체로서 대통령령이 정하는 단체
4. 「비영리민간단체 지원법」 제2조의 규정에 따른 비영리민간단체로서 다음 각 목의 요건을 모두 갖춘 단체
   가. 법률상 또는 사실상 동일한 침해를 입은 50인 이상의 소비자로부터 단체소송의 제기를 요청받을 것
   나. 정관에 소비자의 권익증진을 단체의 목적으로 명시한 후 최근 3년 이상 이를 위한 활동실적이 있을 것
   다. 단체의 상시 구성원수가 5천명 이상일 것
   라. 중앙행정기관에 등록되어 있을 것

목　차

[참고문헌]

　　단행본: 사법연수원, 약관규제와 소비자보호 연구, 2012

　　소액다수의 소비자피해를 효과석으로 규제할 수 있는 소송상 제도로 미국의 집단소송제도[1]와 독일의 단체소송제도[2]가 있는데 2006년 우리나라는 독일식 단체소송제도를 소비자기본법에 도입하였다.[3]

I. 단체소송의 대상

　　사업자가 제20조의 규정[4]을 위반하여 소비자의 생명·신체 또는 재산에 대한 권익을 직접적으로 침해하고 그 침해가 계속되는 경우 법원에 소비자권익침해행위의 금지·중지를 구하는 소송(이하 "단체소송")을 제기할 수 있다(법 제70조).

II. 단체소송의 제기단체

　　① 제29조의 규정에 따라 공정거래위원회에 등록한 소비자단체로서 i) 정관에 따라 상시적으로 소비자의 권익증진을 주된 목적으로 하는 단체일 것(가목), ii) 단체의 정회원수가 1천명 이상일 것(나목), iii) 제29조의 규정에 따른 등록 후 3년이 경과하였을 것(다목)의 요건을 모두 갖춘 단체(제1호), ② 제33조에 따

---

1) 집단의 구성원 중에서 1인 또는 그 이상이 집단 전체를 대표해서 제소하거나(원고 Class Action), 제소를 당하는(피고 Class Action) 형태의 소송을 말한다.
2) 하나의 단체가 원고가 되어 개별적인 법률의 보호목적을 실현하거나 또는 다른 사람의 개별적인 청구권을 행사하는 소송을 말하며 독일 부정경쟁방지법(UWG)상의 단체소송이 대표적인 예이다.
3) 사법연수원, 323면.
4) 법 제20조(소비자의 권익증진 관련기준의 준수) ① 사업자는 제8조제1항의 규정에 따라 국가가 정한 기준에 위반되는 물품등을 제조·수입·판매하거나 제공하여서는 아니 된다. ② 사업자는 제10조의 규정에 따라 국가가 정한 표시기준을 위반하여서는 아니 된다. ③ 사업자는 제11조의 규정에 따라 국가가 정한 광고기준을 위반하여서는 아니 된다. ④ 사업자는 제12조제2항의 규정에 따라 국가가 지정·고시한 행위를 하여서는 아니 된다. ⑤ 사업자는 제15조제2항의 규정에 따라 국가가 정한 개인정보의 보호기준을 위반하여서는 아니 된다.

라 설립된 한국소비자원(제2호), ③「상공회의소법」에 따른 대한상공회의소, 「중소기업협동조합법」에 따른 중소기업협동조합중앙회 및 전국 단위의 경제단체로서 *대통령령*[5])이 정하는 단체(제3호), ④「비영리민간단체 지원법」 제2조의 규정에 따른 비영리민간단체로서 i) 법률상 또는 사실상 동일한 침해를 입은 50인 이상의 소비자로부터 단체소송의 제기를 요청받을 것(가목), ii) 정관에 소비자의 권익증진을 단체의 목적으로 명시한 후 최근 3년 이상 이를 위한 활동실적이 있을 것(나목), iii) 단체의 상시 구성원수가 5천명 이상일 것(다목), iv) 중앙행정기관에 등록되어 있을 것(라목)의 요건을 모두 갖춘 단체(제4호)의 어느 하나에 해당하는 단체는 단체소송을 제기할 수 있다(법 제70조).

제71조(전속관할)

① 단체소송의 소는 피고의 주된 사무소 또는 영업소가 있는 곳, 주된 사무소나 영업소가 없는 경우에는 주된 업무담당자의 주소가 있는 곳의 지방법원 본원 합의부의 관할에 전속한다.

② 제1항의 규정을 외국사업자에 적용하는 경우 대한민국에 있는 이들의 주된 사무소 · 영업소 또는 업무담당자의 주소에 따라 정한다.

---

5) 제63조(단체소송을 제기할 수 있는 경제단체의 범위) 법 제70조제2호에서 "대통령령이 정하는 단체"란 전국 단위의 경제단체로서 다음 각 호의 어느 하나에 해당하는 단체를 말한다. 1. 사업자 등을 회원으로 하여 「민법」에 따라 설립된 사단법인으로서 정관에 따라 기업경영의 합리화 또는 건전한 기업문화 조성에 관한 사업을 수행하는 법인 중 공정거래위원회가 정하여 고시하는 법인 2. 사업자 등을 회원으로 하여 「민법」에 따라 설립된 사단법인으로서 정관에 따라 무역진흥업무를 수행하는 법인 중 공정거래위원회가 정하여 고시하는 법인. 「단체소송 제기가능 경제단체 지정고시」(공정거래위원회 고시 제2022-14호(2022. 7. 18.)에 따라 전국경제인연합회와 무역협회가 지정되어 있다.

제72조(소송대리인의 선임)

단체소송의 원고는 변호사를 소송대리인으로 선임하여야 한다.

제73조(소송허가신청)

① 단체소송을 제기하는 단체는 소장과 함께 다음 각 호의 사항을 기재한 소송허가신청
서를 법원에 제출하여야 한다.

1. 원고 및 그 소송대리인
2. 피고
3. 금지 · 중지를 구하는 사업자의 소비자권익 침해행위의 범위

② 제1항의 규정에 따른 소송허가신청서에는 다음 각 호의 자료를 첨부하여야 한다.

1. 소제기단체가 제70조 각 호의 어느 하나에 해당하는 요건을 갖추고 있음을 소명
하는 자료
2. 소제기단체가 제74조제1항제3호의 규정에 따라 요청한 서면 및 이에 대한 사업
자의 의견서. 다만, 동호에서 정하는 기간 내에 사업자의 응답이 없을 경우에는
사업자의 의견서를 생략할 수 있다.

제74조(소송허가요건 등)

① 법원은 다음 각 호의 요건을 모두 갖춘 경우에 한하여 결정으로 단체소송을 허가한다.

1. 물품등의 사용으로 인하여 소비자의 생명 · 신체 또는 재산에 피해가 발생하거나
발생할 우려가 있는 등 다수 소비자의 권익보호 및 피해예방을 위한 공익상의
필요가 있을 것
2. 제73조의 규정에 따른 소송허가신청서의 기재사항에 흠결이 없을 것
3. 소제기단체가 사업자에게 소비자권익 침해행위를 금지 · 중지할 것을 서면으로 요
청한 후 14일이 경과하였을 것

② 단체소송을 허가하거나 불허가하는 결정에 대하여는 즉시항고할 수 있다.

제75조(확정판결의 효력)

원고의 청구를 기각하는 판결이 확정된 경우 이와 동일한 사안에 관하여는 제70조의 규정에 따른 다른 단체는 단체소송을 제기할 수 없다. 다만, 다음 각 호의 어느 하나에 해당하는 경우에는 그러하지 아니하다.

　1. 판결이 확정된 후 그 사안과 관련하여 국가 또는 지방자치단체가 설립한 기관에 의하여 새로운 연구결과나 증거가 나타난 경우

　2. 기각판결이 원고의 고의로 인한 것임이 밝혀진 경우

제76조(「민사소송법」의 적용 등)

① 단체소송에 관하여 이 법에 특별한 규정이 없는 경우에는 「민사소송법」을 적용한다.

② 제74조의 규정에 따른 단체소송의 허가결정이 있는 경우에는 「민사집행법」 제4편의 규정에 따른 보전처분을 할 수 있다.

③ 단체소송의 절차에 관하여 필요한 사항은 대법원규칙으로 정한다.

　단체소송의 허가결정이 있는 경우에는 「민사집행법」 제4편의 규정[1]에 따른 보전처분을 할 수 있다.

---

1) 제276조(가압류의 목적) ① 가압류는 금전채권이나 금전으로 환산할 수 있는 채권에 대하여 동산 또는 부동산에 대한 강제집행을 보전하기 위하여 할 수 있다. ② 제1항의 채권이 조건이 붙어 있는 것이거나 기한이 차지 아니한 것인 경우에도 가압류를 할 수 있다.
제277조(보전의 필요) 가압류는 이를 하지 아니하면 판결을 집행할 수 없거나 판결을 집행하는 것이 매우 곤란할 염려가 있을 경우에 할 수 있다.

제9장

조사절차 등

제77조(검사·시료수거와 자료제출 등)

① 중앙행정기관의 장은 다음 각 호의 어느 하나에 해당하는 경우에는 대통령령이 정하는 바에 따라 소속공무원으로 하여금 사업자의 물품·시설 및 제조공정 그 밖의 물건의 검사 또는 필요한 최소한의 시료수거를 하게 하거나 그 사업자에게 그 업무에 관한 보고 또는 관계 물품·서류 등의 제출을 명할 수 있다.<개정 2018. 12. 31.>

1. 제8조제2항의 규정에 따라 국가가 정한 기준을 사업자가 준수하는지 여부를 시험·검사 또는 조사하기 위하여 필요한 경우
2. 제13조의 규정에 따라 소비자에게 정보제공을 하기 위하여 필요한 경우
3. 제16조제1항의 규정에 따라 소비자의 불만 및 피해를 처리하기 위하여 필요한 경우
4. 이 법의 위반 여부를 확인하기 위하여 필요한 경우

② 제1항의 규정에 따른 시료수거는 무상으로 할 수 있다.<신설 2018. 12. 31.>

③ 중앙행정기관의 장은 물품등의 안전성을 의심할 만한 정당한 이유가 있는 경우로서 대통령령이 정하는 사유가 있는 때에는 소속 공무원으로 하여금 사업자의 영업장소, 제조장소, 창고 등 저장소, 사무소 그 밖의 이와 유사한 장소에 출입하여 제1항의 규정에 따른 검사 등을 할 수 있다.<개정 2018. 12. 31.>

④ 제1항 또는 제2항의 규정에 따라 검사 등을 하는 공무원은 그 권한을 나타내는 증표를 지니고 이를 관계인에게 내보여야 한다.<개정 2018. 12. 31.>

⑤ 이 법에 따른 직무에 종사하는 공무원은 제1항 또는 제2항의 규정에 따른 검사나 제출된 물품 또는 서류 등으로 알게 된 내용을 이 법의 시행을 위한 목적 아닌 용도로 사용하여서는 아니 된다.<개정 2018. 12. 31.>

⑥ 중앙행정기관의 장은 소관 소비자권익 증진시책을 추진하기 위하여 필요한 경우에는 원장에게 소비자피해에 관한 정보 및 각종 실태조사 결과 등 소비자의 권익과 관련된 정보의 제공을 요청할 수 있다.<개정 2018. 12. 31.>

[제목개정 2018. 12. 31.]

목　차

Ⅰ. 검사·시료수거, 보고 또는 서류제출 명령권

　　중앙행정기관의 장은 ① 제8조 제2항의 규정에 따라 국가가 정한 기준을 사업자가 준수하는지 여부를 시험·검사 또는 조사하기 위하여 필요한 경우(제1호), ② 제13조의 규정에 따라 소비자에게 정보제공을 하기 위하여 필요한 경우(제2호), ③ 제16조 제1항의 규정에 따라 소비자의 불만 및 피해를 처리하기 위하여 필요한 경우(제3호), ④ 이 법의 위반 여부를 확인하기 위하여 필요한 경우(제4호)의 어느 하나에 해당하는 경우에는 *대통령령*[1])이 정하는 바에 따라 소속 공무원으로 하여금 사업자의 물품·시설 및 제조공정 그 밖의 물건의 검사 또는 필요한 최소한의 시료수거를 하게 하거나 그 사업자에게 그 업무에 관한 보고 또는 관계 물품·서류 등의 제출을 명할 수 있다.

　　2018. 12. 31. 법 개정시 검사뿐만 아니라 시료수거권까지 규정하였다(법 제77조 제1항). 최근 소비자의 안전에 대한 불안이 높아지고 있어 국가·지방자치

---

1) 제64조(검사·시료수거와 자료제출 등) ① 중앙행정기관의 장은 법 제77조제1항 및 제3항에 따라 소속 공무원에게 검사·시료수거 또는 출입을 하게 하는 경우에는 미리 서면으로 검사, 시료수거 또는 출입의 일시·대상·목적 및 담당 공무원의 인적사항 등을 사업자에게 알려야 한다. 다만, 긴급한 사유가 있으면 이를 알리지 않을 수 있다. ② 중앙행정기관의 장은 법 제77조제1항에 따라 사업자에게 그 업무에 관한 보고 또는 관계 물품·서류 등의 제출을 하게 하는 경우에는 미리 서면으로 보고 또는 제출의 일시·방법·내용 등을 알려야 한다. 이 경우 긴급한 사유가 있으면 구술로 알릴 수 있다. ③ 법 제77조제3항에서 "대통령령이 정하는 사유"란 다음 각 호의 어느 하나에 해당하는 경우를 말한다. 1. 법 제49조제1항에 따라 시정권고를 하기 위하여 사실확인이 필요한 경우 2. 법 제50조제1항에 따라 시정조치를 명하기 위하여 사실확인이 필요한 경우 3. 제39조제5항에 따라 보고받은 위해정보의 사실확인이 필요한 경우

단체·한국소비자원의 위해 조사 및 위해 방지 조치에 대한 실효성을 높일 필요가 있었다. 그동안 중앙행정기관의 장(위탁 시 한국소비자원)[2]이 물품 등의 안전성이 의심되는 사업자의 영업 장소, 제조 장소 등에 출입하여 조사하는 경우 시험 등에 필요한 시료를 수거할 권한이 없어 소비자 권익 증진 시책의 효과적인 추진에 어려움을 겪어 왔다.[3] 이에 개정 소비자기본법(2018년 12월 31일 공포, 2019년 7월 1일 시행)은 안전성 논란이 제기된 물품 등에 대한 신속한 조사를 위해 중앙행정기관 등의 시료 수거권을 명시하고, 시료 수거의 절차 등 필요한 사항을 시행령에 위임했다.[4]

1. 무상수거

제1항의 규정에 따른 시료수거는 무상으로 할 수 있다(법 제77조 제2항).

2. 현장조사

중앙행정기관의 장은 물품등의 안전성을 의심할 만한 정당한 이유가 있는 경우로서 *대통령령*[5]이 정하는 사유가 있는 때에는 소속 공무원으로 하여금 사업자의 영업장소, 제조장소, 창고 등 저장소, 사무소 그 밖의 이와 유사한 장소에 출입하여 제1항의 규정에 따른 검사 등을 할 수 있다(법 제77조 제3항).

3. 권한증표 제시의무

제1항 또는 제2항의 규정에 따라 검사 등을 하는 공무원은 그 권한을 나타

---

[2] 중앙행정기관의 장은 법 제83조제2항에 의하여 한국소비자원장이 안전성 시험·검사·조사나 안전성 관련 사실공표 등의 조치를 위해 요청하는 경우 법 제77조제1항의 권한을 한국소비자원에 위탁할 수 있다.

[3] 한국소비자원은 횟집 수조의 위생 점검, 초등학교 급식 시설의 위생 점검 등에 필요한 시료를 얻지 못하여 사업을 실시하지 못하며 또한 한국소비자원은 패스트푸드점의 햄버거를 구매하여 조사하려고 했으나 공표 금지 가처분 등 법적 분쟁을 겪었다.

[4] 이상 공정거래위원회 보도자료(2019. 6. 18).

[5] 제64조(검사와 자료제출 등) ③ 법 제77조제3항에서 "대통령령이 정하는 사유"란 다음 각 호의 어느 하나에 해당하는 경우를 말한다. 1. 법 제49조제1항에 따라 시정권고를 하기 위하여 사실확인이 필요한 경우 2. 법 제50조제1항에 따라 시정조치를 명하기 위하여 사실확인이 필요한 경우 3. 제39조제5항에 따라 보고받은 위해정보의 사실확인이 필요한 경우

내는 증표를 지니고 이를 관계인에게 내보여야 한다(법 제77조 제4항).

4. 목적외 사용 금지의무

이 법에 따른 직무에 종사하는 공무원은 제1항 또는 제2항의 규정에 따른 검사나 제출된 물품 또는 서류 등으로 알게 된 내용을 이 법의 시행을 위한 목적 아닌 용도로 사용하여서는 아니 된다(법 제77조 제5항).

Ⅱ. 정보제공의 요청

중앙행정기관의 장은 소관 소비자권익 증진시책을 추진하기 위하여 필요한 경우에는 원장에게 소비자피해에 관한 정보 및 각종 실태조사 결과 등 소비자의 권익과 관련된 정보의 제공을 요청할 수 있다(법 제77조 제6항).

제78조(자료 및 정보제공요청 등)

① 소비자단체 및 한국소비자원은 그 업무를 추진함에 있어서 필요한 자료 및 정보의 제공을 사업자 또는 사업자단체에 요청할 수 있다. 이 경우 그 사업자 또는 사업자단체는 정당한 사유가 없는 한 이에 응하여야 한다.

② 제1항의 규정에 따라 자료 및 정보의 제공을 요청하는 소비자단체 및 한국소비자원은 그 자료 및 정보의 사용목적·사용절차 등을 미리 사업자 또는 사업자단체에 알려야 한다.

③ 제1항의 규정에 따라 소비자단체가 자료 및 정보를 요청하는 때에는 제79조의 규정에 따른 소비자정보요청협의회의 협의·조정을 미리 거쳐야 한다.

④ 제1항의 규정에 따라 자료 및 정보를 요청할 수 있는 소비자단체의 요건과 자료 및 정보의 범위 등에 관한 사항은 대통령령으로 정한다.

⑤ 제1항 내지 제4항의 규정에 따라 사업자 또는 사업자단체로부터 소비자단체에 제공된 자료 및 정보는 미리 사업자 또는 사업자단체에 알린 사용목적이 아닌 용도 및 사용절차가 아닌 방법으로 사용하여서는 아니 된다.

목 차

I. 자료 및 정보제공의 요청

소비자단체 및 한국소비자원은 그 업무를 추진함에 있어서 필요한 자료 및 정보의 제공을 사업자 또는 사업자단체에 요청할 수 있다. 이 경우 그 사업자 또는 사업자단체는 정당한 사유가 없는 한 이에 응하여야 한다(법 제78조 제1항).

1. 자료 및 정보의 사용목적·절차 고지의무

제1항의 규정에 따라 자료 및 정보의 제공을 요청하는 소비자단체 및 한국

소비자원은 그 자료 및 정보의 사용목적·사용절차 등을 미리 사업자 또는 사업자단체에 알려야 한다(법 제78조 제2항).

2. 소비자정보요청협의회의 협의·조정

제1항의 규정에 따라 소비자단체가 자료 및 정보를 요청하는 때에는 제79조의 규정에 따른 소비자정보요청협의회의 협의·조정[1]을 미리 거쳐야 한다(법 제78조 제3항).

3. 소비자단체의 요건과 자료 및 정보의 범위 등

제1항의 규정에 따라 자료 및 정보를 요청할 수 있는 소비자단체의 요건과 자료 및 정보의 범위 등에 관한 사항은 *대통령령*[2]으로 정한다(법 제78조 제4항).

Ⅱ. 목적외 사용 금지의무

제1항 내지 제4항의 규정에 따라 사업자 또는 사업자단체로부터 소비자단체에 제공된 자료 및 정보는 미리 사업자 또는 사업자단체에 알린 사용목적이 아닌 용도 및 사용절차가 아닌 방법으로 사용하여서는 아니 된다(법 제78조 제5항).

---

1) 제65조(소비자단체의 자료 및 정보 제공 요청 등) ④ 협의회는 법 제78조제3항에 따라 협의·조정을 하는 경우에는 해당 사업자 또는 사업자단체에 의견진술의 기회를 주어야 한다.

2) 제65조(소비자단체의 자료 및 정보 제공 요청 등) ① 법 제78조제1항에 따라 사업자나 사업자단체에 자료 및 정보의 제공을 요청할 수 있는 소비자단체는 법 제29조에 따라 공정거래위원회나 지방자치단체에 등록된 소비자단체로 한다. ② 제1항의 소비자단체는 법 제78조제1항에 따라 사업자나 사업자단체에 자료 및 정보의 제공을 요청하는 경우에는 그 자료 및 정보의 요청경위·사용목적·내용 및 사용계획 등을 적은 서류를 법 제79조제1항에 따른 소비자정보요청협의회(이하 "협의회"라 한다)에 제출하여야 한다. ③ 소비자단체가 법 제78조제1항에 따라 사업자나 사업자단체에 요청할 수 있는 자료 및 정보는 다음 각 호의 어느 하나에 해당하는 것으로서 사업자의 영업비밀에 해당하지 아니하는 것이어야 한다. 1. 법 제28조제1항제2호에 따른 시험·검사 및 조사·분석에 필요한 자료 및 정보 2. 제22조제2항 각 호의 시험·검사기관이 중대한 하자 또는 결함이 있다고 판정한 물품등에 대한 처리계획 및 실적

제79조(소비자정보요청협의회)

① 제78조제1항의 규정에 따른 소비자단체의 자료 및 정보의 제공요청과 관련한 다음 각 호의 사항을 협의·조정하기 위하여 한국소비자원에 소비자정보요청협의회(이하 "협의회"라 한다)를 둔다.

   1. 소비자단체가 요청하는 자료 및 정보의 범위·사용목적·사용절차에 관한 사항

   2. 그 밖에 대통령령이 정하는 사항

② 협의회의 구성과 운영 그 밖에 필요한 사항은 대통령령으로 정한다.

협의회의 협의·조정사항에 대하여 *대통령령*[1]이 규정하고 있다.

협의회의 구성과 운영 그 밖에 필요한 사항은 *대통령령*[2]으로 정한다.

---

1) 제66조(협의회의 협의·조정 사항) 법 제79조제1항제2호에서 "대통령령이 정하는 사항"이란 다음 각 호의 사항을 말한다. 1. 법 제78조제1항에 따른 자료 및 정보의 제공 여부 2. 사업자나 사업자단체가 요청받은 자료 및 정보의 제공기한

2) 제67조(협의회의 구성과 운영) ① 협의회는 협의회장 1명을 포함한 7명 이내의 위원으로 구성한다. ② 협의회장은 한국소비자원의 상임이사 중에서 한국소비자원 원장의 제청으로 공정거래위원회위원장이 위촉한다. ③ 협의회장 외의 위원은 한국소비자원 원장의 제청으로 공정거래위원회위원장이 위촉하되, 위원 중 2명은 소비자단체가 추천하는 자 중에서, 2명은 사업자단체가 추천하는 자 중에서 제청한다. ④ 협의회장이 부득이한 사유로 직무를 수행할 수 없을 때에는 협의회가 미리 정하는 위원이 그 직무를 대행한다. ⑤ 협의회장 외의 위원 임기는 3년으로 하되, 연임할 수 있다. ⑥ 협의회장의 명을 받아 협의회의 서무를 처리하게 하기 위하여 협의회에 간사 1명을 두되, 간사는 한국소비자원의 원장이 한국소비자원의 직원 중에서 임명한다. ⑦ 이 영에서 규정한 사항 외에 협의회의 구성·운영 등에 필요한 사항은 협의회의 의결을 거쳐 협의회장이 정한다.

제 10 장

보칙

제80조(시정조치 등)

① 중앙행정기관의 장은 사업자가 제20조의 규정을 위반하는 행위를 한 경우에는 그 사업자에게 그 행위의 중지 등 시정에 필요한 조치를 명할 수 있다.

② 중앙행정기관의 장은 사업자에게 제1항의 규정에 따라 시정명령을 받은 사실을 공표하도록 명할 수 있다.

제81조(시정조치의 요청 등)

① 국가 및 지방자치단체는 사업자가 제20조의 규정을 위반하는지 여부를 판단하기 위하여 필요한 경우에는 등록소비자단체 또는 한국소비자원에 조사를 의뢰할 수 있다.

② 공정거래위원회는 사업자가 제20조의 규정을 위반하는 행위를 한 사실을 알게 된 때에는 그 물품등을 주관하는 중앙행정기관의 장에게 위반행위의 시정에 필요한 적절한 조치를 요청할 수 있다.<개정 2008. 2. 29.>

제82조(청문)

중앙행정기관의 장은 제20조의3제3항·제20조의4제1항·제30조·제50조 또는 제80조의 규정에 따른 명령 등의 조치를 하고자 하는 경우에는 청문을 실시하여야 한다. 다만, 제50조제1항 단서의 경우에는 그러하지 아니하다.<개정 2017. 10. 31.>

제83조(권한의 위임·위탁 등)

① 중앙행정기관의 장은 이 법에 따른 권한의 일부를 대통령령이 정하는 바에 따라 시·도지사에게 위임할 수 있다.

② 중앙행정기관의 장은 다음 각 호의 어느 하나에 해당하는 경우에는 제77조제1항에 따른 권한을 한국소비자원에 위탁할 수 있다.<개정 2008. 3. 21., 2016. 3. 29.>

　　1.　제17조제2항의 규정에 따라 한국소비자원에 시험·검사 또는 조사를 의뢰하는 경우

　　2.　55조제1항 내지 제3항의 규정에 따라 한국소비자원에 신청 또는 의뢰된 피해구제건을 처리함에 있어서 사실확인을 위하여 필요하다고 인정되는 경우

　　3.　원장이 제35조제1항제2호 및 제52조제2항제1호부터 제3호까지의 조치를 하기 위하여 필요하다고 요청하는 경우

　　4.　제81조제1항에 따라 한국소비자원에 조사를 의뢰하는 경우

③ 제77조제4항 및 제5항은 제2항에 따라 중앙행정기관의 장으로부터 제77조제1항에 따른 검사 등의 권한을 위탁받은 한국소비자원의 직원으로서 그 검사 등의 권한을 행하는 직원에 대하여 준용한다.<개정 2008. 3. 21., 2018. 12. 31.>

[시행일: 2019. 7. 1.]

 목　차

I. 위임

중앙행정기관의 장은 이 법에 따른 권한의 일부를 *대통령령*[1]이 정하는 바

---

1) 제68조(권한의 위임) ① 중앙행정기관의 장은 법 제83조제1항에 따라 다음 각 호의 사항에 관한 권한을 시·도지사에게 위임한다. 1. 법 제8조제2항에 따른 시험·검사 또는 조사 2. 법 제47조제1항에 따른 결함내용 보고의 수리 및 같은 조제2항에 따른 시험·검사의 의뢰와 그 결과에 따른 조치 3. 법 제49조제1항 및 제2항에 따른 권고 및 통지의 수리와 같은 조제4항에 따른 공표 4. 법 제50조제1항 및 제2항에 따른 명령과 조치 5. 법 제77조제1항 및 제3항에 따른 검사·시료수거·출입·보고 또는 관계물품·서류 등의 제출에 관한 명령 6. 법 제80조제1항 및 제2항에 따른 조치명령과 공표명령 7. 법 제82조에 따른 청문(법 제50조 또는 법 제80

에 따라 시·도지사에게 위임할 수 있다(법 제83조 제1항).

Ⅱ. 위탁

중앙행정기관의 장은 ① 제17조 제2항의 규정에 따라 한국소비자원에 시험·검사 또는 조사를 의뢰하는 경우(제1호), ② 제55조 제1항 내지 제3항의 규정에 따라 한국소비자원에 신청 또는 의뢰된 피해구제건을 처리함에 있어서 사실확인을 위하여 필요하다고 인정되는 경우(제2호), ③ 원장이 제35조 제1항 제2호[2] 및 제52조 제2항 제1호부터 제3호[3]까지의 조치를 하기 위하여 필요하다고 요청하는 경우(제3호), ④ 제81조 제1항에 따라 한국소비자원에 조사를 의뢰하는 경우의 어느 하나에 해당하는 경우(제4호)에는 제77조(검사·시료수거와 자료제출 등) 제1항에 따른 권한을 한국소비자원에 위탁할 수 있다(법 제83조 제2항).

제77조 제4항 및 제5항은 제2항에 따라 중앙행정기관의 장으로부터 제77조 제1항에 따른 검사 등의 권한을 위탁받은 한국소비자원의 직원으로서 그 검사 등의 권한을 행하는 직원에 대하여 준용한다(법 제83조 제3항).

조에 따른 명령 등의 조치를 하고자 하는 경우에 한한다) 8. 법 제86조제2항에 따른 과태료의 부과·징수 9. 제36조에 따른 시정계획서의 접수 및 자진시정조치 결과보고의 수리 10. 제38 조에 따른 시정계획서의 접수, 시정조치 결과보고의 수리, 그 밖에 시정명령과 관련된 권한 ② 제1항에 따라 권한을 위임받은 시·도지사는 매년 그 업무의 처리실적을 소관 중앙행정기관의 장에게 제출하여야 한다. ③ 제1항에 따라 권한을 위임받은 시·도지사는 다음 각 호의 경우에는 지체 없이 해당 업무의 처리 내용을 소관 중앙행정기관의 장에게 보고하여야 한다. 1. 제1항제2호의 업무와 관련하여 사업자로부터 결함내용을 보고받은 경우 2. 제1항제4호의 업무와 관련하여 물품등의 수거·파기 또는 제공금지 등의 조치를 한 경우 3. 제1항제9호 및 제10호의 업무와 관련하여 사업자로부터 시정계획서를 제출받거나 조치결과를 보고받은 경우

[2] 2. 소비자의 권익증진을 위하여 필요한 경우 물품등의 규격·품질·안전성·환경성에 관한 시험·검사 및 가격 등을 포함한 거래조건이나 거래방법에 대한 조사·분석

[3] 1. 위해방지 및 사고예방을 위한 소비자안전경보의 발령 2. 물품등의 안전성에 관한 사실의 공표 3. 위해 물품등을 제공하는 사업자에 대한 시정 권고

제83조의2(민감정보 및 고유식별정보의 처리)

① 공정거래위원회는 종합지원시스템을 통하여 소비자 피해의 예방 및 구제를 위한 사무를 수행하기 위하여 불가피한 경우 「개인정보 보호법」 제23조에 따른 건강에 관한 정보(의료분쟁조정과 관련된 정보에 한정한다. 이하 같다)나 같은 법 제24조에 따른 고유식별정보가 포함된 자료를 처리할 수 있다.

② 제16조의2제7항에 따라 종합지원시스템 운영의 전부 또는 일부를 위탁받은 자는 소비자 피해의 예방 및 구제를 위한 사무를 수행하기 위하여 불가피한 경우 당사자의 동의를 얻어 「개인정보 보호법」 제23조에 따른 건강에 관한 정보나 같은 법 제24조에 따른 고유식별정보가 포함된 자료를 처리할 수 있다.

③ 제1항 및 제2항에 따라 「개인정보 보호법」 제23조에 따른 건강에 관한 정보나 같은 법 제24조에 따른 고유식별정보가 포함된 자료를 처리할 때에는 해당 정보를 「개인정보 보호법」에 따라 보호하여야 한다.

[본조신설 2018. 3. 13.]

제11장

벌칙

제84조(벌칙)

① 다음 각 호의 어느 하나에 해당하는 자는 3년 이하의 징역 또는 5천만원 이하의 벌금에 처한다.<개정 2018. 12. 31.>

1. 제50조 또는 제80조의 규정에 따른 명령을 위반한 자
2. 제77조제5항(제83조제3항의 규정에 따라 준용되는 경우를 포함한다)의 규정을 위반하여 검사 등으로 알게 된 내용을 이 법의 시행을 위한 목적이 아닌 용도로 사용한 자
3. 제78조제5항의 규정을 위반하여 제공된 자료 및 정보를 사용목적이 아닌 용도 또는 사용절차가 아닌 방법으로 사용한 자

② 제52조제5항을 위반하여 위해정보에 관한 사항을 누설한 자는 1년 이하의 징역 또는 3천만원 이하의 벌금에 처한다.<개정 2018. 3. 13.>

③ 제1항의 경우에 징역형과 벌금형은 이를 병과(倂科)할 수 있다.

[시행일: 2019. 7. 1.]

제85조(양벌규정)

법인의 대표자나 법인 또는 개인의 대리인, 사용인, 그 밖의 종업원이 그 법인 또는 개인의 업무에 관하여 제84조의 위반행위를 하면 그 행위자를 벌하는 외에 그 법인 또는 개인에게도 해당 조문의 벌금형을 과(科)한다. 다만, 법인 또는 개인이 그 위반행위를 방지하기 위하여 해당 업무에 관하여 상당한 주의와 감독을 게을리하지 아니한 경우에는 그러하지 아니하다.

[전문개정 2008. 12. 26.]

제86조(과태료)

① 다음 각 호의 어느 하나에 해당하는 자는 3천만원 이하의 과태료에 처한다.<개정 2017. 10. 31., 2018. 12. 31.>

  1. 제20조의 규정을 위반한 자

  2. 제37조의 규정을 위반하여 동일 또는 유사명칭을 사용한 자

  3. 제47조제1항의 규정을 위반하여 보고의무를 이행하지 아니하거나 거짓으로 이행한 자

  4. 제77조제1항 또는 제3항의 규정에 따른 검사·시료수거·출입을 거부·방해·기피한 자, 업무에 관한 보고를 하지 아니하거나 거짓으로 보고한 자 또는 관계 물품·서류 등을 제출하지 아니하거나 거짓으로 제출한 자

② 제1항의 규정에 따른 과태료는 대통령령으로 정하는 바에 따라 중앙행정기관의 장 또는 시·도지사가 부과·징수한다.<개정 2010. 3. 22.>

③ 삭제<2010. 3. 22.>

④ 삭제<2010. 3. 22.>

⑤ 삭제<2010. 3. 22.>

⑥ 삭제<2010. 3. 22.>

[시행일: 2019. 7. 1.]

과태료는 *대통령령*1)으로 정하는 바에 따라 중앙행정기관의 장 또는 시·도지사가 부과·징수한다.

---

1) 제69조(과태료의 부과기준) 법 제86조제1항에 따른 과태료의 부과기준은 별표 2와 같다.

제 2 편

제조물책임법

제1조(목적)

이 법은 제조물의 결함으로 발생한 손해에 대한 제조업자 등의 손해배상책임을 규정함으로써 피해자 보호를 도모하고 국민생활의 안전 향상과 국민경제의 건전한 발전에 이바지함을 목적으로 한다. [전문개정 2013. 5. 22.]

[참고문헌]

단행본: 사법연수원, 약관규제와 소비자보호 연구, 2012

[참고사례]

엘지전자(주)의 제조물책임 건{서울남부지방법원 2013. 10. 11. 선고 2012가합15009 판결; 서울고등법원 2015. 6. 4. 선고 2013나2023677[손해배상(기)] 판결}

이 법은 2000. 1. 12. 제정되어 2002. 7. 1.부터 시행되고 있는 바, 제조물의 결함으로 인한 생명, 신체 또는 재산상의 손해에 대하여 제조업자등이 무과실책임의 원칙에 따라 손해배상책임을 지도록 하는 제조물책임제도를 도입함으로써 피해자의 권리구제를 도모하고 국민생활의 안전과 국민경제의 건전한 발전에 기여하며 제품의 안전에 대한 의식을 제고하여 우리 기업들의 경쟁력 향상을 도모하기 위하여 도입되었다.[1]

제조물책임의 법적 성질에 대하여는 불법행위 책임으로 보는 것이 다수의 견해이며, 제조물책임법은 불법행위에 대한 민법의 특별법으로서의 성격을 가진다.[2] 제조물의 결함으로 발생한 손해에 대하여 제조자의 고의 또는 과실을 전제로 하지 않는 엄격책임으로서의 제조물책임은 부칙 규정에 의하여 2002. 7. 1. 이후 제조업자가 최초로 공급한 제조물부터 적용되는 것이다.[3]

---

1) 【제정이유】 [시행 2002. 7. 1.][법률 제6109호, 2000. 1. 12., 제정].
2) 사법연수원, 259~260면 참조.
3) 대판 2003. 9. 5. 2002다17333; 서고판 2015. 6. 4. 2013나2023677[손해배상(기)].

제2조(정의)

이 법에서 사용하는 용어의 뜻은 다음과 같다.

1 "제조물"이란 제조되거나 가공된 동산(다른 동산이나 부동산의 일부를 구성하는 경우를 포함한다)을 말한나.

2. "결함"이란 해당 제조물에 다음 각 목의 어느 하나에 해당하는 제조상·설계상 또는 표시상의 결함이 있거나 그 밖에 통상적으로 기대할 수 있는 안전성이 결여되어 있는 것을 말한다.

　가. "제조상의 결함"이란 제조업자가 제조물에 대하여 제조상·가공상의 주의의무를 이행하였는지에 관계없이 제조물이 원래 의도한 설계와 다르게 제조·가공됨으로써 안전하지 못하게 된 경우를 말한다.

　나. "설계상의 결함"이란 제조업자가 합리적인 대체설계(代替設計)를 채용하였더라면 피해나 위험을 줄이거나 피할 수 있었음에도 대체설계를 채용하지 아니하여 해당 제조물이 안전하지 못하게 된 경우를 말한다.

　다. "표시상의 결함"이란 제조업자가 합리적인 설명·지시·경고 또는 그 밖의 표시를 하였더라면 해당 제조물에 의하여 발생할 수 있는 피해나 위험을 줄이거나 피할 수 있었음에도 이를 하지 아니한 경우를 밀한다.

3. "제조업자"란 다음 각 목의 자를 말한다.

　가. 제조물의 제조·가공 또는 수입을 업(業)으로 하는 자

　나. 제조물에 성명·상호·상표 또는 그 밖에 식별(識別) 가능한 기호 등을 사용하여 자신을 가목의 자로 표시한 자 또는 가목의 자로 오인(誤認)하게 할 수 있는 표시를 한 자

[전문개정 2013. 5. 22.]

 목　차

[참고문헌]

　단행본: 사법연수원, 약관규제와 소비자보호 연구, 2012

[참고사례]

　삼성전자(주)의 제조물책임 건[서울고등법원 1998. 2. 20. 선고 97나19351 판결; 대법원 2000. 2. 25. 선고 98다15934(구상금) 판결]; (주) 대한항공 외 1의 제조물책임 건{서울고등법원 2002. 1. 17. 선고 2000나60199 판결; 대법원 2003. 9. 5. 선고 2002다17333[손해배상(기)] 판결}; 유한양행 콘택600 제조물책임 손해배상청구 건{서울고등법원 2007. 6. 19. 선고 2006나9448 판결; 대법원 2008. 2. 28. 선고 2007다52287[손해배상(기)] 판결}; 비료 암모니아 발생 관련 손해배상청구 건{서울고등법원 2005. 5. 6. 선고 2004나23167 판결; 대법원 2006. 3. 10. 선고 2005다31316[손해배상(기)] 판결}; **자동차 급발진사고 손해배상청구** 건{서울고등법원 2003. 2. 13. 선고 2002나12248 판결; 대법원 2004. 3. 12. 선고 2003다16771[손해배상(기)] 판결}; 베트남전 참전군인 고엽제 피해 손**해배상청구** 건{서울고등법원 2006. 1. 26. 선고 2002나32662 판결; 대법원 2013. 7. 12. 선고 2006다17539 [손해배상(기)] 판결}; (주) 녹십자홀딩스 외 1인의 제조물책임 건{서울고등법원 2008. 1. 10. 선고 2005나69245 판결; 대법원 2011. 9. 29. 선고 2008다16776[손해배상(의)] 판결}; **담배 손해배상청구** 건{서울고등법원 2011. 2. 15. 선고 2007나18883 판결; 대법원 2014. 4. 10. 선고 2011다22092[손해배상(기)] 판결}; **한국섬벨(주)의 제조물책임** 건{광주고등법원 2017. 2. 7. 선고 (전주)2015나100438 판결; 대법원 2022. 7. 14. 선고 2017다213289[손해배상(기)] 판결}

Ⅰ. 제조물

　"제조물"이란 제조되거나 가공된 동산(다른 동산이나 부동산의 일부를 구성하는 경우를 포함)을 말한다(제1호). 제조물의 범위와 관련하여 대법원이 다음과 같이 판단한 사례가 있다.

> "제조물책임의 대상이 되는 제조물은 원재료에 설계·가공 등의 행위를 가하여 새로운 물품으로 제조 또는 가공된 동산으로서 상업적 유통에 제공되는 것을 말하고, 여기에는 여러 단계의 상업적 유통을 거쳐 불특정 다수 소비자에게 공급되는 것뿐만 아니라 특정 소비자와의 공급계약에 따라 그 소비자에게 직접 납품되어

사용되는 것도 포함됨. 고엽제는 피고들이 미국 정부와의 개별적 공급계약에 따라
대량으로 제조하여 미국 정부에 판매하고 실질적으로는 베트남전에 참전한 불특
정 다수의 군인들에 의하여 사용된 물품으로서 제조물책임의 적용 대상이 되는
제조물에 해당함"(<베트남전 참전군인 고엽제 피해 손해배상청구 건>)[1]

　　제조물책임법의 제정과정에서 쟁점이 되었던 부동산, 미가공 농·수·축산
물과 서비스를 적용대상에서 제외하였다.[2] 동산은 민법상의 동산에 관한 정의
규정이 적용된다.

Ⅱ. 결함

　　"결함"이란 해당 제조물에 제조상·설계상 또는 표시상의 결함이 있거나 그
밖에 통상적으로 기대할 수 있는 안전성이 결여되어 있는 것을 말한다(제2호).
손해에 이르지 않는 단순한 품질·성능의 장애는 상품성의 문제로서 하자담보책
임상의 하자에 해당한다.[3] 문제가 되는 안전성의 정도는 절대적인 안전성이 아
니라 통상적으로 기대할 수 있는 정도의 안전성이다.

1. 제조상의 결함

　　"제조상의 결함"이란 제조업자가 제조물에 대하여 제조상·가공상의 주의의
무를 이행하였는지에 관계없이 제조물이 원래 의도한 설계와 다르게 제조·가공
됨으로써 안전하지 못하게 된 경우를 말한다(제2호 가목).
　　법원이 제조상의 결함을 인정한 사례는 다음과 같다.

"이 건 텔레비전이 위와 같이 이를 정상적으로 수신하는 상태에서 폭발한 이상,
특단의 사정이 없는 한 이 건 텔레비전은 그 이용시의 제품의 성상이 사회통념상
제품에 요구되는 합리적 안전성을 결여하여 '부당하게 위험한' 것으로서 그 제품

---

1) 대판 2013. 7. 12. 2006다17539[손해배상(기)].
2) 사법연수원, 278면.
3) 신현윤, 895면.

에 결함이 있다고 볼 수밖에 없고, 이와 같은 결함은 피고가 이 건 텔레비전을 제조하여 유통에 둔 단계에서 이미 존재하고 있었다고 추정되므로, 피고는 이 건 텔레비전의 제조업자로서 그 결함으로 인한 폭발사고로 말미암아 소외 1이 입은 재산상 손해를 배상할 의무가 있음"(<삼성전자(주)의 제조물책임 건>),[4] "감염 원고들은 위 피고가 제조한 혈액제제를 투여받기 전에는 감염을 의심할 만한 증상이 없었고, 위 피고가 제조한 혈액제제를 투여받은 후 바이러스 감염이 확인되었으며, 위 피고가 제조한 혈액제제는 HIV에 오염되었거나 오염되었을 상당한 가능성이 있으므로, 위 피고가 제조한 혈액제제의 결함 또는 위 피고의 과실과 위 감염 원고들의 HIV 감염 사이에 인과관계가 있다고 추정됨. 한편 소외 2, 1 등 감염 혈액을 제공하였을 것으로 추정되는 사람이 보유한 HIV의 유전자 정보와 감염 원고들이 보유한 HIV의 유전자 정보가 정확히 일치하지 않는다거나, 일부 감염 원고들이 HIV 오염 여부를 알 수 없는 외국산 혈액제제 또는 수혈을 받았다고 하더라도 그러한 사정만으로 위 추정이 번복된다고 할 수 없음"(<(주) 녹십자홀딩스 외 1인의 제조물 책임 건>)[5]

2. 설계상의 결함

"설계상의 결함"이란 제조업자가 합리적인 대체설계(代替設計)를 채용하였더라면 피해나 위험을 줄이거나 피할 수 있었음에도 대체설계를 채용하지 아니하여 해당 제조물이 안전하지 못하게 된 경우를 말한다(제2호 나목). 즉 설계단계부터 안전면에서 구조적인 문제가 있었던 경우이다.[6]

일반적으로 제조물을 만들어 판매하는 사람은 제조물의 구조, 품질, 성능 등에 있어서 현재의 기술 수준과 경제성 등에 비추어 기대가능한 범위 내의 안전성을 갖춘 제품을 제조하여야 하고, 이러한 안전성을 갖추지 못한 결함으로 인하여 그 사용자에게 손해가 발생한 경우에는 불법행위로 인한 배상책임을 부담하게 되는데, 그와 같은 결함 중 주로 제조자가 합리적인 대체설계를 채용하였더라면 피해나 위험을 줄이거나 피할 수 있었음에도 대체설계를 채용하지 아니하여 제조물이 안전하지 못하게 된 경우를 말하는 이른바 설계상의 결함이 있는지 여부는 제품의 특성 및 용도, 제조물에 대한 사용자의 기대의 내용, 예

---

4) 대판 2000. 2. 25. 98다15934(구상금).

5) 대판 2011. 9. 29. 2008다16776[손해배상(의)].

6) 사법연수원, 286면.

상되는 위험의 내용, 위험에 대한 사용자의 인식, 사용자에 의한 위험회피의 가
능성, 대체설계의 가능성 및 경제적 비용, 채택된 설계와 대체설계의 상대적 장
단점 등의 여러 사정을 종합적으로 고려하여 사회통념에 비추어 판단하여야 할
것이다(<담배 손해배상책임 건>).[7]

　　법원이 설계상의 결함을 인정한 사례는 다음과 같다.

> "제조업자가 인체에 유해한 독성물질이 혼합된 화학제품을 설계 · 제조하는 경우,
> 그 화학제품의 사용용도와 방법 등에 비추어 사용자나 그 주변 사람이 그 독성물
> 질에 계속적 · 반복적으로 노출될 수 있고, 그 독성물질이 가진 기능적 효용은 없
> 거나 극히 미미한 반면, 그 독성물질에 계속적 · 반복적으로 노출됨으로써 사용자
> 등의 생명 · 신체에 위해가 발생할 위험이 있으며 제조자가 사전에 적절한 위험방
> 지조치를 취하기 전에는 사용자 등이 그 피해를 회피하기 어려운 때에는, 제조업
> 자는 고도의 위험방지의무를 부담함. 즉 이러한 경우 제조업자는 그 시점에서의
> 최고의 기술 수준으로 그 제조물의 안전성을 철저히 검증하고 조사 · 연구를 통하
> 여 발생가능성이 있는 위험을 제거 · 최소화하여야 하며, 만약 그 위험이 제대로
> 제거 · 최소화되었는지 불분명하고 더욱이 실제 사용자 등에게 그 위험을 적절히
> 경고하기 곤란한 사정도 존재하는 때에는, 안전성이 충분히 확보될 정도로 그 위
> 험이 제거 · 최소화되었다고 확인되기 전에는 그 화학제품을 유통시키지 말아야
> 함. 따라서 제조업자가 그러한 고도의 위험방지의무를 위반한 채 생명 · 신체에 위
> 해를 발생시킬 위험이 있는 화학제품을 설계하여 그대로 제조 · 판매한 경우에는
> 특별한 사정이 없는 한 그 화학제품에는 사회통념상 통상적으로 기대되는 안전성
> 이 결여된 설계상의 결함이 존재함"(<베트남전 참전군인 고엽제 피해 손해배상
> 청구 건>)[8]

　　법원이 설계상의 결함을 인정하지 않은 사례는 다음과 같다.

> "급발진사고가 운전자의 엑셀러레이터 페달 오조작으로 발생하였다 하더라도, 만
> 약 제조자가 합리적인 대체설계를 채용하였더라면 급발진 사고를 방지하거나 그
> 위험성을 감소시킬 수 있었음에도 대체설계를 채용하지 아니하여 제조물이 안전

---

7) 대판 2003. 9. 5. 2002다17333[손해배상(기)]. 대판 2014. 4. 10. 2011다22092[손해배상(기)].
8) 대판 2013. 7. 12. 2006다17539[손해배상(기)]. 그러나 법원은 인과관계를 부인하면서 제조물
　　책임을 인정하지 않았다. 불법행위로 인한 손해배상청구 소송에서 가해행위와 손해 발생 사이
　　의 인과관계는 존재하거나 부존재하는지 여부를 판단하는 것이고, 이를 비율적으로 인정할 수
　　는 없으므로, 이른바 비율적 인과관계론은 받아들일 수 없다.

하지 않게 된 경우 그 제조물의 설계상의 결함을 인정할 수 있지만, 그러한 결함의 인정여부는 제품의 특성 및 용도, 제조물에 대한 사용자의 기대의 내용, 예상되는 위험의 내용, 위험에 대한 사용자의 인식 및 사용자에 의한 위험회피의 가능성, 대체설계의 가능성 및 경제적 비용, 채택된 설계와 대체설계의 상대적 장단점 등의 여러 사정을 종합적으로 고려하여 사회통념에 비추어 판단하여야 함", "이건 자동차에 쉬프트록을 장착하였더라면 급발진사고를 방지하거나 그 위험성을 감소시킬 수 있었음에도 이를 장착하지 아니하여 위 자동차가 안전하지 않게 된 설계상의 결함이 없음"(자동차 급발진사고 손해배상청구 건>), "제조 및 공급당시의 페닐프로판올아민과 출혈성 뇌졸중의 상관관계에 관한 연구결과와 기술수준 및 경제성 등에 비추어 이를 복용하였다가 피해를 입은 소비자에 대하여 불법행위 책임을 부담하게 할 정도의 설계상 결함이 있다고 보기 어려움"(<유한양행 콘택600 제조물책임 손해배상청구 건>),[9] "담뱃잎을 태워 그 연기를 흡입하는 것은 담배의 본질적 특성인 점, 담배 연기 중에 포함되어 있는 니코틴과 타르의 양에 따라 담배의 맛이 달라지고 담배소비자는 자신이 좋아하는 맛이나 향을 가진 담배를 선택하여 흡연하는 점, 담배소비자는 안정감 등 니코틴의 약리효과를 의도하여 흡연을 하는데 니코틴을 제거하면 이러한 효과를 얻을 수 없는 점 등을 고려하면, 설령 니코틴이나 타르를 완전히 제거할 수 있는 방법이 있다 하더라도 이를 채용하지 않은 것 자체를 설계상의 결함이라고 볼 수 없고, 피고들이 흡연으로 인한 담배소비자의 피해나 위험을 줄일 수 있는 합리적인 대체설계를 채용할 수 있었음에도 이를 채용하지 아니하였다고 인정할 만한 증거가 없으므로, 피고들이 제조한 담배에 설계상 결함이 있다고 보기 어려움"(<담배 손해배상책임 건>)[10]

3. 표시상의 결함

"표시상의 결함"이란 제조업자가 합리적인 설명·지시·경고 또는 그 밖의 표시를 하였더라면 해당 제조물에 의하여 발생할 수 있는 피해나 위험을 줄이거나 피할 수 있었음에도 이를 하지 아니한 경우를 말한다(제2호 다목).

제조상 내지 설계상의 결함이 인정되지 아니하는 경우라 할지라도, 제조업자 등이 합리적인 설명, 지시, 경고 기타의 표시를 하였더라면 당해 제조물에 의하여 발생될 수 있는 피해나 위험을 줄이거나 피할 수 있었음에도 이를 하지

9) 대판 2008. 2. 28. 2007다52287[손해배상(기)].
10) 대판 2014. 4. 10. 2011다22092[손해배상(기)].

아니한 때에는 그와 같은 표시상의 결함(지시·경고상의 결함)에 대하여도 불법행위로 인한 책임이 인정될 수 있고, 그와 같은 결함이 존재하는지 여부에 대한 판단을 함에 있어서는 제조물의 특성, 통상 사용되는 사용형태, 제조물에 대한 사용자의 기대의 내용, 예상되는 위험의 내용, 위험에 대한 사용자의 인식 및 사용자에 의한 위험회피의 가능성 등의 여러 사정을 종합적으로 고려하여 사회통념에 비추어 판단하여야 할 것이다(<담배 손해배상청구 건>).[11]

법원이 표시상의 결함을 인정한 사례는 다음과 같다.

"제품이 정상적으로 사용되는 상태에서 사고가 발생한 경우 그 제품의 결함을 이유로 제조업자에게 손해배상책임을 지우기 위해서는 달리 제조업자측에서 그 사고가 제품의 결함이 아닌 다른 원인으로 말미암아 발생한 것임을 입증하지 못하는 이상 소비자측에서 그 사고가 제조업자의 배타적 지배하에 있는 영역에서 발생하였다는 점과 그 사고가 어떤 자의 과실 없이는 통상 발생하지 않는다고 하는 사정을 증명하는 것으로서 충분함" "이 건 비료가 원고들의 경우와 같은 재배환경에서 이용하기에 부적절한 이상 그 용법에 관한 표시상의 결함이 존재한다고 봄이 상당하며, 따라서 그 시비과정에 있어서 통상의 경우를 가정하여 위 비료의 포장지 등에 명시한 설명방법을 원고들이 그대로 따르지 아니한 점이 인정된다 하더라도 그것이 원고들의 귀책사유로 돌아가는 비정상적인 사용상태로 인하여 피해가 발생한 경우에 해당한다고 보기 어려우므로 피고회사의 제조물 책임을 인정됨"(<비료 암모니아 발생 관련 손해배상청구 건>)[12] "무항생제 유정란을 생산·납품하는 양계업자 갑이 평사(평사) 형태의 축사를 설치하고 산란계를 사육하면서 을 주식회사가 제조하는 엔로플록사신(Enrofloxacin, 플루오로퀴놀론계 항균제)을 주된 성분으로 하는 동물의약품 엔로트릴을 닭에게 투약하였는데, 계란에서 엔로플록사신 성분이 검출되어 납품하지 못하자, 을 회사를 상대로 제조물 책임법상 표시상의 결함으로 인한 손해배상을 구한 사안에서, 을 회사가 제조·판매한 엔로트릴은 가축의 질병치료를 목적으로 하는 동물약품으로, 주된 소비자는 갑과 같은 양계업자를 비롯한 다양한 형태의 가축 사육업자들이지만 최종적인 소비자는 일반 시민들이므로, 이를 이용하여 생산하는 축산식품의 잔류 동물약품에 의한 오염 여부는 그에 따른 상당한 책임 문제가 수반되는 사육업자에게 중대한 의미를 갖는 사항이라 할 수 있고, 이러한 사정은 동물약품의 전문 제조·판매업자인 을 회사로서도 충분히 인식하거나 예상할 수 있는 것으로, 휴약기간 미준수의 경우 식육 등 축산식품에 약물이 잔류될 수 있어 '시간까지 정확히 계산하여 준수'하도록

---

11) 대판 2003. 9. 5. 2002다17333; 대판 2008. 2. 28. 2007다52287; 대판 2014. 4. 10. 2011다22092[손해배상(기)]; 대판 2022. 7. 4. 2017다213289[손해배상(기)].

한 엔로트릴의 권고사항에 비추어도 그러한 점, 농림축산검역본부의 '동물약품 안전사용을 위한 10대 수칙'에서 휴약기간 동안 사료 통, 축사, 사료저장고 등을 완전히 청소한 후 약제가 들어있지 않은 사료와 물만 먹이라는 주의사항을 둔 것도 잔류 동물약품으로 인한 축산식품 오염의 위험성이 축산식품의 생산·판매 및 그 전제 되는 동물약품의 구입·이용에 있어 중요한 고려요소가 됨을 나타낸 것인 점, 위와 같은 사유들이 직접 소비자인 사육업자들에게 구체적 사육환경하에서 휴약기간 준수 여부에 영향을 미치는 다양한 가능성을 고려하여 필요한 조치를 취할 관리상 주의의무를 부과하고 이를 위반한 것으로 평가할 수 있는 사정이 될 수 있겠지만, 소비자 측 귀책사유가 있다는 사정만으로 일반적이고 추상적인 형태로나마 간접 섭취(투약)에 따른 휴약기간의 변동(조정) 가능성을 전혀 언급하지 아니함에 따른 제조물 책임법상 표시상의 결함 및 을 회사의 책임을 전적으로 배제할 사유에 해당한다고 볼 수 없는 점 등에 비추어, 을 회사가 엔로트릴에 '평사형 축사에서 사육되는 닭들의 경우 계분 등을 통하여 휴약기간인 12일이 지나도 엔로플록사신이 잔류할 수 있다.'는 취지의 표시를 하지 않은 것은 표시상의 결함에 해당하고, 갑이 납품한 계란에서 엔로플록사신이 검출된 것은 위 표시상의 결함에 따른 것인바, 을 회사는 이로 인하여 발생한 손해를 배상할 의무가 있음" (<한국섬벨(주)의 제조물책임 건>)13)

법원이 표시상의 결함을 인정하지 않은 사례는 다음과 같다.

"제조업자 등이 합리적인 설명, 지시, 경고 기타의 표시를 하였더라면 당해 제조물에 의하여 발생될 수 있는 피해나 위험을 피하거나 줄일 수 있음에도 이를 하지 아니한 경우에는 표시상의 결함(지시·경고 상의 결함)에 대하여도 제조물의 특성, 통상 사용되는 사용형태, 제조물에 대한 사용자의 기대의 내용, 예상되는 위험의 내용, 위험에 대한 사용자의 인식 및 사용자에 의한 위험회피의 가능성 등의 여러 사정을 종합적으로 고려하여 사회통념에 비추어 판단하여야 함", "사용설명서에 부작용으로 출혈성 뇌졸중에 표시되어 있고, 그 병력이 있는 환자 등에게 투여하지 말라는 등의 지시사항이 기재되어 있는 점 등에 비추어 표시상의 결함이 없음."<유한양행 콘택600 제조물책임 손해배상청구 건>,14) "담배는 우리나라에 1600년대 초에 전래되어 그 무렵부터 건조한 담뱃잎을 태워 그 연기를 흡입하는 방식으로 소비되어 왔고, 이러한 담배의 소비방법은 피고들이 담배를 제조하기 이전부터 행하여진 것인 점, 담배가 전래된 무렵부터 흡연이 건강에 해가 될 수

12) 대판 2006. 3. 10. 2005다31316[손해배상(기)].
13) 대판 2022. 7. 14. 2017다213289[손해배상(기)].

있다는 측면과 정신적·신체적으로 일정한 유용한 기능을 할 수 있다는 측면, 즉
담배의 폐해와 효능에 관한 논란이 계속되어 온 점, 외국에서는 흡연과 폐암 등의
관련성에 관하여 1950년내부터 나수의 역학적 연구결과가 발표되었고, 1962년에
는 영국왕립의학회가 흡연의 위험성에 관한 정부 차원의 공식적 보고서를 발표하
였으며, 1964년에는 미국의 보건총감보고서에서 흡연이 폐암의 주된 원인이라는
연구결과가 발표된 점, 그 무렵 우리나라에서도 신문 등을 통해 위와 같은 영국과
미국의 보고서 내용이 보도되었고, 그 이후부터 1990년대까지 담배가 건강에 해롭
고 폐암 등 다양한 질병의 원인이 되며 사망률을 높인다거나, 담배 연기에 니코틴,
일산화탄소, 벤조피렌, 질소산화물, 잔류 농약 등 유해한 성분이 다량 포함되어 있다
는 내용이 신문 등을 통하여 수십 차례 보도된 점, 더욱이 i) 세계보건기구(WHO)가
1975. 6. 1. 담배에 "흡연은 당신의 건강에 해롭습니다(Smoking is dangerous to
your health)"라는 경고문구를 표시할 것을 권고함에 따라, 피고 대한민국은 1976.
1. 1.부터 제조담배의 담뱃갑 옆면에 "건강을 위하여 지나친 흡연을 삼갑시다."라
는 문구를 표시하였고, ii) 1988. 12. 31. 제정된 담배사업법이 제조담배의 갑포장
지에 흡연은 건강에 해롭다는 내용이 명확하게 표현된 경고문구를 표시할 것을
규정함(제25조 제1항)에 따라, 한국담배인삼공사(주식회사로 전환되었다가 민영화
절차를 거쳐 그 명칭이 주식회사 케이티앤지로 변경되었다. 이하 위와 같은 변경
전후를 통틀어 '피고 회사'라고 한다)는 1989. 12. 17.부터 담뱃갑 옆면에 "경고:
흡연은 폐암 등을 일으킬 수 있으며, 특히 임신부와 청소년의 건강에 해롭습니
다."라는 경고문구를 표시하였으며, 그 후에도 피고 회사는 국민건강증진법, 청소
년보호법 등의 관계 법령에 따라 흡연이 건강에 해롭다는 내용의 경고문구나 19
세 미만 청소년에게 판매를 금지한다는 내용이 포함된 표시문구를 담뱃갑에 표시
한 점, 이러한 언론 보도와 법적 규제 등을 통하여 흡연이 폐를 포함한 호흡기에
암을 비롯한 각종 질환의 원인이 될 수 있다는 것이 담배소비자들을 포함한 사회
전반에 널리 인식되게 되었다고 보이는 점, 흡연으로 니코틴에 대한 의존증이 어
느 정도 생길 수 있다고 하더라도, 그 의존의 정도와 유발되는 장해 증상 및 그
강도 등에 비추어 흡연을 시작하는 것은 물론이고 흡연을 계속할 것인지 여부는
자유의지에 따른 선택의 문제로 보일 뿐만 아니라, 흡연을 시작하는 경우 이를 쉽
게 끊기 어려울 수도 있다는 점 역시 담배소비자들 사이에 널리 인식되어 있었던
것으로 보이는 점 등을 알 수 있음. 이러한 사정 등을 앞서 본 법리에 비추어 보
면, 담배제조자인 피고들이 법률의 규정에 따라 담뱃갑에 경고문구를 표시하는 외
에 추가적인 설명이나 경고 기타의 표시를 하지 않았다고 하여 피고들이 제조·판
매한 담배에 표시상의 결함이 인정된다고 하기는 어려움"(＜담배 손해배상청구

건>)[15]. "비행교범(Flight Manual)에서 스태빌레이터의 비정상적인 작동이 일어날 수 있는 점을 경고하고 또한 그에 대처하는 방법을 적절히 설명하고 있으며 한편 이 사건 헬기의 특성상 스태빌레이터의 비정상적인 작동이 피토트 튜브의 결빙 때문에 초래될 수 있음은 조종사들이 쉽게 알 수 있는 내용이므로, 지시·경고상의 결함이 인정되지 아니함"<㈜ 대한항공 외 1의 제조물책임 건>[16]

Ⅲ. 제조업자

"제조업자"란 ① 제조물의 제조·가공 또는 수입을 업(業)으로 하는 자(가목), ② 제조물에 성명·상호·상표 또는 그 밖에 식별(識別) 가능한 기호 등을 사용하여 자신을 '제조물의 제조·가공 또는 수입을 업(業)으로 하는 자'로 표시한 자 또는 오인(誤認)하게 할 수 있는 표시를 한 자(나목)를 말한다(제3호).

대법원은 "제조업자"를 다음과 같이 판단한 사례가 있다.

"제조물책임을 부담하는 제조업자는 제조물의 제조·가공 또는 수입을 업으로 하는 자 또는 제조물에 성명·상호·상표 기타 식별 가능한 기호 등을 사용하여 자신을 제조업자로 표시하거나 제조업자로 오인시킬 수 있는 표시를 한 자를 말하고, 정부와의 공급계약에 따라 정부가 제시한 제조지시에 따라 제조물을 제조·판매한 경우에도 제조물에 결함이 발생한 때에는 제조물책임을 부담함. 피고들이 실제로 고엽제를 제조하여 미국 정부에 판매한 이상 제조물책임에서 말하는 제조업자의 지위를 가짐"(<베트남전 참전군인 고엽제 피해 손해배상청구 건>)[17]

'제조물의 제조·가공 또는 수입을 업(業)으로 하는 자'로 표시한 자 또는 오인(誤認)하게 할 수 있는 표시를 한 자는 주문자상표 부착생산(OEM, Original Equipment Manufacture)의 경우를 예로 들 수 있다.

유통업자에 대해서는 원칙적으로 제조물 책임이 인정되지 아니하지만 예외적으로 제조물의 제조업자를 알 수 없는 경우에 그 제조물을 영리 목적으로 판

---

14) 대판 2008. 2. 28. 2007다52287[손해배상(기)].
15) 대판 2014. 4. 10. 2011다22092[손해배상(기)].
16) 대판 2003. 9. 5. 2002다17333[손해배상(기)].
17) 대판 2013. 7. 12. 2006다17539[손해배상(기)].

매·대여 등의 방법으로 공급한 자는 제조물의 제조업자 또는 제조물을 자신에게 공급한 자를 알거나 알 수 있었음에도 불구하고 상당한 기간 내에 그 제조업자나 공급한 자를 피해자 또는 그 법정대리인에게 고지(告知)하지 아니한 경우에는 손해를 배상하여야 한다(법 제3조 제3항).

한편 소비자기본법 제47조(결함정보의 보고의무) 제4항에서도 결함의 내용을 보고해야 할 사업자로 물품등을 제조·수입 또는 제공하는자 외에도 물품에 성명·상호 그 밖에 식별가능한 기호 등을 부착함으로써 자신을 제조자로 표기한 자, 대형마트 등 대규모점포를 운영하는 유통사업자를 규정하고 있다.

제3조(제조물 책임)

① 제조업자는 제조물의 결함으로 생명·신체 또는 재산에 손해(그 제조물에 대하여만 발생한 손해는 제외한다)를 입은 자에게 그 손해를 배상하여야 한다.

② 제1항에도 불구하고 제조업자가 제조물의 결함을 알면서도 그 결함에 대하여 필요한 조치를 취하지 아니한 결과로 생명 또는 신체에 중대한 손해를 입은 자가 있는 경우에는 그 자에게 발생한 손해의 3배를 넘지 아니하는 범위에서 배상책임을 진다. 이 경우 법원은 배상액을 정할 때 다음 각 호의 사항을 고려하여야 한다.<신설 2017. 4. 18.>

1. 고의성의 정도
2. 해당 제조물의 결함으로 인하여 발생한 손해의 정도
3. 해당 제조물의 공급으로 인하여 제조업자가 취득한 경제적 이익
4. 해당 제조물의 결함으로 인하여 제조업자가 형사처벌 또는 행정처분을 받은 경우 그 형사처벌 또는 행정처분의 정도
5. 해당 제조물의 공급이 지속된 기간 및 공급 규모
6. 제조업자의 재산상태
7. 제조업자가 피해구제를 위하여 노력한 정도

③ 피해자가 제조물의 제조업자를 알 수 없는 경우에 그 제조물을 영리 목적으로 판매·대여 등의 방법으로 공급한 자는 제1항에 따른 손해를 배상하여야 한다. 다만, 피해자 또는 법정대리인의 요청을 받고 상당한 기간 내에 그 제조업자 또는 공급한 자를 그 피해자 또는 법정대리인에게 고지(告知)한 때에는 그러하지 아니하다.<개정 2017. 4. 18.>

[전문개정 2013. 5. 22.]

 목 차

[참고문헌]

공정거래위원회, 공정거래백서, 2017; 사법연수원, 약관규제와 소비자보호 연구, 2012

[참고사례]

삼성전자(주)의 제조물책임 건[서울고등법원 1998. 2. 20. 선고 97나19351 판결; 대법원 2000. 2. 25. 선고 98다15934(구상금) 판결]; **자동차 급발진사고 손해배상청구 건**{서울고등법원 2003. 2. 13. 선고 2002나12248; 대법원 2004. 3. 12. 선고 2003다16771[손해배상(기)] 판결}; **베트남전 참전군인 고엽제 피해 손해배상청구 건**{서울고등법원 2006. 1. 26. 선고 2002나32662 판결; 대법원 2013. 7. 12. 선고 2006다17539[손해배상(기)] 판결}; **(주) 녹십자홀딩스 외 1인의 제조물 책임 건**{서울고등법원 2008. 1. 10. 선고 2005나69245 판결; 대법원 2011. 9. 29. 선고 2008다16776[손해배상(의)] 판결}; **담배 손해배상청구 건**{서울고등법원 2011. 2. 15. 선고 2007나18883 판결; 대법원 2014. 4. 10. 선고 2011다22092[손해배상(기)] 판결}; **두산중공업 등 제조물 책임 건**{서울고등법원 2011. 11. 24. 선고 2010나66639 판결; 대법원 2015. 3. 26. 선고 2012다4824 판결 [구상금]}; **한국화이자동물약품(주)의 제조물책임 건**{서울고등법원 2011. 9. 27. 선고 2010나95187 판결; 대법원 2013. 9. 26. 선고 2011다88870[손해배상(기)] 판결}

Ⅰ. 실손 배상책임

제조업자는 제조물의 결함으로 생명·신체 또는 재산에 손해(그 제조물에 대하여만 발생한 손해는 제외)를 입은 자에게 그 손해를 배상하여야 한다(법 제3조 제1항). 이는 무과실책임을 원칙으로 하고 있으며, 제조물의 결함, 손해의 발생 그리고 양자사이의 인과관계가 존재하면 성립한다.[1]

제조물책임법에 의하여 책임의 주체가 되는 제조자는 제조물의 제조·가공을 업(業)으로 하여야 한다.[2] 제조업자라 함은, 피해 발생당시의 완성품의 제조업자뿐만 아니라 그 완성품의 일부인 원재료 또는 부품제조업자도 포함한다.[3]

법 제3조 제1항 괄호의 '그 제조물에 대하여만 발생한 손해는 제외한다'는

---

1) 사법연수원, 277면.
2) 사법연수원, 269면.
3) 사법연수원, 270면.

규정은 제조물책임의 법리가 제조물의 안전성결여에 의하여 제조자와 계약관계 없는 제조물의 사용자에게 생긴 확대손해에 관하여 제조자 등의 손해배상책임을 인정하기 위해 발전해 온 것이라는 연혁적 근거와 손해가 당해 제조물에만 생긴 경우에 피해자는 계약책임이나 하자담보책임에 의하여 매도인에게 대금감액청구나 대물청구로서 구제받을 수 있다는 정책적인 근거에 기인한 것이다.[4] 그러나 확대손해가 발생한 경우에는 당해 제조물에 생긴 손해도 확대손해와 함께 제조물책임의 대상이 된다.[5] '제조물에 대하여만 발생한 재산상 손해'에는 제조물 자체에 발생한 재산상 손해뿐만 아니라 제조물의 결함 때문에 발생한 영업 손실로 인한 손해도 포함되므로 그로 인한 손해는 제조물 책임법의 적용 대상이 아니다.[6]

관련하여 대법원은 다음과 같이 판시하였다.

> "[두산중공업] 이 사건 발전소는 터빈, 보일러, 발전기, 복수기 등의 제반 설비가 기능적으로 일체화되어 가동되는 시설로서 이 사건 발전기가 가동되지 않으면 이 사건 발전기와 유기적이고 복합적으로 연결되어 있는 발전설비 전체를 가동하지 못하게 되어 전력생산이 중단되는데, 발전설비의 가동이 중단됨으로써 발생하는 영업 손실 상당의 손해는 이 사건 발전기의 가동 중단으로 인하여 논리필연적으로 발생하는 손해로서 제조물 그 자체에 발생한 손해에 해당하여 제조물 책임법의 적용 대상이 될 수 없음", "[현대모비스] 현대모비스 등의 경우 터빈 모듈과 발전기 모듈의 형태로 완성되어 인도된 이 사건 발전기를 단지 공사현장에서 고정시키는 설치 작업을 하였을 뿐 이 사건 발전기의 제조업자에 해당한다고 볼 수 없으므로 제조물 책임법에 의한 손해배상책임의 주체가 될 수 없음"(<두산중공업 등 제조물책임 건>)[7]

손해배상의 내용과 범위에 관해서는 법 제8조에 의해 민법의 규정이 적용된다.

1. 제조업자를 알 수 없는 경우

피해자가 제조물의 제조업자를 알 수 없는 경우에 그 제조물을 영리 목적

---

4) 사법연수원, 287면.
5) 사법연수원, 288면.
6) 대판 2015. 3. 26. 2012다4824[구상금].
7) 대판 2015. 3. 26. 2012다4824[구상금].

으로 판매·대여 등의 방법으로 공급한 자는 제1항에 따른 손해를 배상하여야 한다. 다만, 피해자 또는 법정대리인의 요청을 받고 상당한 기간 내에 그 제조업자 또는 공급한 자를 그 피해자 또는 법정대리인에게 고지(告知)한 때에는 그러하지 아니하다(법 제3조 제3항).

제조물책임법은 제조물의 결함으로 인하여 발생한 손해는 원칙적으로 제조업자가 배상책임을 부담하도록 하면서, 피해자가 제조업자를 알 수 없는 경우에는 그 제조물을 영리목적으로 판매·대여 등의 방법으로 공급한 자(공급업자)에게 보충적으로 손해배상책임을 부담하도록 규정하고 있다. 그런데, 제조업자를 알 수 없는 피해자가 공급업자에게 손해배상책임을 묻기 위해서는 '제조물을 영리 목적으로 판매·대여 등의 방법으로 공급한 자가 제조업자 또는 제조물을 자신에게 공급한 자를 알거나 알 수 있었는지' 여부를 피해자가 입증하여야 하는데, 이는 사실상 불가능한 것이 현실이다. 이에, 피해자가 제조업자를 알 수 없는 경우에 공급업자가 제조업자를 알았거나 알 수 있었는지 여부와 관계없이 손해배상책임을 부담하도록 하여 결함 제품에 대하여 제조업자뿐만 아니라, 공급업자의 책임도 강화한 것이다.[8]

피해자가 제조업자에 대하여 알 수 있는 정도는 제조업자를 상대로 제조물책임을 추궁할 수 있을 정도가 되어야 한다.[9]

법 제3조 제3항 단서의 '상당한 기간'에 대하여는 해석에 맡기고 있는데, 공급업자가 피해자로부터 제조업자의 특정을 요구받은 때로부터 진행한다고 보는 것이 타당하다.[10] 그리고 어느 정도 기간이 상당한 기간인지에 대하여는 구체적인 거래형태마다 개별적으로 판단할 수밖에 없다고 판단된다.[11]

2. 인과관계의 입증

인과관계 입증에 대하여 법원은 다음과 같이 판단한 사례가 있다.

"비특이성 질환의 경우에는 특정 위험인자와 비특이성 질환 사이에 역학적 상관관계가 인정된다 하더라도, 어느 개인이 그 위험인자에 노출되었다는 사실과 그

---

8) 이상 공정거래백서(2017), 29면.
9) 사법연수원, 274면.
10) 사법연수원, 275면.
11) 사법연수원, 276면.

비특이성 질환에 걸렸다는 사실을 증명하는 것만으로 양자 사이의 인과관계를 인정할 만한 개연성이 증명되었다고 볼 수 없다. 이러한 경우에는 그 위험인자에 노출된 집단과 노출되지 않은 다른 일반 집단을 대조하여 역학조사를 한 결과 그 위험인자에 노출된 집단에서 그 비특이성 질환에 걸린 비율이 그 위험인자에 노출되지 않은 집단에서 그 비특이성 질환에 걸린 비율을 상당히 초과한다는 점을 증명하고, 그 집단에 속한 개인이 위험인자에 노출된 시기와 노출 정도, 발병시기, 그 위험인자에 노출되기 전의 건강상태, 생활습관, 질병 상태의 변화, 가족력 등을 추가로 증명하는 등으로 그 위험인자에 의하여 그 비특이성 질환이 유발되었을 개연성이 있다는 점을 증명하여야 함"<베트남전 참전군인 고엽제 피해 손해배상청구 건>,[12] "특정 병인에 의하여 발생하고 원인과 결과가 명확히 대응하는 '특이성 질환'과 달리, 이른바 '비특이성 질환'은 그 발생 원인 및 기전이 복잡다기하고, 유전·체질 등의 선천적 요인, 음주, 흡연, 연령, 식생활습관, 직업적·환경적 요인 등 후천적 요인이 복합적으로 작용하여 발생하는 질환이다. 이러한 비특이성 질환의 경우에는 특정 위험인자와 그 비특이성 질환 사이에 역학적으로 상관관계가 있음이 인정된다 하더라도, 그 위험인자에 노출된 개인 또는 집단이 그 외의 다른 위험인자에도 노출되었을 가능성이 항시 존재하는 이상, 그 역학적 상관관계는 그 위험인자에 노출되면 그 질병에 걸릴 위험이 있거나 증가한다는 것을 의미하는 데 그칠 뿐, 그로부터 그 질병에 걸린 원인이 그 위험인자라는 결론이 도출되는 것은 아님. 따라서 비특이성 질환의 경우에는 특정 위험인자와 비특이성 질환 사이에 역학적 상관관계가 인정된다 하더라도, 어느 개인이 그 위험인자에 노출되었다는 사실과 그 비특이성 질환에 걸렸다는 사실을 증명하는 것만으로 양자 사이의 인과관계를 인정할 만한 개연성이 증명되었다고 볼 수 없음. 이러한 경우에는 그 위험인자에 노출된 집단과 노출되지 않은 다른 일반 집단을 대조하여 역학조사를 한 결과 그 위험인자에 노출된 집단에서 그 비특이성 질환에 걸린 비율이 그 위험인자에 노출되지 않은 집단에서 그 비특이성 질환에 걸린 비율을 상당히 초과한다는 점을 증명하고, 그 집단에 속한 개인이 위험인자에 노출된 시기와 노출 정도, 발병시기, 그 위험인자에 노출되기 전의 건강상태, 생활습관, 질병 상태의 변화, 가족력 등을 추가로 증명하는 등으로 그 위험인자에 의하여 그 비특이성 질환이 유발되었을 개연성이 있다는 점을 증명하여야 함(대법원 2013. 7. 12. 선고 2006다17539 판결 참조). 흡연과 비특이성 질환인 비소세포암, 세기관지 폐포세포암의 발병 사이에 역학적 인과관계가 인정될 수 있다고 하더라도, 어느 개인이 흡연을 하였다는 사실과 위 비특이성 질환에 걸렸다는 사실이 증명되었다고 하여 그 자체로서 양자 사이의 인과관계를 인정할 만한 개연성

---

12) 대판 2013. 7. 12. 2006다17539 판결[손해배상(기)].

이 증명되었다고 단정하기는 어려움"(<담배 손해배상청구 건>)[13].

법원은 제조물책임의 경우 인과관계의 입증을 완화하고 있다.

"무릇 물품을 제조·판매하는 제조업자 등은 그 제품의 구조, 품질, 성능 등에 있어서 그 유통 당시의 기술수준과 경제성에 비추어 기대가능한 범위 내의 안전성과 내구성을 갖춘 제품을 제조·판매하여야 할 책임이 있고, 이러한 안전성과 내구성을 갖추지 못한 결함으로 인하여 소비자에게 손해가 발생한 경우에는 불법행위로 인한 손해배상의무를 부담한다 할 것임(대법원 1992. 11. 24. 선고 92다18139 판결 참조). 따라서 물품을 제조·판매한 자에게 손해배상책임을 지우기 위하여서는 위와 같은 결함의 존재, 손해의 발생 및 결함과 손해의 발생과의 사이에 인과관계의 존재가 전제되어야 하는 것은 당연함. 그러나 고도의 기술이 집약되어 대량으로 생산되는 제품의 경우, 그 생산과정은 대개의 경우 소비자가 알 수 있는 부분이 거의 없고, 전문가인 제조업자만이 알 수 있을 뿐이며, 그 수리 또한 제조업자나 그의 위임을 받은 수리업자에 맡겨져 있기 때문에, 이러한 제품에 어떠한 결함이 존재하였는지, 나아가 그 결함으로 인하여 손해가 발생한 것인지 여부는 전문가인 제조업자가 아닌 보통인으로서는 도저히 밝혀 낼 수 없는 특수성이 있어서 소비자 측이 제품의 결함 및 그 결함과 손해의 발생과의 사이의 인과관계를 과학적·기술적으로 완벽하게 입증한다는 것은 지극히 어려움. 그러므로 이 건과 같이 텔레비전이 정상적으로 수신하는 상태에서 발화·폭발한 경우에 있어서는, 소비자측에서 그 사고가 제조업자의 배타적 지배하에 있는 영역에서 발생한 것임을 입증하고, 그러한 사고가 어떤 자의 과실 없이는 통상 발생하지 않는다고 하는 사정을 증명하면, 제조업자 측에서 그 사고가 제품의 결함이 아닌 다른 원인으로 말미암아 발생한 것임을 입증하지 못하는 이상, 위와 같은 제품은 이를 유통에 둔 단계에서 이미 그 이용시의 제품의 성상이 사회통념상 당연히 구비하리라고 기대되는 합리적 안전성을 갖추지 못한 결함이 있었고, 이러한 결함으로 말미암아 사고가 발생하였다고 추정하여 손해배상책임을 지울 수 있도록 입증책임을 완화하는 것이 손해의 공평·타당한 부담을 그 지도원리로 하는 손해배상제도의 이상에 맞음"(<삼성전자(주)의 제조물책임 건>),[14] "고도의 기술이 집약되어 대량으로 생산되는 제품의 결함을 이유로 그 제조업자에게 손해배상책임을 지우는 경우 그 제품의 생산과정은 전문가인 제조업자만이 알 수 있어서 그 제품에 대한 어떠한 결합이 존재하는지, 그 결합으로 인하여 손해가 발생하는지 여부는 일반인으로서는 밝힐 수 없는 특수성이 있어서 소비자측이 제품의 결함

13) 대판 2014. 4. 10. 2011다22092[손해배상(기)].
14) 대판 2000. 2. 25. 98다15934(구상금).

및 그 결함과 손해의 발생과의 사이에 인과관계를 과학적·기술적으로 입증한다는 것은 지극히 어려우므로 그 제품이 정상적으로 사용되는 상태에서 사고가 발생한 경우 소비자측에서 그 사고가 제조업자의 배타적 지배하에 있는 영역에서 발생하였다는 점과 그 사고가 어떤자의 과실없이는 통상 발생하지 않는다고 하는 사정을 증명하면, 제조업자 측에서 그 사고가 제품의 결함이 아닌 다른 원인으로 말미암아 발생한 것을 입증하지 못하는 이상 그 제품에게 결함이 존재하며 그 결함으로 말미암아 사고가 발생하였다고 추정하여 손해배상책임을 지울 수 있도록 입증책임을 완화하는 것이 손해의 공평·타당한 부담을 그 지도원리로 하는 손해배상제도의 이상에 맞음"(<자동차 급발진사고 손해배상청구 건>),15) "의약품의 제조물책임에서 손해배상책임이 성립하기 위해서는 의약품의 결함 또는 제약회사의 과실과 손해 사이에 인과관계가 있어야 함. 그러나 의약품 제조과정은 대개 제약회사 내부자만이 알 수 있을 뿐이고, 의약품의 제조행위는 고도의 전문적 지식을 필요로 하는 분야로서 일반인들이 의약품의 결함이나 제약회사의 과실을 완벽하게 입증한다는 것은 극히 어려움. 따라서 환자인 피해자가 제약회사를 상대로 바이러스에 오염된 혈액제제를 통하여 감염되었다는 것을 손해배상책임의 원인으로 주장하는 경우, 제약회사가 제조한 혈액제제를 투여받기 전에는 감염을 의심할 만한 증상이 없었고, 그 혈액제제를 투여받은 후 바이러스 감염이 확인되었으며, 그 혈액제제가 바이러스에 오염되었을 상당한 가능성이 있다는 점을 증명하면, 제약회사가 제조한 혈액제제의 결함 또는 제약회사의 과실과 피해자의 감염 사이의 인과관계를 추정하여 손해배상책임을 지울 수 있도록 증명책임을 완화하는 것이 손해의 공평·타당한 부담을 그 지도 원리로 하는 손해배상제도의 이상에 부합함. 여기서 바이러스에 오염되었을 상당한 가능성은, 자연과학적으로 명확한 증명이 없더라도 혈액제제의 사용과 감염의 시간적 근접성, 통계적 관련성, 혈액제제의 제조공정, 해당 바이러스 감염의 의학적 특성, 원료 혈액에 대한 바이러스 진단방법의 정확성의 정도 등 여러 사정을 고려하여 판단할 수 있음. 한편 제약회사는 자신이 제조한 혈액제제에 아무런 결함이 없다는 등 피해자의 감염원인이 자신이 제조한 혈액제제에서 비롯된 것이 아니라는 것을 증명하여 추정을 번복시킬 수 있으나, 단순히 피해자가 감염추정기간 동안 다른 회사가 제조한 혈액제제를 투여받았거나, 수혈을 받은 사정이 있었다는 것만으로는 그 추정이 번복되지 않음"(<㈜ 녹십자홀딩스 외 1인의 제조물책임 건>)16)

---

15) 대판 2004. 3. 12. 2003다16771[손해배상(기)].
16) 대판 2011. 9. 29. 2008다16776[손해배상(의)].

Ⅱ. 3배 배상제도

제1항에도 불구하고 제조업자가 제조물의 결함을 알면서도 그 결함에 대하여 필요한 조치를 취하지 아니한 결과로 생명 또는 신체에 중대한 손해를 입은 자가 있는 경우에는 그 자에게 발생한 손해의 3배를 넘지 아니하는 범위에서 배상책임을 진다(법 제3조 제2항).

우리 법원의 판결에 따른 손해배상액이 일반의 상식 등에 비추어 적정한 수준에 미치지 못하여 피해자를 제대로 보호하지 못하고, 소액다수의 소비자피해를 발생시키는 악의적 가해행위의 경우 불법행위에 따른 제조업자의 이익은 막대한 반면 개별 소비자의 피해는 소액에 불과하여, 제조업자의 악의적인 불법행위가 계속되는 등 도덕적 해이가 발생하고 있다는 인식이 확산되고 있어서 징벌적 손해배상제를 도입하여 제조업자의 악의적 불법행위에 대한 징벌 및 장래 유사한 행위에 대한 억지력을 강화하고, 피해자에게는 실질적인 보상이 가능하게 하기 위해 법 개정을 통하여 제도를 도입하였다.17)

국내에서는 「하도급법」(제35조), 「대리점법」(제34조), 「개인정보 보호법」(제39조), 「신용정보 이용 및 보호법」(제43조), 「정보통신망 이용촉진 및 정보보호법」(제32조), 「기간제 및 단시간근로자 보호법」(제13조) 등 6개 법률에서 최대 3배의 손해배상제도가 도입되어 있었고, 「가맹사업법」 개정안이 「제조물책임법」 개정안과 같은 날 국회 본회의를 통과하고 2018년에는 「독점규제법」(제56조), 「대규모유통업법」(제35조의2), 「특허법」, 「부정경쟁방지법」 등에도 최대 3배의 징벌적 손해배상제도가 도입되었다.

이 경우 법원은 배상액을 정할 때 ① 고의성의 정도(제1호), ② 해당 제조물의 결함으로 인하여 발생한 손해의 정도(제2호), ③ 해당 제조물의 공급으로 인하여 제조업자가 취득한 경제적 이익(제3호), ④ 해당 제조물의 결함으로 인하여 제조업자가 형사처벌 또는 행정처분을 받은 경우 그 형사처벌 또는 행정처분의 정도(제4호), ⑤ 해당 제조물의 공급이 지속된 기간 및 공급 규모(제5호), ⑥ 제조업자의 재산상태(제6호), ⑦ 제조업자가 피해구제를 위하여 노력한 정도(제7호)를 고려하여야 한다(법 제3조 제2항).

법 제3조 제2항·제3항 규정은 이 법 시행(2018. 4. 19) 후 최초로 공급하는 제조물부터 적용한다(부칙 제2조).

---

17) 【개정이유】[시행 2018. 4. 19.][법률 제14764호, 2017. 4. 18., 일부개정]

제3조의2(결함 등의 추정)

피해자가 다음 각 호의 사실을 증명한 경우에는 제조물을 공급할 당시 해당 제조물에 결함이 있었고 그 제조물의 결함으로 인하여 손해가 발생한 것으로 추정한다. 다만, 제조업자가 제조물의 결함이 아닌 다른 원인으로 인하여 그 손해가 발생한 사실을 증명한 경우에는 그러하지 아니하다.

1. 해당 제조물이 정상적으로 사용되는 상태에서 피해자의 손해가 발생하였다는 사실
2. 제1호의 손해가 제조업자의 실질적인 지배영역에 속한 원인으로부터 초래되었다는 사실
3. 제1호의 손해가 해당 제조물의 결함 없이는 통상적으로 발생하지 아니한다는 사실

[본조신설 2017. 4. 18.]

[참고사례]

자동차 급발진사고 손해배상청구 건{서울고등법원 2003. 2. 13. 선고 2002나12248; 대법원 2004. 3. 12. 선고 2003다16771[손해배상(기)] 판결}; 한국화이자동물약품(주)의 제조물책임 건{서울고등법원 2011. 9. 27. 선고 2010나95187 판결; 대법원 2013. 9. 26. 선고 2011다88870[손해배상(기)] 판결}

제조물의 대부분이 고도의 기술을 바탕으로 제조되고, 이에 관한 정보가 제조업자에게 편재되어 있어서 피해자가 제조물의 결함여부 등을 과학적·기술적으로 입증한다는 것은 지극히 어려워 대법원도 이를 고려하여 제조물이 정상적으로 사용되는 상태에서 사고가 발생한 경우 등에는 그 제품에 결함이 존재하고 그 결함으로 인해 사고가 발생하였다고 추정함으로써 소비자의 입증책임을 완화하는 것이 손해의 공평·타당한 부담을 원리로 하는 손해배상제도의 이상에 맞는다고 판시한 바 있다.[1] 이에, 대법원 판례의 취지를 반영하여 피해자가 '제조물이 정상적으로 사용되는 상태에서 손해가 발생하였다는 사실' 등을

---

[1] <자동차 급발진사고 손해배상청구 건>에서 대법원은 "제조업자 측에서 그 사고가 제품의 결함이 아닌 다른 원인으로 말미암아 발생한 것을 입증하지 못하는 이상 그 제품에게 결함이 존재하며 그 결함으로 말미암아 사고가 발생하였다고 추정하여 손해배상책임을 지울 수 있도록 입증책임을 완화하는 것이 손해의 공평·타당한 부담을 그 지도원리로 하는 손해배상제도의 이상에 맞다"고 보았는바 이러한 대법원 판례의 취지를 감안하여 본조를 신설하였다.

증명하면, 제조물을 공급할 당시에 해당 제조물에 결함이 있었고, 그 결함으로
인하여 손해가 발생한 것으로 추정하도록 하여 소비자의 입증책임을 경감하도
록 규정하였다.[2]

　　법 제3조의2 규정은 이 법 시행(2018. 4. 19) 후 최초로 공급하는 제조물부
터 적용한다(부칙 제2조).

---

2) 【개정이유】 [시행 2018. 4. 19.][법률 제14764호, 2017. 4. 18., 일부개정]

제4조(면책사유)

① 제3조에 따라 손해배상책임을 지는 자가 다음 각 호의 어느 하나에 해당하는 사실을 입증한 경우에는 이 법에 따른 손해배상책임을 면(免)한다.

1. 제조업자가 해당 제조물을 공급하지 아니하였다는 사실
2. 제조업자가 해당 제조물을 공급한 당시의 과학·기술 수준으로는 결함의 존재를 발견할 수 없었다는 사실
3. 제조물의 결함이 제조업자가 해당 제조물을 공급한 당시의 법령에서 정하는 기준을 준수함으로써 발생하였다는 사실
4. 원재료나 부품의 경우에는 그 원재료나 부품을 사용한 제조물 제조업자의 설계 또는 제작에 관한 지시로 인하여 결함이 발생하였다는 사실

② 제3조에 따라 손해배상책임을 지는 자가 제조물을 공급한 후에 그 제조물에 결함이 존재한다는 사실을 알거나 알 수 있었음에도 그 결함으로 인한 손해의 발생을 방지하기 위한 적절한 조치를 하지 아니한 경우에는 제1항제2호부터 제4호까지의 규정에 따른 면책을 주장할 수 없다.

[전문개정 2013. 5. 22.]

▥ 목 차

[참고문헌]

단행본: 사법연수원, 약관규제와 소비자보호 연구, 2012; 신현윤, 경제법(제7판), 법문사, 2017

[참고사례]

베트남전 참전군인 고엽제 피해 손해배상청구 건{서울고등법원 2006. 1. 26. 선고 2002나32662 판결; 대법원 2013. 7. 12. 선고 2006다17539 판결[손해배상(기)] 판결}

Ⅰ. 손해배상책임의 면제

제3조에 따라 손해배상책임을 지는 자가 ① 제조업자가 해당 제조물을 공급하지 아니하였다는 사실(제1호), ② 제조업자가 해당 제조물을 공급한 당시의 과학·기술 수준으로는 결함의 존재를 발견할 수 없었다는 사실(제2호), ③ 제조물의 결함이 제조업자가 해당 제조물을 공급한 당시의 법령에서 정하는 기준을 준수함으로써 발생하였다는 사실(제3호), ④ 원재료나 부품의 경우에는 그 원재료나 부품을 사용한 제조물 제조업자의 설계 또는 제작에 관한 지시로 인하여 결함이 발생하였다는 사실(제4호)의 어느 하나에 해당하는 사실을 입증한 경우에는 이 법에 따른 손해배상책임을 면(免)한다(법 제4조 제1항).

1. 제조물 미공급

손해배상책임이 면제되는 첫 번째 사유는 제조업자가 해당 제조물을 공급하지 아니하였다는 사실(제1호)이다. 예컨대 판매를 위해 생산되었으나 아직 유통되지 않은 제조물의 결함에 의하여 제조업자의 고용인이 피해를 입은 경우이다.[1]

2. '개발위험의 항변'

손해배상책임이 면제되는 두 번째 사유는 제조업자가 해당 제조물을 공급한 당시의 과학·기술 수준으로는 결함의 존재를 발견할 수 없었다는 사실(제2호)이다. 이른바 '개발위험의 항변'이다.

법원이 다음과 같이 판시한 사례가 있다.

> "제조업자가 당해 제조물을 공급한 때의 과학·기술 수준으로 결함의 존재를 발견할 수 없었을 때에는 특별한 사정이 없는 한 제조업자에게 결과 발생에 대한 예견가능성이 없다고 보아 제조물의 결함으로 인한 책임을 지우지 아니할 수 있음. 그러나 피고들이 앞서 본 바와 같이 베트남전 참전군인들이 고엽제에 함유된 독성물질인 TCDD에 반복적으로 노출되어 생명·신체에 유해한 결과가 발생할 위험이 있음을 예견하거나 예견할 수 있었음에도 그 위험을 방지할 고도의 주의의무

---

1) 사법연수원, 293면.

를 위반하였다고 인정되는 이상, 피고들이 고엽제를 제조·판매한 때의 과학·기술 수준으로 고엽제의 결함을 발견할 수 없었다고 볼 수는 없음"(<베트남전 참전군인 고엽제 피해 손해배상청구 건>)[2]

3. 법령상 기준 준수

손해배상책임이 면제되는 세 번째 사유는 제조물의 결함이 제조업자가 해당 제조물을 공급한 당시의 법령에서 정하는 기준을 준수함으로써 발생하였다는 사실(제3호)이다.

법원이 다음과 같이 판시한 사례가 있다.

"고엽제 제조·판매 당시 미국의 법령에 2,4,5-T나 이를 원료로 하는 고엽제의 TCDD 함유량에 관한 어떠한 기준도 존재하지 아니하였고, 고엽제 공급계약과 그 제조명세서에도 TCDD의 함유 여부나 그 정도에 관한 기준이 제시된 바 없어 고엽제의 결함이 미국의 방위물자생산법이나 그에 근거하여 체결된 고엽제 공급계약 등의 준수로 인하여 발생하였다고 볼 수 없으며, 오히려 안전성을 확보하기 위한 조치를 충분히 취하지 아니한 피고들의 잘못으로 발생하게 된 것이라고 보아 법령 기준의 준수를 이유로 한 피고들의 면책 주장을 배척하였음"(<베트남전 참전군인 고엽제 피해 손해배상청구 건>)[3]

4. 제조업자의 설계 또는 제작 지시(원재료나 부품의 경우)

손해배상책임이 면제되는 네 번째 사유는 원재료나 부품의 경우에는 그 원재료나 부품을 사용한 제조물 제조업자의 설계 또는 제작에 관한 지시로 인하여 결함이 발생하였다는 사실(제4호)이다. 이는 중소기업에 대한 정책적인 배려에서 마련된 것이며, 원재료·부품 제조업자는 당해 원재료·부품을 사용한 완성품 제조업자의 설계 또는 제작에 관한 지시로 인하여 결함이 발생한 사실을 주장·입증하면 그것으로써 제조물책임을 면할 수 있다.[4]

---

2) 대판 2013. 7. 12. 2006다17539[손해배상(기)].
3) 대판 2013. 7. 12. 2006다17539[손해배상(기)].
4) 사법연수원, 296면.

Ⅱ. 면제의 예외

그러나 제3조에 따라 손해배상책임을 지는 자가 제조물을 공급한 후에 그 제조물에 결함이 존재한다는 사실을 알거나 알 수 있었음에도 그 결함으로 인한 손해의 발생을 방지하기 위한 적절한 조치를 하지 아니한 경우에는 제1항 제2호부터 제4호까지의 규정에 따른 면책을 주장할 수 없다(법 제4조 제2항).

따라서 해당 제조물을 공급하지 아니한 사실이 입증되면 언제나 면책된다.

한편 제조업자가 제조물의 결함을 알면서 조치를 취하지 않아 생명·신체에 중대한 손해를 입은 경우 3배 배상의 대상이 된다. 본 조는 제조물을 공급한 후에 결함을 알거나 알 수 있는 경우로 규정되어 있는데 이 경우 3배 배상 제도의 대상이 되는지 해석상 문제된다. 그러나 3배 배상 제도는 제조당시에 결함을 알아야 한다고 규정하지 않고 있으므로, 공급 후에 이를 안 경우라고 하여 다르게 볼 필요가 없다고 생각된다.

제5조(연대책임)

동일한 손해에 대하여 배상할 책임이 있는 자가 2인 이상인 경우에는 연대하여 그 손해를 배상할 책임이 있다.
[전문개정 2013. 5. 22.]

[참고문헌]

단행본: 사법연수원, 약관규제와 소비자보호 연구, 2012

예컨대 실제 제조업자와 표시제조업자가 다른 경우에 실제 제조업자는 표시 제조업자와 연대하여, 외국의 제조업자와 국내의 수입업자가 따로 있는 경우에 국내의 수입업자는 외국의 제조업자와 연대하여 제조물책임을 부담한다.[1]

제6조(면책특약의 제한)

이 법에 따른 손해배상책임을 배제하거나 제한하는 특약(特約)은 무효로 한다. 다만, 자신의 영업에 이용하기 위하여 제조물을 공급받은 자가 자신의 영업용 재산에 발생한 손해에 관하여 그와 같은 특약을 체결한 경우에는 그러하지 아니하다.
[전문개정 2013. 5. 22.]

---

1) 사법연수원, 290~291면.

제7조(소멸시효 등)

① 이 법에 따른 손해배상의 청구권은 피해자 또는 그 법정대리인이 다음 각 호의 사항을 모두 알게 된 날부터 3년간 행사하지 아니하면 시효의 완성으로 소멸한다.

　1.　손해

　2.　제3조에 따라 손해배상책임을 지는 자

② 이 법에 따른 손해배상의 청구권은 제조업자가 손해를 발생시킨 제조물을 공급한 날부터 10년 이내에 행사하여야 한다. 다만, 신체에 누적되어 사람의 건강을 해치는 물질에 의하여 발생한 손해 또는 일정한 잠복기간(潛伏期間)이 지난 후에 증상이 나타나는 손해에 대하여는 그 손해가 발생한 날부터 기산(起算)한다.

[전문개정 2013. 5. 22.]

 목　차

[참고사례]

　　(주) 녹십자홀딩스 외 1인의 제조물책임 건{서울고등법원 2008. 1. 10. 선고 2005나69245 판결; 대법원 2011. 9. 29. 선고 2008다16776[손해배상(의)] 판결}

I. 3년의 소멸시효

　　이 법에 따른 손해배상의 청구권은 피해자 또는 그 법정대리인이 ① 손해(제1호), ② 제3조에 따라 손해배상책임을 지는 자(제2호)를 모두 알게 된 날부터 3년간 행사하지 아니하면 시효의 완성으로 소멸한다(법 제7조 제1항).

　　민법 제766조 제1항은 불법행위로 인한 손해배상청구권은 피해자나 그 법정대리인이 그 손해 및 가해자를 안 날부터 3년간 이를 행사하지 아니하면 시효로 소멸한다고 규정하고 있다. 여기서 '손해 및 가해자를 안 날'이란 피해자나 그 법정대리인이 손해 및 가해자를 현실적이고도 구체적으로 인식한 날을 의미하며, 그 인식은 손해발생의 추정이나 의문만으로는 충분하지 않고, 손해의 발생사실뿐만 아니라 가해행위가 불법행위를 구성한다는 사실, 즉 불법행위의 요건사실에 대한 인식으로서 위법한 가해행위의 존재, 손해의 발생 및 가해행위와 손해 사이의 인과관계 등이 있다는 사실까지 안 날을 뜻한다(<베트남전 참전군인 고엽제 피해 손해배상청구 건>).[1] 그리고 피해자 등이 언제 불법행위의 요건사실을 현실적이고도 구체적으로 인식한 것으로 볼 것인지는 개별 건의 여러 객관적 사정을 참작하고 손해배상청구가 사실상 가능하게 된 상황을 고려하여 합리적으로 인정하여야 하고, 손해를 안 시기에 대한 증명책임은 소멸시효 완성으로 인한 이익을 주장하는 자에게 있다(<베트남전 참전군인 고엽제 피해 손해배상청구 건>).[2]

상기 건 관련하여 법원이 다음과 같이 판단하였다.

"베트남전 참전군인들이 국가를 상대로 고엽제 노출로 인한 피해보상 등을 요구하기 시작한 것은 고엽제 노출로 인한 손해에 관하여 적절한 근거를 가지고 한 것이 아니므로, 그 무렵 고엽제 노출로 인한 손해에 대하여 손해배상청구권의 행사를 가능하게 할 정도의 현실적이고 구체적인 인식이 있었다고 볼 수 없고, 그들이 구「고엽제후유의증환자 진료 등에 관한 법률」(1995. 12. 30 법률 제5147호로 개정되기 전의 것) 또는 「고엽제후유의증환자 지원 등에 관한 법률」(이하 두 법률을 구분하지 않고 '고엽제법'이라 한다)에 따라 고엽제후유증환자 판정을 받고 그에 관한 등록을 마칠 무렵 고엽제 노출과 보유 질병 사이의 인과관계에 관하여 적절한 근거를 가지게 됨으로써 현실적이고 구체적으로 인식하게 되었다고 봄이 상당하므로, 원심판결 별지 제3목록 기재 선정자들 중 고엽제후유증환자 등록을 마친 날부터 3년이 경과하기 전에 피고들의 특허권 중 일부에 대하여 가압류를 신청하거나 이 건 소를 제기한 선정자들은 민법 제766조 제1항에서 정한 단기소멸시효가 완성되었다고 할 수 없다고 판단하였음. 원심이 베트남전에서 고엽제에 노출되어 염소성여드름이 발병한 선정자들 중 고엽제후유증환자 등록일부터 위 가압류신청일(1999. 5. 4.)이나 이 건 소제기일(1999. 9. 30.)까지 민법 제766조 제1항에서 정한 3년의 소멸시효기간이 경과한 선정자들과 원심판결 별지 제3목록 기재 선정자 1,222, 1,243, 1,882를 제외한 나머지 선정자들에 대하여 위 규정에 따른 피고들의 소멸시효 항변을 위와 같은 이유로 배척한 조치는 정당함"(<베트남전 참전군인 고엽제 피해 손해배상청구 건>)[3]

---

1) 대판 2013. 7. 12. 2006다17539[손해배상(기)].
2) 대판 2013. 7. 12. 2006다17539[손해배상(기)].
3) 대판 2013. 7. 12. 2006다17539[손해배상(기)].

Ⅱ. 10년의 소멸시효

이 법에 따른 손해배상의 청구권은 제조업지기 손해를 발생시킨 제조물을 공급한 날부터 10년 이내에 행사하여야 한다. 다만, 신체에 누적되어 사람의 건강을 해치는 물질에 의하여 발생한 손해 또는 일정한 잠복기간(潛伏期間)이 지난 후에 증상이 나타나는 손해에 대하여는 그 손해가 발생한 날부터 기산(起算)한다(법 제7조 제2항).

민법 제766조 제2항에 의하면, 불법행위를 한 날부터 10년을 경과한 때에도 손해배상청구권이 시효로 소멸한다고 규정되어 있는바, 가해행위와 이로 인한 손해의 발생 사이에 시간적 간격이 있는 불법행위에 기한 손해배상청구권의 경우, 위와 같은 장기소멸시효의 기산점이 되는 '불법행위를 한 날'은 객관적·구체적으로 손해가 발생한 때, 즉 손해의 발생이 현실적인 것으로 되었다고 할 수 있을 때를 의미하고, 그 발생 시기에 대한 증명책임은 소멸시효의 이익을 주장하는 자에게 있다(<베트남전 참전군인 고엽제 피해 손해배상청구 건>).[4]

관련하여 법원이 다음과 같이 판단한 사례가 있다.

"불법행위에 기한 손해배상채권에 있어서 민법 제766조 제2항에 의한 소멸시효의 기산점이 되는 '불법행위를 한 날'이란 가해행위가 있었던 날이 아니라 현실적으로 손해의 결과가 발생한 날을 의미함(대법원 1979. 12. 26. 선고 77다1894, 1895 전원합의체 판결, 대법원 2005. 5. 13. 선고 2004다71881 판결 등 참고). 그런데 감염의 잠복기가 길거나, 감염 당시에는 장차 병이 어느 단계까지 진행될 것인지 예측하기 어려운 경우, 손해가 현실화된 시점을 일률적으로 감염일로 보게 되면, 피해자는 감염일 당시에는 장래의 손해 발생 여부가 불확실하여 청구하지 못하고, 장래 손해가 발생한 시점에서는 소멸시효가 완성되어 청구하지 못하게 되는 부당한 결과가 초래될 수 있음. 따라서 위와 같은 경우에는 감염 자체로 인한 손해 외에 증상의 발현 또는 병의 진행으로 인한 손해가 있을 수 있고, 그러한 손해는 증상이 발현되거나, 병이 진행된 시점에 현실적으로 발생한다고 볼 수 있음. 기록에 의하면, AIDS(후천성면역결핍증, Acquired Immune Deficiency Syndrome)의 잠복기는 약 10년 정도로 길고, HIV 감염 당시 AIDS 환자가 될 것인지 여부가 불확실하며, AIDS 환자가 되었다는 것과 HIV에 감염되었다는 것은 구별되는 개념이라는 사실을 알 수 있고, AIDS 환자가 되었다는 손해는 HIV 감염이 진행되어 실제 AIDS 환자가 되었을 때 현실적으로 그 손해의 결과가 발생

4) 대판 2013. 7. 12. 2006다17539[손해배상(기)].

하였다고 볼 여지가 있음"<(주) 녹십자홀딩스 외 1인의 제조물책임 건>,[5] "고엽
제 제조회사인 피고들이 고엽제에 함유된 독성물질인 TCDD에 의하여 생명·신체
에 위해를 발생시킬 위험이 있다는 사정을 예견하거나 예견할 수 있음에도 위험
방지조치를 제대로 취하지 아니한 채 고엽제를 제조·판매하여 경제적 이익을 취
한 점, 그 결과 베트남과 미국 정부의 파병 요청에 따라 베트남전에 참전한 우리
나라 군인들이 아무런 잘못 없이 육체적·정신적 고통을 받게 된 점, 우리나라에
서는 1990년대 초반에 이르러서야 고엽제의 후유증에 대한 논의가 본격적으로 이
루어진 탓에 베트남전 참전군인들이 복무 종료 후 귀국하여 신체에 염소성여드름
이 발생하였다 하더라도 그 이전에는 그것이 고엽제로 인하여 생긴 질병이라는
것을 가늠하기 어려웠던 점, 또한 염소성여드름은 일반적인 피부질환과 구별하기
어려워 의료기관에서 그 피부질환이 염소성여드름이라고 진단받고 그 질병이 고
엽제와 관련성이 있다고 고지받기 전에는 고엽제에 노출됨으로써 자신이 어떠한
피해를 입었다는 사실을 인식하기가 극히 곤란하였던 점, 베트남전 복무 종료 시
부터 장기간이 경과한 후 이 건 소를 제기하였다 하더라도 피고들이 그로 인하여
이 건 소송에서 증거자료를 상실하는 등 방어권을 행사하는 데 지장을 받게 되었
다고 보기 어렵고, 오히려 이 건은 시간이 경과함에 따라 인과관계 등에 관한 과
학적 연구성과물이 축적되어 온 점 등의 사정을 알 수 있음. 이러한 사정들과 그
밖에 원심이 판시한 여러 사정을 종합하여 앞서 본 법리에 비추어 보면, 장기소
멸시효기간 경과 선정자들이 고엽제후유증환자로 등록하여 자신의 피부 질환이
염소성여드름에 해당하고 그것이 피고들이 제조·판매한 고엽제에 노출된 것과
관련이 있다는 점을 알게 됨으로써 피고들에 대한 손해배상청구권의 존재에 관하
여 인식할 수 있게 되기까지는 이들에게 객관적으로 피고들을 상대로 고엽제 피
해와 관련한 손해배상청구권을 행사할 것을 기대하기 어려운 장애사유가 있었다
고 봄이 상당함. 그러므로 장기소멸시효기간 경과 선정자들이 고엽제후유증환자
로 등록한 후 상당한 기간 내에 자신들의 권리를 행사하였다면, 피고들이 이들에
대하여 소멸시효의 완성을 주장하는 것은 신의성실의 원칙에 반하는 권리남용에
해당하여 허용될 수 없다고 할 것임. 나아가 고엽제후유증환자로 등록한 후 위와
같이 가압류를 신청하였거나 이 건 소를 제기한 선정자들 중 원심판결 별지 제3
목록 기재 선정자 4, 163, 600, 769, 897, 950, 1,162, 1,277, 1,362, 1,933, 2,061의
경우에는, 베트남전 당시 살포된 고엽제가 미국에 소재하는 피고들에 의하여 제
조·판매된 것이어서 국제재판관할과 준거법에 관한 신중한 검토가 필요하였고,
고엽제에 함유된 TCDD의 인체 유해성, 고엽제의 결함 등에 관한 증거자료의 상
당수가 미국에 소재하고 있어, 위 나머지 선정자들 개개인이 고엽제후유증환자

---

5) 대판 2011. 9. 29. 2008다16776[손해배상(의)].

> 등록 후 민법상 시효정지의 경우에 준하는 단기간 내에 피고들을 상대로 가압류
> 신청을 하거나 소제기를 하는 등 권리행사를 하는 데에는 상당한 어려움이 있었
> 던 점 등 매우 특수한 사정이 있었고, 이를 감안하면 위 선정자들은 피고들의 소
> 멸시효 항변을 배제할 만한 상당한 기간 내에 권리행사를 한 것으로 봄이 상당
> 함"(<베트남전 참전군인 고엽제 피해 손해배상청구 건>)[6]

제8조(「민법」의 적용)

제조물의 결함으로 인한 손해배상책임에 관하여 이 법에 규정된 것을 제외하고는 「민법」
에 따른다.

[전문개정 2013. 5. 22.]

---

[6] 대판 2013. 7. 12. 2006다17539[손해배상(기)].

제**3**편

약관규제법

제**1**장

▼

총칙

제1조(목적)

이 법은 사업자가 그 거래상의 지위를 남용하여 불공정한 내용의 약관(約款)을 작성하여 거래에 사용하는 것을 방지하고 불공정한 내용의 약관을 규제함으로써 건전한 거래질서를 확립하고, 이를 통하여 소비자를 보호하고 국민생활을 균형 있게 향상시키는 것을 목적으로 한다.

🗒 목 차

[참고문헌]

단행본: 공정거래위원회, 공정거래백서, 2021; 사법연수원, 약관규제와 소비자보호연구, 2012

[참고사례]

한국자동차보험(주)의 자동차종합보험계약 건[대구고등법원 1983. 12. 15 선고 82나1466 판결; 대법원 1986. 10. 14. 선고 84다카122(전부금) 판결]; **동양화재해상보험(주)의 자동차종합보험보통약관 건**[서울고등법원 1988. 10. 12. 선고 88나4180 판결; 대법원 1989. 11. 14. 선고 88다카29177(보험금) 판결]; **삼성화재해상보험(주)의 보험계약 건**[서울고등법원 2003. 5. 30. 선고 2002나73397 판결; 대법원 2004. 11. 11. 선고 2003다

30807(채무부존재확인)(파기환송) 판결]; **동양화재해상보험(주)의 자동차종합보험보통약관**
건[부산고등법원 1989. 7. 19. 선고 89나978 판결; 대법원 1990. 4. 27. 선고 89다카
24070(보험금)(파기환송) 판결]; **(주)서울신탁은행의 신탁계약** 건[춘천지방법원 1990. 12.
28. 선고 90나220 판결; 대법원 1992. 7. 28. 선고 91다5624(예금)]; **현대증권(주)의 투자
신탁 약관** 건[서울고등법원 2003. 1. 17. 선고 2002나47107 판결; 대법원 2007. 1. 11.
선고 2003다11820(수익증권환매대금)(파기환송) 판결]; **동부화재해상보험(주)의 보험약관**
건[대전지방법원 2008. 10. 22. 선고 2007나14351, 14368 판결; 대법원 2010. 1. 14. 선
고 2008다89514, 89521(채무부존재확인·보험금) 판결]

Ⅰ. 입법 배경

　　약관에 의한 거래는 현대의 대량생산·대량소비사회에서 등장하게 된 새로
운 현상으로서 여러 가지 유용한 기능을 해 온 것이 사실이므로 이에 약관에
대한 법률을 제정하여 신의성실의 원칙에 반하여 공정을 잃은 조항들을 무효화
하고, 경제적 약자가 명실상부한 계약의 자유를 누릴 수 있도록 보장하려는 것
이다.1)

　　대량생산·대량소비가 특징인 현대사회에서 소비자보호를 위한 약관규제법
이 1986년에 공표되어 1987. 7. 1.부터 시행되게 되었다. 동법에 의하여 설치된
약관심사위원회는 불공정한 약관에 대하여 삭제 또는 수정하도록 시정권고하는
추상적 심사를 하였으나, 1992. 12. 8. 법개정에 의하여 시정권고제는 시정명령
제로, 규제기관은 약관심사위원회에서 공정거래위원회(다만 약관심사위원회는 약
관심사자문위원회)로 변경되었다. 현대의 대량거래사회에서 사업자와 수많은 고
객이 일일이 흥정하여 거래한다는 것은 사실상 불가능하기 때문에, 사업자는 미
리 부동문자로 인쇄된 정형화된 계약서, 즉 약관을 만들어 비치하여 두고 고객
은 단지 그 계약서를 수락할 것인지 거절할 것인가를 결정하여 계약을 체결함
으로써 그 계약체결에 드는 비용과 시간을 절약할 수 있게 되었다.2)

　　독일의 1977. 4. 1. 「보통거래약관규제법(Das Gesetz zur Regelung des Rechts
der Allgemeinen Geschäftsbedingungen)」이 우리나라 약관규제법의 모델이며, 다만
구체적, 추상적 내용통제를 모두 법원에서 담당하도록 한 점이 우리와 다르고,3)

---

　　1)【제정이유】[시행 1987. 7. 1.][법률 제3922호, 1986. 12. 31., 제정]
　　2) 사법연수원, 4면.

동법은 2002. 1. 1부터 시행된 독일 「채권법현대화법(Gesetz zur Modernisierung des Schuldrechts)」에 의하여 독일채권법 제305조 이하에 편입되었다. 우리나라의 경우 추상적 내용통제는 공정거래위원회가, 구체적 내용통제는 법원이 담당하고 있다.

공정거래위원회의 약관심사·통제 업무는 크게 '개별 약관의 심사·시정'과 '표준약관 보급'으로 나누어 볼 수 있다. 전자는 약관조항과 관련하여 법률상 이익이 있는 자나 소비자기본법에 의하여 등록된 소비자단체 등이 심사 청구한 약관이나, 다수의 국민생활과 밀접하거나 소비자피해가 빈번한 분야의 약관을 공정거래위원회가 직권 조사하여 약관법에 위반되는지 여부를 심사하고 불공정약관을 사후적·개별적으로 수정 또는 삭제하는 것이다. 후자는 사업자(단체)가 일정한 거래 분야에서 표준이 되는 약관을 마련하여 심사청구하면 이를 승인·보급하여 불공정약관의 작성·통용을 사전에 방지하는 것이다.[4]

공정거래위원회의 약관심사와 법원 약관심사간에는 차이가 있다. 즉 공정거래위원회의 약관심사는 구체적인 계약관계를 전제하지 않고, 오로지 약관조항 자체의 불공정성을 심사하여 그 효력 유무를 결정한 후 필요한 경우 특정 약관조항의 삭제 및 수정 등 필요한 조치를 취하는데 비해 법원은 구체적인 계약관계에 있어서 당사자의 권리·의무관계를 확정하기 위한 선결문제로서 약관조항의 효력유무를 심사하며, 그 효과도 개별 건을 제기한 사람에게만 사후적으로 미치게 된다.[5]

Ⅱ. 약관거래의 특성

약관을 통한 거래에서는 사업자가 약관거래의 특성을 이용하여 자기에게 유리한 약관을 작성할 가능성이 크다. 즉, 약관의 이용으로 집단적·대량적 거래를 신속하게 처리할 수 있게는 되었으나, 사업자가 미리 작성한 계약의 내용을 통해 계약을 체결함에 따라, 고객은 자기의 의사에 의하여 계약내용을 결정할 자유뿐만 아니라 시장지배적 사업자가 생산·공급하는 재화나 서비스 등을

---

3) 사법연수원, 7면.
4) 공정거래백서(2021), 391면.
5) http://www. ftc. go. kr/.

구매하는 경우에는 계약을 체결할지 여부에 대한 자유도 사실상 위협받는다. 그
럼에도 사업자는 '계약 자유'의 이름으로 당사자 간 법률관계를 약관을 통해 정
당화하려 하며, 당사자 간 분쟁이 발생한 경우에도 약관에 근거가 있다는 명목
으로 자신에게 유리한 방향으로 해결하려고 한다. 따라서 고객의 입장에서는 자
기가 결정하지 아니한 계약조건에 따라 법률관계가 형성되어 거래상 불이익을
받을 우려가 크다.[6]

　　약관규제의 목적은 정보비대칭성, 교섭력 차이 등 시장실패가 없는 경우의
계약내용으로 회복시키고, 약관거래에서 훼손될 수 있는 계약자유의 원칙을 실
질적으로 복원하는데 있다.[7] 즉 약관법은 계약내용에서 경제적 약자인 고객의
힘으로는 되찾기 어려운 고객의 진정한 의사, 즉 경제력이 대등하였다면 고객이
의도하였을 진정한 계약내용을 국가가 회복하여 줌으로써 고객을 보호하고 사
적자치라는 미명하에 용인되어 왔던 계약자유의 원칙을 본래의 위치로 회복시
키는 실질적 형평이념의 구현이라고 할 수 있다.[8]

Ⅲ. 약관규제법의 성격

　　약관규제법은 약관의 작성주체, 거래주체에 관계없이 모든 약관에 적용되
는 일반법, 국가에 의한 경제의 정책적 개입에 관한 법체계로서의 경제법, 당사
자 사이에 법 적용 배제합의가 있어도 효력을 발생하는 강행규범, 행정기관인
공정거래위원회에 약관심사, 시정조치 권한 등을 부여하는 행정법규, 민법·상법
의 특별법의 성격을 갖는다.[9]

Ⅳ. 구속력의 근거

　　약관이 구속력을 갖는 근거에 대하여는 규범설, 계약설·의사설, 규범적 성
질을 절충한 계약설 등이 있으나, 대법원은 계약설에 입각하고 있다.[10] 우리나라

---

6) 이상 공정거래백서(2021), 390면.
7) 약관규제제도의 이해—이론과 사례— 약관심사과(2018).
8) 공정거래백서(2021), 391면.
9) 약관규제제도의 이해—이론과 사례— 약관심사과(2018); 권오승, 578~580면 참조.

의 통설도 계약설이다. 법원이 계약설에 입각하여 판단한 사례는 다음과 같다.

"보통보험약관을 포함한 이른바 일반거래약관이 계약의 내용으로 되어 계약당사자에게 구속력을 갖게 되는 근거는 그 자체가 법규범 또는 법규범적 성질을 갖기 때문은 아니며 계약당사자가 이를 계약의 내용으로 하기로 하는 명시적 또는 묵시적 합의를 하였기 때문이라고 볼 것임"(<한국자동차보험(주)의 자동차종합보험계약 건>[11] <삼성화재해상보험(주)의 보험계약 건>),[12] "보험계약이 일단 그 계약 당시의 보통보험약관에 의하여 유효하게 체결된 이상 그 보험계약관계에는 계약 당시의 약관이 적용되는 것이고, 그 후 보험자가 그 보통보험약관을 개정히여 그 약관의 내용이 상대방에게 불리하게 변경된 경우는 물론 유리하게 변경된 경우라고 하더라도, 당사자가 그 개정 약관에 의하여 보험계약의 내용을 변경하기로 하는 취지로 합의하거나 보험자가 구 약관에 의한 권리를 주장할 이익을 포기하는 취지의 의사를 표시하는 등의 특별한 사정이 없는 한 개정 약관의 효력이 개정 전에 체결된 보험계약에 미친다고 할 수 없음"(<동부화재해상보험(주)의 보험약관 건>),[13] "일반적으로 보험계약자가 보통보험약관을 계약내용에 포함시킨 보험계약서를 스스로 작성한 이상 그 약관의 내용이 일반적으로 예상되는 방법으로 명시되어 있지 않다든가 또는 중요한 내용이어서 특히 보험업자의 설명을 요하는 것이 아닌 한 보험계약자가 위 약관내용을 자세히 살펴보지 아니하거나 보험업자의 설명을 듣지 아니하여 알지 못한다는 이유로 약관의 구속력에서 벗어날 수 없음"(<동양화재해상보험(주)의 자동차종합보험보통약관 건>),[14] "계약자나 그 대리인이 약관의 내용을 충분히 잘 알고 있는 경우에는 그 약관이 바로 계약 내용이 되어 당사자에 대하여 구속력을 갖는다고 할 것이므로, 사업자로서는 계약자 또는 그 대리인에게 약관의 내용을 따로 설명할 필요가 없음(대법원 1998. 4. 14. 선고 97다39308 판결 참조)"(<현대증권(주)의 투자신탁 약관 건>),[15] "일반적으로 계약당사자 사이에 약관을 계약내용에 포함시킨 계약서가 작성된 경우에는 계약당사자가 그 약관의 내용을 알지 못하는 경우에도 그 약관의 구속력을 배제할 수 없음(대법원 1989. 11. 24. 선고 88다카29177 판결; 대법원 1990. 4. 27. 선고 89다카24070 판결 등 참조)"(<(주) 서울신탁은행의 신탁계약 건>)[16]

---

10) 사법연수원, 19~20면 참조.
11) 대판 1986. 10. 14. 84다카122(전부금).
12) 대판 2004. 11. 11. 2003다30807(채무부존재확인).
13) 대판 2010. 1. 14. 2008다89514,89521(채무부존재확인ㆍ보험금).
14) 대판 1989. 11. 14. 88다카29177(보험금).
15) 대판 2007. 1. 11. 2003다11820(수익증권환매대금)(파기환송).

다만 당사자 사이에서 명시적으로 약관에 관하여 달리 약정한 경우 또는 약관의 내용이 일반적으로 예상되는 방법으로 명시되어 있지 않다든가 또는 중요한 내용이어서 특히 보험업자의 설명을 요하는 경우에는 위 약관의 구속력은 배제된다(<동양화재해상보험(주)의 자동차종합보험보통약관 건>).17)

---

16) 대판 1992. 7. 28. 91다5624(예금).
17) 대판 1990. 4. 27. 89다카24070(보험금).

제2조(정의)

이 법에서 사용하는 용어의 정의는 다음과 같다.

1. "약관"이란 그 명칭이나 형태 또는 범위에 상관없이 계약의 한쪽 당사자가 여러 명의 상대방과 계약을 체결하기 위하여 일정한 형식으로 미리 마련한 계약의 내용을 말한다.

2. "사업자"란 계약의 한쪽 당사자로서 상대 당사자에게 약관을 계약의 내용으로 할 것을 제안하는 자를 말한다.

3. "고객"이란 계약의 한쪽 당사자로서 사업자로부터 약관을 계약의 내용으로 할 것을 제안받은 자를 말한다.

[전문개정 2010. 3. 22.]

목 차

[참고문헌]

단행본: 사법연수원, 약관규제와 소비자보호 연구, 2012

논문: 이선희, 외국사업자의 약관에 대한 심사 및 집행, 2019년 한국경쟁법학회 동계학술대회, 2019

[참고사례]

한국전력공사의 전기공급규정 건[대구고등법원 1983. 3. 31. 선고 82나1296 판결; 대법원 1983. 12. 27. 선고 83다카893(부당이득금) 판결]; **미래해동화재해상(주)의 자동차종합보험약관 건**[서울고등법원 1990. 6. 29. 선고 90나15947 판결; 대법원 1991. 12. 24. 선고 90다카23899(보험금)판결]; **학교법인 서경대학원의 신입생모집요강 건**[[서울지방법원 1996. 10. 25. 선고 95나22824 판결; 대법원 1997. 12. 26. 선고 96다51714(등록금환불) 판결]; **한국토지공사의 토지분양계약 약관 건**[서울고등법원 1997. 7. 31. 선고 97나9897 판결; 대법원 1998. 12. 23. 선고 97다40131(부당이득금반환)]; **부산광역시의 택지공급계약 건**[부산고등법원 1996. 7. 5. 선고 96나68 판결; 대법원 1998. 12. 23. 선고 96다38704(토지대금반환등) 판결]; **경산건설의 골프장 회칙 건**[대구고등법원 1998. 4. 10. 97나8022; 대법원 1999. 4. 9. 선고 98다20714(회원명의개서절차이행) 판결]; **롯데건설(주)의 상가매매계약서 건**[서울고등법원 1998. 2. 19. 선고 96나35615, 35622; 대법원 1999. 7. 9. 선고 98다13754(손해배상) 판결]; **삼삼종합금융(주)의어음거래약정 건**[서울고등법원 1998. 12. 30. 선고 97나45640 판결; 대법원 2001. 11. 27. 선고 99다8353(보증채무금) 판결]; **한국전력공사 전기공급규정 건**[서울고등법원 1998. 10. 22. 선고 98나16229 판결; 대법원 2002. 4. 12. 선고 98다57099[손해배상(기)] 판결]; **평택시와 한진건설 주식회사 외 3인의 택지공급협약 건**[서울고등법원 1998. 12. 16. 선고 97나50376 판결; 대법원 2000. 12. 22. 선고 99다4634(선수금등 반환) 판결]; **수산업협동조합중앙회와 (주)국민은행의 공제규정 건**[서울지방법원 2003. 7. 24. 선고 2002가합24374(공제금지급) 판결]; **한국증권거래소의 유가증권상장규정 건**[서울고등법원 2003. 8. 20.자 2003라6 결정: 대법원 2004. 1. 16. 자 2003마1499(상장폐지금지및매매거래재개가처분) 결정]; **삼성화재해상보험(주)의 보험계약 건**[서울고등법원 2003. 5. 30. 선고 2002나73397 판결; 대법원 2004. 11. 11. 선고 2003다30807(채무부존재확인)(파기환송) 판결]; **부동산임대업자의 임대차계약서 건**[서울서부지방법원 2008. 1. 17. 선고 2007나6257 판결; 대법원 2008. 7. 10. 선고 2008다16950(청구이의) 판결]; **대한주택보증(주)의 주택분양보증약관 건**[서울고등법원 2010. 11. 16. 선고 2010나36690 판결; 대법원 2011. 4. 28. 선고 2010다106337(환급금) 판결]; **미래에셋생명보험(주)의 보험설계사 위촉계약서 건**[서울고등법원 2012. 2. 14. 선고 2011나75296 판결; 대법원 2013. 10. 11. 선고 2012다314689(채무부존재확인) 판결]; **미래에셋생명보험(주) 보험약관 건**[서울고등법원 2012. 2. 24. 선고 2011나75296 판결; 대법원 2013. 10. 11. 선고 2012다31468(채무부존재확인) 판결]; **(주) 우리은행 등의 통화옵션계약(키코) 건**[서울고등법원 2011. 5. 31. 선고 2010나34519, 34526 판결; 대법원 2013. 9. 26. 선고 2011다53683, 53690(부당이득금반환등·해지결제금) 판결]; **(주) 하나자산신탁의 불공정약관 건**{서울고등법원 2020. 7. 2. 선고 2019나2043550 판결; 대법원 2020. 11. 26. 선고 2020다253379[계약금반환] 판결}

I. 약관의 개념요소

"약관"이란 그 명칭이나 형태 또는 범위에 상관없이 계약의 한쪽 당사자가 여러 명의 상대방과 계약을 체결하기 위하여 일정한 형식으로 미리 마련한 계약의 내용을 말한다(제1호).

약관의 개념요소에 대하여 「약관심사지침」[1]에서는 다음과 같이 규정하고 있다(Ⅲ. 1).

가. 약관은 일방당사자(사업자)에 의하여 마련된 것이어야 하고(일방성), 다수의 상대방(고객)과 계약을 체결하기 위한 것이어야 한다(일반성). "다수"는 약관의 집단적, 반복적 성격을 감안하여 거래의 종류별로 개별적으로 판단할 사항이고, 특정 다수, 불특정 다수를 불문한다.

나. 약관은 일정한 형식에 의하여(형식성) 미리 마련된 것이어야 한다(사전성). 다수의 고객을 상대로 개별적인 교섭(흥정)없이 일률적으로 사용하기 위하여 손으로 쓴 것도 약관(수기약관)에 해당되나 구술로만 계약한 것은 약관이 아니다.

다. 약관은 계약의 내용을 이루는 것이어야 한다. 사업자와 고객사이에 이미 체결되었거나 장래 체결될 계약의 내용이 되는 것이어야 한다.

라. 약관은 그 명칭이나 형태 또는 범위를 불문한다. ○○약관, 계약서, 약정서, 규정, 규약, 규칙, 회칙, 특별약관, 특약조항, 부가약관 등 명칭을 불문하고, 계약서 가운데 포함되어 있거나 별지로 되어 있거나 영업소나 출입구에 게시되거나 상관이 없으며, 약관이 소위 유일조항인지 다수의 조항으로 이루어졌는지를 묻지 아니한다.

마. 약관은 개별적인 교섭을 거치지 않은 것이어야 한다. 계약당사자 사이에 개별적인 교섭을 거쳐 고객이 자신의 이익을 반영할 수 있는 이익 조정의 기회를 가졌다면 그 조항은 개별약정으로 약관에 해당되지 아니한다. 그러나 약관조항 중 일부의 조항이 교섭을 거쳤다 하더라도 교섭을 거치지 않은 나머지 조항들은 여전히 약관으로 남게 된다.

---

[1] 공정거래위원회예규 제375호(2021. 9. 22).

1. 일방성

약관의 첫 번째 개념요소는 일방당사자에 의해 마련(일방성)되어야 하는 것이다. 즉 일방성이 없는 구체적인 계약에서 당사자 사이에 개별적으로 이루어진 합의는 약관법의 규율대상인 약관에 해당하지 않는다.[2]

관련하여 법원이 다음과 같이 판단한 사례가 있다.

> "사업자와 고객 사이에 교섭이 이루어진 약관 조항은 약관 작성상의 일방성이 없으므로 약관규제법 소정의 약관에 해당하지 않는다고 할 것이나, 이 경우 원칙적으로 개개의 조항별로 교섭의 존재 여부를 살펴야 하며, 약관 조항 중 일부의 조항이 교섭되었음을 이유로 그 조항에 대하여는 같은 법의 적용이 배제되더라도 교섭되지 아니한 나머지 조항들에 대하여는 여전히 같은 법이 적용되어야 함"(<평택시와 한진건설 주식회사 외 3인의 택지공급협약 건>),[3] "동일한 약관집 내의 대다수의 조항들이 교섭되고 변경된 사정이 있다면, 변경되지 아니한 나머지 소수의 조항들에 대해서도 교섭이 이루어진 것으로 추정할 수 있음"(<평택시와 한진건설 주식회사 외 3인의 택지공급협약 건>)[4]

2. 일반성

약관의 두 번째 개념요소는 다수상대방과 계약을 체결(일반성)한다는 점이다. 즉 특정인과의 계약은 약관이 아니다.

관련하여 법원이 다음과 같이 판단한 사례가 있다.

> "전기사업법은 다수의 일반 수요자에게 생활에 필수적인 전기를 공급하는 공익사업인 전기사업의 합리적 운용과 사용자의 이익보호를 위하여 계약자유의 원칙을 일부 배제하여 일반 전기사업자와 일반 수요자 사이의 공급계약조건을 당사자가 개별적으로 협정하는 것을 금지하고 오로지 공급규정의 정함에 따를 것을 규정하고 있는바, 이러한 공급규정은 일반 전기사업자와 그 공급구역 내의 현재 및 장래의 불특정 다수의 수요자 사이에 이루어지는 모든 전기공급계약에 적용되는 보통

---

2) 대판 2001. 11. 27. 99다8353; 대판 2002. 10. 11. 2002다39807; 대판 2020. 11. 26. 2020다25337[계약금반환].
3) 대판 2000. 12. 22. 99다4634(선수금등반환).
4) 대판 2000. 12. 22. 99다4634(선수금등반환).

계약약관으로서의 성질을 가짐"(<한국전력공사 전기공급규정 건>),[5] "건설회사
가 상가 및 그 부지를 특정인에게만 매도하기로 하는 내용의 상가매매계약서는
다수계약을 위한 것이 아니므로 약관에 해당하지 않음"(<롯데건설(주)의 상가매
매계약서>)[6]

3. 형식성

약관의 세 번째 개념요소는 일정한 형식(형식성)을 갖추어야 한다는 점이다.
형식성 관련해서는 손으로 쓴 것도 약관에 해당하나, 구술로만 계약한 것은 약
관이 아니다. 관련하여 법원이 다음과 같이 판단한 사례가 있다.

"공제회사가 특정 은행과 사이에 자동차구입자금 대출상품을 부보하기 위한 공제계
약을 체결함에 있어 장차 같은 업무를 취급하는 모든 은행들을 대상으로 확대하여
공제상품을 판매할 것을 예상하여 미리 공제약관을 마련하여 두고, 공제약관 안에
공제회사와 공제계약자 사이에 공제계약의 효율적 운영을 위하여 별도의 약정을
체결할 수 있도록 유보조항을 둔 경우, 그 공제약관이 약관규제법 적용대상이 되는
약관에 해당함"(<수산업협동조합중앙회와(주)국민은행의 공제규정 건>),[7] "수당
환수 관련 규정은 보험회사인 피고가 보험영업지침의 명칭으로 원고와 같은 다수
의 보험설계사와 위촉계약을 체결하기 위하여 서면의 형식으로 미리 마련한 것으
로서 이 건 위촉계약의 내용이 되었다고 할 것이므로, 이는 약관규제법 제2조 제1
항에서 규정하는 약관에 해당함"(<미래에셋생명보험(주) 보험약관 건>)[8]

형식성이 결여된 경우는 약관으로 보지 않는다. 개별적 협상이 가능한 경
우 형식성이 결여된 것으로 본다. 계약의 일방당사자가 약관형식의 계약서를 미
리 마련하여 두었으나 계약서 상의 특정조항에 관하여 개별적인 교섭을 거친
경우, 그 특정조항이 약관규제법의 규제대상이 되는지 및 개별적인 교섭의 존재
를 인정하기 위한 요건에 대하여 법원은 다음과 같이 판단한다.

---

5) 대판 2002. 4. 12. 98다57099[손해배상(기)].

6) 대판 1999. 7. 9. 98다13754(손해배상).

7) 서울지판 2003. 7. 24. 2002가합24374(공제금지급).

8) 대판 2013. 10. 11. 2012다31468(채무부존재확인).

"이 건 보험계약의 체결 당시 당사자들 사이에서 협회선박기간보험약관(원고의 주장에 의하자면 전손담보조건부약관으로서 1983. 10. 1. 개정된 것)을 이 건 보험계약에 적용하기로 명시적으로 합의하였다고 볼 만한 증거가 전혀 없을 뿐만 아니라 위 약관을 계약내용에 편입시킨다는 취지가 담긴 보험계약서 내지 청약서가 작성되었다는 사정이나 기타 이 건 보험계약을 체결함에 있어 원고와 피고 사이에 그 점에 대한 묵시적 합의가 있었다고 추정할 만한 특별한 사정도 찾아보기 어려움"(<삼성화재해상보험(주)의 보험계약 건>),9) "약관규제법의 규제 대상인 약관이라 함은 그 명칭이나 형태 또는 범위를 불문하고 계약당사자가 다수의 상대방과 계약을 체결하기 위하여 일정한 형식에 의하여 미리 마련한 계약의 내용이 되는 것으로서 구체적인 계약에서의 개별적 합의는 그 형태에 관계없이 약관에 해당한다고 할 수 없으므로, 어음거래약정서와 같이 일반적으로 약관을 포함하고 있는 정형적인 계약서 중 계약기간이나 거래금액 등에 관한 조항이라고 하더라도 그 존속기간과 거래금액을 보충하여 기재할 수 있는 난을 마련하여 두어 당사자의 구체적 합의에 의하여 그 내용이 결정될 것이 예정되어 있는 경우에는 이를 바로 무기한의 존속기간 및 무한도의 거래한도를 정한 약관에 해당한다고 볼 수는 없다 할 것이고, 따라서 합의에 의해 보충예정된 연대보증의 보증기간이나 보증한도액의 정함이 없다 하여 약관 형식의 어음거래약정이 같은 법 제6조, 제9조 제5호에 위반되어 무효라고 볼 것은 아님"(<삼삼종합금융(주)의 어음거래약정 건>),10) "어음거래약정서와 같이 일반적으로 약관을 포함하고 있는 정형적인 계약서 중 계약기간이나 거래금액 등에 관한 조항이라고 하더라도 그 존속기간과 거래금액을 보충하여 기재할 수 있는 난을 마련하여 두어 당사자의 구체적인 합의에 의하여 그 내용이 결정될 것이라고 예정되어 있는 경우에는 이를 바로 무기한의 존속기간 및 무한도의 거래한도를 정한 약관에 해당한다고 볼 수 없음" (<삼삼종합금융(주)의 어음거래약정 건>),11) "계약의 일방당사자가 다수의 상대방과 계약을 체결하기 위해서 일정한 형식에 의하여 미리 계약서를 마련하여 두었다가 어느 한 상대방에게 이를 제시하여 계약을 체결하는 경우에도 그 상대방과 특정 조항에 관하여 개별적인 교섭(또는 흥정)을 거침으로써 상대방이 자신의 이익을 보정할 기회를 가졌다면, 그 특정조항은 약관규제법의 규율대상이 아닌 개별약정이 된다고 보아야 하고, 이때 개별적인 교섭이 있었다고 하기 위해서는 비록 그 교섭의 결과가 반드시 특정 조항의 형태로 나타나야 하는 것은 아니라 하더라도, 적어도 계약의 상대방이 그 특정조항을 미리 마련한 당사자와 거의 대등한 지위에서 당해 특정 조항에 대하여 충분한 검토와 고려를 한뒤 영향력을 행사함으로써 그 내용을 변경할 가능성이 있어야 함"(<부동산임대업자의 임대차계약

서 건>),12) "계약의 일방 당사자가 일정한 형식에 의하여 미리 계약서를 마련하
여 두었다가 이를 상대방에게 제시하여 그 내용대로 계약을 체결하는 경우에도
특정 조항에 관하여 상대방과 개별적인 교섭을 거침으로써 상대방이 자신의 이익
을 조정할 기회를 가졌다면, 그 조항은 약관의 규제에 관한 법률의 규율대상이 아
닌 개별약정이 된다고 보아야 한다. 이때 개별적인 교섭이 있었다고 하기 위하여
는 그 교섭의 결과가 반드시 특정 조항의 내용을 변경하는 형태로 나타나야 하는
것은 아니고, 계약 상대방이 그 특정 조항을 미리 마련한 당사자와 대등한 지위에
서 당해 조항에 대하여 충분한 검토와 고려를 한 뒤 그 내용을 변경할 가능성이
있었다고 인정되면 됨(대법원 2008. 7. 10. 선고 2008다16950 판결 등 참조). 원고
와 피고들은 이 건 각 통화옵션계약의 체결에 앞서 용어의 정의, 옵션거래의 이
행, 채무불이행, 계약해지, 해지 시의 정산, 양도 및 담보제공 금지, 약정통화, 통
화옵션거래의 체결방식 등을 미리 포괄적으로 정하고 있는 통화옵션거래 약정서
나 외환거래 약정서 등에 의하여 기본계약을 체결하였지만, 이 건 각 통화옵션계
약의 구체적 계약조건인 계약금액, 행사환율, 녹인·녹아웃 환율, 레버리지, 계약
기간 등은 원고와 피고들이 개별적 교섭에 따라 결정하였고, 각 조건의 개별적 수
치뿐만 아니라 각 조건을 붙일지 여부, 기간별 구조를 택할지 여부 등도 교섭을
통하여 결정한 사실을 알 수 있음. 사정이 이러하다면, 통화옵션거래 약정서 등에
서 미리 포괄적으로 정하고 있는 일반적인 조항은 대체로 당사자 사이에 개별적
인 교섭이나 선택의 여지가 없는 부분이어서 약관에 해당할 가능성이 클 것이나,
이 건 각 통화옵션계약의 구조, 즉 녹인과 녹아웃 조건, 레버리지 구조, 은행이 취
득하는 콜옵션의 이론가를 기업이 취득하는 풋옵션의 이론가보다 크게 하여 그
차액을 수수료로서 수취하고 별도로 이를 지급받지 아니하는 구조 등은 다른 장
외파생상품들의 경우와 마찬가지로 피고들이 고객의 필요에 따라 그 구조나 조건
을 적절히 변경하여 사용하기 편하도록 표준화하여 미리 마련해 놓은 것으로서,
그 구조만으로는 거래당사자 사이에서 아무런 권리의무가 발생하지 아니하고 거
기에 계약금액, 행사환율, 녹인·녹아웃 환율, 레버리지, 계약기간 등의 구체적 계
약조건들이 결부됨으로써 비로소 전체 계약의 내용으로 완결되는 것이므로, 그 구
조 자체만을 따로 약관에 해당한다고 볼 수는 없다고 할 것임"(<㈜ 우리은행 등
의 통화옵션계약(키코) 건>)13)

---

 9) 대판 2004. 11. 11. 2003다30807(채무부존재확인).
10) 대판 2001. 11. 27. 99다8353(보증채무금).
11) 대판 2001. 11. 27. 99다8353(보증채무금).
12) 대판 2008. 7. 10. 2008다16950(청구이의).
13) 대판 2013. 9. 26. 2011다53683,53690.

약관내용과 동일한 개별약정의 존재를 인정하기 위하여 반드시 고객의 적극적인 의사표시가 있어야 하는 것은 아니지만, 알려준 약관조항을 계약내용으로 하는데 고객이 수동적으로 동의한 것만으로는 교섭이 있었다고 할 수 없고, 이는 약관의 명시, 설명이 이루어진 것에 불과하다고 보아야 하며, 고객이 그 내용을 검토, 고려하고 사업자에게 영향력을 행사하여 변경할 수 있었음에도 불구하고 그대로 계약내용으로 하는데 대하여 동의한 경우라야 교섭이 이루어진 것이라고 할 수 있다.[14]

4. 사전성

약관의 네 번째 개념요소는 미리 마련(사전성)된다는 점이다. 사전성 관련해서는 미리 마련한 것이면 족하고 직접 '작성'한 것일 필요는 없다.

관련하여 법원이 다음과 같이 판단한 사례가 있다.

> "이 건 수당환수 관련 규정은 보험회사인 피고가 보험영업지침의 명칭으로 원고와 같이 다수의 보험설계사와 위촉계약을 체결하기 위하여 서면의 형식으로 미리 마련한 것으로서 이 건 위촉계약의 내용이 되었다고 할 것이므로, 이는 약관규제법 제2조 제1항에서 규정하는 약관에 해당함"<미래에셋생명보험(주)의 보험설계사 위촉계약서 건>[15]

5. 계약의 내용

약관의 다섯 번째 개념요소는 계약의 내용이 되는 것이다. 계약의 주된 급부, 부수적 의무에 관한 것인지 불문하며, 계약서에 포함되었든 별지로 되었든 불문한다.[16]

관련하여 법원이 다음과 같이 판단한 사례가 있다.

> "보통보험약관이 계약당사자에 대하여 구속력을 갖는 것은 그 자체가 법규범 또는 법규범적 성질을 가진 약관이기 때문이 아니라 보험계약 당사자 사이에서 계

---

14) 사법연수원, 18면.
15) 대판 2013. 10. 11. 2012다314689(채무부존재확인).
16) 사법연수원, 17면.

약내용에 포함시키기로 합의하였기 때문이라고 볼 것이며, 일반적으로 당사자 사이에서 보통보험약관을 계약내용에 포함시킨 보험계약서가 작성된 경우에는 계약자가 그 보험약관의 내용을 알지 못하는 경우에도 그 약관의 구속력을 배제할 수 없는 것이 원칙이나, 당사자 사이에서 명시적으로 약관의 내용과 달리 약정한 경우에는 위 약관의 구속력은 배제됨"(<제일생명보험(주)의 생명보험계약 건>),[17] "동일한 보험계약당사자가 일정한 기간마다 주기적으로 동종계약을 반복 체결하는 계속적 거래관계에 있어서 종전계약의 내용이 된 보험약관을 도중에 가입자에게 불리하게 변경하였다면 보험자로서는 새로운 보험계약 체결시 그와 같은 약관변경사실 및 내용을 가입자인 상대방에게 고지하여야 할 신의칙상의 의무가 있다고 봄이 상당하고, 이러한 고지없이 체결된 보험계약은 과거와 마찬가지로 종전약관에 따라 체결된 것으로 봄이 타당함"(<한국자동차보험(주)의 자동차종합보험계약 건>)[18]

6. 명칭이나 형태 또는 범위 불문

약관은 명칭이나 형태 또는 범위를 불문한다. 일상생활에서 접하는 아파트 분양계약서, 버스운송약관, 항공운송약관, 콘도회원약관, 놀이공원이용약관, 렌터카 이용약관 등이 이에 해당하며, 보험약관, 주차장 이용안내문, 인터넷포털의 회원가입시 동의창 등도 약관에 해당한다.[19]

그리고 법원은 학교법인의 신입생모집요강 중 등록금반환 조항(<학교법인 서경대학원의 신입생모집요강 건>),[20] 한국증권거래소의 유가증권상장규정(<한국증권거래소의 유가증권상장규정 건>),[21] 한국전력공사의 전기공급규정(<한국전력공사의 전기공급규정 건>),[22] 한국토지공사의 토지분양계약 약관 위약금조항

---

17) 대판 1991. 9. 10. 91다20432(보험금): "이 건 보험계약체결 당시 피고회사의 보험모집인이 재해사고에서 제외되는 사고내용을 설명하지 아니하였으므로 위 약관의 제외규정이 적용될 수 없다"는 취지라기 보다는, 피고 회사를 대리한 보험대리점 내지 보험외판원이 피고 회사의 보험보통약관과 다른 내용으로 보험계약을 설명하고 이에 따라 이 건 보험계약이 체결되었음을 이유로 그 때 설명된 내용이 보험계약의 내용이 되고 그와 배치되는 보통약관의 적용은 배제된다고 주장한 것으로 보는 것이 옳다".

18) 대판 1986. 10. 14. 84다카122(전부금).

19) 약관규제제도의 이해－이론과 사례－ 약관심사과(2018).

20) 서울지판 1996. 10. 25. 95나22824[대판 1997. 12. 26. 96다51714(등록금환불)].

21) 대결 2004. 1. 16. 자 2003마1499(상장폐지금지및매매거래재개가처분).

22) 대판 1983. 12. 27. 83다카893(부당이득금).

(<한국토지공사의 토지분양계약 약관 건>),[23] 건설업체와 지방자치단체간의 택지
공급계약(<부산광역시 택지공급계약 건>),[24] 예탁금회원제로 운영되는 골프장
회칙(<경사건설의 골프장 회칙 건>)[25]도 약관으로 보았다.

「약관심사지침」에서는 약관인 경우와 아닌 경우를 다음과 같이 예시하고
있다(Ⅲ. 2. 3).

약관인 경우(예시)

가. 지방자치단체의 택지공급계약서, 공공사업자의 전기·가스 공급규정, 지방공단
   의 점포임대차 계약서

나. 금융·보험약관, 운송약관, 병원이용약관, 아파트·상가·오피스텔 등의 분양·
   임대차계약서, 대리점계약서, 가맹점계약서, 용역경비계약서, 주차장이용약관,
   요양원입원계약서, 체육시설 이용약관, 학원이용약관, 휴대폰 등 통신서비스약
   관, 인터넷서비스약관, 게임약관

다. 여관, 목욕탕 등에 게시되어 있는 "손님이 맡기지 않은 물건의 도난, 분실에
   대하여 책임을 지지 않습니다."라는 유일조항

약관이 아닌 경우(예시)

가. 부동산 분양가격, 입회금, 임차보증금, 이용료, 수수료, 이익·로열티 배분 비
   율 등 각종 재화와 용역의 가격조항 그 자체

나. 아파트·상가 등의 공동규약, 공제조합의 공제규정, 회사의 정관 등 단체의 내
   부 구성원간의 규율조항

다. 계약서에 공란으로 비워두었다가 계약당사자가 개별적인 교섭을 거쳐 기재한
   위약금 등에 관한 조항

---

23) 대판 1998. 12. 23. 선고 97다40131(부당이득금반환).
24) 대판 1998. 12. 23. 96다38704(토지대금반환등). 지방자치단체가 택지공영개발사업에 의하여
   조성된 택지를 그 지상에 주택을 신축하여 분양하고자 하는 여러 건설업체들에게 공급하게 될
   것을 예상하여 미리 그 계약의 내용을 위 지방자치단체의 택지공영개발선수금운영규정에서
   별지 서식에 의한 형태로 마련하여 두고 있던 중, 위 택지개발사업으로 조성된 택지를 분양받
   아 주택을 신축하고자 하는 약 30개의 건설업체들과 사이에 택지공급계약을 체결함에 있어
   거의 대부분의 계약 내용은 위 운영규정에서 미리 정하여 둔 별지 서식에 따르되 일부 조항만
   수정한 택지공급계약서를 미리 마련한 후 그 택지공급계약서에 의하여 택지공급계약을 체결
   한 경우, 지방자치단체가 택지개발사업에 참여한 약 30개의 건설업체와 사이에 택지공급계약
   을 체결할 것을 예정하여 위 운영규정상의 별지 서식에 따라 만든 택지공급계약서는 지방자치
   단체가 다수의 상대방과 계약을 체결하기 위하여 일정한 형식에 의하여 미리 마련한 계약의
   내용이 되는 것으로서 약관규제법 소정의 약관에 해당한다고 할 것이므로, 당해 건설업체와
   지방자치단체 간의 위 택지공급계약은 약관규제법 소정의 약관에 의한 계약에 해당하여 같은
   법의 적용 대상이 된다.
25) 대판 1999. 4. 9. 98다20714(회원명의개서절차이행).

Ⅱ. 사업자

　"사업자"란 계약의 한쪽 당사자로서 상대 당사자에게 약관을 계약의 내용으로 할 것을 제안하는 자를 말한다(제2호). 약관규제법상 사업자는 자연인·법인을 불문하며, 행정관청·지자체도 포함된다.

　사업자의 국적에 따라 국내사업자 약관, 외국사업자 약관(예: 구글, 애플 등의 앱마켓 이용약관)으로 구분한다.[26] 외국사업자의 B2C약관에 대해서는 명문규정이 없으나, 국제사법 제27조[27])에서 소비자계약에 관한 국내법 적용을 배제할 수 없다고 규정하여 해석상 적용이 가능하다고 본다.[28]

　행정관청이 사업자인 경우 관여정도에 따라 관청작성약관(예: 지자체 공사도급계약서), 관청인가약관(예: 한국전력공사의 전기공급약관, 독과점 기간통신사업자의 이용약관), 관청신고·보고약관(예: 각종 금융약관, 방송·이용통신약관, 운송약관), 표준약관으로 구분할 수 있다.[29]

Ⅲ. 고객

　"고객"이란 계약의 한쪽 당사자로서 사업자로부터 약관을 계약의 내용으로 할 것을 제안받은 자를 말한다(제3호).

　고객은 특정·불특정을 불문하며, 소비자뿐만 아니라 상인도 포함된다.[30] 같은 사업자라 하더라도 대기업과 중소기업, 하청업체 등과 같이 그 경제적 지위나 능력에서 현격한 차이가 나는 경우가 있을 뿐만 아니라, 약관을 사용하는 사업자가 사실상의 독점적인 지위를 누리고 있는 경우에는 고객이 사업자인 경우에도 약관을 사용하는 사업자에 의하여 약관에 의한 계약의 체결을 사실상 강요당하는 경우가 생길 수 있음은 마찬가지이므로 사업자간 거래에도 규제가

---

26) 약관규제제도의 이해－이론과 사례－ 약관심사과(2018).
27) 국제사법 제27조(소비자계약) ① 소비자가 직업 또는 영업활동 외의 목적으로 체결하는 계약이 다음 각호의 어느하나에 해당하는 경우에는 당사자가 준거법을 선택하더라도 소비자가 상거소가 있는 국가의 강행규정에 의하여 소비자에게 부여되는 보호를 박탈할 수 없다.
28) 약관규제제도의 이해－이론과 사례－ 약관심사과(2018).
29) 약관규제제도의 이해－이론과 사례－ 약관심사과(2018).
30) 사법연수원, 12면.

필요하다는데 입법 취지가 있다.[31] 약관규제법에서는 다른 소비자 관련 법률과는 달리 보호범위가 사업자 사이의 거래까지 확장된다.[32]

법원이 고객으로 인정하지 않은 사례는 다음과 같다.

"약관규제법에서의 '고객'이라 함은 계약의 일방 당사자로서 사업자로부터 약관을 계약의 내용으로 할 것을 제안받은 자를 말하고(제2조 제3항), 주택분양보증계약은 구 주택법에 따라 주택건설을 하는 사업주체가 파산 등의 사유로 분양계약을 이행할 수 없게 되는 경우 피고가 당해 주택의 이행 또는 수분양자가 납부한 계약금 및 중도금의 환급에 대하여 이행책임을 부담하기로 하는 조건부 제3자를 위한 계약이므로(대법원 1997. 9. 26. 선고 97다10208 판결, 대법원 2006. 5. 12. 선고 2005다68783 판결 등 참조), 주택분양보증계약의 당사자는 사업주체와 피고이고, 수분양자들은 위와 같은 조건이 성취되면 피고에게 수익의 의사표시(보증채무의 이행 청구)를 하여 그 급부를 수령하는 수익자에 불과할 뿐 구 약관규제법 제2조 제3항 소정의 '고객'에 해당한다고 할 수 없음. 따라서 이 건 약관규정이 구 약관규제법 제6조 제2항 제1호의 '고객에 대하여 부당하게 불리한 조항'인지 여부는 무엇보다도 위 주택분양보증계약의 당사자인 사업주체들의 평균적이고 전형적인 이익을 기준으로 판단하여야 하고, 같은 법 제6조 제2항 제2호의 '고객이 계약의 거래형태 등 관련된 모든 사정에 비추어 예상하기 어려운 조항' 또는 같은 법 제7조 제3호의 '상당한 이유 없이 사업자의 담보책임을 배제 또는 제한하거나 그 담보책임에 따르는 고객의 권리행사의 요건을 가중하는 조항'인지 여부도 사업주체들을 기준으로 판단하여야 함"(<대한주택보증(주)의 주택분양보증약관 건>)[33]

---

31) 사법연수원, 16면.

32) 사법연수원, 43면.

33) 대판 2011. 4. 28. 2010다106337(환급금): 위와 같은 법리와 앞서 본 주택분양보증제도의 취지에, 사업주체는 구 주택법 등 관계 법령에 따라 사업계획승인을 얻어 주택을 건설하는 사업자로서 구 공급규칙에 따른 주택분양절차 및 주택분양보증제도에 대하여 잘 알고 이에 따라 사업을 추진해야 할 지위에 있는 자인 점, 이 건 약관규정으로 인하여 사업주체가 입게 되는 불이익은 구 공급규정 등 관계 법령을 위반하고 주택분양계약을 체결함에 있어 주택분양보증을 받지 못함으로써 그러한 주택분양계약의 체결에 제한을 받는 것에 불과한데, 이와 같이 부적법한 주택분양계약은 구 공급규칙 등 관계 법령상 금지되어야 하므로 위 제한은 당연히 감수되어야 하는 것인 점, 피고는 주택건설에 대한 각종 보증을 함으로써 주택분양계약자를 보호하고 주택건설을 촉진하며 국민의 주거복지 향상 등에 기여하기 위하여 주택법에 의하여 설립된 법인으로서(구 주택법 제76조 제1항), 이 건에서와 같은 주택분양보증은 같은 법 제77조 제1항 제1호에 근거하여 하는 것이므로, 같은 법에 의하여 분양계약이 허용되지 아니하는 경우에 대하여까지 위와 같은 설립 취지 또는 보증사업의 취지가 미친다고 할 수 없고, 단지 수분양자들을 보호할 필요가 있다는 사정만으로 그가 당연히 보증의 이익을 받는다고 할 것은 아닌 점 등에 비추어 보면, 이 건 약관조항이 고객에게 부당하게 불리한 조항이라거나 고객이 이를 예상하기 어렵다거나 그로 인하여 피고의 책임의 범위가 부당하게 제한되는 것에 해당하

고객이 소비자인 약관은 B2C약관, 고객이 상인 또는 공법인인 약관은 B2B 약관이라 한다.[34] 독일 민법 제310조 제1항의 경우 거래상대방이 상인이나 공법 인인 경우에는 약관에서 제외하고 있다.

여 무효라고 볼 수 없다.

34) 약관규제제도의 이해-이론과 사례- 약관심사과(2018).

제3조(약관의 작성 및 설명의무 등)

① 사업자는 고객이 약관의 내용을 쉽게 알 수 있도록 한글로 작성하고, 표준화·체계화된 용어를 사용하며, 약관의 중요한 내용을 부호, 색채, 굵고 큰 문자 등으로 명확하게 표시하여 알아보기 쉽게 약관을 작성하여야 한다.<개정 2011. 3. 29.>

② 사업자는 계약을 체결할 때에는 고객에게 약관의 내용을 계약의 종류에 따라 일반적으로 예상되는 방법으로 분명하게 밝히고, 고객이 요구할 경우 그 약관의 사본을 고객에게 내주어 고객이 약관의 내용을 알 수 있게 하여야 한다. 다만, 다음 각 호의 어느 하나에 해당하는 업종의 약관에 대하여는 그러하지 아니하다.<개정 2011. 3. 29.>

1. 여객운송업
2. 전기·가스 및 수도사업
3. 우편업
4. 공중전화 서비스 제공 통신업

③ 사업자는 약관에 정하여져 있는 중요한 내용을 고객이 이해할 수 있도록 설명하여야 한다. 다만, 계약의 성질상 설명하는 것이 현저하게 곤란한 경우에는 그리하지 아니하다.

④ 사업자가 제2항 및 제3항을 위반하여 계약을 체결한 경우에는 해당 약관을 계약의 내용으로 주장할 수 없다.

[전문개정 2010. 3. 22.]

📝 목 차

[참고문헌]

단행본: 사법연수원, 약관규제와 소비자보호 연구, 2012

[참고사례]

　한국자동차보험(주)의 자동차종합보험계약 건[대구고등법원 1983. 12. 15 선고 82나
1466 판결; 대법원 1986. 10. 14. 선고 84다카122(전부금) 판결]; 제일생명보험(주)의 생
명보험계약 건[서울고등법원 1991. 5. 17. 선고 90나43188 판결; 대법원 1991. 9. 10. 선
고 91다20432(보험금) 판결]; 신용보증기금의 신용보증약정서 건[서울지방법원 1995. 11.
22. 선고 95나27652 판결; 대법원 1998. 2. 27. 선고 96다8277(구상금) 판결]; 한국전력
공사 외 1인의 전기공급규정 건{서울민사지방법원 1995. 1. 13. 선고 94나32657 판결;
대법원 1995. 12. 12. 선고 95다11344[손해배상(자)] 판결}; 쌍용화재해상보험(주)의 보험
약관 건[광주고등법원 1998. 6. 12. 선고 97나7942 판결; 대법원 1998. 11. 27. 선고 98
다32564(채무부존재확인) 판결]; 엘지화재해상(주)의 특별보험약관 건[대구고등법원
1998. 2. 4. 선고 97나3768 판결; 대법원 1998. 6. 23. 선고 98다14191(채무부존재확인)
판결]; 현대증권(주)의 투자신탁 약관 건[서울고등법원 2003. 1. 17. 선고 2002나47107 판
결; 대법원 2007. 1. 11. 선고 2003다11820(수익증권환매대금)(파기환송) 판결]; 엘지화
재해상보험(주)의 보험약관 건[서울고등법원 2004. 3. 11. 선고 2003나57477 판결; 대법
원 2005. 8. 25. 선고 2004다18903(보험금) 판결]; 삼성화재해상(주)의 자기신체사고 약관
건[서울중앙지방법원 2004. 4. 30. 선고 2003나44195 판결; 대법원 2004. 11. 25. 선고
2004다28245(보험금) 판결]; 삼성화재해상보험(주)의 보험약관 건[서울고등법원 2004. 5.
4. 선고 2003나79651, 79668 판결; 대법원 2005. 12. 9. 선고 2004다26164, 26171(보험
금지급채무부존재확인·보험금) 판결]; 제일화재해상보험(주)의 무보험자동차에 의한 상해
보상특약 건[대전고등법원 2002. 12. 26. 선고 2002나6133 판결; 대법원 2004. 4. 27.
선고 2003다7302(보험금) 판결]; 투자신탁회사의 투자신탁약관 건{서울고등법원 2003. 8.
26. 선고 2003나5353 판결; 대법원 2006. 5. 11. 선고 2003다51057[손해배상(기)]판결};
두산건설(주)의 주택공급계약 건[서울고등법원 2005. 9. 13. 선고 2005나9830, 9847, 9854
판결; 대법원 2007. 8. 23. 선고 2005다59475,59482,59499(지체상금청구·지체상금) 판
결]; 제일화재해상보험(주)의 가족안심업무용 자동차종합보험계약 건[인천지법 2006. 11.
24. 선고 2006나5031 판결; 대법원 2007. 4. 27. 선고 2006다87453(채무부존재확인) 판
결]; 한국자산관리공사의 연대보증계약 건[대전고등법원 2006. 7. 28. 선고 2006나3804
판결; 대법원 2008. 5. 8. 선고 2006다57193(양수금) 판결]; 한화손해보험(주)의 보험계약
건[서울고등법원 2009. 11. 27. 선고 2009나24929 판결; 대법원 2010. 9. 9. 선고 2009
다105383(채무부존재확인) 판결]; (주) 한국씨티은행의 신용카드약관 건[서울중앙지방법
원 2011. 6. 28. 선고 2010나37447 판결; 대법원 2013. 2. 15. 선고 2011다69053 판결
(마일리지제공)]; (주) 인텔로그디앤씨의 불공정약관 건{서울중앙지방법원 2016. 11. 24.

선고 2016나17247 판결; 대법원 2017. 4. 13. 선고 2016다274904[기타(금전)] 판결};
하나카드(주)의 불공정약관 건{서울고등법원 2016. 11. 10. 선고 2016나2017536 판결; 대
법원 2019. 5. 30. 선고 2016다276177[마일리지청구의소] 판결}

Ⅰ. 약관작성의무

    사업자는 고객이 약관의 내용을 쉽게 알 수 있도록 한글로 작성하고, 표준화
· 체계화된 용어를 사용하며, 약관의 중요한 내용을 부호, 색채, 굵고 큰 문자 등
으로 명확하게 표시하여 알아보기 쉽게 약관을 작성하여야 한다(법 제3조 제1항).
    서면에 의한 계약체결의 경우에는 계약서 가운데 약관을 인쇄해 놓거나 직
접 써 놓은 것 또는 약관이 기재된 별도서면을 계약서에 첨부하는 것이 되고,
구두에 의한 계약체결의 경우에는 약관이 기재된 서면을 교부하거나 직접 구두
로 알려 줄 수도 있으며 또는 약관이 기재된 별도서면을 송부할 수도 있다.[1]

Ⅱ. 약관의 명시 · 설명의무

1. 약관명시의무

    사업자는 계약을 체결할 때에는 고객에게 약관의 내용을 계약의 종류에 따
라 일반적으로 예상되는 방법으로 분명하게 밝히고, 고객이 요구할 경우 그 약
관의 사본을 고객에게 내주어 고객이 약관의 내용을 알 수 있게 하여야 한다.
다만, ① 여객운송업(제1호), ② 전기·가스 및 수도사업(제2호), ③ 우편업(제3
호), ④ 공중전화 서비스 제공 통신업(제4호)의 어느 하나에 해당하는 업종의 약
관에 대하여는 그러하지 아니하다(법 제3조 제2항).[2]

---

1) 사법연수원, 23면.
2) 제2조(약관의 비치) 「약관의 규제에 관한 법률」(이하 "법"이라 한다) 제3조제2항 각 호에 해
   당하는 업종의 약관인 경우에도 사업자는 영업소에 해당 약관을 비치하여 고객이 볼 수 있도
   록 하여야 한다.

2. 중요내용의 설명의무

1) 원칙

사업자는 약관에 정하여져 있는 중요한 내용을 고객이 이해할 수 있도록 설명하여야 한다(법 제3조 제3항 본문). 사업자에게 약관의 명시·설명의무를 요구하는 것은 어디까지나 고객이 알지 못하는 가운데 약관의 중요한 사항이 계약 내용으로 되어 고객이 예측하지 못한 불이익을 받게 되는 것을 피하고자 하는 데 그 근거가 있다(<하나카드(주)의 불공정약관 건>).[3] 약관에 정하여진 사항이더라도 거래상 일반적이고 공통된 것이어서 고객이 별도의 설명 없이도 충분히 예상할 수 있었던 사항이거나, 이미 법령에 의하여 정해진 것을 되풀이하거나 부연하는 정도에 불과한 사항이라면, 그러한 사항에 관해서까지 사업자에게 명시·설명의무가 있다고 할 수는 없다(<(주)인텔로그디앤씨의 불공정약관>).[4]

여기에서 사업자의 설명의무를 면제하는 사유로서 '거래상 일반적이고 공통된 것'이라는 요건은 해당 약관 조항이 그 거래계에서 일반적으로 통용되고 있는지의 측면에서, '고객이 별도의 설명 없이도 충분히 예상할 수 있는 사항'인지 여부는 소송당사자인 특정 고객에 따라 개별적으로 예측가능성이 있었는지의 측면에서 각 판단되어야 한다(<하나카드(주)의 불공정약관 건>).[5]

다음으로 약관에 정하여진 사항이 '이미 법령에 의하여 정하여진 것을 되풀이하거나 부연하는 정도에 불과한지'는 약관과 법령의 규정 내용, 법령의 형식 및 목적과 취지, 해당 약관이 고객에게 미치는 영향 등 여러 가지 사정을 종합적으로 고려하여 판단하여야 한다. 여기에서 말하는 '법령'은 일반적인 의미에서의 법령, 즉 법률과 그 밖의 법규명령으로서의 대통령령, 총리령, 부령 등을 의미하고, 이와 달리 상급행정기관이 하급행정기관에 대하여 업무처리나 법령의 해석·적용에 관한 기준을 정하여 발하는 이른바 행정규칙은 일반적으로 행정조직 내부에서만 효력을 가질 뿐 대외적인 구속력을 갖는 것이 아니므로 이에 해당하지 않는다. 다만 행정규칙이라 하더라도, 법령의 규정이 특정 행정기관에게 법령 내용의 구체적 사항을 정할 수 있는 권한을 부여함으로써 그 법령 내용을 보충하는 기능을 가지고, 그 내용이 해당 법령의 위임한계를 벗어나지 않아 그 법령과 결합하여 대외적 구속력이 있는 법규명령으로서의 효력을 가지는 등의

---

3) 대판 2019. 5. 30. 2016다276177.
4) 대판 2017. 4. 13. 2016다274904.
5) 대판 2019. 5. 30. 2016다276177.

특별한 사정이 인정된다면, 달리 볼 수 있다.

그러나 대외적 구속력이 인정되지 않는 행정규칙으로서의 고시는, 약관이 포함된 계약의 일방 당사자인 고객에게 당연히 그 법률효과가 미친다고 할 수 없을 뿐만 아니라 고객이 별도의 설명 없이 그 내용을 예상할 수 있었다고 보기도 어려우므로, 약관 조항에서 고시의 내용을 되풀이하거나 부연하고 있다는 이유만으로 사업자의 설명의무가 면제된다고 할 수 없다(<하나카드(주)의 불공정 약관 건>).[6]

설명의무 관련하여 법원이 다음과 같이 판단한 사례가 있다.

"법원이 약관규제법에 근거하여 사업자가 미리 마련한 약관에 대하여 행하는 구체적 내용통제는 개별 계약관계에서 당사자의 권리·의무를 확정하기 위한 선결문제로서 약관조항의 효력 유무를 심사하는 것임. 따라서 법원은 약관에 대한 단계적 통제과정, 즉 약관이 사업자와 고객 사이에 체결한 계약에 편입되었는지 여부를 심사하는 편입통제와 편입된 약관의 객관적 의미를 확정하는 해석통제 및 이러한 약관의 내용이 고객에게 부당하게 불이익을 주는 불공정한 것인지를 살펴보는 불공정성통제의 과정에서, 개별사안에 따른 당사자들의 구체적인 사정을 고려해야 함. 사업자는 약관을 사용하여 고객과 계약을 체결하는 경우에, 고객에게 약관의 내용을 계약의 종류에 따라 일반적으로 예상되는 방법으로 명시함으로써 그 약관 내용을 알 수 있는 기회를 제공하여야 하고(약관규제법 제3조 제2항), 약관에 정하여져 있는 중요한 내용을 고객이 이해할 수 있도록 설명하여야 함(같은 조 제3항)"(<㈜ 한국씨티은행의 신용카드약관 건>)[7]

이는 약관의 편입통제에 해당하는 조문이다. 법 제3조는 약관의 법적 성격에 관한 입법적 근거가 된다.[8]

여기에서 '중요한 내용'이라 함은 '고객의 이해관계에 중대한 영향을 미치는 사항으로서 사회통념상 그 사항의 지·부지가 계약 체결 여부에 영향을 미칠 수 있는 사항'을 말한다.[9]

"설명의무의 대상이 되는 '중요한 내용'은 사회통념에 비추어 고객이 계약체결의 여부나 대가를 결정하는 데 직접적인 영향을 미칠 수 있는 사항을 말하고, 약관조

6) 대판 2019. 5. 30. 2016다276177.

7) 대판 2013. 2. 15. 2011다69053(마일리지제공).

8) 사법연수원, 22면.

9) 대판 2007. 8. 23. 2005다59475,59482,59499(지체상금청구·지체상금).

항 중에서 무엇이 중요한 내용에 해당하는지에 관하여는 일률적으로 말할 수 없으며, 구체적인 건에서 개별적 사정을 고려하여 판단하여야 함(대법원 2008. 12. 16.자 2007마1328 결정 등 참조)"(<㈜ 한국씨티은행의 신용카드약관 건>)[10]

충분히 예상가능한 사항, 법령사항, 계약체결여부와 무관한 사항은 해당이 안 된다.[11] 그 간의 판례에서 중요한 내용으로 예금채권에 대한 양도금지 특약, 보험자의 면책사유, 보험계약의 승계절차, 주운전자제도, 26세 한정운전특약 등을 중요하지 않은 내용으로 한전 전기공급규정 중 면책조항, 자동차보험에서 산재보험수혜자 면책조항, 화재보험에서 폭발면책조항, 사실혼배우자 면책조항, 면허에 따른 무면허운전 해당여부 등을 들고 있다.[12]

관련하여 법원이 다음과 같이 판단한 사례가 있다.

"보험자에게 보험약관의 명시·설명의무가 인정되는 것은 어디까지나 보험계약자가 알지 못하는 가운데 약관에 정하여진 중요한 사항이 계약 내용으로 되어 보험계약자가 예측하지 못한 불이익을 받게 되는 것을 피하고자 하는 데 그 근거가 있으므로, 보험약관에 정하여진 사항이라고 하더라도 거래상 일반적이고 공통된 것이어서 보험계약자가 별도의 설명 없이도 충분히 예상할 수 있었던 사항이거나 이미 법령에 의하여 정하여진 것을 되풀이하거나 부연하는 정도에 불과한 사항에 대하여서는 보험자에게 명시·설명의무가 인정된다고 할 수 없고, 또 보험계약자나 그 대리인이 이미 약관의 내용을 충분히 잘 알고 있는 경우에는 보험자로서는 보험계약자 또는 그 대리인에게 약관의 내용을 따로이 설명할 필요가 없다고 보는 것이 상당함. 이 건 약관 조항은 자기신체사고보험에 있어서 구체적인 보험금 산정방식에 관한 사항이 아니라 다른 차량과의 보험사고에 있어서 보험금의 지급 여부 및 지급 내용에 관한 사항으로서, 그 다른 차량의 대인배상에서 지급받을 수 있는 보상금이 약정 보험금액(원심이 인정한 사실에 의하면, 이 건에서 사망·후유장해 보험금은 1인당 3,000만 원이다.)을 초과하는 경우에는 피보험자의 실제 손해액이 잔존하고 있는 경우에도 보험금을 지급받지 못하는 것을 내용으로 하고 있으므로 이러한 사항은 보험계약의 체결 여부에 영향을 미칠 수 있는 보험계약의 중요한 내용이 되는 사항이라고 할 것이고, 보험계약자가 별도의 설명이 없더라도 충분히 예상할 수 있었던 사항이라고는 볼 수 없으므로 피고가 이 건 보험

---

10) 대판 2013. 2. 15. 2011다69053(마일리지제공).
11) 약관규제제도의 이해－이론과 사례－ 약관심사과(2018).
12) 약관규제제도의 이해－이론과 사례－ 약관심사과(2018); 사법연수원, 25면.

계약체결시에 이 건 약관 조항에 관하여 설명하지 않았다면 피고로서는 이 건 약관 조항에 의한 보험금의 공제를 주장할 수 없다고 할 것임(<삼성화재해상(주)의 자기신체사고 약관 건>),[13] "영국법상 워런티(warranty)라는 용어는 여러 의미로 사용되지만, 영국 해상보험법 제33조 제1항은 워런티(실무상 혹은 강학상 '담보특약' 내지 '보장조건'이라고 지칭되기도 한다)를 확약적 워런티(promissory war-ranty), 즉 피보험자가 어떤 특정한 일이 행하여지거나 행하여지지 않을 것, 또는 어떤 조건이 충족될 것을 약속하거나 또는 특정한 사실상태의 존재를 긍정하거나 부정하는 내용의 워런티를 말한다고 규정하고 있다. 이와 같이 정의되는 워런티는 위험의 발생과 관련하여 중요한 것이든 아니든 불문하고 정확하게(exactly) 충족되어야 하는 조건(condition)으로서(같은 조 제2항), 만약 이것이 정확하게 충족되지 않으면 보험증권에 명시적 규정이 있는 경우를 제외하고는 보험자는 워런티 위반을 이유로 보험계약 해지통고 등을 할 필요조차 없이 자동적으로 워런티 위반일에 소급하여 그 보험계약상의 일체의 책임을 면한다(같은 조 제3항, 대법원 1996. 10. 11. 선고 94다60332 판결 등 참조). 특히 이러한 워런티 위반이 있으면 설령 보험사고가 워런티 위반과 아무런 관계없이 발생하였다고 하더라도 보험자는 일체의 책임을 면하고(대법원 1998. 5. 15. 선고 96다27773 판결 등 참조), 이는 워런디 위반 후 보험시고 발생 전에 그 위반사항을 시정하였다 하더라도 달라지지 아니하므로 워런티 위반의 효과는 매우 엄격하고 보험계약자에게 미치는 영향이 매우 큼. 영국 해상보험법상 워런티 제도는 상법에 존재하지 아니하는 낯설은 제도이고 영국 해상보험법상 워런티 위반의 효과는 국내의 일반적인 약관해석 내지 약관통제의 원칙에 비추어 이질적인 측면이 있음을 부정할 수 없음. 비록 워런티라는 용어가 해상보험 거래에서 흔히 사용되고 있다 하더라도 해상보험계약을 체결한 경험이 없거나 워런티에 관한 지식이 없는 보험계약자가 워런티의 의미 및 효과에 관하여 보험자로부터 설명을 듣지 못하고 보험계약을 체결할 경우 워런티 사항을 충족시키지 않으면 어떠한 불이익을 받는지에 관하여 제대로 인식하지 못한 채 그 위반 즉시 보험금청구권을 상실할 위험에 놓일 뿐만 아니라 그와 같은 상실 사실조차 모른 채 보험사고를 맞게 되는 곤란한 상황에 처할 수 있음. 따라서 이러한 워런티 조항을 사용하여 해상보험을 체결하는 보험자로서는 원칙적으로 당해 보험계약자에게 워런티의 의미 및 효과에 대하여 충분히 설명할 의무가 있다고 할 것이고, 단순히 워런티 조항이 해상보험 거래에서 흔히 사용되고 있다는 사정만으로 개별 보험계약자들이 그 의미 및 효과를 충분히 잘 알고 있다거나 충분히 예상할 수 있다고 단정하여 이를 언제나 설명의무의 대상에서 제외될 수 있는 사항이라고 볼 수는 없음"(<한화손해보험(주)의 보험계약 건

>,14) "이 건 보험약관 제7조 제1항은 회사의 책임의 시기 및 종기에 관하여 '회사의 책임은 보험증권에 기재된 보험기간의 첫날 오후 4시에 시작하며 마지막 날 오후 4시에 끝납니다. 그러나 특정암, 일반암 또는 상피내암에 대한 회사의 책임은 보험증권에 기재된 보험기간의 첫날로부터 그 날을 포함하여 90일이 지난 날의 다음날에 시작하며 마지막 날에 끝납니다.'라고 규정하고, 위 약관 제17조 제2항은 효력상실된 계약이 부활하는 경우 위 약관 제7조의 규정을 다시 적용한다고 규정하고 있음을 알 수 있는바, 상법 제656조에 의하면, 보험자의 책임은 당사자 간에 다른 약정이 없으면 최초의 보험료의 지급을 받은 때로부터 개시한다고 규정하고 있음에 비추어, 위 약관 제7조는 상법의 일반 조항과 다르게 책임개시시기를 정한 것으로 보험자가 구체적이고 상세한 명시·설명의무를 지는 보험계약의 중요한 내용이라 할 것이고, 위 약관의 내용이 거래상 일반적이고 공통된 것이어서 보험계약자가 별도의 설명 없이도 충분히 예상할 수 있었던 내용이라 할 수 없음"(<삼성화재해상보험(주)의 보험약관 건>)15)

법원에 따르면 본 조 위반이 되기 위해서는 중요한 내용이어야 하고, 동시에 그 의미 및 효과를 충분히 잘 알고 있다거나 충분히 예상할 수 있는 내용이 아니어서 설명을 할 필요가 존재하여야 한다.

"일반적으로 보험자 및 보험계약의 체결 또는 모집에 종사하는 자는 보험계약의 체결에 있어서 보험계약자 또는 피보험자에게 보험약관에 기재되어 있는 보험상품의 내용, 보험료율의 체계 및 보험청약서상 기재사항의 변동사항 등 보험계약의 중요한 내용에 대하여 구체적이고 상세한 명시·설명의무를 지고 있으므로 보험자가 이러한 보험약관의 명시·설명의무에 위반하여 보험계약을 체결한 때에는 그 약관의 내용을 보험계약의 내용으로 주장할 수 없다고 할 것이나(대법원 1992. 3. 10. 선고 91다31883 판결, 1996. 3. 8. 선고 95다53546 판결, 1997. 9. 9. 선고 95다45873 판결 등 참조), 보험자에게 이러한 약관의 명시·설명의무가 인정되는 것은 어디까지나 보험계약자가 알지 못하는 가운데 약관에 정하여진 중요한 사항이 계약 내용으로 되어 보험계약자가 예측하지 못한 불이익을 받게 되는 것을 피하고자 하는 데 그 근거가 있다고 할 것이므로, 보험약관에 정하여진 사항이라고 하더라도 거래상 일반적이고 공통된 것이어서 보험계약자가 별도의

---

13) 대판 2004. 11. 25. 2004다28245(보험금).
14) 대판 2010. 9. 9. 2009다105383(채무부존재확인).
15) 대판 2005. 12. 9. 2004다26164, 26171(보험금지급채무부존재확인·보험금).

설명 없이도 충분히 예상할 수 있었던 사항이거나 이미 법령에 의하여 정하여진 것을 되풀이하거나 부연하는 정도에 불과한 사항이라면 그러한 사항에 대하여서까지 보험자에게 명시·설명의무가 인정된다고 할 수 없음"(<쌍용화재해상보험(주)의 보험약관 건>),[16] "사업자에게 약관의 명시·설명의무가 인정되는 것은 어디까지나 고객이 알지 못하는 가운데 약관에 정하여진 중요한 사항이 계약 내용으로 되어 고객이 예측하지 못한 불이익을 받게 되는 것을 피하고자 하는 데 그 근거가 있다고 할 것이므로, 약관에 정하여진 사항이라고 하더라도 거래상 일반적이고 공통된 것이어서 고객이 별도의 설명 없이도 충분히 예상할 수 있었던 사항인 경우에는 그러한 사항에 대하여까지 사업자에게 설명의무가 있다고는 할 수 없음(대법원 2001. 7. 27. 선고 99다55533 판결, 대법원 2004. 4. 27. 선고 2003다7302 판결 등 참조). 이 건 후취담보취득 조건부 시설자금대출채무에 대한 연대보증계약에서 정한 '계획시설'은 이 건 계획시설 자체이지 그것이 설치된 부동산을 포함하는 것이라고 볼 수 없고, 이 건 금전소비대차약정서상의 '귀행의 담보취득가격'이라는 용어의 의미는 '감정원의 감정가격'이 아니라 '중소기업은행이 계획시설에 대한 감정원 감정가격을 기초로 그 담보가치로 평가한 최종심사가격'을 뜻한다고 봄이 상당하며, 중소기업은행의 여신업무취급기준의 규정, 여신규모에 비해 부족한 물적 담보를 보충하기 위해 인적 담보를 요구하는 후취담보취득 조건부 시설자금대출의 특성, 금융거래의 일반적인 관행 및 피고들의 이해가능성 등에 비추어 볼 때, 중소기업은행이 이 건 후취담보취득 조건부 시설자금대출채무에 대한 연대보증계약 체결 당시 피고들에게 '귀행의 담보취득가격'의 의미에 관하여 설명하지 아니하였다고 하더라도 약관규제법에 위반되는 것으로 볼 수 없음"(<한국자산관리공사의 연대보증계약 건>),[17] "상법 제638조의3 제1항 및 약관의 규제에 관한 법률 제3조의 규정에 의하여 보험자는 보험계약을 체결할 때에 보험계약자에게 보험약관에 기재되어 있는 보험상품의 내용, 보험료율의 체계, 보험청약서상 기재 사항의 변동 및 보험자의 면책사유 등 보험계약의 중요한 내용에 대하여 구체적이고 상세한 명시·설명의무를 지고 있다고 할 것이어서, 만일 보험자가 이러한 보험약관의 명시·설명의무에 위반하여 보험계약을 체결한 때에는 그 약관의 내용을 보험계약의 내용으로 주장할 수 없고, 다만 보험약관의 중요한 내용에 해당하는 사항이라 하더라도 거래상 일반적이고 공통된 것이어서 보험계약자가 별도의 설명 없이도 충분히 예상할 수 있었던 사항이거나 보험계약자나 그 대리인이 그 내용을 충분히 잘 알고 있는 경우에는 그 약관이 바로 계약 내용이 되어 당사자에 대하여 구속력을 가지므로 보험자로서는 보험계약자 또는 그 대리인에게 약관의 내용을 따로 설명할 필요가 없음"(<삼성화재해상보험(주)의 보험약관

건>),[18] "일반적으로 보험자 및 보험계약의 체결 또는 모집에 종사하는 자는 보험계약의 체결에 있어서 보험계약자 또는 피보험자에게 보험약관에 기재되어 있는 보험상품의 내용, 보험료율의 체계 및 보험청약서상 기재사항의 변동사항 등 보험계약의 중요한 내용에 대하여 구체적이고 상세한 명시·설명의무를 지고 있으므로 보험자가 이러한 보험약관의 명시·설명의무에 위반하여 보험계약을 체결한 때에는 그 약관의 내용을 보험계약의 내용으로 주장할 수 없다고 할 것이나(대법원 2005. 10. 28. 선고 2005다38713, 38720 판결 등 참조), 이러한 명시·설명의무가 인정되는 것은 어디까지나 보험계약자가 알지 못하는 가운데 약관의 중요한 사항이 계약내용으로 되어 보험계약자가 예측하지 못한 불이익을 받게 되는 것을 피하고자 하는 데에 그 근거가 있으므로, 약관에 정하여진 사항이라고 하더라도 거래상 일반적이고 공통된 것이어서 보험계약자가 별도의 설명 없이도 충분히 예상할 수 있었던 사항이거나 이미 법령에 의하여 정하여진 것을 되풀이하거나 부연하는 정도에 불과한 사항이라면, 그러한 사항에 대하여까지 보험자에게 명시·설명의무가 있다고는 할 수 없음(대법원 1998. 11. 27. 선고 98다32564 판결, 2004. 4. 27. 선고 2003다7302 판결 등 참조). "보험자에게 보험계약자 등에 대한 약관의 중요내용에 관한 구체적이고 개별적인 명시·설명의무가 부과되는 이유는 보험계약자가 알지 못하는 가운데 약관의 중요한 사항이 계약내용으로 됨으로써 보험계약자가 예측하지 못한 불이익을 입는 것을 방지하고자 함에 그 목적이 있는바, 1991. 12. 31. 법률 제4470호로 개정되어 1993. 1. 1.부터 시행된 상법 제726조의4는 '피보험자가 보험기간 중에 자동차를 양도한 때에는 양수인은 보험자의 승낙을 얻은 경우에 한하여 보험계약으로 인하여 생긴 권리와 의무를 승계한다(제1항). 보험자가 양수인으로부터 양수사실을 통지받은 때에는 지체 없이 낙부를 통지하여야 하고 통지 받은 날부터 10일내에 낙부의 통지가 없을 때에는 승낙한 것으로 본다(제2항).'라고 규정하고 있고, 이 건 약관은 위 상법규정을 풀어서 규정한 것에 지나지 아니하는 것으로서 거래상 일반인들이 보험자의 개별적인 설명 없이도 충분히 예상할 수 있었던 사항이라고 볼 수 있는 점, 자동차보험계약에 있어서 '주운전자'는 보험료율의 체계 등을 좌우하는 중요한 내용이라는 점(대법원 1997. 9. 9. 선고 95다45873 판결 등 참조), 피보험자동차의 양도는 해당 자동차보험계약에 운전자를 한정하는 특별약관이 붙어 있는지 여부와 관계없이 그 보험료의 산정기준에 직접적인 영향을 미치는 점 등에 비추어 보면, 이 건 약관은 보험자인 원고가 보험계약자에게 개별적으로 명시·설명해야 하는 사항에 해당하지 아니하는 것으로 보아야 할 것임"(<제일화재해상보험(주)의 가족안심업무용 자동차종합보험계약 건>),[19] "상법 제638조의3 제1항 및 약관의 규제에 관한 법률 제3

조의 규정에 의하여 보험자는 보험계약을 체결할 때에 보험계약자에게 보험약관
에 기재되어 있는 보험상품의 내용, 보험료율의 체계, 보험청약서상 기재 사항의
변동 및 보험자의 면책사유 등 보험계약의 중요한 내용에 대하여 구체적이고 상
세한 명시·설명의무를 지고 있다고 할 것이어서, 만일 보험자가 이러한 보험약관
의 명시·설명의무에 위반하여 보험계약을 체결한 때에는 그 약관의 내용을 보험
계약의 내용으로 주장할 수 없고, 다만 보험약관의 중요한 내용에 해당하는 사항
이라 하더라도 거래상 일반적이고 공통된 것이어서 보험계약자가 별도의 설명 없
이도 충분히 예상할 수 있었던 사항이거나 보험계약자나 그 대리인이 그 내용을
충분히 잘 알고 있는 경우에는 그 약관이 바로 계약 내용이 되어 당사자에 대하
여 구속력을 가지므로 보험자로서는 보험계약자 또는 그 대리인에게 약관의 내용
을 따로 설명할 필요가 없음"(<삼성화재해상보험(주)의 보험약관 건>)20)

법원이 중요한 내용이 아니라고 본 사례는 다음과 같다.

"전기공급규정 제51조 제3호, 제49조 제3호에는 피고 한전의 전기 공작물에 고장
이 발생하거나 발생할 우려가 있는 때 피고 한전은 부득이 전기의 공급을 중지하
거나 그 사용을 제한할 수 있는데 이 경우 피고 한전은 수용가가 받은 손해에 대
하여 그 배상책임을 지지 않는다는 규정을 두고 있는바, 이러한 규정은 면책약관
의 성질을 가지는 것으로서 피고 한전의 고의, 중대한 과실로 인한 경우까지 적용
된다고 보는 경우에는 약관규제법 제7조 제1호에 위반되어 무효라고 볼 수밖에
없다고 할 것이나, 그 외의 경우에 한하여 피고 한전의 면책을 정한 규정이라고
해석하는 한도 내에서는 유효함. 위 면책규정을 피고 한전의 고의·중대한 과실이
아닌 경우에만 적용되는 것으로 보는 한 객관적으로 보아 원고가 이 사건 전기공
급계약을 체결할 당시 위 면책규정의 내용에 관하여 피고로부터 설명을 들어 이
를 알았더라면 위 전기공급계약을 체결하지 아니하였으리라고 인정할 만한 사정
도 엿보이지 않는 이 사건에서 위 면책규정의 이러한 사항은 약관규제법 제3조
제2항에서 규정하고 있는 약관의 중요한 내용에 해당하지 아니함(<한국전력공사
외 1인의 전기공급규정 건>),21) "무보험자동차에 의한 상해보상특약의 보험자는
피보험자의 실제 손해액을 기준으로 위험을 인수한 것이 아니라 보통약관에서 정

16) 대판 1998. 11. 27. 98다32564(채무부존재확인).
17) 대판 2008. 5. 8. 2006다57193(양수금).
18) 대판 2005. 12. 9. 2004다26164, 26171(보험금지급채무부존재확인·보험금).
19) 대판 2007. 4. 27. 2006다87453(채무부존재확인).
20) 대판 2005. 12. 9. 2004다26164, 26171(보험금지급채무부존재확인·보험금).

한 보험금 지급기준에 따라 산정된 금액만을 제한적으로 인수하였을 뿐이어서(대법원 2001. 12. 27. 선고 2001다55284 판결 참조) 그 특약에 따른 보험료도 대인배상Ⅱ에 비하여 현저히 저액으로 책정되어 있고, 이 건 보험금 산정기준이 급부의 변경, 계약의 해제사유, 피고의 면책, 원고측의 책임 가중, 보험사고의 내용 등에 해당한다고 보기 어려울 뿐만 아니라 보험자에게 허용된 재량을 일탈하여 사회통념상 용인할 수 있는 한도를 넘어섰다고 보기도 어려우며, 만약 원고 1이 이건 보험계약 체결 당시 그 구체적인 산정기준이나 방법에 관한 명시 · 설명을 받아서 알았다고 하더라도 이 건 특약을 체결하지 않았을 것으로는 보이지 않고, 나아가 이러한 산정기준이 모든 자동차 보험회사에서 일률적으로 적용되는 것이어서 거래상 일반인들이 보험자의 설명 없이도 충분히 예상할 수 있었던 사항이라고도 볼 수 있는 점 등에 비추어 보면, 위의 무보험자동차에 의한 상해보상특약에 있어서 그 보험금액의 산정기준이나 방법은 약관의 중요한 내용이 아니어서 명시 · 설명의무의 대상이 아니라고 보는 것이 옳음"(<제일화재해상보험(주)의 무보험자동차에 의한 상해보상특약 건>)22)

2) 예외

다만, 계약의 성질상 설명하는 것이 현저하게 곤란한 경우에는 그러하지 아니하다(법 제3조 제3항 단서).

관련하여 법원이 다음과 같이 판단한 사례가 있다.

"사업자의 약관설명의무를 규정한 것은 계약이 성립되는 경우에 당사자를 구속하게 될 내용을 미리 알고 계약의 청약을 하도록 함으로써 계약자의 이익을 보호하자는 데 입법 취지가 있고, 약관이 계약 당사자에 대하여 구속력을 갖는 이유는 계약 당사자 사이에 약관을 계약 내용에 포함시키기로 합의하였다는 점에 있음. 따라서 계약자나 그 대리인이 약관의 내용을 충분히 잘 알고 있는 경우에는 그 약관이 바로 계약 내용이 되어 당사자에 대하여 구속력을 갖는다고 할 것이므로, 사업자로서는 계약자 또는 그 대리인에게 약관의 내용을 따로 설명할 필요가 없음(대법원 1998. 4. 14. 선고 97다39308 판결 참조)"(<현대증권(주)의 투자신탁약관 건>23)<엘지화재해상보험(주)의 보험약관 건>),24) "어느 약관 조항이 당사자 사이의 약정의 취지를 명백히 하기 위한 확인적 규정에 불과한 경우에는 상대방이

21) 대판 1995. 12. 12. 95다11344[손해배상(자)].
22) 대판 2004. 4. 27. 2003다7302(보험금).

이해할 수 있도록 별도로 설명하지 아니하였다고 하여 그것이 약관규제법 제3조 제
2항에 위반된 것이라고는 할 수 없음"(<신용보증기금의 신용보증약정서 건>)25)

3. 위반의 효과

사업자가 제2항 및 제3항을 위반하여 계약을 체결한 경우에는 해당 약관을
계약의 내용으로 주장할 수 없다(법 제3조 제4항). 고객은 계약의 내용으로 주장
할 수 있다. 한편 독일민법은 약관사용자(사업자)가 계약을 체결할 때에 약관을
명시, 설명하고 상대방(고객)이 그 효력을 동의한 경우에만 계약의 구성부분이
된다고 규정한다(독일민법 제305조 제2항).

관련하여 법원이 다음과 같이 판단한 사례가 있다.

"보험자 및 보험계약의 체결 또는 모집에 종사하는 자는 보험계약의 체결에 있어
서 보험계약자 또는 피보험자에게 보험약관에 기재되어 있는 보험상품의 내용, 보
험료율의 체계 및 보험청약서상 기재사항의 변동 등 보험계약의 중요한 내용에
대하여 구체적이고 상세한 명시·설명의무를 지고 있다고 할 것이어서 보험자가
이러한 보험약관의 명시·설명의무에 위반하여 보험계약을 체결한 때에는 그 약관
의 내용을 보험계약의 내용으로 주장할 수 없음"(<엘지화재해상(주)의 특별보험
약관 건>26)<쌍용화재해상보험(주)의 보험약관 건>),27) "투자신탁회사의 임직원
이 고객에게 투자신탁상품의 매입을 권유할 때에는 그 투자에 따르는 위험을 포
함하여 당해 투자신탁의 특성과 주요 내용을 설명함으로써 고객이 그 정보를 바
탕으로 합리적인 투자판단을 할 수 있도록 고객을 보호하여야 할 주의의무가 있
고, 이때 고객에게 어느 정도의 설명을 하여야 하는지는 투자 대상인 상품의 특성
및 위험도의 수준, 고객의 투자 경험과 능력 및 기관투자자인지 여부 등을 종합적
으로 고려하여야 하는데, 상품안내서 등의 교부를 통하여 투자신탁의 운용개념 및
방법과 신탁약관에서 정하는 사항에 대한 개략적인 정보를 제공한 경우에는 투자
신탁설명서나 약관 등을 직접 제시하거나 교부하지 않았다고 하여 설명의무 위반
이 된다고 단정할 수 없음(대법원 2003. 7. 25. 선고 2002다46515 판결, 2003. 8.
19. 선고 2002다49163 판결 등 참조)"(<투자신탁회사의 투자신탁약관 건>)28)

---

23) 대판 2007. 1. 11. 2003다11820(수익증권환매대금)(파기환송).
24) 대판 2005. 8. 25. 2004다18903(보험금).
25) 대판 1998. 2. 27. 96다8277(구상금).
26) 대판 1998. 6. 23. 98다14191(채무부존재확인).

Ⅲ. 관련 이슈

1. 상법상 보험약관 교부 · 설명의무와 약관규제법과의 관계

상법상 보험약관의 교부 · 설명의무[29]와 약관규제법과의 관계에 대하여 대법원은 다음과 같이 판시하고 있다.

> "상법 제638조의3 제2항은 보험자의 설명의무 위반의 효과를 보험계약의 효력과 관련하여 보험계약자에게 계약의 취소권을 부여하는 것으로 규정하고 있으나, 나아가 보험계약자가 그 취소권을 행사하지 아니한 경우에 설명의무를 다하지 아니한 약관이 계약의 내용으로 되는지 여부에 관하여는 아무런 규정도 하지 않고 있을 뿐만 아니라 일반적으로 계약의 취소권을 행사하지 아니하였다고 바로 계약의 내용으로 되지 아니한 약관 내지 약관 조항의 적용을 추인 또는 승인하였다고 볼 근거는 없다고 할 것이므로, 결국 상법 제638조의3 제2항은 약관규제법 제16조에서 약관의 설명의무를 다하지 아니한 경우에도 원칙적으로 계약의 효력이 유지되는 것으로 하되 소정의 사유가 있는 경우에는 예외적으로 계약 전체가 무효가 되는 것으로 규정하고 있는 것과 모순 · 저촉이 있다고 할 수 있음은 별론으로 하고, 약관에 대한 설명의무를 위반한 경우에 그 약관을 계약의 내용으로 주장할 수 없는 것으로 규정하고 있는 약관규제법 제3조 제3항과의 사이에는 아무런 모순 · 저촉이 없으므로, 따라서 상법 제638조의3 제2항은 약관규제법 제3조 제3항과의 관계에서는 그 적용을 배제하는 특별규정이라고 할 수가 없으므로 보험약관이 상법 제638조의3 제2항의 적용 대상이라 하더라도 약관규제법 제3조 제3항 역시 적용이 됨"(<쌍용화재해상보험(주)의 보험약관 건>)[30]

2. 전자거래와 약관설명의무

전자거래에 있어서도 원칙적으로 약관의 설명의무는 존재한다. 관련하여 법원이 다음과 같이 판단한 사례가 있다.

---

27) 대판 1998. 11. 27. 98다32564(채무부존재확인).

28) 대판 2006. 5. 11. 2003다51057[손해배상(기)].

29) 상법 제638조의3(보험약관의 교부 · 설명 의무) ① 보험자는 보험계약을 체결할 때에 보험계약자에게 보험약관을 교부하고 그 약관의 중요한 내용을 설명하여야 한다. ② 보험자가 제1항을 위반한 경우 보험계약자는 보험계약이 성립한 날부터 3개월 이내에 그 계약을 취소할 수 있다.

30) 대판 1998. 11. 27. 98다32564(채무부존재확인).

"약관규제법 제3조 제3항 규정은 약관에 정하여져 있는 중요한 내용을 설명하는 방법에 관하여는 특별한 제한을 두지 않고 있지만, 당해 계약의 체결 경위 및 방법, 약관에 대한 고객의 이해가능성, 당해 약관이 고객에게 미치는 불이익의 정도 등에 비추어 고객이 이해할 수 있는 설명방법을 취하여야 함. 따라서 사업자가 인터넷을 통하여 약관을 게시하고 그 약관이 적용됨을 전제로 하여 전자거래의 방법으로 고객과 사이에서 재화나 용역 공급 계약을 체결하는 경우에, 법령에서 특별히 설명의무를 면제하고 있다는 등의 특별한 사정이 없는 한, 그것이 비대면 거래라는 사정만으로 약관규제법 제3조 제3항 단서가 적용되어 다른 통상의 경우와 달리 약관의 중요한 내용에 관하여 고객이 이해할 수 있도록 설명할 의무가 면제된다고 볼 수 없음(대법원 1999. 3. 9. 선고 98다43342, 43359 판결 참조)"(<㈜ 한국씨티은행의 신용카드약관 건>)[31]

---

31) 대판 2013. 2. 15. 2011다69053(마일리지제공).

제4조(개별 약정의 우선)

약관에서 정하고 있는 사항에 관하여 사업자와 고객이 약관의 내용과 다르게 합의한 사항이 있을 때에는 그 합의 사항은 약관보다 우선한다.

[전문개정 2010. 3. 22.]

📓 목   차

[참고문헌]

단행본: 사법연수원, 약관규제와 소비자보호 연구, 2012

[참고사례]

동양화재해상보험주식회사 보험계약서 건[서울민사지방법원 1988. 9. 21. 선고 88나15347 판결; 대법원 1989. 3. 28. 선고 88다4645(보험금) 판결]; **성원주택할부금융(주)의 여신거래기본약관 건**[서울지방법원 2000. 10. 20. 선고 99나72674 판결; 대법원 2001. 3. 9. 선고 2000다67235(부당이득금 등) 판결]; **한화손해보험(주)의 보험계약 건**[서울고등법원 2009. 11. 27. 선고 2009나24929 판결; 대법원 2010. 9. 9. 선고 2009다105383(채무부존재확인) 판결]; **현대해상화재보험(주)의 불공정약관 건**{대전고등법원 2015. 10. 14. 선고 2015나10026 판결; 대법원 2017. 9. 26. 선고 2015다245145[구상금] 판결}

Ⅰ. 의의

약관에서 정하고 있는 사항에 관하여 사업자와 고객이 약관의 내용과 다르게 합의한 사항이 있을 때에는 그 합의 사항은 약관보다 우선한다(법 제4조). 즉 당사자 사이에서 명시적으로 약관의 내용과 달리 약정한 경우에는 위 약관의

구속력은 배제된다(<동양화재해상보험주식회사 보험금지급 건>).1)

약관과 개별약정이 다를 경우 개별약정을 우선적으로 계약의 내용으로 하고 약관은 이에 상반되지 않는 부분에 한해 적용된다는 원칙을 말한다.2) 약관을 이유로 개별약정의 효력을 부인할 수 없도록 고객이익을 보호하는 취지이다.

관련하여 법원이 다음과 같이 판단한 사례가 있다.

"금융기관의 여신거래기본약관에서 금융사정의 변화 등을 이유로 사업자에게 일방적 이율 변경권을 부여하는 규정을 두고 있으나, 개별약정서에서는 약정 당시 정해진 이율은 당해 거래기간 동안 일방 당사자가 임의로 변경하지 않는다는 조항이 있는 경우, 위 약관조항과 약정서의 내용은 서로 상충된다 할 것이고, 약관규제법 제4조의 개별약정우선의 원칙 및 위 약정서에서 정한 개별약정 우선적용 조항에 따라 개별약정은 약관조항에 우선하므로 대출 이후 당해 거래기간이 지나기 전에 금융기관이 한 일방적 이율 인상은 그 효력이 없음"(<성원주택할부금융주식회사의 부당이득금 등 지급 건>),3) "계약의 일방 당사자가 다수의 상대방과 계약을 체결하기 위해서 일정한 형식에 의하여 미리 계약서를 마련하여 두었다가 어느 한 상대방에게 이를 제시하여 계약을 체결하는 경우에도 그 상대방과 사이에 특정 조항에 관하여 개별적인 교섭(또는 흥정)을 거침으로써 상대방이 자신의 이익을 소정할 기회를 가졌다면, 그 특정 조항은 약관규제법의 규율대상이 아닌 개별약정이 된다고 보아야 함. 이때 개별적인 교섭이 있었다고 하기 위해서는 비록 그 교섭의 결과가 반드시 특정 조항의 내용을 변경하는 형태로 나타나야 하는 것은 아니다 하더라도, 적어도 계약의 상대방이 그 특정 조항을 미리 마련한 계약서의 내용에 구속되지 아니하고 당사자와 사이에 거의 대등한 지위에서 당해 특정 조항에 대하여 충분한 검토와 고려를 한 뒤 영향력을 행사함으로써 그 내용을 변경할 가능성이 있어야 하고(대법원 2008. 7. 10. 선고 2008다16950 판결 등 참조), 약관조항이 당사자 사이의 합의에 의하여 개별약정으로 되었다는 사실은 이를 주장하는 사업자 측에서 증명하여야 함(대법원 2003. 3. 14. 선고 2001다83319 판결 등 참조)"(<한화손해보험(주)의 보험계약 건>)4) "보험계약은 당사자 일방이 약정한 보험료를 지급하고 상대방이 재산 또는 생명이나 신체에 관하여 불확정한 사고가 생길 경우에 일정한 보험금액 그 밖의 급여를 지급할 것을 약정함으로써 효력이 생기는 불요식의 낙성계약이므로, 계약 내용이 반드시 보험약관의 규정에 국한되지는 않는다. 그리고 보험약관이 계약당사자 사이에 구속력을 갖는 것은 그 자체가 법규범이거나 또는 법규범적 성질을 가지기 때문이 아니라 당사자

---

1) 대판 1989. 3. 28. 88다4645(보험금).

2) 사법연수원, 34면.

가 약관의 규정을 계약 내용에 포함시키기로 합의하였기 때문이다. 약관법 제5조
제1항 후단은 '약관은 고객에 따라 다르게 해석되어서는 아니 된다.'라고 하여 객
관적 해석의 원칙을 정하고 있다. 보험약관의 해석은 계약의 상대방이 아닌 평균
적인 고객을 기준으로 약관을 사용하여 체결된 모든 계약에 통일적으로 해석되어
야 한다. 그러나 보험사업자와 고객이 약관에서 정하고 있는 사항에 관하여 약관
의 내용과 다르게 합의한 때에는 개별 약정으로 정한 사항이 약관보다 우선해서
계약의 내용이 됨(약관법 제4조)"(<현대해상화재보험(주)의 불공정약관 건>)5)

II. 적용요건

첫째, 유효한 개별약정이 존재하여야 한다. 구두약정도 가능하나 고객이 입
증책임을 부담한다. 개별약정의 성립시점은 계약체결시, 사후 계약변경 및 보충
이 모두 가능하다. 둘째, 개별약정과 약관의 내용이 서로 달라야 한다.

III. 효과

개별약정과 다른 약관조항은 해당계약에는 적용되지 않지만 약관조항이 바
로 무효가 되는 것은 아니며 당해계약에서만 미편입된다. 개별약정은 약관규제
법상 불공정성 판단 대상이 아니며, 따라서 고객에게 불리한 개별약정도 무효는
아니며, 민법 일반원칙에 따라 효력이 결정된다.

---

3) 대판 2001. 3. 9. 2000다67235(부당이득금 등).
4) 대판 2010. 9. 9. 2009다105383(채무부존재확인).
5) 대판 2017. 9. 26. 2015다245145[구상금].

제5조(약관의 해석)

① 약관은 신의성실의 원칙에 따라 공정하게 해석되어야 하며 고객에 따라 다르게 해석되어서는 아니 된다.

② 약관의 뜻이 명백하지 아니한 경우에는 고객에게 유리하게 해석되어야 한다.

[전문개정 2010. 3. 22.]

목　차

[참고문헌]

단행본: 사법연수원, 약관규제와 소비자보호 연구, 2012

[참고사례]

국제화재해상보험(주) 가족운전자 한정운전 특별약관 건[서울민사지방법원 1994. 6. 22. 선고 94나14611 판결; 대법원 1995. 5. 26. 선고 94다36704(보험금) 판결]; 현대증권(주)의 투자신탁 약관 건[서울고등법원 2003. 1. 17. 선고 2002나47107 판결; 대법원 2007. 1. 11. 선고 2003다11820(수익증권환매대금)(파기환송) 판결]; 신용보증기금의 약관 건[서울고등법원 2005. 5. 19. 선고 2004나84254 판결; 대법원 2005. 10. 28. 선고 2005다35226(보증채무금) 판결]; 신용보증기금의 대출보증약관 건[서울중앙지법 2006. 3. 23. 선고 2005나7930 판결; 대법원 2006. 9. 8. 선고 2006다24131(보증채무금) 판결]; 엘아이지손해보험(주)의 화재보험보통약관 건[광주고등법원 2006. 4. 19. 선고 2005나8292 판결; 대법원 2007. 12. 27. 선고 2006다29105(보험금) 판결]; 대한생명보험(주)의 재해사망특약 및 재해보장특약 건[서울고등법원 2008. 10. 14. 선고 2008나57960 판결; 대법원 2009. 5. 28. 선고 2008다81633(보험금) 판결]; 보험회사의 가족운전자 한정운전 특별약관 건[인천지방법원 2008. 8. 28. 선고 2008나3336 판결; 대법원 2009. 1. 30. 선고 2008다68944(보험금) 판결]; 현대해상화재보험(주)의 화재보험약관 건[광주고법 2009. 6. 26. 선고(전주)2008나3263, 3270 판결; 대법원 2009. 12. 10. 선고 2009다56603, 56610(채무부존재확인·보험금) 판결]; **알리안츠생명보험(주)의 암보험약관 건**[서울동부지방법원 2010. 4. 28. 선고 2009나8262 판결; 대판 2010. 9. 30. 선고 2010다40543(채무부존재확인) 판결]; **대한주택보증(주)의 주택분양보증약관 건**[서울고등법원 2010. 11. 16. 선고 2010나36690 판결; 대법원 2011. 4. 28. 선고 2010다106337(환급금) 판결]; **한국공인중개사협회의 공제약관 건**[서울중앙지방법원 2010. 10. 26. 선고 2010나19326 판결; 대법원 2012. 8. 17. 선고 2010다93035(공제금) 판결]; **미래에셋생명보험(주) 보험약관 건**[서울고등법원 2012. 2. 24. 선고 2011나75296 판결; 대법원 2013. 10. 11. 선고 2012다31468(채무부존재확인) 판결]

Ⅰ. 신의성실의 원칙

약관해석의 기본원칙은 신의성실의 원칙이다. 즉 약관은 신의성실의 원칙에 따라 공정하게 해석되어야 한다(법 제5조 제1항 전단).

Ⅱ. 객관적·통일적 해석의 원칙

약관해석의 두 번째 원칙은 객관적·통일적 해석의 원칙이다. 즉 약관은 고객에 따라 다르게 해석되어서는 아니 된다(법 제5조 제1항 후단).

관련하여 법원이 다음과 같이 판단한 사례가 있다.

"보통거래약관 및 보험제도의 특성에 비추어 볼 때 약관의 해석은 일반 법률행위와는 달리 개개 계약 당사자가 기도한 목적이나 의사를 기준으로 하지 않고 평균적 고객의 이해가능성을 기준으로 하되 보험단체 전체의 이해관계를 고려하여 객관적 획일적으로 해석하여야 할 것이므로 위 가족운전자 한정운전 특별약관 소정의 배우자에 부첩관계의 일방에서 본 타방은 포함되지 아니한다고 해석함이 상당함"(<국제화재해상보험 주식회사 보험금 건>),1) "보통거래약관 및 보험제도의 특성에 비추어 볼 때 약관의 해석은 일반 법률행위와는 달리 개개 계약 당사자가 기도한 목적이나 의사를 기준으로 하지 않고 평균적 고객의 이해가능성을 기준으로 하되 보험단체 전체의 이해관계를 고려하여 객관적, 획일적으로 해석하여야 할 것이므로(대법원 1995. 5. 26. 선고 94다36704 판결 참조), 위 가족운전자 한정운전 특별약관 소정의 기명피보험자의 모에 기명피보험자의 법률상의 모가 아닌 기명피보험자의 부(부)의 사실상의 배우자는 포함되지 아니한다고 해석함이 상당함"(＜보험회사의 가족운전자 한정운전 특별약관 건＞),2) "보통거래약관의 내용은 개개 계약체결자의 의사나 구체적인 사정을 고려함이 없이 평균적 고객의 이해가능성을 기준으로 하여 객관적·획일적으로 해석하여야 함"(＜현대증권(주)의 투자신탁 약관 건＞3) ＜신용보증기금의 보증채무금 건＞4) ＜대한생명보험 주식회사 보험금 건＞),5) "보통거래약관은 신의성실의 원칙에 따라 당해 약관의 목적과 취지를 고려하여 공정하고 합리적으로 해석하되, 개개의 계약당사자가 기도한 목적이나 의사를 참작함이 없이 평균적 고객의 이해가능성을 기준으로 보험단체 전체의 이해관계를 고려하여 객관적·획일적으로 해석하여야 하고(대법원 2009. 5. 28. 선고 2008다81633 판결, 대법원 2010. 11. 25. 선고 2010다45777 판결 등 참조), 특히 그 계약의 내용이 당사자 일방이 작성한 약관의 내용으로서 상대방의 법률상의 지위에 중대한 영향을 미치게 되는 경우에는 구 약관규제법(2010. 3. 22. 법률 제10169호로 개정되기 전의 것) 제6조 제1항, 제7조 제2호의 규정 취지에 비추어 더욱 엄격하게 해석하여야 함(대법원 2001. 3. 23. 선고 2000다71555 판결, 대법원 2006. 9. 8. 선고 2006다24131 판결 등 참조)"(＜대한주택보증(주)의 주택분양보증약관 건＞)6)

Ⅲ. 작성자 불이익의 원칙

약관해석의 세 번째 원칙은 작성자 불이익의 원칙이다. 즉 약관의 뜻이 명

1) 대판 1995. 5. 26. 94다36704(보험금).
2) 대판 2009. 1. 30. 2008다68944(보험금).
3) 대판 2007. 1. 11. 2003다11820[수익증권환매대금](파기환송).
4) 대판 2005. 10. 28. 2005다35226(채무보증금): "신용보증기금이 약관에서 '기금이 채권자에게 채무자를 신용보증사고기업으로 정하여 통지한 때'를 독립된 신용보증사고의 하나로 정하고 있는 경우, 약관상의 '신용보증사고가 발생된 후 당해 사고사유가 해소되어 처음부터 그 신용보증사고가 발생되지 아니한 것'으로 보기 위해서는 신용보증기금이 채권자에게 채무자에 대한 신용보증사고 기업지정을 해제한다거나 장래 보증부대출을 취급하여도 무방하다는 취지의 통지를 하여야 하는 것으로 해석함이 상당하다".
5) 대판 2009. 5. 28. 2008다81633(보험금): "약관의 해석은, 신의성실의 원칙에 따라 당해 약관의 목적과 취지를 고려하여 공정하고 합리적으로 해석하되, 개개 계약 당사자가 기도한 목적이나 의사를 참작함이 없이 평균적 고객의 이해가능성을 기준으로 보험단체 전체의 이해관계를 고려하여 객관적·획일적으로 해석하여야 한다.
6) 대판 2011. 4. 28. 2010다106337(환급금).

백하지 아니한 경우에는 고객에게 유리하게 해석되어야 한다(법 제5조 제2항). 이는 '의심스러울때는 작성자에게 불리하게(in dubio contra stipulatoren)'라는 로마법상 원칙에서 유래한다. 보충적 해석수단으로서 다른 해석원칙을 적용한 이후에도 법적으로 두 가지 이상의 해석이 가능한 경우에 한해 적용되며, 이 경우 그 약관조항의 불확정성에 대한 위험을 사업자에게 부담시키는 것이다.

관련하여 법원이 다음과 같이 판단한 사례가 있다.

"고객보호의 측면에서 약관 내용이 명백하지 못하거나 의심스러운 때에는 고객에게 유리하게, 약관작성자에게 불리하게 제한적으로 해석하여야 함(대법원 1996. 6. 25. 선고 96다12009 판결, 2005. 10. 28. 선고 2005다35226 판결 등 참조)"(<현대증권(주)의 투자신탁 약관 건>[7] <신용보증기금의 보증채무금 건>[8] <대한생명보험 주식회사 보험금 건>)[9]

<대한생명보험 주식회사 보험금 건> 관련 민사소송에서는 주된 보험계약에서 자살 면책 제한 규정을 두고 있고, 이 건 각 특약의 약관에서 이 건 동 건에서 주된 보험계약의 약관을 준용한다는 취지의 규정(이하 '이 건 주계약 준용규정')을 두고 있으므로, 이 건 주계약 준용규정에 의하여 이 건 주된 보험계약의 자살 면책 제한 규정이 이 건 각 특약에 준용되는지 여부가 약관의 해석상 문제가 되었다. 서울고등법원은 이 건 주된 계약의 자살 면책 제한 규정이 이 건 주계약 준용규정에 의하여 이 건 각 특약에 준용됨으로써 재해가 아닌 자살이 이 건 각 특약에 의하여 보험금 지급대상이 된다고 판단(대법원 2007. 9. 6. 선고 2006다55005 판결 인용)한데 대하여, 대법원은 약관의 해석에 관한 법리를 오해한 위법이 있다고 판단하고 다음과 같이 판시하였다.

---

7) 대판 2007. 1. 11. 2003다11820[수익증권환매대금](파기환송).
8) 대판 2005. 10. 28. 2005다35226(채무보증금): "신용보증기금이 약관에서 '기금이 채권자에게 채무자를 신용보증사고기업으로 정하여 통지한 때'를 독립된 신용보증사고의 하나로 정하고 있는 경우, 약관상의 '신용보증사고가 발생된 후 당해 사고사유가 해소되어 처음부터 그 신용보증사고가 발생되지 아니한 것'으로 보기 위해서는 신용보증기금이 채권자에게 채무자에 대한 신용보증사고 기업지정을 해제한다거나 장래 보증부대출을 취급하여도 무방하다는 취지의 통지를 하여야 하는 것으로 해석함이 상당하다".
9) 대판 2009. 5. 28. 2008다81633(보험금): "위와 같은 해석을 거친 후에도 약관 조항이 객관적으로 다의적으로 해석되고 그 각각의 해석이 합리성이 있는 등 당해 약관의 뜻이 명백하지 아니한 경우에는 고객에게 유리하게 해석하여야 한다".

"재해사망특약과 재해보장특약의 약관에서 주된 보험계약의 약관을 준용한다는 취지의 규정을 두고 있으나, 피보험자의 사망 등을 보험사고로 하는 주된 보험계약의 약관에 정한 '자살 면책 제한 규정'은 자살이 보험사고에 포함될 수 있음을 전제로 보험금 지급책임의 면책과 그 면책의 제한을 다룬 것이므로 보험사고가 '재해를 원인으로 한 사망' 등으로 제한되어 있어 자살이 보험사고에 포함되지 않는 재해사망특약 등에는 준용되지 않는다고 봄이 합리적이고, 그와 같이 합리적으로 해석할 수 있는 이상 위 준용규정의 해석에 관하여 약관규제법 제5조 제2항에 정한 작성자 불이익의 원칙은 적용될 여지가 없음"(<대한생명보험 주식회사 보험금 건>)[10]

즉 주된 계약의 자살 면책 제한 규정이 이 건 주계약 준용규정에 의하여 이 건 각 특약에 준용됨으로써 재해가 아닌 자살이 이 건 각 특약에 의하여 보험금 지급대상이 된다고 판단한 서울고등법원 판결을 파기환송하면서 "이 건 각 특약의 보험사고의 범위를 재해가 아닌 자살에까지 확장하려고 해석하는 것은, 보험계약자 등에게 당초 이 건 각 특약의 체결시 기대하지 않은 이익을 주게 되는 한편, 이 건 각 특약과 같은 내용의 보험계약에 가입한 보험단체 전체의 이익을 해하고 보험자에게 예상하지 못한 무리한 부담을 지우게 되므로 결코 합리적이라고 볼 수 없다"고 판시하였다.

기타 법원의 판결사례는 다음과 같다.

"피고의 화재보험보통약관 제20조 제1호가 '계약자 또는 피보험자가 손해통지 또는 보험금청구에 관한 서류에 고의로 사실과 다른 것을 기재하였거나 그 서류 또는 증거를 위조 또는 변조한 경우에는 피보험자는 손해에 대한 보험금청구권을 잃게 된다'고 규정하고 있음은 원심이 인정한 바와 같다. 피고의 화재보험보통약관에서 이와 같은 조항(아래에서는 '이 건 약관조항')을 둔 취지는 보험자가 보험계약상의 보상책임 유무의 판정, 보상액의 확정 등을 위하여 보험사고의 원인, 상황, 손해의 정도 등을 알 필요가 있으나 이에 관한 자료들은 계약자 또는 피보험자(아래에서는 '피보험자'라고 한다)의 지배·관리영역 안에 있는 것이 대부분이므로 피보험자로 하여금 이에 관한 정확한 정보를 제공하도록 할 필요성이 크고, 이와 같은 요청에 따라 피보험자가 이에 반하여 서류를 위조하거나 증거를 조작하는 등으로 신의성실의 원칙에 반하는 사기적인 방법으로 과다한 보험금을 청구하

---

10) 대판 2009. 5. 28. 2008다81633(보험금).

는 경우에는 그에 대한 제재로서 보험금청구권을 상실하도록 하려는 데 있는 것
으로 보아야 할 것임(대법원 2006. 11. 23. 선고 2004다20227, 20234 판결 참조).
다만, 이 건 약관조항을 문자 그대로 엄격하게 해석하여 조금이라도 약관에 위배
하기만 하면 보험자가 면책되는 것으로 보는 것은 본래 피해자 다중을 보호하고
자 하는 보험의 사회적 효용과 경제적 기능에 배치될 뿐만 아니라 고객에 대하여
부당하게 불리한 조항이 된다는 점에서 이를 합리적으로 제한하여 해석할 필요가
있으므로, 이 건 약관조항에 의한 보험금청구권의 상실 여부는 이 건 약관조항을
둔 취지를 감안하여 보험금청구권자의 청구와 관련한 부당행위의 정도 등과 보험
의 사회적 효용 내지 경제적 기능을 종합적으로 비교·교량하여 결정하여야 할 것
이다. 따라서 피보험자가 보험금을 청구하면서 실손해액에 관한 증빙서류 구비의
어려움 때문에 구체적인 내용이 일부 사실과 다른 서류를 제출하거나 보험목적물
의 가치에 대한 견해 차이 등으로 보험목적물의 가치를 다소 높게 신고한 경우
등까지 이 건 약관조항에 의하여 보험금청구권이 상실되는 것은 아니라고 해석함
이 상당하다 할 것이다(대법원 2007. 6. 14. 선고 2007다10290 판결 참조)"(＜엘아
이지손해보험(주)의 화재보험보통약관 건＞),[11] "이 건 보험약관 제21조(보험금의
종류와 지급사유) 제3호에 "보험기간 중 피보험자가 암보장책임개시일 이후에 암
으로 진단이 확정되고 그 암의 치료를 직접 목적으로 하여 수술을 받았을 때 또
는 보험기간 중 피보험자가 기타피부암, 상피내암, 경계성종양으로 진단이 확정되
고 그 기타피부암, 상피내암, 경계성종양 치료를 직접 목적으로 하여 수술을 받았
을 때: 수술비 지급"이라고 규정되어 있는바, 위 보험약관에서 말하는 '암의 치료'
는 암의 제거나 증식 억제뿐만 아니라 암으로부터 발현되는 증상의 호전 또는 암
환자의 생명 연장을 위한 치료를 포함한다고 보는 것이 평균인의 관념에 비추어
합리적인 점, 위 '암의 치료를 직접 목적으로 하는 수술'에서 '직접'이라는 표현은
그 문구상 위치에 비추어 '암'만을 한정 수식하는 것이 아니라 '암의 치료'를 한정
수식하는 것으로 해석할 수 있는 점, 약관의 뜻이 명백하지 아니한 경우에는 고객
에게 유리하게 해석되어야 하는데(약관의 규제에 관한 법률 제5조 제2항), 위 '직
접'이라는 표현은 추상적이고 상대적인 측면이 있으므로 그 뜻이 명백하다고 보기
는 어려운 점 등에 비추어 보면, 위 보험약관의 '암의 치료를 직접 목적으로 하는
수술'은 암을 제거하거나 암의 증식을 억제하기 위한 수술로 한정되는 것이 아니
라 암 자체 또는 암의 성장으로 인하여 직접 발현되는 중대한 병적 증상을 호전
시키기 위한 수술을 포함한다고 보아야 할 것이지만, 암이나 암치료 후 그로 인하
여 발생한 후유증을 완화하거나 합병증을 치료하기 위한 수술까지 이에 포함된다
고 보기는 어려움"(＜알리안츠생명보험(주)의 암보험약관 건＞)[12]

Ⅳ. 축소해석의 원칙

약관해석의 네 번째 원칙은 축소해석의 원칙이다. 즉 고객의 법률상 지위에 중대한 영향을 미치는 조항은 엄격하게 해석해야 한다는 원칙(예를 들어 사업자 면책조항의 경우 일반적 면책조항으로 보아서는 안 되며, 문언에서 명백한 사유 이외에 확장해서는 아니 된다)으로서 약관규제법상 명문의 규정은 없지만 별도의 해석원칙으로 학설·판례가 인정하고 있다.13)

관련하여 법원이 다음과 같이 판단한 사례가 있다.

"약관이 계약 내용의 일부로서 상대방의 법률상 지위에 중대한 영향을 미치는 경우에 법률행위의 해석 방법에 관하여 "법률행위는 당사자의 내심적 의사 여하에 관계없이 당사자가 그 표시행위에 부여한 객관적 의미를 합리적으로 해석하여야 하며, 특히 그 계약의 내용이 당사자 일방이 작성한 약관의 내용으로서 상대방의 법률상의 지위에 중대한 영향을 미치게 되는 경우에는 약관규제법 제6조 제1항, 제7조 제2호의 규정 취지에 비추어 더욱 엄격하게 해석하여야 함(대법원 2001. 3. 23. 선고 2000다71555 판결 참조)"(<신용보증기금의 대출보증약관 건>,14) "원고의 화재보험약관은 제29조에서 "계약자 또는 피보험자가 손해통지 또는 보험금청구에 관한 서류에 고의로 사실과 다른 것을 기재하였거나 그 서류 또는 증거를 위조 또는 변조한 경우에는 피보험자는 손해에 대한 보험금청구권을 잃게 된다"고 규정하고 있는바, 이와 같은 조항을 둔 취지는 보험자가 보험계약상의 보상책임 유무의 판정, 보상액의 확정 등을 위하여 보험사고의 원인, 상황, 손해의 정도 등을 알 필요가 있으나 이에 관한 자료들은 계약자 또는 피보험자의 지배·관리영역 안에 있는 것이 대부분이므로 피보험자로 하여금 이에 관한 정확한 정보를 제공하도록 할 필요성이 크고, 이와 같은 요청에 따라 피보험자가 이에 반하여 서류를 위조하거나 증거를 조작하는 등으로 신의성실의 원칙에 반하는 사기적인 방법으로 과다한 보험금을 청구하는 경우에는 그에 대한 제재로서 보험금청구권을 상실하도록 하려는 데 있는 것으로 보아야 할 것임(대법원 2006. 11. 23. 선고 2004다20227, 20234 판결 참조). 다만, 위와 같은 약관조항을 문자 그대로 엄격하게 해석하여 조금이라도 약관에 위배하기만 하면 보험자가 면책되는 것으로 보는 것은 본래 피해자 다중을 보호하고자 하는 보험의 사회적 효용과 경제적 기능에 배

---

11) 대판 2007. 12. 27. 2006다29105(보험금).
12) 대판 2010. 9. 30. 2010다40543(채무부존재확인).
13) 약관규제제도의 이해─이론과 사례─ 약관심사과(2018).

치될 뿐만 아니라 고객에 대하여 부당하게 불리한 조항이 된다는 점에서 이를 합
리적으로 제한하여 해석할 필요가 있으므로, 위 약관조항에 의한 보험금청구권의
상실 여부는 그 취지를 감안하여 보험금청구권자의 청구와 관련한 부당행위의 정
도 등과 보험의 사회적 효용 내지 경제적 기능을 종합적으로 비교·교량하여 결정
하여야 할 것임(대법원 2007. 12. 27. 선고 2006다29105 판결 참조)"(<현대해상화
재보험(주)의 화재보험약관 건>)[15]

---

14) 대판 2006. 9. 8. 2006다24131(보증채무금): "피고 스스로 만든 대출보증약관 면책기준에서 장
    애가 초래되는 경우를 피보증인 및 신용보증약정서상 연대보증인 소유 재산이 소유권이전, 담
    보권설정(전세권설정 및 등기된 임차권 포함), 가처분, 가등기된 경우로 정하고 있다면 이는
    예시적인 것이 아니라 위와 같은 경우에 한정되는 것으로 보아야 할 것이고, 따라서 피고의
    대출보증약관 면책기준에서 말하는 장애란, 채권자의 신용보증사고 통지가 지연되고 있는 동
    안 구상권 행사의 대상이 되는 재산이 도피되거나 위 재산에 대하여 피고에 우선하는 선순위
    채권자가 새로 생기는 것을 말하고, 기존 권리의 실행절차에 불과한 경매절차에 참여하지 못
    하는 것은 위 면책기준에서 말하는 장애에 해당하지 않는다. 게다가 이 건 약관 중 신용보증
    사고의 통지를 지연함으로써 채권보전에 장애를 초래한 경우에는 보증채무가 면책된다는 조
    항은, 원고가 신용보증사고의 통지기한 내에 통지를 하지 아니함으로 인하여 피고의 채권보전
    조치에 실질적인 장애를 초래한 경우에 한하여 면책된다는 취지로 해석하여야 한다(대법원
    2001. 3. 23. 선고 2000다71555 판결 참조)".
15) 대판 2009. 12. 10. 2009다56603,56610(채무부존재확인·보험금).

제 2 장

불공정약관조항

제6조(일반원칙)

① 신의성실의 원칙을 위반하여 공정성을 잃은 약관 조항은 무효이다.

② 약관의 내용 중 다음 각 호의 어느 하나에 해당하는 내용을 정하고 있는 조항은 공정성을 잃은 것으로 추정된다.

1. 고객에게 부당하게 불리한 조항

2. 고객이 계약의 거래형태 등 관련된 모든 사정에 비추어 예상하기 어려운 조항

3. 계약의 목적을 달성할 수 없을 정도로 계약에 따르는 본질적 권리를 제한하는 조항

[전문개정 2010. 3. 22.]

 목 차

[참고문헌]

단행본: 사법연수원, 약관규제와 소비자보호 연구, 2012

[참고사례]

해동화재해상(주)의 자동차종합보험약관 건[서울고등법원 1990. 6. 29. 선고 90나

15947 판결; 대법원 1991. 12. 24. 선고 90다카23899(보험금) 판결]; (주)한국외환은행의 보증의뢰계약 건[서울고등법원 1993. 7. 9. 선고 92나18377 판결; 대법원 1994. 12. 9. 선고 93다43873(가처분이의) 판결]; 한국토지개발공사의 분양공고 약관 건[대전지방법원 1993. 5. 19. 선고 93나973 판결; 대법원 1994. 5. 10. 선고 93다30082(부당이득금) 판결]; 한국토지공사의 토지분양계약 약관 건[서울고등법원 1997. 7. 31. 선고 97나9897 판결; 대법원 1998. 12. 23. 선고 97다40131(부당이득금반환) 판결]; 인부실업(주)의 상가분양계약서 건[인천지방법원 1997. 3. 28. 선고 96나4411 판결; 대법원 1998. 12. 22. 선고 97다15715(약정금) 판결]; 대우자판(주)의 불공정약관조항 건(공정거래위원회 1998. 9. 5. 의결 제98-195호; 서울고등법원 2001. 1. 11. 선고 99누1344 판결; 대법원 2003. 1. 10. 선고 2001두1604 판결); 삼삼종합금융(주)의 어음거래약정 건[서울고등법원 1998. 12. 30. 선고 97나45640 판결; 대법원 2001. 11. 27. 선고 99다8353(보증채무금) 판결)]; 한국토지공사의 약관 건[서울고등법원 1999. 8. 18. 선고 99나27882, 27899 판결; 대법원 2000. 9. 22. 선고 99다53759, 53766(매매대금) 판결]; 한국증권거래소의 유가증권상장규정 건[서울고등법원 2003. 8. 20.자 2003라6 결정; 대법원 2004. 1. 16. 자 2003마1499(상장폐지금지및매매거래재개가처분) 결정]; 대우종합기계(주)의 제품판매 및 아프터서비스계약서상 불공정약관조항 건(공정거래위원회 2001. 12. 27. 의결 제2001-188호; 서울고등법원 2002. 12. 24. 선고 2002누1887 판결; 대법원 2005. 10. 13. 선고 2003두1110 판결); (주) 제너시스의 거래상지위 남용행위 등 건(공정거래위원회 2000. 12. 23. 의결 제 2000-180호; 서울고등법원 2003. 5. 22. 선고 2001누1484 판결; 대법원 2005. 6. 9. 선고 2003두7484 판결); 삼성화재해상보험(주)의 자동차종합보험약관 건{대전고등법원 2002. 12. 12. 선고 2001나8439 판결; 대법원 2005. 3. 17. 선고 2003다2802[손해배상(자)] 판결}; (주)성창에프엔디의 불공정약관조항 건[공정거래위원회 2002. 6. 4. 의결 제 2002-104호; 서울고등법원 2003. 3. 25. 선고 2002누9430 판결; 대법원 2005. 2. 18. 선고 2003두3734(파기환송) 판결; 서울고등법원 2005. 12. 15. 선고 2005누6012(파기환송심) 판결]; 건설공제조합의 불공정약관조항 건(공정거래위원회 2001. 2. 27. 의결 제 2001-026호, 2001. 7. 13. 재결 제2001-029호; 서울고등법원 2003. 7. 10. 선고 2001누12620 판결; 대법원 2006. 1. 12. 선고 2003두10022 판결); 삼성화재해상(주)의 자기신체사고 약관 건[서울중앙지방법원 2004. 4. 30. 선고 2003나44195 판결; 대법원 2004. 11. 25. 선고 2004다28245(보험금) 판결]; 유피에스에스씨에스코리아(주) 외 1인의 '히말라야 약관' 건 [부산지방법원 2006. 12. 21. 선고 2006나4936 판결; 대법원 2007. 4. 27. 선고 2007다4943[손해배상(기)] 판결]; 택배회사의 운송계약서 건[서울고등법원 2005. 7. 29. 선고 2004나43840 판결; 대법원 2008. 5. 29. 선고 2005다56735 판결(파

기환송)]; **임대차계약서상 연체료 약정 건**[창원지방법원 2009. 2. 13. 선고 2008나12228, 12235 판결; 대법원 2009. 8. 20. 선고 2009다20475,20482(건물명도및임대료·임대차보증금등) 판결]; **(주)코리아원의 주상복합 공급계약 건**{서울고등법원 2011. 1. 27. 선고 2010나15952 판결; 대법원 2013. 6. 14. 선고 2011다23040[손해배상(기)등] 판결}; **은행 등의 여신거래 표준약관 개정의결 취소 관련 건**[서울고등법원 선고 2010누24311 판결(위원회 일부패소); 대법원 2010. 10. 14. 선고 2008두23184 판결(파기환송, 위원회 승소 취지); 서울고등법원 2011. 4. 6. 선고 2010누35571 판결(파기환송심, 위원회 승소); 대법원 2011. 8. 25. 선고 2011두9614 판결(심리불속행 기각, 위원회 승소 확정)]; **미래에셋생명보험(주) 보험약관 건**[서울고등법원 2012. 2. 24. 선고 2011나75296 판결; 대법원 2013. 10. 11. 선고 2012다31468(채무부존재확인) 판결]; **삼성생명(주)의 보험영업지침 건** (서울중앙지방법원 2017. 1. 13. 선고 2016가소137823 판결; 서울중앙지방법원 2017. 7. 27. 선고 2017나8903 판결; 대법원 2017. 12. 5. 선고 2017다36895 판결); **(주) 인텔로그디앤씨의 불공정약관 건**{서울중앙지방법원 2016. 11. 24. 선고 2016나17247 판결; 대법원 2017. 4. 13. 선고 2016다274904[기타(금전)] 판결}

Ⅰ. 불공정 약관의 무효

신의성실의 원칙을 위반하여 공정성을 잃은 약관 조항은 무효이다(법 제6조 제1항). 법 제6조 제1항, 제2항 제1호에 따라 고객에 대하여 부당하게 불리한 조항으로서 '신의성실의 원칙에 반하여 공정을 잃은 약관조항'이라는 이유로 무효라고 보기 위해서는, 그 약관조항이 고객에게 다소 불이익하다는 점만으로는 부족하고, 약관 작성자가 거래상의 지위를 남용하여 계약 상대방의 정당한 이익과 합리적인 기대에 반하여 형평에 어긋나는 약관조항을 작성·사용함으로써 건전한 거래질서를 훼손하는 등 고객에게 부당하게 불이익을 주었다는 점이 인정되어야 한다. 그리고 이와 같이 약관조항의 무효 사유에 해당하는 '고객에게 부당하게 불리한 조항'인지 여부는 그 약관조항에 의하여 고객에게 생길 수 있는 불이익의 내용과 불이익 발생의 개연성, 당사자들 사이의 거래과정에 미치는 영향, 관계 법령의 규정 등 모든 사정을 종합하여 판단하여야 한다<㈜인텔로그디앤씨의 불공정약관>.1)

---

1) 대결 2008. 12. 16. 2007마1328; 대판 2014. 6. 12. 2013다214864 판결 등; 대판 2017. 4. 13. 2016다274904.

관련하여 법원이 다음과 같이 판단한 사례가 있다.

"약관의 내용통제원리로 작용하는 신의성실의 원칙은 보험약관이 보험사업자에
의하여 일방적으로 작성되고 보험계약자로서는 그 구체적 조항내용을 검토하거나
확인할 충분한 기회가 없이 보험계약을 체결하게 되는 계약성립의 과정에 비추어,
약관작성자는 '계약상대방의 정당한 이익과 합리적인 기대 즉 보험의 손해전보에
대한 합리적인 신뢰에 반하지 않고 형평에 맞게끔 약관조항을 작성하여야 한다는
행위원칙'을 가리키는 것임"(<해동화재해상(주)의 자동차종합보험약관 건>2)<(주)
한국외환은행의 보증의뢰계약 건>)3)

'공정성을 잃은'이라 함은 사업자의 이익과 고객의 이익 사이에서 고객에게
부당하게 불리한 것을 말하며, 사업자의 이익과 고객의 이익을 비교형량하여 고
객에게 부당하게 불리한 경우를 말하며, 사업자의 이익과 고객의 이익을 비교형
량하여 판단한다(「약관심사지침」 IV. 2. 가).

불공정 약관조항에 해당하는지 여부를 심사함에 있어서는 문제되는 조항만
을 따로 떼어서 볼 것이 아니라 전체 약관내용을 종합적으로 고찰한 후에 판단
하여야 하고, 그 약관이 사용되는 거래분야의 통상적인 거래관행, 거래대상인
상품이나 용역의 특성 등을 함께 고려하여 판단하여야 한다(<은행 등의 여신거
래 표준약관 개정의결 취소 관련 건>).4)

대법원판례 중 제6조 제1항만을 적용하여 약관조항의 무효를 선언한 예는
아직 없으나, 제6조 제1항의 신의성실원칙에 반하지 않는다고 유효로 판시한 예
는 다수가 있다.5)

"'히말라야 약관'(Himalaya Clause)은 운송인의 항변이나 책임제한을 원용할 수
있는 운송관련자의 범위나 책임제한의 한도 등에 관하여 그 구체적인 내용을 달
리 하는 경우가 있으나, 해상운송의 위험이나 특수성과 관련하여 선하증권의 뒷면
에 일반적으로 기재되어 국제적으로 통용되고 있을 뿐만 아니라, 간접적으로는 운
송의뢰인이 부담할 운임과도 관련이 있는 점에 비추어 볼 때, 약관규제법 제6조
제1항에서 정하는 '신의성실의 원칙에 반하여 공정을 잃은 조항'이라거나 같은 법

2) 대판 1991. 12. 24. 90다카23899(보험금); 「약관심사지침」 IV. 2. 가.
3) 대판 1994. 12. 9. 93다43873(가처분이의).
4) 대판 2010. 10. 14. 2008두23184(표준약관개정의결취소).
5) 사법연수원, 45면, 각주 53) 참조.

제6조 제2항의 각 호에 해당하는 조항이라고 할 수 없음"(<유피에스에스씨에스코리아(주) 외 1인의 '히말라야 약관' 건>),⁶⁾ "상장법인이 상장으로 누리는 이익도 결국은 거래소에 대한 시장 참여자의 신뢰에 바탕을 두고 있는 것이어서 투자자의 신뢰를 해하지 아니하는 범위 내에서만 보호받을 수 있는 것이고, 상장법인이 제출하는 사업보고서와 그에 대한 감사인의 감사보고서는 상장법인의 재무 건전성과 회계의 투명성을 평가할 수 있는 거의 유일한 자료임과 동시에 투자자들의 투자의사 결정의 주된 근거가 되며 공정하고 타당한 시장가격이 형성되기 위한 전제가 되는데, 감사인의 감사보고서상 감사의견이 부적정 또는 의견거절인 경우에는 불특정 다수의 투자자들의 신뢰를 해칠 가능성이 객관적으로 명백하다고 볼 수 있고, 특히 1997. 말부터 시작된 외환위기 이후 기업들이 자금조달을 위하여 거래소시장을 통한 직접금융 방식에 크게 의존하게 됨에 따라 투자자 보호를 위하여는 상장폐지기준 등을 강화할 필요가 있었던 점 등에 비추어 보면, 증권거래소가 감독기관의 승인을 거쳐 유가증권상장규정 제37조 제1항 제1호에 규정된 상장폐지기준 중 하나인 '최근 2사업연도 계속 부적정 또는 의견거절인 때'를 '최근 사업연도에 부적정 또는 의견거절인 때'로 더욱 엄격하게 개정한 것이 증권거래법의 위임범위를 일탈하였다거나 불공정한 약관으로서 무효에 해당한다고 볼 수는 없음"(<한국증권거래소의 유가증권상장규정 건>)⁷⁾

일반규정과 개별금지규정의 관계에 대하여 「약관심사지침」에서는 다음과 같이 규정하고 있다(Ⅳ. 1).

가. 제6조(일반원칙)는 일반원칙으로서 신의성실의 원칙에 반하는 조항을 무효로 선언하는 일반규정이고, 제7조(면책조항의 금지) 내지 제14조(소제기의 금지 등)는 불공정약관조항의 유형을 구체적으로 열거하는 개별금지규정이다.
나. 약관조항의 위법성을 심사할 때 1차적으로 제7조(면책조항의 금지) 내지 제14조(소제기의 금지등)에 열거된 개별금지규정을 적용하고, 2차적으로 제6조(일반원칙)를 적용한다.

개별금지규정에 의하여 무효인 규정이 일반규제에 의하여 유효로 될 수는 없으나, 반대의 경우에는 여러 가지 설이 대립되고 있다. 일반조항이나 개별조항이나 모두 금지규정 형식으로 되어 있으므로 예를 들어 개별금지규정으로 무

---

6) 대판 2007. 4. 27. 2007다4943[손해배상(기)].
7) 대결 2004. 1. 16. 자 2003마1499(상장폐지금지및매매거래재개가처분).

효가 된 것을 일반조항으로 유효로 하기는 어려우나 개별금지규정으로 유효하다 하더라도 일반조항으로 다시 금지할 수 있는 것이 법문구조상 논리적인 결론이라 생각된다. 즉 긍정설이 타당하다.

Ⅱ. 불공정성의 추정

신의성실원칙은 그 내용의 추상성때문에 실제 적용이 쉽지 않다. 이러한 적용상의 어려움을 덜고자 추정규정을 두고 있다. 즉 약관의 내용 중 ① 고객에게 부당하게 불리한 조항(제1호), ② 고객이 계약의 거래형태 등 관련된 모든 사정에 비추어 예상하기 어려운 조항(제2호), ③ 계약의 목적을 달성할 수 없을 정도로 계약에 따르는 본질적 권리를 제한하는 조항(제3호)의 어느 하나에 해당하는 내용을 정하고 있는 조항은 공정성을 잃은 것으로 추정된다(법 제6조 제2항).[8]

1. 고객에게 부당하게 불리한 조항

불공정성이 추정되는 첫 번째 경우는 고객에게 부당하게 불리한 조항(제1호)이다. 약관은 사업자가 다수의 고객과 계약을 체결하기 위하여 일방적으로 작성한 것으로서 고객이 그 구체적인 조항내용을 검토하거나 확인할 충분한 기회를 가지지 못한 채 계약의 내용으로 되는 것이므로, 그 약관의 내용이 사적자치의 영역에 속하는 채무자위험부담주의에 관한 민법 제537조의 규정에 관한 것이라고 하더라도, 사업자가 상당한 이유 없이 자신이 부담하여야 할 위험을 고객에게 이전하는 내용의 약관조항은 고객의 정당한 이익과 합리적인 기대에 반할 뿐 아니라 사적자치의 한계를 벗어나는 것이라고 할 것이고, 따라서 이러한 사적자치의 한계를 벗어나는 약관조항을 무효로 한다고 하여 사적자치의 원칙에 반한다고 할 수는 없다(<(주)성창에프엔디의 불공정약관조항 건>).[9]

---

8) 권오승, 589~590면에서는 다음과 같은 문제점을 제기하고 있다. ① '고객에게 부당하게 불리한 조항(제1호)'은 "부당하게"라는 가치판단을 필요로 하는 불확정개념을 사용함으로써, 부당하게 불리한 경우가 어떤 경우인지를 명확히 밝히지 못하고 있다. ② '고객이 계약의 거래형태 등 관련된 모든 사정에 비추어 예상하기 어려운 조항(제2호)'은 극히 이례적인 조항으로 독일민법상 이를 아예 계약에 편입시키지 않고 있다. ③ 실제 중요한 의미를 가지는 추정요건은 '계약의 목적을 달성할 수 없을 정도로 계약에 따르는 본질적 권리를 제한하는 조항(제3호)' 밖에 없다.

동 조항의 위법성 심사기준에 대하여 「약관심사지침」에서는 다음과 같이 규정하고 있다[Ⅳ. 2. 나.(1)].

> 1) 사업자와 고객의 이익형량에 기초하여 사업자가 어떤 특정 조항으로 인하여 이익을 얻은 대가로 고객에게 어떠한 이익이 부여되고 있는가를 비교한다.
> 2) 설사 일정한 사항에 대한 불이익이 있더라도 다른 사항에 이익이 있어 계약의 전체적인 내용이 정당하게 조정된 경우라면 고객에게 부당하게 불리한 조항이라고 할 수 없다.
> 3) 고객의 이익은 계약당사자의 개별적인 사정을 고려하지 않고, 고객집단의 평균적이고 전형적인 이익을 기준으로 한다.
> 4) '부당'한지의 여부는 당해 약관을 설정한 의도 및 목적, 당해 업종에서의 통상적인 거래관행, 관계법령, 거래대상 상품 또는 용역의 특성, 사업자의 영업상의 필요 및 고객이 입을 불이익의 내용과 정도 등을 종합적으로 고려하여 판단한다.

법원이 법위반으로 인정한 사례는 다음과 같다.

> "약관규제법 세6조에서 '신의성실의 원칙에 반하여 공정을 잃은 약관조항은 무효이다(제1항). 약관에 다음 각호의 1에 해당되는 내용을 정하고 있는 경우에는 당해 약관조항은 공정을 잃은 것으로 추정된다(제2항).'고 규정하고 제1호에 '고객에 대하여 부당하게 불리한 조항'을 들고 있으며, 제8조에서는 '고객에 대하여 부당하게 과중한 지연손해금 등의 손해배상의무를 부담시키는 약관조항은 이를 무효로 한다'고 규정하고 있으므로, 고객에 대하여 부당하게 과중한 손해배상의무를 부담시키는 약관조항은 고객에게 부당하게 불리하여 공정을 잃은 것으로 추정되고 신의성실의 원칙에 반하는 것으로서 무효라고 보아야 할 것임. 당첨자에게 계약의 체결을 강제하기 위한 수단으로 분양용지의 공급가액의 10%에 상당하는 분양신청금을 일방적으로 피고에게 귀속시키는 위 약관조항은, 고객인 당첨자에 대하여 부당하게 과중한 손해배상의무를 부담시키는 것으로서 신의성실의 원칙에 반하여 공정을 잃은 약관조항이라고 할 것이므로, 무효임"(<한국토지개발공사의 분양공고 약관 건>),[10] "위약금 약정은 일반적으로 손해배상액의 예정으로 추정되나, 이 건에 있어서는 원·피고 사이의 이 건 토지분양계약이 해제될 경우 원고가 피고에게 지급한 계약보증금이 피고에게 귀속될 뿐만 아니라 원고는 계약해제로 인하여 피고가 입은 손해에 대하여도 이를 배상하여야 할 의무를 부담하는 점

---

9) 대판 2005. 2. 18. 2003두3734(파기환송).

등에 비추어, 위 계약보증금 귀속에 관한 위약금 약정(이하 이 건 위약금 조항)은 손해배상액의 예정이 아니라 원고의 계약위반시 이를 피고에게 귀속시킴으로써 원고에게 제재를 가함과 동시에 원고의 계약이행을 간접적으로 강제하는 작용을 하는 이른바 위약벌의 성질을 가지는 것임. 이 건 위약금 조항은 피고가 택지개발 지구의 토지에 관하여 다수당사자인 입찰자와 계약을 체결하기 위하여 내부 규정에 의거하여 미리 마련한 분양계약의 내용으로서 약관규제법 제2조 제1항 소정의 약관에 해당한다고 보아야 할 것인데, 이 건 계약보증금은 매매대금의 1할로서 통상적인 거래의 손해배상액의 예정으로 정하는 금액에 상당하여, 손해배상과 별도로 부가되는 위약벌로서는 과다한 점, 이 건 계약 제16조 제2항, 제4항과 제5항의 규정 형식을 문언 그대로 비교 검토하여 보면, 제2항, 제4항의 경우에는 매수인의 귀책사유로 계약이 해제될 경우의 효과에 대하여 규정하고 있음에 비하여, 제5항은 원고의 귀책사유로 인한 해제 여부를 불문하고 계약이 해제되는 모든 경우에 계약보증금이 피고에게 귀속되는 것처럼 규정되어 있고, 더욱이 이 건 위약금 조항을 제12조의 담보책임 규정과 제14조의 위험부담 규정의 취지와 관련시켜 보면, 목적용지의 수량부족, 내용의 불일치가 있거나 또는 계약 후 천재지변 기타 불가항력인 사유로 인하여 목적용지의 전부가 유실된 경우에는 물론, 공용징수 등 부담이 부과된 경우에도 매수인이 모든 책임을 부담하고 매도인에게 계약의 해제 또는 기타 책임을 물을 수 없게 되어 있어, 그러한 경우에조차 위 계약보증금은 당연히 매도인에게 귀속되는 것처럼 규정되어 있는 결과로, 귀책사유 유무를 불문하고 계약이 해제되는 모든 경우 및 그 밖의 사유로 계약 목적 달성이 불가능한 모든 경우에 매수인으로서는 적어도 계약보증금에 대한 원상회복청구권을 사실상 포기하도록 되어 있는 점, 또한 매수인은 채무불이행으로 인하여 계약보증금을 몰취당하는 외에 매도인이 입은 손해를 배상하여야 하는 반면, 매도인의 귀책으로 인하여 계약이 해제될 경우에는 손해배상액의 예정 또는 위약벌에 관한 규정이 전혀 없을 뿐만 아니라, 계약 해제시 매도인이 매수인에게 반환하는 금액에 대하여는 이자를 지급하지 아니한다고 되어 있는 점 등에 비추어 보면, 이 건 위약금 조항은 고객인 원고에 대하여 일방적으로 부당하게 불리한 것으로서 공정을 잃은 것으로 추정되어 신의성실의 원칙에 반하거나, 또는 계약 해제시 고객의 원상회복 청구권을 부당하게 포기하도록 하는 약관으로서, 약관규제법 제6조 제1항, 제2항 제1호 또는 제9조 제3호에 위반되어 무효임"(<한국토지공사의 토지분양계약 약관 건>),11) "① 사업자가 시장상황을 고려하여 필요한 경우 판매대리점의 판매지역 내에 사업자의 판매대리인을 추가로 선정할 수 있다고 한 약관 조항에 대하여, 비록 사업자에게 고객인 판매대리점들에 대한 판매지역권 보장의무가 당연히 인

정되는 것은 아니라고 하더라도, 사업자가 소속 대리점에게 사실상 인정되는 판매
지역권을 부당하게 침해하는 것은 허용되지 않는다고 할 것인바, 위 약관 조항은 상
호 협의 없이 사업자가 일방적으로 판매대리점의 판매지역 내에 자기의 판매대리인
을 추가로 선정할 수 있도록 하고 있으므로, 이는 결국 고객인 판매대리점의 판매지
역을 사업자가 일방적으로 축소 조정할 수 있도록 허용함으로써 판매대리점의 판
매지역권을 부당하게 침해하는 것으로, 구 약관규제법(2001. 3. 28. 법률 제6459호
로 개정되기 전의 것) 제6조 제2항 제1호 소정의 '고객에 대하여 부당하게 불리한
조항'으로서 불공정한 약관으로 추정됨. ② 사업자와 판매대리점 중 어느 일방의
당사자가 대리점계약을 해지하고자 할 경우에는 상대방에게 그 뜻을 계약해지 예
정일로부터 2개월 전에 서면으로 예고하여야 한다고 한 약관에 대하여, 형식적으
로는 당사자 쌍방에게 동등하게 해지권을 유보한 것처럼 보이나, 판매대리점은 투
하자본 때문에 계약을 임의로 해지하기가 어려운 반면, 사업자는 필요에 따라 2개
월의 유예기간만 두면 언제든지 계약의 해지가 가능하므로, 실질적으로는 사업자
의 이익을 위하여 기능하는 조항이라고 할 수 있는바, 당사자간의 신뢰관계의 파
괴, 부득이한 사유의 발생, 채무불이행 등 특별한 사정의 발생 유무를 불문하고
사업자가 2개월 전에 서면예고만 하면 언제든지 계약을 해지할 수 있도록 규정하
고 있으므로, 구 약관규제법(2001. 3. 28. 법률 제6459호로 개정되기 전의 것) 제6
조 제2항 제1호 소정의 '고객에 대하여 부당하게 불리한 조항'으로서 불공정한 약
관으로 추정됨"(<대우자판(주)의 불공정약관조항 건>),[12] "딜러계약[13]은 원고와
딜러 사이의 신뢰관계를 기초로 하는 계약이기는 하나, 가압류나 가처분과 같은
보전처분은 법률관계의 확정 전에 취하여지는 잠정적인 수단으로서 채권자가 자
기의 목적을 달성하기 위하여 일방적으로 취할 수 있는 조치이므로 딜러의 주요
한 영업재산에 대하여 가압류, 가처분의 신청이나 집행이 있었다고 하여 딜러의
신용이 저하된다거나 원고와 딜러 간의 신뢰관계가 손상된다고 할 수는 없고, 비
록 원고가 이를 사유로 해지권을 행사하기 위하여는 1개월 이상의 최고기간을 두
고 그 기간 내에 딜러가 보전처분을 해소하지 못하는 경우에 비로소 딜러계약을
해지할 수 있다고 하더라도, 보전처분을 해소하기 위하여 비교적 단기간인 위 기
간 내에 딜러가 가압류, 가처분에 대한 이의의 소를 제기하고 그 확정판결을 받는
것이 용이하지 아니하며 또 위 기간 내에 채권자가 주장하는 일방적인 채권금액
전액을 해방공탁금으로 공탁할 수 없는 사정 등으로 보전처분을 해소하지 못하였
다고 하더라도 이를 딜러의 귀책사유로 돌릴 수는 없으므로, 딜러가 최고기간 내
에 보전처분을 해소하지 못하였다고 하여 딜러의 정상적인 영업수행능력에 대한
원고의 신뢰가 손상을 받는다고 보아서도 아니 될 것이고, 오히려 딜러의 정상적

인 영업수행능력에 대한 원고의 신뢰보호는 아래에서 보는 약관 제30조 5호에 의하여 보호되는 것이 원칙이라고 할 것이므로, 약관 제30조 제1호14) 중 '딜러의 주요한 영업재산에 대한 가압류, 가처분의 신청이 있는 때'에 1개월 이상의 기간을 정하여 최고한 다음 계약을 해지할 수 있다는 부분은 불공정한 약관조항으로 의제되는 법 제6조 제2항 제1호의 '고객인 딜러에 대하여 부당하게 불리한 조항'에 해당함"(<대우종합기계(주)의 불공정약관조항 건>),15) "이 건 약관 제10조 제2항은 당해 상가건물에 부과되는 각종 공과금 및 건물의 사용 및 관리유지에 소요되는 제 부담금이 입점일 이전에 발생하였으나 입점일 이후에 부과·고지되는 경우에도 임차인이 이를 부담하는 것으로 해석될 수 있을 뿐 아니라, 상가건물에 부과되는 각종 공과금 중 임차인이 부담하는 부분이 임차인이 사용하는 점포의 면적에 상응하는 것으로 한정되어 있지 아니하여 이를 초과하여 부담하는 것으로 해석될 수 있다는 이유로 위 약관조항이 법 제6조 제2항 제1호의 '고객에 대하여 부당하게 불리한 조항'에 해당함"(<㈜성창에프엔디의 불공정약관조항 건>),16) "이 건 약관 제5조 제2항17)은 원고가 상가건물의 관리·운영에 필요한 상가관리운영규칙을 특별한 기준이나 절차 없이 일방적으로 제정 또는 개정할 수 있도록 하고 있으므로, 상가관리운영규칙에 정해진 바에 따라 점포를 운영할 수밖에 없는 임차인들로서는 자신들이 지켜야 할 의무의 내용과 그 불이행에 대한 제재의 내용을 미리 예상할 수 없다는 이유로 위 약관조항이 법 제6조 제2항 제1호의 '고객에 대하여 부당하게 불리한 조항' 또는 같은 항 제2호의 '고객이 계약의 거래형태 등 제반 사정에 비추어 예상하기 어려운 조항'에 해당함"(<㈜성창에프엔디의 불공정약관조항 건>),18) "업무상 자동차종합보험약관 중 대인배상 II에서 "배상책임 있는 피보험자의 피용자로서 산재보험법에 의한 재해보상을 받을 수 있는 사람에 대하여는 보상하지 아니한다."는 이 건 면책조항을 규정한 취지는, 사용자와 근로자의 노사관계에서 발생한 업무상 재해로 인한 손해에 대하여는 노사관계를 규율하는 근로기준법에서 사용자의 각종 보상책임을 규정하는 한편, 이러한 보상책임을 담보하기 위하여 산재보험법으로 산재보험제도를 설정하고 있으므로, 산재보험 대상인 업무상 자동차사고에 의한 피해 근로자의 손해에 대하여도 산재보험에 의하여 전보 받도록 하고, 이처럼 산재보험에 의한 전보가 가능한 범위에서는 제3자에 대한 배상책임을 전보하는 것을 목적으로 하는 자동차보험의 대인배상 범위에서 이를 제외하려는 데 있는 것으로 해석함이 상당하다. 그렇지 아니하고 업무상 자동차사고에 의한 피해 근로자의 손해가 산재보험법에 의한 보상범위를 넘어서는 경우에도 이 건 면책조항에 의하여 보험자가 면책된다고 한다면 자동차보험의 피보험자인 사업주의 피해 근로자에 대한 자동차손해배상보장법 또는 민법 등에 의한 손해배상책임이 남아 있음에도 불구하고 보험자의 면책을 인정하여 피보험자에게 실질적으로 손해배상책임을 부담하게 하는 것이 되는바, 이는 피보험자동차의 사고로 인하여 피보험자가 타인에 대하여 부담하는 손해배상책임을 담보하기 위한 자동차보험의 취지에 어긋나는 것으로서, 약관의규제에관한법률 제6조 제1항, 제2항 제1호 및 제7조 제2호 소정의, 고객인 보험계약자 및 피보험자에게 부당하게 불리할 뿐만 아니라, 사업자인 보험자가 부담하여야 할 위험을 고객에게 이전시키는 것이 된다. 따라서 '산재보험법에 의한 보상범위를 넘어서는 손해가 발생한 경우에도 보상하지 아니한다.'는 이 건 면책조항의 '괄호 안 기재 부분'은 위 같은 법률의 각 조항에 의하여 효력이 없음"(<삼성화재해상보험(주)의 자동차종합보험약관 건>),[19] "이 건 약관 제8조 제3항[20]은 원고가 상가운영상 필요하다고 판단되면 특별한 절차나 제한 없이 상가건물 내의 각 층별로 지정된 업종을 변경할 수 있도록 하면서도 임차인에게는 이러한 업종변경으로 인하여 손해가 발생하더라도 이의제기 등 아무런 조치도 취할 수 없도록 하는 조항인바, 대규모 상가건물의 임대인인 원고에게 상가의 활성화 등을 위하여 당초 지정된 업종을 변경할 수 있도록 할 필요가 있음을 부인할 수는 없으나, 임차인은 이 건 약관 제8조 제1항 및 제2항에 의하여 지정된 업종에 한하여 영업할 수 있고 다른 업종으로 변경하기 위해서는 원고의 승인을 받도록 되어 있는 반면, 이러한 업종제한의 결과 각 층별로 지정된 업종에 한하여 영업할 수 있게 됨으로써 일정한 영업상 이익을 얻을 것으로 기대하고 있다고 봄이 상당하고, 이러한 영업상의 이익이 원고의 일방적인 업종변경으로 침해되더라도 임차인으로서는 이를 감수하여야 하고 아무런 조치를 취할 수 없도록 하는 것은 임차인의 영업상의 이익을 부당하게 침해하는 것이라고 할 것이므로, 위 약관조항은 법 제6조 제2항 제1호의 '고객에 대하여 부당하게 불리한 조항'에 해당함"(<㈜성창에프엔디의 불공정약관조항 건>),[21] "제10조 제2항[22]에 대해서도 당해 상가건물에 부과되는 각종 공과금 및 건물의 사용 및 관리유지에 소요되는 제 부담금이 입점일 이전에 발생하였으나 입점일 이후에 부과·고지되는 경우에도 임차인이 이를 부담하는 것으로 해석될 수 있을 뿐 아니라, 상가건물에 부과되는 각종 공과금 중 임차인이 부담하는 부분이 임차인이 사용하는 점포의 면적에 상응하는 것으로 한정되어 있지 아니하여 이를 초과하여 부담하는 것으로 해석될 수 있다는 이유로 '고객에 대하여 부당하게 불리한 조항'에 해당함"(<㈜성창에프엔디의 불공정약관조항 건>),[23] "계약서 제12조 제2항이 영업소 측에서 합리적인 영업정책수립 요구원 및 요구사항 미반영시 계약해지권을 부여하고 있더라도, 영업소의 경우 초기투자비용의 회수문제 등으로 계약의 중도해지가 사실상 곤란하고, 택배회사의 위탁영업소계약에서 운송수수료율은 영업

소가 운송행위에 대한 대가로 어떤 이득을 취득할 것인가라는 주된급부에 대한
사항이므로, 이러한 급부내용을 변경할 사정변경이 있는 경우에는 당사자간의 합
의에 따라 조정하는 것이 기본법리라 할 것인데, 위 계약서 제8조 제2항은 택배회
사가 사정변경을 이유로 운송수수료율을 일방적으로 변경할 수 있도록 규정하고
있으므로, 이는 상당한 이유없이 급부의 내용을 사업자가 일방적으로 결정하거나
변경할 수 있도록 권한을 부여하는 조항으로서 약관규제법 제10조 제1호에 해당
하거나, 고객에 대하여 부당하게 불리한 조항으로 공정을 잃은 것으로 추정되는
경우로서 약관규제법 제6조 제2항 제1호에 해장하여 무효임"(<택배회사의 운송
계약서 건>),24) "갑 주식회사가 을 등 수분양자와 주상복합건물에 관한 공급계약
을 체결하면서 '최종 건축허가 시 계약면적이 변경될 수 있으며, 분양가에 포함되
지 않은 지하주차장 면적의 증감에 대하여는 갑 회사와 수분양자 상호 간에 정산
하지 않기로 한다'는 내용의 조항을 둔 사안에서, 위 하자담보책임 면제약정은 상
당한 이유 없이 사업자의 담보책임을 배제하고, 고객에 대하여 부당하게 불리하여
공정을 잃은 조항으로서 구 약관규제법 제7조 제3호, 제6조 제2항 제1호에 의해
무효임"(<(주)코리아원의 주상복합 공급계약 건>),25) "약관의 규제에 관한 법률
은 제6조 제1항에서 '신의성실의 원칙에 반하여 공정을 잃은 약관조항은 무효이
다'라고 규정하고, 제2항에서 '약관은 다음 각 호의 1에 해당되는 내용을 정하고
있는 경우에는 당해 약관 조항은 공정을 잃은 것으로 추정된다'라고 규정하면서
그 제1호에 '고객에 대하여 부당하게 불리한 조항'을 들고 있으며, 제8조에서는
'고객에 대하여 부당하게 과중한 지연손해금 등의 손해배상의무를 부담시키는 약
관조항은 이를 무효로 한다'라고 규정하고 있으므로, 고객에 대하여 부당하게 과
중한 손해배상의무나 위약벌 등을 부담시키는 약관 조항은 고객에게 부당하게 불
리하여 공정을 잃은 것으로 추정되고 신의성실의 원칙에 반하는 것으로서 무효라
고 보아야 할 것임(대법원 1996. 9. 10. 선고 96다19758 판결, 대법원 1998. 4. 24.
선고 97다56969 판결 등 참조). 우선 이 건 임대차계약서 제16조 제3항에서 규정
한 위약금을 원심과 같이 이른바 위약벌로 본다 하더라도, 그것이 약관 조항인 이
상 앞서 본 바와 같이 약관의 규제에 관한 법률 제6조 및 제8조의 적용 대상이
되는 것임. 또한 원심판결 및 원심이 적법한 증거조사를 거쳐 채택한 증거 등에
의하면, 이 건 임대차계약서 제16조 제1항 '바'호에서 월 차임을 2개월 이상 연체
할 경우 등에는 계약을 해제·해지할 수 있도록 하고 제3항에서는 제1항의 각 호
에 해당하는 사유 등으로 계약이 해제·해지되는 경우 임대차보증금의 10%를 위
약금으로 지급하도록 하면서, 제4항에서는 임차인으로 하여금 제3항의 위약금과
별도로 제1항 각 호의 사유로 인한 실손해를 배상하도록 할 뿐 아니라, 제5조 제3

항에서 임차인으로 하여금 월 차임 연체에 대한 고율의 연체료를 지급하도록 하고 있는 사실, 이 건 임대차계약에는 임대인의 귀책사유로 계약이 해제·해지될 경우 등에 관한 손해배상액의 예정 또는 위약벌의 규정이 전혀 없고, 그 밖에도 임대차보증금을 임대차 목적물의 명도 및 원상복구 완료 후에 반환하도록 한다는 등(제7조 제2항) 임대인의 편의를 위한 여러 규정을 두고 있는 사실, 반면 임차인은 월 차임에 관한 부가가치세를 포함한 각종 공과금을 모두 부담하도록 되어 있고, 계약기간이나 월 차임 등에서 임대인으로부터 어떠한 혜택을 부여받지도 못하고 있는 사실을 알 수 있는바, 이와 같은 사정들을 종합하여 보면, 월 차임 연체 등을 이유로 계약을 해지한 경우 임차인으로 하여금 임대차보증금의 10%를 위약금으로 지급하도록 한 이 건 임대차계약서 제16조 제3항은 임차인에 대하여 부당하게 불리한 조항으로서 공정을 잃은 것으로 추정되어 신의성실의 원칙에 반하거나, 부당하게 과중한 지연손해금 등의 손해배상의무를 부담시키는 약관 조항으로서 위 법률 제6조 제1항, 제2항 제1호, 제8조에 위반되어 무효임"(<임대차계약서상 연체료 약정 건>)26)

10) 대판 1994. 5. 10. 93다30082(부당이득금).

11) 대판 1998. 12. 23. 97다40131(부당이득금반환).

12) 대판 2003. 1. 10. 2001두1604. 판매대리점과 대리점 개설 계약을 체결하면서 사용하는 「자동차판매대리 및 사후관리에 관한 계약서」의 '① 원고가 시장상황을 고려하여 필요한 경우 판매대리점의 판매지역 내에 원고의 판매대리인을 추가로 선정할 수 있고, ② 계약당사자 일방이 2개월 전에 서면예고만 하면 언제든지 계약을 해지할 수 있는 등 조항이 문제되었다.

13) 딜러계약은 딜러들이 원고를 위하여 원고로부터 제품을 계속적으로 공급받아 원고의 명의로 거래상대방에게 위 제품을 매도함으로써 상시 원고의 영업부류에 속하는 거래의 대리 또는 대행을 하고 소정의 수수료를 지급받는 것을 주된 내용으로 하는 계약이므로(갑2), 이는 상법 제87조 소정의 대리상 또는 이와 유사한 계약관계라고 할 것이다.

14) 제30조(약정 계약해지) 아래 각 호의 사항이 발생한 경우 "갑"은 1개월 이상의 기간을 정하여 최고한 다음 계약을 해지할 수 있다. 1) "을"의 파산 혹은 "을"의 주요한 영업재산에 대한 압류, 가압류, 가처분, 경매 등의 신청이 있는 때와 "을"이 발행, 배서, 지급 보증한 어음, 수표 등이 부도 처리된 경우.

15) 서고판 2002. 12. 24. 2002누1887(대판 2005. 10. 13. 2003두1110).

16) 대판 2005. 2. 18. 2003두3734(파기환송).

17) 제5조(임대차기간 및 권리의무) ② 본 점포는 입점일 이후 "갑"의 책임으로 총괄 관리운영하며 "을"은 "갑" 또는 "갑"의 위임을 받은 자가 제정 또는 개정하는 "상가관리운영규칙"을 준수하여야 한다.

18) 대판 2005. 2. 18. 2003두3734(파기환송).

19) 대판 2005. 3. 17. 선고 2003다280[손해배상(자)].

20) 제3조(지정업종의 변경규제) ③ "을"은 자신의 영업이익 감소 기타 여하한 이유로도 입점 이전, 이후를 불문하고 "갑"이 본 상가운영상 필요하다고 판단되어 본 상가내 입점하는 제3자와 체결하는 계약내용이나 계약내용 사후변경 등 일체의 행위에 이의를 제기할 수 없다.

21) 대판 2005. 2. 18. 2003두3734(파기환송).

법원이 법위반으로 인정하지 않은 사례는 다음과 같다.

"약관상 매매계약 해제시 매도인을 위한 손해배상액의 예정조항은 있는 반면 매수인을 위한 손해배상액의 예정조항은 없는 경우, 매도인 일방만을 위한 손해배상액의 예정조항을 두었다고 하여 곧 그 조항이 약관규제법에 위배되어 무효라 할 수는 없다. 즉 이 건 손해배상액의 예정에 관한 조항은 법률상 허용되는 임의법규의 규정(민법 제398조)을 그대로 따른 것에 불과할 뿐 조금도 임의법규로부터 이탈한 것은 아니고, 손해배상액의 예정이 있는 경우 손해액에 대한 입증이 없어도 손해배상으로 그 예정액을 청구할 수 있는 이점이 있는 반면 다른 특약이 없는 한 채권자의 손해가 예정액을 초과한다 하더라도 초과부분을 따로 청구할 수 없는 불이익도 있는 데다가, 이 건에서의 매수인은 그를 위한 손해배상액 예정의 약관조항이 없더라도 일반 채무불이행책임을 물어 실제 손해액을 입증함으로써 그 손해 전액의 배상을 구할 수 있는 점, 이 건의 경우 매도인은 공기업으로서 특단의 사정이 없는 한 그의 채무불이행이란 쉽게 예견하기 어려운 점, 이 건 거래 목적물과 거래유형 및 그에 비추어 본 고객의 사업자에 대한 예속성의 정도와 고객에게 손해배상액의 예정에 관한 조항이 요구되는 실제적 중요성의 정도 등을 종합하여 보면, 매도인을 위한 손해배상액의 예정에 관한 조항을 두면서 고객인 매수인을 위한 손해배상액의 예정에 관한 조항을 두지 않았다 하더라도 단지 그와 같은 사정만으로는 이 건 약관조항이 고객에 대하여 부당하게 불리하다거나 신의성실의 원칙에 반하여 불공정하다고 보기에 부족함"(<한국토지공사의 약관 건>),[27] "합의에 의해 보충예정된 연대보증의 기간이나 보증한도액의 정함이 없다 하여 약관형식의 어음거래약정이 법 제6조, 제9조 제5호에 위반되어 무효라 할 수 없음"(<삼삼종합금융(주)의 어음거래약정 건>),[28] "가맹사업은 가맹본부가 가맹점사업자로 하여금 자기의 상표·서비스표·상호·간판 그 밖의 영업표지를 사용하여 일정한 품질기준에 따라 상품(원재료 및 부재료를 포함) 또는 용역을 판매하도록 함과 아울러 이에 따른 경영 및 영업활동 등에 대한 지원·교육과 통제를 하고, 가맹점사업자는 영업표지 등의 사용과 경영 및 영업활동 등에 대한 지원·교육의 대가로 가맹본부에 가맹금을 지급하는 계속적인 거래관계를 말하므로, 가맹사업은 가맹본부와 가맹점사업자 사이의 상호의존적 사업방식으로서 신뢰관계를 바탕으로 가맹점사업자의 개별적인 이익보호와 가맹점사업자를 포함한 전체적인

---

22) 제10조("을"의 제세공과금 부담) ② 입점후 본 건물에 부과되는 각종 공과금 등 건물의 사용 및 관리유지에 소요되는 제부담금 등은 "을"이 부담하기로 한다.

23) 대판 2005. 2. 18. 2003두3734.

24) 대판 2008. 5. 29. 2005다56735.

25) 대판 2013. 6. 14. 2011다23040[손해배상(기)등].

26) 대판 2009. 8. 20. 선고 2009다20475,20482[(건물명도및임대료·임대차보증금등) 판결].

가맹조직의 유지발전이라는 공동의 이해관계를 가지고 있으며, 가맹사업에 있어
서의 판매촉진행사는 비록 전국적인 것이라고 하더라도 1차적으로는 가맹점사업
자의 매출증가를 통한 가맹점사업자의 이익향상에 목적이 있고, 그로 인하여 가맹
점사업자에게 공급하는 원·부재료의 매출증가에 따른 가맹본부의 이익 역시 증가
하게 되어 가맹본부와 가맹점사업자가 모두 이익을 얻게 되므로, 가맹점계약에서
가맹본부와 가맹점사업자 사이에 판매촉진행사에 소요된 비용을 합리적인 방법으
로 분담하도록 약정하고 있다면, 비록 가맹본부가 판매촉진행사의 시행과 집행에
대하여 가맹점사업자와 미리 협의하도록 되어 있지 않더라도 그러한 내용의 조항
이 약관규제법 제6조 제2항 제1호 소정의 고객에 대하여 부당하게 불리한 조항에
해당한다고 할 수는 없음"(<㈜ 제너시스의 거래상지위 남용행위 등 건>),29) "임
대분양계약서 제10조 제1항30)은 제세공과금 임차인이 부담해야 하는 제세공과금
의 범위를 정하는 조항일뿐 이러한 제세공과금을 부담해야 하는 시기를 정한 조
항이 아니어서 인차인이 실제 점포를 사용하기 이전의 제세공과금도 임차인에게
부담시키는 취지의 약관이라고 할 수 없음"(<㈜성창에프엔디의 불공정약관조항
건>),31) "보증규정 제12조 제1항32)은 원고와 조합원인 법인과의 보증거래약정시
법인의 대표자가 법인채무에 대한 연대보증인이 될 것을 규정하고 있을 뿐, 법인
대표자가 부담하는 연대보증채무의 범위나 기간 또는 그 연대보증채무의 면책 등
에 관하여 규정하고 있는 것이 아니고, 따라서 인수에 관한 별도의 규정을 두고
있지 않다고 하여 이 건 보증규정에서 퇴임하는 전분경영인의 연대보증채무의 인
수를 금지한 것이라 볼 수 없으므로 부당한 것이라 할 수 없음"(<건설공제조합
의 불공정약관조항 건>)33)

<미래에셋생명보험(주) 보험약관 건> 관련 민사소송에서 대법원은 "보험
관계 법령에 보험회사가 보험설계사에게 지급하거나 환수할 수당의 종류, 내용

27) 대판 2000. 9. 22. 99다53759,53766(매매대금).
28) 대판 2001. 11. 27. 99다8353(보증채무금).
29) 대판 2005. 6. 9. 2003두7484.
30) 제10조("을"의 제세공과금 부담) ① "을"이 사용하는 면적(공용면적 포함)과 "을"이 신설 또는
   부설한 시설물, 설비 등에 부과되는 각종 조세, 공과금, 공공요금 등은 허가의 신청 또는 신고
   명의 여하에 불구하고 "을"의 부담으로 한다.
31) 대판 2005. 2. 18. 2003두3734(파기환송).
32) 보증규정 제11조 제1항: 조합원이 조합으로부터 보증을 받고자 할 때에는 보증거래약정서를
   작성·제출하여야 한다.
   보증규정 제12조 제1항: 제11조의 약정인이 법인인 경우에는 법인의 대표자(1인이상) 또는 최
   다주식보유자가 개인자격으로 연대보증하여야 한다.
33) 대판 2006. 1. 12. 2003두10022.

등이 규정되어 있지 아니한 이상, 피고가 보험설계사에게 어떠한 종류와 내용의 수당을 지급하고 어떠한 경우에 이를 환수할 것인지는 원칙적으로 당사자 사이에 사적자치에 따라 정해질 문제인데, 그 판시와 같은 여러 사정을 종합하여 보면 이 건 보험영업지침의 품질보증환수 규정이 원고에게 부당하게 불리한 조항으로 불공정하여 무효라고 볼 수 없다"고 판시하였다.[34] 그러나 최근 대법원은 "보험계약해지의 경우 수수료의 100%를 환수한다는 규정은 약관규제법 제5조 제2항에 의하여 고객인 보험설계사의 귀책사유가 있는 경우로 해석함이 상당하고, 보험설계사의 귀책사유가 없음에도 수수료를 100% 환수하는 것으로 해석해야 한다면 위 규정은 약관규제법 제6조 제2항 제1호에 의한 고객에게 부당하게 불리한 조항이라 봄이 상당하다"고 판시하였다.[35]

「약관심사지침」에서는 법 위반에 해당될 수 있는 조항을 다음과 같이 예시하고 있다(Ⅳ. 2. 나).

---

1) 임대차계약 종료후 임차인이 임대차목적물을 명도하지 아니한 경우 임대인이 명도소송 등 적법절차를 거치지 않고 임차인 소유의 물건을 다른 장소로 철거할 수 있도록 한 조항

2) 학습자가 자신의 의사로 수강을 포기할 경우 교습개시 이전에는 이미 납부한 수강료의 전액을 반환하여야 함에도 선납한 수강료를 어떠한 사유로도 반환하지 않는다는 조항

3) 고객의 귀책사유로 인하여 계약을 해제할 경우 사업자의 귀책사유로 인한 경우보다 위약금을 과다하게 책정하는 조항

4) 계약서에 명시되지 아니한 사항은 양 당사자가 합의하여 결정하여야 함에도 일방적으로 사업자의 결정에 따르도록 한 조항

5) 계약서의 해석에 이견이 있을 경우 신의성실의 원칙에 따라 공정하고 객관적으로 해석하여야 함에도 사업자의 해석에 따르도록 한 조항

6) 계약의 해지는 해지절차에 따라 해지의 의사표시가 고객에게 도달한 때 그 효력이 발생함에도 사업자가 고객에게 해지를 통지한 때 효력이 발생하도록 한 조항

7) 헌법상 집회·결사의 자유가 보장됨에도 사업자의 허락이나 동의없이는 단체를 구성하지 못하도록 하거나 집단행위에 참가할 수 없도록 한 조항

8) 소송비용은 패소자 부담이 원칙임에도 재판의 승·패소 여부나 패소비율을 불

---

34) 대판 2013. 10. 11. 2012다31468.
35) 서울중앙지판 2017. 1. 13. 1016가소137823(대법원 2017. 12. 5. 2017다36895).

문하고 고객에게 소송비용 일체 또는 사업자에게 유리한 비율로 부담하도록
한 조항

2. "기습(奇襲)" 조항

　불공정성이 추정되는 두 번째 경우는 고객이 계약의 거래형태 등 관련된
모든 사정에 비추어 예상하기 어려운 조항(이른바 "기습(奇襲)" 조항)(제2호)이다.
기습조항의 대표적인 예는 ① 고객에게 새로운 주의의무를 부과하는 조항 ②
쌍무계약에서의 쌍무적 성격을 배제하는 조항 ③ 외양으로 판단되는 전형계약
에서의 전형적인 내용에 대한 변칙조항 등이 있다.[36]
　법원이 법위반으로 인정한 사례는 다음과 같다.

"상가임대분양계약서에 '기부채납에 대한 부가가치세액은 별도'라고 기재되어 있
는 경우, 위 상가임대분양계약서의 대량성이나 계약서의 작성 방식과 계약체결 경
위 등에 비추어 보면 위 부가가치세 부담에 관한 약정은 약관규제법 제2조 제1항
소정의 '약관'에 해당하는데, 분양자가 위 상가를 기부채납하고 그 대가로 무상사
용권을 부여받은 행위가 부가가치세법상의 '재화의 공급'에 해당되어 부가가치세
가 부과된다는 것은 일반인은 잘 알지 못하는 것이고, 부과가 된다고 하더라도 그
액수가 얼마인지 미리 알기도 어려우며, 특히 수분양자들이 임대분양계약서에서
정한 임대보증금을 납부할 당시 부가가치세가 포함된 금액을 공급가액과 구분하
여 납부하였으므로, 위 약정 당시 기부채납에 따른 부가가치세를 위 부가가치세와
혼동할 우려가 있음에도 불구하고 분양자 측에서 이 점에 관한 명백한 고지나 설
명이 없었고, 부동문자로 인쇄된 계약조항 제2조의 임대보증금 납부란에 수분양
자에게 상당한 부담이 되고 중요한 위 부가가치세 부담조항을 기재해 넣은 점, 또
한 수분양자가 이중으로 부가가치세를 부담하게 되는 것은 형평에 어긋나고 불측
의 손해를 입게 된다는 점 등을 감안할 때 위 계약서 제2조 중 기부채납에 대한
부가가치세 부담에 관한 부분은 위 법률 제6조 제2항 제2호 소정의 '고객이 계약
의 거래 형태 등 제반 사정에 비추어 예상하기 어려운 조항'에 해당하여 공정을
잃은 것으로 추정되므로, 위 법률 제6조 제1항에 의하여 무효임"(<인부실업(주)
의 상가분양계약서 건>)[37]

---

36) 사법연수원, 49면.
37) 대판 1998. 12. 22. 97다15715(약정금).

이른바 "기습조항"의 위법성 심사기준에 대하여 「약관심사지침」38)에서는 다음과 같이 규정하고 있다[Ⅳ. 2. 나.(2)].

> 1) 이 규정은 의외조항 또는 기습조항을 규제하기 위한 것이다. 약관에 의한 계약에 있어서 고객은 약관의 내용에 전혀 영향을 미칠 수 없고 또한 충분히 검토하지 못하는 것이 보통이다. 사업자는 이러한 상황을 이용하여 통상적인 약관의 테두리를 벗어나 의외조항을 삽입하는 수가 있다.
> 2) 의외성은 특정고객의 입장에서 고찰하지 않고 평균적 고객의 입장에서 고찰한다. 약관조항의 무효의 효력이 모든 고객에게 발생하기 때문이다.
> 3) 의외성은 약관의 명칭 등 외관상 형태와 그 실질적인 내용이 다른 유형인 경우(예: 대리점계약서에 고용에 관한 조항이 들어 있는 경우)뿐만 아니라 단순히 거래관행에서 현저히 벗어난 경우에도 인정될 수 있다.

「약관심사지침」에서는 법 위반에 해당될 수 있는 조항을 다음과 같이 예시하고 있다[Ⅳ. 2. 나.(2)].

> 1) 입원환자가 개인사정으로 중간에 퇴원하거나 사망한 경우에도 미리 수납한 진료비(1개월분)를 환급하지 않는다는 조항
> 2) 신용카드 조회 단말기 임대계약에 있어 계약을 해지하는 경우 단말기 소유권을 자동적으로 임차인에게 이전시키고 그 반환을 불가능하게 하는 조항
> 3) 상품의 매수인은 일정기간 무상으로 수리 기타 애프터서비스를 받을 수 있어야 함에도 불구하고 이를 인정하지 않는 조항
> 4) 고의·과실로 인한 의료사고에 대하여는 병원이 책임을 져야 함에도 입원 치료를 받는 동안 수술, 검사 등으로 인한 모든 결과에 대하여 병원이 책임을 지지 않는다는 조항
> 5) 금전소비대차약정에서 보증인의 해지 의사표시는 금융기관에 도달한 때 해지의 효력이 발생하여야 함에도 도달 후 일정기간(예: 45일)이 경과한 때에 효력이 발생하도록 하는 조항

3. 본질적 권리의 제한 조항

불공정성이 추정되는 세 번째 경우는 계약의 목적을 달성할 수 없을 정도

---

38) 공정거래위원회예규 제233호(2015. 9. 22).

로 계약에 따르는 본질적 권리를 제한하는 조항(제3호)이다. 이 예컨대 해상운송계약에 있어 선박소유자와 선장이 선박의 항해와 화물적재능력에 관하여 아무런 책임도 부담하지 않는다는 조항, 석유공급업자의 매매계약 중에 매수인이 탱크에 납품서에 명시되어 있는 종류와 질의 연료가 공급되었는지를 확인해 보는 것을 공급자가 거부할 수 있게 하는 조항, 공급자는 탱크에 기름이 넘쳐서 일어나는 손해에 대해 배상책임을 지지 않는다는 조항 등이 여기에 해당한다.[39]

　　<삼성화재해상(주)의 자기신체사고 약관 건> 관련 민사소송에서는 자기신체사고에 대한 보험금이 3천만원인 자동차보험에 가입한 피보험자가 화물차외의 교통사고로 인해 사망하자, 상속인들이 보험사에 보험금 지급을 청구하였는데, 보험사는 "자기 신체사고의 경우 약관에 정한 보험금에서 보험사에서 상대방 차량이 가입한 자동차 보험 등이 대인배상으로 보상받을 수 있는 금액을 공제한 액수만 지급한다"는 약관조항을 근거로 보험금 지급의무가 없다고 주장하였다. 동 건에서는 이 건 약관 조항이 고객에 대하여 부당하게 불리하거나 보험계약에 따르는 본질적 권리를 제한하는 조항으로서 약관규제법 제6조에 의하여 무효인지 여부가 문제되었다. 이에 대하여 법원은 법위반으로 인정하지 않았다.

> "이 건 약관 조항의 개발 취지와 그 내용 및 보험료의 액수, 그리고 아래 다.항에서 보는 바와 같이 이 건 약관 조항을 명시·설명의무의 대상으로 보아야 하는 점 등을 아울러 감안하면 이 건 약관 조항이 고객에 대하여 부당하게 불리하거나 보험계약의 목적을 달성할 수 없을 정도로 보험계약에 따르는 본질적 권리를 제한하는 조항으로서 약관규제법 제6조에 의하여 무효라고 할 수도 없음"(<삼성화재해상(주)의 자기신체사고 약관 건>)[40]

　　동 조항의 위법성 심사기준에 대하여 「약관심사지침」에서는 다음과 같이 규정하고 있다(IV. 2. 나).

> 1) 계약 목적의 달성 불능은 물리적 불능에 한하지 아니하며 사회통념상 계약 목적의 달성이 위태로운 경우를 포함한다.
> 2) 어떠한 채무가 계약관계의 본질을 이루어 그것 없이는 계약 체결이 아무런 의미

39) 사법연수원, 50면.
40) 대판 2004. 11. 25. 2004다28245(보험금). 다만 약관규제법 제3조 제3항에 따른 설명의무 위반으로 보험금 지급의무가 있다고 판단하였다.

도 갖지 않게 되거나 다른 계약유형으로 바뀌게 되는 경우에 사업자가 약관에 의
하여 그러한 의무를 벗어나는 것은 고객의 본질적 권리를 제한하는 것이다.

3) 본질적 권리는 유상계약의 주된 급부에 한정되지 않으며 경우에 따라서는 종
된 의무도 그에 해당할 수 있다. 본질적 권리란 그 계약유형에 특징적인 것이
며 계약의 목적 달성을 위해 중요한 것이면 된다.

그리고 「약관심사지침」에서는 법위반에 해당될 수 있는 경우를 다음과 같
이 예시하고 있다(IV. 2. 나).

1) 강습을 받을 권리가 강습계약의 본질적인 권리임에도 그것을 교재제공 등 다
른 것으로 대체할 수 있도록 한 조항

2) 상가분양계약에서 상품 교환, 환불, 수리 등 판매·관리 일체는 상가 입주자의
고유한 결정사항임에도 판매·관리 일체를 사업자의 지시에 따르도록 한 조항

제7조(면책조항의 금지)

계약 당사자의 책임에 관하여 정하고 있는 약관의 내용 중 다음 각 호의 어느 하나에
해당하는 내용을 정하고 있는 조항은 무효로 한다.

1. 사업자, 이행 보조자 또는 피고용자의 고의 또는 중대한 과실로 인한 법률상의 책임
   을 배제하는 조항
2. 상당한 이유 없이 사업자의 손해배상 범위를 제한하거나 사업자가 부담하여야 할 위
   험을 고객에게 떠넘기는 조항
3. 상당한 이유 없이 사업자의 담보책임을 배제 또는 제한하거나 그 담보책임에 따르는
   고객의 권리행사의 요건을 가중하는 조항
4. 상당한 이유 없이 계약목적물에 관하여 견본이 제시되거나 품질·성능 등에 관한 표
   시가 있는 경우 그 보장된 내용에 대한 책임을 배제 또는 제한하는 조항

[전문개정 2010. 3. 22.]

목 차

[참고문헌]

단행본: 사법연수원, 약관규제와 소비자보호 연구, 2012

[참고사례]

동양화재해상보험(주)의 자동차종합보험보통약관 건[부산고등법원 1989. 7. 19. 선고
89나978 판결; 대법원 1990. 4. 27. 선고 89다카24070(보험금)(파기환송) 판결]; 해동화
재해상(주)의 자동차종합보험약관 건[서울고등법원 1990. 6. 29. 선고 90나15947 판결; 대
법원 1991. 12. 24. 선고 90다카23899(보험금) 판결]; 한국안전시스템(주)의 용역경비계약
건{서울고등법원 1993. 11. 23. 선고 93나7893 판결; 대법원 1996. 5. 14. 선고 94다
2169[손해배상(기)](파기환송)] 판결}; 한국전력공사 외 1인의 전기공급규정 건{서울민사

지방법원 1995. 1. 13. 선고 94나32657 판결; 대법원 1995. 12. 12. 선고 95다11344 [손해배상(자)] 판결}; **한국전력공사 전기공급규정 건**{서울고등법원 1998. 10. 22. 선고 98나16229 판결; 대법원 2002. 4. 12. 선고 98다57099[손해배상(기)] 판결}; **엘지화재해상(주)의 특별보험약관 건**[대구고등법원 1998. 2. 4. 선고 97나3768 판결; 대법원 1998. 6. 23. 선고 98다14191(채무부존재확인) 판결]; **(주)성창에프엔디의 불공정약관조항 건**[공정거래위원회 2002. 6. 4. 의결 제2002−104호; 서울고등법원 2003. 3. 25. 선고 2002누9430 판결; 대법원 2005. 2. 18. 선고 2003두3734(파기환송) 판결; 서울고등법원 2005. 12. 15. 선고 2005누6012(파기환송심) 판결]; **두산건설(주)의 주택공급계약 건**[서울고등법원 2005. 9. 13. 선고 2005나9830, 9847, 9854 판결; 대법원 2007. 8. 23. 선고 2005다59475,59482,59499(지체상금청구·지체상금) 판결]; **(주)코리아원의 주상복합 공급계약 건**{서울고등법원 2011. 1. 27. 선고 2010나15952 판결; 대법원 2013. 6. 14. 선고 2011다23040[손해배상(기)등] 판결}; **(주)케이비손해보험의 불공정약관 건**{서울고등법원 2017. 6. 23. 선고 2016나2065917 판결; 대법원 2020. 9. 3. 선고 2017다245804[보험금] 판결}

　　계약 당사자의 책임에 관하여 정하고 있는 약관의 내용 중 다음의 어느 하나에 해당하는 내용을 정하고 있는 조항은 무효로 한다(법 제7조).

Ⅰ. 법률상 책임의 배제 조항

　　면책조항의 첫 번째 경우는 사업자, 이행 보조자 또는 피고용자의 고의 또는 중대한 과실로 인한 법률상의 책임을 배제하는 조항(제1호)이다.[1] 동 조항은 평가의 여지가 없는 절대적 무효조항이다.

　　여기서 중과실이라 함은 행위자에게 통상 요구되는 정도의 상당한 주의를 하지 않더라도 약간의 주의를 한다면 손쉽게 위법·유해한 결과를 예견할 수 있는 경우임에도 만연히 이를 간과함과 같은 거의 고의에 가까운 현저한 주의를 결여한 상태를 의미한다.[2]

---

1) 관련 민법조항: 민법 제390조(채무불이행과 손해배상) 채무자가 채무의 내용에 좇은 이행을 하지 아니한 때에는 채권자는 손해배상을 청구할 수 있다. 그러나 채무자의 고의나 과실없이 이행할 수 없게 된 때에는 그러하지 아니하다.
　　민법 제750조(불법행위의 내용) 고의 또는 과실로 인한 위법행위로 타인에게 손해를 가한 자는 그 손해를 배상할 책임이 있다.
2) 사법연수원, 52면.

대법원은 동 면책조항의 효력에 관하여 사업자의 고의, 중과실이 아닌 경과실로 인하여 발생한 경우에만 그 면책조항이 효력이 있는 것으로 해석해야 한다는 수정해석이론(修正解釋理論)을 채용하고 있다.[3]

"보통거래약관의 작성이 아무리 사적자치의 영역에 속하는 것이라고 하여도 위와 같은 행위원칙에 반하는 약관조항은 사적자치의 한계를 벗어나는 것으로서 법원에 의한 내용통제, 즉 수정해석의 대상이 되는 것은 지극히 당연함. 그리고 이러한 수정해석은 조항전체가 무효사유에 해당하는 경우 뿐만 아니라 조항일부가 무효사유에 해당하고 그 무효부분을 추출배제하여 잔존부분만으로 유효하게 존속시킬 수 있는 경우에도 가능한 것임"(<해동화재해상(주)의 자동차종합보험약관 건>,[4] "전기공급규정 제51조 제3호, 제49조 제3호에는 피고 한전의 전기 공작물에 고장이 발생하거나 발생할 우려가 있는 때 피고 한전은 부득이 전기의 공급을 중지하거나 그 사용을 제한할 수 있는데 이 경우 피고 한전은 수용가가 받은 손해에 대하여 그 배상책임을 지지 않는다는 규정을 두고 있는바, 이러한 규정은 면책약관의 성질을 가지는 것으로서 피고 한전의 고의, 중대한 과실로 인한 경우까지 적용된다고 보는 경우에는 약관규제법 제7조 제1호에 위반되어 무효라고 볼 수밖에 없다고 할 것이나, 그 외의 경우에 한하여 피고 한전의 면책을 정한 규정이라고 해석하는 한도 내에서는 유효함"(<한국전력공사 외 1인의 전기공급규정 건>),[5] "용역경비계약에 있어, "고객은 현금 및 귀중품을 되도록 금융기관에 예치하고 부득이한 경우에는 고정금고 또는 옮기기 힘든 대형금고 속에 보관하여야 하며 이를 준수하지 아니하여 발생한 사고에 대하여는 용역경비업자가 책임을 지지 않는다."는 내용의 규정 및 특약 사항은, 그 규정 형식 및 내용 등에 비추어 볼 때 면책약관의 성질을 가지는 것이므로, 그 면책조항이 용역경비업자의 고의·중과실로 인한 경우까지 적용된다고 본다면 약관규제법 제7조 제1호에 위반되어 무효라고 볼 수밖에 없기 때문에, 그 외의 경우에 한하여 피고의 면책을 정한 규정이라고 해석하는 한도 내에서만 유효하다고 수정 해석하여야 함"(<한국안전시스템(주)의 용역경비계약 건>)[6]

동 조항의 위법성 심사기준에 대하여 「약관심사지침」에서는 다음과 같이 규정하고 있다(Ⅳ. 3. 가).

---

3) 사법연수원, 57면.
4) 대판 1991. 12. 24. 90다카23899.
5) 대판 1995. 12. 12. 95다11344[손해배상(자)].
6) 대판 1996. 5. 14. 94다2169[손해배상(기)][파기환송)]. 동 건 관련 효력유지적 축소해석에 대한 비판에 대하여 사법연수원, 62~67면 참조.

(가) 면책조항이란 현재 또는 장래에 손해배상책임을 부담할 자가 법규상 손해배
상책임의 발생 원인과 범위에 대하여 유리한 법적 취급을 받을 것을 정한 약
관조항을 말한다.

(나) 사업자 또는 사업자의 책임으로 돌아갈 자(이행보조자, 피용자)의 고의 또
는 중과실로 인한 법률상 책임을 약관에 의하여 배제하는 조항은 무효이다.
법률상 책임이란 채무불이행책임 뿐만 아니라 계약체결상의 의무위반 책임,
불법행위 책임도 포함된다.

(다) 고의 또는 중과실로 인한 법률상의 책임에 대하여만 규정하므로 경과실인
경우의 면책조항은 원칙적으로 유효한 것으로 볼 수 있으나 신의성실의 원칙
에 위반되는 경우에는 법 제6조(일반원칙)에 의하여 무효가 된다.

「약관심사지침」에서는 법 위반에 해당될 수 있는 조항을 다음과 같이 예시
하고 있다(Ⅳ. 3. 가).

(가) 체육시설물 내에서의 도난 또는 안전사고가 사업자의 과실, 시설물의 설치·
보존의 하자 등 사업자의 책임있는 사유로 인한 경우에는 사업자가 배상책
임을 부담하여야 함에도 체육시설의 이용 중 손실, 부상, 사고 및 재난에 대
하여 책임을 지지 않는다는 조항

(나) 민법상 자신의 고의·과실로 인한 위법행위로 타인에게 손해를 가한 경우 그
손해를 배상할 책임이 있음에도 귀책사유 및 책임의 정도를 고려하지 아니하
고 입점 후 화재, 도난 기타 사유로 인한 손해에 대하여 사업자가 책임을 지
지 아니한다는 조항

(다) 주차장 사업자가 차량이나 차량내 물건에 대하여 고의·과실로 선량한 관리
자의 주의 의무를 다하지 아니하여 손해가 발생한 경우 이를 배상하여야 함
에도 주차장 내에서 일어나는 도난, 파손, 분실, 화재 등의 모든 사고에 대한
책임을 지지 않는다는 조항

(라) 사업자가 제공하는 부동산 경매 관련 정보가 허위 또는 부실 등 사업자의
책임있는 사유로 고객에게 손해가 발생되었을 경우에는 이를 배상할 책임이
있음에도 회사가 제공하는 정보 등으로 인해 입은 손해에 대하여 일체 책임
을 면한다는 조항

(마) 요양원 운영 사업자가 자신의 고의·과실로 요양자에게 불의의 사고가 생겼
을 경우 사업자는 계약내용에 따른 의무를 다하지 못한데 대한 손해배상책
임이 있음에도, 입원기간 중 부주의로 발생하는 사고에 대하여 책임을 지지

> 않는다는 조항

II. 위험의 전가 조항

면책조항의 두 번째 경우는 상당한 이유 없이 사업자의 손해배상 범위를 제한하거나 사업자가 부담하여야 할 위험을 고객에게 떠넘기는 조항(제2호)[7]이다. 유책사유를 요건으로 하는 채무불이행책임이나 불법행위책임과 달리 위험부담은 양 당사자에게 책임없는 사유로 인하여 발생한 손해를 누가 부담할 것인가의 문제이다.[8]

약관은 사업자가 다수의 고객과 계약을 체결하기 위하여 일방적으로 작성한 것으로서 고객이 그 구체적인 조항내용을 검토하거나 확인할 충분한 기회를 가지지 못한 채 계약의 내용으로 되는 것이므로, 그 약관의 내용이 사적자치의 영역에 속하는 채무자위험부담주의에 관한 민법 제537조의 규정에 관한 것이라고 히더라도, 사업자가 상당한 이유 없이 자신이 부담하여야 할 위험을 고객에게 이전하는 내용의 약관조항은 고객의 정당한 이익과 합리적인 기대에 반할 뿐 아니라 사적자치의 한계를 벗어나는 것이라고 할 것이고, 따라서 이러한 사적자치의 한계를 벗어나는 약관조항을 무효로 한다고 하여 사적자치의 원칙에 반한다고 할 수는 없다.<(주)성창에프엔디의 불공정약관조항 건>[9]

약관규제법에서 규정한 불공정 약관조항에 해당하는지 여부를 심사할 때에는, 문제되는 조항만을 따로 떼어서 볼 것이 아니라 전체 약관내용을 종합적으로 고찰한 후에 판단하여야 하고, 그 약관이 사용되는 거래분야의 통상적인 거래관행, 거래대상인 상품이나 용역의 특성 등을 함께 고려하여 판단하여야 한다. 그리고 법원이 약관규제법에 근거하여 사업자가 미리 마련한 약관에 대하여 행하는 구체적 내용통제는 개별 계약관계에서 당사자의 권리·의무를 확정하기

---

7) 관련 민법조항: 제393조(손해배상의 범위) ① 채무불이행으로 인한 손해배상은 통상의 손해를 그 한도로 한다. ② 특별한 사정으로 인한 손해는 채무자가 그 사정을 알았거나 알 수 있었을 때에 한하여 배상의 책임이 있다.
제537조(채무자위험부담주의) 쌍무계약의 당사자 일방의 채무가 당사자쌍방의 책임없는 사유로 이행할 수 없게 된 때에는 채무자는 상대방의 이행을 청구하지 못한다.

8) 사법연수원, 53면.

9) 대판 2005. 2. 18. 2003두3734(파기환송).

위한 선결문제로서 약관조항의 효력 유무를 심사하는 것이므로, 법원은 약관의 내용이 고객에게 부당하게 불이익을 주는 불공정한 것인지를 살펴보는 불공정성 통제의 과정에서 개별사안에 따른 당사자들의 구체적인 사정을 고려해야 한다<㈜케이비손해보험의 불공정약관 건>.10) 법원이 법위반으로 인정한 사례는 다음과 같다.

"약관 제9조 제2항11)은 상당한 이유없이 사업자의 손해배상범위를 제한하거나 사업자가 부담해야 할 위험을 고객에게 이전시키는 조항임"(<㈜성창에프엔디의 불공정약관조항 건>),12) "이 건 주택공급계약 당시 시행되던 구 주택공급에 관한 규칙 제27조 제4항은 지체상금의 산정대상을 '실입주개시일 이전에 납부한 입주금'으로 규정함으로써 입주 전까지 납부한 입주금 전부를 지체상금 산정대상으로 하고 있는 점, 이 건 주택공급계약 당시에는 위 규칙의 규정이 개정·시행된 지 이미 5년 이상 경과하였고, 당시의 아파트공급표준계약서는 물론이거니와 사업자들이 실제 사용한 아파트공급계약서 상당수에 위 규칙의 규정과 동일한 내용의 지체상금 조항이 기재되어 있는 등 새로운 거래관행이 어느 정도 형성된 것으로 보이는 점, 위 규칙과 이 건 주택공급계약서에서 수분양자의 입주금 납부 지체로 인한 연체료와 사업자의 입주지연으로 인한 지체상금은 상호 대응관계를 이루고 있는데, 이 건 주택공급계약서에 의하면, 수분양자가 입주금 납부를 지체할 경우에는 그 지체대금 전부에 대하여 연 19%의 비율에 의한 연체료 지급책임을 부담하게 되므로, 사업주가 입주를 지연시킬 경우에는 기납부한 입주금 전부에 대하여 위 연체료율을 적용한 지체상금 지급책임을 부담하는 것이 형평에 부합하다 할 것이나, 사업자는 위 규칙과 다른 내용의 이 건 지체상금 조항을 통해 수분양자들에 대하여 1, 2차 계약금에 대한 지체상금 지급책임을 면하는 이익을 얻은 반면, 수분양자들은 위 규칙에 따랐을 경우 얻을 수 있었던 같은 금액 상당의 이익을 상실하게 되는 불이익을 입게 된 점, 그럼에도 불구하고 이러한 지체상금 조항을 정당화할 만한 사유나 수분양자들의 위 불이익을 보상해 줄 다른 이익을 제공하였음에 관한 사업자측의 주장·입증이 없는 점, 원심이 들고 있는 이 건 주택공급계약서상 매수인의 계약해제권(제3조 제2항) 및 위약금 청구권(제4조 제2항)의 경우, 이에 대응하여 매도인에게도 이보다 더 유리하거나 동일한 내용의 계약해제권(제3조 제1항)과 위약금 청구권(제4조 제1항)을 규정하고 있고, 계약 해제시 기지급대금에 대하여 이자를 가산하여 반환하여야 함은 법률상 당연하며(민법 제548조 제2항), 오히려 위 계약서에서는 민사 법정이율인 연 5%(민법 제379조)에도 미

---

10) 대판 2020. 9. 3. 2017다245804[보험금].

달하는 연 3%의 이자만을 반환하도록 하고 있어 매수인에게 불리한 점(당시의 아파트공급표준계약서는 연 5%의 비율에 의한 이자를 가산하여 반환하도록 하고 있다.) 등에 비추어, 이를 가리켜 위 지체상금 조항을 정당화할 만한 사유라거나 수분양자들의 위 불이익을 보상해 줄 다른 이익의 제공이라고 볼 수는 없는 점, 그 밖에 이 건 당사자들의 지위와 계약 목적물의 성질, 약관규제법의 입법 취지 등 여러 사정을 종합해 보면, 위 지체상금 조항은, 상당한 이유 없이 사업자의 손해배상범위를 제한하고 고객에 대하여 부당하게 불리하고 신의성실에 반하여 공정을 잃은 조항으로서, 약관규제법 제7조 제2호, 제6조 제1항, 제2항 제1호에 의하여 무효라고 봄이 상당함"(<두산건설(주)의 주택공급계약 건>)13)

법원이 법위반으로 인정하지 않은 사례는 다음과 같다.

"운전자연령 26세 이상 한정운전 특별약관은 이로 인하여 보험자의 담보범위가 축소되어 보험계약자에게 불리한 것은 분명하나 보험계약자에게도 위 특별약관을 보험계약에 편입시킴으로써 보험료가 할인되어 그 할인된 만큼의 보험료를 납부하지 아니함으로써 얻는 이익이 있고, 위 특별약관을 보험계약에 편입시킬 것인지 여부는 전적으로 보험계약자의 의사에 달려 있는 것이므로, 약관규제법 제7조 제2호에 해당하여 무효라고 볼 수 없음"(<엘지화재해상(주)의 특별보험약관 건>),14) "대인배상에 관한 보험회사의 면책사유의 하나로 피해자가 배상책임 있는 피보험자의 피용자로서 근로기준법에 의한 재해보상을 받을 수 있는 사람인 경우를 들고 있는 자동차종합보험약관의 규정은 약관규제법 제7조 제2호 소정의 '상당한 이유없이 사업자(즉 보험회사)의 손해배상범위를 제한하거나 사업자가 부담하여야 할 위험을 고객에게 이전시키는 조항'에도 해당되지 아니하므로 이를 무효라고 할 수 없음"(<동양화재해상보험(주)의 자동차종합보험보통약관 건>)15) 손해배상청구 기준에 따라 보험사고를 확정하는 전문직업 배상책임보험에서는 피보험자의 통지의무도 기존 책임보험과는 그 법적 성격과 의미를 달리함. 전문직업 배상책임보험에서 보상책임의 범위와 시기를 명확히 정하기 위해서 피보험자는 보험자에게 보험기간 내에 피보험자를 상대로 이루어진 손해배상청구의 사실을 필수적으로 통지하여야 함. 이처럼 피보험자의 서면통지 조항은 단순히 그 위반에 따른 추

---

11) 제9조("갑"의 면책) ② "갑"은 준공예정일에 "을"이 입점할 수 있도록 최선을 다하여야 하며 천재지변 또는 이에 상응하는 부득이한 사유로 인하여 지정한 날짜에 계약상의 개점이 어려울 경우 "갑"은 "을"에게 사전통보하고 이때 "을"은 이로 인한 이의를 제기하지 않는다.
12) 대판 2005. 2. 18. 2003두3734(파기환송).
13) 대판 2007. 8. 23. 2005다59475,59482,59499(지체상금청구·지체상금).

가 손해가 발생한 경우 보험자의 보상책임이 확대되는지 여부의 문제가 아니라
보험금 지급의무의 전제조건으로 기능함. 보험자는 보험기간 내에 피보험자로부
터 손해배상청구에 대한 서면통지가 없는 경우 그로 인하여 손해가 증가하였는지
여부와 관계없이 보험금 지급 책임을 부담하지 않음"(<(주)케이비손해보험의 불
공정약관 건>)16)

동 조항의 위법성 심사기준에 대하여 「약관심사지침」에서는 다음과 같이
규정하고 있다(Ⅳ. 3. 나).

(가) 손해배상범위의 제한
  1) 일단 책임이 발생한 경우 사업자의 책임범위를 법률의 규정에 미치지 못하
     는 수준으로 축소시키는 약관조항이나 법률상 사업자가 부담하여야 할 위
     험을 고객에게 이전시키는 조항은 무효이다.
  2) 위 1)의 경우 상당한 이유가 있는 경우에는 적법하다. '상당한 이유'가 있
     는지의 여부는 당해 약관을 설정한 의도 및 목적, 당해 업종에서의 통상적
     인 거래관행, 관계법령, 거래대상 상품 또는 용역의 특성, 사업자의 영업상
     의 필요 및 고객이 입을 불이익의 내용과 정도 등을 종합적으로 고려하여
     판단한다. 예컨대, 운송약관에서 손해배상범위를 일정액으로 제한하는 대신
     통상의 운임보다 특별히 싼 운임으로 운송해 주기로 하는 조항은 상당한 이
     유가 있다고 할 것이다.

(나) 위험이전
  1) 상당한 이유없이 사업자가 부담하여야 할 위험을 고객에게 이전시키는 조
     항은 무효이다. 위험의 분담은 채권의 목적이 양 당사자의 책임없는 사유로
     이행할 수 없게 된 경우(급부불능) 그로 인한 불이익을 누구에게 부담시키
     는 것이 계약의 취지에 비추어 더 합리적인가 하는 고려에 따른다.
  2) 위험부담에 관한 일반원칙에 대하여는 민법 제537조(채무자위험부담주의),
     제538조(채권자귀책사유로 인한 이행불능), 상법 제134조(운송물 멸실과
     운임) 등에서 규정하고 있다. 민법에서는 채무자가 자기의 채무를 모두 이
     행할 때까지 위험을 부담한다. 매매 등 물건의 소유권을 이전하는 계약과
     관련하여 매도인(채무자)이 동산의 인도 또는 부동산의 등기를 완료할 때

---

14) 대판 1998. 6. 23. 98다14191(채무부존재확인).
15) 대판 1990. 4. 27. 89다카24070(보험금).
16) 대판 2020. 9. 3. 2017다245804[보험금].

까지 위험을 부담한다. 그러나 채권자지체가 있는 경우에는 그 때부터 위험
은 매수인(채권자)에게 이전한다.

「약관심사지침」에서는 법 위반에 해당될 수 있는 조항을 다음과 같이 예시
하고 있다(Ⅳ. 3. 나).

(가) 신용카드의 부정사용과 관련한 모든 손실을 회원이 비밀번호 유출이나 카드
    도난에 있어 아무런 고의 또는 과실이 없는 경우에까지 회원에게 부담하도
    록 하는 조항
(나) 점포 임대인이 임대목적물을 사용·수익할 수 있도록 제공할 채무를 불이행
    할 경우 임차인은 손해배상 등을 청구할 수 있음에도, 미리 예상하기 어려운
    임대인의 건물수리, 개축으로 인한 임차인의 불편이나 영업상 지장에 대하여
    임대인이 아무런 책임을 지지 않도록 한 조항
(다) 부동산 매매계약에서 당사자 일방의 채무가 당사자 쌍방의 책임없는 사유로
    인하여 이행할 수 없게 된 경우 채무자는 상대방에게 그 이행을 청구할 수
    없음에도, 불가항력으로 인한 매매목적물의 손실에 대한 위험을 매수인이 부
    담하도록 하는 조항
(라) 차량 임대기간 중의 사고에 대하여 차량 자체의 결함으로 인한 경우에는 임
    대인이 운행관리자로서의 정비·점검 등의 관리의무를 다했다고 볼 수 없으
    므로 그 책임이 임대인에게 있고 쌍방 당사자의 과실이 없는 사고의 경우에
    는 자동차 대여업이 위험성을 내포하고 있는 사업으로서 그 사업을 영위함
    으로 인하여 생긴 위험은 사업자인 임대인의 부담으로 하는 것이 타당함에
    도, 차량 임대기간 중 발생한 사고로 인한 손해에 대하여 귀책사유를 불문하
    고 임차인의 책임으로 하는 조항

Ⅲ. 담보책임의 배제 또는 제한 및 권리행사 요건의 가중 조항

면책조항의 네 번째 경우는 상당한 이유 없이 사업자의 담보책임을 배제
또는 제한하거나 그 담보책임에 따르는 고객의 권리행사의 요건을 가중하는 조
항(제3호)[17]이다.

_____

17) 관련민법조항: 제572조(권리의 일부가 타인에게 속한 경우와 매도인의 담보책임) ① 매매의

'갑 주식회사가 을 등 수분양자와 주상복합건물에 관한 공급계약을 체결하면서 '최종 건축허가 시 계약면적이 변경될 수 있으며, 분양가에 포함되지 않은 지하주차장 면적의 증감에 대하여는 갑 회사와 수분양자 상호 간에 정산하지 않기로 한다'는 내용의 조항을 둔 사안에서, 대법원은 "위 하자담보책임 면제약정은 상당한 이유 없이 사업자의 담보책임을 배제하고, 고객에 대하여 부당하게 불리하여 공정을 잃은 조항으로서 구 약관규제법 제7조 제3호, 제6조 제2항 제1호에 의해 무효이다"고 판시하였다(<(주)코리아원의 주상복합 공급계약 건>).[18]

동 조항의 위법성 심사기준에 대하여 「약관심사지침」에서는 다음과 같이 규정하고 있다(Ⅳ. 3. 다).

(가) 담보책임이란 계약의 당사자가 급부한 목적물에 하자가 있는 경우에 부담하여야 하는 책임으로 민법상 매매에 관하여 기본적인 규정이 있고[민법 제569조(타인의 권리의 매매) 내지 제581조(종류매매와 매도인의 담보책임)], 그것을 유상계약 일반에 준용한다[민법 제567조(유상계약에의 준용)]. 증여·도급·소비대차 등에는 별도의 특칙이 마련되어 있다. 민법은 하자담보책임의 내용으로서 계약해제권, 손해배상청구건, 대금감액청구권, 완전물이행청구권 등을 규정하고 있다.

(나) 매매계약 기타 유상계약에서 사업자가 부담하여야 하는 하자담보책임을 배제 또는 제한하거나 그 청구요건을 가중하는 조항은 무효이다.

(다) 하자담보책임의 특수한 사례로서 견본매매, 품질 및 성능보증부매매 또는 상품의 중량·성분 등에 관한 상품표시가 되어 있는 경우 상당한 이유없이 그를 믿은 고객의 신뢰에 반하여 책임을 배제 또는 제한하는 경우에는 무효이다. 제공한 물품(급부)이 본래의 견본이나 보장된 내용과 상이한 경우에는 하자담보책임이 생기며 상이한지 여부는 사회통념 내지 거래관행에 따라 판단한다.

(라) '상당한 이유'가 있는지의 여부는 당해 약관을 설정한 의도 및 목적, 당해

목적이 된 권리의 일부가 타인에게 속함으로 인하여 매도인이 그 권리를 취득하여 매수인에게 이전할 수 없는 때에는 매수인은 그 부분의 비율로 대금의 감액을 청구할 수 있다. ② 전항의 경우에 잔존한 부분만이면 매수인이 이를 매수하지 아니하였을 때에는 선의의 매수인은 계약 전부를 해제할 수 있다. ③ 선의의 매수인은 감액청구 또는 계약해제외에 손해배상을 청구할 수 있다.
제581조(종류매매와 매도인의 담보책임) ① 매매의 목적물을 종류로 지정한 경우에도 그 후 특정된 목적물에 하자가 있는 때에는 전조의 규정을 준용한다. ② 전항의 경우에 매수인은 계약의 해제 또는 손해배상의 청구를 하지 아니하고 하자없는 물건을 청구할 수 있다.
18) 대판 2013. 6. 14. 2011다23040[손해배상(기)등].

> 업종에서의 통상적인 거래관행, 관계법령, 거래대상 상품 또는 용역의 특성, 사업자의 영업상의 필요 및 고객이 입을 불이익의 내용과 정도 등을 종합적으로 고려하여 판단한다.

「약관심사지침」에서는 법 위반에 해당될 수 있는 조항을 다음과 같이 예시하고 있다(Ⅳ. 3. 다).

> (가) 아파트 분양계약의 법적 성질은 매매계약이고 매매계약에 있어서 건축물 및 대지의 공급면적이 당초의 계약면적과 달리 증감이 발생한 경우에는 그 담보책임으로 민법상 대금감액청구권, 손해배상청구권, 계약해제권 등을 부여하고 있음에도 등기면적에 다소 증감이 있는 경우에 이에 따른 매매대금을 정산하지 아니한다는 조항
> (나) 매매 목적물에 하자가 있는 때에는 매수인은 매도인에게 손해배상, 계약해제 등을 청구할 수 있음에도 매수인이 중고자동차를 인수한 후에는 자동차의 고장 또는 불량 등의 사유로 매도인에게 그 책임을 물을 수 없도록 하는 조항
> (다) 주택임대차계약의 존속기간 중 임대인은 목적물의 사용·수익에 필요한 상태를 유지할 의무를 부담하여야 함에도 임차인이 주택 및 그 내부 일체의 보수 및 관리의 책임을 지도록 하는 조항
> (라) 매도인의 매매물건에 하자가 있는 경우 계약당사자의 귀책사유에 따라 제품의 하자에 대한 책임을 부담하여야 함에도 사업자가 대리점에 공급한 제품의 반품 또는 교환을 원칙적으로 금지한 후 사업자가 자기의 책임을 인정하거나 필요한 경우에 한하여 반품 또는 교환을 인정하는 조항

Ⅳ. 보장책임의 배제 또는 제한 조항

면책조항의 세 번째 경우는 상당한 이유 없이 계약목적물에 관하여 견본이 제시되거나 품질·성능 등에 관한 표시가 있는 경우 그 보장된 내용에 대한 책임을 배제 또는 제한하는 조항(제4호)이다.

제8조(손해배상액의 예정)

고객에게 부당하게 과중한 지연 손해금 등의 손해배상 의무를 부담시키는 약관 조항은
무효로 한다.
[전문개정 2010. 3. 22.]

 목 차

[참고문헌]

단행본: 사법연수원, 약관규제와 소비자보호 연구, 2012

[참고사례]

한국토지개발공사의 분양공고 약관 건[대전지방법원 1993. 5. 19. 선고 93나973 판
결; 대법원 1994. 5. 10. 선고 93다30082(부당이득금) 판결]; 한국토지공사의 상업용지분
양 약관 건[서울지방법원 1995. 9. 15. 선고 95나23582 판결; 대법원 1997. 3. 28. 선고
95다48117(입찰보증금) 판결]; 한국토지개발공사의 분양공고 약관 건[서울지방법원 1995.
8. 22. 선고 95나18986 판결; 대법원 1996. 2. 27. 선고 95다42393(부당이득금) 판결];
한국토지공사의 분양용지 약관 건[서울지방법원 1996. 3. 27. 선고 95나47977 판결; 대법
원 1996. 9. 10. 선고 96다19758(부당이득금) 판결]; 한국토지공사의 토지분양 약관 건[대
구고등법원 1998. 6. 17. 선고 98나728 판결; 대법원 1999. 3. 26. 선고 98다33260(계약
보증금) 판결]; 축산업협동조합중앙회의 공사계약 약관 건[서울지방법원 1999. 8. 12. 선고
99나4701 판결; 대법원 2000. 12. 8. 선고 99다53483(보증금) 판결]; 한국토지공사의 약
관 건[서울고등법원 1999. 8. 18. 선고 99나27882, 27899 판결; 대법원 2000. 9. 22. 선
고 99다53759, 53766(매매대금) 판결]; 액화석유가스(LPG) 공급자의 LPG 공급 및 사용계
약서 건[대구지법 2006. 4. 14. 선고 2005나15169 판결; 대법원 2006. 11 9. 선고 2006
다27000(매매대금등) 판결]; 임대차계약서상 연체료 약정 건[창원지방법원 2009. 2. 13.
선고 2008나12228, 12235 판결; 대법원 2009. 8. 20. 선고 2009다20475, 20482(건물명도

및임대료 · 임대차보증금등) 판결]; **임대차계약서 불공정약관 건**{서울서부지방법원 2008. 1. 17. 선고 2007나6257 판결; 대법원 2008. 7. 10. 선고 2008다16950[청구이의] 판결}

I. 의의

계약당사자들은 거래상 생길지도 모르는 법률상의 분쟁을 예방하기 위하여 미리 채무불이행 등으로 인한 손해배상액을 정하여 둘 수 있는 바, 이를 손해배상액의 예정이라 한다.[1] 민법 제389조 제2항에서 손해배상액의 예정액이 부당히 과다한 경우에 법원은 이를 적당히 감액할 수 있다고 규정하고 있으나,[2] 약관의 경우에는 이를 무효로 함으로써 규제를 강화하고 있다. 손해배상예정으로 추정되지 않는 경우에는 위약벌로 본다.

관련하여 대법원이 다음과 같이 판단한 사례가 있다.

"부동산임대업자가 미리 부동문자로 인쇄한 임대차계약서를 제시하여 임대차계약을 체결한 사안에서, 그 계약서에 기재된 임대차계약 종료일로부터 인도 또는 복구된 날까지의 통상 차임 및 관리비와 임대차보증금에 대한 월 1%의 비율에 의한 이자의 합산액의 2배를 배상액으로 정하고 있는 '임대차목적물의 명도 또는 원상복구 지연에 따른 배상금' 조항은 개별적인 교섭을 거침으로써 상대방이 사신의 이익을 조정할 기회를 가졌다고 할 수 없어 약관에 해당하고, 또한 고객인 임차인에 대하여 부당하게 과중한 손해배상의무를 부담시키는 조항이므로 약관의 규제에 관한 법률 제8조에 의하여 무효임"(<임대차계약서 불공정약관 건>)[3]

II. 관련 이슈

1. 입찰보증금과 분양신청예약금의 법적 성격

법원은 입찰보증금과 분양신청예약금은 위약금이 아닌 손해배상의 예정으

---

1) 사법연수원, 67면.
2) 민법 제398조제2항 소정의 '손해배상액의 예정이 부당히 과다한 경우'라 함은 채권자와 채무자의 지위, 계약의 목적과 내용, 손해배상을 예정한 동기, 채무액에 대한 예정액의 비율, 예상손해액의 크기, 그 당시의 거래관행 등 제반 사정을 참작하여 일반 사회관념에 비추어 그 예정액의 지급이 경제적 약자의 지위에 있는 채무자에게 부당한 압박을 가하여 공정성을 잃는 결과를 초래한다고 인정되는 경우를 말한다. 대판 1996. 2. 27. 95다42393(부당이득금).
3) 대판 2008. 7. 10. 2008다16950[청구이의].

로 보고 있다.

> "이 건 입찰보증금을 위약벌이 아니라 손해배상액 예정의 성질을 지닌 것이라고 판
> 단한 조치는 정당한 것으로 수긍할 수 있음(당원 1983. 12. 27. 선고 81누366 판결,
> 1996. 9. 10. 선고 96다19758 판결 각 참조)"(<한국토지공사의 상업용지 분양 건>
>),4) "택지개발사업지구 내의 단독주택건설용지를 분양받기 위하여 분양신청시에 납
> 입한 분양신청예약금은 분양당첨으로 인한 매매예약의 당사자가 예약에 따른 채무
> 를 불이행하는 경우의 위약금을 약정한 것으로 보아야 하고, 이러한 약정은 특별한
> 사정이 없는 한 손해배상액의 예정으로서의 성질을 가짐"(<한국토지개발공사의 분
> 양공고 약관 건>)5)

  그러나 법원이 입찰보증금과 분양신청예약금을 위약벌로 본 사례도 있다.

> "토지분양계약이 해제되었을 때에는 수분양자가 지급한 계약보증금이 분양자에게
> 귀속될 뿐만 아니라, 수분양자는 계약 해제로 인하여 분양자가 입은 손해에 대하
> 여도 배상의무를 면하지 못하는 것으로 약정한 경우, 위 계약보증금의 몰취는 계
> 약 해제로 인한 손해배상과는 별도의 성격을 가지는 것이라 할 것이고, 따라서 위
> 계약보증금 몰취 규정을 단순히 통상 매매계약에 있어서의 손해배상의 예정으로
> 보기는 어려우며, 수분양자가 계약 위반시 분양자에게 손해배상책임을 지는 것과
> 는 별도로 이를 분양자에게 귀속시킴으로써 수분양자에게 제재를 가함과 동시에
> 수분양자의 계약이행을 간접적으로 강제하는 작용을 하는 이른바 위약벌의 성질
> 을 가진 것이라고 봄이 상당함"(<한국토지개발공사의 분양공고 약관 건>)6)

2. 분양신청금의 귀속조항

  분양신청금 귀속조항 관련하여 법원이 이를 무효로 판단한 사례는 다음과
같다.

> "한국토지개발공사가 공급하는 분양용지의 당첨자가 계약을 체결하지 않은 경우
> 분양용지의 공급가액의 10%에 상당하는 분양신청금을 한국토지개발공사에 귀속
> 시키는 약관조항이 고객인 당첨자에 대하여 부당하게 과중한 손해배상의무를 부

---

4) 대판 1997. 3. 28. 95다48117(입찰보증금).
5) 대판 1996. 2. 27. 95다42393(부당이득금).
6) 대판 1999. 3. 26. 98다33260(계약보증금).

담시키는 것으로서 무효임"(<한국토지개발공사의 분양공고 약관 건>),7) "당첨자에게 계약의 체결을 강제하기 위한 수단으로 분양용지의 공급가액의 약 10%에 상당하는 분양신청예약금을 일방적으로 피고에게 귀속시키는 이 건 약관조항은 고객인 당첨자에 대하여 부당하게 과중한 손해배상의무를 부담시키는 것으로서 신의성실의 원칙에 반하여 공정을 잃은 약관조항에 해당하여 무효임. 피고가 이 건 약관조항을 그 주장과 같이 '정당한 사유 없이'를 추가하여 "당첨 후 '정당한 사유 없이' 계약을 체결하지 아니하는 경우에는 분양신청금이 피고 공사에게 귀속된다."는 것으로 수정하여 해석한다고 할지라도, 위에서 본 제반 사정에 비추어 피고에게 별다른 손해가 생길 여지가 없음에도 투기목적으로 분양신청을 하였다고 보이지도 아니하는 원고가 공급가액의 약 10%라는 다액을 몰취당하는 것은 약관규제법 제6조, 제8조에 위반되어 허용될 수 없다고 볼 것이라는 점에서 달라질 수 없음. 이 건 약관조항이 무효인 이상 그것이 유효함을 전제로 민법 제398조 제2항을 적용하여 적당한 한도로 손해배상예정액을 감액하거나, 과중한 손해배상의무를 부담시키는 부분을 감액한 나머지 부분만으로 그 효력을 유지시킬 수는 없다 할 것임(위 93다30082 판결 참조)"(<한국토지공사의 분양용지 약관 건>)8)

그러나 법원이 다음과 같이 유효로 판단한 사례도 있다.

"피고가 시행한 이 건 분양사업 및 분양공고의 규모와 당사자들의 지위, 일반거래의 관념 및 경제상태, 분양신청 이후의 상황 등을 참작하여 분양신청예약금 15,000,000원이 손해배상액의 예정으로서는 부당하게 과다하다고 하여 이를 금 5,000,000원으로 감액한 것은 위에서 본 법리에 따른 것으로서 수긍이 되고, 그 감액이 너무 과다하여 부당하다고 할 수 없음"<한국토지개발공사의 분양공고 약관 건>,9) "이 건 경쟁입찰이 비록 정식계약이 체결되기 전의 예약단계이기는 하나 그 당시 낙찰자로 하여금 계약체결의무 불이행으로 인한 손해배상액으로 입찰가액의 5% 이상을 예정하였다고 하여 그것이 거래관행상 부당하게 과중하다고 보기 어려운 점, 정부투자기관관리기본법 제20조 제2항, 정부투자기관회계규정 제190조 제1항, 제2항, 제6항도 피고와 같은 정부투자기관이 경쟁입찰을 실시하는

---

7) 대판 1994. 5. 10. 93다30082(부당이득금). 그 이유로 당첨자가 계약을 체결하지 아니하더라도 피고에게 특별히 현저한 손해가 발생할 것으로 보이지 아니하는 점, 분양용지의 공급가액의 10%에 상당하는 분양신청금을 미리 납부하게 하는 것 자체로써 진정한 실수요자 이외의 자가 분양신청하는 것을 어느 정도 방지할 수 있을 뿐더러, 구태여 분양신청금을 피고에게 귀속시키지 않더라도 당첨자가 장래 주택이나 단독주택건설용지를 우선 공급받을 수 있는 이익이 박탈되기 때문에 계약의 체결도 어느 정도 담보될 수 있는 점 등을 들고 있다.
8) 대판 1996. 9. 10. 96다19758(부당이득금).

경우에 입찰금액의 100분의 5 이상을 입찰보증금으로 납부하게 하고, 이 경우 낙찰자가 계약을 체결하지 아니한 때에는 당해 입찰보증금을 투자기관에 귀속시키도록 규정하고 있는 점을 알 수 있는바, 이러한 사정에다가 원심이 지적한 점을 더하여 보면, 이 건 약관조항은 약관규제법 제8조, 제6조에 반하지 아니하는 전부 유효임"(<한국토지공사의 상업용지 분양 건>),[10] "약관에서 '이 계약이 해제되었을 때에는 매도인은 매수인에게 그로부터 받은 매매대금 중 계약보증금을 공제한 금액을 반환하며 매수인이 매도인에게 지급한 계약보증금은 위약금으로서 당연히 매도인에게 귀속한다.'라고 규정한 것에 관하여, 일반적으로 매매계약에 있어 매수인의 채무불이행으로 인한 손해배상으로 계약금을 매도인에게 귀속시키는 약정을 하는 것이 거래관행이고 그 계약금의 액수는 매매대금의 10% 정도가 보통인 점 및 이 건 계약에서는 경쟁입찰방법에 의하여 주택을 공급하는 경우(이 경우에는 일단 당첨된 자가 그 분양계약을 체결하지 않으면 이후 일정 기간 그 분양신청의 기회를 박탈하는 등 채무불이행에 대하여 제재수단이 있다.)와는 달리 계약보증금의 몰수 외에는 매수인의 채무불이행에 대비한 제재수단이나 그 이행을 담보할 만한 수단이 달리 있다고 볼 만한 자료가 없는 점 등을 종합하여 보면 손해배상액의 예정에 관한 이 건 약관조항이 고객인 매수자에 대하여 부당하게 과중한 손해배상의무를 부담시키는 것이라고 하기 어려움"(<한국토지공사의 약관 건>)[11]

3. 차액보증금 귀속의 효력

차액보증금 관련, 단순 최저가 낙찰방식에 의한 건설공사 도급계약에 있어 예정가격의 100분의 85 미만에 낙찰받은 자는 예정가격과 낙찰금액의 차액을 차액보증금으로서 현금으로 납부하게 하고 수급인의 채무불이행의 경우 차액보증금을 발주자에게 귀속시키기로 하는 약관조항이 약관규제법 제6조 또는 제8조에 저촉되는지 여부 및 위의 경우, 차액보증금을 현금에 갈음하여 건설공제조합 등이 발행하는 보증서로 납부하고자 하는 경우에는 그 차액의 2배를 납부하게 하고 수급인의 채무불이행의 경우 계약보증금과 차액보증금을 발주자에게 귀속시키기로 하는 약관조항이 같은 법 제6조 제2항 제1호 또는 제8조에 저촉되는지 여부에 관하여 대법원은 다음과 같이 판시하였다.

---

9) 대판 1996. 2. 27. 95다42393(부당이득금). 효력유지적 축소해석 사례이다.
10) 대판 1997. 3. 28. 95다48117(입찰보증금).
11) 대판 2000. 9. 22. 99다53759,53766(매매대금).

"단순 최저가 낙찰방식에 의한 건설공사 도급계약에 있어서는 현저한 저가 입찰
을 억제하여 덤핑에 의한 부실공사를 방지하고 계약 내용대로 계약을 이행할 것
을 담보할 필요성이 매우 강한 점에 비추어, 예정가격의 100분의 85 미만에 낙찰
받은 자는 예정가격과 낙찰금액의 차액을 차액보증금으로서 현금으로 납부하게
하고 채무불이행의 경우 차액보증금을 발주자에게 귀속시키기로 하는 약관조항은
허용될 수 있으며 이러한 약관조항이 약관법 제6조, 제8조에 저촉된다고 보기는
어려움. 그러나 이 건 약관의 제3조 제3항 단서는 차액보증금을 현금에 갈음하여
피고 등이 발행하는 보증서로 납부하고자 하는 경우에는 동 차액의 2배를 납부하
게 하고 제4조 제1항은 계약자가 계약상의 의무를 이행하지 아니할 때에는 계약
보증금과 차액보증금은 축협중앙회에 귀속한다고 규정하고 있는바, 차액보증금을
현금으로 납부하였든 보증서로 납부하였든 간에 계약자(수급인)의 채무 불이행으
로 인한 원고(도급인)의 손해는 똑같음에도 불구하고 차액보증금을 보증서로 납부
하는 경우에는 현금으로 납부하는 경우보다 2배나 납부하게 하고 수급인이 계약
상의 의무를 이행하지 아니할 때에는 현금으로 납부한 경우보다 2배나 되는 금액
을 원고에게 귀속시킬 합리적인 이유가 없는 점, 차액보증금을 보증서로 납부한
경우에는 항상 차액보증금(예정가격의 30%를 초과함)이 낙찰금액(예정가격의 85%
미만임)의 35%(예정가격의 30% ÷ 예정가격의 85%)를 초과하게 되어 지나치게 고
율인 점, 이 건 약관상 위 차액보증금과는 별도로 수급인의 채무 불이행으로 인한
손해배상의 예정으로서 낙찰금액의 10%에 상당하는 계약보증금을 수급인으로 하
여금 납부하게 하고 있는 점, 이 건 약관에서 수급인의 채무 불이행에 대하여는
위와 같이 무거운 책임을 정하고 있는 반면, 도급인의 채무 불이행에 대하여는 아
무런 책임을 정하고 있지 아니한 점 등을 종합하여 볼 때, 이 건 약관 제3조 제3
항 단서 중 차액보증금을 보증서로 납부하고자 하는 경우에는 동 차액의 2배를
납부하게 한 부분과 제4조 제1항 중 위와 같은 경우의 차액보증금의 귀속에 관한
부분은 약관법 제8조의 '고객에 대하여 부당하게 과중한 손해배상의무를 부담시키
는 약관조항' 또는 제6조 제2항 제1호의 '고객에 대하여 부당하게 불리한 조항'으
로서 무효임"(<축산업협동조합중앙회의 공사계약 약관 건>)[12]

4. 고객에게 부당하게 과중한 손해배상의무나 위약벌 등을 부담시키는 약관조항의 효력

법원은 고객에게 부당하게 과중한 손해배상의무나 위약벌 등을 부담시키는

---

12) 대판 2000. 12. 8. 99다53483(보증금).

약관조항의 효력을 무효로 보았다.

"액화석유가스(LPG) 사용자가 가스공급기간을 지키지 않은 경우에 가스공급자가 부담한 시설비의 2배에 해당하는 금액을 가스공급자에게 배상하여야 한다고 정한 LPG 공급 및 사용계약서의 손해배상액 예정 조항은 약관규제법 제8조의 '고객에 대하여 부당하게 과중한 손해배상의무를 부담시키는 약관조항'에 해당하여 무효임"(<액화석유가스(LPG) 공급자의 LPG 공급 및 사용계약서 건>),13) "피고가 이 건 임대차계약서 제5조 제3항의 연체료 약정이 경제적 약자인 임차인에게 절대적으로 불리한 반사회질서의 법률행위이고, 약관의 규제에 관한 법률 제8조의 고객에게 부당하게 과중한 지연손해금 등의 손해배상의무를 부담시키는 약관 조항으로서 무효라고 주장한 데 대하여, 위 연체료 약정이 임차인에 대하여 월 차임을 지체할 경우 고율의 연체료를 부담시키는 것을 내용으로 한다는 점만으로는 선량한 풍속 기타 사회질서에 반하는 법률행위에 해당한다고 보기 어렵고, 다만 위 연체료 약정은 민법 제398조 제4항에 따라 손해배상액의 예정으로 추정되므로 법원은 같은 조 제2항에 의하여 이를 적당히 감액할 수 있는데 위 연체료 약정은 그 손해액의 크기나 채무액에 대한 비율에 비추어 부당히 과다하므로 이를 연 20%의 비율로 감액함이 상당하다고만 판단하고, 위 연체료 약정이 약관의 규제에 관한 법률 제8조에 의하여 무효인지 여부에 대하여는 판단하지 않았음을 알 수 있음. 그런데 약관의 규제에 관한 법률에 의하여 약관조항이 무효인 경우 그것이 유효함을 전제로 민법 제398조 제2항을 적용하여 적당한 한도로 손해배상예정액을 감액하거나, 과중한 손해배상의무를 부담시키는 부분을 감액한 나머지 부분만으로 그 효력을 유지시킬 수는 없고(대법원 1996. 9. 10. 선고 96다19758 판결 등 참조), 한편 임차인의 월 차임 연체에 대하여 월 5%(연 60%)에 달하는 연체료를 부담시키는 것은 부당하게 과중한 손해배상의무를 부담시키는 것으로서 약관의 규제에 관한 법률 제6조, 제8조 등에 의하여 무효로 볼 여지가 있음(대법원 2000. 7. 6. 선고 2000다18288, 18295 판결 참조)"(<임대차계약서상 연체료 약정 건>)14)

동 조항의 위법성 심사기준에 대하여 「약관심사지침」에서는 다음과 같이 규정하고 있다(IV. 4).

(1) 손해배상액의 예정이란 채무불이행시 발생할 손해배상의 액수에 관하여 당사자들이 미리 정해 놓은 것을 말한다. 지연손해의 배상·전보배상·위약벌 등 그 명칭을 불문하고 약관상 금전지급이 실질적으로 채무불이행에 따른 손해배

---

13) 대판 2006. 11. 9. 2006다27000(매매대금등).
14) 대판 2009. 8. 20. 2009다20475,20482(건물명도및임대료·임대차보증금등).

상의 성질이 있는 경우에는 모두 손해배상액의 예정에 포함된다.

(2) 위약금의 약정은 민법 제398조(배상액의 예정) 제4항의 규정에 의하여 손해배
상액의 예정으로 추정된다. 손해배상액의 예정으로 추정되지 않는 경우에는
채무이행을 강제하기 위한 제재금으로서 '위약벌'로 본다.

(3) '부당하게 과중한'지의 여부는 거래유형에 따라 계약당사자의 경제적 지위,
계약의 목적과 내용, 손해배상액을 예정한 동기, 채무액에 대한 예정액의 비
율, 예상 손해액의 크기, 그 당시의 거래관행과 경제상태 등 종합적으로 고려
하여 판단한다.

(4) 실거래에서는 조건의 차이, 교섭력의 차이, 계약의 성질에 따라 달라질 수 있
고, 손해배상예정조항이 일방적으로 정해진 것만 가지고 법에 위반된다고 할
수는 없다.

「약관심사지침」에서는 법 위반에 해당될 수 있는 조항을 다음과 같이 예시
하고 있다(Ⅳ. 4).

(1) 부동산 거래에 있어서의 위약금은 거래대금의 10% 수준이 통상의 거래관행임
에도 총 분양대금의 20~30%를 위약금으로 정한 조항

(2) 임대차계약에서 임차물 사용의 대가는 계약기간중 임대보증금에 대한 정기예
금 이자분과 월 임대료를 합한 금액, 즉 임대료총액이라 할 것이고 위약금은
임대료총액의 10% 수준이 적정하다고 할 것임에도 임대보증금의 10%를 임차
인의 위약금으로 정한 조항

(3) 계약금을 위약금으로 하기로 하는 특약이 있는 경우에 계약금은 민법 제398
조 제4항에 의하여 손해배상액의 예정으로서의 성질을 가진 것임에도 계약해
제로 인하여 매도인 또는 임차인이 입은 손해에 대하여 매수인 또는 임대인에
게 배상책임을 다시 물을 수 있도록 한 조항

(4) 손해배상액의 예정은 채권자의 실제 손해액이 예정배상액을 초과하더라도 그
초과액을 청구할 수 없음이 원칙임에도 계약금을 위약금으로 정하는 외에 별
도로 연체료까지 청구하거나 기납부금에서 공제할 수 있도록 한 조항

(5) 상조서비스 계약에서 회원의 중도해지에 따른 회차별 납입금의 위약 공제율
(공제금액÷상품금액×100)이 20%를 초과하여 회원모집 비용을 일부 감안한
다 하더라도 통상의 거래관행(거래대금의 10%)을 훨씬 상회하는 조항

제9조(계약의 해제·해지)

계약의 해제·해지에 관하여 정하고 있는 약관의 내용 중 다음 각 호의 어느 하나에 해당되는 내용을 정하고 있는 조항은 무효로 한다.

1. 법률에 따른 고객의 해제권 또는 해지권을 배제하거나 그 행사를 제한하는 조항
2. 사업자에게 법률에서 규정하고 있지 아니하는 해제권 또는 해지권을 부여하여 고객에게 부당하게 불이익을 줄 우려가 있는 조항
3. 법률에 따른 사업자의 해제권 또는 해지권의 행사 요건을 완화하여 고객에게 부당하게 불이익을 줄 우려가 있는 조항
4. 계약의 해제 또는 해지로 인한 원상회복의무를 상당한 이유 없이 고객에게 과중하게 부담시키거나 고객의 원상회복 청구권을 부당하게 포기하도록 하는 조항
5. 계약의 해제 또는 해지로 인한 사업자의 원상회복의무나 손해배상의무를 부당하게 경감하는 조항
6. 계속적인 채권관계의 발생을 목적으로 하는 계약에서 그 존속기간을 부당하게 단기 또는 장기로 하거나 묵시적인 기간의 연장 또는 갱신이 가능하도록 정하여 고객에게 부당하게 불이익을 줄 우려가 있는 조항

[전문개정 2010. 3. 22.]

 목 차

[참고문헌]

단행본: 사법연수원, 약관규제와 소비자보호 연구, 2012

[참고사례]

삼성시계(주)의 대리점계약 건[서울고등법원 1996. 4. 4. 선고 95나39382 판결; 대법원 1998. 1. 23. 선고 96다19413(물품대금) 판결]; **부산광역시의 택지공급계약 건**[부산고

등법원 1996. 7. 5. 선고 96나68 판결; 대법원 1998. 12. 23. 선고 96다38704(토지대금 반환등) 판결]; **삼삼종합금융(주)의 어음거래약정 건**[서울고등법원 1998. 12. 30. 선고 97 나45640 판결; 대법원 2001. 11. 27. 선고 99다8353(보증채무금) 판결); **한국토지공사의 토지분양 약관 건**[대구고등법원 1998. 6. 17. 선고 98나728 판결; 대법원 1999. 3. 26. 선고 98다33260(계약보증금) 판결]; **전라북도의 공장용지 분양계약 약관 건**[광주고등법 원 1995. 2. 15. 선고 94나7170 판결; 대법원 1996. 7. 30. 선고 95다16011(계약금등) 판결]; **서울보증보험(주)의 보증보험약관 건**[서울고등법원 2000. 11. 14. 선고 2000나 24575 판결; 대법원 2002. 5. 10. 선고 2000다70156(보험금) 판결]; **대우종합기계(주)의 제품판매 및 아프터서비스계약서상 불공정약관조항 건**(공정거래위원회 2001. 12. 27. 의결 제2001-188호; 서울고등법원 2002. 12. 24. 선고 2002누1887 판결; 대법원 2005. 10. 13. 선고 2003두1110 판결); **액화석유가스(LPG) 공급자의 LPG 공급 및 사용계약서 건**[대 구지방법원 2006. 4. 14. 선고 2005나15169 판결; 대법원 2006. 11. 9. 선고 2006다 27000(매매대금등) 판결]; **(주) 동양씨디씨의 상가분양약관 건**{서울고등법원 2010. 1. 20. 선고 2009나34827 판결; 대법원 2013. 10. 24. 선고 2010다22415[손해배상(기)] 판결}; **금보개발(주)의 남부컨트리클럽회칙상 불공정약관 조항 건**(공정거래위원회 2011. 6. 29. 의 결 제2011-089호); **전문건설공제조합의 불공정약관 건**{서울고등법원 2013. 6. 21. 선고 2012나30726 판결; 대법원 2017. 9. 21. 선고 2013다58668[계약보증금등] 판결}

I. 고객의 해제권 또는 해지권의 배제 및 행사 제한 조항

계약의 해제·해지에 관련 무효로 보는 첫 번째 경우는 법률에 따른 고객의 해제권 또는 해지권을 배제하거나 그 행사를 제한하는 조항(제1호)[1]이다. 동 조 항은 평가의 여지가 없는 절대적 무효조항이다.

법원이 법위반으로 인정하지 않은 사례는 다음과 같다.

"자동차 제조·판매사업자가 딜러계약을 체결하기 위해 마련한 약관 중, '고객이 사업자의 사전동의 없이 대표자를 변경하였을 때',[2] '고객의 영업부진, 운영부실

---

1) 관련 민법규정: 제544조(이행지체와 해제)당사자 일방이 그 채무를 이행하지 아니하는 때에는 상대방은 상당한 기간을 정하여 그 이행을 최고하고 그 기간내에 이행하지 아니한 때에는 계 약을 해제할 수 있다. 그러나 채무자가 미리 이행하지 아니할 의사를 표시한 경우에는 최고를 요하지 아니한다.
   제546조(이행불능과 해제) 채무자의 책임있는 사유로 이행이 불능하게 된 때에는 채권자는 계 약을 해제할 수 있다.

또는 기타의 사유로 제품의 판매 등 업무수행에 부적합하다고 판단될 때', '고객이 계약의 근본취지에 어긋나는 행위를 하거나 계약의 주요한 사항을 위반하는 때'와 '기타 고객이 본 계약을 유지할 수 없는 중대한 사유가 발생하는 때' 등을 계약해지사유로 규정하고 있는 부분이 약관규제법 제9조 제2호에서 정한 '사업자에게 법률에서 규정하고 있지 아니하는 해제권·해지권을 부여하거나 법률의 규정에 의한 해제권·해지권의 행사요건을 완화하여 고객에 대하여 부당하게 불이익을 줄 우려가 있는 조항'에 해당하지 않음"(<대우종합기계(주)의 불공정약관조항 건>),3) "약관 제30조 제 5호, 제7호 및 제8호4)관련, 약관 제30조 제5호는 딜러로서의 영업부진, 운영부실 혹은 이와 유사한 사유로 딜러가 딜러로서의 기능을 감당하지 못하는 경우 딜러계약을 해지할 수 있게 하기 위함이며, 약관 제30조 제7호는 딜러가 딜러계약에 따른 주요한 의무를 위반한 경우 딜러계약을 해지할 수 있게 하기 위함으로 이는 전형적인 채무불이행에 의한 계약의 해지권을 부여한 것이고, 약관 제30조 제8호는 그 밖에 딜러가 예상할 수 없는 방법으로 신뢰관계를 훼손하거나 정형적이지 않는 방법으로 계약상 의무를 회피하는 경우에도 딜러계약을 해지할 수 있게 하기 위함으로, 모두 그 취지가 분명하고, 상법상 대리상계약을 해지할 수 있는 '부득이한 사정이 있는 때'에 해당한다고 할 것이며, 또 당사자들의 거래관계에서 그 개념을 구체화할 수 있는 기준이 있거나 거래관계상 또는 신의칙상 그 개념을 특정할 수 있으므로, 그 뜻이 애매모호하거나 추상적이어서 원고에게 자의적인 해지권 행사를 가능하게 하는 부당한 해지권 창설조항은 아니라고 할 것이고, 따라서 위 약관조항들은 결국 법 제9조 제2호의 '사업자에게 법률에서 규정하고 있지 아니하는 해지권을 부여하여 고객에 대하여 부당하게 불이익을 줄 우려가 있는 조항'에 해당된다고 할 수 없음"(<대우종합기계(주)의 불공정약관조항 건>)5)

---

2) 제30조(약정 계약해지) 아래 각 호의 사항이 발생한 경우 "갑"은 1개월 이상의 기간을 정하여 최고한 다음 계약을 해지할 수 있다. 2) "을"이 "갑"의 사전동의 없이 경영권을 제3자에게 양도 또는 담보로 제공하였거나 대표자를 변경하였을 때

3) 대판 2005. 10. 13. 2003두111. 서울고등법원도 "딜러계약은 원고와 딜러 사이의 신뢰관계를 기초로 하는 계약으로서 그 대표자의 개성은 딜러계약 체결의 중요한 요소가 되므로, 딜러의 대표자 변경시 원고의 사전동의를 받게 하고 이를 어길 경우에 딜러계약을 해지할 수 있도록 한 것은 원고와 딜러사이의 신뢰관계를 유지하기 위한 최소한 담보장치로서 필요하다고 보여지고, 더 나아가 원고가 적극적으로 대표자의 변경을 요구할 권리를 가지거나 계약의 해지 이외에 손해배상책임 등 더 이상의 불이익을 가할 수 있는 권한을 가진 것이 아닌 이상 위 약관조항부분이 상법상 보장된 대표자 변경절차를 부인하는 결과를 초래한다거나 딜러의 경영에 부당한 간섭을 초래하는 것으로 볼 수는 없다고 할 것이고, 따라서, 위 약관 조항부분은 상법상 대리상계약을 해지할 수 있는 '부득이한 사정이 있는 때'에 해당한다고 할 것이므로, 약관 제30조제2호 중 '원고의 사전동의 없이 대표자를 변경하였을 때' 계약을 해지할 수 있다는 부분은 법 제9조제2호의 '사업자에게 법률에서 규정하고 있지 아니하는 해지권을 부여하여 고객

동 조항의 위법성 심사기준에 대하여 「약관심사지침」에서는 다음과 같이 규정하고 있다(Ⅳ. 5. 가).

(가) 민법이나 기타 법률이 고객에게 부여하고 있는 해제권·해지권을 배제하거나 그 행사요건 및 행사방법을 제한하는 조항은 무효이다.

(나) 법정해제권 또는 법정해지권을 대상으로 하므로 약정해제권 또는 약정해지권에는 적용되지 않는다.

「약관심사지침」에서는 법 위반에 해당될 수 있는 조항을 다음과 같이 예시하고 있다(Ⅳ. 5. 가).

(가) 계약당사자는 상대방의 채무불이행을 이유로 최고 등의 절차를 거쳐 해제·해지권을 행사할 수 있음에도 고객의 해제·해지 요구에 대하여 사업자가 정당한 사유가 있다고 인정하는 경우에만 해제·해지할 수 있다는 조항

(나) 민법상 채무불이행에 해당함에도 고객이 사업자에게 계약의 해제·해지를 청구할 수 없도록 하는 조항

(다) 아파트 섀시설치계약에서 사업자가 이행에 착수하기 전에는 고객이 계약금을 포기하고 계약을 해제할 수 있음에도 사업자의 이행착수 여부를 불문하고 고객의 계약해제권 행사기간을 계약일부터 7일 이내로 제한하는 조항

에게 부당하게 불이익을 줄 우려가 있는 조항'에 해당한다고 할 수 없다"고 판시하였다. 서고판 2002. 12. 24. 2002누1887.

4) 제30조(약정 계약해지) 아래 각 호의 사항이 발생한 경우 "갑"은 1개월 이상의 기간을 정하여 최고한 다음 계약을 해지할 수 있다. 5) "을"의 영업부진, 운영부실 또는 기타의 사유로 제품의 판매 등 업무수행에 부적합하다고 판단될 때 7) "을"이 계약의 근본취지에 어긋나는 행위를 하거나 계약의 주요한 사항을 위반하는 때 8) 기타 "을"이 본 계약을 유지할 수 없는 중대한 사유가 발생하는 때

5) 서고판 2002. 12. 24. 2002누1887(대판 2005. 10. 13. 2003두1110). 서울고등법원은 "딜러계약은 원고와 딜러 사이의 신뢰관계를 기초로 하는 계약으로서 그 대표자의 개성은 딜러계약 체결의 중요한 요소가 되므로, 딜러의 대표자 변경시 원고의 사전동의를 받게 하고 이를 어길 경우에 딜러계약을 해지할 수 있도록 한 것은 원고와 딜러사이의 신뢰관계를 유지하기 위한 최소한 담보장치로서 필요하다고 보여지고, 더 나아가 원고가 적극적으로 대표자의 변경을 요구할 권리를 가지거나 계약의 해지 이외에 손해배상책임 등 더 이상의 불이익을 가할 수 있는 권한을 가진 것이 아닌 이상 위 약관조항부분이 상법상 보장된 대표자 변경절차를 부인하는 결과를 초래한다거나 딜러의 경영에 부당한 간섭을 초래하는 것으로 볼 수는 없다고 할 것이고, 따라서, 위 약관 조항부분은 상법상 대리상계약을 해지할 수 있는 '부득이한 사정이 있는 때'에 해당한다고 할 것이므로, 약관 제30조제2호 중 '원고의 사전동의 없이 대표자를 변경하였을 때' 계약을 해지할 수 있다는 부분은 법 제9조제2호의 '사업자에게 법률에서 규정하고 있지 아니하는 해지권을 부여하여 고객에게 부당하게 불이익을 줄 우려가 있는 조항'에 해당한다고 할 수 없다"고 판시하였다.

(라) 기간의 약정이 있는 임대차계약에서 기간내에 해지할 권리를 보류한 때에
임대인이 해지를 통고할 경우에는 6개월, 임차인이 해지를 통고할 경우에는 1
개월 경과 후에 해지의 효력이 발생(민법 제636조)함에도 임차인이 임대차계
약을 해지하고자 할 때에는 해지하기 2개월 전에 통지하도록 하는 조항

Ⅱ. 사업자의 해제권 또는 해지권 부여 조항

계약의 해제·해지에 관련 무효로 보는 두 번째 경우는 사업자에게 법률에
서 규정하고 있지 아니하는 해제권 또는 해지권을 부여하여 고객에게 부당하게
불이익을 줄 우려가 있는 조항(제2호)이다. 지방자치단체와 건설업체 사이에 체
결된 택지공급계약 중 지방자치단체에게만 일방적으로 계약해제권을 부여한 계
약조항이 약관규제법에 의하여 무효로 된다면 이를 유효로 하기 위하여 상대방
건설업체에게도 일방적으로 해제할 수 있는 권리가 유보되어 있는 것으로 해석
하여야 하는지 여부에 대하여 대법원은 다음과 같이 판시하였다.

"지방자치단체에게 일방적으로 택지공급계약을 해제할 수 있는 권리를 부여한 위
택지공급계약서의 해당조항이 법 제9조 제2호에 위반된다면 그로 인하여 위 계약
조항이 무효로 될 뿐이지, 위 계약조항을 유효로 하기 위하여 지방자치단체 뿐만
아니라 건설업체에게도 건설업체의 시정으로 일방적으로 택지공급계약을 해제할
수 있는 권리가 유보되어 있는 것으로 해석해야 한다고 볼 수 없음"(<부산광역
시 택지공급계약 건>)6)

법원이 법위반으로 인정한 사례는 다음과 같다.

"보증보험은 채무자의 채무불이행으로 인하여 채권자가 입게 되는 손해의 전보를
보험자가 인수하는 것을 내용으로 하는 손해보험으로서 형식적으로는 채무자의
채무불이행을 보험사고로 하는 보험계약이나 실질적으로는 보증의 성격을 가지고
보증계약과 같은 효과를 목적으로 하므로, 민법의 보증에 관한 규정이 준용되고,
따라서 보증보험이 담보하는 채권이 양도되면 당사자 사이에 다른 약정이 없는
한 보험금청구권도 그에 수반하여 채권양수인에게 함께 이전된다고 보아야 함(대

---

6) 대판 1998. 12. 23. 96다38704(토지대금반환등).

법원 1999. 6. 8. 선고 98다53707 판결 등 참조). 따라서 이 건에서와 같이 보증보
험이 담보하는 물품판매대금채권 발생의 기초가 되는 이 건 매매알선계약에 따른
모든 권리, 의무가 영업양도 등에 수반된 계약인수에 의하여 양도된 경우에, 그와
같이 계속적으로 발생하는 물품판매대금채무를 그 보험기간 동안 보험금액 한도
내에서 보증하는 이 건 이행(상품판매대금)보증보험계약에 따른 피보험자의 지위
도 계약인수 및 보증계약의 법리상 이에 부수하여 함께 이전된다고 보아야 할 것
임. 그런데 이 건 보증보험약관 제9조 제1호는 이러한 경우에 피고의 승인을 받지
않으면 보험계약은 효력이 상실된다고 규정하고 있는바, 이는 실질적으로 그와 같
은 피보험자의 변경을 이유로 하여 원고에게 인수된 이 건 보증보험계약에 대해
아무런 제한 없는 해지권을 피고에게 부여한 것에 다름 없다. 이 건 보증보험약관
제9조 제1호는 상법 제652조와 제653조를 구체화한 규정으로 볼 수 있는바, 피보
험자의 변경은 피보험자의 고의로 사고발생의 위험이 변경되는 한 경우라고는 할
것이지만, 약관의 규정은 제653조와 달리 피보험자의 변경으로 위험이 현저하게
변경 또는 증가되었는지를 묻지 않고, 또 계약해지권과 함께 보험료의 증액청구권
을 선택적으로 규정하지도 않았으며, 그 계약해지권 행사의 제척기간도 규정하지
않은 점에서 제653조의 규정보다 그 해지권의 행사요건을 크게 완화하였음을 알
수 있음. 그러므로 이 건 보증보험약관 제9조 제1호는 법률의 규정에 의한 해지권
의 행사요건을 완화하여 고객에 대하여 부당하게 불이익을 줄 우려가 있는 조항
으로서, 약관의규제에관한법률 제6조 제2항 제1호를 적용하기에 앞서 같은 법률
제9조 제2호에 의하여 무효라고 하지 않을 수 없음"(<서울보증보험(주)의 보증보
험약관 건>)[7] "제2 공사 하도급계약서 제7항이 약관이라면 위 조항은 부도나 가
압류 등의 일정한 사실의 발생만으로 이행 최고 없이 하도급계약의 해지사유로
삼고 있어 하수급인에게 부당하게 불이익을 줄 우려가 있으므로 약관규제법 제9
조 제2호, 제3호, 제6조에 의하여 무효이고, 따라서 이 사건 조항을 근거로 하여
이 사건 가압류만을 가지고 제2 공사 하도급계약의 해지사유로 삼을 수 없음"
(<전문건설공제조합의 불공정약관 건>)[8]

법원이 법위반이 아니라고 판단한 사례도 있다.

"자동차 제조·판매사업자가 딜러계약을 체결하기 위해 마련한 약관 중, '고객이
사업자의 사전동의 없이 대표자를 변경하였을 때', '고객의 영업부진, 운영부실 또
는 기타의 사유로 제품의 판매 등 업무수행에 부적합하다고 판단될 때', '고객이
계약의 근본취지에 어긋나는 행위를 하거나 계약의 주요한 사항을 위반하는 때'와

---

7) 대판 2002. 5. 10. 2000다70156(보험금).
8) 대판 2017. 9. 21. 2013다58668[계약보증금등].

'기타 고객이 본 계약을 유지할 수 없는 중대한 사유가 발생하는 때' 등을 계약해지사유로 규정하고 있는 부분이 약관규제법 제9조 제2호에서 정한 '사업자에게 법률에서 규정하고 있지 아니하는 해제권·해지권을 부여하거나 법률의 규정에 의한 해제권·해지권의 행사요건을 완화하여 고객에 대하여 부당하게 불이익을 줄 우려가 있는 조항'에 해당하지 않음"(<대우종합기계(주)의 제품판매 및 아프터서비스 계약서상 불공정약관조항 건>)9)

동 조항의 위법성 심사기준에 대하여 「약관심사지침」에서는 다음과 같이 규정하고 있다(Ⅳ. 5. 나).

(가) 해제권·해지권이 발생하기 위해서는 원칙적으로 채무불이행이 있고 상당한 기간을 정하여 이행을 최고하고, 그 기간내에 이행 또는 이행의 제공이 없을 것이라는 요건을 충족시켜야 한다. 이러한 요건을 충족한 후에 해제권자·해지권자가 해제·해지의 의사표시를 하여야 그 효과가 발생한다.

(나) 약관상 해제권·해지권의 발생 사유로 규정된 조항이 민법 규정이나 계약의 취지에 비추어 채무불이행 사유에 해당하며 다만 그것을 구체적으로 열거한 것인 때에는 유효한 조항이다.

(다) '부당'한지의 여부는 당해 약관을 설정한 의도 및 목적, 당해 업종에서의 통상적인 거래관행, 관계법령, 거래대상 상품 또는 용역의 특성, 사업자의 영업상의 필요 및 고객이 입을 불이익의 내용과 정도 등을 종합적으로 고려하여 판단한다.

「약관심사지침」에서는 법 위반에 해당될 수 있는 조항을 다음과 같이 예시하고 있다(Ⅳ. 5. 나).

(가) 아파트, 상가 등 부동산의 분양계약에서 고객이 중도금 또는 잔금지급을 1회 이상 연체할 경우 사업자가 최고 등의 절차 없이도 해제할 수 있도록 하는 조항10)

(나) 계약서에 정한 사항을 위반한 경우 이외에 기타 관리상 필요에 의한 사업자의 요구에 불응한 경우에도 최고 등의 절차 없이 사업자가 일방적으로 해제·해지할 수 있도록 하는 조항

(다) 고객의 경미한 의무위반에 대하여 사업자가 법률이 규정하고 있는 최고 등의 절차 없이도 일방적으로 해제·해지할 수 있도록 하는 조항

---

9) 대판 2005. 10. 13. 2003두1110.

10) 실효약관이라고 하는데, 약관이 아닌 매매계약에서 대법원은 매수인이 중도급이나 잔금을 약정기일에 지급하지 아니하면 매매계약이 자동적으로 해제(취소)되기로 하는 매매계약조항에

Ⅲ. 사업자의 해제권 또는 해지권 행사 요건 완화 조항

계약의 해제·해지에 관련 무효로 보는 세 번째 경우는 법률에 따른 사업
자의 해제권 또는 해지권의 행사 요건을 완화하여 고객에게 부당하게 불이익을
줄 우려가 있는 조항(제3호)이다.

공정거래위원회가 법위반으로 인정한 사례는 다음과 같다.

"남부 컨트리클럽 회칙 제14조에 위 클럽 회원의 제명사유로 남부 컨트리클럽 회
칙 또는 위 클럽의 제반 규칙을 위반하거나, 주소변경과 같은 신고의무를 위반하
는 경우 혹은 운영위원회와 회사에서 부적격하다고 인정하는 경우 등을 정하는
등 단순·경미하거나 불명확한 사유로 일방적으로 회원을 제명할 수 있도록 하는
약관 조항을 앞으로 사용하여서는 아니됨"<금보개발(주)의 남부컨트리클럽회칙상
불공정약관 조항 건>11)

Ⅳ. 고객의 과중한 원상회복의무 및 원상회복 청구권 포기 조항

계약의 해제·해지에 관련 무효로 보는 네 번째 경우는 계약의 해세 또는
해지로 인한 원상회복의무를 상당한 이유 없이 고객에게 과중하게 부담시키거
나 고객의 원상회복 청구권을 부당하게 포기하도록 하는 조항(제4호)12)이다.

법원이 법위반으로 인정한 사례는 다음과 같다.

"약관규제법 제6조 제1항, 제2항, 제9조 제3호 등에 비추어 계약의 해제로 인한
고객의 원상회복청구권을 부당하게 포기하도록 하는 약관조항은 고객에게 부당하
게 불리하여 공정을 잃은 것으로 추정되고 신의성실의 원칙에 반하는 것으로서

대하여 모두 유효로 판시하였다(중도금의 경우 대판 1992. 8. 18. 92다5928, 잔금의 경우 대판
1994. 9. 9. 94다8600). 사법연수원, 75~76면 참조.
11) 공정거래위원회 2011. 6. 29. 2011-089.
12) 관련 민법규정: 제548조(해제의 효과, 원상회복의무) ① 당사자 일방이 계약을 해제한 때에는
각 당사자는 그 상대방에 대하여 원상회복의 의무가 있다. 그러나 제삼자의 권리를 해하지 못
한다. ② 전항의 경우에 반환할 금전에는 그 받은 날로부터 이자를 가하여야 한다.
제626조(임차인의 상환청구권) ① 임차인이 임차물의 보존에 관한 필요비를 지출한 때에는
임대인에 대하여 그 상환을 청구할 수 있다. ② 임차인이 유익비를 지출한 경우에는 임대인은
임대차종료시에 그 가액의 증가가 현존한 때에 한하여 임차인의 지출한 금액이나 그 증가액을
상환하여야 한다. 이 경우에 법원은 임대인의 청구에 의하여 상당한 상환기간을 허여할 수 있다.

무효라고 보아야 함"(<한국토지공사의 토지분양 약관 건>),13) "한국토지분양계
약이 해제되었을 때에는 수분양자가 지급한 계약보증금이 분양자에게 귀속될 뿐
만 아니라, 수분양자는 계약 해제로 인하여 분양자가 입은 손해에 대하여도 배상
의무를 면하지 못하는 것으로 약정한 경우, 위 계약보증금의 몰취는 계약 해제로
인한 손해배상과는 별도의 성격을 가지는 것이라 할 것이고, 따라서 위 계약보증
금 몰취 규정을 단순히 통상 매매계약에 있어서의 손해배상의 예정으로 보기는
어려우며, 수분양자가 계약 위반시 분양자에게 손해배상책임을 지는 것과는 별도
로 이를 분양자에게 귀속시킴으로써 수분양자에게 제재를 가함과 동시에 수분양
자의 계약이행을 간접적으로 강제하는 작용을 하는 이른바 위약벌의 성질을 가진
것이라고 봄이 상당함. 토지공사가 토지를 분양하면서 토지분양계약이 해제되었
을 때 귀책사유의 유무를 불문하고 수분양자가 지급한 매매대금의 10%에 상당하
는 계약보증금이 분양자인 한국토지공사에게 귀속되도록 정한 경우, 그 계약금 몰
취 규정은 고객인 분양자에 대하여 일방적으로 부당하게 불리한 조항으로서 공정
을 잃은 것으로 추정되어 신의성실의 원칙에 반하거나 또는 계약 해제시 고객의
원상회복청구권을 부당하게 포기하도록 하는 조항으로서 약관규제법에 위반하여
무효임"(<한국토지공사의 토지분양 약관 건>),14) "임의법규인 민법 제548조 제2
항의 규정에 의하면 계약이 해제된 경우에 반환할 금전에는 이자를 가하여야 하
도록 되어 있다는 점, 사업자가 시행하고 있는 전라북도 지방공업단지조성및분양
에관한조례 제19조 제1항 및 제2항은 사업자가 계약 상대방의 귀책사유로 인하여
공업용지 분양계약을 해제하였을 때에는 납입한 계약보증금을 제외한 납입액에
대하여는 기간 중 법정이자를 가산하여 반환하도록 규정하고 있다는 점 등에 비
추어 보면, 공장용지 분양계약서 제16조 제5항의 규정 내용 중 반환할 금전에 대
한 이자의 지급을 배제하고 있는 부분은 사업자의 원상회복의무를 부당하게 경감
하는 조항으로서 약관규제법 제9조 제4호의 규정에 위반되어 무효임"(<전라북도
공장용지 분양계약 약관 건>)15)

　　동 조항의 위법성 심사기준에 대하여 「약관심사지침」에서는 다음과 같이
규정하고 있다(Ⅳ. 5. 다).

(가) 계약의 해제·해지로 인한 법률효과 중의 하나인 원상회복의무 또는 청산의
　　무의 내용을 고객에게 불리하게 정하는 조항은 무효이다.

---

13) 대판 1999. 3. 26. 98다33260(계약보증금).
14) 대판 1999. 3. 26. 98다33260(계약보증금).
15) 대판 1996. 7. 30. 95다16011(계약금등).

> (나) 금전의 경우에는 받은 날부터 반환할 때까지의 이자를 가산하여 반환하여야
>   하고, 반환의무자가 반환하여야 할 물건에 관하여 필요비를 지출한 때에는
>   상대방에게 그 상환을 청구할 수 있고, 유익비를 지출한 때에는 가액의 증가
>   가 현존한 경우에 한하여 상대방의 선택에 따라 임차인이 지출한 금액이나
>   그 증가액의 상환을 청구할 수 있다.
> (다) '상당한 이유'가 있는지의 여부는 당해 약관을 설정한 의도 및 목적, 당해 업
>   종에서의 통상적인 거래관행, 관계법령, 거래대상 상품 또는 용역의 특성, 사
>   업자의 영업상의 필요 및 고객이 입을 불이익의 내용과 정도 등을 종합적으
>   로 고려하여 판단한다.

　　「약관심사지침」에서는 법 위반에 해당될 수 있는 조항을 다음과 같이 예시
하고 있다(Ⅳ. 5. 다).

> (가) 계약이 해제 또는 해지되었으나 계약물건의 반환이 불가능하여 물건의 가격
>   으로 반환할 경우 그 가액산정을 사업자가 일방적으로 정하기로 하는 조항
> (나) 상가분양계약에서 계약 해제시 고객이 이미 지출한 필요비 및 유익비를 사업
>   자에게 청구할 수 없도록 하는 조항
> (다) 스포츠클럽 회원가입계약에서 납입된 입회비는 사유를 불문하고 일체 반환하
>   지 않는다는 조항
> (라) 계약의 해제·해지 시에 고객이 원상회복의무를 사업자보다 먼저 이행하도록
>   하는 조항
> (마) 민사상 채무불이행 책임은 채무자의 귀책사유가 있음을 전제로 하는 것임에
>   도 귀책사유의 유무와 관계없이 계약금을 일체 반환하지 않는다는 조항

Ⅴ. 사업자의 원상회복의무 및 손해배상의무 경감 조항

　　계약의 해제·해지에 관련 무효로 보는 다섯 번째 경우는 계약의 해제 또는
해지로 인한 사업자의 원상회복의무나 손해배상의무를 부당하게 경감하는 조항
(제5호)이다.

　　법원이 법위반으로 인정한 사례는 다음과 같다.

"상가개발비 약정이 분양계약에 편입된 경우, 분양계약이 해제되면 상가개발비 약정 역시 종료되고, 이 경우 상가개발비 반환의무의 발생이나 그 내용 등은 원칙적으로 분양계약 당사자의 약정에 따라 정하여지나 약관의 형식으로 분양계약이 체결된 경우에는, 그 약관의 내용이 사적 자치의 영역에 속하는 것이라고 하더라도 이는 약관규제법의 규율 대상이 되는 것인데, 약관법 제9조는 계약의 해제·해지에 관하여 사업자의 원상회복의무나 손해배상의무를 부당하게 경감하는 조항은 무효라고 규정하고 있으므로, 분양계약 해제로 인하여 상가개발비 약정이 종료된 경우에 상가개발비를 어떠한 경우에도 반환하지 않는다고 규정하는 조항은 수분양자에게 일방적으로 불리한 약관으로 무효임. 이처럼 상가개발비의 반환에 관한 약정이 무효이거나 그에 관한 약정이 존재하지 않고 나아가 상가개발비 약정의 성격이 위임약정이라고 볼 경우 분양자의 책임 없는 사유로 분양계약이 해제되었을 때에는 분양계약 종료 당시까지 분양자가 처리한 사무의 정도와 난이도, 노력의 정도, 처리된 사무에 대하여 가지는 쌍방 당사자의 이익 등 제반 사정을 참작하여 상당하다고 인정되는 보수 금액 및 상당하다고 인정되는 사무처리 비용 등을 공제하고 남은 나머지 상가개발비만을 반환받을 수 있다고 봄이 타당함. 이 경우 처리한 사무의 정도, 사용된 사무처리 비용 등은 공제를 주장하는 분양자가 그 증명책임을 부담함"(<(주) 동양씨디씨의 상가분양약관 건>)16)

　　동 조항의 위법성 심사기준에 대하여 「약관심사지침」에서는 다음과 같이 규정하고 있다(Ⅳ. 5. 라).

(가) 계약이 해제·해지되면 쌍방당사자는 계약의 존속을 전제로 하여 상대방으로부터 받은 급부를 원상회복함으로써 계약관계를 청산하여야 한다. 사업자가 고객의 원상회복의무를 엄격하게 주장하면서도 자기의 원상회복의무나 손해배상의무를 경감하는 조항은 무효이다.

(나) 계약의 해제·해지로 인하여 계약채무의 소멸과 원상회복을 하고도 상대방에게 책임있는 해제·해지사유로 인하여 손해가 발생한 경우에는 그 배상을 청구할 수 있다. 채무불이행으로 인한 손해배상은 통상의 손해를 그 한도로 하고, 특별한 사정으로 인한 손해는 채무자가 그 사정을 알았거나 알 수 있었을 때에 한하여 배상의 책임이 있다.

(다) '부당'한지의 여부는 당해 약관을 설정한 의도 및 목적, 당해 업종에서의 통상적인 거래관행, 관계법령, 거래대상 상품 또는 용역의 특성, 사업자의 영업

---

16) 대판 2013. 10. 24. 2010다22415[손해배상(기)].

> 상의 필요 및 고객이 입을 불이익의 내용과 정도 등을 종합적으로 고려하여
> 판단한다.

「약관심사지침」에서는 법 위반에 해당될 수 있는 조항을 다음과 같이 예시
하고 있다(Ⅳ. 5. 라).

> (가) 사업자의 귀책사유로 계약이 해제·해지되었음에도 사업자가 고객으로부터
>   받은 금전의 일부만을 환불하도록 하는 조항
> (나) 계약이 해제·해지된 경우에 이미 고객으로부터 받은 금원 중 이자 및 연체
>   료를 제외하고 원금만을 반환하도록 하는 조항
> (다) 계약이 해제·해지되어 사업자가 고객에게 대금을 반환함에 있어 부당하게
>   장기의 기한을 붙이는 조항
> (라) 회원 자격 탈퇴의 통지를 1개월 이전에 하도록 요구하면서 탈퇴 즉시 보증금
>   을 반환하지 아니하고 그 반환시기(원상회복의무의 이행기)를 늦추는 조항

Ⅵ. 존속기간의 일방적 설정 조항

계약의 해제·해지에 관련 무효로 보는 여섯 번째 경우는 계속적인 채권관
계의 발생을 목적으로 하는 계약에서 그 존속기간을 부당하게 단기 또는 장기
로 하거나 묵시적인 기간의 연장 또는 갱신이 가능하도록 정하여 고객에게 부
당하게 불이익을 줄 우려가 있는 조항(제6호)이다.

법원이 법위반으로 인정한 사례는 다음과 같다.

> "약관규제법 제9조 제5호의 규정 취지에 비추어, 연대보증기간 자동연장 조항에
> 계약기간 종료시 이의 통지 등에 의해 보증인의 지위에서 벗어날 수 있다는 규정
> 이 없고, 새로운 계약기간을 정하여 계약 갱신의 통지를 하거나, 그것이 없으면
> 자동적으로 1년 단위로 계약기간이 연장되도록 규정하고 있다면, 이는 계속적인
> 채권관계의 발생을 목적으로 하는 계약에서 묵시의 기간 연장 또는 갱신이 가능
> 하도록 규정하여 고객인 연대보증인에게 부당하게 불이익을 줄 우려가 있다고 보
> 여지므로 연대보증기간 자동연장 조항은 약관규제법 제9조 제5호에 위반되어 무
> 효임"(<삼성시계(주)의 대리점계약 건>)[17]

그러나 다음과 같이 법위반으로 인정하지 않은 사례도 있다.

"구 액화석유가스의 안전관리 및 사업법 시행규칙(2001. 10. 31. 산업자원부령 제143호로 개정되기 전의 것) [별표 17]제2호(바)목(2)에서 액화석유가스의 공급계약기간에 관하여 가스사용자가 모든 가스사용시설의 설치비를 부담하는 경우에는 6월 이상, 가스공급자가 모든 가스사용시설(연소기를 제외)의 설치비를 부담하는 경우에는 4년 이상, 가스공급자가 용기집합설비의 설치비를 부담하는 경우에는 2년 이상으로 하여야 한다고 규정하고 있었던 점, 가스공급자로서는 가스배관 및 부대시설 설치비용 등을 회수하기 위하여 상당한 기간 동안 계속적으로 가스를 공급할 필요가 있으므로 가스사용자에게 일정 기간 이상의 계약기간 준수의무를 부과할 수 있다고 보아야 하는 점 등에 비추어 볼 때, 액화석유가스(LPG) 공급자가 자신의 부담으로 가스시설 및 부대시설을 설치한 경우, 가스공급자의 가스공급기간을 계약체결일로부터 5년으로 정한 LPG 공급 및 사용계약서의 계약기간 조항이 약관규제법 제9조 제5호의 '계속적인 채권관계의 발생을 목적으로 하는 계약에서 그 존속기간을 부당하게 장기로 하여 고객에게 부당하게 불이익을 줄 우려가 있는 조항'에 해당한다고 보기는 어려움"(<액화석유가스(LPG) 공급자의 LPG 공급 및 사용계약서 건>)18)

동 조항의 위법성 심사기준에 대하여 「약관심사지침」에서는 다음과 같이 규정하고 있다(Ⅳ. 5. 마).

(가) 계속적인 채권·채무는 원칙적으로 약정된 존속기간 동안 계속하여 존재하며, 해지의 일방적 의사표시에 의하여 장래에 향해서 효력을 상실하게 할 수 있다.
(나) 계속적인 계약에 있어서는 존속기간을 부당하게 장기로 하는 것이 마치 고객의 계약해지권을 제한하는 것과 유사한 효과를 발생시키므로 그와 같은 조항은 무효이다.
(다) 법률상 존속기간의 정함이 있는 경우에 그보다 장기의 존속기간을 정하거나 법률상의 기간 연장 또는 갱신의 요건을 완화하는 경우에는 상당한 이유가 있어야 한다.
(라) '부당'한지의 여부는 당해 약관을 설정한 의도 및 목적, 당해 업종에서의 통상적인 거래관행, 관계법령, 거래대상 상품 또는 용역의 특성, 단기 또는 장기의 정도, 사업자의 영업상의 필요 및 고객이 입을 불이익의 내용과 정도

---

17) 대판 1998. 1. 23. 96다19413(물품대금).
18) 대판 2006. 11. 9. 2006다27000(매매대금등).

등을 종합적으로 고려하여 판단한다.

「약관심사지침」에서는 법 위반에 해당될 수 있는 조항을 다음과 같이 예시하고 있다(Ⅳ. 5. 라).

(가) 계속적인 채권관계의 발생을 목적으로 하는 학습지공급계약에 있어서 계약기간이 만료되어도 구독자의 중지요청이 없으면 계속 구독하는 것으로 간주하는 조항

(나) 주채무의 연장에 따라 보증기간이 연장되는 경우 연대보증인에게도 새로이 연장된 주채무에 대한 보증책임을 지게 하기 위해서는 연대보증인의 명확한 의사에 의한 동의가 있어야 함에도 주채무의 이행기한의 연장에 따라 연대보증기간도 연대보증인의 동의없이 자동적으로 연장하도록 하는 조항

(다) 콘도회원약관에서 콘도에 대한 대규모 투자, 장기간의 공사기간 및 투자비회수 위험을 감안하더라도 계약의 존속기간을 부당하게 장기(예: 20년)로 하여 보증금을 그 존속기간이 경과한 날부터 환불을 청구할 수 있도록 한 조항

제10조(채무의 이행)

채무의 이행에 관하여 정하고 있는 약관의 내용 중 다음 각 호의 어느 하나에 해당하는 내용을 정하고 있는 조항은 무효로 한다.

1. 상당한 이유 없이 급부(給付)의 내용을 사업자가 일방적으로 결정하거나 변경할 수 있도록 권한을 부여하는 조항
2. 상당한 이유 없이 사업자가 이행하여야 할 급부를 일방적으로 중지할 수 있게 하거나 제3자에게 대행할 수 있게 하는 조항

[전문개정 2010. 3. 22.]

 목 차

[참고문헌]

단행본: 사법연수원, 약관규제와 소비자보호 연구, 2012

[참고사례]

한국피씨통신의 정보서비스이용약관 건{서울고등법원 1997. 7. 10. 선고 96나33374 판결; 대법원 1998. 2. 13. 선고 97다37210[손해배상(기)] 판결}; (주)성창에프엔디의 불공정약관조항 건[공정거래위원회 2002. 6. 4. 의결 제2002-104호; 서울고등법원 2003. 3. 25. 선고 2002누9430 판결; 대법원 2005. 2. 18. 선고 2003두3734(파기환송) 판결; 서울고등법원 2005. 12. 15. 선고 2005누6012(파기환송심) 판결]; **택배회사의 운송계약서 건**[서울고등법원 2005. 7. 29. 선고 2004나43840 판결; 대법원 2008. 5. 29. 선고 2005다56735(파기환송) 판결]

본 조의 입법취지는 사업자가 약관에 자기의 채무이행과 관련하여 일방적으로 급부의 내용을 결정 또는 변경하거나 중지 또는 제3자에게 대행시키는 등의 조항을 둠으로써, 고객이 당해 거래에서 기대할 수 있는 이익의 부당한 침해

를 방지하는 것에서 찾을 수 있다.[1]

I. 사업자의 일방적 급부 결정 및 변경 권한 부여 조항

채무의 이행 관련 무효로 보는 첫 번째 경우는 상당한 이유 없이 급부(給付)의 내용을 사업자가 일방적으로 결정하거나 변경할 수 있도록 권한을 부여하는 조항(제1호)이다.

법원이 법위반으로 인정한 사례는 다음과 같다.

> "임대분양계약서 제4조 제2항[2] 단서의 '상가운영위원회와의 협의를 거쳐 매년 임대료를 인상할 수 있다'는 조항에 대하여, 이 건 약관 및 위 약관조항의 형식과 내용, 원고가 위 약관조항을 둔 취지, 일반 거래관행 등을 종합해 보면, 위 약관조항의 '상가운영위원회와 협의를 거쳐'라는 것은 상가운영위원회와 임대료 인상에 관한 의견을 교환하는 것을 의미하는 것이지 그 인상내용에 관한 구체적인 합의가 이루어져야 할 것까지를 의미한다고 볼 수 없고, '상가활성화 정도에 따라 … 임대료를 인상할 수 있다.'는 것 또한 추상적이고 불명확하여 위 약관조항은 원고가 일방적으로 그의 주관적인 판단에 따라 객관적으로 상당한 차임의 범위를 초과하여 인상할 수도 있는 것으로 해석될 수 있으며, 또한 임대료라는 것은 상가건물 내 개별점포의 사용대가이므로 반드시 전체 상가의 활성화 정도에 따라 모든 점포에 대하여 일률적으로 임대료를 인상하여야 할 필요가 있다고 보기도 어려운데 위 약관조항은 상당한 이유 없이 상가활성화를 빌미로 사업자인 임대인이 고객인 모든 임차인의 임대료를 일률적으로 인상할 수 있는 권한을 부여하는 조항으로 해석될 수 있으므로 위 약관조항은 약관규제법 제10조 제1호에 해당함"(<㈜성창에프엔디의 불공정약관조항 건>),[3] "택배회사가 사정변경을 이유로 운송수수료율을 일방적으로 변경할 수 있도록 규정한 사안관련, 계약서 제12조 제2항이 영업소 측에서 합리적인 영업정책수립 요구원 및 요구사항 미반영시 계약해지권을 부여하고 있더라도, 영업소의 경우 초기투자비용의 회수문제 등으로 계약의 중도해지가 사실상 곤란하고, 택배회사의 위탁영업소계약에서 운송수수료율은 영업소가 운송행위에 대한 대가로 어떤 이득을 취득할 것인가라는 주된급부에 대한 사항이므로, 이러한 급부내용을 변경할 사정변경이 있는 경우에는 당사자 간의 합의에 따라 조정하는 것이 기본법리라 할 것인데, 위 계약서 제8조 제2항

---

1) 사법연수원, 79~80면.

은 택배회사가 사정변경을 이유로 운송수수료율을 일방적으로 변경할 수 있도록 규정하고 있으므로, 이는 상당한 이유없이 급부의 내용을 사업자가 일방적으로 결정하거나 변경할 수 있도록 권한을 부여하는 조항으로서 약관규제법 제10조 제1호에 해당하거나, 고객에 대하여 부당하게 불리한 조항으로 공정을 잃은 것으로 추정되는 경우로서 약관규제법 제6조 제2항 제1호에 해당하여 무효임"(<택배회사의 운송계약서 건>)4)

동 조항의 위법성 심사기준에 대하여 「약관심사지침」에서는 다음과 같이 규정하고 있다(Ⅳ. 6. 가).

(가) 급부는 계약의 핵심적인 내용으로서 계약당사자 상호간의 합의 및 판정을 통하여 결정되어야 할 것이며, 당사자 일방이 독단적으로 결정하거나 변경할 수는 없는 것이다.

(나) 급부는 사업자 자신이 제공하여야 할 급부와 고객이 제공하여야 할 급부를 모두 포함한다. 급부의 변경에는 약속한 급부의 수량, 성질, 이행시기나 이행장소의 변경, 급부제공의 방법 등이 모두 포함된다.

(다) '상당한 이유'가 있는지의 여부는 당해 약관을 설정한 의도 및 목적, 당해 업종에서의 통상적인 거래관행, 관계법령, 거래대상 상품 또는 용역의 특성, 고객과의 협의가능성, 일방적인 변경가능성, 사업자의 영업상의 필요 및 고객이 입을 불이익의 내용과 정도 등을 종합적으로 고려하여 판단한다.

「약관심사지침」에서는 법 위반에 해당될 수 있는 조항을 다음과 같이 예시하고 있다(Ⅳ. 6. 가).

(가) 고객의 입장은 전혀 고려하지 아니하고 사업자의 사정에 따라 언제든지 물품공급을 중지하거나 그 한도액을 축소시킬 수 있도록 하여 사업자의 자의대로 물품공급을 할 수 있도록 한 조항

(나) 임대물에 대한 공과부담의 증감, 기타 경제사정의 변동으로 인하여 약정한

---

2) 제4조(임대료) ② 입점개시일 후 매월 납부하는 단기임대료는 최초 2년간은 금 원(부가가차세별도)으로 운영한다. 단, 상가활성화 정도에 따라 입점개시후 2년 후부터는 "갑"이 상가운영위원회와의 협의를 거쳐 매년 임대료를 인상할 수 있다.

3) 대판 2005. 2. 18. 2003두3734(파기환송). 원심이 서울고등법원에서는 상가운영위원회와의 사전협의가 있어야 임대료를 인상할 수 있으므로 약관이 아니라고 보았다.

4) 대판 2008. 5. 29. 2005다56735.

차임이 상당하지 아니한 때 쌍방당사자는 장래에 대한 차임의 증감을 청구
할 수 있음이 원칙(민법 제628조)임에도 임차인의 차임감액청구권은 규정하
지 아니하고 임대인에게만 제반 사정을 감안하여 임대료를 임의로 조정할
수 있도록 한 조항

(다) 거래의 특성에 비추어 객관적이고 타당한 제한사유를 정하지 아니하고 사업
자에게 자유재량을 인정하여 일방적인 급부변경권을 부여하는 조항

(라) 지나치게 포괄적이거나 불분명한 표현을 사용함으로써 사업자가 자의적인
해석을 통하여 하자담보책임을 면탈할 우려가 있는 조항

(마) 상가의 용도, 구조, 위치 등 계약의 중요한 사항을 상대방의 동의 없이 사업
자가 임의로 변경할 수 있도록 한 조항

(바) 카드사와 포인트가맹점이 제공하는 각종 서비스를 사업자의 사정에 따라 사
전예고 없이 변경 또는 취소할 수 있도록 한 조항

(사) 여행사는 자신의 귀책사유 없이 여행자의 안전과 여행의 원만한 실행이 곤란
할 경우에 예외적으로 여행일정 등 여행조건을 변경할 수 있음에도 '항공 및
현지사정'과 같이 포괄적이고 추상적인 사유로 여행일정을 변경할 수 있도록
한 조항

(아) 게임이용자의 동의없이 사업자가 필요에 따라 수시로 게임서비스를 수정 또
는 삭제할 수 있도록 한 조항

Ⅱ. 급부의 일방적 중지 및 제3자 대행 조항

　　채무의 이행 관련 무효로 보는 두 번째 경우는 상당한 이유 없이 사업자가
이행하여야 할 급부를 일방적으로 중지할 수 있게 하거나 제3자에게 대행할 수
있게 하는 조항(제2호)이다.

　　법원이 법위반으로 인정하지 않은 사례는 다음과 같다.

"한국피씨통신 정보서비스이용약관 제21조5)는 그 내용과 취지로 보아 약관규제
법 제6조 제2항 제1호 소정의 '고객에 대하여 부당하게 불리한 조항'이나 위 법
제10조 제2호 소정의 '상당한 이유 없이 사업자가 이행하여야 할 급부를 일방적
으로 중지할 수 있게 한 조항'에 해당한다고 볼 수는 없어 유효함. 컴퓨터통신에

게시된 게시물의 내용이 약관에 정한 삭제 사유에 해당하는지 여부를 판단함에 있어서는 게시물의 문구만으로 판단할 것은 아니고 그 게시물이 게재될 당시의 상황, 게재자의 지위, 게시물을 게재하게 된 동기와 목적, 게시물의 표현 방법과 내용 등 여러 가지 사정을 종합하여 이를 판단하여야 함"(<한국피씨통신의 정보서비스이용약관 건>)[6]

동 조항의 위법성 심사기준에 대하여 「약관심사지침」에서는 다음과 같이 규정하고 있다(Ⅳ. 6. 나).

(가) 사업자는 약정된 내용에 따라 급부를 이행할 의무가 있으므로 일방적으로 급부를 중지하거나 제3자로 하여금 대행하게 할 수 없다. 이 경우 사업자에게는 채무불이행 책임이 발생한다.

(나) 급부의 중지에는 일시적 중지와 영구적 중지를 모두 포함한다.

(다) 채무자는 이행과정에서 자신의 책임 하에 이행보조자를 사용할 수 있으므로, 이행보조자의 사용은 이행대행에 해당하지 않는다. 이해관계 있는 제3자는 채무자의 의사에 반하여서도 이행할 수 있는 것이므로 여기에서 금지되는 대행은 이해관계 없는 제3자에 대한 업무위탁에 한한다.

(라) '상당한 이유'가 있는지의 여부는 당해 약관을 설정한 의도 및 목적, 당해 업종에서의 통상적인 거래관행, 관계법령, 거래대상 상품 또는 용역의 특성, 고객과의 협의가능성, 사업자의 영업상의 필요 및 고객이 입을 불이익의 내용과 정도 등을 종합적으로 고려하여 판단한다.

「약관심사지침」에서는 법 위반에 해당될 수 있는 조항을 다음과 같이 예시하고 있다(Ⅳ. 6. 나).

(가) 임차인이 임대료 및 관리비를 연체할 경우 정당한 계약해지 절차를 거치지

---

5) 이용자가 게재 또는 등록하는 서비스 내의 내용물이 다음 각 호의 1에 해당한다고 판단되는 경우에 회사가 이용자에게 사전 통지 없이 게시물을 삭제할 수 있다고 규정하면서 그에 해당하는 경우로서 1. 다른 이용자 또는 제3자를 비방하거나 중상 모략으로 명예를 손상시키는 내용인 경우, 2. 공공질서 및 미풍양속에 위반되는 내용의 정보, 문장, 도형 등을 유포하는 내용인 경우, 3. 범죄적 행위와 결부된다고 판단되는 내용인 경우, 4. 다른 이용자 또는 제3자의 저작권 등 기타 권리를 침해하는 내용인 경우, 5. 게시 시간이 규정된 기간을 초과한 경우, 6. 기타 관계 법령에 위배된다고 판단되는 내용인 경우를 들고 있음.

6) 대판 1998. 2. 13. 97다37210[손해배상(기)].

아니한 상태에서는 임대인은 자신의 급부를 중지하여서는 안 될 것임에도 일방적으로 전기 등의 공급을 중단하고 점포를 폐쇄할 수 있도록 한 조항

(나) 수강료를 받은 사업자는 약정된 교습과목을 정해진 기간 내에 충실하게 교습할 채무를 부담함에도 불구하고 수강자가 교습중 자동차 운전면허를 취득하는 경우 실제로 받은 교습시간과는 관계없이 교습을 종료할 수 있도록 한 조항

(다) 운송인이 고객에게 사전 통고 없이 자신을 다른 운송인으로 대체할 수 있도록 한 조항

제11조(고객의 권익 보호)

고객의 권익에 관하여 정하고 있는 약관의 내용 중 다음 각 호의 어느 하나에 해당하는 내용을 정하고 있는 조항은 무효로 한다.

1. 법률에 따른 고객의 항변권(抗辯權), 상계권(相計權) 등의 권리를 상당한 이유 없이 배제하거나 제한하는 조항
2. 고객에게 주어진 기한의 이익을 상당한 이유 없이 박탈하는 조항
3. 고객이 제3자와 계약을 체결하는 것을 부당하게 제한하는 조항
4. 사업자가 업무상 알게 된 고객의 비밀을 정당한 이유 없이 누설하는 것을 허용하는 조항

[전문개정 2010. 3. 22.]

 목 차

[참고문헌]

단행본: 사법연수원, 약관규제와 소비자보호 연구, 2012

논문: 고형석, 항공마일리지의 유효기간에 관한 연구, 선진상사법률연구 제87호, 법무부, 2019.7

[참고사례]

성원건설(주)의 주택공급계약서 건[서울고등법원 2000. 8. 25. 선고 2000나6249 판결; 대법원 2002. 11. 26. 선고 2000다52042(부당이득금) 판결]; (주)성창에프엔디의 불공정약관조항 건[공정거래위원회 2002. 6. 4. 의결 제2002-104호; 서울고등법원 2003. 3. 25. 선고 2002누9430 판결; 대법원 2005. 2. 18. 선고 2003두3734(파기환송) 판결; 서울고등법원 2005. 12. 15. 선고 2005누6012(파기환송심) 판결]

본 조는 고객이 직접 그 계약에 의하여 취득하거나 그 계약 외에서 향유할 수 있는 권리를 사업자에게 약관으로 제한하는 것을 방지하려는 규정이다.[1]

Ⅰ. 고객의 항변권(抗辯權), 상계권(相計權) 등 권리 배제 및 제한 조항

고객의 권익 관련 무효로 보는 첫 번째 경우는 법률에 따른 고객의 항변권(抗辯權), 상계권(相計權) 등의 권리를 상당한 이유 없이 배제하거나 제한하는 조항(제1호)[2]이다.

법원이 법위반으로 인정한 사례는 다음과 같다.

> "이 건 약관 제5조 제4항[3]은 '당사자 간에 반대약정이 없으면 임차인은 임대인에 대하여 그 임대차등기절차에 협력할 것을 청구할 수 있다.'고 규정한 민법 제621조의 임대차등기청구권을 배제하는 조항이라고 할 것인바, 이 건 약관으로 체결된 임대분양계약의 경우 임차권의 양도 및 계약기간의 연장이 허용되고, 분양대금에 임대차보증금 및 5년간 매월 일정금액씩 소멸하는 장기임대료가 포함되는 등 일반적인 임대차계약과 다른 사정이 있다고 하더라도, 그러한 사정만으로는 계약당사자들 사이의 개별약정이 아닌 약관에 의하여 민법 제621조에 의한 임차인의 임대차등기청구권을 배제할 만한 상당한 이유가 된다고 할 수 없으므로, 위 약관조항은 민법 제621조에 의한 임차인의 임대차등기청구권을 상당한 이유 없이 배제하는 조항으로서 법 제11조 제1호에 해당함"(<(주)성창에프엔디의 불공정약관조항 건>)[4]

---

1) 사법연수원, 83면.
2) 관련 민법규정: 제536조(동시이행의 항변권) ① 쌍무계약의 당사자 일방은 상대방이 그 채무이행을 제공할 때까지 자기의 채무이행을 거절할 수 있다. 그러나 상대방의 채무가 변제기에 있지 아니하는 때에는 그러하지 아니하다.
　제492조(상계의 요건) ① 쌍방이 서로 같은 종류를 목적으로 한 채무를 부담한 경우에 그 쌍방의 채무의 이행기가 도래한 때에는 각 채무자는 대등액에 관하여 상계할 수 있다. 그러나 채무의 성질이 상계를 허용하지 아니할 때에는 그러하지 아니하다.
　제320조(유치권의 내용) ① 타인의 물건 또는 유가증권을 점유한 자는 그 물건이나 유가증권에 관하여 생긴 채권이 변제기에 있는 경우에는 변제를 받을 때까지 그 물건 또는 유가증권을 유치할 권리가 있다.
　제476조(지정변제충당) ① 채무자가 동일한 채권자에 대하여 같은 종류를 목적으로 한 수개의 채무를 부담한 경우에 변제의 제공이 그 채무전부를 소멸하게 하지 못하는 때에는 변제자는 그 당시 어느 채무를 지정하여 그 변제에 충당할 수 있다.

동 조항의 위법성 심사기준에 대하여 「약관심사지침」에서는 다음과 같이
규정하고 있다(Ⅳ. 7. 가).

(가) 고객이 직접 계약에 의하여 취득하거나 법률의 규정 등에 의하여 향유할 수
있는 권리 및 이익을 사업자가 약관으로 제한할 수는 없으므로 상당한 이유
없이 권리 및 이익을 배제 또는 제한하는 조항은 무효이다.
(나) 기타의 권리는 항변권, 상계권 등에 준하여 공평의 원리에 기하여 부여되는
권리로서 유치권, 필요비·유익비의 상환청구권, 채무충당지정권 등을 말한다.
(다) '상당한 이유'가 있는지의 여부는 당해 약관을 설정한 의도 및 목적, 당해
업종에서의 통상적인 거래관행, 관계법령, 거래대상 상품 또는 용역의 특성,
사업자의 영업상의 필요 및 고객이 입을 불이익의 내용과 정도 등을 종합적
으로 고려하여 판단한다.

「약관심사지침」에서는 법 위반에 해당될 수 있는 조항을 다음과 같이 예시
하고 있다(Ⅳ. 7. 가).

(가) 임차인의 목적물 명도의무와 임대인이 임대보증금을 반환할 의무는 동시이행
관계에 있음에도 상당기간이 지난 후 보증금을 반환하도록 한 조항
(나) 부동산 분양계약에서 개발비는 분양받은 자의 이익을 위해 집행되어야 하므
로 다른 목적으로 유용되는 경우 수분양자가 부당이득반환청구권을 행사할
수 있어야 함에도 어떠한 경우에도 개발비 사용에 대하여 민·형사상 이의를
제기하지 못하도록 하는 조항
(다) 고객의 채무불이행시 사업자는 계약을 해지하거나 손해배상을 청구할 수 있
으나, 이 경우에도 사업자의 귀책사유나 손해배상액의 과다 등을 이유로 이
의를 제기하거나 법적조치를 취하는 것은 고객의 당연한 권리임에도 사업자
의 민·형사상 조치에 대하여 아무런 이의를 제기할 수 없도록 하는 조항
(라) 동산, 건물, 대지에 대한 차임은 매월말 지급하는 것이 원칙임에도 임대보증
금과 함께 임대료를 선납하도록 하는 조항
(마) 부동산 임차인은 임대인에게 임대차등기절차에 협력할 것을 청구할 수 있음
에도 임대인에게 임차권등기의 설정을 요구할 수 없도록 한 조항
(바) 변제의 제공이 채무의 전부를 소멸하게 하지 못하는 때에는 민법 규정은 변제

---

3) 제5조(임대차기간 및 권리의무) ④ 이 계약상의 임대차에 관하여 "을"은 "갑"에게 임대차등기
절차의 이행을 요구할 수 없다.
4) 대판 2005. 2. 18. 2003두3734(파기환송).

> 자에게 우선적으로 충당지정권을 부여하고 있음에도 사업자만이 변제충당지
> 정권을 갖고 변제자인 고객의 변제충당지정권은 원천적으로 배제하는 조항

Ⅱ. 기한의 이익 박탈 조항

고객의 권익 관련 무효로 보는 두 번째 경우는 고객에게 주어진 기한의 이익
을 상당한 이유 없이 박탈하는 조항(제2호)이다.

법원이 법위반으로 인정하지 않은 사례는 다음과 같다.

> "사업주체가 당초 주택을 공급받고자 하는 자들과 주택공급계약을 체결함에 있어
> 서 약관에 해당하는 주택공급계약서에서 예상 건축공정에 따라 계약금 납부일 이
> 후 입주예정일까지 사이의 기간에 대하여 3개월 또는 4개월 단위로 6회에 나누어
> 정기의 중도금 지급기일을 지정하고 이를 계약의 내용으로 삼은 것은 거래통념상
> 합당하다고 여겨지고, 이러한 약관조항이 사업주체측의 신용불안이나 재산상태의
> 악화, 건축공정의 부당한 지연 등 사정으로 인하여 사업주체의 주택공급계약상의
> 의무이행이 곤란할 현저한 사유가 발생하였음에도 불구하고 주택을 공급받고자
> 하는 자들에 대하여 당초 약정된 중도금의 이행의무가 선이행의무라는 이유만으
> 로 민법 제536조 제2항 등 계약법의 일반원칙에 따른 주택을 공급받고자 하는
> 자들의 이행거절이나 지체책임면책 등에 관한 일체의 항변권 등을 모두 배제시킨
> 채 그 이행을 일방적으로 강요하는 것이라고 해석되지 아니하는 한 그 자체로 신
> 의성실의 원칙에 비추어 공정을 잃은 것이라거나 고객에 대하여 부당하게 불리한
> 것이라거나 또는 법률의 규정에 의한 고객의 항변권, 상계권 등의 권리를 상당한
> 이유 없이 배제 또는 제한하거나 고객에게 부여된 기한의 이익을 상당한 이유 없
> 이 박탈하는 것이라고 판단되지 아니하므로, 이러한 주택공급계약서의 중도금 납
> 부기일에 관한 조항이 약관규제법 제11조 제2호, 제6조 제1항, 제2항 제1호, 제2
> 호 등에 해당하여 무효라고 볼 수 없음"<성원건설(주)의 주택공급계약서 건>5)

동 조항의 위법성 심사기준에 대하여 「약관심사지침」에서는 다음과 같이
규정하고 있다(Ⅳ. 7. 나).

---

5) 대판 2002. 11. 26. 2000다520429(부당이득금).

> (가) 기한의 이익 상실조항은 계약의 해지와 같이 중도에 법률관계를 종료시키는 중대한 법률요건이므로 상당한 이유없이 박탈할 수는 없다.
> (나) 기한의 이익은 기한이 도래하지 않음으로써 당사자가 받은 이익, 즉 채무자가 채무이행기까지 채무를 이행하지 않더라도 채무불이행 책임을 지지 않는 효과를 말한다.
> (다) '상당한 이유'가 있는지의 여부는 당해 약관을 설정한 의도 및 목적, 당해 업종에서의 통상적인 거래관행, 관계법령, 거래대상 상품 또는 용역의 특성, 기한의 이익 상실사유의 중대성, 상당한 기간의 이행최고 절차 등 객관적이고 타당한 요건을 구비하였는지 여부, 사업자의 영업상의 필요 및 고객이 입을 불이익의 내용과 정도 등을 종합적으로 고려하여 판단한다.

「약관심사지침」에서는 법 위반에 해당될 수 있는 조항을 다음과 같이 예시하고 있다(Ⅳ. 7. 나).

> (가) 기한의 이익은 채무자를 위한 것으로 추정되고 이행지체의 경우에도 상당한 기간을 정하여 그 이행을 최고하고 그 기간 내에 이행하지 아니한 때 기한의 이익을 박탈함이 타당함에도 채무의 일부라도 기한 내에 변제하지 아니하면 당연히 기한의 이익을 박탈하는 조항
> (나) 기한의 이익을 박탈하기 위해서는 상당한 이유가 있어야 하고 그 이유는 구체적이고 명시적이어야 함에도 여신거래기본약관에서 '은행과의 모든 거래약정 중 일부라도 위반한 때', '채권보전이 필요하다고 인정되는 상당한 사유가 발생한 때' 등과 같이 포괄적이고 자의적으로 규정하여 기한의 이익을 상실하게 하는 조항
> (다) 부동산매매계약에서 매수인이 계약의 존속에 경미한 영향을 미치는 조항을 위반한 경우에도 대금 분할납부의 기한이익을 상실하게 하는 조항

Ⅲ. 제3자와의 계약 제한 조항

고객의 권익 관련 무효로 보는 세 번째 경우는 고객이 제3자와 계약을 체결하는 것을 부당하게 제한하는 조항(제3호)이다. 이 규정은 고객측의 계약체결의 자유를 보장하려는 취지에서 둔 것으로, 예컨대 경업을 하지 않겠다는 계약, 해

고후 일정한 영업을 하여서는 안 된다는 고용주와 피용자사이의 계약, 영업을
양도한자가 일정기간동안 같은 종류의 영업을 하지 않기로 하는 계약 등은 중
요한 예이다.[6]

　　동 조항의 위법성 심사기준에 대하여 「약관심사지침」에서는 다음과 같이
규정하고 있다(Ⅳ. 7. 다).

　(가) 이 조항은 고객측의 계약체결의 자유를 보장하려는 취지에서 둔 규정으로,
　　　사업자가 고객과의 거래관계에서 적당한 범위 내에서 기간, 구역, 업종 등을
　　　한정하고 있는 경우에는 유효하나 그 범위가 지나치게 광범위하여 상대방의
　　　영업의 자유나 기타의 거래활동을 현저히 제한하는 것은 무효이다.

　(나) '부당'한지의 여부는 당해 약관을 설정한 의도 및 목적, 당해 업종에서의 통
　　　상적인 거래관행, 관계법령, 거래대상 상품 또는 용역의 특성, 고객의 거래상
　　　대방 선택의 자유를 침해하는 정도, 고객의 내용결정의 자유를 침해하는 정
　　　도, 사업자의 영업상의 필요 및 고객이 입을 불이익의 내용과 정도 등을 종
　　　합적으로 고려하여 판단한다.

　　「약관심사지침」에서는 법 위반에 해당될 수 있는 조항을 다음과 같이 예시
하고 있다(Ⅳ. 7. 다).

　(가) 아파트·상가 분양계약에서 화재보험 가입이 강제되는 경우에도 어느 보험
　　　사와 계약을 체결할지 여부는 비용을 부담하는 고객이 결정할 사항임에도
　　　사업자가 지정하는 보험사와 계약을 체결하도록 하는 조항

　(나) 소유권이전등기는 고객이 직접 하거나 자신이 선택한 제3자를 통해 할 수
　　　있는 사항임에도 사업자가 지정하는 수임자를 통해서만 이전등기를 하도록
　　　하는 조항

　(다) 임차인은 보증금반환청구권을 양도하거나 질권 설정의 방법으로 담보를 제공
　　　하여 자금융통을 할 수 있음에도 보증금반환청구권을 타인에게 양도하거나
　　　질권 기타 담보로 제공하는 것을 금지하는 조항

　(라) 골프장 등 체육시설 회원가입계약에서 회원의 자격제한기준에 해당하는 경우
　　　를 제외하고는 회원권을 다른 사람에게 양도하는 것을 제한할 수 없음에도
　　　회원권을 양도·양수할 수 없도록 한 조항

---

6) 사법연수원, 86면.

Ⅳ. 고객의 비밀 누설 허용 조항

고객의 권익 관련 무효로 보는 네 번째 경우는 사업자가 업무상 알게 된 고객의 비밀을 정당한 이유 없이 누설하는 것을 허용하는 조항(제4호)이다. 신용카드약관에 사용자가 고객에 대한 신용정보를 제3자에게 제공하여도 고객은 이의를 제기하지 못하도록 하는 조항을 두는 경우가 이 규정 위반으로 무효로 보아야 하는 대표적인 경우이다.[7]

동 조항의 위법성 심사기준에 대하여 「약관심사지침」에서는 다음과 같이 규정하고 있다(Ⅳ. 7. 다).

> (가) 사업자는 고객과의 거래관계에서 고객의 여러 정보를 알게 되는데 이를 업무 이외의 목적으로 사용하거나 특히 외부에 누설하는 것을 허용하는 조항은 고객의 사생활의 비밀과 자유의 보호라는 헌법상 기본권을 침해하는 것으로 무효이다.
> (나) 고객의 정보를 제공할 정당한 이유가 있는 경우에는 고객의 신용정보제공을 허용하고 있으나 그러한 경우에도 허용요건은 채무불이행·최고·고객의 동의 등으로 구체화되어야 하며 제공가능한 정보의 범위도 최소화되어야 한다.
> (다) '정당한 이유'가 있는지의 여부는 당해 약관을 설정한 의도 및 목적, 당해 업종에서의 통상적인 거래관행, 관계법령, 거래대상 상품 또는 용역의 특성, 사업자의 영업상의 필요 및 고객이 입을 불이익의 내용과 정도 등을 종합적으로 고려하여 판단한다.

「약관심사지침」에서는 법 위반에 해당될 수 있는 조항을 다음과 같이 예시하고 있다(Ⅳ. 7. 다).

> (가) 카드사업자가 신용카드 회원이 규약을 위반하여 채무를 불이행하는 경우 개인 신용정보를 본인의 동의나 최고없이 관련업체에 임의로 제공하는 조항
> (나) 신용정보의 이용 및 보호에 관한 법률(제32조, 제33조)에 의하면 개인정보 유출로 인한 사생활의 비밀 침해의 위험으로부터 고객을 보호하기 위하여 사업자가 개인신용정보 활용시 그 사용목적, 제공범위 등을 제한하면서 개인의 동의가 있는 등 법률이 정한 특별한 사유가 있는 경우에 예외적으로 활용

---

7) 사법연수원, 87면.

할 수 있도록 규정하고 있음에도 신용카드사나 은행이 개인신용정보 활용에
대한 고객의 동의를 구함에 있어 회원가입신청서에 일률적으로 규정하여 고
객이 개인신용정보 활용에 대한 동의여부를 선택할 수 있는 기회를 배제하
는 조항(개인정보활용에 동의하지 않으면 카드회원가입 자체가 거절됨)

제12조(의사표시의 의제)

의사표시에 관하여 정하고 있는 약관의 내용 중 다음 각 호의 어느 하나에 해당하는 내용을 정하고 있는 조항은 무효로 한다.

1. 일정한 작위(作爲) 또는 부작위(不作爲)가 있을 경우 고객의 의사표시가 표명되거나 표명되지 아니한 것으로 보는 조항. 다만, 고객에게 상당한 기한 내에 의사표시를 하지 아니하면 의사표시가 표명되거나 표명되지 아니한 것으로 본다는 뜻을 명확하게 따로 고지한 경우이거나 부득이한 사유로 그러한 고지를 할 수 없는 경우에는 그러하지 아니하다.

2. 고객의 의사표시의 형식이나 요건에 대하여 부당하게 엄격한 제한을 두는 조항

3. 고객의 이익에 중대한 영향을 미치는 사업자의 의사표시가 상당한 이유 없이 고객에게 도달된 것으로 보는 조항

4. 고객의 이익에 중대한 영향을 미치는 사업자의 의사표시 기한을 부당하게 길게 정하거나 불확정하게 정하는 조항

[전문개정 2010. 3. 22.]

목   차

[참고문헌]

단행본: 사법연수원, 약관규제와 소비자보호 연구, 2012

[참고사례]

삼성화재해상보험(주)의 자동차종합보험보통약관 건[광주고등법원 1996. 2. 2. 선고 94나6047 판결; 대법원 1996. 5. 31. 선고 96다10454(종합보험에대한피보험자의확인) 판결]; 삼성화재해상보험(주)의 개인용 자동차종합보험계약 건[서울고등법원 1999. 6. 2. 선고 99나3930 판결; 대법원 2000. 10. 10. 선고 99다35379(자동차보험계약존재확인) 판결]; (주)삼도산업의 여신거래약정 건[대전고등법원 2006. 4. 6. 선고 2004나5998 판결;

대법원 2007. 9. 21. 선고 2006다26021(양수금) 판결]

Ⅰ. 고객의 의사표시 의제 조항

의사표시 관련 무효로 보는 첫 번째 경우는 일정한 작위(作爲) 또는 부작위 (不作爲)가 있을 경우 고객의 의사표시가 표명되거나 표명되지 아니한 것으로 보는 조항(다만, 고객에게 상당한 기한 내에 의사표시를 하지 아니하면 의사표시가 표명되거나 표명되지 아니한 것으로 본다는 뜻을 명확하게 따로 고지한 경우이거나 부 득이한 사유로 그러한 고지를 할 수 없는 경우에는 그러하지 아니함)(제1호)이다. 예 컨대 '회사는 그 재량에 따라 사전통지 없이 이 규약을 개정할 수 있습니다. 회 원이 그러한 개정통지를 받은 후 카드를 사용한 때에는 당해 개정을 승낙한 것 으로 간주됩니다'라는 조항이 적절한 예이다.[1]

단서에서 '고지'는 의사표시를 의제할 필요가 있는 때에 별도로 하는 개별 적 고지를 말하며, 계약체결시 교부된 약관에 기재되어 있는 의제고지는 이에 해당하지 아니한다.[2]

동 조항의 위법성 심사기준에 대하여 「약관심사지침」에서는 다음과 같이 규정하고 있다(Ⅳ. 8. 가).

> (가) 계약당사자가 상호 합의하여 결정할 사항에 대하여 사업자의 일방적 의사만 을 앞세우고 고객에게 의사표시를 할 수 있는 실질적 기회를 주지 않는 것을 방지하기 위한 조항이다.
> (나) 고객의 어떠한 작위나 부작위의 행태가 고객의 진정한 의사와는 관계없이 일정한 의사표시의 가치를 가진 것으로 간주하는 경우에는 고객이 알지 못하 는 사이에 자기의 행위로 인하여 자신이 불리해지거나 원하지 않는 효과가 발생될 수 있다는 위험을 부담하게 되는 것은 고객에게 부당하게 불리하다.
> (다) 어떠한 작위나 부작위가 사회통념상 특정한 의사를 표시하는 것으로 인식되 고 있는 경우에는 당연히 그에 따른 법률효과가 인정되지만 도저히 특정한 의사를 표시하는 것으로 볼 수 없는 경우에도 약관상 그 의사를 표시한 것으

---

1) 사법연수원, 89면.
2) 사법연수원, 89면.

로 간주하는 것은 무효이다.

(라) 고객에게 상당한 기간내에 의사표시를 하지 않으면 의사표시가 표명되거나 표명되지 아니한 것으로 본다는 뜻을 명확히 따로 고지하거나 부득이한 사유로 고지를 할 수 없는 경우에는 예외적으로 의사표시 의제조항이 허용될 수 있다. 이때 '고지'는 의사표시를 의제할 필요가 있는 때에 별도로 하는 개별적 고지를 말하고 계약 체결시 교부된 약관에 의한 고지는 해당되지 않는다.

「약관심사지침」에서는 법 위반에 해당될 수 있는 조항을 다음과 같이 예시하고 있다(Ⅳ. 8. 가).

(가) 가스공급에 사용할 시설의 매매·임대 등으로 가스사용자가 변경되었을 경우 변경된 가스사용자로부터 명의변경의 신청이 없을 때에는 종전 가스사용자의 모든 권리·의무를 변경된 가스사용자가 승계하는 것으로 하는 조항

(나) 연대보증계약의 보증기간이 만료된 경우 보증인 또는 카드회원의 탈회 최고나 별도 통지가 없는 한 보증기간이 자동적으로 연장되도록 하는 조항

(다) 고객의 채무불이행시 사업자가 일방적으로 물건을 회수할 수 있고, 이에 대하여 고객은 동의의 의사표시를 한 것으로 간주하는 조항

(라) 고객이 채무를 이행하지 않았다 하더라도 모든 경우에 손해가 발생하는 것은 아닐 뿐만 아니라 손해액에 대한 다툼이 있을 수 있음에도 합리적인 기준도 없이 고객이 채무를 불이행하는 경우에는 사업자에게 유형·무형의 손해가 발생한 것으로 인정하도록 하는 조항

(마) 카드사의 카드발급기준에 의거 해당 신용카드 발급이 불가능한 경우 고객의 신청서를 다른 카드의 발급 신청서로 갈음한다는 조항

Ⅱ. 고객 의사표시의 제한 조항

의사표시 관련 무효로 보는 두 번째 경우는 고객의 의사표시의 형식이나 요건에 대하여 부당하게 엄격한 제한을 두는 조항(제2호)이다. 일반적으로 취소, 해제, 이행청구(최고) 등 중요한 의사표시에 대하여 문서로써 할 것을 요구하는 것은 부당하게 엄격한 것이 아닌 것으로 본다.[3]

법원이 법위반으로 인정하지 않은 사례는 다음과 같다.

"피보험자가 보험기간 중 자동차를 양도한 때에는 보험계약으로 인하여 생긴 보험계약자 및 피보험자의 권리와 의무는 양수인에게 승계되지 아니하나 보험계약으로 인하여 생긴 권리와 의무를 승계한다는 것을 약정하고 피보험자 또는 양수인이 그 뜻을 회사에 서면으로 통지하여 회사의 승인을 받은 때에는 그 때로부터 양수인에 대하여 보험계약을 적용한다고 규정한 자동차종합보험보통약관 제42조가 상법 제663조의 보험계약자 등의 불이익변경금지조항에 위배된다고 약관규제법 제6조에 정한 신의칙에 반한 불공정한 약관조항 또는 같은 법 제12조 제2호에 정한 고객의 의사표시의 형식이나 요건에 대하여 부당하게 엄격한 제한을 가하는 조항으로서 무효라고 할 수는 없음"(<삼성화재해상보험(주)의 자동차종합보험보통약관 건>)[4]

동 조항의 위법성 심사기준에 대하여 「약관심사지침」에서는 다음과 같이 규정하고 있다(Ⅳ. 8. 나).

(가) 고객의 의사표시에 부당하게 엄격한 형식이나 요건을 요구함으로써 고객의 의사표시 기회를 사실상 박탈하는 것을 막기 위한 조항이다. 법률·관습·계약에 의하여 특별한 방식이 요구되거나 또는 방식을 요구할 특별한 필요가 있는 경우 외에 의사표시의 형식이나 요건을 엄격히 제한하는 조항은 무효이다.

(나) 고객에게는 원칙적으로 자신이 원하는 방식에 따라 의사표시를 할 자유가 인정되므로, 당사자에게 신중하게 행위를 하게 하거나 또는 법률관계를 명확하게 하기 위하여 일정한 방식이 필요한 특별한 경우를 제외하고는 의사표시의 방식에 엄격한 제한을 가하여 의사표시 자체를 사실상 곤란하게 하여서는 아니 된다.

(다) '의사표시'에는 본래적 의미의 의사표시 외에 의사의 통지나 관념의 통지도 포함된다. 또한 '요건'이란 의사표시의 효력을 발생시키기 위한 실체법상의 요건을 가리키는 것이 아니라 의사표시의 형식과 관련된 요건을 말한다.

(라) '부당'한지의 여부는 당해 약관을 설정한 의도 및 목적, 당해 업종에서의 통상적인 거래관행, 관계법령, 거래대상 상품 또는 용역의 특성, 의사표시의 성격, 사업자의 영업상의 필요 및 고객이 입을 불이익의 내용과 정도 등을 종

---

3) 사법연수원, 90면.
4) 대판 1996. 5. 31. 96다10454(종합보험에대한피보험자의확인).

합적으로 고려하여 판단한다.

「약관심사지침」에서는 법 위반에 해당될 수 있는 조항을 다음과 같이 예시하고 있다(Ⅳ. 8. 나).

고객이 진료예약을 취소·변경하고자 할 경우 병원을 직접 방문하지 않고 다른 방법을 이용하거나 예약 당일에 취소·변경하더라도 병원에 특별한 불이익이 발생한다고 보기 어려움에도 예약 전일 특정시간까지 내원하여 취소·변경 절차를 밟도록 하는 조항

Ⅲ. 사업자의 의사표시 도달 간주 조항

의사표시 관련 무효로 보는 세 번째 경우는 고객의 이익에 중대한 영향을 미치는 사업자의 의사표시가 상당한 이유 없이 고객에게 도달된 것으로 보는 조항(제3호)이다.

법원이 법위반으로 인정한 사례는 다음과 같다.

"약관규제법 제12조 제3호는 의사표시에 관하여 정하고 있는 약관의 내용 중 고객의 이익에 중대한 영향을 미치는 사업자의 의사표시가 상당한 이유 없이 고객에게 도달된 것으로 보는 조항은 무효로 한다고 규정하고 있는데, 보험계약자 또는 피보험자가 개인용자동차보험 보통약관에 따라 주소변경을 통보하지 않는 한 보험증권에 기재된 보험계약자 또는 기명피보험자의 주소를 보험회사의 의사표시를 수령할 지정장소로 한다고 규정하고 있는 개인용자동차보험 특별약관의 보험료 분할납입 특별약관 제3조 제3항 후단을 문언 그대로 보아 보험회사가 보험계약자 또는 피보험자의 변경된 주소 등 소재를 알았거나 혹은 보통일반인의 주의만 하였더라면 그 변경된 주소 등 소재를 알 수 있었음에도 불구하고 이를 게을리 한 과실이 있어 알지 못한 경우에도 보험계약자 또는 피보험자가 주소변경을 통보하지 않는 한 보험증권에 기재된 종전 주소를 보험회사의 의사표시를 수령할 지정장소로 하여 보험계약의 해지나 보험료의 납입최고를 할 수 있다고 해석하게 되는 경우에는 위 특별약관 조항은 고객의 이익에 중대한 영향을 미치는 사업자의 의사표시가 상당한 이유 없이 고객에게 도달된 것으로 보는 조항에 해당하는

것으로서 위 약관규제법의 규정에 따라 무효라 할 것이고, 따라서 위 특별약관 조
항은 위와 같은 무효의 경우를 제외하고 보험회사가 과실 없이 보험계약자 또는
피보험자의 변경된 주소 등 소재를 알지 못하는 경우에 한하여 적용되는 것이라
고 해석하여야 함"(<삼성화재해상보험(주)의 개인용 자동차종합보험계약 건>),5)
"약관규제법 제12조 제3호는 의사표시에 관하여 정하고 있는 약관의 내용 중 고
객의 이익에 중대한 영향을 미치는 사업자의 의사표시가 상당한 이유 없이 고객
에게 도달된 것으로 보는 조항은 무효로 한다고 규정하고 있는데, 은행이 채무자
의 변경된 주소 등 소재를 알았거나 혹은 보통일반인의 주의만 하였더라면 그 변
경된 주소 등 소재를 알 수 있었음에도 불구하고 이를 게을리 한 과실이 있어 알
지 못한 경우에도 이 건 약관 제16조 제2항을 문언 그대로 해석·적용한다면 이는
고객의 이익에 중대한 영향을 미치는 사업자의 의사표시가 상당한 이유 없이 고
객에게 도달된 것으로 보는 것이 되므로 위 법률의 규정에 따라 무효라 할 것이
고, 따라서 위 약관조항은 위와 같은 무효의 경우를 제외하고 은행이 과실 없이
채무자의 변경된 주소 등 소재를 알지 못하는 경우에 한하여 적용되는 것이라고
해석하여야 함(대법원 2000. 10. 10. 선고 99다35379 판결 참조). 2005. 10. 12.자
채권양도통지 당시 삼도산업은 이미 해산되고 그 신고한 최종 주소에서도 이사하
여 소재가 불명할 뿐 아니라 그 대표자의 주민등록도 말소된 상황이어서, 동남은
행 또는 위 통지를 위임받은 원고로서는 삼도산업의 변경된 주소 등 소재를 알
수 없어 그 신고된 최종 주소로 위 통지를 발송하였던 것임을 알 수 있고, 이와
같이 동남은행 또는 원고가 삼도산업의 소재를 알지 못한 데에 어떠한 과실이 있
었다고 보기도 어려운바, 사정이 그러하다면 이 건 약관 제16조 제2항은 위 통지
에 관하여 유효하게 적용된다고 할 것이므로, 위 채권양도의 통지는 위 약관조항
에 따라 보통의 우송기간이 경과한 때에 주채무자인 삼도산업에 도달한 것으로
간주할 수 있음"(<삼도산업의 여신거래약정 건>)6)

　　동 조항의 위법성 심사기준에 대하여 「약관심사지침」에서는 다음과 같이
규정하고 있다(Ⅳ. 8. 다).

(가) 상대방있는 의사표시는 그 통지가 상대방에게 도달한 때부터 그 효력이 생긴
　　다(민법 제111조 제1항). 이때 '도달'이란 의사표시가 상대방의 사회적 지배
　　범위내에 들어가 상대방이 일반적·객관적으로 의사표시의 내용을 알 수 있
　　는 상태에 놓이는 것을 말한다.

(나) 실제로 통지가 전달된 바 없음에도 전달된 것으로 의제하여 의사표시의 효력
　　을 발생시킨다면 고객이 알지도 못하는 사이에 고객에게 불리한 효과가 발생
　　할 위험을 지게 되므로 무효이다.

(다) 계약의 취소나 해제, 급부변경의 청약, 이행지체를 발생시키거나 시효중단사
　　유가 되는 이행의 청구 등은 고객의 계약상 지위와 급부내용에 중대한 영향
　　을 미치는 의사표시로 볼 수 있다. 반면 거래상황 등 각종 정보의 고지, 상
　　계의 통지, 고객의 요청사항에 대한 승인 등은 고객의 이익에 중대한 영향을
　　미치는 것은 아니다.

(라) '상당한 이유'가 있는지의 여부는 당해 약관을 설정한 의도 및 목적, 당해
　　업종에서의 통상적인 거래관행, 관계법령, 거래대상 상품 또는 용역의 특성,
　　사업자의 영업상의 필요 및 고객이 입을 불이익의 내용과 정도 등을 종합적
　　으로 고려하여 판단한다.

「약관심사지침」에서는 법 위반에 해당될 수 있는 조항을 다음과 같이 예시
하고 있다(Ⅳ. 8. 다).

(가) 사업자의 의사표시에 관하여 발신만으로 효력을 발생하게 하거나 연착이나
　　도착하지 않은 경우에도 통상 도착하여야 하는 때에 고객에게 도착한 것으
　　로 간주하는 조항

(나) 보험회사가 보험계약자 등의 변경된 주소 등 소재를 알았거나 보통 일반인의
　　주의만 기울였더라면 알 수 있었음에도 이를 게을리하여 알지 못한 경우에도
　　보험증권에 기재된 종전 주소지를 의사표시의 수령 장소로 의제하는 조항

(다) 카드회사가 회원의 이해관계에 큰 영향을 미치는 사항들을 변경할 때에는
　　도달주의 원칙을 준수하여야 함에도 회원규약 변경시 카드회사의 통지 또는
　　송부서류 등이 연착하거나 도착하지 아니한 경우에도 획일적으로 통상 도착
　　하여야 할 때에 도달한 것으로 간주하는 조항

(라) 고객의 책임없는 사유로 사업자의 의사표시가 도달되지 않거나 연착하는 경
　　우가 있음에도 불구하고, 금융기관의 각종 통지가 보통의 우송기간이 경과한
　　때에 도달된 것으로 보는 조항

Ⅳ. 사업자의 의사표시 기한 일방적 결정 조항

의사표시 관련 무효로 보는 네 번째 경우는 고객의 이익에 중대한 영향을 미치는 사업자의 의사표시 기한을 부당하게 길게 정하거나 불확정하게 정하는 조항(제4호)이다.

동 조항의 위법성 심사기준에 대하여 「약관심사지침」에서는 다음과 같이 규정하고 있다(Ⅳ. 8. 다).

(가) 고객이 사업자의 의사표시를 지나치게 오래 기다리게 하는 등 고객의 계약상 지위를 불안정하게 만드는 것을 방지하기 위하여 사업자가 어떤 의사표시를 할 수 있는 기한을 부당하게 장기 또는 불확정적으로 정하는 조항은 무효이다.

(나) '부당'한지의 여부는 당해 약관을 설정한 의도 및 목적, 당해 업종에서의 통상적인 거래관행, 관계법령, 거래대상 상품 또는 용역의 특성, 사업자의 영업상의 필요 및 고객이 입을 불이익의 내용과 정도 등을 종합적으로 고려하여 판단한다.

제13조(대리인의 책임 가중)

고객의 대리인에 의하여 계약이 체결된 경우 고객이 그 의무를 이행하지 아니하는 경우
에는 대리인에게 그 의무의 전부 또는 일부를 이행할 책임을 지우는 내용의 약관 조항
은 무효로 한다.
[전문개정 2010. 3. 22.]

[참고문헌]

단행본: 사법연수원, 약관규제와 소비자보호 연구, 2012

[참고사례]

(주)축산물유통사업단의 불공정약관조항 건(공정거래위원회 1997. 10. 10. 의결 제
97-146호; 서울고등법원 1998. 9. 22. 선고 97구51447 판결; 대법원 1999. 3. 9. 선고
98두17494 판결)

본 조는 평가의 여지가 없는 절대적 무효조항이다.

<(주)축산물유통사업단의 불공정약관조항 건>에서 입찰안내서상 수입조건
제12조 에프(F)항의 "재단법인 유통사업단이 정한 규격과 차이가 있는 규격상이
품이 발생한 경우 공급자 또는 국내대리점은 송장금액 및 해당 부대비용을 변
제한 후 규격상이품을 반송하거나 또는 규격상이품에 대한 클레임을 보상하여
야 한다"는 규정이 약관법 제13조(대리인의 책임가중)에 해당하는 불공정약관이
라는 공정거래위원회의 시정명령[1])에 대하여, 서울고등법원은 "약관법 제13조
소정의 '대리인'이라 함은 약관법 제1조 및 제6조 제1항의 취지를 종합하여 볼
때 단순히 '본인을 위하여 계약체결을 대리하는 민법상 및 상법상의 대리인'을
뜻한다고 보여진다", "위 입찰안내서의 수입조건 제12조 에프(F)항 소정의 국내
대리점은 위 약관법 제13조 소정의 단순한 '계약체결의 대리인'의 지위를 넘어
'이행보조자'의 지위도 겸하고 있다고 보여진다"고 판시하면서 공정거래위원회
의 시정명령이 위법하다고 판시하였고,[2]) 대법원도 서울고등법원의 판결을 정당

---

1) 공정의 1997. 10. 10. 97-146.
2) 서고판 1998. 9. 22. 97구51447.

하다고 보면서 다만, "이행보조자의 지위도 겸하고 있다"는 것은 단순히 계약체결의 대리인이 아니라 계약 이행자로서의 지위도 겸하고 있는 것으로 보아, 원심판결을 다소 부적절하다고 보았으나 그 결론은 옳다고 판시하였다.[3]

동 조항의 위법성 심사기준에 대하여 「약관심사지침」에서는 다음과 같이 규정하고 있다(Ⅳ. 9).

---

(1) 원래 대리인은 본인과 상대방과의 법률관계만을 매개할 뿐 스스로 아무런 책임을 지지 않는 것이 원칙이다.

(2) 단순히 계약체결의 대리인이 아니라 계약이행자로서의 지위도 겸하고 있는 경우에는 법 제13조의 대리인에 해당되지 않는다.

(3) 대리권 없이 행한 무권대리의 경우에도 그 무권대리인의 사업자에 대한 책임을 법률이 정한 책임범위(민법 제135조)보다 가중할 수 없다.

「약관심사지침」에서는 법 위반에 해당될 수 있는 조항을 다음과 같이 예시하고 있다(Ⅳ. 9).

---

(1) 고객의 대리인에 의하여 체결된 계약이 무효·취소로 되는 경우 대리인이 그에 대한 무과실의 손해배상책임을 지도록 하는 조항

(2) 고객이 약관을 이행하지 않을 경우에 대리인이 그 이행 책임을 진다는 조항

---

[3] 대판 1999. 3. 9. 98두17494.

제14조(소송제기의 금지 등)

소송 제기 등과 관련된 약관의 내용 중 다음 각 호의 어느 하나에 해당하는 조항은 무효로 한다.

1. 고객에게 부당하게 불리한 소송 제기 금지 조항 또는 재판관할의 합의 조항
2. 상당한 이유 없이 고객에게 입증책임을 부담시키는 약관 조항

[전문개정 2010. 3. 22.]

목 차

[참고문헌]

　단행본: 사법연수원, 약관규제와 소비자보호 연구, 2012

[참고사례]

　(주)한국외환은행의 보증의뢰계약 건[서울고등법원 1993. 7. 9. 선고 92나18377 판결; 대법원 1994. 12. 9. 선고 93다43873(가처분이의) 판결]; (주) 삼영익스프레스의 복합운송증권 이면약관 건{서울고등법원 1996. 4. 18. 선고 95나37447 판결; 대법원 1997. 9. 9. 선고 96다20093[손해배상(기)] 판결}; 건설사의 아파트공급계약서 건[대전지방법원 1998. 3. 27.자 98라119 결정; 대법원 1998. 6. 29. 자 98마863(이송) 결정]; 대한주택보증(주)의 주택분양보증약관 건[부산지방법원 2009. 8. 18.자 2009라420 결정; 대법원 2009. 11. 13. 자 2009마1482(이송결정에대한이의) 결정]

I. 고객에게 불리한 소송 제기의 금지 및 재판관할의 합의 조항

소송 제기 등 관련 무효로 보는 첫 번째 경우는 고객에게 부당하게 불리한 소송 제기 금지 조항 또는 재판관할의 합의 조항(제1호)이다.

원래 약관규제법 약관의 내용통제원리로 작용하는 신의성실의 원칙은 당해 약관이 사업자에 의하여 일방적으로 작성되고 상대방인 고객으로서는 그 구체적 조항 내용을 검토하거나 확인할 충분한 기회가 없이 계약을 체결하게 되는 계약성립의 과정에 비추어 약관 작성자로서는 반드시 계약 상대방의 정당한 이익과 합리적인 기대에 반하지 않고 형평에 맞게끔 약관조항을 작성하여야 한다는 행위원칙을 가리키고, 고객에 대하여 일방적으로 합리적인 근거 없이 그 거래로 인한 분쟁과 관련하여 소제기를 금지시키는 취지의 약관조항은 고객에게 부당하게 불리하여 공정을 잃은 것으로 추정되고 이러한 약관의 작성은 신의성실의 원칙에 반하여 무효라고 보아야 할 것이며, 같은 법 제14조 소정의 소제기의 금지조항에서 소제기라고 함은 본안의 제소는 물론이고 보전소송 등 강제집행에 있어서의 신청까지를 포함한 소송절차상의 일체의 신청행위를 뜻한다고 할 것이다.<(주)한국외환은행의 보증의뢰계약 건>[1]

법원이 법위반으로 인정한 사례는 다음과 같다.

"독립적 은행보증에 있어서 보증의뢰인과 보증은행 사이에 체결된 보증의뢰계약에서 보증의뢰인이 보증은행의 보증금 지급을 저지시키기 위하여 행사할 수 있는 가처분신청권을 포함한 일체 소송절차에 있어서의 신청을 배제시키는 의미의 부제소특약조항을 두고 있는 것은, 보증의뢰인이 수익자의 권리남용임이 명백한 보증금 청구에 대하여자신의 권리를 신속하게 보전할 수 있는 길을 원천적으로 봉쇄하는 것에 다름 아니고, 물론 보증은행의 입장에서 볼 때 비교적 간이한 소명방법이 허용되는 가처분절차에 의하여 보증금의 지급을 금지하는 가처분을 받게 되면 나중에 그 가처분이 부당한 것으로 판명됨에 따라 보증은행이 대외적인 신용에 있어 손상을 입게 되는 경우도 생길 수 있을 것이나, 이는 수익자의 보증금 청구가 명백히 권리남용에 해당하여 무효라는 충분한 소명이 있는 경우에 한하여 법원이 그러한 가처분을 인용함으로써 해결할 일이지, 가처분 신청권 자체를 부정하여 그 직접적인 이해당사자인 보증의뢰인으로 하여금 사법상의 권리구제조치를 취할 수 없도록 하여서는 그에게 일방적인 희생을 강요하는 결과가 되어 매우 부

---

1) 대판 1994. 12. 9. 93다43873(가처분이의).

당하다고 하지 않을 수 없으므로, 그 부제소특약의 약관조항은 같은 법 제14조의 규정에 따라 무효임”(<(주) 한국외환은행의 보증의뢰계약 건>),[2] “주택분양보증 약관에서 ‘대한주택보증 주식회사의 관할 영업점 소재지 법원’을 전속적 합의관할 법원으로 정한 사안에서, 위 회사의 내부적인 업무조정에 따라 위 약관조항에 의 한 전속적 합의관할이 변경된다고 볼 경우에는 당사자 중 일방이 지정하는 법원 에 관할권을 인정한다는 관할합의조항과 다를 바 없고, 사업자가 그 거래상의 지 위를 남용하여 사업자의 영업소를 관할하는 지방법원을 전속적 관할로 하는 약관 조항을 작성하여 고객과 계약을 체결함으로써 건전한 거래질서를 훼손하는 등 고 객에게 부당하게 불이익을 주는 것으로서 무효인 약관조항이라고 볼 수밖에 없으 므로, 위 약관조항에서 말하는 ‘위 회사의 관할 영업점 소재지 법원’은 주택분양보 증계약이 체결될 당시 이를 관할하던 위 회사의 영업점 소재지 법원을 의미함” <대한주택보증(주)의 주택분양보증약관 건>,[3] “대한민국 법원의 관할을 배제하 고 외국의 법원을 관할법원으로 하는 전속적인 국제관할의 합의가 유효하기 위하 여는, 당해 건이 대한민국 법원의 전속관할에 속하지 아니하고, 지정된 외국법원 이 그 외국법상 당해 건에 대하여 관할권을 가져야 하는 외에, 당해 건이 그 외국 법원에 대하여 합리적인 관련성을 가질 것이 요구된다고 할 것이고, 한편 전속적 인 관할 합의가 현저하게 불합리하고 불공정한 경우에는 그 관할 합의는 공서양 속에 반하는 법률행위에 해당하는 점에서도 무효임”(<(주) 삼영익스프레스의 복 합운송증권 이면약관 건>),[4] “대전에 주소를 둔 계약자와 서울에 주영업소를 둔 건설회사 사이에 체결된 아파트 공급계약서상의 ‘본 계약에 관한 소송은 서울민사 지방법원을 관할법원으로 한다.’라는 관할합의 조항은 약관규제법 제2조 소정의 약관으로서 민사소송법상의 관할법원 규정보다 고객에게 불리한 관할법원을 규정 한 것이어서 사업자에게는 유리할지언정 원거리에 사는 경제적 약자인 고객에게 는 제소 및 응소에 큰 불편을 초래할 우려가 있으므로 약관규제법 제14조 소정의 ‘고객에 대하여 부당하게 불리한 재판관할의 합의조항’에 해당하여 무효임”<건설 사의 아파트공급계약서 건>[5]

법원이 법위반으로 인정하지 않은 사례는 다음과 같다.

“약관조항에 의하여 고객에게 생길 수 있는 불이익의 내용과 불이익 발생의 개연

---

2) 대판 1994. 12. 9. 93다43873(가처분이의).
3) 대결 2009. 11. 13. 자 2009마1482(이송결정에대한이의).
4) 대판 1997. 9. 9. 96다20093[손해배상(기)].
5) 대결 1998. 6. 29. 자 98마863(이송).

성, 당사자들 사이의 거래과정에 미치는 영향, 관계 법령의 규정 등 제반 사정을
종합하여 볼 때, 당사자 중 일방이 지정하는 법원을 관할법원으로 한다는 것과 다
를 바 없거나, 사업자가 그 거래상의 지위를 남용하여 사업자의 영업소를 관할하
는 지방법원을 전속적 관할로 하는 약관조항을 작성하여 고객과 계약을 체결함으
로써 건전한 거래질서를 훼손하는 등 고객에게 부당하게 불이익을 주었다고 인정
되는 경우라면, 그 약관조항은 약관규제법 제14조에 위반되어 무효이고, 이에 이
르지 아니하고 그 약관조항이 고객에게 다소 불이익한 것에 불과하다면 그 약관
조항을 무효라고 할 수는 없을 것이나, 이 경우에도 그 약관은 신의성실의 원칙에
따라 공정하게 해석되어야 하며, 약관의 뜻이 명백하지 아니한 경우에는 고객에게
유리하게 해석되어야 함"(<대한주택보증(주)의 주택분양보증약관 건>)[6]

첫째, 부제소합의 조항의 위법성 심사기준에 대하여 「약관심사지침」에서는
다음과 같이 규정하고 있다(Ⅳ. 10. 가).

(가) 부제소의 합의란 당사자가 소를 제기하지 않겠다고 합의하는 것을 말한다.
(나) 소제기라 함은 본안소송과 보전소송 등 강제집행절차에 있어서의 신청까지를
포함한 소송절차상의 일체의 행위를 의미한다.
(다) '부당'한지의 여부는 당해 약관을 설정한 의도 및 목적, 당해 업종에서의 통
상적인 거래관행, 관계법령, 거래대상 상품 또는 용역의 특성, 사업자의 영업
상의 필요 및 고객이 입을 불이익의 내용과 정도 등을 종합적으로 고려하여
판단한다.

「약관심사지침」에서는 법 위반에 해당될 수 있는 조항을 다음과 같이 예시
하고 있다(Ⅳ. 10. 가).

(가) 계약당사자간의 귀책사유를 따지지 아니하고 어떠한 사유로도 일체의 민·
형사상의 책임을 묻지 못하도록 하는 조항
(나) 아파트 공급계약에서 아파트의 구조 및 위치에 따라 조망권, 일조권 등이 침
해되거나 소음이 발생할 수 있음을 사전인지하고 계약을 체결하는 경우, 통
상의 일반인이 수인할 수 있는 한도를 초과하여 정상적인 주거생활을 심각하
게 저해하는 상황이 발생하는 때에는 이의를 제기할 수 있어야 함에도, 이에
대한 이의제기를 금지하는 조항

6) 대결 2009. 11. 13. 자 2009마1482(이송결정에대한이의).

둘째, 재판관할 합의 조항의 위법성 심사기준에 대하여 「약관심사지침」에서는 다음과 같이 규정하고 있다(Ⅳ. 10. 나).

> (가) 관할이란 재판권을 행사하는 여러 법원 사이에서 재판권의 분장관계를 정해 놓은 것을 말한다. 이러한 관할제도는 법원간에 재판사무의 공평한 분배를 참작하는 외에 주로 당사자의 편의를 고려하여 정하여진 것이다.
> (나) '부당'한지의 여부는 당해 약관을 설정한 의도 및 목적, 당해 업종에서의 통상적인 거래관행, 관계법령, 거래대상 상품 또는 용역의 특성, 고객에게 불리한 정도 등을 종합적으로 고려하여 판단한다.
> (다) 당사자간의 개별적이고 명백한 합의에 의하여 법정 관할법원과 다른 법원을 관할법원으로 정할 수 있으나 약관으로 고객에게 불리한 관할합의조항을 정하는 것은 사업자에게만 유리하고 고객에게는 소제기 또는 응소에 큰 불편을 초래하여 소송을 포기하게 하는 결과를 초래할 수도 있으므로 무효이다.

「약관심사지침」에서는 법 위반에 해당될 수 있는 조항을 다음과 같이 예시하고 있다(Ⅳ. 10. 나).

> (가) 계약과 관련된 소송의 관할법원을 사업자의 소재지 법원 또는 사업자가 지정한 법원(예: ○○지방법원)으로 정하는 조항
> (나) 외국사업자가 국내에서 영업행위를 하면서 계약과 관련된 모든 분쟁을 외국 사업자의 본사 소재지 법원을 관할법원으로 정하는 조항

Ⅱ. 고객에게 입증책임 부담 약관 조항

소송 제기 등 관련 무효로 보는 두 번째 경우는 상당한 이유 없이 고객에게 입증책임을 부담시키는 약관 조항(제2호)이다. 동 조항의 위법성 심사기준에 대하여 「약관심사지침」에서는 다음과 같이 규정하고 있다(Ⅳ. 10. 다).

> (가) 증명책임이라 함은 소송상 어느 사실의 존부가 확인되지 않은 때에 당해 사실이 존재하지 않는 것으로 취급하고 법률판단을 받게 되는 당사자 일방의 위험 또는 불이익을 말한다.

(나) '상당한 이유'가 있는지의 여부는 당해 약관을 설정한 의도 및 목적, 당해
    업종에서의 통상적인 거래관행, 관계법령, 거래대상 상품 또는 용역의 특성,
    사업자와 고객의 증명의 난이, 사업자의 영업상의 필요 및 고객이 입을 불이
    익의 내용과 정도 등을 종합적으로 고려하여 판단한다.

(다) 증명이 곤란한 사실에 대해서는 누가 증명책임을 부담하는가에 따라 소송의
    승패가 결정적으로 좌우되므로 약관에 의하여 사업자의 영역내에 속하는 사
    항을 고객에게 증명하도록 책임을 부담시키는 것은 무효이다.

「약관심사지침」에서는 법 위반에 해당될 수 있는 조항을 다음과 같이 예시
하고 있다(Ⅳ. 10. 다).

(가) 게임이용약관에서 사업자가 인지할 수 없는 사유로 인하여 발생한 인터넷
    접속지연 등의 손해에 대해서는 책임을 지지 않도록 하는 조항

(나) 화물 및 여객운송에서 운송업자가 자기에게 명백한 고의·과실이 있는 때에
    만 손해배상책임을 진다고 하는 조항

제15조(적용의 제한)

국제적으로 통용되는 약관이나 그 밖에 특별한 사정이 있는 약관으로서 대통령령으로
정하는 경우에는 제7조부터 제14조까지의 규정을 적용하는 것을 조항별·업종별로 제한
할 수 있다.
[전문개정 2010. 3. 22.]

 목 차

[참고문헌]

논문: 고형석, 항공마일리지의 유효기간에 관한 연구, 선진상사법률연구 제87호,
법무부, 2019.7

[참고사례]

(주) 주식회사 한국외환은행의 보증의뢰계약 건[서울고등법원 1993. 7. 9. 선고 92나
18377 판결; 대법원 1994. 12. 9. 선고 93다43873(가처분이의) 판결]; 삼성화재해상보험
(주)의 선하증권 이면약관 건{서울고등법원 1997. 12. 30. 선고 96나40457 판결; 대법원
1999. 12. 10. 선고 98다9038[손해배상(기)] 판결}; 엘지화재해상보험(주)의 보험약관 건
[서울고등법원 2004. 3. 11. 선고 2003나57477 판결; 대법원 2005. 8. 25. 선고 2004다
18903(보험금) 판결]

국제적으로 통용되는 약관이나 그 밖에 특별한 사정이 있는 약관으로서 *대
통령령*[1]으로 정하는 경우에는 제7조부터 제14조까지의 규정을 적용하는 것을
조항별·업종별로 제한할 수 있다(법 제15조).

---

1) 제3조(적용의 제한) 법 제15조에 따라 다음 각 호의 어느 하나에 해당하는 업종의 약관에 대
해서는 법 제7조부터 제14조까지의 규정을 적용하지 아니한다. 1. 국제적으로 통용되는 운송
업 2. 국제적으로 통용되는 금융업 및 보험업 3. 「무역보험법」에 따른 무역보험

I. 국제적으로 통용되는 약관

법원이 적용제한을 인정한 사례는 다음과 같다.

> "이 건 약관조항은 'KFA 1981' 또는 'KFA 81'로 통용되는 영국 로이드사의 금융기관종합보험약관으로서 국내의 여러 원수보험회사들과 재보험회사 간의 재보험계약 및 재보험회사와 해외의 여러 재재보험회사들 간의 재재보험계약에 있어 널리 사용되는 등 보험업계에서 금융기관종합보험과 관련하여 국제적으로 널리 사용되는 약관인 사실을 인정한 다음, 약관규제법 제15조, 같은 법 시행령 제3조 제2호에 의하여 이 건 약관조항에 대하여는 같은 법 제7조가 적용되지 아니함"(<엘지화재해상보험(주)의 보험약관 건>)[2]

그러나 법원이 적용제한을 인정하지 않은 사례도 있다.

> "약관규제법 시행령 제3조 제2호에서는 약관규제법 15조의 규정에 의하여 같은 법 제7조 내지 제14조의 규정을 적용하지 아니하는 업종의 약관으로서 "국제적으로 통용되는 금융업"을 들고 있으나, 이 규정은 단지 금융업을 같은 법 제15조가 규정하고 있는 "국제적으로 통용되는 약관"이 사용되는 업종으로서 들고 있는 것에 불과하여 국제적인 금융업의 약관전체가 같은법 시행령의 이 규정에 해당한다고 볼 수는 없고, 국제적으로 다수에 의하여 통용되는 약관이라고 보기도 어려움"(<(주) 주식회사 한국외환은행의 보증의뢰계약 건>)[3]

시행령 제3조 제1호의 '국제적으로 통용되는 운송업'에는 국제운송과 관련되는 모든 약관이 이에 해당하는 것이 아니고, 국제적으로 통일적인 약관이어야 하므로 항공마일리지 약관의 경우 이에 해당하지 않는다.[4]

II. 법 제6조의 적용여부

법 제6조는 불공정 약관의 일반조항에 해당하는데, 본 조에 해당되는 경우

---

2) 대판 2005. 8. 25. 2004다18903(보험금).
3) 대판 1994. 12. 9. 93다43873(가처분이의).
4) 고형석, 선진상사법률연구 제87호(2019), 716면.

법 제6조를 다시 적용할 수 있는가에 대하여 대법원은 다음과 같이 판시하였다.

> "약관규제법 제15조의 문리해석상으로는 같은 법 제6조의 적용은 배제되지 않는
> 다고 볼 수 있으나, 약관이 구체적으로 무효가 되는 경우들을 규정한 같은 법 제
> 7조 내지 제14조에 대하여 약관이 일반적으로 무효가 되는 경우를 포괄적으로 규
> 정하고 있는 제6조가 적용되게 되면 구체적 무효조항들의 적용을 배제하는 제15
> 조의 규정 취지가 거의 완전히 몰각되는 불합리한 결과를 가져오게 되므로, 제6조
> 역시 대통령령으로 정하는 특정 업종들의 약관에는 적용이 없음"<삼성화재해상
> 보험(주)의 선하증권 이면약관 건>5)

---

5) 대판 1999. 12. 10. 선고 98다9038[손해배상(기)].

제16조(일부 무효의 특칙)

약관의 전부 또는 일부의 조항이 제3조 제4항에 따라 계약의 내용이 되지 못하는 경우
나 제6조부터 제14조까지의 규정에 따라 무효인 경우 계약은 나머지 부분만으로 유효하
게 존속한다. 다만, 유효한 부분만으로는 계약의 목적 달성이 불가능하거나 그 유효한
부분이 한쪽 당사자에게 부당하게 불리한 경우에는 그 계약은 무효로 한다.
[전문개정 2010. 3. 22]

[참고문헌]

단행본: 사법연수원, 약관규제와 소비자보호 연구, 2012

[참고사례]

해동화재해상(주)의 자동차종합보험약관 건[서울고등법원 1990. 6. 29. 선고 90나
15947 판결; 대법원 1991. 12. 24. 선고 90다카23899(보험금) 판결]; 합자회사 길흥화물
운송사의 무면허운전 면책약관 건[대전고등법원 1998. 7. 29. 선고 98나626 판결; 대법원
1999. 11. 26. 선고98다42189(공제금) 판결]

본 조는 민법 제137조[1])에 대한 예외를 규정한 것이다. 민법상의 전부무효
의 원칙은 대량거래를 전제로 하는 약관거래의 특성에도 맞지 않을 뿐 아니라
계약체결을 희망하는 고객의 의도와도 정면으로 배치되는 결과가 된다.[2)
이에 대하여 법원은 다음과 같이 판시한 사례가 있다.

"이 건 무면허운전면책조항을 문언 그대로 무면허운전의 모든 경우를 아무런 제
한없이 보험의 보상대상에서 제외한 것으로 해석하게 되면 절취운전이나 무단운
전의 경우와 같이 자동차보유자는 피해자에게 손해배상책임을 부담하면서도 자기
의 지배관리가 미치지 못하는 무단운전자의 운전면허소지 여부에 따라 보험의 보
호를 전혀 받지 못하는 불합리한 결과가 생기는바, 이러한 경우는 보험계약자의
정당한 이익과 합리적인 기대에 어긋나는 것으로서 고객에게 부당하게 불리하고

---

1) 제137조(법률행위의 일부무효) 법률행위의 일부분이 무효인 때에는 그 전부를 무효로 한다.
   그러나 그 무효부분이 없더라도 법률행위를 하였을 것이라고 인정될 때에는 나머지 부분은
   무효가 되지 아니한다.
2) 사법연수원, 104면.

보험자가 부담하여야 할 담보책임을 상당한 이유없이 배제하는 것이어서 현저하게 형평을 잃은 것이라고 하지 않을 수 없으며, 이는 보험단체의 공동이익과 보험의 등가성 등을 고려하더라도 마찬가지라고 할 것임. 결국 위 무면허운전면책조항이 보험계약자나 피보험자의 지배 또는 관리가능성이 없는 무면허운전의 경우에까지 적용된다고 보는 경우에는 그 조항은 신의성실의 원칙에 반하여 공정을 잃은 조항으로서 위 약관규제법의 각 규정에 비추어 무효라고 볼 수밖에 없음. 그러므로 위 무면허운전면책조항은 위와 같은 무효의 경우를 제외하고 무면허운전이 보험계약자나 피보험자의 지배 또는 관리가능한 상황에서 이루어진 경우에 한하여 적용되는 조항으로 수정해석을 할 필요가 있으며 그와 같이 수정된 범위 내에서 유효한 조항으로 유지될 수 있는 바, 무면허운전이 보험계약자나 피보험자의 지배 또는 관리가능한 상황에서 이루어진 경우라고 함은 구체적으로는 무면허운전이 보험계약자나 피보험자 등의 명시적 또는 묵시적 승인 하에 이루어진 경우를 말한다고 할 것임(대체로 보험계약자나 피보험자의 가족, 친지 또는 피용인으로서 당해 차량을 운전할 기회에 쉽게 접할 수 있는 자에 대하여는 묵시적인 승인이 있었다고 볼 수 있을 것이다). 결론적으로 자동차종합보험보통약관 제10조 제1항 제6호의 무면허면책조항은 무면허운전의 주체가 누구이든 묻지 않으나 다만 무면허운전이 보험계약자나 피보험자 등의 명시적 또는 묵시적 승인하에 이루어진 경우에 한하여 면책을 정한 규정이라고 해석하여야 하며, 이와 같이 해석하는 한도 내에서 그 효력을 유지할 수 있다고 보아야 함"(<해동화재해상(주)의 자동차종합보험약관 건>)3) "자동차손해배상책임 공제계약상의 무면허운전 면책약관이 공제조합원의 지배 또는 관리가능성이 없는 무면허운전의 경우에까지 적용된다고 보는 경우에는 그 약관 조항은 신의성실의 원칙에 반하는 공정을 잃은 조항으로서 약관의규제에관한법률 제6조 제1, 2항, 제7조 제2, 3호의 규정들에 비추어 무효라고 볼 수밖에 없으므로, 무면허운전 면책약관은 위와 같은 무효의 경우를 제외하고 무면허운전이 공제조합원의 지배 또는 관리가능한 상황에서 이루어진 경우, 즉 무면허운전이 공제조합원의 명시적 또는 묵시적 승인하에 이루어진 경우에 한하여 적용되는 것으로 수정 해석함이 상당함(대법원 1991. 12. 24. 선고 90다카23899 전원합의체 판결 참조). 이 경우 '묵시적 승인'은 명시적 승인의 경우와 동일하게 면책약관의 적용으로 이어진다는 점에서 공제조합원의 무면허운전에 대한 승인 의도가 명시적으로 표현되는 경우와 동일시할 수 있는 정도로 그 승인 의도를 추단할 만한 사정이 있는 경우에 한정되어야 할 것임. 따라서 과연 어떠한 사정이 있어야 이러한 묵시적 승인이 있었다고 보아야 할 것이냐는 평소 무면허운전자의 운전에 관하여 공제계약자나 공제조합원이 취해 온 태도뿐만 아니라, 공

제계약자 또는 공제조합원과 무면허운전자의 관계, 평소 차량의 운전 및 관리 상
황, 무면허운전이 가능하게 된 경위와 그 운행 목적 등 모든 사정을 함께 참작하
여 인정하여야 할 것이고(대법원 1995. 7. 28. 선고 94다47087 판결, 1999. 4. 23.
선고 98다61395 판결 등 참조), 공제조합원이 과실로 지입차주가 무면허운전자임
을 알지 못하였다거나, 무면허운전이 가능하게 된 데에 과실이 있었다거나 하는
점은 무면허운전 면책약관의 적용에서 고려할 사항이 아님"(<합자회사 길흥화물
운송사의 무면허운전 면책약관 건>)[4]

　　일부무효의 경우 약관조항을 무효로 보면 그 부분은 민상법상 일반 법원리
가 적용되어 사실인 관습, 임의규정, 조리 등에 의해 보충된다. 다만 무효인 약
관조항은 그 조항 전체가 무효로 되며 동 조항의 유효를 전제로 무효부분만 제
거하여 효력을 유지시킬 수는 없다.

---

3) 대판 1991. 12. 24. 90다카23899. [다수의견에 대한 보충의견(이회창)(1) 보통거래약관 및
   보험제도의 특성에 비추어 볼 때, 보험약관의 해석은 일반 법률행위와는 달리 개개 계약당사
   자가 기도한 목적이나 의사를 기준으로 하지 않고 평균적 고객의 이해가능성을 기준으로 하
   되 보험단체 전체의 이해관계를 고려하여 객관적, 획일적으로 해석하여야 하며, 다만 약관을
   계약내용으로 편입하는 개별약정에 약관과 다른 내용이 있을 때에 한하여 개별약정이 우선할
   뿐이다. 또 약관이 작성자인 기업에 의하여 일방적으로 유리하게 작성되고 고객에게 그 약관
   내용에 관한 교섭이나 검토의 기회가 제대로 주어지지 않는 형성의 과정에 비추어 고객보호
   의 측면에서 약관내용이 명백하지 못하거나 의심스러운 때에는 약관작성자에게 불리하게 제
   한해석하여야 한다는 불명료의 원칙이 적용된다. (2) 그러나 이와 달리 약관조항의 의미가 명
   확하게 일의적으로 표현되어 있어 다의적인 해석의 여지가 없는 때에는 위와 같은 방법으로
   제한해석을 할 수 없고, 다만 그 내용이 불공정하거나 불합리한 경우에 강행법규나 공서량속
   또는 신의성실의 원칙에 위반됨을 이유로 그 효력의 전부 또는 일부를 부인할 수밖에 없으며
   이는 직접적 내용통제로서의 약관의 수정해석에 해당하는 것이다. (3) 책임보험조항의 위 무면
   허운전면책조항이 문언상 다의적으로 해석할 여지가 없을 만큼 명백한 것이라면, 약관의 간접
   적 내용통제의 방법으로 제한해석을 할 수는 없고, 다만 불공정성 또는 불합리성을 이유로 한
   직접적인 내용통제로서 약관의 수정해석을 시도할 수 있을 뿐이라고 할 것이므로 다수의견이
   약관규제법의 규정을 근거로 위 무면허면책조항을 수정해석한 것은 정당하다고 할 것이다.
4) 대판 1999. 11. 26. 98다42189(공제금).

약관의 규제

제17조(불공정약관조항의 사용금지)

사업자는 제6조부터 제14조까지의 규정에 해당하는 불공정한 약관 조항(이하 "불공정약관조항"이라 한다)을 계약의 내용으로 하여서는 아니 된다.

[전문개정 2010. 3. 22.]

제17조의2(시정 조치)

① 공정거래위원회는 사업자가 제17조를 위반한 경우에는 사업자에게 해당 불공정약관조항의 삭제·수정 등 시정에 필요한 조치를 권고할 수 있다.

② 공정거래위원회는 제17조를 위반한 사업자가 다음 각 호의 어느 하나에 해당하는 경우에는 사업자에게 해당 불공정약관조항의 삭제·수정, 시정명령을 받은 사실의 공표, 그 밖에 약관을 시정하기 위하여 필요한 조치를 명할 수 있다.<개정 2013. 5. 28., 2020. 12. 29.>

1. 사업자가 「독점규제 및 공정거래에 관한 법률」 제2조제3호의 시장지배적사업자인 경우

2. 사업자가 자기의 거래상의 지위를 부당하게 이용하여 계약을 체결하는 경우

3. 사업자가 일반 공중에게 물품·용역을 공급하는 계약으로서 계약 체결의 긴급성·신속성으로 인하여 고객이 계약을 체결할 때에 약관 조항의 내용을 변경하기 곤란한 경우

4. 사업자의 계약 당사자로서의 지위가 현저하게 우월하거나 고객이 다른 사업자를 선택할 범위가 제한되어 있어 약관을 계약의 내용으로 하는 것이 사실상 강제되

는 경우

5. 계약의 성질상 또는 목적상 계약의 취소·해제 또는 해지가 불가능하거나 계약을 취소·해제 또는 해지하면 고객에게 현저한 재산상의 손해가 발생하는 경우

6. 사업자가 제1항에 따른 권고를 정당한 사유 없이 따르지 아니하여 여러 고객에게 피해가 발생하거나 발생할 우려가 현저한 경우

③ 공정거래위원회는 제1항 및 제2항에 따른 시정권고 또는 시정명령을 할 때 필요하면 해당 사업자와 같은 종류의 사업을 하는 다른 사업자에게 같은 내용의 불공정약관조항을 사용하지 말 것을 권고할 수 있다.

[전문개정 2010. 3. 22.]

목 차

[참고문헌]

단행본: 사법연수원, 약관규제와 소비자보호 연구, 2012

[참고사례]

대우자판(주)의 불공정약관조항 건(공정거래위원회 1998. 9. 5. 의결 제98-195호; 서울고등법원 2001. 1. 11. 선고 99누1344 판결; 대법원 2003. 1. 10. 선고 2001두1604 판결); (주)성창에프엔디의 불공정약관조항 건[공정거래위원회 2002. 6. 4. 의결 제2002-104호; 서울고등법원 2003. 3. 25. 선고 2002누9430 판결; 대법원 2005. 2. 18. 선고 2003두3734(파기환송) 판결; 서울고등법원 2005. 12. 15. 선고 2005누6012(파기환송심) 판결]

I. 시정권고

공정거래위원회는 사업자가 제17조를 위반한 경우에는 사업자에게 해당 불공정약관조항의 삭제·수정 등 시정에 필요한 조치를 권고할 수 있다(법 제17조제1항).

약관규제법상 시정권고는 사업자의 우월한 지위가 강하지 않은 경우에 불공정한 약관을 시정하기 위하여 시행하는 제도인데 반해, 「독점규제법」상 시정권고는 급박한 경우나 이행의사를 표시한 경우에 시정명령의 전제로서 부과하는 제도로서 서로 차이가 있다.[1]

Ⅱ. 시정명령

공정거래위원회는 제17조를 위반한 사업자가 ① 사업자가 「독점규제 및 공정거래에 관한 법률」 제2조 제3호의 시장지배적사업자인 경우(제1호), ② 사업자가 자기의 거래상의 지위를 부당하게 이용하여 계약을 체결하는 경우(제2호), ③ 사업자가 일반 공중에게 물품·용역을 공급하는 계약으로서 계약 체결의 긴급성·신속성으로 인하여 고객이 계약을 체결할 때에 약관 조항의 내용을 변경하기 곤란한 경우(제3호), ④ 사업자의 계약 당사자로서의 지위가 현저하게 우월하거나 고객이 다른 사업자를 선택할 범위가 제한되어 있어 약관을 계약의 내용으로 하는 것이 사실상 강제되는 경우(제4호), ⑤ 계약의 성질상 또는 목적상 계약의 취소·해제 또는 해지가 불가능하거나 계약을 취소·해제 또는 해지하면 고객에게 현저한 재산상의 손해가 발생하는 경우(제5호), ⑥ 사업자가 제1항에 따른 권고를 정당한 사유 없이 따르지 아니하여 여러 고객에게 피해가 발생하거나 발생할 우려가 현저한 경우(제6호)의 어느 하나에 해당하는 경우에는 사업자에게 해당 불공정약관조항의 삭제·수정, 시정명령을 받은 사실의 공표, 그 밖에 약관을 시정하기 위하여 필요한 조치를 명할 수 있다(법 제17조 제2항).[2]

1. 시정명령의 범위

불공정한 약관 조항이 시정명령으로 삭제 또는 수정의 대상이 되면 그 조항과 독립하여 존속할 아무런 의미가 없는 약관 조항에 대하여도 삭제 또는 수정을 명한 시정명령은 적법하다(<대우자판(주)의 불공정약관조항 건>).[3]

---

1) 사법연수원, 115면.
2) 제4조(시정조치의 방식) 법 제17조의2에 따른 시정권고 또는 시정명령은 그 내용을 분명히 밝힌 서면으로 하여야 한다.
3) 대판 2003. 1. 10. 2001두1604.

2. 적극적 수정명령 여부

공정거래위원회가 불공정한 약관조항에 대하여 적극적으로 계약당사자의 계약내용에 개입하여 어떠한 내용으로 수정할 것을 명할 수 있는지 여부에 대해 법원은 부정적이다.

> "일반적으로 약관은 계약의 일부로 편입되는 것이고, 계약의 내용은 계약당사자가 정하는 것이므로, 공정거래위원회로서는 구 약관규제법(2001. 3. 28. 법률 제6459호로 개정되기 전의 것) 제17조의2 제1항에 따라 불공정한 약관 조항에 대하여 소극적으로 그 불공정성을 제거하는 방향으로 삭제 또는 수정할 것을 명할 수 있을 뿐, 그 약관 조항을 어떠한 내용으로 수정할 것을 명하는 등으로 적극적으로 계약당사자의 계약내용에 개입할 수 없음"(<대우자판(주)의 불공정약관조항 건>)[4]

3. 소급효 여부

시정명령의 소급효는 인정되지 아니하며 장래에 대해서만 효력이 있다고 해석된다.[5]

Ⅲ. 동일업종 사업자에 대한 권고

공정거래위원회는 제1항 및 제2항에 따른 시정권고 또는 시정명령을 할 때 필요하면 해당 사업자와 같은 종류의 사업을 하는 다른 사업자에게 같은 내용의 불공정약관조항을 사용하지 말 것을 권고할 수 있다(법 제17조 제3항).

관련하여 법원이 다음과 같이 판단한 사례가 있다.

> "불공정한 내용의 약관을 작성한 사업자에게 그 약관으로 계약을 맺은 고객들에 대하여 그 약관으로 인한 피해 여부를 불문하고 불공정한 약관조항에 관하여 통지하게 하면, 이후 불공정한 내용의 약관이 실제로 적용되지 않게 되어 고객을 보

---

4) 대판 2003. 1. 10. 2001두1604.
5) 사법연수원, 107~110면 참조.

호할 수 있을 뿐 아니라 그러한 내용의 약관이 작성·통용되는 것을 방지함으로써 건전한 거래질서를 확립하는 효과도 있으므로, 피고가 원고에게 이 건 약관으로 계약을 맺고 있는 고객 전부에 대하여 위와 같은 불공정한 약관조항에 관하여 통지할 것을 명한 것이 위법하다고 할 수 없음"(<㈜성창에프엔디의 불공정약관조항 건>)6)

---

6) 대판 2005. 2. 18. 2003두3734(파기환송).

제18조(관청 인가 약관 등)

① 공정거래위원회는 행정관청이 작성한 약관이나 다른 법률에 따라 행정관청의 인가를 받은 약관이 제6조부터 제14조까지의 규정에 해당된다고 인정할 때에는 해당 행정관청에 그 사실을 통보하고 이를 시정하기 위하여 필요한 조치를 하도록 요청할 수 있다.

② 공정거래위원회는 「은행법」에 따른 은행의 약관이 제6조부터 제14조까지의 규정에 해당된다고 인정할 때에는 「금융위원회의 설치 등에 관한 법률」에 따라 설립된 금융감독원에 그 사실을 통보하고 이를 시정하기 위하여 필요한 조치를 권고할 수 있다.<개정 2010. 5. 17.>

③ 제1항에 따라 행정관청에 시정을 요청한 경우 공정거래위원회는 제17조의2제1항 및 제2항에 따른 시정권고 또는 시정명령은 하지 아니한다.

[전문개정 2010. 3. 22.]

 목 차

Ⅰ. 행정관청 인가약관의 시정요청

공정거래위원회는 행정관청이 작성한 약관이나 다른 법률에 따라 행정관청의 인가를 받은 약관이 제6조부터 제14조까지의 규정에 해당된다고 인정할 때에는 해당 행정관청에 그 사실을 통보하고 이를 시정하기 위하여 필요한 조치를 하도록 요청할 수 있다(법 제18조 제1항).[1]

한편 2009년 2월 제정·시행된 「자본시장과 금융투자업에 관한 법률」을 비

---

1) 제5조(시정 조치의 요청 및 권고) ① 법 제18조에 따른 시정에 필요한 조치의 요청 또는 권고는 그 내용을 분명히 밝힌 서면(전자문서를 포함)으로 하여야 한다. ② 제1항에 따라 시정에 필요한 조치의 요청 또는 권고를 받은 행정관청이나 「금융위원회의 설치 등에 관한 법률」에 따라 설립된 금융감독원은 그 요청 또는 권고를 받은 날부터 60일 이내에 공정거래위원회에 서면(전자문서를 포함)으로 처리결과를 알려야 한다.

롯하여 「여신전문금융업법」, 「상호저축은행법」 및 「은행법」에 따라, 금융위원회가 신고 또는 보고받은 모든 금융약관은 공정거래위원회에 통보하여야 하고 공정거래위원회는 이를 심사하여 불공정약관에 대한 시정을 요청하여야 한다.

　　제1항에 따라 행정관청에 시정을 요청한 경우 공정거래위원회는 제17조의2 제1항 및 제2항에 따른 시정권고 또는 시정명령은 하지 아니한다(법 제18조 제3항).

Ⅱ. 은행약관의 시정권고

　　공정거래위원회는 「은행법」에 따른 은행의 약관이 제6조부터 제14조까지의 규정에 해당된다고 인정할 때에는 「금융위원회의 설치 등에 관한 법률」에 따라 설립된 금융감독원에 그 사실을 통보하고 이를 시정하기 위하여 필요한 조치를 권고할 수 있다(법 제18조 제2항).

Ⅲ. 금융투자업 분야 약관의 규제체계

　　자본시장법 제56조(약관)에 따라 금융위원회가 공정거래위원회에 통보하는 자본시장법 제3조(금융투자상품)에 의한 금융투자상품(이하 "금융투자상품")의 표준약관 및 개별약관을 심사할 때 적용하기 위하여 「금융투자업분야 약관심사 가이드라인」[2]을 제정·운용하고 있다.

---

2) 공정거래위원회예규 제99호(2011. 4. 1).

┃ 금융투자업 분야 약관 규제체계

1. 자본시장법에 따른 규제체계

가. 금융투자업자는 개별약관을, 금융투자협회는 표준약관을 각각 제·개정
하는 경우 금융위원회에 미리 신고할 의무가 있다(제56조 제1항).

나. 금융위원회는 신고 받은 약관을 공정거래위원회에 통보하여야 한다(동
조 제5항 전문).

다. 공정거래위원회는 통보받은 약관의 불공정성 여부를 심사하여 불공정
약관에 대해 금융위원회에 시정에 필요한 조치를 취하도록 요청할 수
있다(동항 후문).

라. 금융위원회는 특별한 사유가 없는 한 공정거래원회의 요청에 응하여야
한다(동항 후문).

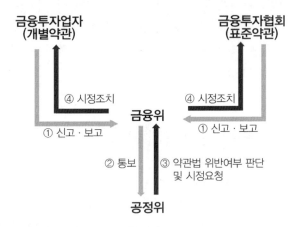

2. 법에 따른 규제체계

가. 금융투자업 분야 개별약관에 대해 법 제19조에 따른 심사청구인의 심사청구
가 있는 경우 또는 직권으로 금융약관의 불공정성을 인지한 경우 법 제6조
내지 제14조 위반여부를 심사할 수 있다.

나. 이는 자본시장법에 따른 심사와 별개의 심사로서 법 제6조 내지 제14조 위
반인 경우 법에 따라 시정에 필요한 조치를 권고하거나 명할 수 있다(법 제
17조의 2 제1항, 제2항).

다. 법에 따라 공정거래위원회가 제정한 표준약관은 법 제17조의 2에 따른 조
치의 대상이 아니며, 불공정한 내용이 있거나 개정의 필요성이 있는 경우에
는 법에 정해진 절차에 따라 개정의 대상이 된다(법 제19조의 2).

제19조(약관의 심사청구)

① 다음 각 호의 자는 약관 조항이 이 법에 위반되는지 여부에 관한 심사를 공정거래위
  원회에 청구할 수 있다.

1. 약관의 조항과 관련하여 법률상의 이익이 있는 자

2. 「소비자기본법」 제29조에 따라 등록된 소비자단체

3. 「소비자기본법」 제33조에 따라 설립된 한국소비자원

4. 사업자단체

② 제1항에 따른 약관의 심사청구는 공정거래위원회에 서면이나 전자문서로 제출하여야
  한다.

[전문개정 2010. 3. 22.]

심사청구서의 제출에 대하여 *대통령령*1)에서 규정하고 있다.

제19조의2(약관변경으로 인한 심사대상의 변경)

공정거래위원회는 심사대상인 약관 조항이 변경된 때에는 직권으로 또는 심사청구인의
신청에 의하여 심사대상을 변경할 수 있다.

[본조신설 2012. 2. 17.]

[종전 제19조의2는 제19조의3으로 이동<2012. 2. 17.>]

---

1) 제6조(심사청구서의 제출 등) ① 법 제19조제1항에 따라 약관 조항의 위법성에 대한 심사를
   청구하려는 자는 심사청구서에 다음 각 호의 사항을 적고, 심사청구의 대상이 되는 약관의 사
   본을 첨부하여야 한다. 1. 심사청구인의 성명 및 주소 2. 사업자의 성명 또는 상호 및 주소 3.
   심사청구의 취지 및 이유 ② 공정거래위원회는 법 제19조제1항에 따라 심사청구를 받았을 때
   에는 특별한 사유가 있는 경우를 제외하고는 청구를 받은 날부터 60일 이내에 그 심사결과를
   심사청구인에게 서면으로 통보하여야 한다.

제19조의3(표준약관)

① 사업자 및 사업자단체는 건전한 거래질서를 확립하고 불공정한 내용의 약관이 통용되는 것을 방지하기 위하여 일정한 거래 분야에서 표준이 될 약관의 제정·개정안을 마련하여 그 내용이 이 법에 위반되는지 여부에 관하여 공정거래위원회에 심사를 청구할 수 있다.<개정 2016. 3. 29.>

② 「소비자기본법」 제29조에 따라 등록된 소비자단체 또는 같은 법 제33조에 따라 설립된 한국소비자원(이하 "소비자단체등"이라 한다)은 소비자 피해가 자주 일어나는 거래 분야에서 표준이 될 약관을 제정 또는 개정할 것을 공정거래위원회에 요청할 수 있다.<개정 2016. 3. 29.>

③ 공정거래위원회는 다음 각 호의 어느 하나에 해당하는 경우에 사업자 및 사업자단체에 대하여 표준이 될 약관의 제정·개정안을 마련하여 심사 청구할 것을 권고할 수 있다.<개정 2016. 3. 29.>

1. 소비자단체등의 요청이 있는 경우

2. 일정한 거래 분야에서 여러 고객에게 피해가 발생하거나 발생할 우려가 있는 경우에 관련 상황을 조사하여 약관이 없거나 불공정약관조항이 있는 경우

3. 법률의 제정·개정·폐지 등으로 약관을 정비할 필요가 발생한 경우

④ 공정거래위원회는 사업자 및 사업자단체가 제3항의 권고를 받은 날부터 4개월 이내에 필요한 조치를 하지 아니하면 관련 분야의 거래 당사자 및 소비자단체등의 의견을 듣고 관계 부처의 협의를 거쳐 표준이 될 약관을 제정 또는 개정할 수 있다.<개정 2016. 3. 29.>

⑤ 공정거래위원회는 제1항 또는 제4항에 따라 심사하거나 제정·개정한 약관(이하 "표준약관"이라 한다)을 공시(公示)하고 사업자 및 사업자단체에 표준약관을 사용할 것을 권장할 수 있다.<개정 2016. 3. 29.>

⑥ 공정거래위원회로부터 표준약관의 사용을 권장받은 사업자 및 사업자단체는 표준약관과 다른 약관을 사용하는 경우 표준약관과 다르게 정한 주요 내용을 고객이 알기 쉽게 표시하여야 한다.

⑦ 공정거래위원회는 표준약관의 사용을 활성화하기 위하여 표준약관 표지(標識)를 정할 수 있고, 사업자 및 사업자단체는 표준약관을 사용하는 경우 공정거래위원회가 고시하는 바에 따라 표준약관 표지를 사용할 수 있다.

⑧ 사업자 및 사업자단체는 표준약관과 다른 내용을 약관으로 사용하는 경우 표준약관 표지를 사용하여서는 아니 된다.

⑨ 사업자 및 사업자단체가 제8항을 위반하여 표준약관 표지를 사용하는 경우 표준약관
의 내용보다 고객에게 더 불리한 약관의 내용은 무효로 한다.

[전문개정 2010. 3. 22.]

[제19조의2에서 이동<2012. 2. 17.>]

 목　차

[참고사례]

　　은행 등의 여신거래 표준약관 개정의결 취소 관련 건[서울고등법원 2010. 12. 2. 선
고 2010누24311 판결(위원회 일부패소); 대법원 2010. 10. 14. 선고 2008두23184 판결
(파기환송, 위원회 승소취지); 서울고등법원 2011. 4. 6. 선고 2010누35571 판결(파기
환송심, 위원회 승소); 대법원 2011. 8. 25. 선고 2011두9614 판결(심리불속행 기각, 위
원회 승소 확정)]

I. 표준약관의 심사청구

　　사업자 및 사업자단체는 건전한 거래질서를 확립하고 불공정한 내용의 약
관이 통용되는 것을 방지하기 위하여 일정한 거래 분야에서 표준이 될 약관의
제정·개정안을 마련하여 그 내용이 이 법에 위반되는지 여부에 관하여 공정거
래위원회에 심사를 청구할 수 있다(법 제19조의3 제1항).[1] 아파트표준공급계약서
(표준약관 제10001호)를 시작으로 은행여신거래기본약관, 국내·외 여행업 표준약
관, 전자상거래 표준약관 등이 제정되어 시행중이다.

---

1) 제7조(표준약관의 심사결과 통지 등) ① 공정거래위원회는 법 제19조의3제1항에 따라 표준약
　관에 대한 심사청구를 받았을 때에는 심사청구를 받은 날부터 60일 이내에 그 심사결과를 신
　청인에게 알려야 한다. ② 공정거래위원회는 필요하다고 인정하는 경우에는 표준약관을 사용하
　고 있는 사업자 또는 사업자단체에 대하여 해당 약관의 운용 상황을 제출하게 할 수 있다.

약관규제법 제19조의3 제3항에서, 공정거래위원회는 사업자 및 사업자단체에 대하여 약관이 없거나 불공정 약관조항이 있는 경우 표준이 될 약관을 마련하여 심사청구할 것을 권고할 수 있도록 규정하고 있는데, 공정거래위원회는 은행 여신거래 표준약관조항을 개정하고(2008. 1. 30.)[2] 그 사용을 권장하자, 은행연합회 외 16개 은행은 종전의 약관조항이 불공정하다고 할 수 없어 사용권장처분은 위법하다고 주장하면서 그 취소를 구하는 소송을 제기하였다. 이에 대하여 법원은 행정처분 및 약관조항의 불공정성 여부에 대한 판단기준을 제시하였다.[3]

우선 행정처분성 여부에 대한 판단 관련하여 ① 표준약관의 개정의결은 내부의 의사결정에 불과하므로 항고소송의 대상이 되는 행정처분이라 할 수 없고, ② '표준약관 사용권장행위'는 그 통지를 받은 해당 사업자 등에게 표준약관과 다른 약관을 사용할 경우 표준약관과 다르게 정한 주요내용을 고객이 알기 쉽게 표시하여야 할 의무를 부과하고, 그 불이행에 대해서는 과태료에 처하도록 되어 있으므로, 이는 사업자 등의 권리·의무에 직접 영향을 미치는 행정처분으로서 항고소송의 대상이 된다. 둘째, 약관조항의 불공정성 여부에 대한 판단과 관련하여, ① 불공정 약관조항에 해당되는지 여부를 심사할 때에는 문제되는 조항만을 따로 떼어서 볼 것이 아니라 전체 약관내용을 종합적으로 고찰한 후에 판단하여야 하고, 그 약관이 사용되는 거래분야의 통상적인 거래관행, 거래대상인 상품이나 용역의 특성 등을 함께 고려해야 하며, 이때 대출거래에서 거래조건의 중요한 부분이 은행의 주도하에 결정되는 등 은행이 고객들에 대하여 상대적으로 우월적 지위에 있는 점, 대출거래의 소비자들로서는 해당 금리의 적정성이나 부대비용 부담의 유·불리 등에 관하여 정확히 판단하는 것은 사실상 어려운 점, 고객과 은행 사이에 세부적인 계약조건에 관하여 충분한 협의 없이 사실상 은행의 지시에 따라 대출계약서가 작성되는 것이 거래현실인 점을 고려하

---

2) 개정 전·후 은행 여신거래 표준약관조항 비교

구분	개정 전 표준약관	개정 후 표준약관
인지세 부담 조항	고객, 은행, 각 50%씩 부담하는 방법 중 협의하여 선택	은행과 고객이 각 50%씩 부담하도록 구체적으로 명시
근저당권 설정 ·말소 비용 부담 조항	고객, 은행, 설정자 중 협의하여 선택	근저당권 설정 비용은 은행이, 말소 비용은 채무자 또는 설정자가 부담하도록 구체적으로 명시

3) 대판 2010. 10. 14. 2008두23184(파기환송); 서고판 2011. 4. 6. 2010누35571(파기환송심).

여야 한다고 보고, 개정 전 표준약관은 대출거래에서 우월적 지위에 있는 은행이 그 지위를 이용하여 대출 관련 부대비용 중 은행이 부담해야 할 비용까지 고객에게 전가시킬 수 있도록 한 것이어서 부당하게 불리한 약관조항이라고 판시하였다.[4]

한편 해당 분야에 약관이 있는 경우에도 위원회가 직권으로 표준약관을 개정 보급할 수 있는지 여부(약관법 제19조의3 제3항 해석 관련)에 관하여 서울고등법원(환송심)은 약관법 제19조의3 제3항에 따르면 위원회는 해당 분야에 약관이 없거나 불공정 약관조항이 있는 경우에만 사업자 및 사업자단체에 표준약관을 마련하여 심사 청구할 것을 권고할 수 있다고 해석함이 타당하다고 판시하였다.[5]

II. 표준약관의 제·개정 요청

「소비자기본법」 제29조에 따라 등록된 소비자단체 또는 같은 법 제33조에 따라 설립된 한국소비자원(이하 "소비자단체등")은 소비자 피해가 자주 일어나는 거래 분야에서 표준이 될 약관을 제정 또는 개정할 것을 공정거래위원회에 요청할 수 있다(법 제19조의3 제2항).

III. 표준약관의 심사청구 권고

공정거래위원회는 ① 소비자단체등의 요청이 있는 경우(제1호), ② 일정한 거래 분야에서 여러 고객에게 피해가 발생하거나 발생할 우려가 있는 경우에 관련 상황을 조사하여 약관이 없거나 불공정약관조항이 있는 경우(제2호), ③ 법률의 제정·개정·폐지 등으로 약관을 정비할 필요가 발생한 경우(제3호)의 어느 하나에 해당하는 경우에 사업자 및 사업자단체에 대하여 표준이 될 약관의 제정·개정안을 마련하여 심사 청구할 것을 권고할 수 있다(법 제19조의3 제3항).

표준약관제도의 취지 및 구 약관규제법의 목적 등에 비추어 살펴보면, 공정거래위원회는 일정한 거래분야에 관하여 약관이 없거나 불공정 약관조항이 있

---

4) 대판 2010. 10. 14. 2008두23184(파기환송); 서고판 2011. 4. 6. 2010누35571(파기환송심).

5) 서고판 2011. 4. 6. 2010누35571(파기환송심).

는 경우 사업자 등에게 표준약관을 마련하여 심사청구할 것을 권고할 수 있고, 이는 다수의 고객에게 피해가 발생하는 경우는 물론 소비자단체 등의 요청이 있는 경우에도 마찬가지라고 할 것이다(<은행 등의 여신거래 표준약관 개정의결 취소 관련 건>).[6]

공정거래위원회는 사업자 및 사업자단체가 제3항의 권고를 받은 날부터 4개월 이내에 필요한 조치를 하지 아니하면 관련 분야의 거래 당사자 및 소비자단체등의 의견을 듣고 관계 부처의 협의를 거쳐 표준이 될 약관을 제정 또는 개정할 수 있다(법 제19조의3 제4항).

Ⅳ. 표준약관의 사용권장

공정거래위원회는 제1항 또는 제4항에 따라 심사하거나 제정·개정한 약관 (이하 "표준약관")을 공시(公示)하고 사업자 및 사업자단체에 표준약관을 사용할 것을 권장할 수 있다(법 제19조의3 제5항).

'표준약관 사용권장행위'는 그 통지를 받은 해당 사업자 등에게 표준약관과 다른 약관을 사용할 경우 표준약관과 다르게 정한 주요내용을 고객이 알기 쉽게 표시하여야 할 의무를 부과하고, 그 불이행에 대해서는 과태료에 처하도록 되어 있으므로, 이는 사업자 등의 권리·의무에 직접 영향을 미치는 행정처분으로서 항고소송의 대상이 된다(<은행 등의 여신거래 표준약관 개정의결 취소 관련 건>).[7]

공정거래위원회로부터 표준약관의 사용을 권장받은 사업자 및 사업자단체는 표준약관과 다른 약관을 사용하는 경우 표준약관과 다르게 정한 주요 내용을 고객이 알기 쉽게 표시하여야 한다(법 제19조의3 제6항).

Ⅴ. 표준약관의 표지사용

공정거래위원회는 표준약관의 사용을 활성화하기 위하여 표준약관 표지(標

---

6) 대판 2010. 10. 14. 2008두23184(표준약관개정의결취소).
7) 대판 2010. 10. 14. 2008두23184(표준약관개정의결취소).

識)를 정할 수 있고, 사업자 및 사업자단체는 표준약관을 사용하는 경우 공정거래위원회가 고시하는 바에 따라 표준약관 표지를 사용할 수 있다(법 제19조의3 제7항). 이와 관련하여 공정거래위원회는 「표준약관표지의 사용에 관한 고시」[8]를 제정·운영하고 있다.

사업자 및 사업자단체는 표준약관과 다른 내용을 약관으로 사용하는 경우 표준약관 표지를 사용하여서는 아니 된다(법 제19조의3 제8항).

사업자 및 사업자단체가 제8항을 위반하여 표준약관 표지를 사용하는 경우 표준약관의 내용보다 고객에게 더 불리한 약관의 내용은 무효로 한다(법 제19조의3 제9항).

제20조(조사)

① 공정거래위원회는 다음 각 호의 어느 하나의 경우 약관이 이 법에 위반된 사실이 있는지 여부를 확인하기 위하여 필요한 조사를 할 수 있다.

　1. 제17조의2제1항 또는 제2항에 따른 시정권고 또는 시정명령을 하기 위하여 필요하다고 인정되는 경우

　2. 제19조에 따라 약관의 심사청구를 받은 경우

② 제1항에 따라 조사를 하는 공무원은 그 권한을 표시하는 증표를 지니고 이를 관계인에게 내보여야 한다.

[전문개정 2010. 3. 22.]

---

8) 공정거래위원회고시 제2016-14호(2016. 10. 31).

▌약관심사제도 절차

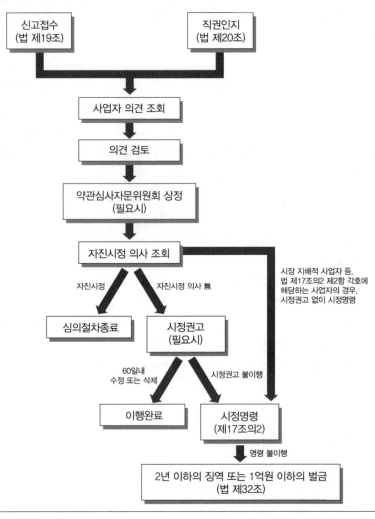

신고접수
(법 제19조)

직권인지
(법 제20조)

사업자 의견 조회

의견 검토

약관심사자문위원회 상정
(필요시)

자진시정 의사 조회

시장 지배적 사업자 등,
법 제17조의2 제2항 각호에
해당하는 사업자의 경우,
시정권고 없이 시정명령

자진시정

자진시정 의사 無

심의절차종료

시정권고
(필요시)

60일내
수정 또는 삭제

시정권고 불이행

이행완료

시정명령
(제17조의2)

명령 불이행

2년 이하의 징역 또는 1억원 이하의 벌금
(법 제32조)

〈출처: 공정거래백서(2021), 380면〉

제21조 삭제<2010. 3. 22.>
제22조(의견 진술)

① 공정거래위원회는 약관의 내용이 이 법에 위반되는지 여부에 대하여 심의하기 전에 그 약관에 따라 거래를 한 사업자 또는 이해관계인에게 그 약관이 심사 대상이 되었다는 사실을 알려야 한다.

② 제1항에 따라 통지를 받은 당사자 또는 이해관계인은 공정거래위원회의 회의에 출석하여 의견을 진술하거나 필요한 자료를 제출할 수 있다.

③ 공정거래위원회는 심사 대상이 된 약관이 다른 법률에 따라 행정관청의 인가를 받았거나 받아야 할 것인 경우에는 심의에 앞서 그 행정관청에 의견을 제출하도록 요구할 수 있다.

[전문개정 2010. 3. 22.]

 목 차

I. 고지의무

공정거래위원회는 약관의 내용이 이 법에 위반되는지 여부에 대하여 심의하기 전에 그 약관에 따라 거래를 한 사업자 또는 이해관계인에게 그 약관이 심사 대상이 되었다는 사실을 알려야 한다(법 제22조 제1항).[1]

---

1) 제8조(의견 청취 등) ① 공정거래위원회는 법 제22조제1항에 따라 사업자 또는 이해관계인에게 해당 약관이 심사 대상이 되었다는 사실을 알리는 경우에는 서면으로 하여야 하며, 공정거래위원회의 회의의 일시 및 장소를 적어야 한다.

Ⅱ. 의견진술

제1항에 따라 통지를 받은 당사자 또는 이해관계인은 공정거래위원회의 회의에 출석하여 의견을 진술하거나 필요한 자료를 제출할 수 있다(법 제22조 제2항).2)

Ⅲ. 행정관청의 의견제출 요구

공정거래위원회는 심사 대상이 된 약관이 다른 법률에 따라 행정관청의 인가를 받았거나 받아야 할 것인 경우에는 심의에 앞서 그 행정관청에 의견을 제출하도록 요구할 수 있다(법 제22조 제3항).3)

제23조(불공정약관조항의 공개)

공정거래위원회는 이 법에 위반된다고 심의·의결한 약관 조항의 목록을 인터넷 홈페이지에 공개하여야 한다.<개정 2011. 3. 29.>

[전문개정 2010. 3. 22.]

---

2) 제8조(의견 청취 등) ② 공정거래위원회는 법 제22조제2항에 따라 공정거래위원회의 회의에 출석한 당사자 또는 이해관계인에게는 예산의 범위에서 필요한 경비를 지급할 수 있다.

3) 제8조(의견 청취 등) ③ 법 제22조제3항에 따라 행정관청에 의견 제출을 요구할 때에는 그 내용과 기한을 분명히 밝힌 서면으로 하여야 한다.

제4장

분쟁의 조정 등

제24조(약관 분쟁조정협의회의 설치 및 구성)

① 제17조를 위반한 약관 또는 이와 비슷한 유형의 약관으로서 대통령령으로 정하는 약관과 관련된 분쟁을 조정하기 위하여 「독점규제 및 공정거래에 관한 법률」제72조 제1항에 따른 한국공정거래조정원(이하 "조정원"이라 한다)에 약관 분쟁조정협의회(이하 "협의회"라 한다)를 둔다. <개정 2020. 12. 29.>

② 협의회는 위원장 1명을 포함한 9명의 위원으로 구성한다.

③ 협의회 위원장은 조정원의 장의 제청으로 공정거래위원회 위원장이 위촉한다.

④ 협의회 위원장이 사고로 직무를 수행할 수 없을 때에는 협의회의 위원장이 지명하는 협의회 위원이 그 직무를 대행한다.

⑤ 협의회 위원은 약관규제·소비자 분야에 경험 또는 전문지식이 있는 사람으로서 다음 각 호의 어느 하나에 해당하는 사람 중에서 조정원의 장의 제청으로 공정거래위원회 위원장이 위촉한다.

   1. 공정거래 및 소비자보호 업무에 관한 경험이 있는 4급 이상 공무원(고위공무원단에 속하는 일반직공무원을 포함한다)의 직에 있거나 있었던 사람

   2. 판사·검사 직에 있거나 있었던 사람 또는 변호사의 자격이 있는 사람

   3. 대학에서 법률학·경제학·경영학 또는 소비자 관련 분야 학문을 전공한 사람으로서 「고등교육법」 제2조 제1호·제2호·제4호 또는 제5호에 따른 학교나 공인된 연구기관에서 부교수 이상의 직 또는 이에 상당하는 직에 있거나 있었던 사람

   4. 그 밖에 기업경영 및 소비자권익과 관련된 업무에 관한 학식과 경험이 풍부한 사람

⑥ 협의회 위원의 임기는 3년으로 하되, 연임할 수 있다.

⑦ 협의회 위원 중 결원이 생긴 때에는 제5항에 따라 보궐위원을 위촉하여야 하며, 그 보궐위원의 임기는 전임자의 남은 임기로 한다.

⑧ 협의회의 회의 등 업무지원을 위하여 별도 사무지원 조직을 조정원 내에 둔다.
[본조신설 2012. 2. 17.]

 목 차

I. 협의회의 설치 및 구성

제17조를 위반한 약관 또는 이와 비슷한 유형의 약관으로서 *대통령령*[1])으로 정하는 약관과 관련된 분쟁을 조정하기 위하여 「독점규제법」 제72조 제1항에 따른 한국공정거래조정원(이하 "조정원")에 약관 분쟁조정협의회(이하 "협의회")를 둔다(법 제24조 제1항). 2012년 2월 약관규제법 개정시 도입되었다.

종래 불공정 약관으로 인한 개별 사업자의 피해구제는 약관 조항의 시정 이후 소송 등 실질적인 피해구제절차를 거쳐야만 가능한 문제점이 있는바, 한국 공정거래조정원에 약관 분쟁조정협의회를 둠으로써 이를 통해 분쟁당사자 간의 분쟁을 해결하고, 집단분쟁조정제도를 도입하여 불공정 약관의 다수 계약자에 대한 추가적 피해 발생을 예방하는 등 약관 관련 피해를 신속히 구제하기 위해 도입되었다.[2]

협의회는 위원장 1명을 포함한 9명의 위원으로 구성한다(법 제24조 제2항).[3] 협의회 위원장은 조정원의 장의 제청으로 공정거래위원회 위원장이 위촉한다(법

---

1) 제8조의2(분쟁조정의 대상) 법 제24조제1항에서 "대통령령으로 정하는 약관"이란 약관의 작성 주체나 약관의 명칭 또는 문구에 상관없이 해당 약관 조항의 내용이 법 제17조를 위반한 약 관과 법률상 쟁점이 공통되는 약관을 말한다.

2) 【개정이유】[시행 2012. 8. 18.][법률 제11325호, 2012. 2. 17., 일부개정]

3) 제8조의3(협의회의 회의) ① 법 제24조제1항에 따른 약관 분쟁조정협의회(이하 "협의회")의 위원장은 법 제25조제1항에 따른 회의를 소집하려는 경우 관계 위원들에게 회의 개최 7일 전 까지 회의의 일시·장소 및 안건을 서면으로 알려야 한다. 다만, 긴급한 경우에는 그러하지 아 니하다. ② 협의회의 회의는 공개하지 아니한다. 다만, 협의회의 위원장이 필요하다고 인정하 는 경우에는 법 제25조제5항에 따른 분쟁의 당사자인 고객(「소비자기본법」 제2조제1호에 따 른 소비자는 제외)과 사업자(이하 "분쟁당사자")나 그 밖의 이해관계인이 방청하게 할 수 있다.

제24조 제3항). 협의회 위원장이 사고로 직무를 수행할 수 없을 때에는 협의회의 위원장이 지명하는 협의회 위원이 그 직무를 대행한다(법 제24조 제4항).

Ⅱ. 위원의 위촉

협의회 위원은 약관규제·소비자 분야에 경험 또는 전문지식이 있는 사람으로서 ① 공정거래 및 소비자보호 업무에 관한 경험이 있는 4급 이상 공무원(고위공무원단에 속하는 일반직공무원을 포함한다)의 직에 있거나 있었던 사람(제1호), ② 판사·검사 직에 있거나 있었던 사람 또는 변호사의 자격이 있는 사람(제2호), ③ 대학에서 법률학·경제학·경영학 또는 소비자 관련 분야 학문을 전공한 사람으로서 「고등교육법」 제2조 제1호·제2호·제4호 또는 제5호에 따른 학교나 공인된 연구기관에서 부교수 이상의 직 또는 이에 상당하는 직에 있거나 있었던 사람(제3호), ④ 그 밖에 기업경영 및 소비자권익과 관련된 업무에 관한 학식과 경험이 풍부한 사람(제4호)의 어느 하나에 해당하는 사람 중에서 조정원의 장의 제청으로 공정거래위원회 위원장이 위촉한다(법 제24조 제5항).

Ⅲ. 위원의 임기

협의회 위원의 임기는 3년으로 하되, 연임할 수 있다(법 제24조 제6항).

협의회 위원 중 결원이 생긴 때에는 제5항에 따라 보궐위원을 위촉하여야 하며, 그 보궐위원의 임기는 전임자의 남은 임기로 한다(법 제24조 제7항).

Ⅳ. 업무지원

협의회의 회의 등 업무지원을 위하여 별도 사무지원 조직을 조정원 내에 둔다(법 제24조 제8항).

제25조(협의회의 회의)

① 협의회의 회의는 위원 전원으로 구성되는 회의(이하 "전체회의"라 한다)와 위원장이 지명하는 3명의 위원으로 구성되는 회의(이하 "분과회의"라 한다)로 구분된다.

② 분과회의는 전체회의로부터 위임받은 사항에 관하여 심의 · 의결한다.

③ 전체회의는 위원장이 주재하며, 재적위원 과반수의 출석으로 개의하고, 출석위원 과반수의 찬성으로 의결한다.

④ 분과회의는 위원장이 지명하는 위원이 주재하며, 구성위원 전원의 출석과 출석위원 전원의 찬성으로 의결한다. 이 경우 분과회의의 의결은 협의회의 의결로 보되, 회의의 결과를 전체회의에 보고하여야 한다.

⑤ 조정의 대상이 된 분쟁의 당사자인 고객(「소비자기본법」 제2조 제1호에 따른 소비자는 제외한다. 이하 이 장에서 같다)과 사업자(이하 "분쟁당사자"라 한다)는 협의회의 회의에 출석하여 의견을 진술하거나 관계 자료를 제출할 수 있다.

[본조신설 2012. 2. 17.]

제26조(협의회 위원의 제척 · 기피 · 회피)

① 협의회 위원은 다음 각 호의 어느 하나에 해당하는 경우에는 해당 분쟁조정사항의 조정에서 제척된다.

1. 협의회 위원 또는 그 배우자나 배우자였던 사람이 해당 분쟁조정사항의 분쟁당사자가 되거나 공동권리자 또는 의무자의 관계에 있는 경우

2. 협의회 위원이 해당 분쟁조정사항의 분쟁당사자와 친족관계에 있거나 있었던 경우

3. 협의회 위원 또는 협의회 위원이 속한 법인이 분쟁당사자의 법률 · 경영 등에 대하여 자문이나 고문의 역할을 하고 있는 경우

4. 협의회 위원 또는 협의회 위원이 속한 법인이 해당 분쟁조정사항에 대하여 분쟁당사자의 대리인으로 관여하거나 관여하였던 경우 및 증언 또는 감정을 한 경우

② 분쟁당사자는 협의회 위원에게 협의회의 조정에 공정을 기하기 어려운 사정이 있는 때에 협의회에 해당 협의회 위원에 대한 기피신청을 할 수 있다.

③ 협의회 위원이 제1항 또는 제2항의 사유에 해당하는 경우에는 스스로 해당 분쟁조정사항의 조정에서 회피할 수 있다. [본조신설 2012. 2. 17.]

제27조(분쟁조정의 신청 등)

① 제17조를 위반한 약관 또는 이와 비슷한 유형의 약관으로서 대통령령으로 정하는 약관으로 인하여 피해를 입은 고객은 대통령령으로 정하는 사항을 기재한 서면(이하 "분쟁조정 신청서"라 한다)을 협의회에 제출함으로써 분쟁조정을 신청할 수 있다. 다만, 다음 각 호의 어느 하나에 해당하는 경우에는 그러하지 아니하다.

1. 분쟁조정 신청이 있기 이전에 공정거래위원회가 조사 중인 건
2. 분쟁조정 신청의 내용이 약관의 해석이나 그 이행을 요구하는 건
3. 약관의 무효판정을 요구하는 건
4. 해당 분쟁조정사항에 대하여 법원에 소를 제기한 건
5. 그 밖에 분쟁조정에 적합하지 아니한 것으로 대통령령으로 정하는 건

② 공정거래위원회는 제1항에 따른 분쟁조정을 협의회에 의뢰할 수 있다.

③ 협의회는 제1항에 따라 분쟁조정 신청서를 접수하거나 제2항에 따라 분쟁조정을 의뢰받은 경우에는 즉시 분쟁당사자에게 통지하여야 한다.

[본조신설 2012. 2. 17.]

　

제17조를 위반한 약관 또는 이와 비슷한 유형의 약관으로서 *대통령령*[1])으로 정하는 약관으로 인하여 피해를 입은 고객은 *대통령령*[2])으로 정하는 사항을 기재한 서면(이하 "분쟁조정 신청서")을 협의회에 제출함으로써 분쟁조정을 신청할 수 있다.[3]) 다만, ① 분쟁조정 신청이 있기 이전에 공정거래위원회가 조사 중인

---

1) 제8조의4(분쟁조정의 신청 등) ① 법 제27조제1항 각 호 외의 부분 본문에서 "대통령령으로 정하는 약관"이란 약관의 작성 주체나 약관의 명칭 또는 문구에 상관없이 해당 약관 조항의 내용이 법 제17조를 위반한 약관과 법률상 쟁점이 공통되는 약관을 말한다.

2) 제8조의4(분쟁조정의 신청 등) ② 법 제27조제1항 각 호 외의 부분 본문에서 "대통령령으로 정하는 사항"이란 다음 각 호의 사항을 말한다. 1. 신청인과 피신청인의 성명 및 주소(분쟁당사자가 법인인 경우에는 법인의 명칭 및 주된 사무소의 소재지, 그 대표자의 성명 및 주소) 2. 대리인이 있는 경우에는 그 성명 및 주소 3. 분쟁조정 신청대상 약관 조항 4. 다음 각 목의 사항이 포함된 분쟁조정 신청의 취지 및 이유 가. 분쟁조정 신청 경위 나. 분쟁조정 대상 약관 조항이 불공정한 이유 다. 분쟁조정 대상 약관 조항으로 인한 피해 내용 ③ 제2항 각 호의 사항을 적은 서면에는 다음 각 호의 서류를 첨부하여야 한다. 1. 분쟁조정 신청의 이유 및 그 사실을 증명하는 서류 2. 대리인이 신청하는 경우 그 위임장 3. 그 밖에 분쟁조정에 필요한 증거 서류 또는 자료

3) 제8조의5(분쟁조정 신청 대표자의 선임) ① 다수의 고객이 공동으로 분쟁의 조정을 신청하는 경우에는 신청인 중 3명 이내의 대표자를 선임(選任)할 수 있다. ② 신청인이 제1항에 따라

건, ② 분쟁조정 신청의 내용이 약관의 해석이나 그 이행을 요구하는 건, ③ 약관의 무효판정을 요구하는 건, ④ 해당 분쟁조정사항에 대하여 법원에 소를 제기한 건, ⑤ 그 밖에 분쟁조정에 적합하지 아니한 것으로 *대통령령*[4])으로 정하는 건(제5호)의 어느 하나에 해당하는 경우에는 그러하지 아니하다.

대표자를 선임하지 아니한 경우 협의회의 위원장은 신청인에게 대표자를 선임할 것을 권고할 수 있다. ③ 대표자는 다른 신청인들을 위하여 그 건의 조정에 관한 모든 행위를 할 수 있다. 다만, 분쟁조정 신청의 철회 및 조정안의 수락·거부에 관하여는 다른 신청인들로부터 서면으로 동의를 받아야 한다. ④ 대표자가 선임되면 다른 신청인들은 대표자를 통해서만 그 건의 조정에 관한 행위를 할 수 있다. ⑤ 대표자를 선임한 청구인들은 필요하다고 인정하면 대표자를 해임하거나 변경할 수 있다. 이 경우 신청인들은 그 사실을 지체 없이 협의회의 위원장에게 알려야 한다.

4) 제8조의4(분쟁조정의 신청 등) ④ 법 제27조제1항제5호에서 "대통령령으로 정하는 건"이란 다음 각 호의 어느 하나에 해당하는 건을 말한다. <u>1. 고객과 사업자 간에 분쟁해결이나 피해보상에 관한 합의가 이루어진 건 2. 「중재법」에 따라 중재가 진행 중이거나 신청된 건</u>

제27조의2(조정 등)

① 협의회는 분쟁당사자에게 분쟁조정사항을 스스로 조정하도록 권고하거나 조정안을 작성하여 이를 제시할 수 있다.

② 협의회는 해당 분쟁조정사항에 관한 사실을 확인하기 위하여 필요한 경우 조사를 하거나 분쟁당사자에게 관련 자료의 제출이나 출석을 요구할 수 있다.

③ 협의회는 제27조 제1항 각 호의 어느 하나에 해당하는 건에 대하여는 조정신청을 각하하여야 한다.

④ 협의회는 다음 각 호의 어느 하나에 해당하는 경우에는 조정절차를 종료하여야 한다.

　1.　분쟁당사자가 협의회의 권고 또는 조정안을 수락하거나 스스로 조정하는 등 조정이 성립된 경우

　2.　조정을 신청 또는 의뢰받은 날부터 60일(분쟁당사자 쌍방이 기간연장에 동의한 경우에는 90일로 한다)이 경과하여도 조정이 성립되지 아니한 경우

　3.　분쟁당사자의 일방이 조정을 거부하거나 해당 분쟁조정사항에 대하여 법원에 소를 제기하는 등 조정절차를 진행할 실익이 없는 경우

⑤ 협의회는 제3항에 따라 조정신청을 각하하거나 제4항에 따라 조정절차를 종료한 경우에는 대통령령으로 정하는 바에 따라 공정거래위원회에 조정신청 각하 또는 조정절차 종료의 사유 등과 관계 서류를 서면으로 지체 없이 보고하여야 하고 분쟁당사자에게 그 사실을 통보하여야 한다.

[본조신설 2012. 2. 17.]

 목　차

I. 조정권고 및 조정안의 제시

협의회는 분쟁당사자에게 분쟁조정사항을 스스로 조정하도록 권고하거나 조정안을 작성하여 이를 제시할 수 있다(법 제27조의2 제1항).

협의회는 해당 분쟁조정사항에 관한 사실을 확인하기 위하여 필요한 경우 조사를 하거나 분쟁당사자에게 관련 자료의 제출이나 출석을 요구할 수 있다(법 제27조의2 제2항).[1]

II. 신청의 각하

협의회는 제27조 제1항 각 호[2]의 어느 하나에 해당하는 건에 대하여는 조정신청을 각하하여야 한다(법 제27조의2 제3항).

III. 조정절차의 종료

협의회는 ① 분쟁당사자가 협의회의 권고 또는 조정안을 수락하거나 스스로 조정하는 등 조정이 성립된 경우(제1호), ② 조정을 신청 또는 의뢰받은 날부터 60일(분쟁당사자 쌍방이 기간연장에 동의한 경우에는 90일로 한다)이 경과하여도 조정이 성립되지 아니한 경우(제2호), ③ 분쟁당사자의 일방이 조정을 거부하거나 해당 분쟁조정사항에 대하여 법원에 소를 제기하는 등 조정절차를 진행할 실익이 없는 경우[3](제3호) 어느 하나에 해당하는 경우에는 조정절차를 종료하여

---

1) 제8조의7(분쟁당사자의 출석 등) ① 협의회는 법 제27조의2제2항에 따라 분쟁당사자에게 출석을 요구하려는 경우에는 시기 및 장소를 정하여 출석 지정일 7일 전까지 분쟁당사자에게 알려야 한다. 다만, 긴급한 경우 또는 분쟁당사자가 동의하는 경우에는 그 기간을 달리 정할 수 있다. ② 제1항의 통지를 받은 분쟁당사자는 협의회에 출석할 수 없는 부득이한 사유가 있으면 미리 서면으로 의견을 제출할 수 있다.

2) 1. 분쟁조정 신청이 있기 이전에 공정거래위원회가 조사 중인 건 2. 분쟁조정 신청의 내용이 약관의 해석이나 그 이행을 요구하는 건 3. 약관의 무효판정을 요구하는 건 4. 해당 분쟁조정 사항에 대하여 법원에 소를 제기한 건 5. 그 밖에 분쟁조정에 적합하지 아니한 것으로 대통령령으로 정하는 건

3) 제8조의8(소 제기 등의 통지) 분쟁당사자는 분쟁조정 신청 후 해당 건에 대하여 법원에 소(訴)를 제기하거나 「중재법」에 따른 중재 또는 다른 법률에 따른 분쟁조정기구에 조정을 신

야 한다(법 제27조의2 제4항).

Ⅳ. 보고 및 통보

협의회는 제3항에 따라 조정신청을 각하하거나 제4항에 따라 조정절차를
종료한 경우에는 대통령령으로 정하는 바4)에 따라 공정거래위원회에 조정신청
각하 또는 조정절차 종료의 사유 등과 관계 서류를 서면으로 지체 없이 보고하
여야 하고 분쟁당사자에게 그 사실을 통보하여야 한다(법 제27조의2 제5항).

제28조(조정조서의 작성과 그 효력)

① 협의회는 분쟁조정사항의 조정이 성립된 경우 조정에 참가한 위원과 분쟁당사자가
   기명날인한 조정조서를 작성한다. 이 경우 분쟁당사자 간에 조정조서와 동일한 내용
   의 합의가 성립된 것으로 본다.
② 협의회는 조정절차를 개시하기 전에 분쟁당사자가 분쟁조정사항을 스스로 조정하고
   조정조서의 작성을 요청하는 경우에는 그 조정조서를 작성한다.
[본조신설 2012. 2. 17.]

약관법의 경우 조정조서에 재판상 화해의 효력이 인정되지 아니한다.

청하였을 때에는 지체 없이 이를 협의회에 알려야 한다.
4) 제8조의9(분쟁조정의 종료 등의 보고) ① 협의회는 법 제27조의2제3항에 따라 조정신청을
   각하(却下)하거나 법 제27조의2제4항에 따라 조정절차를 종료한 경우에는 다음 각 호의 사
   항이 포함된 분쟁조정 종료서를 작성하여야 한다. 1. 분쟁당사자의 일반 현황 2. 분쟁의 경위
   3. 조정의 쟁점 4. 조정신청의 각하 또는 조정절차 종료의 사유(법 제27조의2제4항제1호에
   따라 조정이 성립된 경우에는 조정 결과) ② 협의회는 제1항에 따라 작성한 분쟁조정 종료서
   의 사본을 첨부하여 공정거래위원회에 지체 없이 보고하여야 한다.

제28조의2(분쟁조정의 특례)

① 제27조 제1항에도 불구하고 공정거래위원회, 고객 또는 사업자는 제28조에 따라 조정이 성립된 사항과 같거나 비슷한 유형의 피해가 다수 고객에게 발생할 가능성이 크다고 판단한 경우로서 대통령령으로 정하는 건에 대하여는 협의회에 일괄적인 분쟁조정(이하 "집단분쟁조정"이라 한다)을 의뢰하거나 신청할 수 있다.

② 제1항에 따라 집단분쟁조정을 의뢰받거나 신청받은 협의회는 협의회의 의결로서 제3항부터 제7항까지의 규정에 따른 집단분쟁조정의 절차를 개시할 수 있다. 이 경우 협의회는 분쟁조정된 사안 중 집단분쟁조정신청에 필요한 사항에 대하여 대통령령으로 정하는 방법에 따라 공표하고, 대통령령으로 정하는 기간 동안 그 절차의 개시를 공고하여야 한다.

③ 협의회는 집단분쟁조정의 당사자가 아닌 고객으로부터 그 분쟁조정의 당사자에 추가로 포함될 수 있도록 하는 신청을 받을 수 있다.

④ 협의회는 협의회의 의결로써 제1항 및 제3항에 따른 집단분쟁조정의 당사자 중에서 공동의 이익을 대표하기에 가장 적합한 1인 또는 수인을 대표당사자로 선임할 수 있다.

⑤ 협의회는 사업자가 협의회의 집단분쟁조정의 내용을 수락한 경우에는 집단분쟁조정의 당사자가 아닌 자로서 피해를 입은 고객에 대한 보상계획서를 작성하여 협의회에 제출하도록 권고할 수 있다.

⑥ 협의회는 집단분쟁조정의 당사자인 다수의 고객 중 일부의 고객이 법원에 소를 제기한 경우에는 그 절차를 중지하지 아니하고 소를 제기한 일부의 고객은 그 절차에서 제외한다.

⑦ 집단분쟁조정의 기간은 제2항에 따른 공고가 종료된 날의 다음 날부터 기산한다.

⑧ 집단분쟁조정의 절차 등에 관하여 필요한 사항은 대통령령으로 정한다.

⑨ 조정원은 집단분쟁조정 대상 발굴, 조정에 의한 피해구제 사례 연구 등 집단분쟁조정 활성화에 필요한 연구를 하며, 연구결과를 인터넷 홈페이지에 공개한다.

[본조신설 2012. 2. 17.]

목 차

Ⅰ. 집단분쟁조정의 의뢰 및 신청

　　제27조 제1항에도 불구하고 공정거래위원회, 고객 또는 사업자는 제28조에 따라 조정이 성립된 사항과 같거나 비슷한 유형의 피해가 다수 고객에게 발생할 가능성이 크다고 판단한 경우로서 *대통령령*[1])으로 정하는 건에 대하여는 협의회에 일괄적인 분쟁조정(이하 "집단분쟁조정")을 의뢰하거나 신청할 수 있다(법 제28조의2 제1항).

Ⅱ. 절차의 개시

　　제1항에 따라 집단분쟁조정을 의뢰받거나 신청받은 협의회는 협의회의 의결로서 제3항부터 제7항까지의 규정에 따른 집단분쟁조정의 절차를 개시할 수 있다. 이 경우 협의회는 분쟁조정된 사안 중 집단분쟁조정신청에 필요한 사항에 대하여 *대통령령*[2])으로 정하는 방법에 따라 공표하고, *대통령령*[3])으로 정하는 기

---

1) 제9조(집단분쟁조정의 신청대상) 법 제28조의2제1항에서 "대통령령으로 정하는 건"이란 다음 각 호의 요건을 모두 갖춘 건을 말한다. 1. 법 제17조를 위반한 약관 또는 제8조의2의 약관으로 인하여 피해가 발생하였을 것 2. 제1호에 따른 피해가 발생한 고객 중 다음 각 목의 고객을 제외한 고객의 수가 20명 이상일 것 가. 분쟁해결이나 피해보상에 관하여 사업자와 합의한 고객 나. 「중재법」에 따라 중재가 진행 중이거나 중재를 신청한 고객 다. 법원에 소를 제기한 고객
2) 제9조의2(집단분쟁조정의 신청방법) 법 제28조의2제1항에 따라 협의회에 일괄적인 분쟁조정(이하 "집단분쟁조정")을 의뢰하거나 신청할 때에는 서면으로 하여야 한다.
3) 제9조의3(집단분쟁조정 절차의 개시) ① 법 제28조의2제2항 후단에 따른 집단분쟁조정 절차의 개시 공고는 「독점규제 및 공정거래에 관한 법률」 제48조의2제1항에 따른 한국공정거래조

간 동안 그 절차의 개시를 공고하여야 한다(법 제28조의2 제2항).

Ⅲ. 당사자의 추가

협의회는 집단분쟁조정의 당사자가 아닌 고객으로부터 그 분쟁조정의 당사자에 추가로 포함될 수 있도록 하는 신청을 받을 수 있다(법 제28조의2 제3항).4)

Ⅳ. 대표당사자의 선임

협의회는 협의회의 의결로써 제1항 및 제3항에 따른 집단분쟁조정의 당사자 중에서 공동의 이익을 대표하기에 가장 적합한 1인 또는 수인을 대표당사자로 선임할 수 있다(법 제28조의2 제4항).

Ⅴ. 보상계획서의 제출권고

협의회는 사업자가 협의회의 집단분쟁조정의 내용을 수락한 경우에는 집단분쟁조정의 당사자가 아닌 자로서 피해를 입은 고객에 대한 보상계획서를 작성하여 협의회에 제출하도록 권고할 수 있다(법 제28조의2 제5항).5)

정원의 인터넷 홈페이지 및 전국을 보급지역으로 하는 일간신문에 게재하는 방법으로 한다. ② 법 제28조의2제2항 후단에서 "대통령령으로 정하는 기간"이란 14일 이상인 기간을 말한다.

4) 제9조의4(집단분쟁조정 절차에 대한 참가신청) ① 집단분쟁조정의 당사자가 아닌 고객이 법 제28조의2제3항에 따라 추가로 집단분쟁조정의 당사자로 참가하려면 제9조의3제2항에 따른 공고기간에 서면으로 참가신청을 하여야 한다. ② 협의회는 제1항에 따라 집단분쟁조정의 당사자 참가신청을 받으면 제1항의 공고기간이 끝난 후 10일 이내에 참가 인정 여부를 서면으로 알려야 한다.

5) 제9조의5(당사자가 아닌 자로서 피해를 입은 고객에 대한 보상계획) 법 제28조의2제5항에 따라 보상계획서 제출을 권고받은 사업자는 그 권고를 받은 날부터 15일 이내에 권고의 수락 여부를 협의회에 알려야 한다.

VI. 소제기의 효력

협의회는 집단분쟁조정의 당사자인 다수의 고객 중 일부의 고객이 법원에 소를 제기한 경우에는 그 절차를 중지하지 아니하고 소를 제기한 일부의 고객은 그 절차에서 제외한다(법 제28조의2 제6항).

VII. 분쟁조정기간

집단분쟁조정의 기간은 제2항에 따른 공고가 종료된 날의 다음 날부터 기산한다(법 제28조의2 제7항).

VIII. 분쟁조정의 절차

집단분쟁조정의 절차 등에 관하여 필요한 사항은 *대통령령*[6]으로 정한다(법 제28조의2 제8항).[7]

IX. 집단분쟁조정 활성화 연구 및 공개

조정원은 집단분쟁조정 대상 발굴, 조정에 의한 피해구제 사례 연구 등 집단분쟁조정 활성화에 필요한 연구를 하며, 연구결과를 인터넷 홈페이지에 공개한다(법 제28조의2 제9항).

---

6) 제10조(협의회의 운영 세칙) 이 영에서 규정한 사항 외에 협의회의 조직·운영·조정절차 등에 관하여 필요한 사항은 협의회의 심의·의결을 거쳐 협의회의 위원장이 정한다.

7) 현재 시행령이 마련되어 있지 않다.

제29조(협의회의 조직·운영 등)

제24조부터 제27조까지, 제27조의2, 제28조 및 제28조의2 외에 협의회의 조직·운영·
조정절차 등에 필요한 사항은 대통령령으로 정한다.
[본조신설 2012. 2. 17.]

협의회의 조직·운영·조정절차 등에 필요한 사항은 *대통령령*[1]으로 정한다.

제29조의2(협의회의 재원)

정부는 협의회의 운영, 업무 및 관련 연구에 필요한 경비를 조정원에 출연한다.
[본조신설 2012. 2. 17.]

---

1) 제9조의6(집단분쟁조정 절차의 제외대상 등) 집단분쟁조정의 당사자인 다수의 고객 중 일부의
고객이 제9조제2호 각 목의 어느 하나에 해당하게 된 경우 그 고객은 집단분쟁조정 절차에서
제외된다. 이 경우 절차의 진행은 영향받지 아니한다.

제**5**장

▼

보칙

제30조(적용 범위)

① 약관이 「상법」 제3편, 「근로기준법」 또는 그 밖에 대통령령으로 정하는 비영리사업의 분야에 속하는 계약에 관한 것일 경우에는 이 법을 적용하지 아니한다.

② 특정한 거래 분야의 약관에 대하여 다른 법률에 특별한 규정이 있는 경우를 제외하고는 이 법에 따른다.

[전문개정 2010. 3. 22.]

목 차

[참고문헌]

단행본: 사법연수원, 약관규제와 소비자보호 연구, 2012

[참고사례]

(주) 주식회사 한국외환은행의 보증의뢰계약 건[서울고등법원 1993. 7. 9. 선고 92나18377 판결; 대법원 1994. 12. 9. 선고 93다43873(가처분이의) 판결]; **전라북도 공장용지 분양계약 약관 건**[광주고법 1995. 2. 15. 선고 94나7170 판결; 대법원 1996. 7. 30. 선고 95다16011(계약금등) 판결]; **쌍용화재해상보험(주)의 보험약관 건**[광주고등법원 1998. 6. 12. 선고 97나7942 판결; 대법원 1998. 11. 27. 선고 98다32564(채무부존재확인) 판결];

동양카드(주)의 할부금융약관 건[서울지방법원 1999. 12. 22. 선고 99나69494 판결; 대법
원 2001. 8. 21. 선고 2000다8397(청구이의) 판결]

Ⅰ. 적용제외

약관이 「상법」 제3편, 「근로기준법」 또는 그 밖에 *대통령령*으로 정하는 비
영리사업의 분야에 속하는 계약에 관한 것일 경우에는 이 법을 적용하지 아니
한다(법 제30조 제1항).

「상법」 제3편의 분야에 속하는 계약이란 회사의 설립, 내부관계 등 회사정
관의 작성에 관한 모든 계약을 의미하며, 「근로기준법」의 분야에 속하는 계약이
란 취업규칙, 단체협약 등 노동계약분야에서 사전에 작성·사용되는 규정을 총칭
한다.[1]

'대통령령으로 정하는 비영리사업' 관련하여 현재 시행령 규정이 마련되지
않아 비영리사업분야에도 법 적용 대상이 된다고 해석된다. 관련하여 법원이 다
음과 같이 판단한 사례가 있다.

> "약관규제법 제30조 제1항은 '이 법은 약관이 상법 제3편, 근로기준법 기타 대통
> 령령이 정하는 비영리사업의 분야에 속하는 계약에 관한 것일 때에는 이를 적용
> 하지 아니한다.'고 규정하고 있고, 그 제3항은 '특정한 거래분야의 약관에 대하여
> 다른 법률에 특별한 규정이 있는 경우에는 이 법의 규정에 우선한다.'고 규정하고
> 있으나, 같은법 시행령은 아직 약관규제법의 적용이 배제되는 비영리사업의 분야
> 에 관하여 규정하지 않고 있고, 구 산업입지및개발에관한법률 등에서 그 법률에 의
> 한 공장용지 분양계약에 관한 약관을 규율하는 규정도 찾을 수 없으므로, 구 산업
> 입지및개발에관한법률에 따른 공장용지 분양계약에 관한 약관에 대하여 약관규제
> 법의 적용이 배제된다고 할 수 없음"(<전라북도 공장용지 분양계약 약관 건>)[2]

---

1) 사법연수원, 121면.
2) 대판 1996. 7. 30. 95다16011(계약금등).

Ⅱ. 특정거래분야의 약관

특정한 거래 분야의 약관에 대하여 다른 법률에 특별한 규정이 있는 경우를 제외하고는 이 법에 따른다(법 제30조 제2항).

이는 다른 법률의 특별규정이 특정분야의 약관에 대하여는 약관규제법의 전부 또는 일부규정이 적용되지 않는다고 명시적으로 규정하거나, 또는 약관규제법과 다른 내용으로 약관의 효력을 규정하는 특별규정이 있는 경우, 약관규제법을 적용하지 아니하고 그 특별법 규정을 적용한다는 취지이다.[3]

일반적으로 특별법이 일반법에 우선한다는 원칙은 동일한 형식의 성문법규인 법률이 상호 모순·저촉되는 경우에 적용되는 것이고 법률이 상호 모순·저촉되는지 여부는 법률의 입법목적, 적용범위 및 규정사항 등을 종합적으로 검토하여 판단하여야 하는데, 약관규제법 제30조 제2항에서 다른 법률에 특별한 규정이 있는 경우에 그 규정이 우선 적용되는 것으로 규정하고 있는 것도 위와 같은 법률의 모순·저촉시 특별법 우선 적용의 원칙이 약관에 관하여도 적용됨을 밝히고 있는 것이다(<쌍용화재해상보험(주)의 채무부존재확인 건>).[4]

법원이 법위반으로 인정하지 않은 사례는 다음과 같다.

> "약관규제법 제30조 제3항이 '특정한 거래분야의 약관에 관하여 다른 법률에 특별한 규정이 있는 경우에는 이 법의 규정에 우선한다.'라고 규정하고 있고, 이 건 할부금융약정을 규율하는 위 할부거래법 제2조 제2항이 이 건 약관조항의 내용과 동일하게 규정되어 있는 점에 비추어, 이 건 '매수인이 상행위를 목적으로 할부금융약정을 체결한 경우에는 약관 소정의 할부금 지급 거절권을 행사할 수 없다'고 한 약관조항이 약관규제법에 위반되거나, 사회질서 또는 신의칙에 반하여 무효라고는 할 수 없음"(<동양카드(주)의 할부금융약관 건>)[5]

Ⅲ. 계속적 계약의 적용법률

계속적 계약의 적용법에 대하여 법원은 다음과 같이 판시하였다.

---

3) 사법연수원, 122면.
4) 대판 1998. 11. 27. 98다32564(채무부존재확인).
5) 대판 2001. 8. 21. 2000다8397(청구이의).

"보증의뢰계약이 최초로 체결된 것이 약관규제법이 제정, 시행되기 전이라 하더라
도, 그 이후 수차에 걸쳐 그 보증의뢰에 따라 발행한 보증서의 유효기간을 계속
연장하여 오면서 그때마다 동일한 약관을 사용하기는 하였으나 최종적으로 같은
법 시행 이후에 다시 그 보증기간을 특정기일까지로 연장하면서 그 지급보증금액
까지 변경하는 내용의 합의를 하여 이러한 계속적 보증에 있어서 가장 중요한 의
미를 가지는 보증기간과 보증금액이 최초의 계약과 달라진 이상, 당사자 간의 이
새로운 약정은 같은 법을 적용함에 있어서는 최초로 체결된 보증계약의 효력이
그대로 유지된 것이 아니라 같은 법 시행 후에 당사자의 새로운 의사표시에 의하
여 새로운 법률효과를 생기게 하는 계약을 체결한 것으로 보아야 할 것이므로, 이
에 대하여 마땅히 같은 법이 적용되어야 할 것임"(<(주) 주식회사 한국외환은행
의 보증의뢰계약 건>)6)

---

6) 대판 1994. 12. 9. 93다43873(가처분이의).

제30조의2(「독점규제 및 공정거래에 관한 법률」의 준용)

① 이 법에 따른 공정거래위원회의 심의·의결에 관하여는 「독점규제 및 공정거래에 관한 법률」 제64조부터 제68조까지의 규정을 준용한다. <개정 2020. 12. 29.>

② 이 법에 따른 공정거래위원회의 처분에 대한 이의신청, 소송 제기 및 불복 소송의 전속관할(專屬管轄)에 대하여는 「독점규제 및 공정거래에 관한 법률」 제99조부터 제101조까지의 규정을 준용한다. <개정 2020. 12. 29.>

[전문개정 2010. 3. 22.]

기타 약관에 대한 심의·의결 등에 필요한 사항은 공정거래위원회가 정한다.[1]

제31조(인가·심사의 기준)

행정관청이 다른 법률에 따라 약관을 인가하거나 다른 법률에 따라 특정한 거래 분야에 대하여 설치된 심사기구에서 약관을 심사하는 경우에는 제6조부터 제14조까지의 규정을 그 인가·심사의 기준으로 하여야 한다.

[전문개정 2010. 3. 22.]

---

1) 제13조(공정거래위원회의 심의·의결 절차 등) 법 제30조의2에서 규정한 사항 외에 약관에 대한 심의·의결 등에 필요한 사항은 공정거래위원회가 정한다.

제31조의2(자문위원)

① 공정거래위원회는 이 법에 따른 약관 심사 업무를 수행하기 위하여 필요하다
고 인정하면 자문위원을 위촉할 수 있다.

② 제1항에 따른 자문위원의 위촉과 그 밖에 필요한 사항은 대통령령으로 정한다.

[전문개정 2010. 3. 22.]

자문위원의 위촉과 그 밖에 필요한 사항은 *대통령령*[1]으로 정한다. 이와 관
련하여 공정거래위원회는 「약관심사자문위원의 위촉 및 운영에 관한 규정」[2]을
제정·운영하고 있다.

---

1) 제13조의2(자문위원) ① 법 제31조의2제1항에 따라 공정거래위원회는 약관에 관한 학식과
경험이 풍부한 사람을 자문위원으로 위촉할 수 있다. ② 자문위원은 공정거래위원회가 요청하
면 약관의 심사에 관하여 공정거래위원회의 회의에 출석하여 의견을 진술하거나 서면(전자문
서를 포함)으로 의견을 제출할 수 있다. ③ 자문위원으로 위촉된 사람에게는 예산의 범위에서
수당과 그 밖에 필요한 경비를 지급할 수 있다. ④ 이 영에서 규정한 사항 외에 자문위원에
관하여 필요한 사항은 공정거래위원회가 정한다.

2) 공정거래위원회고시 제2021-9호(2021. 5. 31).

제6장

벌칙

제32조(벌칙)

제17조의2제2항에 따른 명령을 이행하지 아니한 자는 2년 이하의 징역 또는 1억원 이하의 벌금에 처한다.
[전문개정 2010. 3. 22.]

제33조(양벌규정)

법인의 대표자나 법인 또는 개인의 대리인, 사용인, 그 밖의 종업원이 그 법인 또는 개인의 업무에 관하여 제32조의 위반행위를 하면 그 행위자를 벌하는 외에 그 법인 또는 개인에게도 해당 조문의 벌금형을 과(科)한다. 다만, 법인 또는 개인이 그 위반행위를 방지하기 위하여 해당 업무에 관하여 상당한 주의와 감독을 게을리하지 아니한 경우에는 그러하지 아니하다.
[전문개정 2010. 3. 22.]

법인 또는 영업주가 종업원 등에 대한 관리·감독상 주의의무를 다한 경우에는 처벌을 면하게 함을 명확하게 함으로써 양벌 규정에 책임주의 원칙이 관철되도록 하였다.[1]

---

1) 【개정이유】 [시행 2010. 3. 22.][법률 제10169호, 2010. 3. 22., 일부개정]

제34조(과태료)

① 다음 각 호의 어느 하나에 해당하는 자에게는 5천만원 이하의 과태료를 부과한다.
<개정 2012. 2. 17., 2018. 6. 12.>

   1. 제19조의3제8항을 위반하여 표준약관과 다른 내용을 약관으로 사용하면서 표준
약관 표지를 사용한 자

   2. 제20조 제1항에 따른 조사를 거부·방해 또는 기피한 사업자 또는 사업자단체

② 사업자 또는 사업자단체의 임원 또는 종업원, 그 밖의 이해관계인이 제20조 제1항에
따른 조사를 거부·방해 또는 기피한 경우에는 1천만원 이하의 과태료를 부과한다.
<신설 2018. 6. 12.>

③ 다음 각 호의 어느 하나에 해당하는 자에게는 500만원 이하의 과태료를 부과한다.
<개정 2012. 2. 17., 2018. 6. 12.>

   1. 제3조 제2항을 위반하여 고객에게 약관의 내용을 밝히지 아니하거나 그 약관의
사본을 내주지 아니한 자

   2. 제3조 제3항을 위반하여 고객에게 약관의 중요한 내용을 설명하지 아니한 자

   3. 제19조의3제6항을 위반하여 표준약관과 다르게 정한 주요 내용을 고객이 알기
쉽게 표시하지 아니한 자

④ 제30조의2제1항에 따라 준용되는 「독점규제 및 공정거래에 관한 법률」 제43조의2를
위반하여 질서유지의 명령을 따르지 아니한 자에게는 100만원 이하의 과태료를 부과
한다.<신설 2018. 6. 12.>

⑤ 제1항부터 제4항까지의 규정에 따른 과태료는 대통령령으로 정하는 바에 따라 공정
거래위원회가 부과·징수한다.<개정 2018. 6. 12.>

[전문개정 2010. 3. 22.]

제 **4** 편

표시광고법

제 1 장

총칙

제1조(목적)

이 법은 상품 또는 용역에 관한 표시·광고를 할 때 소비자를 속이거나 소비자로 하여
금 잘못 알게 하는 부당한 표시·광고를 방지하고 소비자에게 바르고 유용한 정보의 제
공을 촉진함으로써 공정한 거래질서를 확립하고 소비자를 보호함을 목적으로 한다.
[전문개정 2011. 9. 15.]

[참고문헌]

단행본: 공정거래위원회 40년사, 공정거래위원회, 2021

[참고사례]

「중요한 표시·광고사항 고시」 규정의 위헌확인 헌법소원심판 건(헌법재판소 2012. 2.
23. 2009헌마318); 롯데쇼핑(주)의 부당광고행위 건[공정거래위원회 2016. 11. 24. 의결
제2016-324호; 서울고등법원 2017. 8. 17. 선고 2016누1068 판결; 대법원 2018. 7. 12.
선고 2017두60109(파기환송) 판결]

표시광고법은 상품 또는 용역에 관한 표시·광고를 할 때 소비자를 속이거
나 소비자로 하여금 잘못 알게 하는 부당한 표시·광고를 방지하고 소비자에게
바르고 유용한 정보의 제공을 촉진함으로써 공정한 거래질서를 확립하고 소비
자를 보호하는 데 목적이 있다(<롯데쇼핑(주)의 부당광고행위 건>).[1]

표시와 광고는 소비자가 필요한 물품을 구매하거나 이를 사용 또는 소비하
는 과정에서 필요한 정보를 수집하는 대표적인 정보원이다. 그러나 표시와 광고
를 하는 주체는 사업자이므로, 소비자들에게 필요한 정보가 제대로 제공되지 아

---

1) 대판 2018. 7. 12. 2017두60109(파기환송).

니하거나 거짓된 정보가 제공될 가능성이 존재하고, 그 경우 소비자 및 다른 경쟁 사업자들이 피해를 입을 위험성이 있다. 이에 따라 우리나라는 표시·광고에 대한 법적 규제로서 모든 물품 및 용역 그리고 사업자에게 공통적으로 적용되는 일반법인 표시광고법과 특정 품목이나 분야에만 적용되는 개별법으로서 식품위생법, 약사법, 화장품법, 품질경영 및 공산품안전관리법 등을 두고 있다.[2]

「독점규제법」은 사업자의 부당한 표시·광고행위를 불공정거래의 한 유형으로 규정하여 공정거래질서 차원에서 규제하여 왔다. 그러나 경제사회 여건의 변화에 따라 '공정한 거래질서의 확보'뿐만 아니라 '소비자의 합리적 선택보장'을 직접 목적으로 하는 종합적인 표시·광고 정책의 필요성이 제기되어 왔다.[3] 이에 1999년에 「독점규제법」의 표시·광고규정을 분리하여 별도의 법률로 표시광고법을 제정하였다. 따라서 「독점규제법」과는 일반법과 특별법관계에 있다.

한편 「부정경쟁방지법」의 특별법적 지위에 있는 경우도 있다. 즉 광고에 의하여 원산지나 상품의 품질·내용·제조방법·용도 또는 수량의 오인을 일으키게 하는 부정경쟁행위에 대해서는 표시광고법이 우선 적용된다.[4]

---

2) 이상 헌재결 2012. 2. 23. 2009헌마318.

3) 공정거래위원회 40년사(2021)10. 3. 31.), 34면.

4) 부정경쟁방지법 제15조(다른 법률과의 관계) ② 「독점규제 및 공정거래에 관한 법률」, 「표시·광고의 공정화에 관한 법률」, 「하도급거래 공정화에 관한 법률」 또는 「형법」중 국기·국장에 관한 규정에 제2조제1호라목부터 바목까지, 차목 및 카목, 제3조부터 제6조까지 및 제18조제3항과 다른 규정이 있으면 그 법에 따른다.

제2조(정의)

이 법에서 사용하는 용어의 뜻은 다음과 같다.<개정 2020. 12. 29.>

1. "표시"란 사업자 또는 사업자단체(이하 "사업자등"이라 한다)가 상품 또는 용역(이하 "상품등"이라 한다)에 관한 다음 각 목의 어느 하나에 해당하는 사항을 소비자에게 알리기 위하여 상품의 용기·포장(첨부물과 내용물을 포함한다), 사업장 등의 게시물 또는 상품권·회원권·분양권 등 상품등에 관한 권리를 나타내는 증서에 쓰거나 붙인 문자·도형과 상품의 특성을 나타내는 용기·포장을 말한다.

   가. 자기 또는 다른 사업자등에 관한 사항

   나. 자기 또는 다른 사업자등의 상품등의 내용, 거래 조건, 그 밖에 그 거래에 관한 사항

2. "광고"란 사업자등이 상품등에 관한 제1호 각 목의 어느 하나에 해당하는 사항을 「신문 등의 진흥에 관한 법률」 제2조제1호 및 제2호에 따른 신문·인터넷신문, 「잡지 등 정기간행물의 진흥에 관한 법률」 제2조제1호에 따른 정기간행물, 「방송법」 제2조제1호에 따른 방송, 「전기통신기본법」 제2조제1호에 따른 전기통신, 그 밖에 대통령령으로 정하는 방법으로 소비자에게 널리 알리거나 제시하는 것을 말한다.

3. "사업자"란 「독점규제 및 공정거래에 관한 법률」 제2조제1호에 따른 사업자를 말한다.

4. "사업자단체"란 「독점규제 및 공정거래에 관한 법률」 제2조제2호에 따른 사업자단체를 말한다.

5. "소비자"란 사업자등이 생산하거나 제공하는 상품등을 사용하거나 이용하는 자를 말한다.

[전문개정 2011. 9. 15.]

 목 차

[참고문헌]

논문: 박수영, 금융상품 안내전단의 광고여부와 오인가능성 - 대법원 2003. 2. 28. 선고 2002두6170 판결, 광고판례백선, 한국인터넷광고재단, 2019; 신영수, 광고의 개념 - 대법원 2009. 5. 28. 선고 2009두843 판결, 광고판례백선, 한국인터넷광고재단, 2019; 이민호, 표시광고법상 '광고'의 의미 - 대법원 2017. 4. 7. 선고 2014두1925 판결, 광고 판례백선, 한국인터넷광고재단, 2019; 최경진, 광고내용이 계약 내용으로 되는지의 판 단기준 - 대법원 2018. 2. 13. 선고 2017다275447 판결, 광고판례백선, 한국인터넷광고 재단, 2019

[참고사례]

한국투자신탁증권(주)의 부당광고행위 건(공정거래위원회 2000. 7. 24. 의결 제2000 -113호; 서울고등법원 2002. 5. 23. 선고 2001누7635 판결; 대법원 2003. 2. 28. 선고 2002두6170 판결); (주)한국자연과학의 부당광고행위 건[공정거래위원회 2002. 10. 11. 의 결 제2002-154호, 재결 2002. 12. 23. 재결 제2002-038호; 서울고등법원 2003. 11. 11. 선고 2003누1648 판결; 대법원 2004. 3. 12. 선고 2003두14482(심리불속행기각) 판 결]; (주)수신오가피의 부당광고행위 건(공정거래위원회 2002. 9. 9. 의결 제2002-186호, 2002. 12. 23. 재결 제2002-039호; 서울고등법원 2004. 7. 8. 선고 2003누1631 판결; 대법원 2005. 3. 10. 선고 2004두9654 판결); (주)고려빌드의 부당광고행위 건(공정거래위 원회 2005. 9. 16. 의결 제2005-137호; 서울고등법원 2006. 10. 11. 선고 2005누24041 판결); 케이제이아이파이낸스인터내셔널(유)의 부당광고행위 건[공정거래위원회 2008. 2. 25 의결 제2008-067호; 서울고등법원 2008. 12. 10. 선고 2008누18382; 대법원 2009. 5. 29. 선고 2009두843(파기환송) 판결; 서울고등법원 2010. 4. 29. 선고 2009누14103 (파기환송심) 판결; 대법원 2010. 9. 9. 선고 2010두102111(심리불속행기각) 판결]; 드 림코어의 부당광고행위 건(공정거래위원회 2010. 6. 9. 의결 제2010-056호; 서울고등법 원 2011. 2. 10. 선고 2010누21442 판결; 대법원 2013. 9. 26. 선고 2011두7632 판결); 디에스삼호주식회사의 부당한 광고행위 건(공정거래위원회 2012. 4. 5. 의결 제2012-049 호; 서울고등법원 2012. 10. 17. 선고 2012누11197 판결); (주)열심히커뮤니케이션즈의 부 당광고행위 건(공정거래위원회 2012. 8. 31. 의결 제2012-216호; 서울고등법원 2013. 12. 26. 선고 2012누40331 판결; 대법원 2017. 4. 7. 선고 2014두1925 판결); 승마관광 영농조합법인의 손해배상 건(서울북부지법 2017. 9. 27. 선고 2016나37455 판결; 대법원 2018. 2. 13. 선고 2017다275447 판결); 3개 자동차 제조·판매사업자의 부당표시·광고 행위에 대한 건(공정거래위원회 2015. 1. 13. 의결 제2015-009호 등; 서울고등법원

2018. 12. 14. 선고 2017누37729 판결; 대법원 2019. 10. 17. 선고 2019두31815 판결)

Ⅰ. 표시

"표시"란 사업자 또는 사업자단체(이하 "사업자등")가 상품 또는 용역(이하 "상품등")에 관한 자기 또는 다른 사업자등에 관한 사항(가목), 자기 또는 다른 사업자등의 상품등의 내용, 거래 조건, 그 밖에 그 거래에 관한 사항(나목)의 어느 하나에 해당하는 사항을 소비자에게 알리기 위하여 상품의 용기·포장(첨부물과 내용물을 포함), 사업장 등의 게시물 또는 상품권·회원권·분양권 등 상품등에 관한 권리를 나타내는 증서에 쓰거나 붙인 문자·도형과 상품의 특성을 나타내는 용기·포장을 말한다(제1호).

<3개 자동차 제조·판매사업자의 부당표시·광고행위에 대한 건> 관련 행정소송에서 대법원은 다음과 같이 판단하였다.

> "① 이 사건 각 표시는 환경부 고시인 '제작자동차 인증 및 검사 방법과 절차 등에 관한 규정'에 따라 이 사건 차량들 내부에 부착된 배출가스 관련 표지판에 인증내용을 표시한 것으로서, 그 내용이 '자동차의 구체적인 각종 배출가스의 허용기준, 배출가스 보증기간, '자동차가 대기환경보전법의 규정에 적합하게 제작되었다'는 등 이므로 표시광고법 제2조 제1호 (나)목에서 정한 '상품 등의 내용에 관한 사항'에 해당하고, ② 소비자들에게 자동차가 대기환경보전법 등의 규정에 적합하게 제작되었음을 알리는 기능을 하며, ③ 표시광고법 제2조 제1호가 '표시'의 위치를 제한하고 있지는 않으므로 배출가스 관련 표지판이 소비자의 눈에 바로 띄는 위치에 있지 않다고 하여 '표시'가 아니라고 할 수 없고, 더구나 자동차 보닛만 열면 소비자들이 쉽게 확인할 수 있는 위치에 부착되어 있다는 등의 사정을 들어, 이 사건 각 표시는 표시광고법 제2조 제1호의 '표시'에 해당함"<3개 자동차 제조·판매사업자의 부당표시·광고행위에 대한 건>[1]

Ⅱ. 광고

"광고"란 사업자등이 상품등에 관한 자기 또는 다른 사업자등에 관한 사항

---

[1] 대판 2019. 10. 17. 2019두31815.

(가목), 자기 또는 다른 사업자등의 상품등의 내용, 거래 조건, 그 밖에 그 거래
에 관한 사항(나목)의 어느 하나에 해당하는 사항을 「신문 등의 진흥에 관한 법
률」 제2조 제1호 및 제2호에 따른 신문·인터넷신문, 「잡지 등 정기간행물의 진
흥에 관한 법률」 제2조 제1호에 따른 정기간행물, 「방송법」 제2조 제1호에 따른
방송, 「전기통신기본법」 제2조 제1호에 따른 전기통신, 그 밖에 *대통령령*[2]으로
정하는 방법으로 소비자에게 널리 알리거나 제시하는 것을 말한다(제2호).

　　법원이 광고로 인정한 사례는 다음과 같다.

> "자기의 금융상품의 내용·거래조건 기타 그 거래에 관한 사항을 소비자에게 널리
> 알리고 제시하기 위하여 제작된 안내전단"(<한국투자신탁증권(주)의 부당광고행
> 위 건>),[3] "① 전단지에 특정점포의 업종과 가격이 기재된 것이 아니라, 이 건
> 상가 모든 층의 업종과 분양가가 통합적으로 표기된 점, ② 분양 담당직원이 분양
> 사무실 방문객들에게 상가의 분양가 및 수익전망 등을 설명하면서 분양을 유인하
> 였고, 그 과정에서 위 전단지가 제시·교부된 점, ③ 이러한 방법으로 분양상담을
> 한 담당직원과 소비자들이 여러 명인 점 등에 비추어 전단지의 배포는 광고행위
> 에 해당함"(<㈜고려빌드의 부당광고행위 건>),[4] "오가피의 지표물질은 수신오가
> 피가 비교의 기준으로 삼은 아칸토싸이드D가 아닌 이소프락시딘이며, 미국, 중국,
> 러시아 등 세계 각국이 이소프락시딘을 지표물질로 삼고 있다"라는 내용의 광고
> 는 단순히 '수신오가피의 비교광고'의 부당성을 지적하는 것에 그치는 것으로 상
> 품의 내용 등 거래에 관한 사항과 무관하다고 볼 수 없고, 오히려 위 광고는 원고
> 의 제품에 수신오가피의 비교광고에서 나타난 것보다 아칸토싸이드D의 함량이 많
> 거나 정당한 지표물질인 이소프락시딘이 더 많이 함유되어 수신오가피의 제품보
> 다 효능이 우수하다는 내용으로서 결국 원고의 제품이나 수신오가피의 제품에 관
> 한 사항을 소비자들에게 널리 알리고자 하는 것이라 할 것이므로, 법 제2조 제2호
> 에 규정한 광고에 해당함"(<㈜한국자연과학의 부당광고행위 건>),[5] "'아칸토싸
> 이드D 성분은 오가피의 지표물질'이라는 표현은 이 건 광고가 '따라서 오가피로
> 만든 제품에서는 이 성분이 검출되어야만 합니다. 이 성분이 들어 있지 않은 제품
> 은 가짜입니다'라는 내용을 포함하고 있는 것에 비추어보면, 지표물질이라는 용어
> 가 식약청이 선정하는 지표성분의 개념에 거의 일치하고 있고, 아칸토싸이드D 성

---

2) 제2조(광고의 방법) 「표시·광고의 공정화에 관한 법률」(이하 "법") 제2조제2호에서 "대통령
　령으로 정하는 방법"이란 다음 각 호의 매체 또는 수단을 이용하는 것을 말한다. 1. 전단·팸
　플릿·견본 또는 입장권 2. 인터넷 또는 PC통신 3. 포스터·간판·네온사인·애드벌룬 또는
　전광판 4. 비디오물·음반·서적·간행물·영화 또는 연극 5. 자기 상품 외의 다른 상품 6. 그
　밖에 제1호부터 제5호까지의 규정에 따른 매체 또는 수단과 유사한 매체 또는 수단

분을 제품의 진위여부, 품질정도 등의 기준물질로 제시하였으므로 그 자체가 독립
된 광고로 보기에 충분함"(<㈜수신오가피의 부당광고행위 건>),[6] "분양률은 소
비자들의 구매결정에 영향을 미치는 사항이므로, 분양율과 관련된 이 사건 광고
내용은 소비자들의 관심을 끌기에 충분하다고 보이는 점 등에 비추어, 이 사건 광
고가 전파가능성이 없다고 볼 수 없음"<디에스삼호주식회사의 부당한 광고행위
건>[7]

　　법원은 인터넷 홈페이지 FAQ, 체험후기, 개인정보수집 페이지 등도 광고로
보았다.

"표시·광고법 제2조 제2호 소정의 광고는 '사업자 등이 상품 등에 관한 일정한
사항을 정기간행물 등의 매체를 통하여 소비자에게 널리 알리거나 제시하는 일체
의 행위'를 가리키는 것이라고 할 수 있으므로 사업자 등이 인터넷 홈페이지를 통
하여 표시·광고법 제2조 제2호가 정하고 있는 사항을 널리 알리거나 제시하는
행위를 하였다면 이는 광고에 해당한다고 할 것임. 이 사건에 관하여 보건대, 원
심이 인정한 사실관계 및 기록에 의하면, 이 사건 게시물이 비록 원고의 인터넷
홈페이지 초기 화면에 배치되어 있지 않고, 고객센터라는 상위 항목 아래의 FAQ
라는 웹페이지에 게시되었다고 하더라도, 그 내용이 대출신청을 하면 신용조회를
하는지, 이로 인한 불이익은 없는지에 관한 것으로 소비자들이 대부업자인 원고와
거래를 할 것인지 결정을 하는 데에 영향을 미치는 사항으로서 표시·광고법 제2
조 제1호(나)목 소정의 '기타 거래에 관한 사항'에 해당한다 할 것이고, 이 사건
게시물은 일반 소비자가 누구나 접근할 수 있는 원고의 인터넷 홈페이지에 게시
되어 있으며, 게시 경위도 소비자들이 원고에게 한 질문에 대해 개별적으로 답변
한 것이 아니라 원고가 미리 일반 소비자들에게 알리고 싶은 내용을 선정하여 질
문과 답변의 형식으로 게시해 놓은 것이라는 점에 비추어 보면, 원고가 '널리 소
비자들에게 제시하거나 알리기 위하여' 게시해 놓은 것이라고 볼 수 있으므로 이
사건 게시물은 표시·광고법 제2조 제2호 소정의 광고에 해당함"(<케이제이아이
파이낸스인터내셔널(유)의 부당광고행위 건>)[8] "2008. 5.경부터 원고의 홈페이지
를 통하여 원고가 판매하는 연수기 제품에 관하여 소비자들을 상대로 체험후기를

3) 대판 2003. 2. 28. 2002두6170.
4) 서고판 2006. 10. 11. 2005누24041.
5) 서고판 2003. 11. 11. 2003누1648[대판 2004. 3. 12. 2003두14482(심리불속행기각)].
6) 서고판 2004. 7. 8. 2003누1631(대판 2005. 3. 10. 2004두9654).
7) 서고판 2012. 10. 17. 2012누11197.

작성하면 그중 일부를 선별하여 경품을 주는 이벤트를 실시하여 소외인 등 25명
의 사례들을 수집하고, 위 이벤트와 연계하여 홈페이지에 '사진으로 보는 캔프로
개선사례'라는 항목을 만들어 "고객님께서 실제로 캔프로 샤워필터를 사용하시고
직접 올려주신 체험후기 중에 캔프로 설치사례와 개선효과를 생생한 사진과 함께
제공해 드리고자 합니다."라고 공지하고 그 아래에 이를 체험후기 형식으로 게시
한 사실, 위 '사진으로 보는 캔프로 개선사례'는 이 사건 제품을 사용하기 이전과
사용한 이후의 상태를 비교한 사진과 그 사진 아래에 간략하게 개선내용(아토피
증상 개선, 가려움, 짓무름 개선, 성인어른 탈모 개선 등)을 기술하여 보여주고 있
으며, 각각의 사진을 클릭하면 세부내용을 볼 수 있는 화면으로 연결되도록 구성
되어 있는 사실(위와 같이 원고가 홈페이지에 고객 체험담을 게시한 행위) 등 이
사건 행위가 표시광고법 제3조 제1항 제1호가 금지하는 '허위·과장 광고'에 해당
함 <드림코어의 부당광고행위 건>,[9] "광고는 '사업자 등이 상품 등에 관한 일정
한 사항을 전기통신, 인터넷 등의 매체를 통하여 소비자에게 널리 알리거나 제시
하는 일체의 행위'를 가리키므로, 사업자 등이 인터넷 홈페이지 등을 통하여 표시
광고법 제2조 제2호가 정하고 있는 사항을 널리 알리거나 제시하는 행위는 광고
에 해당함"(대법원 2009. 5. 28. 선고 2009두843 판결 참조).<㈜열심히커뮤니케이
션즈의 부당광고행위 건>[10]

   의사표시로서 광고는 일반적으로 청약의 유인이지만 경우에 따라서는 청약
으로 보는 경우도 있다.

---

8) 대판 2009. 5. 28. 2009두843(파기환송). 원심은 소비자가 이 사건 게시물을 읽기 위하여는 원
   고의 인터넷 홈페이지에 접속한 이후에도 여러 단계(고객센터 → FAQ → 질문항목)를 거쳐야
   하는 것으로서 소비자들이 쉽게 접근할 수 있는 위치에 있다고 보기 어려운 점, 원고가 이 사
   건 게시물을 특별히 강조하여 소비자들에게 널리 알리려고 하였다면 이를 홈페이지 초기화면
   에 배치하거나 팝업기능을 이용하여 곧바로 접근하도록 할 수 있었을 것임에도 위와 같이
   FAQ 항목의 20개 질문사항 중 1개로 배치하면서, 해당 질문 항목을 클릭하여야 비로소 이 사
   건 게시물을 읽을 수 있도록 한 점, 이 사건 게시물은 동영상 등 시각적 효과를 강조하는 방
   법을 사용하지 아니한 채 단순히 질문에 답변하는 글의 형식을 취한 점 등 제반 사정을 종합
   하여 보면, 원고는 이 사건 게시물을 이용하여 소비자들에게 자신의 대출상품에 관한 사항을
   널리 알려 적극적으로 홍보하기 위한 것이라기보다는 '대부업체에 대출상담을 하거나 신용조
   회를 하는 경우 신용등급이 현저히 낮아지는 것 아니냐'는 질문에 대하여 답변하는 방법으로
   소비자들에게 단순한 정보를 제공하는 정도에 그치는 것으로서, 표시·광고법 제2조제2호 소
   정의 '광고'에 해당하는 것은 아니라고 판단하였다. 서고판 2008. 12. 10. 2008누18382; 정보
   접근용이성을 적용하였다. 자세한 내용은 신영수, 광고판례백선(2019), 6~10면 참조.
9) 대판 2013. 9. 26. 2011두7632.
10) 대판 2017. 4. 7. 2014두1925. 동 판결에 대한 해설로 이민호, 광고판례백선(2019), 15~19면
    참조.

"광고는 일반적으로 청약의 유인에 불과하지만 그 내용이 명확하고 확정적이며 광고주가 광고의 내용대로 계약에 구속되려는 의사가 명백한 경우에는 이를 청약으로 볼 수 있음. 나아가 광고가 청약의 유인에 불과하더라도 이후의 거래과정에서 상대방이 광고의 내용을 전제로 청약을 하고 광고주가 이를 승낙하여 계약이 체결된 경우에는 광고의 내용이 계약의 내용으로 된다고 보아야 한다. 나아가 당사자 사이에 계약의 해석을 둘러싸고 다툼이 있어 계약내용에 관한 서면에 나타난 당사자의 의사해석이 문제되는 경우에는 문언의 내용, 약정이 이루어진 동기와 경위, 약정으로 달성하려는 목적, 당사자의 진정한 의사 등을 종합적으로 고찰하여 논리와 경험칙에 따라 합리적으로 해석하여야 함(대법원 2002. 6. 28. 선고 2002다23482 판결, 대법원 2014. 6. 26. 선고 2014다14115 판결 등 참조)"(<승마관광영농조합법인의 손해배상 건>)[11]

Ⅲ. 사업자

"사업자"란 「독점규제법」 제2조 제1호에 따른 사업자를 말한다(제3호).

Ⅳ. 사업자단체

"사업자단체"란 「독점규제법」 제2조 제2호에 따른 사업자단체를 말한다(제4호).

Ⅴ. 소비자

소비자란 사업자등이 생산하거나 제공하는 상품등을 사용하거나 이용하는 자를 말한다(제5호).

---

11) 대판 2018. 2. 13. 2017다275447. 동 판결에 대한 해설로 최경진, 광고판례백선(2019), 15~19면 참조. 39~46면 참조.

제2장

부당한 표시·광고 행위의 금지 등

제3조(부당한 표시·광고 행위의 금지)

① 사업자등은 소비자를 속이거나 소비자로 하여금 잘못 알게 할 우려가 있는 표시·광고 행위로서 공정한 거래질서를 해칠 우려가 있는 다음 각 호의 행위를 하거나 다른 사업자등으로 하여금 하게 하여서는 아니 된다.

1. 거짓·과장의 표시·광고
2. 기만적인 표시·광고
3. 부당하게 비교하는 표시·광고
4. 비방적인 표시·광고

② 제1항 각 호의 행위의 구체적인 내용은 대통령령으로 정한다.

[전문개정 2011. 9. 15.]

목 차

[참고문헌]

　　논문: 권영준, 비방광고금지청구의 법리-대법원 1996. 4. 12. 선고 93다40614, 40621 판결, 광고판례백선, 한국인터넷광고재단, 2019; 계승균, 비교광고에 있어서 입증주체와 입증방법-대법원 2003. 3. 31. 자 2002마4109 결정, 광고판례백선, 한국인터넷광고재단, 2019; 김도년, 천연(天然) 원재료 사용을 오인시킨 "천연(泉淵)사이다" 음료광고-대법원 1990. 2. 9. 선고 89누6860 판결, 광고판례백선, 한국인터넷광고재단, 2019; 박동진, 허위·과장광고(변칙세일)의 기망행위 해당성-대법원 1993. 8. 13. 선고 92다52665 판결, 광고판례백선, 한국인터넷광고재단, 2019; 박성범, 기만적인 표시·광고행위의 판단기준-대법원 2000. 12. 12. 선고 99두12243 판결, 광고판례백선, 한국인터넷광고재단, 2019; 박성범, 허위·과장광고의 판단기준 및 법적 책임주체-대법원 2005. 2. 18. 선고 2003두8203 판결, 광고판례백선, 한국인터넷광고재단, 2019; 박정원, 허위·과장광고의 의미 및 그 판단기준-대법원 2003. 6. 27. 선고 2002두6965 판결, 광고판례백선, 한국인터넷광고재단, 2019; 손봉현, 유리식기 광고의 허위·과장·비방광고 여부-대법원 2013. 3. 14. 선고 2011두7991 판결, 광고판례백선, 한국인터넷광고재단, 2019; 백승이, 생활정보신문업체의 순위광고-서울고등법원 2004. 5. 19. 선고 2002누8130 판결, 광고판례백선, 한국인터넷광고재단, 2019; 손동환, '허위·과장의 광고'의 의미 및 판단기준-대법원 2013. 12. 26. 선고 2011두4930 판결, 광고판례백선, 한국인터넷광고재단, 2019; 손수진, 부당광고의 오인야기성-대법원 1998. 3. 27. 선고 96누5636 판결, 광고판례백선, 한국인터넷광고재단, 2019; 손혁상, '1＋1 광고'의 부당성 검토-대법원 2018. 7. 12. 선고 2017두60109 판결, 광고판례백선, 한국인터넷광고재단, 2019; 신영수, 허위광고의 판단기준-대법원 1990. 9. 25. 선고 89누8200 판결, 광고판례백선, 한국인터넷광고재단, 2019; 신현윤, 사이버몰 운영지의 표시광고법상 책임-대법원 2005. 12. 22. 선고 2003두8296 판결, 광고판례백선, 한국인터넷광고재단, 2019; 심재한, 아우디폭스바겐코리아의 블로그 광고사건-서울고등법원 2016. 4. 6. 선고 2015누35033 판결, 광고판례백선, 한국인터넷광고재단, 2019; 윤성운, 아파트 분양광고의 기망성과 허위·과장성의 판단-대법원 2015. 5. 28. 선고 2014다24327, 24334, 24341, 24358, 24365, 24372(분양대금반환등·분양대금반환등·분양대금반환등·분양대금반환등·분양대금반환등·분양대금반환등) 판결], 광고판례백선, 한국인터넷광고재단, 2019; 이동진, 허위·과장광고에 의한 분양계약과 분양권 양도, 해제-대법원 2015. 7. 23. 선고 2012다15336 등 판결, 광고판례백선, 한국인터넷광고재단, 2019; 이기종, 기만적인 광고의 소비자오인성-서울고등법원 2011. 6. 15. 선고 2010누34691 판결, 광고판례백선, 한국인터넷광고재단, 2019; 이봉의, 표시·광고법상 비교광고의 주요쟁점,

경쟁과 법 제8호, 서울대학교 경쟁법센터, 2017.04; 이봉의, 비교광고의 부당성 판단기준-대법원 2003. 2. 26. 선고 2002다67062 판결, 광고판례백선, 한국인터넷광고재단, 2019; 이선희, 거짓·과장의 표시·광고에 있어서 부당성 판단, 경쟁과 법 제8호, 서울대학교 경쟁법센터, 2017.04; 이선희, 가습기살균제의 표시에 있어서 거짓·과장 여부의 판단-대법원 2014. 12. 24. 선고 2014두11977 판결, 광고판례백선, 한국인터넷광고재단, 2019; 이선희, 아파트분양광고에 대한 표시광고법상 손해배상책임-대법원 2010. 7. 22. 선고 2007다59066 판결, 광고판례백선, 한국인터넷광고재단, 2019; 이충훈, 학원유치부 모집광고에 대한 소비자의 오인성 여부 판단기준-대법원 2003. 4. 11. 선고 2002두806 판결, 광고판례백선, 한국인터넷광고재단, 2019; 정성무, 실내 마감자재 관련 아파트분양광고의 허위·과장성-대법원 2008. 11. 13. 선고 2008두6646 판결, 광고판례백선, 한국인터넷광고재단, 2019; 정재훈, 표시광고법상 거짓·과장 광고와 거래질서-대법원 2013. 6. 14. 선고 2011두82 판결, 광고판례백선, 한국인터넷광고재단, 2019; 조성국, 수의명칭 표시 사건-대법원 2002. 6. 14. 선고 2001두6005 판결, 광고판례백선, 한국인터넷광고재단, 2019; 최난설헌, 드림코어 연수기 광고사건-대법원 2013. 9. 26. 선고 2011두7632 판결, 광고판례백선, 한국인터넷광고재단, 2019; 최인선, 표시광고법 위반행위에 대한 책임주체 판단기준, 서울대학교 경쟁법센터, 2017.04; 최인선, '기만적인 광고'의 위법성 판단 기준-대법원 2017. 4. 7. 선고 2016두61242 판결, 광고판례백선, 한국인터넷광고재단, 2019; 최진원, '부당한 이익'에 의한 고객유인 행위의 판단기준-대법원 2014. 3. 27. 선고 2013다212066, 광고판례백선, 한국인터넷광고재단, 2019; 홍대식, 결혼정보회사 광고의 기만성과 소비자오인성 판단-대법원 2014. 12. 24. 선고 2012두26078 판결, 광고판례백선, 한국인터넷광고재단, 2019; 황태희, 유니버설 뮤직의 기만적 광고-대법원 2002. 1. 11. 선고 2000두4255 판결, 광고판례백선, 한국인터넷광고재단, 2019; 홍명수, 부당 비교광고의 부당성 판단-대법원 2005. 3. 10. 선고 2004두9654 판결, 광고판례백선, 한국인터넷광고재단, 2019; 홍명수, 비방광고의 부당성 판단-대법원 1998. 11. 27. 선고 96누5643 판결, 광고판례백선, 한국인터넷광고재단, 2019

[참고사례]

　　은성화학공업(주)의 허위·과장광고행위에 대한 건[공정거래위원회 1981. 7. 31. 의결 제3호; 서울고등법원 1981. 11. 4. 선고 81부140 결정(시정명령 효력정지); 서울고등법원 1990. 1. 15. 선고 81구655 판결; 대법원 1991. 3. 3. 선고82구127 판결]; **(주)크린랩의 허위·과장표시행위 건**(공정거래위원회 1986. 2. 12. 및 12. 10. 의결 제86-009 및 132호; 서울고등법원 1988. 10. 31. 선고 87구1423 판결; 대법원 1989. 9. 12. 선고 88

누11469 판결); **백화점 변칙세일 건**[서울고등법원 1992. 10. 30. 선고 92나23102 판결; 대법원 1993. 8. 13. 선고 92다52665[손해배상(기)등] 판결); **(주)신맥 및 (주)맥·킴의 부당광고행위 건**[공정거래위원회 1988. 8. 31. 의결 제98-190호; 서울고등법원 1999. 11. 24. 선고 99구884 판결; 대법원 2000. 12. 12. 선고 99두12243(파기환송) 판결; 서울고등법원 2001. 12. 13. 선고 2001누1996(파기환송심) 판결]; **(주)초정약수의 천연사이다에 대한 부당표시 및 허위과장광고행위 건**(공정거래위원회 1988. 6. 2. 의결 제88-40호; 서울고등법원 1989. 9. 5. 선고 88구9482 판결; 대법원 1990. 2. 9. 선고 88누6860 판결); **파스퇴르유업(주)의 부당표시 및 허위·과장·비방광고 행위 건**(공정거래위원회 1988. 7. 13. 의결 제88-59호; 서울고등법원 1989. 11. 29. 선고 68구9543; 대법원 1990. 9. 25. 선고 89누8200 판결); **파스퇴르유업(주)의 부당한 광고행위 건**(일명 "고름우유 건")(공정거래위원회 1995. 11. 25. 의결 제95-300호; 서울고등법원 1996. 2. 27. 선고 95구35274 판결; 대법원 1998. 3. 27. 선고 96누5636 판결); **파스퇴르유업(주)의 부당한 광고행위 건**(공정거래위원회 1995. 12. 25. 의결 제95-282호; 서울고등법원 1996. 2. 27. 선고 95구37904 판결; 대법원 1998. 11. 27. 선고 96누5643 판결; **파스퇴르분유(주)의 부당광고행위 건**(서울고등법원 1993. 7. 2. 선고 92나43779, 43786 판결; 대법원 1996. 4. 12. 선고 93다40614,40621[허위비방광고행위금지등·손해배상(기)등] 판결); **(주)남강건설회관의 부당광고행위 건**(공정거래위원회 1997. 9. 6. 의결 제97-135호; 서울고등법원 1999. 5. 13. 선고 97구52242 판결; 대법원 2011. 2. 23. 선고 99두6774 판결); **(주)훈테크 및 (주)한메소프트의 부당광고행위 건**(공정거래위원회 1997. 9. 10. 의결 제97-140호; 서울고등법원 1999. 2. 4. 선고 98누2463 판결); **청림도시개발(주)의 부당공동행위 건**(공정거래위원회 1997. 9. 6. 의결 제97-135호; 서울고등법원 1999. 4. 30. 선고 97구53719 판결); **(주)파진바이오텍[변경전(주)진생코리아]의 부당광고행위 건**(공정거래위원회 1999. 9. 4. 의결 제1999-205호; 서울고등법원 2000. 12. 14. 선고 2000누4219 판결); **귀뚜라미보일러판매(주)의 부당광고행위 건**(공정거래위원회 1998. 8. 26. 의결 제98-184호; 서울고등법원 2000. 11. 21. 선고 98누14978 판결); **(주)유니버설뮤직(구 폴리그램)의 부당광고행위 건**(공정거래위원회 1998. 8. 13. 의결 제98-176호; 서울고등법원 2000. 4. 25. 선고 99누235; 대법원 2002. 1. 11. 선고 2000두4255 판결); **의료법인 길의료재단(중앙길병원 장례식장)의 부당광고행위 건**(공정거래위원회 1999. 10. 7. 의결 제99-184호; 서울고등법원 2001. 6. 26. 선고 99누14586 판결; 대법원 2002. 4. 26. 선고 2001두5729 판결); **6개 할부금융사의 부당한 광고행위 건**(공정거래위원회 1998. 8. 25. 의결 제98-182호; 서울고등법원 2000. 4. 19. 선고 99누396 판결; 대법원 2002. 6. 14. 선고 2000두4187 판결); **학교법인 연세대학교(연세영동 장례식장)의 부당광고행위 건**(공정거래위원회 1999. 10. 7. 의결 제99-182호; 서울고등법원 2001. 6. 26. 선고 99누14652 판결; 대법원 2002. 6. 14. 선고 2001두6005 판결); (주)삼포실버드림(구 삼포유통)의 부당광
고행위 건(공정거래위원회 1999. 10. 7. 의결 제99-181호; 서울고등법원 2001. 6. 26.
선고 99누14579 판결; 대법원 2002. 6. 14. 선고 2001두5736 판결); 현대건설(주)의 부당
광고행위 건(공정거래위원회 1999. 9. 3. 의결 제99-133호; 서울고등법원 2001. 5. 29.
선고 2000누4806 판결); (주)영광토탈서비스의 부당광고행위 건(공정거래위원회 1999. 10.
7. 의결 제99-180호; 서울고등법원 2001. 6. 26. 선고 2000누5960 판결); (주)대우의 부
당광고행위 건(공정거래위원회 1999. 10. 26. 의결 제99-211호; 서울고등법원 2000.
11. 28. 선고 2000누5977 판결; 대법원 2001. 7. 10. 선고 2000두10557 판결); 한양제이
드(옥금보)의 부당광고행위 건(공정거래위원회 2000. 9. 26. 경고 2000광고0547; 서울고
등법원 2001. 8. 23. 선고 2001누3732 판결); (주)세진컴퓨터랜드의 부당공동행위 건(공정
거래위원회 2000. 1. 12. 의결 제2000-3호; 서울고등법원 2001. 6. 5. 선고 2000누
2336 판결; 대법원 2001. 10. 10. 선고 2001두5293 판결); (주)디자이너클럽의 부당광고행
위 건(공정거래위원회 2000. 8. 14. 의결 제2000-213호; 서울고등법원 2001. 10. 16.
선고 2001누5868 판결); (주)동아오스카의 부당광고행위 건(공정거래위원회 2000. 6. 22.
의결 제2000-92호; 서울고등법원 2001. 9. 4. 선고 제2001누1415 판결; 대법원 2002.
3. 12. 선고 2001두7893 판결); 바이오오키(주)의 부당광고행위 건[공정거래위원회 2001.
4. 10. 의결 제2001-066호; 서울고등법원 2002. 1. 29. 선고 2001누6731 판결; 대법원
2002. 4. 2. 선고 제2002두2161(심리불속행기각) 판결]; (주)캐릭터랜드의 부당광고행위
건(공정거래위원회 2000. 7. 4. 의결 제2000-97호; 서울고등법원 2002. 12. 28. 선고
2001누351 판결); 한국투자신탁증권(주)의 부당광고행위 건(공정거래위원회 2000. 7. 24.
의결 제2000-113호; 서울고등법원 2002. 5. 23. 선고 2001누7635 판결; 대법원 2003.
2. 28. 선고 2002두6170 판결); (주)미디어월의 부당광고행위 건(공정거래위원회 2002. 5.
22. 의결 제2002-099호; 서울고등법원 2003. 3. 27. 선고 2002누9331 판결); 남해화학
(주)외 4사의 부당광고행위 건(공정거래위원회 2001. 2. 20. 의결 제2001-018호. 2002.
11. 15. 의결 제2002-344호; 서울고등법원 2002. 7. 9. 선고 2001누9600; 대법원 2003.
6. 27. 선고 2002두6965 판결); (주)교차로의 부당광고행위 건(공정거래위원회 2001. 8. 3.
경고 2001구사1614); (주)엠닷컴의 부당광고행위 건(공정거래위원회 2001. 11. 24. 의결
제2001-163호; 서울고등법원 2003. 4. 10. 선고 2002누5001 판결; 대법원 2003. 9. 2.
선고 2003두4812 판결); (주)아바타엔터프리이즈의 부당광고행위 건(공정거래위원회
2001. 11. 24. 의결 제2001-161, 2002. 11. 1. 재결 제2002-033호; 서울고등법원
2003. 9. 9. 선고 2002누19901 판결; 대한주택공사의 부당광고행위 건(공정거래위원회
2000. 3. 7. 의결 제2000-46호; 서울고등법원 2003. 11. 15. 선고 2000누11224 판결;
대법원 2003. 9. 26. 선고 2001두11229 판결); (주)한국자연과학의 부당광고행위 건(공정

거래위원회 2002. 10. 11. 의결 제2002－154호, 재결 2002. 12. 23. 재결 제2002－038호; 서울고등법원 2003. 11. 11. 선고 2003누1648 판결; 대법원 2004. 3. 12. 선고 2003두14482(심리불속행기각) 판결]; **동양전자산업(주)의 부당광고행위 건**(공정거래위원회 2002. 11. 6. 의결 제2002－258호, 2003. 2. 24. 재결 제2003－010호; 서울고등법원 2004. 4. 7. 선고 2003누4692 판결); **(주)동성교육개발 외 1의 부당광고행위 건**[공정거래위원회 2000. 4. 28. 의결 제2000－71호; 서울고등법원 2001. 11. 29. 선고 2000누6369 판결; 대법원 2003. 4. 11. 선고 2002두806(파기환송) 판결; 서울고등법원 2004. 5. 12. 선고 2003누8243(파기환송심) 판결]; **(주)미디어월의 부당광고행위 건**[대구고등법원 2002. 10. 15.자 2002라35 결정; 대법원 2003. 3. 31. 자 2002마4109(광고금지가처분) 결정]; **(주)교차로의 부당광고행위 건**[공정거래위원회 의결 제2002－100호; 서울고등법원 2004. 5. 19. 선고 2002누8130; 대법원 2004. 8. 31. 선고 2004두64029(심리불속행기각) 판결]; **(주)팬코의 부당광고행위 건**(공정거래위원회 2001. 11. 5. 의결 제2001－154호; 서울고등법원 2003. 9. 2. 선고 2001누18840 판결; 대법원 2006. 6. 9. 선고 2003두11476 판결); **(주)성창에프엔디의 부당광고행위 건**(공정거래위원회 2001. 11. 24. 의결 제2001－164호; 서울고등법원 2003. 6. 5. 선고 2001누19010 판결; 대법원 2005. 2. 18. 선고 2003두8203 판결); **(주)수신오가피의 부당광고행위 건**(공정거래위원회 2002. 9. 9. 의결 제2002－186호, 2002. 12. 23. 재결 제2002－039호; 서울고등법원 2004. 7. 8. 선고 2003누1631 판결; 대법원 2005. 3. 10. 선고 2004두9654 판결); **농업협동조합중앙회 외 1의 부당광고행위 건**(공정거래위원회 2002. 11. 15. 의결 제2002－334호; 서울고등법원 2003. 10. 23. 선고 2002누19918 판결; 대법원 2005. 5. 12. 선고 2003두14352 판결); **(주)다음커뮤니케이션의 부당광고행위 건**[공정거래위원회 2002. 9. 16. 의결 제2002－202호; 서울고등법원 2003. 7. 8. 선고 2002누16872 판결; 대법원 2005. 12. 22. 선고 2003두8296(파기환송) 판결; 서울고등법원 2006. 5. 4. 선고 2006누1113 판결]; **전국기숙학원협의회의 부당표시행위 건**(공정거래위원회 2003. 2. 3. 의결 제2003－028호; 서울고등법원 2003. 10. 23. 선고 2003누3309 판결; 대법원 2004. 12. 10. 선고 2003두14383 판결); **개금외대어학원 및 (주)동성교육개발의 부당한 광고행위 건**(공정거래위원회 2000. 4. 28. 의결 제2000－071; 서울고등법원 2001. 11. 29. 선고 2000누6369 판결; 대법원 2003. 4. 11. 선고 2002두806 판결); **벤트리(주)의 부당광고행위 건**(공정거래위원회 2003. 4. 7. 의결 제2003－089호; 서울고등법원 2004. 4. 29. 선고 2003누6650 판결; 대법원 2004. 10. 14. 선고 2004두6112 판결); **(주)씨엔디에프코리아의 부당광고행위 건**(공정거래위원회 2003. 10. 20. 의결 제2003－156호, 2004. 3. 3. 재결 제2004－007호; 서울고등법원 2005. 4. 7. 선고 2004누5548 판결; 대법원 2006. 2. 10. 선고 2005두4175 판결); **(주)교차로의 부당광고행위 건**(공정거래위원회 2004. 10. 18. 의결 제2004－278호;

서울고등법원 2005. 9. 29. 선고 2004누23997 판결); (주)풀무원의 부당광고행위 건[공정
거래위원회 2004. 6. 21. 경고처분; 서울고등법원 2005. 12. 8. 선고 2004누14329(각하)
판결]; (주)신한의 부당광고행위 건(공정거래위원회 2005. 11. 21. 의결 제2005－236호;
서울고등법원 2006. 11. 1. 선고 2005누30008 판결); (주)고려빌드의 부당광고행위 건(공
정거래위원회 2005. 9. 16. 의결 제2005－137호; 서울고등법원 2006. 10. 11. 선고
2005누24041 판결); (주)태완디앤시의 부당광고행위 건(공정거래위원회 2005. 11. 21. 의
결 제2005－307호; 서울고등법원 2006. 10. 26. 선고 2005누29732 판결); 팀이십일컨설
팅의 부당광고행위 건(서울고등법원 2008. 4. 10. 선고 2007누22209 판결; 대법원 2008.
11. 13. 선고 2008두6646 판결); 다음커뮤니케이션의 부당광고행위 건(공정거래위원회
2002. 9. 16 의결2002－202; 서울고등법원 2006. 5. 4. 선고 2006누1113(파기환송심)
판결); (주)신한의 부당광고행위 건(공정거래위원회 2005. 11. 21. 의결 제2005－236호;
서울고등법원 2006. 11. 1. 선고 2005누30008 판결); 알미늄압출공업성실신고회원조합의
부당광고행위 건(공정거래위원회 2006. 8. 25. 의결 제2006-178호; 서울고등법원 2007. 5.
17. 선고 2006누23861 판결); (주)인평의 부당광고행위 건(공정거래위원회 2006. 6. 1. 의
결 제2006－178호; 서울고등법원 2007. 2. 7. 선고 2006누15334 판결); (주)월드인월드의
부당광고행위 건(공정거래위원회 2007. 1. 11. 의결 제2007-08호; 서울고등법원 2008.
8. 28. 선고 2007누19692 판결); 케이제이아이파이낸스인터내셔널(유)의 부당광고행위 건
[공정거래위원회 2008. 2. 25 의결 제2008-067호; 서울고등법원 2008. 12. 10. 선고
2008누18382 판결; 대법원 2009. 5. 29. 선고 2009두843(파기환송) 판결; 서울고등법원
2010. 4. 29. 선고 2009누14103(파기환송심) 판결; 대법원 2010. 9. 9. 선고 2010두
102111(심리불속행기각) 판결]; SK건설(주)의 부당광고행위 건(공정거래위원회 2008. 3.
10. 의결 제2008-095호; 서울고등법원 2009. 4. 30. 선고 2008누23452 판결); (주)성창에
프엔디의 부당광고행위 건[공정거래위원회 2008. 9. 2. 의결 제2008－254호; 서울고등법
원 2009. 11. 12. 선고 2009누1138 판결; 대법원 2010. 2. 25. 선고 2009두23112(심리
불속행기각) 판결]; 한국교육방송공사의 부당표시행위 건(공정거래위원회 2009. 10. 30
의결 제2009 －233호; 서울고등법원 2011. 1. 12. 선고 2009누37366 판결); 보람상조개
발(주) 외 3개사의 부당광고행위 건[공정거래위원회 2009. 10. 16. 의결 제
2009－211~214호; 서울고등법원 2010. 11. 24. 선고 2009누35186 판결; 대법원 2013.
6. 13. 선고 2011두82 판결(일부파기환송) 판결]; (주)신가현이앤씨 및 임광토건(주)의 부
당광고행위 건[공정거래위원회 2010. 7. 27. 제2010－088호; 서울고등법원 2011. 7. 6.
선고 2010누27259 판결; 대법원 2011. 11. 24. 선고 2011두19345 판결(심리불속행기
각)]; 현대건설(주)의 부당광고행위 건(공정거래위원회 2010. 7. 27. 의결 제2010-087호;
서울고등법원 2011. 8. 17. 선고 2010누42883 판결); 드림리츠(주)의 부당광고행위 건[공

정거래위원회 2010. 7. 7. 의결 제2010-079호; 서울고등법원 2010. 12. 2. 선고 2010누24311 판결; 대법원 2011. 4. 28. 선고 2011두334(심리불속행기각) 판결]; **남양유업(주)의 부당광고행위 건**(공정거래위원회 2010. 6. 22. 의결 제2010-062호; 서울고등법원 2011. 6. 15. 선고 2010누34691 판결); **금강종합건설(주)의 부당광고행위 건**(공정거래위원회 2010. 2. 17. 의결 제2010-026호; 서울고등법원 2010. 9. 9. 선고 2010누9466 판결); **현대산업개발(주)의 부당광고행위 건**{서울고등법원 2007. 7. 25. 선고 2006나95159 판결; 대법원 2010. 7. 22. 선고 2007다59066[손해배상(기)] 판결}; **드림코어의 부당광고행위 건**(공정거래위원회 2010. 6. 9. 의결 제2010-056호; 서울고등법원 2011. 2. 10. 선고 2010누21442 판결; 대법원 2013. 9. 26. 선고 2011두7632 판결); **경기도시공사의 부당광고행위 건**[공정거래위원회 2010. 9. 4.(경고) 서울고등법원 2014. 6. 18. 선고 2013누48615 판결; 대법원 2014. 10. 15. 선고 2014두38668(심리불속행기각) 판결]; **두산중공업(주)의 부당광고행위 건**{서울고등법원 2011. 7. 21. 선고 2010나36904, 36911 판결; 대법원 2014. 4. 10. 선고 2011다72011,72028[손해배상(기)·손해배상(기)] 판결}; **삼광유리공업(주)의 부당광고행위 건**[공정거래위원회 2010. 4. 1. 의결 제2010-039호; 서울고등법원 2011. 2. 16. 선고 2010누12271 판결; 대법원 2013. 3. 14 선고 2011두7991(파기환송) 판결; 서울고등법원 2015. 11. 5. 선고 2013누9931(파기환송심) 판결]; **KCC건설(주)의 부당광고행위 건**(공정거래위원회 2011. 9. 26. 의결 제2011-166호; 서울고등법원 2012. 10. 25. 선고 2012누3875 판결; 대법원 2013. 2. 28. 선고 2012두25422(심리불속행기각) 판결; **(주)에이블씨엔씨의 부당고객유인 및 부당광고행위 건**{서울남부지방법원 2013. 8. 29. 선고 2012나51498 판결; 대법원 2014. 3. 27. 선고 2013다212066 [손해배상(기)] 판결}; **(유)옥시레킷벤키저의 부당표시행위 건**(공정거래위원회 2012. 8. 31. 의결 제2012-200호; 대법원 2014. 12. 24. 선고 2012두11977 판결); **홈플러스(주)의 부당표시행위 건**(공정거래위원회 2012. 8. 31. 제2012-201호; 서울고등법원 2013. 7. 26. 선고 2012누28171 판결); **(주)한양의 부당광고행위 건**[공정거래위원회 2012. 11. 2. 의결 제2012-248호; 서울고등법원 2014. 6. 11. 선고 2013누9870 판결; 대법원 2014. 10. 27. 선고 2014두38323(심리불속행 기각) 판결]; **청원건설(주) 외 2의 부당광고행위 건**(공정거래위원회 2012. 8. 31. 의결 제2012-216호; 서울고등법원 2011. 1. 12. 선고 2010누17344 판결; 대법원 2013. 12. 26. 선고 2011두4930 판결); **(주)와이제이에듀케이션의 부당광고행위 건**(공정거래위원회 2013. 3. 25. 의결 제2013-039호; 서울고등법원 2014. 1. 12. 선고 2013누45784 판결); **듀오정보의 부당광고행위 건**(공정거래위원회 2014. 2. 6. 제2014-025호; 서울고등법원 2015. 3. 18. 선고 2014누2746 판결); **코리아타임스글로벌전형(주)의 부당광고행위 건**[공정거래위원회 2015. 3. 10. 의결 제2015-071호; 서울고등법원 2015. 11. 12 선고 2015누38506 판결; 대법원 2016. 3. 10, 2015두58119(심리불속행 기각) 판결]; (주)필그린월드와이드의 경고심의요청 건(공정거래위원회 2015. 5. 19. 의결 제2015-165호; 서울고등법원 2015. 11. 20 선고 2015누46323 판결); 선인자동차(주)의 부당광고행위 건(공정거래위원회 2015. 7. 6. 의결 제2015-222호 및 2015. 8. 24. 의결 제2015-315호; 서울고등법원 2015. 12. 10. 선고 2015누50803 판결); 모터파워의 부당표시행위 건[공정거래위원회 2008. 5. 29.(경고); 서울고등법원 2015. 8. 19. 선고 2014누73038 판결; 대법원 2015. 12. 10. 선고 2015두51262(심리불속행 기각) 판결]; 핏플랍리미티드 및(주)넥솔브의 부당광고행위 건(공정거래위원회 2015. 2. 3. 의결 제2015-026호; 서울고등법원 2015. 9. 10. 선고 2015누37671 판결); (주)카페베네의 부당광고행위 건(공정거래위원회 2015. 1. 13. 의결 제2015-008호; 서울고등법원 2015. 11. 12 선고 2015누34924 판결); 가연결혼정보(주)의 부당광고행위 건(공정거래위원회 2012. 4. 18. 의결 제2012-052호; 서울고등법원 2012. 10. 25. 선고 2012누14066; 대법원 2014. 12. 24. 선고 2012두26708 판결); (주)이마트의 부당한 표시·광고행위에 대한 건(공정거래위원회 2016. 11. 24. 의결 제2016-325호, 서울고등법원 2017. 8. 17. 선고 2017누55 판결); 아우디폭스바겐코리아(주)의 부당광고행위 건(공정거래위원회 2015. 1. 13. 의결 제2015-009호; 서울고등법원 2016. 4. 6. 선고 2015누35033 판결); (주) 무송종합엔지니어링 외 1인의 허위과장광고 건[부산고등법원 2011. 11. 8. 선고 2009나11501, 11518, 11525, 11532, 11549, 11563, 11570, 11556 판결; 대법원 2015. 7. 23. 선고 2012다15336, 15343, 15350, 15367, 15374, 15381, 15398, 15404(부당이득반환등) 판결]; (주) 한양 외 1인의 부당광고행위 건[서울고등법원 2014. 1. 29. 선고 2013나23763, 23770, 23787, 23794, 23800, 57469 판결; 대법원 2015. 5. 28. 선고 2014다24327, 24334, 24341, 24358, 24365, 24372(분양대금반환등·분양대금반환등·분양대금반환등·분양대금반환등·분양대금반환등·분양대금반환등) 판결]; (주)중외산업의 부당광고행위 건[서울고등법원 2002. 10. 23. 선고 2002나30376 판결; 대법원 2003. 2. 26. 선고 2002다67062(가처분이의) 판결]; 보람상조개발(주) 4개사의 부당광고행위 건(공정거래위원회 2008. 3. 6. 의결 제2008-089호 등; 서울고등법원 2010. 11. 24. 선고 2009누35186 판결; 대법원 2013. 6. 14. 선고 판결); (주)열심히커뮤니케이션즈의 부당광고행위 건(공정거래위원회 2012. 8. 31. 의결 제2012-216호; 서울고등법원 2013. 12. 26. 선고 2012누40331 판결; 대법원 2017. 4. 7. 선고 2014두1925 판결); 홈플러스(주) 및 홈플러스테스코(주)의 부당광고행위 건(공정거래위원회 2015. 5. 1. 의결 제2015-138호; 서울고등법원 2016. 10. 19. 선고 2015누45177 판결; 대법원 2017. 4. 7. 선고 2016두61242 판결); 제너시스비비큐의 부당광고행위 건[공정거래위원회 2016. 3. 30. 의결 제2016-087호; 서울고등법원 2016. 10. 28. 선고 2016누42656 판결; 대법원 2017. 3. 9. 선고 2016두62849(심리불속행 기각) 판결]; 대우전자(주)의 부당광고행위 건(공정거래위원회 2001. 3. 21.

의결 제2001-41호); **3개 자동차 제조·판매사업자의 부당 표시·광고행위 건**(공정거래위원회 2017. 1. 19. 의결 제2017-024호; 서울고등법원 2018. 12. 14. 선고 2017누37729 판결; 대법원 2019. 10. 17. 선고 2019두31815 판결); **(주)티앤아이의 부당표시광고행위 건**(공정거래위원회 2017. 1. 26 의결 제2017-069호; 서울고등법원 2018. 11. 2. 선고 2017누40855 판결); **롯데쇼핑(주)의 부당광고행위 건**[공정거래위원회 2016. 11. 24. 의결 제2016-324호; 서울고등법원 2017. 8. 17. 선고 2016누1068 판결; 대법원 2018. 7. 12. 선고 2017두60109(파기환송) 판결]; **청호나이스(주)의 부당광고행위 건**[공정거래위원회 2018. 10. 1. 의결 제2018-289호; 서울고등법원 2019. 7. 17. 선고 2018누71139 판결; 대법원 2019. 11. 14. 선고 2019두49397(심리불속행 기각) 판결]; **(주)메타노이아의 부당 광고행위 건**(공정거래위원회 2020. 2. 6. 의결 제2020-041호; 대법원 2021. 3. 11. 선고 2020두55558 판결); **한국토요타자동차(주)의 부당광고행위 건**(공정거래위원회 2019. 3. 12. 의결 제2019-057호; 대법원 2020. 5. 14. 2020두33565 판결); **삼성전자(주)의 부당 광고행위 건**(공정거래위원회 2018. 10. 4. 의결 제2018-296호; 대법원 2021. 3. 11. 선고 2019두60646 판결)

I. 의의

사업자등은 소비자를 속이거나 소비자로 하여금 잘못 알게 할 우려가 있는 표시·광고 행위로서 공정한 거래질서를 해칠 우려가 있는 ① 거짓·과장의 표시·광고(제1호), ② 기만적인 표시·광고(제2호), ③ 부당하게 비교하는 표시·광고(제3호), ④ 비방적인 표시·광고의 행위(제4호)를 하거나 다른 사업자등으로 하여금 하게 하여서는 아니 된다(법 제3조 제1항). 제1항 각 호의 행위의 구체적인 내용은 *대통령령*[1])으로 정한다(법 제3조 제2항).

---

1) 제3조(부당한 표시·광고의 내용) ① 법 제3조제1항제1호에 따른 거짓·과장의 표시·광고는 사실과 다르게 표시·광고하거나 사실을 지나치게 부풀려 표시·광고하는 것으로 한다. ② 법 제3조제1항제2호에 따른 기만적인 표시·광고는 사실을 은폐하거나 축소하는 등의 방법으로 표시·광고하는 것으로 한다. ③ 법 제3조제1항제3호에 따른 부당하게 비교하는 표시·광고는 비교 대상 및 기준을 분명히 밝히지 아니하거나 객관적인 근거 없이 자기 또는 자기의 상품이나 용역(이하 "상품등"이라 한다)을 다른 사업자 또는 사업자단체(이하 "사업자등"이라 한다)나 다른 사업자등의 상품등과 비교하여 우량 또는 유리하다고 표시·광고하는 것으로 한다. ④ 법 제3조제1항제4호에 따른 비방적인 표시·광고는 다른 사업자등 또는 다른 사업자등의 상품등에 관하여 객관적인 근거가 없는 내용으로 표시·광고하여 비방하거나 불리한 사실만을 표시·광고하여 비방하는 것으로 한다. ⑤ 제1항부터 제4항까지의 규정에 따른 부당한 표시·

부당한 광고행위를 금지하는 목적은 소비자에게 바르고 유용한 정보의 제
공을 촉진하여 소비자로 하여금 올바른 상품 또는 용역의 선택과 합리적인 구
매결정을 할 수 있도록 하고, 그에 따라 사업자 사이에 가격과 품질 및 서비스
에 의한 공정한 경쟁이 촉진될 수 있도록 하는 데 있다(<다음커뮤니케이션의 부
당광고행위 건>).[2]

「부당한 표시·광고행위의 유형 및 기준 지정고시」[3]에서 자세한 내용을 규
정하고 있다.

Ⅰ. 목적

이 고시는 표시·광고의 공정화에 관한 법률(이하 "법") 제3조 제1항 각 호 및
동법시행령 제3조 제1항 내지 제4항의 규정에 의한 부당한 표시·광고가 구체
적으로 어떠한 경우에 해당되는지를 사업자, 사업자단체 및 일반국민에게 예시
함으로써 부당한 표시·광고행위를 사전에 방지하고 부당한 표시·광고에 대한
법집행의 객관성과 투명성을 확보하는데 그 목적이 있다.

Ⅱ. 표시·광고에 관한 일반지침

1. 표시·광고의 기본원칙

소비자는 자기가 구매하고자 하는 상품 또는 용역(이하 "상품등")에 관하여 알
권리가 있고, 공급자는 자기가 판매하고자 하는 상품등에 관하여 소비자에게
알릴 권리가 있는 동시에 또한 알려주어야 할 의무가 있으므로 모든 상품등의
공급자는 이러한 자기의 권리와 의무를 각별히 유의할 필요가 있다. 이 고시에
예시된 사항은 일반거래상에 흔히 나타나고 있는 대표적이고 공통적인 사항만
을 추출한 것이다.

2. 사업자 자신에 관한 표시·광고

사업자가 자신이나 구성사업자의 규모, 연혁, 생산시설, 수상경력, 사업계획,
사업실적, 기술제휴 등에 관한 사항에 대하여 표시·광고할 경우 사실과 다르
게 또는 사실을 과장하거나 모호하게 표시·광고하여 소비자를 오인시킬 우려
가 있는 표시·광고행위는 부당한 표시·광고가 된다.

광고의 세부적인 유형 또는 기준은 공정거래위원회가 정하여 고시할 수 있다. 이 경우 공정거
래위원회는 미리 관계 행정기관의 장과 협의하여야 한다.

2) 대판 2005. 12. 22. 2003두8296.

3) 공정거래위원회고시 제2019-11호(2019. 12. 12).

3. 가격에 관한 표시 · 광고

　가. "가격"이라는 용어의 사용

　　(1) 자기가 공급하는 상품 등의 가격을 사실과 다르게 표시 · 광고하는 행위는 부당한 표시 · 광고에 해당된다. 따라서 가격을 표시 · 광고함에 있어서 당해 상품 등을 소비자에게 직접 공급하는 소매업자(직매장을 포함)가 아래와 같이 표시 · 광고하는 행위는 부당한 표시 · 광고에 해당되지 아니한다.

　　　• 판매가격○○원, 요금○○원, ××료○○원

　　(2) 제조업자, 유통업자 또는 수입업자(이하 "제조업자등")가 소비자가 상품등을 구입하는데 단지 권장 또는 참고하게 할 목적으로 희망소매가격 등을 표시 · 광고하는 행위는 부당한 표시 · 광고에 해당되지 아니한다.

　　　• 희망소매(희망소비자)가격○○원, 권장소매(권장소비자)가격○○원,
　　　　추천소매(추천소비자)가격○○원

　　(3) 제조업자 등이 위(2)호에서 규정하고 있는 희망소매가격 등을 표시 · 광고함에 있어 자기가 공급하는 상품등과 동일한 상품등에 대하여 일정한 거래지역의 상당수 소매업자가 동 지역내에서 계속적으로 판매하고 있는 가격수준을 현저히 초과하여 자기의 희망소매가격 등을 표시 · 광고함으로써 자기가 공급하는 상품등을 상대적으로 저렴하게 판매하는 것처럼 소비자를 오인시킬 우려가 있는 행위는 부당한 표시 · 광고에 해당된다.

　나. 가격의 비교

　　아래 각 호의 1에서와 같이 가격을 사실과 다르게 비교 표시 · 광고하는 행위는 부당한 표시 · 광고에 해당된다.

　　(1) 종전거래가격과의 비교
　　　자기가 공급하는 상품을 할인 또는 가격인하하여 판매하고자 하는 경우에 허위의 종전거래가격을 자기의 판매가격과 비교하여 표시 · 광고하는 행위[4]

　　(2) 시가(실제거래가격)와의 비교
　　　창업 또는 개업을 기념하기 위하여 자기가 공급하는 상품등을 할인하여 판매하고자 하는 경우에 허위의 시가를 자기의 판매가격과 비교하여 표시 · 광고하는 행위

(3) 위 "가-(2)"호에서 규정하고 있는 희망소매가격 등과의 비교

다수의 대리점 등을 통하여 판매함으로써 단일거래가격 산정이 곤란한 제조업자의 경우 자기가 공급하는 상품을 할인 또는 가격인하하여 판매하고자 하는 경우에 허위의 희망소매가격 등을 자기의 판매가격과 비교하여 표시·광고하는 행위

단, 실제 희망소매가격 등을 비교기준가격으로 하여 자기의 판매가격과 비교하여 표시·광고하는 경우 그 사실을 명시하지 아니하면 부당한 표시·광고행위가 됨

(4) 타사가격과의 비교

자기가 공급하는 상품등의 실제판매하는 가격을 현저히 낮게 보이기 위하여 허위의 경쟁사업자가격을 자기의 판매가격과 비교하여 표시·광고하는 행위

• 종전거래가격: 당해사업자가 당해상품과 동일한 상품을 최근 상당기간(과거 20일 정도)동안 판매하고 있던 사실이 있는 경우로서 그 기간동안 당해 상품에 붙인 가격 단, 위 기간중 당해상품의 실거래가격이 변동한 경우에는 변동된 가격중 최저가격을 종전거래가격으로 봄

• 시가: 당해상품과 동일한 상품에 대하여 당해사업자가 속하는 거래지역의 상당수 사업자가 동지역내에서 판매하고 있는 가격

• 희망소매가격: 당해상품에 대하여 제조업자등이 최근에 붙인 가격으로서 미리 공표되고, 또한 실제의 거래에 참고가 된다고 기대되는 가격

다. 중고품, 하자품, 또는 구형의 상품에 대한 가격

중고품, 하자품 또는 판매시기가 지난 재고상품이나 구형의 상품 등인 것을 표시·광고하지 아니하여 당해상품이 정상품인 것으로 소비자를 오인시킬 우려가 있거나, 중고품이 아닌 당해 상품과 동일한 신품의 가격을 비교기준가격으로 하여 자기의 판매가격을 표시·광고함으로써 자기가 공급하는 상품(중고품등)이 현저히 저가상품인 것처럼 표시·광고하는 행위는 부당한 표시·광고에 해당된다(단, 육안으로 보아 용이하게 식별할 수 있는 경우는 제외).

라. 할인판매 등에 관한 사항

자기가 공급하는 상품등을 할인판매, 염가판매, 점포정리판매, 가격인하 판매할 경우 할인율 등을 사실과 다르게 표시·광고하거나, 아래와 같이 표시·광고하는 행위는 부당한 표시·광고에 해당된다.

(1) 자기가 공급하는 상품등에 대하여 할인 또는 가격인하 판매시 당해 할인율이나 가격인하율을 산출하는 근거로서 동일조건의 상품이 아니거나 또는 허위의 종전거래가격을 비교기준가격으로 하여 자기의 할인율이나 가격인하율을 산출하여 표시 · 광고하는 행위

    단, 다수의 대리점 등을 통하여 판매함으로써 단일거래가격 산정이 곤란한 제조업자가 자신의 상품을 할인 또는 가격인하 판매시에는 권장소비자가격을 기준으로 할인율 또는 가격인하율을 산출하여 표시 · 광고할 수 있으나 그 사실을 명시하지 않을 경우 부당한 표시 · 광고행위가 되며, 창업 또는 개업을 기념하기 위하여 할인판매하고자 하는 경우로서 종전거래가격을 산정하기 곤란한 경우에는 시가를 할인율 산출기준가격으로 할 수 있다.

(2) 실제 할인특매하는 가격보다 낮은 가격(광고 또는 표시한 할인율을 적용한 가격을 포함)을 표시 · 광고하는 행위

(3) 실제로는 조악상품인데도 정상적인 상품을 할인하여 판매하는 것처럼 표시 · 광고하는 행위

(4) 가격인하폭이나 인하율을 과장하기 위하여 특별히 인정할만한 사유없이 20일 이상 실제 거래한 적이 없는 가격이나 이미 가격이 인하되었는데도 인하되기 전의 가격을 종전거래가격으로 표시 · 광고하는 행위

(5) 일부상품 또는 일부매장의 할인특매를 대부분의 상품 또는 대부분의 매장의 할인특매인 것처럼 오인시킬 우려가 있도록 표시 · 광고하는 행위

(6) 실제로 할인율이 높은 상품은 일부에 불과한데도 대부분의 상품이 높은 할인율로 판매하는 것처럼 과장하여 표시 · 광고하는 행위

(7) 할인특매실시기간중 판매할 수 있는 상당한 재고가 없는 상품에 대하여 재고량이 충분한 것처럼 과장하여 표시 · 광고하는 행위

(8) 할인특매기간이 종료한 후에도 현수막 등 표시 · 광고물을 제거하지 아니하고 이를 부착시켜 둠으로써 소비자로 하여금 할인특매를 계속하고 있는 것처럼 오인시킬 우려가 있는 표시 · 광고행위

(9) 염가판매, 점포정리판매를 함에 있어서 소비자로 하여금 할인특매인 것처럼 오인시킬 우려가 있는 종전거래가격을 기준으로 하여 할인율을 표시 · 광고하는 행위. 다만, 비교가격은 표시 · 광고할 수 있으나 비교가격의 기준을 명시하지 않을 경우 부당한 표시 · 광고행위가 되며, 재고품의 경우에도 또한 같다.

(10) 가격인하판매를 실시하면서 비교가격의 기준과 인하시점을 명시하지

　　　　아니하는 행위

(11) 실제거래가격에는 변동이 없음에도 불구하고 일정한 기간을 정하여 특정한 가격으로 판매하는 것처럼 소비자를 오인시킬 우려가 있는 표시·광고행위

(12) 실제와는 달리 한정된 기간이나 한정된 수량만을 판매하는 것으로 표시·광고하는 행위

(13) 기타 사용하는 용어에 불구하고 할인특매가 아니면서 소비자에게 그 매장 대부분이 할인특매를 실시하고 있는 것으로 오인시킬 우려가 있는 표시·광고행위

마. 할부판매가격

자기가 공급하는 상품등을 할부판매할 경우 판매가격에 관한 사항을 사실과 다르게 또는 아래와 같이 사실보다 현저히 유리한 것처럼 모호하게 표시·광고하는 행위는 부당한 표시·광고가 된다.

(1) 실제의 할부판매가격을 명시하지 아니함으로써 현금판매가격이 할부판매가격인 것처럼 소비자를 오인시킬 우려가 있는 표시·광고행위

(2) 할부금리를 표시·광고하지 않고 할부액만 표시·광고함으로써 할부판매가격과 현금판매가격이 동일한 것처럼 오인시킬 우려가 있거나 양 가격의 비교를 어렵게 하는 표시·광고행위

4. 원재료, 성분에 관한 표시·광고

자기가 공급하는 상품의 생산에 사용된 원재료나 성분에 관하여 표시·광고할 경우 아래와 같이 사실과 다르게 또는 과장하여 표시·광고하여 소비자를 오인시킬 우려가 있는 표시·광고행위는 부당한 표시·광고가 된다.

가. 실제 사용되지 않는 원자재나 성분이 포함된 것처럼 표시·광고하는 행위

나. 실제 사용된 양보다 많이 포함된 것처럼 과장하여 표시·광고하는 행위

다. 실제는 수입원재료를 사용하지 아니하였음에도 불구하고 수입원재료를 사용한 것처럼 표시·광고하는 행위

라. 사용된 원재료나 성분이 수입된 것을 완제품이 수입된 것처럼 표시·광고하는 행위

마. 부된 원재료나 성분을 가지고 전체의 주된 성분인 것처럼 표시·광고하는 행위

5. 품질, 성능, 효능 등에 관한 표시·광고

자기가 공급하는 상품의 품질, 성능, 효능 등에 관하여 표시·광고할 경우 아래

와 같이 사실과 다르게 또는 과장하여 표시·광고하거나 모호하게 표시·광고
하여 소비자를 오인시킬 우려가 있는 표시·광고행위는 부당한 표시·광고가
된다.

가. 품질 또는 성능이 일정한 수준에 해당하지 아니함에도 불구하고 당해수준
　　에 해당한다고 하거나 당해수준에 해당하는 것처럼 표시·광고하는 행위

나. 성능이 발휘될 수 있는 판단기준을 명시하지 아니하고 막연히 일정 성능을
　　발휘한다고 표시·광고하는 행위

다. 일부 또는 부분에 관련되는 품질 또는 성능을 전체에 관련되는 품질 또는
　　성능인 것처럼 과장하여 표시·광고하는 행위

라. 표시·광고된 상품의 성능이나 효능이 객관적으로 확인될 수 없거나 확인
　　되지 아니하였는데도 불구하고 확실하게 발휘되는 것처럼 표시·광고하는
　　행위

6. 규격, 용량, 수량 등에 관한 표시·광고

자기가 공급하는 상품이 일정한 기준규격 또는 기준용량에 해당하는 경우 아래
와 같이 사실과 다르게 또는 과장하여 표시·광고하거나 모호하게 표시·광고하
여 소비자를 오인시킬 우려가 있는 표시·광고행위는 부당한 표시·광고가 된다.

가. 규격이 일정한 기준에 해당하지 아니함에도 불구하고 당해규격에 해당한다
　　고 하거나 해당하는 것처럼 표시·광고하는 행위

나. 실제 용량 또는 수량과 다르게 용량 또는 수량을 표시·광고하는 행위

다. 용량을 실제보다 크게 나타내기 위하여 외형의 크기를 내형의 크기인 것처
　　럼 표시·광고하는 행위

7. 제조일자, 유효기간 등에 관한 표시·광고

자기가 공급하는 상품의 제조일자, 포장일자, 유효기간 등을 표시·광고할 경우
사실과 다르게 또는 모호하게 표시·광고하여 소비자를 오인시킬 우려가 있는
표시·광고행위는 부당한 표시·광고가 된다.

8. 제조방법에 관한 표시·광고

자기가 공급하는 상품의 제조방법에 관하여 표시·광고할 경우 아래와 같이 사
실과 다르게 또는 모호하게 표시·광고하여 소비자를 오인시킬 우려가 있는 표
시·광고행위는 부당한 표시·광고가 된다.

9. 특징에 관한 표시·광고

자기가 공급하는 상품등의 특징을 표시·광고할 경우 사실과 다르게 또는 과장

하여 표시·광고하거나 모호하게 표시·광고하여 소비자를 오인시킬 우려가 있
는 표시·광고행위는 부당한 표시·광고가 된다.

10. 원산지, 제조자에 관한 표시·광고

자기가 공급하는 상품의 원산지 및 제조자에 관하여 표시·광고할 경우 아래와
같이 사실과 다르게 또는 모호하게 표시·광고하여 소비자를 오인시킬 우려가
있는 표시·광고행위는 부당한 표시·광고가 된다.

가. 국내에서 제조되었음에도 불구하고(수출 불합격품 또는 수출반품을 포함)
외국문자, 외국어등으로만 표시·광고함으로써 그 표시·광고된 내용으로
보아서는 국산품인지 수입품인지를 식별하기가 불가능하거나 곤란하게 표
시·광고하는 행위

단, 국내에서 제조되었더라도 원산지가 외국산에 해당되는 경우에 있어 그
해당국가의 언어나 문자 등을 표시·광고하는 경우는 제외한다.

나. 외국에서 수입된 상품을 마치 국산품인 것처럼 원산지를 사실과 다르게 표
시·광고하거나 또는 당해상품의 원산지와 관계없는 국가의 문자, 국기 등
을 사용하여 표시·광고하면서 실제 원산지를 표시·광고하지 아니하거나
소비자가 이를 식별하기 곤란하게 표시·광고하는 행위

단, 외국에서 수입된 상품이라도 원산지가 국산에 해당되는 경우에 있어
당해 제품이 국산품인 것으로 표시·광고하는 경우는 제외한다.

다. 외국회사와 기술제휴하여 국내에서 생산·판매하는 상품인 경우에 외국상
표나 외국제조회사의 명칭만 표시·광고하고 국내에서 생산된 상품이라는
사실은 표시·광고하지 아니하거나 소비자의 식별이 곤란하게 표시·광고
하는 행위

단, 외국회사와 기술제휴하여 국내에서 생산·판매하는 상품인 경우에도
원산지가 외국산에 해당되는 경우에 있어 그 해당국가의 상표 등을 표시·
광고하는 경우는 제외한다.

라. 일부재료나 성분만 수입되고 실제는 국내에서 제조, 조립 또는 가공되었는
데도 불구하고 외국에서 생산 또는 수입된 것처럼 표시·광고하고 제조업
자를 표시·광고하지 아니한 행위

단, 일부 재료나 성분만 수입되고 실제는 국내에서 제조·조립 또는 가공되
었어도 원산지가 외국산에 해당되는 경우에 있어 당해제품의 원산지가 그
해당국가인 것으로 표시·광고하는 경우는 제외한다.

마. 자기가 제조하는 상품에 타사업자의 상표나 상호를 표시·광고하여 타사업
자가 제조한 것처럼 표시·광고하거나 소비자가 식별하기 곤란할 정도로

타사업자의 상표와 유사한 상표를 표시 · 광고함으로써 일반소비자로 하여
금 제조자를 혼동시킬 우려가 있는 표시 · 광고행위

바. 국내 특정지역에서 생산되는 상품이 일반적으로 소비자들에게 선호되는 경
향이 있다는 사실을 이용하여 당해상품이 국내 유명산지에서 생산된 것처
럼 사실과 다르게 표시 · 광고하거나 소비자를 오인시킬 우려가 있는 표시 ·
광고행위

사. 제조자 식별이 곤란한 제품을 다수의 사업자로부터 구입 · 판매함에도 불구
하고, 특정 사업자가 공급한 제품만을 판매하는 것처럼 그 사업자의 상표
또는 상호를 표시 · 광고하는 행위

11. 보증에 관한 표시 · 광고

자기가 공급하는 상품등에 관하여 보증 · 품질사후관리(A/S)에 관하여 표시 · 광
고하고자 할 경우 그 내용, 범위, 방법, 기간, 장소, 책임자 등에 관하여 사실과
다르게 표시 · 광고하는 행위는 부당한 표시 · 광고가 된다.

12. 용기, 포장에 관한 표시 · 광고

자기가 공급하는 상품의 내용에 관하여 소비자를 오인시키기 위하여 실내용물
에 비하여 현저히 과대 또는 고가로 포장하여 이를 소비자에게 제시하는 행위
는 부당한 표시 · 광고가 된다.

13. 추천, 권장 등에 관한 표시 · 광고

자기가 공급하는 상품등에 대한 추천, 권장 등의 사실을 표시 · 광고할 경우 아
래와 같이 사실과 다르게 또는 과장하거나 모호하게 표시 · 광고하여 소비자를
오인시킬 우려가 있는 표시 · 광고행위는 부당한 표시 · 광고가 된다.

가. 전문가, 연구기관, 유명단체에 의한 추천, 권장, 수상 등의 사실이 없음에
도 불구하고 동사실이 있는 것처럼 표시 · 광고하는 행위

나. 당해 상품등을 실제로 구입 · 사용해 본 사실이 없는 소비자의 추천을 표시
· 광고하는 행위

다. 당해 상품에 관하여 실제로 시험, 조사, 검사를 한 사실이 없는 당해부문
전문가의 추천을 표시 · 광고하는 행위

라. 참가상 또는 순번상을 품질이 우수함으로 인하여 수상한 것처럼 표시 · 광
고하는 행위

마. 부분적인 품질 또는 규격과 관련한 상을 전품질 또는 전규격의 상을 수상
한 것처럼 표시 · 광고하는 행위

바. 수상자가 현존하지 아니하거나 또는 당해 수상자가 생산, 조립, 가공, 제작 등에 참여하지 아니하였음에도 불구하고 참여한 것처럼 표시·광고하는 행위

14. 용도, 사용방법, 주의사항 등에 관한 표시 · 광고

자기가 공급하는 상품등에 대한 용도, 사용방법, 주의사항 등에 관하여 표시·광고할 경우 상품선택에 영향을 미칠 수 있는 중요한 사항을 표기하지 않거나 사실과 다르게 또는 현저히 멸실되기 쉬운 형태로 표시·광고하는 행위는 부당한 표시·광고가 된다. 특히 안전과 관련되는 상품등의 경우 상품선택에 영향을 미칠 수 있는 위해정보를 표기하지 않거나 식별이 용이하지 않고 사용상의 오인가능성이 있으며, 당해 상품의 보존기간 동안 존속되는 방법으로 표시·광고하지 않는 행위도 부당한 표시·광고가 된다.

15. 경쟁사업자 및 경쟁관계상품에 관한 비교표시 · 광고

가. 허위의 표시 · 광고

경쟁사업자의 규모, 연혁등 경쟁사업자 자신에 관한 사항이나 경쟁사업자가 공급하는 상품의 가격, 품질등 거래내용 또는 거래조건등(이하 "경쟁사업자의 것"이라 한다)에 관하여 표시·광고함에 있어서는 사실대로 하여야 한다. 따라서 경쟁사업자의 것에 관하여 사실과 다르게 표시·광고하는 행위는 부당한 표시·광고가 된다.

나. 배타성을 띤 절대적 표현의 표시 · 광고

자기자신이나 자기가 공급하는 상품(이하 "자기의 것"이라 한다)이 경쟁사업자의 것보다 현저히 우량 또는 유리하다고 나타내기 위하여 "최대", "최고", "최초", "제일", "유일"등 배타성을 띤 절대적 표현의 용어를 사용하여 소비자를 오인시킬 우려가 있는 표시·광고행위는 부당한 표시·광고가 된다. 다만, 사업자가 명백히 입증하거나 또는 객관성이 있는 자료에 의해 절대적 표현이 사실에 부합되는 것으로 판단되고 경쟁사업자 또는 소비자에게 피해를 주지 않는 경우에는 이를 사용할 수 있다.

다. 경쟁사업자의 것과 비교 표시 · 광고

자기의 것과 경쟁사업자의 것을 비교하여 표시·광고함에 있어서는 사실대로 적정하게 하여야 한다.

따라서 경쟁사업자의 것에 관하여 허위의 내용을 인용하여 비교표시·광고하거나, 사실과 같다 하더라도 동일 조건하에서 비교하지 않고 표시·광고하거나, 또는 사업자 또는 상품 등의 일부에 대하여 비교하면서 마치 전체

에 대한 비교인 것처럼 표시·광고함으로써 소비자를 오인시킬 우려가 있는 표시·광고행위는 부당한 표시·광고가 된다.

라. 중상 · 비방하는 내용의 표시 · 광고

경쟁사업자의 것에 관하여 중상·비방을 하여서는 아니 된다. 따라서 자기가 공급하는 상품이 현저히 우량 또는 유리하다고 소비자를 오인시키기 위하여 경쟁사업자의 것에 관하여 객관적 근거없는 허위의 내용으로 중상·비방하거나 불리한 사실만을 표기하여 비방하는 표시·광고행위

16. 누락, 은폐 등에 의한 기만적인 표시 · 광고

사업자 자신이나 사업자가 공급하는 상품에 대하여 표시·광고함에 있어서는 소비자가 제품을 선택하는데 있어 필요한 사항을 표기하여야 하며 제품 선택에 영향을 미칠 수 있는 중요한 사실이나 내용을 누락하거나 은폐하여서는 아니 된다.

따라서 아래와 같이 사업자 자신이나 상품에 관하여 중요한 사실이나 내용을 누락하거나 은폐함으로써 소비자를 오인시킬 우려가 있는 표시·광고행위는 부당한 표시·광고가 된다.

17. 기타의 거래내용 및 거래조건에 관한 사항의 표시 · 광고

가. 사업자가 경품류를 제공한다는 사실을 표시·광고함에 있어서는 사실대로 명확하게 표시·광고하여야 한다. 따라서 제공되는 경품류 내용, 제공기간 등에 대하여 사실과 다르게 또는 모호하게 표시·광고하여 일반소비자를 오인시킬 우려가 있는 표시·광고행위는 부당한 표시·광고가 된다.

나. 반품, 교환, 대금지불방법, 상품우송료 등 부대비용, 금융이용등 기타 거래내용 및 거래조건 등에 관하여 표시·광고함에 있어서는 사실대로 하여야 한다. 따라서 사실과 다르게 또는 과장하여 표시·광고하거나 모호하게 표시·광고하여 일반소비자를 오인시킬 우려가 있는 표시·광고행위는 부당한 표시·광고가 된다.

다. 수험교재판매와 관련하여 시험일, 시험합격후 혜택 등과 관련된 사항에 관하여 표시·광고함에 있어서는 사실대로 하여야 한다. 따라서 사실과 다르게 또는 과장되게 표시·광고하여 일반소비자를 오인시킬 우려가 있는 표시·광고행위는 부당한 표시·광고가 된다.

---

4) 공정거래위원회가 마트들이 '1+1 행사'에 대해 광고하면서 종전거래가격보다 인상된 판매가격을 기재하는 행위에 대하여 부당 표시·광고로 보고 제재한 건에서 서울고등법원은 1+1 행사는 반드시 2개 단위로 제품을 구매해야 하므로 단순한 할인판매가 아니며, '1+1 행사'를 규

그 외에도 공정거래위원회는 「부동산의 표시·광고에 관한 심사지침」[5] 「소비자안전에 관한 표시·광고 심사지침」[6], 「수상·인증 등의 표시·광고에 관한 심사지침」[7], 「금융상품 등의 표시·광고에 관한 심사지침」[8], 「추천·보증 등에 관한 표시·광고 심사지침」[9], 「환경관련 표시·광고에 관한 심사지침」[10], 「인터넷 광고에 관한 심사지침」[11]등 부당 표시·광고행위가 반발하는 분야를 중심으로 심사지침을 운용하고 있고, 사업자가 제한사항을 효과적으로 전달하기 위해 일반적으로 고려해야 할 요소를 제시함으로써 사업자가 소비자 오인 소지가 없는 표시·광고를 행하는 데 지침이 되는 것을 목적으로 「주된 표시·광고에 딸린 제한사항의 효과적 전달에 관한 가이드라인」[12]도 제정·운영하고 있다.

미국에서도 FTC법 제12조에서 허위광고행위를 규제하고 있다.[13]

제해야 할 필요성이 있다 하더라도, 이 건 고시가 제재기준이나 처분 등을 규정하지 않고 있고 소비자들의 공통된 인식이 형성되어 있다고 보기 어려운 상황에서 법령의 불비를 제재처분 상대방의 불이익으로 전가할 수는 없다고 판시하였다. 서고판 2017. 8. 17. 선고 2017누55. 그러나 대법원은 과장광고로 인정하고 파기환송하였다.

5) 공정거래위원회예규 제274호(2016. 12. 23).
6) 공정거래위원회예규 제255호(2016. 8. 3).
7) 공정거래위원회예규 제270호(2016. 12. 23).
8) 공정거래위원회예규 제273호(2016. 12. 23.)
9) 공정거래위원회예규 제271호(2016. 12. 23).
10) 공정거래위원회예규 제275호(2016. 12. 23).
11) 공정거래위원회예규 제272호(2016. 12. 23).
12) 공정거래위원회예규 제314호(2018. 12. 27.)
13) § 52. Dissemination of false advertisements(Sec. 12)
(a) Unlawfulness
It shall be unlawful for any person, partnership, or corporation to disseminate, or cause to be disseminated, any false advertisement――
(1) By United States mails, or in or having an effect upon commerce, by any means, for the purpose of inducing, or which is likely to induce, directly or indirectly the purchase of food, drugs, devices, services, or cosmetics; or
(2) By any means, for the purpose of inducing, or which is likely to induce, directly or indirectly, the purchase in or having an effect upon commerce, of food, drugs, devices, services, or cosmetics.
(b) Unfair or deceptive act or practice
The dissemination or the causing to be disseminated of any false advertisement within the provisions of subsection(a) of this section shall be an unfair or deceptive act or practice in or affecting commerce within the meaning of section 45 of this title.
§ 45. Unfair methods of competition unlawful; prevention by Commission(Sec. 5)
(a) Declaration of unlawfulness; power to prohibit unfair practices; inapplicability to foreign trade

1. 거짓 · 과장의 표시 · 광고

거짓 · 과장의 표시 · 광고는 사실과 다르게 표시 · 광고하거나 사실을 지나치게 부풀려 표시 · 광고하는 것이다(영 제3조 제1항).

허위 · 과장의 광고는 사실과 다르게 광고하거나 사실을 지나치게 부풀려 광고하여 소비자를 속이거나 소비자로 하여금 잘못 알게 할 우려가 있는 광고 행위로서 공정한 거래질서를 저해할 우려가 있는 광고를 말하고, 광고가 소비자를 속이거나 소비자로 하여금 잘못 알게 할 우려가 있는지는 보통의 주의력을 가진 일반 소비자가 당해 광고를 받아들이는 전체적 · 궁극적 인상을 기준으로 하여 객관적으로 판단되어야 한다(대법원 2003. 6. 27. 선고 2002두6965 판결 참조).14) 즉 거짓 · 과장의 표시 · 광고행위가 성립하기 위해서는 표시 · 광고 내용의 거짓 · 과장성 및 소비자 오인성, 공정거래 저해성이 인정되어야 한다. '거짓' 내지 '허위'는 그 내용이 객관적 사실에 부합하지 않으면서 소비자의 구매의사결정에 실질적으로 영향을 미치는 정도에 이르는 상태를 의미한다.15)

---

(1) Unfair methods of competition in or affecting commerce, and unfair or deceptive acts or practices in or affecting commerce, are hereby declared unlawful
§ 55. Additional definitions(Sec. 15)
For the purposes of sections 52 to 54 of this title－－
(a) False advertisement
   (1) The term "false advertisement" means an advertisement, other than labeling, which is misleading in a material respect; and in determining whether any advertisement is misleading, there shall be taken into account(among other things) not only representations made or suggested by statement, word, design, device, sound, or any combination thereof, but also the extent to which the advertisement fails to reveal facts material in the light of such representations or material with respect to consequences which may result from the use of the commodity to which the ad－vertisement relates under the conditions prescribed in said advertisement, or under such conditions as are customary or usual. No advertisement of a drug shall be deemed to be false if it is disseminated only to members of the medical pro－fession, contains no false representation of a material fact, and includes, or is ac－companied in each instance by truthful disclosure of, the formula showing quan－titatively each ingredient of such drug.
   (2) In the case of oleomargarine or margarine an advertisement shall be deemed misleading in a material respect if in such advertisement representations are made or suggested by statement, word, grade designation, design, device, symbol, sound, or any combination thereof, that such oleomargarine or margarine is a dairy product, except that nothing contained herein shall prevent a truthful, ac－curate, and full statement in any such advertisement of all the ingredients con－tained in such oleomargarine or margarine.

14) 대판 2008. 11. 13. 2008두6646.
15) 신영수, 광고판례백선(2019), 221면.

법원이 거짓·과장의 표시·광고로 인정한 사례는 다음과 같다.

"아이.디.에프(I.D.F. 국제우유연맹)는 특정제품 및 품질을 공인하거나 판정하는 기관이 아니고, 원고가 자신이 생산한 제품 또는 사용원유에 대하여 I.D.F.로부터 어떠한 시험, 검사나 인정을 받은 일이 없음에도 불고하고 "아이.디.에프(International Dairy federation)가 인정하는 진짜우유(국내최초)탄생"이라는 문구를 표시하여 광고한 행위"(파스퇴르유업(주)의 부당표시 및 허위·과장·비방광고 행위 건>)[16] "'우리 파스퇴르우유는 고름우유를 절대 팔지 않습니다'등 '고름우유'라는 용어를 사용한 우유가공회사의 광고행위"(파스퇴르유업(주)의 부당한 광고행위 건(일명 "고름우유 건")>)[17] "상품용기인 유리병에 한글로 천연사이다라고 표시하면서 한글천연 다음에 바로 한자 泉淵을 기재하지 않고 다른 줄에 적은 한자문으로 泉淵이라고 기재하고 영문자로 MINERAL WATER와 CIDER를 각각 분리표시한 행위"(<㈜초정약수의 천연사이다에 대한 부당표시 및 허위과장광고행위 건>),[18] "건축허가가 나지 않음에도 인하여 스포츠센터 건물이 건축되지 아니한다는 사실이 확정되었음에도 불구하고 이를 숨기고 분양광고한 행위"(<청림도시개발(주)의 부당공동행위 건>),[19] "분양광고 당시 이미 설계변경으로 공기가 연장될 것이 예상되었고 입주예정일이 지연될 것이 분명하였음에도 불구하고 피분양자들에게 이와 같은 사실을 숨긴채 '6년초 완공예정'등 분양광고에서 입주예정일을 지키지 못한 행위"(<청림도시개발(주)의 부당공동행위 건>),[20] "국내산 및 중국산 오가피를 원재료로 하여 제조된 것임에도 불구하고, 마치 경희대학교 생명자원과학연구원이 재배하여 공급한 한국산 오가피를 원재료로 하여 제조된 것처럼 광고한 행위"(<㈜파진바이오텍[변경전 ㈜진생코리아]의 부당광고행위 건>),[21] "스테인레스로 만든 보일러는 열전도율이 나빠서 연료비가 너무 많이 드는 것처럼 광고한 행위 등"(<귀뚜라미보일러판매(주)의 부당광고행위 건>),[22] "자기가 분양하는 아파트를 광고하면서 '입주자전용 첨단 바이오 스포츠센터를 설치' 등 분양예정인 시설물과 입주예정일에 대하여 사실과 다르게 광고한 행위"(<㈜남강건설회관의 부당광고행위 건>),[23] "주상복합건물 분양광고시 건축위치와 관련하여 마치 곡

---

16) 대판 1990. 9. 25. 89누8200. 동 판결에 대한 해설로 신영수, 광고판례백선(2019), 218~223면 참조.

17) 대판 1998. 3. 27. 96누5636. 동 판결에 대한 해설로 손수진, 광고판례백선(2019), 184~191면 참조.

18) 대판 1990. 2. 9. 88누6860. 동 판결에 대한 해설로 김도년, 광고판례백선(2019), 427~430면 참조.

19) 서고판 1999. 4. 30. 97구53719.

20) 서고판 1999. 4. 30. 97구53719.

21) 서고판 2000. 12. 14. 2000누4219.

22) 서고판 2000. 11. 21. 98누14978.

23) 서고판 1999. 5. 13. 97구52242(대판 2001. 2. 23. 99두6774).

각지점의 토지를 포함하는 동아대학교로 진입하는 입구의 길목지점을 포함한 부지위에 신축되는 것처럼 광고한 행위"(<㈜대우의 부당광고행위 건>),24) "백화점의 점포를 분양광고하면서 '부산 이지벨을 분양받은 도·소매상인들의 막심한 피해를 줄이고자'라는 등의 표현을 한 행위"(<㈜디자이너클럽의 부당광고행위 건>),25) "자신이 제조한 제품 '영림수드링크'를 신문란에 전면 광고하면서 "미국식품의약국 F.D.A. 기준 영양성, 안정성통과 등록'이라고 표시한 행위"(<바이오오키(주)의 부당광고행위 건>),26) "자신의 캐릭터가맹점 모집광고를 하면서 '3,000만원 투자시 월 250만원, 6,000만원 투자시 월 690만원 순익 거뜬' '한성대점의 경우 실평수 6평매장에 하루매출 25-30만원 꾸준히 유지'라는 표현으로 광고한 행위"(<㈜캐릭터랜드의 부당광고행위 건>),27) "'맞춤형비료'를 판매함에 있어 실제로는 지역별·작목반별로 토양분석을 실시하여 지역 평균토양의 시비처방서에 따른 비종(肥種)을 주문받아 공급하는 것임에도, 마치 모든 개별 주문에 대해 토양분석을 실시하여 그 토질과 작물에 맞는 맞춤비료를 공급하는 것처럼 광고한 행위"(<남해화학(주)외 4사의 부당광고행위 건>),28) "중앙일간지 등을 통하여 상가 분양광고를 하면서 마치 투자시 안정성이 100% 확보되고 2000만원 투자하면 연간 500만원 내지 700만원의 임대수익을 얻을 수 있는 것처럼 광고한 행위"(<㈜엠닷컴의 부당광고행위 건>),29) "매일경제 등에 쇼핑몰 '아바타' 분양광고를 하면서 ① '국내최초 전세권 100% 설정', '50% 한도 내 무담보 대출 알선', ② '투자원금은 물론 권리금까지 아바타가 5년후에 다 돌려 드리겠습니다'라고 하였으나 위 내용이 계약사항으로 명시되지 않아 담보될 수 없는 행위"(<㈜아바타엔터프라이즈의 부당광고행위 건>),30) "자기가 제조·판매하는 멀티탭 또는 안전덮개 등의 전기콘센트 제품에 대하여 제품표시를 하면서 경쟁사 지적재산권을 도용하고, 콘센트 재질을 허위로 표시한 행위 등(<동양전자산업(주)의 부당표시행위 건>),31) "외국어교습 프랜차이즈사업을 하면서 등록된 상호인 '개금외대어학원'을 사용하지 아니하고 '외대어학원'이란 용어를 사용하여 광고한 행위"(<동성교육개발 외 1의 부당광고행위 건>),32) "자기가 발행하는 대구교차로에 대한 2000. 9. 29. 대법원 판결 관련 광고를 함에 있어서 '대법원이 현재시점에서 대구교차로가

24) 대판 2001. 7. 10. 2000두10557.
25) 서고판 2001. 10. 16. 2001누5868.
26) 서고판 2002. 1. 29. 2001누6731(대판 2002. 4. 2. 2002두2161).
27) 서고판 2002. 12. 28. 2001누351.
28) 대판 2003. 6. 27. 2002두6965. 동 판결에 대한 해설로 박정원, 광고판례백선(2019), 228~231면 참조.
29) 대판 2003. 9. 2. 2003두4812.
30) 서고판 2003. 9. 9. 2002누19901.
31) 서고판 2004. 4. 7. 2003누4692.
32) 대판 2003. 4. 11. 2002두806(파기환송).

국내 최고 발행부수, 최다 정보량, 최다배부처를 가진 생활정보신문이라고 확정판결로 인정해 준 것처럼 광고한 행위', '전국최고발행부수, 최다정보량, 최다배부처 정보지', '전국1위', '대구, 경북권내에서 가장 많이 읽히는 생활정보"단 한푼도 외지로 유출시키지 않고 고스란히 지역경제로 환원시키는 정보지' 등 광고행위"(<㈜교차로의 부당광고행위 건>),[33] "비아그라와 대조군실험을 실시하지 않았음에도 실험결과를 나란히 제시한 광고한 행위, 「VNP54」가 발기부전의 근원적인 해결을 하는 것처럼 광고한 행위"(<벤트리(주)의 부당광고행위 건>),[34] "자기의 구성사업자인 14개 입시학원만이 정식으로 인가된 합법적인 기숙학원이고 그 이외의 학원은 모두 불법·변칙으로 운영되고 있는 기숙학원인 것처럼 광고한 행위"(<전국기숙학원협의회의 부당표시행위 건>),[35] "중앙일간지를 통하여 대구, 광주 및 수원밀리오네 쇼핑몰을 분양광고하면서 객관적 근거없이 마치 분양받을 경우 막대한 수익 및 권리금을 얻을 수 있는 것처럼 광고한 행위"(<㈜성창에프엔디의 부당광고행위 건>),[36] "실제로는 모든 개별주문에 대하여 토양분석을 한 후 비비(BB, 임상배합)비료를 공급하는 것이 아님에도 불구하고, 마치 모든 개별주문에 대하여 토양분석을 실시하여 맞춤비료를 공급하는 것처럼 광고한 행위"(<농업협동조합중앙회 외 1의 부당광고행위 건>),[37] "자기가 발행하는 '대구교차로'에 대해 마치 '한국브랜드협회가 주최하고 스포츠투데이가 후원한 「2003년 고객감동브랜드」 국내생활정보부문 1위로 선정'된 것처럼 광고한 행위"(<㈜교차로의 부당광고행위 건>),[38]"복합쇼핑몰을 분양하면서 객관적 근거없이 지하철 4호선 성신여대역 1,2번 출구와 바로 연결된다고 광고하고 관계당국으로부터 건축허가를 받았는지 밝히지 않은채 분양물의 층별 영업업종을 표시한 도면을 게재한 행위"(<㈜씨엔디에프코리아의 부당광고행위 건>),[39] "오피스텔을 분양광고하면서 침실 등 주거기능을 가진 복층형 구조의 오피스텔로 건축허가를 받지 않았음에도 복층시공이 가능한 것처럼 광고한 행위"(<㈜신한의 부당광고행위 건>),[40] "쇼핑몰을 분양하면서 사실과 다르게 미래 일정시점에 분양가가 인상되기 때문에 이 건 상가를 분양받으면 많은 시세차익을 올릴 것처럼 광고한 행위"(<㈜고려빌드의 부당광고행위 건>),[41] "자신이 시행사로 분양하던 상가 '팜스퀘어'에 관하여

---

33) 서고판 2004. 5. 19. 2002누8130[대판 2004. 8. 31. 2004두64029(심리불속행기각)]. 동 판결에 대한 해설로 백승이, 광고판례백선(2019), 348~353면 참조.

34) 대판 2004. 10. 14. 2004두6112.

35) 대판 2004. 12. 10. 2003두14383.

36) 대판 2005. 2. 18. 2003두8203. 동 판결에 대한 해설로 박성범, 광고판례백선(2019), 845~849면 참조.

37) 대판 2005. 5. 12. 2003두14352.

38) 서고판 2005. 9. 29. 2004누23997.

39) 대판 2006. 2. 10. 2005두4175.

40) 서고판 2006. 11. 1. 2005누30008.

국방일보 등에 '브랜드가치 300억원의 디자이너클럽 입점 확정, 3~4천만원대 투자로 100% 완전 등기이전, 월 112만 원(약 32%) 임대수익 예상, 노후 재테크 완전보장'등의 내용으로 광고한 행위"(<㈜태완디앤시의 부당광고행위 건>),[42] "'하이브랜드' 상가 분양을 하면서 중앙일간지에 '고속철도 출발예정지' 인근에 있는 것으로, 분양 팜플릿(안내책자)에는 교통·접근성에 관하여 '호남고속철도 강남 출발역 인접'에 위치하고 있는 것으로 광고한 행위"(<㈜인평의 부당광고행위 건>),[43] "가습기 살균제인 '옥시싹싹 가습기당번'을 판매하면서 제품용기에 '인체에 안전한 성분을 사용하여 안심하고 사용할 수 있습니다'라고 표시한 행위"(<(유)옥시레킷벤키저의 부당표시행위 건><홈플러스(주)의 부당표시행위 건>),[44] "중앙일간지 등을 통하여 복합쇼핑몰 '오스페'를 분양광고하면서 객관적 근거 없이 '지하철 4호선과 성신여대역 출구와 바로 연결'이라는 광고를 한 행위"(<(주)씨엔디에프코리아의 부당광고행위 건>),[45] "오피스텔을 분양하면서 오피스텔 한 개 층을 위·아래로 나누어 1.4m 높이의 침실 기능 복층(다락방) 구조가 가능한 것처럼 팜플렛 조감도에 게재하거나 견본주택에 설치한 행위"(<(주)신한의 부당광고행위 건>),[46] "쇼핑몰 분양 광고하면서 사실과 다르게 미래 일정시점에 분양가가 인상되기 때문에 이 건 상가를 분양받으면 많은 시세차익을 올릴 수 있는 것처럼 소비자를 오인시킨 행위"(<(주)고려빌드의 부당광고행위 건>),[47] "건물 분양업자가 미국 유명 백화점업체인 JC Penney의 카탈로그 쇼룸에 관한 국내 상표권 내지 영업권자인(주)제이씨패니코리아의 건물임차를 마치 JC Penney 백화점의 입점인 것처럼 광고한 행위(<(주)월드인월드의 부당광고행위 건>),[48] "광교신도시 내 중심상업용지를 분양하기 위한 공급공고를 하면서 공개공지로 차량 진·출입이 가능한 것처럼 교통종합개선안도 및 지구단위계획 결정도를 작성하여 광고한 행위"(<경기도시공사의 부당광고행위 건>),[49] "일반 업무시설인 오피스텔을 분양하면서 신문, 광고 전단지 등에 '아파트', '주거용' 등의 표현을 반복적으

---

41) 서고판 2006. 10. 11. 2005누24041.
42) 서고판 2006. 10. 26. 2005누29732.
43) 서고판 2007. 2. 7. 2006누15334.
44) 대판 2014. 12. 24. 2012두11977(옥시). 동 사건에 대한 해설로 이선희, 광고판례백선(2019), 161~164면 참조; 서고판 2013. 7. 26. 2012누28171(홈플러스). 동 건에 대하여 공정거래위원회는 제품에 사용된 SKYBIO 1125 및 그 주성분인 PHMG를 흡입하는 방식으로 접촉할 경우에 상당한 위험성이 존재한다는 객관적인 자료가 있었던 점등을 이유로 시정명령과 공표명령을 부과하고, 옥시를 검찰에 고발하였는데, 가습기살균제로 인한 다수의 사망자 발생, 검찰의 수사지연 등이 사회적으로 큰 문제가 된 바 있다. 동아일보 2016. 5. 17. A12면 사회.
45) 대판 2006. 2. 10. 2005두4175.
46) 서고판 2006. 11. 1. 2005누30008.
47) 서고판 2006. 10. 11. 2005누24041.
48) 서고판 2008. 8. 28. 2007누19692.
49) 서고판 2014. 6. 18. 2013누48615[대판 2014. 10. 15. 2014두38668(심리불속행기각)].

로 사용하여 오피스텔을 주거전용시설인 것 같은 인상을 준 행위"(<SK건설(주)의 부당광고행위 건>),50) "아파트 분양광고를 함에 있어서 경전철 건설을 확정할 수 없음에도 '경전철 건설 예정'이라는 단정적인 표현을 사용한 행위"(<청원건설 ㈜ 외 2의 부당광고행위 건>),51) "시중에 판매되던 참고서 중 재고품, 반품된 참고서를 다시 발행하면서 내용에 변경이 없음에도 발행일을 최초 발행일과 다르게 표시한 행위"(<한국교육방송공사의 부당표시행위 건>),52) "객관적인 근거가 없음에도 불구하고, 마치 국내는 물론 전 세계 유가공 회사 중 유일하게 첨단시설과 시스템을 갖추고 있는 것처럼 광고한 행위 등"(<남양유업(주)의 부당광고행위 건>),53) "아파트를 분양하면서 분양홈페이지상의 e-카탈로그 등을 통해 '전 세대 전실 설치'등의 표현을 사용한 것은 주거 공용공간인 전실을 마치 개별 세대의 전용공간인 것처럼 사실게 다르게 광고하거나 전실의 용도를 지나치게 부풀린 행위"(<현대건설(주)의 부당광고행위 건>),54) "건설교통부에서 조사한 오피스·매장용 빌딩에 대한 투자수익률 추계치를 분양광고에 인용하면서 투자수익률이 높게 나온 과거의 특정연도 자료를 연도표시 없이 인용함으로써 마치 광고시점을 기준으로 최근의 투자수익률 추계치인 것처럼 광고하는 행위 등"(<㈜성창에프엔디의 부당광고행위 건>),55) "아파트를 분양하면서 분양카탈로그에 설치계획에도 없는 대형광장, 배드민턴장을 표현한 행위"(<㈜신가현이앤씨 및 임광토건(주)의 부당광고행위 건>),56) "주상복합건물을 분양광고하면서 녹지공원 조성계획이 확정되지 않았음에도 장차 변경가능성이 있다는 등의 유보적인 표현을 사용하지 않은 채 '바로 앞에 녹지공원'으로 표현한 행위"(<KCC건설(주)의 부당광고행위 건>),57) "2008. 5.경부터 원고의 홈페이지를 통하여 원고가 판매하는 연수기 제품에 관하여 소비자들을 상대로 체험후기를 작성하면 그중 일부를 선별하여 경품을 주는 이벤트를 실시하여 소외인 등 25명의 사례들을 수집하고, 위 이벤트와

50) 서고판 2009. 4. 30. 2008누23452.

51) 대판 2013. 12. 26. 2011두4930. 동 판결에 대한 해설로 손동환, 광고판례백선(2019), 861~866면 참조.

52) 서고판 2011. 1. 12. 2009누37366. 일반 소비자로 하여금 표시된 발행일에 새롭게 발행된 것으로 오인하게 할 우려가 있어 합리적인 구매선택을 저해하며, 실제 발행일로부터 18개월이 경과한 학습참고서에 대하여도 변경된 발행일에 따라 도서정가제가 적용되게 함으로써 가격인하를 저해하는 효과도 있다고 보았다.

53) 서고판 2011. 6. 15. 2010누34691. 동 판결에 대한 해설로 이기종, 광고판례백선(2019), 194~199면 참조.

54) 서고판 2011. 8. 17. 2010누42883.

55) 서고판 2009. 11. 12. 2009누1138[대판 2010. 2. 25. 2009두23112(심리불속행기각)].

56) 서고판 2011. 7. 6. 2010누27259[대판 2011. 11. 24. 2011두19345(심리불속행기각)].

57) 서고판 2012. 10. 25. 2012누3875[대판 2013. 2. 28. 2012두25422(심리불속행기각)]. 주상복합건물의 분양에 있어 중요한 요소인 입지조건에 관한 사실을 오인하게 하는 허위과장광고에 해당한다고 판시하였다.

연계하여 홈페이지에 '사진으로 보는 캠프로 개선사례'라는 항목을 만들어 '고객
님께서 실제로 캠프로 샤워필터를 사용하시고 직접 올려주신 체험후기 중에 캠프
로 설치사례와 개선효과를 생생한 사진과 함께 제공해 드리고자 합니다.'라고 공
지하고 그 아래에 이를 체험후기 형식으로 게시한 사실"<드림코어의 부당광고행
위 건>,[58] "보이로 전기요에 대해 홈페이지(www.philgreen.co.kr) 및 (주)위메프
판매 페이지 등을 통해 2013. 10. 20.부터 11. 15.까지 'EMF* 인증까지 획득'이라
고 광고한 행위"<(주)필그린월드와이드의 경고심의요청 건>,[59] "홈페이지를 통해
'회사의 존폐와 관계없이 행사를 보상받을 수 있는 행사보장제도 등 고객중심의
계약조건을 제시합니다'라고 표현한 행위"(<보람상조개발(주) 외 3개사의 부당광
고행위 건>),[60] "브로슈어 및 홈페이지를 통해 차량 옵션표에 검은 점을 표기하
는 방식 등으로 사실과 달리 「2014년 식 TAURUS 차량 전 모델(2.0SEL, 2.0LTD,
3.5SEL, 3.5LTD, SHO)에 대하여 힐 스타트 어시스트 기능이 적용되어 있다」고 광
고한 행위"(<선인자동차(주)의 부당광고행위 건>),[61] "'박사급 이상 전 · 현직 대
학교수님 207명이 교재를 집필', '합격률 1위', '21년 동안 수석 특별상 1위', '2009
년 전관왕 석권'등의 광고행위"(<(주)와이제이에듀케이션의 부당광고행위 건>
),[62] "자신이 제조하여 판매하는 VAD(자동차용 전자식 엑셀레이터의 가변전압기)
상품에 대하여 자신의 홈페이지 등을 통해 '연비 대폭개선(10%~ 30%)'의 표현으
로 광고하고, 동 상품의 포장에 10%~ 30%의 연비 개선 효과가 있다고 표시한
행위"(<모터파워의 부당표시행위 건>),[63] "자신이 독점 수입판매하고 있는 핏플

---

58) 대판 2013. 9. 26. 2011두7632. 동 판결에 대한 해설로 최난설헌, 광고판례백선(2019), 341~344
면 참조.

59) 서고판 2015. 11. 20 2015누46323. 보통의 주의력을 가진 일반소비자로 하여금 원고가 수입하
여 판매하는 보이로 전기요 제품들이 KTC(Korea Testing Certification: 한국기계전기전자시험
연구원)의 EMF인증을 받은 제품으로서 엄격한 기준을 통과하여 인체에 유해하지 않은 것으로
확인 · 증명된 제품으로 잘못 알게 할 우려가 있다고 볼 수 있다고 판시하였다.

60) 대판 2013. 6. 13. 2011두82(일부파기환송). 일반 소비자로 하여금 회사 존폐와 관계없이 상조
서비스 이행을 모두 보장받을 수 있는 것처럼 오인시킬 우려가 있다고 판시하였다. 동 판결에
대한 폐업 후 행사보장제도 광고는 상조보증제도라는 용어를 직접 사용하지는 않았다고 하더
라도, 이를 접한 일반 소비자에게 전체적 · 궁극적으로 갑 회사 등이 폐업한 후에도 상조보증제
도를 통하여 정상 영업을 하고 있던 경우와 마찬가지로 상조서비스의 이행이 보장되는 것처럼
사실과 다른 인상을 형성하게 함으로써 상조서비스 제공 상품을 구매하려는 소비자를 속이거
나 소비자로 하여금 잘못 알게 할 우려가 있고, 공정한 거래질서를 저해할 우려가 있는 허위 ·
과장광고에 해당한다고 판단하였다.

61) 서고판 2015. 12. 10 선고 2015누50803. 행정법규 위반에 가하는 제재조치는 행정목적 달성을
위하여 행정법규 위반이라는 객관적 사실에 착안하여 가하는 제재이므로 원칙적으로 위반자의 고의
· 과실을 필요로 하지 않고, 광고를 접하게 되는 보통의 주의력을 가진 일반 소비자로서는 이
건 차량에 경사로 밀림 방지기능이 장착되어 있다고 오인할 우려가 있고 이는 차량 구매의 합리
적인 선택을 방해하여 공정한 거래질서를 해칠 우려가 있다고 판시하였다.

62) 서고판 2014. 1. 12. 2013누45784.

63) 서고판 2015. 8. 19. 2014누73038[대판 2015. 12. 10. 선고 2015두51262(심리불속행기각) 판결].

랍 브랜드 제품에 대하여 온라인 매체 등을 통해 '엉덩이 근육 활성화 30%, 허벅지 근육 활성화 19%, 뒷 허벅지 근육 활성화 16%(종아리 근육 최대 11%)', '신고 걷기만 해도 다리라인을 가꿔주는…' 등 소비자로 하여금 핏플랍 신발을 신을 경우 광고내용처럼 효능 및 효과가 있는 것으로 광고한 행위"(<핏플랍리미티드 및 ㈜넥솔브의 부당광고행위 건>),64) "경품행사에 대해 개인정보 수집 목적을 알리지 않고 오픈마켓사업자가 진행하는 이벤트인 것처럼 광고한 행위, 실제와 달리 경품을 100% 전원 증정한다고 광고한 행위, 거짓 쿠폰 사용 후기를 게시한 행위"(<(주)열심히커뮤니케이션즈의 부당광고행위 건>),65) "'뉴욕주립대/캘리포니아주립대 Education Abroad 국제전형'이라는 제목으로 '국내유일 미국대학 정규입학', '국내대학 등에서 1년, 미국대학에서 3년 공부', '2013년까지 1,871명 진학', '미국명문 20개 주립대 및 해외의대가 교류 협정을 바탕으로 진행'이라고 광고한 행위"(<코리아타임스글로벌전형(주)의 부당광고행위 건>),66) "실제 녹지율은 50.39%에 불과하여 한강신도시내 최고가 아닌데도, 분양 안내책자, 전단지, 신문광고 등을 통해 '한강신도시 내 최고 녹지율 56%' 등으로 광고한 행위"(<㈜한양의 부당광고행위 건>),67) "2005. 8. 29. 이 사건 지하아케이드 설치 전망의 유력한 근거가 되었던 뉴타운 지구 후보지에서 이 사건 주상복합건물이 포함된 화양지구가 제외됨에 따라 이 사건 지하아케이드 건설 계획은 이 사건 주상복합건물의 분양 개시 당시인 2005. 9.경에는 이미 성사 여부가 불투명한 다소 막연한 전망으로 그 실현 가능성이 대폭 줄어드는 중대한 변화가 발생하였는데도 이 사건 지하아케이드가 비교적 단기간 내에 설치될 예정인 것처럼 광고한 행위"(<두산중공업(주)의 부당광고행위 건>),68) "결혼정보업체가 인터넷 홈페이지 및 교통수단 등을 통해 ① '압도적인 회원 수', ② '국내 유일 공정거래위원회에 회원 수 근거자료 제출', ③ '점유율 63.2%(주요 4개업체간 2010년 매출액 기준)'이라고 광고한 행위"(<듀오정보의 부당광고행위 건>),69) "분양광고 중 해양공원 부분의 경우, 그 분양광고 당시 해양공원에 어떠한 시설이 설치될 것인지나 언제까지 해양공원이 완공될 것인지 등이 확정되지 않았음에도 불구하고, 아파트는 '해양공원아파트'라는 차별화된 특징을 가진다고 강조하면서, 아파트 앞 해안가에 호텔·컨벤

---

64) 서고판 2015. 9. 10. 2015누37671.

65) 서고판 2013. 12. 26. 2012누40331(대판 2017. 4. 7. 2014두1925).

66) 서고판 2015. 11. 12 선고 2015누38506[대판 2016. 3. 10, 2015두58119(심리불속행기각)]. 일정 정도의 영어수준을 충족하여야만 입학이 가능하다는 사실을 공개하지 않고 이를 은폐 또는 누락한 것은 소비자를 기만한 것이고, 국제전형과 무관한 입학자 수까지 포함하여 광고함으로써 실제보다 많은 유학생들이 이 건 국제전형을 통해 미국대학으로 입학한 것으로 보이게 하는 것은 소비자를 오인하게 한 것이다고 판단하였다.

67) 서고판 2014. 6. 11. 2013누9870[대판 2014. 10. 27. 2014두38323(심리불속행기각)].

68) 대판 2014. 4. 10. 2011다72011,72028[손해배상(기)·손해배상(기)]판결. 동 판결에 대한 해설로 이원식, 광고판례백선(2019), 635~640면 참조.

69) 서고판 2015. 3. 18. 2014누2746.

션센터, 콘도 · 워터파크, 광장 · 쇼핑몰(유명 브랜드숍) · 씨푸드레스토랑 등으로 구
성된 해양공원이 조성될 것이고, 해양공원은 아파트와 연계하여 추진하는 사업으
로서 아파트의 사업계획 승인조건에 의하면 위와 같은 해양공원이 완공되지 않으
면 아파트의 준공승인이 나지 않는다고 광고한 행위"(<㈜ 무송종합엔지니어링 외
1인의 허위과장광고 건>),70) "아파트 분양광고 중 제3연륙교가 2014년에 개통될
것이라고 광고한 행위"(<㈜ 한양 외 1인의 부당광고행위 건>),71) "대규모 유통
업자인 갑 주식회사가 전단 광고에 초콜릿 등 상품의 그림과 함께 '1＋1'이라고
표기한 문양을 가격과 함께 표시한 1＋1 행사 광고 행위"(<롯데쇼핑(주)의 부당
광고행위 건>),72) "이 사건 배출가스기준과 해당 차량이 대기환경보전법 등의 규

---

70) 대판 2015. 7. 23. 2012다15336,15343,15350,15367,15374,15381,15398,15404(부당이득반환등).

71) 대판 2015. 5. 28. 선고 2014다24327,24334,24341,24358,24365,24372(분양대금반환등 · 분양대
금반환등 · 분양대금반환등 · 분양대금반환등 · 분양대금반환등 · 분양대금반환등). 이 사건 아파
트 분양광고 당시 제3연륙교가 인천시의 도시기본계획 등에 포함되어 있기는 하였으나 건설
시기 · 사업비 부담주체 등에 관한 구체적인 계획이 수립되어 있지는 아니하였던 점, 이 사건
아파트 분양광고 당시 제3연륙교를 2014년까지 완공하겠다는 인천시의 발표가 있었지만 국토
해양부는 영종대교와 인천대교의 손실보전금 부담 문제 때문에 제3연륙교의 건설을 반대하고
있었고 단기간 내에 이에 관한 해법을 찾기 어려웠으며 국토해양부가 찬성을 하더라도 설계와
시공에는 수년의 시간이 소요되고, 달리 제3연륙교가 2014년까지 완공될 수 있다고 볼 만한
사정이 없었던 점 등에 비추어 보면, 제3연륙교에 관한 피고들의 광고는 2014년까지 제3연륙
교 이용이 가능할 것처럼 그 실현가능성과 완공시기를 부풀려 소비자에게 오인가능성을 야기
한 표시광고법상의 허위 · 과장광고에 해당한다. 동 사건에 대한 해설로 윤성운, 광고판례백선
(2019), 715~718면 참조.

72) 대판 2018. 7. 12. 2017두60109(파기환송). ① 표시광고법 제3조 제1항 제1호는 소비자를 속이
거나 소비자로 하여금 잘못 알게 할 우려가 있는 광고행위로서 공정한 거래질서를 해칠 우려
가 있는 거짓 · 과장 광고를 금지하면서, 같은 조 제2항에서 그 구체적인 내용은 대통령령으로
정하도록 하고 있다. 이에 따라 시행령 제3조 제1항은 거짓 · 과장의 광고를 사실과 다르게 광
고하거나 사실을 지나치게 부풀려 광고하는 것으로 규정하였다. 한편 피고가 정한 '부당한 표
시 · 광고행위의 유형 및 기준 지정 고시'(2015. 10. 23. 공정거래위원회고시 제2015−15호로
개정되기 전의 것, 이하 '이 사건 고시'라 한다)에는 부당한 표시 · 광고의 세부적인 유형 또는
기준을 규정하고 있다. 이 사건 고시의 'Ⅰ. 목적' 부분에는 "이 고시는 표시광고법 제3조 제1
항 각호 및 시행령 제3조 제1항 내지 제4항의 규정에 의한 부당한 표시 · 광고가 구체적으로
어떠한 경우에 해당되는지를 사업자, 사업자단체 및 일반 국민에게 예시함으로써"라고 규정하
고 있고, 'Ⅱ. 1. 표시 · 광고의 기본원칙' 항목에서는 "이 고시에 예시된 사항은 일반거래상에
흔히 나타나고 있는 대표적이고 공통적인 사항만을 추출한 것이다."라고 규정하고 있다. 이러
한 관계 법령과 이 사건 고시의 내용을 종합하여 보면, 어떤 사업자의 표시 또는 광고 행위가
부당한 표시 · 광고 행위로서 표시광고법 제3조에 위반되는지 여부는 표시광고법 제3조 및 시
행령 제3조의 규정에 따라 판단하여야 하고, 피고가 이 사건 고시에서 예시한 내용에 해당되
는지 여부를 기준으로 판단하여야 하는 것은 아니다. ② 원고가 이 사건 1＋1 행사 광고에
'할인'이나 '특정한 할인율 숫자'를 나타내는 문구를 표기한 것은 아니나, '1＋1 행사' 상품의
가격 옆에 붉은색 또는 검은색의 사각형이나 붉은색 원형으로 강조한 '1＋1' 문구를 표기하였
다. 이러한 이 사건 1＋1 행사 광고의 형상은 이 광고가 실린 전단 광고에 있는 다른 상품들
의 광고가 단위당 가격만을 표기한 것과 대비된다. ③ 이 사건 1＋1 행사 광고는 각 전단 광
고에 다른 여러 상품들에 대한 광고와 함께 이루어졌고, 다른 상품들은 그 단위당 가격만을
표기한 것과 달리 이 사건 1＋1 행사 광고에서는 '1＋1'을 강조하여 표기하였으므로, 일반 소
비자의 관점에서는 이를 적어도 "'1＋1 행사'를 하는 상품을 구매하면 종전의 1개 판매가격으

정에 적합하게 제작되었다'는 내용의 표시 및 '이 사건 배출가스기준 충족'을 내용
으로 하는 광고, '친환경성', '고연비성'과 관련된 부분의 광고"(<3개 자동차 제조
·판매사업자의 부당한 표시·광고행위 건>),[73] 이 사건 제품의 팸플릿에 명시적
으로 "착화초기 연기발생이 없고, 유독가스 발생이 거의 없음", "야간 질식사고
ZERO!"라는 문구로 광고를 하고, '인체에 무해하고'라는 문구가 포함된 소비자의
후기를 게재하였는데, 이는 팸플릿에 거재하였다면 소비자의 후기에 있던 것이라
도 원고의 행위로 평가할 수 있거, 이는 거짓·과장성이 인정됨"(<㈜메타노이아
의 부당광고행위 건>)[74]

한편 법원이 거짓·과장의 표시·광고로 인정하지 않은 사례는 다음과 같다.

"원료제공사로부터 번역물을 제공받아 수요자에게 배포하면서 경쟁사 제품은 '우
레아폼은 암을 유발하여 외국에서도 사용안한다'라고 광고한 행위"(<은성화학공
업(주)의 허위·과장광고행위에 대한 건>),[75] "상가분양을 하면서 보라매공원 인
근지역이 서울시청 이전 후보에 불과한 지역임에도 98년까지 종합행정타운 조성
이 완료되는 것처럼 광고한 행위"(<현대건설(주)의 부당광고행위 건>),[76] "컴퓨
터 등에 대한 아프터서비스와 관련하여 '차별화3 평생 A/S, 1,2년 A/S가 아닌 평
생 A/S를 보장합니다'라는 제목하에 '세진가족이 되시면, 전국 어디서나 무상으로
평생동안 아프터 서비스를 받으실 수 있습니다. 업계최초 평생 A/S보장제'라는 등
의 표현을 한 광고행위(<㈜세진컴퓨터랜드의 부당공동행위 건>),[77] "주택할부금
융회사들의 대출금리 안내광고시 일정한 경우 예외적으로 금리가 변동될 수 있다

로 2개 구매하는 것보다 경제적으로 상당히 유리하다"는 의미로 인식할 여지가 크다. ④ 원고
가 이 사건 1+1 행사 광고를 하면서 표기한 광고상 판매가격은 이 광고 전 근접한 기간에
실제 판매했던 1개 가격의 2배와 같거나 오히려 2배가 넘는 것으로, 이 사건 1+1 행사 광고
가 있기 전과 비교하여 소비자들이 얻을 수 있는 경제적 이익은 없다고 볼 수 있다. ⑤ 이와
같이 이 사건 1+1 행사 광고를 전후로 비교하면 아무런 경제적 이익이 없거나 오히려 경제
적으로 더 불리할 수 있음에도 불구하고, 원고는 다른 상품과 대비하여 '1+1'을 강조하는 등
의 방법으로 이 사건 1+1 행사 광고를 하였다. 결국 원고는 '1+1 행사'를 광고하면서, 동일
한 상품의 1개당 판매가격을, 광고 전 근접한 기간에 실제 판매했던 그 상품의 1개 판매가격
과 같거나 그보다 높은 가격으로 '광고상 판매가격'을 표시한 것으로 볼 수 있다. 이는 표시광
고법 제3조 제1항 제1호, 시행령 제3조 제1항에서 금지하는 '사실과 다르게 광고하거나 사실
을 지나치게 부풀려 광고함으로써 소비자를 속이거나 소비자로 하여금 잘못 알게 할 우려가
있는 것으로서 공정한 거래질서를 저해할 우려가 있는 광고'에 해당한다고 볼 여지가 상당하
다; 동 판결에 대한 해설로 손혁상, 광고판례백선(2019), 244~248면. 원심은 이 사건 1+1 행
사 광고를 하면서 '1+1'이라고만 표시했을 뿐 할인율을 기재하거나 1개당 판매가격을 산출하
여 직접 명시한 것은 아니라는 등의 이유를 들어, 이 사건 1+1 행사 광고를 표시광고법 제3
조 제1항 제1호의 거짓·과장 광고에 해당하지 않는다고 보았다.
73) 대판 2019. 10. 17. 2019두31815.
74) 대판 2021. 3. 11. 2020두55558.

는 사실을 포함시키지 않은 행위(<6개 할부금융사의 부당한 광고행위 건>),[78] "자신이 분양하는 아파트에 대하여 주거환경평가제도가 없음에도 불구하고 '…주거환경평가에서 최적의 전원요지로 평가를 받을 만큼 삶의 공간을 열어주고 있는 청학지구…'라는 표현을 사용하여 광고한 행위"(<대한주택공사의 부당광고행위 건>),[79] "「VNP001」이 주원료인 '올카바스'로 실험을 하였음에도 「VNP54」의 실험결과라고 다르게 광고한 행위"(<벤트리(주)의 부당광고행위 건>),[80] "인터넷사이트의 공동구매란에 실제는 서해물산의 협력업체인 ㈜현화상사가 2000년 가을 중국에서 제조하여 서양물산(주)에 납품한 물품 중 내부충전제 함량미달로 검사에 불합격된 제품을 사실과 다르게 'e-패션'으로, 제조시기를 '2001년 신상품'으로 광고한 행위"(<㈜다음커뮤니케이션의 부당광고행위 건>),[81] "신용등급 안내를 게시함에 있어 신용조회에 따른 조회기록이 남지 않게 할 수 있는 특별한 코드이용방법이 있다는 점과 다른 금융기관도 이와 같은 방법을 이용하여 업무를 처리할 수 있다는 점을 밝히지 않았다고 하더라도 광고행위가 대체로 객관적인 사실에 부합한 행위"(<케이제이아이파이낸스인터내셔널(유)의 부당광고행위 건>),[82] "주무부처인 국토해양부가 건설 여부를 검토 중에 있는 수도권 광역급행철도를 위 분양 아파트 주변에 마치 건설되는 것으로 계획된 것처럼 광고한 행위"(<드림리츠(주)의 부당광고행위 건>),[83] "① 원고들이 사용하고 있는 상조서비스 약관(이하 '이 사건 약관'이라고 한다) 제6조 제1항은 피고가 제정한 상조서비스 표준약관(이하 '표준약관'이라고 한다) 제6조와 같이 회원이 납입금의 전부 또는 일부를 선납할 경우 일정한 비율로 총 납입금을 할인하는 규정을 두면서도, 그 제2항에서 회사가 회원에게 선납일로부터 1년 이내 상조서비스를 제공한 경우에는 회원으로 하여금 선납할인금을 반환하도록 규정하고 있는 사실, ② 표준약관 제7조는 회사가 회원 가입 후 일정 기간 안에 회원에게 상조서비스를 제공할 경우 비용을 추가로 받을 수 있도록 규정하면서 그 비용의 범위나 징수 방식에 관하여 아무런 제한을 두지 않고 있고, 그 제8조는 회원이 월부금의 완납 이전에 상조서비스를 제공받은 경우 잔여납부금을 일시에 납부하도록 규정하고 있는 사실, ③ 이 사건 약관 제7조는 표준약관 제7조가 규정한 일정 기간을 6개월 또는 1년으로 정하면서 원고들이 회원 가입 후 그 각 기간 내에 상조서비스를 제공할 경우 회원으로부터 받을 추가비용의 액수를 규정하고 있고, 그 제8조에서 표준약관 제8조와 동일한 내용을 규정하고 있는 사실 등"(<보람상조개발(주) 외 3개사의 부당광고행위 건>),[84] "특허 관련, '삼광유리에서만 보유하고 있는 특허 제조 기술로 만들어지기 때문에 깨어지지 않는 강화 유리 제품은 '글라스락'이 유일하다.', '글라스락은 내열강화유리로 특허를 받은 제품입니다(특허 제0070579호).', '글라스락은

국내유일의 내열·강화유리밀폐용기입니다(특허 제0070579호).'라는 내용의 광고를
한 행위"(＜삼광유리공업(주)의 부당광고행위 건＞),[85] "공중파TV 등을 통하여 상
조서비스에 관한 광고를 함에 있어 실제로는 상조서비스 표준약관의 내용보다 더
불리한 내용을 담고 있는 약관을 사용하고 있음에도 불구하고 마치 표준약관을
준수하고 있는 것처럼 광고한 행위"(＜보람상조개발(주) 외 3개사의 부당광고행위
건＞),[86] "입주자모집공고나 주택공급계약서에 표시된 이 사건 주상복합건물의 전
용면적은 중심선 치수가 아니라 외벽의 내부선을 기준으로 산정되었어야 할 것이
나, 피고(반소원고) 화양시장 주식회사가 법집행기관인 광진구청장의 해석을 좇아
중심선 치수에 따라 전용면적을 산정하고 이를 입주자모집공고나 주택공급계약서
에 전용면적으로 표시한 행위"(＜두산중공업(주)의 부당광고행위 건＞),[87] "경전
철 부분의 경우, 이 건 아파트와 부산지하철 2호선 경성대·부경대역을 연결하는
경전철이 2008년 착공될 예정이라는 광고내용은 부산광역시의 도시철도 기본계획
에 근거한 것이기는 하나, 도시철도 기본계획은 장기적이고 전체적인 계획으로서
계획의 수립이 곧 착공 및 운행을 의미하는 것은 아니고 실제 사업의 착수에 이
르기까지의 기간은 확정할 수 없으므로, 피고들로서는 소비자들이 도시철도 기본
계획의 의미에 관하여 오해하지 않도록 배려·설명할 의무가 있는데도, 피고들은
그러한 설명을 하지 않고 오히려 소비자들의 무지를 이용하여 일부 광고물에 '오
륙도역'이라는 표시를 하고 견본주택에 경전철의 모형을 설치하며 입주자 모집공
고에 경전철로 인하여 소음이 발생할 수 있다고 기재함으로써 경전철 사업이 확
정된 것과 같이 오인하게 한 행위"(＜무송종합엔지니어링 외 1인의 허위과장광고
건＞),[88] "견인베개에 대한 실용신안 권리가 있는 것처럼 광고한 행위"(＜티앤아
이의 표시·광고법 위반행위 건＞)[89]

---

75) 서고판 1990. 1. 15. 81구655(대판 1991. 3. 3. 82구127).

76) 서고판 2001. 5. 29. 2000누4806. 서울시와 동작구가 토지이용계획 수립하였고, 정례설명회자
   료에서 "기능별 종합행정타운 조성"이라는 표현을 사용한 점 등을 근거로 하였다.

77) 서고판 2001. 6. 5. 2000누2336(대판 2001. 10. 10. 2001두5293).

78) 대판 2002. 6. 14. 2000두4187: "사업자는 광고를 함에 있어 상품 또는 용역에 관한 모든 사항
   을 광고내용에 포함시켜 광고하여야 할 의무는 없고, 소비자의 구매결정에 영향을 미칠 수 있
   는 중요한 사항에 대하여 적정한 정보만 제공하면 되는 것이다", "이 건 주택할부금융은 순수
   한 변동금리금융상품과 같이 우대금리 등의 기준금리에 연동되어 금리가 자동으로 변동되는
   것이 아니라, 여신거래기본약관 제3조에 정하여진 '금융시정의 변화 기타 상당한 사유'가 있는
   등 이른바 사정변경의 원칙에 따른 금리변경의 요건에 해당되어 원고들이 금리변경권을 행사
   하였을 경우에만 예외적으로 금리가 변동될 수 있는 상품임을 알 수 있는데, 이와 같이 위 약
   관에 따라 일정한 경우 예외적으로 금리가 변동될 수도 있다는 사실은 소비자들이 원고들과
   개별적인 할부금융거래약정을 할 때 약관법 제3조 등에 의하여 원고들로부터 위 약관의 내용
   을 명시받고, 그 중요한 내용에 대하여 설명을 받게 될 것임에 비추어, 이는 주로 안내전단
   형식인 이 건 광고들에서 반드시 제공되어야 할 '소비자의 구매결정에 영향을 미칠 수 있는

허위나 과장광고는 형법상 사기죄의 기망행위가 될 수도 있다.

중요한 사항'에 해당한다고는 할 수 없다 할 것이므로, 이 건 광고내용에 포함시키지 않았다고 하여 그 광고의 내용이 허위라거나 과장된 것이라고는 할 수 없다".

79) 대법원 2003. 9. 26. 선고 2001두11229. 일반인들에게 환경영향 평가와 같은 공식적인 제도로서 '주거환경평가'라는 제도가 있으리라고 오인시킬 우려가 있다고 단정하기 어려운 점 등을 종합하면 '최적의 전원요지'라는 표현이 다소 과장되어 있다 하더라도 이는 사회적으로 용인될 수 있는 정도로 보인다.

80) 대판 2004. 10. 14. 2004두6112.

81) 대판 2005. 12. 22. 2003두8296(파기환송). 내용에 대한 판단 없이 광고의 주체가 잘못되었다는 이유로 공정거래위원회가 패소한 건이다. 본 판결에 대한 해설로, 신현윤, 광고판례백선(2019), 211~215면 참조.

82) 대판 2009. 5. 29. 2009두843(파기환송).

83) 서고판 2010. 12. 2. 2010누24311[대판 2011. 4. 28. 2011두334 판결(심리불속행 기각)]. 수도권 광역급행철도 계획이 경기도에서 발표한 내용을 토대로 언론에 보도되었다면 이를 아파트 분양광고에 활용하더라도 과장의 정도가 일반 상거래의 관행 및 신의칙에 비추어 시인될 수 있는 정도이므로 허위 과장광고가 아니라고 판시하였다.

84) 대판 2013. 6. 13. 2011두82(일부파기환송). 이 사건 약관은 이 사건 약관 제7조 및 표준약관 제7조에 따라 회원 가입 후 1년 내에 회원에게 상조서비스를 제공할 경우 회원으로부터 지급받을 추가비용에 관하여 규정하면서 그 비용의 범위에 회원에게 지급한 선납할인금 상당의 액수를 포함시키되 그에 관한 내용을 제6조제2항에서 규정한 것으로 볼 수 있고, 이는 월부금의 완납 이전에 상조서비스를 제공받은 경우 잔여 납부금을 일시에 납부하도록 규정하여 회원이 분할납부에 따른 이자 상당의 이익을 누리지 못하도록 한 이 사건 약관 제8조 내지 표준약관 제8조와도 부합하는 합리적인 규정이라고 할 것이다. 그렇다면 이 사건 약관 제6조제2항이 표준약관 제6조에서 규정하지 아니한 선납할인금 반환에 관하여 추가로 규정하였다는 사정만으로 표준약관에 저촉된다고 볼 수는 없고, 원고들이 이 사건 약관 제6조제2항의 규정을 두면서 '표준약관 준수'라고 광고한 것이 사실과 다르게 광고하거나 사실을 지나치게 부풀려 소비자를 속이거나 소비자로 하여금 잘못 알게 할 우려가 있는 광고행위로서 공정한 거래질서를 저해할 우려가 있다고 보기 어렵다.

85) 대판 2013. 3. 14. 2011두7991. 포장용 유리용기 제조업을 영위하는 갑 주식회사가 "글라스락은 내열강화유리로 특허를 받은 제품입니다" 등의 광고를 한 것에 대하여 구 표시·광고의 공정화에 관한 법률(2011. 9. 15. 법률 제11050호로 개정되기 전의 것) 제3조제1항 제1호에 해당한다는 이유로 공정거래위원회가 시정명령 등을 한 사안에서, 내열유리의 요건을 구체적으로 정의한 규정이나 내열유리 해당 여부를 판정하는 공식적 기준은 마련되어 있지 않으므로, 비록 갑 회사의 글라스락 제품이 한국산업규격에 설정된 내열유리에 관한 일부 품질기준을 충족시키지 못한다고 하더라도, 일반 거래관념상 어느 유리제품을 내열유리라고 지칭하는 것만으로 당연히 한국산업규격에서 정한 내열유리의 품질기준을 충족시킨다고 이해되거나 일반 소비자들이 같은 취지로 인식하고 있다고 볼 만한 특별한 사정이 인정되지 않는 한, 갑 회사가 일반 유리에 비해 내열성이 강화되었다고 볼 수 있는 글라스락 제품에 관하여 '내열강화유리'라고 표시·광고하였다고 하여 곧바로 허위·과장의 광고가 된다고 단정할 수 없다. 동 판결에 대한 해설로 손봉현, 광고판례백선(2019), 168~172면 참조; 동 판결에 대한 파기환송심에서 서울고등법원은 특허법에서 금지하는 허위표시에 해당한다고 볼 수 없는 경우, 그러한 광고는 표시광고법상 거짓·과장의 광고에 해당한다고 볼 수 없다고 전제한 뒤, 특허받은 방법에 일부 변경을 가하여 제조한 제품에 특허에 따라 제조된 제품으로 광고하더라도 특허발명의 핵심적인 그실적인 사상을 구현하는 방법으로 제조되었고, 그 광고가 특허로 인한 거래상의 유리한과 특허에 대한 공중의 신뢰를 악용하여 공중을 오인시킬 정도에 이르지 않았다면 거짓·과장의 광고에 해당하지 않는다고 판단하였다. 서고판 2015. 11. 5. 2013누9931.

"상품의 선전, 광고에 있어 다소의 과장이나 허위가 수반되는 것은 그것이 일반 상거래의 관행과 신의칙에 비추어 시인될 수 있는 한 기망성이 결여된다고 하겠으나, 거래에 있어서 중요한 사항에 관하여 구체적 사실을 신의성실의 의무에 비추어 비난받을 정도의 방법으로 허위로 고지한 경우에는 기망행위에 해당한다고 할 것이고, 한편 현대산업화 사회에 있어 소비자가 갖는 상품의 품질이나 가격등에 대한 정보는 대부분 생산자 및 유통업자의 광고에 의존할 수밖에 없는 것이므로, 이 사건 백화점들과 같은 대형유통업체의 매장에서 판매되는 상품의 품질과 가격에 대한 소비자들의 신뢰나 기대는 백화점들 스스로의 대대적인 광고에 의하여 창출된 것으로서 특히 크고 이는 보호되어야 할 것이다. 위와 같은 변칙세일은 물품구매동기에 있어서 중요한 요소인 가격조건에 관하여 기망이 이루어진 것으로서 그 사술의 정도가 사회적으로 용인될 수 있는 상술의 정도를 넘은 것이어서 위법성이 있음"(<백화점 변칙세일 건>),90) "상품의 선전·광고에 있어 다소의 과장이나 허위가 수반되었다고 하더라도 일반 상거래의 관행과 신의칙에 비추어 시인될 수 있는 정도의 것이라면 이를 가리켜 기망하였다고는 할 수가 없고, 거래에 있어 중요한 사항에 관한 구체적 사실을 신의성실의 의무에 비추어 비난받을 정도의 방법으로 허위로 고지하여야만 비로소 과장, 허위광고의 한계를 넘어 사기죄의 기망행위에 해당한다고 할 것임(대법원 2004. 1. 15. 선고 2003도5728 판결 참조)"(<사기·부동산등기특별조치법 위반 건>),91) "상품의 선전 광고에서 거래의 중요한 사항에 관하여 구체적 사실을 신의성실의 의무에 비추어 비난받을 정도의 방법으로 허위로 고지한 경우에는 기망행위에 해당할 것이나, 그 선전 광고에 다소의 과장이 수반되었다고 하더라도 그것이 일반 상거래의 관행과 신의칙에 비추어 시인될 수 있는 것이라면 이를 기망행위라고 할 수 없음(대법원 2001. 5. 29. 선고 99다55601, 55618 판결 등 참조)"(<㈜ 한양 외 1인의 부당광고행위 건>)92)

---

86) 대판 2013. 6. 13. 2011두82(일부파기환송). 약관조항들이 표준약관의 제정목적을 침해하여 소비자들에게 더 불리한 내용을 담고 있다고 볼 수 없다고 판시하였다.

87) 대판 2014. 4. 10. 2011다72011,72028[손해배상(기)·손해배상(기)]판결]. 동 판결에 대한 해설로 이원식, 광고판례백선(2019), 635~640면 참조.

88) 대판 2015. 7. 23. 2012다15336,15343,15350,15367,15374,15381,15398,15404(부당이득반환등).

89) 서고판 2018. 11. 2. 2017누40855. 특허된 것으로 표시된 물건이 특허의 내용과 완전히 일치하지는 않는다고 하더라도 그 정도가 공중에 오인하게 하지 않을 정도라면 특허법 제24조 위반 및 표시광고법 제3조 제1항 제1호에서 금지하는 거짓·과장의 표시·광고에 해당하지 않는다. 견인베개가 이 사건 실용신안의 권리범위에 포함된다면 거짓·과장의 표시·광고라고 어렵다.

90) 대판 1993. 8. 13. 92다52665[손해배상(기)등. (1) 각 백화점에서는, 입점업체에게 백화점 내의 일정 구역을 매장으로 할애하여 각 입점업체로 하여금 자기의 브랜드를 부착한 자기의 상품을 자기의 책임하에 자기의 판매사원으로 하여금 판매하도록 하고 백화점측에 대하여 매장사용에

2. 기만적인 표시·광고

기만적인 표시·광고는 사실을 은폐하거나 축소하는 등의 방법으로 표시·
광고하는 것이다(영 제3조 제2항).

법 제3조 제1항 제2호 및 법 시행령 제3조 제2항 소정의 기만적 표시·광
고는 사실을 은폐하거나 축소하는 등으로 소비자를 속이거나 소비자로 하여금
잘못 알게 할 우려가 있는 표시·광고로서 공정한 거래 질서를 저해할 우려가
있는 것을 말한다. 따라서 기만적 표시·광고가 성립하기 위해서는 기만성 및
소비자오인성, 공정거래 저해성이 인정되어야 한다. 표시광고법이 부당한 광고
행위를 금지하는 목적은 소비자에게 바르고 유용한 정보의 제공을 촉진하여 소
비자로 하여금 올바른 상품 또는 용역의 선택과 합리적인 구매결정을 할 수 있

대한 대가로 판매액의 일정비율에 해당하는 수수료를 지불하도록 하되, 백화점측은 담당구매
관을 통하여 입점업체가 백화점에 반입하는 물품의 타당성을 확인한 후 상급관리자들의 결제
를 받고 검품과에서 물품의 이상유무를 확인한 후 백화점의 태그(tag, 물품표)를 붙여 해당 매
장에 보내어 판매하도록 하면서, 그 수수료의 관리를 위하여 각 매장별로 경리직원 1명씩을
파견하여 매출액을 수금 집계한 후 월별로 약정된 수수료를 공제한 매출대금을 입점업체에 지
급하는 이른바 특정(수수료)매장의 형태를 채택하였다. (2) 한편 위 입점업체들은 주로 브랜드
의 지명도가 상대적으로 낮은 영세업체와 하이패션계통의 여성의류 제조업체들로서, 고객들이
저가품보다는 고가품을, 정상판매보다는 할인판매를 선호하는 경향이 뚜렷하다는 점에 착안하
여, 이미 시중에 출하된 상품의 경우에는 종전판매가격을 실제보다 높게 표시하여 할인판매를
가장한 정상판매를 기도하거나 할인율을 기망하고, 새로이 출하하는 신상품의 경우에도 당초
제품을 출하할 때부터 제조업체에서 실제로 판매를 희망하는 가격을 일단 할인판매가격으로
표시하고 여기에 제조업체가 임의로 책정한 할인율을 감안하여 역산, 도출된 가격을 위 할인
판매가격과 나란히 표시함으로써 마치 위와 같이 역산, 도출된 가격이 종전판매가격 내지 정
상판매가격인 것 같이 꾸며 백화점의 각 매장에 진열하고 매장의 광고대에 위 두 가격을 비교
한 할인판매율을 표시함으로써, 당해 상품들이 종전에는 높은 가격으로 판매되던 것인데 할인
특매기간에 한하여 특별히 대폭 할인된 가격으로 판매되는 것처럼 광고를 하고, 할인판매기간
이 끝난 후에도 판매가격을 환원하지 아니하고 할인특매기간 중의 가격으로 판매를 계속하는
이른바 '변칙세일' 방법을 일종의 판매기법으로 써 왔다. 동 판결에 대한 해설로 박동진, 광고
판례백선(2019), 643~649면 참조.

91) 대판 2007. 1. 25. 2004도45.

92) 대판 2015. 5. 28. 2014다24327,24334,24341,24358,24365,24372(분양대금반환등·분양대금반환
등·분양대금반환등·분양대금반환등·분양대금반환등·분양대금반환등). 동 판결에 대한 해설
로 715~718면 참조. 이 사건 아파트 분양광고 당시 제3연륙교가 인천시의 도시기본계획 등에
포함되어 있기는 하였으나 건설시기·사업비 부담주체 등에 관한 구체적인 계획이 수립되어
있지는 아니하였던 점, 이 사건 아파트 분양광고 당시 제3연륙교를 2014년까지 완공하겠다는
인천시의 발표가 있었지만 국토해양부는 영종대교와 인천대교의 손실보전금 부담 문제 때문
에 제3연륙교의 건설을 반대하고 있었고 단기간 내에 이에 관한 해법을 찾기 어려웠으며 국토
해양부가 찬성을 하더라도 설계와 시공에는 수년의 시간이 소요되고, 달리 제3연륙교가 2014
년까지 완공될 수 있다고 볼 만한 사정이 없었던 점 등에 비추어 보면, 제3연륙교에 관한 피
고들의 광고는 2014년까지 제3연륙교 이용이 가능할 것처럼 그 실현가능성과 완공시기를 부
풀려 소비자에게 오인가능성을 야기한 표시광고법상의 허위·과장광고에 해당한다.

도록 함으로써 공정한 거래질서를 확립하고 소비자를 보호하는 데 있으므로, '기만적인 광고'에 해당하는지 여부는 광고 그 자체를 대상으로 판단하면 되고, 특별한 사정이 없는 한 광고가 이루어진 후 그와 관련된 상품이나 용역의 거래 과정에서 소비자가 알게 된 사정 등까지 고려하여야 하는 것은 아니다(<홈플러스(주) 및 홈플러스테스코(주)의 부당광고행위 건>).[93]

　　(주)카페베네가 블로그 운영자들에게 자신의 가맹사업과 관련된 커피전문점 '카페베네'와 패밀리 레스토랑 '블랙스미스'에 관한 광고를 블로그에 게시해 줄 것을 요청하고 그에 대한 경제적 대가를 지급하였으나 그러나 각 블로그의 광고 게시물에 ㈜카페베네와의 경제적 이해관계를 공개하지 않고 은폐 또는 누락하는 방법으로 블로그 운영자들이 (주)카페베네와 상관없이 독자적 또는 자발적으로 광고한 것처럼 한 행위에 대하여 서울고등법원은 광고행위를 함에 있어 광고주와의 경제적 이해관계의 여부를 누락하였거나 은폐하였다면 각 광고의 기만성의 인정되며, 일반 소비자들의 블로그 포스팅에 대한 신뢰도는 낮다거나, 각 광고행위의 대상이 된 블로그의 게시물이 원고의 가맹사업에 관한 전체 블로그 게시물의 비중에 비하여 미미하더라도 각 광고행위의 소비자의 오인성 및 공정거래저해성이 인정되는 데에는 영향을 미치지 아니한다고 보았다.<㈜카페베네의 부당광고행위 건>[94] 동 판결은 사업자들이 블로그 운영자들에게 자신들의 상품 등을 무상으로 체험할 수 있는 기회를 제공하거나 원고료 등의 대가를 주면서 해당 상품 등의 정보 전달, 광고 및 공동구매 알선을 의뢰하는 등 이른바 '바이럴 마케팅(viral marketing)'[95]을 적극적으로 활용하고 있는 추세에서 광고주가 경제적 대가 지급사실을 미공개함으로써 순수한 추천·보증글인 것처럼 소비자를 오인할 우려가 있다고 판단한 것이다.[96]

　　법원이 기만적인 표시·광고로 인정한 사례는 다음과 같다.

> "분양광고 당시 이미 설계변경으로 63평 아파트를 건축하기로 예정되어 있었고 이러한 사정은 분양신청자들의 선택에 중요한 영향을 미칠 수 있는 사항임에도 불구하고 이러한 사실을 숨긴채 분양광고한 행위"(<청림도시개발(주)의 부당공동

---

93) 대판 2017. 4. 7. 2016두61242.
94) 서고판 2015. 11. 12. 2015누34924.
95) 사업자가 누리꾼들을 이용하여 인터넷 블로그 또는 이메일 등의 인터넷 매체를 통해 자신의 상품 등을 홍보하는 새로운 광고 기법의 일종이다.
96) 공정거래위원회 내부자료, [판례피드백 2015. 12].

행위 건>),[97] "수입대마사와 기타 마사의 혼합사 또는 대마사 이외의 수입마사의 마직물로 제조한 수의에 대하여, 마사 및 원단의 수입여부, 마의 종류 등을 밝히지 않고 국내 삼베산지의 명(名)으로 표시한 행위"(<㈜영광토탈서비스의 부당광고행위 건>),[98] "'불고기버거'를 TV에서 광고하면서 돼지고기를 원료로 만들었음에도 이를 밝히지 아니한채 단순히 '불고기버거'라고 광고한 행위"(<㈜신맥 및 ㈜맥·킴의 부당광고행위 건>),[99] "비디오 등의 영상물을 수입하여 다른 사업자를 통하여 판매 및 광고를 하게 함에 있어서, 영화제작소가 수입, 상영한 영화 '빈'과 같은 내용의 영상물인 것처럼 광고한 행위"(<(주)유니버설뮤직(구 폴리그램)의 부당광고행위 건>),[100] "자사제품인 녹즙기의 포장박스 하단과 포장내부에 동봉한 사용설명서의 하단에 각각 제조자인 원고회사의 상호를 표시함에 있어 '주식회사'를 빼버리고 '동아'는 작은 글씨로 횡서한 반면, '오스카'는 줄을 바꾸어서 큰 글자로 횡서하는 방식으로 '명품가전동아오스카'라고 표시하고, 그 사용설명서의 우측 상단부분에는 자사제품이 아니라 과거에 원고가 총판매담당을 하였던 소외 동아산업 주식회사의 제품 '오스카퀸만능요리기'의 사진을 게재한 행위"<㈜동아오스카의 부당광고행위 건>,[101] "수입마사 등으로 직조한 마직물 수의에 대하여, 마사 및 원단의 수입여부, 마의 종류 등을 밝히지 않고 국내 삼베 산지명으로 수의명을 표시하는 행위"(<의료법인 길의료재단(중앙길병원 장례식장)의 부당광고행위 건>[102] <학교법인 연세대학교(연세영동 장례식장)의 부당광고행위 건>[103] <㈜삼포실버드림(구 삼포유통)의 부당광고행위 건>)[104] "보통의 주의력을 가진 학원 가맹희망자 등 소비자들에게 외대어학원을 ○○대학교가 직접 운영하거나 원고 회사와 함께 운영하는 학원인 것으로 오인하게 할 우려가 있는 학원가맹점 모집광고 행위 및 보통의 주의력을 가진 4-7세 아동의 학부모 등 소비자들로 하여금 ○○대학교가 직접 운영하거나 원고 회사와 함께 운영하는 학원인 것으로 오인하게 할 우려가 있는 학원유치부모집광고 행위"(<개금외대어학원 및(주)동성교육개발의 부당한 광고행위 건>),[105] "실적배당상품인 '한국듀얼턴 4호 공사채 수익증권' 판매를 위한 안내전단 광고를 하면서 국내투자분에 대해 운용수익과 관계없이 연 15%의 이자를 지급하는 것처럼 광고한 행위"(<한국투자신탁증권(주)의 부당광고행위 건>),[106] "자사와 연구용역을 체결한 교수의 보도자료를 광고에 인용하였으면서도 동 연구결과가 자사와 관련이 없는 연구결과인 것처럼 광고한 행위"(<벤트리(주)의 부당광고행위 건>),[107] "골프장 광고에 있어서 이 총 27홀 중 회원제가 18홀, 대중제가 9홀임에도 불구하고 원고가 정회원 모집광고를 함에 있어 마치 27홀 모두가 회원제 코스인 것처럼 '코스규모: 27홀'이라고 광고한 행위"(<금강종합건설(주)의 부당광고행위 건>),[108] "피고가 이 사건 아파트 분양광

고의 근거로 하였다는 '파주시 도시계획 재정비를 위한 1단계 개발계획'은 파주시
가 장기적으로 기존의 '운정역'을 남쪽으로 이전한다는 추상적인 계획에 불과하고
기존의 '운정역'과 별개로 '신운정역'을 신설한다는 계획이 아닐 뿐더러 '운정역'의
이전 위치나 공사기간 등 구체적인 계획을 포함한 것이 아니었고, 또한 위 개발계
획은 파주시의 일방적인 계획에 불과하여 그 시행이 확정되지도 않았음에도 불구
하고 피고가 위와 같이 이 사건 아파트 분양홍보 책자와 이 사건 아파트의 모델
하우스에서의 분양홍보 활동을 통하여 '신운정역'의 신설이 예정되어 있다는 취지
로 이 사건 아파트 분양광고를 한 행위"(<현대산업개발(주)의 부당광고행위
건>),[109] "경품행사에 대해 개인정보 수집 목적을 알리지 않고 오픈마켓사업자가
진행하는 이벤트인 것처럼 광고한 행위, 할인쿠폰의 사용제한을 은폐하고 광고한
행위"(<(주)열심히커뮤니케이션즈의 부당광고행위 건>),[110] "결혼정보업체가 '결
혼정보분야 1위',[111] '20만 회원이 선택한 서비스'라고 광고한 행위"<가연결혼정
보(주)의 부당광고행위 건>,[112] "인터넷홈페이지, 분양 안내책자 및 견본주택 등
을 통해 파주교하 4블록 '한양수자인' 아파트의 거실 및 주방 바닥마감재 광고행
위를 하면서, 거실 및 주방에 폴리싱타일이 시공되는 것처럼 광고하였으나, 실제
로는 온돌마루가 시공된다는 사실에 대해서는 관련법령의 취지에 반하여 작게 표
시한 행위"(<㈜한양의 부당광고행위 건>),[113] "'뉴욕주립대/캘리포니아주립대
Education Abroad 국제전형'이라는 제목으로 '국내유일 미국대학 정규입학', '국내
대학 등에서 1년, 미국대학에서 3년 공부', '2013년까지 1,871명 진학', '미국명문
20개 주립대 및 해외의대가 교류 협정을 바탕으로 진행'이라고 광고한 행위"<코
리아타임스글로벌전형(주)의 부당광고행위 건>,[114] "블로그 운영자들에게 자신의
자동차제품에 대한 광고를 블로그에게 게시해 줄 것을 요청하고 그에 대한 경제
적 대가를 지급하였음에도 불구하고 각 블로그의 광고게시물에 경제적 이해관계
를 공개하지 않은 행위"(<아우디폭스바겐코리아(주)의 부당광고행위 건>),[115]
"12회에 걸쳐 진행한 경품행사를 광고하면서 주민등록번호와 휴대전화번호 등 응
모자의 개인정보를 수집하여 이를 보험회사에 제공하는 것에 동의하여야만 경품
행사에 응모할 수 있다는 것을 기재하지 않은 행위"(<홈플러스(주) 및 홈플러스
테스코(주)의 부당광고행위 건>),[116] "'투자금의 연 5%의 최저수익 보장'이라고
적시하면서 전환매장의 경우 임대차보증금 및 권리금 등 점포투자비 상당액을 투
자금액에서 제외한다는 사실을 알리지 않은 경우"<제너시스비비큐의 부당광고행
위 건>,[117] "일반 소비자들로 하여금 이 사건 차량들이 이 사건 배출가스기준을
실질적으로 충족하고 대기환경보전법에 적합하게 제작된 차량으로 오인하게 한
행위"<3개 자동차 제조·판매사업자의 부당한 표시·광고행위 건>,[118] "완제품인

공기청정기 자체의 성능광고를 목적으로 하면서도 결과가 제시된 실험의 대상과 환경을 명시하지 않아, 소비자들이 실제 사용 환경에서도 99.9%의 항균력과 바이러스제거 성능을 갖추고 있다고 오인하게 한 행위"(<청호나이스(주)의 부당광고행위 건>),[119] "국내판매차량에 대한 이 사건 광고에 해와 안전도 평가에서 우수차량으로 선정된 사실을 표시하면서 실제로는 국내판매차량과 해외 판매차량의 관련 사양인 브래킷 장착 여부가 달라 국내 판매차량의 경우에는 해외 안전도 평가에서 우수차량으로 선정될 수 없음에도 이러한 사실을 은폐하였음"<한국토요타자동차(주)의 부당광고행위 건>,[120] "① 원고가 이 사건 대부분 광고행위의 근거로 제시한 실험 결과는 밀폐된 소형 시험 체임버 공간에서 완제품인 이 사건 이온식 공기청정 제품이 아니라 개별 부품인 이온발생장치(바이러스닥터)의 성능을 측정한 것으로, 실험 공간 및 방법이 소비자의 실제 제품의 사용 환경과 크게 차이가 있는 점, ② 특히 이 사건 대부분 광고행위 중에는 부유물질이 제거되는 실내 공간 사진을 배경으로 실험조건의 구체적인 기재 없이 실험 결과가 표시된 것도 있는데 이 경우 보통의 주의력을 가진 일반 소비자는 일반적인 실내 공간에서 원고의 이온식 공기청정 제품을 사용하면 광고에서 표시된 것과 같은 성능이 발휘될 것으로 오인할 가능성이 매우 높은 점, ③ 실험조건과 실제 사용 환경의 차이를 파악할 수 있는 구체적인 수치정보 없이 "※ 제거율은 실험실 조건이며 실사용 조건에 따라 차이가 있을 수 있다."라는 형식적인 제한사항을 표시한 것만으로는 '바이러스 99% 이상 제거율'로 표시된 이 사건 대부분 광고행위의 전체적인 인상에 비추어 소비자의 오인가능성을 제거하기 부족한 점 등을 이유로, 이 사건 대부분 광고행위는 '소비자를 속이거나 소비자로 하여금 잘못 알게 할 우려'가 있는 기만적인 광고에 해당함"<삼성전자(주)의 부당광고행위 건>[121]

---

97) 서고판 1999. 4. 30. 97구53719.

98) 서고판 2001. 6. 26. 2000누5960.

99) 대판 2000. 12. 12. 99두12243(파기환송). 동 판결에 대한 해설로 박성범, 광고판례백선(2019), 283~284면 참조.

100) 대판 2002. 1. 11. 2000두4255. 동 판결에 대한 해설로 황태희, 광고판례백선(2019), 273~278면 참조.

101) 대판 2002. 3. 12. 2001두7893.

102) 대판 2002. 4. 26. 2001두5729.

103) 대판 2002. 6. 14. 2001두6005. 동 판결에 대한 해설로 조성국, 광고판례백선(2019), 296~299면 참조.

104) 대판 2002. 6. 14. 2001두5736.

105) 대판 2003. 4. 11. 2002두806. 원심은, 원고 회사가 학원 가맹점사업자를 모집하기 위하여 제작한 이 사건 광고(이하 '이 사건 학원가맹점모집광고')는, 그 표제에 해당하는 부분에 '한국외국어대학교의 전통을 잇는 정통어학원' 또는 '한국외국어대학교의 외국어교육프로그램'이라는

부제에 '외대어학원'이라는 상호가 크게 표시되어 있고, 하단에는 원고 회사명 및 한국외국어
대학교명과 그 각 로고가 표시되어 있으며, 그 내용에 해당하는 부분에는 '한국외국어대학교
40년 외국어교육의 전통을 이은 정통 어학원', '40여 년을 축적해 온 한국외국어대학교의 독창
적 프로그램과 노하우를 그대로 적용', '외대어학원은 한국외국어대학교의 지난 40여 년 간의
외국어 교육 경험과 성과를 바탕으로 동성화학그룹-(주)동성교육개발의 미래지향적인 기업이
념이 결합되어 탄생한 외국어 전문 교육원' 등의 문구가 기재되어 있는 사실, 원고 회사의 가
맹점사업자인 원고 2가 학원 유치부 신입생을 모집하기 위해 제작한 이 사건 광고(이하 '이
사건 학원유치부모집광고')는, 그 모집대상, 교사진, 수업방법 등을 기재한 광고문 아래 부분에
'한국외국어대학교와 함께 하는'이라는 부제에 '외대어학원'이라는 상호가 크게 표시되어 있고,
그 옆 부분에 그 보다 작은 글씨로 '(주)동성교육개발 개금외대학학원'이라는 문구가 기재되
어 있는 사실을 인정한 다음, 이 사건 각 광고의 내용에 해당하는 부분의 문구는 원고들이 한
국외국어대학교의 독창적 프로그램과 노하우를 적용하여 외국어 교습을 한다는 의미이지 한국
외국어대학교가 그 학원을 직접 운영한다는 내용으로 보기는 어려운 점, 한국외국어대학교는
영리를 목적으로 학교 밖에서 여러 곳의 외국어학원을 직접 운영한다거나 학원운영 가맹사업
을 하는 것은 사실상 불가능한 점, 이 사건 광고의 실제 수요자인 학원 가맹희망자나 학원수
강생, 학부모의 연령, 직업, 학력 등 특성과 그들이 외국어학원을 선택함에 있어서 통상 기울
일 것으로 보이는 주의의 정도 등 여러 사정을 감안하면, 원고들이 이 사건 각 광고의 표지
부분 등에 '외대어학원'이라는 명칭을 사용하였다고 하여 학원 가맹희망자나 학부모 등 수요자
들로 하여금 한국외국어대학교가 직접 운영하는 학원인 것으로 오인시킬 우려가 있다고 단정
하기는 어렵다고 판단하였다. 동 판결에 대한 해설로 이충훈, 광고판례백선(2019), 234~240면.
106) 대판 2003. 2. 28. 2002두6170.
107) 대판 2004. 10. 14. 2004두6112.
108) 서고판 2010. 9. 9. 2010누9466.
109) 대판 2010. 7. 22. 2007다59066[손해배상(기)]. 동 판결에 대한 해설로 이선희, 광고판례백선
(2019), 654~657면 참조.
110) 서고판 2013. 12. 26. 2012누40331(대판 2017. 4. 7. 2014두1925).
111) 다만 2011. 5.경 이후부터는 이 사건 제1광고에 랭키순위에 관한 설명을 부가하였고 근거자
료를 '랭키툴바 6만 명 패널의 인터넷 사용정보'로, 순위 기준으로 'User Session Visits'를
각 제시한 사실을 인정한 다음, 이 사건 제1광고 중 랭키순위에 관한 설명이 부가된 광고를
접한 일반 소비자가 랭키순위의 의미를 모두 알 수는 없더라도 '인터넷 사용정보'와 'User',
'Visits' 등의 표현으로부터 랭키순위가 적어도 인터넷 사용자들의 웹사이트 방문기록을 토대
로 정해진다는 사실을 알 수 있었을 것으로 보인다는 등 그 판시와 같은 이유를 들어, 2011.
5.경 이 사건 제1광고에 랭키순위에 관한 설명이 추가된 이후에는 기만성이 있다고 보기 어
렵다고 보았다.
112) 대판 2014. 12. 24. 2012두26708. 동 판결에 대한 해설로 홍대식, 광고판례백선(2019), 252~257
면 참조.
113) 서고판 2014. 6. 11. 2013누9870[대판 2014. 10. 27. 2014두38323(심리불속행 기각)]. 동 건에
서는 무혐의결정 통지를 한 후, 다시 이 건 처분을 하는 것은 신뢰보호원칙에 반하여 위법하
다는 주장이 있었다. 그러나 법원은 신뢰보호원칙에 반한다고 보기 곤란하다고 하고, 신뢰보
호원칙 적용요건으로 다음을 제시하였다. ① 행정청이 개인에 대해 신뢰의 대상이 되는 공적
인 견해표명을 하여야 하고, ② 행정청의 견해표명이 정당하다고 신뢰한 데에 대하여 그 개인
에게 귀책사유가 없어야 하며, ③ 그 개인이 견해표명을 신뢰하고 이에 상응하는 어떠한 행위
를 하였어야 하고, ④ 행정청이 견해표명에 반하는 처분을 함으로써 그 견해표명을 신뢰한 개
인의 이익이 침해되는 결과가 초래되어야 하며, ⑤ 견해표명에 따른 행정처분을 할 경우 이
때문에 공익 또는 제3자의 정당한 이익을 현저히 해할 우려가 있는 경우가 아니어야 한다.

원재료를 수입하여 가공한 상품(수의)의 경우에도 기만적인 표시행위로 인정하였다. 즉 <의료법인 길의료재단(중앙길병원 장례식장)의 부당광고행위 건> 관련 행정소송에서 대법원은 삼베의 품질에 있어 원사의 품질보다 직조기술이 더 영향이 크다거나 대외무역법상 가공을 한 국가를 원산지로 표시할 수 있다 하여도 상품에 관하여 사실과 다르게 소비자를 오인시킬 수 있는 기만적인 표시행위로 봄이 상당하다고 판시하였다.[122]

한편 법원이 기만적인 표시 · 광고로 인정하지 아니한 사례는 다음과 같다.

> "내국인과 맥도날드사가 합작투자한 회사로서 맥도날드사의 라이선스계약에 의하여 상호 · 상표 및 서비스표장을 사용할 수 있는 원고회사가 제조판매하는 '불고기버거'의 광고지에 자신의 상호는 밝히지 않은채 'ⓒ1998 McDonald's Corporation'이라고 유명업체의 명칭만을 표시한 행위"(<㈜신맥 및 ㈜맥 · 킴의 부당광고행위 건>)[123]

「기만적인 표시 · 광고 심사지침」[124]에서는 다음과 같이 규정하고 있다.

Ⅰ. 목적

이 심사지침은 「표시 · 광고의 공정화에 관한 법률」(이하 "법") 제3조(부당한 표시 · 광고행위의 금지) 제1항 제2호 및 같은 법 시행령 제3조(부당한 표시 · 광고행위의 내용) 제2항에 따른 기만적인 표시 · 광고를 심사함에 있어 이에 관한 구체적

---

114) 서고판 2015. 11. 12. 2015누38506[대판 2016. 3. 10. 2015두58119(심리불속행기각)]. 일정 정도의 영어수준을 충족하여야만 입학이 가능하다는 사실을 공개하지 않고 이를 은폐 또는 누락한 것은 소비자를 기만한 것이고, 국제전형과 무관한 입학자 수까지 포함하여 광고함으로써 실제보다 많은 유학생들이 이 건 국제전형을 통해 미국대학으로 입학한 것으로 보이게 하는 것은 소비자를 오인하게 한 것이라고 판단하였다.
115) 서고판 2016. 4. 6. 2015누35033. 동 판결에 대한 해설로 심재한, 광고판례백선(2019), 260~269면 참조.
116) 대판 2017. 4. 7. 2016두61242. 동 판결에 대한 해설로 최인선, 광고판례백선(2019), 287~292면 참조. 동 건은 대법원에서 개인정보보호법 위반으로도 인정되었다. 뉴스토마토. 2019. 8. 7.(수), 6면.
117) 서고판 2016. 10. 28. 2016누42656(대판 2017. 3. 9. 2016두62849).
118) 대판 2019. 10. 17. 2019두31815.
119) 서고판 2019. 7. 17. 2018누71139[대판 2019. 11. 14. 2019두49397(심리불속행 기각)].
120) 대판 2020. 5. 14. 2020두33565.
121) 대판 2021. 3. 11. 2019두60646.
122) 대판 2002. 4. 26. 2001두5729.
123) 대판 2000. 12. 12. 99두12243(파기환송).
124) 공정거래위원회예규 제268호(2016. 12. 23).

심사기준을 제시하는데 그 목적이 있다.

II. 적용범위

이 심사지침은 상품(용역을 포함)에 관한 표시·광고에 있어 사업자(사업자단체를
포함)가 소비자의 구매선택에 중요한 영향을 미칠 수 있는 사실이나 내용을 은폐
하거나 축소하는 등의 방법으로 행하는 표시·광고에 대하여 적용한다.

III. 용어의 정의

이 심사지침에서 사용하는 용어의 정의는 다음과 같다.

1. "누락"이란 소비자의 구매선택에 중요한 영향을 미칠 수 있는 사실이나 내용
   의 전부 또는 일부를 소비자가 인식하지 못하도록 당초부터 아예 밝히지 않거
   나 빠뜨린 것을 말한다.
2. "은폐"란 소비자의 구매선택에 중요한 영향을 미칠 수 있는 사실이나 내용의
   전부 또는 일부를 지나치게 작은 글씨로 표기하거나 지나치게 짧은 시간을 할
   애하는 등의 방법으로 소비자가 현실적으로 이를 인식하기 어렵게 표시·광고
   하는 것을 말한다.
3. "축소"란 소비자의 구매선택에 중요한 영향을 미칠 수 있는 사실이나 내용을
   표시 또는 설명하였으나, 지나치게 생략된 설명을 제공하는 등의 방법으로 보
   통의 주의력을 가진 소비자가 이를 사실대로 인식하기 어렵게 표시·광고하는
   것을 말한다.

IV. 일반원칙

기만적인 표시·광고의 부당성 여부에 관한 심사는 이하의 세부심사지침을 참작하
여 법 제3조 및 같은 법 시행령 제3조에 따라 판단하여야 한다.

즉, 기만적인 표시·광고를 심사할 때에는 특정 정보가 은폐·누락·축소되었다는
사실만으로 곧바로 부당한 표시·광고에 해당하는 것이 아니라, ① 은폐·누락·축
소한 사실이 소비자의 구매선택에 중요한 영향을 미치는 것인지, ② 은폐·누락·
축소함으로써 광고내용의 전후 맥락과 광고 전체 내용상 보통의 주의력을 가진
일반 소비자가 사업자나 상품에 대하여 그릇된 정보나 사실과 다른 인식을 가질
우려가 있는지, ③ 이를 통해서 소비자의 합리적인 의사결정이 저해될 우려가 있
는지 등을 종합적으로 고려하여 판단한다.

또한, 은폐·축소·누락한 사실이 소비자의 구매선택에 중요한 영향을 미칠 수 있
는지 여부는 개별 표시·광고의 대상, 성격, 목적, 사용·이용방법 및 행태 등을

종합적으로 고려하여 판단한다.

따라서, 이 심사지침에서 명시적으로 열거되지 않은 사항이라고 해서 모두 기만적인 표시·광고행위에 해당되지 않는 것은 아니며, 또한 특정행위가 이 심사지침에서 제시된 법 위반에 해당될 수 있는 행위(예시)에 해당되더라도 소비자를 오인시킬 우려가 없거나 공정한 거래질서를 저해할 우려가 없는 경우에는 기만적인 표시·광고행위에 해당되지 않을 수 있다.

V. 세부심사지침

기만적인 표시·광고행위는 ⅰ) 소비자의 구매선택에 있어 중요한 사항에 대하여 은폐 또는 누락하여 행하는 표시·광고행위와 ⅱ) 소비자의 구매선택에 있어 중요한 사항에 대하여 이를 축소하여 행하는 표시·광고행위로 나누어진다. 다만, 이 지침의 유형분류는 상호배타적인 것이 아니고 중복될 수 있으며, 경우에 따라 명확히 구분되지 않는 경우도 있을 수 있다.

1. 소비자의 구매선택에 있어 중요사항에 대한 은폐 또는 누락

제조업자 등 사업자에 관한 정보, 상품 등의 품질·종류·수량 등에 관한 정보, 가격 또는 거래조건에 관한 정보, 사용방법·유효기간·보증 등 상품 등의 사용 또는 이용과정에서 소비자가 반드시 알아야 할 정보 등 소비자의 구매선택에 있어 중요한 사항에 관한 정보의 전부 또는 일부에 대하여 은폐 또는 누락한 것을 말한다.

가. 제조자·판매자 등 사업자에 관한 정보의 전부 또는 일부를 은폐 또는 누락

제조자·판매자·가공업자·중간유통업자 등 사업자에 관한 정보의 전부 또는 일부를 은폐 또는 누락하여 표시·광고하는 경우 기만적인 표시·광고행위에 해당할 수 있다.

나. 제품·용역의 품질·종류·수량·원산지(재배지 등) 등에 관한 정보의 전부 또는 일부를 은폐 또는 누락

제품 등의 품질·종류·수량 등에 관한 중요정보의 전부 또는 일부를 은폐 또는 누락하여 표시·광고하는 경우 기만적인 표시·광고행위에 해당할 수 있다.

다. 가격 또는 거래조건에 관한 정보의 전부 또는 일부를 은폐 또는 누락

제품 등의 가격 또는 거래조건에 관한 중요정보의 전부 또는 일부를 은폐 또는 누락하여 표시·광고하는 경우 기만적인 표시·광고행위에 해당할 수 있다.

라. 제품 등의 사용 또는 이용과정에서 반드시 알아야 할 정보의 전부 또는 일부의

은폐 또는 누락

제품 등의 사용 또는 이용과정에서 반드시 알아야 할 정보의 전부 또는 일부를 은폐 또는 누락하여 표시·광고하는 경우 기만적인 표시·광고행위에 해당할 수 있다.

마. 특정 조건이나 제한적 상황을 은폐 또는 누락

특정 조건이나 제한적 상황 하에서만 해당 표시·광고에서 주장 또는 제시하는 결과·효과(효능) 등을 거두거나 성능·기준 등을 달성할 수 있거나 가격 또는 거래조건 등을 충족할 수 있음에도 불구하고 이러한 조건이나 상황을 누락 또는 은폐하여 표시·광고하는 경우 기만적인 표시·광고행위에 해당할 수 있다.

2. 소비자의 구매선택에 있어 중요한 사항에 대한 축소

중요한 사항에 관한 정보를 은폐 또는 누락하지 않고 표시 또는 설명하였으나 지나치게 생략된 설명을 제공하는 등의 방법으로 통상의 지적 능력을 지닌 소비자가 표시된 설명만으로는 이를 사실에 부합되도록 인식하기 어렵게 표시·광고하는 경우 기만적인 표시·광고에 해당할 수 있다.

3. 「중요한 표시·광고사항 고시」와의 관계

사업자가 법 제4조 제1항에 따른 「중요한 표시·광고사항 고시」기준의 "중요정보"를 은폐 또는 누락하여 표시·광고한 경우 이를 기만적인 표시·광고행위로 볼 수 있다.

4. 거짓·과장의 표시·광고와의 관계

거짓·과장의 표시·광고와 기만적인 표시·광고는 소비자에게 사실과 다른 인식을 갖게 한다는 점에서 공통된다. 그러나 그 방법 면에서 전자는 적극적으로 진실하지 않은 진술·표시 등을 통하여 소비자의 오해 또는 사실과 다른 인식을 직접 초래하는 것이고, 후자는 소극적으로 진실의 전부 또는 일부에 대하여 은폐, 누락하거나 또는 축소하는 방법으로 소비자의 오해 또는 사실과 다른 인식을 유도하는 것이라는 점에서 차이가 있다.

다만 사업자가 진실의 일부를 누락하였을 경우 이것이 기만적인 표시·광고에 해당하는지 거짓·과장의 표시·광고에 해당하는지 모호한 경우가 있을 수 있다. 이러한 경우 문제된 표시·광고행위가 거짓·과장의 표시·광고 및 기만적인 표시·광고의 구성요건을 동시에 충족한다면 법 제3조제1항 제1호 및 제2호를 중복 적용할 수 있다.

3. 부당하게 비교하는 표시·광고

부당하게 비교하는 표시·광고는 비교 대상 및 기준을 분명하게 밝히지 아니하거나 객관적인 근거 없이 자기 또는 자기의 상품이나 용역(이하 "상품등")을 다른 사업자 또는 사업자단체(이하 "사업자등")나 다른 사업자등의 상품등과 비교하여 우량 또는 유리하다고 표시·광고하는 것이다(영 제3조 제3항). 자기의 상품과 다른 사업자의 상품을 비교하는 광고를 함에 있어서 그 비교기준이 적정하고 합리적으로 설정되지 아니한 때에는 '부당하게 비교하는 광고'에 해당한다.<㈜ 중외산업의 부당광고행위 건>125)

그러나 법원이 비교대상 및 비교기준이 명확하더라도 조사결과가 왜곡될 가능성이 있는 특정한 조건하에서 이루어진 경우 부당하게 비교하는 표시·광고에 해당할 수 있다고 한 사례가 있다.

"광고주가 자기의 광고내용 중 사실과 관련한 사항이 진실임에 대한 입증은 합리적·객관적 근거에 의하여야 하고, 조사결과를 합리적·객관적 근거로 사용하기 위해서는 그 조사는 법령에 의한 조사기관이나 사업자와 독립적으로 경영되는 조사기관 등에서 학술적 또는 산업계 등에서 일반적으로 인정된 방법 등 객관적이고 타당한 방법으로 실시한 결과이어야 하며, 객관적이고 타당한 방법으로 실시한 조사가 되기 위해서는 조사기간, 표본설정, 질문사항, 인터뷰방법 등이 동일한 조건 등 합리적이고 공정한 조건하에 이루어진 조사이어야 하고, 조사결과가 왜곡될 가능성이 있는 특정한 조건하에서 이루어진 조사이어서는 아니 된다고 할 것이므로, 조사결과가 왜곡될 가능성이 있는 특정한 조건하에서 이루어진 것으로서 합리적·객관적 근거가 되지 못하는 경우에는 비록 그 조사결과를 인용한 비교광고가 비교대상 및 비교기준이 명확하더라도 부당하게 비교하는 표시·광고에 해당할 수 있다고 할 것임"(<㈜미디어월의 부당광고행위 건>),126) "표시·광고행위에 있어서 표시·광고행위를 한 사업자 등에게 표시·광고에서 주장하는 내용 중 사실과 관련한 사항이 진실임을 합리적·객관적 근거에 의하여 입증한 책임이 있는 것이고, 입증책임이 있는 당사자가 그 주장사실을 증명할 만한 아무런 증거를 제출하지 않은 채 상대방에게 반대증거의 제출을 요구하였으나 상대방이 이에 응하지 않았다고 하여 그 주장사실이 추정되거나 또는 입증의 필요가 있는 상대방에게 돌아가는 것은 아니며, 그리고 법 제3조 제1항 제3호, 제5조 법 시행령 제3조 제3항, 제4조의 각 규정에 의하여 광고주가 자기의 광고내용 중 사실과 관련한 사항이 진실임에 대한 입증을 할 경우에는 합리적·객관적 근거에 의하여야 하고, 광

125) 대판 2003. 2. 26. 2002다67062(가처분이의).

고내용의 진실여부의 입증을 위한 조사에 있어서는 조사결과가 왜곡될 가능성이 있는 특정한 조건하에서 이루어진 조사이어서는 아니 된다고 할 것이므로, 조사결과가 왜곡될 가능성이 있는 특정한 조건하에서 이루어진 것으로서 합리적·객관적 근거가 되지 못하는 경우에는 비록 그 조사결과를 인용한 비교광고가 비교대상 및 비교기준이 명확하더라도 부당하게 비교하는 표시·광고에 해당할 수 있음(대법원 2003. 3. 31. 2002마4109 결정 참조)"(<알미늄압출공업성실신고회원조합의 부당광고행위 건>)[127]

비교광고는 소비자에게 경쟁사업자의 상품과 가격이나 품질, 거래조건 등을 인식하게 함으로써 그 자체로는 친소비자 내지 친경쟁적인 성격을 가지므로 비교광고의 부당성을 판단함에 있어서도 허위·과장광고 등과 다른 접근을 요한다.[128]

법원이 부당하게 비교하는 표시·광고로 인정한 사례는 다음과 같다.

"한국갤럽조사연구소가 채무자로부터 대구지역 '생활정보신문 인지도에 관한 조사'를 의뢰받은 2001. 12. 11.부터 2002. 3. 11.의 까지 3개월간은 채무자가 그 판시의 매출 1위라는 광고(다음부터 '이 사건 매출 1위 광고')와 발행부수 1위라는 광고를 실시한 기간인데 그 광고들은 각각 허위광고이거나 부당하게 비교하는 표시·광고로 인정되는 사실, 생활정보신문 발행업체는 광고주로부터 광고료를 받

---

126) 대결 2003. 3. 31. 자 2002마4109(광고금지가처분). 동 사안은 채권자가 채무자의 광고가 허위광고, 부당비교광고라는 이유로 광고금지 가처분신청을 제기한 사건이다. 원심은 대구교차로와 대구벼룩시장의 접촉률에 관하여 채무자의 의뢰에 따라 전문조사기관인 한국갤럽조사연구소에 의해 조사가 이루어졌고, 그 조사결과 채무자가 이 사건 접촉률 1위 광고에 게재하고 있는 바와 같은 응답결과가 나온 것 자체는 객관적 사실이며, 채무자는 이 사건 접촉률 1위 광고에서 그 조사기관, 조사일시 및 조사대상, '접촉률'의 의미를 함께 밝히면서 조사결과를 발표하고 있으므로, 결국 이 사건 접촉률 1위 광고는 객관적 사실에 부합하는 광고로서 허위광고가 아니라고 판단하였다. 나아가, 채권자가 위 조사는 채무자의 의뢰에 따라 이루어진 것으로서 설문의 구성방법이나 조사대상의 선택방법에 따라서 조사결과가 왜곡될 수 있어 비교광고에 있어서 사실과 관련한 사항에 대한 객관적인 근거가 될 수 없어 이 사건 접촉률 1위 광고는 허위광고 내지 부당하게 비교하는 표시·광고에 해당한다고 주장한 데 대하여, 원심은 채권자 주장의 위 사유들은 그와 같은 조사결과를 소비자가 얼마나 신뢰할 것인가 하는 평가에 관한 문제일 뿐이고, 채무자가 그 조사결과가 곧 객관적 진실이라고까지 광고하고 있지 않은 한 허위광고의 문제는 아니며, 이 사건 접촉률 1위 광고는 비교대상이나 비교기준이 그 광고문구상 명백하고 객관적 근거도 있으므로 법 제3조제1항 제3호 소정의 부당하게 비교하는 표시·광고에 해당하지 않는다고 판단하였다. 동 판결에 대한 해설로 계승균, 광고판례백선(2019), 310~313면 참조.

127) 서고판 2007. 5. 17. 2006누23861.

128) 이봉의, 경쟁과 법 제8호(2017. 04), 27면. 다른 유형과는 달리 부당성을 요구하는 것도 이러한 취지이다; 홍명수, 광고판례백선(2019), 320면 참조.

고 의뢰받은 광고를 생활정보신문에 게재한 후 그와 같이 광고가 게재된 생활정보신문을 불특정 다수인에게 무료로 배포하는 방법으로 수익을 얻고 있으므로 당해 생활정보신문의 매출액이나 발행부수, 일반 소비자들의 인지도 등에 대한 외부의 일반적 평가는 수익과 직결되는 것으로 중요한 의미를 가지고 있고, 생활정보신문의 내용과 기능에 비추어 일반 소비자는 한편으로는 광고주가 될 수 있는 입장에도 있기 때문에 생활정보신문 중 매출 1위, 발행부수 1위의 생활정보신문이 어느 것인가에 관한 관심이 상당하리라고 짐작되는 사실, 이 사건 매출 1위 광고는 대구벼룩시장 지면은 물론 대구벼룩시장 배포함에도 게재하였고, 이 사건 발행부수 1위 광고는 대구벼룩시장 지면에 게재하였으며, 대구벼룩시장의 발행부수도 1개월에 평균 8-9만 부 정도에 이르는 사실, 한편 한국갤럽조사연구소의 대구지역 '생활정보신문 인지도에 관한 조사'를 위한 질문내용은 "생활정보지 하면 어떤 것이 생각나십니까?", "최근 3개월 동안 한 번이라도 생활정보지를 보신 적이 있습니까?", "평소에 주로 보시는 생활정보지는 어떤 것입니까?", "여러 생활정보지 중 ○○를 주로 보시는 가장 큰 이유는 무엇입니까?", "광고를 내신다면 이용하고픈 생활정보지는 어느 생활정보지입니까?", "생활정보지 중 가장 믿음이 가는 생활정보지는요?", "생활정보지 중 발행부수가 가장 많은 생활정보지는 어느 생활정보지라고 생각하십니까?", "ABC협회 즉, 발행부수공시협회에 가입하여 발행부수를 공시하고 있는 생활정보지가 있습니다. 이 생활정보지가 어느 생활정보지라고 생각하십니까?", "벼룩시장에서 공개하는 발행부수에 대해 믿음이 가십니까?", "생활정보지에 광고를 내야 한다면 그 생활정보지의 발행부수에 대하여 얼마나 중요하게 생각하실 것 같습니까?" 등으로 접촉률과 직접 관계없는 발행부수나 한국 ABC협회에의 가입 여부 등의 내용을 상당수 포함하고 있어 이 사건 매출 1위 광고와 발행부수 1위 광고가 게재된 대구벼룩시장을 보았다면 그 각 광고에 대한 신뢰를 기초로 하여 실제 접촉한 횟수와는 달리 대구벼룩시장을 더 많이 접촉하였다고 대답할 가능성이 있을 뿐 아니라 질문내용 자체가 대구벼룩시장이라는 답변을 염두에 두거나 대구벼룩시장이라는 답변이 암시되어 있어 대구벼룩시장이라는 답변이 유도될 가능성마저 있는 사실을 알 수 있음. 이러한 사정을 기초로 하여 위의 규정의 취지에 비추어 볼 때, 결과적으로 위 조사·분석결과는 비교결과가 왜곡될 가능성이 있는 특정기간에, 부당하게 설정된 질문내용에 터잡아 이루어진 것으로서 비교광고에 있어서 사실과 관련한 사항에 관한 합리적·객관적 근거가 된다고 할 수 없음"(<㈜미디어윌의 부당광고행위 건>),[129] "제작사·제작연도 및 차종이 다른 차량에 '엔팍'과 '불스원샷'을 각 사용하여 유해가스 배출량 감소비율을 측정한 결과 '엔팍'을 사용한 차량의 유해가스 배출량 감소비율이 2배 정

도 커 '엔팍'의 품질과 성능이 더 우수하다는 취지로 광고한 행위"(<㈜ 중외산업
의 부당광고행위 건>),[130) "「VNP54」는 식품으로서 의약품인 비아그라와 비교대
상이 될 수 없음에도 불구하고 의약품의 효능과 비교광고한 행위"(<벤트리(주)의
부당광고행위 건>),[131) "종(種)이 다른 원료의 성분중 원고제품에 유리한 한 성
분만을 비교대상으로 삼아 자기에게 유리한 대상만을 다른 사업자의 상품과 비교
하여 광고한 행위"(<㈜수신오가피의 부당광고행위 건>)[132)

    법원이 부당하게 비교하는 표시·광고로 인정하지 않은 사례는 다음과 같다.

"피고가 화장품인 ○○ 에센스를 출시하면서, '밝고 투명한 피부를 원하시나요?
모자이크의 비밀 뷰티넷에서 확인하세요. 이제 더 이상 값비싼 수입화장품에 의존
하지 않아도 됩니다. 발효 효모액 80% 함유'라는 문구를 사용하여 광고를 한 사
실, 또한 피고는 1개월 정도 동안 뷰티넷 또는 ○○페이스북에서 신청하는 모든
고객을 대상으로, 원고가 수입·판매하는 화장품인 △△△△ 에센스 제품의 다 쓴
공병을 전국 ○○ 매장으로 가지고 오면 ○○ 에센스 정품으로 교환해주는 행사
를 한 행위"(<(주) 에이블씨엔씨의 부당고객유인 및 부당광고행위 건>)[133)

---

129) 대결 2003. 3. 31. 자 2002마4109(광고금지가처분).
130) 대판 2003. 2. 26. 2002다67062(가처분이의). 동 사안은 경쟁사업자인 ㈜불스원이 중외산업을
상대로 서울지방법원에 해당 광고금지 가처분신청을 한 사건이었다. 대법원은 원심을 받아들
여 채무자가 일산화탄소 등 유해가스 배출량의 감소와 연료절감 등을 위하여 자동차 연료에
첨가하는 엔진내부세척제로 생산 판매하는 '엔팍'을 채권자가 생산 판매하는 엔진내부세척제인
'불스원샷'과 비교하는 광고를 신문 등에 게재하면서, 제작사·제작연도 및 차종이 다른 차량에
'엔팍'과 '불스원샷'을 각 사용하여 유해가스 배출량 감소비율을 측정한 결과 '엔팍'을 사용한
차량의 유해가스 배출량 감소비율이 2배 정도 커 '엔팍'의 품질과 성능이 더 우수하다는 취지
로 광고하였는데, 비록 유해가스 배출량 감소비율 측정에 사용된 차량의 배기량이 비슷하고
그 배출가스허용기준이나 보증기간 등이 같다고 하더라도 차종이나 제작연도 등에 따라 유해
가스 배출량이 달라질 수 있는 점 등에 비추어 보면 그 광고의 비교기준이 적정하고 합리적으
로 설정된 것으로 보기 어렵다고 보았다. 동 판결에 대한 해설로 이봉의, 광고판례백선(2019),
302~306면 참조.
131) 대판 2004. 10. 14. 2004두6112. VNP는 식품이고, 원고가 광고에서 비교한 비아그라는 발기부
전 전문치료제인 의약품으로서 그 제품은 동일 시장의 주된 경쟁관계에 있는 상품이라고 볼
수 없으므로, 대상실험군의 수에 비추어 그 연구결과가 구체적으로 집중되었다고 보기 어려운
발기부전에 대한 개선효과의 유효성 비율에 관한 연구결과를 내세워 마치 대등한 효과가 있는
것처럼 광고하였다.
132) 대판 2005. 3. 10. 2004두9654. 동 판결에 대한 해설로 홍명수, 광고판례백선(2019), 317~321
면 참조.
133) 대판 2014. 3. 27. 2013다212066[손해배상(기)]. 동 판결에 대한 해설은 최진원, 광고판례백선
(2019), 178~179면 참조. 미국은 1979년 연방무역위원회가 공표한 '비교광고에 관한 정책
(Statement of Policy Regarding Comparative Advertising)에서 비교광고를 "대체브랜드의 객

「비교 표시·광고에 관한 심사지침」[134)]에서는 다음과 같이 규정하고 있다.

I. 목적

이 심사지침은 「표시·광고의 공정화에 관한 법률」(이하 "법") 제3조(부당한 표시·광고행위의 금지) 제1항 제3호 및 같은 법 시행령 제3조(부당한 표시·광고의 내용) 제3항의 규정에 의한 부당하게 비교하는 표시·광고에 관한 구체적인 심사기준을 제시하는데 그 목적이 있다.

II. 적용범위

이 심사지침은 사업자(사업자단체를 포함)가 자기 또는 자기의 상품(용역을 포함)에 대하여 표시·광고행위를 함에 있어서 다음과 같이 다른 사업자 또는 다른 사업자의 상품과 비교하여 행하는 표시·광고에 대하여 적용한다.

1. 다른 사업자 또는 다른 사업자의 상호, 상표, 상품의 고유명칭, 기타 다른 사업자의 상품을 나타내는 기호 등을 직접 명시하여 비교하는 표시·광고
2. 위 1.에 해당하지 아니하나 은유적 표현, 유사한 발음·기호·상징 등을 통하여 일반 소비자가 통상적으로 다른 사업자 또는 다른 사업자의 상품임을 인지할 수 있는 방법으로 비교하는 표시·광고

III. 일반원칙

1. 비교 표시·광고는 소비자에게 사업자나 상품에 관한 유용하고 정확한 정보제공을 목적으로 행하는 것이어야 하며, 소비자를 속이거나 소비자로 하여금 잘못 알게 할 우려가 없어야 한다.
2. 비교 표시·광고는 그 비교대상 및 비교기준이 명확하여야 하며 비교내용 및 비교방법이 적정하여야 한다.
3. 비교 표시·광고는 법령에 의한 시험·조사기관이나 사업자와 독립적으로 경영되는 시험·조사기관에서 학술적 또는 산업계 등에서 일반적으로 인정된 방법 등 객관적이고 타당한 방법으로 실시한 시험·조사 결과에 의하여 실증된 사실에 근거하여야 한다.
4. 이 심사지침은 비교 표시·광고에 있어서 부당하게 비교하는 표시·광고행위가 될 수 있는 대표적인 사항을 중심으로 작성한 것이므로 이 심사지침에서 명시

관적으로 측정가능한 속성이나 가격을 비교하고 이름, 묘사 또는 기타 식별가능한 정보에 의하여 대체 브랜드를 알 수 있는 광고"로 정의하면서, 소비자권 보장에 도움이 된다는 기조아래 광범위하게 허용해 오고 있다고 한다.

134) 공정거래위원회예규 제269호(2016. 12. 23).

적으로 열거되지 않은 사항이라고 해서 모두 부당하게 비교하는 표시·광고행
위에 해당되지 않는 것은 아니다. 또한 특정 행위가 이 심사지침에서 제시된
법 위반에 해당될 수 있는 행위(예시)에 해당되더라도 소비자를 오인시킬 우
려가 없거나 공정한 거래질서를 저해할 우려가 없는 경우에는 부당하게 비교
하는 표시·광고행위에 해당되지 않을 수 있다.

Ⅳ. 세부심사지침

1. 비교대상에 관한 사항

비교대상과 관련하여 동일 시장에서 주된 경쟁관계에 있는 사업자의 상품으로
서 자기의 상품과 동종 또는 가장 유사한 상품을 자기의 상품과 비교하는 경
우에는 부당하게 비교하는 표시·광고에 해당되지 않는다.[135]

    가. 비교대상인 상품이 자기의 상품과 용량, 크기, 생산시기, 등급, 특성 등에
        차이가 있어 거래통념상 동등한 것으로 인정되지 아니하는 경우 부당한 비
        교 표시·광고에 해당할 수 있다.

    나. 비교대상을 밝히지 않은 채 자신의 제품이 경쟁 제품보다 우월하다고 표시
        ·광고하였으나, 실제 비교대상인 제품이 가격·품질·성능·소비자인지도
        등에 있어 경쟁 제품으로 보기 어려운 경우 부당한 비교 표시·광고에 해
        당할 수 있다.

2. 비교기준에 관한 사항

비교기준과 관련하여 가격, 성능, 품질, 판매량, 서비스내용 등의 비교기준이
자기의 상품과 다른 사업자의 상품 간에 동일하며, 비교기준이 적정하고 합리
적으로 설정된 경우에는 부당하게 비교하는 표시·광고에 해당되지 않는다.

    가. 서로 다른 조건, 기간, 환경 등 동일하지 아니한 기준에 의하여 비교하는
        경우에는 부당한 비교 표시·광고에 해당할 수 있다.

    나. 표시·광고에 나타나지 아니한 사항이 당해 표시·광고상 비교기준과 불가
        분의 직접적 관계에 있어 소비자의 선택에 중대한 영향을 미치는 사항임에
        도 불구하고, 이를 명시하지 아니하는 경우 부당한 비교 표시·광고에 해당
        할 수 있다.

3. 비교내용에 관한 사항

비교내용과 관련하여 비교내용이 진실되고 소비자의 상품 선택을 위하여 유용
한 경우에는 부당하게 비교하는 표시·광고에 해당되지 않는다.

    가. 자기의 상품에 대하여 허위·과장된 성능, 품질 등을 제시하거나 아니면 다

른 사업자의 상품에 대해서 허위 · 과장된 성능, 품질 등을 제시하여 비교 표시 · 광고를 하는 경우 부당한 비교 표시 · 광고에 해당할 수 있다.

나. 비교사항의 내용상 차이가 객관적으로 의미가 없거나 아주 근소하여 성능 이나 품질 등에 미치는 영향이 미미한데도 불구하고 그 차이가 성능이나 품질 등에 중대한 영향을 미치는 것처럼 표시 · 광고하거나 다른 사업자의 상품을 실제 이상으로 열등한 것처럼 표시 · 광고하는 경우 부당한 비교 표 시 · 광고에 해당할 수 있다.

4. 비교방법에 관한 사항

비교방법과 관련하여 객관적이고 공정하게 비교가 이루어지고, 시험 · 조사 결 과를 인용할 때 그 내용을 정확하게 인용하는 경우에는 부당하게 비교하는 표 시 · 광고에 해당되지 않는다.

가. 특정항목, 특정조건 등에서의 비교결과를 근거로 전체적인 우수성을 주장 하는 경우 부당한 비교 표시 · 광고에 해당할 수 있다.

나. 시험 · 조사결과를 인용하는 경우에 시험 · 조사 결과를 왜곡하여 자기의 상 품이 우수한 것처럼 표시 · 광고하는 경우 부당한 비교 표시 · 광고에 해당할 수 있다.

5. 다른 규정의 준용

기타 비교 표시 · 광고에 관한 심사에 있어서 표시 · 광고실증에 관한 사항은 「표 시 · 광고 실증에 관한 운영고시」의 규정을 준용한다.

V. 비방적인 표시 · 광고와의 관계

표시 · 광고의 내용이 다른 사업자 또는 다른 사업자의 상품과 비교하는 형식을 갖 추고 있으나, 자기 또는 자기 상품의 우수성을 알리기 위하여 소비자에게 정보를 제공하는 것이라기보다는 다른 사업자 또는 다른 사업자의 상품에 관한 단점을 부각시킴으로써 다른 사업자 또는 다른 사업자의 상품이 실제보다 현저히 열등 또는 불리한 것처럼 소비자가 오인할 수 있도록 표시 · 광고하는 경우에는 이를 비 방적인 표시 · 광고로 본다.

따라서, 비록 사실에 기초하여 비교하는 형식의 표시 · 광고라고 하여도 다른 사업 자 또는 다른 사업자의 상품에 대한 중대한 이미지 훼손에 이르는 등 표시 · 광고 의 전체 내용이 전달하는 바가 다른 사업자 또는 다른 사업자의 상품이 실제보다 현저히 열등 또는 불리한 것처럼 소비자가 오인할 수 있도록 한다면 이는 비방적 인 표시 · 광고에 해당된다.

4. 비방적인 표시 · 광고

비방적인 표시 · 광고는 다른 사업자등 또는 다른 사업자등의 상품등에 관하여 객관적인 근거가 없는 내용으로 표시 · 광고하여 비방하거나 불리한 사실만을 표시 · 광고하여 비방하는 것으로 한다(영 제3조 제4항).

광고행위가 비방광고에 해당하기 위해서는 다른 사업자 또는 그 제품(타인성)에 대하여 객관적 근거가 없거나 불리한 사실만을 부각(비방성)하여 광고하여야 할 것이므로, 특정기업이 경쟁업체의 제품과 자신의 제품을 비교하는 방법으로 신문 등과 같은 광고매체를 통하여 광고를 하는 경우, 그 광고의 내용이 비교의 대상으로 된 경쟁업체를 비방하는 것인지 여부에 관하여는 일반의 소비자가 광고를 접하는 통상의 방법을 전제로, 광고자가 그러한 광고방법을 선택하게 된 동기를 비롯하여 당해 광고의 표제와 문구, 광고문안의 전체적인 흐름, 사용된 어휘의 통상적인 의미와 연결방법 등 당해 광고가 소비자에게 부여하는 전체적인 인상을 종합적으로 고려하여 판단의 기준으로 삼아야 한다(<귀뚜라미보일러판매(주)의 부당광고행위 건>).136)

법원이 비방적인 표시 · 광고로 인정한 사례는 다음과 같다.

"자신이 판매하는 사운드카드 『사운드 트랙 97PnP』와 경쟁사제품인 『사운드블라스타 AWE64IE』를 비교광고함에 있어 객관적으로 인정된 근거없이 자사의 제품이 경쟁사의 제품보다 우량 또는 유리하다고 하거나 자사제품의 유리한 부분만을 비교하여 광고한 행위"(<㈜훈테크 및(주)한메소프트의 부당광고행위 건>),137) "타사제품인 염화비닐(P.V.C) 용기 및 포장재는 그 독성으로 발암성, 기형성, 급만성독성, 갱년기여성 골연화증세를 일으키고 원고가 제작판매하는 크린랩은 그 독성이 없는 국내에 유일한 것이라는 광고한 행위"(<㈜크린랩의 허위 · 과장표시행위 건>),138) "스테인레스로 만든 보일러는 응력제거가 어려워서 용접부위가 터질 우려가 많은 것처럼 비방광고한 행위"<귀뚜라미보일러판매(주)의 부당광고행위 건>,139) "대구지점이 발행하는 생활정보신문인 '대구벼룩시장'을 비롯하여 동아일보, 영남일보, 조선일보, 매일신문 등의 광고매체에 자신 및 위 '대구벼룩시장'을 홍보하는 광고를 게재함에 있어 ① '눈 가리고 아웅식으로 대구시민을 우롱', ② '교묘하게 꾸며 악의적으로 표현할 수 있는 간교함에 놀라지 않을 수 없습니다'는

---

135) 동종 · 유사 상품과 비교한 광고의 경우에 비로소 비교광고가 성립하는 것이고, 부당성은 다른 차원의 문제로 해석하여야 한다. 이봉의, 경쟁과 법 제8호(2017. 04), 30~31면.
136) 서고판 2000. 11. 21. 98누14978.

내용의 경쟁사를 비방하는 광고를 게재한 행위"(<㈜미디어월의 부당광고행위
건>,140) "『'오가피를 아신다면 이 글을 꼭 읽어보십시오'라는 거짓광고를 고발합
니다』라는 표제하에 "막대한 광고비를 들이면서도 영업에 압박을 받게되자 본인
의도하에 조작된 샘플을 이용하여 실험해놓고 마치 본인의 제품이 가장 우수한
것처럼 광고..", "자기제품(수신토종오가피)의 시료는 농축하고 함박재가시오가피
제품에는 물을 먹여 시료를 조작하였습니다", "당신이 말하는 가시오가피의 지표
는 아칸토싸이드D가 아니라 이소프락시딘이다. 미국, 중국, 러시아, 일본 세계 각
국이 이소프락시딘을 지표로 삼고 있습니다"라고 표현으로 광고한 행위"<㈜한국
자연과학의 부당광고행위 건>,141) "경쟁사에 대하여 '형제간에 주고받는 세금계
산서는 몇 십만 부짜리라도 당장 발행할 수 있습니다', '대구시민을 속이는 외지업
체의 한심한 잔꾀', '서울에서 내려와 이곳에서 돈을 벌어가는 B급정보'라고 광
고한 행위 등"(<㈜교차로의 부당광고행위 건>),142) "다른 사업자의 상품에 대하
여 객관적인 근거를 갖지 아니한 내용을 광고하여 비방하거나 불리한 사실만을
광고한 행위"(<㈜수신오가피의 부당광고행위 건>),143) "중앙일간지를 통해 경쟁
사 PVC창호에 대해 객관적 근거없이 화재시에 PVC창호에서 발생하는 유독가스가
가장 치명적인 것처럼, 씨랜드 수련원 화재당시 화재의 확산 및 대규모 인명피해
의 주원인이 PVC창호에 있었고, PVC창호는 불이 쉽게 번지는 재료인 것처럼 광
고한 행위"(<알미늄압출공업성실신고회원조합의 부당광고행위 건>)144)

법원이 비방광고로 인정하지 않은 사례는 다음과 같다.

"우유가공회사가 상호비방광고에 대하여 경쟁사업자와 함께 공정거래위원회로부
터 시정명령을 받았음에도 자신이 받은 시정명령에 대하여는 아무런 언급을 하지
않은채 경쟁사업자가 위 시정명령에 따라 게재한 광고를 전제하여 광고한 행
위"<파스퇴르유업(주)의 부당한 광고행위 건>,145) "삼광유리가(환경호르몬 관련)
"플라스틱용기 찜찜하셨죠? 이젠, 강화유리밀폐용기로 바꾸세요. 환경호르몬에 안

---

137) 서고판 1999. 2. 4. 선고 98누2463.
138) 대판 1989. 9. 12. 88누11469.
139) 서고판 2000. 11. 21. 98누14978.
140) 서고판 2003. 3. 27. 2002누9331.
141) 서고판 2003. 11. 11. 2003누1648[대판 2004. 3. 12. 2003두14482(심리불속행기각)].
142) 서고판 2004. 5. 19. 2002누8130[대판 2004. 8. 31. 2004두64029(심리불속행기각)].
143) 대판 2005. 3. 10. 2004두9654.
144) 서고판 2007. 5. 17. 2006누23861.

전한 글라스락."이라는 내용의 광고를 한 행위"<삼광유리공업(주)의 부당광고행
위 건>146)

　　한편 비방광고 관련하여 ① 비방광고에 대한 대응광고 비용이 비방광고로
인한 손해인지 여부, ② 비방광고로 인하여 회사의 인격·명예·신용이 훼손된
데 대한 손해액, ③ 비방광고로 인한 인격권 침해에 대한 사전 구제수단으로서
광고중지 청구 등이 문제가 된 사례가 있다. 즉 <파스퇴르(주)의 부당광고행위
건> 관련 민사소송(손해배상)에서 대법원은 다음과 같이 판시하였다.

"① 이 사건 비방광고들로 인한 피해를 최소한으로 줄이기 위하여 이 사건 광고
들이 실렸던 일간지마다 동일한 크기의 대응광고를 게재할 필요가 있었다면, 그
비용도 이 사건 광고들로 인하여 원고가 입은 손해라 할 것임. ② 이 사건 광고들
로 인하여 원고의 인격과 명예, 신용 등이 훼손됨으로써 분유제조업체인 원고의
사회적 평가가 낮아지고 그 사업수행에 커다란 악영향이 미쳤으리라는 점은 경험
칙에 비추어 쉽게 인정할 수 있으므로, 피고는 위 사회적 평가의 침해에 따라 원
고가 입은 무형의 손해를 배상할 의무가 있다고 판단한 다음, 원고가 입은 손해의
종류와 성격, 원고의 지명도와 영업의 신용도, 원고 회사의 규모 및 영업실적, 이
사건 광고들의 허위성의 정도와 비방성의 강도, 피고의 광고행태 전반에서 드러나
는 악의성의 정도, 조제분유 제품을 선택하는 소비자들의 보수성, 부정적 광고가
미치는 영향의 즉각성과 지속성, 부정적 영향으로부터 회복함이 곤란한 점, 부정

---

145) 대판 1998. 11. 27. 96누5643. 이 사건 광고 내용이 진실이므로 특별한 사정이 없는 한 이 사
　　건 광고가 소비자를 기만하거나 오인시킬 우려가 있다고 볼 수 없을 터인데, 보통의 주의력을
　　가진 일반 소비자가 이 사건 광고를 보고 유가공협회가 원고 회사 및 그 상품에 관하여 부당
　　한 광고를 하여 피고로부터 시정명령을 받고 이를 스스로 자인하였다는 사실을 인식하는 데서
　　더 나아가 원고 회사와 유가공협회 쌍방 중 유가공협회만이 원고 회사에 대하여 허위·비방광
　　고를 하여 피고로부터 시정명령을 받았다고 오인하거나 또는 원고 회사의 종전 광고 내용을
　　연상하여 유가공협회 소속 회사의 우유가 '고름우유'라고 오인할 우려가 없다고 할 것이라는
　　이유로, 이 사건 광고가 유가공업계의 공정한 거래를 저해할 우려가 있는 행위에 해당하지 않
　　는다. 동 판결에 대한 해설로 홍명수, 광고판례백선(2019), 325~329면.
146) 대판 2013. 3. 14. 2011두7991. 식품 또는 그와 직접 연관된 제품의 안전성 또는 인체에 대한
　　유해성과 관련하여 소비자들이 고도의 경각심을 갖고 그 위험을 미리 회피하기 위하여 최선의
　　노력을 다하는 것은 소비자들에게 주어진 정당한 선택의 권리에 속한다고 보아야 하는 점에
　　비추어, 어떠한 식품이나 그와 직접 연관된 제품의 인체 유해성에 관하여 어느 정도 객관적
　　근거를 갖춘 우려가 제기되어 현실적으로 논란이 되고 있다면, 그 유해성이나 유해 수준이 과
　　학적으로 명백하게 입증되지는 않았다고 하더라도 경쟁 제품이 갖고 있는 위와 같은 유해의
　　가능성 또는 위험을 언급하거나 지적하는 내용의 광고에 대하여 함부로 공정한 거래질서를 저
　　해할 우려가 있는 비방광고로서 금지하여야 한다고 단정할 것은 아니다. 동 판결에 대한 해설
　　로 손봉현, 광고판례백선(2019), 168~172면 참조.

적 광고에 대하여 효율적인 구제수단인 사죄광고가 허용되지 아니하는 점, 피고 회사의 규모와 재산 정도 등 여러 사정을 참작하여 그 손해액을 금 300,000,000원으로 정하였는바, 피고에게 원고가 입은 무형의 손해를 배상할 책임이 있다는 원심의 판단은 옳고(민법 제764조 참조), 또한 기록에 비추어 보건대, 원심이 산정한 손해액도 적정하다고 보여짐. ③ 인격권은 그 성질상 일단 침해된 후의 구제수단(금전배상이나 명예회복 처분 등)만으로는 그 피해의 완전한 회복이 어렵고 손해전보의 실효성을 기대하기 어려우므로, 인격권 침해에 대하여는 사전(예방적) 구제수단으로 침해행위 정지 · 방지 등의 금지청구권도 인정됨. 우리나라 우유업계 전체가 이른바 '광고전쟁'의 소용돌이에 휘말리게 된 경위와 그동안의 피고의 광고행태에 비추어 보면, 피고가 원고를 비방하는 광고를 재현할 위험은 아직도 존재하므로 원고는 피고가 자행할 위법한 광고로부터 그 명예 · 신용 등을 보전하기 위하여 피고에게 그러한 광고의 중지를 요구할 권리가 있음"(<파스퇴르(주)의 부당광고행위 건>)[147]

Ⅱ. 관련 이슈

1. 입증책임

소비자 체험후기 형식의 표시 · 광고 관련하여 대법원은 소비자가 본인의 사용 경험에 근거하여 당해 상품을 효능, 효과, 성능 등의 면에서 좋은 상품으로 평가 · 보증하거나 당해 상품의 구매 · 사용을 추천하는 내용이 포함되어 있고, 그 내용이 추천자의 개인적 경험을 넘어 일반 소비자들에게도 가능한 사실로 받아들여지는 경우에는, 그 추천 · 보증의 내용이 추천자가 실제로 경험한 사실에 부합한다고 하더라도 추천자의 경험내용이나 판단내용이 일반 소비자들에게 보편적으로 발생하는 현상이 아니거나 학계 등 관련 전문분야에서 일반적으로 받아들여지고 있는 견해가 아니라면, 표시 · 광고행위를 한 사업자가 그 소비자가 추천 · 보증하는 내용이 진실임을 입증할 책임이 있다고 판시하였다(<드림코어 부당광고행위 건>).[148]

---

147) 대판 1996. 4. 12. 93다40614, 40621[허위비방광고행위금지등 · 손해배상(기)등]. 동 판결에 대한 해설로 권영준, 광고판례백선(2019), 332~335면 참조. 인격권 침해행위에 대한 금지청구권을 인정한 최초의 판결이라고 한다.

148) 대판 2013. 9. 26. 2011두7632.

2. 광고의 주체

1) 분양대행계약의 경우

분양대행사와 관련된 대부분의 판례에서 법원은 분양회사의 책임을 인정하였다.

> "공동분양개발계획을 체결하였고, 공동명의로 건축허가를 받았을 뿐만 아니라 분양광고시 홍보물의 제작 및 광고의 집행 뿐만 아니라 분양영업과 분양상담 및 분양직원에 대한 감독 등을 담당함으로써 분양의 전 과정에 걸쳐 실질적으로 분양업무에 관여하였음으로 단순한 분양대행자라고 볼 수 없음"(<청림도시개발(주)의 부당광고행위 건>),[149] "사전 승인을 얻어 분양대행사, 광고홍보업체 등 각종 외주용역업체를 선정하도록 약정한 사실, 광고대행계약을 체결함에 있어 원고의 직원이 주택조합을 대행하여 계약체결업무를 수행한 사실, 광고문안은 원고회사 직원으로부터 받았고, 그에 사용된 각종 이미지 사진도 원고회사로부터 제공받은 도면을 기초로 컴퓨터그래픽으로 제작하였으며, 이 건 분양카탈로그 마지막장에는 원고회사 로고와 함께 'since 1927 임광토건(주)'라고 표기한 사실 등을 이유로 분양카탈로그에 의한 광고에 관하여 광고주체로서 책임이 인정됨"(<㈜신가현이앤씨 및 임광토건(주)의 부당광고행위 건>),[150] "상가의 분양에 관한 신문광고의 경우 원고가 최종 내용을 검토한 것이고, 분양대행 계약상 분양대행사에 대한 지도·감독권이 원고에게 있으며, 분양대행사가 광고로 인한 책임을 부담하기로 약정했다 하더라도 이는 원고와 분양대행사 내부간의 문제일 뿐 법에서 금지하는 허위·과장광고에 대한 책임 귀속문제와는 아무런 관련이 없다는 등 광고주체로 인정됨"(<㈜성창에프엔디의 표시광고법 위반행위 건>),[151] "아파트 신축사업의 사업대행사로서, 단지 형식적으로만 이 사건 광고 문구를 확인하고 광고 대금을 지급했다고 볼 수 없고 적어도 소외 주식회사와 공동으로 광고행위를 하였다고 봄이 타당함"(<팀이십일컨설팅의 부당광고행위 건>)[152]

2) 광고를 하게 한(교사 및 방조) 행위

법원은 광고를 하게 한 행위 및 방조한 행위에 대해서도 책임을 인정하였다.

---

149) 서고판 1999. 4. 30. 97구53719.
150) 서고판 2011. 7. 6. 2010누27259[대판 2011. 11. 24. 2011두19345(심리불속행기각)].
151) 서고판 2009. 11. 12. 2009누1138[대판 2010. 2. 25. 2009두23112(심리불속행기각)].
152) 대판 2008. 11. 13. 2008두6646. 동 판결에 대한 해설로 정성무, 광고판례백선(2019), 854~857면 참조.
153) 대판 2002. 1. 11. 2000두4255.

"고가 비디오물 판매에 관하여 이해관계가 크다는 점, 원고가 베어에게 비디오물의 광고에 필요한 자료를 제공하고 그 광고에 원고의 로고를 사용하도록 하여 광고와 관련하여 원고와 베어사이에 업무연락이 있어 왔던 점, 위 영화가 상영될 무렵에 원고가 영화제작소로부터 수차례에 걸쳐 비디오물의 광고나 출시로 인하여 위 영화의 흥행에 지장이 없도록 하여 줄 것을 부탁받기도 한 점 등에 비추어 보면 원고가 베어로 하여금 위 비디오물에 대한 광고를 하게 하고, 그 이후의 광고제작과정에 계속관여하였음"(<(주)유니버설뮤직(구 폴리그램)의 부당광고행위 건>),[153] "이 건 분양광고는 원고가 위 분양대행사들과 체결한 위 분양알선계약에 기하여 행하여진 원고의 상가임대분양에 관한 광고로서 그 효과가 원고에게 귀속되고, 소비자의 입장에서도 원고의 광고로 인식할 수 밖에 없으며, 원고는 분양대행사들이 작성한 광고문안을 검토하여 이를 결정하였으므로, 원고가 위 분양대행사들로 하여금 이 건 광고를 하게 한 것으로 봄이 상당함"(<㈜성창에프엔디의 부당광고행위 건>),[154] "분양에 따른 법률적 효과의 본인 귀속, 분양업무 전반의 관리·감독, 일반소비자의 입장에서 동일한 회사의 행위로 인식할 수 밖에 없는 점 등을 이유로 분양대행사의 광고에 직·간접적으로 관여하였거나 묵인함으로써 광고행위를 하게 한 행위"(<㈜고려빌드의 부당광고행위 건>),[155] "광고대행사인 클렉스가 (주)카페베네의 가맹사업에 관한 광고를 함에 있어 경제적 이해관계를 표시하지 아니할 것을 의도하였거나 묵인함으로써 이 건 각 광고행위를 하게 하였음"(<㈜ 카페베네의 부당광고행위 건>),[156] "피고 에스케이건설 주식회사(이하 '피고 에스케이건설'이라 한다)가 피고 무송과 사실상 공동사업주체로서 이해관계를 같이 하면서 이 건 아파트의 신축·분양사업을 하였고, 피고 무송의 허위·과장광고 행위를 방조하였으므로, 피고 에스케이건설은 피고 무송과 공동하여 허위·과장광고에 따른 손해배상책임을 부담함"(<㈜ 무송종합엔지니어링 외 1인의 허위과장광고 건>)[157]

3) 블로그 운영 및 사이버몰 운영업체의 책임

법원이 블로그 운영자 관련 책임을 인정한 사례는 다음과 같다.

"원고가 광고대행사에 위임하여 이 건 각 광고행위를 함에 있어 경제적 이해관계

154) 대판 2005. 2. 18. 2003두8203. 동 판결에 대한 해설로 박성범, 845~849면 참조.
155) 서고판 2006. 10. 11. 2005누24041[대판 2007. 2. 22. 선고2006두16861(심리불속행기각)].
156) 서고판 2015. 11. 12. 2015누34924.
157) 대판 2015. 7. 23. 2012다15336,15343,15350,15367,15374,15381,15398,15404(부당이득반환등).

를 표시하지 않는 방식으로 상업적 목적인 것을 나타내지 아니하여 광고효과를 높일 것을 의도하였다고 봄이 상당함. 따라서 원고는 이 건 각 광고행위에 대한 법적 책임이 있는 주체라고 할 것이고, 원고에 대하여 이 건 각 광고행위에 대한 책임을 인정하는 것이 자기책임의 원칙에 반한다고 볼 수도 없음. ① 원고는 이 건 각 광고행위를 전체적으로 기획하고 그 비용을 부담하였음. ② 이 건 각 광고행위는 원고의 자동차 제품들 및 원고가 후원하는 공연을 홍보하기 위한 것으로서 그 경제적 효과가 원고에게 귀속됨. ③ 원고는 바이럴 마케팅[158]의 특성을 인식하고 상업광고가 일반적으로 통용되는 신문, TV나 라디오 방송 등의 전통적인 매체 대신 블로그와 같은 새로운 매체를 이용한 이 건 각 광고행위를 함으로써, 경제적 대가관계가 드러난 일반적인 상업적 광고형식을 탈피하여 소비자들의 진실한 경험을 표방한 자연스러운 광고 효과를 의도하였던 것으로 보임. ④ 원고는 광고대행사로부터 이 건 각 광고행위에 관한 블로그 운영자 리스트, 배포 수량 등을 보고받고 그 광고 주제 및 진행 일정 등에 관하여 지시하였으며 개별 블로그 포스팅의 내용에 관하여 수정을 요구하기도 하는 등 이 건 각 광고행위 전반에 관하여 업무 지시를 하였음. ⑤ 원고가 바이럴 수량 등에 관하여 광고대행사로부터 이메일로 보고받은 내용에는 '상업성이 노출되지 않도록 컨텐츠를 작성하였으며 '파워트위터리안' 탭에서 내용확인하신 후 컨펌주세요'라는 등의 내용이 포함되어 있고 이에 대하여 원고가 확인하고 진행을 요청하기도 하였음"(<아우디폭스바겐코리아(주)의 부당광고행위 건>)[159]

그러나 법원이 사이버몰 운영자가 입점업체의 광고행위에 대하여 광고행위의 주체로서 행정적 책임을 지지 않는다고 본 사례도 있다.

"법 제3조가 부당한 광고행위를 금지하는 목적은 소비자에게 바르고 유용한 정보의 제공을 촉진하여 소비자로 하여금 올바른 상품 또는 용역(이하 '상품')의 선택과 합리적인 구매결정을 할 수 있도록 하고, 그에 따라 사업자 사이에 가격과 품질 및 서비스에 의한 공정한 경쟁이 촉진될 수 있도록 하는 데 있는 점, 전자상거래 중 컴퓨터 등과 정보통신설비를 이용하여 상품을 거래할 수 있도록 설정된 가상의 영업장인 사이버몰을 통한 통신판매에 있어서 소비자로서는 통신판매업자가

---

158) 바이럴 마케팅은 사업자가 누리꾼 등을 이용하여 인터넷 블로그 또는 이메일 등의 인터넷 매체를 통해 자신의 상품 등을 홍보하는 새로운 광고기법의 일종으로 컴퓨터 바이러스처럼 퍼진다고 하여 바이럴 마케팅이라는 이름이 붙었다. 서고판 2016. 4. 6. 2015누35033.

159) 서고판 2016. 4. 6. 2015누35033; 미국 및 독일의 입법례에 대하여 심재한, 광고판례백선(2019), 263~268면 참조.

, 0

За

누구인지는 명확하게 인식하지 못한 상태에서 사이버몰 운영자를 신뢰하고 상품을 구매하는 것이 보통이므로 상품구매, 배송, 반품, 사후 서비스, 신용정보의 안전성 등에 관한 불만 사항의 처리 등과 관련하여 사이버몰 운영자의 공신력이 중요한 의미를 가지는 점 등에 비추어 보면, 사이버몰 운영자가 입점업체의 광고행위에 대하여 입점업체와 공동으로 또는 입점업체와 독립하여 광고행위의 주체로서 행정적 책임을 지는지 여부는 사이버몰 운영자와 입점업체 사이의 거래약정의 내용, 사이버몰 운영자의 사이버몰 이용약관의 내용, 문제된 광고에 관하여 사이버몰 운영자와 입점업체가 수행한 역할과 관여 정도, 광고의 구체적 내용은 물론 광고행위의 주체에 대한 소비자의 오인가능성 등을 종합하여 구체적·개별적으로 판단하여야 할 것임"(<다음커뮤니케이션의 부당광고행위 건>)[160]

4) 외국업체

표시광고법은 부당한 표시광고행위의 주체인 사업자 등을 내국사업자로 한정하고 있지 않으므로, 외국본사가 직접 광고를 마련하여 국내에서 광고를 직접 집행한 경우, 광고의 대상에 국내시장이 포함되어 있어 그로 인한 효과가 국내

---

[160] 대판 2005. 12. 22. 2003두8296. 본 판결에 대한 해설로 신현윤, 광고판례백선(2019), 211~215면 참조. 원심은 대법원과 달리 판단하였다. 즉 법 제3조가 부당한 표시·광고행위를 금지하고 있는 까닭은, 소비자에게 진실되고 충실한 정보가 전달되어야 소비자가 올바른 상품선택과 합리적인 구매결정을 할 수 있고, 그에 따라 사업자간에 가격과 품질·서비스에 의한 공정한 경쟁이 촉진될 수 있기 때문이다. 따라서 부당한 표시·광고의 금지행위에 저촉되는지 여부를 판단함에 있어서는, 사업자간의 공정성 확보와 아울러 소비자 보호의 문제를 고려하지 않을 수 없다(법 제1조 참조). 그런데, 앞에서 본 증거들에 의하면 이 사건 광고는 원고가 운영하는 인터넷 포털사이트(http://www.daum.net)를 통하여 역시 원고가 운영하는 쇼핑몰(http://shop.daum.net)에 접속함으로써 비로소 소비자에게 인식될 수 있는 것이고, 비록 이 사건 광고 중에 "상품문의:(전화번호 생략)/ 배송문의:(전화번호 생략), A/S 및 제품문의:(이메일 주소 생략)"라는 문구가 삽입되어 있다고 하더라도, 원고 이외에 달리 입점업체가 별도로 있음을 암시하는 아무런 표시나 문구도 없어서 그것만으로는 일반소비자인 쇼핑몰 이용자들이 원고가 아닌 별개의 사업자가 자기의 책임 아래에 상품을 판매하며 이 사건 광고를 하고 있으리라 인식할 것으로 기대할 수는 없다 할 것이므로, 소비자로서는 이를 원고의 사업이자 광고로밖에 인식할 수 없는 것이고, 따라서 적어도 소비자와의 관계에 있어서는 원고를 이 사건 광고의 주체라고 하지 않을 수 없다. 이러한 사정은 가사 원고의 주장과 같이 원고와 쇼핑몰 입점업체 사이에서 원고는 쇼핑몰 임대업자에 불과하고 입점업체가 스스로 상품의 정보를 게재하여 상품을 판매하여 그에 따른 모든 책임을 지기로 약정한 사실이 있다고 하더라도 이로써 일반소비자인 쇼핑몰 이용자에게 대항할 수 있는 것도 아니므로 달리 볼 것이 아니다. 서고판 2003. 7. 8. 2002누16872; 원심은 소비자의 인식에 두었으나 대법원은 소비자 인식뿐만 아니라 거래약정의 내용, 사이버몰 운영자의 사이버몰 이용약관의 내용, 문제된 광고에 관하여 사이버몰 운영자와 입점업체가 수행한 역할과 관여 정도, 광고의 구체적 내용은 물론 광고행위의 주체에 대한 소비자의 오인가능성 등을 종합하여 구체적·개별적으로 판단하여야 한다고 본 것이다.

시장에 미친다면 그 광고행위가 국내시장에 영향을 미친 한도에서 표시광고법
이 적용된다.[161) 이 경우 광고주체로서 책임은 광고행위에 연관된 사업자들이
공동 또는 독립하여 광고행위의 주체로서 행정적 책임을 지는지 여부는 해당
광고를 함에 있어서 해당 사업자들이 수행한 역할과 실질적인 관여정도, 사업자
들 간의 관계와 계약의 내용, 광고의 구체적 내용과 광고행위의 주체에 대한 소
비자의 오인가능성 등을 종합하여 구체적·개별적으로 판단하여야 한다.[162)

공정거래위원회가 외국업체의 책임을 인정한 사례가 있다.

> "피심인 AVK는 피심인 2개 제조사가 제조·판매한 폭스바겐 및 아우디 브랜드 차
> 량을 매입하여 국내에서 판매하면서 브로셔, 인터넷 홈페이지, 잡지, 신문, 보도자
> 료 등을 통해 광고 등을 직접 수행한 자로서 광고 등에 대한 책임성이 인정됨. 피
> 심인 폭스바겐은 파사트, 티구안, 골프 등 폭스바겐 브랜드 차량을, 피심인 아우
> 디는 A4, A5, Q3, Q5 등 아우디 브랜드 차량을 제조·판매하면서 국내에서 광고
> 등을 직접 수행한 자는 아니지만, 다음과 같은 점을 고려할 때, 피심인 AVK와 공
> 동 책임성이 인정됨"(<3개 자동차 제조·판매사업자의 부당한 표시·광고행위
> 건>)[163)

---

161) 최인선, 경쟁과 법(2017. 04), 69면.
162) 대판 2005. 12. 22. 2003두8296.
163) 공정의 2017. 1. 19. 2017-024. 첫째, 피심인 2개 제조사와 피심인 AVK간 체결된 '수입자 계
     약(Importer Agreement)'의 내용을 살펴보면, ① 피심인 AVK는 피심인 2개 제조사가 동의한
     기본원칙에 따라 홍보를 시행한다(제9.1조), ② 피심인 2개 제조사는 피심인 AVK에 차량의 판
     매촉진 등을 위한 계획, 컨셉, 프로그램을 제공해야 하며, 피심인 AVK는 마케팅을 위해 피심
     인 2개 제조사와 협의 하에 제공된 자료를 의무적으로 사용해야 한다(제13조), ③ 피심인
     AVK는 딜러사들이 피심인 2개 제조사의 공식입장과 배치되거나 이미지에 해가 되는 광고를
     행하지 않도록 감독한다(제9.4조), ④ 피심인 AVK는 피심인 2개 제조사의 전자시스템·회계시
     스템을 사용한다(제11.1조, 제12.5조), ⑤ 피심인 2개 제조사는 피심인 AVK 업무 공간 등의
     출입이 가능하다(제11.3조), ⑥ 피심인 AVK는 피심인 2개 제조사의 동의하에 판매가격을 결정
     한다(제14.2조) 등으로 규정되어 있다. 이는 피심인 2개 제조사가 '수입자 계약'에 따라 피심인
     AVK의 광고활동 등 영업 전반에 대하여 지휘·감독 권한을 보유하고 있음을 보여준다. 둘째,
     피심인 2개 제조사는 세계적으로 일관된 마케팅 정책에 따라 매년 전세계 자회사 및 판매대리
     인이 모이는 'Planning Rounds'(폭스바겐) 또는 'ACMeetings'(아우디)를 실시하여 각 지역별
     판매 전략을 승인해왔다. 또한 피심인AVK는 피심인 폭스바겐이 제공하는 자료를 그대로 번역
     하여 브로셔 등을 작성하였고, 피심인 아우디가 제공하는 자료를 그대로 번역하여 아우디 매
     거진 등을 작성하였다. 더불어 피심인 AVK는 사실의 기초가 되는 법정 배출가스 기준 충족
     여부등에 대한 자료를 2개 제조사로부터 제공받지 않으면 직접 알 수 없는 상황이었다. 따라
     서 피심인 2개 제조사가 피심인 AVK의 광고 등에 실질적으로 관여한 것으로 판단된다. 셋째,
     피심인 AVK의 광고 등은 피심인 2개 제조사의 각 회사명 또는 공식로고 등과 함께 노출되어
     있었는바, 일반 소비자는 피심인 AVK의 광고 등의 주체를 피심인 AVK와 피심인 2개 제조사
     가 공동 또는 피심인 2개 제조사가 단독으로하는 광고 등으로 인식할 가능성이 크다. 넷째, 피

3. 소비자 오인성 및 공정거래 저해성

부당 표시 · 광고행위의 위법성의 근거는 1차적으로 ① 고객의 합리적이고 자유로운 선택의 왜곡과, ② 경쟁사업자의 능률경쟁침해에서 찾을 수 있다.164) 한편 부당 표시 · 광고행위가 성립하려면 '소비자 오인성'과 '공정거래 저해성'이 있어야 한다.165) 입법론으로 소비자오인성을 거짓 · 과장성과 통합하는 것이 바람직하다는 견해가 있다.166)

1) 소비자 오인성

일반 소비자는 표시 · 광고에서 직접적으로 표현된 문장, 단어, 디자인, 도안, 소리 또는 이들의 결합에 의하여 제시되는 표현뿐만 아니라 간접적으로 암시하고 있는 사항, 관례적이고 통상적인 상황 등도 종합하여 전체적 · 궁극적 인상을 형성하게 된다. 따라서 표시 · 광고가 소비자를 속이거나 소비자로 하여금 잘못 알게 할 우려가 있는지는 보통의 주의력을 가진 일반 소비자가 그 표시 · 광고를 받아들이는 전체적 · 궁극적 인상을 기준으로 하여 객관적으로 판단하여야 한다.167)

그리고 소비자는 지적수준이 높은 소비자, 지적수준이 낮은 소비자, 의사 · 변호사 등 전문가, 주부, 어린이 등 다양한 계층이 있는데 일반적 · 평균적인 지식과 주의력을 가진 일반소비자를 기준으로 하는 것이 타당하다.168) 오인이란 상품의 품질, 가격, 거래조건 등에 관하여 광고로부터 소비자가 인식하는 것과 실제 사이에 차이가 있는 것을 말하며, 현실적으로 소비자의 오인발생을 요하는 오인야기광고 뿐만 아니라 소비자 오인의 잠재성 또는 오인의 가능성이 있는 오인야기적 광고도 규제대상이 된다.169) 특정대상을 대상으로 한 광고의 경우에는 특정 분야의 소비자를 의미한다. 예를 들면 "일반농민"(<남해화학(주)외 4사

심인 2개 제조사는 피심인 AVK의 주식 전부를 직 · 간접적으로 소유하고 있으며 피심인 AVK의 광고 등으로 인한 경제적 이익이 피심인 2개 제조사에게도 귀속되는 구조이다.
164) 신현윤, 473면.
165) 대판 1998. 3. 27. 96누5636; 대판 1998. 11. 27. 96누5643.
166) 이선희, 경쟁과 법(2017. 04), 20면.
167) 대판 2017. 4. 7. 2016두61242; 대판 2018. 7. 12. 2017두60109 판결; 대판 2019. 10. 17. 2019두31815.
168) 손수진, 광고판례백선(2019), 184면.
169) 손수진, 광고판례백선(2019), 185면

의 부당광고행위 건>),[170] "학원가맹희망자나 학부모"(<개금외대어학원 및(주)동성
교육개발의 부당한 광고행위 건>)[171]을 예로 들 수 있다.

소비자 오인성 관련하여 법원은 다음과 같이 판단하고 있다.

> "어느 광고가 특정 소비자를 대상으로 하는 경우에는 그 오인성 여부는 보통의
> 주의력을 가진 특정 소비자가 그 광고를 받아들이는 전체적인 인상을 기준으로
> 판단하여야 하는 것이므로, 학원 가맹점사업자의 모집을 목적으로 한 원고 회사의
> 업무 소개책자인 이 건 학원가맹점모집광고의 오인성 여부는 보통의 주의력을 가
> 진 학원 가맹희망자들을, 외국어학원 유치부 신입생의 모집을 목적으로 한 원고
> 윤준호의 이 건 학원유치부모집광고의 오인성 여부는 보통의 주의력을 가진 4-7
> 세 아동의 학부모들을 각각 기준으로 하여 그들이 이 건 각 광고를 받아들이는
> 전체적인 인상을 기준으로 판단하여야 함"(<개금외대어학원 및(주)동성교육개발
> 의 부당한 광고행위 건>),[172] "허위·과장의 광고는 사실과 다르게 광고하거나
> 사실을 지나치게 부풀려 광고하여 소비자를 속이거나 소비자로 하여금 잘못 알게
> 할 우려가 있는 광고행위로서 공정한 거래질서를 저해할 우려가 있는 광고를 말
> 한다. 한편 일반 소비자는 광고에서 직접적으로 표현된 문장, 단어, 디자인, 도안,

---

170) 대판 2003. 6. 27. 2002두6965.

171) 대판 2003. 4. 11. 2002두806. 원심은, 원고 회사가 학원 가맹점사업자를 모집하기 위하여 제
작한 이 사건 광고(이하 '이 사건 학원가맹점모집광고')는, 그 표제에 해당하는 부분에 '한국외
국어대학교의 전통을 잇는 정통어학원' 또는 '한국외국어대학교의 외국어교육프로그램'이라는
부제에 '외대어학원'이라는 상호가 크게 표시되어 있고, 하단에는 원고 회사명 및 한국외국어
대학교명과 그 각 로고가 표시되어 있으며, 그 내용에 해당하는 부분에는 '한국외국어대학교
40년 외국어교육의 전통을 이은 정통 어학원', '40여 년을 축적해 온 한국외국어대학교의 독창
적 프로그램과 노하우를 그대로 적용', '외대어학원은 한국외국어대학교의 지난 40여 년 간의
외국어 교육 경험과 성과를 바탕으로 동성화학그룹-(주)동성교육개발의 미래지향적인 기업이
념이 결합되어 탄생한 외국어 전문 교육원' 등의 문구가 기재되어 있는 사실, 원고 회사의 가
맹점사업자인 원고 2가 학원 유치부 신입생을 모집하기 위해 제작한 이 사건 광고(이하 '이
사건 학원유치부모집광고')는, 그 모집대상, 교사진, 수업방법 등을 기재한 광고문 아래 부분에
'한국외국어대학교와 함께 하는'이라는 부제에 '외대어학원'이라는 상호가 크게 표시되어 있고,
그 옆 부분에 그 보다 작은 글씨로 '(주)동성교육개발 개금외대어학원'이라는 문구가 기재되
어 있는 사실을 인정한 다음, 이 사건 각 광고의 내용에 해당하는 부분의 문구는 원고들이 한
국외국어대학교의 독창적 프로그램과 노하우를 적용하여 외국어 교습을 한다는 의미이지 한국
외국어대학교가 그 학원을 직접 운영한다는 내용으로 보기는 어려운 점, 한국외국어대학교는
영리를 목적으로 학교 밖에서 여러 곳의 외국어학원을 직접 운영한다거나 학원운영 가맹사업
을 하는 것은 사실상 불가능한 점, 이 사건 광고의 실제 수요자인 학원 가맹희망자나 학원수
강생, 학부모의 연령, 직업, 학력 등 특성과 그들이 외국어학원을 선택함에 있어서 통상 기울
일 것으로 보이는 주의의 정도 등 여러 사정을 감안하면, 원고들이 이 사건 각 광고의 표지
부분 등에 '외대어학원'이라는 명칭을 사용하였다고 하여 학원 가맹희망자나 학부모 등 수요자
들로 하여금 한국외국어대학교가 직접 운영하는 학원인 것으로 오인시킬 우려가 있다고 단정
하기는 어렵다고 판단하였다. 동 판결에 대한 해설로 이충훈, 광고판례백선(2019), 234~240면.

소리 또는 이들의 결합에 의하여 제시되는 표현뿐만 아니라 거기에서 간접적으로 암시하고 있는 사항, 관례적이고 통상적인 상황 등도 종합하여 전체적·궁극적 인상을 형성하므로, 광고가 소비자를 속이거나 소비자로 하여금 잘못 알게 할 우려가 있는지는 보통의 주의력을 가진 일반 소비자가 그 광고를 받아들이는 전체적·궁극적 인상을 기준으로 하여 객관적으로 판단하여야 함(대법원 2003. 6. 27. 선고 2002두6965 판결, 대법원 2010. 7. 22. 선고 2007다59066 판결 등 참조)"(<보람상조개발(주) 외 3개사의 부당광고행위 건>),173) "소비자 오인성 관련해서는 표시광고법 제3조 제1항 제2호 및 동법 시행령 제3조 제2항의 기만적인 광고의 위법성은 일반 소비자는 광고에서 직접적으로 표현된 문장, 단어, 디자인, 도안, 소리 또는 이들의 결합에 의하여 제시되는 표현뿐만 아니라 거기에서 간접적으로 암시하고 있는 사항, 관례적이고 통상적인 상황 등도 종합하여 전체적·궁극적 인상을 형성하므로, 광고가 소비자를 속이거나 소비자로 하여금 잘못 알게 할 우려가 있는지 여부는 보통의 주의력을 가진 일반 소비자가 그 광고를 받아들이는 전체적·궁극적 인상을 기준으로 하여 객관적으로 판단하여야 함"(<가연결혼정보(주)의 부당광고행위 건>),174) "고름의 의미와 고름우유의 의미에 대하여는 소비자의 상식적인 인식을 기준으로 판단하여야 할 것이지 전문적·의학적 관점에서 판단할 것은 아님"(<파스퇴르유업(주)의 부당한 광고행위 건(일명 "고름우유 건")>),175) "일반적으로 소비자는 통상 광고에 나타나는 개개의 용어나 어휘를 주의깊게 연구하거나 개개의 용어나 어휘를 주의깊게 연구하거나 고려하지 않고 또 실제로 표현되고 있는 것 뿐만 아니라 간접적 또는 암시적인 것과 합리적으로 고려한 것의 총체적인 것으로부터 생긴 궁극적 인상에 기초하여 광고의 의미를 이해하기 때문에 법 소정의 부당광고에 해당하는지 여부를 판단함에 있어서 광고의 문리적 의미는 물론 그밖에 광고물을 전체적으로 고려하여 소비자(피광고자)가 받게 되는 광고물의 전반적 인상에 기초하여 판단하여야 할 것이므로 광고내용이 설사 부분적으로 사실(half truth)이지만 광고물의 전체의 맥락에 있어서 소비자들을 오인시킬 우려가 있는 경우는 기망성이 있는 광고가 되고 그와 같은 오인성 즉, 소비자를 속이거나 소비자로 하여금 잘못 알게 할 우려가 있는지 여부는 보통의 주의력을 가진 일반 소비자가 광고에 부여하는 인식의 기준을 기초로 판단되어야 할 것임"(<㈜파진바이오텍[변경전 ㈜진생코리아]의 부당광고행위 건>),176) "광고가 일반 소비자를 대상으로 하는 경우 소비자를 오인시킬 우려가 있는지 여부는 전문가가 아닌 보통의 주의력을 가진 일반 소비자가 당해 광고를 받아들이는 전체적·궁극적 인상을 기준으로 하여 객관적으로 판단되어야 한다. 안내전단에 적힌 위 문구는 전체적으로 보아 전문가라면 그 내용을 어렵지 않게 짐작할 수 있을 것이나, 복잡한 금융상품의 운용방식에 관하여 알지 못하는 일반 소비자에게는 이 사건 상품을 매입할 경우 원고가 자신들에게 운용수익과 무관하게 연 15%의 이자를 지급하는 것처럼 오인시킬 우려가 있음"(<한국투자신탁증권(주)의 부당광고행위 건>),[177] "표시광고법 제3조 제1항 제1호에서 말하는 '허위·과장의 광고'는 사실과 다르게 광고하거나 사실을 지나치게 부풀려 광고하여 소비자를 속이거나 소비자로 하여금 잘못 알게 할 우려가 있는 광고행위로서 공정한 거래질서를 저해할 우려가 있는 광고를 말하고, 광고가 소비자를 속이거나 소비자로 하여금 잘못 알게 할 우려가 있는지는 보통의 주의력을 가진 일반 소비자가 당해 광고를 받아들이는 전체적·궁극적 인상을 기준으로 하여 객관적으로 판단하여야 함(대법원 2013. 11. 14. 선고 2013다22553 판결 등 참조)"(<㈜ 무송종합엔지니어링 외 1인의 허위과장광고 건>[178] <드림코어 부당광고행위 건>),[179] "일반 소비자는 광고에서 직접적으로 표현된 문장, 단어, 디자인, 도안, 소리 또는 이들의 결합에 의하여 제시되는 표현뿐만 아니라 광고에서 간접적으로 암시하고 있는 사항, 관례적이고 통상적인 상황 등도 종합하여 전체적·궁극적 인상을 형성하게 됨. 따라서 광고가 소비자를 속이거나 소비자로 하여금 잘못 알게 할 우려가 있는지는 보통의 주의력을 가진 일반 소비자가 그 광고를 받아들이는 전체적·궁극적 인상을 기준으로 하여 객관적으로 판단하여야 함(대법원 2013. 6. 14. 선고 2011두82 판결, 대법원 2017. 4. 7. 선고 2016두61242 판결 등 참조)"(<롯데쇼핑(주)의 부당광고행위 건>)[180]

---

172) 대판 2003. 4. 11. 2002두806.

173) 대판 2013. 6. 13. 2011두82(일부파기환송). 이 사건 약관은 이 사건 약관 제7조 및 표준약관 제7조에 따라 회원 가입 후 1년 내에 회원에게 상조서비스를 제공할 경우 회원으로부터 지급받을 추가비용에 관하여 규정하면서 그 비용의 범위에 회원에게 지급한 선납할인금 상당의 액수를 포함시키되 그에 관한 내용을 제6조제2항에서 규정한 것으로 볼 수 있고, 이는 월부금의 완납 이전에 상조서비스를 제공받은 경우 잔여 납부금을 일시에 납부하도록 규정하여 회원이 분할납부에 따른 이자 상당의 이익을 누리지 못하도록 한 이 사건 약관 제8조 내지 표준약관 제8조와도 부합하는 합리적인 규정이라고 할 것이다. 그렇다면 이 사건 약관 제6조제2항이 표준약관 제6조에서 규정하지 아니한 선납할인금 반환에 관하여 추가로 규정하였다는 사정만으로 표준약관에 저촉된다고 볼 수는 없고, 원고들이 이 사건 약관 제6조제2항의 규정을 두면서 '표준약관 준수'라고 광고한 것이 사실과 다르게 광고하거나 사실을 지나치게 부풀려 소비자를 속이거나 소비자로 하여금 잘못 알게 할 우려가 있는 광고행위로서 공정한 거래질서를 저해할 우려가 있다고 보기 어렵다.

174) 대판 2014. 12. 24. 2012두26708; 대판 2013. 6. 14. 선고 2011두82.

175) 대판 1998. 3. 27. 96누5636. 동 판결에 대한 해설로 손수진, 광고판례백선(2019), 184~191면 참조.

176) 서고판 2000. 12. 14. 2000누4219.

177) 대판 2003. 2. 28. 2002두6170.

178) 대판 2015. 7. 23. 2012다15336,15343,15350,15367,15374,15381,15398,15404(부당이득반환등).

2) 공정거래저해성

공정거래저해성은 소비자오인성과 별도의 요건에 해당한다. 부당 표시 · 광고행위가 「독점규제법」제45조 제1항의 불공정거래행위행위의 하나로 규정되었다가 1999년 「독점규제법」에서 분리되었으므로 공정거래저해성은 「독점규제법」제45조의 불공정거래행위와 동일하게 해석할 수 있다.

공정거래저해성 여부는 광고가 소비자의 합리적 구매결정을 방해함으로써 관련시장에서의 공정한 거래질서를 저해할 우려가 있는지 여부를 기준으로 판단한다(<(주)메타노이아의 부당광고행위 건>).[181] 그리고 공정거래질서를 저해할 우려가 있다고 인정되면 족하고, 실제 공정거래질서가 저해되는 결과가 발생하여야 하는 것은 아니다(<삼성전자(주)의 부당광고행위 건>).[182]

그러나 실무에서 소비자오인성이 인정된 경우 공정거래저해성이 부인된 경우는 거의 없어[183] 공정거래저해성이 별도로 필요한가에 대한 문제제기가 있을 수 있다. 특히 순수한 소비자보호법의 측면에서 보면 이러한 요건은 불필요하다고 볼 수도 있다.[184]

법원이 공정한 거래를 저해할 우려가 있다고 판단한 사례는 다음과 같다.

---

179) 대판 2013. 9. 26. 2011두7632.

180) 대판 2018. 7. 12. 2017두60109.

181) 대판 2021. 3. 11. 2020두55558.

182) 대판 2021. 3. 11. 2019두60646.

183) 다만<보람상조개발(주) 외 3개사의 부당광고행위 건>에서 대법원은 "① 표준약관 제15조제4항이나 이 사건 약관 제15조제4항은 회원이 계약 후 기초생활수급자가 되어 해약을 하는 매우 예외적인 상황을 상정하여 환급금의 범위를 규정한 것이어서 이러한 사항이 일반 소비자가 상조서비스 제공 상품의 구매 여부를 결정하는 데 영향을 미칠 수 있는 중요한 사항이라고 단정하기 어려운 점, ② 표준약관 제15조제4항 자체가 영리를 추구하는 상조회사와 일반 회원 사이의 경제적 이해관계를 합리적으로 조정하고 공정한 거래질서를 확립하려는 데 목적을 두기보다는 상조회사의 정당한 이익과 일반 회원과의 형평을 희생시키면서까지 계약 이후 기초수급자가 된 회원을 우대하려는 데 주안점을 두고 있는 점, ③ 이 사건 약관은 회원의 권리의무 관계에 영향을 미칠 수 있는 사항들에 관하여 전반적으로 표준약관의 규정 취지를 따르고 있고, 피고가 이 사건 처분에서 표준약관에 어긋난다고 지적하는 나머지 이 사건 약관 규정들은 그 지적과 달리 모두 표준약관의 규정 취지에 저촉된다고 보기 어려운 점 등의 사정을 아울러 참작하여 보면, 원고들이 표준약관 제15조제4항과 부분적으로 다른 내용의 이 사건 약관 제15조제4항을 두면서 '표준약관 준수'라고 광고한 것은 세부 사항에 관하여 사실과 일부 다른 내용을 광고한 것으로 볼 수 있기는 하나, 그로 인하여 공정한 거래질서를 저해할 우려가 있다고 보기는 어렵다."고 판시함으로써 허위 · 과장성과 공정거래저해성을 명맥히 분리하여 판단한 바 있다.

184) 이에 대하여 공정거래저해성의 기준을 공정하고 자유로운 경쟁의 유지 · 촉진에 반하는 행위 내지 소비자의 합리적인 선택을 저해할 추상적인 위험성 등으로 해석하는 방안 등을 제시하는 견해가 있다. 정재훈, 광고판례백선(2019), 207면.

"보람상조프라임 주식회사가 2007. 6. 1.부터 2009. 4. 2.까지 자사의 인터넷 홈페이지를 통하여 "저희 보람은 한국상조보증 주식회사에 가입되어 있습니다. 회원님께서 매월 납입하시는 금액의 일정 부분은 한국상조보증에 담보로 위탁되어 있으며, 회사가 부득이 폐업을 한다고 해도 회원님께서는 상조보증을 통해 계약서와 약관에 명시된 상품과 동일한 내용을 제공받으시게 됩니다"는 내용 및 "보람은 한국상조연합회에서 운영하는 상조보증공제회에 가입되어 있으며, 이는 한국소비자보호원에서도 인정한 안전장치입니다. 회원님들께서 납입하신 소중한 월부금 중 일부는 매월 상조보증공제회에 담보로 위탁되고 있으며, 회원님들께서는 회사의 존폐와 전혀 관계없이 행사를 제공받으실 수 있습니다"는 내용 등을 광고한 행위는 상조보증회사들이 회원들이 납부한 금액의 일부에 대해서만 지급을 보증하고 있는데도, 일반 소비자에게 전체적·궁극적으로 위 원고가 폐업하더라도 회원들에 대한 상조서비스의 이행이 전부 보증된다는 인상을 줌으로써 상조서비스 제공 상품을 구매하려는 소비자를 속이거나 소비자로 하여금 잘못 알게 할 우려가 있고, 공정한 거래질서를 저해할 우려가 있는 허위·과장광고에 해당함"(<보람상조개발(주) 등 4개사의 부당광고행위 건>),[185] "이 사건 배출가스 기준을 실질적으로 충족하고 대기환경보전법에 적합하게 제작된 차량으로 오인하게 할 우려가 있고, 이로 인하여 소비자들의 합리적인 선택을 방해하여 공정거래질서를 저해할 우려가 있는 행위임"(<3개 자동차 제조·판매사업자의 부당한 표시·광고행위 건>)[186]

반면 법원이 공정한 거래를 저해할 우려가 없다고 판단한 사례도 있다.

"광고 내용이 진실이므로 특별한 사정이 없는 한 이 사건 광고가 소비자를 기만하거나 오인시킬 우려가 있다고 볼 수 없을 터인데, 보통의 주의력을 가진 일반 소비자가 이 사건 광고를 보고 유가공협회가 원고 회사 및 그 상품에 관하여 부당한 광고를 하여 피고로부터 시정명령을 받고 이를 스스로 자인하였다는 사실을 인식하는 데서 더 나아가 원고 회사와 유가공협회 쌍방 중 유가공협회만이 원고 회사에 대하여 허위·비방광고를 하여 피고로부터 시정명령을 받았다고 오인하거나 또는 원고 회사의 종전 광고 내용을 연상하여 유가공협회 소속 회사의 우유가 '고름우유'라고 오인할 우려가 없어 이 건 광고가 유가공업계의 공정한 거래를 저해할 우려가 있는 행위에 해당하지 않음"(<파스퇴르유업(주)의 부당한 광고행위 건>)[187]

---

185) 대판 2013. 6. 14. 2011두82.
186) 대판 2019. 10. 17. 2019두31815.

4. 고의, 과실 필요 여부

소비자오인 광고행위에 대한 책임을 묻기 위해서는 고의, 과실이 반드시 필요한 것이 아니다(<(주)유니버설뮤직(구 폴리그램)의 부당광고행위 건>).[188]

5. 정당방위 여부

<(주)한국자연과학의 부당광고행위 건> 관련 행정소송에서 경쟁사업자의 행위에 대한 정당방위가 위법성을 조각하는지 여부가 문제되었다. 서울고등법원은 이에 대해 "수신오가피는 위 비교광고를 집중적, 반복적으로 일간 신문 등에 게재하다가 피고로부터 허위·과장광고 등으로 인정되어 위반행위의 중지 및 공표명령과 과징금납부명령 등의 시정조치를 받았고, 위 비교광고 무렵 원고의 매출이 감소하고 반품이 증가한 사실은 인정할 수 있으나, 앞에서 인정한 바와 같이 이 건 광고는 단순히 '수신오가피의 비교광고'의 허위성을 인정하여 원고 자신을 방위하는 정도를 넘어 새로운 허위사실의 전달과 적극적인 비방행위로 인하여 오히려 소비자에게 추가적인 오인을 야기하고 공정거래질서를 해할 우려가 있다고 인정될 정도이므로, 이는 수신오가피에 대한 정당한 방위행위의 범주를 넘어선 것이고 거기에 상당한 이유가 있다고 볼 수 없으므로 위법성이 조각된다고 볼 수 없다."고 판시하였다.[189]

---

187) 대판 1998. 11. 27. 96누5643.
188) 서고판 2000. 4. 5. 99누235(대판 2002. 1. 11. 2000두4255); 이에 대한 반대입장으로는 김두진, 412~413면 참조.
189) 서고판 2003. 11. 11. 2003누1648[대판 2004. 3. 12. 2003두14482(심리불속행기각)].

제4조(중요정보의 고시 및 통합공고)

① 공정거래위원회는 상품등이나 거래 분야의 성질에 비추어 소비자 보호 또는 공정한 거래질서 유지를 위하여 필요한 사항으로서 다음 각 호의 어느 하나에 해당하는 사항인 경우에는 사업자등이 표시·광고에 포함하여야 하는 사항(이하 "중요정보"라 한다)과 표시·광고의 방법을 고시(인터넷 게재를 포함한다. 이하 같다)할 수 있다. 다만, 다른 법령에서 표시·광고를 하도록 한 사항은 제외한다.

1. 표시·광고를 하지 아니하여 소비자 피해가 자주 발생하는 사항
2. 표시·광고를 하지 아니하면 다음 각 목의 어느 하나에 해당하는 경우가 생길 우려가 있는 사항
   가. 소비자가 상품등의 중대한 결함이나 기능상의 한계 등을 정확히 알지 못하여 구매 선택을 하는 데에 결정적인 영향을 미치게 되는 경우
   나. 소비자의 생명·신체 또는 재산에 위해(危害)를 끼칠 가능성이 있는 경우
   다. 그 밖에 소비자의 합리적인 선택을 현저히 그르칠 가능성이 있거나 공정한 거래질서를 현저히 해치는 경우

② 공정거래위원회는 제1항에 따라 고시를 하려면 관계 행정기관의 장과 미리 협의하여야 한다. 이 경우 필요하다고 인정하면 공청회를 개최하여 사업자단체, 「소비자기본법」 제29조에 따라 등록한 소비자단체(이하 "소비자단체"라 한다), 그 밖의 이해관계인 등의 의견을 들을 수 있다.

③ 공정거래위원회는 중요정보를 고시할 때 소비자, 사업자등 이해관계인에게 종합적인 정보를 제공하기 위하여 다른 법령에서 표시·광고를 하도록 한 사항과 표시·광고를 제한하거나 금지하고 있는 사항을 통합하여 공고(이하 이 조에서 "통합공고"라 한다)할 수 있다.

④ 관계 행정기관의 장은 통합공고 사항에 관한 법령이 제정되거나 개정된 경우에는 그 사항이 통합공고될 수 있도록 그 법령의 시행일 전에 공정거래위원회에 통보하여야 한다.

⑤ 사업자등은 표시·광고 행위를 하는 경우에는 제1항에 따라 고시된 중요정보를 표시·광고하여야 한다.

[전문개정 2011. 9. 15.]

목　차

[참고문헌]

논문: 최우정, 고시에 의한 광고제한과 위헌심사기준 — 헌법재판소 2012. 2. 23. 2009헌마318, 광고판례백선, 한국인터넷광고재단, 2019

[참고사례]

「중요한 표시 · 광고사항 고시」 규정의 위헌확인 헌법소원심판 건(헌법재판소 2012. 2. 23. 2009헌마318 결정)

I. 중요정보의 고시

공정거래위원회는 상품등이나 거래 분야의 성질에 비추어 소비자 보호 또는 공정한 거래질서 유지를 위하여 필요한 사항으로서 ① 표시 · 광고를 하지 아니하여 소비자 피해가 자주 발생하는 사항(제1호), ② 표시 · 광고를 하지 아니하면 i) 소비자가 상품등의 중대한 결함이나 기능상의 한계 등을 정확히 알지 못하여 구매 선택을 하는 데에 결정적인 영향을 미치게 되는 경우(가목), ii) 소비자의 생명 · 신체 또는 재산에 위해(危害)를 끼칠 가능성이 있는 경우(나목), iii) 그 밖에 소비자의 합리적인 선택을 현저히 그르칠 가능성이 있거나 공정한 거래질서를 현저히 해치는 경우(다목)의 어느 하나에 해당하는 경우가 생길 우려가 있는 사항(제2호)의 어느 하나에 해당하는 사항인 경우에는 사업자등이 표시 · 광고에 포함하여야 하는 사항(이하 "중요정보")과 표시 · 광고의 방법을 고시(인터넷 게재를 포함)할 수 있다. 다만, 다른 법령에서 표시 · 광고를 하도록 한 사항은 제외한다(법 4조 제1항).

이는 소비자가 합리적으로 선택하는 데 필요한 정보 제공을 확대하여 정보 부족으로 인한 소비자 피해를 사전에 예방하고 더 나아가 사업자간 공정한 경

쟁을 촉진하는데 그 목적이 있다.[1]

「중요한 표시·광고사항 고시」[2]에서 분야, 업종별로 중요정보 항목과 공개
방법을 규정하고 있다. 2009. 6. 15. 동 고시 IV(업종별 중요정보)의 9(협회 및 단
체, 수리 및 기타 개인 서비스업) 나(상조업종의 중요정보) 나-2 중요정보 항목[3]
중 '차량의 종류 및 무료로 제공되는 차량거리', '총 고객환급의무액', '고객불입
금에 대한 관리방법', '표시장소'부분이 영업의 자유, 광고표현의 자유 및 평등권
을 침해한다는 위헌확인 헌법소원심판 청구가 있었다. 이에 대하여 헌법재판소
다음과 같이 판시하였다.

> "1. 헌법이 인정하고 있는 위임입법의 형식은 예시적인 것으로 보아야 할 것이고,
>   법률이 어떤 사항을 행정규칙에 위임하더라도 그 행정규칙은 위임된 사항만을
>   규율할 수 있는 것이므로, 국회입법의 원칙과 상치되지 않음. 이 사건 모법조
>   항은 소비자의 보호 또는 공정한 거래질서의 유지를 위하여 사업자 등이 표시

---

1) 헌재결 2012. 2. 23. 2009헌마318.
2) 공정거래위원회고시 제2021-52호(2021. 12. 27).
3)
> 나. 상조업종
>   나-1. 적용범위
>   할부거래에 관한 법률 제2조제2호에서 규정하고 있는 선불식 할부거래업자에 대해 적
>   용한다.
>   나-2. 중요정보 항목
>   1) 표시대상 중요정보 항목
>   가) 중도해약환급금에 대한 환급기준 및 환급시기
>   나) 구체적인 제공물품 및 서비스 내용
>   (1) 수의 원단 제조에 소요되는 원사의 종류·구성비율 및 원산지, 수의 원단
>   의 제조방법 및 제조지역
>   (2) 관의 재질·두께 및 원산지
>   (3) 차량의 종류 및 무료로 제공되는 차량 거리
>   (4) 서비스에 제공되는 인력 및 인력 추가시 요구되는 비용
>   다) 총 고객환급 의무액, 상조관련 자산 및 이와 관련하여 공인회계사의 회계감
>   사(검토)를 받았는지 여부(최근사업연도의 재무 관련 자료를 기준으로 표시
>   하여야 함)
>   (1) "총 고객환급의무액"은 기존 회원이 전부 계약 해지를 요구할 경우 회사
>   가 지불해야 하는 총 금액을 의미함
>   (2) "상조 관련 자산"은 자산총계에서 고객불입금 이외의 부채를 제외한 금
>   액을 의미함
>   라) 고객불입금에 대한 관리방법 : 할부거래법 제27조에 의한 소비자피해보상보
>   험계약 등 체결 기관 및 선수금 보전 비율. 다만, 표시광고기간 동안 표시광
>   고한 예치 비율 이하로 예치 비율이 떨어져서는 아니 됨
>   2) 광고대상 중요정보 항목: 1)과 동일. 다만, 1)의 나)는 제외

·광고함에 있어 포함하여야 할 사항과 그 방법을 규율하기 위한 것으로서, 이를 일률적으로 규정하기는 곤란하고, 그 판단은 어느 정도 전문적·기술적인 것으로 그 규율영역의 특성상 소관부처인 공정거래위원회의 고시로 위임함이 요구되는 사항이라고 볼 수 있음. 따라서 이 사건 모법조항의 위임형식은 헌법에 위배되지 아니함.   2. 이 사건 고시조항 중 ① '차량의 종류 및 무료로 제공되는 차량거리' 부분은, 그 내용을 표시·광고에 포함시키지 아니할 경우 소비자가 상조업자를 선택함에 있어 다른 상조업자와의 비교를 곤란하게 하거나, 또는 전국 어느 지역까지도 차량이 무료로 제공되어 추가적인 비용부담이 없을 것으로 오인시킬 수 있는 사항이고, ② '총 고객환급의무액', '고객불입금에 대한 관리방법' 부분은, 선불식 계약이라는 상조업의 특성상 상조업자의 도산 등에 따른 소비자 피해를 예방하기 위하여 소비자들이 상조회사에 가입하기 전에 정보를 충분히 얻고 가입 여부를 결정할 수 있도록 할 필요가 있는 사항으로서 이 사건 모법조항의 각 호에 해당하며, ③ '표시장소' 부분은 이 사건 모법조항 본문의 '표시·광고의 방법'에 해당하므로 이 사건 모법조항의 위임범위를 일탈하였다고 볼 수 없음. 3. 이 사건 고시조항은 사업자가 표시·광고함에 있어서, 소비자의 구매 선택에 영향을 미칠 수 있는 중요한 사항을 사업자에게 표시·광고하도록 강제하여 사업자의 표현의 자유를 제한하고 있는 바, 이는 소비자가 합리적으로 선택하는 데 필요한 정보 제공을 확대하여 정보부족으로 인한 소비자 피해를 사전에 예방하고 더 나아가 사업자간 공정한 경쟁을 촉진함을 그 목적으로 하는 것이고, 이러한 목적의 정당성은 인정됨. 이와 같은 제한은 선불식 계약이라는 상조업의 특성상 '표시·광고를 하지 아니할 경우에는 소비자의 합리적인 선택을 그르칠 가능성이 있거나 공정한 거래질서를 저해할 가능성이 있는 사항'을 규정한 것으로서, 특히 이와 같은 중요한 사항을 '사업장 게시물(홈페이지), 상품설명서 및 계약서에 모두 표시'하도록 규정한 것은 소비자가 상조업자의 사업장을 방문하지 아니하고 계약체결 및 용역제공이 이루어지는 경우가 많다는 상조업의 특성, 이러한 중요정보는 계약체결 전 상조업자 선택 과정부터 서비스 제공 시점까지 계속적으로 소비자에게 제공될 필요가 있는 것들이라는 점 등을 고려하면, 이 사건 고시조항의 입법목적 달성을 위하여 필요한 범위를 넘어서는 것이라 할 수 없음"(<「중요한 표시·광고사항 고시」 규정의 위헌확인 헌법소원심판 건>)[4]

---

4) 헌재결 2012. 2. 23. 2009헌마318. 동 판결에 대한 해설로 최우정, 광고판례백선(2019), 113~116면 참조.

1. 중요정보의 표시 · 광고의무

사업자등은 표시 · 광고 행위를 하는 경우에는 제1항에 따라 고시된 중요정보를 표시 · 광고하여야 한다(법 제4조 제5항).

2. 사전 협의 및 의견 청취

공정거래위원회는 제1항에 따라 고시를 하려면 관계 행정기관의 장과 미리 협의하여야 한다. 이 경우 필요하다고 인정하면 공청회를 개최하여 사업자단체, 「소비자기본법」 제29조에 따라 등록한 소비자단체(이하 "소비자단체"), 그 밖의 이해관계인 등의 의견을 들을 수 있다(법 제4조 제2항).

Ⅱ. 통합공고

공정거래위원회는 중요정보를 고시할 때 소비자, 사업자등 이해관계인에게 종합적인 정보를 제공하기 위하여 다른 법령에서 표시 · 광고를 하도록 한 사항과 표시 · 광고를 제한하거나 금지하고 있는 사항을 통합하여 공고("통합공고")할 수 있다(법 제4조 제3항). 이에 공정거래위원회는 「표시 · 광고사항에 대한 통합공고」5)를 고시하고 있다.

관계 행정기관의 장은 통합공고 사항에 관한 법령이 제정되거나 개정된 경우에는 그 사항이 통합공고될 수 있도록 그 법령의 시행일 전에 공정거래위원회에 통보하여야 한다(법 제4조 제4항).

---

5) 공정거래위원회공고 제2020-90호(2020. 6. 17).

제4조의2 삭제<2010. 3. 22.>
제5조(표시·광고 내용의 실증 등)

① 사업자등은 자기가 한 표시·광고 중 사실과 관련한 사항에 대하여는 실증(實證)할 수 있어야 한다.

② 공정거래위원회는 사업자등이 제3조제1항을 위반할 우려가 있어 제1항에 따른 실증이 필요하다고 인정하는 경우에는 그 내용을 구체적으로 밝혀 해당 사업자등에게 관련 자료를 제출하도록 요청할 수 있다.

③ 제2항에 따라 실증자료 제출을 요청받은 사업자등은 요청받은 날부터 15일 이내에 그 실증자료를 공정거래위원회에 제출하여야 한다. 다만, 공정거래위원회는 정당한 사유가 있다고 인정하는 경우에는 그 제출기간을 연장할 수 있다.

④ 공정거래위원회는 상품등에 관하여 소비자가 잘못 아는 것을 방지하거나 공정한 거래질서를 유지하기 위하여 필요하다고 인정하는 경우에는 제3항에 따라 사업자등이 제출한 실증자료를 갖추어 두고 일반이 열람할 수 있게 하거나 그 밖의 적절한 방법으로 이를 공개할 수 있다. 다만, 그 자료가 사업자등의 영업상 비밀에 해당하여 공개하면 사업자등의 영업활동을 침해할 우려가 있는 경우에는 그러하지 아니하다.

⑤ 공정거래위원회는 사업자등이 제2항에 따라 실증자료의 제출을 요구받고도 제3항에 따른 제출기간 내에 이를 제출하지 아니한 채 계속하여 표시·광고를 하는 경우에는 실증자료를 제출할 때까지 그 표시·광고 행위의 중지를 명할 수 있다.

[전문개정 2011. 9. 15.]

 목 차

[참고문헌]

논문: 김지영, 부당한 표시광고로 인한 피해구제수단에 대한 검토, 경쟁과 법 제8호, 서울대학교 경쟁법센터, 2017. 04.

[참고사례]

　　(주)미디어월의 부당광고행위 건[대구고등법원 2002. 10. 15.자 2002라35 결정; 대법
원 2003. 3. 31. 자 2002마4109(광고금지가처분) 결정]; 드림코어의 부당광고행위 건(공
정거래위원회 2010. 6. 9. 의결 제2010-056호; 서울고등법원 2011. 2. 10. 선고 2010
누21442 판결; 대법원 2013. 9. 26. 선고 2011두7632 판결)

Ⅰ. 사업자의 실증의무

　　사업자등은 자기가 한 표시·광고 중 사실과 관련한 사항에 대하여는 실증
(實證)할 수 있어야 한다(법 제5조 제1항).[1] 법문상 사후실증제도로 운영되고 있
는데, 미국의 경우 FTC법 제5조에 근거하여 사업자가 광고를 집행하기 전에 광
고에 포함된 주장의 합리성을 실증할 수 있는 증거를 가지고 있어야 하고, 그렇
지 아니하는 경우에는 불공정거래행위로 규제하는 미실증광고 규제제도를 채택
하고 있다.[2]

　　법원은 사업자의 입증책임을 인정하고 있다.

> "표시·광고행위에 있어서 표시·광고행위를 한 사업자등에게 표시·광고에서 주
> 장하는 내용 중 사실과 관련한 사항이 진실임을 합리적·객관적 근거에 의하여
> 입증할 책임이 있는 것이고, 입증책임이 있는 당사자가 그 주장사실을 증명할 만

---

1) 제4조(실증방법 등)　① 사업자등이 법 제5조제1항에 따라 자기가 한 표시·광고 중 사실과
　관련한 사항을 실증(實證)하기 위하여 시험이나 조사를 하려는 경우에는 다음 각 호의 기준에
　따라야 한다. 1. 실증에 사용되는 시험 또는 조사의 방법은 학술적으로 또는 산업계에서 일반
　적으로 인정된 방법 등 객관적이고 타당한 방법일 것 2. 시험 또는 조사는 법령에 따른 시험·
　조사기관이나 사업자등과 독립적으로 경영되는 시험·조사기관에서 할 것. 다만, 법령에 따른
　시험·조사기관이나 사업자등과 독립적으로 경영되는 시험·조사기관에서 시험·조사하는 것
　이 불가능하거나 적당하지 아니하다고 인정되는 경우에는 그러하지 아니하다. ② 제1항제2호
　에 따른 사업자등과 독립적으로 경영되는 시험·조사기관은 다음 각 호의 어느 하나에 해당하
　는 시험·조사기관이 아닌 시험·조사기관으로 한다. 1. 사업자등 또는 사업자의 계열회사
　(「독점규제 및 공정거래에 관한 법률」 제2조제12호에 따른 계열회사를 말한다)가 운영하는
　시험·조사기관 2. 사업자등이 속한 기업집단의 범위(「독점규제 및 공정거래에 관한 법률 시
　행령」 제4조제1항에 따른 기업집단의 범위를 말한다)에 속하였으나 같은 법 시행령 제5조제1
　항제2호에 따라 그 기업집단으로부터 제외된 회사가 운영하는 시험·조사기관 ③ 공정거래위
　원회는 법 제5조에 따른 표시·광고 내용의 실증과 관련하여 실증자료의 요청, 심사 및 심사
　결과에 따른 처리 등에 필요한 세부 사항을 정하여 고시할 수 있다.
2) 김지영, 경쟁과 법 제8호(2017. 04), 74면.

한 아무런 증거를 제출하지 않은 채 상대방에게 반대증거의 제출을 요구하였으나 상대방이 이에 응하지 않았다고 하여 그 주장사실이 추정되거나 또는 입증의 필요가 상대방에게 돌아가게 되는 것은 아님"(<㈜미디어월의 부당광고행위 건>),[3] "표시광고법 제3조 제1항 제1호, 제5조 제1항, 같은 법 시행령 제3조 제1항의 각 규정에 의하면, 표시·광고행위에 있어서 표시·광고행위를 한 사업자 등에게 표시·광고에서 주장하는 내용 중 사실과 관련한 사항이 진실임을 합리적·객관적 근거에 의하여 입증할 책임이 있으므로(대법원 2003. 3. 31.자 2002마4109 결정 참조), 표시·광고에 소비자가 본인의 사용 경험에 근거하여 당해 상품을 효능, 효과, 성능 등의 면에서 좋은 상품으로 평가·보증하거나 당해 상품의 구매·사용을 추천하는 내용이 포함되어 있고 그 내용이 추천자의 개인적 경험을 넘어 일반 소비자들에게도 가능한 사실로 받아들여지는 경우에는, 그 추천·보증의 내용이 추천자가 실제로 경험한 사실에 부합한다고 하더라도 추천자의 경험내용이나 판단내용이 일반 소비자들에게 보편적으로 발생하는 현상이 아니거나 학계 등 관련 전문분야에서 일반적으로 받아들여지고 있는 견해가 아니라면 표시·광고행위를 한 사업자가 그 소비자가 추천·보증하는 내용이 진실임을 입증할 책임이 있음"(<드림코어의 부당광고행위 건>)[4]

관련하여 공정거래위원회는 「표시·광고 실증에 관한 운영」[5]고시를 제정·운영하고 있다.

Ⅱ. 자료제출

공정거래위원회는 사업자등이 제3조 제1항을 위반할 우려가 있어 제1항에 따른 실증이 필요하다고 인정하는 경우에는 그 내용을 구체적으로 밝혀 해당 사업자등에게 관련 자료를 제출하도록 요청할 수 있다(법 제5조 제2항).

제2항에 따라 실증자료 제출을 요청받은 사업자등은 요청받은 날부터 15일 이내에 그 실증자료를 공정거래위원회에 제출하여야 한다.[6] 다만, 공정거래위원

---

3) 대결 2003. 3. 31. 자 2002마4109(광고금지가처분).

4) 대판 2013. 9. 26. 2011두7632.

5) 공정거래위원회고시 제2015-15호(2015. 10. 23).

6) 제5조(실증자료) 사업자등은 법 제5조제3항 본문에 따라 실증자료를 제출할 때에는 다음 각 호의 사항을 적은 서면에 그 내용을 증명하는 서류를 첨부하여야 한다. 1. 실증방법 2. 시험·조사기관의 명칭, 대표자의 성명·주소·전화번호(시험·조사를 하는 경우만 해당한다) 3. 실증 내용 또는 결과 4. 실증자료 중 영업상 비밀에 해당하여 공개를 원하지 아니하는 경우에는

회는 정당한 사유가 있다고 인정하는 경우에는 그 제출기간을 연장할 수 있다
(법 제5조 제3항).

Ⅲ. 열람 및 공개

공정거래위원회는 상품등에 관하여 소비자가 잘못 아는 것을 방지하거나
공정한 거래질서를 유지하기 위하여 필요하다고 인정하는 경우에는 제3항에 따
라 사업자등이 제출한 실증자료를 갖추어 두고 일반이 열람할 수 있게 하거나
그 밖의 적절한 방법으로 이를 공개할 수 있다. 다만, 그 자료가 사업자등의 영
업상 비밀에 해당하여 공개하면 사업자등의 영업활동을 침해할 우려가 있는 경
우에는 그러하지 아니하다(법 제5조 제4항).[7]

Ⅳ. 중지명령

공정거래위원회는 사업자등이 제2항에 따라 실증자료의 제출을 요구받고도
제3항에 따른 제출기간 내에 이를 제출하지 아니한 채 계속하여 표시·광고를
하는 경우에는 실증자료를 제출할 때까지 그 표시·광고 행위의 중지를 명할 수
있다(법 제5조 제5항).

그 내용 및 사유

7) 제6조(실증자료의 공개) ① 공정거래위원회는 법 제5조제4항 본문에 따라 실증자료를 열람하
  게 하거나 공개하는 경우에는 소비자의 구매 선택에 필요한 정보를 요약·정리하여 할 수 있
  다. ② 법 제5조제4항 단서에 따른 영업상 비밀은 「부정경쟁방지 및 영업비밀보호에 관한 법
  률」 제2조제2호에 따른 영업비밀로 한다.

제6조(사업자단체의 표시·광고제한행위의 금지)

① 사업자단체는 법령에 따르지 아니하고는 그 사업자단체에 가입한 사업자에 대하여 표시·광고를 제한하는 행위를 하여서는 아니 된다. 다만, 공정거래위원회가 소비자의 이익을 보호하거나 공정한 거래질서를 유지하기 위하여 필요하다고 인정하는 경우에는 그러하지 아니하다.

② 공정거래위원회는 제1항 단서에 따라 사업자단체의 표시·광고 제한행위를 인정하려는 경우에는 관계 행정기관의 장과 미리 협의하여야 한다.

③ 공정거래위원회는 사업자단체가 제1항 본문을 위반하는 행위를 하는 경우에는 다음 각 호의 조치를 명할 수 있다.

  1. 해당 위반행위의 중지

  2. 해당 위반행위를 정한 정관·규약 등의 변경

  3. 그 밖에 위반행위의 시정을 위하여 필요한 조치

[전문개정 2011. 9. 15.]

공정거래위원회의 인정을 받기 위한 절차를 *대통령령*[1]에서 규정하고 있다.

---

1) 제7조(사업자단체의 표시·광고 제한행위의 인정 절차) ① 사업자단체가 법 제6조제1항 단서에 따라 그 사업자단체에 가입한 사업자의 표시·광고를 제한하기 위하여 공정거래위원회의 인정을 받으려는 경우에는 그 사유 및 내용을 적은 신청서를 공정거래위원회에 제출하여야 한다. ② 공정거래위원회는 제1항에 따른 신청을 받은 경우에는 신청일부터 60일 이내에 인정 여부를 결정하여 신청인에게 서면으로 통보하여야 한다.

제7조(시정조치)

① 공정거래위원회는 사업자등이 제3조제1항을 위반하여 부당한 표시·광고 행위를 하는 경우에는 그 사업자등에 대하여 그 시정을 위한 다음 각 호의 조치를 명할 수 있다.

1. 해당 위반행위의 중지
2. 시정명령을 받은 사실의 공표
3. 정정광고
4. 그 밖에 위반행위의 시정을 위하여 필요한 조치

② 제1항제2호 및 제3호에 따른 시정명령을 받은 사실의 공표 및 정정광고에 필요한 사항은 대통령령으로 정한다.

[전문개정 2011. 9. 15.]

 목 차

[참고사례]

파스퇴르유업(주)의 부당표시 및 허위·과장·비방광고 행위 건(공정거래위원회 1988. 7. 13. 의결 제88-59호; 서울고등법원 1989. 11. 29. 선고 68구9543; 대법원 1990. 9. 25. 선고 89누8200 판결); (주)영광토탈서비스의 부당광고행위 건(공정거래위원회 1999. 10. 7. 의결 제99-180호; 서울고등법원 2001. 6. 26. 선고 2000누5960 판결); 한국투자신탁증권(주)의 부당광고행위 건(공정거래위원회 2000. 7. 24. 의결 제2000-113호; 서울고등법원 2002. 5. 23. 선고 2001누7635 판결; 대법원 2003. 2. 28. 선고 2002두6170 판결); (주)아바타엔터프리이즈의 부당광고행위 건(공정거래위원회 2001. 11. 24. 의결 제2001-161, 2002. 11. 1. 재결 제2002-033호; 서울고등법원 2003. 9. 9. 선고 2002누19901 판결); 표시·광고의공정화에관한법률 제7조 제1항 제2호 위헌소원 건(서울고등법원 2003. 6. 5 선고 2001누19010호 판결; 헌법재판소 2004. 2. 26. 선고 2002헌바48 결
정); (주)수신오가피의 부당광고행위 건(공정거래위원회 2002. 9. 9. 의결 제2002－186호,
2002. 12. 23. 재결 제2002－039호; 서울고등법원 2004. 7. 8. 선고 2003누1631 판결;
대법원 2005. 3. 10. 선고 2004두9654 판결); (주)Panko및 국제무역의 부당광고행위 건
(공정거래위원회 2001. 11. 5. 의결 제2001－154호; 서울고등법원 2003. 9. 2. 선고
2001누18840 판결; 대법원 2006. 6. 9. 선고 2003두11476 판결); 금강종합건설(주)의 부
당광고행위 건(공정거래위원회 2010. 2. 17. 의결 제2010-026호; 서울고등법원 2010. 9.
9. 선고 2010누9466 판결); 가연결혼정보(주)의 부당광고행위 건(공정거래위원회 2012. 4.
18. 의결 제2012－052호; 서울고등법원 2012. 10. 25. 선고 2012누14066; 대법원 2014.
12. 24. 선고 2012두26708 판결); 청원건설(주) 외 2의 부당광고행위 건(공정거래위원회
2012. 8. 31. 의결 제2012－216호; 서울고등법원 2011. 1. 12. 선고 2010누17344 판결;
대법원 2013. 12. 26. 선고 2011두4930 판결); 홈플러스(주)의 부당표시행위 건(공정거래
위원회 2012. 8. 31. 제2012－201호, 서울고등법원 2013. 7. 26. 선고 2012누28171 판
결); 이마트의 가습기 살균제 관련 표시광고법 위반행위 건[공정거래위원회 2016. 11. 24.
의결 제2016－325호; 서울고등법원 2018. 12. 21. 선고 2018누42391 판결; 대법원
2019. 6. 19. 선고 2019두36704(심리불속행 기각) 판결]; 삼성전자(주)의 부당광고행위 건
(공정거래위원회 2018. 10. 4. 의결 제2018－296호; 대법원 2021. 3. 11. 선고 2019두
60646 판결); 가습기살균제 제품의 표시·광고에 관한 공정거래위원회의 사건처리 위헌확
인 사건(헌법재판소 2022. 9. 29. 2016헌마773 결정); 애경산업(주)의 가습기 살균제 관련
표시광고법 위반행위 건(공정거래위원회 2018. 3. 19. 의결 제2018－093호; 서울고등법
원 2019. 1. 16. 선고 2018누42360 판결; 대법원 2022. 3. 17. 선고 2019두35978 판결)

Ⅰ. 의의

　　공정거래위원회는 사업자등이 제3조 제1항을 위반하여 부당한 표시·광고
행위를 하는 경우에는 그 사업자등에 대하여 그 시정을 위하여 ① 해당 위반행
위의 중지(제1호), ② 시정명령을 받은 사실의 공표(제2호), ③ 정정광고(제3호),
④ 그 밖에 위반행위의 시정을 위하여 필요한 조치(제4호)를 명할 수 있다(법 제
7조 제1항). 제1항 제2호 및 제3호에 따른 시정명령을 받은 사실의 공표 및 정정
광고에 필요한 사항은 *대통령령*[1]으로 정한다(법 제7조 제2항).

Ⅱ. 시정조치의 종류

1. 위반행위의 중지

시정조치의 첫 번째 유형은 해당 위반행위의 중지(제1호)이다. <(주)Panko 및 국제무역의 부당광고행위 건> 관련 행정소송에서 공정거래위원회의 시정명령 및 공표명령의 범위가 문제되었는데, 대법원은 시정명령 당시 아직 법원에서 최종적으로 가려지지 않은 내용을 문구로 사용한 시정명령이 그 허용범위를 초과한 것으로 위법하다고 판단하였다.[2]

공정거래위원회의 시정명령에 대하여는 이의신청을 할 수 있는데, 재결의 취소가 허용되느냐 문제가 된다. 이에 대해 서울고등법원은 재결의 취소소송은 재결자체에 고유한 위법이 있어야 허용된다고 판시하였다(<(주)아바타엔터프라이즈의 부당광고행위 건>).[3]

2. 공표명령

시정조치의 두 번째 유형은 시정명령을 받은 사실의 공표(제2호)이다. 공정거래위원회는 부당한 표시·광고 행위를 한 사업자에 대하여 시정명령을 받은 사실의 공표를 명할 수 있다. 거짓·과장광고에 대한 시정명령만으로는 일반 소비자들에 형성된 그릇된 정보가 제거되기 어려운 경우 공표명령을 명할 수 있다<삼성전자(주)의 부당광고행위 건>.[4] 그 규정의 문언과 공표명령 제도의 취지 등을 고려하면, 공정거래위원회는 그 공표명령을 할 것인지 여부와 공표를 명할 경우에 어떠한 방법으로 공표하도록 할 것인지 등에 관하여 재량을 가진다.[5] 다만 광고가 허위·과장광고에 해당하나, 이에 대한 시정명령, 공표명령의

---

1) 제8조(시정명령을 받은 사실의 공표방법 등) ① 공정거래위원회는 법 제7조제1항제2호 또는 제3호에 따라 사업자등에 대하여 시정명령을 받은 사실의 공표 또는 정정광고를 명할 때에는 다음 각 호의사항을 고려하여 공표 또는 정정광고의 내용과 횟수·크기·매체 등을 정하여 명하여야 한다. 1. 위반행위의 내용 및 정도 2. 위반행위의 기간 및 횟수 ② 공정거래위원회가 제1항에 따라 시정명령을 받은 사실의 공표 또는 정정광고를 명할 때에는 해당 사업자등에게 미리 그 문안(文案) 등에 관하여 공정거래위원회와 협의하도록 할 수 있다.

2) 대판 2006. 6. 9. 2003두11476.

3) 서고판 2003. 9. 9. 2002누19901.

4) 대판 2021. 3. 11. 2019두60646.

5) 대판 2014. 12. 24. 2012두26708; 대판 2014. 6. 26. 2012두1525.

구체적인 내용이 재량권을 일탈·남용하여 위법하다고 본 사례가 있다(<(주)Panko 및 국제무역의 부당광고행위 건>).6) 즉, 허위·과장광고에 대한 시정명령은 그에 나타난 허위·과장성을 소극적으로 제거함에 그쳐야 하는 것이지 거기에서 더 나아가 확정되지도 아니한 반대사실을 적극적으로 인정하게 하거나 공표하게 한다면 이는 시정명령의 목적과 기능을 유월하여 또 다른 허위·과장광고를 강요하는 것에 지나지 않으므로 허용되어서는 아니 된다고 한다.

　　<파스퇴르유업(주)의 부당표시 및 허위·과장·비방광고 행위 건> 관련 행정소송에서 대법원은 "구 「독점규제법」 제15조 제1항 제6호의 위반행위를 시정하기 위하여 같은 법 제16조에 따라 경제기획원 장관이 시정조치를 명하는 것은 징벌적인 조치가 아님은 논지의 주장과 같으나 이 규정에 근거하여서는 장래의 행위만 금지할 수 있을 뿐이라고 해석되지 아니하고 과거의 위반행위로 인하여 현재 발생하고 있는 공정거래를 해할 수 있는 결과를 제거하기 위하여 그 위반사실의 공표를 명할 수 있음은 그 규정의 명문상 당연하다 할 것이다. 그러므로 원고가 천연우유가 아닌 것을 천연우유라고 광고한 것이 잘못이라고 생각하고 스스로 그 광고를 중단하였다 하더라도 그 광고가 불공정거래행위임에 틀림없고 그로 인하여 경쟁사업자들이 불리한 위치에 놓이게 될 우려가 현실적으로 존재하는 한 피고가 그 시정을 위하여 법 위반사실은 공표하도록 명한 것이 위 조항에 반하는 것이라고 할 수 없다"고 함으로써 공표명령의 정당성에 대하여 판시하였다.7)

　　한편 <표시광고법 제7조 제1항 제2호 위헌소원 건>에서 청구인은 "공정거래위원회는 처음에 청구인의 허위·과장광고를 이유로 이 건 조항에 의한 '법위반사실 공표명령'을 하였으나 헌법재판소가 2002. 1. 31. 「독점규제법」 제27조 중 '법위반사실의 공표' 부분에 대하여 위헌결정을 하자 같은 내용의 이 건 조항도 위헌이라고 판단하여 위 공표명령을 법 위반을 이유로 시정명령을 받은 사실을 공표하라는 내용의 이 건 공표명령으로 변경하였다. 그런데 이 건 공표명령은 공정거래위원회가 '기타 위반행위의 시정을 위하여 필요한 조치'를 명할 수 있도록 규정한 법 제7조 제1항 제4호에 의한 것이 아니라 여전히 이 건 조항에 기한 것이라고 할 것인데 이 건 조항은 일반적 행동의 자유 등 헌법에 열거되지 아니한 자유를 침해하고 무죄추정의 원칙에도 위배될 뿐만 아니라 진술

---

6) 대판 2006. 6. 9. 2003두11476.
7) 대판 1990. 9. 25. 89누8200.

거부권을 침해하는 것으로서 헌법에 위반된다."고 주장하였다. 이에 대해 헌법재판소는 "이 건 공표명령은 법위반사실을 인정하고 이를 공표하라는 취지가 아니고 단지 법 위반을 이유로 시정명령을 받았다고 하는 객관적 사실을 공표하라는 취지라고 할 것이다. 이는 '법 위반사실의 공표'를 명할 수 있도록 규정한 이 건 조항에 의거한 것이 아니라 공정거래위원회가 '기타 위반행위의 시정을 위하여 필요한 조치'를 명할 수 있도록 규정한 법 제7조 제1항 제4호에 의거한 것임이 명백하다고 할 것이다. 그렇다면 이 건 조항은 당해건의 재판에 적용되는 것이 아니고 이 건 조항이 헌법에 위반되는지 여부에 따라 당해건에 관하여 다른 내용의 재판을 하게 되는 경우에 해당하지도 아니하므로 이 건 심판청구는 재판의 전제성 요건을 갖추지 못한 것으로서 부적법하다."고 판시하였다.[8]

시정명령을 받은 사실의 공표의 취지에 대하여 <(주)수신오가피의 부당광고행위 건> 관련 행정소송에서도 대법원은 "일반공중이나 관련사업자들에게 위와 같은 사실을 알려 주어야 할 입법목적을 달성하면서도 행위자에 대한 기본권 침해정도를 현저히 감소시키고 재판후 발생 가능한 무죄로 인한 혼란과 같은 부정적 효과를 최소화 할 수 있어 기본권을 과도하게 제한하거나 무죄추정의 원칙에 반하는 것이 아니다"고 판시하였다.[9]

3. 정정광고

시정조치의 두 번째 유형은 정정광고(제3호)이다. 이와 관련하여 공정거래위원회는 「정정광고에 관한 운영지침」[10]을 제정·운영하고 있다.

4. 기타

시정조치의 두 번째 유형은 그 밖에 위반행위의 시정을 위하여 필요한 조치(제4호)이다. 경고처분도 이에 해당한다. 공정거래위원회의 경고의결은 당해 표시·광고의 위법을 확인하되 구체적인 조치까지는 명하지 아니하는 것으로 사업자가 장래 다시 표시광고법 위반행위를 할 경우 과징금 부과 여부나 그 정도

---

8) 헌재결 2004. 2. 26. 2002헌바48.
9) 대판 2005. 3. 10. 2004두9654.
10) 공정거래위원회예규 제400호(2021. 12. 27).

에 영향을 주는 고려사항이 되어 사업자의 자유와 권리를 제한하는 행정처분에 해당한다.[11]

한편, 행정법규 위반에 대한 제재조치는 행정목적의 달성을 위하여 행정법규 위반이라는 객관적 사실에 착안하여 가하는 제재이므로, 위반자가 그 의무를 알지 못하였다고 하더라도 이를 정당화할 수 있는 사정이 있거나 그 의무의 이행을 기대하는 것이 무리인 사정이 있는 등 그 의무 해태를 탓할 수 없는 정당한 사유가 없는 한 위반자에게 고의나 과실이 없더라도 부과될 수 있다.[12]

구 「독점규제법」(1996. 12. 30. 법률 제5235호로 개정되기 전의 것) 제24조 소정의 '법위반 사실의 공표'부분이 위헌결정으로 효력을 상실하였다 하더라도 '기타 시정을 위하여 필요한 조치'로서 '법위반을 이유로 공정거래위원회로부터 시정명령을 받은 사실의 공표'명령을 할 수 있다.[13]

Ⅲ. 관련이슈

1. 이중처벌의 문제

타법과의 이중처벌이 문제된 사례가 있다. 이에 대하여 법원은 다음과 같이 판단하였다.

"부당한 표시 · 광고를 방지하여 공정한 거래질서를 확립하고 소비자보호를 목적으로 하는 표시 · 광고법과 체육시설의 설치 · 이용을 장려하고 체육시설업의 건전한 발전을 목적으로 하는 체육시설법은 그 입법취지와 규정을 달리하므로 원고가 체육시설법에 의하여 충청북도지사로부터 시정명령을 받았다는 사정이 있다고 하여 위원회의 이 건 처분이 동일한 행위에 이중으로 불이익을 부과하는 것으로서 부당하다고 볼 수 없음"(<금강종합건설(주)의 부당광고행위 건>),[14] "식품위생법 제11조 제1항이 금하는 식품의 품질에 관한 허위표시나 과대광고를 오인한 소비자의 위생상의 위해를 방지할 필요가 있을 때에는 같은 법 제55조에 의한 시정명령을 할 수 있고, 동시에 그 광고가 경쟁사업자간의 공정거래를 해하는 것일 때에는 사업자간의 자유로운 경쟁의 촉진을 위하여 「독점규제법」 제16조에 의한 시정

---

11) 대판 2013. 12. 26. 2011두4930.
12) 대판 2013. 12. 26. 2011두4930; 서고판 2013. 7. 26. 2012누28171.
13) 대판 2003. 2. 28. 2002두6170.

명령을 할 수 있음"(<파스퇴르유업(주)의 부당표시 및 허위·과장·비방광고 행위
건>)15)

2. 처분의 법적 근거

「독점규제법」에서 부당표시광고에 대한 규제가 삭제되고 표시광고법이 제
정되면서 「독점규제법」 당시의 행위에 대한 처벌 근거가 문제되었다. 이에 대해
서울고등법원은 "구 「독점규제법」 제23조 제1항 제6호는 1999. 2. 5. 법률 제
5814로 개정되어 「독점규제법」에서 삭제되었더라도, 같은 날 법률 제5814호로
제정된 표시광고법에서 같은 내용을 규정하면서 그 부칙 2조에서 종전의 구「독
점규제법」 제23조 제1항 제6호 및 제26조 제1항 제5호의 규정에 위반한 행위에
대한 시정조치, 과징금 및 벌칙의 적용에 있어서는 종전의 규정에 의한다라고
규정하고 있으므로, 처분에 있어 법적 근거가 없어진 것은 아니다"고 판시하였
다(<(주)영광토탈서비스의 부당광고행위 건>).16)

3. 위반행위의 종기

표시광고법 위반행위의 종기에 대하여 논란이 된 사례가 있다. <이마트의
가습기 살균제 관련 표시광고법 위반행위 건> 관련 행정소송에서 법원은 공정
거래위원회가 중지 또는 일시중지를 명할 수 있는 대상은 부당한 '표시·광고'
그 자체가 아니라 부당한 '표시·광고'행위이므로 '행위'는 제품의 판매를 종료한
시점에 종료된 것으로 보았다.17) 이는 공정거래위원회 처분이 '다시는 하여서는
아니 된다'고 하고 있을 뿐 '판매한 제품을 수거하거나 라벨을 제거하라'는 명령
이 아니라는 점에서도 타당하다고 판단하였다.

그러나 <애경산업(주)의 가습기 살균제 관련 표시광고법 위반행위 건>
관련 행정소송에서 대법원은 "공정거래위원회가 조사에 착수한 시점 전후에 걸

---

14) 서고판 2010. 9. 9. 2010누9466.
15) 대판 1990. 9. 25. 89누8200.
16) 서고판 2001. 6. 26. 2000누5960.
17) 서고판 2018. 12. 21. 2018누42391(대판 2019. 6. 19. 2019두36704).

처 위반행위가 계속된 때에는 그 위반행위가 종료된 시점에서야 비로소 '최초로 조사하는 사건'에 해당하므로, 이 경우 위 부칙조항에서 정하는 조사개시일은 '위반행위 종료일'로 봄이 타당하다고."고 하고 "사업자 또는 사업자단체(이하 '사업자 등')가 구 표시광고법 제3조 제1항을 위반하여 상품의 용기 등에 부당한 표시를 하였다면, 위와 같은 표시와 함께 해당 상품을 유통할 수 있는 상태가 계속되는 이상, 해당 상품을 수거하는 등 그 위반행위를 시정하기 위하여 필요한 조치가 완료될 때까지 부당한 표시행위로 인한 위법상태가 계속되고, 그러한 '위법상태가 종료된 때'를 '위반행위 종료일'로 보아야 한다. 위와 같은 조치가 인정되지 않는 이상, 사업자 등이나 그 대리인이 일정 시점에 이르러 더 이상 해당 상품을 직접 생산하거나 유통하지 않는다는 사정만으로 위반행위가 종료되었다고 볼 수 없다"고 판시하였다.[18]

<가습기살균제 제품의 표시·광고에 관한 공정거래위원회의 사건처리 위헌확인 사건>에서 헌법재판소는 공정거래위원회가 2016년에 행한 사건처리 중, 위 제품 관련 인터넷 신문기사 3건을 심사대상에서 제외한 행위는 청구인의 평등권과 재판절차진술권을 침해한 것이므로 위헌임을 확인하였다.[19]

---

18) 대판 2022. 3. 17. 2019두35978.
19) 헌재결 2022. 09. 29 2016헌마773.

제7조의2(동의의결)

① 공정거래위원회의 조사나 심의를 받고 있는 사업자등(이하 이 조부터 제7조의5까지의 규정에서 "신청인"이라 한다)은 해당 조사나 심의의 대상이 되는 행위(이하 이 조부터 제7조의5까지의 규정에서 "해당 행위"라 한다)로 인한 소비자 오인상태의 자발적 해소 등 거래질서의 개선, 소비자 피해구제 등을 위하여 제3항에 따른 동의의결을 하여 줄 것을 공정거래위원회에 신청할 수 있다. 다만, 다음 각 호의 어느 하나에 해당하는 경우 공정거래위원회는 동의의결을 하지 아니하고 이 법에 따른 심의 절차를 진행하여야 한다.<개정 2020. 12. 29.>

1. 제16조제3항에 따라 준용되는 「독점규제 및 공정거래에 관한 법률」 제129조제2항에 따른 고발요건에 해당하는 경우
2. 동의의결이 있기 전 신청인이 신청을 취소하는 경우

② 신청인이 제1항에 따른 신청을 하는 경우 다음 각 호의 사항을 기재한 서면으로 하여야 한다.

1. 해당 행위를 특정할 수 있는 사실관계
2. 해당 행위의 중지, 소비자 오인상태의 해소 등 거래질서의 적극적 개선을 위하여 필요한 시정방안
3. 소비자, 다른 사업자등의 피해를 구제하거나 예방하기 위하여 필요한 시정방안

③ 공정거래위원회는 해당 행위의 사실관계에 대한 조사를 마친 후 제2항제2호 및 제3호에 따른 시정방안(이하 "시정방안"이라 한다)이 다음 각 호의 요건을 모두 충족한다고 판단되는 경우에는 해당 행위 관련 심의 절차를 중단하고 시정방안과 같은 취지의 의결(이하 "동의의결"이라 한다)을 할 수 있다. 이 경우 신청인과의 협의를 거쳐 시정방안을 수정할 수 있다.

1. 해당 행위가 이 법을 위반한 것으로 판단될 경우에 예상되는 시정조치, 그 밖의 제재와 균형을 이룰 것
2. 공정하고 자유로운 거래질서를 회복시키거나 소비자, 다른 사업자등을 보호하기에 적절하다고 인정될 것

④ 공정거래위원회의 동의의결은 해당 행위가 이 법에 위반된다고 인정한 것을 의미하지 아니하며, 누구든지 신청인이 동의의결을 받은 사실을 들어 해당 행위가 이 법에 위반된다고 주장할 수 없다.

⑤ 동의의결의 절차 및 취소에 관하여는 「독점규제 및 공정거래에 관한 법률」 제90조 및 제91조를 준용한다. 이 경우 같은 법 제90조제3항 단서 중 "제124조부터 제127

조까지의 규정"은 "이 법 제17조 및 제18조의 규정"으로 본다. <신설 2023. 2. 14.>

[본조신설 2014. 1. 28.]

📝 목 차

[참고사례]

　(주)엘지유플러스의 부당한 광고행위에 대한 건 관련 동의의결 건(공정거래위원회 2016. 9. 29. 의결 제2016－279호); (주)케이티의 부당한 광고행위에 대한 건 관련 동의의결 건(공정거래위원회 2016. 9. 29. 의결 제2016－280호); (주)엘지유플러스, (주)케이티, 에스케이텔레콤(주)의 부당한 광고행위에 대한 건 관련 동의의결 건(공정거래위원회 2016. 9. 29. 의결 제2016－281호)

I. 의의

　부당 표시·광고로 인한 소비자 피해가 자주 발생하고 있으나 공정거래위원회의 시정조치만으로는 적절한 구제에 한계가 있고, 개인별 피해금액이 소액인 경우가 많아 피해자들이 보상을 받기 위한 소송을 포기하는 경우가 대부분인바, 「독점규제법」에서 도입된 동의의결제를 「표시광고법」에도 도입함으로써, 명백하지 않은 부당 표시·광고행위에 한하여 사업자가 소비자들이 오인할 수 있는 내용의 광고를 스스로 정정하거나 타당한 시정방안을 제시하는 경우, 해당 행위의 위법성 여부를 확인하지 않고 신속하게 종결하도록 하여 실질적이고 신속한 소비자 피해구제를 도모하고, 기업 입장에서는 신속한 건 종결을 통해 시간과 비용을 절감하고 기업이미지 실추를 방지할 수 있도록 하려는 것이다.[1]

---

1) 【개정이유】 [시행 2014. 4. 29.][법률 제12380호, 2014. 1. 28., 일부개정]

Ⅱ. 동의의결의 신청

공정거래위원회의 조사나 심의를 받고 있는 사업자등(이하 이 조부터 제7조
의5까지의 규정에서 "신청인")은 해당 조사나 심의의 대상이 되는 행위(이하 이 조
부터 제7조의5까지의 규정에서 "해당 행위")로 인한 소비자 오인상태의 자발적 해
소 등 거래질서의 개선, 소비자 피해구제 등을 위하여 제3항에 따른 동의의결을
하여 줄 것을 공정거래위원회에 신청할 수 있다.2) 다만, ① 제16조 제3항에 따
라 준용되는 「독점규제법」 제71조 제2항에 따른 고발요건에 해당하는 경우(제1
호), ② 동의의결이 있기 전 신청인이 신청을 취소하는 경우(제2호)의 어느 하나
에 해당하는 경우 공정거래위원회는 동의의결을 하지 아니하고 이 법에 따른
심의 절차를 진행하여야 한다(법 제7조의2 제1항).

동의의결이 인용된 건으로는 <(주)엘지유플러스, (주)케이티, 에스케이텔레
콤(주)의 부당한 광고행위에 대한 건 관련 동의의결 건>이 있다.3)

신청인이 제1항에 따른 신청을 하는 경우 ① 해당 행위를 특정할 수 있는
사실관계(제1호), ② 해당 행위의 중지, 소비자 오인상태의 해소4) 등 거래질서의
적극적 개선을 위하여 필요한 시정방안(제2호), ③ 소비자, 다른 사업자등의 피
해를 구제하거나 예방하기 위하여 필요한 시정방안(제3호)을 기재한 서면으로
하여야 한다(법 제7조의2 제2항).

Ⅲ. 동의의결의 결정

공정거래위원회는 해당 행위의 사실관계에 대한 조사를 마친 후 제2항 제2
호 및 제3호에 따른 시정방안(이하 "시정방안")이 ① 해당 행위가 이 법을 위반
한 것으로 판단될 경우에 예상되는 시정조치, 그 밖의 제재와 균형을 이룰 것
(제1호), ② 공정하고 자유로운 거래질서5)를 회복시키거나 소비자, 다른 사업자

---

2) 「독점규제법」 제89조(동의의결) 제1항에서는 경쟁제한상태 등의 자발적 해소, 소비자 피해구
    제, 거래질서의 개선을 신청사유로 규정하고 있다.
3) 공정의 2016. 9. 29. 2016-279, 280, 281.
4) 「독점규제법」 제89조(동의의결) 제2항 제2호에서는 소비자 오인상태의 해소 대신에 원상회복
    등 경쟁질서의 회복을 규정한 점이 차이가 있다.
5) 「독점규제법」 제89조(동의의결) 제3항 제2호에서는 '거래질서' 뿐만 아니라 '경쟁질서와 거래

등을 보호하기에 적절하다고 인정될 것(제2호)의 요건을 모두 충족한다고 판단되는 경우에는 해당 행위 관련 심의 절차를 중단하고 시정방안과 같은 취지의 의결(이하 "동의의결")을 할 수 있다. 이 경우 신청인과의 협의를 거쳐 시정방안을 수정할 수 있다(법 제7조의2 제3항).

IV. 동의의결의 효력

공정거래위원회의 동의의결은 해당 행위가 이 법에 위반된다고 인정한 것을 의미하지 아니하며, 누구든지 신청인이 동의의결을 받은 사실을 들어 해당 행위가 이 법에 위반된다고 주장할 수 없다(법 제7조의2 제4항).

V. 독점규제법의 준용

동의의결의 절차 및 취소에 관하여는 「독점규제법」 제90조 및 제91조를 준용한다. 이 경우 같은 법 제90조제3항 단서 중 "제124조부터 제127조까지의 규정"은 "이 법 제17조 및 제18조의 규정"으로 본다(법 제7조의2 제5항).

제7조의3 삭제 <2023. 2. 14.>

제7조의4 삭제 <2023. 2. 14.>

제7조의5(이행강제금 등)

---

① 공정거래위원회는 정당한 이유 없이 상당한 기한 내에 동의의결을 이행하지 아니한 자에게 동의의결이 이행되거나 취소되기 전까지 1일당 200만원 이하의 이행강제금을 부과할 수 있다.

② 이행강제금의 부과·납부·징수 및 환급 등에 대하여는 「독점규제 및 공정거래에 관한 법률」 제16조제2항 및 제3항을 준용한다.<개정 2020. 12. 29.>

[본조신설 2014. 1. 28.]

질서'라고 규정한 점에서 차이가 있다.

제8조(임시중지명령)

① 공정거래위원회는 표시·광고 행위가 다음 각 호 모두에 해당하는 경우에는 사업자
등에 대하여 그 표시·광고 행위를 일시 중지할 것을 명할 수 있다.

　1.　표시·광고 행위가 제3조제1항을 위반한다고 명백하게 의심되는 경우

　2.　그 표시·광고 행위로 인하여 소비자나 경쟁사업자에게 회복하기 어려운 손해가
　　　발생할 우려가 있어 이를 예방하기 위하여 긴급히 필요하다고 인정되는 경우

② 소비자단체나 그 밖에 대통령령으로 정하는 기관·단체는 사업자등의 표시·광고 행
위가 제1항 각 호 모두에 해당한다고 인정할 때에는 서면(전자문서를 포함한다)으로
공정거래위원회에 그 표시·광고 행위의 일시 중지를 명하도록 요청할 수 있다.

③ 제1항에 따른 명령에 불복하는 자는 그 명령을 받은 날부터 7일 이내에 공정거래위
원회에 이의를 제기할 수 있다.

④ 공정거래위원회는 제1항에 따른 명령을 받은 자가 제3항에 따라 이의를 제기하였을
때에는 지체 없이 서울고등법원에 그 사실을 통보하여야 하며, 통보를 받은 서울고
등법원은 「비송건절차법」에 따라 재판을 한다.

⑤ 제4항에 따른 재판을 할 때에는 「비송건절차법」 제15조를 적용하지 아니한다.

[전문개정 2011. 9. 15.]

 목　차

[참고사례]

　　대한잠업개발공사에 대한 표시·광고행위에 대한 임시중지명령 건[공정거래위원회
1999. 9. 7. 의결(임)99-1호)]; (주)수신오가피의 표시·광고행위에 대한 임시중지명령 건
(공정거래위원회 2002. 6. 19. 의결 제2002-001호)

Ⅰ. 의의

임시중지명령제도는 소비자 또는 경쟁사업자에게 회복하기 어려운 손해발생을 예방하기 위하여 일시적으로 취하는 조치이다.

Ⅱ. 임시중지명령의 대상

1. 공정거래위원회의 임시중지명령

공정거래위원회는 표시·광고 행위가 ① 표시·광고 행위가 제3조 제1항을 위반한다고 명백하게 의심되고(제1호),[1] ② 그 표시·광고 행위로 인하여 소비자나 경쟁사업자에게 회복하기 어려운 손해가 발생할 우려가 있어 이를 예방하기 위하여 긴급히 필요하다고 인정되는 경우[2](제2호)에는 사업자등에 대하여 그 표시·광고 행위를 일시 중지할 것을 명할 수 있다(법 제8조 제1항).

공정거래위원회가 임시중지명령을 내린 사례는 다음과 같다.

> "피심인은 이 의결서를 받은 날부터 대한잠업개발공사의 부당한 광고행위에 대한 건(사건번호: 9909소기1267)에 대한 공정거래위원회의 의결서를 받는 날까지 아래와 같은 광고행위를 중지하여야 함. 1. 피심인이 판매하는 「진품누에동충하초」의 약리효과에 대하여 동물실험결과를 근거로 인체에 대하여 항암 효과(수명연장 효과: 203% 고형암억제 효과: 59%), 간보호 효과(현저한 GOT 및 GPT 활성억제효과 확인), 항피로 효과(대조약물 Tocopherol 대비 1.5배 증가), 면역력증강

---

1) 제9조(임시중지명령의 요건 등) ① 법 제8조제1항제1호에 따른 표시·광고 행위가 법 제3조 제1항을 위반한다고 명백하게 의심되는 경우는 다음 각 호의 경우로 한다. 1. 법 제4조에 따라 공정거래위원회가 고시한 중요정보를 포함하지 아니하고 표시·광고 행위를 한 경우 2. 법 제5조제3항에 따라 제출하여야 하는 실증자료를 제출하지 아니한 경우 3. 제3조제5항에 따라 공정거래위원회가 정하여 고시한 부당한 표시·광고의 세부적인 유형 및 기준에 명백하게 해당한다고 판단되는 경우 4. 기존 판례나 심결례(審決例)에 비추어 부당한 표시·광고 유형과 동일하거나 상당히 유사하다고 명백하게 판단되는 경우

2) 제9조(임시중지명령의 요건 등) ② 법 제8조제1항제2호에 따른 소비자나 경쟁사업자에게 회복하기 어려운 손해가 발생할 우려가 있는 경우는 다음 각 호의 경우로 한다. 1. 소비자의 생명·신체의 안전에 심각한 위해(危害)나 재산상 중대한 손해가 발생할 우려가 있는 경우 2. 경쟁사업자가 사업 자체를 계속할 수 없거나 중대한 경영상의 위기를 맞게 될 것으로 보이는 손해가 발생할 우려가 있는 경우

효과(Zymosan 대비 2배 효과), 항Stress 효과(스트레스에 의한 각종 장기의 중량변화 원상회복 탁월), 항노쇠 효과(강력한 지질과산화 억제 반응 관찰)가 있는 것처럼 광고하는 행위 2. 사실과 다르게 진품누에동충하초가 농촌진흥청으로부터 인증을 받은 것처럼 광고하는 행위"(<대한잠업개발공사에 대한 표시·광고행위에 대한 임시중지명령 건>),3) "피심인은 이 의결서를 받은 날부터(주)수신오가피의 부당한 광고행위에 대한 건(건번호: 2002광고0729)에 대한 공정거래위원회의 의결서를 받는 날까지 아래와 같은 광고행위를 중지하여야 함. 1. 피심인이 판매하는 오가피 제품(제품명: 수신토종오가피차골드, 수신천사토종오가피)에 대해 광고하면서 "아칸토싸이드D"성분이 오가피의 지표물질인 것처럼 광고하는 행위 2. 객관적인 시험분석기관의 성분분석 실험자료가 없음에도 "아칸토싸이드D성분 함량 비교표"를 제시하며 자사 제품과 타사 제품의 함량을 비교 광고하는 행위"(<(주)수신오가피의 표시·광고행위에 대한 임시중지명령 건>)4)

2. 소비자단체의 임시중지명령 요청

소비자단체나 그 밖에 *대통령령*5)으로 정하는 기관·단체는 사업자등의 표시·광고 행위가 제1항 각 호 모두에 해당한다고 인정할 때에는 서면(전자문서를 포함)으로 공정거래위원회에 그 표시·광고 행위의 일시 중지를 명하도록 요청할 수 있다(법 제8조 제2항).6)

---

3) 공정의 1999. 9. 7.(임)99-1.

4) 공정의 2002. 6. 19. 2002-001.

5) 제9조(임시중지명령의 요건 등) ③ 법 제8조제2항에서 "대통령령으로 정하는 기관·단체"란 다음 각 호의 어느 하나에 해당하는 기관·단체를 말한다. 1. 「방송통신위원회의 설치 및 운영에 관한 법률」 제18조에 따른 방송통신심의위원회 2. 「소비자기본법」 제33조에 따라 설립된 한국소비자원 3. 「민법」 제32조에 따라 설립된 사단법인 한국신문윤리위원회 및 사단법인 한국광고자율심의기구 4. 그 밖에 사업자등이 한 표시·광고를 심의하기 위하여 다른 법령에 따라 설립된 기관 또는 단체

6) 제10조(임시중지명령 요청의 방법) 소비자단체 또는 제9조제3항 각 호에 따른 기관·단체는 법 제8조제2항에 따라 임시중지명령을 요청하려면 다음 각 호의 사항을 적은 요청서를 공정거래위원회에 제출하여야 한다. 1. 소비자단체 또는 기관·단체의 명칭, 대표자의 성명·주소·전화번호 2. 표시·광고 행위를 한 사업자등의 명칭 3. 임시중지명령의 대상이 되는 표시·광고의 내용 4. 임시중지명령을 요청한 사유

Ⅲ. 불복절차

제1항에 따른 명령에 불복하는 자는 그 명령을 받은 날부터 7일 이내에 공정거래위원회에 이의를 제기할 수 있다(법 제8조 제3항).[7)]

공정거래위원회는 제1항에 따른 명령을 받은 자가 제3항에 따라 이의를 제기하였을 때에는 지체 없이 서울고등법원에 그 사실을 통보하여야 하며, 통보를 받은 서울고등법원은 「비송건절차법」에 따라 재판을 한다(법 제8조 제4항). 제4항에 따른 재판을 할 때에는 「비송건절차법」 제15조를 적용하지 아니한다.

공정거래위원회는 임시중지명령제도 운영과 관련하여 「임시중지명령에 관한 운영지침」[8)]을 제정 · 운용하고 있다.

---

7) 제11조(임시중지명령에 대한 이의제기) 법 제8조제3항에 따라 임시중지명령에 이의를 제기하려는 자는 이의제기 대상 및 내용, 이의제기 사유 등을 적은 신청서에 이의제기 사유나 내용을 증명하는 데 필요한 서류를 첨부하여 공정거래위원회에 제출하여야 한다.

8) 공정거래위원회예규 제399호(2021. 12. 27).

제9조(과징금)

① 공정거래위원회는 제3조제1항을 위반하여 표시·광고 행위를 한 사업자등에 대하여
는 대통령령으로 정하는 매출액(대통령령으로 정하는 사업자의 경우에는 영업수익을
말한다. 이하 같다)에 100분의 2를 곱한 금액을 초과하지 아니하는 범위에서 과징금
을 부과할 수 있다. 다만, 그 위반행위를 한 자가 매출액이 없거나 매출액을 산정하
기 곤란한 경우로서 대통령령으로 정하는 사업자등인 경우에는 5억원을 초과하지 아
니하는 범위에서 과징금을 부과할 수 있다.

② 공정거래위원회는 제6조제1항 본문을 위반하여 사업자의 표시·광고 행위를 제한하
는 행위를 한 사업자단체에 대하여는 5억원의 범위에서 과징금을 부과할 수 있다.

③ 공정거래위원회는 제1항이나 제2항에 따라 과징금을 부과하는 경우에는 다음 각 호
의 사항을 고려하여야 한다.

1. 위반행위의 내용 및 정도
2. 위반행위의 기간 및 횟수
3. 위반행위로 인하여 취득한 이익의 규모
4. 사업자등이 소비자의 피해를 예방하거나 보상하기 위하여 기울인 노력의 정도

④ 제3조제1항을 위반한 사업자인 법인이 합병을 하는 경우 그 법인이 한 위반행위는
합병 후 존속하는 법인이나 합병으로 설립된 법인이 한 행위로 보아 과징금을 부과·
징수한다.

⑤ 제1항이나 제2항에 따른 과징금의 부과기준은 대통령령으로 정한다.

[전문개정 2011. 9. 15.]

 목 차

[참고사례]

핏플랍리미티드 및(주)넥솔브의 부당광고행위 건(공정거래위원회 2015. 2. 3. 의결 제
2015-026호; 서울고등법원 2015. 9. 10. 선고 2015누37671 판결); 남양유업(주)의 부당
광고행위 건(공정거래위원회 2010. 6. 22 의결 제2010-062호; 서울고등법원 2011. 6.

15. 선고 2010누34691 판결)

Ⅰ. 과징금부과의 기준

공정거래위원회는 제3조 제1항을 위반하여 표시·광고 행위를 한 사업자등에 대하여는 대통령령으로 정하는 매출액[1](*대통령령*[2])으로 정하는 사업자의 경우에는 영업수익)에 100분의 2를 곱한 금액을 초과하지 아니하는 범위에서 과징금을 부과할 수 있다. 다만, 그 위반행위를 한 자가 매출액이 없거나 매출액을 산정하기 곤란한 경우로서 *대통령령*[3]으로 정하는 사업자등인 경우에는 5억원을 초과하지 아니하는 범위에서 과징금을 부과할 수 있다(법 제9조 제1항).

<핏플랍리미티드 및 (주)넥솔브의 부당광고행위 건> 관련 행정소송에서 서울고등법원은 공정거래위원회가 표시·광고법 위반행위에 따른 과징금 산정에 있어 금지된 광고가 이루어진 기간의 매출액에 따라 과징금을 산정하지 않고 정액과징금을 부과한 것에 대하여, 위법한 광고행위 효과는 그로 인한 공정한 거래질서 저해 우려가 소멸되는 날까지 지속된다고 보아야 하는데, 그 효과가 언제까지 지속되었는지 정확히 알기 어려우므로, 이 건에서 각 광고로 인한 객관적인 매출액을 산정하기가 곤란한 경우에 해당한다고 봄이 상당하므로, 정액과징금으로 산정한 것이 적법하다고 판시하였다.[4]

과징금 산정을 위한 위반행위 종료일 관련하여<남양유업(주)의 부당광고행위 건> 관련 행정소송에서 서울고등법원은 과징금 산정을 위한 위반행위 종료일이란 단순히 마지막으로 광고한 날이 아니라 위법한 광고행위로 인해 야기된

---

1) 제12조(과징금의 산정방법) ① 법 제9조제1항 본문에서 "대통령령으로 정하는 매출액"이란 법 제3조제1항을 위반하여 표시·광고 행위를 한 사업자등(이하 "위반사업자등")이 위반기간 동안 판매하거나 매입한 관련 상품등의 매출액이나 매입액 또는 이에 준하는 금액(이하 "관련매출액")을 말한다. ② 제1항에 따른 위반사업자등의 관련매출액 산정 기준 및 방법 등에 필요한 사항은 공정거래위원회가 정하여 고시한다.

2) 제13조(영업수익 적용 사업자의 범위) 법 제9조제1항 본문에서 "대통령령으로 정하는 사업자"란 상품등의 대가를 합한 금액을 재무제표 등에서 영업수익 등으로 적는 사업자를 말한다.

3) 제14조(매출액이 없는 경우 등) 법 제9조제1항 단서에서 "대통령령으로 정하는 사업자등인 경우"란 사업자등이 다음 각 호의 어느 하나에 해당하는 경우를 말한다. 1. 영업을 시작하지 아니하거나 영업 중단 등으로 인하여 영업실적이 없는 경우 2. 매출액 산정자료를 제출하지 아니하거나 거짓으로 제출한 경우 3. 그 밖에 객관적인 매출액 산정이 어렵다고 인정되는 경우

4) 서고판 2015. 9. 10. 2015누37671.

효과인 공정거래 저해가 소멸된 날로 봐야한다고 판시하였다.[5]

공정거래위원회는 제6조 제1항 본문을 위반하여 사업자의 표시·광고 행위를 제한하는 행위를 한 사업자단체에 대하여는 5억원의 범위에서 과징금을 부과할 수 있다(법 제9조 제2항).

공정거래위원회는 제1항이나 제2항에 따라 과징금을 부과하는 경우에는 ① 위반행위의 내용 및 정도(제1호), ② 위반행위의 기간 및 횟수(제2호), ③ 위반행위로 인하여 취득한 이익의 규모(제3호), ④ 사업자등이 소비자의 피해를 예방하거나 보상하기 위하여 기울인 노력의 정도(제4호)를 고려하여야 한다(법 제9조 제3항).

Ⅱ. 합병의 경우 과징금부과의 대상

제3조 제1항을 위반한 사업자인 법인이 합병을 하는 경우 그 법인이 한 위반행위는 합병 후 존속하는 법인이나 합병으로 설립된 법인이 한 행위로 보아 과징금을 부과·징수한다(법 제9조 제4항).

Ⅲ. 과징금부과의 세부기준

제1항이나 제2항에 따른 과징금의 부과기준은 *대통령령*[6]으로 정한다(법 제9조 제5항).

관련하여 공정거래위원회는 「표시·광고의 공정화에 관한 법률 위반사업자 등에 대한 과징금부과 세부기준 등에 관한 고시」[7]를 제정·운영하고 있다.

---

5) 서고판 2011. 6. 15. 2010누34691.

6) 제15조(과징금 부과기준) ① 법 제9조제1항 및 제2항에 따른 과징금의 부과기준은 별표 1과 같다. 이 영에서 규정한 사항 외에 과징금 부과에 필요한 세부 기준은 공정거래위원회가 정하여 고시한다.
   제16조(과징금의 부과 및 납부) ① 공정거래위원회는 법 제9조에 따라 과징금을 부과할 때에는 위반행위의 종류와 과징금의 금액을 적은 서면으로 알려야 한다. ② 제1항에 따라 통지를 받은 자는 통지를 받은 날부터 60일 이내에 과징금을 공정거래위원회가 정하는 수납기관에 내야 한다. 다만, 천재지변이나 그 밖의 부득이한 사유로 그 기간 내에 과징금을 낼 수 없을 때에는 그 사유가 없어진 날부터 30일 이내에 내야 한다.

7) 공정거래위원회고시 제2021−46호(2021. 12. 29).

손해배상

제10조(손해배상책임)

① 사업자등은 제3조제1항을 위반하여 부당한 표시·광고 행위를 함으로써 피해를 입은 자가 있는 경우에는 그 피해자에 대하여 손해배상의 책임을 진다.

② 제1항에 따라 손해배상의 책임을 지는 사업자등은 고의 또는 과실이 없음을 들어 그 피해자에 대한 책임을 면할 수 없다.

[전문개정 2011. 9. 15.]

목 차

[참고문헌]

논문: 이동진, 허위·과장광고에 의한 분양계약과 분양권 양도, 해제-대법원 2015. 7. 23. 선고 2012다15336 등 판결; 이선희, 아파트분양광고에 대한 표시광고법상 손해배상책임-대법원 2010. 7. 22. 선고 2007다59066 판결, 광고판례백선, 한국인터넷광고재단, 2019

[참고사례]

현대산업개발(주)의 부당광고행위 건{서울등고법원 2007. 7. 25. 선고 2006나95159 판결; 대법원 2010. 7. 22. 선고 2007다59066[손해배상(기)] 판결}; (주) 무송종합엔지니어링 외 1인의 허위과장광고 건[부산고등법원 2011. 11. 8. 선고 2009나11501, 11518, 11525, 11532, 11549, 11563, 11570, 11556 판결; 대법원 2015. 7. 23. 선고 2012다 15336, 15343, 15350, 15367, 15374, 15381, 15398, 15404(부당이득반환등) 판결]; **두산 중공업(주)의 부당광고행위** 건{서울고등법원 2011. 7. 21. 선고 2010나36904, 36911 판결; 대법원 2014. 4. 10. 선고 2011다72011, 72028[손해배상(기)·손해배상(기)] 판결}

Ⅰ. 의 의

본 조는 손해배상책임에 있어서 무과실책임주의를 채택하고 있다.

그러나 원칙적으로 불법행위의 일반원칙이 적용되므로 손해의 발생과 허위·과장광고와 손해사이의 인과관계요건이 요구된다.

Ⅱ. 관련 이슈

1. 손해의 입증

법원은 아파트 분양과 관련된 표시광고법상 허위·과장광고로 인한 손해배상청구건에서 차액설의 입장을 취하고 있다.

> "아파트 분양과 관련된 표시광고법상 허위·과장광고로 인한 손해배상청구에서 손해는 수분양권의 실제 가격과 허위·과장광고가 없었을 경우 수분양권의 적정한 가격 사이의 차액이라고 할 것인데, 수분양자가 허위·과장광고로 인한 손해배상청구권을 보유하고 있던 중 분양계약이 해제로 소급하여 소멸하게 되면 해제의 효과로서 당시까지 납입하였던 분양대금에 대하여는 반환청구권을 가지게 되고 향후의 분양대금 지급채무는 소멸하게 되므로, 분양계약이 유효하게 존재함을 전제로 하는 위와 같은 차액 상당의 손해도 없어지게 됨"(<(주) 무송종합엔지니어링 외 1인의 허위과장광고 건>)[1]

---

1) 대판 2015. 7. 23. 2012다15336,15343,15350,15367,15374,15381,15398,15404(부당이득반환등). 동 판결에 대한 해설로 이동진, 광고판례백선(2019), 670~675면 참조. 분양계약이 해제되면 손해배상을 할 수 없다는 점에 대한 최초의 판결이라고 한다.

법원은 방조의 경우에도 손해배상책임을 인정하고 있다.

"공동불법행위에 있어 방조라 함은 불법행위를 용이하게 하는 직접·간접의 모든 행위를 가리키는 것으로서 형법과 달리 손해의 전보를 목적으로 하여 과실을 원칙적으로 고의와 동일시하는 민법의 해석으로서는 과실에 의한 방조도 가능하다고 할 것이며, 이 경우의 과실 내용은 불법행위에 도움을 주지 말아야 할 주의의무가 있음을 전제로 하여 이 의무를 위반하는 것을 말함(대법원 2009. 4. 23. 선고 2009다1313 판결, 대법원 2012. 6. 14. 선고 2012다15060, 15077 판결 등 참조). 피고 두산중공업은 피고 화양시장의 이 사건 지하아케이드와 공급면적에 관한 허위·과장의 표시·광고를 충분히 알았거나 알 수 있었는데도 그에 관한 분양광고에 자신의 상호 등을 함께 표시함으로써 이를 조장하거나 적어도 시공사로서의 주의의무를 위반하여 이를 방치하는 방법으로 방조한 것으로 인정할 수 있음"(<두산중공업(주)의 부당광고행위 건>)2)

기타 법원이 손해배상책임을 인정한 사례는 다음과 같다.

"피고가 이 사건 아파트 분양광고의 근거로 하였다는 '파주시 도시계획 재정비를 위한 1단계 개발계획'은 파주시가 장기적으로 기존의 '운정역'을 남쪽으로 이전한다는 추상적인 계획에 불과하고 기존의 '운정역'과 별개로 '신운정역'을 신설한다는 계획이 아닐 뿐더러 '운정역'의 이전 위치나 공사기간 등 구체적인 계획을 포함한 것이 아니었고, 또한 위 개발계획은 파주시의 일방적인 계획에 불과하여 그 시행이 확정되지도 않았음에도 불구하고 피고가 위와 같이 이 사건 아파트 분양홍보 책자와 이 사건 아파트의 모델하우스에서의 분양홍보 활동을 통하여 '신운정역'의 신설이 예정되어 있다는 취지로 이 사건 아파트 분양광고를 한 것은, 사실과 다르거나 사실을 지나치게 부풀려 마치 경의선 복선전철의 개통과 더불어 '신운정역'의 신설이 확실한 것처럼 소비자를 속이거나 소비자로 하여금 잘못 알게 할 우려가 있는 광고를 한 것으로서, 이는 공정한 거래질서를 저해할 우려가 있는 광고에 해당한다고 보기에 충분함. 따라서 피고는 표시광고법 제3조 제1항 제1호, 같은 법 시행령 제3조 제1항에서 말하는 허위·과장의 광고행위를 함으로써 같은 법 제10조에 의하여 그 피해자인 원고들에 대하여 손해배상책임을 진다고 할 것임"(<현대산업개발(주)의 부당광고행위 건>)3)

---

2) 대판 2014. 4. 10. 2011다72011,72028[손해배상(기)·손해배상(기)].
3) 대판 2010. 7. 22. 2007다59066[손해배상(기)]. 원심은, 이 사건 아파트 분양광고는 피고가 '파주시 도시계획 재정비를 위한 1단계 개발계획'에 근거하여 '신운정역' 신설 예정이라고 표현한 것으로, 피고가 위 개발계획을 제대로 확인하지 않고 광고한 것은 사실이지만 전혀 근거 없이

2. 손해배상청구권의 승계

법원은 표시광고법상 허위·과장광고로 인한 손해배상청구권이 수분양자의
양수인에 승계되지 않는다는 입장이다.

> "표시광고법상 허위·과장광고로 인한 손해배상청구권은 불법행위에 기한 손해배
> 상청구권의 성격을 가진다고 할 것인데, 계약상 지위의 양도에 의하여 계약당사자
> 로서의 지위가 제3자에게 이전되는 경우 계약상의 지위를 전제로 한 권리관계만
> 이 이전될 뿐 불법행위에 기한 손해배상청구권은 별도의 채권양도절차 없이 제3
> 자에게 당연히 이전되는 것이 아니므로, 표시광고법상 허위·과장광고로 인한 손
> 해배상청구권을 가지고 있던 아파트 수분양자가 수분양자의 지위를 제3자에게 양
> 도하였다는 사정만으로 그 양수인이 당연히 위 손해배상청구권을 행사할 수 있다
> 고 볼 수는 없고, 다만 허위·과장광고를 그대로 믿고 허위·과장광고로 높아진
> 가격에 수분양자 지위를 양수하는 등으로 양수인이 수분양자 지위를 양도받으면
> 서 허위·과장광고로 인한 손해를 입었다는 등의 특별한 사정이 있는 경우에만
> 양수인이 그 손해배상청구권을 행사할 수 있다고 할 것임. 그러므로 수분양자 지
> 위의 양도로 표시광고법상 허위·과장광고로 인한 손해배상청구권도 당연히 양수
> 인에게 이전된다는 것을 전제로 한 원심의 이 부분 판단에는 계약상 지위의 양도와
> 불법행위로 인한 손해배상청구권의 이전에 관한 법리를 오해하여 판결 결과에 영
> 향을 미친 위법이 있음"(<(주) 무송종합엔지니어링 외 1인의 허위과장광고 건>)[4]

광고한 것이 아닐 뿐만 아니라 위 개발계획대로 '신운정역' 신설 예정이라고만 기재하였는데,
이는 일반 상거래의 관행이나 신의칙에 비추어 충분히 시인될 수 있는 한도 내로 보이므로 기
망행위에 해당한다고 볼 수 없고, '신운정역' 신설 예정이라는 광고내용은 아파트의 외형이나
재질과 관계가 없고 사회통념에 비추어 보더라도 분양자가 그 광고내용을 스스로 이행한다는
취지가 아니므로 그 광고내용이 그대로 분양계약의 내용을 이룬다고 볼 수 없어 이 사건 아파
트 분양광고의 내용은 청약의 유인에 불과하며, 이 사건 아파트의 분양계약 체결 여부를 좌우
하는 중요한 사항이 될 수 없다는 이유를 들어, 이 사건 아파트 분양광고가 표시광고법 제3조
제1항 제1호, 같은 법 시행령 제3조제1항에서 말하는 허위·과장의 광고에 해당한다고 하여
같은 법 제10조에 기한 손해배상책임을 묻는 원고들의 청구를 모두 기각하였다; 동 판결에 대
하여 민법상 불법행위책임(기망성)이 인정되지 않은 경우에도 표시광고법의 손해배상 책임을
인정한 것으로서 긍정적으로 평가하였다. 이선희, 광고판례백선(2019), 567면.
4) 대판 2015. 7. 23. 2012다15336,15343,15350,15367,15374,15381,15398,15404(부당이득반환등).
동 판결에 대한 해설로 이동진, 광고판례백선(2019), 670~675면 참조. 분양권 양수인에게는
손해배상 청구권이 없다는 점을 확인한 최초의 판결이라고 한다.

제11조(손해액의 인정)

제3조제1항을 위반한 행위로 인하여 손해가 발생된 사실은 인정되나 그 손해액을 증명하는 것이 사안의 성질상 곤란한 경우 법원은 변론 전체의 취지와 증거조사의 결과에 기초하여 상당한 손해액을 인정할 수 있다.

[전문개정 2013. 8. 13.]

[참고사례]

두산중공업(주)의 부당광고행위 건{서울고등법원 2011. 7. 21. 선고 2010나36904, 36911 판결; 대법원 2014. 4. 10. 선고 2011다72011, 72028[손해배상(기) · 손해배상(기)] 판결}; (주) 한양 외 1인의 부당광고행위 건[서울고등법원 2014. 1. 29. 선고 2013나 23763, 23770, 23787, 23794, 23800, 57469 판결; 대법원 2015. 5. 28. 선고 2014다 24327, 24334, 24341, 24358, 24365, 24372(분양대금반환등 · 분양대금반환등 · 분양대금반환등 · 분양대금반환등 · 분양대금반환등 · 분양대금반환등) 판결]

불법행위로 인한 손해배상청구소송에 있어, 재산적 손해의 발생사실이 인정되나 그 구체적인 손해의 액수를 입증하는 것이 사안의 성질상 곤란한 경우, 법원은 증거조사의 결과와 변론 전체의 취지에 의하여 밝혀진 당사자들 사이의 관계, 불법행위와 그로 인한 재산적 손해가 발생하게 된 경위, 손해의 성격, 손해가 발생한 이후의 제반 정황 등의 관련된 모든 간접사실들을 종합하여 상당인과관계 있는 손해의 범위인 수액을 판단할 수 있다(<두산중공업(주)의 부당광고행위 건>).[1]

손해배상 액수 관련하여 법원이 다음과 같이 판단한 사례가 있다.

> "분양계약 체결 경위 및 그 당시의 정황, 피고들 표시 광고의 허위 내지 과장의 정도와 그것이 분양계약의 체결 여부 및 분양대금 결정에 미친 영향, 이 사건 지하아케이드가 건설되고 공급면적이 관련 법령에 따라 바르게 표시되었을 경우 일반적으로 예상되는 시가 상승의 정도, 이 사건 주상복합건물이 위치한 지역, 분양계약 후의 피고들의 행위 등을 종합하여 분양대금의 5%에 해당하는 금액을 손해배상액수로 인정함"(<두산중공업(주)의 부당광고행위 건>),[2] "제3연륙교에 관한

---

1) 대판 2014. 4. 10. 2011다72011.

허위·과장광고로 인하여 원고들이 입은 재산적 손해액은 실제 분양대금과 분양계약을 체결할 당시를 기준으로 하여 위와 같은 허위·과장광고가 없었을 경우 이 사건 아파트의 적정 분양대금 사이의 차액이라고 할 것인데, 그 액수를 산정하는 것이 사실상 불가능하므로 재산적 손해를 위자료 액수의 산정에 참작하기로 한다고 한 다음, 위와 같이 재산적 손해가 발생한 점, 영종도라는 섬에 위치한 이 사건 아파트의 특수성 등 변론에 나타난 제반 사정을 종합하여, 피고들이 원고들에게 배상하여야 할 위자료의 액수는 각 분양대금의 5%로 정함이 상당함"(<㈜ 한양 외 1인의 부당광고행위 건>)3)

---

2) 대판 2014. 4. 10. 2011다72011,72028[손해배상(기)·손해배상(기)].
3) 대판 2015. 5. 28. 2014다24327,24334,24341,24358,24365,24372[분양대금반환등·분양대금반환등·분양대금반환등·분양대금반환등·분양대금반환등·분양대금반환등].

제4장

보칙

제12조(비밀엄수의 의무)

이 법에 따른 직무에 종사하거나 종사하였던 공정거래위원회의 위원, 공무원, 제16조의2에 따라 위반행위의 조사에 참여한 「소비자기본법」 제33조에 따른 한국소비자원(이하 "한국소비자원"이라 한다)의 임직원 또는 그 직(職)에 있었던 사람은 직무상 알게 된 사업자등의 비밀을 누설하거나 이 법 시행을 위한 목적 외의 용도로 이용하여서는 아니된다.<개정 2013. 8. 13.>

[전문개정 2011. 9. 15.]

제13조(표시·광고의 제한 등과 관련된 법령제정 등의 협의)

관계 행정기관의 장은 사업자등에게 표시·광고를 금지 또는 제한하거나 표시·광고하도록 의무를 부과하는 것을 내용으로 하는 법령을 제정하거나 개정할 때에는 미리 공정거래위원회와 협의하여야 한다.

[전문개정 2011. 9. 15.]

제14조(표시 · 광고의 자율규약)

① 사업자등은 제3조제1항을 위반하는 행위를 방지하기 위하여 자율적으로 표시 · 광고에 관한 규약이나 기준 등(이하 "자율규약"이라 한다)을 정할 수 있다.

② 자율규약은 제3조제1항을 위반하는 행위를 방지하기에 적합하여야 하며, 정당한 사유 없이 사업자등의 표시 · 광고 또는 소비자에 대한 정보 제공을 제한하여서는 아니된다.

③ 사업자등은 공정거래위원회에 자율규약이 제3조제1항을 위반하는지에 대한 심사를 요청할 수 있다.

④ 공정거래위원회는 제3항에 따른 자율규약의 심사를 요청받은 경우에는 요청을 받은 날부터 60일 이내에 심사 결과를 신청인에게 통보하여야 한다.

⑤ 공정거래위원회는 자율규약이 제2항을 위반한 경우에는 사업자등에게 그 시정을 명할 수 있다.

[전문개정 2011. 9. 15.]

현재 침대의 표시 · 광고에 관한 공정경쟁 규약(한국침대협회, 2001. 10. 11), 의약품의 표시 · 광고 자율규약(한국다국적의약산업협회, 2006. 3. 2), 학원광고 자율규약(한국학원총엽합회, 2009. 7. 2.), 온라인 부동산 매물광고 자율규약(2012. 10. 26.) 등 사업자단체가 자율규약을 제정하여 운영중이다.

제14조의2(표시 · 광고의 자율심의기구등)

① 사업자등의 표시 · 광고가 제3조제1항 또는 자율규약에 위반되는지 등을 심의(그 명칭에 관계없이 표시 · 광고가 법령 또는 자율규약에 위반되는지를 판단하는 행위를 말한다. 이하 같다)하는 등 부당한 표시 · 광고를 방지하기 위한 조직(이하 "자율심의기구등"이라 한다)을 운영하는 자는 대통령령으로 정하는 바에 따라 공정거래위원회에 신고할 수 있다.

② 자율심의기구등은 표시 · 광고를 심의할 때에 제3조제1항이나 자율규약에 따라 판단하여야 하며, 정당한 사유 없이 사업자등의 표시 · 광고 또는 소비자에 대한 정보 제공을 제한하여서는 아니 된다.

③ 공정거래위원회는 자율심의기구등에 심의 내용이나 처리 결과 등에 관한 자료를 요청할 수 있다.

④ 공정거래위원회는 자율심의기구등의 심의 내용이나 처리 결과 등이 제2항을 위반한 경우에는 그 시정을 요구할 수 있으며, 자율심의기구등은 특별한 사유가 없으면 시정 요구에 따라야 한다.

⑤ 공정거래위원회는 표시 · 광고가 자율심의기구등의 심의 대상에 해당되는 것으로 판단하는 경우에는 자율심의기구등에 그 표시 · 광고의 심의를 요청할 수 있다.

⑥ 공정거래위원회는 자율심의기구등이 제5항에 따라 공정거래위원회가 요청한 심의 대상 표시 · 광고를 심의하여 처리한 결과에 따라 사업자등이 부당한 표시 · 광고 행위를 시정한 경우에는 제7조에 따른 시정조치명령을 하지 아니한다. 다만, 사업자등이 자율심의기구등이 심의하여 처리한 결과에 따라 시정한 경우라도 이 법을 위반하는 행위를 반복하는 등 자율심의기구등의 시정만으로는 소비자나 경쟁사업자의 피해를 방지하기 곤란하다고 판단하는 경우에는 그러하지 아니하다.

⑦ 공정거래위원회는 제1항에 따라 신고한 자율심의기구등(제6조제1항 단서에 따라 공정거래위원회가 인정하는 사업자단체의 자율심의기구 및 다른 법령에 따라 심의를 위임받은 심의기구를 포함한다)이 제5항에 따라 공정거래위원회가 요청한 심의를 한 경우에는 예산의 범위에서 그 경비를 보조할 수 있다.

[전문개정 2011. 9. 15.]

자율심의기구등 운영자의 신고에 대하여 *대통령령*[1]에서 규정하고 있다.

---

1) 제16조의2(자율심의기구등을 운영하는 자의 신고 등) ① 법 제14조의2제1항에 따른 자율심의 기구등(이하 "자율심의기구등"이라 한다)을 운영하는 자가 공정거래위원회에 신고하는 경우에는 다음 각 호의 사항을 적은 서면이나 전자문서로 하여야 한다. 1. 신고자의 성명(법인인 경우에는 법인의 명칭 및 대표자의 성명, 법인격 없는 사단인 경우에는 그 명칭 및 대표자의 성명) 2. 신고자의 주소·전화번호 및 전자우편주소 3. 심의 대상 4. 심의 기준 5. 자율심의기구등의 설립 근거 ② 제9조제3항제1호·제3호 및 제4호에 해당하는 기관 또는 단체는 제1항에 따른 신고를 한 것으로 본다.

제15조(관계 행정기관 등의 장의 협조)

① 공정거래위원회는 이 법을 시행하기 위하여 필요하다고 인정할 때에는 관계 행정기관 또는 그 밖의 기관·단체의 장의 의견을 들을 수 있다.

② 공정거래위원회는 이 법을 시행하기 위하여 필요하다고 인정할 때에는 관계 행정기관 또는 그 밖의 기관·단체의 장에게 필요한 조사를 의뢰하거나 필요한 자료를 요청할 수 있다.

③ 공정거래위원회는 제6조제3항 또는 제7조제1항에 따른 명령의 이행을 확보하기 위하여 필요하다고 인정할 때에는 관계 행정기관 또는 그 밖의 기관·단체의 장에게 필요한 협조를 요청할 수 있다.

④ 공정거래위원회는 금융·보험 사업자등이 제3조제1항을 위반하였다고 인정하여 직권으로 조사할 사유가 있는 경우에는 이를 조사하지 아니하고 금융위원회에 통보하여 금융위원회에서 처리하도록 하여야 한다.

⑤ 제4항에 따른 통보를 받은 금융위원회는 금융·보험 관계 법령에서 정하는 바에 따라 이를 성실히 처리하여 그 결과를 공정거래위원회에 통보하여야 한다.

[전문개정 2011. 9. 15.]

제16조(「독점규제 및 공정거래에 관한 법률」의 준용)

① 이 법에 따른 공정거래위원회의 심의·의결에 관하여는 「독점규제 및 공정거래에 관한 법률」제59조, 제64조부터 제68조까지 및 제93조를 준용하며, 이 법에 따른 공정거래위원회의 처분(제8조제1항에 따른 임시중지명령은 제외한다)에 대한 이의신청, 소의 제기, 불복의 소의 전속관할 및 사건 처리에 관하여는 「독점규제 및 공정거래에 관한 법률」제96조, 제97조, 제99조부터 제101조까지의 규정을 준용한다.

② 이 법을 위반하는 행위에 대한 인지·신고 등에 관하여는 「독점규제 및 공정거래에 관한 법률」제80조를 준용하며, 이 법에 따른 공정거래위원회의 조사, 의견청취 및 시정권고 등에 관하여는 「독점규제 및 공정거래에 관한 법률」제81조제1항·제2항·제3항·제6항·제9항, 제84조, 제85조 및 제88조를 준용한다.

③ 이 법에 따른 과징금의 납부기한 연장 및 분할납부, 과징금의 연대납부의무, 과징금 징수 및 체납처분과 과징금 환급가산금에 관하여는 「독점규제 및 공정거래에 관한 법률」제103조부터 제106조까지의 규정을 준용하며, 이 법 제17조에 따른 죄의 고발에 관하여는 「독점규제 및 공정거래에 관한 법률」제129조를 준용한다.

제16조의2(위반행위의 조사)

① 공정거래위원회는 제16조제2항에 따른 조사를 하기 위하여 필요하다고 판단되는 경우 한국소비자원과 합동으로 조사반을 구성할 수 있다. 이 경우 조사반의 구성과 조사에 관한 구체적 방법과 절차, 그 밖에 필요한 사항은 대통령령으로 정한다.

② 공정거래위원회는 제1항의 조사활동에 참여하는 한국소비자원의 임직원에게 예산의 범위에서 수당이나 여비를 지급할 수 있다.

③ 제1항에 따라 해당 업무를 담당하는 한국소비자원의 임직원은 「형법」 제129조부터 제132조까지의 규정에 따른 벌칙을 적용할 때에는 공무원으로 본다.

[본조신설 2013. 8. 13.]

조사반의 구성과 조사에 관한 구체적 방법과 절차, 그 밖에 필요한 사항은 *대통령령*[1]으로 정한다.

---

1) 제16조의3(조사반의 구성 등) ① 법 제16조의2제1항에 따른 조사반(이하 "조사반")은 반장 및 반원으로 구성한다. ② 조사반의 반장은 공정거래위원회 소속 공무원으로 하고, 반원은 공정거래위원회 소속 공무원과 「소비자기본법」 제38조제1항에 따른 한국소비자원의 원장(이하 "한국소비자원장")이 지정한 소속 직원으로 한다. ③ 공정거래위원회는 조사반을 구성하려는 경우 미리 조사기간, 조사대상 및 조사에 필요한 인원 등을 적은 문서로 한국소비자원장에게 반원을 지정하여 줄 것을 요청하여야 한다. ④ 조사반의 조사 등의 활동은 반장의 지휘·감독을 받아 실시한다.

제5장

벌칙

제17조(벌칙)

다음 각 호의 어느 하나에 해당하는 자는 2년 이하의 징역 또는 1억5천만원 이하의 벌금에 처한다.

1. 제3조제1항을 위반하여 부당한 표시·광고 행위를 하거나 다른 사업자등으로 하여금 하게 한 사업자등

2. 제6조제3항 또는 제7조제1항에 따른 명령에 따르지 아니한 자

[전문개정 2011. 9. 15.]

제18조(벌칙)

제12조를 위반하여 직무상 알게 된 사업자등의 비밀을 누설하거나 이 법 시행을 위한 목적 외의 용도로 이용한 사람은 2년 이하의 징역 또는 2천만원 이하의 벌금에 처한다.<개정 2017. 11. 28.>

[전문개정 2011. 9. 15.]

제19조(양벌규정)

법인(법인격 없는 단체를 포함한다. 이하 이 조에서 같다)의 대표자나 법인 또는 개인의 대리인, 사용인, 그 밖의 종업원이 그 법인 또는 개인의 업무에 관하여 제17조의 위반행위를 하면 그 행위자를 벌하는 외에 그 법인 또는 개인에게도 해당 조문의 벌금형을 과(科)한다. 다만, 법인 또는 개인이 그 위반행위를 방지하기 위하여 해당 업무에 관하여 상당한 주의와 감독을 게을리하지 아니한 경우에는 그러하지 아니하다.

[전문개정 2010. 3. 22.]

제20조(과태료)

① 제16조제2항에 따라 준용되는 「독점규제 및 공정거래에 관한 법률」 제81조제2항 및 제3항에 따른 조사를 거부·방해 또는 기피한 경우 사업자등에게는 2억원 이하의 과태료를 부과하고, 법인 또는 사업자단체의 임원이나 종업원 또는 그 밖의 이해관계인에게는 5천만원 이하의 과태료를 부과한다. <신설 2018. 6. 12., 2020. 12. 29.>

② 사업자등이 다음 각 호의 어느 하나에 해당하는 경우에는 1억원 이하의 과태료를 부과하고, 법인 또는 사업자단체의 임원이나 종업원 또는 그 밖의 이해관계인이 다음 각 호의 어느 하나에 해당하는 경우에는 1천만원 이하의 과태료를 부과한다. <개정 2018. 6. 12., 2020. 12. 29.>

1. 제4조제5항을 위반하여 고시된 중요정보를 표시·광고하지 아니한 경우

2. 제5조제3항을 위반하여 실증자료를 제출하지 아니한 경우

3. 제5조제5항을 위반하여 표시·광고 행위를 중지하지 아니한 경우

4. 제8조제1항을 위반하여 임시중지명령에 따르지 아니한 경우

5. 삭제 <2018. 6. 12.>

6. 제16조제2항에 따라 준용되는 「독점규제 및 공정거래에 관한 법률」 제81조제1항 제1호를 위반하여 정당한 사유 없이 출석하지 아니한 경우

7. 제16조제2항에 따라 준용되는 「독점규제 및 공정거래에 관한 법률」 제81조제1항 제3호 또는 같은 조 제6항에 따른 보고 또는 필요한 자료나 물건의 제출을 하지 아니하거나 거짓으로 보고하거나 거짓 자료·물건을 제출한 경우

8. 삭제 <2018. 6. 12.>

③ 제14조제5항에 따른 시정명령에 따르지 아니한 경우 사업자등에게는 3천만원 이하의 과태료를 부과하고, 법인 또는 사업자단체의 임원이나 종업원 또는 그 밖의 이해관계인에게는 3백만원 이하의 과태료를 부과한다. <신설 2018. 6. 12.>

④ 제16조제1항에 따라 준용되는 「독점규제 및 공정거래에 관한 법률」 제66조에 따른 질서유지명령에 따르지 아니한 자에게는 100만원 이하의 과태료를 부과한다. <개정 2018. 6. 12., 2020. 12. 29.>

⑤ 제1항부터 제4항까지에 따른 과태료는 대통령령으로 정하는 바에 따라 공정거래위원회가 부과·징수한다. <개정 2018. 6. 12.>

목　차

[참고사례]

　코웨이(주) 및 소속임직원들의 조사방해행위 건(공정거래위원회 2018. 8. 24. 의결 제 2018 − 266호)

I. 과태료의 부과기준

　제16조 제2항에 따라 준용되는 「독점규제법」 제81조 제2항 및 제3항에 따른 조사를 거부·방해 또는 기피한 경우 사업자등에게는 2억원 이하의 과태료를 부과하고, 법인 또는 사업자단체의 임원이나 종업원 또는 그 밖의 이해관계인에게는 5천만원 이하의 과태료를 부과한다(법 제20조 제1항).

　관련하여 공정거래위원회가 다음과 같이 판단한 사례가 있다.

"법 제20조 제1항의 조사방해 행위가 성립하기 위해서는 공정거래위원회의 소속 공무원이 사업자 또는 사업자단체의 사무소 또는 사업장에 출입하여 업무 및 경영상황, 장부·서류, 전산자료·음성·녹음자료·화상자료 그 밖에 대통령령이 정하는 자료나 물건을 조사하는 과정에서 피심인이 해당 조사를 거부·방해 또는 기피하는 행위를 하여야 한다. 그리고, 이러한 조사방해 행위에는 조사공무원에 대한 물리적·정신적 위해는 물론이고 조사대상 자료나 물건에 대한 위·변조, 은닉, 훼손 등 관련 조사의 원활한 수행을 어렵게 하는 모든 형태나 방식이 포함된다. 또한, 공정거래위원회의 현장조사 개시 전이라도 향후에 있을 현장조사를 대비하여 조사활동을 방해하려는 의도와 목적으로 관련 자료나 물건을 위·변조, 은닉, 훼손하는 등의 행위를 통하여 실제 조사의 순조로운 진행을 어렵게 하는 데에까지 이르렀다면 법 제20조 제1항에서 규율하는 조사방해 행위의 범주에 포함된다고 봄이 상당함. 한편, 임직원의 행위라 하더라도 개인적인 이익을 위하거나 또는 법인의 의사결정에 반하여 한 행위가 아니고, 객관적으로 업무관련성이 있는 것이 명백하다면 법인의 기업 활동의 일환으로 행하여진 것으로 이들의 행위를 법인의 행위로 귀속시켜 법인 역시 조사방해에 따르는 책임을 부담함"＜코웨이(주) 및 소

속임직원들의 조사방해행위 건>[1]

Ⅱ. 과태료의 부과·징수

과태료는 *대통령령*[2]으로 정하는 바에 따라 공정거래위원회가 부과·징수한다.

---

[1] 이상 공정의 2018. 8. 24. 2018 – 266. 공정거래위원회는 조사방해행위에 해당하지 않는다고 보고 무혐의 처분을 하였다.

[2] 제17조(과태료의 부과기준) ① 법 제20조제1항제1호에 따른 과태료의 부과기준은 별표 2와 같다. ② 법 제20조제1항제2호부터 제8호까지의 규정에 따른 과태료의 부과기준은 별표 3과 같다.

할부거래법

▼

제 **1** 장

▼

총칙

제1조(목적)

이 법은 할부계약 및 선불식 할부계약에 의한 거래를 공정하게 함으로써 소비자의 권익을 보호하고 시장의 신뢰도를 높여 국민경제의 건전한 발전에 이바지함을 목적으로 한다.

[참고문헌]

단행본: 공정거래위원회 30년사, 공정거래위원회, 2010.3

이 법은 할부계약에 의한 거래를 공정하게 함으로써 소비자등의 권익을 보호하고 건전한 상거래질서를 확립하려는 것이다.[1]

할부거래는 소비자신용으로 소비자 측면에서는 구매부담이 감소되는 반면 사업자 측면에서는 구매촉진의 장점이 있어 현대사회에서 활성화되고 있으나, 충동구매나 정보의 불균형 등으로 소비자피해가 빈발하자 1986년 도소매진흥법을 제정하여 규제해 오다가, 법의 중심이 소비자보호보다는 산업진흥에 두어져 있어 소비자보호를 강조하기 위하여 1991. 12. 31. 할부거래법이 제정되고 1999년 산업자원부에서 공정거래위원회로 주관부처가 변경되었다.[2] 제정당시에는 소비자가 대금을 완납하기 전에 먼저 재화 등을 공급받는 '할부거래'만을 규율하면서, 소비자의 청약철회 등 민사특례 조항만을 두고 있었으나 이후, 2010. 3. 17. 할부거래법 전면 개정(2010. 9. 18. 시행) 이후에는 소비자가 재화 등을 공급받기 전 대금을 먼저 지급하는 형태의 '선불식 할부거래'도 할부거래법에서 규

---

1) 【제정이유】 [시행 1992. 7. 1.][법률 제4480호, 1991. 12. 31., 제정]
2) 공정거래위원회 30년사(2010), 29면.

율하게 되었다.

선불식 할부거래는 소비자가 재화 등의 대금을 2개월 이상의 기간에 걸쳐 2회 이상 나누어 선지급하고, 장기간이 경과한 후에 재화 등의 공급을 받는다는 특수성 때문에 일반 거래분야에 비하여 소비자피해 발생 가능성이 상대적으로 높다.

제2조(정의)

이 법에서 사용하는 용어의 뜻은 다음과 같다.<개정 2015. 7. 24.>

1. "할부계약"이란 계약의 명칭·형식이 어떠하든 재화나 용역(일정한 시설을 이용하거나 용역을 제공받을 수 있는 권리를 포함한다)(이하 "재화등"이라 한다)에 관한 다음 각 목의 계약(제2호에 따른 선불식 할부계약에 해당하는 경우는 제외한다)을 말한다.

   가. 소비자가 사업자에게 재화의 대금(代金)이나 용역의 대가(이하 "재화등의 대금"이라 한다)를 2개월 이상의 기간에 걸쳐 3회 이상 나누어 지급하고, 재화등의 대금을 완납하기 전에 재화의 공급이나 용역의 제공(이하 "재화등의 공급"이라 한다)을 받기로 하는 계약(이하 "직접할부계약"이라 한다)

   나. 소비자가 신용제공자에게 재화등의 대금을 2개월 이상의 기간에 걸쳐 3회 이상 나누어 지급하고, 재화등의 대금을 완납하기 전에 사업자로부터 재화등의 공급을 받기로 하는 계약(이하 "간접할부계약"이라 한다)

2. "선불식 할부계약"이란 계약의 명칭·형식이 어떠하든 소비자가 사업자로부터 다음 각 목의 어느 하나에 해당하는 재화등의 대금을 2개월 이상의 기간에 걸쳐 2회 이상 나누어 지급하고 재화등의 공급은 대금의 전부 또는 일부를 지급한 후에 받기로 하는 계약을 말한다.

   가. 장례 또는 혼례를 위한 용역(제공시기가 확정된 경우는 제외한다) 및 이에 부수한 재화

   나. 가목에 준하는 소비자피해가 발생하는 재화등으로서 소비자의 피해를 방지하기 위하여 대통령령으로 정하는 재화등

3. "할부거래"란 할부계약에 의한 거래를 말하며, "할부거래업자"란 할부계약에 의한 재화등의 공급을 업으로 하는 자를 말한다.

4. "선불식 할부거래"란 선불식 할부계약에 의한 거래를 말하며, "선불식 할부거래업자"란 선불식 할부계약에 의한 재화등의 공급을 업으로 하는 자를 말한다.

5. "소비자"란 다음 각 목의 어느 하나에 해당하는 자를 말한다.

   가. 할부계약 또는 선불식 할부계약에 의하여 제공되는 재화등을 소비생활을 위하여 사용하거나 이용하는 자

   나. 가목 외의 자로서 사실상 가목의 자와 동일한 지위 및 거래조건으로 거래하는 자 등 대통령령으로 정하는 자

6. "신용제공자"란 소비자·할부거래업자와의 약정에 따라 재화등의 대금에 충당하기 위하여 신용을 제공하는 자를 말한다.

7. "지배주주"란 다음 각 목의 어느 하나에 해당하는 자를 말한다.

    가. 대통령령으로 정하는 특수관계인과 함께 소유하고 있는 주식 또는 출자액의 합계가 해당 법인의 발행주식총수 또는 출자총액의 100분의 30 이상인 경우로서 그 합계가 가장 많은 주주 또는 출자자

    나. 해당 법인의 경영을 사실상 지배하는 자. 이 경우 사실상 지배의 구체적인 내용은 대통령령으로 정한다.

8. "선불식 할부계약의 이전"이란 명칭·형식이 어떠하든 선불식 할부거래업자가 합병, 분할 또는 사업의 전부 양도 이외의 방식으로 소비자와 체결한 선불식 할부계약에 대한 권리·의무를 다른 선불식 할부거래업자에게 이전(移轉)하는 것을 말한다.

9. "모집인"이란 선불식 할부거래업자를 위하여 선불식 할부계약의 체결을 중개(仲介)하는 자를 말한다.

🗒 목 차

[참고사례]

삼성카드(주)의 채무부존재확인 건{대전고등법원 2006. 7. 26. 선고 2004나8188 판결; 대법원 2008. 7. 10. 선고 2006다57872[손해배상(기)](파기환송) 판결}; **더케이예다함상조의 할부거래법 위반행위 건**[공정거래위원회; 서울고등법원 2017. 5. 31. 선고 2016누60753 판결]; **(주)클럽리치의 할부거래법 위반행위 건**[공정거래위원회 2016. 6. 20. 의결 제2016−160호; 서울고등법원 2017. 3. 30. 선고 2016누70194 판결; 대법원 2017. 7. 11. 선고 2017두40846(심리불속행 기각) 판결; 대법원 2017. 10. 12. 선고 2017두51297(심리불속행 기각) 판결]; **(주)하늘지기장례토탈서비스의 할부거래법 위반행위 건**[공정거래위원회 2017. 8. 31. 의결 제2017−288호; 서울고등법원 2018. 8. 16. 선고 2018누35577 판결; 대법원 2019. 3. 22. 선고 2018두63839(심리불속행 기각) 판결]

Ⅰ. 할부계약

　　"할부계약"이란 계약의 명칭·형식이 어떠하든 재화나 용역(일정한 시설을 이용하거나 용역을 제공받을 수 있는 권리를 포함)(이하 "재화등")에 관한 ① 소비자가 사업자에게 재화의 대금(代金)이나 용역의 대가(이하 "재화등의 대금")를 2개월 이상의 기간에 걸쳐 3회 이상 나누어 지급하고, 재화등의 대금을 완납하기 전에 재화의 공급이나 용역의 제공(이하 "재화등의 공급")을 받기로 하는 계약(이하 "직접할부계약")(가목), ② 소비자가 신용제공자에게 재화등의 대금을 2개월 이상의 기간에 걸쳐 3회 이상 나누어 지급하고, 재화등의 대금을 완납하기 전에 사업자로부터 재화등의 공급을 받기로 하는 계약(이하 "간접할부계약")(나목)의 계약(제2호에 따른 선불식 할부계약에 해당하는 경우는 제외)을 말한다(제1호).

　　간접할부계약은 매도인, 매수인, 신용제공자라는 3당사자의 존재에 기반하여 매도인과 매수인 사이의 매매계약 이외에 신용제공자와 매도인 사이의 보증이나 채권양도 등의 약정과 신용제공자와 매수인사이의 할부금의 지급 등에 관한 약정이라는 3면계약에 의하여 이루어진 것을 말하고, 매도인과 신용제공자 사이에서는 아무런 계약관계 없이 매수인이 목적물의 대금을 신용제공자로부터 차용하여 목적물을 구입한 후 나중에 그 차용금을 분할하여 상환하는 방식은 분할변제의 특약이 있는 신용제공자와 매수인 사이의 순수한 소비대차 계약으로서 법에 적용되지 않는다(<삼성카드(주)의 채무부존재확인 건>).[1]

　　관련하여 법원이 다음과 같이 판단한 사례가 있다.

　　"이 건 매매계약에 관하여 할부거래에 관한 법률이 적용되려면 피고 대우자동차판매와 피고 삼성카드 사이에 이 건 매매계약과 관련하여 보증이나 채권양도 등의 약정이 있어야 하는바, 원심이 인정한 사실관계에 의하더라도 피고들 사이에 그와 같은 약정이 있었다고 보기 어려울 뿐만 아니라, 오히려 삼성캐피탈이 차량대금을 소외 2 명의의 예금계좌에 입금한 것은 삼성캐피탈과 피고 대우자동차판매의 할부금융포괄협약에 의한 것이 아니라 소외 2가 위 할부금융포괄협약과는 별도로 1999. 11. 4. 삼성캐피탈과 사이에 체결한 할부금융업무(오토론)의 제휴점 약정에 의한 것으로서 피고 대우자동차판매와 삼성캐피탈 사이에는 아무런 계약관계가 발생하지 않았다고 볼 여지가 있고, 그렇다면 이 건 매매에 관하여 할부

---

1) 대판 2008. 7. 10. 2006다57872[손해배상(기)].

거래에 관한 법률은 적용이 되지 않는다고 할 것임에도 만연히 이 건 매매계약에 관하여 할부거래에 관한 법률을 적용하여 피고 대우자동차판매에게 손해배상을 명하고, 피고 삼성카드에 대하여는 할부금의 지급채무가 없음을 확인하여 준 원심 판결에는 할부거래에 관한 법률 소정의 할부계약과 채무불이행으로 인한 손해에 관한 법리오해 등으로 판결에 영향을 미친 위법이 있음"(<삼성카드(주)의 채무부존재 확인건>)[2]

Ⅱ. 선불식 할부계약

"선불식 할부계약"이란 계약의 명칭·형식이 어떠하든 소비자가 사업자로부터 ① 장례 또는 혼례를 위한 용역(제공시기가 확정된 경우는 제외) 및 이에 부수한 재화(가목), ② ① 에 준하는 소비자피해가 발생하는 재화등으로서 소비자의 피해를 방지하기 위하여 *대통령령*[3]으로 정하는 재화등(나목) 어느 하나에 해당하는 재화등의 대금을 2개월 이상의 기간에 걸쳐 2회 이상 나누어 지급하고 재화등의 공급은 대금의 전부 또는 일부를 지급한 후에 받기로 하는 계약을 말한다(제2호). 계약금을 먼저받고 잔금은 서비스이행시 받는 거래도 선불식 할부계약으로 본다.

관혼상제 서비스의 일종인 상조업이 최근 수도권을 중심으로 급격하게 확산되고 있으며, 이와 더불어 사업자의 부도·폐업 등으로 인한 서비스 미이행 및 사업자의 부당한 계약해지 거절이나 과다한 위약금 요구에 따른 소비자들의 피해가 증가되는 추세에서 상조업과 같은 선불식 할부거래를 이 법의 적용범위에 포함시킴으로써 선불식 할부거래에 대한 제도적 규율을 마련하였다.[4]

법 부칙에서 법 시행 이전에 체결된 계약에 대해서도 선수급보전이나 계약해제 등이 개정 할부거래법 적용을 받는다고 규정하고 있으므로, 법 시행후부터

---

2) 대판 2008. 7. 10. 2006다57872[손해배상(기)].

3) 제1조의2(선불식 할부계약의 대상이 되는 재화나 용역의 범위) 「할부거래에 관한 법률」(이하 "법"이라 한다) 제2조제2호나목에서 "대통령령으로 정하는 재화등"이란 다음 각 호의 재화나 용역(일정한 시설을 이용하거나 용역을 제공받을 수 있는 권리를 포함하며, 이하 "재화등"이라 한다)을 말한다. 다만, 제공시기가 확정된 재화등은 제외한다. 1. 여행을 위한 용역 및 이에 부수한 재화 2. 「건전가정의례의 정착 및 지원에 관한 법률」에 따른 가정의례(법 제2조제2호가목에 따른 장례·혼례는 제외한다)를 위한 용역 및 이에 부수한 재화

4) 【개정이유】 [시행 2010. 9. 18.] [법률 제10141호, 2010. 3. 17., 전부개정]

대금을 받지 않는 후불식으로 영업을 하는 경우에도 기존 체결된 계약이 다 이행될 때까지는 선불식 할부거래업자로서 법 적용 대상이 된다. 예를 들어 과거에는 상조업을 했으나 현재는 돌회갑 등에 대한 행사만 하고 장례혼례는 전혀 하지 않더라도 법 적용대상이 된다.

「선불식 할부거래에서의 소비자보호 지침」[5](이하 "선불식할부거래 지침")에서는 다음과 같이 예시하고 있다(Ⅱ. 1. 가).

- 상조사업자가 계약금을 먼저 받고 잔금은 상조서비스 제공 후 일시불로 받는 계약을 체결한 경우
  ⇒ 대금이 총2회(계약금, 잔금)에 걸쳐 나누어 지급되고, 그 중 1회는 재화등의 공급이 이루어지기 전에 지급되기 때문에 상조계약에 해당한다.

- 소비자로부터 멤버십카드 발급비용으로 일정한 금액을 받고 상조서비스 제공시 대금을 수령하는 상품을 판매한 경우
  ⇒ 상조서비스 제공 이전에 어떠한 명목(가입비, 정보제공비, 카드발급비, 할인쿠폰대금 등)으로든 대금(금액의 상·하한 제한은 없음)을 먼저 받고 잔금을 서비스 제공시점에 받기로 하였다면 상조계약에 해당한다.

- 2개월 이상의 기간에 걸쳐 2회 이상 나누어 대금을 선납받은 후 소비자가 원하는 때에 여행 또는 유학관련 서비스를 제공하는 계약을 체결한 경우
  ⇒ 장례 또는 혼례를 위한 용역 및 이에 부수한 재화등을 공급하는 경우가 아니므로 상조계약에 해당되지 않는다. 다만, 특별약관 등을 통하여 여행 또는 유학관련 서비스 대신 상조서비스를 받을 수 있도록 한다면 상조계약에 해당된다.

- 이미 날짜가 정해진 혼례에 대한 서비스 제공계약을 체결하고 계약금을 받은 후 잔금은 상조서비스 제공시 일시불로 받은 경우
  ⇒ 제공시기가 확정되어 있으므로 상조계약에 해당되지 않는다.

- 개정 할부거래법(2010. 3. 17. 법률 제10141호로 개정된 것) 시행 이전에는 상조계약에 해당하는 상품을 판매하였으나, 시행 이후부터는 상조서비스 제공시까지 대금을 전혀 받지 않는 후불식으로 영업을 하고 있는 경우
  ⇒ 개정 할부거래법 시행 이전에 체결한 상조계약에 의해 받은 대금이 있다면, 상조사업자로서 할부거래법 적용 대상이 된다.

---

5) 공정거래위원회예규 제416호(2022. 12. 28).

Ⅲ. 할부거래

"할부거래"란 할부계약에 의한 거래를 말하며, "할부거래업자"란 할부계약에 의한 재화등의 공급을 업으로 하는 자를 말한다(제3호).

Ⅳ. 선불식 할부거래

"선불식 할부거래"란 선불식 할부계약에 의한 거래를 말하며, "선불식 할부거래업자"란 선불식 할부계약에 의한 재화등의 공급을 업으로 하는 자를 말한다(제4호).

상조서비스는 수일에 걸쳐 제공되는 것이고, 발인한 날 이행되는 사후금액의 지급은 상조서비스의 제공과 동시에 이루어지는 것으로 재화 등의 공급전에 대금을 2회 이상 납입하는 경우에 해당하므로 선불식 할부거래업자에 해당한다(<(주)하늘지기장례토탈서비스의 할부거래법 위반행위 건>).[6]

기타 법원이 선불식 할부계약으로 인정한 사례는 다음과 같다.

> "발인일 이점에 잔금을 지급한 경우가 과반수를 초과하고(53.6%), 발인일 이후 1~2일 내에 대부분의 잔금 정산이 이루어졌다는 점(81%)에서 선불식 할부계약"(<더케이예다함상조의 할부거래법 위반행위 건>),[7] "여행업으로 변경한 후에도 신규로 판매한 상품들의 실질이 장례 용역의 제공을 내용으로 하는 것으로 선불식 할부거래 상품에 해당함"(<주식회사 클럽리치의 할부거래법 위반행위 건>)[8]

Ⅴ. 소비자

"소비자"란 ① 할부계약 또는 선불식 할부계약에 의하여 제공되는 재화등을 소비생활을 위하여 사용하거나 이용하는 자(가목), ② ① 외의 자로서 사실상 ①의 자와 동일한 지위 및 거래조건으로 거래하는 자 등 *대통령령*[9]으로 정하는

6) 서고판 2018. 8. 16. 2018누35577(대판 2019. 3. 22. 2018두63839).
7) 서고판 2017. 5. 31. 2016누60753(대판 2017. 10. 12. 2017두51297).
8) 서고판 2017. 3. 30. 2016누70194(대판 2017. 7. 11. 2017두40846).

자(나목)의 어느 하나에 해당하는 자를 말한다(제5호).

「선불식 할부거래 지침」에서는 다음과 같이 예시하고 있다(Ⅱ. 1. 나).

> • "소비자"란 재화등을 소비생활을 위하여 또는 최종적으로 이용·사용하는 자, 사업자이나 사실상 소비자와 같은 지위에서 같은 거래조건으로 거래하는 자 등을 말한다. 다만, 재화등을 원재료, 중간재, 자본재 등으로 사용하는 자는 제외한다.
> • 상조사업자가 상조계약을 체결한 소비자에게 공급할 목적으로 다량의 수의를 할부로 구매하고 할부거래법에 따라 청약철회를 신청한 경우
>   ⇒ 수의를 소비생활을 위하여 이용·사용한다고 볼 수 없으므로 상조사업자를 할부거래법상 소비자로 볼 수 없다. 따라서 할부거래법이 적용되지 않는다.

Ⅵ. 신용제공자

"신용제공자"란 소비자·할부거래업자와의 약정에 따라 재화등의 대금에 충당하기 위하여 신용을 제공하는 자를 말한다(제6호).

Ⅶ. 지배주주

"지배주주"란 ① *대통령령*[10])으로 정하는 특수관계인과 함께 소유하고 있는

---

9) 제2조(소비자의 범위) 법 제2조제5호나목에서 "사실상 가목의 자와 동일한 지위 및 거래조건으로 거래하는 자 등 대통령령으로 정하는 자"란 다음 각 호의 자를 말한다. 1. 재화등을 최종적으로 사용하거나 이용하는 자. 다만, 재화등을 원재료[중간재(中間財)를 포함한다] 및 자본재로 사용하는 자는 제외한다. 2. 법 제3조제1호 단서에 해당하는 사업자로서 재화등을 구매하는 자(해당 재화등에 대한 거래관계에 한정한다) 3. 농업·축산업·어업 또는 양식업 활동을 위해 재화등을 구입한 자로서「원양산업발전법」제6조제1항에 따라 해양수산부장관의 허가를 받은 원양어업자 외의 자

10) 제3조(특수관계인의 범위 등) ① 법 제2조제7호가목에서 "대통령령으로 정하는 특수관계인"이란 다음 각 호의 어느 하나에 해당하는 자를 말한다. 1. 지배주주가 개인인 경우에는 다음 각 목의 어느 하나에 해당하는 자 가. 배우자 나. 6촌 이내의 혈족이나 4촌 이내의 인척 다. 지배주주 단독으로 또는 그와 가목 및 나목의 관계에 있는 사람들과 합하여 100분의 30 이상을 출자한 법인 및 그 임원 라. 지배주주 단독으로 또는 그와 가목부터 다목까지의 관계에 있는 자들과 합하여 100분의 30 이상을 출자한 법인 및 그 임원 2. 지배주주가 법인인 경우에는 다음 각 목의 어느 하나에 해당하는 자 가. 임원 나. 계열회사(「독점규제 및 공정거래에 관한 법률」제2조제3호에 따른 계열회사) 및 그 임원

주식 또는 출자액의 합계가 해당 법인의 발행주식총수 또는 출자총액의 100분의 30 이상인 경우로서 그 합계가 가장 많은 주주 또는 출자자(가목), ② 해당 법인의 경영을 사실상 지배하는 자(이 경우 사실상 지배의 구체적인 내용은 *대통령령*11)으로 정함)(나목)의 어느 하나에 해당하는 자를 말한다(제7호).

Ⅷ. 선불식 할부계약의 이전

"선불식 할부계약의 이전"이란 명칭·형식이 어떠하든 선불식 할부거래업자가 합병, 분할 또는 사업의 전부 양도 이외의 방식으로 소비자와 체결한 선불식 할부계약에 대한 권리·의무를 다른 선불식 할부거래업자에게 이전(移轉)하는 것을 말한다(제8호).

Ⅸ. 모집인

"모집인"이란 선불식 할부거래업자를 위하여 선불식 할부계약의 체결을 중개(仲介)하는 자를 말한다(제9호).

---

11) 제3조(특수관계인의 범위 등) ② 법 제2조제7호나목에서 "해당 법인의 경영을 사실상 지배하는 자"란 다음 각 호의 어느 하나에 해당하는 자를 말한다. 1. 단독으로 또는 다른 주주나 출자자와의 계약 또는 합의에 의하여 대표이사를 임면(任免)하거나 임원의 100분의 50 이상을 선임하거나 선임할 수 있는 자 2. 해당 법인의 조직 변경 또는 신규사업에의 투자 등 주요 의사결정이나 업무집행에 지배적인 영향력을 행사하고 있는 자

제3조(적용제외)

이 법은 다음 각 호의 거래에는 적용하지 아니한다.

1. 사업자가 상행위(商行爲)를 위하여 재화등의 공급을 받는 거래. 다만, 사업자가 사실 상 소비자와 같은 지위에서 다른 소비자와 같은 거래조건으로 거래하는 경우는 적용 한다.

2. 성질상 이 법을 적용하는 것이 적합하지 아니한 것으로서 대통령령으로 정하는 재화 등의 거래

[참고사례]

동양카드(주)의 할부금융약관 건[서울지방법원 1999. 12. 22. 선고 99나69494 판결; 대법원 2001. 8. 21. 선고 2000다8397(청구이의) 판결]; **현대캐피탈(주)의 할부금융약정서 건**[대전지방법원 2004. 8. 26. 선고 2003나7096 판결; 대법원 2006. 7. 28. 선고 2004다 54633 [손해배상(기)](파기환송) 판결}

성질상 이 법을 적용하는 것이 적합하지 아니한 재화를 *대통령령*[1]으로 정 하고 있다.

구 할부거래법 제2조 제2항 소정의 '매수인이 상행위를 목적으로 할부계약 을 체결하는 경우'라 함은, 매수인이 신용제공자의 여신으로 매수한 물건을 다 른 소비자에게 판매할 목적으로 물건을 할부로 구입한 경우만을 의미하는 것이 아니라, 자신의 소비만을 목적으로 한 경우가 아닌 영리를 목적으로 할부계약을 체결하는 경우를 의미한다(<동양카드(주)의 할부금융약관 건>).[2]

「선불식 할부거래 지침」에서는 다음과 같이 예시하고 있다(Ⅱ. 2. 가).

1) 사업자가 상행위(商行爲)를 위하여 재화등의 공급을 받는 거래. 다만, 사업자라 하더라도 사실상 소비자와 같은 지위에서 다른 소비자와 같은 거래조건으로 거래

---

1) 제4조(법 적용에서 제외되는 거래) 법 제3조제2호에서 "대통령령으로 정하는 재화등의 거래" 란 다음 각 호의 어느 하나에 해당하는 재화등의 거래를 말한다. 1. 농산물·수산물·축산물· 임산물·광산물로서 「통계법」 제22조에 따라 작성한 한국표준산업분류표상의 제조업에 의하여 생산되지 아니한 것 2. 「약사법」 제2조제4호에 따른 의약품 3. 「보험업법」에 따른 보험 4. 「자 본시장과 금융투자업에 관한 법률」 제4조에 따른 증권 및 같은 법 제336조제1항제1호에 따른 어음 5. 부동산

2) 대판 2001. 8. 21. 2000다8397; 대판 2006. 7. 28. 2004다54633[손해배상(기)].

하는 경우에는 적용한다.

2) 부동산, 「보험업법」에 따른 보험 등

<예시>

봉안탑, 승탑(僧塔: 고승의 사리를 모신 탑) 등은 구조상 비석·상석(床石) 또는
그 밖의 석물(石物) 등을 토지에 정착하여 용이하게 이동할 수 없는 시설물로서 부
동산에 해당하므로 할부거래법이 적용되지 않는다. 다만, 명칭은 봉안탑, 승탑이라
하더라도 이동이 가능하며 선불식 할부계약에 따른 상품의 일부분으로서 거래하
는 경우에는 할부거래법이 적용된다.

「보험업법」에 따른 보험은 할부거래법이 적용되지 않는다. 다만, '보험'이라는 명
칭을 갖고 있더라도 선불식 할부계약에 해당하면 할부거래법이 적용된다.

제4조(다른 법률과의 관계)

할부거래 및 선불식 할부거래에서의 소비자보호와 관련하여 이 법과 다른 법률이 경합
하여 적용되는 경우에는 이 법을 우선하여 적용한다. 다만, 다른 법률을 적용하는 것이
소비자에게 유리한 경우에는 그 법률을 적용한다.

다른 법률을 「선불식 할부거래 지침」에서는 다음과 같이 예시하고 있다(Ⅱ.
2. 다).

1) 사업자가 표시·광고를 할 때에는 「표시·광고의 공정화에 관한 법률」 및 이에
근거한 「중요한 표시·광고사항 고시」(이하 "중요정보고시"라 한다)의 관련 규
정을 준수하여야 한다.

2) 사업자가 거래조건을 정하거나 이를 소비자에게 알릴 때에는 「독점규제 및 공정
거래에 관한 법률」(이하 "공정거래법"이라 한다), 「약관의 규제에 관한 법률」(이
하 "약관법"이라 한다) 등 거래조건에 관한 법령의 규정을 준수하여야 한다.

3) 사업자가 방문판매의 방법으로 영업을 하는 경우 「방문판매등에 관한 법률」
(이하 "방문판매법"이라 한다), 전자상거래 및 통신판매의 방법으로 영업을 하
는 경우 「전자상거래 등에서의 소비자보호에 관한 법률」을 준수하여야 한다.

할부거래

제5조(계약체결 전의 정보제공)

할부거래업자는 할부계약을 체결하기 전에 소비자가 할부계약의 내용을 이해할 수 있도록 총리령으로 정하는 바에 따라 다음 각 호의 사항을 표시하여야 한다. 다만, 「여신전문금융업법」에 따른 신용카드회원과 신용카드가맹점 간의 간접할부계약의 경우에는 제3호, 제4호, 제6호 및 제7호의 사항을 표시하지 아니할 수 있다.

1. 재화등의 종류 및 내용
2. 현금가격(할부계약에 의하지 아니하고 소비자가 재화등의 공급을 받은 때에 할부거래업자에게 지급하여야 할 대금 전액을 말한다. 이하 같다)
3. 할부가격(소비자가 할부거래업자나 신용제공자에게 지급하여야 할 계약금과 할부금의 총합계액을 말한다. 이하 같다)
4. 각 할부금의 금액·지급횟수 및 지급시기
5. 할부수수료의 실제연간요율
6. 계약금(최초지급금·선수금 등 명칭이 무엇이든 할부계약을 체결할 때에 소비자가 할부거래업자에게 지급하는 금액을 말한다. 이하 같다)
7. 제12조제1항에 따른 지연손해금 산정 시 적용하는 비율

[참고문헌]
단행본: 사법연수원, 약관규제와 소비자보호연구, 2012

소비자가 충동구매를 하지 않도록 하기 위하여 할부거래업자가 계약을 체

결하기 전에 소비자에게 할부거래의 내용과 거래조건 등에 관하여 자세한 정보를 제공해 줄 필요가 있다.[1]

　　할부거래업자는 할부계약을 체결하기 전에 소비자가 할부계약의 내용을 이해할 수 있도록 *총리령*[2]으로 정하는 바에 따라 ① 재화등의 종류 및 내용(제1호), ② 현금가격(할부계약에 의하지 아니하고 소비자가 재화등의 공급을 받은 때에 할부거래업자에게 지급하여야 할 대금 전액)(제2호), ③ 할부가격(소비자가 할부거래업자나 신용제공자에게 지급하여야 할 계약금과 할부금의 총합계액)(제3호), ④ 각 할부금의 금액·지급횟수 및 지급시기(제4호), ⑤ 할부수수료의 실제연간요율(제5호), ⑥ 계약금(최초지급금·선수금 등 명칭이 무엇이든 할부계약을 체결할 때에 소비자가 할부거래업자에게 지급하는 금액)(제6호), ⑦ 제12조 제1항에 따른 지연손해금 산정 시 적용하는 비율(제7호)을 표시하여야 한다. 다만, 「여신전문금융업법」에 따른 신용카드회원과 신용카드가맹점 간의 간접할부계약의 경우에는 제3호, 제4호, 제6호 및 제7호의 사항을 표시하지 아니할 수 있다(법 제5조). 여신전문금융업에 대해서는 금융감독기관의 감독이 행해지고 있다는 점을 고려한 것이다.

---

1) 사법연수원, 171면.

2) 제2조(할부계약 내용의 표시방법) 할부거래업자는 「할부거래에 관한 법률」(이하 "법") 제5조에 따라 할부계약의 내용을 다음 각 호의 방법으로 표시하여야 한다. 1. 사업소에 게시하거나 서면으로 제시하되, 사업소에 게시하는 경우에는 법 제2조제5호에 따른 소비자(이하 "소비자")가 보기 쉬운 장소에 붙여야 하며, 서면으로 제시하는 경우에는 9호 이상의 활자를 사용할 것 2. 법 제7조 및 「할부거래에 관한 법률 시행령」(이하 "영") 제5조에 따른 할부수수료의 실제연간요율은 소수점 이하 1단위 이상까지 표시할 것

제6조(할부계약의 서면주의)

① 할부거래업자는 총리령으로 정하는 바에 따라 다음 각 호의 사항을 적은 서면(「전자문서 및 전자거래 기본법」 제2조제1호에 따른 전자문서를 포함한다. 이하 같다)으로 할부계약을 체결하여야 한다. 다만, 「여신전문금융업법」에 따른 신용카드회원과 신용카드가맹점 간의 간접할부계약의 경우 제4호, 제5호 중 지급시기 및 제11호의 사항을 적지 아니할 수 있다.<개정 2012. 6. 1.>

1. 할부거래업자 · 소비자 및 신용제공자의 성명 및 주소
2. 재화등의 종류 · 내용 및 재화등의 공급 시기
3. 현금가격
4. 할부가격
5. 각 할부금의 금액 · 지급횟수 · 지급기간 및 지급시기
6. 할부수수료의 실제연간요율
7. 계약금
8. 재화의 소유권 유보에 관한 사항
9. 제8조에 따른 청약철회의 기한 · 행사방법 · 효과에 관한 사항
10. 제11조제1항에 따른 할부거래업자의 할부계약의 해제에 관한 사항
11. 제12조제1항에 따른 지연손해금 산정 시 적용하는 비율
12. 제13조에 따른 소비자의 기한의 이익 상실에 관한 사항
13. 제16조에 따른 소비자의 항변권과 행사방법에 관한 사항

② 할부거래업자는 할부계약을 체결할 경우에는 제1항에 따른 계약서를 소비자에게 발급하여야 한다. 다만, 「여신전문금융업법」에 따른 신용카드회원과 신용카드가맹점 간의 간접할부계약의 경우 소비자의 동의를 받아 해당 계약의 내용을 팩스나 「전자문서 및 전자거래 기본법」 제2조제1호에 따른 전자문서(이하 이 조에서 "전자문서"라 한다)로 보내는 것으로 대신할 수 있으며, 팩스나 전자문서로 보낸 계약서의 내용이나 도달에 다툼이 있으면 할부거래업자가 이를 증명하여야 한다.<개정 2012. 6. 1.>

③ 신용제공자는 제1항제4호부터 제6호까지, 제9호, 제11호부터 제13호까지의 사항을 적은 서면을 소비자에게 발급하여야 한다.

④ 할부계약이 제1항 각 호의 요건을 갖추지 못하거나 그 내용이 불확실한 경우에는 소비자와 할부거래업자 간의 특약이 없으면 그 계약내용은 어떠한 경우에도 소비자에게 불리하게 해석되어서는 아니 된다.

목 차

[참고문헌]

　단행본: 사법연수원, 약관규제와 소비자보호연구, 2012

[참고사례]

　현대캐피탈(주)의 할부금융약정서 건{대전지방법원 2004. 8. 26. 선고 2003나7096
판결; 대법원 2006. 7. 28. 선고 2004다54633 [손해배상(기)](파기환송) 판결}; **양말셋팅
기 매수계약 건{**서울북부지방법원 2009. 11. 4. 선고 2009나3904 판결; 대법원 2010. 2.
11. 선고 2009다93671 [손해배상(기)] 판결}

Ⅰ. 서면계약체결 의무

　할부거래업자는 *총리령*[1])으로 정하는 바에 따라 ① 할부거래업자·소비자
및 신용제공자의 성명 및 주소(제1호), ② 재화등의 종류·내용 및 재화등의 공
급 시기(제2호), ③ 현금가격(제3호), ④ 할부가격(제4호), ⑤ 각 할부금의 금액·
지급횟수·지급기간 및 지급시기(제5호), ⑥ 할부수수료의 실제연간요율(제6호),
⑦ 계약금(제7호), ⑧ 재화의 소유권 유보에 관한 사항(제8호), ⑨ 제8조에 따른
청약철회의 기한·행사방법·효과에 관한 사항(제9호), ⑩ 제11조 제1항에 따른
할부거래업자의 할부계약의 해제에 관한 사항(제10호), ⑪ 제12조 제1항에 따른
지연손해금 산정 시 적용하는 비율(제11호), ⑫ 제13조에 따른 소비자의 기한의

---

　1) 제3조(계약서의 작성방법) ① 법 제6조제1항에 따른 할부계약의 계약서는 다음 각 호의 방법
　　으로 작성하여야 한다. <u>1. 계약서의 글자는 9호 이상의 활자를 사용할 것 2. 법 제6조제1항제9
　　호부터 제13호까지의 규정에 따른 기재사항은 일반 기재사항의 글씨와 다른 색의 글씨 또는
　　굵은 글씨 등을 사용하여 명확히 드러나게 할 것 3. 소비자의 철회권 및 항변권 행사를 위한
　　서식을 포함시킬 것</u> ② 할부거래업자는 소비자와의 할부계약 체결 당시에 법 제2조제6호에
　　따른 신용제공자(이하 "신용제공자"라 한다)의 성명 및 주소가 확정되지 아니한 경우에는 계
　　약서에 할부의 유형(자체 할부, 은행 할부 또는 보험 할부 등을 말한다)을 적고, 신용제공자가
　　확정되었을 때에 그 성명 및 주소를 소비자에게 지체 없이 서면으로 알려야 한다.

이익 상실에 관한 사항(제12호), ⑬ 제16조에 따른 소비자의 항변권과 행사방법에 관한 사항을 적은 서면(「전자문서 및 전자거래 기본법」 제2조 제1호에 따른 전자문서를 포함)(제13호)으로 할부계약을 체결하여야 한다. 다만, 「여신전문금융업법」에 따른 신용카드회원과 신용카드가맹점 간의 간접할부계약의 경우 제4호, 제5호 중 지급시기 및 제11호의 사항을 적지 아니할 수 있다(법 제6조 제1항).

할부계약의 주요 내용 서면주의를 취하는 취지에 대하여 대법원은 다음과 같이 판시하였다.

> "할부거래에 있어서는 대금의 지급이 장기간에 걸쳐 계속되기 때문에 계약내용이 복잡하고 소비자의 충동구매가 이루어지는 경우가 많은 현실을 감안하여, 매수인으로 하여금 할부계약의 내용을 이해할 수 있도록 함과 동시에 계약체결을 신중하게 하도록 함으로써 부당하게 불리한 특약으로부터 매수인을 보호하고, 분쟁을 사전에 예방하고자 하는 데 있을 뿐이고, 그와 같은 서면기재를 신용제공자에 대한 지급거절권의 행사요건으로 규정한 것은 아님"(<현대캐피탈(주)의 할부금융 약정서 건>)[2]

따라서 서면에 의하지 않은 할부거래라도 무효로 되는 것은 아니다.

'할부수수료의 실제연간요율'은 금리, 신용조사비, 사무관리비 기타 명목여하를 불문하고 할부거래에 드는 수수료로서, 소비자가 할부거래업자 또는 신용제공자에게 지급하는 총액이 현금가격에 대하여 차지하는 비율을 말한다.[3]

법 제6조 제1항 제8호에서는 재화의 소유권 유보에 관한 사항을 서면으로 체결하도록 하고 있다. 이와 관련하여 소유권유보부 할부거래의 법적 성질에 대한 논의가 있다.[4]

할부거래의 법적 성질에 대하여 법원은 다음과 같이 판단하고 있다.

> "동산의 매매에서 그 대금을 모두 지급할 때까지는 목적물의 소유권을 매도인이 그대로 보유하기로 하면서 목적물을 미리 매수인에게 인도하는 이른바 소유권유보약정이 있는 경우에, 다른 특별한 사정이 없는 한 매수인 앞으로의 소유권 이전에 관한 당사자 사이의 물권적 합의는 대금이 모두 지급되는 것을 정지조건으로

2) 대판 2006. 7. 28. 2004다54633[손해배상(기)].
3) 사법연수원, 173면.
4) 판례는 일종의 대금의 완급을 정지조건으로 하는 물권적 합의로 본다.

하여 행하여진다고 해석됨. 따라서 그 대금이 모두 지급되지 아니하고 있는 동안
에는 비록 매수인이 목적물을 인도받았어도 목적물의 소유권은 위 약정대로 여전
히 매도인이 이를 가지고, 대금이 모두 지급됨으로써 그 정지조건이 완성되어 별
도의 의사표시 없이 바로 목적물의 소유권이 매수인에게 이전됨(대법원 1996. 6.
28. 선고 96다14807 판결 등 참조). 그리고 이는 매수인이 매매대금의 상당 부분
을 지급하였다고 하여도 다를 바 없음. 그러므로 대금이 모두 지급되지 아니한 상
태에서 매수인이 목적물을 다른 사람에게 양도하더라도, 양수인이 선의취득의 요
건을 갖추거나 소유자인 소유권유보매도인이 후에 처분을 추인하는 등의 특별한
사정이 없는 한 그 양도는 목적물의 소유자가 아닌 사람이 행한 것으로서 효력이
없어, 그 양도로써 목적물의 소유권이 매수인에게 이전되지 아니함(<양말셋팅
기 매수계약 건>)[5]

Ⅱ. 계약서의 발급의무

할부거래업자는 할부계약을 체결할 경우에는 제1항에 따른 계약서를 소비
자에게 발급하여야 한다. 다만, 「여신전문금융업법」에 따른 신용카드회원과 신
용카드가맹점 간의 간접할부계약의 경우 소비자의 동의를 받아 해당 계약의 내
용을 팩스나 「전자문서 및 전자거래 기본법」 제2조제1호에 따른 전자문서(이하
"전자문서")로 보내는 것으로 대신할 수 있으며, 팩스나 전자문서로 보낸 계약서
의 내용이나 도달에 다툼이 있으면 할부거래업자가 이를 증명하여야 한다(법 제
6조 제2항).

신용제공자는 제1항 제4호부터 제6호까지, 제9호, 제11호부터 제13호까지의
사항을 적은 서면을 소비자에게 발급하여야 한다(법 제6조 제3항).

Ⅲ. 소비자에 불리한 해석 금지

할부계약이 제1항 각 호의 요건을 갖추지 못하거나 그 내용이 불확실한 경

---

5) 대판 2010. 2. 11. 2009다93671[손해배상(기)].

우에는 소비자와 할부거래업자 간의 특약이 없으면 그 계약내용은 어떠한 경우에도 소비자에게 불리하게 해석되어서는 아니 된다(법 제6조 제4항).

제7조(할부수수료의 실제연간요율)

제5조제5호 및 제6조제1항제6호에 따른 할부수수료의 실제연간요율의 계산방법과 최고한도는 「이자제한법」에서 정한 이자의 최고한도의 범위에서 대통령령으로 정한다.

할부수수료의 실제연간요율의 계산방법과 최고한도는 「이자제한법」에서 정한 이자의 최고한도의 범위에서 *대통령령*[1]으로 정한다.

---

1) 제5조(할부수수료의 실제연간요율 계산방법 등) ① 법 제7조에 따른 할부수수료의 실제연간요율의 계산방법은 별표 1과 같다. ② 제1항에 따른 할부수수료의 실제연간요율의 최고한도는 연 100분의 20으로 한다.

제8조(청약의 철회)

① 소비자는 다음 각 호의 기간(거래당사자가 그 보다 긴 기간을 약정한 경우에는 그 기간을 말한다) 이내에 할부계약에 관한 청약을 철회할 수 있다.

1. 제6조제1항에 따른 계약서를 받은 날부터 7일. 다만, 그 계약서를 받은 날보다 재화등의 공급이 늦게 이루어진 경우에는 재화등을 공급받은 날부터 7일

2. 다음 각 목의 어느 하나에 해당하는 경우에는 그 주소를 안 날 또는 알 수 있었던 날 등 청약을 철회할 수 있는 날부터 7일

　　가. 제6조제1항에 따른 계약서를 받지 아니한 경우

　　나. 할부거래업자의 주소 등이 적혀 있지 아니한 계약서를 받은 경우

　　다. 할부거래업자의 주소 변경 등의 사유로 제1호의 기간 이내에 청약을 철회할 수 없는 경우

3. 제6조제1항에 따른 계약서에 청약의 철회에 관한 사항이 적혀 있지 아니한 경우에는 청약을 철회할 수 있음을 안 날 또는 알 수 있었던 날부터 7일

4. 할부거래업자가 청약의 철회를 방해한 경우에는 그 방해 행위가 종료한 날부터 7일

② 소비자는 다음 각 호의 어느 하나에 해당하는 경우에는 제1항에 따른 청약의 철회를 할 수 없다. 다만, 할부거래업자가 청약의 철회를 승낙하거나 제6항에 따른 조치를 하지 아니한 경우에는 제2호부터 제4호까지에 해당하는 경우에도 청약을 철회할 수 있다.

1. 소비자에게 책임있는 사유로 재화등이 멸실되거나 훼손된 경우. 다만, 재화등의 내용을 확인하기 위하여 포장 등을 훼손한 경우는 제외한다.

2. 사용 또는 소비에 의하여 그 가치가 현저히 낮아질 우려가 있는 것으로서 대통령령으로 정하는 재화등을 사용 또는 소비한 경우

3. 시간이 지남으로써 다시 판매하기 어려울 정도로 재화등의 가치가 현저히 낮아진 경우

4. 복제할 수 있는 재화등의 포장을 훼손한 경우

5. 그 밖에 거래의 안전을 위하여 대통령령으로 정하는 경우

③ 소비자가 제1항에 따라 청약을 철회할 경우 제1항에 따른 기간 이내에 할부거래업자에게 청약을 철회하는 의사표시가 적힌 서면을 발송하여야 한다.

④ 제1항에 따른 청약의 철회는 제3항에 따라 서면을 발송한 날에 그 효력이 발생한다.

⑤ 제1항 또는 제2항을 적용함에 있어서 계약서의 발급사실과 그 시기, 재화등의 공급사실과 그 시기 및 제2항 각 호 중 어느 하나에 해당하는지 여부에 관하여 다툼이

있는 경우에는 할부거래업자가 이를 입증하여야 한다.

⑥ 할부거래업자는 제2항제2호부터 제4호까지의 규정에 따라 청약을 철회할 수 없는 재
  화등에 대하여는 그 사실을 재화등의 포장이나 그 밖에 소비자가 쉽게 알 수 있는
  곳에 분명하게 표시하거나 시용(試用) 상품을 제공하는 등의 방법으로 소비자가 청약
  을 철회하는 것이 방해받지 아니하도록 조치하여야 한다.

 목 차

[참고문헌]

단행본: 권오승, 경제법(제13판), 법문사, 2019; 김두진, 소비자보호법, 동방문화사, 2019; 사법연수원, 약관규제와 소비자보호연구, 2012: 정호열, 경제법(제5판), 박영사, 2016

Ⅰ. 의의

일반적으로 계약은 청약과 그에 대한 승낙으로 성립하는데, 원칙적으로 계약당사자는 자기의 청약 혹은 승낙의 의사표시를 철회할 수 없다.

그러나 할부계약의 경우에는 소비자가 충동적인 구매결정을 할 우려가 있기 때문에, 이러한 소비자를 보호하기 위하여 많은 국가에서는 소비자에게 이른바 再考期間 내지 冷却期間(cooling off)을 부여하여, 이 기간 내에 소비자가 할부계약에 관한 청약을 철회할 수 있도록 하고 있다.[1]

청약 철회란 소비자가 계약을 체결하여 그 효력이 발생한 후에도 소비자에게 구입의 필요성을 재고할 기간을 주고 일정한 기간 안에 구매 의사를 철회한 경우에는 그 계약의 효력이 소멸하도록 하는 것을 말한다.[2] 즉 일단 효력이 발

---

1) 사법연수원, 174면.

2) 공정거래위원회 보도자료(2018. 12. 18.); 취소권은 무효사유가 있으나 일단 효력을 발생하고

생하지만 철회권을 행사하면 효력이 소멸한다.

II. 소비자의 청약 철회권

소비자는 ① 제6조 제1항에 따른 계약서를 받은 날부터 7일(다만, 그 계약서를 받은 날보다 재화등의 공급이 늦게 이루어진 경우에는 재화등을 공급받은 날부터 7일)(제1호), ② i) 제6조 제1항에 따른 계약서를 받지 아니한 경우, ii) 할부거래업자의 주소 등이 적혀 있지 아니한 계약서를 받은 경우, iii) 할부거래업자의 주소 변경 등의 사유로 제1호의 기간 이내에 청약을 철회할 수 없는 경우의 어느 하나에 해당하는 경우에는 그 주소를 안 날 또는 알 수 있었던 날 등 청약을 철회할 수 있는 날부터 7일(제2호), ③ 제6조 제1항에 따른 계약서에 청약의 철회에 관한 사항이 적혀 있지 아니한 경우에는 청약을 철회할 수 있음을 안 날 또는 알 수 있었던 날부터 7일(제3호), ④ 할부거래업자가 청약의 철회를 방해한 경우에는 그 방해 행위가 종료한 날부터 7일의 기간(거래당사자가 그 보다 긴 기간을 약정한 경우에는 그 기간)(제4호)이내에 할부계약에 관한 청약을 철회할 수 있다(법 제8조 제1항).

1. 서면발송의무

소비자가 제1항에 따라 청약을 철회할 경우 제1항에 따른 기간 이내에 할부거래업자에게 청약을 철회하는 의사표시가 적힌 서면을 발송하여야 한다(법 제8조 제3항).

2. 청약철회의 효력발생

제1항에 따른 청약의 철회는 제3항에 따라 서면을 발송한 날에 그 효력이 발생한다(법 제8조 제4항).

있는 법률행위의 효력을 소멸시키는 권리이고, 해제권은 유효하게 성립한 계약을 약정 또는 법정의 사유가 발생한 경우에 계약을 소멸시키는 권리지만, 철회권은 성립한 법률행위가 효력을 확정적으로 발생하기 이전에 당해 법률행위를 장래를 향하여 소멸케하는 권리이다. 김두진, 189~190면.

Ⅲ. 소비자 청약철회권의 제한

소비자는 ① 소비자에게 책임있는 사유로 재화등이 멸실되거나 훼손된 경우(다만, 재화등의 내용을 확인하기 위하여 포장 등을 훼손한 경우는 제외)(제1호), ② 사용 또는 소비에 의하여 그 가치가 현저히 낮아질 우려가 있는 것으로서 *대통령령*3)으로 정하는 재화등을 사용 또는 소비한 경우(제2호), ③ 시간이 지남으로써 다시 판매하기 어려울 정도로 재화등의 가치가 현저히 낮아진 경우(제3호), ④ 복제할 수 있는 재화등의 포장을 훼손한 경우(제4호), ⑤ 그 밖에 거래의 안전을 위하여 *대통령령*4)으로 정하는 경우(제5호)의 어느 하나에 해당하는 경우에는 제1항에 따른 청약의 철회를 할 수 없다. 다만, 할부거래업자가 청약의 철회를 승낙하거나 제6항에 따른 조치를 하지 아니한 경우에는 제2호부터 제4호까지에 해당하는 경우에도 청약을 철회할 수 있다(법 제8조 제2항).

Ⅳ. 분쟁시 입증책임

제1항 또는 제2항을 적용함에 있어서 계약서의 발급사실과 그 시기, 재화등의 공급 사실과 그 시기 및 제2항 각 호 중 어느 하나에 해당하는지 여부에 관하여 다툼이 있는 경우에는 할부거래업자가 이를 입증하여야 한다(법 제8조 제5항).

---

3) 제6조(소비자가 청약의 철회를 할 수 없는 경우) ① 법 제8조제2항제2호에서 "대통령령으로 정하는 재화등"이란 다음 각 호의 어느 하나에 해당하는 재화등을 말한다. 1. 「선박법」에 따른 선박, 2. 「항공안전법」에 따른 항공기, 3. 「철도사업법」 및 「도시철도법」에 따른 궤도를 운행하는 차량, 4. 「건설기계관리법」에 따른 건설기계, 5. 「자동차관리법」에 따른 자동차 6. 설치에 전문인력 및 부속자재 등이 요구되는 것으로서 다음 각 목에 해당하는 재화를 설치한 경우 가. 「고압가스 안전관리법」 제3조제4호에 따른 냉동기 나. 전기 냉방기(난방 겸용인 것을 포함한다) 다. 보일러
4) 제6조(소비자가 청약의 철회를 할 수 없는 경우) ② 법 제8조제2항제5호에서 "대통령령으로 정하는 경우"란 다음 각 호의 어느 하나에 해당하는 경우를 말한다. 1. 할부가격이 10만원 미만인 할부계약. 다만, 「여신전문금융업법」에 따른 신용카드를 사용하여 할부거래를 하는 경우에는 할부가격이 20만원 미만인 할부계약을 말한다. 2. 소비자의 주문에 따라 개별적으로 제조되는 재화등의 공급을 목적으로 하는 할부계약

Ⅴ. 할부거래업자의 표시 등 조치의무

할부거래업자는 제2항 제2호부터 제4호까지의 규정에 따라 청약을 철회할 수 없는 재화등에 대하여는 그 사실을 재화등의 포장이나 그 밖에 소비자가 쉽게 알 수 있는 곳에 분명하게 표시하거나 시용(試用) 상품을 제공하는 등의 방법으로 소비자가 청약을 철회하는 것이 방해받지 아니하도록 조치하여야 한다(법 제8조 제6항).

제9조(간접할부계약에서의 청약의 철회 통보)

① 소비자가 할부거래업자에게 간접할부계약에 관한 청약을 철회한 경우 제8조제1항에 따른 기간 이내에 신용제공자에게 청약을 철회하는 의사표시가 적힌 서면을 발송하여야 한다.

② 소비자가 신용제공자에게 제1항에 따른 서면을 발송하지 아니한 경우 신용제공자의 할부금지급청구를 거절할 수 없다. 다만, 다음 각 호의 어느 하나에 해당하는 경우에는 소비자가 그 서면을 발송하지 아니한 경우라도 신용제공자의 할부금지급청구를 거절할 수 있다.

1. 신용제공자가 제8조제1항의 기간 이내에 할부거래업자에게 재화등의 대금을 지급한 경우

2. 신용제공자가 할부거래업자로부터 제10조제4항에 따른 할부금청구의 중지 또는 취소를 요청받은 경우

제10조(청약의 철회 효과)

① 소비자는 제8조에 따라 청약을 철회한 경우 이미 공급받은 재화등을 반환하여야 한다.

② 소비자가 제8조에 따라 청약을 철회한 경우 할부거래업자(소비자로부터 재화등의 계약금 또는 할부금을 지급받은 자 또는 소비자와 할부계약을 체결한 자를 포함한다. 이하 이 조에서 같다)는 다음 각 호의 어느 하나에 해당하는 영업일 이내에 이미 지급받은 계약금 및 할부금을 환급하여야 한다. 이 경우 할부거래업자가 소비자에게 재화등의 계약금 및 할부금의 환급을 지연한 때에는 그 지연기간에 따라 「이자제한법」에서 정한 이자의 최고한도의 범위에서 대통령령으로 정하는 이율을 곱하여 산정한 지연이자(이하 "지연배상금"이라 한다)를 함께 환급하여야 한다.

  1. 재화를 공급한 경우에는 제1항에 따라 재화를 반환받은 날부터 3영업일

  2. 용역을 제공한 경우에는 제8조제3항에 따른 청약을 철회하는 서면을 수령한 날부터 3영업일

③ 할부거래업자는 제1항의 경우에 이미 용역(일정한 시설을 이용하거나 용역을 제공받을 권리는 제외한다)이 제공된 때에는 이미 제공된 용역과 동일한 용역의 반환을 청구할 수 없다.

④ 할부거래업자는 간접할부계약의 경우 제8조제3항에 따른 청약을 철회하는 서면을 수령한 때에는 지체 없이 해당 신용제공자에게 재화등에 대한 할부금의 청구를 중지 또는 취소하도록 요청하여야 한다. 이 경우 할부거래업자가 신용제공자로부터 해당 재화등의 대금을 이미 지급받은 때에는 지체 없이 이를 신용제공자에게 환급하여야 한다.

⑤ 신용제공자는 제4항에 따라 할부거래업자로부터 할부금의 청구를 중지 또는 취소하도록 요청받은 경우 지체 없이 이에 필요한 조치를 취하여야 한다. 이 경우 소비자가 이미 지불한 할부금이 있는 때에는 지체 없이 이를 환급하여야 한다.

⑥ 할부거래업자가 제4항에 따른 요청을 지연하여 소비자로 하여금 신용제공자에게 할부금을 지불하게 한 경우 소비자가 지불한 금액에 대하여 소비자가 환급받는 날까지의 기간에 대한 지연배상금을 소비자에게 지급하여야 한다.

⑦ 신용제공자가 제5항에 따른 환급을 지연한 경우 그 지연기간에 따른 지연배상금을 소비자에게 지급하여야 한다. 다만, 할부거래업자가 제4항에 따른 요청을 지연하여 신용제공자로 하여금 소비자에 대한 할부금의 환급을 지연하게 한 경우에는 그 할부거래업자가 지연배상금을 지급하여야 한다.

⑧ 할부거래업자 또는 신용제공자는 소비자가 청약을 철회함에 따라 소비자와 분쟁이 발생한 경우 분쟁이 해결될 때까지 할부금 지급거절을 이유로 해당 소비자를 약정한

기일 이내에 채무를 변제하지 아니한 자로 처리하는 등 소비자에게 불이익을 주는
행위를 하여서는 아니 된다.

⑨ 할부거래업자는 소비자가 제8조에 따라 청약을 철회한 경우 이미 재화등이 사용되었
거나 일부 소비된 경우에는 그 재화등을 사용하거나 일부 소비하여 소비자가 얻은
이익 또는 그 재화등의 공급에 든 비용에 상당하는 금액으로서 대통령령으로 정하는
범위의 금액을 초과하여 소비자에게 청구할 수 없다.

⑩ 할부거래업자는 소비자가 제8조에 따라 청약을 철회한 경우 공급받은 재화등의 반환
에 필요한 비용을 부담하며, 소비자에게 청약의 철회를 이유로 위약금 또는 손해배
상을 청구할 수 없다.

목 차

I. 소비자의 재화반환의무

소비자는 제8조에 따라 청약을 철회한 경우 이미 공급받은 재화등을 반환
하여야 한다(법 제10조 제1항).

II. 할부거래업자의 환급의무

소비자가 제8조에 따라 청약을 철회한 경우 할부거래업자(소비자로부터 재화
등의 계약금 또는 할부금을 지급받은 자 또는 소비자와 할부계약을 체결한 자를 포함)
는 ① 재화를 공급한 경우에는 제1항에 따라 재화를 반환받은 날부터 3영업일
(제1호),[1] ② 용역을 제공한 경우에는 제8조 제3항에 따른 청약을 철회하는 서

---

1) 3영업일은 강행규정으로 약관으로 소비자에게 불리하게 규정하는 경우 효력이 없다.

면을 수령한 날부터 3영업일(제2호)의 어느 하나에 해당하는 영업일 이내에 이미 지급받은 계약금 및 할부금을 환급하여야 한다. 이 경우 할부거래업자가 소비자에게 재화등의 계약금 및 할부금의 환급을 지연한 때에는 그 지연기간에 따라 「이자제한법」에서 정한 이자의 최고한도의 범위에서 *대통령령*2)으로 정하는 이율을 곱하여 산정한 지연이자(이하 "지연배상금"이라 한다)를 함께 환급하여야 한다(법 제10조 제2항).

1. 용역제공의 경우

할부거래업자는 제1항의 경우에 이미 용역(일정한 시설을 이용하거나 용역을 제공받을 권리는 제외)이 제공된 때에는 이미 제공된 용역과 동일한 용역의 반환을 청구할 수 없다(법 제10조 제3항).

2. 간접할부계약의 경우

할부거래업자는 간접할부계약의 경우 제8조 제3항에 따른 청약을 철회하는 서면을 수령한 때에는 지체 없이 해당 신용제공자에게 재화등에 대한 할부금의 청구를 중지 또는 취소하도록 요청하여야 한다. 이 경우 할부거래업자가 신용제공자로부터 해당 재화등의 대금을 이미 지급받은 때에는 지체 없이 이를 신용제공자에게 환급하여야 한다(법 제10조 제4항). 신용제공자는 제4항에 따라 할부거래업자로부터 할부금의 청구를 중지 또는 취소하도록 요청받은 경우 지체 없이 이에 필요한 조치를 취하여야 한다. 이 경우 소비자가 이미 지불한 할부금이 있는 때에는 지체 없이 이를 환급하여야 한다(법 제10조 제5항).

할부거래업자가 제4항에 따른 요청을 지연하여 소비자로 하여금 신용제공자에게 할부금을 지불하게 한 경우 소비자가 지불한 금액에 대하여 소비자가 환급받는 날까지의 기간에 대한 지연배상금을 소비자에게 지급하여야 한다(법 제10조 제6항).

신용제공자가 제5항에 따른 환급을 지연한 경우 그 지연기간에 따른 지연배상금을 소비자에게 지급하여야 한다. 다만, 할부거래업자가 제4항에 따른 요청을

---

2) 제7조(지연배상금의 이율) 법 제10조제2항 각 호 외의 부분 후단에서 "대통령령으로 정하는 이율"이란 연 100분의 15를 말한다.

지연하여 신용제공자로 하여금 소비자에 대한 할부금의 환급을 지연하게 한 경우에는 그 할부거래업자가 지연배상금을 지급하여야 한다(법 제10조 제7항).

3. 재화등의 사용 및 일부 소비의 경우

할부거래업자는 소비자가 제8조에 따라 청약을 철회한 경우 이미 재화등이 사용되었거나 일부 소비된 경우에는 그 재화등을 사용하거나 일부 소비하여 소비자가 얻은 이익 또는 그 재화등의 공급에 든 비용에 상당하는 금액으로서 *대통령령*³⁾으로 정하는 범위의 금액을 초과하여 소비자에게 청구할 수 없다(법 제10조 제9항).

Ⅲ. 분쟁시 소비자에 대한 불이익 제공 금지

할부거래업자 또는 신용제공자는 소비자가 청약을 철회함에 따라 소비자와 분쟁이 발생한 경우 분쟁이 해결될 때까지 할부금 지급거절을 이유로 해당 소비자를 약정한 기일 이내에 채무를 변제하지 아니한 자로 처리하는 등 소비자에게 불이익을 주는 행위를 하여서는 아니 된다(법 제10조 제8항).

Ⅳ. 비용부담

할부거래업자는 소비자가 제8조에 따라 청약을 철회한 경우 공급받은 재화등의 반환에 필요한 비용을 부담하며, 소비자에게 청약의 철회를 이유로 위약금 또는 손해배상을 청구할 수 없다(법 제10조 제10항).

---

3) 제8조(재화등이 일부 사용된 경우 등의 비용청구 범위) 법 제10조제9항에서 "대통령령으로 정하는 범위의 금액"이란 다음 각 호의 어느 하나에 해당하는 금액을 말한다. 1. 재화등의 사용으로 소모성 부품을 재판매하기 곤란하거나 재판매가격이 현저히 하락하는 경우에는 해당 소모성 부품을 공급하는 데에 든 금액 2. 여러 개의 가분물(可分物)로 구성된 재화등의 경우에는 소비자의 일부소비로 소비된 부분을 공급하는 데에 든 금액

제11조(할부거래업자의 할부계약 해제)

① 할부거래업자는 소비자가 할부금 지급의무를 이행하지 아니하면 할부계약을 해제할 수 있다. 이 경우 할부거래업자는 그 계약을 해제하기 전에 14일 이상의 기간을 정하여 소비자에게 이행할 것을 서면으로 최고(催告)하여야 한다.

② 할부거래업자 또는 소비자는 제1항에 따라 할부계약이 해제된 경우에는 상대방에게 원상회복(原狀回復)하여 줄 의무를 진다. 이 경우 상대방이 원상회복할 때까지 자기의 의무이행을 거절할 수 있다.

③ 할부거래업자는 재화등의 소유권이 할부거래업자에게 유보된 경우 그 할부계약을 해제하지 아니하고는 그 반환을 청구할 수 없다.

목 차

[참고문헌]

단행본: 사법연수원, 약관규제와 소비자보호연구, 2012

I. 할부거래업자의 해제권

할부거래업자는 소비자가 할부금 지급의무를 이행하지 아니하면 할부계약을 해제할 수 있다. 이 경우 할부거래업자는 그 계약을 해제하기 전에 14일 이상의 기간을 정하여 소비자에게 이행할 것을 서면으로 최고(催告)하여야 한다(법 제11조 제1항).

민법에 따르면 매수인이 매매대금지급의무를 이행하지 아니한 경우에는 매도인은 그 매매계약을 해제할 수 있으나, 할부거래법은 할부계약의 해제를 제한하고 있다.[1]

---

1) 사법연수원, 180~181면.

할부거래업자 또는 소비자는 제1항에 따라 할부계약이 해제된 경우에는 상대방에게 원상회복(原狀回復)하여 줄 의무를 진다. 이 경우 상대방이 원상회복할 때까지 자기의 의무이행을 거절할 수 있다(법 제11조 제2항).

Ⅱ. 소유권유보부 계약의 경우

할부거래업자는 재화등의 소유권이 할부거래업자에게 유보된 경우 그 할부계약을 해제하지 아니하고는 그 반환을 청구할 수 없다(법 제11조 제3항).

소유권 유보부 동산 매매계약의 법적 성질과 그 목적물의 소유권 귀속관계에 대하여 대법원은 다음과 같이 판시하고 있다.

"동산의 매매계약을 체결하면서, 매도인이 대금을 모두 지급받기 전에 목적물을 매수인에게 인도하지만 대금이 모두 지급될 때까지는 목적물의 소유권은 매도인에게 유보되며 대금이 모두 지급된 때에 그 소유권이 매수인에게 이전된다는 내용의 소위 소유권유보의 특약을 한 경우, 목적물의 소유권을 이전한다는 당사자 사이의 물권적 합의는 매매계약을 체결하고 목적물을 인도한 때 이미 성립하지만 대금이 모두 지급되는 것을 정지조건으로 하므로, 목적물이 매수인에게 인도되었다고 하더라도 특별한 사정이 없는 한 매도인은 대금이 모두 지급될 때까지 매수인뿐만 아니라 제3자에 대하여도 유보된 목적물의 소유권을 주장할 수 있고, 다만 대금이 모두 지급되었을 때에는 그 정지조건이 완성되어 별도의 의사표시 없이 목적물의 소유권이 매수인에게 이전됨"[2]

---

2) 대판 1996. 6. 28. 96다14807(제3자이의).

제12조(할부거래업자 등의 손해배상 청구금액의 제한)

① 할부거래업자 또는 신용제공자가 할부금 지급의무를 이행하지 아니한 것을 이유로 소비자에게 청구하는 손해배상액은 지연된 할부금에 「이자제한법」에서 정한 이자의 최고한도의 범위에서 대통령령으로 정하는 이율을 곱하여 산정한 금액에 상당하는 지연손해금을 초과하지 못한다.

② 할부거래업자가 제11조제1항에 따라 할부계약을 해제한 경우에 소비자에게 청구하는 손해배상액은 다음 각 호의 어느 하나에 해당하는 금액과 제1항에 따른 지연손해금의 합계액을 초과하지 못한다.

   1. 재화등의 반환 등 원상회복이 된 경우에는 통상적인 사용료와 계약 체결 및 그 이행을 위하여 통상 필요한 비용의 합계액. 다만, 할부가격에서 재화등이 반환된 당시의 가액을 공제한 금액이 그 사용료와 비용의 합계액을 초과하는 경우에는 그 공제한 금액

   2. 재화등의 반환 등 원상회복이 되지 아니한 경우에는 할부가격에 상당한 금액. 다만, 용역이 제공된 경우에는 이미 제공된 용역의 대가 또는 그 용역에 의하여 얻어진 이익에 상당하는 금액

   3. 재화등의 공급이 되기 전인 경우에는 계약체결 및 그 이행을 위하여 통상 필요한 금액

③ 할부거래업자 또는 신용제공자는 손해배상액의 예정, 위약금, 그 밖에 명칭·형식이 어떠하든 제1항 또는 제2항에 따른 금액을 초과하여 손해배상을 청구할 수 없다.

④ 할부거래업자 또는 신용제공자는 손해배상을 청구하는 경우 소비자의 손해가 최소화되도록 신의에 따라 성실히 하여야 한다.

목 차

[참고문헌]

단행본: 사법연수원, 약관규제와 소비자보호연구, 2012

Ⅰ. 의의

민법은 매수인이 그에게 책임있는 사유로 할부금의 지급을 지체하고 있는 경우에, 매도인이나 신용제공자는 매수인에게 채무불이행으로 인한 손해의 배상을 청구할 수 있도록 하고 있으나, 할부거래법은 할부거래업자 등의 손해배상청구를 일정한 범위로 제한하고 있다.[1]

Ⅱ. 소비자에 대한 손해배상액의 한도(지급의무불이행시)

할부거래업자 또는 신용제공자가 할부금 지급의무를 이행하지 아니한 것을 이유로 소비자에게 청구하는 손해배상액은 지연된 할부금에 「이자제한법」에서 정한 이자의 최고한도의 범위에서 *대통령령*[2]으로 정하는 이율을 곱하여 산정한 금액에 상당하는 지연손해금을 초과하지 못한다(법 제12조 제1항).

Ⅲ. 소비자에 대한 손해배상액의 한도(할부거래업자의 계약해제시)

할부거래업자가 제11조 제1항에 따라 할부계약을 해제한 경우에 소비자에게 청구하는 손해배상액은 ① 재화등의 반환 등 원상회복이 된 경우에는 통상적인 사용료와 계약 체결 및 그 이행을 위하여 통상 필요한 비용의 합계액(다만, 할부가격에서 재화등이 반환된 당시의 가액을 공제한 금액이 그 사용료와 비용의 합계액을 초과하는 경우에는 그 공제한 금액)(제1호), ② 재화등의 반환 등 원상회복이 되지 아니한 경우에는 할부가격에 상당한 금액(다만, 용역이 제공된 경우에

---

1) 사법연수원, 182면.
2) 제9조(지연손해금의 산정) 법 제12조제1항에서 "대통령령으로 정하는 이율"이란 할부거래업자 또는 신용제공자가 소비자와 약정한 이율을 말한다.

는 이미 제공된 용역의 대가 또는 그 용역에 의하여 얻어진 이익에 상당하는 금액)(제2호), ③ 재화등의 공급이 되기 전인 경우에는 계약체결 및 그 이행을 위하여 통상 필요한 금액(제3호)의 어느 하나에 해당하는 금액과 제1항에 따른 지연손해금의 합계액을 초과하지 못한다(법 제12조 제2항).

Ⅳ. 할부거래업자 또는 신용제공자의 손해배상청구 한도

할부거래업자 또는 신용제공자는 손해배상액의 예정, 위약금, 그 밖에 명칭·형식이 어떠하든 제1항 또는 제2항에 따른 금액을 초과하여 손해배상을 청구할 수 없다(법 제12조 제3항).

Ⅴ. 신의성실의무

할부거래업자 또는 신용제공자는 손해배상을 청구하는 경우 소비자의 손해가 최소화되도록 신의에 따라 성실히 하여야 한다(법 제12조 제4항).

제13조(소비자의 기한의 이익 상실)

① 소비자는 다음 각 호의 어느 하나에 해당하는 경우에는 할부금의 지급에 대한 기한
의 이익을 주장하지 못한다.

1. 할부금을 다음 지급기일까지 연속하여 2회 이상 지급하지 아니하고 그 지급하지
    아니한 금액이 할부가격의 100분의 10을 초과하는 경우
2. 국내에서 할부금 채무이행 보증이 어려운 경우로서 대통령령으로 정하는 경우

② 할부거래업자 또는 신용제공자가 제1항에 따라 소비자로부터 한꺼번에 지급받을 금
액은 나머지 할부금에서 나머지 기간에 대한 할부수수료를 공제한 금액으로 한다.
이 경우 할부수수료는 일단위로 계산한다.

[참고문헌]

단행본: 사법연수원, 약관규제와 소비자보호연구, 2012

할부계약의 약관에는 소비자가 할부금의 지급을 지체하는 경우에는, 할부거
래법자는 소비자에게 나머지 할부금의 전액을 일시불로 지급할 것을 요구할 수
있다고 규정하는 경우가 있는데. 할부거래법은 이러한 기한이익의 상실조항을
원칙적으로 유효한 것으로 보지만, 이러한 조항이 소비자에게 지나치게 불리하
게 되지 않도록 하기 위하여 기한이익이 상실되는 경우를 제한적으로 열거하고
있다.[1]

국내에서 할부금 채무이행 보증이 어려운 경우를 *대통령령*[2]으로 정하고 있다.

---

1) 사법연수원, 184면.
2) 제10조(소비자의 기한의 이익 상실) 법 제13조제1항제2호에서 "대통령령으로 정하는 경우"란
   다음 각 호의 어느 하나에 해당하는 경우를 말한다. 1. 생업에 종사하기 위하여 외국에 이주
   하는 경우 2. 외국인과의 혼인 및 연고관계(緣故關係)로 인하여 외국에 이주하는 경우

제14조(소비자의 기한 전 지급)

① 소비자는 기한이 되기 전이라도 나머지 할부금을 한꺼번에 지급할 수 있다.

② 소비자가 제1항에 따라 할부거래업자 또는 신용제공자에게 지급하는 금액은 제13조 제2항에 따른 금액으로 한다.

제15조(할부대금채권의 소멸시효)

할부계약에 의한 할부대금채권은 3년간 행사하지 아니하면 소멸시효가 완성한다.

본 조는 할부대금채권의 소멸시효기간이 3년임을 규정하고 있다.

제16조(소비자의 항변권)

① 소비자는 다음 각 호의 어느 하나에 해당하는 사유가 있는 경우에는 할부거래업자에게 그 할부금의 지급을 거절할 수 있다.

 1. 할부계약이 불성립·무효인 경우

 2. 할부계약이 취소·해제 또는 해지된 경우

 3. 재화등의 전부 또는 일부가 제6조제1항제2호에 따른 재화등의 공급 시기까지 소비자에게 공급되지 아니한 경우

 4. 할부거래업자가 하자담보책임을 이행하지 아니한 경우

 5. 그 밖에 할부거래업자의 채무불이행으로 인하여 할부계약의 목적을 달성할 수 없는 경우

 6. 다른 법률에 따라 정당하게 청약을 철회한 경우

② 소비자는 간접할부계약인 경우 제1항 각 호의 어느 하나에 해당하는 사유가 있으면 할부가격이 대통령령으로 정한 금액 이상인 경우에만 신용제공자에게 할부금의 지급을 거절하는 의사를 통지한 후 할부금의 지급을 거절할 수 있다.

③ 소비자가 제2항에 따라 신용제공자에게 지급을 거절할 수 있는 금액은 할부금의 지급을 거절한 당시에 소비자가 신용제공자에게 지급하지 아니한 나머지 할부금으로 한다.

④ 소비자가 제1항에 따른 항변권의 행사를 서면으로 하는 경우 그 효력은 서면을 발송한 날에 발생한다.

⑤ 할부거래업자 또는 신용제공자는 소비자의 항변을 서면으로 수령한 경우 지체 없이 그 항변권의 행사가 제1항에 해당하는지를 확인하여야 한다. 제1항에 해당하지 아니하는 경우 소비자의 항변을 수령한 날부터 다음 각 호의 어느 하나에 해당하는 영업일 이내에 서면으로 소비자의 항변을 수용할 수 없다는 의사(意思)와 항변권의 행사가 제1항 각 호의 어느 하나에 해당하지 아니한다는 사실을 소비자에게 서면으로 통지하여야 한다.

 1. 할부거래업자는 5영업일

 2. 신용제공자는 7영업일

⑥ 할부거래업자 또는 신용제공자가 제5항에 따른 통지를 하지 아니한 경우에는 소비자의 할부금 지급 거절의사를 수용한 것으로 본다.

⑦ 할부거래업자 또는 신용제공자는 제1항부터 제6항까지의 규정에 따라 소비자가 할부금의 지급을 거절한 경우 소비자와 분쟁이 발생하면 분쟁이 해결될 때까지 할부금

지급 거절을 이유로 해당 소비자를 약정한 기일 이내에 채무를 변제하지 아니한 자로 처리하는 등 소비자에게 불이익을 주는 행위를 하여서는 아니 된다.

 목　차

[참고문헌]

　단행본: 사법연수원, 약관규제와 소비자보호연구, 2012

[참고사례]

　현대캐피탈(주)의 할부금융약정서 건{대전지방법원 2004. 8. 26. 선고 2003나7096 판결; 대법원 2006. 7. 28. 선고 2004다54633[손해배상(기)](파기환송) 판결}

I. 의의

　할부계약의 경우 소비자에게 할부금의 지급을 거절할 수 있는 항변권을 널리 인정하게 되면 할부거래업자에게 지나치게 불리하게 될 우려가 있기 때문에, 할부거래업자는 약관등을 통하여 소비자의 항변권을 가능한 한 제한하려고 하는 경향이 있는데, 할부거래법은 양자의 이익을 적절히 조정하기 위하여 할부금의 지급을 거절할 수 있도록 하고 있다.[1]

II. 소비자의 할부금 지급거절권

　소비자는 ① 할부계약이 불성립·무효인 경우(제1호), ② 할부계약이 취소·

---

1) 사법연수원, 185면.

해제 또는 해지된 경우(제2호), ③ 재화등의 전부 또는 일부가 제6조 제1항 제2
호에 따른 재화등의 공급 시기까지 소비자에게 공급되지 아니한 경우(제3호), ④
할부거래업자가 하자담보책임을 이행하지 아니한 경우(제4호), ⑤ 그 밖에 할부
거래업자의 채무불이행으로 인하여 할부계약의 목적을 달성할 수 없는 경우(제5
호), ⑥ 다른 법률에 따라 정당하게 청약을 철회한 경우의 어느 하나에 해당하
는 사유가 있는 경우(제6호)에는 할부거래업자에게 그 할부금의 지급을 거절할
수 있다(법 제16조 제1항).

1. 간접할부계약의 경우

소비자는 간접할부계약인 경우 제1항 각 호의 어느 하나에 해당하는 사유
가 있으면 할부가격이 *대통령령*2)으로 정한 금액 이상인 경우에만 신용제공자에
게 할부금의 지급을 거절하는 의사를 통지한 후 할부금의 지급을 거절할 수 있
다(법 제16조 제2항).

매수인의 신용제공자에 대한 할부금의 지급거절권을 인정한 취지에 대하여
대법원은 다음과 같이 판시하였다.

> "할부거래에서 할부금융약정이 물품매매계약의 자금조달에 기여하고 두 계약이
> 경제적으로 일체를 이루는 경우에 그 물품매매계약이 해제되어 더 이상 매매대금
> 채무가 존재하지 아니하는데도 할부거래의 일방당사자인 매수인에게 그 할부금의
> 지급을 강제하는 것이 형평의 이념에 반하므로, 매수인으로 하여금 매도인에 대한
> 항변사유를 들어 신용제공자에 대하여 할부금의 지급을 거절할 수 있는 권능을
> 부여한 것이라고 볼 것임. 그러므로 이른바 간접할부계약에서 신용제공자가 물품
> 매매계약을 해제하면서 신용제공자에게도 구 할부거래법 제12조 제2항에 따라 지
> 급거절의사를 통지한 후 그 할부금의 지급을 거절할 수 있음"(<현대캐피탈(주)의
> 할부금융약정서 건>)3)

소비자가 제2항에 따라 신용제공자에게 지급을 거절할 수 있는 금액은 할
부금의 지급을 거절한 당시에 소비자가 신용제공자에게 지급하지 아니한 나머

---

2) 제11조(소비자의 항변권 제한) 법 제16조제2항에서 "대통령령으로 정한 금액"이란 10만원을
   말한다. 다만, 「여신전문금융업법」에 따른 신용카드를 사용하여 할부거래를 하는 경우에는 20
   만원을 말한다.
3) 대판 2006. 7. 28. 2004다54633[손해배상(기)].

지 할부금으로 한다(법 제16조 제3항).

2. 항변권의 효력발생시기

소비자가 제1항에 따른 항변권의 행사를 서면으로 하는 경우 그 효력은 서면을 발송한 날에 발생한다(법 제16조 제4항).

소비자의 항변권은 지급을 거절할 수 있는 권리에 지나지 않기 때문에, 소비자가 할부거래업자에게 이미 지급한 할부금의 반환을 신용제공자에 대하여 청구할 수는 없다.[4]

Ⅲ. 할부거래업자 또는 신용제공자의 확인·통지의무

할부거래업자 또는 신용제공자는 소비자의 항변을 서면으로 수령한 경우 지체 없이 그 항변권의 행사가 제1항에 해당하는지를 확인하여야 한다. 제1항에 해당하지 아니하는 경우 소비자의 항변을 수령한 날부터 ① 할부거래업자는 5영업일(제1호), ② 신용제공자는 7영업일(제2호)의 어느 하나에 해당하는 영업일 이내에 서면으로 소비자의 항변을 수용할 수 없다는 의사(意思)와 항변권의 행사가 제1항 각 호의 어느 하나에 해당하지 아니한다는 사실을 소비자에게 서면으로 통지하여야 한다(법 제16조 제5항).

할부거래업자 또는 신용제공자가 제5항에 따른 통지를 하지 아니한 경우에는 소비자의 할부금 지급 거절의사를 수용한 것으로 본다(법 제16조 제6항).

Ⅳ. 분쟁시 소비자 불이익 제공 금지

할부거래업자 또는 신용제공자는 제1항부터 제6항까지의 규정에 따라 소비자가 할부금의 지급을 거절한 경우 소비자와 분쟁이 발생하면 분쟁이 해결될 때까지 할부금 지급 거절을 이유로 해당 소비자를 약정한 기일 이내에 채무를 변제하지 아니한 자로 처리하는 등 소비자에게 불이익을 주는 행위를 하여서는

---

4) 사법연수원, 186면.

아니 된다(법 제16조 제7항).

이 규정은 '매수인의 항변권'을 보호하기 위한 규정으로, 할부계약의 내용중에서 구 할부거래법 제12조에 의한 내용보다 매수인에게 불리한 것은 매도인뿐만 아니라 신용제공자에 대한 관계에서도 효력을 인정할 수 없다고 할 것이므로, 이른바 간접할부계약에도 유추적용된다(<현대캐피탈(주)의 할부금융약정서건>).5)

제17조(휴업기간 등에서의 청약의 철회에 관한 업무처리)

할부거래업자 또는 신용제공자는 그 휴업기간 또는 영업정지기간 중에도 제10조에 따른 청약의 철회에 관한 업무를 계속하여야 한다.

본 조는 휴업이나 영업정지 때문에 발생할 수 있는 소비자피해를 방지하기 위한 규정이다.

---

5) 대판 2006. 7. 28. 2004다54633[손해배상(기)].

제**3**장

선불식 할부거래

제1절 영업의 등록 등

제18조(영업의 등록 등)

① 선불식 할부거래업자는 대통령령으로 정하는 바에 따라 다음 각 호의 서류를 갖추어 특별시장·광역시장·특별자치시장·도지사 또는 특별자치도지사(이하 "시·도지사"라 한다)에게 등록하여야 한다.<개정 2015. 7. 24.>

1. 상호·주소·전화번호·전자우편주소(영업소 및 대리점을 포함한다)·대표자의 이름·주민등록번호·주소 등을 적은 신청서
2. 자본금이 15억원 이상임을 증명하는 서류
3. 제27조에 따른 소비자피해보상보험계약등의 체결 증명 서류
4. 그 밖에 선불식 할부거래업자의 신원을 확인하기 위하여 필요한 사항으로서 총리령으로 정하는 서류

② 제1항에 따라 선불식 할부거래업의 등록을 한 경우 시·도지사는 지체 없이 선불식 할부거래업 등록증을 교부하여야 한다.

③ 선불식 할부거래업자는 제1항에 따라 등록한 사항 중 같은 항 제1호부터 제3호까지의 사항이 변경된 경우에는 대통령령으로 정하는 바에 따라 시·도지사에게 신고하여야 한다.

④ 선불식 할부거래업자는 휴업 또는 폐업을 하거나 휴업 후 영업을 다시 시작할 때에는 대통령령으로 정하는 바에 따라 시·도지사에게 신고하여야 한다. 이 경우 시·도지사는 폐업신고를 받은 때에는 그 등록을 말소하여야 한다. 다만, 폐업신고 전 등록취소 요건에 해당되는 경우에는 폐업신고일에 등록이 취소된 것으로 본다.

⑤ 공정거래위원회는 선불식 할부거래업자에 대한 다음 각 호의 사항을 대통령령으로

정하는 바에 따라 공개하여야 한다. 다만, 선불식 할부거래업자의 경영·영업상 비밀에 관한 사항으로서 공개될 경우 선불식 할부거래업자의 정당한 이익을 현저히 해칠 우려가 있다고 인정되는 사항과 개인에 관한 사항으로서 사생활의 비밀 또는 자유를 침해할 우려가 있다고 인정되는 사항에 대하여는 공개하지 아니한다.

1. 제1항에 따라 등록한 사항 및 제3항에 따라 신고한 사항

2. 그 밖에 공정거래위원회가 공정거래질서 확립 및 소비자보호를 위하여 필요하다고 인정하여 총리령으로 정하는 사항

⑥ 공정거래위원회는 제5항에 따른 공개를 위하여 필요한 경우에는 선불식 할부거래업자에게 관련 자료의 제출을 요구할 수 있다. 이 경우 선불식 할부거래업자는 정당한 사유가 없으면 관련 자료를 제출하여야 한다.

 목 차

I. 선불식 할부거래업자의 등록의무

'선불식 할부계약'이란 사업자가 소비자로부터 장례 또는 혼례를 위한 용역 및 이에 부수한 재화 등의 대금을 2개월 이상의 기간에 걸쳐 2회 이상 나누어 받고 재화등의 공급은 대금의 전부 또는 일부를 지급한 후에 하기로 하는 계약을 말한다.

선불식 할부거래업자는 *대통령령*[1]으로 정하는 바에 따라 ① 상호·주소·전

---

1) 제12조(선불식 할부거래업자의 등록절차 등) ① 법 제18조제1항에 따라 등록을 하려는 선불식 할부거래업자는 총리령으로 정하는 신청서에 법 제18조제1항제2호부터 제4호까지의 서류를 첨부하여 주된 사무소의 소재지를 관할하는 특별시장·광역시장·특별자치시장·도지사 또는 특별자치도지사(이하 "시·도지사")에게 제출하여야 한다. ② 제1항에 따른 신청서를 받은 시·도지사는 그 신청서에 법 제18조제1항제2호부터 제4호까지의 서류가 첨부되지 않았거나, 그

화번호·전자우편주소(영업소 및 대리점을 포함)·대표자의 이름·주민등록번호·주소 등을 적은 신청서(제1호), ② 자본금이 15억원 이상임을 증명하는 서류(제2호), ③ 제27조에 따른 소비자피해보상보험계약등의 체결 증명 서류(제3호), ④ 그 밖에 선불식 할부거래업자의 신원을 확인하기 위하여 필요한 사항으로서 총리령으로 정하는 서류2)(제4호)를 갖추어 특별시장·광역시장·특별자치시장·도지사 또는 특별자치도지사(이하 "시·도지사")에게 등록하여야 한다(법 제18조 제1항).

「선불식 할부거래 지침」에서는 다음과 같이 예시하고 있다(Ⅱ. 3. 가).

- 재단법인이 15억원을 출연하고 은행과의 예치계약 등 다른 요건을 갖춰 등록을 신청한 경우
  ⇒ 선불식 할부거래업은 자본금 15억원 이상의 상법상 회사(유한책임회사, 주식회사, 유한회사)로 영위할 수 있으며, 재단법인, 사단법인 등의 형태로는 영위할 수 없다.

- 자본금 가장납입(자본금을 실제로 출자하지 않았음에도 출자한 것처럼 가장하는 행위)은 거짓이나 그 밖에 부정한 방법으로 등록을 한 경우로서 할부거래법에 위반되며 할부거래법 제40조제2항에 따라 등록취소, 제48조제1항에 따라 3년이하의 징역 또는 1억원 이하의 벌금이 부과될 수 있다. 또한 상법 제628조에 따라 5년 이하의 징역 또는 1천500만원 이하의 벌금형이 부과될 수 있다.

서류에 잘못된 점이나 부족한 부분이 있으면 10일 이내의 기간을 정하여 이를 보완할 것을 선불식 할부거래업자에게 요청할 수 있다. ③ 제1항에 따른 등록신청을 받은 시·도지사는 그 신청이 등록요건에 적합한 경우에는 총리령으로 정하는 등록증을 발급하여야 한다.

2) 제4조(선불식 할부거래업의 등록신청 첨부서류 등) ① 법 제18조제1항 및 영 제12조제1항에 따라 선불식 할부거래업의 등록을 하려는 자는 별지 제1호서식의 선불식 할부거래업 등록신청서를 특별시장·광역시장·특별자치시장·도지사 또는 특별자치도지사(이하 "시·도지사")에게 제출하여야 한다. ② 제1항에 따른 선불식 할부거래업 등록신청서를 받은 시·도지사는 영 제12조제3항에 따라 별지 제2호서식의 선불식 할부거래업 등록증을 교부하여야 한다. ③ 법 제18조제1항제4호에서 "총리령으로 정하는 서류"란 다음 각 호의 서류를 말한다. 1. 회사의 영업일을 기재한 서류 2. 주주명부 ④ 제1항에 따라 선불식 할부거래업 등록신청서를 받은 시·도지사는 「전자정부법」제36조제1항에 따른 행정정보의 공동이용을 통하여 다음 각 호의 서류를 확인하여야 한다. 다만, 제2호 및 제3호의 경우 신청인이 확인에 동의하지 아니하는 경우에는 해당 서류를 첨부하도록 하여야 한다. <u>1. 법인 등기사항증명서 등본 2. 발기인의 주민등록표 초본(법인인 신청인이 법인의 설립등기 전에 신청을 하는 경우에만 해당) 3. 사업자등록증 사본. 다만, 신청인이 사업자등록을 하기 전인 경우에는 사업자등록 후 즉시 담당공무원에게 통보하여 확인하도록 하거나 이를 제출하도록 하여야 한다.</u> ⑤ 제2항에 따라 선불식 할부거래업 등록증을 교부받은 자는 등록증을 분실하거나 등록증이 훼손된 경우 시·도지사에게 별지 제2호의2서식의 등록증 재발급 신청서를 제출하여 등록증을 재발급받을 수 있다. 이 경우 등록증이 훼손되어 재발급을 신청하는 경우에는 기존 등록증을 첨부하여야 한다.

1. 등록증 교부의무

제1항에 따라 선불식 할부거래업의 등록을 한 경우 시·도지사는 지체 없이 선불식 할부거래업 등록증을 교부하여야 한다(법 제18조 제2항).

2. 변경신고 의무

선불식 할부거래업자는 제1항에 따라 등록한 사항 중 같은 항 제1호부터 제3호까지의 사항이 변경된 경우에는 *대통령령*[3])으로 정하는 바에 따라 시·도지사에게 신고하여야 한다(법 제18조 제3항).

「선불식 할부거래 지침」에서는 다음과 같이 예시하고 있다(Ⅱ. 3. 나).

---

1) 선불식 할부거래업자는 소비자피해보상보험계약등이 해지·만료되는 경우 해지일·만료일로부터 1개월 전에 그 변경사항을 증명하는 서류를 시·도지사에게 제출하여야 한다.
   기존의 소비자피해보상보험계약등을 해지하고 다른 은행, 공제조합 등과 새로운 소비자피해보상보험계약등을 체결할 경우(예:공제조합 → 은행, ○○은행 → △△은행) 해지일 1개월 전에 그 변경사항을 증명하는 서류를 시·도지사에게 제출하여야 한다.

   <예시>
   • 선불식 할부거래업자가 2011년 12월 29일 공제계약을 해지하고 대신 예치계약

---

3) 제12조(선불식 할부거래업자의 등록절차 등) ④ 법 제18조제3항에 따라 변경신고를 하려는 자는 변경사항이 발생한 날부터 15일 이내에 총리령으로 정하는 신고서에 그 변경사항을 증명하는 서류를 첨부하여 시·도지사에게 제출하여야 하고, 해당 신고를 받은 시·도지사는 변경사항을 확인하고 변경사항이 적힌 등록증을 다시 발급하여야 한다. 다만, 법 제18조제1항제3호에 따른 소비자피해보상보험계약등의 해지·만료 등에 따른 변경사항은 계약의 해지일·만료일 1개월 전에 그 변경사항을 증명하는 서류를 시·도지사에게 제출하여야 한다.
   총리령 제5조(선불식 할부거래업의 등록사항 변경신고) ① 법 제18조제3항 및 영 제12조제4항에 따라 변경신고를 하려는 선불식 할부거래업자는 별지 제3호서식의 선불식 할부거래업 등록변경신고서에 다음 각 호의 서류를 첨부하여 시·도지사에게 제출하여야 한다. 1. 등록한 사항 중 변경된 사항을 증명하는 서류 2. 회사의 자본금 증감으로 인한 변경등기일을 기준으로 전후 각 7일간 그 자본금의 액수가 기재된 예금통장의 기재내용(자본금이 변경된 경우만 해당) 3. 선불식 할부거래업 등록증(등록증 기재사항이 변경된 경우만 해당) 4. 주주명부(자본금 또는 대표자가 변경된 경우만 해당) ② 제1항에 따라 선불식 할부거래업 등록변경신고서를 제출받은 시·도지사는 「전자정부법」 제36조제1항에 따른 행정정보의 공동이용을 통하여 다음 각 호의 서류를 확인하여야 한다. 다만, 제2호의 경우 신청인이 확인에 동의하지 아니하는 경우에는 해당 서류를 첨부하도록 하여야 한다. 1. 법인 등기사항증명서 등본 2. 사업자등록증 사본

을 체결한 후 2012년 12월 31일 시·도지사에게 변경신고한 경우
⇒ 공제계약 해지일(2011년 12월 29일) 1개월 전에 변경신고하지 않았으므로 할
   부거래법에 위반된다.

 2) 소비자피해보상보험계약등의 자동 연장조항에 의해 소비자피해보상보험계약등
    이 갱신되는 경우에는 변경신고를 하지 않아도 된다.

3. 공개의무

상조업은 오랜기간 미리 대금을 납입받는 특수한 거래형태에 해당하므로
소비자피해 예방을 위해서는 소비자가 합리적인 선택을 할 수 있도록 미리 정
보를 제공하는 것이 매우 중요하다.

공정거래위원회는 선불식 할부거래업자에 대한 ① 제1항에 따라 등록한 사
항 및 제3항에 따라 신고한 사항(제1호), ② 그 밖에 공정거래위원회가 공정거래
질서 확립 및 소비자보호를 위하여 필요하다고 인정하여 총리령으로 정하는 사
항4)(제2호)을 *대통령령*5)에으로 정하는 바에 따라 공개하여야 한다. 다만, 선불
식 할부거래업자의 경영·영업상 비밀에 관한 사항으로서 공개될 경우 선불식
할부거래업자의 정당한 이익을 현저히 해칠 우려가 있다고 인정되는 사항과 개
인에 관한 사항으로서 사생활의 비밀 또는 자유를 침해할 우려가 있다고 인정
되는 사항에 대하여는 공개하지 아니한다(법 제18조 제5항).

공정거래위원회는 제5항에 따른 공개를 위하여 필요한 경우에는 선불식 할
부거래업자에게 관련 자료의 제출을 요구할 수 있다. 이 경우 선불식 할부거래

---

 4) 제7조(선불식 할부거래업자에 관한 정보의 공개) 법 제18조제5항제2호에서 "총리령으로 정
    하는 사항"이란 다음 각 호의 어느 하나에 해당하는 사항을 말한다. 1. 선불식 할부거래업자
    의 등록번호 및 등록일 2. 선불식 할부거래업자가 판매하는 재화 또는 용역(이하 "재화등")의
    판매품목 3. 선불식 할부거래업자의 자산·부채 및 법 제27조제1항에 따른 선수금(이하 "선
    수금") 내역
 5) 제13조(선불식 할부거래업자에 관한 정보의 공개절차) ① 공정거래위원회는 법 제18조제5항
    에 따라 선불식 할부거래업자의 정보를 공개하는 경우 해당 선불식 할부거래업자에게 정보공
    개의 목적, 내용, 기간 및 방법 등을 정보공개일 15일 전까지 통지하여야 한다. ② 제1항에
    따른 통지를 받은 선불식 할부거래업자는 공개하는 내용 중 사실과 다른 내용이 있거나 법 제
    18조제5항 각 호 외의 부분 단서에 해당하는 내용이 있는 경우에는 정보공개일 5일 전까지
    그 사실을 증명하는 서류를 첨부하여 서면으로 공정거래위원회에 그 내용의 정정 또는 비공
    개를 요구할 수 있다. 이 경우 공정거래위원회는 선불식 할부거래업자의 요구가 정당하다고
    인정되면 공개 내용을 변경하거나 해당 정보를 공개하지 아니할 수 있다.

업자는 정당한 사유가 없으면 관련 자료를 제출하여야 한다(법 제18조 제6항).6)

Ⅱ. 휴·폐업 및 영업재개 신고

선불식 할부거래업자는 휴업 또는 폐업을 하거나 휴업 후 영업을 다시 시작할 때에는 *대통령령*7)으로 정하는 바에 따라 시·도지사에게 신고하여야 한다. 이 경우 시·도지사는 폐업신고를 받은 때에는 그 등록을 말소하여야 한다. 다만, 폐업신고 전 등록취소 요건에 해당되는 경우에는 폐업신고일에 등록이 취소된 것으로 본다(법 제18조 제4항).

---

6) 제13조(선불식 할부거래업자에 관한 정보의 공개절차) ③ 공정거래위원회는 법 제18조제6항에 따라 선불식 할부거래업자가 제출한 자료가 불명확한 경우 적당한 기간을 정하여 선불식 할부거래업자에게 필요한 내용의 변경 또는 보완을 요구할 수 있다. ④ 제1항부터 제3항까지에서 규정한 사항 외에 선불식 할부거래업자의 정보공개에 관하여 필요한 사항은 공정거래위원회가 정하여 고시한다.

7) 제12조(선불식 할부거래업자의 등록절차 등) ⑤ 법 제18조제4항에 따라 휴업 또는 폐업을 하거나 및 휴업 후 영업을 다시 시작하는 신고를 하려는 자는 그 사유가 발생하기 1개월 전에 총리령으로 정하는 신고서를 시·도지사에게 제출하여야 한다. 이 경우 폐업을 신고하는 경우에는 종전의 등록증을 첨부하여야 한다.

총리령 제6조(선불식 할부거래업의 휴·폐업 등의 신고) 법 제18조제4항 및 영 제12조제5항에 따라 휴업 또는 폐업을 하거나 휴업 후 영업을 다시 시작하는 신고를 하려는 선불식 할부거래업자는 별지 제4호서식의 선불식 할부거래업 휴업·폐업·영업재개신고서를 시·도지사에게 제출하여야 한다.

제18조의2(회계감사 보고서의 제출 및 공개)

① 선불식 할부거래업자는 매 회계연도가 종료한 후 3개월 이내에 대통령령으로 정하는 절차 및 방법에 따라 「주식회사 등의 외부감사에 관한 법률」 제2조제7호 및 제9조에 따른 감사인이 작성한 회계감사 보고서를 공정거래위원회에 제출하여야 한다.<개정 2017. 10. 31.>

② 공정거래위원회와 선불식 할부거래업자는 제1항에 따른 회계감사 보고서를 대통령령으로 정하는 절차 및 방법에 따라 공시하여야 한다.

[본조신설 2015. 7. 24.]

 목 차

I. 회계감사보고서의 제출의무

선불식 할부거래업자는 매 회계연도가 종료한 후 3개월 이내에 *대통령령*[1]로 정하는 절차 및 방법에 따라 「주식회사의 외부감사에 관한 법률」 제2조 제7호 및 제9조에 따른 감사인이 작성한 회계감사 보고서를 공정거래위원회에 제출하여야 한다(법 제18조 제1항).

II. 공시의무

공정거래위원회와 선불식 할부거래업자는 제1항에 따른 회계감사 보고서를

---

1) 제13조의2(회계감사 보고서의 제출 및 공시의 절차와 방법) ① 선불식 할부거래업자는 법 제18조의2제1항에 따라 회계감사 보고서(「주식회사 등의 외부감사에 관한 법률」 제2조제7호에 따른 감사인이 같은 법 제7조의2에 따라 작성하는 감사보고서를 말한다. 이하 이 조에서 같다)를 공정거래위원회에 문서[전자문서(「전자문서 및 전자거래 기본법」 제2조제1호에 따른 전자문서를 말한다. 이하 같다)를 포함한다]로 제출하여야 한다.

*대통령령*2)으로 정하는 절차 및 방법에 따라 공시하여야 한다(법 제18조 제2항).
「선불식 할부거래 지침」에서는 다음과 같이 예시하고 있다(Ⅱ. 3. 다).

상조사업자의 감사보고서 제출·공시의무는 2015. 7. 24. 이후 개시되는 사업연도
부터 발생한다(할부거래법 시행령 부칙 제3조).

<예시>
• 2016년 6월 현재, 상조사업자의 사업연도 개시일이 매년 7. 1. 종료일이 다음 해
  6. 30.인 경우
  ⇒ 상조사업자는 2015. 7. 24. 이후 최초 개시되는 2016. 7. 1.부터 2017. 6. 30.까
     지의 사업연도에 대한 감사보고서를 2017. 9. 30.까지 공정거래위원회에 제출
     하고, 2017. 10. 1. 이후 3년 동안 공시(본점에 일반인이 열람할 수 있도록 하
     고, 인터넷 홈페이지에도 게시)하여야 한다.

제19조(자본금)

제18조에 따라 등록하려는 자는 「상법」상 회사로서 자본금이 15억원 이상이어야 한
다.<개정 2015. 7. 24.>

---

2) 제13조의2(회계감사 보고서의 제출 및 공시의 절차와 방법) ② 공정거래위원회는 법 제18조의
   2제2항에 따라 회계연도 말일부터 4개월 이내에 회계감사 보고서를 인터넷 홈페이지에 게시
   하여야 한다. ③ 선불식 할부거래업자는 법 제18조의2제2항에 따라 회계연도가 종료한 후 3개
   월이 경과한 날부터 3년 동안 회계감사 보고서를 다음 각 호의 모든 방법으로 공시하여야 한
   다. 1. 선불식 할부거래업자의 본점에 일반인이 열람할 수 있도록 갖추어 두는 방법 2. 선불식
   할부거래업자의 인터넷 홈페이지에 일반인이 접근 가능하도록 게시하는 방법 ④ 제1항부터
   제3항까지에서 규정한 사항 외에 회계감사 보고서의 제출 및 공시의 절차와 방법에 관하여
   필요한 사항은 공정거래위원회가 정하여 고시한다.

제20조(결격사유)

다음 각 호의 어느 하나에 해당하는 자는 제18조에 따른 등록을 할 수 없다.<개정 2015. 7. 24.>

1. 다음 각 목의 어느 하나에 해당하는 사람이 임원인 회사
    가. 미성년자
    나. 피한정후견인 또는 피성년후견인
    다. 파산선고를 받고 복권되지 아니한 사람
    라. 금고 이상의 실형을 선고받고 그 집행이 끝나거나(집행이 끝난 것으로 보는 경우를 포함한다) 집행이 면제된 날부터 5년이 지나지 아니한 사람
    마. 금고 이상의 형의 집행유예를 선고받고 그 유예기간 중에 있는 사람
    바. 이 법을 위반하여 벌금형을 선고받고 3년이 지나지 아니한 사람
2. 다음 각 목의 어느 하나에 해당하는 사람이 지배주주인 회사
    가. 금고 이상의 실형을 선고받고 그 집행이 끝나거나(집행이 끝난 것으로 보는 경우를 포함한다) 집행이 면제된 날부터 5년이 지나지 아니한 사람
    나. 금고 이상의 형의 집행유예를 선고받고 그 유예기간 중에 있는 사람
3. 제40조에 따라 등록이 취소된 후 5년이 지나지 아니한 회사
4. 제40조에 따른 등록취소 당시 임원 또는 지배주주였던 사람이 임원 또는 지배주주인 회사

제21조(등록의 직권말소)

제18조에 따라 등록한 선불식 할부거래업자가 파산선고를 받거나 관할 세무서에 폐업신고를 한 경우 또는 6개월을 초과하여 영업을 하지 아니하는 등 실질적으로 영업을 할 수 없다고 판단되는 경우에는 시·도지사는 그 등록을 직권으로 말소할 수 있다.

제22조(지위의 승계)

① 선불식 할부거래업자가 사업의 전부를 양도하거나 선불식 할부거래업자에 대하여 합병 또는 분할이 있는 경우 해당 사업의 전부를 양수한 회사, 합병 후 존속하는 회사, 합병에 의하여 설립된 회사 또는 분할에 의하여 해당 사업의 전부를 승계한 회사는 그 선불식 할부거래업자의 지위를 승계한다. 다만, 지위를 승계하는 자가 제20조의 결격사유에 해당하는 경우에는 승계할 수 없다.<개정 2015. 7. 24.>

② 합병, 분할 또는 사업의 전부를 양도하는 선불식 할부거래업자는 대통령령으로 정하는 날부터 14일 이내에 총리령으로 정하는 방법에 따라 다음 각 호의 사항을 공고하여야 한다.<신설 2015. 7. 24.>

1. 다음 각 목의 어느 하나에 해당하는 회사의 상호, 주소 등 제18조제5항에 따른 정보공개 사항

    가. 합병하는 회사, 합병 후 존속하는 회사 및 합병에 의하여 설립된 회사

    나. 분할하는 회사 및 분할에 의하여 해당 사업의 전부를 승계한 회사

    다. 사업의 전부를 양도하는 회사 및 양수하는 회사

2. 합병, 분할 또는 사업의 전부 양도를 통하여 이전되는 선불식 할부계약의 회원수 및 선수금 규모

3. 합병, 분할 또는 사업의 전부 양도의 내용 및 절차

4. 그 밖에 소비자의 권리를 보호하기 위하여 필요한 사항으로서 총리령으로 정하는 사항

③ 제18조에 따라 등록한 선불식 할부거래업자의 지위를 승계한 회사는 대통령령으로 정하는 바에 따라 그 사항을 증명하는 서류를 첨부하여 시·도지사에 신고하여야 한다.<개정 2015. 7. 24.>

 목 차

Ⅰ. 양도, 합병·분할시 지위의 승계

선불식 할부거래업자가 사업의 전부를 양도하거나 선불식 할부거래업자에 대하여 합병 또는 분할이 있는 경우 해당 사업의 전부를 양수한 회사, 합병 후 존속하는 회사, 합병에 의하여 설립된 회사 또는 분할에 의하여 해당 사업의 전부를 승계한 회사는 그 선불식 할부거래업자의 지위를 승계한다. 다만, 지위를 승계하는 자가 제20조의 결격사유에 해당하는 경우에는 승계할 수 없다(법 제22조 제1항).

「선불식 할부거래 지침」에서는 다음과 같이 예시하고 있다(Ⅱ. 3. 라).

---

1) 지위를 승계한 자는 선불식 할부거래업자로서 선수금보전, 해약환급금 지급 등 모든 할부거래법상 의무를 이행하여야 한다.

<예시>

• 상조사업자A가 상조사업자B에게 상조사업부문을 전부 양도하고 자신은 장의업자로 전환한 경우 B는 A에 가입된 고객에 대한 선수금보전, 해약환급금 지급 등 모든 할부거래법상 의무를 부담한다.

• 상조사업자A와 상조사업자B가 합병하여 상조사업자C를 신설한 경우 C는 A, B에 가입된 고객에 대한 선수금보전, 해약환급금 지급 등 모든 할부거래법상 의무를 부담한다.

Ⅱ. 공고의무

합병, 분할 또는 사업의 전부를 양도하는 선불식 할부거래업자는 대통령령으로 정하는 날1)부터 14일 이내에 *총리령*2)으로 정하는 방법에 따라 ① i) 합병

---

1) 제14조(선불식 할부거래업자의 지위승계의 공고 및 신고) ① 법 제22조제2항 각 호 외의 부분에서 "대통령령으로 정하는 날"이란 합병·분할 및 사업의 전부 양도별로 다음 각 호의 구분에 따른 날을 말한다. 1. 흡수합병(분할합병을 포함)의 경우: 합병되는 회사의 주주총회나 사원총회에서 합병을 결의한 날 또는 총사원이 합병에 동의한 날. 다만, 다음 각 목의 어느 하나에 해당하는 경우에는 각 목의 구분에 따른 날로 한다. 가. 「상법」 제527조의2제1항에 따라 주주총회의 승인을 이사회의 승인으로 갈음하는 경우: 합병에 대하여 이사회에서 승인결의를 한 날 나. 「상법」 제600조제1항에 따라 합병 후 존속하는 회사가 주식회사인 경우: 법원의 인가를 받은 날 2. 신설합병(분할합병을 포함한다)의 경우: 합병하는 각 회사의 주주총회나 사원총회에서 합병을 결의한 날 또는 총사원이 합병에 동의한 날. 다만, 「상법」 제600조제1항에

하는 회사, 합병 후 존속하는 회사 및 합병에 의하여 설립된 회사, ii) 분할하는 회사 및 분할에 의하여 해당 사업의 전부를 승계한 회사, iii) 사업의 전부를 양도하는 회사 및 양수하는 회사의 어느 하나에 해당하는 회사의 상호, 주소 등 제18조 제5항에 따른 정보공개 사항(제1호), ② 합병, 분할 또는 사업의 전부 양도를 통하여 이전되는 선불식 할부계약의 회원수 및 선수금 규모(제2호), ③ 합병, 분할 또는 사업의 전부 양도의 내용 및 절차(제3호), ④ 그 밖에 소비자의 권리를 보호하기 위하여 필요한 사항으로서 총리령으로 정하는 사항(제4호)을 공고하여야 한다(법 제22조 제2항).

「선불식 할부거래 지침」에서는 다음과 같이 예시하고 있다(Ⅱ. 3. 라).

> 2) 지위의 승계 공고는 일반일간신문 중 전국을 대상으로 발행되는 신문에 1회 이상 게재하고, 상조사업자 자신의 인터넷 홈페이지에도 2주일 이상 게시하는 방식으로 이루어져야 한다.
> − "일반일간신문 중 전국을 대상으로 발행되는 신문"이라 함은 정치·경제·사회·문화 등에 관한 보도·논평 및 여론 등을 전파하기 위하여 매일 발행되는 간행물로서 수도권지역에 발행소를 두고 전국을 대상으로 발행되는 신문을 말한다.
> − 공고일, 공고양식, 공고크기에 대해서는 '선불식 할부거래업 지위승계 및 선불식 할부계약의 이전계약에 대한 공고방법에 관한 고시'를 따른다.
>
> <예시>
> • 선불식 할부거래업자가 사업을 양도하면서 지위승계 공고의 방법으로 자신의 인터넷 홈페이지에만 2주일 이상 게시한 경우
> ⇒ 선불식 할부거래업자의 지위 승계 공고는 전국을 대상으로 발행되는 일반일간신문 및 상조사업자의 인터넷 홈페이지 모두에 의하여 이루어져야 하므로 자신의 인터넷 홈페이지에만 게시하는 행위는 할부거래법에 위반된다.

<hr>

따라 합병으로 설립되는 회사가 주식회사인 경우에는 법원의 인가를 받은 날로 한다. 3. 분할(「상법」 제530조의12에 따른 물적 분할을 포함한다)의 경우: 분할하는 회사의 주주총회에서 분할을 결의한 날 4. 사업의 전부를 양도하는 경우: 양도하는 회사의 주주총회 또는 사원총회에서 영업양도를 결의한 날. 다만, 「상법」 제374조의3제1항에 따라 주주총회의 승인을 이사회의 승인으로 갈음하는 경우에는 영업양도에 대하여 이사회에서 승인결의를 한 날로 한다.
2) 제8조(선불식 할부거래업자의 지위승계 공고 및 신고) ① 법 제22조제2항에 따른 선불식 할부거래업자 지위의 승계 공고는 다음 각 호의 모두에 해당하는 방법으로 한다. 1. 「신문 등의 진흥에 관한 법률」 제2조제1호가목에 따른 일반일간신문 중 전국을 대상으로 발행되는 신문에 1회 이상 공정거래위원회가 정하여 고시하는 방법으로 게재할 것 2. 선불식 할부거래업자의 인터넷 홈페이지에 2주일 이상 공정거래위원회가 정하여 고시하는 방법으로 게시할 것

공정거래위원회는 「선불식 할부거래업 지위승계 및 선불식 할부계약의 이전계약에 대한 공고 방법에 관한 고시」[3]를 제정·운영하고 있다.

Ⅲ. 신고의무

제18조에 따라 등록한 선불식 할부거래업자의 지위를 승계한 회사는 *대통령령*[4]으로 정하는 바에 따라 그 사항을 증명하는 서류를 첨부하여 시·도지사에 신고하여야 한다(법 제22조 제3항).

---

3) 공정거래위원회고시 제2016-6호(2016. 6. 24).

4) 제14조(선불식 할부거래업자의 지위승계의 공고 및 신고) ② 법 제22조제3항에 따라 선불식 할부거래업자의 지위승계 신고를 하려는 자는 그 지위를 승계한 날부터 15일 이내에 총리령으로 정하는 신고서에 지위승계 사실을 증명하는 서류를 첨부하여 시·도지사에게 제출하여야 한다. ③ 제2항에 따른 신고서를 받은 시·도지사는 지위승계 사항을 확인하고 지위승계 사항이 적힌 등록증을 다시 발급하여야 한다.
총리령 제8조(선불식 할부거래업자의 지위승계 공고 및 신고) ② 법 제22조제3항 및 영 제14조제2항에 따라 지위승계 신고를 하려는 선불식 할부거래업자는 별지 제5호서식의 선불식 할부거래업 지위승계신고서를 시·도지사에게 제출하여야 한다. ③ 제2항에 따라 지위승계신고서를 제출하는 경우 합병, 분할 또는 사업의 전부를 양도하는 선불식 할부거래업자로부터 선불식 할부거래업 등록증을 받아 첨부하여야 한다.

제22조의2(선불식 할부계약의 이전)

① 선불식 할부계약을 이전하는 선불식 할부거래업자(이하 "이전하는 선불식 할부거래업자"라 한다)는 선불식 할부계약의 이전계약(이하 "이전계약"이라 한다)을 체결한 날부터 14일 이내에 총리령으로 정하는 방법에 따라 다음 각 호의 사항을 공고하여야 한다.

  1. 이전하는 선불식 할부거래업자 및 선불식 할부계약을 이전받은 선불식 할부거래업자(이하 "이전받은 선불식 할부거래업자"라 한다)의 상호·주소 등 제18조제5항에 따른 정보공개 사항

  2. 이전하는 선불식 할부계약의 회원수 및 선수금 규모

  3. 이전계약의 내용 및 절차

  4. 그 밖에 소비자의 권리를 보호하기 위하여 필요한 사항으로서 총리령으로 정하는 사항

② 이전하는 선불식 할부거래업자는 이전계약을 체결한 날부터 30일 이내에 선불식 할부계약을 체결한 소비자가 이전계약의 내용을 이해할 수 있도록 총리령으로 정하는 방법에 따라 다음 각 호의 사항을 설명하고, 설명한 날부터 7일 이내에 소비자로부터 이전계약에 대한 동의를 받아야 한다. 다만, 해당 기간 내에 이전계약에 부동의 의사를 표시하지 아니한 소비자는 이전계약에 동의를 한 것으로 본다.

  1. 제1항 각 호의 사항

  2. 소비자가 7일 이내에 이전계약에 부동의 의사표시가 없는 경우 이전계약에 동의한 것으로 본다는 내용

③ 이전하는 선불식 할부거래업자는 소비자로부터 제2항 본문에 따라 설명한 내용을 이해하고 동의하였다는 사실을 서명, 기명날인, 녹취 또는 그 밖에 대통령령으로 정하는 방법으로 확인받아야 한다. 다만, 제2항 단서에 해당하는 경우에는 연락시간, 연락방법, 연락횟수 등을 기재하는 등 총리령으로 정하는 방법에 따라 해당 소비자에게 제2항 본문에 따른 설명 등을 이행하였다는 사실을 확인할 수 있도록 하여야 한다.

④ 이전하는 선불식 할부거래업자가 가진 선불식 할부계약에 관한 권리와 의무는 그 계약을 이전받은 선불식 할부거래업자가 승계한다. 이전계약에서 이전하기로 한 자산에 관하여도 또한 같다.

⑤ 이전계약을 체결하는 경우 대통령령으로 정하는 선불식 할부계약과 관련된 자산은 이전하는 선불식 할부거래업자와 이전받은 선불식 할부거래업자에게 다음 각 호의 기준에 따라 배분하여 귀속한다.

  1. 이전하는 선불식 할부거래업자: 선불식 할부계약을 체결한 소비자가 납입한 총선수금에서 선불식 할부계약의 이전에 동의하지 아니하는 소비자가 납입한 선수금

이 차지하는 비율로 배분한 금액

  2. 이전받은 선불식 할부거래업자: 선불식 할부계약을 체결한 소비자가 납입한 총선수금에서 선불식 할부계약 이전에 동의하는 소비자가 납입한 선수금이 차지하는 비율로 배분한 금액

⑥ 이전하는 선불식 할부거래업자와 이전받은 선불식 할부거래업자는 제3항에 따라 확인받은 자료를 소비자에게 설명하고 동의를 받도록 한 제2항 본문의 기간이 경과한 날(이하 "동의기간 경과일"이라 한다)부터 5년간 보존하여야 한다.

⑦ 이전받은 선불식 할부거래업자는 동의기간 경과일부터 2개월 이내에 대통령령으로 정하는 방법에 따라 이전계약을 증명하는 서류를 첨부하여 시·도지사에게 신고하여야 한다.

[본조신설 2015. 7. 24.]

 목 차

I. 선불식 할부계약의 이전

선불식 할부계약의 이전과 관련하여 「선불식 할부거래 지침」에서는 다음과 같이 예시하고 있다(II. 4. 가).

> '선불식 할부계약의 이전'이란 명칭·형식이 어떠하든 할부거래가 합병, 분할 또는 사업의 전부 양도 이외의 방식으로 소비자와 체결한 상조계약에 대한 권리·의무를 다른 상조사업자에게 이전하는 것을 말한다.
> - 선불식 할부계약의 이전은 소비자와 체결한 상조계약 전부에 대하여 이루어져야 하며, 전체회원을 대상(월납입금을 전부 납입한 회원 포함)으로 동의절차가 진행되어야 한다. 전체 상조계약 중 일부 상조계약에 대해서만 이전계약을 체

결하는 행위는 할부거래법에 위반된다.

<예시>

• 선불식 할부거래업자간 이전계약을 체결하면서 만기회원만 이전하는 업체에 남기고(만기회원에게 동의 여부를 묻지 않음) 나머지 회원만 이전받은 경우

⇒ 이전계약에 대해 명시적인 부동의가 없는 회원은 모두 이전받는 선불식 할부거래업자에게 이전된 것으로 보아 이전받는 상조사업자가 회원에 대한 해약환급금 지급의무, 선수금 보전의무 등 할부거래법상의 모든 의무를 부담한다. 일부회원에 대해서만 이전계약을 체결하는 행위는 할부거래법상의 금지행위에 해당한다.

• 이전받은 선불식 할부거래업자A가 자신에게 납부한 선수금에 대해서만 해약환급금 책임을 지고 나머지 환급책임은 이전한 선불식 할부거래업자B에게 있다고 주장하는 경우

⇒ 이전받은 선불식 할부거래업자는 이전받은 회원이 납입한 모든 선수금(이전하는 회사에 납입한 부분도 포함)에 대한 책임을 부담하므로 A의 주장은 타당하지 않다.

상조계약 이전절차

선불식 할부계약의 이전계약 체결
('16.3.1)

• 인도업체와 인수업체가 계약이전 계약 체결
• 회원의 일부에 대해 계약이전하는 것이 금지됨

인도업체의 이전계약 사실 공고
(계약체결일로부터 14일 이내)
('16.3.15까지)

• 인도·인수업체의 상호, 선수금 보전현황, 계약이전 대상, 조건 및 절차 등 총리령이 정하는 사항을 공고

인도업체의 이전사실 설명·동의 및 확인
(계약체결일로부터 37일 이내)
('16.4.7까지)

• 인도업체는 소비자에게 계약이전 내용을 설명하고 동의를 받아야 함
• 설명·동의에 대해 서명, 녹취 등으로 확인
• 부동의한 소비자는 위약금 없이 해제할 수 있음

동의기간 경과일
(이전계약 완료)
('16.4.8)

• 소비자의 동의를 받으면 계약이전 효력이 발생
• 소비자의 의사가 불명확하거나 연락이 안되는 경우 소비자의 동의의사가 간주
• 사업자의 소비자에 대한 설명·동의받을 의무가 경과한 날에 부동의 소비자를 제외한 모든 계약이전이 완료

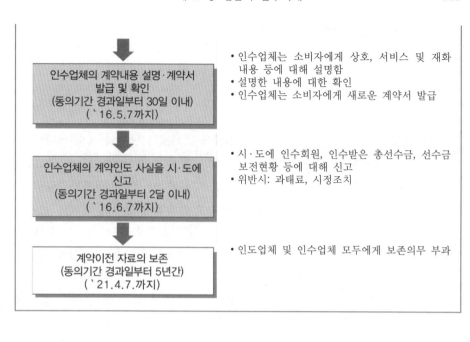

Ⅱ. 공고의무

선불식 할부계약을 이전하는 선불식 할부거래업자(이하 "이전하는 선불식 할부거래업자")는 선불식 할부계약의 이전계약(이하 "이전계약")을 체결한 날부터 14일 이내에 *총리령*1)으로 정하는 방법에 따라 ① 이전하는 선불식 할부거래업자 및 선불식 할부계약을 이전받은 선불식 할부거래업자(이하 "이전받은 선불식 할부거래업자")의 상호·주소 등 제18조 제5항에 따른 정보공개 사항(제1호), ② 이전하는 선불식 할부계약의 회원수 및 선수금 규모(제2호), ③ 이전계약의 내용 및 절차(제3호), ④ 그 밖에 소비자의 권리를 보호하기 위하여 필요한 사항으로서 *총리령*으로 정하는 사항(제4호)을 공고하여야 한다(법 제22조의2 제1항).

공정거래위원회는 「선불식 할부거래업 지위승계 및 선불식 할부계약의 이

---

1) 제8조의2(선불식 할부계약의 이전에 대한 설명·동의 방법 등) ① 법 제22조의2제1항 각 호 외의 부분에 따른 선불식 할부계약의 이전계약(이하 "이전계약") 공고는 다음 각 호의 모두에 해당하는 방법으로 한다. 1. 「신문 등의 진흥에 관한 법률」 제2조제1호가목에 따른 일반일간 신문 중 전국을 대상으로 발행되는 신문에 1회 이상 공정거래위원회가 정하여 고시하는 방법 으로 게재할 것 2. 선불식 할부거래업자의 인터넷 홈페이지에 2주일 이상 공정거래위원회가 정하여 고시하는 방법으로 게시할 것

전계약에 대한 공고 방법에 관한 고시」2)를 운용하고 있다.

Ⅲ. 소비자의 동의

이전하는 선불식 할부거래업자는 이전계약을 체결한 날부터 30일 이내에 선불식 할부계약을 체결한 소비자가 이전계약의 내용을 이해할 수 있도록 *총리령*3)으로 정하는 방법에 따라 ① 제1항 각 호의 사항(제1호), ② 소비자가 7일 이내에 이전계약에 부동의 의사표시가 없는 경우 이전계약에 동의한 것으로 본다는 내용(제2호)을 설명하고, 설명한 날부터 7일 이내에 소비자로부터 이전계약에 대한 동의를 받아야 한다. 다만, 해당 기간 내에 이전계약에 부동의 의사를 표시하지 아니한 소비자는 이전계약에 동의를 한 것으로 본다(법 제22조의2 제2항).

이전하는 선불식 할부거래업자는 소비자로부터 제2항 본문에 따라 설명한 내용을 이해하고 동의하였다는 사실을 서명, 기명날인, 녹취 또는 그 밖에 *대통령령*으로 정하는 방법으로 확인받아야 한다. 다만, 제2항 단서에 해당하는 경우에는 연락시간, 연락방법, 연락횟수 등을 기재하는 등 *총리령*4)으로 정하는 방법에 따라 해당 소비자에게 제2항 본문에 따른 설명 등을 이행하였다는 사실을 확인할 수 있도록 하여야 한다(법 제22조의2 제3항).

Ⅳ. 권리의무의 승계

이전하는 선불식 할부거래업자가 가진 선불식 할부계약에 관한 권리와 의

---

2) 공정거래위원회고시 제2016-6호(2016. 6. 24).

3) 제8조의2(선불식 할부계약의 이전에 대한 설명·동의 방법 등) ② 법 제22조의2제2항 각 호 외의 부분 본문에서 "총리령으로 정하는 방법"이란 다음 각 호의 어느 하나에 해당하는 방법으로 소비자에게 알리는 것을 말한다. 1. 전화 2. 휴대전화 3. 소비자를 직접 방문하여 알리는 방법

4) 제8조의2(선불식 할부계약의 이전에 대한 설명·동의 방법 등) ③ 법 제22조의2제3항 단서에 따라 선불식 할부계약을 이전하는 선불식 할부거래업자는 다음 각 호의 사항을 모두 기재한 서류를 보관하여야 한다. 1. 소비자에게 알리기 위하여 사용한 제2항 각 호의 어느 하나에 해당하는 방법 2. 제2항 각 호의 어느 하나에 해당하는 방법으로 알린 날짜 및 시간 3. 제2항 각 호의 어느 하나에 해당하는 방법으로 알린 횟수. 이 경우 2일 이상의 기간 동안 2회 이상 알려야 한다. 4. 소비자를 직접 방문하여 알린 경우 그 방문 장소 5. 법 제22조의2제2항에 따라 설명한 내용

무는 그 계약을 이전받은 선불식 할부거래업자가 승계한다. 이전계약에서 이전하기로 한 자산에 관하여도 또한 같다(법 제22조의2 제4항).

V. 자산의 배분

이전계약을 체결하는 경우 *대통령령*[5])으로 정하는 선불식 할부계약과 관련된 자산은 이전하는 선불식 할부거래업자와 이전받은 선불식 할부거래업자에게 ① 이전하는 선불식 할부거래업자: 선불식 할부계약을 체결한 소비자가 납입한 총선수금에서 선불식 할부계약의 이전에 동의하지 아니하는 소비자가 납입한 선수금이 차지하는 비율로 배분한 금액(제1호), ② 이전받은 선불식 할부거래업자: 선불식 할부계약을 체결한 소비자가 납입한 총선수금에서 선불식 할부계약 이전에 동의하는 소비자가 납입한 선수금이 차지하는 비율로 배분한 금액(제2호)의 기준에 따라 배분하여 귀속한다(법 제22조의2 제5항).

VI. 자료보존의무

이전하는 선불식 할부거래업자와 이전받은 선불식 할부거래업자는 제3항에 따라 확인받은 자료를 소비자에게 설명하고 동의를 받도록 한 제2항 본문의 기간이 경과한 날(이하 "동의기간 경과일")부터 5년간 보존하여야 한다(법 제22조의2 제6항).

---

5) 제14조의2(선불식 할부계약의 이전에 관한 신고 방법 등) ① 법 제22조의2제5항 각 호 외의 부분에서 "대통령령으로 정하는 선불식 할부계약과 관련된 자산"이란 이전하는 선불식 할부거래업자(선불식 할부계약을 이전하는 선불식 할부거래업자)의 선불식 할부계약과 관련된 모든 자산에서 선수금을 제외한 부채를 차감한 잔여재산을 말한다. 이 경우 이전하는 선불식 할부거래업자의 자산은 선불식 할부계약의 이전계약(이하 "이전계약") 체결 시점에 「주식회사 등의 외부감사에 관한 법률」 제5조제1항에 따른 회계처리기준에 따라 작성되는 재무제표(연결재무제표를 작성하여야 하는 회사의 경우에는 연결재무제표를 포함한다)에 자산으로 계상(計上)될 수 있는 것으로 한정한다.

Ⅶ. 신고의무

이전받은 선불식 할부거래업자는 동의기간 경과일부터 2개월 이내에 *대통령령*[6]으로 정하는 방법에 따라 이전계약을 증명하는 서류를 첨부하여 시·도지사에게 신고하여야 한다(법 제22조의2 제7항).

---

6) 제14조의2(선불식 할부계약의 이전에 관한 신고 방법 등) ② 선불식 할부계약을 이전받은 선불식 할부거래업자는 법 제22조의2제7항에 따라 이전계약 신고서를 작성하고 이전계약을 증명하는 다음 각 호의 서류를 첨부하여 총리령으로 정하는 바에 따라 시·도지사에게 제출하여야 한다. 이 경우 제2호부터 제4호까지의 규정에 따른 명단 또는 서류는 전자문서의 방식으로 제출할 수 있다. 1. 이전계약서 2. 이전하는 선불식 할부거래업자와 선불식 할부계약을 체결한 전체 소비자의 명단 3. 이전계약에 동의(법 제22조의2제2항 각 호 외의 부분 단서에 따라 동의한 것으로 보는 경우를 포함한다. 이하 이 항에서 같다)한 전체 소비자의 명단 4. 다음 각 목의 금액을 증명하는 서류 가. 이전하는 선불식 할부거래업자와 선불식 할부계약을 체결한 소비자가 납입한 총선수금액 나. 이전계약에 동의하지 아니하는 소비자가 납입한 선수금액 다. 이전계약에 동의하는 소비자가 납입한 선수금액 5. 이전하는 선불식 할부거래업자의 자산(선불식 할부계약과 관련된 자산으로 한정한다)의 목록 및 가액 등이 기재된 서류
총리령 제8조의2(선불식 할부계약의 이전에 대한 설명·동의 방법 등) ④ 법 제22조의2제7항 및 영 제14조의2제2항에 따라 이전계약 신고를 하려는 선불식 할부거래업자는 별지 제6호서식에 따른 선불식 할부계약 이전계약신고서를 시·도지사에게 제출하여야 한다.

제2절 소비자 권익의 보호

제23조(계약체결 전의 정보 제공 및 계약체결에 따른 계약서 발급)

① 선불식 할부거래업자 또는 모집인(이하 "선불식 할부거래업자등"이라 한다)은 선불식 할부계약을 체결하기 전에 소비자가 계약의 내용을 이해할 수 있도록 다음 각 호의 사항을 설명하여야 한다.<개정 2015. 7. 24.>

1. 선불식 할부거래업자 및 모집인의 상호(모집인이 자연인인 경우는 성명을 말한다) · 주소 · 전화번호 · 전자우편주소 · 대표자의 이름

2. 재화 등의 종류 및 내용

3. 재화 등의 가격과 그 지급의 방법 및 시기

4. 재화 등을 공급하는 방법 및 시기

5. 계약금

6. 청약의 철회 및 계약 해제의 기한 · 행사방법 · 효과에 관한 사항 및 청약의 철회 및 계약 해제의 권리 행사에 필요한 서식으로서 총리령으로 정하는 것

7. 재화등에 대한 불만 및 소비자와 사업자 사이의 분쟁 처리에 관한 사항

8. 소비자피해보상에 관한 사항으로 제27조제1항에 따른 소비자피해보상보험계약등의 계약기간, 소비자피해보상금 및 같은 조 제4항에 따른 지급의무자 등 대통령령으로 정하는 사항

9. 선불식 할부계약을 체결한 날이 속하는 달의 전월 말일까지 선불식 할부거래업자가 받은 총선수금 중 제27조제2항에 따라 보전하고 있는 총보전금액 비율

10. 선불식 할부거래에 관한 약관

11. 그 밖에 소비자의 구매 여부 판단에 영향을 주는 거래조건 또는 소비자의 피해 구제에 필요한 사항으로서 대통령령으로 정하는 사항

② 선불식 할부거래업자등은 제1항에 따라 설명한 내용을 소비자가 이해하였다는 사실을 서명, 기명날인, 녹취 또는 그 밖에 대통령령으로 정하는 방법으로 소비자에게 확인받아야 한다.<신설 2015. 7. 24.>

③ 선불식 할부거래업자는 선불식 할부계약을 체결할 경우에는 제1항 각 호의 사항을 적은 계약서를 소비자에게 발급하여야 한다.<개정 2015. 7. 24.>

④ 제1항, 제2항 및 제3항은 제22조의2에 따라 이전받은 선불식 할부거래업자에게도 적용한다. 이 경우 이전받은 선불식 할부거래업자는 동의기간 경과일부터 30일 이내에

소비자에게 제1항 각 호의 사항을 설명하고, 계약서를 발급하여야 한다.<신설 2015. 7. 24.>

⑤ 선불식 할부거래업자는 제1항 각 호의 사항 중 소비자보호를 위하여 필요한 사항으로서 대통령령으로 정하는 사항이 변경되는 경우에는 그 변경된 내용을 소비자에게 서면 또는 그 밖에 대통령령으로 정하는 방법에 따라 알려야 한다.<신설 2015. 7. 24.>

 목　차

I. 계약체결 전 정보제공의무

선불식 할부거래업자 또는 모집인(이하 "선불식 할부거래업자등")은 선불식 할부계약을 체결하기 전에 소비자가 계약의 내용을 이해할 수 있도록 ① 선불식 할부거래업자 및 모집인의 상호(모집인이 자연인인 경우는 성명)·주소·전화번호·전자우편주소·대표자의 이름(제1호), ② 재화등의 종류 및 내용(제2호), ③ 재화등의 가격과 그 지급의 방법 및 시기(제3호), ④ 재화등을 공급하는 방법 및 시기(제4호), ⑤ 계약금(제5호), ⑥ 청약의 철회 및 계약 해제의 기한·행사방법·효과에 관한 사항 및 청약의 철회 및 계약 해제의 권리 행사에 필요한 서식으로서 *총리령*1)으로 정하는 것(제6호), ⑦ 재화등에 대한 불만 및 소비자와 사업자 사이의 분쟁 처리에 관한 사항(제7호), ⑧ 소비자피해보상에 관한 사항으로 제27조 제1항에 따른 소비자피해보상보험계약등의 계약기간, 소비자피해보상금 및 같은 조 제4항에 따른 지급의무자 등 *대통령령*2)으로 정하는 사항(제8호), ⑨

---

1) 제9조(청약의 철회 및 계약 해제의 권리 행사에 필요한 서식) 법 제23조제1항제6호에서 "총리령으로 정하는 것"이란 별지 제7호서식을 말한다.

2) 제15조(계약체결 전의 정보 제공 및 계약서의 기재사항 등) ① 선불식 할부거래업자 또는 모집인은 법 제23조제1항제8호에 따라 소비자에게 다음 각 호의 사항을 설명하여야 한다. 1. 법

선불식 할부계약을 체결한 날이 속하는 달의 전월 말일까지 선불식 할부거래업
자가 받은 총선수금 중 제27조 제2항에 따라 보전하고 있는 총보전금액 비율(제
9호), ⑩ 선불식 할부거래에 관한 약관(제10호), ⑪ 그 밖에 소비자의 구매 여부
판단에 영향을 주는 거래조건 또는 소비자의 피해구제에 필요한 사항으로서 *대
통령령*3)으로 정하는 사항(제11호)을 설명하여야 한다(법 제23조 제1항).

　　각 호의 내용에 대하여 「선불식 할부거래 지침」에서는 다음과 같이 예시하
고 있다(Ⅱ. 5. 가).

---

1) 선불식 할부거래업자 및 모집인의 상호(모집인이 자연인인 경우 성명)·주소·
   전화번호·전자우편 주소·대표자의 이름
<예시>
• 선불식 할부거래업자A가 쇼핑몰B를 이용하여 상조상품을 소비자에게 판매하면
  서 선불식 할부거래업자의 상호, 주소, 전화번호 등을 제대로 알려주지 않은 경
  우에는 A에게 정보제공의무 위반의 책임이 있다.

• 방문판매원을 통하여 상조계약을 체결하였는데 방문판매원의 연락처만 알려주고
  상조사업자의 주소와 전화번호·전자우편주소 등을 알려주지 않은 경우, 설명이
  미흡한 경우로서 정보제공의무 위반에 해당된다.

2) 재화등의 종류 및 내용
   계약체결시 중요정보고시(Ⅴ. 9. 나. 상조업종의 중요정보)에 따라 장례용품 등
   의 종류·품질·원산지 등을 다음과 같이 계약서에 기재하고 소비자에게 구체
   적으로 설명하여야 한다.
<여행업종의 경우>
   ① 유류할증료, 공항이용료, 전쟁보험료, 관광진흥개발기금, 운송요금, 숙박요
     금, 식사요금, 가이드 경비, 여행자보험료, 현지관광입장료 등 소비자가 특
     정 여행상품을 선택할 경우 반드시 부담해야 하는 모든 경비가 포함된 여

제27조제1항 각 호의 어느 하나에 해당하는 계약(이하 "소비자피해보상보험계약등")의 체결
사실 2. 소비자피해보상보험계약등의 계약기간 3. 법 제27조제4항에 따른 소비자피해보상금
4. 법 제27조제4항에 따른 지급의무자(이하 "지급의무자") 5. 법 제27조제4항에 따른 소비자
피해보상금의 지급사유
3) 제15조(계약체결 전의 정보 제공 및 계약서의 기재사항 등) ② 법 제23조제1항제11호에서 "대
통령령으로 정하는 사항"이란 다음 각 호의 어느 하나에 해당하는 사항을 말한다. 1. 재화등
의 가격 외에 소비자가 추가로 부담하여야 할 것이 있는 경우 그 내용 및 금액 2. 공급일시·
공급지역·공급수량·공급지역 등 재화등의 공급조건에 제한이 있는 경우 그 내용 3. 선불식
할부거래업자가 선불식 할부계약의 주된 목적이 되는 재화등이 공급되기 전에 소비자에게 공
급하는 재화등이 있는 경우 그 가격

행상품 가격을 명시하여야 하며, 다만 가이드 경비를 현지에서 지불하여야
하는 경우 별도로 그 금액을 표시할 수 있으며 현지에서 별도로 지불해야
한다는 점을 명시
- 가이드 경비를 현지에서 지불하여야 할 경우: "가이드 경비 $00(1인당) 현
지에서 별도 지불"을 명시
② 선택경비(선택관광 경비 등 현지에서 개별 구매자의 필요나 선택에 의하여
지출하게 되는 경비)가 있는지 여부 및 소비자의 선택에 따라 자유롭게 지
불할 수 있다는 점을 명시하여야 하며, 선택관광 경비의 금액 및 선택관광
을 선택하지 않을 경우의 대체 일정을 함께 명시
- 선택관광 경비가 있는 경우: "선택 관광 선택 시 00원 별도 부담. 선택관광
참여여부는 자유롭게 선택하실 수 있으며, 미참여에 대한 불이익은 없습니
다. 선택관광을 하지 않는 경우 2일째 오전 일정은 자유 시간입니다.(가이
드 동행 없음)"등으로 명시
- 선택 관광이 여러 품목이 있어서 구체적으로 기재하기 어려운 경우: "선택
관광 선택 시 00원~00원 별도 부담, 자세한 사항은 홈페이지 참조)" 등으
로 명시
③ 가이드 팁에 대하여 기재할 경우에는 가이드 경비와 구별하여 자유롭게 지
불여부를 결정할 수 있음을 명시하여야 하며, 다만 정액으로 지불을 권장하
는 등 소비자가 필수적으로 지불하여야 하는 경비인 것처럼 오인하지 않도
록 명시
- 가이드 팁 기재방법: "가이드 팁은 가이드 경비와 달리 자유롭게 지불여부
를 결정할 수 있습니다" 등으로 명시
<상조업종의 경우>
① 수의 원단 제조에 사용되는 원사의 종류·구성비율·원산지, 원단의 제조방
법·제조지역을 구체적으로 명시
  • 원사의 종류·구성비율·원산지: "대마100%" 또는 "대마70% 저마30%", 국
  내산인 경우 "국내산" 외국산인 경우 "국가명"을 명시
  • 원단의 제조방법 및 제조지역: "수작업식 또는 기계식 여부"와 국내 제조
  인 경우 "국내산", 외국제조인 경우 "국가명"을 명시
② 관의 재질·두께 및 원산지
  • 관의 재질, 두께 및 원산지: 관의 재질은 "오동나무 ○○cm", "○○나무
  ○○cm", 원산지는 "한국", "중국" 등으로 명시
③ "차량의 종류 및 무료로 제공되는 차량 거리"를 구체적으로 명시

- 차량의 종류: "○○브랜드 ○○년식 ○○영구차량", 여러 차종에서 택일하여 사용 가능할 경우 "○○브랜드 ○○년식 ○○영구차량, □□브랜드 □□년식 □□영구차량 중 택일 가능" 등으로 명시
- 무료로 제공되는 차량 거리: 모든 지역에 무료로 차량이 제공될 경우에는 "전지역 무료 제공", 일부지역 또는 일정거리만 무료로 제공되고 다른 지역이나 추가적인 거리에 대해서는 별도의 비용을 부담하여야 하는 경우에는 "○○지역만 무료제공되며, 그 지역을 벗어날 경우 추가적인 비용부담", "100Km 이내 무료제공, 10Km추가시마다 ○○원 추가 비용부담" 등으로 명시

3) 재화등의 가격과 대금의 지급방법 및 시기

선불식 할부계약에 따른 상품의 가격, 1회 납입금 및 납입주기·횟수, 대금을 모두 납부하기 전에 장례서비스를 받은 경우 잔금의 지급방법 및 시기, 상조상품을 구성하는 세부재화의 가격 등을 명시하여야 한다.

<예시>

- 선불식 할부계약에 따른 상품가격: 360만원
- 납부방식: 매달 1회 3만원씩 120회 납부
- 미납금(상조): 서비스 제공 완료시 일시불로 납부
- 미납금(여행): 서비스 제공시기 확정시 일시불로 납부
- 상세내역(상조): 제단-○○원, 수의-○○원, 관-○○원, 장례지도사-○○원 등
- 상세내역(여행): 운송요금-○○원, 숙박요금-○○원, 식사요금-○○원, 가이드경비-○○원, 여행자보험-○○원, 현지관광입장료-○○원 등

4) 재화등을 공급하는 방법 및 시기

<예시>

- 상조사업자가 수의 등 제공하기로 약속된 재화등을 직접 지급하지 않고 교환권을 주거나, 장례식장의 장례용품점 등 다른 업체가 소비자에게 지급하도록 하는 경우

  ⇒ 상조사업자가 재화등을 직접 공급하지 않는 경우에는 재화의 공급주체, 공급방법 등에 대하여 소비자에게 충분히 설명하여야 한다.

- 계약서에 지급방법과 시기에 대하여 "연락주시면 즉시"라고만 기재한 경우

  ⇒ 불명확한 표현보다는 "몇 시간 이내", "며칠 이내" 등으로 구체적으로 표현하여야 한다.

5) 계약금
- 계약금은 전체 납부금액에 포함됨을 설명해 주어야 한다.
- 계약금은 매월 납부하는 불입금과 다를 수 있으나, 다른 경우에는 소비자에 게 이러한 사실을 설명해 주어야 한다.

6) 청약의 철회 및 계약 해제의 기한·행사방법·효과에 관한 사항 및 청약의 철 회 및 계약 해제의 권리 행사에 필요한 서식(할부거래법 시행규칙 별지 제7호 서식)
- 사업자의 성명, 주소, 연락처, 소비자의 성명, 생년월일 또는 회원번호, 상품 명, 계약일, 계약서 수령일, 계약금, 납입금, 청약철회 및 계약해제 사유 등

7) 재화등에 대한 불만 및 소비자와 사업자 사이의 분쟁 처리에 관한 사항

8) 소비자피해보상에 관한 사항으로 할부거래법 제27조제1항에 따른 소비자피해 보상보험계약등의 계약기간, 소비자피해보상금, 지급의무자 등

9) 선불식 할부계약을 체결한 날이 속하는 달의 전월 말일까지 상조사업자가 받 은 총선수금 중 할부거래법 시행령 제16조제3항에 따른 계산식에 의해 산출된 비율

10) 선불식 할부거래에 관한 약관
- 공정거래위원회가 약관법에 따라 제정한 표준약관의 사용을 권장받은 선불식 할부거래업자는 표준약관과 다른 약관을 사용하는 경우 표준약관과 다르게 정한 주요 내용을 고객이 알기 쉽게 표시하여야 한다. 위반시 약관법 제34조 제3항에 따라 500만원 이하의 과태료가 부과된다.
- 표준약관을 사용하는 선불식 할부거래업자는 「표준약관표지의 사용에 관한 고시」에 따라 표준약관 표지를 사용할 수 있다. 표준약관과 다른 약관을 사 용함에도 불구하고 표준약관 표지를 사용하는 경우, 표준약관의 내용보다 고 객에게 더 불리한 약관의 내용은 무효이며, 약관법 제34조제1항에 따라 5천 만원 이하의 과태료가 부과된다.
- 약관의 모든 내용을 설명할 수는 없지만 중요한 사항에 대하여 반드시 소비 자에게 설명하여야 하고 그에 대한 입증을 위하여 소비자의 서명을 받아두는 것이 좋다.
- 약관조항의 적용을 배제하는 특약사항이 있는 경우에는 약관조항보다 특약사 항이 우선하게 된다는 점을 소비자에게 설명하여야 한다.

11) 그 밖에 소비자의 구매 여부 판단에 영향을 주는 거래조건 또는 소비자의 피
해구제에 필요한 사항
<예시>
• 재화등의 공급지역에 제한이 있거나 제공지역의 변경에 따라 추가부담이 있는
경우 소비자에게 이에 대하여 자세히 설명하여야 한다.
• 상조사업자가 상조계약의 주된 목적이 되는 재화등이 제공되기 전에 수의 등 일
부 재화를 소비자에게 공급하는 경우 그 가격을 알려주어야 한다.

Ⅱ. 소비자의 확인 및 계약서 교부의무

선불식 할부거래업자등은 제1항에 따라 설명한 내용을 소비자가 이해하였
다는 사실을 서명, 기명날인, 녹취 또는 그 밖에 *대통령령*으로 정하는 방법으로
소비자에게 확인받아야 한다(법 제23조 제2항).

선불식 할부거래업자는 선불식 할부계약을 체결할 경우에는 제1항 각 호의
사항을 적은 계약서를 소비자에게 발급하여야 한다(법 제23조 제3항).

「선불식 할부거래 지침」에서는 다음과 같이 예시하고 있다(Ⅱ. 5. 나).

• 선불식 할부거래업자는 선불식 할부계약을 체결할 경우에는 '가. 계약체결전 정
보제공의무'에서 제시된 사항을 적은 계약서를 소비자에게 발급하여야 한다.
• 선불식 할부거래업자가 소비자와 계약을 체결하면서 법정사항(대표자성명, 청약
철회 서식, 재화등에 대한 불만 및 소비자와 사업자 사이의 분쟁처리에 관한 사
항 등)이 기재되지 아니한 계약서를 소비자에게 교부한 경우
⇒ 불완전한 계약서를 발급한 것으로 할부거래법에 위반된다.
• 무료사은품 제공, 재화등의 원산지, 해제시 환급률 등에 대하여 영업사원이 구
두약속을 하였으나 특약사항으로서 계약서에 명시하지 않은 경우
⇒ 무료사은품 제공, 재화등의 원산지, 해제시 환급률 등은 계약의 중요사항이므
로 반드시 계약서에 명시하여야 한다.

제1항, 제2항 및 제3항은 제22조의2에 따라 이전받은 선불식 할부거래업자에게도 적용한다. 이 경우 이전받은 선불식 할부거래업자는 동의기간 경과일부터 30일 이내에 소비자에게 제1항 각 호의 사항을 설명하고, 계약서를 발급하여야 한다(법 제23조 제4항).

Ⅲ. 변경사항의 통지의무

선불식 할부거래업자는 제1항 각 호의 사항 중 소비자보호를 위하여 필요한 사항으로서 *대통령령*[4]으로 정하는 사항이 변경되는 경우에는 그 변경된 내용을 소비자에게 서면 또는 그 밖에 대통령령으로 정하는 방법[5]에 따라 알려야 한다(법 제23조 제5항).

「선불식 할부거래 지침」에서는 다음과 같이 예시하고 있다(Ⅱ. 5. 다).

• 선불식 할부거래업자는 상호, 주소, 전화번호, 지급의무자, 선불식 할부거래에 관한 약관이 변경된 경우 그 변경된 내용을 소비자에게 서면 또는 전화, 팩스, 전자우편, 휴대전화에 의한 문자메시지 또는 이와 비슷한 방법으로 알려야 한다.
  <예시>
선불식 할부거래업자가 선수금 예치은행을 변경하였음에도 소비자에게 알리지 않은 경우
  ⇒ 선불식 할부거래업자는 소비자에게 '지급의무자'를 알리지 않은 것이므로 할부거래법에 위반된다.

선불식 할부거래업자A가 선불식 할부거래업자B를 합병하였음에도 소비자에게 알리지 않은 경우
  ⇒ 선불식 할부거래업자A는 선불식 할부거래업자B의 소비자에게 변경된 상호, 주소, 전화번호, 선불식 할부거래에 관한 약관을 알리지 않은 것이므로 할부거래법에 위반된다.

---

[4] 제15조(계약체결 전의 정보 제공 및 계약서의 기재사항 등) ③ 법 제23조제5항에서 "대통령령으로 정하는 사항"이란 다음 각 호의 사항을 말한다. <u>1. 선불식 할부거래업자의 상호, 주소 또는 전화번호 2. 지급의무자 3. 선불식 할부거래에 관한 약관</u>
[5] 제15조(계약체결 전의 정보 제공 및 계약서의 기재사항 등) ④ 법 제23조제5항에서 "대통령령으로 정하는 방법"이란 전화, 팩스, 전자우편, 휴대전화에 의한 문자메시지 또는 이와 비슷한 방법을 말한다.

선불식 할부거래업자가 일부 소비자에 대하여 ○○은행과 예치계약을 체결하고
나머지 소비자에 대하여 △△공제조합과 공제계약을 체결한 상태에서 ○○은행과
의 예치계약을 해지하고 모든 소비자에 대하여 △△공제조합과 공제계약을 체결
하였음에도 소비자에게 알리지 않은 경우

　　⇒ 선불식 할부거래업자가 ○○은행으로부터 선수금이 보전되던 소비자들에게
　　　지급의무자 변경을 알리지 않은 것이므로 할부거래법에 위반된다.

제24조(소비자의 청약의 철회)

① 소비자는 다음 각 호의 기간(거래당사자가 다음 각 호의 기간보다 긴 기간으로 약정한 경우에는 그 기간을 말한다) 이내에 선불식 할부계약에 관한 청약을 철회할 수 있다.<개정 2015. 7. 24.>

1. 제23조제3항에 따른 계약서를 받은 날부터 14일

2. 다음 각 목의 어느 하나에 해당하는 경우에는 그 주소를 안 날 또는 알 수 있었던 날 등 청약을 철회할 수 있는 날부터 14일

　가. 선불식 할부거래업자의 주소 등이 적혀 있지 아니한 계약서를 받은 경우

　나. 선불식 할부거래업자의 주소 변경 등의 사유로 제1호의 기간 이내에 청약을 철회할 수 없는 경우

3. 제23조제3항에 따른 계약서에 청약의 철회에 관한 사항이 적혀 있지 아니한 경우에는 청약을 철회할 수 있음을 안 날 또는 알 수 있었던 날부터 14일

4. 선불식 할부거래업자가 청약의 철회를 방해한 경우에는 그 방해행위가 종료한 날부터 14일

5. 제23조제3항에 따른 계약서를 받지 아니한 경우에는 계약일부터 3개월

② 소비자가 제1항에 따라 청약을 철회할 경우 제1항에 따른 기간 이내에 선불식 할부거래업자에게 청약을 철회하는 의사표시가 적힌 서면을 발송하여야 한다.

③ 제1항에 따른 청약의 철회는 제2항에 따라 서면을 발송한 날에 그 효력이 발생한다.

④ 제1항을 적용함에 있어서 계약서의 발급사실과 그 시기 등에 관하여 다툼이 있는 경우에는 선불식 할부거래업자가 이를 입증하여야 한다.

⑤ 소비자가 제1항에 따라 청약을 철회한 경우 선불식 할부거래업자는 제2항에 따른 청약철회의 서면을 접수한 날부터 3영업일 이내에 이미 지급받은 계약금 및 할부금을 환급하여야 한다. 이 경우 선불식 할부거래업자가 환급을 지연한 때에는 그 지연기간에 따라 지연배상금을 함께 환급하여야 한다.

목 차

Ⅰ. 청약의 철회

소비자는 ① 제23조 제3항에 따른 계약서를 받은 날부터 14일(제1호), ② i) 선불식 할부거래업자의 주소 등이 적혀 있지 아니한 계약서를 받은 경우, ii) 선불식 할부거래업자의 주소 변경 등의 사유로 제1호의 기간 이내에 청약을 철회할 수 없는 경우(제2호), ③ 제23조 제3항에 따른 계약서에 청약의 철회에 관한 사항이 적혀 있지 아니한 경우에는 청약을 철회할 수 있음을 안 날 또는 알 수 있었던 날부터 14일(제3호), ④ 선불식 할부거래업자가 청약의 철회를 방해한 경우에는 그 방해행위가 종료한 날부터 14일(제4호), ⑤ 제23조 제3항에 따른 계약서를 받지 아니한 경우에는 계약일부터 3개월(제5호)의 어느 하나에 해당하는 경우에는 그 주소를 안 날 또는 알 수 있었던 날 등 청약을 철회할 수 있는 날부터 14일의 기간(거래당사자가 위의 기간보다 긴 기간으로 약정한 경우에는 그 기간) 이내에 선불식 할부계약에 관한 청약을 철회할 수 있다(법 제24조 제1항).

청약철회의 기간에 대하여 「선불식 할부거래 지침」에서는 다음과 같이 예시하고 있다(Ⅱ. 6. 가).

가) 계약서를 받은 날부터 14일

<예시>

- 소비자가 2011년 3월 1일 인터넷·전화 등을 통하여 선불식 할부거래에 따른 상품에 가입하기로 하고, 3월 6일 선불식 할부거래업자로부터 받은 가입신청서를 작성하여 fax로 송부한 후, 3월 25일 우편으로 계약서를 수령한 경우
  ⇒ 계약서를 수령일(2011년 3월 25일)로부터 14일 이내에 청약철회를 할 수 있다.

- 선불식 할부거래업자가 청약철회 기간을 7일이내로 명기하여 계약한 경우
  ⇒ 계약서상의 청약철회 기간이 법정 청약철회기간(14일)보다 소비자에게 불리하여 효력이 없으므로 14일 이내에 청약을 철회할 수 있다.

나) 다음의 어느 하나에 해당하는 경우에는 그 주소를 안 날 또는 알 수 있었던 날 등 청약을 철회할 수 있는 날부터 14일

(1) 선불식 할부거래업자의 주소 등이 적혀 있지 아니한 계약서를 받은 경우

<예시>

- 소비자가 사업자의 주소, 연락처, 전자우편주소 등이 적혀 있지 않은 불완전 계약서를 2011년 2월 8일에 받았으나, 모집인을 통하여 주소 등을 안 날이 같은

해 3월 8일인 경우

⇒ 주소 등을 안 날(2011년 3월 8일)로부터 14일 이내에 청약을 철회할 수 있다.

(2) 선불식 할부거래업자의 주소 변경 등의 사유로 계약서를 받은 날로부터 14일
   이내에 청약을 철회할 수 없는 경우

<예시>

• 상조사업자가 다른 상조사업자에게 인수·합병된 사실 및 변경된 주소 등을 소
 비자에게 고지하지 않아 계약서를 받은 날로부터 14일 이내에 청약을 철회할 수
 없었던 경우

⇒ 변경된 주소 등을 알게 된 날로부터 14일 이내에 청약을 철회할 수 있다.

(3) 계약서에 청약의 철회에 관한 사항이 적혀 있지 아니한 경우에는 청약을 철회
할 수 있음을 안 날 또는 알 수 있었던 날부터 14일

<예시>

소비자가 계약서에 청약철회에 관한 사항이 전혀 적혀있지 않아 불가능한 것으로
알고 있다가 언론, 타인 등을 통하여 청약철회가 가능하다는 이야기를 듣고 상조
사업자에게 전화하여 확인한 경우

 ⇒ 확인전화를 통하여 청약을 철회할 수 있음을 안 날로부터 14일 이내에 청약
   을 철회할 수 있다.

(4) 선불식 할부거래업자가 청약의 철회를 방해한 경우에는 그 방해행위가 종료한
날부터 14일

<예시>

• 선불식 할부거래업자가 청약철회 전화를 의도적으로 전화를 받지 않는 등 청약
 철회를 방해하여 소비자가 계약서를 받은 날로부터 14일 이내에 청약을 철회할
 수 없었던 경우

⇒ 방해행위가 종료한 날로부터 14일 이내에 청약을 철회할 수 있다.

(5) 계약서를 받지 아니한 경우에는 계약일부터 3개월

소비자가 제1항에 따라 청약을 철회할 경우 제1항에 따른 기간 이내에 선
불식 할부거래업자에게 청약을 철회하는 의사표시가 적힌 서면을 발송하여야
한다(법 제24조 제2항).

제1항에 따른 청약의 철회는 제2항에 따라 서면을 발송한 날에 그 효력이
발생한다(법 제24조 제3항).

　　제1항을 적용함에 있어서 계약서의 발급사실과 그 시기 등에 관하여 다툼이 있는 경우에는 선불식 할부거래업자가 이를 입증하여야 한다(법 제24조 제4항).

Ⅱ. 선불식 할부거래업자의 계약금 및 할부금 환급

　　소비자가 제1항에 따라 청약을 철회한 경우 선불식 할부거래업자는 제2항에 따른 청약철회의 서면을 접수한 날부터 3영업일 이내에 이미 지급받은 계약금 및 할부금을 환급하여야 한다. 이 경우 선불식 할부거래업자가 환급을 지연한 때에는 그 지연기간에 따라 지연배상금을 함께 환급하여야 한다(법 제24조 제5항).

　　「선불식 할부거래 지침」에서는 다음과 같이 예시하고 있다(Ⅱ. 6. 가).

• 소비자가 청약철회를 신청한 경우 선불식 할부거래업자가 청약철회 서류를 접수
　한 날로부터 20일 이후 40일 이내에 납입금을 반환하기로 약정한 경우
　⇒ 동 약정은 할부거래법상 반환기간(3영업일)보다 소비자에게 불리하므로 무효
　　이다. 따라서 선불식 할부거래업자는 서류접수 후 3영업일 이내에 납입금을
　　소비자에게 반환하여야 한다.

제25조(소비자의 선불식 할부계약 해제)

① 소비자가 선불식 할부계약을 체결하고, 그 계약에 의한 재화등의 공급을 받지 아니한 경우에는 그 계약을 해제할 수 있다.

② 선불식 할부거래업자는 제1항에 따라 계약이 해제된 경우 소비자에게 해제로 인한 손실을 초과하는 위약금을 청구하여서는 아니 된다.

③ 선불식 할부거래업자는 소비자가 다음 각 호의 어느 하나에 해당하는 사유로 계약을 해제하는 경우에는 위약금을 청구하여서는 아니 된다.<개정 2010. 5. 17., 2015. 7. 24.>

1. 휴업 또는 폐업신고를 한 때
2. 영업정지 처분을 받은 때
3. 등록이 취소되거나 말소된 때
4. 「은행법」에 따른 은행으로부터 당좌거래의 정지처분을 받은 때
5. 파산 또는 화의(和議) 개시의 신청이 있는 때
6. 소비자가 선불식 할부계약의 이전계약에 동의하지 아니한 때

④ 선불식 할부거래업자는 선불식 할부계약이 해제된 경우에는 해제된 날부터 3영업일 이내에 이미 지급받은 대금에서 위약금을 뺀 금액을 소비자에게 환급하여야 한다. 이 경우 선불식 할부거래업자가 환급을 지연한 때에는 그 지연기간에 따라 지연배상금을 함께 환급하여야 한다.

⑤ 공정거래위원회는 총리령으로 정하는 바에 따라 위약금 및 대금의 환급에 관한 산정기준을 정하여 고시할 수 있다.

목 차

[참고사례]

조흥의 할부거래법 위반행위 건(공정거래위원회 2017. 7. 21. 의결 제2017-240호; 서울고등법원 2014. 1. 15. 선고 2013누729 판결); 더케이예다함상조의 할부거래법 위반

행위 건[공정거래위원회; 서울고등법원 2017. 5. 31. 선고 2016누60753 판결; 대법원 2017. 10. 12. 선고 2017두51297(심리불속행 기각) 판결]; (주) 클럽리치의 할부거래법 위반행위 건[공정거래위원회 2016. 6. 20. 의결 제2016－160호; 서울고등법원 2017. 3. 30. 선고 2016누70194 판결; 대법원 2017. 7. 11. 선고 2017두40846(심리불속행 기각) 판결]; 미래상조119(주)의 할부거래법 위반행위 건(공정거래위원회 2017. 8. 31. 의결 제2017－289호)

Ⅰ. 소비자의 계약해제

소비자가 선불식 할부계약을 체결하고, 그 계약에 의한 재화등의 공급을 받지 아니한 경우에는 그 계약을 해제할 수 있다(법 제25조 제1항).

「선불식 할부거래 지침」에서는 다음과 같이 예시하고 있다(Ⅱ. 6. 나).

• 소비자가 해외이민이나 「국민기초생활보장법」상 기초생활수급자로 선정되는 등 기타 부득이한 사정으로 인하여 당사에서 서비스를 제공받을 수 없게 되었을 경우에만 계약의 해제를 요청할 수 있도록 약정한 경우
　⇒ 동 약정은 할부거래법보다 소비자에게 불리하므로 무효이다. 따라서 소비자는 재화등의 공급을 받지 아니한 경우 계약을 해제할 수 있다.

• 별도로 서비스 제공기한을 설정하지 않은 선불식 할부계약을 체결한 소비자가 대금을 모두 납입한 후 10년이 지나 계약해제 신청을 하였으나, 사업자가 만기 납입 후 10년이 지나 채권의 소멸시효가 완성되었다는 이유로 환급금을 지급하지 않는 경우
　⇒ 할부거래법 제4조에 따라 할부거래법이 민법에 우선하여 적용되는 바, 할부거래법상 상조계약에 따른 재화등을 공급받지 않은 소비자는 언제든지 계약을 해제할 수 있으므로 채권 소멸시효에 관계없이 상조사업자는 소비자에게 해약환급금을 지급하여야 한다.

선불식 할부거래업자는 제1항에 따라 계약이 해제된 경우 소비자에게 해제로 인한 손실을 초과하는 위약금을 청구하여서는 아니 된다(법 제25조 제2항).

Ⅱ. 위약금청구의 제한

선불식 할부거래업자는 소비자가 ① 휴업 또는 폐업신고를 한 때(제1호), ② 영업정지 처분을 받은 때(제2호), ③ 등록이 취소되거나 말소된 때(제3호), ④ 「은행법」에 따른 은행으로부터 당좌거래의 정지처분을 받은 때(제4호), ⑤ 파산 또는 화의(和議) 개시의 신청이 있는 때(제5호), ⑥ 소비자가 선불식 할부계약의 이전계약에 동의하지 아니한 때(제6호)의 어느 하나에 해당하는 사유로 계약을 해제하는 경우에는 위약금을 청구하여서는 아니 된다(법 제25조 제3항).

「선불식 할부거래 지침」에서는 다음과 같이 예시하고 있다(Ⅱ. 6. 나).

> • 소비자가 선불식 할부거래업자의 휴업을 이유로 계약을 해제하자 상조 해약환급금 고시에 따라 위약금을 공제하고 해약환급금을 지급한 경우
> ⇒ 휴업을 사유로 한 계약해제에 대해서는 위약금을 부과할 수 없으므로 할부거래법에 위반된다. 상조사업자는 납입금 전액을 소비자에게 반환하여야 한다.
>
> • 소비자가 인도업체로부터 이전계약과 관련한 설명을 받은 날로부터 7일 이내에 명시적 부동의 의사를 표시했을 경우
> ⇒ 인도업체는 소비자에게 위약금을 청구할 수 없으며 소비자의 납입금 전액을 반환하여야 한다.

Ⅲ. 선불식 할부거래업자의 환급의무

선불식 할부거래업자는 선불식 할부계약이 해제된 경우에는 해제된 날부터 3영업일 이내에 이미 지급받은 대금에서 위약금을 뺀 금액을 소비자에게 환급하여야 한다. 이 경우 선불식 할부거래업자가 환급을 지연한 때에는 그 지연기간에 따라 지연배상금을 함께 환급하여야 한다(법 제25조 제4항).

법원이 법위반으로 인정한 사례는 다음과 같다.

> "월부금 납입영수증은 월부금을 납입하였다는 사실을 증명하는 서류에 불과한 것이어서 다른 방법으로 월부금 납입이 인정되는 이상 원고의 회원들이 월부금 납

입영수증을 전부 보관하고 있지 않다 하더라도, 그러한 사정만으로는 원고가 할부
계약 해제를 요청한 회원들에 대한 해약환급금 지급의무를 면한다고 볼 수 없
음"(<조흥의 할부거래법 위반행위 건>)[1]

「선불식 할부거래 지침」에서는 다음과 같이 예시하고 있다(Ⅱ. 6. 나).

선불식 할부거래업자A와 소비자B와의 상조계약이 2015. 11. 30. 해제되었고 A가
2016. 2. 28. B에게 해약환급금 및 지연배상금을 모두 지급하려고 할 경우, A가 B에
게 지급해야 할 지연배상금은 2015. 12. 4.부터 2016. 1. 24.까지는 연 20%의 이율로
산출된 금액, 2016. 1. 25.부터 실제 지급일까지는 연 15%의 이율로 산출된 금액이
다.

상조사업자는 해약환급금 지급에 관하여 상조 해약환급금 고시를 준수하여
야 한다[「선불식 할부거래 지침」(Ⅱ. 6. 나)].

Ⅳ. 위약금 및 대금 환급기준 고시제정

공정거래위원회는 *총리령*[2]으로 정하는 바에 따라 위약금 및 대금의 환급에
관한 산정기준을 정하여 고시할 수 있다(법 제25조 제5항). 이에 따라 「선불식 할부
계약의 해제에 따른 해약환급금 산정기준 고시」[3]를 제정·운용하고 있다.
<더케이예다함상조의 할부거래법 위반행위 건> 관련 행정소송에서 법원은
구 고시상에서 부정기형 선불식 할부계약의 경우 일률적으로 납입금 누계의 85%
를 해약환급급으로 산정하도록 규정한 것에 대하여 할부거래법 및 그 시행규칙의
위임범위를 벗어났다고 판단하였는데,[4] 그 후 공정거래위원회는 정기형과 부정기
형을 통일적 기준에 따라 산정하도록 해당 규정을 개정하였다. 현행 규정(고시 제4

1) 서고판 2014. 1. 15. 2013누729.
2) 제10조(위약금 및 대금의 환급에 관한 산정기준) 공정거래위원회는 법 제25조제5항에 따라
   위약금 및 대금의 환급에 관한 산정기준을 정하는 경우에는 다음 각 호의 사항을 고려하여야
   한다. 1. 법 제25조제1항에 따른 소비자 계약 해제권의 실질적 보장 가능성 2. 선불식 할부거
   래업자가 선불식 할부계약 체결 및 영업 관리를 하는데 드는 비용
3) 공정거래위원회고시 제2021-14호(2021. 11. 19).
4) 서고판 2017. 5. 31. 2016누60753(대판 2017. 10. 12. 2017두51297).

조 제1항)은 다음과 같다.

▎정기형 선불식 할부계약

해약환급금 = 납입금 누계 — 관리비 누계 — 모집수당 공제액

○ 모집수당 공제액 = 모집수당 × 0.75 + 모집수당 × 0.25 × 기 납입 월수/총 납입기간 월수
○ 납입금 누계가 관리비 누계와 모집수당 공제액의 합보다 적은 경우에는 해약환급금을 0으로 함
○ 모집수당은 총 계약대금 대비 최대 10%로 하되, 500,000원을 초과할 수 없음
○ 월별 관리비는 월 납입금 대비 최대 5%로 하되, 월별 관리비의 합계는 500,000원을 초과할 수 없음

▎부정기형 할부계약

해약환급금 = 납입금 누계 — 관리비 누계 — 모집수당 공제액

○ 모집수당 공제액 = 모집수당 × 0.75 + 모집수당 × 0.25 × 기 납입 선수금액/총 계약대금
○ 납입금 누계가 관리비 누계와 모집수당 공제액의 합보다 적은 경우에는 해약환급금을 0으로 함
○ 모집수당은 총 계약대금 대비 최대 10%로 하되, 500,000원을 초과할 수 없음
○ 관리비는 납입금 누계의 최대 5%로 하되, 관리비의 합계는 500,000원을 초과할 수 없음
○ 단, 총 계약대금의 일부를 재화 등의 제공 후에 납부하기로 약정하는 경우(소비자가 재화 등의 제공을 요청하여 남은 계약대금을 납부하게 되는 경우는 제외한다)에는 모집수당 및 모집수당 공제액 산정 시 "총 계약대금"을 "재화 등의 제공 전 납부하기로 약정한 금액"으로 함

제26조(선불식 할부거래업자의 선불식 할부계약 해제)

선불식 할부거래업자는 소비자가 대금 지급의무를 이행하지 아니하면 선불식 할부계약을 해제할 수 있다. 이 경우 선불식 할부거래업자는 그 계약을 해제하기 전에 14일 이상의 기간을 정하여 소비자에게 이행할 것을 서면으로 최고(催告)하여야 한다.

「선불식 할부거래 지침」에서는 다음과 같이 예시하고 있다(Ⅱ. 6. 다).

선불식 할부거래업자는 소비자가 대금 지급의무를 이행하지 아니하면 선불식 할부계약을 해제할 수 있다. 이 경우 선불식 할부거래업자는 그 계약을 해제하기 전에 14일 이상의 기간을 정하여 소비자에게 이행할 것을 서면으로 최고(催告)하여야 한다.

- 민법 제111조에 따라 상대방이 있는 의사표시는 상대방에게 도달한 때에 그 효력이 생기므로, 소비자에게 대금 지급의무 이행을 최고(催告)한 서면이 도달하고 14일 이상으로 정한 기간이 지나야 비로소 선불식 할부거래업자는 계약을 해제할 수 있다. 다만, 최고를 하면서 최고기간 내에 이행이 없으면 별도의 의사표시 없이 계약이 종료된다는 의사표시를 한 경우에는 최고기간의 경과로 계약의 효력이 소멸된다.

- 선불식 할부거래업자가 계약을 해제한 경우 소비자가 계약을 해제한 경우와 마찬가지로 3영업일 이내에 이미 지급받은 대금에서 위약금을 공제한 금액을 소비자에게 환급하여야 하며 환급을 지연한 때에는 지연배상금을 지급하여야 한다.

<예시>
소비자에게 도달된 것으로 인정되는 경우
  ⇒ 일반우편을 발송하고 소비자에게 서면, 문자, 녹취 등으로 도달을 확인받은 경우
  ⇒ 문자를 발송하고 소비자에게 서면, 문자, 녹취 등으로 도달을 확인받은 경우
  ⇒ 등기우편(우체국택배 포함)이 발송 완료된 경우
  ⇒ 공인전자문서 중계제도를 통해 전자문서를 발송하고 소비자가 열람한 경우

소비자에게 도달된 것으로 인정되지 아니한 경우
  ⇒ 일반우편을 단순히 발송만 한 경우

⇒ 등기우편이 반송 또는 수취인 불명된 경우

소비자가 월 납입금을 3회 이상 연체하였을 경우 본 계약을 해약처리할 수 있으며 이때 기 납입금은 소비자에게 환급하지 않는 것으로 약정한 경우
  ⇒ 동 약정은 할부거래법보다 소비자에게 불리하므로 무효이다. 선불식 할부거래업자는 할부거래법에 따라 14일 이상의 기간을 정하여 서면으로 대금납부를 최고하고 위약금을 공제한 금액을 소비자에게 환급하여야한다.

선불식 할부거래업자가 대금 지급의무를 이행하지 않는 소비자와의 선불식 할부계약을 해제하지 않고 유지하되, 이에 대한 선수금보전조치를 하지 않은 경우
  ⇒ 선수금보전의무를 이행하지 않았으므로 할부거래법에 위반된다. 선불식 할부거래업자가 계약을 해제하지 않았다면 다른 선불식 할부계약과 마찬가지로 선수금을 보전하여야 한다.

제27조(소비자피해보상보험계약등)

① 선불식 할부거래업자가 제18조에 따라 등록할 경우 소비자로부터 선불식 할부계약과 관련되는 재화등의 대금으로서 미리 수령한 금액(이하 "선수금"이라 한다)을 보전하기 위하여 다음 각 호의 어느 하나에 해당하는 계약(이하 "소비자피해보상보험계약 등"이라 한다)을 체결하여야 한다.<개정 2010. 5. 17.>

  1. 소비자피해보상을 위한 보험계약

  2. 소비자피해보상금의 지급을 확보하기 위한 「은행법」에 따른 은행과의 채무지급보증계약

  3. 소비자피해보상금의 지급을 확보하기 위한 대통령령으로 정하는 기관(이하 "예치기관"이라 한다)과의 예치계약

  4. 제28조에 따라 설립된 공제조합과의 공제계약

② 제1항에 따라 선불식 할부거래업자가 소비자피해보상보험계약등에 따라 보전하여야 할 금액(제1항 각 호 중 둘 이상의 계약을 체결한 경우에는 각 계약에 따라 보전되는 금액을 합산한다) 및 그 산정기준은 선수금 합계액의 100분의 50을 초과하지 아니하는 범위에서 대통령령으로 정한다.

③ 누구든지 제1항제3호에 따른 예치금을 상계·압류(가압류를 포함한다)하지 못하며, 선불식 할부거래업자는 대통령령으로 정하는 경우 외에는 예치금을 양도하거나 담보로 제공하여서는 아니 된다.

④ 소비자피해보상보험계약등에 따라 소비자피해보상금을 지급할 의무가 있는 자(이하 "지급의무자"라 한다)는 다음 각 호의 어느 하나에 해당하는 지급사유가 발생한 경우에는 지체 없이 이를 지급하여야 한다. 정당한 사유 없이 이를 지연한 경우에는 지연배상금을 지급하여야 한다.<개정 2010. 5. 17.>

  1. 선불식 할부거래업자가 폐업한 경우

  2. 선불식 할부거래업자가 「은행법」에 따른 은행으로부터 당좌거래의 정지처분을 받은 경우

  3. 제21조에 따라 등록이 말소된 경우 및 제40조에 따라 등록이 취소된 경우

  4. 그 밖에 선불식 할부거래업자의 채무불이행 등으로 인한 소비자피해보상을 위하여 대통령령으로 정하는 경우

⑤ 예치기관은 제4항에 따른 지급사유가 발생한 경우에는 예치금을 인출하여 해당 선불식 할부거래업자와 선불식 할부계약을 체결한 소비자에게 우선하여 지급하여야 하며, 예치 및 예치금의 지급 등에 대한 구체적인 절차 및 방법에 대하여는 총리령으로 정

한다.

⑥ 선불식 할부거래업자는 소비자와 선불식 할부계약을 체결한 경우 계약체결일부터 7일 이내에 계약체결 사실 및 내용을 지급의무자에게 통지하여야 한다.<신설 2015. 7. 24.>

⑦ 제6항에 따라 선불식 할부거래업자로부터 계약 사실 등을 통지 받은 지급의무자는 통지받은 날부터 30일 이내에 소비자에게 소비자피해보상 증서를 발급하여야 하며, 그 구체적인 절차·발급방법 및 내용 등에 대하여는 총리령으로 정한다.<개정 2015. 7. 24.>

⑧ 공정거래위원회는 소비자피해보상업무의 감독을 위하여 필요한 경우 지급의무자에게 선수금 보전과 관련된 자료의 제출을 요구할 수 있다.<개정 2015. 7. 24.>

⑨ 공정거래위원회는 지급의무자의 업무집행 등이 법령에 적합하지 아니한 경우 이의 시정을 명할 수 있고, 그 밖에 소비자의 피해구제 등과 관련하여 필요한 경우에는 적합한 조치를 요구할 수 있다.<개정 2015. 7. 24.>

⑩ 선불식 할부거래업자는 소비자피해보상보험계약등을 체결 또는 유지하는 경우 선수금 등의 자료를 제출함에 있어 거짓의 자료를 제출하여서는 아니 된다.<개정 2015. 7. 24.>

⑪ 그 밖에 소비자피해보상보험계약등의 운영에 관하여 필요한 사항은 대통령령으로 정한다.<개정 2015. 7. 24.>

⑫ 선불식 할부거래업자는 예치기관에 예치금을 입금하거나 예치금의 반환을 요청하는 경우에는 총리령으로 정하는 바에 따라 선수금의 증가 또는 감소를 증명하는 서류를 예치기관에 제출하여야 하며, 예치기관은 해당 서류를 확인한 후에 예치금을 반환하여야 한다.<신설 2015. 7. 24.>

 목 차

[참고사례]

두레상조 및 희연상조의 할부거래법 위반행위 건(공정거래위원회 2013. 1. 17 의결

제2013－010호; 서울고등법원 2013. 10. 13. 선고 2013누8556 판결); **미래상조119(주)의**
할부거래법 위반행위 건(공정거래위원회 2013. 1. 17. 의결 제2013－009호; 서울고등법
원 2014. 2. 7. 선고 2013누5908 판결); **(주)바라밀굿라이프의 할부거래법 위반행위** 건(공
정거래위원회 2018. 12. 21. 의결 제2018－379호); **송기호의 할부거래법 제50조 제1항**
제1호 등 위헌소원(헌법재판소 2017. 7. 27. 선고 2015헌바240 결정); **(주)조흥의 할부거**
래법 위반행위 건(공정거래위원회 2017. 7. 21. 의결 제2017－240호; 서울고등법원
2019. 6. 5. 선고 2018누35638 판결); **(주)하늘지기장례토탈서비스의 할부거래법 위반행위**
건[공정거래위원회 2017. 8. 31. 의결 제2017－288호; 서울고등법원 2018. 8. 16. 선고
2018누35577 판결; 대법원 2019. 3. 22. 선고 2018두63839(심리불속행 기각) 판결]

Ⅰ. 소비자피해보상보험계약등의 체결의무

선불식 할부거래업자가 제18조에 따라 등록할 경우 소비자로부터 선불식
할부계약과 관련되는 재화등의 대금으로서 미리 수령한 금액(이하 "선수금")을
보전하기 위하여 ① 소비자피해보상을 위한 보험계약(제1호), ② 소비자피해보상
금의 지급을 확보하기 위한 「은행법」에 따른 은행과의 채무지급보증계약(제2호),
③ 소비자피해보상금의 지급을 확보하기 위한 *대통령령*[1]으로 정하는 기관(이하
"예치기관"이라 한다)과의 예치계약(제3호), ④ 제28조에 따라 설립된 공제조합과
의 공제계약의(제4호) 어느 하나에 해당하는 계약(이하 "소비자피해보상보험계약
등")을 체결하여야 한다(법 제27조 제1항).[2]

---

1) 제16조(소비자피해보상보험계약등) ② 법 제27조제1항제3호에서 "대통령령으로 정하는 기관"
   이란 다음 각 호의 기관을 말한다. <u>1. 「은행법」 제2조제1항제2호 및 같은 법 제5조에 따른 금</u>
   <u>융회사 2. 「우체국 예금·보험에 관한 법률」에 따른 체신관서 3. 「보험업법」에 따른 보험회사</u>

2) 제16조(소비자피해보상보험계약등) ① 소비자피해보상보험계약등은 다음 각 호의 사항을 충족
   하여야 한다. <u>1. 법 제27조제4항에서 규정한 사유에 해당하는 경우 소비자피해를 보상하는 것</u>
   <u>을 그 내용으로 할 것 2. 피보험자 또는 수혜자는 해당 소비자피해보상보험계약등을 체결한</u>
   <u>자가 판매하는 재화등의 구매자로 하고, 피해보상금은 해당 구매자가 수령할 수 있도록 할 것</u>
   <u>3. 소비자가 신속하고 쉽게 피해보상을 받을 수 있도록 하고 보상이 지연되는 경우에는 지연</u>
   <u>배상금이 지급되도록 할 것 4. 정당한 사유 없이 소비자의 의사표시 방법을 제한하거나 소비</u>
   <u>자에게 지나친 입증책임의 부담을 부과하지 아니할 것 5. 정당한 사유 없이 피해보상의 범위</u>
   <u>나 지급의무자 또는 재화등의 판매자의 책임을 한정하지 아니할 것 6. 소비자에게 예상하기</u>
   <u>어려운 위험이나 손해를 줄 우려가 있거나 부당하게 불리한 약정을 두지 아니할 것 7. 보험계</u>
   <u>약 또는 채무지급보증계약은 「보험업법」 제2조제6호에 따른 보험회사 또는 「은행법」 제2조제</u>
   <u>1항제2호에 따른 은행과 체결할 것 8. 선불식 할부거래업자가 소비자피해보상보험계약등의 계</u>

<두레상조 및 희연상조의 할부거래법 위반행위 건> 관련 행정소송에서 서울고등법원은 "회원인수도계약에서 미래상조(인수업체)가 미동의 회원들에 대한 선수금을 인도받았는지 여부가 뚜렷하지 않고 미래상조가 인도업체부터 할부거래법 제22조에 정한 바에 따라 선불식할부거래업자의 지위를 승계하지도 않았으므로, 인도업체와 미동의 회원들에 대한 관계에서 선불식 할부거래업에 따른 법률관계는 지속되고, 제18조 및 제27조의 의무를 부담한다"고 판시하였다.[3]

제1항에 따라 선불식 할부거래업자가 소비자피해보상보험계약등에 따라 보전하여야 할 금액(제1항 각 호 중 둘 이상의 계약을 체결한 경우에는 각 계약에 따라 보전되는 금액을 합산) 및 그 산정기준은 선수금 합계액의 100분의 50을 초과하지 아니하는 범위에서 *대통령령*[4]으로 정한다(법 제27조 제2항).

기타 「선불식 할부거래 지침」에서는 다음과 같이 예시하고 있다(Ⅱ. 7).

1) 개정 할부거래법(2010. 3. 17. 법률 제10141호로 개정된 것) 시행 이전에 체결된 장례 및 혼례 관련 선불식 할부계약에 따라 수령한 선수금에 대해서도 개정법이 적용되므로 소비자피해보상보험계약등을 통하여 해당 선수금을 보전하여야 한다.

2) 선불식 할부거래업자가 소비자피해보상보험계약등에 따라 보전하여야 할 금액은 다음과 같다.
<예시>
매월 1일의 선수금을 기준으로 은행 예치금을 변경시키고 월말까지는 선수금 변동에도 불구하고 동일한 예치금을 유지하는 경우
⇒ '월' 또는 '연' 단위로 선수금을 예치하는 것은 할부거래법에 위반된다. '일' 단위로 선수금의 일정비율을 예치하여야 한다.

약을 체결하여 거래하는 기간은 1년 이상의 기간으로 하고, 정당한 사유 없이 계약해지의 요건을 용이하게 정하여 소비자에게 불이익을 주지 아니할 것 9. 지급의무자는 소비자가 방문·전화 또는 인터넷을 통하여 해당 소비자에 관한 소비자피해보상보험계약등의 내용 및 이에 따라 보전(補塡)된 소비자피해보상금의 액수를 쉽게 열람할 수 있도록 필요한 조치를 할 것

3) 서고판 2013. 10. 13. 2013누8556.
4) 제16조(소비자피해보상보험계약등) ③ 법 제27조제2항에 따라 선불식 할부거래업자가 소비자피해보상보험계약등에 따라 보전하여야 할 금액은 다음 계산식에 따른 금액으로 한다. 이 경우 선불식 할부거래업자가 재화등을 실제로 인도하지 아니한 경우는 재화등이 공급된 것으로 보지 아니한다.

$$보전하여야\ 할\ 금액 = \left(\begin{array}{l} 선불식\ 할부거래업자가\ 소비자로부터\ 선불식\ 할부계약과 \\ 관련되는\ 재화등의\ 대금으로서\ 미리\ 수령한\ 금액 - 선불 \\ 식\ 할부거래업자가\ 소비자에게\ 공급한\ 재화등의\ 가액 \end{array} \right) \times \frac{50}{100}$$

3) 선불식 할부거래업자가 재화등을 실제로 인도하지 아니한 경우에는 재화등이
공급된 것으로 보지 아니한다.

<예시>

선불식 할부거래업자가 수의 등 장례용품의 일부를 소비자에게 실제로 인도하
지 않고 보관증만을 발급한 경우는 재화등이 공급된 것으로 볼 수 없다.

4) 선불식 할부거래업자가 예치은행을 변경할 경우 다음과 같은 사항에 유의하여
야 한다.

<예시>

선불식 할부거래업자가 예치은행 변경을 위하여 △△은행에서 예치금을 반환
받은 후 ○○은행에 예치한 경우

⇒ △△은행에서 예치금을 반환받은 후 ○○은행에 예치하기 전까지 선수금이
보전되지 않으므로 할부거래법에 위반된다.

⇒ 선불식 할부거래업자는 ① △△은행의 예치금을 유지한 상태에서 동일한
금액을 ○○은행에 예치하고 이에 대한 증빙을 △△은행에 제출한 후 예치
금을 반환받거나, ② △△은행이 해당 예치금을 ○○은행에 직접 송금하도
록 하여야 한다.

선불식 할부거래업자는 등록시 선수금을 보전하기 위하여 소비자피해 보상
보험계약 등을 체결하여야 하며(제1항), 그 보전할 금액은 선수금 합계액의 100
분의 50 범위 내(제2항)인데, 이 법 시행 전 체결된 선불식 할부거래업자가 수령
한 선수금에 대하여도 적용된다(부칙 제5조).

동 규정의 소급입법여부에 관하여 법원 및 헌법재판소는 다음과 같이 판단
하였다.

"행정처분은 그 근거 법령이 개정된 경우 경과 규정에서 달리 정함이 없는 한 처
분 당시 시행되는 개정 법령과 그에서 정한 기준에 의하는 것이 원칙이며 개정
법률이 시행되기 이전에 기존의 사실 또는 법률관계가 이미 종결된 것이 아니라
면 법률이 불리하게 변경되었다고 하더라도 이를 헌법상 금지되는 소급입법이라
고 할 수 없다고 하고 이러한 경우 개정 전 법령의 존속에 대한 국민의 신뢰가
개정 법령의 적용에 관한 공익상의 요구보다 더 보호가치가 있다고 인정되는 경
우에만 그 적용이 제한될 여지가 있다고 함(대법원 2001. 10. 12. 선고 2001두274
판결 등 참조). 그러나 ① 법령상의 제한 없이 선수금을 운영하는 과정에서 소비

자피해가 발생하고 피해 확산이 우려되는 배경하에 상조회사의 재무건전성 강화를 위한 의무를 부과였으므로 공익상의 요구가 크고, ② 원고가 선수금의 자율적 운용이라는 재산적 권리가 존속할 것을 신뢰하였더라도, 그러한 신뢰가 법이 추구하는 공익상 요구보다 더 보호가치 있는 것이라 단정할 수 없으며, ③ 법 부칙 제5조 제2항에서 법 시행 당시 영업 중이던 사업자에 대하여는 법 공포일을 기준으로 1년 단위로 하여 매년 단계적으로 그 선수금 보전비율을 점진적으로 늘려가는 내용의 경과규정을 두었으므로 그 침해를 최소화하고 있음을 이유로 법 제27조 제1항, 제2항이 위헌이라고 보기 어려움"<미래 상조119(주)의 할부거래법 위반행위 건>),5) "선수금보전의무조항은 이미 확정되거나 종료된 사실관계에 적용되는 것이 아니라, 여전히 그 계약에 따라 선불식 할부거래업자의 의무가 존재하는, 현재 진행 중인 사실관계에 적용되는 것이므로 진정소급입법에 해당되지 않음"(<송기호의 할부거래법 제50조 제1항 제1호 등 위헌소원>)6)

동 조항의 헌법상 신뢰보호원칙, 비례원칙 내지 평등원칙에 위배되는지 여부에 대하여 헌법재판소는 다음과 같이 판단하였다.

"선불식 할부거래업자의 선수금에 관한 자유로운 사용, 처분에 관한 신뢰가 이러한 정책적 목적의 실현이라는 공익을 압도할 정도가 되지 못하므로, 선수금 보전의무조항은 헌법상 신뢰보호원칙에 위배된다고 볼 수 없음"(<송기호의 할부거래법 제50조 제1항 제1호 등 위헌소원>),7) "상조회사가 선수금을 활용하여 얻은 이익을 소비자인 회원들에게 배당하는 것도 아니고, 소비자들은 실제 장례서비스를 제공받기 전까지는 아무런 서비스를 제공받지 못하므로 상조회사의 선수금 운용을 제한할 필요가 있다는 점에서 합리적 이유없이 상조회사를 차별하였다고 볼 수 없음"(<(주)하늘지기장례토탈서비스의 할부거래법 위반행위 건>)8)

미래상조119(주)가 다른 상조회사(이하 '인도회사')로부터 회원을 인수하면서 회원들이 인도회사에 이미 납입한 선수금(이하 '기존 선수금')에 대한 자료를 예치기관에 제출하지 아니한 행위에 대하여 서울고등법원은 공정거래위원회가 인수에 부동의한 회원을 제외한 나머지 회원들의 기존 선수금 전부에 관한 자료

5) 서고판 2014. 2. 7. 2013누5908.
6) 헌재결 2017. 7. 27. 2015헌바240.
7) 헌재결 2017. 7. 27. 2015헌바240.
8) 서고판 2018. 8. 16. 2018누35577(대판 2019. 3. 22. 2018두63839).

를 신한은행에 거짓 없이 제출하고 이에 따라 산정된 금액을 예치하라는 취지
의 이 건 처분을 할 수 있고, (회원 인도·인수계약에 회원이 동의한 경우) 인도 회
사의 선수금 관련 채무를 원고가 면책적 내지 중첩적으로 인수하기로 하는 내
용의 계약이 체결되었다고 봄이 상당하고, (회원이 동의 여부를 표시하지 않은 경
우) 인수도 계약내용 및 관련 자료를 종합하여 보면 원고가 회원들 인수의 대가
로 인도 회사들의 기존 선수금 관련 채무를 중첩적으로 인수하거나 적어도 이
행인수 약정이 체결되었다고 봄이 상당하다고 판시하였다(<미래상조119(주)의
할부거래법 위반행위 건>).9)

　　누구든지 제1항 제3호에 따른 예치금을 상계·압류(가압류를 포함)하지 못하
며, 선불식 할부거래업자는 *대통령령*10)으로 정하는 경우 외에는 예치금을 양도
하거나 담보로 제공하여서는 아니 된다(법 제27조 제3항).

Ⅱ. 지급의무자의 지급의무

　　소비자피해보상보험계약등에 따라 소비자피해보상금을 지급할 의무가 있는
자(이하 "지급의무자")는 ① 선불식 할부거래업자가 폐업한 경우(제1호), ② 선불
식 할부거래업자가 「은행법」에 따른 은행으로부터 당좌거래의 정지처분을 받은
경우(제2호), ③ 제21조에 따라 등록이 말소된 경우 및 제40조에 따라 등록이 취
소된 경우(제3호), ④ 그 밖에 선불식 할부거래업자의 채무불이행 등으로 인한
소비자피해보상을 위하여 *대통령령*11)으로 정하는 경우(제4호)의 어느 하나에 해
당하는 지급사유가 발생한 경우에는 지체 없이 이를 지급하여야 한다. 정당한 사
유 없이 이를 지연한 경우에는 지연배상금을 지급하여야 한다(법 제27조 제4항).

　　예치기관은 제4항에 따른 지급사유가 발생한 경우에는 예치금을 인출하여
해당 선불식 할부거래업자와 선불식 할부계약을 체결한 소비자에게 우선하여

---

9) 서고판 2014. 2. 7. 2013누5908.

10) 제16조(소비자피해보상보험계약등) ④ 법 제27조제3항에서 "대통령령으로 정하는 경우"란 다
음 각 호의 어느 하나에 해당하는 경우를 말한다. 1. 다른 선불식 할부거래업자에 대한 선불식
할부계약 당사자로서의 지위 양도 2. 영업의 양도

11) 제16조(소비자피해보상보험계약등) ⑤ 법 제27조제4항제4호에서 "대통령령으로 정하는 경우"
란 다음 각 호의 어느 하나에 해당하는 경우를 말한다. 1. 선불식 할부거래업자가 「채무자 회
생 및 파산에 관한 법률」에 따른 파산 선고를 받은 경우 2. 선불식 할부거래업자에 대하여 「채
무자 회생 및 파산에 관한 법률」에 따른 회생절차개시의 결정이 있는 경우

지급하여야 하며, 예치 및 예치금의 지급 등에 대한 구체적인 절차 및 방법에 대하여는 *총리령*[12]으로 정한다(법 제27조 제5항).

Ⅲ. 계약사실 통지 및 소비자피해보상증서 교부

선불식 할부거래업자는 소비자와 선불식 할부계약을 체결한 경우 계약체결일부터 7일 이내에 계약체결 사실 및 내용을 지급의무자에게 통지하여야 한다

---

12) 제11조(선수금 보전금액의 예치 및 예치금의 지급 등) ① 법 제27조제5항에 따른 선수금 보전금액의 예치에 대한 구체적인 절차 및 방법은 다음 각 호와 같다. 1. 선불식 할부거래업자가 법 제27조제1항제3호에 따른 예치계약(이하 "예치계약")을 체결하려는 경우에는 영 제16조제2항 각 호에 해당하는 기관(이하 "예치기관")과 선수금 보전금액의 예치에 관한 계약을 체결하여야 한다. 2. 선불식 할부거래업자가 제1호에 따라 예치계약을 체결한 경우에는 영 제16조제3항에 해당하는 선수금 보전금액을 예치기관에 예치하도록 하여야 한다. 이 경우 선불식 할부거래업자는 법 제27조제1항제3호의 예치기관에 별지 제8호서식의 예치금 입금요청서에 제3항제1호의 서류를 첨부하여 제출하여야 한다. 3. 제1호에 따른 예치계약의 내용에는 선불식 할부거래업자는 예치기관에 선수금 보전금액의 예치만을 위한 계좌를 개설하도록 하고, 예치기관은 해당 선수금 보전금액을 다른 금융자산과 분리하여 관리하도록 한다는 사항이 포함되어야 한다. ② 법 제27조제5항에 따른 예치금의 지급 등에 대한 구체적인 절차 및 방법은 다음 각 호와 같다. 1. 소비자가 법 제27조제4항 및 영 제16조제1항제2호에 따라 예치기관에 예치금의 지급을 요청하는 경우에는 별지 제9호서식의 예치금 지급요청서에 법 제27조제4항 각 호의 어느 하나에 해당하는 사실을 증명하는 서류 또는 선불식 할부거래업자의 확인서를 첨부하여 예치기관에 제출하여야 한다. 2. 선불식 할부거래업자는 다음 각 목의 어느 하나에 해당하는 사유가 있는 경우에는 예치기관에 예치금(다목의 경우 그 선수금 보전금액을 초과한 부분에 해당하는 금액으로 한정)의 반환을 요청할 수 있다. 가. 선불식 할부계약의 내용에 따른 재화등의 공급을 완료하는 등 선불식 할부계약과 관련된 소비자와의 법률관계가 모두 종료된 경우 나. 예치계약을 갈음하여 법 제27조제1항제1호·제2호 및 제4호의 어느 하나에 해당하는 계약을 체결한 경우 다. 영 제16조제3항에 해당하는 선수금 보전금액을 초과하여 예치금을 예치한 경우 3. 선불식 할부거래업자가 제2호에 따라 예치금의 반환을 요청하려는 경우에는 별지 제10호서식의 예치금 반환요청서에 다음 각 목의 어느 하나에 해당하는 서류를 첨부하여 예치기관에 제출하여야 한다. 다만, 제2호가목의 경우에는 제3항제2호의 서류를 첨부하여야 한다. 가. 해당 소비자와 선불식 할부계약과 관련한 법률관계가 모두 종료되었음을 증명하는 서류 또는 해당 소비자의 확인서 나. 법 제27조제1항제1호·제2호 및 제4호의 어느 하나에 해당하는 계약을 체결하였음을 증명하는 서류 다. 영 제16조제3항에 해당하는 선수금 보전금액을 초과하여 예치금을 예치한 것을 증명하는 서류 4. 예치기관은 「정보통신망 이용촉진 및 정보보호 등에 관한 법률」 제2조제1항제1호에 따른 정보통신망을 이용하여 선수금 보전금액의 예치신청·지급 및 반환 등에 필요한 절차를 수행할 수 있다. 이 경우 예치기관은 선불식 할부거래업자와 소비자의 신원 파악을 위하여 「전자서명법」 제2조제8호에 따른 공인인증서를 사용하도록 할 수 있다. 5. 예치기관은 소비자 또는 선불식 할부거래업자가 제1호 및 제3호에 따라 제출한 서류 등을 해당 예치금을 지급한 날 또는 반환한 날부터 5년간 보관하여야 한다. 6. 그 밖에 선수금의 예치·지급 및 반환 등에 필요한 사항은 공정거래위원회가 정하여 고시할 수 있다.

(법 제27조 제6항). 제6항에 따라 선불식 할부거래업자로부터 계약 사실 등을 통지 받은 지급의무자는 통지받은 날부터 30일 이내에 소비자에게 소비자피해보상 증서를 발급하여야 하며, 그 구체적인 절차·발급방법 및 내용 등에 대하여는 *총리령*[13]으로 정한다(법 제27조 제7항).

IV. 소비자피해보상업무의 감독 등

1. 자료제출요구권

공정거래위원회는 소비자피해보상업무의 감독을 위하여 필요한 경우 지급의무자에게 선수금 보전과 관련된 자료의 제출을 요구할 수 있다(법 제27조 제8항).

2. 시정조치

공정거래위원회는 지급의무자의 업무집행 등이 법령에 적합하지 아니한 경우 이의 시정을 명할 수 있고, 그 밖에 소비자의 피해구제 등과 관련하여 필요한 경우에는 적합한 조치를 요구할 수 있다(법 제27조 제9항).

3. 허위자료제출 금지

선불식 할부거래업자는 소비자피해보상보험계약등을 체결 또는 유지하는 경우 선수금 등의 자료를 제출함에 있어 거짓의 자료를 제출하여서는 아니 된다(법 제27조 제10항).

법 제27조 제10항에 위반되는 행위는 선불식 할부거래업자가 ① 예치기관과의 예치계약 등 법 제27조 제1항 각 호의 어느 하나에 해당하는 계약(소비자

---

13) 제12조(소비자피해보상 증서 발급절차 등) ① 삭제<2016. 1. 25.> ② 법 제27조제6항에 따라 통지를 받은 지급의무자는 법 제27조제7항에 따라 선불식 할부거래업자명 및 계약기간 등이 기재된 별지 제11호서식의 소비자피해보상 증서를 소비자에게 발급하여야 한다. 다만, 다른 법령에 따른 불가피한 사유가 있는 경우에는 별지 제11호서식의 기재사항이 포함된 별도 서식의 소비자피해보상 증서를 발급할 수 있다. ③ 제2항에서 규정한 사항 외에 소비자피해보상 증서의 발급절차 및 내용 등에 관하여 필요한 사항은 공정거래위원회가 정하여 고시한다. ⑥ 제1항과 제3항에서 규정한 사항 외에 재화등이나 거래의 특성에 따른 소비자피해보상보험계약등의 구체적인 기준, 피해보상의 내용 및 절차와 소비자피해보상보험계약등의 표지사용에 관하여 필요한 사항은 총리령으로 정한다.

피해보상보험계약 등)을 체결 또는 유지한 상태에서 ② 예치기관에 선수금 등의 자료를 제출함에 있어 거짓의 자료를 제출하는 경우에 성립한다(<(주)바라밀굿라이프의 할부거래법 위반행위 건>).[14]

그 밖에 소비자피해보상보험계약등의 운영에 관하여 필요한 사항은 *대통령령*으로 정한다(법 제27조 제11항).

Ⅴ. 예치금 입금 및 반환절차

선불식 할부거래업자는 예치기관에 예치금을 입금하거나 예치금의 반환을 요청하는 경우에는 *총리령*[15]으로 정하는 바에 따라 선수금의 증가 또는 감소를 증명하는 서류를 예치기관에 제출하여야 하며, 예치기관은 해당 서류를 확인한 후에 예치금을 반환하여야 한다(법 제27조 제12항).

제27조의2(선불식 할부거래에서의 소비자보호지침의 제정)

공정거래위원회는 선불식 할부거래에서의 건전한 거래질서의 확립과 소비자보호를 위하여 사업자의 자율적 준수를 유도하기 위한 지침을 관련 분야의 거래당사자, 기관 및 단체의 의견을 들어 정할 수 있다.

---

14) 공정의 2018. 12. 21. 2018-379.
15) ③ 법 제27조제12항에 따른 "총리령으로 정하는 바에 따라 선수금의 증가 또는 감소를 증명하는 서류"란 다음 각 호의 구분에 따른 서류를 말한다. 1. 선수금이 증가된 경우: 다음 각 목의 모든 서류 가. 계약서 등 선수금 증가에 관련된 회원의 증가현황을 확인할 수 있는 서류 나. 예금통장 이체내용 등 증가된 선수금의 현황을 확인할 수 있는 서류 2. 선수금이 감소된 경우: 다음 각 목의 어느 하나에 해당하는 서류 가. 장례 또는 혼례를 위한 재화등을 제공한 사실을 증명할 수 있는 서류 나. 소비자가 선불식 할부계약을 해제하거나 청약을 철회한 경우 소비자에 대한 해약환급금의 송금내용. 다만, 해약환급금이 없는 경우 선불식 할부거래업자는 해약환급금의 산정방법을 문서로 제출하여야 한다. 다. 선불식 할부거래업자가 선불식 할부계약을 해제한 경우 소비자에 대하여 법 제26조 후단에 따라 이행최고를 등기로 발송한 내용 및 소비자에 대한 해약환급금의 송금내용. 다만, 해약환급금이 없는 경우 선불식 할부거래업자는 해약환급금의 산정방법을 문서로 제출하여야 한다.

제28조(공제조합의 설립)

① 선불식 할부거래업자는 제27조제1항제4호에 따른 공제사업을 운영하기 위하여 공정거래위원회의 인가를 받아 공제조합을 설립할 수 있다.

② 공제조합은 법인으로 하며, 주된 사무소의 소재지에서 설립등기를 함으로써 성립한다.

③ 공제조합에 가입한 자는 공제사업의 수행에 필요한 출자금 등을 공제조합에 내야 한다.

④ 공제조합의 기본재산은 조합원의 출자금 등으로 조성하되 출자금은 200억원 이상으로서 대통령령으로 정하는 규모 이상이어야 한다. 다만, 정부는 예산의 범위에서 출연(出捐)하거나 보조할 수 있다.

⑤ 공제조합의 설립인가 기준 및 절차, 운영 및 감독 등에 관하여 필요한 사항은 대통령령으로 정한다.

⑥ 공제조합에 관하여 이 법에 규정된 것을 제외하고는 「민법」 중 사단법인에 관한 규정을 준용한다.

📒 목　차

I. 공제조합의 설립 및 인가

선불식 할부거래업자는 제27조 제1항 제4호에 따른 공제사업을 운영하기 위하여 공정거래위원회의 인가를 받아 공제조합을 설립할 수 있다(법 제28조 제1항).[1]

공제조합의 설립인가 기준 및 절차, 운영 및 감독 등에 관하여 필요한 사항은 *대통령령*[2]으로 정한다(법 제28조 제5항).

---

1) 제18조(공제조합의 인가 등) ① 법 제28조제1항에 따른 공제조합을 설립하려는 경우에는 10인 이상이 발기인(發起人)이 되어 정관을 작성하고 창립총회의 의결을 거쳐 공정거래위원회에 인가를 신청하여야 한다. ② 공정거래위원회는 공제조합의 설립을 인가하였을 때에는 이를 공고하여야 한다.

2010. 9. 30 한국상조공제조합과 2010. 10. 5. 상조보증공제조합이 설립되어 운영되고 있다.

Ⅱ. 설립등기

공제조합은 법인으로 하며, 주된 사무소의 소재지에서 설립등기를 함으로써 성립한다(법 제28조 제2항).

Ⅲ. 공제조합의 출자금

공제조합에 가입한 자는 공제사업의 수행에 필요한 출자금 등을 공제조합에 내야 한다(법 제28조 제3항).

공제조합의 기본재산은 조합원의 출자금 등으로 조성하되 출자금은 200억원 이상으로서 *대통령령*3)으로 정하는 규모 이상이어야 한다. 다만, 정부는 예산의 범위에서 출연(出捐)하거나 보조할 수 있다(법 제28조 제4항).

Ⅳ. 기타 준용규정

공제조합에 관하여 이 법에 규정된 것을 제외하고는 「민법」 중 사단법인에 관한 규정을 준용한다(법 제28조 제6항).

---

2) 제19조(공제조합의 운영 및 감독) ① 공제조합은 매 사업연도의 총수입과 총지출을 예산으로 편성하여 사업연도 개시 1개월 전까지 공정거래위원회에 제출하여야 한다. ② 공제조합은 매 사업연도 경과 후 2개월 이내에 결산을 완료하고 결산보고서에 재무상태표와 손익계산서를 첨부하여 공정거래위원회에 제출하여야 한다. ③ 공제조합은 제2항에 따라 공정거래위원회에 제출한 재무상태표와 손익계산서를 주된 사무소 및 지부에 갖추어 두고, 재무상태표는 공고하여야 한다.

3) 제17조(출자금) 법 제28조제4항 본문에서 "대통령령으로 정하는 규모"란 200억원을 말한다.

제29조(공제조합의 사업)

① 공제조합은 다음 각 호의 사업을 수행한다.

1. 소비자피해보상을 위한 공제사업 및 소비자의 권익보호를 위한 공익사업

2. 소비자피해예방과 홍보를 위한 출판 및 교육사업

3. 시장의 건전한 발전을 위한 자율정화사업

4. 공정거래위원회로부터 위탁받은 사업

② 이 법에 따른 공제조합의 사업에 대하여는 「보험업법」을 적용하지 아니한다.

제30조(공제조합의 정관 및 공제규정)

① 공제조합은 다음 각 호의 사항을 적은 정관을 정하여 공정거래위원회의 인가를 받아야 한다. 정관을 변경하는 경우에도 또한 같다.

1. 조합원의 자격과 가입·탈퇴에 관한 사항

2. 임원에 관한 사항

3. 출자금의 부담기준에 관한 사항

4. 이사회에 관한 사항

5. 이사장 선임에 관한 사항

6. 그 밖에 대통령령으로 정하는 사항

② 공제조합은 공제사업의 범위와 방식에 관한 공제규정을 정하여 공정거래위원회의 인가를 받아야 한다. 공제규정을 변경하는 경우에도 또한 같다.

대통령령[1])에서는 기타 사항을 규정하고 있다.

---

1) 제20조(공제조합의 정관 기재사항) 법 제30조제1항제6호에서 "대통령령으로 정하는 사항"이란 다음 각 호의 사항을 말한다. <u>1. 목적 2. 명칭 3. 사무소의 소재지 4. 출자 1좌(座)의 금액과 그 납입방법 및 지분계산에 관한 사항 5. 자산 및 회계에 관한 사항 6. 총회의 구성 및 운영에 관한 사항 7. 임원추천위원회의 구성, 추천위원의 결격사유 및 운영에 관한 사항 8. 직원에 관한 사항 9. 융자에 관한 사항 10. 업무와 그 집행에 관한 사항 11. 정관의 변경에 관한 사항 12. 해산과 남은 재산의 처리에 관한 사항 13. 공고의 방법에 관한 사항</u>

제31조(공제조합의 감독)

① 공정거래위원회는 필요하다고 인정하면 공제조합에 대하여 업무 및 회계에 관한 보고서의 제출 또는 그 밖에 필요한 조치를 명하거나 소속 공무원으로 하여금 공제조합의 업무 및 회계 상황을 조사하거나 장부 또는 그 밖의 서류를 검사하게 할 수 있다.

② 공정거래위원회는 공제조합의 운영 및 업무 집행 등이 법령이나 정관 등에 적합하지 아니한 경우 그 시정을 명할 수 있고, 그 밖에 소비자의 피해구제 등과 관련하여 필요한 경우에는 적합한 조치를 요구할 수 있다.

③ 공정거래위원회는 공제조합의 임직원이 다음 각 호의 어느 하나에 해당하는 경우에는 관련 임직원에 대한 징계·해임을 요구하거나 해당 위반행위를 시정하도록 명할 수 있다.

  1. 제30조제2항에 따른 공제규정을 위반하여 업무를 처리한 경우

  2. 제2항에 따른 시정명령이나 조치를 이행하지 아니한 경우

④ 제1항에 따라 조사 또는 검사를 하는 공무원은 그 권한을 표시하는 증표를 지니고 이를 관계인에게 보여 주어야 한다.

본 조는 공정거래위원회의 공제조합에 대한 감독 절차와 내용, 임직원에 대한 징계·해임 요구 및 위반행위 시정 등에 대하여 규정하고 있다.

제32조(휴업기간 등에서의 청약의 철회 등에 관한 업무처리 등)

① 선불식 할부거래업자는 그 휴업기간 또는 영업정지기간 중에도 제24조에 따른 청약의 철회나 제25조에 따른 계약의 해제 업무를 계속하여야 한다.<개정 2015. 7. 24.>

② 선불식 할부거래업자는 그 영업을 휴업하거나 영업정지 처분을 받은 경우에는 그 휴업기간 또는 영업정지기간을 소비자에게 서면 또는 그 밖에 대통령령으로 정하는 방법에 따라 알려야 한다.<신설 2015. 7. 24.>

[제목개정 2015. 7. 24.]

통지방법에 대하여 *대통령령*[1])으로 정하고 있다.

제33조(거래기록 등의 열람)

선불식 할부거래업자는 대통령령으로 정하는 바에 따라 재화등의 거래기록·소비자피해보상보험계약등의 체결내용을 언제든지 소비자가 열람할 수 있게 하여야 한다.

열람방법에 대하여 *대통령령*[1])으로 정하고 있다.

---

1) 제20조의2(휴업기간 등의 통지방법) 법 제32조제2항에서 "대통령령으로 정하는 방법"이란 전화, 팩스, 전자우편, 휴대전화에 의한 문자메시지 또는 이와 비슷한 방법을 말한다.

1) 제21조(선불식 할부거래업자의 거래기록 등의 열람) 선불식 할부거래업자는 법 제33조에 따라 재화등의 거래기록 등을 방문·전화 또는 인터넷 등을 통하여 즉시 열람할 수 있도록 필요한 조치를 하여야 하고, 소비자가 우편 등의 방법으로 열람할 수 있도록 요청하는 경우 3영업일 이내에 관련 자료를 발송하여야 한다.

제34조(금지행위)

선불식 할부거래업자등은 다음 각 호의 어느 하나에 해당하는 행위를 하여서는 아니 된다. 다만, 제7호, 제9호, 제13호 및 제14호는 모집인에게는 적용되지 아니한다.<개정 2015. 7. 24.>

1. 계약의 체결을 강요하거나 청약의 철회 또는 계약의 해제를 방해할 목적으로 상대방을 위협하는 행위

2. 거짓·과장된 사실을 알리거나 기만적 방법을 사용하여 상대방과의 거래를 유도하거나 청약의 철회 또는 계약의 해제를 방해하는 행위

3. 청약의 철회 또는 계약의 해제를 방해할 목적으로 주소·전화번호 등을 변경하는 행위

4. 분쟁이나 불만처리에 필요한 인력 또는 설비가 부족한 상태를 상당 기간 방치하여 상대방에게 피해를 주는 행위

5. 상대방의 청약이 없음에도 재화등의 대금을 청구하는 행위

6. 소비자가 계약을 체결할 의사가 없음을 밝혔음에도 전화, 팩스, 컴퓨터통신 등을 통하여 계약체결을 강요하는 행위

7. 소비자피해보상보험계약등을 체결하지 아니하고 영업하는 행위

8. 소비자피해보상보험계약등을 체결하지 아니하였음에도 소비자피해보상보험계약등을 체결한 사실을 나타내는 표지나 이와 유사한 표지를 제작 또는 사용하는 행위

9. 소비자피해보상보험계약등에 따라 보전하여야 할 금액을 보전하지 아니하고 영업하는 행위

10. 본인의 허락을 받지 아니하거나 허락받은 범위를 넘어 소비자에 관한 정보를 이용(제3자에게 제공하는 경우를 포함한다)하는 행위. 다만, 다음 각 목의 어느 하나에 해당하는 경우는 제외한다.

    가. 재화등의 배송 등 소비자와의 계약이행에 불가피한 경우로서 대통령령으로 정하는 경우

    나. 재화등의 거래에 따른 대금을 정산하기 위하여 필요한 경우

    다. 도용을 방지하기 위하여 본인임을 확인할 때 필요한 경우로서 대통령령으로 정하는 경우

    라. 다른 법률에 따라 불가피한 사유가 있는 경우

11. 소비자가 계약을 해제하였음에도 불구하고 정당한 사유 없이 이에 따른 조치를 지연하거나 거부하는 행위

12. 청약의 철회 또는 계약의 해제와 관련하여 분쟁이 발생한 경우 대금을 지급받기 위

하여 소비자에게 위계를 사용하거나 위력을 가하는 행위

13. 자신이 공급하는 재화등을 소비자가 양도·양수하는 것을 상당한 이유 없이 제한하거나 양도·양수함에 있어 과다한 비용을 부과하는 행위

14. 다른 사람에게 자기의 명의 또는 상호를 사용하여 선불식 할부거래업을 하게 하거나 선불식 할부거래업 등록증을 대여하는 행위

15. 「방문판매 등에 관한 법률」 제2조제5호에 따른 다단계판매 방식으로 선불식 할부계약을 체결하거나 선불식 할부계약의 체결을 대리 또는 중개하는 행위

16. 금전대차 관계를 이용하여 선불식 할부계약의 체결을 요구하는 행위

17. 소비자와 체결한 선불식 할부계약 중 일부에 대하여 이전계약을 체결하는 행위

18. 이전계약을 체결한 선불식 할부거래업자가 해당 이전계약에 대한 소비자의 동의를 받지 아니하고 소비자의 예금 등에서 금원을 인출하는 행위

목 차

[참고사례]

　　미래상조119(주)의 할부거래법 위반행위 건[공정거래위원회. 2011. 6. 16. 의결 제
2011-079호, 서울고등법원 2014. 2. 7. 선고 2013누5908 판결; 대법원 2014. 6. 12. 선
고 2014두35973 판결(심리불속행기각)]; (주)조흥의 할부거래법 위반행위 건(공정거래위
원회 2017. 7. 21. 의결 제2017-240호); 미래상조119(주)의 할부거래법 위반행위 건(공정
거래위원회 2017. 8. 31. 의결 제2017-289호); (주)바라밀굿라이프의 할부거래법 위반행
위 건(공정거래위원회 2018. 12. 21. 의결 제2018-379호)

I. 금지행위의 유형

　　선불식 할부거래업자 등은 다음 각 호의 어느 하나에 해당하는 행위를 하
여서는 아니 된다. 다만, 제7호, 제9호, 제13호 및 제14호는 모집인에게는 적용
되지 아니한다(법 제34조).

1. 상대방 위협 행위

　　금지행위의 첫 번째 유형은 계약의 체결을 강요하거나 청약의 철회 또는
계약의 해제를 방해할 목적으로 상대방을 위협하는 행위(제1호)이다.
　　「선불식 할부거래 지침」에서는 다음과 같이 예시하고 있다(II. 8. 1).

> 선불식 할부거래업자가 상조업체에 취업하기 위해 지원한 사람들에게 취업요건으
> 로 상조계약 체결을 요구하고, 거부하는 경우 직원채용에서 제외시키겠다고 공지
> 한 경우

2. 거짓·과장, 기만적 거래 유도 및 청약 철회등 방해 행위

　　금지행위의 두 번째 유형은 거짓·과장된 사실을 알리거나 기만적 방법을
사용하여 상대방과의 거래를 유도하거나 청약의 철회 또는 계약의 해제를 방해
하는 행위(제2호)이다.
　　「선불식 할부거래 지침」에서는 다음과 같이 예시하고 있다(II. 8. 2).

선불식 할부거래에 따른 상품을 은행적금보다 금리가 높은 저축성 상품으로 홍보하는 경우

'전원 장례지도사 1급', '원하는 장례식장에서 다 된다', '대기업과 계약이 되어 있다', 상조이행보증회사를 통하여 무조건 상조서비스를 제공한다'등 사실과 다른 설명으로 가입을 유도한 경우

무료초대권을 배포하는 방법으로 소비자들을 특정 영업장소로 끌어들이면서, 무료초대권 지면에 '해외여행 설명회를 겸한 무료 공연'이라고만 표기하고, 대표적인 서비스인 '상조상품' 또는 '상조서비스'라는 문구를 표기하지 아니하는 방법으로 소비자에게 무료공연 중간에 상조상품 판매활동을 진행하는 경우

소비자에게 다른 선불식 할부거래업자의 재무부실을 과장(부도, 폐업 가능성 등)하거나 잘못된 사실(대표이사의 배임ㆍ횡령 등)을 알려 소비자와 다른 선불식 할부거래업자간 선불식 할부계약을 해제시키고 자신과 새로운 선불식 할부계약을 체결을 유도하거나 체결하는 경우

법원이 법위반으로 인정한 사례는 다음과 같다.

홈페이지에 사실과 달리 회원들의 기존 선수금 및 원고에게 납입하는 선수금은 은행에 예치되어 안전하게 보장되는 것처럼 표시한 행위 등을 법 제34조 제2호 위반된다.<미래상조119(주)의 할부거래법 위반행위 건>[1]

3. 주소ㆍ전화번호 등 변경 행위

금지행위의 세 번째 유형은 청약의 철회 또는 계약의 해제를 방해할 목적으로 주소ㆍ전화번호 등을 변경하는 행위(제3호)이다.

「선불식 할부거래 지침」에서는 다음과 같이 예시하고 있다[Ⅱ. 8. 3)].

사무실을 이전하지 않았음에도 주기적으로 상호와 전화번호를 변경하는 경우

소비자와 계약체결 후 사무실을 이전하였거나 합병ㆍ인수가 되었는데도 그러한 사실과 주소ㆍ전화번호 등을 고의적으로 알려주지 않는 경우

---

1) 서고판 2014. 2. 7. 2013누5908[대판 2014. 6. 12. 2014두35973 판결(심리불속행기각)].

4. 분쟁처리 인력 또는 설비 부족 방치 행위

금지행위의 네 번째 유형은 분쟁이나 불만처리에 필요한 인력 또는 설비가 부족한 상태를 상당 기간 방치하여 상대방에게 피해를 주는 행위(제4호)이다.

「선불식 할부거래 지침」에서는 다음과 같이 예시하고 있다(Ⅱ. 8. 4).

소비자가 불만사항에 대한 사업자의 이메일 또는 팩스 답변이 불충분하여 직접 전화통화를 하고자 함에도 불구하고, 사업자가 이메일 또는 팩스를 통해서만 불만처리를 할 수 있도록 하고 전화통화를 거부하는 경우

소비자가 전화를 하였으나 전화상담원이 부족하여 통상적인 방법으로는 통화를 하기가 곤란하거나 ARS 등을 통하여 여러 단계를 거치게 한 후 결국에는 상담원과 연결이 되지 않게 해 둔 경우

소비자가 상품의 질에 불만이 있어 계약을 해제하고 환급을 요구하였으나, 업무 담당자가 퇴사하였다는 말을 들었고 한 달이 넘도록 충원되지 않는 경우

소비자가 상조사업자 또는 그 직원과 전화통화가 이루어지지 않아 자동안내에 따라 수차례 자신의 전화번호를 남겼음에도 불구하고, 사업자가 특별한 사정없이 전화를 하지 않는 경우(다만, 소비자가 전화번호를 잘못 남겼거나 소비자의 부재 등으로 인하여 부득이하게 연락이 지연된 경우는 제외)

소비자가 서면으로 청약철회를 요구하기 위하여 상조사업자에게 팩스를 보내려고 하였으나, 상조사업자가 팩스가 없다고 하면서 직접 사무실로 찾아올 것을 요구하는 경우

5. 일방적 대금 청구 행위

금지행위의 다섯 번째 유형은 상대방의 청약이 없음에도 재화등의 대금을 청구하는 행위(제5호)이다.

「선불식 할부거래 지침」에서는 다음과 같이 예시하고 있다(Ⅱ. 8. 5).

선불식 할부거래업자가 특정 사업자단체의 임원들과 협의하여 사업자단체의 회원을 본인의 동의 없이 상조상품에 가입시키고 회원에게 매월 대금고지서를 발급한 경우(다만, 사업자단체의 회원들이 임원들에게 계약체결 권한을 위임한 경우는 제외)

> 선불식 할부거래업자간 체결한 회원인수계약에 대하여 해당 소비자의 동의를 받지 않았음에도 불구하고, 인수업체가 해당 소비자에게 대금을 청구하는 경우

6. 계약체결 강요 행위

금지행위의 여섯 번째 유형은 소비자가 계약을 체결할 의사가 없음을 밝혔음에도 전화, 팩스, 컴퓨터통신 등을 통하여 계약체결을 강요하는 행위(제6호)이다.

「선불식 할부거래 지침」에서는 다음과 같이 예시하고 있다(Ⅱ. 8. 6).

> 계약을 체결하지 않겠다고 밝혔음에도 선불식 할부거래업자가 하루에 2번 이상 혹은 일주일에 2~3번씩 3달간 반복해서 전화로 계약체결을 요구한 경우
>
> 소비자가 전화, 이메일 등을 통하여 가입거부의사를 밝혔음에도 메신저 쪽지, 홈페이지 게시판, 방명록, 소셜 네트워크를 통해서 계약체결을 독촉하는 글을 반복적으로 남기는 경우

7. 소비자피해보상보험계약등 미체결 영업 행위

금지행위의 일곱 번째 유형은 소비자피해보상보험계약등을 체결하지 아니하고 영업하는 행위(제7호)이다.

「선불식 할부거래 지침」에서는 다음과 같이 예시하고 있다(Ⅱ. 8. 7).

> 소비자가 계약할 당시 소비자피해보상보험계약등이 체결되어 있었으나, 소비자의 대금납부가 계속되는 동안에 상조사업자의 공제료 미납입, 법정 예치비율 위반 등의 이유로 소비자피해보상보험계약등이 해지된 경우

8. 소비자피해보상보험계약등 표지 제작 또는 사용 행위

금지행위의 여덟 번째 유형은 소비자피해보상보험계약등을 체결하지 아니하였음에도 소비자피해보상보험계약등을 체결한 사실을 나타내는 표지나 이와 유사한 표지를 제작 또는 사용하는 행위(제8호)이다.

「선불식 할부거래 지침」에서는 다음과 같이 예시하고 있다(Ⅱ. 8. 8).

> 선불식 할부거래업자가 소비자피해보상보험계약등이 해지되었음에도 소비자피해
> 보상보험계약등을 체결한 사실을 나타내는 표지를 사용하는 경우
>
> 선불식 할부거래업자가 홈페이지에 "○○보증과 □□보험에 가입하여 어떠한 경
> 우에도 고객님의 불입금을 안전하게 보장한다"는 내용으로 소비자피해보상보험계
> 약을 체결한 것처럼 광고하였으나, 실제로는 소비자의 계좌에서 월불입금이 과다
> 하게 인출될 경우에 대한 손해배상금의 지급을 보장하는 것이었던 경우

9. 보전금액 미보전 영업 행위

금지행위의 아홉 번째 유형은 소비자피해보상보험계약등에 따라 보전하여
야 할 금액을 보전하지 아니하고 영업하는 행위(제9호)이다.

법 제34조 제9호에 해당하는 금지행위는 선불식 할부거래업자가 ① 예치기
관과의 예치계약 등 법 제27조 제1항 각 호의 어느 하나에 해당하는 계약(소비
자피해보상보험계약 등)을 체결 또는 유지한 상태에서 ② 예치기관에 법 제27조
제2항 및 법 시행령 제16조 제3항에 따라 산정된 보전하여야 할 금액(선불식 할
부거래업자가 소비자로부터 선불식 할부계약과 관련되는 재화 등의 대금으로서 미리
수령한 금액에서 선불식 할부거래업자가 소비자에게 공급한 재화 등의 가액을 제한 금
액의50)을 보전하지 아니하고 영업하는 경우에 성립한다(<(주)바라밀굿라이프의
할부거래법 위반행위 건>).[2]

「선불식 할부거래 지침」에서는 다음과 같이 예시하고 있다(Ⅱ. 8. 9).

> 상조사업자가 소비자로부터 받은 상조상품 납입금 중 40%에 해당하는 금액만 은
> 행에 예치하는 경우

10. 소비자정보 이용 행위

금지행위의 열 번째 유형은 본인의 허락을 받지 아니하거나 허락받은 범위
를 넘어 소비자에 관한 정보를 이용(제3자에게 제공하는 경우를 포함한다)하는 행

---

2) 공정의 2018. 12. 21. 2018-379.

위(다만, ① 재화등의 배송 등 소비자와의 계약이행에 불가피한 경우로서 *대통령령*³⁾으로 정하는 경우, ② 재화등의 거래에 따른 대금을 정산하기 위하여 필요한 경우, ③ 도용을 방지하기 위하여 본인임을 확인할 때 필요한 경우로서 *대통령령*⁴⁾으로 정하는 경우, ④ 다른 법률에 따라 불가피한 사유가 있는 경우의 어느 하나에 해당하는 경우는 제외)(제10호)이다.

「선불식 할부거래 지침」에서는 다음과 같이 예시하고 있다(Ⅱ. 8. 10).

소비자의 주소, 전화번호, 이메일 주소 등의 정보를 소비자의 허락 없이 보험회사나 자신의 계열회사, 경쟁회사, 제3자(회사, 개인을 불문한다)에게 제공하는 경우

기존회원이거나 해약한 회원에 대해 본인 동의를 받지 않고 자신의 회원으로 가입시키는 경우

11. 계약 해제 후 조치 지연·거부 행위

금지행위의 열한 번째 유형은 소비자가 계약을 해제하였음에도 불구하고 정당한 사유 없이 이에 따른 조치를 지연하거나 거부하는 행위(제11호)이다.

「선불식 할부거래 지침」에서는 다음과 같이 규정하고 있다(Ⅱ. 8. 11).

선불식 할부거래업자A가 선불식 할부거래업자B를 인수한 후 B의 고객이 개인사정으로 계약을 해제하였는데, 고객정보가 인수인계되지 않았다는 이유로 A가 1년 이상 해약환급금 지급을 미루는 경우

---

3) 제22조(소비자에 관한 정보이용이 가능한 경우) ① 법 제34조제10호가목에서 "대통령령으로 정하는 경우"란 다음 각 호의 어느 하나에 해당하는 경우를 말한다. 1. 소비자와의 계약을 이행하기 위하여 재화등의 배송 또는 전송을 업(業)으로 하는 자에게 소비자에 관한 정보를 제공하는 경우 2. 소비자와의 계약을 이행하기 위하여 재화등의 설치, 사후 서비스, 그 밖에 약정한 서비스의 제공을 업으로 하는 자에게 소비자에 관한 정보를 제공하는 경우 3. 소비자피해보상보험계약등을 체결한 지급의무자에게 소비자에 관한 정보를 제공하는 경우
4) 제22조(소비자에 관한 정보이용이 가능한 경우) ② 법 제34조제10호다목에서 "대통령령으로 정하는 경우"란 다음 각 호의 어느 하나에 해당하는 경우를 말한다. 1. 소비자의 신원 및 실명이나 본인의 진의(眞意)를 확인하기 위하여 다음 각 목의 어느 하나 해당하는 자에게 소비자에 관한 정보를 제공하는 경우 가. 「전기통신사업법」 제5조제3항제1호에 따른 기간통신사업자 나. 「신용정보의 이용 및 보호에 관한 법률」 제2조제5호에 따른 신용정보회사 다. 해당 거래에 따른 대금결제와 직접 관련된 결제업자 라. 법령에 따라 또는 법령에 따른 인·허가를 받아 도용방지를 위한 실명확인을 업으로 하는 자 2. 미성년자와 거래할 때 법정대리인의 동의 여부를 확인하기 위하여 정보를 이용하는 경우

12. 위계 · 위력 사용 행위

금지행위의 열두 번째 유형은 청약의 철회 또는 계약의 해제와 관련하여 분쟁이 발생한 경우 대금을 지급받기 위하여 소비자에게 위계를 사용하거나 위력을 가하는 행위(제12호)이다.

「선불식 할부거래 지침」에서는 다음과 같이 예시하고 있다(Ⅱ. 8. 12).

> 계약상에 추가요금에 대한 내용이 없음에도 물가상승을 이유로 수의에 대하여 추가요금을 요구하여 소비자가 계약해제를 요구하자, 사업자가 추가요금을 지급받기 위하여 위력을 가한 경우

13. 양도 · 양수 제한 또는 과다 비용 부과 행위

금지행위의 열세 번째 유형은 자신이 공급하는 재화등을 소비자가 양도·양수하는 것을 상당한 이유 없이 제한하거나 양도·양수함에 있어 과다한 비용을 부과하는 행위(제13호)이다.

「선불식 할부거래 지침」에서는 다음과 같이 예시하고 있다(Ⅱ. 8. 13).

> 갑이 선불식 할부거래업자A의 상조상품에 가입한 후 을에게 회원자격(상조서비스 수혜자)을 양도했으나, A가 양도를 이유로 갑이 납입한 금액의 50%만을 인정하는 경우

14. 명의 또는 상호 사용 및 등록증 대여 행위

금지행위의 열네 번째 유형은 다른 사람에게 자기의 명의 또는 상호를 사용하여 선불식 할부거래업을 하게 하거나 선불식 할부거래업 등록증을 대여하는 행위(제14호)이다.

「선불식 할부거래 지침」에서는 다음과 같이 예시하고 있다(Ⅱ. 8. 14).

> 다른 사람에게 자기의 명의 또는 상호를 사용하여 선불식 할부거래업을 하게 하거나 선불식 할부거래업 등록증을 대여하는 행위

- 상조사업자가 위탁·제휴 등을 통하여 타회사가 회원모집만을 수행토록 하는 것은 선불식 할부거래업을 하게 하는 행위에 해당하지 않는다.
- 상조사업자는 위탁·제휴업체가 모집한 소비자에 대해서도 정보제공 등 모든 할부거래법상 의무를 이행하여야 한다.
- 위탁·제휴업체는 자신의 고유업무상의 거래관계를 이용하여 상조상품 가입을 강요하여서는 아니 된다.

15. 다단계판매 방식 선불식 할부계약 체결 등 행위

금지행위의 열다섯 번째 유형은 「방문판매법」 제2조 제5호에 따른 다단계 판매 방식으로 선불식 할부계약을 체결하거나 선불식 할부계약의 체결을 대리 또는 중개하는 행위(제15호)이다.

「선불식 할부거래 지침」에서는 다음과 같이 예시하고 있다(Ⅱ. 8. 15).

상조사업자 판매조직의 직급이 A－B－C 3단계로 구성되어 있고 A는 B의 권유로, B는 C의 권유로 판매원이 되었으며, A의 상조상품 판매실적이 B와 C의 실적에 영향을 미쳐 B, C의 수당으로 이어지거나 A의 실적이 비록 B의 수당에는 영향을 미치지 않을지라도 C의 실적에 영향을 미쳐 C의 수당으로 이어지는 경우

16. 금전대차를 이용한 선불식 할부계약 체결 요구 행위

금지행위의 열여섯 번째 유형은 금전대차 관계를 이용하여 선불식 할부계약의 체결을 요구하는 행위(제16호)이다.

「선불식 할부거래 지침」에서는 다음과 같이 예시하고 있다(Ⅱ. 8. 16).

모집인 갑이 3천만 원의 금전대차 관계에 있던 채무자 을에게 120회 만기, 월회비 3만원의 상조상품 가입을 요구하는 경우
모집인 갑이 금전대차 관계에 있던 채무자 을에게 이자를 상조상품의 월회비로 설정하는 방법으로 상조상품 가입을 요구하는 경우

모집인 갑이 소비자 을에게 금전대차의 조건으로 상조상품 가입을 요구하는 경우

17. 선불식 할부계약 중 일부 이전계약 체결 행위

금지행위의 열일곱 번째 유형은 소비자와 체결한 선불식 할부계약 중 일부
에 대하여 이전계약을 체결하는 행위(제17호)이다.

「선불식 할부거래 지침」에서는 다음과 같이 예시하고 있다(Ⅱ. 8. 16).

> 인도업체가 인수업체에게 자신이 보유중인 선불식 할부계약 총 건수 100건 중 70
> 건만 인도하고 나머지 30건은 유지하는 경우(다만, 소비자의 명시적 부동의를 이
> 유로 인도업체가 상조계약을 유지하는 경우는 예외)

18. 소비자 예금등 금원 인출 행위

금지행위의 열여덟 번째 유형은 이전계약을 체결한 선불식 할부거래업자가
해당 이전계약에 대한 소비자의 동의를 받지 아니하고 소비자의 예금 등에서
금원을 인출하는 행위(제18호)이다.

「선불식 할부거래 지침」에서는 다음과 같이 예시하고 있다(Ⅱ. 8. 16).

> 갑이 선불식 할부거래업자A의 상품에 가입하여 매월 3만원 씩 자동이체 방식으로
> 납부하고 있던 중 어느 날 통장을 확인해 보니 선불식 할부거래업자B 명의로 회
> 비가 인출되고 있었고 갑은 B에게 선불식 할부계약 이관 및 월회비의 자동이체에
> 동의해준 사실이 없는 경우

Ⅲ. 부당고객유인행위의 금지

「선불식 할부거래 지침」(Ⅲ. 9)에서는 독점규제법상 금지되는 부당고객유인
행위에 대해 규정하고 있다.

> 선불식 할부거래업자는 부당하게 경쟁사업자의 고객을 자기와 거래하도록 유인하
> 는 행위(이하 '부당고객유인행위')를 하여서는 아니 된다. 부당고객유인행위란 '부
> 당한 이익에 의한 고객유인행위'와 '위계에 의한 고객유인행위' 등을 말한다.
>
> 가. 부당한 이익에 의한 고객유인행위 금지(독점규제법 시행령 [별표2] 제5호)

부당한 이익에 의한 고객유인행위란 정상적인 거래관행에 비추어 부당하거나 과
대한 이익을 제공 또는 제공할 제의를 하여 경쟁사업자의 고객을 자기와 거래하
도록 유인하는 행위를 말한다.

> <예시>
> 선불식 할부거래업자A가 경쟁사업자B와 선불식 할부계약을 체결한 소비자에게
> B와의 선불식 할부계약을 해제하고 A와 신규계약을 체결하면 선불식 할부계약
> 관련 상품을 할인해주는 방식으로 체결한 계약(이하 '이관할인계약')이 정상적
> 인 거래관행에 비추어 전체 선불식 할부계약에서 상당히 많은 비중을 차지하
> 는 경우
> ⇒ 이는 이관할인계약으로 체결한 소비자뿐만 아니라 일반 소비자에게도 직·
>   간접적인 부담을 지게 하므로 정상적인 거래관행에 비추어 '부당한' 이익을
>   제공하여 경쟁사업자의 고객을 자기와 거래하도록 유인하는 행위에 해당할
>   수 있다.

선불식 할부거래업자A가 경쟁사업자B와 선불식 할부계약을 체결한 소비자C를 대
상으로 위약금(C가 B에 납입한 금액과 해약시 수령할 해약환급금과의 차액)이상
의 경제적 이익을 제공하는 조건으로 이관할인계약을 체결하는 경우
> ⇒ 이는 정상적인 거래관행에 비추어 '과대한' 이익을 제공하여 경쟁사업자의
> 고객을 자기와 거래하도록 유인하는 행위에 해당할 수 있다.

나. 위계에 의한 고객유인행위 금지(독점규제법 시행령 [별표2] 제5호)
위계에 의한 고객유인행위란 부당한 표시·광고 외의 방법으로 자기가 공급하는 상
품 또는 용역의 내용이나 거래조건 기타 거래에 관한 사항에 관하여 실제보다 또는
경쟁사업자의 것보다 현저히 우량 또는 유리한 것으로 고객을 오인시키거나 경쟁
사업자의 것이 실제보다 또는 자기의 것보다 현저히 불량 또는 불리한 것으로 고객
을 오인시켜 경쟁사업자의 고객을 자기와 거래하도록 유인하는 행위를 말한다.

> <예시>
> 선불식 할부거래업자A가 경쟁사업자B와 선불식 할부계약을 체결한 소비자C를
> 대상으로 A의 업계 순위, 재무건전성 등을 과장하거나 B의 서비스 제공여력 및
> 지급여력에 대한 불안감을 조성하는 방법으로 이관할인계약을 체결하는 경우
> ⇒ 이는 소비자로 하여금 경쟁업체의 재무건전성 등이 실제보다 현저히 불량
> 한 것으로 오인하게 하거나 자신의 재무건전성 등이 경쟁업체에 비해 현저히
> 우량한 것처럼 고객을 오인시켜 경쟁사업자의 고객을 자기와 거래하도록 유인
> 하는 행위에 해당할 수 있다.

제3절 ▶ 조사 및 감독

제35조(위반행위의 조사)

① 공정거래위원회, 시·도지사 또는 시장·군수·구청장(자치구의 구청장을 말한다. 이하 같다)은 선불식 할부거래업자가 이 법을 위반한 사실이 있다고 인정할 때에는 직권으로 필요한 조사를 할 수 있다.

② 시·도지사 또는 시장·군수·구청장이 제1항에 따른 조사를 하려는 경우에는 공정거래위원회에 통보하여야 하며, 공정거래위원회는 조사 등이 중복될 우려가 있는 경우에는 시·도지사 또는 시장·군수·구청장에게 조사의 중지를 요청할 수 있다. 이 경우 요청을 받은 시·도지사 또는 시장·군수·구청장은 상당한 이유가 없으면 그 조사를 중지하여야 한다.

③ 공정거래위원회, 시·도지사 또는 시장·군수·구청장은 제1항에 따라 조사를 한 경우에는 그 결과(조사 결과 시정조치명령 등의 처분을 하려는 경우에는 그 처분의 내용을 포함한다)를 해당 건의 당사자에게 문서로 알려야 한다.

④ 누구든지 선불식 할부거래업자가 이 법을 위반한 사실이 있다고 인정할 때에는 그 사실을 공정거래위원회, 시·도지사 또는 시장·군수·구청장에게 신고할 수 있다.

⑤ 공정거래위원회는 선불식 할부거래업자의 이 법 위반행위가 끝난 날부터 5년이 지난 경우 그 위반행위에 대하여는 이 법에 따른 시정조치를 명하지 아니하거나 과징금을 부과하지 아니한다. 다만, 시정조치 또는 과징금 부과처분이 판결의 취지에 따라 취소된 경우로서 그 판결이유에 따라 새로운 처분을 하는 경우에는 그러하지 아니하다.

⑥ 공정거래위원회는 제1항의 조사를 위하여 「소비자기본법」 제33조에 따른 한국소비자원(이하 이 조에서 "한국소비자원"이라 한다)과 합동으로 조사반을 구성할 수 있다. 이 경우 조사반의 구성과 조사에 관한 구체적 방법과 절차, 그 밖에 필요한 사항은 대통령령으로 정한다.

⑦ 제6항에 따라 해당 업무를 담당하는 한국소비자원의 임직원은 「형법」 제129조부터 제132조까지의 규정에 따른 벌칙을 적용할 때에는 공무원으로 본다.

목 차

I. 직권조사

공정거래위원회, 시·도지사 또는 시장·군수·구청장(자치구의 구청장)은 선불식 할부거래업자가 이 법을 위반한 사실이 있다고 인정할 때에는 직권으로 필요한 조사를 할 수 있다(법 제35조 제1항).

공정거래위원회는 제1항의 조사를 위하여 「소비자기본법」 제33조에 따른 한국소비자원과 합동으로 조사반을 구성할 수 있다. 이 경우 조사반의 구성과 조사에 관한 구체적 방법과 절차, 그 밖에 필요한 사항은 *대통령령*[1]으로 정한다(법 제35조 제6항).

II. 신고

누구든지 선불식 할부거래업자가 이 법을 위반한 사실이 있다고 인정할 때에는 그 사실을 공정거래위원회, 시·도지사 또는 시장·군수·구청장에게 신고할 수 있다(법 제35조 제4항).

III. 처분시효

공정거래위원회는 선불식 할부거래업자의 이 법 위반행위가 끝난 날부터 5

---

1) 제23조(조사반의 구성 등) ① 법 제35조제6항에 따른 조사반(이하 이 항에서 "조사반")은 반장 및 반원(班員)으로 구성하며, 반장은 공정거래위원회 소속 공무원으로 하고, 반원은 공정거래위원회 소속 공무원 및 한국소비자원장이 지정한 소속 직원으로 한다. ② 공정거래위원회는 조사반을 구성할 필요가 있는 경우에는 미리 조사기간, 조사대상, 조사에 필요한 인원 등을 적은 문서로 한국소비자원장에게 반원을 지정하여 줄 것을 요청하여야 한다. ③ 조사반의 조사 등의 활동은 반장의 지휘·감독을 받아 실시한다.

년이 지난 경우 그 위반행위에 대하여는 이 법에 따른 시정조치를 명하지 아니하거나 과징금을 부과하지 아니한다. 다만, 시정조치 또는 과징금 부과처분이 판결의 취지에 따라 취소된 경우로서 그 판결이유에 따라 새로운 처분을 하는 경우에는 그러하지 아니하다(법 제35조 제5항).

제36조(부당행위에 대한 정보의 공개)

공정거래위원회는 선불식 할부거래에서의 공정거래질서 확립과 소비자 피해예방을 위하여 필요한 경우에는 대통령령으로 정하는 바에 따라 선불식 할부거래업자의 이 법 위반행위에 대한 조사 결과 등 부당행위에 대한 정보를 공개할 수 있다.

정보 공개의 방법에 대하여 *대통령령*[1]으로 규정하고 있다.

---

1) 제24조(부당행위 등에 대한 정보공개 등) ① 공정거래위원회는 법 제36조에 따라 부당행위에 대한 정보를 공개하려는 경우에는 해당 선불식 할부거래업자에게 정보공개의 목적, 내용, 기간 및 방법 등을 정보공개일 15일 전까지 통지하여야 한다. ② 제1항에 따른 통지를 받은 선불식 할부거래업자는 공개하는 내용 중 사실과 다른 내용이 있는 경우에는 정보공개일 5일 전까지 그 사실을 증명하는 서류를 첨부하여 서면으로 공정거래위원회에 그 내용의 정정 또는 비공개를 요구할 수 있다. 이 경우 공정거래위원회는 선불식 할부거래업자의 요구가 정당하다고 인정되면 공개 내용을 변경하거나 해당 정보를 공개하지 아니할 수 있다. ③ 제1항과 제2항에서 규정한 사항 외에 선불식 할부거래업자의 부당행위에 대한 정보공개의 구체적인 방법과 절차 등에 관하여 필요한 사항은 공정거래위원회가 정하여 고시한다.

제37조(보고 및 감독)

① 시·도지사 또는 시장·군수·구청장은 제38조에 따른 시정권고를 하는 경우에는 대통령령으로 정하는 바에 따라 공정거래위원회에 보고하여야 한다.

② 공정거래위원회는 이 법의 효율적인 시행을 위하여 필요하다고 인정할 때에는 그 소관 사항에 관하여 시·도지사 또는 시장·군수·구청장에게 조사·확인 또는 자료의 제출을 요구하거나 그 밖에 시정에 필요한 조치를 하도록 요구할 수 있다. 이 경우 시·도지사 또는 시장·군수·구청장은 특별한 사유가 없으면 이에 따라야 한다.

시정권고의 경우 보고의무를 *대통령령*[1]으로 규정하고 있다.

---

1) 제25조(보고의무) 시·도지사 또는 시장·군수·구청장(자치구의 구청장)은 법 제37조제1항에 따라 시정권고를 한 경우에는 지체 없이 공정거래위원회에 보고하여야 한다.

제4절 시정조치 및 과징금 부과

제38조(위반행위의 시정권고)

① 공정거래위원회, 시·도지사 또는 시장·군수·구청장(이하 이 조에서 "행정청"이라 한다)은 선불식 할부거래업자가 이 법에 위반되는 행위를 하거나 이 법에 따른 의무를 이행하지 아니하는 경우 제39조에 따른 시정조치를 하기 전에 그 선불식 할부거래업자가 해당 행위의 중지, 이 법에 따른 의무의 이행, 그 밖에 소비자 피해예방 및 구제에 필요한 조치를 하도록 시정 방안을 정하여 그 선불식 할부거래업자에게 이에 따를 것을 권고할 수 있다. 이 경우 해당 선불식 할부거래업자가 그 권고를 수락한 경우에는 제3항에 따라 시정조치가 내려진 것으로 본다는 뜻을 함께 통지하여야 한다.

② 제1항에 따라 시정권고를 받은 선불식 할부거래업자는 그 통지를 받은 날부터 10일 이내에 그 권고의 수락 여부를 시정권고를 한 행정청에 통지하여야 한다.

③ 제1항에 따라 시정권고를 받은 선불식 할부거래업자가 이를 수락한 때에는 제39조에 따른 시정조치가 내려진 것으로 본다.

제39조(시정조치)

① 공정거래위원회는 선불식 할부거래업자가 다음 각 호의 어느 하나에 해당하는 행위를 하거나 이 법에 따른 의무를 이행하지 아니한 경우 해당 선불식 할부거래업자에게 그 시정을 위한 조치를 명할 수 있다.<개정 2015. 7. 24.>

1. 제18조제1항·제3항·제4항·제6항, 제19조, 제20조, 제22조, 제22조의2, 제23조부터 제26조까지, 제27조제1항·제3항부터 제7항까지·제10항, 제32조, 제33조를 위반하는 경우

2. 제34조 각 호의 어느 하나에 해당하는 금지행위를 한 경우

② 제1항에 따른 시정을 위한 조치에는 다음 각 호의 어느 하나에 해당하는 조치를 포함한다.

1. 해당 위반행위의 중지

2. 이 법에 규정된 의무의 이행

3. 시정조치를 받은 사실의 공표

    4. 소비자피해 예방 및 구제에 필요한 조치

    5. 그 밖에 시정을 위하여 필요한 조치

  ③ 제2항제3호에 따른 시정조치를 받은 사실의 공표에 관하여 필요한 사항은 대통령령
    으로 정한다.

[참고사례]

  미래상조119의 손해배상청구 건(대법원 2015. 8. 31. 선고 2015다217898 판결)

  공정거래위원회가 의결일 전에 보도자료를 배포하는 관행 관련, 의결일이 보
도자료 배포일 이후라면 배포 당시에는 의결이 존재하지 않은 것이고 이로써 손
해가 발생하였다며 손해배상을 청구한 사안에 대하여 대법원은 보도자료의 전체
적 취지가 진실이고 배포행위가 공익적 필요가 크다는 점에서 위법하지 않다고
판시하였다(<미래상조119의 손해배상청구 건>).[1]

  시정조치를 받은 사실의 공표에 관하여 필요한 사항은 *대통령령*[2]으로 정한다.

제39조의2(관계 기관의 협조)

  ① 공정거래위원회는 지급의무자가 이 법을 위반한 혐의가 있다고 인정되는 때에는 금
    융위원회 등 해당 지급의무자를 감독하는 중앙행정기관의 장에게 해당 지급의무자에
    대한 조사, 제재 등 그 시정을 위하여 필요한 조치를 요청할 수 있다.

  ② 제1항에 따라 요청을 받은 자는 특별한 사유가 없으면 이에 응하여야 한다.

  [본조신설 2015. 7. 24.]

---

1) 대판 2015. 8. 31. 2015다217898.
2) 제26조(시정조치를 받은 사실의 공표) 공정거래위원회는 법 제39조제2항제3호에 따라 선불식
   할부거래업자에 대하여 시정조치를 받은 사실의 공표를 명하는 경우에는 다음 각 호의 사항
   을 고려하여 공표의 내용 및 그 횟수 등을 정한다. 1. 위반행위의 내용 및 정도 2. 위반행위의
   기간 및 횟수 3. 위반행위로 인하여 발생한 소비자피해의 범위 및 정도

제40조(영업정지 등)

① 공정거래위원회는 선불식 할부거래업자가 다음 각 호의 어느 하나에 해당하는 경우에는 대통령령으로 정하는 바에 따라 1년 이내의 기간을 정하여 그 영업의 전부 또는 일부의 정지를 명할 수 있다.<개정 2015. 7. 24.>

　1. 다음 각 목의 어느 하나에 해당하는 경우로서 제39조에 따른 시정조치명령에도 불구하고 위반행위를 반복하거나 시정조치를 이행하지 아니하는 경우

　　가. 제18조제3항 또는 제4항에 따른 신고를 하지 아니하거나 거짓으로 신고한 경우

　　나. 제34조제1호부터 제3호까지, 제7호부터 제9호까지 또는 제12호에 해당하는 금지행위를 한 경우

　2. 제1호 각 목의 어느 하나에 해당하는 경우로서 시정조치만으로는 소비자의 피해를 방지하기 어렵거나 소비자에 대한 피해보상이 불가능하다고 판단되는 경우

② 시·도지사는 선불식 할부거래업자가 다음 각 호의 어느 하나에 해당하는 경우 그 등록을 취소할 수 있다. 다만, 제1호 및 제2호에 해당하는 경우에는 그 등록을 취소하여야 한다.<개정 2015. 7. 24.>

　1. 거짓이나 그 밖의 부정한 방법으로 제18조제1항에 따른 등록을 한 경우

　2. 제20조 각 호의 결격사유에 해당하게 된 경우

　3. 소비자피해보상보험계약등이 해지된 경우

　4. 영업정지기간 중에 영업을 하는 경우

　5. 최근 5년간 제1항에 따른 영업정지 명령을 3회 이상 받은 경우(제42조에 따라 영업정지에 갈음하여 과징금을 부과받은 경우도 포함한다)

③ 시·도지사가 제2항에 따라 선불식 할부거래업자의 등록을 취소하려면 청문을 하여야 한다.

영업정지의 기준에 대하여 *대통령령*[1]으로 정하고 있다.

---

1) 제27조(영업정지의 기준) 법 제40조제1항에 따른 영업정지의 기준은 별표 2와 같다.

제41조(소비자피해분쟁조정의 요청)

① 공정거래위원회, 시·도지사 또는 시장·군수·구청장은 이 법 위반행위와 관련하여 소비자의 피해구제신청이 있으면 제38조에 따른 시정권고 또는 제39조에 따른 시정조치를 하기 전에 선불식 할부거래에 관한 소비자보호 관련 업무를 수행하는 기관 또는 단체 등 대통령령으로 정하는 소비자피해분쟁조정기구에 그 조정을 의뢰할 수 있다. 이 경우 공정거래위원회, 시·도지사 또는 시장·군수·구청장은 조정안을 당사자가 수락하고 이행하는 경우에는 제39조에 따른 시정조치를 하지 아니한다는 뜻을 당사자에게 알려야 한다.

② 제1항에 따른 소비자피해분쟁조정기구의 조정안에 대하여 당사자가 수락하고 이행한 경우에는 대통령령으로 정하는 바에 따라 제39조에 따른 시정조치를 하지 아니한다.

③ 공정거래위원회는 제1항에 따라 분쟁의 조정을 요청하는 경우 예산의 범위에서 해당 분쟁의 조정에 필요한 예산을 지원할 수 있다.

선불식 할부거래에 관한 소비자보호 관련 업무를 수행하는 기관 또는 단체 등 *대통령령*1)으로 정하는 소비자피해분쟁조정기구에 그 조정을 의뢰할 수 있다.

소비자피해분쟁조정기구의 조정안에 대하여 당사자가 수락하고 이행한 경우에는 *대통령령*2)으로 정하는 바에 따라 제39조에 따른 시정조치를 하지 아니한다.

---

1) 제28조(소비자피해분쟁조정기구) 법 제41조제1항 전단에서 "선불식 할부거래에 관한 소비자보호 관련 업무를 수행하는 기관 또는 단체 등 대통령령으로 정하는 소비자피해분쟁조정기구"란 다음 각 호의 어느 하나에 해당하는 기구를 말한다. 1. 「소비자기본법」 제33조에 따라 설립된 한국소비자원 2. 시·도지사가 「소비자기본법」 제16조 및 같은 법 시행령 제7조에 따라 설치한 소비자피해구제기구 3. 그 밖에 소비자보호 관련 법령에 따라 설치·운영되는 분쟁조정기구

2) 제29조(분쟁조정 조정안 수락 및 이행 시 시정조치를 하지 아니하는 절차 등) ① 법 제41조에 따른 분쟁조정의 당사자는 소비자피해분쟁조정기구의 권고안 또는 조정안을 이행하였음을 확인하는 서류를 그 이행한 날부터 10일 이내에 공정거래위원회에 제출하고, 법 제39조에 따른 시정조치를 하지 아니한다는 확인을 요청할 수 있다. ② 제1항에 따른 요청을 받은 공정거래위원회는 시정조치를 하지 아니하는 대상 등을 사업자에게 통지하여야 한다.

제42조(과징금)

① 공정거래위원회는 제40조제1항에 따라 영업정지를 명하여야 할 경우로서 영업정지가 소비자에게 심한 불편을 주거나 공익을 해할 우려가 있으면 영업정지를 갈음하여 해당 선불식 할부거래업자에 대하여 대통령령으로 정하는 위반행위 관련 매출액을 초과하지 아니하는 범위에서 과징금을 부과할 수 있다. 이 경우 관련 매출액이 없거나 이를 산정할 수 없는 경우 등에는 5천만원을 초과하지 아니하는 범위에서 과징금을 부과할 수 있다.

② 공정거래위원회는 제1항에 따른 과징금을 부과할 때 다음 각 호의 사항을 고려하여야 한다.
　1. 위반행위로 인한 소비자 피해정도
　2. 소비자피해에 대한 선불식 할부거래업자의 보상노력 정도
　3. 위반행위로 인하여 취득한 이익의 규모
　4. 위반행위의 내용·기간 및 횟수 등

③ 공정거래위원회는 이 법을 위반한 선불식 할부거래업자인 회사의 합병이 있는 경우에는 그 회사가 행한 위반행위를 합병 후 존속하거나 합병으로 새로 설립된 회사가 한 행위로 보아 과징금을 부과·징수할 수 있다.

④ 제1항에 따른 과징금의 납부기한의 연장, 분할납부, 징수, 체납처분 및 환급가산금에 관하여는 「독점규제 및 공정거래에 관한 법률」 제103조, 제105조 및 제106조를 준용한다. <개정 2020. 12. 29.>

⑤ 제1항에 따른 과징금의 부과기준은 대통령령으로 정한다.

 목 차

I. 과징금의 부과 기준

공정거래위원회는 제40조 제1항에 따라 영업정지를 명하여야 할 경우로서 영업정지가 소비자에게 심한 불편을 주거나 공익을 해할 우려가 있으면 영업정지를 갈음하여 해당 선불식 할부거래업자에 대하여 *대통령령*[1]으로 정하는 위반행위 관련 매출액을 초과하지 아니하는 범위에서 과징금을 부과할 수 있다. 이 경우 관련 매출액이 없거나 이를 산정할 수 없는 경우 등에는 5천만원을 초과하지 아니하는 범위에서 과징금을 부과할 수 있다(법 제42조 제1항).

제1항에 따른 과징금의 부과기준은 *대통령령*[2]으로 정한다(법 제42조 제5항).

이와 관련하여 공정거래위원회는 「할부거래에 관한 법률 위반사업자에 대한 과징금부과 세부기준 등에 관한 고시」[3]를 제정·운영하고 있다.

II. 합병의 경우

공정거래위원회는 이 법을 위반한 선불식 할부거래업자인 회사의 합병이 있는 경우에는 그 회사가 행한 위반행위를 합병 후 존속하거나 합병으로 새로 설립된 회사가 한 행위로 보아 과징금을 부과·징수할 수 있다(법 제42조 제3항).

III. 납부기한의 연장 등

제1항에 따른 과징금의 납부기한의 연장, 분할납부, 징수, 체납처분 및 환급가산금에 관하여는 「독점규제법」 제103조, 제105조 및 제106조를 준용한다(법 제42조 제1항)(법 제42조 제4항).

---

1) 제30조(위반행위 관련 매출액의 산정) ① 법 제42조제1항 전단에서 "대통령령으로 정하는 위반행위 관련 매출액"이란 해당 선불식 할부거래업자가 위반행위의 발생 시부터 그 종료 시(해당 행위가 과징금 부과처분을 명하는 공정거래위원회의 심의일까지 종료되지 아니한 경우에는 그 심의일을 위반행위의 종료일로 본다)까지 선불식 할부계약과 관련하여 소비자로부터 지급받은 재화등의 대금의 100분의 30에 해당하는 금액을 말한다. ② 제1항에서 규정한 사항 외에 위반행위 관련 매출액의 산정에 필요한 사항은 공정거래위원회가 정한다.
2) 제31조(과징금의 부과기준) ① 법 제42조제1항에 따른 과징금의 부과기준은 별표 3과 같다. ② 이 영에서 규정한 사항 외에 과징금의 부과에 필요한 세부기준은 공정거래위원회가 정한다.
3) 공정거래위원회고시 제2021-47호(2021. 12. 29).

▼

제4장

보칙

제42조의2(준용규정)

선불식 할부거래에 관하여는 이 법에서 다르게 정하거나 성질에 반하지 아니하면 할부
거래에 관한 제12조부터 제16조까지의 규정을 준용한다.
[본조신설 2015. 7. 24.]

제43조(소비자에게 불리한 계약의 금지)

제6조부터 제13조까지, 제15조, 제16조, 제22조의2, 제23조부터 제26조까지의 규정을
위반한 약정으로서 소비자에게 불리한 것은 효력이 없다.<개정 2015. 7. 24.>

[참고사례]

현대캐피탈(주)의 할부금융약정서 건{대전지방법원 2004. 8. 26. 선고 2003나7096
판결; 대법원 2006. 7. 28. 선고 2004다54633 [손해배상(기)](파기환송) 판결}

<현대캐피탈(주)의 할부금융약정서 건>[1]관련 행정소송에서 대법원은 간
접할부계약에도 유추적용되어야 한다고 보았다.

> "구 할부거래법 제13조는 '매도인과 매수인 간의 할부계약의 내용 중에서 할부거래
> 법 제12조에 의한 내용보다 매수인에게 불리한 것은 그 효력이 없다.'고 규정하고
> 있었음. 위 규정은 '매수인의 항변권'을 보호하기 위한 규정으로서, 할부계약의 내용
> 중에서 할부거래법 제12조에 의한 내용보다 매수인에게 불리한 것은 매도인뿐만 아
> 니라, 신용제공자에 대한 관계에서도 효력을 인정할 수 없다고 할 것이므로, 이른바
> 간접할부계약에도 유추적용되어야 함"(<현대캐피탈(주)의 할부금융약정서 건>)[2]

---

1) 대판 2006. 7. 28. 2004다54633[손해배상(기)].
2) 대판 2006. 7. 28. 2004다54633[손해배상(기)].

제44조(전속관할)

할부거래 및 선불식 할부거래와 관련된 소(訴)는 제소 당시 소비자의 주소를, 주소가 없는 경우에는 거소를 관할하는 지방법원의 전속관할로 한다. 다만, 제소 당시 소비자의 주소 및 거소가 분명하지 아니한 경우에는 「민사소송법」의 관련 규정을 준용한다.

제45조(사업자단체의 등록)

① 할부거래 및 선불식 할부거래의 건전한 발전과 소비자의 신뢰도 제고, 그 밖에 공동 이익의 증진을 목적으로 설립된 사업자단체는 대통령령으로 정하는 바에 따라 공정 거래위원회에 등록할 수 있다.

② 제1항에 따른 등록의 요건, 방법 및 절차 등에 관하여 필요한 사항은 대통령령으로 정한다.

사업자단체의 등록에 대하여는 *대통령령*[1]으로 정하고 있다. 등록의 요건, 방법 및 절차 등에 관하여 필요한 사항은 *대통령령*[2]으로 정한다.

---

1) 제32조(사업자단체의 등록) ① 법 제45조제1항에 따라 등록하려는 사업자단체는 총리령으로 정하는 신청서에 다음 각 호의 사항을 적어 공정거래위원회에 제출하여야 한다. 1. 목적 2. 명칭 3. 주된 사무소·지부의 주소 및 인터넷 홈페이지 주소 4. 대표자의 성명·주민등록번호· 주소·전화번호·전자우편주소 5. 설립연월일 6. 회원의 수(지부의 수를 포함) 7. 사업내용
총리령 제13조(사업자단체의 등록) 법 제45조제1항 및 영 제32조에 따라 등록하려는 사업자 단체는 별지 제12호서식의 사업자단체 등록신청서를 공정거래위원회에 제출하여야 한다.

2) 제32조(사업자단체의 등록) ② 제1항에 따른 신청서에는 정관과 다음 각 호에 관한 자료를 첨부하여야 한다. 1. 인력·재정 상황 및 재원 확보방안 2. 주요 설비의 목록 및 성능 ③ 법 제45조제1항에 따라 등록한 사업자단체는 제1항제1호부터 제4호까지, 제6호 및 제7호와 제2항각 호의 사항이 변경된 경우에는 그 변경사항이 발생한 날부터 20일 이내에 공정거래위원회에 통보하여야 한다.

제46조(사무의 위탁)

① 공정거래위원회는 이 법을 효율적으로 집행하기 위하여 제18조제5항에 따른 선불식
할부거래업자에 관한 정보의 공개 등 대통령령으로 정하는 사무의 일부를 제45조에
따라 등록한 사업자단체에 위탁할 수 있다.<개정 2018. 12. 31.>

② 제1항에 따라 위탁한 사무에 대한 감독, 처리·보고, 조사·확인, 자료의 제출 또는
시정에 필요한 조치의 요구 등에 관하여 필요한 사항은 대통령령으로 정한다.

③ 제1항에 따라 사무를 위탁받은 사업자단체의 임직원은 「형법」 제129조부터 제132조
까지의 규정에 따른 벌칙을 적용할 때에는 공무원으로 본다.

위탁한 사무에 대한 감독, 처리·보고, 조사·확인, 자료의 제출 또는 시정
에 필요한 조치의 요구 등에 관하여 필요한 사항은 *대통령령*[1])으로 정한다.

---

1) 제32조의2(고유식별정보의 처리) 시·도지사(해당 권한이 위임·위탁된 경우에는 그 권한을 위
임·위탁받은 자를 포함한다)는 다음 각 호의 사무를 수행하기 위하여 불가피한 경우 「개인정
보 보호법 시행령」 제19조제1호에 따른 주민등록번호가 포함된 자료를 처리할 수 있다. 1. 법
제18조제1항에 따른 선불식 할부거래업의 등록에 관한 사무 2. 법 제18조제3항에 따른 선불식
할부거래업의 등록사항 변경신고에 관한 사무 3. 법 제22조제3항에 따른 선불식 할부거래업자
의 지위승계 신고에 관한 사무

제47조(「독점규제 및 공정거래에 관한 법률」의 준용)

① 이 법에 따른 공정거래위원회의 심의·의결에 관하여는 「독점규제 및 공정거래에 관한 법률」 제64조부터 제68조까지 및 제93조를 준용한다. <개정 2020. 12. 29.>

② 이 법 시행을 위한 공정거래위원회, 시·도지사 또는 시장·군수·구청장의 조사 등에 관하여는 제81조제1항·제2항·제3항·제6항 및 제9항의 규정을 준용한다 <개정 2020. 12. 29.>

③ 이 법에 따른 공정거래위원회의 처분 및 시·도지사의 처분에 대한 이의신청, 시정조치명령의 집행정지, 소의 제기 및 불복의 소의 전속관할에 관하여는 「독점규제 및 공정거래에 관한 법률」 제96조, 제97조, 제99조부터 제101조까지의 규정을 준용한다. <개정 2020. 12. 29.>

④ 이 법에 따른 직무에 종사하거나 종사하였던 공정거래위원회의 위원 또는 공무원에 대하여는 「독점규제 및 공정거래에 관한 법률」 제119조를 준용한다. <개정 2020. 12. 29.>

제5장

벌칙

제48조(벌칙)

① 다음 각 호의 어느 하나에 해당하는 자는 3년 이하의 징역 또는 1억원 이하의 벌금에 처한다. 이 경우 다음 각 호의 어느 하나에 해당하는 자가 해당 법 위반행위와 관련하여 판매 또는 거래한 대금 총액의 3배에 상당하는 금액이 1억원을 초과하는 때에는 3년 이하의 징역 또는 판매하거나 거래한 대금 총액의 3배에 상당하는 금액 이하의 벌금에 처한다.<개정 2015. 7. 24.>

1. 제18조제1항을 위반하여 등록을 하지 아니하고(제40조제2항에 따라 등록이 취소된 경우를 포함한다) 선불식 할부거래업을 하는 자
2. 거짓이나 그 밖의 부정한 방법으로 제18조제1항에 따른 등록을 하고 선불식 할부거래업을 하는 자(제34조제7호의 금지행위를 한 자를 포함한다)
3. 제34조제17호 또는 제18호의 금지행위를 한 자
4. 제39조제1항에 따른 시정조치 명령에 응하지 아니한 자
5. 제40조제1항에 따른 영업정지 명령을 위반하여 영업을 한 자

② 제1항의 징역형과 벌금형은 병과(倂科)할 수 있다.

제49조(벌칙)

제47조제4항에 따라 준용되는 「독점규제 및 공정거래에 관한 법률」 제119조를 위반한 자는 2년 이하의 징역 또는 200만원 이하의 벌금에 처한다.<개정 2020. 12. 29.>

제50조(벌칙)

① 다음 각 호의 어느 하나에 해당하는 자는 1년 이하의 징역 또는 3천만원 이하의 벌금에 처한다.<개정 2015. 7. 24.>

　1. 제27조제10항을 위반하여 소비자피해보상보험계약등을 체결 또는 유지함에 있어 거짓으로 선수금 등의 자료를 제출한 자

　2. 제34조제1호부터 제3호까지, 제8호·제9호·제12호 및 제14호부터 제16호까지에 해당하는 금지행위를 한 자

② 제1항의 징역형과 벌금형은 병과할 수 있다.

제51조(벌칙)

다음 각 호의 어느 하나에 해당하는 자는 1천만원 이하의 벌금에 처한다.<개정 2015. 7. 24.>

1. 제34조제5호의 금지행위를 한 자

2. 제34조제11호의 금지행위를 한 자

제52조(양벌규정)

법인의 대표자나 법인 또는 개인의 대리인, 사용인, 그 밖의 종업원이 그 법인 또는 개인의 업무에 관하여 제48조, 제50조 또는 제51조의 위반행위를 하면 그 행위자를 벌하는 외에 그 법인 또는 개인에게도 해당 조문의 벌금형을 과(科)한다. 다만, 법인 또는 개인이 그 위반행위를 방지하기 위하여 해당 업무에 관하여 상당한 주의와 감독을 게을리하지 아니한 경우에는 그러하지 아니하다.

제53조(과태료)

① 다음 각 호의 어느 하나에 해당하는 자에게는 5천만원 이하의 과태료를 부과한다. <개정 2015. 7. 24.>

1. 제18조제3항 또는 제4항에 따른 신고를 거짓으로 한 자
2. 제22조제3항 또는 제22조의2제7항에 따른 신고를 거짓으로 한 자

② 다음 각 호의 어느 하나에 해당하는 자에게는 3천만원 이하의 과태료를 부과한다. <개정 2015. 7. 24.>

1. 제18조제3항 또는 제4항에 따른 신고를 하지 아니한 자
2. 제18조제6항을 위반하여 자료를 제출하지 아니하거나 거짓 자료를 제출한 자
3. 제18조의2제1항에 따른 회계감사 보고서를 제출하지 아니한 자
4. 제22조제3항 또는 제22조의2제7항에 따른 신고를 하지 아니한 자
5. 거짓이나 그 밖의 부정한 방법으로 제22조의2제2항에 따른 설명을 하거나 동의를 받은 자
6. 모집인이 제23조제1항 또는 제2항을 위반한 경우 해당 선불식 할부거래업자. 다만, 선불식 할부거래업자가 그 위반행위를 막기 위하여 해당 업무에 관하여 상당한 주의와 감독을 게을리하지 아니한 경우에는 그러하지 아니하다.
7. 거짓이나 그 밖의 부정한 방법으로 제23조제1항, 제2항 또는 제4항에 따른 설명을 하거나 확인을 받은 자
8. 거짓이나 그 밖의 부정한 방법으로 제23조제3항·제4항에 따른 계약서를 발급한 자
9. 제27조제12항에 따른 서류를 제출하지 아니한 자
10. 제33조에 따른 소비자의 열람에 제공하는 재화등의 거래기록·소비자피해보상보험계약등의 체결내용을 거짓으로 작성한 자

③ 다음 각 호의 어느 하나에 해당하는 자에게는 1천만원 이하의 과태료를 부과한다. <개정 2015. 7. 24.>

1. 제18조의2제2항에 따라 회계감사 보고서를 공시하지 아니한 자
2. 제22조제2항 및 제22조의2제1항에 따른 공고를 하지 아니하거나 거짓으로 공고한 자
3. 제22조의2제2항 또는 제3항을 위반한 자
4. 제22조의2제6항을 위반하여 자료를 보존하지 아니한 자
5. 제23조제1항 또는 제2항을 위반하여 설명 또는 확인을 받지 아니한 자
6. 제23조제3항 또는 제4항에 따른 계약서를 발급하지 아니한 자

7. 제23조제5항 및 제32조제2항을 위반하여 대통령령으로 정하는 사항을 소비자에게 알리지 아니한 자

8. 제24조제5항을 위반하여 계약금, 할부금 또는 지연배상금을 환급하지 아니한 자

9. 제25조를 위반하여 대금 또는 지연배상금을 환급하지 아니하거나 과다한 위약금을 청구한 자

10. 제32조제1항을 위반하여 휴업기간 또는 영업정지기간 중에 청약의 철회 등에 관한 업무를 계속하지 아니한 자

11. 제33조에 따른 재화등의 거래기록 · 소비자피해보상보험계약등의 체결내용을 소비자가 열람할 수 있도록 하지 아니한 자

12. 제47조제2항에 따라 준용되는 「독점규제 및 공정거래에 관한 법률」 제50조제1항 제1호에 따른 출석처분을 받은 당사자 중 정당한 사유 없이 2회 이상 응하지 아니한 자로서 이 법을 위반한 자

13. 제47조제2항에 따라 준용되는 「독점규제 및 공정거래에 관한 법률」 제50조제1항 제3호 또는 제3항에 따른 보고 또는 필요한 자료나 물건의 제출을 하지 아니하거나 거짓 보고 또는 자료나 물건을 제출한 자

14. 제47조제2항에 따라 준용되는 「독점규제 및 공정거래에 관한 법률」 제50조제2항에 따른 조사를 거부 · 방해 또는 기피한 자

④ 다음 각 호의 어느 하나에 해당하는 자(간접할부계약의 경우 신용제공자를 포함한다)에게는 500만원 이하의 과태료를 부과한다.

1. 제5조를 위반하여 표시를 하지 아니하거나 거짓 표시를 한 자

2. 제6조제2항에 따른 계약서를 발급하지 아니하거나 거짓으로 적은 계약서를 발급한 자

3. 제6조제3항에 따른 서면을 발급하지 아니한 자

4. 제7조에 따른 할부수수료의 실제연간요율의 최고한도를 위반하여 할부수수료를 받은 자

5. 제10조를 위반하여 계약금, 할부금 또는 지연배상금을 환급하지 아니하거나 환급에 필요한 조치를 취하지 아니한 자

6. 제10조제8항 또는 제16조제7항을 위반하여 소비자에게 불이익을 주는 행위를 한 자

7. 제12조제1항에 따른 지연손해금 산정 시 적용하는 이율의 최고한도를 위반하여 지연손해금을 받은 자

8. 제17조를 위반하여 휴업기간 또는 영업정지기간 중에 청약의 철회에 관한 업무

　　를 계속하지 아니한 자

　⑤ 제47조제1항에 따라 준용되는 「독점규제 및 공정거래에 관한 법률」 제43조의2에 따
　　른 질서유지명령에 따르지 아니한 자에게는 100만원 이하의 과태료를 부과한다.

　⑥ 제1항부터 제3항까지 및 제5항에 따른 과태료는 공정거래위원회, 시 · 도지사 또는
　　시장 · 군수 · 구청장이 부과 · 징수한다.

　⑦ 제4항에 따른 과태료는 시장 · 군수 · 구청장이 부과 · 징수한다.

　⑧ 제1항부터 제5항까지의 규정에 따른 과태료의 부과기준은 대통령령으로 정한다.

　　과태료의 부과 기준은 *대통령령*[1])으로 정한다(법 제53조 제8항).

제54조(과태료에 관한 규정 적용의 특례)

　　제53조의 과태료에 관한 규정을 적용할 때 제42조에 따라 과징금을 부과한 행위에 대해
　　서는 과태료를 부과할 수 없다.
　　[본조신설 2017. 11. 28.]

　　동일한 위반행위에 대하여 과태료와 과징금을 동시에 부과하는 것은 과잉
금지 원칙에 위반될 우려가 있으므로 동일한 위반행위에 대하여 과징금을 부과
한 경우에는 과태료를 부과하지 아니하도록 하였다.[1])

---

1) 제33조(과태료의 부과기준) 법 제53조제1항부터 제5항까지의 규정에 따른 과태료의 부과기
　준은 별표 4와 같다.
1) 【개정이유】 [시행 2018. 5. 29.][법률 제15143호, 2017. 11. 28., 일부개정]

제6편

방문판매법

제 1 장

총칙

제1조(목적)

이 법은 방문판매, 전화권유판매, 다단계판매, 후원방문판매, 계속거래 및 사업권유거래 등에 의한 재화 또는 용역의 공정한 거래에 관한 사항을 규정함으로써 소비자의 권익을 보호하고 시장의 신뢰도를 높여 국민경제의 건전한 발전에 이바지함을 목적으로 한다.

[참고문헌]

단행본: 공정거래위원회 30년사, 공정거래위원회, 2010. 3.

1991년 방문판매법을 제정한 것은 외국계 다단계판매업체가 국내에 진출하고 급성장함에 따라 소비자피해가 급증하고 이에 따라 비점포거래(방문·통신·다단계)[1]를 총괄하는 법률제정의 필요성이 점증하였기 때문이다.[2] 그 후 1999년 주관부처가 산업자원부에서 공정거래위원회로 변경되었다. 2002년에는 전화권유판매, 계속거래, 사업권유거래를 새로운 법적용대상으로 하는 법 개정이 이루어졌다.

---

1) 이를 통상 '특수거래'라 칭한다.
2) 공정거래위원회 30년사(2010), 30면.

제2조(정의)

이 법에서 사용하는 용어의 뜻은 다음과 같다.

1. "방문판매"란 재화 또는 용역(일정한 시설을 이용하거나 용역을 제공받을 수 있는 권리를 포함한다. 이하 같다)의 판매(위탁 및 중개를 포함한다. 이하 같다)를 업(業)으로 하는 자(이하 "판매업자"라 한다)가 방문을 하는 방법으로 그의 영업소, 대리점, 그 밖에 총리령으로 정하는 영업 장소(이하 "사업장"이라 한다) 외의 장소에서 소비자에게 권유하여 계약의 청약을 받거나 계약을 체결(사업장 외의 장소에서 권유 등 총리령으로 정하는 방법으로 소비자를 유인하여 사업장에서 계약의 청약을 받거나 계약을 체결하는 경우를 포함한다)하여 재화 또는 용역(이하 "재화등"이라 한다)을 판매하는 것을 말한다.

2. "방문판매자"란 방문판매를 업으로 하기 위하여 방문판매조직을 개설하거나 관리·운영하는 자(이하 "방문판매업자"라 한다)와 방문판매업자를 대신하여 방문판매업무를 수행하는 자(이하 "방문판매원"이라 한다)를 말한다.

3. "전화권유판매"란 전화를 이용하여 소비자에게 권유를 하거나 전화회신을 유도하는 방법으로 재화등을 판매하는 것을 말한다.

4. "전화권유판매자"란 전화권유판매를 업으로 하기 위하여 전화권유판매조직을 개설하거나 관리·운영하는 자(이하 "전화권유판매업자"라 한다)와 전화권유판매업자를 대신하여 전화권유판매업무를 수행하는 자(이하 "전화권유판매원"이라 한다)를 말한다.

5. "다단계판매"란 다음 각 목의 요건을 모두 충족하는 판매조직(이하 "다단계판매조직"이라 한다)을 통하여 재화등을 판매하는 것을 말한다.

   가. 판매업자에 속한 판매원이 특정인을 해당 판매원의 하위 판매원으로 가입하도록 권유하는 모집방식이 있을 것

   나. 가목에 따른 판매원의 가입이 3단계(다른 판매원의 권유를 통하지 아니하고 가입한 판매원을 1단계 판매원으로 한다. 이하 같다) 이상 단계적으로 이루어질 것. 다만, 판매원의 단계가 2단계 이하라고 하더라도 사실상 3단계 이상으로 관리·운영되는 경우로서 대통령령으로 정하는 경우를 포함한다.

   다. 판매업자가 판매원에게 제9호나목 또는 다목에 해당하는 후원수당을 지급하는 방식을 가지고 있을 것

6. "다단계판매자"란 다단계판매를 업으로 하기 위하여 다단계판매조직을 개설하거나 관리·운영하는 자(이하 "다단계판매업자"라 한다)와 다단계판매조직에 판매원으로 가입한 자(이하 "다단계판매원"이라 한다)를 말한다.

7. "후원방문판매"란 제1호 및 제5호의 요건에 해당하되, 대통령령으로 정하는 바에 따라 특정 판매원의 구매·판매 등의 실적이 그 직근 상위판매원 1인의 후원수당에만 영향을 미치는 후원수당 지급방식을 가진 경우를 말한다. 이 경우 제1호의 방문판매 및 제5호의 다단계판매에는 해당하지 아니하는 것으로 한다.

8. "후원방문판매자"란 후원방문판매를 업으로 하기 위한 조직(이하 "후원방문판매조직" 이라 한다)을 개설하거나 관리·운영하는 자(이하 "후원방문판매업자"라 한다)와 후원방문판매조직에 판매원으로 가입한 자(이하 "후원방문판매원"이라 한다)를 말한다.

9. "후원수당"이란 판매수당, 알선 수수료, 장려금, 후원금 등 그 명칭 및 지급 형태와 상관없이 판매업자가 다음 각 목의 사항과 관련하여 소속 판매원에게 지급하는 경제적 이익을 말한다.

　가. 판매원 자신의 재화등의 거래실적

　나. 판매원의 수당에 영향을 미치는 다른 판매원들의 재화등의 거래실적

　다. 판매원의 수당에 영향을 미치는 다른 판매원들의 조직관리 및 교육훈련 실적

　라. 그 밖에 가목부터 다목까지의 규정 외에 판매원들의 판매활동을 장려하거나 보상하기 위하여 지급되는 일체의 경제적 이익

10. "계속거래"란 1개월 이상에 걸쳐 계속적으로 또는 부정기적으로 재화등을 공급하는 계약으로서 중도에 해지할 경우 대금 환급의 제한 또는 위약금에 관한 약정이 있는 거래를 말한다.

11. "사업권유거래"란 사업자가 소득 기회를 알선·제공하는 방법으로 거래 상대방을 유인하여 금품을 수수하거나 재화등을 구입하게 하는 거래를 말한다.

12. "소비자"란 사업자가 제공하는 재화등을 소비생활을 위하여 사용하거나 이용하는 자 또는 대통령령으로 정하는 자를 말한다.

13. "지배주주"란 다음 각 목의 어느 하나에 해당하는 자를 말한다.

　가. 대통령령으로 정하는 특수관계인과 함께 소유하고 있는 주식 또는 출자액의 합계가 해당 법인의 발행주식총수 또는 출자총액의 100분의 30 이상인 경우로서 그 합계가 가장 많은 주주 또는 출자자

　나. 해당 법인의 경영을 사실상 지배하는 자. 이 경우 사실상 지배의 구체적인 내용은 대통령령으로 정한다.

목 차

[참고문헌]

단행본: 공정거래위원회, 공정거래백서, 2019; 권오승, 경제법(제13판), 법문사, 2019; 김두진, 소비자보호법, 동방문화사, 2019; 사법연수원, 약관규제와 소비자보호 연구, 2012; Gene A. Marsch, Consumer Protection Law, West Group, 1999

[참고사례]

캐리어자판판매(주)의 방문판매법 위반행위 건(공정거래위원회 2005. 11. 21. 의결 제2005-235호; 서울고등법원 2007. 1. 31. 선고 2005누29589 판결); 다단계업체의 방문 판매법 위반 건[서울중앙지방법원 2005. 1. 14. 선고 2004노3888 판결; 대법원 2005. 11. 25. 선고 2005도977(방문판매등에관한법률위반)(파기환송) 판결]; 유사수신행위규제 법, 방문판매법 등 위반행위 건{서울고등법원 2006. 10. 20. 선고 2006노1275; 대법원 2007. 1. 25. 선고 2006도7470[특정경제범죄가중처벌등에관한법률위반(사기)·유사수신 행위의규제에관한법률위반·방문판매등에관한법률위반] 판결}; (주)디케이코퍼레이션의 방문판매법위반행위 건(공정거래위원회 2006. 10. 31. 의결 제2006-252호; 서울고등법 원 2007. 12. 20. 선고 2007누6320 판결); (주)대교 등 10개사의 방문판매법위반행위 건 (공정거래위원회 2007. 10. 8. 의결 제2007-454 등; 서울고등법원 2008. 9. 11. 선고 2007누27143, 29460, 30026, 30163, 2008. 9. 3. 선고 2007누26577, 28375, 29477, 30019, 30156, 30293 판결); (주)다이너스티인터내셔날의 방문판매법 위반행위 건(공정거 래위원회 2008. 9. 4. 의결 제 2008-255호; 서울고등법원 2007. 12. 20. 선고 2007누 7293); 나드리화장품의 방문판매법 위반행위 건(공정거래위원회 2007. 10. 26. 의결 제

2007-509호 ; 서울고등법원 2008. 9. 11. 선고 2007누30026 판결; 대법원 2009. 4. 9. 선고 2008두17424 판결); **월드종합라이센스(주)의 방문판매법 위반행위 건**(공정거래위원회 2009. 2. 25. 의결 제2009-068호; 서울고등법원 2010. 9. 16. 선고 2009누8887; 대법원 2011. 1. 13. 선고 2010두22658); **(주)퍼스트드림의 방문판매법 위반행위 건**(공정거래위원회 2011. 9. 26. 의결 제2011-165호; 서울고등법원 2012. 6. 27. 선고 2011누36694 판결); **메리케이코리아(유)의 방문판매법 위반행위 건**[공정거래위원회 2010. 5. 4. 의결 제2010-048호; 서울고등법원 2011. 1. 20. 선고 2010누16075; 대법원 2011. 6. 9. 선고 2011두5087 판결(심리불속행 기각)]; **씨엔에이치이노이브(주)의 방문판매법 위반행위 건**[공정거래위원회 2010. 5. 4. 의결 제2010-049호; 서울고등법원 2011. 12. 1. 선고 2010누115744 판결; 대법원 2011. 2. 24. 선고 2010두28564 판결(심리불속행기각)]; **류창열의 헌법소원심판 청구 건**(헌법재판소 2015. 7. 30. 2013헌바275 결정); **더리본(주)의 방문판매법 및 할부거래법 위반행위 건**(공정거래위원회 2019. 2. 21. 의결 제2019-039호; 대법원 2020. 8. 27. 선고 2020두39068 판결)

I. 방문판매·방문판매자

1. 방문판매

"방문판매"란 재화 또는 용역(일정한 시설을 이용하거나 용역을 제공받을 수 있는 권리를 포함)의 판매(위탁 및 중개를 포함)를 업(業)으로 하는 자(이하 "판매업자")가 방문을 하는 방법으로 그의 영업소, 대리점, 그 밖에 *총리령*[1])으로 정하는 영업 장소(이하 "사업장") 외의 장소에서 소비자에게 권유하여 계약의 청약을 받거나 계약을 체결(사업장 외의 장소에서 권유 등 *총리령*[2])으로 정하는 방법으

---

1) 제2조(사업장) 「방문판매 등에 관한 법률」(이하 "법") 제2조제1호에서 "총리령으로 정하는 영업장소"란 영업소, 대리점, 지점, 출장소 등 명칭에 관계없이 다음 각 호의 요건을 모두 갖춘 장소(이하 "사업장")를 말한다. <u>1. 소유 또는 임차(賃借)하거나 점용허가를 받은 고정된 장소에서 3개월 이상 계속적으로 영업할 것. 다만, 천재지변 등 불가피한 사유로 영업을 계속할 수 없는 기간은 산입하지 아니한다. 2. 판매에 필요한 시설을 갖출 것 3. 영업 중에는 소비자가 자유의사에 따라 출입할 수 있을 것 4. 영업장소 내에서 소비자가 자유의사에 따라 재화 또는 용역(이하 "재화등")을 선택할 수 있는 상태를 유지할 것</u>
2) 제3조(청약의 유인방법) 법 제2조제1호에서 "총리령으로 정하는 방법"이란 다음 각 호의 어느 하나에 해당하는 방법을 말한다. <u>1. 사업장 외의 장소에서 권유 등의 방법으로 소비자를 유인하여 함께 사업장으로 이동하는 것 2. 주된 재화등의 판매 목적을 숨기고 다른 재화등의 무료·염가 공급 또는 소득 기회 제공 등의 방법으로 유인하여 소비자가 사업장에 방문하게 하는 것 3. 다른 소비자에 비하여 현저하게 유리한 조건으로 재화등을 판매·공급한다고 권유</u>

로 소비자를 유인하여 사업장에서 계약의 청약을 받거나 계약을 체결하는 경우를 포함)하여 재화 또는 용역(이하 "재화등")을 판매하는 것을 말한다(제1호). 법문에 의하면 법상의 '판매'라 함은 재화 또는 용역의 '중개'를 포함한다. 방문판매는 그 성격상 기만의 위험이 큰데, 첫째, 판매자가 소비자의 집에 접근하고, 둘째, 소비자로 하여금 상품이나 용역을 구매하도록 압박 전략을 행사하고, 셋째, 소비자는 구매를 강요당하고 오직 대면상태를 중단하기 위하여 구매를 결정하기 때문이다.[3]

판매원이 소비자의 가정, 직장 등을 방문하여 상품구입 권유를 하는 방식이 일반적이지만 반드시 이 같은 형태의 판매 방식만을 말하는 것은 아니다.

▌방문판매의 형태

직접방문판매	판매원이 가정, 회사 등을 방문하여 판매하는 것으로 방문판매 대부분이 이에 해당함. 직장 내 식당, 복도 등에 상품을 진열하여 판매하는 경우도 해당됨.
노상판매	노상 진열대에 전시판매하는 것과 자동차에 싣고 순회하면서 판매하는 경우, 또는 아파트나 주택밀집지역에 순회 상점을 차려 판매하는 경우 등
특설판매 (홍보관)	일정 장소에서 소비자들에게 사은품, 오락거리를 제공하거나 홍보관, 떴다방, 체험방 등 구매 욕구를 자극하는 방법을 통해 매장으로 소비자를 유인하여 물건을 판매 하는 경우 등

〈출처: 공정거래위원회 홈페이지〉

「특수판매에서의 소비자보호 지침」(이하 "특수판매지침")[4]에서는 다음과 같이 예시하고 있다(Ⅲ. 1. 가).

> • 소비자가 광고지를 보고 판매자에게 전화를 하여 재화등의 정보를 문의하자 판매자가 자세한 정보를 제공하겠다고 하며 소비자의 가정을 방문하여 상품구매를 권유하여 계약을 체결하는 경우
> ⇒ 소비자가 전화를 하여 재화등의 정보를 문의하였지만, 재화등에 대한 정보제공 및 소비자의 청약이 판매자의 사업장 외의 장소에서 이루어진 것이므로 방문판매에 해당함.

하여 소비자를 사업장에 방문하도록 하는 것
3) Gene A. Marsch, 53면.
4) 공정거래위원회예규 제235호(2015. 10. 23).

- 판매자가 판촉활동을 위해 시내 주요 지점에 간이 판매장소를 설치하고 2개월 동안 영업활동을 하였는데 소비자가 이러한 간이 판매장소에 방문하여 계약을 체결하는 경우
  ⇒ 판매장소가 "사업장"에 해당하기 위해서는 소유 또는 임차하거나 점용허가를 받은 고정된 장소에서 3개월 이상 계속적으로 영업할 것, 판매에 필요한 시설을 갖출 것, 영업 중에는 소비자가 자유의사에 따라 출입할 수 있을 것, 영업장소 내에서 소비자가 자유의사에 따라 재화 등을 선택할 수 있는 상태를 유지할 것이라는 요건을 모두 갖추어야 하는데, 3월 미만의 기간동안 영업한 간이 판매장소는 "사업장 외의 장소"에 해당하므로 방문판매에 해당함.
  ⇒ 다만, 계속적으로 영업하는 고정된 사업장 앞의 인도에 간이판매장소를 설치하여 그 사업장 소속의 직원이 소비자와 구매 계약을 체결하는 경우는 재화 등의 정보를 고정된 사업장에서 얻을 수 있고 간이 판매장소가 고정된 "사업장"에 포함된다고 볼 수 있으므로 방문판매에 해당되지 않음.
  ※ 인도에 간이판매장 설치가 다른 법령을 위반하는 지 여부는 별개의 판단 사항임.
- 판매자가 3개월 이상 임차한 장소에서 재화등을 판매하나, 이 장소에 노인·주부 등 특정 대상만 출입시키는 경우
  ⇒ 판매장소가 "사업장"에 해당하기 위해서는 소비자가 자유로운 의사에 따라 출입할 수 있어야 하는데, 판매자가 특정 대상만 출입시킨다면 "사업장 외의 장소"에 해당하므로 방문판매에 해당함.

재화등의 특성상 사업장외의 장소에서 당사자간에 거래를 할 수 밖에 없는 경우라 할지라도 청약의 유인이나 계약 체결이 이루어지는 방법이 '방문'인지 여부가 방문판매 개념에 포함되는지의 원칙적인 기준이 된다.
「특수판매 지침」에서는 다음과 같이 예시하고 있다(Ⅲ. 1. 가).

- 소비자가 사업장을 방문하여 에어컨(설치형 재화)에 대하여 청약을 하고 구두로 계약을 체결한 후, 설치 기사가 가정을 방문하여 에어컨을 설치한 후에 계약서, 품질보증서 및 설치 확인서 등의 제 서류에 소비자가 서명하고 계약을 체결하는 경우
  ⇒ 소비자가 사업장을 방문하여 청약을 하였으므로 방문판매에 해당되지 않음.
- 소비자가 전화로 ○○ 케이블 TV에 대한 기간, 가격, 설치비 및 채널 등에 대하

여 문의하여 ◎◎ 조건으로 구매 의사를 표시하고 이에 전문 기사가 가정을 방문하여 장비를 설치한 후 계약서 및 개통 확인서 등의 제 서류에 서명하고 계약을 체결하는 경우
⇒ 판매자가 자신의 사업장에서 소비자의 청약을 받고 구두로 계약을 체결하였으므로 방문판매에는 해당되지 않음.

• 소비자가 전화로 가정학습지에 대한 구매 여부를 결정하기 위하여 자녀의 학습 습관 및 학습 과목 등을 판매자와 상담하던 중 소비자가 자세한 상담을 위하여 판매원(교사 포함)의 방문을 요청하거나, 판매업자가 판매원으로 하여금 소비자의 가정으로 방문하게 하여 해당 가정학습지의 구매 계약이 체결된 경우
⇒ 재화의 특성상 방문을 통하여 정보를 제공하는 것이 일반적인 경우로서 전화를 통하여 구체적인 청약 의사 표시가 되지 않은 한 사업장외의 장소에서 구매 계약이 체결된 경우이므로 방문판매에 해당함.

사업장외의 장소에서 권유 등의 방법으로 소비자를 유인하여 함께 사업장으로 이동하거나, 주된 재화등의 판매 목적을 숨기고 다른 재화등의 무료·염가 공급 또는 소득 기회 제공 등의 방법으로 소비자가 사업장에 방문하게 하거나, 다른 소비자에 비하여 현저하게 유리한 조건으로 재화등을 판매·공급한다고 권유하여 소비자를 사업장에 방문하도록 하는 방식으로 구매를 유도하는 경우는 방문판매에 해당한다.
「특수판매 지침」에서는 다음과 같이 예시하고 있다(Ⅲ. 1. 가).

ㅇ 사업자가 3월 이상의 임차를 통하여 운영하는 사업장에서 건강기능식품, 의료기기 등을 인근 지역의 소비자에게 판매하는 경우
⇒ 영업장소가 방문판매법상 "사업장"에 해당한다 하더라도, 방문판매자(방문판매업자 및 방문판매원)가 사업장 외의 장소에서 권유 등의 방법으로 소비자를 유인하여 함께 사업장으로 이동(캐치세일즈)하거나, 주된 재화 등의 판매 목적을 숨기고 다른 재화등의 무료·염가 공급(예: 무료관광, 무료마사지쿠폰 등) 또는 소득 기회 제공 등의 방법으로 소비자가 사업장에 방문하게 하거나, 다른 소비자에 비하여 현저하게 유리한 조건으로 재화등을 판매·공급한다고 권유하여 소비자를 사업장에 방문하도록 하는 방식으로 구매를 유도하면 방문판매에 해당함.

2. 방문판매자

"방문판매자"란 방문판매를 업으로 하기 위하여 방문판매조직을 개설하거나 관리·운영하는 자(이하 "방문판매업자")와 방문판매업자를 대신하여 방문판매업무를 수행하는 자(이하 "방문판매원")를 말한다(제2호).

Ⅱ. 전화권유판매·전화권유판매자

1. 전화권유판매

"전화권유판매"란 전화를 이용하여 소비자에게 권유를 하거나 전화회신을 유도하는 방법으로 재화등을 판매하는 것을 말한다(제3호). 대법원도 전화를 사용하여 소비자의 응답을 유도하고 대화를 함으로써 청약을 유인하여 어떤 장소에서 만나 청약을 받거나 계약을 체결하는 경우를 전화권유판매에 포함된다고 한다.5)

「특수판매 지침」에서는 다음과 같이 예시하고 있다(Ⅲ. 1. 나).

• 판매자가 소비자에게 전화를 먼저 걸어 상품에 대한 정보를 제공하고 소비자와 대화를 하는 행위에 의하여 소비자의 청약을 받는 행위

⇒ 이 경우 전화권유판매에 해당함. 다만, ARS 또는 문자메시지 등 전화를 이용하여 상품 정보만을 제공하는 것은 「전자상거래 등에서의 소비자보호에 관한 법률」의 "통신판매"에 해당함.

• 휴대폰에 광고 메시지를 전송하여 소비자로 하여금 광고메시지에 안내된 전화번호를 통하여 전화를 걸도록 유도한 후 계약의 청약을 받거나 계약을 체결하는 행위

⇒ 이 경우 판매자가 소비자로부터 걸려오는 전화에 대한 응답을 함에 있어서 추가적인 구매 권유 없이 고객의 주문만 접수하는 형태는 전화권유판매에는 해당되지 않음. 다만 「전자상거래법」의 "통신판매"에 해당함.

⇒ 다만, 판매자가 소비자의 주문만 받는 것이 아니라 소비자에게 구매를 권유하여 계약의 청약을 받거나 계약을 체결하는 경우는 전화권유판매에 해당됨.

---

5) 대판 2007. 10. 11. 2007도4697.

「전자상거래법」 제2조 제2호 규정에 의하면 "통신판매"라 함은 "전화권유
판매"를 제외한다고 규정하고 있다(통상적인 청약철회기간이 전화권유판매의 경우
는 14일이며, 통신판매의 경우는 7일임). 「전자상거래법」 제2조(정의) 제2호 규정에
의한 "전화권유판매"와 "통신판매" 간 중요한 구별 기준은 소비자의 구매의사가
당초에 존재하였는지, 아니면 판매자의 권유에 의하여 구매가 유도된 것인지 그
여부이다.

「특수판매 지침」에서는 다음과 같이 예시하고 있다(Ⅲ. 1. 나).

• "경품에 당첨되었습니다. 000-0000으로 확인하여 주세요"등의 문자 메시지를
  보고 해당 업체에 그 사실을 확인하고자 소비자가 먼저 전화를 걸고, 정수기·비
  데 등 상품을 구입할 것을 권유받아 이를 구매하게 된 경우
  ⇒ 이 경우 소비자는 상품을 구매할 의사가 없이 경품 당첨 등 사실을 확인하고
     자 전화를 한 것이고 판매자의 권유에 의하여 상품을 구매한 것이므로 전화
     권유판매에 해당함.
  ※ 통신판매에 있어 전화는 단지 상품 정보를 제공하는 수단에 지나지 않으나
     전화권유판매에 있어서 전화는 정보제공은 물론이고 소비자에게 접근하여
     계약 체결을 하는 데 적극적으로 사용되는 매체임.

---

2. 전화권유판매자

"전화권유판매자"란 전화권유판매를 업으로 하기 위하여 전화권유판매조직
을 개설하거나 관리·운영하는 자(이하 "전화권유판매업자")와 전화권유판매업자를
대신하여 전화권유판매업무를 수행하는 자(이하 "전화권유판매원")를 말한다(제4
호). 미국에서는 1994년 텔레마케팅의 시간을 규제하는 「연방전화이용자 보호법
(the Federal Telephone Consumer Protection Act)」 및 기만적인(deceptive) 텔레마
케팅을 규제하기 위한 내용의 「텔레마케팅 및 소비자기만 및 남용금지법(the
Telemarketing and Consumer Fraud and Abuse Prevention Act)」을 제정하였다.[6]

Ⅲ. 다단계판매·다단계판매자

다단계판매는 1980년대 초에 화장품이나 식기류의 판매방식으로 성행하기

---

6) Gene A. Marsch, 11면.

시작하였는데, 최근에는 유통시장의 개방과 함께 암웨이(Amway) 등과 같은 외국인 투자기업들이 국내에 진입하기 위한 판매전략의 하나로 널리 이용되고 있다.[7] 다단계판매는 비용절감과 신규진입의 용이함 등 장점이 있으나, 반품거절이나 가입비 반환거부, 연고판매에 따를 피해나 가정주부나 직장인 상대의 고객유인 등 문제점도 있다.[8] 법이 다단계판매에 대하여 엄격한 규제를 가하고 있는 이유는 위와 같은 판매형태가 직접적인 대인판매·연고판매에 의존하여 판매조직의 확대에 따른 이익의 증가를 미끼로 사행성을 유발하고 소비자 피해를 양산할 가능성이 있기 때문이다.[9] 미국의 경우 후순위가입자의 상품판매가 아닌 판매원의 신규가입에 의해 발생하는 경우 피라미드판매(Pyramid sales)로 금지하고, 일본의 경우 상품이 매개되지 않고 선가입자와 후가입자 사이에 금품의 수수만이 존재하는 금전배당조직 내지 '무한연쇄강'은 일체 금지하지만, 상품판매를 전제로 한 다단계판매는 원칙적으로 허용하고 있다.[10]

1. 다단계판매

"다단계판매"란 다음의 요건을 모두 충족하는 판매조직(이하 "다단계판매조직")을 통하여 재화등을 판매하는 것을 말한다(제5호).

1) 권유 방식

다단계판매의 첫 번째 요건은 판매업자에 속한 판매원이 특정인을 해당 판매원의 하위 판매원으로 가입하도록 권유하는 모집방식이 있을 것(가목)이다. 종래에는 법상 다단계판매에 해당하기 위해서는 반드시 제품을 구입한 소비자 중 일부가 판매원으로 가입할 것('소비자요건')과 판매원이 후원수당 이외에 소매이익을 얻을 것('소매이익요건')을 규정하고 있었는데, 실제 법원도 매우 엄격하게 판단하였다.

이에 따라 법원이 다단계판매업자로 인정하지 않은 사례는 다음과 같다.

> "2002년 법 개정 취지에 비춰 볼 때 '소비자'를 해석함에 있어 반드시 판매업자가 제공하는 재화 등을 구매한 소비자일 필요가 없는 것으로 해석하는 것이 자연스

---

7) 사법연수원, 212면.
8) 사법연수원, 212~213면.
9) 대판 2005. 11. 25. 2005도977(방문판매등에관한법률위반)(파기환송).
10) 권오승, 652면.

러우나, 죄형법정주의등과 관련하여 엄격한 해석을 요하므로 법개정을 통하지 않고는 합리적 해석의 범위를 넘어선 것이다. 현행 방문판매업법(법 제2조5호, 동조 항 가목 및 나목)의 문리적 해석상, 다단계 판매조직은 '상위판매원으로부터 재화 등을 구매한 소비자의 전부 또는 일부'를 하위 판매원으로 가입시킬 것을 요건으로 함"(<(주)대교 등 10개사의 방문판매법위반행위 건>),[11] "다단계판매에 해당하기 위하여는 당해 판매업자가 공급하는 재화 등을 구매한 소비자의 전부 또는 일부가 판매원으로 가입할 것을 필요로 함. 원고의 판매원으로 가입하려는 사람은 기존 판매원의 모집·추천을 통하여 판매원이 되었을 뿐 원고의 화장품 등을 구매한 소비자의 전부 또는 일부가 원고의 판매원으로 가입한 것이 아니어서, 원고의 이 사건 판매는 위 법률 제2조 제5호에 규정된 다단계판매에 해당하지 않음" (<나드리화장품의 방문판매법 위반행위 건>),[12] "방문판매법 소정의 다단계판매원이 되기 위해서는 소매이익과 후원수당을 모두 권유받아야 할 것인데, 이 건에서 원고는 신규 딜러의 재화 등 판매실적에 따라 기존 딜러에게 경제적 이익을 제공하였다고 인정할 수 없고, 또한 신규 딜러를 기존 딜러의 하위판매원으로 볼 수 없으므로, 다단계판매업자임을 전제로 한 이 건 처분은 위법함"(<(주)퍼스트드림의 방문판매법 위반행위 건>),[13] "원고의 판매원이 되기 위한 조건으로 원고의 제품을 구매할 의무가 없는 점, 판매원 가입 이전에 원고의 제품을 구입하지 않은 경우도 있었던 점 등을 이유로 원고가 방문판매법상 다단계판매조직에 해당되지 아니함"(<메리케이코리아(유)의 방문판매법 위반행위 건>),[14] "판매원들이 판매를 목적으로 판매업체의 제품을 구매하였을 뿐, 판매업체의 제품을 구매하여 소비자가 된 후 판매원으로 등록하지 아니한 경우에는 법상 다단계판매조직에 해당되지 아니함"(<씨엔에이치이노이브㈜의 방문판매법 위반행위 건>),[15] "판매업체의 판매원 등록 시 판매업체의 제품을 구입하는 것이 선결조건으로 요구되지 않는 경우, 법상 다단계 판매조직에 해당되지 아니함"(<월드종합라이센스(주)의 방문판매법 위반행위 건>)[16]

　　이러한 지나치게 엄격한 규정 때문에 초래되는 문제에 대응하고자 2012년 법개정을 통하여 포괄적인 규정으로 개정하게 되었다. 즉 기존의 다단계판매요건 중

---

11) 서고판 2008. 9. 11. 선고 2007누27143, 29460, 30026, 30163; 서고판 2008. 9. 3. 선고 2007누 26577, 28375, 29477, 30019, 30156, 30293.
12) 대판 2009. 4. 9. 2008두17424.
13) 서고판 2012. 6. 27. 2011누36694.
14) 서고판 2011. 1. 20. 2010누16075[대판 2011. 6. 9. 2011두5087(심리불속행 기각)].
15) 서고판 2011. 12. 1. 2010누115744[대판 2011. 2. 24. 2010두28564(심리불속행기각)].
16) 대판 2011. 1. 13. 2010두22658.

"소비자요건(제품을 구입해 본 소비자가 판매원으로 가입할 것)"과 "소매이익 요건(구입·재판매에 따른 차익발생 필요)"을 삭제함으로써, 판매원으로 가입후 물건을 구입하도록 하는 방식이나 휴대전화 판매와 같이 판매원에게 구입·재판매에 따른 차익을 발생하지 않는 경우도 다단계판매의 범위에 포함되게 되었다.[17)

2) 3단계 이상 단계

다단계판매의 두 번째 요건은 판매원의 가입이 3단계(다른 판매원의 권유를 통하지 아니하고 가입한 판매원을 1단계 판매원으로 함) 이상 단계적으로 이루어질 것(다만, 판매원의 단계가 2단계 이하라고 하더라도 사실상 3단계 이상으로 관리·운영되는 경우로서 *대통령령*[18)으로 정하는 경우를 포함)(나목)이다. 법 시행령 제2조 제1항 제1호 및 시행규칙 제4조(다단계판매조직) 제1항의 규정은 판매조직에 가입한 판매원의 단계가 2단계 이하인 판매조직을 일정한 경우에 3단계 이상의 다단계판매조직과 동일하게 보는 데 필요한 요건을 규정한 것이다(「특수판매 지침」 Ⅲ. 1. 다).

다단계판매원에는 하위판매원들을 지원하고 관리하는 업무를 수행하고, 실질적으로 하위판매원들의 실적에 따른 후원수당을 받는 경우 지점장 및 부지점장도 판매원으로 본다(<더리본(주)의 방문판매법 및 할부거래법 위반행위 건>)[19).

---

17) 사법연수원, 201면.

18) 제2조(다단계판매조직의 범위) ① 「방문판매 등에 관한 법률」(이하 "법"이라 한다) 제2조제5호나목 단서에서 "대통령령으로 정하는 경우"란 다음 각 호의 어느 하나에 해당하는 경우를 말한다. 1. 판매원에 대한 후원수당의 지급방법이 사실상 판매원의 단계가 3단계 이상인 경우와 같거나 유사한 경우 2. 다른 자로부터 판매 또는 조직관리를 위탁받은 자(법 제13조 및 제29조제3항에 따라 다단계판매업자 또는 후원방문판매업자로 등록한 자는 제외)가 자신의 하위판매원을 모집하여 관리·운영하는 경우로서 위탁한 자와 위탁받은 자의 하위판매조직을 하나의 판매조직으로 볼 때 사실상 3단계 이상인 판매조직이거나 이와 유사하게 관리·운영되는 경우 ② 제1항제1호에 따른 판매원에 대한 후원수당 지급방법, 같은 항 제2호에 따른 3단계 이상이거나 이와 유사하게 관리·운영되는 기준은 총리령으로 정한다.
총리령 제4조(다단계판매조직) ① 「방문판매 등에 관한 법률 시행령」(이하 "영"이라 한다) 제2조제1항제1호 및 같은 조 제2항에 따라 판매원에 대한 후원수당 지급방법이 사실상 판매원의 단계가 3단계 이상인 경우와 같거나 유사한 경우는 후원수당 지급방법이 다음 각 호의 사항을 모두 충족하는 경우로 한다. 1. 직접적인 판매행위를 하는 판매원에게 후원수당을 지급할 것 2. 후원수당은 해당 판매원에게 직접적으로 속하는 하위판매원의 판매실적뿐만 아니라 그 하위판매원의 후원수당에 영향을 주는 다른 판매원들의 판매실적에 의해서도 영향을 받을 것 ② 영 제2조제1항제2호 및 같은 조 제2항에 따라 사실상 3단계 이상인 판매조직이거나 이와 유사하게 관리·운영되는 경우는 판매 또는 조직관리를 위탁한 자가 위탁받은 자의 하위판매원 모집·관리 또는 후원수당 지급에 관한 업무의 일부를 대행하거나 그 업무를 지원·감독하는 등의 방법으로 영향을 주는 경우로서, 위탁한 자와 위탁받은 자의 판매원의 단계가 전체 3단계 이상인 경우로 한다.

판매원의 가입이 누적적·단계적으로 이루어지는 이상, 다단계판매조직 여부의
판단에 있어 특정 판매원의 후원수당 산정이 차하위 이하 하위판매원의 매출에
의해 영향을 받는지 여부는 문제가 되지 않는다(<(주)디케이코퍼레이션의 방문판
매법위반행위 건>).[20]

3) 후원수당

다단계판매의 두 번째 요건은 판매업자가 판매원에게 제9호 나목 또는 다
목에 해당하는 후원수당을 지급하는 방식을 가지고 있을 것(다목)이다.

이에 대해 법원은 다음과 같이 판시한 사례가 있다.

"법 소정의 다단계판매원이 되기 위하여서는 소매이익과 후원수당을 모두 권유받
아야 할 것인데, 만일 위 제2조 제7호 소정의 후원수당 중에서 '자신의 재화 등의
판매실적에 따른 후원수당'만을 지급받을 수 있고 하위판매원을 모집하여 후원활
동을 하는 데 대한 후원수당이나 하위판매원들의 재화 등의 판매실적에 따른 후
원수당을 지급받지 못한다면, 이러한 사람은 하위판매원을 가입시키더라도 그 판
매에 의하여 이익을 얻는 것이 허용되지 않게 되는바 그러한 방식으로는 순차적·
단계적으로 조직을 확장해가는 다단계판매가 성립될 수 없다 할 것이므로, 이러
한 사람은 위 법 소정의 다단계판매원이라고 할 수 없음(대법원 2006. 2. 24. 선고
2003도4966 판결, 2006. 3. 9. 선고 2003도2433 판결 등 참조)"(<유사수신행위규
제법, 방문판매법 등 위반행위 건>),[21] "방문판매법 제2조 제5호, 제7호 각 규정
의 내용, '다단계판매의 정의에 관한 개정 연혁' 내용 등을 종합하여 볼 때, 다단
계판매원은 다단계판매업자로부터 공급받은 상품 또는 용역을 소비자에게 판매·
제공하고 하위판매원의 모집 및 후원활동을 통하여 그 대가로 소매이익이나 후원
수당 등을 지급받게 되고, 여기에서 '하위판매원'이라 함은 기존 판매원이 새로 가
입한 판매원을 조직·관리 또는 교육훈련을 시키거나 새로 가입한 판매원의 판매
실적에 따라 기존 판매원에게 어떤 경제적 이익이 귀속되는 등 기존판매원과 사
이에 법적이나 경제적 또는 조직적인 상하 유기적인 관계가 있는 경우를 말한다
고 봄이 타당함. 또한 방문판매법 소정의 다단계판매원이 되기 위하여서는 소매이
익과 후원수당을 모두 권유받아야 할 것인데, 만일 방문판매법 제2조 제7호 소정
의 후원수당 중에서 '자신의 재화 등의 판매실적에 따른 후원수당만' 받을 수 있
고, 하위판매원을 모집하여 후원활동을 하는데 대한 후원수당이나 하위판매원들
의 재화 등의 판매실적에 따른 후원수당을 받지 못한다면, 이러한 사람은 방문판

---

19) 대판 2020. 8. 27. 2020두39068.
20) 서고판 2007. 12. 20. 2007누6320.

매법상 소정의 다단계판매원이라고 할 수 없음(대법원 2006도7470 판결 등)"(
<(주)퍼스트드림의 방문판매법 위반행위 건>)[22]

1995. 1. 5. 개정 구 방문판매법에 의하면 "'후원수당'이라 함은 다단계판매에 있어서 어떤 다단계판매원에게 속하는 하위판매원들에 대한 상품의 판매 또는 용역의 제공과 관련된 조직관리 및 교육훈련을 위하여 그 다단계판매원에게 지급되는 경제적 이익을 말한다"고 규정함으로써 마진이 하위판매원들의 판매실적 또는 가입자의 수에 연계되어 상대방에게 지급되는 경제적 이익에 의존하는 이른바 피라미드를 원천적으로 금지하였다.[23] 그러나 2002. 7. 1. 법 개정으로 후원수당의 범위에 하위판매원의 판매실적을 추가하는 대신 후원수당의 총액을 제한하는 방식으로 규제를 완화하였다.[24]

급여가 일률적으로 정해지는 것이 아니라, 하위판매원들이 포함된 산하조직의 전년도 판매실적에 따라 각 지점장 및 본부장의 해당 금액이 별도로 정해지고, 성과급은 산하조직의 판매실적이 비례하여 정해진 경우 후원수당에 해당한다(<더리본(주)의 방문판매법 및 할부거래법 위반행위 건>).[25]

다단계판매원은 판매업자로부터 판매원의 수당에 영향을 미치는 다른 판매원들의 재화등의 거래실적, 조직관리 및 교육훈련 실적 등에 따른 후원수당을 지급받아야 하므로, 스스로 일정한 액수의 상품을 구입하지 않으면 상품을 회원가로 구입할 자격만 주어지고, 하위 다단계판매원을 모집하여 후원활동을 하더라도 후원수당을 지급받을 자격을 갖지 못한다면 이 법에서 정한 다단계판매원이라고 할 수 없다(「특수판매 지침」 Ⅲ. 1. 다).

「특수판매 지침」에서는 다단계판매를 다음과 같이 예시하고 있다(Ⅲ. 1. 다).

• 판매업자에 속한 판매원이 특정인을 해당 판매원의 하위 판매원으로 가입하도록

---

21) 대판 2007. 1. 25. 2006도7470.

22) 서고판 2012. 6. 27. 2011누36694. 방문판매법 소정의 다단계판매원이 되기 위해서는 소매 이익과 후원수당을 모두 권유받아야 할 것인데, 이 건에서 원고는 신규 딜러의 재화 등 판매 실적에 따라 기존 딜러에게 경제적 이익을 제공하였다고 인정할 수 없고, 또한 신규 딜러를 기존 딜러의 하위판매원으로 볼 수 없으므로, 다단계판매업자임을 전제로 한 이 건 처분은 위법하다고 판시하였다.

23) 사법연수원, 211면.

24) 사법연수원, 212면.

25) 대판 2020. 8. 27. 2020두39068.

　권유하고 그와 동일한 과정이 반복되어 가입한 판매원의 단계가 3단계 이상이고,

－ 다단계판매업자가 다단계판매원(그림 2의 "갑")에게 지급하는 후원수당의 지급
　방식이 직근 하위판매원(그림 2의 "을")이 아닌 하위판매원(그림 2의 "병")의
　판매실적에 영향을 받지 않는 것으로 정해져 있는 경우<그림 2>

－ 다단계판매업자가 다단계판매원(그림 3의 "갑")에게 지급하는 후원수당의 지급
　방식이 직근 하위판매원(그림 3의 "을")과 그 차하위판매원(그림 3의 "병")의
　판매실적에 영향을 받는 것으로 정해져 있는 경우<그림 3>

　⇒ 이 법에서 정의하고 있는 다단계판매조직 개념에 의하면 반드시 후원수당의
　　지급방법에 있어 판매원의 단계가 3단계 이상이어야 한다는 것은 아니므로
　　<그림 2>와<그림 3>의 경우 모두 다단계판매조직에 해당함.

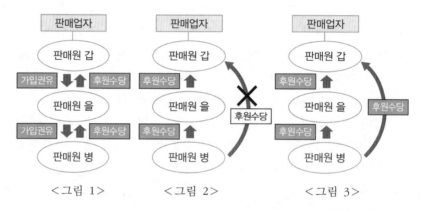

<그림 1>　　　　　<그림 2>　　　　　<그림 3>

※ <그림 1, 2, 3>의 각 '후원수당' 흐름도는 판매업자가 판매원에게 지급하는 후
　원수당이 다단계판매원 자신의 판매실적에 따라 받는 것 외에도 자신의 직근
　하위판매원 또는 차직근 하위판매원의 판매실적에 따라 지급 받을 수 있음을
　설명하는 것임.

　　다단계판매의 개념이 헌법상의 명확성 개념에 위배되는지 여부에 관하여
헌법재판소는 다음과 같이 판시하였다.

"구 방문판매등에 관한 법률[26]상의 정의 조항이 규정하고 있는 '다단계판매' 또는
'다단계판매조직' 등의 개념들은 죄형법정주의의 명확성 원칙에 위반되지 아니함.

즉 방문판매법 상의 다단계판매에 해당하기 위해서는 ① 판매원의 가입이 단계적으로 이루어져 가입한 판매원의 단계가 3단계 이상일 것, ② 하위단계의 판매원은 그 상위단계 판매원으로부터 재화 등을 구입한 소비자일 것, ③ 판매원을 단계적으로 가입하도록 권유하는 데 있어 판매 및 가입유치 활동에 대한 경제적 이익(소매이익과 후원수당)의 부여가 유인으로 활용될 것이란 요건을 갖추어야 함을 알 수 있고, 대법원 역시 같은 취지로 판시(대법원 2009. 4. 9. 선고 2008두17424 판결)하고 있는 바, 결국 건전한 상식과 통상적인 법 감정을 가진 수범자는 어떠한 행위가 이 건 법률조항의 구성요건에 해당되는지 여부를 충분히 파악할 수 있으며, 법집행기관 역시 이 건 법률조항을 자의적으로 확대하여 해석할 염려도 없으므로, 이 건 법률조항은 죄형법정주의의 명확성원칙에 위배되지 아니하며, 한편 2012. 2. 17. 법률 제11324호로 전부개정된 방문판매법에서는 '다단계판매'의 정의를 수정하여 다단계판매의 요건에서 '소비자' 요건 및 '소매이익' 요건을 삭제하였으나, 위 개정은 다단계판매를 지나치게 엄격하게 규정하고 있는 이 건 정의조항을 보완하여 다단계판매의 범위를 넓힘으로써 규제의 실효성을 확보하고자 하는 정책적 고려에서 이루어진 것이므로, 이로 인하여 이 건 정의조항이 불명확하다고 판단할 사정의 변경이 있다고 볼 수는 없으며, 그 밖에 위 선례와 달리 판단할 사정의 변경이나 필요성이 있다고 인정되지 아니하므로 이 건 정의조항이 규정하고 있는 '다단계판매' 또는 '다단계판매조직' 등 개념들은 죄형법정주의의 명확성원칙에 반한다고 볼 수 없음"(<류창열의 헌법소원심판 청구 건>)[27]

2. 다단계판매자

"다단계판매자"란 다단계판매를 업으로 하기 위하여 다단계판매조직을 개설하거나 관리·운영하는 자(이하 "다단계판매업자")와 다단계판매조직에 판매원으로 가입한 자(이하 "다단계판매원")를 말한다(제6호).

3. 방문판매 및 피리미드판매와의 구별

다단계판매가 방문의 방식으로 이루어지는 경우 방문판매에 해당할 수 있

26) (구) 방문판매등에 관한 법률 제6688호로 전부 개정되고, 2012. 2. 17. 법률 제11324호로 전부 개정되기 전의 것.
27) 헌재결 2015. 7. 30. 2013헌바275.

는데, 다단계판매의 경우에는 판매원에게 단순한 소매마진 이외에 조직내에서 자기의 하위에 있는 판매원에 의하여 발생한 총매출액에 대한 일정한 비율의 마진(이른바 스폰서링 마진)이 주어진다는 점에서 통상의 방문판매와 구별되며, 이러한 마진이 판매실적보다는 주로 판매원의 신규가입에 의존하고 있는 경우에는 판매보다는 가입유치활동에 대한 경제적 유인이 커져 그로 인한 지나친 하방확장성이 문제가 될 수 있는데 이를 피라미드판매라고 한다.[28]

Ⅳ. 후원방문판매·후원방문판매자

1. 후원방문판매

"후원방문판매"란 제1호 및 제5호의 요건에 해당하되, *대통령령*[29]으로 정하는 바에 따라 특정 판매원의 구매·판매 등의 실적이 그 직근 상위판매원 1인의 후원수당에만 영향을 미치는 후원수당 지급방식을 가진 경우를 말한다. 이 경우 제1호의 방문판매 및 제5호의 다단계판매에는 해당하지 아니하는 것으로 한다(제7호). 즉 후원방문판매는 방문판매와 다단계판매의 요소를 모두 갖추되 후원수당 1단계지급방식을 가진 판매 형태를 말한다. 신고제인 방문판매업과 달리 등록제인 후원방문판매업을 도입하여 변형 방문판매업체에 의한 소비자 피해를 예방하고자 2012. 8. 18. 방문판매법 전면 개정을 통해, 다단계 판매조직과 유사하게 운영되는 변형 방문판매업체를 규제하고자 방문판매와 별도로 후원방문판매라는 개념을 신설하였다.[30] 이는 후원수당 지급방식이 당해 판매원의 직근 하위판매원이 아닌 판매원의 판매실적에는 영향을 받지 않더라도 다단계판매에 해당한다고 판시한 대법원 판결의 취지를 적극 반영한 것으로 볼 수 있다. 관련 대법원 판결은 다음과 같다.

28) 사법연수원, 211면.
29) 제3조(후원방문판매의 후원수당 지급방식) 법 제2조제7호 전단에 따른 후원수당 지급방식은 특정 판매원의 구매·판매 실적 및 이에 직접적으로 영향을 미치는 교육훈련·조직관리 활동이 그 직근 상위판매원 1인의 후원수당에만 영향을 미치는 지급방식으로 한다. 다만, 다음 각 호의 어느 하나에 해당하는 후원수당을 지급하는 것은 법 제2조제7호 전단에 따른 후원수당 지급방식에 포함되지 아니한다. 1. 시간당 교육비 등 구매·판매 실적과 관계없이 미리 마련한 기준에 따라 부정기적으로 지급되는 교육훈련비 2. 모든 판매원에게 똑같이 지급되는 상여금 또는 시용(試用) 제품 3. 실제 지출된 비용을 기준으로 지원하는 사업장 운영지원비.
30) 공정거래위원회 보도자료(2018. 9. 20).

법 제2조 제5호가 상정하고 있는 '다단계'의 개념적 구성요소는 ① 판매원의 가입이 단계적으로 이루어져 가입한 판매원의 단계가 3단계 이상에 이른다는 점 및 ② 위와 같이 판매원을 단계적으로 가입하도록 권유하는 데 있어서 판매 및 가입유치 활동에 대한 경제적 이익(소매이익과 후원수당)의 부여가 유인(誘因)으로 활용된다는 점의 두 가지로 정리될 수 있을 뿐, 후원수당의 지급이 당해 판매원의 직근 하위판매원의 판매실적 뿐만 아니라, 그 하위판매원의 판매실적에 의해서도 영향을 받을 것을 요건으로 하고 있지 않음.<다단계업체의 방문판매법 위반 건>31)

---

31) 대판 2005. 11. 25. 2005도977(방문판매등에관한법률위반)(파기환송); "원심은 ① 후원수당의 개념을 규정한 법 제2조 제7호의 '하위판매원' 개념을 당해 다단계판매원의 직근 하위판매원으로 한정해서 해석해야 할 합리적 이유가 없는 점 및 ② 시행규칙 제5조 제1항이 '후원수당이 당해 판매원에 직접적으로 속하는 하위판매원의 판매실적 뿐만 아니라, 그 하위판매원의 후원수당에 영향을 주는 다른 판매원들의 판매실적에 의하여도 영향을 받을 것'을 시행령 제2조 제1항 제1호 소정의 '판매원에 대한 후원수당의 지급방법에 있어서 판매원의 단계가 3단계 이상인 경우와 동일하거나 유사한 판매조직'에 해당하는지를 판단하는 데 기준으로 삼고 있는 점 등을 근거로 판매원이 하위판매원의 판매실적 등에 따라 후원수당을 지급받을 수 있는 판매원의 단계가 3단계 이상 단계적으로 이루어지는 판매조직만이 법 제2조 제5호 소정의 다단계판매조직이라고 단정하였으나, 위 ①의 점에 대하여 보건대 법 제2조 제7호의 '하위판매원'에 직근 하위판매원 아닌 하위판매원이 포함될 수 있다고 하여 반드시 포함되어야 한다고 해석하여야 하는 것은 아니므로 그러한 원심과 같은 해석을 정당화하여 주는 것으로는 볼 수 없고, 다음 위 ②의 점에 대하여 보건대 시행규칙 제5조 제1항이란, 판매조직에 가입한 판매원의 단계가 2단계 이하인 판매조직을 일정한 경우에 3단계 이상의 다단계판매조직과 동일하게 보는 데 필요한 요건을 규정한 것일 뿐(법 제2조 제5호, 시행령 제2조 제1항 참조), 가입한 판매원의 단계가 3단계 이상인 판매조직 가운데서 다시 다단계판매조직으로 보는 데 필요한 요건을 부가적으로 규정하여 그 범위를 좁힌 규정으로 보아야 할 이유가 없으므로(법의 위임을 받아 제정된 시행령이나 시행규칙이 거꾸로 법의 해석을 좌우할 수는 없는 것이며, 만일 이 부분을 원심과 같이 해석한다면 법이 처음부터 후원수당의 지급방식을 기준으로 다단계판매의 개념을 정의하였어야 할 것이다), 이 또한 원심의 결론을 뒷받침하는 것으로 볼 수 없다", "법이 다단계판매에 대하여 엄격한 규제를 가하고 있는 이유는 원심이 적절히 설시한 바와 같이 위와 같은 판매형태가 직접적인 대인판매·연고판매에 의존하여 판매조직의 확대에 따른 이익의 증가를 미끼로 사행성을 유발하고 소비자 피해를 양산할 가능성이 있기 때문으로 보이는바, 후원수당의 지급이 직근 하위판매원의 판매실적에만 좌우되는 경우에도 직근 하위판매원의 수가 많을수록 후원수당액이 늘어날 가능성이 크고, 그 직근 하위판매원의 입장에서도 다시 자신이 받을 후원수당의 총액이 그 직근 차하위판매원의 판매실적에 좌우되는 것이어서 그 직근 상위판매원의 의도와는 무관하게 자신의 하위판매원을 되도록 많이 모집·가입시킬 강력한 유인이 있는 것이므로, 무제한적 하방(下方) 확장성이나 대인판매·연고판매에 대한 의존성, 그로 인한 결과적 사행성 등 위에서 본 다단계판매의 폐해들이 마찬가지로 드러날 수밖에 없는 것이고, 이러한 의미에서 하방 확장성이 처음부터 결여되어 있는, 본래적 의미의 2단계 판매조직과는 도저히 같이 볼 수 없으므로, 이 건과 같은 판매조직이 판매원의 가입이 2단계 이하인 판매조직과 다를 것이 없다고 본 원심의 설시는 사태를 지나치게 단면적·정태적으로 파악한 것이다", "결국, 상품 판매 및 판매원 가입유치 활동을 하면 소매이익과 후원수당을 얻을 수 있다고 권유하여 판매원 가입이 이루어지고, 그와 동일한 과정이 3단계 이상 단계적·누적적으로 반복된 이상, 그 판매조직의 후원수당 지급방식이 직근 하위판매원이 아닌 하위판매원의 판매실적에 영향을 받지 않는 것으로 정해져 있다고 하더라도, 그러한 판매조직형태

후원방문업체의 주요취급 품목은 화장품, 건강기능식품, 생활용품, 상조용품 등으로 나타나고 있다.

「특수판매 지침」에서는 다음과 같이 예시하고 있다(Ⅲ. 1. 라).

> "후원방문판매"의 개념적 구성요소는 ① 법 제2조 제1호 규정에 의한 방문판매의 요건에 해당할 것, ② 법 제2조 제5호 규정에 의한 다단계판매의 요건에 해당할 것, ③ 특정 판매원의 구매·판매실적이 그 직근 상위판매원 1인의 후원수당에만 영향을 미치는 후원수당 지급방식을 가질 것이며, 이러한 요건을 모두 충족하는 경우는 방문판매, 다단계판매에는 해당하지 아니하는 것으로 본다.
>
>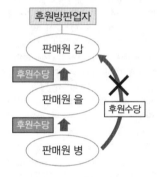

법 시행령 제3조 단서에 의하면, ① 시간당 교육비 등 구매·판매 실적과 관계없이 미리 마련한 기준에 따라 부정기적으로 지급되는 교육훈련비, ② 모든 판매원에게 똑같이 지급되는 상여금 또는 시용(試用) 제품, ③ 실제 지출된 비용을 기준으로 지원하는 사업장 운영지원비에 해당하는 후원수당을 지급하는 경우에는 법 제2조 제7호 전단에 따른 후원수당 지급방식에 포함되지 아니한다. 이는 후원방문판매의 다른 요건을 모두 갖추었다면, 위와 같은 후원수당을 지급하더라도 다단계판매가 아니라 후원방문판매에 해당한다는 의미다. 다만, 이러한 후원수당은 후원수당 총액 계산시 포함된다(「특수판매 지침」 Ⅲ. 1. 라).

법 시행령 제3조 단서에 대하여 「특수판매 지침」에서는 다음과 같이 예시하고 있다(Ⅲ. 1. 라).

> • 시간당 교육비 등 구매·판매 실적과 관계없이 미리 마련한 기준에 따라 부정기적으로 지급되는 교육훈련비

는 다단계판매조직에 해당하는 것으로 보아야 할 것이다."

⇒ 판매노하우를 가진 유능한 상위판매원이 아주 예외적으로 직하위판매원이외에 타판매원들을 모아놓고 교육훈련을 하고 그 대가로 회사로부터 미리 마련된 기준에 따라(예: 시간당 10만원) 강사료를 지급받는 경우

• 모든 판매원에게 똑같이 지급되는 상여금 또는 시용(試用) 제품
  ⇒ 미리 마련된 기준에 따라, 회사의 매출증대, 성과증대로 인해 회사가 판매원들에게 동일한 금액을 지급하거나 출고시에 이미 비매품, 시제품등이 찍혀나온 제품을 판매원에게 지급하는 경우

• 실제 지출된 비용을 기준으로 지원하는 사업장 운영지원비
  ⇒ 조직위탁관리자가 관리하는 사업장에 고정비적 성격의 비용(임대료, 광열비 등에 한정)을 지급하는 경우

▌다단계 판매와 후원방문판매의 후원수당 지급구조 비교

〈다단계 판매〉

• (가정) 매출액 대비 후원수당 지급비율 30%
  – 직하위판매원 실적의 20%
  – 차하위판매원 실적의 10%
• 하위판매원 각 100만원씩 총 600만원 매출시 판매원 A의 수당은 80만원

〈후원방문판매〉

• (가정) 매출액 대비 후원수당 지급비율 30%
  – 직하위판매원 실적의 30%
  – 차하위판매원 실적 이하로는 수당지급 없음
• 하위판매원 각 100만원씩 총 600만원 매출시 판매원 B의 수당은 60만원

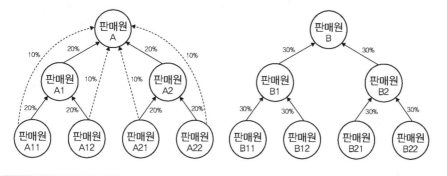

<출처: 공정거래백서(2021), 393면>

2. 후원방문판매자

"후원방문판매자"란 후원방문판매를 업으로 하기 위한 조직(이하 "후원방문
판매조직")을 개설하거나 관리·운영하는 자(이하 "후원방문판매업자")와 후원방문
판매조직에 판매원으로 가입한 자(이하 "후원방문판매원")를 말한다(제8호).

V. 후원수당

"후원수당"이란 판매수당, 알선 수수료, 장려금, 후원금 등 그 명칭 및 지급
형태와 상관없이 판매업자가 ① 판매원 자신의 재화등의 거래실적(가목), ② 판
매원의 수당에 영향을 미치는 다른 판매원들의 재화등의 거래실적(나목), ③ 판
매원의 수당에 영향을 미치는 다른 판매원들의 조직관리 및 교육훈련 실적(다
목), ④ 그 밖에 ① 부터 ③ 까지의 규정 외에 판매원들의 판매활동을 장려하거
나 보상하기 위하여 지급되는 일체의 경제적 이익과 관련하여 소속 판매원에게
지급하는 경제적 이익(라목)을 말한다(제9호).
「특수판매 지침」에서는 다음과 같이 예시하고 있다[Ⅲ. 4.(1)]

• 다단계판매업자가 협력업체의 협찬 물품(냉장고, 정수기 등)을 제공받아 다단계
  판매원을 대상으로 매달 조건을 내걸어 경품으로 제공할 경우, 이때 조건이 ①
  다단계판매원에게 속하는 하위판매원들에 대한 조직관리 및 교육훈련 실적 또는
  ② 다단계판매원 자신의 재화등의 판매실적이나 그 다단계판매원에게 속하는 하
  위판매원들의 재화등의 판매실적과 관련이 있을 경우 후원수당의 범위에 포함됨.
  ⇒ 그러나, 수상조건이 친절 사원, 사외 수상자(우수 시민상) 또는 각종 대회에
     서의 입상자에게 제공되는 경우는 ① 또는 ② 와 관련되지 않으므로 후원수
     당의 범위에 포함되지 않음.

• 센터지원비·사무실 운영보조금 등은 다단계판매업자·후원방문판매업자가 부지
  를 얻어 본사 직원을 파견하여 운영하는 직영센터인 경우에는 후원수당에서 제
  외함.

• 다단계판매업자·후원방문판매업자가 불특정다수의 판매원을 대상으로 주최하는
  판매원 교육훈련에 지출된 경비는 후원수당에 포함되지 않음.
  ⇒ 다만, 상위판매원이 하위판매원을 대상으로 주최한 교육훈련행사 경비를 다

단계판매회사·후원방문판매회사가 지급하는 것이나 판매실적 등 회사에서 요구하는 일정 요건을 달성한 특정 판매원만을 대상으로 교육훈련 등을 제공하기 위하여 지출하는 경비는 후원수당에 포함됨.

VI. 계속거래

"계속거래"란 1개월 이상에 걸쳐 계속적으로 또는 부정기적으로 재화등을 공급하는 계약으로서 중도에 해지할 경우 대금 환급의 제한 또는 위약금에 관한 약정이 있는 거래를 말한다(제10호).

「특수판매 지침」에서는 다음과 같이 예시하고 있다(Ⅲ. 1. 마).

• 학습지, 결혼정보, 스포츠센터 등을 1월 이상의 기간 동안 수회 제공받거나 또는 이용하는 거래로서 중도해지 시 대금환급의 제한 또는 위약금에 관한 약정이 있는 경우 계속 거래에 해당됨.

VII. 사업권유거래

"사업권유거래"란 사업자가 소득 기회를 알선·제공하는 방법으로 거래 상대방을 유인하여 금품을 수수하거나 재화등을 구입하게 하는 거래를 말한다(제11호).

자판기 설치가 사업권유거래인가 문제된 사례가 있다. <캐리어자판판매(주)의 방문판매법 위반행위 건> 관련 행정소송에서 서울고등법원은 "① 일반적으로 자판기사업의 경우, 자판기가 그 사업에 필요한 사업용 재화의 거의 전부에 해당할 뿐만 아니라 그 가격이 고가여서, 판매하는 측에서 통상 할부금융계약을 제공하여 판매가 이루어지는 점, ② 자판기를 구매하는 자는 설치장소를 제공하는 외에 그 운영 등에 특별한 기술이나 수완을 제공하지 않는 반면, 판매자는 판매 후에도 재료의 공급과 관리를 계속하게 되는 점, ③ 자판기 구매자는 자판기사업자에 대한 사전지식이나 영업수익에 대한 정보를 별로 가지지 못하

여, 자판기 판매는 통상 영업사원의 방문과 권유에 따라 이루어지는 실정인 점
등을 종합하면, 이 건 거래는 소득기회를 알선·제공하는 방법으로 거래상대방을
유인하여 재화 등을 구입하게 하는 사업권유거래에 해당한다."고 판단하였다.[32]

즉 해당 재화등에 대한 거래상대방의 구매의사가 판매업자의 구매권유행위
에 의해 유도된 것으로서 「특수판매 지침」에서는 다음과 같이 예시하고 있다.

> • 속기록 번역 등의 아르바이트 일감을 주면서, 보다 유리한 조건으로 아르바이트
> 를 하기 위해서는 자격증 등을 취득해야 한다며 교재 구입 및 인터넷 학원 수강
> 을 하도록 하는 경우는 사업권유거래에 해당됨.
> ⇒ 그러나, 아르바이트 일감을 주지 않고 단순히 자격증 취득을 위한 교재구매
> 를 권유하는 경우는 사업권유거래에는 해당되지 않음.
>
> • 식당을 운영하고 있는 자영업자 A가 몇 년 전 식당 앞에 복권자동판매기를 설
> 치하여 괜찮은 부수입을 올린 경험이 있어 자판기 판매사업자에게 연락하여 스
> 티커사진 자판기를 설치하도록 한 경우
> ⇒ 사업권유거래는 원칙적으로 그 분야에 전문지식 또는 사업경험이 없는 자에
> 게 사업을 권유하는 경우에 해당하므로, A의 경우는 이미 자판기 운영 경험
> 이 있고 자판기 판매업자에게 유인되어 거래한 것이 아니므로 사업권유거래
> 의 상대방에 해당되지 않음.

VIII. 소비자

"소비자"란 사업자가 제공하는 재화등을 소비생활을 위하여 사용하거나 이
용하는 자 또는 *대통령령*[33]으로 정하는 자를 말한다(제12호).

---

32) 서고판 2007. 1. 31. 2005누29589. 동 판결에서 원고는 이 건 자판기 판매행위는 단순히
사업용 재화를 구입하여 운용해 볼 것을 권하는 경우에 불과한 것으로, 사업자에 의한 소득기
회의 알선·제공이 없으므로 사업권유거래에 해당하지 않는다고 주장하였다.

33) 제4조(소비자의 범위) 법 제2조제12호에서 "대통령령으로 정하는 자"란 사업자가 제공하는
재화 또는 용역(이하 "재화등")을 소비생활 외의 목적으로 사용하거나 이용하는 자로서 다음
각 호의 어느 하나에 해당하는 자를 말한다. 1. 재화등을 최종적으로 사용하거나 이용하는 자.
다만, 재화등을 원재료(중간재를 포함) 및 자본재로 사용하는 자는 제외한다. 2. 법 제3조제1
호 단서에 해당하는 사업자로서 재화등을 구매하는 자(해당 재화등을 판매한 자에 대한 관계
로 한정) 3. 다단계판매원 또는 후원방문판매원이 되기 위하여 다단계판매업자 또는 후원방문
판매업자로부터 재화등을 최초로 구매하는 자 4. 방문판매자 또는 전화권유판매업자(이하
"방문판매업자등"이라 한다)와 거래하는 경우의 방문판매원 또는 전화권유판매원(이하 "방문

IX. 지배주주

"지배주주"란 ① *대통령령*[34]으로 정하는 특수관계인과 함께 소유하고 있는 주식 또는 출자액의 합계가 해당 법인의 발행주식총수 또는 출자총액의 100분의 30 이상인 경우로서 그 합계가 가장 많은 주주 또는 출자자(가목), ② 해당 법인의 경영을 사실상 지배하는 자(이 경우 사실상 지배의 구체적인 내용은 *대통령령*[35]으로 정함)(나목)의 어느 하나에 해당하는 자를 말한다(제13호).

판매원등") 5. 재화등을 농업(축산업을 포함) 및 어업 활동을 위하여 구입한 자(「원양산업발전법」 제6조제1항에 따라 해양수산부장관의 허가를 받은 원양어업자는 제외)

34) 제5조(특수관계인의 범위 등) ① 법 제2조제13호가목에서 "대통령령으로 정하는 특수관계인"이란 다음 각 호의 어느 하나에 해당하는 자를 말한다. 1. 지배주주가 개인인 경우에는 다음 각 목의 어느 하나에 해당하는 자 가. 배우자 나. 6촌 이내의 혈족이나 4촌 이내의 인척 다. 지배주주 단독으로 또는 그와 가목 및 나목의 관계에 있는 사람들과 합하여 100분의 30 이상을 출자한 법인 및 그 임원 라. 지배주주 단독으로 또는 그와 가목부터 다목까지의 관계에 있는 자들과 합하여 100분의 30 이상을 출자한 법인 및 그 임원 2. 지배주주가 법인인 경우에는 다음 각 목의 어느 하나에 해당하는 자 가. 임원 나. 계열회사(「독점규제 및 공정거래에 관한 법률」 제2조제12호에 따른 계열회사를 말함) 및 그 임원

35) 제5조(특수관계인의 범위 등) ② 법 제2조제13호나목 전단에서 "해당 법인의 경영을 사실상 지배하는 자"란 다음 각 호의 어느 하나에 해당하는 자를 말한다. 1. 단독으로 또는 다른 주주나 출자자와의 계약 또는 합의에 의하여 대표이사를 임면(任免)하거나 임원의 100분의 50 이상을 선임하거나 선임할 수 있는 자 2. 해당 법인의 조직 변경 또는 신규사업 투자 등 주요 의사결정이나 업무집행에 지배적인 영향력을 행사하고 있는 자

제3조(적용 범위)

이 법은 다음 각 호의 거래에는 적용하지 아니한다.<개정 2021. 12. 7.>

1. 사업자(다단계판매원, 후원방문판매원 또는 사업권유거래의 상대방은 제외한다. 이하 이 호에서 같다)가 상행위를 목적으로 재화등을 구입하는 거래. 다만, 사업자가 사실 상 소비자와 같은 지위에서 다른 소비자와 같은 거래조건으로 거래하는 경우는 제외 한다.

2. 「금융소비자 보호에 관한 법률」 제2조제3호에 따른 금융상품판매업자와 같은 법 제3 조에 따른 예금성 상품, 대출성 상품, 투자성 상품 및 보장성 상품에 관한 계약을 체 결하기 위한 거래

3. 개인이 독립된 자격으로 공급하는 재화등의 거래로서 대통령령으로 정하는 거래

개인이 독립된 자격으로 공급하는 재화등의 거래는 *대통령령*[1]으로 정하고 있다. 「특수판매 지침」에서는 다음과 같이 예시하고 있다(Ⅲ. 2. 가).

> • 생산자가 과일·야채 등 농산물을 트럭에 싣고 다니면서 방문판매하는 경우는 법이 적용되지 않음.
>   ⇒ 그러나, 생산자가 직접 판매하는 경우라 하더라도 방문판매원을 고용하여 판 매하는 경우는 방문판매에 해당
> • 전화권유판매업자가 직접 전화로 권유하여 판매하는 경우에는 이 법 적용을 받음.

---

1) 제6조(법 적용에서 제외되는 거래) 법 제3조제3호에서 "대통령령으로 정하는 거래"란 방문판 매원을 두지 아니하는 방문판매업자가 다음 각 호의 어느 하나에 해당하는 재화등을 방문판 매하는 거래를 말한다. <u>1. 가공되지 아니한 농산물·수산물·축산물·임산물 2. 방문판매자가 직접 생산한 재화등</u>

제4조(다른 법률과의 관계)

① 방문판매, 전화권유판매, 다단계판매, 후원방문판매, 계속거래 및 사업권유거래(이하
"특수판매"라 한다)에서의 소비자보호와 관련하여 이 법과 다른 법률이 경합하여 적
용되는 경우에는 이 법을 우선 적용한다. 다만, 다른 법률을 적용하는 것이 소비자에
게 유리한 경우에는 그 법률을 적용한다.

② 다른 법률에 이 법과는 다른 방법에 따른 계약서 발급의무 등이 규정되어 있는 거래
에 대하여는 제7조·제16조 및 제30조에 따른 계약서 발급 의무에 관한 규정을 적용
하지 아니한다.

③ 계속거래에 관하여 이 법에서 규정하고 있는 사항을 다른 법률에서 따로 정하고 있
는 경우에는 그 법률을 적용한다.

④ 「할부거래에 관한 법률」 제2조제4호에 따른 선불식 할부거래 및 선불식 할부거래업
자에 대하여는 제8조, 제9조, 제17조, 제18조 및 제37조를 적용하지 아니한다.

목　차

I. 경합적용의 경우

　　방문판매, 전화권유판매, 다단계판매, 후원방문판매, 계속거래 및 사업권유
거래(이하 "특수판매")에서의 소비자보호와 관련하여 이 법과 다른 법률이 경합
하여 적용되는 경우에는 이 법을 우선 적용한다. 다만, 다른 법률을 적용하는
것이 소비자에게 유리한 경우에는 그 법률을 적용한다(법 제4조 제1항).

　　「특수판매 지침」에서는 다음과 같이 예시하고 있다(III. 2. 나).

> • '컴퓨터에 자료를 올리고 그 자료를 자신도 직접 이용할 수 있으며 또한 다른
> 사람이 이용한 횟수에 따라 정보 이용료를 받는 일이라며, 이 일을 하기 위해서

는 ID 개설 및 회원관리 등의 비용으로 50만원을 납부해야 한다'라는 사업에 대
하여 전화로 권유를 받고 계약을 체결한 경우 이에 대한 청약철회가 가능한지
여부
⇒ 이 거래의 성격은 사업권유거래이면서 전화권유판매에도 해당하는바, 청약철
회에 관하여서는 전화권유판매에만 규정되어 있으므로 소비자에게 유리한 조
항을 적용하여 전화권유판매의 청약철회조항을 적용하여 청약철회 가능함.

Ⅱ. 계약서발급의무 면제

다른 법률에 이 법과는 다른 방법에 따른 계약서 발급의무 등이 규정되어
있는 거래에 대하여는 제7조·제16조 및 제30조에 따른 계약서 발급 의무에 관
한 규정을 적용하지 아니한다(법 제4조 제2항).

Ⅲ. 계속거래

계속거래에 관하여 이 법에서 규정하고 있는 사항을 다른 법률에서 따로
정하고 있는 경우에는 그 법률을 적용한다(법 제4조 제3항). 전기통신사업법 등
을 예로 들 수 있다.

Ⅳ. 선불식 할부거래 및 선불식 할부거래업자

「할부거래법」 제2조 제4호에 따른 선불식 할부거래 및 선불식 할부거래업
자에 대하여는 제8조, 제9조, 제17조, 제18조 및 제37조[1]를 적용하지 아니한다
(법 제4조 제4항).

---

1) 제8조(청약철회등), 제9조(청약철회등의 효과), 제17조(청약철회등), 제18조(청약철회등의 효
과), 제37조(소비자피해보상보험계약등).

제2장

방문판매 및 전화권유판매

제5조(방문판매업자등의 신고 등)

① 방문판매업자 또는 전화권유판매업자(이하 "방문판매업자등"이라 한다)는 상호, 주소, 전화번호, 전자우편주소(법인인 경우에는 대표자의 성명, 주민등록번호 및 주소를 포함한다), 그 밖에 대통령령으로 정하는 사항을 대통령령으로 정하는 바에 따라 공정거래위원회 또는 특별자치시장·특별자치도지사·시장·군수·구청장(자치구의 구청장을 말한다. 이하 같다)에게 신고하여야 한다. 다만, 다음 각 호의 자는 그러하지 아니하다.

1. 방문판매원 또는 전화권유판매원(이하 "방문판매원등"이라 한다)을 두지 아니하는 소규모 방문판매업자등 대통령령으로 정하는 방문판매업자등

2. 제13조제1항에 따라 등록한 다단계판매업자

3. 제29조제3항에 따라 등록한 후원방문판매업자

② 제1항에 따라 신고한 사항이 변경된 경우에는 대통령령으로 정하는 바에 따라 이를 신고하여야 한다.

③ 제1항에 따라 신고한 방문판매업자등은 휴업 또는 폐업을 하거나 휴업한 후 영업을 다시 시작할 때에는 대통령령으로 정하는 바에 따라 이를 신고하여야 한다.

④ 공정거래위원회는 제1항에 따라 방문판매업자등이 신고한 사항을 대통령령으로 정하는 바에 따라 공개할 수 있다.

 목 차

I. 최초신고 의무

　　방문판매업자 또는 전화권유판매업자(이하 "방문판매업자등")는 상호, 주소, 전화번호, 전자우편주소(법인인 경우에는 대표자의 성명, 주민등록번호 및 주소를 포함), 그 밖에 *대통령령1)*으로 정하는 사항을 *대통령령2)*으로 정하는 바에 따라 공정거래위원회 또는 특별자치시장·특별자치도지사·시장·군수·구청장(자치구의 구청장)에게 신고하여야 한다. 다만, ① 방문판매원 또는 전화권유판매원(이하 "방문판매원등")을 두지 아니하는 소규모 방문판매업자등 *대통령령3)*으로 정하는 방문판매업자등(제1호), ② 제13조 제1항에 따라 등록한 다단계판매업자(제2호), ③ 제29조 제3항에 따라 등록한 후원방문판매업자(제3호)는 그러하지 아니하다 (법 제5조 제1항).

---

1) 제7조(방문판매업자등의 신고사항) 법 제5조제1항 각 호 외의 부분 본문에서 "대통령령으로 정하는 사항"이란 「상법」에 따른 회사인 방문판매업자등의 자산·부채 및 자본금을 말한다.

2) 제8조(방문판매업자등의 신고절차 등) ① 법 제5조제1항 각 호 외의 부분 본문에 따라 신고를 하려는 방문판매업자등은 총리령으로 정하는 신고서에 자산·부채 및 자본금을 증명하는 서류 (「상법」에 따른 회사인 경우만 해당하며, 전자문서를 포함한다)를 첨부하여 주된 사무소의 소재지를 관할하는 특별자치시장·특별자치도지사·시장·군수·구청장(자치구의 구청장)에게 제출하여야 한다. 다만, 주된 사무소의 소재지가 외국인 경우에는 공정거래위원회에 제출하여야 한다. ② 제1항에 따라 신고서를 제출받은 공정거래위원회 또는 특별자치시장·특별자치도지사·시장·군수·구청장은 「전자정부법」 제36조제1항에 따른 행정정보의 공동이용을 통하여 다음 각 호의 서류를 확인하여야 한다. 다만, 신고인이 제1호 단서 또는 제2호의 서류 확인에 동의하지 아니하거나 확인이 불가능한 경우에는 해당 서류(제2호의 경우에는 그 사본)를 제출하게 하여야 한다. 1. <u>법인 등기사항증명서(법인인 경우만 해당한다). 다만, 해당 법인의 설립 등기 전에 신고를 하는 경우에는 법인 설립을 위한 발기인의 주민등록표 초본으로 한다. 2. 사업자등록증</u> ③ 제1항에 따른 신고를 받은 공정거래위원회 또는 특별자치시장·특별자치도지사·시장·군수·구청장은 총리령으로 정하는 신고증을 발급하여야 한다.
총리령 제5조(방문판매업자등의 신고) ① 법 제5조제1항 각 호 외의 부분 본문 및 영 제8조제1항에 따라 신고를 하려는 방문판매업자 또는 전화권유판매업자(이하 "방문판매업자등")는 별지 제1호서식의 방문판매업·전화권유판매업 신고서에 자산·부채 및 자본금을 증명하는 서류 (「상법」에 따른 회사인 경우만 해당하며, 전자문서를 포함한다)를 첨부하여 공정거래위원회 또는 특별자치시장·특별자치도지사·시장·군수·구청장(자치구의 구청장)에게 제출하여야 한다. ② 제1항의 신고서를 받은 공정거래위원회 또는 특별자치시장·특별자치도지사·시장·군수·구청장은 별지 제2호서식의 방문판매업 신고증 또는 별지 제3호서식의 전화권유판매업 신고증을 발급하여야 한다. ③ 제2항에 따라 방문판매업 신고증 또는 전화권유판매업 신고증을 발급받은 자는 신고증을 분실하거나 신고증이 훼손된 경우 공정거래위원회 또는 특별자치시장·특별자치도지사·시장·군수·구청장에게 별지 제3호의2서식의 신고증 재발급 신청서를 제출하여 신고증을 재발급받을 수 있다. 이 경우 신고증이 훼손되어 재발급을 신청하는 경우에는 기존 신고증을 첨부하여야 한다.

3) 제9조(신고의무 제외대상 방문판매업자등) 법 제5조제1항제1호에서 "대통령령으로 정하는 방문판매업자등"이란 다음 각 호의 방문판매업자등을 말한다. <u>1. 방문판매원을 두지 아니하는 방문판매업자 2. 전화권유판매원을 두지 아니하는 전화권유판매업자</u>

공정거래위원회는 제1항에 따라 방문판매업자등이 신고한 사항을 *대통령령*⁴⁾으로 정하는 바에 따라 공개할 수 있다(법 제5조 제4항).

Ⅱ. 변경신고 의무

제1항에 따라 신고한 사항이 변경된 경우에는 *대통령령*⁵⁾으로 정하는 바에 따라 이를 신고하여야 한다(법 제5조 제2항).

Ⅲ. 휴·폐업 및 영업재개신고 의무

제1항에 따라 신고한 방문판매업자등은 휴업 또는 폐업을 하거나 휴업한 후 영업을 다시 시작할 때에는 *대통령령*⁶⁾으로 정하는 바에 따라 이를 신고하여

---

4) 제10조(방문판매업자등에 대한 정보의 공개) 공정거래위원회는 법 제5조제4항에 따라 방문판매업자등의 정보를 공개하는 경우 해당 방문판매업자등에게 정보 공개의 내용 및 방법을 미리 통지하여야 하고, 공개될 내용 중 사실과 다른 내용이 있는 경우에는 정정할 수 있는 기회를 주어야 한다.

5) 제8조(방문판매업자등의 신고절차 등) ④ 법 제5조제2항에 따라 변경신고를 하려는 자는 변경사항이 발생한 날(자산·부채 및 자본금의 변동에 관한 사항은 결산이 확정된 날)부터 15일 이내에 총리령으로 정하는 신고서에 그 변경사항을 증명하는 서류를 첨부하여 공정거래위원회 또는 특별자치시장·특별자치도지사·시장·군수·구청장에게 제출하여야 한다. 이 경우 신고를 받은 공정거래위원회 또는 특별자치시장·특별자치도지사·시장·군수·구청장은 변경사항을 확인하고 변경사항이 적힌 신고증을 다시 발급하여야 한다.
총리령 제6조(방문판매업자등의 신고사항 변경신고) 법 제5조제2항 및 영 제8조제4항에 따라 변경신고를 하려는 방문판매업자등은 별지 제4호서식의 방문판매업·전화권유판매업 변경신고서에 그 변경사항을 증명하는 서류와 방문판매업 신고증 또는 전화권유판매업 신고증(신고증 기재사항이 변경된 경우만 해당한다)을 첨부하여 공정거래위원회 또는 특별자치시장·특별자치도지사·시장·군수·구청장에게 제출하여야 한다.

6) 제8조(방문판매업자등의 신고절차 등) ⑤ 법 제5조제3항에 따라 방문판매업자등이 휴업 또는 폐업을 하거나 휴업한 후 영업을 다시 시작하려는 경우에는 미리 총리령으로 정하는 신고서를 공정거래위원회 또는 특별자치시장·특별자치도지사·시장·군수·구청장에게 제출해야 한다. 이 경우 폐업을 신고할 때에는 신고증을 첨부하되, 분실·훼손 등의 사유로 신고증을 첨부할 수 없는 경우에는 폐업신고서에 그 사유를 기재해야 한다.
총리령 제7조(방문판매업자등의 휴업·폐업 등의 신고) ① 법 제5조제3항 및 영 제8조제5항에 따라 휴업 또는 폐업을 하거나 영업을 다시 시작하려는 방문판매업자등은 별지 제5호서식의 방문판매업·전화권유판매업의 휴업·폐업·영업재개 신고서를 공정거래위원회 또는 특별자치시장·특별자치도지사·시장·군수·구청장에게 제출해야 한다. ② 제1항에 따라 폐업신고를 하려는 자가 「부가가치세법」 제8조제7항에 따른 폐업신고를 같이 하려는 경우에는 제1항에 따른 폐업신고서와 「부가가치세법 시행규칙」 별지 제9호서식의 폐업신고서(이하 이 조에서 "부가가치세법폐업신고서"라 한다)를 함께 제출해야 한다. 이 경우 공정거래위원회 또는 특별

야 한다(법 제5조 제3항).[7)]

자치시장·특별자치도지사·시장·군수·구청장은 부가가치세법폐업신고서를 지체 없이 관할
세무서장에게 송부(정보통신망을 이용한 송부를 포함한다. 이하 이 조에서 같다)해야 한다. ③
관할 세무서장이 「부가가치세법 시행령」 제13조제5항에 따라 제1항에 따른 폐업신고서를 받
아 공정거래위원회 또는 특별자치시장·특별자치도지사·시장·군수·구청장에게 송부한 경우
에는 해당 폐업신고서가 제출된 것으로 본다.

7) 제8조(방문판매업자등의 신고절차 등) ⑥ 제1항부터 제5항까지의 규정에 따른 신고를 「전자문
서 및 전자거래 기본법」 제2조제1호에 따른 전자문서(이하 "전자문서")로 하는 경우에는 공정
거래위원회가 정한 정보처리시스템을 이용하여 신고할 수 있다. ⑦ 제6항에 따라 전자문서로
신고를 할 경우 전자문서에 의한 자료의 제출이 곤란한 사항은 1개월 내에 우편 등을 통하여
보완할 수 있으며, 보완한 경우에는 전자문서로 신고한 날에 신고한 것으로 본다. ⑧ 제1항부
터 제7항까지에서 규정한 사항 외에 전자문서에 의한 신고의 처리에 필요한 사항은 총리령으
로 정한다.
총리령 제8조(전자문서에 의한 신고) ① 영 제8조제6항에 따라 전자문서로 신고하려는 방문판
매업자등은 「전자서명법」 제2조제2호에 따른 전자서명(서명자의 실지명의를 확인할 수 있는
것으로 한정한다) 또는 이에 준하는 암호화 및 전자서명 기술을 사용한 인증시스템을 통한 전
자서명을 이용할 수 있다. ② 특별자치시장·특별자치도지사·시장·군수·구청장은 제1항에
따른 전자문서에 의한 신고 업무를 처리하기 위하여 자신이 운영하는 홈페이지에서 공정거래
위원회가 정한 정보처리시스템으로 쉽게 연결될 수 있도록 하여야 한다.

제6조(방문판매원등의 명부 작성 등)

① 방문판매자등은 총리령으로 정하는 바에 따라 방문판매원등의 명부를 작성하여야 한다.

② 방문판매업자등은 소비자피해를 방지하거나 구제하기 위하여 소비자가 요청하면 언제든지 소비자로 하여금 방문판매원등의 신원을 확인할 수 있도록 하여야 한다.

③ 방문판매자 또는 전화권유판매자(이하 "방문판매자등"이라 한다)가 재화등을 판매하려는 경우에는 소비자에게 미리 해당 방문 또는 전화가 판매를 권유하기 위한 것이라는 점과 방문판매자등의 성명 또는 명칭, 판매하는 재화등의 종류 및 내용을 밝혀야 한다.

　　방문판매업자등은 *총리령*[1]으로 정하는 바에 따라 방문판매원등의 명부를 작성하여야 한다.

　　「특수판매 지침」에서는 다음과 같이 예시하고 있다[Ⅲ. 3. 가.(3)].

> • 방문판매자등이 성명 등을 허위로 명시하는 행위는 이를 위반한 경우로서 1천만원 이하의 벌금에 처할 수 있음.

---

1) 총리령 제9조(방문판매원등의 명부 작성 방법 등) ① 법 제6조제1항 및 제29조제3항에 따른 방문판매원, 전화권유판매원(이하 "방문판매원등") 또는 후원방문판매원의 명부에는 방문판매원등 또는 후원방문판매원의 성명·생년월일·주소 및 전화번호(전자우편주소가 있는 경우 이를 포함)가 포함되어야 한다. ② 방문판매업자등 또는 후원방문판매업자는 홈페이지를 운영하는 경우 소비자가 그 홈페이지를 통하여 특정 방문판매원등 또는 후원방문판매원이 그 방문판매업자등 또는 후원방문판매업자에게 소속되어 있음을 쉽게 확인할 수 있도록 하여야 한다.

제7조(방문판매자등의 소비자에 대한 정보제공의무 등)

① 방문판매자등은 재화등의 판매에 관한 계약을 체결하기 전에 소비자가 계약의 내용을 이해할 수 있도록 다음 각 호의 사항을 설명하여야 한다.

1. 방문판매업자등의 성명(법인인 경우에는 대표자의 성명을 말한다), 상호, 주소, 전화번호 및 전자우편주소

2. 방문판매원등의 성명, 주소, 전화번호 및 전자우편주소. 다만, 방문판매업자등이 소비자와 직접 계약을 체결하는 경우는 제외한다.

3. 재화등의 명칭, 종류 및 내용

4. 재화등의 가격과 그 지급의 방법 및 시기

5. 재화등을 공급하는 방법 및 시기

6. 청약의 철회 및 계약의 해제(이하 "청약철회등"이라 한다)의 기한·행사방법·효과에 관한 사항 및 청약철회등의 권리 행사에 필요한 서식으로서 총리령으로 정하는 것

7. 재화등의 교환·반품·수리보증 및 그 대금 환불의 조건과 절차

8. 전자매체로 공급할 수 있는 재화등의 설치·전송 등과 관련하여 요구되는 기술적 사항

9. 소비자피해 보상, 재화등에 대한 불만 및 소비자와 사업자 사이의 분쟁 처리에 관한 사항

10. 거래에 관한 약관

11. 그 밖에 소비자의 구매 여부 판단에 영향을 주는 거래조건 또는 소비자피해 구제에 필요한 사항으로서 대통령령으로 정하는 사항

② 방문판매자등은 재화등의 판매에 관한 계약을 체결할 때에는 제1항 각 호의 사항을 적은 계약서를 소비자에게 발급하여야 한다.

③ 방문판매자등은 재화등의 계약을 미성년자와 체결하려는 경우에는 법정대리인의 동의를 받아야 한다. 이 경우 법정대리인의 동의를 받지 못하면 미성년자 본인 또는 법정대리인이 계약을 취소할 수 있음을 알려야 한다.

④ 제2항에 따른 계약서 중 전화권유판매에 관한 계약서의 경우에는 소비자의 동의를 받아 그 계약의 내용을 팩스나 전자문서(「전자문서 및 전자거래 기본법」 제2조제1호에 따른 전자문서를 말한다. 이하 같다)로 송부하는 것으로써 갈음할 수 있다. 이 경우 팩스나 전자문서로 송부한 계약서의 내용이나 도달에 관하여 다툼이 있으면 전화권유판매자가 이를 증명하여야 한다.<개정 2012. 6. 1.>

⑤ 방문판매업자등은 제1항 및 제2항에 따라 소비자에게 설명하거나 표시한 거래조건을 신의에 좇아 성실하게 이행하여야 한다.

 목　차

[참고문헌]

　　단행본: Gene A. Marsch, Consumer Protection Law, West Group, 1999

I. 계약체결전 정보제공의무

　　방문판매자등은 재화등의 판매에 관한 계약을 체결하기 전에 소비자가 계약의 내용을 이해할 수 있도록 ① 방문판매업자등의 성명(법인인 경우에는 대표자의 성명), 상호, 주소, 전화번호 및 전자우편주소(제1호), ② 방문판매원등의 성명, 주소, 전화번호 및 전자우편주소(다만, 방문판매업자등이 소비자와 직접 계약을 체결하는 경우는 제외)(제2호), ③ 재화등의 명칭, 종류 및 내용(제3호), ④ 재화등의 가격과 그 지급의 방법 및 시기(제4호), ⑤ 재화등을 공급하는 방법 및 시기(제5호), ⑥ 청약의 철회 및 계약의 해제(이하 "청약철회등")의 기한·행사방법·효과에 관한 사항 및 청약철회등의 권리 행사에 필요한 서식으로서 총리령[1]으로 정하는 것(제6호), ⑦ 재화등의 교환·반품·수리보증 및 그 대금 환불의 조건과 절차(제7호), ⑧ 전자매체로 공급할 수 있는 재화등의 설치·전송 등과 관련하여 요구되는 기술적 사항(제8호), ⑨ 소비자피해 보상, 재화등에 대한 불만 및 소비자와 사업자 사이의 분쟁 처리에 관한 사항(제9호), ⑩ 거래에 관한 약관(제10호), ⑪ 그 밖에 소비자의 구매 여부 판단에 영향을 주는 거래조건 또는 소비자

---

　1) 제10조(청약 철회 및 계약 해제의 권리 행사에 필요한 서식) 법 제7조제1항제6호에서 "총리령으로 정하는 것"이란 별지 제6호서식의 청약 철회·계약 해제 통보서를 말한다.

피해 구제에 필요한 사항으로서 *대통령령*2)으로 정하는 사항(제11호)을 설명하여
야 한다(법 제7조 제1항).

　　"그 밖에 소비자의 구매 여부 판단에 영향을 주는 거래조건 또는 소비자의
피해구제에 필요한 사항으로서 대통령령이 정하는 사항"을 「특수판매 지침」에
서는 다음과 같이 예시하고 있다(Ⅲ. 3. 가).

> • 고가의 사은품이 있는 재화 등을 판매하면서 청약철회등 시 사은품 비용을 청구
> 　하여 청약철회등을 어렵게 할 수 있는 경우, 청약철회등 시 사은품에 대한 비용
> 　청구에 관한 사항을 계약을 체결하기 전에 소비자에게 설명하여야 하며 계약서
> 　에 기재하여야 함.

Ⅱ. 계약서교부의무

　　방문판매자등은 재화등의 판매에 관한 계약을 체결할 때에는 제1항 각 호
의 사항을 적은 계약서를 소비자에게 발급하여야 한다(법 제7조 제2항). 미국에
서도 판매자는 구매자에게 서면 계약서를 교부해야 하고 구매자의 청약철회권
을 적시한 서류를 첨부하여야 한다.3)

Ⅲ. 법정대리인의 동의

　　방문판매자등은 재화등의 계약을 미성년자와 체결하려는 경우에는 법정대리
인의 동의를 받아야 한다. 이 경우 법정대리인의 동의를 받지 못하면 미성년자
본인 또는 법정대리인이 계약을 취소할 수 있음을 알려야 한다(법 제7조 제3항).

　　「특수판매지침」에서는 다음과 같이 예시하고 있다.

> • 방문판매원의 권유로 미성년자가 자기 집에서 음악 CD세트를 구입하고 구입 후

---

2) 제11조(계약서의 기재사항) 법 제7조제1항제11호에서 "대통령령으로 정하는 사항"이란 다음
　　각 호의 사항을 말한다. <u>1. 재화등의 가격 외에 소비자가 추가로 부담하여야 할 사항이 있는
　　경우 그 내용 및 금액 2. 판매일시·판매지역·판매수량·인도지역 등 판매조건과 관련하여 제
　　한이 있는 경우 그 내용</u>
3) Gene A. Marsch, 53면.

바로 CD 몇 개를 개봉하여 들어 보았으며 그 날 저녁 부모가 이 사실을 알고 미성년자임을 이유로 다음날 계약 취소를 요구한 경우

⇒ 비록 법 제8조(청약철회등)제2항의 청약철회등 제한 사유에 해당하나 민법 제5조(미성년자의 능력) 규정에 의한 미성년자 계약의 취소권 행사에는 제한 사항이 없으므로 계약 취소가 가능함.

※ "청약철회등"은 법 제8조, 제17조 및 제29조제3항의 규정에서 정하고 있으며, "청 약철회등"은 통상적인 청약철회 외에도 계약해제 등까지 포함하고 있는 용어임.

제2항에 따른 계약서 중 전화권유판매에 관한 계약서의 경우에는 소비자의 동의를 받아 그 계약의 내용을 팩스나 전자문서(「전자문서 및 전자거래 기본법」 제2조제1호에 따른 전자문서)로 송부하는 것으로써 갈음할 수 있다. 이 경우 팩스 나 전자문서로 송부한 계약서의 내용이나 도달에 관하여 다툼이 있으면 전화권 유판매자가 이를 증명하여야 한다(법 제7조 제4항).

Ⅳ. 신의성실의무

방문판매업자등은 제1항 및 제2항에 따라 소비자에게 설명하거나 표시한 거래조건을 신의에 좇아 성실하게 이행하여야 한다(법 제7조 제5항).

제7조의2(전화권유판매업자의 통화내용 보존의무)

① 제7조제1항에 따른 계약 중 전화권유판매에 관한 계약의 경우 전화권유판매업자는 소비자의 동의를 받아 통화내용 중 계약에 관한 사항을 계약일부터 3개월 이상 보존하여야 한다.

② 소비자는 전화권유판매업자가 제1항에 따라 보존하는 통화내용에 대하여 방문·전화·팩스 또는 전자우편 등의 방법으로 열람을 요청할 수 있으며, 전화권유판매업자는 그 요청에 따라야 한다.

[본조신설 2018. 6. 12.]

전화권유판매는 비대면거래이므로 소비자가 계약내용을 정확히 파악하기 어렵고 판매업자와의 통화 과정에서 의사왜곡이 일어날 가능성이 커 전화권유판매업자로 하여금 소비자와의 통화내용 중 계약에 관한 사항을 소비자의 동의를 받아 3개월 이상 보존하도록 하고, 소비자가 요청하는 경우 이를 열람할 수 있도록 하였다.[1]

---

1) 【개정이유】[시행 2018. 12. 13.][법률 제15695호, 2018. 6. 12., 일부개정]

제8조(청약철회등)

① 방문판매 또는 전화권유판매(이하 "방문판매등"이라 한다)의 방법으로 재화등의 구매
에 관한 계약을 체결한 소비자는 다음 각 호의 기간(거래 당사자 사이에 다음 각 호
의 기간보다 긴 기간으로 약정한 경우에는 그 기간) 이내에 그 계약에 관한 청약철
회등을 할 수 있다.

  1. 제7조제2항에 따른 계약서를 받은 날부터 14일. 다만, 그 계약서를 받은 날보다
     재화등이 늦게 공급된 경우에는 재화등을 공급받거나 공급이 시작된 날부터 14일

  2. 다음 각 목의 어느 하나의 경우에는 방문판매자등의 주소를 안 날 또는 알 수
     있었던 날부터 14일

     가. 제7조제2항에 따른 계약서를 받지 아니한 경우

     나. 방문판매자등의 주소 등이 적혀 있지 아니한 계약서를 받은 경우

     다. 방문판매자등의 주소 변경 등의 사유로 제1호에 따른 기간 이내에 청약철회
         등을 할 수 없는 경우

  3. 제7조제2항에 따른 계약서에 청약철회등에 관한 사항이 적혀 있지 아니한 경우
     에는 청약철회등을 할 수 있음을 안 날 또는 알 수 있었던 날부터 14일

  4. 방문판매업자등이 청약철회등을 방해한 경우에는 그 방해 행위가 종료한 날부터
     14일

② 소비자는 다음 각 호의 어느 하나에 해당하는 경우에는 방문판매자등의 의사와 다르
게 제1항에 따른 청약철회등을 할 수 없다. 다만, 방문판매자등이 제5항에 따른 조
치를 하지 아니한 경우에는 제2호부터 제4호까지의 규정에 해당하더라도 청약철회등
을 할 수 있다.

  1. 소비자에게 책임이 있는 사유로 재화등이 멸실되거나 훼손된 경우. 다만, 재화등
     의 내용을 확인하기 위하여 포장 등을 훼손한 경우는 제외한다.

  2. 소비자가 재화등을 사용하거나 일부 소비하여 그 가치가 현저히 낮아진 경우

  3. 시간이 지남으로써 다시 판매하기 어려울 정도로 재화등의 가치가 현저히 낮아진
     경우

  4. 복제할 수 있는 재화등의 포장을 훼손한 경우

  5. 그 밖에 거래의 안전을 위하여 대통령령으로 정하는 경우

③ 소비자는 제1항 또는 제2항에도 불구하고 재화등의 내용이 표시·광고의 내용과 다
르거나 계약 내용과 다르게 이행된 경우에는 그 재화등을 공급받은 날부터 3개월 이
내에, 그 사실을 안 날 또는 알 수 있었던 날부터 30일 이내에 청약철회등을 할 수

있다.

④ 제1항 또는 제3항에 따른 청약철회등을 서면으로 하는 경우에는 청약철회등의 의사를 표시한 서면을 발송한 날에 그 효력이 발생한다.

⑤ 방문판매자등은 제2항제2호부터 제4호까지의 규정에 따라 청약철회등을 할 수 없는 재화등의 경우에는 그 사실을 재화등의 포장이나 그 밖에 소비자가 쉽게 알 수 있는 곳에 분명하게 표시하거나 시용(試用) 상품을 제공하는 등의 방법으로 청약철회등의 권리행사가 방해받지 아니하도록 조치하여야 한다.

 목 차

[참고문헌]

단행본: 사법연수원, 약관규제와 소비자보호 연구, 2012; Gene A. Marsch, Consumer Protection Law, West Group, 1999

Ⅰ. 청약철회의 기간

방문판매 또는 전화권유판매(이하 "방문판매등")의 방법으로 재화등의 구매에 관한 계약을 체결한 소비자는 ① 제7조 제2항에 따른 계약서를 받은 날부터 14일(다만, 그 계약서를 받은 날보다 재화등이 늦게 공급된 경우에는 재화등을 공급받거나 공급이 시작된 날부터 14일)(제1호), ② i) 제7조 제2항에 따른 계약서를 받지 아니한 경우, ii) 방문판매자등의 주소 등이 적혀 있지 아니한 계약서를 받은 경우, iii) 방문판매자등의 주소 변경 등의 사유로 제1호에 따른 기간 이내에 청약철회등을 할 수 없는 경우의 어느 하나의 경우에는 방문판매자등의 주소를 안 날 또는 알 수 있었던 날부터 14일(제2호), ③ 제7조 제2항에 따른 계약서에 청약철회등에 관한 사항이 적혀 있지 아니한 경우에는 청약철회등을 할 수 있음을 안 날 또는 알 수 있었던 날부터 14일(제3호), ④ 방문판매업자등이 청약철회등을 방해한 경우에는 그 방해 행위가 종료한 날부터 14일의 기간(거래 당사자 사이에 다음 각 호의 기간보다 긴 기간으로 약정한 경우에는 그 기간)(제4호) 이내에 그 계약에 관한 청약철회등을 할 수 있다(법 제8조 제1항).

이와 같이 소비자에게 무조건적인 철회권을 인정하는 것은 '계약은 지켜져야 한다'는 사법상의 원칙에 대한 예외를 인정하는 것으로서, 소비자를 위하여 특별히 인정되는 특칙이다.[2] 미국에서도 판매일로부터 3일간의 청약철회기간(the Cooling-Off Period)을 두고 있다.[3]

Ⅱ. 청약철회의 제한

소비자는 ① 소비자에게 책임이 있는 사유로 재화등이 멸실되거나 훼손된 경우(다만, 재화등의 내용을 확인하기 위하여 포장 등을 훼손한 경우는 제외)(제1호), ② 소비자가 재화등을 사용하거나 일부 소비하여 그 가치가 현저히 낮아진 경우(제2호), ③ 시간이 지남으로써 다시 판매하기 어려울 정도로 재화등의 가치가 현저히 낮아진 경우(제3호), ④ 복제할 수 있는 재화등의 포장을 훼손한 경우(제4호), ⑤ 그 밖에 거래의 안전을 위하여 *대통령령*[4]으로 정하는 경우(제5호)의 어느 하나에 해당하는 경우에는 방문판매자등의 의사와 다르게 제1항에 따른 청약철회등을 할 수 없다. 다만, 방문판매자등이 제5항에 따른 조치를 하지 아니한 경우에는 제2호부터 제4호까지의 규정에 해당하더라도 청약철회등을 할 수 있다(법 제8조 제2항).

「특수판매 지침」에서는 "복제가 가능한 재화등의 포장을 훼손한 경우"를 다음과 같이 예시하고 있다(Ⅲ. 3. 나).

---

2) 사법연수원, 204면.
3) Gene A. Marsch, 53면.
4) 제12조(청약철회등의 제한) 법 제8조제2항제5호에서 "대통령령으로 정하는 경우"란 소비자의 주문에 의하여 개별적으로 생산되는 재화등에 대한 것으로서 청약의 철회 및 계약의 해제(이하 "청약철회등")를 인정하면 방문판매자 또는 전화권유판매자(이하 "방문판매자등")에게 회복할 수 없는 중대한 피해가 예상되는 경우로서 사전에 해당 거래에 대하여 별도로 그 사실을 고지하고 소비자의 서면(전자문서를 포함한다) 동의를 받은 경우를 말한다.

• 복제가 가능한 CD를 포장하여 판매하지 않고 방문판매원이 직접 가정을 방문하여 컴퓨터에 CD의 콘텐츠를 설치해 주고, CD를 회수하여 가는 경우는 청약철회등이 가능함.

• 방문판매 또는 전화권유판매를 통하여 판매된 인터넷 교육 등 용역 제공의 경우 소비자가 콘텐츠를 모두 복제할 수 있는 경우에는 청약철회등이 불가능하나 콘텐츠 복제가 되지 않는 경우에는 청약철회등 가능함.

또한 청약철회등이 가능한 경우를 다음과 같이 예시하고 있다(Ⅲ. 3. 나).

• 건강식품을 구입하고 사은품으로 받은 옥매트는 포장을 뜯어 사용하였으나, 건강식품은 포장을 훼손하지도 않고 그대로 둔 경우는 청약철회등이 가능함.
  ⇒ 이 경우 청약철회등은 가능하나 계약서 등에 따라 사은품 옥매트 사용에 따른 비용 지급의 문제는 발생할 수 있음.

• 방문판매원이 청소기의 사용방법을 알려준다면서 포장을 뜯고 사용한 후 소비자가 그 청소기를 구입한 경우에 소비자는 청약철회등 기간 내에 사용하여 가치가 감소하였다고 하더라도 청약철회등이 가능함.
  ⇒ 방문판매자등은 재화등의 사용 또는 일부 소비에 의하여 그 가치가 현저히 감소하는 경우에는 시용(試用)상품을 제공하는 등의 방법으로 조치를 취하여야 함.

Ⅲ. 절대적 청약철회의 사유

소비자는 제1항 또는 제2항에도 불구하고 재화등의 내용이 표시·광고의 내용과 다르거나 계약 내용과 다르게 이행된 경우에는 그 재화등을 공급받은 날부터 3개월 이내에, 그 사실을 안 날 또는 알 수 있었던 날부터 30일 이내에 청약철회등을 할 수 있다(법 제8조 제3항).

Ⅳ. 청약철회의 효력발생 시기

제1항 또는 제3항에 따른 청약철회등을 서면으로 하는 경우에는 청약철회

등의 의사를 표시한 서면을 발송한 날에 그 효력이 발생한다(법 제8조 제4항).

V. 청약철회 불가표시

방문판매자등은 제2항 제2호부터 제4호까지의 규정에 따라 청약철회등을 할 수 없는 재화등의 경우에는 그 사실을 재화등의 포장이나 그 밖에 소비자가 쉽게 알 수 있는 곳에 분명하게 표시하거나 시용(試用) 상품을 제공하는 등의 방법으로 청약철회등의 권리행사가 방해받지 아니하도록 조치하여야 한다(법 제8조 제5항).

제9조(청약철회등의 효과)

① 소비자는 제8조제1항 또는 제3항에 따라 청약철회등을 한 경우에는 이미 공급받은 재화등을 반환하여야 한다.

② 방문판매자등(소비자로부터 재화등의 대금을 지급받은 자 및 소비자와 방문판매등에 관한 계약을 체결한 자를 포함한다. 이하 제2항부터 제8항까지의 규정에서 같다)은 재화등을 반환받은 날부터 3영업일 이내에 이미 지급받은 재화등의 대금을 환급하여야 한다. 이 경우 방문판매자등이 소비자에게 재화등의 대금의 환급을 지연하면 그 지연기간에 따라 연 100분의 40 이내의 범위에서 「은행법」에 따른 은행이 적용하는 연체금리 등 경제 사정을 고려하여 대통령령으로 정하는 이율을 곱하여 산정한 지연이자(이하 "지연배상금"이라 한다)를 지급하여야 한다.

③ 방문판매자등은 제1항 및 제2항에 따라 재화등의 대금을 환급할 때 소비자가 「여신전문금융업법」 제2조제3호에 따른 신용카드나 그 밖에 대통령령으로 정하는 결제수단(이하 "신용카드등"이라 한다)으로 재화등의 대금을 지급한 경우에는 지체 없이 그 신용카드등의 대금 결제수단을 제공한 사업자(이하 "결제업자"라 한다)로 하여금 재화등의 대금 청구를 정지하거나 취소하도록 요청하여야 한다. 다만, 방문판매자등이 결제업자로부터 그 재화등의 대금을 이미 지급받은 경우에는 지체 없이 이를 결제업자에게 환급하고 그 사실을 소비자에게 알려야 한다.

④ 제3항 단서에 따라 방문판매자등으로부터 재화등의 대금을 환급받은 결제업자는 지체 없이 소비자에게 이를 환급하거나 환급에 필요한 조치를 하여야 한다.

⑤ 제3항 단서에 해당하는 방문판매자등 중 환급을 지연하여 소비자로 하여금 대금을 결제하게 한 방문판매자등은 그 지연기간에 대한 지연배상금을 소비자에게 지급하여야 한다.

⑥ 소비자는 방문판매자등이 정당한 사유 없이 결제업자에게 대금을 환급하지 아니하는 경우에는 환급받을 금액에 대하여 결제업자에게 그 방문판매자등에 대한 다른 채무와 상계(相計)할 것을 요청할 수 있다. 이 경우 결제업자는 대통령령으로 정하는 바에 따라 그 방문판매자등에 대한 다른 채무와 상계할 수 있다.

⑦ 소비자는 결제업자가 제6항에 따른 상계를 정당한 사유 없이 게을리한 경우 결제업자에 대하여 대금 결제를 거부할 수 있다. 이 경우 방문판매자등과 결제업자는 그 결제의 거부를 이유로 해당 소비자를 약정한 날짜 이내에 채무를 변제하지 아니한 자로 처리하는 등 소비자에게 불이익을 주는 행위를 하여서는 아니 된다.

⑧ 제1항의 경우 방문판매자등은 이미 재화등이 사용되거나 일부 소비된 경우에는 그

재화등을 사용하거나 일부 소비하여 소비자가 얻은 이익 또는 그 재화등의 공급에 든 비용에 상당하는 금액으로서 대통령령으로 정하는 범위의 금액을 지급할 것을 소비자에게 청구할 수 있다.

⑨ 제8조제1항 및 제3항에 따른 청약철회등의 경우 공급받은 재화등의 반환에 필요한 비용은 방문판매자등이 부담하며, 방문판매자등은 소비자에게 청약철회등을 이유로 위약금 또는 손해배상을 청구할 수 없다.

⑩ 방문판매자등, 재화등의 대금을 지급받은 자 또는 소비자와 방문판매등에 관한 계약을 체결한 자가 동일인이 아닌 경우 각자는 제8조제1항 및 제3항에서의 청약철회등에 따른 제1항부터 제9항까지의 규정에 따른 재화등의 대금 환급과 관련한 의무의 이행에 있어 연대하여 책임을 진다.

 목　차

I. 소비자의 재화 반환의무

소비자는 제8조 제1항 또는 제3항에 따라 청약철회등을 한 경우에는 이미 공급받은 재화등을 반환하여야 한다(법 제9조 제1항).

제1항의 경우 방문판매자등은 이미 재화등이 사용되거나 일부 소비된 경우에는 그 재화등을 사용하거나 일부 소비하여 소비자가 얻은 이익 또는 그 재화등의 공급에 든 비용에 상당하는 금액으로서 *대통령령*[1]으로 정하는 범위의 금

---

1) 제16조(재화등이 일부 소비된 경우의 비용 청구 범위) ① 법 제9조제8항에서 "대통령령으로 정하는 범위의 금액"이란 다음 각 호의 구분에 따른 비용을 말한다. 1. 재화등의 사용으로 인하여 소모성 부품의 재판매가 곤란하거나 재판매가격이 현저히 하락하는 경우: 그 소모성 부품의 공급에 든 비용 2. 여러 개의 동일한 가분물(可分物)로 구성된 재화등의 경우: 소비자의 일부 소비로 인하여 소비된 부분의 공급에 든 비용 ② 공정거래위원회는 필요하다고 인정하

액을 지급할 것을 소비자에게 청구할 수 있다(법 제9조 제8항).

Ⅱ. 방문판매자 등의 대금반환의무

　　방문판매자등(소비자로부터 재화등의 대금을 지급받은 자 및 소비자와 방문판매
등에 관한 계약을 체결한 자를 포함)은 재화등을 반환받은 날부터 3영업일 이내에
이미 지급받은 재화등의 대금을 환급하여야 한다. 이 경우 방문판매자등이 소비
자에게 재화등의 대금의 환급을 지연하면 그 지연기간에 따라 연 100분의 40
이내의 범위에서 「은행법」에 따른 은행이 적용하는 연체금리 등 경제 사정을
고려하여 *대통령령*2)으로 정하는 이율을 곱하여 산정한 지연이자(이하 "지연배상
금")를 지급하여야 한다(법 제9조 제2항). 종래에는 공정거래위원회가 정하여 고
시하도록 하고 있으나, 이는 「헌법」상의 포괄위임금지의 원칙에 위배될 여지가
있으므로, 대통령령으로 정하도록 하였다.3)

Ⅲ. 결제업자의 대금청구 정지 · 취소 등 조치의무

　　방문판매자등은 제1항 및 제2항에 따라 재화등의 대금을 환급할 때 소비자
가 「여신전문금융업법」 제2조 제3호에 따른 신용카드나 그 밖에 *대통령령*4)으로
정하는 결제수단(이하 "신용카드등")으로 재화등의 대금을 지급한 경우에는 지체
없이 그 신용카드등의 대금 결제수단을 제공한 사업자(이하 "결제업자")로 하여
금 재화등의 대금 청구를 정지하거나 취소하도록 요청하여야 한다. 다만, 방문
판매자등이 결제업자로부터 그 재화등의 대금을 이미 지급받은 경우에는 지체

　　는 경우 재화등의 종류 · 거래가격 · 상관행(商慣行) 등을 고려하여 제1항 각 호의 비용에 관한
　　세부 기준을 정하여 고시할 수 있다.
　2) 제13조(지연배상금의 이율) 법 제9조제2항 후단에서 "대통령령으로 정하는 이율"이란 연
　　100분의 15를 말한다.
　3) 【개정이유】 [시행 2007. 10. 20.][법률 제8537호, 2007. 7. 19., 일부개정]
　4) 제14조(청약철회등에 따른 대금 청구의 정지 또는 취소 대상 결제수단) 법 제9조제3항 본문
　　에서 "대통령령으로 정하는 결제수단"이란 재화등을 구입한 소비자가 직접 지급하는 현금(계
　　좌이체에 의한 지급을 포함한다) 외의 결제수단으로서 그 결제수단을 제공한 사업자(이하 "결
　　제업자")에게 대금 청구를 정지 또는 취소하도록 요청하거나 방문판매자등이 결제업자에게 대
　　금을 환급하는 경우 해당 소비자에게 환급한 것과 같은 효과가 발생하는 결제수단을 말한다.

없이 이를 결제업자에게 환급하고 그 사실을 소비자에게 알려야 한다(법 제9조 제3항).

제3항 단서에 따라 방문판매자등으로부터 재화등의 대금을 환급받은 결제업자는 지체 없이 소비자에게 이를 환급하거나 환급에 필요한 조치를 하여야 한다(법 제9조 제4항). 제3항 단서에 해당하는 방문판매자등 중 환급을 지연하여 소비자로 하여금 대금을 결제하게 한 방문판매자등은 그 지연기간에 대한 지연배상금을 소비자에게 지급하여야 한다(법 제9조 제5항).

Ⅳ. 소비자의 상계요청권

소비자는 방문판매자등이 정당한 사유 없이 결제업자에게 대금을 환급하지 아니하는 경우에는 환급받을 금액에 대하여 결제업자에게 그 방문판매자등에 대한 다른 채무와 상계(相計)할 것을 요청할 수 있다. 이 경우 결제업자는 *대통령령*5)으로 정하는 바에 따라 그 방문판매자등에 대한 다른 채무와 상계할 수 있다(법 제9조 제6항).

소비자는 결제업자가 제6항에 따른 상계를 정당한 사유 없이 게을리한 경우 결제업자에 대하여 대금 결제를 거부할 수 있다. 이 경우 방문판매자등과 결제업자는 그 결제의 거부를 이유로 해당 소비자를 약정한 날짜 이내에 채무를 변제하지 아니한 자로 처리하는 등 소비자에게 불이익을 주는 행위를 하여서는 아니 된다(법 제9조 제7항).

---

5) 제15조(채무의 상계) ① 결제업자는 소비자가 다음 각 호의 방법으로 상계를 요청할 경우 법 제9조제6항 후단에 따라 즉시 상계할 수 있다. 1. 환급금액 등을 적은 서면(전자문서를 포함)에 의할 것 2. 법 제8조제1항 각 호 또는 같은 조제3항의 기간 내에 청약철회등을 한 사실 및 법 제9조제1항에 따라 재화등을 반환하였음을 증명하는 자료(소비자가 재화등을 계약서에 명시된 방문판매자등의 주소로 반환하였으나 수취 거절된 경우에는 그 증명자료)를 첨부할 것 ② 결제업자는 제1항에 따라 상계한 경우 그 사실 및 상계금액 등을 적은 서면(전자문서를 포함한다)을 방문판매자등 및 소비자에게 지체 없이 송부하여야 한다. ③ 제1항과 제2항에서 규정한 사항 외에 결제업자의 상계에 필요한 사항은 총리령으로 정한다.

Ⅴ. 반환비용의 부담

제8조 제1항 및 제3항에 따른 청약철회등의 경우 공급받은 재화등의 반환에 필요한 비용은 방문판매자등이 부담하며, 방문판매자등은 소비자에게 청약철회등을 이유로 위약금 또는 손해배상을 청구할 수 없다(법 제9조 제9항).

Ⅵ. 연대책임

방문판매자등, 재화등의 대금을 지급받은 자 또는 소비자와 방문판매등에 관한 계약을 체결한 자가 동일인이 아닌 경우 각자는 제8조 제1항 및 제3항에서의 청약철회등에 따른 제1항부터 제9항까지의 규정에 따른 재화등의 대금 환급과 관련한 의무의 이행에 있어 연대하여 책임을 진다(법 제9조 제10항).

제10조(손해배상청구금액의 제한 등)

① 소비자에게 책임이 있는 사유로 재화등의 판매에 관한 계약이 해제된 경우 방문판매자등이 소비자에게 청구하는 손해배상액은 다음 각 호에서 정한 금액에 대금 미납에 따른 지연배상금을 더한 금액을 초과할 수 없다.
  1. 공급한 재화등이 반환된 경우에는 다음 각 목의 금액 중 큰 금액
     가. 반환된 재화등의 통상 사용료액 또는 그 사용으로 통상 얻을 수 있는 이익에 상당하는 금액
     나. 반환된 재화등의 판매가액에서 그 재화등이 반환된 당시의 가액을 뺀 금액
  2. 공급한 재화등이 반환되지 아니한 경우에는 그 재화등의 판매가액에 상당하는 금액
② 공정거래위원회는 방문판매자등과 소비자 간의 손해배상청구에 따른 분쟁을 원활하게 해결하기 위하여 필요한 경우 제1항에 따른 손해배상액의 산정기준을 정하여 고시할 수 있다.

제11조(금지행위)

① 방문판매자등은 다음 각 호의 어느 하나에 해당하는 행위를 하여서는 아니 된다.
1. 재화등의 판매에 관한 계약의 체결을 강요하거나 청약철회등 또는 계약 해지를 방해할 목적으로 소비자를 위협하는 행위
2. 거짓 또는 과장된 사실을 알리거나 기만적 방법을 사용하여 소비자를 유인 또는 거래하거나 청약철회등 또는 계약 해지를 방해하는 행위
3. 방문판매원등이 되기 위한 조건 또는 방문판매원등의 자격을 유지하기 위한 조건으로서 방문판매원등 또는 방문판매원등이 되려는 자에게 가입비, 판매 보조 물품, 개인 할당 판매액, 교육비 등 그 명칭이나 형태와 상관없이 대통령령으로 정하는 수준을 초과한 비용 또는 그 밖의 금품을 징수하거나 재화 등을 구매하게 하는 등 의무를 지게 하는 행위
4. 방문판매원등에게 다른 방문판매원등을 모집할 의무를 지게 하는 행위
5. 청약철회등이나 계약 해지를 방해할 목적으로 주소·전화번호 등을 변경하는 행위
6. 분쟁이나 불만 처리에 필요한 인력 또는 설비가 부족한 상태를 상당 기간 방치하여 소비자에게 피해를 주는 행위
7. 소비자의 청약 없이 일방적으로 재화등을 공급하고 재화등의 대금을 청구하는 행위
8. 소비자가 재화를 구매하거나 용역을 제공받을 의사가 없음을 밝혔음에도 불구하고 전화, 팩스, 컴퓨터통신 등을 통하여 재화를 구매하거나 용역을 제공받도록 강요하는 행위
9. 본인의 허락을 받지 아니하거나 허락받은 범위를 넘어 소비자에 관한 정보를 이용(제3자에게 제공하는 경우를 포함한다. 이하 같다)하는 행위. 다만, 다음 각 목의 어느 하나에 해당하는 경우는 제외한다.
   가. 재화등의 배송 등 소비자와의 계약을 이행하기 위하여 불가피한 경우로서 대통령령으로 정하는 경우
   나. 재화등의 거래에 따른 대금을 정산하기 위하여 필요한 경우
   다. 도용을 방지하기 위하여 본인임을 확인할 때 필요한 경우로서 대통령령으로 정하는 경우
   라. 법률의 규정 또는 법률에 따라 필요한 불가피한 사유가 있는 경우
② 공정거래위원회는 이 법 위반행위의 방지 및 소비자피해의 예방을 위하여 방문판매자등이 지켜야 할 기준을 정하여 고시할 수 있다.

목 차

[참고사례]

　한강라이프 방문판매법 위반행위 건(공정거래위원회 2014. 3. 3. 의결 제2014-043
호; 서울고등법원 2015. 4. 2. 2014누3602; 대법원 2015. 12. 24 선고 2015두41395 판
결); 한강라이프 방문판매법 위반행위 건(공정거래위원회 2010. 9. 29. 의결 제2010-114
호; 서울고등법원 2011. 6. 1. 선고 2010누36468 판결; 대법원 2011. 10. 13. 선고 2011
두14821 판결)

Ⅰ. 금지행위의 유형

　방문판매자등은 다음 각 호의 어느 하나에 해당하는 행위를 하여서는 아니
된다(법 제11조 제1항).

1. 소비자 위협 행위

　금지행위의 첫 번째 유형은 재화등의 판매에 관한 계약의 체결을 강요하거
나 청약철회등 또는 계약 해지를 방해할 목적으로 소비자를 위협하는 행위(제1
호)이다. 「특수판매 지침」에서는 다음과 같이 예시하고 있다[Ⅲ. 3. 다.(1)].

- 욕설, 인신모독, 감금 또는 계약 체결을 조건으로 귀가를 시켜준다고 위협하는 등의 행위로 계약 체결을 강요하는 행위
- 계약 체결 후에 마음에 들지 아니하여 청약철회등 또는 계약 해지를 하려고 재화를 반품하고 청약철회등 또는 계약 해지를 통보하자, 사업자가 신용불량자 운운하며 청약철회등 또는 계약 해지를 거부하는 행위

2. 거짓 또는 과장, 기만적 거래 유도 및 청약철회등 방해 행위

금지행위의 두 번째 유형은 거짓 또는 과장된 사실을 알리거나 기만적 방법을 사용하여 소비자를 유인 또는 거래하거나 청약철회등 또는 계약 해지를 방해하는 행위(제2호)이다.

「특수판매 지침」에서는 다음과 같이 예시하고 있다[Ⅲ. 3. 다.(1)].

- 휴대폰으로 광고 문자 메시지를 전송하면서 ① 유료에 대한 표시를 하지 않거나, ② 허위로 '연락했는데 연락이 없네요' 등으로 유인하거나, ③ 당첨 상술을 쓰는 방법 등에 의하여 소비자로 하여금 전화를 걸게 하는 행위(다만, '당첨' 메시지의 경우 실제로 응모를 통하여 당첨된 사실을 알리는 경우는 제외)
- 시용 상품이라고 재화등의 사용을 권유하여 상대방이 이를 일부 사용하자, 재화의 훼손을 이유로 계약 체결을 강요하는 행위
- 케이블 TV를 2년 계약하여 시청하던 중, 당초의 계약서에는 언제든지 계약을 중도에 해지할 수 있다고 규정되어 있음을 이유로 중도 해지하려고 하는데, 소비자의 동의 없이 변경된 약관 조항을 근거로 계약 해지를 거부하는 경우(다만, 당초 계약에 '동의 없이 계약 해지에 관한 약관 조항을 변경할 수 있다'라는 조항이 있더라도 이 조항은 "법 제52조(소비자 등에게 불리한 계약의 금지)"에 의하여 무효임)
- 계약 체결시의 시·군·구 지역 내의 사업장이 아닌 다른 시·군·구 지역 내의 사업장으로 방문하는 방법으로만 청약철회등이 가능한 경우(다만, 계약 체결시의 시·군·구 지역 내의 사업장 폐쇄·이전 등으로 없는 경우는 제외)
- 고객의 소속 회사로부터 외국어교육 위탁을 받은 적이 없음에도 불구하고 외국어교육을 위탁받아 실시하고 있는 업체라고 설명하거나, 전액 소비자가 부담하

는 것임에도 구매대금의 50%를 회사가 지원하고 고객 부담금은 50%에 불과하다고 설명하여 구매계약을 체결한 경우

• 텔레마케터가 "무료여행 고객으로 당첨되어서 무료여행권을 준다"고 하여 카드번호를 요구하거나, "행사기간에 무료여행권이 당첨되었으니 월 3,000원씩 2년 동안 72,000원을 납부하면 무료항공권과 상품(휴대폰 기타)을 보내준다"고 카드번호를 알려달라고 하여 계약을 체결하고 계약체결 이후에는 당초 계약내용과는 달리 소비자들에게 여행상품 대금(792,000원 또는 828,000원)을 6개월에서 12개월 할부로 청구한 경우

3. 과다비용 또는 금품 징수 및 재화구매 의무 부과 행위

금지행위의 세 번째 유형은 방문판매원등이 되기 위한 조건 또는 방문판매원등의 자격을 유지하기 위한 조건으로서 방문판매원등 또는 방문판매원등이 되려는 자에게 가입비, 판매 보조 물품, 개인 할당 판매액, 교육비 등 그 명칭이나 형태와 상관없이 *대통령령*[1]으로 정하는 수준을 초과한 비용 또는 그 밖의 금품을 징수하거나 재화 등을 구매하게 하는 등 의무를 지게 하는 행위(제3호)이다.

제3호의 해석과 관련하여 소속 방문판매원이 납부하는 개설비 또는 승급비는 내부의 직급인 지사장 등이 되기 위한 조건에 불과할 뿐이고, 이를 방문판매원 자격유지를 위한 조건으로 볼 수 없다는 것이 대법원의 입장이다.

"첫째, '방문판매원이 되고자 하는 사람'이란 방문판매업자의 신규 방문판매원이 되고자 하는 사람을 말하고, 이미 가입된 방문판매원이 더 유리한 수당의 지급조건을 적용받는 직급의 방문판매원이 되는 경우까지 포함한다고 볼 수 없고, 둘째, '방문판매원의 자격을 유지하기 위한 조건'이란 기존의 방문판매원이 금품을 납부하지 않으면 방문판매원 자격을 그대로 보존하거나 지속하지 못하고 방문판매원 자격을 상실하게 되는 것을 의미하며, 방문판매와 다단계판매 모두 방문판매법에서 규율하고 있지만 법이 규율하고자 하는 대상이나 측면이 서로 다르므로 방문판매법 §11① 제3호 소정의 '방문판매원 등의 자격을 유지하기 위한 조건'에 다단계판매에 관한 규정인 법 §22① 소정의 '유리한 후원수당의 지급기준을 적용받기

---

1) 제17조(방문판매원등에 대한 의무 부과 수준) 법 제11조제1항 제3호에서 "대통령령으로 정하는 수준"이란 방문판매원등이 되려는 자 또는 방문판매원등 1인당 연간 2만원을 말한다.

위한 조건'이 포함된다고 볼 수 없어, 소속 방문판매원이 납부하는 개설비 또는 승급비는 내부의 직급인 지사장 등이 되기 위한 조건에 불과할 뿐이고, 이를 방문판매원 자격유지를 위한 조건으로 볼 수 없을 뿐만 아니라, 개설비 또는 승급비의 미완납을 이유로 원래 직급으로 복귀하는 것을 두고 지사장 등이 그 자격을 유지하는데 금품을 납부하였다고 볼 수 없음(<한강라이프 방문판매법 위반행위 건>)[2)]

「특수판매 지침」에서는 다음과 같이 예시하고 있다[Ⅲ. 3.(5)].

- 일정 수 이상의 회원확보 조건을 걸어 실적이 저조한 방문교사에게 허위로 회원가입을 강제하여 방문교사로부터 허위 등록 회원의 강습료 명목으로 20만원을 납부하게 한 경우

4. 방문판매원등 모집의무 강제 행위

금지행위의 네 번째 유형은 방문판매원등에게 다른 방문판매원등을 모집할 의무를 지게 하는 행위(제4호)이다.

「특수판매 지침」에서는 다음과 같이 예시하고 있다[Ⅲ. 3. 다.(6)].

- 방문판매원 A가 개인 사정을 이유로 방문판매업무를 더 이상 하지 않으려 함에, 방문판매업자가 약관 등을 이유로 계약 해지 시에 제3자를 방문판매원으로 알선·소개하도록 하는 경우

5. 주소·전화번호 등 변경 행위

금지행위의 다섯 번째 유형은 청약철회등이나 계약 해지를 방해할 목적으로 주소·전화번호 등을 변경하는 행위이다(제5호).

6. 분쟁처리 인력 또는 설비 부족 방치 행위

금지행위의 여섯 번째 유형은 분쟁이나 불만 처리에 필요한 인력 또는 설

---

2) 대판 2015. 12. 24. 2015두41395; 대판 2011. 10. 13. 2011두14821.

비가 부족한 상태를 상당 기간 방치하여 소비자에게 피해를 주는 행위이다(법 제11조 제항 제6호).

「특수판매 지침」에서는 다음과 같이 예시하고 있다[Ⅲ. 3. 다.(3)].

- 소비자가 불만사항에 대한 사업자의 이메일 또는 팩스 답변이 불충분하여 직접 전화통화를 하고자 함에도 불구하고, 사업자가 이메일 또는 팩스를 통해서만 불만처리를 할 수 있도록 하고 전화통화를 거부하는 경우

- 상담원이 부족하여 소비자가 통상의 경우 상담원과 통화할 수 없거나, ARS 등을 통해 여러 단계를 거치게 하면서 결국 상담원과는 통화가 되지 않도록 기술적 장치를 하는 경우

- 소비자가 사업자와의 전화통화가 이루어지지 않아 자동 안내된 콜백 안내에 따라 자신의 전화번호를 남겼음에도 불구하고, 사업자가 3영업일 이내에 전화를 하지 않는 경우(다만, 소비자가 전화번호를 잘못 남겼거나 소비자의 부재 등으로 인하여 부득이 하게 연락이 지연된 경우는 제외)

- 소비자가 사업자에게 전화를 하였으나 담당자가 출장, 결근 또는 퇴사하였다는 이유로 전화통화 또는 전산처리 등을 회피하여, 소비자에게 청약철회등 기간경과 및 지연처리로 인한 기간경과에 따른 위약금 가중 등의 피해를 주는 경우

7. 일방적 재화등 공급과 대금 청구 행위

금지행위의 일곱 번째 유형은 소비자의 청약 없이 일방적으로 재화등을 공급하고 재화등의 대금을 청구하는 행위이다(제7호).

「특수판매 지침」에서는 다음과 같이 예시하고 있다[Ⅲ. 3. 다.(4)]

- 소비자가 구매의사가 없음을 밝혔음에도 불구하고, 판매원이 무료라고 하면서 일방적으로 재화를 장기간 공급한 뒤 이에 대한 대금을 요구하는 경우

- 소비자가 경품 행사에 당첨되었다고 하면서, 재화를 무료로 제공한 후에 세금 및 수수료 등의 명목으로 대금을 요구하는 행위

8. 재화 구매 및 용역 제공 강요 행위

금지행위의 여덟 번째 유형은 소비자가 재화를 구매하거나 용역을 제공받을 의사가 없음을 밝혔음에도 불구하고 전화, 팩스, 컴퓨터통신 등을 통하여 재화를 구매하거나 용역을 제공받도록 강요하는 행위이다(제8호).

「특수판매 지침」에서는 다음과 같이 예시하고 있다[Ⅲ. 3. 다.(9)].

> • 소비자가 전화권유판매자로부터 전화를 이용하여 구매 권유를 받는 경우에 소비자가 구매할 의사가 없다고 밝히고 더 이상 전화를 통하여 구매 권유를 하지 말 것을 밝혔으나 계속하여 전화를 하는 경우

9. 소비자 정보 이용 행위

금지행위의 아홉 번째 유형은 본인의 허락을 받지 아니하거나 허락받은 범위를 넘어 소비자에 관한 정보를 이용(제3자에게 제공하는 경우를 포함)하는 행위(다만 ① 재화등의 배송 등 소비자와의 계약을 이행하기 위하여 불가피한 경우로서 *대통령령*[3])으로 정하는 경우(가목), ② 재화등의 거래에 따른 대금을 정산하기 위하여 필요한 경우(나목), ③ 도용을 방지하기 위하여 본인임을 확인할 때 필요한 경우로서 *대통령령*[4])으로 정하는 경우(다목), ④ 법률의 규정 또는 법률에 따라 필요한 불가피한 사유가 있는 경우(라목) 어느 하나에 해당하는 경우는 제외)이다(제9호).

「특수판매 지침」에서는 다음과 같이 예시하고 있다[Ⅲ. 3. 다.(10)].

---

3) 제18조(재화등의 배송 등을 위한 소비자정보의 이용) 법 제11조제1항제9호가목에서 "대통령령으로 정하는 경우"란 다음 각 호의 경우를 말한다. <u>1. 재화등의 배송 또는 전송(轉送)을 업(業)으로 하는 자 중 해당 재화등의 배송 또는 전송을 위탁받은 자에게 소비자에 관한 정보를 제공하는 경우 2. 재화등의 설치, 사후 서비스, 그 밖에 약정한 서비스의 제공을 업으로 하는 자 중 해당 서비스의 제공을 위탁받은 자에게 소비자에 관한 정보를 제공하는 경우</u>

4) 제19조(도용 방지를 위한 본인 확인에 필요한 소비자정보의 이용) 법 제11조제1항제9호다목에서 "대통령령으로 정하는 경우"란 다음 각 호의 경우를 말한다. <u>1. 소비자의 신원 및 실명이나 본인의 진의(眞義)를 확인하기 위하여 다음 각 목의 어느 하나에 해당하는 자에게 소비자에 관한 정보를 제공하는 경우 가. 「전기통신사업법」 제5조제3항제1호에 따른 기간통신사업자 나. 「신용정보의 이용 및 보호에 관한 법률」에 따른 개인신용평가회사, 개인사업자신용평가회사 및 본인신용정보관리회사 다. 해당 거래에 따른 대금결제와 직접 관련된 결제업자 라. 법령에 따라 또는 법령에 따른 인가·허가를 받아 도용 방지를 위한 실명 확인을 업으로 하는 자 2. 미성년자와의 거래 시 법정대리인의 동의 여부를 확인하기 위하여 이용하는 경우</u>

> • 재화 등의 배송 등 소비자와의 계약 이행에 불가피한 경우, 대금정산을 위하여
>   필요한 경우, 도용방지를 위하여 본인 확인에 필요한 경우 등을 제외함.

Ⅱ. 법 위반행위 방지 및 소비자 피해예방 기준 고시제정

　　공정거래위원회는 이 법 위반행위의 방지 및 소비자피해의 예방을 위하여
방문판매자등이 지켜야 할 기준을 정하여 고시할 수 있다(법 제11조 제1항).

제12조(방문판매자등의 휴업기간 중 업무처리 등)

① 방문판매자등은 그 휴업기간 또는 영업정지기간 중에도 제8조제1항 및 제3항에 따른
　 청약철회등의 업무와 제9조제1항부터 제9항까지의 규정에 따른 청약철회등에 따른
　 업무를 계속하여야 한다.
② 방문판매업자등이 파산선고를 받거나 관할 세무서에 폐업신고를 한 경우 또는 6개월
　 을 초과하여 영업을 하지 아니하는 등 실질적으로 영업을 할 수 없다고 판단되는 경
　 우에는 공정거래위원회 또는 특별자치시장·특별자치도지사·시장·군수·구청장은 직
　 권으로 해당 방문판매업등의 신고 사항을 말소할 수 있다.

　　본 조는 휴업 또는 영업정지, 파산선고나 폐업신고 또는 장기간 미영업으로
인한 소비자피해를 방지하기 위한 규정이다.

제3장

다단계판매 및 후원방문판매

제13조(다단계판매업자의 등록 등)

① 다단계판매업자는 대통령령으로 정하는 바에 따라 다음 각 호의 서류를 갖추어 공정거래위원회 또는 특별시장·광역시장·특별자치시장·도지사·특별자치도지사(이하 "시·도지사"라 한다)에게 등록하여야 한다.

1. 상호·주소, 전화번호 및 전자우편주소(법인인 경우에는 대표자의 성명, 주민등록번호 및 주소를 포함한다) 등을 적은 신청서

2. 자본금이 3억원 이상으로서 대통령령으로 정하는 규모 이상임을 증명하는 서류

3. 제37조에 따른 소비자피해보상보험계약등의 체결 증명서류

4. 후원수당의 산정 및 지급 기준에 관한 서류

5. 재고관리, 후원수당 지급 등 판매의 방법에 관한 사항을 적은 서류

6. 그 밖에 다단계판매자의 신원을 확인하기 위하여 필요한 사항으로서 총리령으로 정하는 서류

② 다단계판매업자는 제1항에 따라 등록한 사항 중 같은 항 제1호부터 제4호까지의 사항이 변경된 경우에는 대통령령으로 정하는 바에 따라 신고하여야 한다.

③ 다단계판매업자는 휴업 또는 폐업을 하거나 휴업 후 영업을 다시 시작할 때에는 대통령령으로 정하는 바에 따라 이를 신고하여야 하며, 폐업을 신고하면 제1항에 따른 등록은 그 효력을 잃는다. 다만, 폐업신고 전 등록취소 요건에 해당되는 경우에는 폐업신고일에 등록이 취소된 것으로 본다.

④ 공정거래위원회 또는 시·도지사는 제2항에 따른 변경신고를 받은 날부터 10일 이내에 신고수리 여부를 신고인에게 통지하여야 한다. <신설 2021. 4. 20.>

⑤ 공정거래위원회 또는 시·도지사가 제4항에서 정한 기간 내에 신고수리 여부 또는 민원 처리 관련 법령에 따른 처리기간의 연장을 신고인에게 통지하지 아니하면 그 기간(민원 처리 관련 법령에 따라 처리기간이 연장 또는 재연장된 경우에는 해당 처

리기간을 말한다)이 끝난 날의 다음 날에 신고를 수리한 것으로 본다. <신설 2021. 4. 20.>

⑥ 공정거래위원회는 다단계판매업자에 대한 다음 각 호의 정보를 대통령령으로 정하는 바에 따라 공개하여야 한다. 다만, 다단계판매업자의 경영상·영업상 비밀에 관한 사항으로서 공개될 경우 다단계판매업자의 정당한 이익을 현저히 해칠 우려가 있다고 인정되는 정보 및 개인에 관한 사항으로서 공개될 경우 사생활의 비밀 또는 자유를 침해할 우려가 있다고 인정되는 정보의 경우에는 그러하지 아니하다. <개정 2021. 4. 20.>

1. 제1항에 따라 등록한 사항
2. 그 밖에 공정거래위원회가 공정거래질서 확립 및 소비자보호를 위하여 필요하다고 인정하는 사항

⑦ 공정거래위원회는 제6항에 따른 정보 공개를 위하여 필요한 경우에는 다단계판매업자에게 관련 자료의 제출을 요구할 수 있다. 이 경우 다단계판매업자는 정당한 사유가 없으면 이에 따라야 한다. <개정 2021. 4. 20.>

④ 공정거래위원회는 다단계판매업자에 대한 다음 각 호의 정보를 대통령령으로 정하는 바에 따라 공개하여야 한다. 다만, 다단계판매업자의 경영상·영업상 비밀에 관한 사항으로서 공개될 경우 다단계판매업자의 정당한 이익을 현저히 해칠 우려가 있다고 인정되는 정보 및 개인에 관한 사항으로서 공개될 경우 사생활의 비밀 또는 자유를 침해할 우려가 있다고 인정되는 정보의 경우에는 그러하지 아니하다.

1. 제1항에 따라 등록한 사항
2. 그 밖에 공정거래위원회가 공정거래질서 확립 및 소비자보호를 위하여 필요하다고 인정하는 사항

⑤ 공정거래위원회는 제4항에 따른 정보 공개를 위하여 필요한 경우에는 다단계판매업자에게 관련 자료의 제출을 요구할 수 있다. 이 경우 다단계판매업자는 정당한 사유가 없으면 이에 따라야 한다.

 목　차

Ⅰ. 등록의무

　　다단계판매업자는 *대통령령*[1])으로 정하는 바에 따라 ① 상호·주소, 전화번호 및 전자우편주소(법인인 경우에는 대표자의 성명, 주민등록번호 및 주소를 포함) 등을 적은 신청서(제1호), ② 자본금이 3억원 이상으로서 *대통령령*[2])으로 정하는 규모 이상임을 증명하는 서류(제2호), ③ 제37조에 따른 소비자피해보상보험계약 등의 체결 증명서류(제3호), ④ 후원수당의 산정 및 지급 기준에 관한 서류(제4호), ⑤ 재고관리, 후원수당 지급 등 판매의 방법에 관한 사항을 적은 서류(제5호), ⑥ 그 밖에 다단계판매자의 신원을 확인하기 위하여 필요한 사항으로서 *총리령*[3])으로 정하는 서류(제6호)를 갖추어 공정거래위원회 또는 특별시장·광역시

---

1) 제20조(다단계판매업자 또는 후원방문판매업자의 등록 절차 등) ① 법 제13조제1항(법 제29조제3항에 따라 준용되는 경우를 포함한다)에 따라 등록을 하려는 다단계판매업자 또는 후원방문판매업자는 총리령으로 정하는 신청서를 주된 사무소의 소재지를 관할하는 특별시장·광역시장·특별자치시장·도지사·특별자치도지사(이하 "시·도지사"라 한다)에게 제출해야 한다. 다만, 주된 사무소의 소재지가 외국인 경우에는 공정거래위원회에 제출해야 한다. ② 제1항에 따른 등록 신청을 받은 공정거래위원회 또는 시·도지사는 그 신청이 등록요건을 충족하는 경우에는 총리령으로 정하는 등록증을 발급하여야 한다.
　총리령 제11조(다단계판매업 또는 후원방문판매업의 등록 신청 첨부서류 등) ① 법 제13조제1항, 제29조제3항 및 영 제20조제1항에 따라 등록을 하려는 다단계판매업자 또는 후원방문판매업자는 별지 제7호서식의 다단계판매업·후원방문판매업 등록신청서를 공정거래위원회 또는 특별시장·광역시장·특별자치시장·도지사·특별자치도지사(이하 "시·도지사")에게 제출하여야 한다. ② 제1항의 등록신청서를 받은 공정거래위원회 또는 시·도지사는 영 제20조제2항에 따라 별지 제8호서식의 다단계판매업 등록증 또는 별지 제9호서식의 후원방문판매업 등록증을 발급하여야 한다. ④ 후원방문판매업자는 법 제13조제1항 및 제29조제3항에 따라 후원방문판매업 등록을 하면서 법 제29조제2항을 적용받으려는 경우 별지 제12호서식의 최종소비자 판매비중 확인서에 직전 사업연도의 후원방문판매 사업 부문 매출액을 증명하는 서류(세무조정계산서, 회계감사보고서 등을 말한다)를 첨부하여 공정거래위원회 또는 시·도지사에게 제출하여야 한다. ⑤ 제1항에 따라 등록신청서를 받은 공정거래위원회 또는 시·도지사는 「전자정부법」 제36조제1항에 따른 행정정보의 공동이용을 통하여 다음 각 호의 서류를 확인하여야 한다. 다만, 신청인이 제2호 및 제3호의 서류 확인에 동의하지 아니하는 경우에는 해당 서류(제3호의 경우에는 그 사본)를 첨부하게 하여야 한다. <u>1. 법인 등기사항증명서(법인인 경우만 해당) 2. 발기인의 주민등록표 초본(법인인 신청인이 법인의 설립등기 전에 신청을 하는 경우만 해당) 3. 사업자등록증</u> ⑥ 제2항에 따라 다단계판매 등록증 또는 후원방문판매업 등록증을 발급받은 자가 등록증을 분실하거나 등록증이 훼손된 경우 공정거래위원회 또는 는 시·도지사에게 별지 제3호의2서식의 등록증 재발급 신청서를 제출하여 등록증을 재발급 받을 수 있다. 이 경우 등록증이 훼손되어 재발급을 신청하는 경우에는 기존 등록증을 첨부하여야 한다.
2) 제21조(다단계판매업자의 자본금의 규모) 법 제13조제1항제2호에서 "대통령령으로 정하는 규모"란 5억원(자본잠식이 있는 경우에는 그 금액을 제외하고, 법정준비금이 있는 경우에는 그 금액을 더함)을 말한다.
3) 제11조(다단계판매업 또는 후원방문판매업의 등록 신청 첨부서류 등) ③ 법 제13조제1항제6

장·특별자치시장·도지사·특별자치도지사(이하 "시·도지사")에게 등록하여야 한다(법 제13조 제1항).

등록을 하지 아니하고 다단계판매조직·후원방문판매조직을 개설·관리 또는 운영하는 경우를 「특수판매 지침」에서는 다음과 같이 예시하고 있다[Ⅲ. 4.(2)].

> • 방문판매업 신고를 하고, 다단계판매원을 모집하여 화장품, 건강식품 등을 판매하면서 판매조직을 실버·골드·루비·에머랄드·다이아몬드·크라운의 6단계 직급구조로 운용하고, 각 단계의 판매원별로 당해 판매원의 판매실적에 따라 '직판 보너스'를 지급함과 동시에 당해 판매원의 단계별 상위판매원에 대해서는 '후원보너스', '추천매칭보너스', '롤업보너스'를 그리고 단계별 하위판매원에게는 '롤다운보너스'라는 명목으로 후원수당을 지급하는 경우
> ⇒ 방문판매업 신고를 하였더라도 다단계판매에 해당하므로 다단계판매업 등록을 하여야 함.
>
> • 화장품, 건강식품 등을 판매하면서 판매조직을 대리·과장·부장·국장·본부장·이사의 6단계 직급 구조로 운용하고 각 단계의 판매원별로 당해 판매원의 판매실적에 따라 '직판수당'을 지급함과 동시에, 당해 판매원의 단계별 상위판매원에 대해서는 '관리수당'과 '직급수당'이라는 명목으로 후원수당을 지급하는 경우

다단계판매업자는 제1항에 따라 등록한 사항 중 같은 항 제1호부터 제4호까지의 사항이 변경된 경우에는 *대통령령*4)으로 정하는 바에 따라 신고하여야

호에서 "총리령으로 정하는 서류"란 회사의 영업일을 적은 서류를 말한다.

4) 제20조(다단계판매업자 또는 후원방문판매업자의 등록 절차 등) ③ 법 제13조제2항(법 제29조 제3항에 따라 준용되는 경우를 포함한다)에 따라 변경신고를 하려는 자는 변경사항이 발생한 날(제21조에 따른 자본금 규모의 변동에 관한 사항은 결산이 확정된 날)부터 15일 이내에 총리령으로 정하는 신고서에 그 변경사항을 증명하는 서류를 첨부하여 공정거래위원회 또는 시·도지사에게 제출해야 하고, 신고를 받은 공정거래위원회 또는 시·도지사는 변경사항을 확인한 후 변경사항이 적힌 등록증을 다시 발급해야 한다. 다만, 법 제13조제1항제3호에 따른 소비자피해보상보험계약등의 해지·만료 등에 따른 변경사항은 계약의 해지일·만료일 3개월 전에 그 변경사항을 증명하는 서류를 공정거래위원회 또는 시·도지사에게 제출해야 한다.
총리령 제12조(등록사항의 변경신고) 법 제13조제2항, 제29조제3항 및 영 제20조제3항에 따라 변경신고를 하려는 다단계판매업자 또는 후원방문판매업자는 별지 제10호서식의 다단계판매업·후원방문판매업 등록 변경 신고서에 그 변경사항을 증명하는 서류 및 판매업 등록증(등록증 기재사항이 변경된 경우만 해당한다)을 첨부하여 공정거래위원회 또는 시·도지사에게 제출하여야 한다.
총리령 제14조(전자문서에 의한 신고) 법 제13조제2항·제3항(폐업신고는 제외한다) 또는 법 제29조제3항 및 영 제20조제5항에 따른 다단계판매업자 및 후원방문판매업자의 전자문서에 의한 신고에 관하여는 제8조를 준용한다. 이 경우 "특별자치시장·특별자치도지사·시장·군수·구청장"은 "시·도지사"로 본다.

한다(법 제13조 제2항).

공정거래위원회 또는 시·도지사는 제2항에 따른 변경신고를 받은 날부터 10일 이내에 신고수리 여부를 신고인에게 통지하여야 한다(법 제13조 제4항). 공정거래위원회 또는 시·도지사가 제4항에서 정한 기간 내에 신고수리 여부 또는 민원 처리 관련 법령에 따른 처리기간의 연장을 신고인에게 통지하지 아니하면 그 기간(민원 처리 관련 법령에 따라 처리기간이 연장 또는 재연장된 경우에는 해당 처리기간을 말한다)이 끝난 날의 다음 날에 신고를 수리한 것으로 본다(법 제13조 제5항).

다단계판매업자는 휴업 또는 폐업을 하거나 휴업 후 영업을 다시 시작할 때에는 *대통령령*[5]으로 정하는 바에 따라 이를 신고하여야 하며, 폐업을 신고하면 제1항에 따른 등록은 그 효력을 잃는다. 다만, 폐업신고 전 등록취소 요건에 해당되는 경우에는 폐업신고일에 등록이 취소된 것으로 본다(법 제13조 제3항).

Ⅱ. 정보공개 의무

공정거래위원회는 다단계판매업자에 대한 ① 제1항에 따라 등록한 사항(제1호), ② 그 밖에 공정거래위원회가 공정거래질서 확립 및 소비자보호를 위하여 필요하다고 인정하는 사항(제2호)의 정보를 *대통령령*[6]으로 정하는 바에 따라 공

---

5) 제20조(다단계판매업자 또는 후원방문판매업자의 등록 절차 등) ④ 법 제13조제3항(법 제29조제3항에 따라 준용되는 경우를 포함한다)에 따라 다단계판매업자 또는 후원방문판매업자가 휴업 또는 폐업을 하거나 휴업한 후 영업을 다시 시작하려는 경우에는 미리 총리령으로 정하는 신고서를 공정거래위원회 또는 시·도지사에게 제출해야 한다. 이 경우 폐업을 신고할 때에는 등록증을 첨부하되, 분실·훼손 등의 사유로 등록증을 첨부할 수 없는 경우에는 폐업신고서에 그 사유를 기재해야 한다. ⑤ 제3항과 제4항에 따른 신고를 전자문서로 하는 경우에는 공정거래위원회가 정한 정보처리시스템을 이용하여 신고할 수 있다. ⑥ 제3항부터 제5항까지의 규정에 따른 다단계판매업자 또는 후원방문판매업자의 신고에 관하여는 제8조제7항 및 제8항을 준용한다.
　총리령 제13조(다단계판매업자 등의 휴업·폐업 등의 신고) 법 제13조제3항, 제29조제3항 및 영 제20조제4항에 따라 휴업 또는 폐업을 하거나 휴업한 후 영업을 다시 시작하려는 다단계판매업자 또는 후원방문판매업자는 별지 제11호서식의 다단계판매·후원방문판매업의 휴업·폐업·영업재개 신고서를 공정거래위원회 또는 시·도지사에게 제출해야 한다.

6) 제22조(다단계판매업자 또는 후원방문판매업자에 관한 정보의 공개) ① 법 제13조제6항 및 제29조제3항에 따라 공개할 수 있는 정보는 다음 각 호와 같다. 1. 등록번호 및 등록일 2. 다단계판매업자 또는 후원방문판매업자의 성명(법인인 경우에는 대표자의 성명)·상호·소재지·전화번호 3. 판매하는 재화등의 품목 및 매출액 4. 후원수당의 산정 및 지급 기준 5. 그 밖에 소비자보호 및 거래질서 유지를 위하여 필요한 사항으로서 공정거래위원회가 정하는 사항 ②

개하여야 한다. 다만, 다단계판매업자의 경영상·영업상 비밀에 관한 사항으로서 공개될 경우 다단계판매업자의 정당한 이익을 현저히 해칠 우려가 있다고 인정되는 정보 및 개인에 관한 사항으로서 공개될 경우 사생활의 비밀 또는 자유를 침해할 우려가 있다고 인정되는 정보의 경우에는 그러하지 아니하다(법 제13조 제6항). 관련하여 공정거래위원회는 「다단계판매업자·후원방문판매업자의 정보공개에 관한 고시」7)를 제정·운영하고 있다.

Ⅲ. 자료제출의무

공정거래위원회는 제6항에 따른 정보공개를 위하여 필요한 경우에는 다단계판매업자에게 관련 자료의 제출을 요구할 수 있다. 이 경우 다단계판매업자는 정당한 사유가 없으면 이에 따라야 한다(법 제13조 제7항).

공정거래위원회는 법 제13조제6항 및 제29조제3항에 따라 정보를 공개하는 경우 해당 사업자에게 정보 공개의 내용 및 방법을 미리 통지하여야 하고, 공개될 내용 중 사실과 다른 내용이 있는 경우에는 정정할 수 있는 기회를 주어야 한다.
7) 공정거래위원회고시 제2017-23호(2017. 12. 22).

제14조(결격사유)

다음 각 호의 어느 하나에 해당하는 개인 또는 법인은 제13조에 따른 등록을 할 수 없다.<개정 2016. 3. 29.>

1. 다음 각 목의 어느 하나에 해당하는 개인 또는 그 개인이 임원으로 있는 법인
   가. 미성년자·피한정후견인 또는 피성년후견인
   나. 파산선고를 받고 복권되지 아니한 자
   다. 이 법을 위반하여 징역형을 선고받고 그 집행이 끝나거나(집행이 끝난 것으로 보는 경우를 포함한다) 집행이 면제된 날부터 5년이 지나지 아니한 자
   라. 이 법을 위반하여 형의 집행유예를 선고받고 그 유예기간 중에 있는 자
2. 다음 각 목의 어느 하나에 해당하는 자가 지배주주로 있는 법인
   가. 이 법을 위반하여 징역의 실형을 선고받고 그 집행이 끝나거나(집행이 끝난 것으로 보는 경우를 포함한다) 집행이 면제된 날부터 5년이 지나지 아니한 자
   나. 이 법을 위반하여 형의 집행유예를 선고받고 그 유예기간 중에 있는 자
3. 제49조제5항에 따라 등록이 취소된 후 5년이 지나지 아니한 개인 또는 법인
4. 제3호에 따른 개인 또는 법인의 등록취소 당시 임원 또는 지배주주였던 자가 임원 또는 지배주주로 있는 법인

제15조(다단계판매원)

① 다단계판매조직에 다단계판매원으로 가입하려는 사람은 그 조직을 관리·운영하는 다단계판매업자에게 총리령으로 정하는 바에 따라 등록하여야 한다.

② 다음 각 호의 어느 하나에 해당하는 자는 다단계판매원으로 등록할 수 없다.<개정 2016. 3. 29.>

1. 국가공무원, 지방공무원, 교육공무원 및 「사립학교법」에 따른 교원

2. 미성년자. 다만, 제4호 또는 제5호에 해당하지 아니하는 법정대리인의 동의를 받은 경우는 제외한다.

3. 법인

4. 다단계판매업자의 지배주주 또는 임직원

5. 제49조에 따른 시정조치를 2회 이상 받은 자. 다만, 마지막 시정조치에 대한 이행을 완료한 날부터 3년이 지난 자는 제외한다.

6. 이 법을 위반하여 징역의 실형을 선고받고 그 집행이 종료되거나(집행이 종료된 것으로 보는 경우를 포함한다) 집행이 면제된 날부터 5년이 지나지 아니한 자

7. 이 법을 위반하여 형의 집행유예를 선고받고 그 유예기간 중에 있는 자

③ 다단계판매업자는 그가 관리·운영하는 다단계판매조직에 가입한 다단계판매원에게 총리령으로 정하는 바에 따라 다단계판매원 등록증(다단계판매원이 사전에 서면으로 동의한 경우 전자문서와 전자기기로 된 것을 포함한다)을 발급하여야 한다.<개정 2018. 6. 12.>

④ 다단계판매업자는 총리령으로 정하는 바에 따라 다단계판매원 등록부를 작성하고, 소비자피해의 방지 또는 구제를 위하여 소비자가 요청하는 경우에는 소비자로 하여금 등록된 다단계판매원의 신원을 확인할 수 있도록 하여야 한다.

⑤ 다단계판매업자는 제1항에 따라 등록한 다단계판매원에게 다음 각 호의 사항을 확인할 수 있는 다단계판매원 수첩(다단계판매원이 사전에 서면으로 동의한 경우 전자문서와 전자기기로 된 것을 포함한다)을 발급하여야 한다.<개정 2018. 6. 12.>

1. 후원수당의 산정 및 지급 기준

2. 하위판매원의 모집 및 후원에 관한 사항

3. 재화등의 반환 및 다단계판매원의 탈퇴에 관한 사항

4. 다단계판매원이 지켜야 할 사항

5. 그 밖에 총리령으로 정하는 사항

목 차

[참고사례]

(주)헵시바엘의 방문판매법 위반행위 건(공정거래위원회 2017. 10. 30. 의결 제2017 -112호); (주)위드미월드의 방문판매법 위반행위 건(공정거래위원회 2017. 10. 30. 의결 제2017-113호); (주) 한국외환은행의 지급보증 건[서울고등법원 2001. 8. 31. 선고 99나 40526 판결; 대법원 2002. 10. 11. 선고 2001다62374(보증채무금) 판결]

I. 다단계판매원의 등록 의무

다단계판매조직에 다단계판매원으로 가입하려는 사람은 그 조직을 관리·운영하는 다단계판매업자에게 *총리령*[1]으로 정하는 바에 따라 등록하여야 한다(법 제15조 제1항).

본 조의 성격에 대하여 대법원은 단속규정으로 해석하고 있다.

"구 방문판매법(1999. 2. 5. 법률 제5771호로 개정되기 전의 것)에는 제30조의 규정을 위반하는 경우 그에 대한 처벌규정은 있으나, 그 요건을 충족시켜야만 다단계판매원으로 본다는 뜻의 규정은 없는바, 제30조의 입법 취지와 제1조의 입법목적에, 제61조(벌칙) 제9호에서 '제30조 제1항의 규정에 의한 등록을 하지 아니하거나 동조 제2항의 규정에 위반하여 다단계판매원으로 활동한 자'로 규정하고 있는 점 등을 종합하면, 같은 법 제30조는 단속규정으로 해석함이 타당함"(<(주)

---

1) 제15조(다단계판매원의 등록신청) ① 법 제15조제1항에 따라 다단계판매원의 등록을 하려는 사람은 성명·생년월일·주소·전화번호(전자우편주소가 있는 경우 이를 포함한다) 및 다단계 판매업자명을 적고, 서명·날인한 다단계판매원 등록신청서를 다단계판매업자에게 제출하여야 한다. ② 제1항의 다단계판매원 등록신청서는 전자문서로 제출할 수 있다. 이 경우 「전자서명법」 제2조제2호에 따른 전자서명(서명자의 실지명의를 확인할 수 있는 것으로 한정한다) 또는 이에 준하는 암호화 및 전자서명 기술을 사용한 인증시스템을 통한 전자서명을 이용할 수 있다. ③ 제2항에 따른 전자서명의 요건을 충족하지 못한 경우에는 2개월 내에 직접 자료를 제출하거나 우편 등을 통하여 보완할 수 있으며, 보완한 경우에는 다단계판매원 등록신청서를 전자문서로 제출한 날에 등록신청한 것으로 본다.

한국외환은행의 지급보증 건＞)[2]

즉 다단계판매업자가 다단계판매원으로 인정한 이상 다단계판매원의 지위를 취득하는 것이고, 이들이 다단계판매원 등록대장에 등록되지 않거나, 그 등록증과 판매수첩을 소지하지 아니하고 있다는 것만으로는 다단계판매원의 지위를 부정할 수 없다고 한다.

Ⅱ. 결격사유

① 국가공무원, 지방공무원, 교육공무원 및 「사립학교법」에 따른 교원(제1호), ② 미성년자(다만, 제4호 또는 제5호에 해당하지 아니하는 법정대리인의 동의를 받은 경우는 제외)(제2호), ③ 법인(제3호), ④ 다단계판매업자의 지배주주 또는 임직원(제4호), ⑤ 제49조에 따른 시정조치를 2회 이상 받은 자(다만, 마지막 시정조치에 대한 이행을 완료한 날부터 3년이 지난 자는 제외)(제5호), ⑥ 이 법을 위반하여 징역의 실형을 선고받고 그 집행이 종료되거나(집행이 종료된 것으로 보는 경우를 포함) 집행이 면제된 날부터 5년이 지나지 아니한 자(제6호), ⑦ 이 법을 위반하여 형의 집행유예를 선고받고 그 유예기간 중에 있는 자(제7호)는 다단계판매원으로 등록할 수 없다(법 제15조 제2항).

법 제15조(다단계판매원) 제2항 각호의 자가 다단계판매원으로 등록할 수 없다는 조항의 의미는 결격자의 지위와 다단계판매원의 지위를 동시에 가져서는 아니 된다는 것으로서 「특수판매지침」에서는 다음과 같이 예시하고 있다[Ⅲ. 4.(3)].

• 다단계판매업자의 지배주주가 그 다단계판매업자의 다단계판매원으로 등록하는 경우 또는 다단계판매원이 소속 다단계판매업자의 지배주주가 되는 경우

Ⅲ. 등록증의 발급의무

다단계판매업자는 그가 관리·운영하는 다단계판매조직에 가입한 다단계판

2) 대판 2002. 10. 11. 2001다62374.

매원에게 총리령으로 정하는 바3)에 따라 다단계판매원 등록증(다단계판매원이 사전에 서면으로 동의한 경우 전자문서와 전자기기로 된 것을 포함)을 발급하여야 한다(법 제15조 제3항).

Ⅳ. 다단계판매원의 신원확인조치

다단계판매업자는 *총리령*4)으로 정하는 바에 따라 다단계판매원 등록부를 작성하고, 소비자피해의 방지 또는 구제를 위하여 소비자가 요청하는 경우에는 소비자로 하여금 등록된 다단계판매원의 신원을 확인할 수 있도록 하여야 한다(법 제15조 제4항).

Ⅴ. 다단계판매원 수첩의 발급

다단계판매업자는 제1항에 따라 등록한 다단계판매원에게 ① 후원수당의 산정 및 지급 기준(제1호), ② 하위판매원의 모집 및 후원에 관한 사항(제2호), ③ 재화등의 반환 및 다단계판매원의 탈퇴에 관한 사항(제3호), ④ 다단계판매원이 지켜야 할 사항(제4호), ⑤ 그 밖에 총리령5)으로 정하는 사항(제5호)을 확인할 수 있는 다단계판매원 수첩(다단계판매원이 사전에 서면으로 동의한 경우 전자기기로 된 것을 포함)을 발급하여야 한다(법 제15조 제5항).

총리령 제18조 제1호에 따른 「다단계판매에 관한 해설자료 고시」6) 에서는 해설자료의 규격 등에 대하여 규정하고 있다.

---

3) 제16조(다단계판매원 등록증) 다단계판매업자는 법 제15조제3항에 따라 다단계판매원의 성명・생년월일・주소・등록일・등록번호 및 다단계판매업자명(직인을 포함한다)이 표시된 다단계판매원 등록증을 발급하여야 한다.

4) 제17조(다단계판매원 등록부) ① 법 제15조제4항에 따른 다단계판매원 등록부에는 다단계판매원별로 등록일・등록번호・성명・생년월일・주소(전자우편주소가 있는 경우 이를 포함한다) 및 전화번호가 포함되어야 한다. ② 다단계판매업자는 홈페이지를 운영하는 경우 소비자가 그 홈페이지를 통하여 특정 다단계판매원이 그 다단계판매업자에게 등록되어 있음을 쉽게 확인할 수 있도록 하여야 한다.

5) 제18조(다단계판매원 수첩) 법 제15조제5항제5호에서 "총리령으로 정하는 사항"이란 다음 각호의 사항을 말한다. 1. 공정거래위원회가 정하여 고시하는 다단계판매에 관한 해설자료 2. 다단계판매원 수첩이라는 문구, 제작시기 및 다단계판매업자명(수첩의 표지에 표시할 것)

6) 공정거래위원회고시 제2015-15호(2015. 10. 23).

제16조(다단계판매자의 소비자에 대한 정보제공의무 등)

다단계판매의 방법으로 재화등의 판매에 관한 계약을 체결하는 경우에는 제7조를 준용
한다. 이 경우 "방문판매자등"은 "다단계판매자"로, "방문판매업자등"은 "다단계판매업
자"로, "방문판매원등"은 "다단계판매원"으로 본다.

[참고사례]

몬토토의 방문판매법 위반행위 건(공정거래위원회 2009. 12. 14. 의결제2009−272호;
서울고등법원 2010. 7. 1. 선고 2010누2021 판결)

다단계판매원의 성명·상호·주소·전화번호·전자우편주소까지 기재하여 소
비자에게 교부하도록 한 취지는 물품판매와 관련한 계약체결사실 등 법률관계
를 명확하게 하고 물품의 하자 등으로 인한 청약철회나 손해배상청구 등을 용
이하게 하여 소비자를 보호하려는데 있으므로, 구매계약서에 기재된 다단계판매
원인 추천인의 아이디를 통하여 다단계판매업자의 성명·상호·주소 등을 알아
낼 수 있다고 하더라도 이러한 우회적이고 간접적인 수단에 의한 것은 직접적
으로 다단계판매원의 인적사항을 기재하도록 한 방문판매법의 명문규정과 그
취지에 반하여 허용될 수 없다(<몬토토의 방문판매법 위반행위 건>).[1]

---

1) 서고판 2010. 7. 1. 2010누2021.

제17조(청약철회등)

① 다단계판매의 방법으로 재화등의 구매에 관한 계약을 체결한 소비자가 청약철회등을 하는 경우에는 제8조를 준용하며, 이 경우 "방문판매자등"은 "다단계판매자"로 본다. 다만, 소비자가 다단계판매원과 재화등의 구매에 관한 계약을 체결한 경우 그 소비자는 다단계판매원에 대하여 우선적으로 청약철회등을 하고, 다단계판매원의 소재 불명 등 대통령령으로 정하는 사유로 다단계판매원에 대하여 청약철회등을 하는 것이 어려운 경우에만 그 재화등을 공급한 다단계판매업자에 대하여 청약철회등을 할 수 있다.

② 다단계판매의 방법으로 재화등의 구매에 관한 계약을 체결한 다단계판매원은 다음 각 호의 어느 하나에 해당하는 경우를 제외하고는 계약을 체결한 날부터 3개월 이내에 서면(전자문서를 포함한다)으로 그 계약에 관한 청약철회등을 할 수 있다.<개정 2016. 3. 29.>

1. 재고 보유에 관하여 다단계판매업자에게 거짓으로 보고하는 등의 방법으로 과다하게 재화등의 재고를 보유한 경우
2. 다시 판매하기 어려울 정도로 재화등을 훼손한 경우
3. 그 밖에 대통령령으로 정하는 경우

▎목 차

I. 소비자의 청약철회

다단계판매의 방법으로 재화등의 구매에 관한 계약을 체결한 소비자가 청약철회등을 하는 경우에는 제8조를 준용하며, 이 경우 "방문판매자등"은 "다단계판매자"로 본다. 다만, 소비자가 다단계판매원과 재화등의 구매에 관한 계약을 체결한 경우 그 소비자는 다단계판매원에 대하여 우선적으로 청약철회등을 하고, 다단계판매원의 소재 불명 등 *대통령령*1)으로 정하는 사유로 다단계판매

---

1) 제24조(다단계판매업자 또는 후원방문판매업자에 대하여 청약철회등을 할 수 있는 사유) 법

원에 대하여 청약철회등을 하는 것이 어려운 경우에만 그 재화등을 공급한 다
단계판매업자에 대하여 청약철회등을 할 수 있다(법 제17조 제1항).

Ⅱ. 다단계판매원의 청약철회

　　다단계판매의 방법으로 재화등의 구매에 관한 계약을 체결한 다단계판매원
은 ① 재고 보유에 관하여 다단계판매업자에게 거짓으로 보고하는 등의 방법으
로 과다하게 재화등의 재고를 보유한 경우(제1호), ② 다시 판매하기 어려울 정
도로 재화등을 훼손한 경우(제2호), ③ 그 밖에 *대통령령*[2])으로 정하는 경우(제3
호)를 제외하고는 계약을 체결한 날부터 3개월 이내에 서면(전자문서를 포함한다)
으로 그 계약에 관한 청약철회등을 할 수 있다(법 제17조 제2항). 방문판매의 경
우 제3호의 청약철회 제한사유를 법에 규정하고 있다.

　　위와 같이 다단계판매·후원방문판매에 있어서는 청약철회등을 할 수 있는
기간이 소비자와 다단계판매원·후원방문판매원에게 다르게 적용되므로 이에 대
해 「특수판매 지침」에서는 다음과 같이 예시하고 있다[Ⅲ. 3. 나.(3)].

제17조제1항 단서(법 제29조제3항에 따라 준용되는 경우를 포함)에서 "대통령령으로 정하는
사유"란 다음 각 호의 사유를 말한다. 1. 다단계판매원 또는 후원방문판매원의 주소·전화번
호 또는 전자우편주소 등 연락처의 변경이나 소재 불명 등의 사유로 청약철회등을 할 수 없는
경우 2. 해당 다단계판매원 또는 후원방문판매원에게 청약철회등을 하더라도 대금 환급 등의
효과를 기대하기 어려운 경우

2) 제25조(다단계판매원 및 후원방문판매원이 청약철회등을 할 수 없는 경우) 법 제17조제2항
제3호(법 제29조제3항에 따라 준용되는 경우를 포함)에서 "대통령령으로 정하는 경우"란 다
음 각 호의 어느 하나에 해당하는 경우를 말한다. 1. 다단계판매원 또는 후원방문판매원에게
책임이 있는 사유로 재화등이 멸실되거나 훼손된 경우. 다만, 재화등의 내용을 확인하기 위하
여 포장 등을 훼손한 경우는 제외한다. 2. 재화등을 일부 사용하거나 소비하여 그 가치가 현
저히 낮아진 경우. 다만, 청약철회등이 불가능하다는 사실을 재화등의 포장이나 그 밖에 쉽게
알 수 있는 곳에 분명하게 표시하거나 시용 상품을 제공하는 등의 방법으로 재화등의 일부 사
용 등에 의하여 청약철회등의 권리행사가 방해받지 아니하도록 조치한 경우로 한정한다. 3.
복제할 수 있는 재화등의 포장을 훼손한 경우 4. 소비자 또는 다단계판매원·후원방문판매원
의 주문에 의하여 개별적으로 생산되는 재화등에 대한 것으로서 청약철회등을 인정하면 다단
계판매업자 또는 후원방문판매업자에게 회복할 수 없는 중대한 피해가 예상되는 경우로서 사
전에 해당 거래에 대하여 별도로 그 사실을 고지하고 소비자 또는 다단계판매원·후원방문판
매원의 서면(전자문서를 포함한다) 동의를 받은 경우

- 소비자가 다단계판매업자·후원방문판매업자로부터 재화등을 구입하여 청약철회 등을 하고자 하는 경우는 방문판매자등으로부터 재화등을 구입한 경우와 그 청약철회등 기간이 동일함.

- 소비생활 외의 목적에 사용하거나 이용하는 자로서 다단계판매원·후원방문판매원이 되고자 재화등을 최초로 구매하는 자는 소비자로 봄.

⇒ 다만, 구입한 시점에서 이미 다단계판매원·후원방문판매원으로 등록이 되어있다면, 다단계판매원·후원방문판매원의 지위에서 청약철회등의 기간이 적용되며, 다단계판매원·후원방문판매원으로 등록이 되어있지 않다면, 소비자의 지위에서 청약철회등의 기간이 적용됨.

⇒ 다만, 계약서 상에 소비자 및 다단계판매원·후원방문판매원의 청약철회등에 관한 사항이 모두 포함되어 있는 등 어떤 지위에서 구매 계약을 체결하였는지 불분명할 경우에는 구매자가 소비자 또는 다단계판매원·후원방문판매원의 지위로 구입하였는지를 선택할 수 있음.

⇒ 다단계판매업자·후원방문판매업자로부터 재화 등을 최초로 구입함과 동시에 다단계판매원 또는 후원방문판매원으로 가입한 경우에는 다단계판매원·후원방문판매원의 지위에서 청약철회등의 기간(계약 체결일로부터 3개월)이 적용됨.

- 재화 등을 구입할 당시에는 다단계판매원·후원방문판매원이었으나 그 후 다단계판매원·후원방문판매원에서 탈퇴하였고 다단계판매원·후원방문판매원에서 탈퇴한 후에 청약철회등을 하는 경우에는 다단계판매원·후원방문판매원의 지위에서의 청약철회등의 기간(계약체결일로부터 3개월)이 적용됨.

제18조(청약철회등의 효과)

① 다단계판매의 상대방(다단계판매자가 다단계판매원 또는 소비자에게 판매한 경우에는 다단계판매원 또는 소비자를 말하고, 다단계판매원이 소비자에게 판매한 경우에는 소비자를 말한다. 이하 이 장에서 같다)은 제17조에 따라 청약철회등을 한 경우에는 이미 공급받은 재화등을 반환하여야 한다.

② 다단계판매자(상대방으로부터 재화등의 대금을 지급받은 자 또는 상대방과 다단계판매에 관한 계약을 체결한 자를 포함한다. 이하 제2항부터 제8항까지의 규정에서 같다)는 재화등을 반환받은 날부터 3영업일 이내에 이미 지급받은 재화등의 대금을 환급하여야 한다. 다만, 다단계판매업자가 다단계판매원에게 재화등의 대금을 환급할 때에는 대통령령으로 정하는 범위의 비용을 공제할 수 있으며, 다단계판매자가 상대방에게 재화등의 대금 환급을 지연하였을 때에는 그 지연기간에 대한 지연배상금을 지급하여야 한다.

③ 상대방이 신용카드등으로 대금을 지급한 계약에 대하여 청약철회등을 한 경우에는 다단계판매자는 지체 없이 그 결제업자에게 재화등의 대금 청구를 정지하거나 취소할 것을 요청하여야 한다. 다만, 다단계판매자가 결제업자로부터 해당 재화등의 대금을 이미 지급받은 경우에는 지체 없이 이를 결제업자에게 환급하고 그 사실을 상대방에게 알려야 하며, 환급이 지연되어 상대방이 대금을 결제한 경우에는 결제한 날 이후의 지연기간에 대한 지연배상금을 상대방에게 지급하여야 한다.

④ 제3항 단서에 따라 다단계판매자로부터 재화등의 대금을 환급받은 결제업자는 지체 없이 상대방에게 이를 환급하거나 환급에 필요한 조치를 하여야 하며, 다단계판매자가 정당한 사유 없이 결제업자에게 대금을 환급하지 아니하는 경우 상대방은 환급받을 금액에 대하여 결제업자에게 그 다단계판매자에 대한 다른 채무와 상계할 것을 요청할 수 있고, 결제업자는 대통령령으로 정하는 바에 따라 그 다단계판매자에 대한 다른 채무와 상계할 수 있다.

⑤ 결제업자가 제4항에 따른 상계를 정당한 사유 없이 게을리한 경우 상대방은 결제업자에 대하여 대금 결제를 거부할 수 있다. 이 경우 다단계판매자와 결제업자는 그 결제 거부를 이유로 그 상대방을 약정한 날짜 이내에 채무를 변제하지 아니한 자로 처리하는 등 상대방에게 불이익을 주는 행위를 하여서는 아니 된다.

⑥ 다단계판매자는 제17조에 따른 청약철회등에 따라 재화등의 대금을 환급한 경우 그 환급한 금액이 자신이 다단계판매원에게 공급한 금액을 초과할 때에는 그 차액을 다단계판매원에게 청구할 수 있다.

⑦ 제1항의 경우 다단계판매자는 재화등의 일부가 이미 사용되거나 소비된 경우에는 그 재화등을 사용하거나 일부 소비하여 상대방이 얻은 이익 또는 그 재화등의 공급에 든 비용에 상당하는 금액의 지급을 그 상대방에게 청구할 수 있다.

⑧ 제17조제1항에 따라 준용되는 제8조제1항 또는 제3항에 따른 청약철회등의 경우 공급받은 재화등의 반환에 필요한 비용은 다단계판매자가 부담하며, 다단계판매자는 상대방에게 위약금 또는 손해배상을 청구할 수 없다.

⑨ 다단계판매자, 상대방으로부터 재화등의 대금을 지급받은 자 또는 상대방과 다단계판매에 관한 계약을 체결한 자가 동일인이 아닌 경우 각자는 제1항부터 제5항까지 및 제8항에 따른 재화등의 대금 환급과 관련한 의무의 이행에 있어 연대하여 책임을 진다.

 목　차

I. 소비자의 재화 등 반환의무

　　다단계판매의 상대방(다단계판매자가 다단계판매원 또는 소비자에게 판매한 경우에는 다단계판매원 또는 소비자, 다단계판매원이 소비자에게 판매한 경우에는 소비자)은 제17조에 따라 청약철회등을 한 경우에는 이미 공급받은 재화등을 반환하여야 한다(법 제18조 제1항).

　　제1항의 경우 다단계판매자는 재화등의 일부가 이미 사용되거나 소비된 경우에는 그 재화등을 사용하거나 일부 소비하여 상대방이 얻은 이익 또는 그 재화등의 공급에 든 비용에 상당하는 금액의 지급을 그 상대방에게 청구할 수 있다(법 제18조 제7항).

II. 다단계판매자의 대금 환급의무

　　다단계판매자(상대방으로부터 재화등의 대금을 지급받은 자 또는 상대방과 다단

계판매에 관한 계약을 체결한 자를 포함)는 재화등을 반환받은 날부터 3영업일 이
내에 이미 지급받은 재화등의 대금을 환급하여야 한다. 다만, 다단계판매업자가
다단계판매원에게 재화등의 대금을 환급할 때에는 *대통령령*[1]으로 정하는 범위
의 비용을 공제할 수 있으며, 다단계판매자가 상대방에게 재화등의 대금 환급을
지연하였을 때에는 그 지연기간에 대한 지연배상금을 지급하여야 한다(법 제18
조 제2항).

　　다단계판매자는 제17조에 따른 청약철회등에 따라 재화등의 대금을 환급한
경우 그 환급한 금액이 자신이 다단계판매원에게 공급한 금액을 초과할 때에는
그 차액을 다단계판매원에게 청구할 수 있다(법 제18조 제6항).

Ⅲ. 결제업자의 대금청구 정지·취소 요청의무

　　상대방이 신용카드등으로 대금을 지급한 계약에 대하여 청약철회등을 한
경우에는 다단계판매자는 지체 없이 그 결제업자에게 재화등의 대금 청구를 정
지하거나 취소할 것을 요청하여야 한다. 다만, 다단계판매자가 결제업자로부터
해당 재화등의 대금을 이미 지급받은 경우에는 지체 없이 이를 결제업자에게
환급하고 그 사실을 상대방에게 알려야 하며, 환급이 지연되어 상대방이 대금을
결제한 경우에는 결제한 날 이후의 지연기간에 대한 지연배상금을 상대방에게
지급하여야 한다(법 제18조 제3항).

Ⅳ. 소비자의 상계요청권 및 대금결제 거부권

　　제3항 단서에 따라 다단계판매자로부터 재화등의 대금을 환급받은 결제업

---

[1] 제26조(재화등의 대금 환급 시 비용 공제) 법 제18조제2항 단서 및 제29조제3항에 따라 다단
　계판매업자 또는 후원방문판매업자가 재화등의 대금을 환급할 때 비용을 공제할 수 있는 경
　우는 다단계판매원 또는 후원방문판매원이 재화등을 공급받은 날부터 1개월이 지난 후에 공
　급받은 재화등을 반환한 경우로 한정하되, 공제할 수 있는 비용의 한도는 다음 각 호의 구분
　에 따른다. 다만, 다단계판매업자 또는 후원방문판매업자의 등록이 취소되어 반환하는 경우에
　는 다음 각 호의 구분에 따른 금액의 2분의 1에 해당하는 금액을 한도로 한다. 1. 공급일부터
　1개월이 지난 후 2개월 이내에 반환하는 경우: 그 재화등의 대금의 5퍼센트 이내로서 당사자
　간에 약정한 금액 2. 공급일부터 2개월이 지난 후 3개월 이내에 반환하는 경우: 그 재화등의
　대금의 7퍼센트 이내로서 당사자 간에 약정한 금액

자는 지체 없이 상대방에게 이를 환급하거나 환급에 필요한 조치를 하여야 하며, 다단계판매자가 정당한 사유 없이 결제업자에게 대금을 환급하지 아니하는 경우 상대방은 환급받을 금액에 대하여 결제업자에게 그 다단계판매자에 대한 다른 채무와 상계할 것을 요청할 수 있고, 결제업자는 *대통령령*[2])으로 정하는 바에 따라 그 다단계판매자에 대한 다른 채무와 상계할 수 있다(법 제18조 제4항).

결제업자가 제4항에 따른 상계를 정당한 사유 없이 게을리한 경우 상대방은 결제업자에 대하여 대금 결제를 거부할 수 있다. 이 경우 다단계판매자와 결제업자는 그 결제 거부를 이유로 그 상대방을 약정한 날짜 이내에 채무를 변제하지 아니한 자로 처리하는 등 상대방에게 불이익을 주는 행위를 하여서는 아니 된다(법 제18조 제5항).

제19조(손해배상청구금액의제한 등)

소비자에게 책임이 있는 사유로 다단계판매자와의 재화등의 판매계약이 해제된 경우에는 제10조를 준용한다. 이 경우 "방문판매자등"은 "다단계판매자"로, "소비자"는 "상대방"으로 본다.

---

2) 제27조(채무의 상계) ① 결제업자는 다단계판매 또는 후원방문판매의 상대방이 다음 각 호의 방법에 따라 상계를 요구하는 경우 법 제18조제4항 및 제29조제3항에 따라 즉시 상계할 수 있다. 1. 환급금액을 기재한 서면(전자문서를 포함)에 의할 것 2. 법 제17조제1항 또는 제2항(법 제29조제3항에 따라 준용되는 경우를 포함)의 기간 내에 청약철회등을 한 사실 및 법 제18조제1항 및 제29조제3항에 따라 재화등을 반환하였음을 증명하는 자료(상대방이 재화등을 계약서에 명시된 다단계판매업자·후원방문판매업자 또는 다단계판매원·후원방문판매원의 주소로 반환하였으나 수취 거절된 경우에는 그 증명자료)를 첨부할 것 ② 결제업자는 제1항에 따라 상계한 경우 그 사실 및 상계금액 등을 적은 서면(전자문서를 포함)을 해당 다단계판매업자·후원방문판매업자 또는 다단계판매원·후원방문판매원 및 상대방에게 지체 없이 송부하여야 한다. ③ 제1항과 제2항에서 규정한 사항 외에 결제업자의 상계에 필요한 사항은 총리령으로 정한다.

제20조(후원수당의 지급기준 등)

① 다단계판매업자는 다단계판매원에게 고지한 후원수당의 산정 및 지급 기준과 다르게 후원수당을 산정·지급하거나 그 밖의 부당한 방법으로 다단계판매원을 차별하여 대우하여서는 아니 된다.

② 다단계판매업자는 후원수당의 산정 및 지급 기준을 객관적이고 명확하게 정하여야 하며, 후원수당의 산정 및 지급 기준을 변경하려는 경우에는 대통령령으로 정한 절차에 따라야 한다.

③ 다단계판매업자가 다단계판매원에게 후원수당으로 지급할 수 있는 총액은 다단계판매업자가 다단계판매원에게 공급한 재화등의 가격(부가가치세를 포함한다) 합계액(이하 이 조에서 "가격합계액"이라 한다)의 100분의 35에 해당하는 금액을 초과하여서는 아니 되며, 가격합계액 및 후원수당 등의 구체적인 산정 방법은 다음과 같다.

1. 가격합계액은 출고 또는 제공 시점을 기준으로 할 것
2. 후원수당 지급액은 그 후원수당의 지급 사유가 발생한 시점을 기준으로 할 것
3. 가격합계액 및 후원수당은 1년을 단위로 산정할 것. 다만, 다단계판매 영업기간이 1년 미만인 경우에는 다단계판매업자의 실제 영업기간을 기준으로 한다.
4. 가격합계액을 산정할 때 위탁의 방법으로 재화등을 공급하는 경우에는 위탁을 받은 다단계판매업자가 다단계판매원에게 판매한 가격을 기준으로 하고, 중개의 방법으로 재화등을 공급하는 경우에는 다단계판매자가 중개를 의뢰한 사업자로부터 받은 수수료를 기준으로 한다.

④ 다단계판매업자는 다단계판매원이 요구하는 경우 후원수당의 산정·지급 명세 등의 열람을 허용하여야 한다.

⑤ 다단계판매업자는 일정 수의 하위판매원을 모집하거나 후원하는 것을 조건으로 하위판매원 또는 그 하위판매원의 판매 실적에 관계없이 후원수당을 차등하여 지급하여서는 아니 된다.

 목 차

[참고사례]

몬토토의 방문판매법 위반행위 건(공정거래위원회 2009. 12. 14. 의결제2009-272호; 서울고등법원 2010. 7. 1. 선고 2010누2021 판결); (주)앤알커뮤니케이션의 방문판매법 위반행위 건[공정거래위원회 2017. 1. 18. 의결 제2017-023호; 서울고등법원 2018. 2. 7. 선고 2017누35549 판결; 대법원 2018. 6. 15. 선고 2018두37915(심리불속행 기각) 판결]; 아이원, 엔엑스티의 방문판매법 위반행위 건[공정거래위원회 2016. 6. 3. 의결제2016-152, 154호; 서울고등법원 2017. 1. 12. 선고 2016누50336 판결; 대법원 2017. 5. 26. 선고 2017두34179(심리불속행 기각) 판결]; 고려한백(주)의 방문판매법 위반행위 건[공정거래위원회 2016. 11. 23. 의결제2016-321호; 서울고등법원 2017. 9. 29. 선고 2016누82210 판결; 대법원 2018. 2. 8. 선고 2017두67100(심리불속행 기각) 판결]; 봄코리아의 방문판매법 위반행위 건[서울고등법원 2017. 10. 20. 선고 2016누47828 판결; 대법원 2019. 3. 15. 선고 2017두71925(심리불속행 기각) 판결]

Ⅰ. 후원수당의 차별 금지

다단계판매업자는 다단계판매원에게 고지한 후원수당의 산정 및 지급 기준과 다르게 후원수당을 산정·지급하거나 그 밖의 부당한 방법으로 다단계판매원을 차별하여 대우하여서는 아니 된다(법 제20조 제1항).

차별적 행위를 「특수판매 지침」에서는 다음과 같이 예시하고 있다[Ⅲ. 3. 나.(4)].

> • 다단계판매업자·후원방문판매업자가 전 다단계판매원·후원방문판매원에게 적용되는 후원수당 산정 및 지급기준을 변경한 후 이를 일부 다단계판매원·후원방문판매원에게만 고지하여 그 다단계판매원·후원방문판매원에게만 후원수당을 지급하는 행위

다단계판매업자는 일정 수의 하위판매원을 모집하거나 후원하는 것을 조건으로 하위판매원 또는 그 하위판매원의 판매 실적에 관계없이 후원수당을 차등하여 지급하여서는 아니 된다(법 제20조 제5항).

방문판매법상 후원수당은 ① 판매원 자신의 거래 실적 ② 판매원 자신의 수당에 영향을 미치는 다른 판매원의 거래 실적 ③ 조직관리 및 교육·훈련 실

적 ④ 기타 판매 활동 장려 및 보상 등을 근거로 판매원에게 지급되는 경제적 이익을 말하는데, 상위 판매원들은 통상 ①~④ 명목의 후원수당을 모두 지급받는데 비해, 자가 소비 목적으로 가입한 하위 판매원들은 주로 ① 성격의 수당 위주로 지급받기 때문에 하위 판매원들의 후원수당은 상위 판매원보다 적은 것이 일반적이다.[1]

Ⅱ. 후원수당의 산정 및 지급기준

다단계판매업자는 후원수당의 산정 및 지급 기준을 객관적이고 명확하게 정하여야 하며, 후원수당의 산정 및 지급 기준을 변경하려는 경우에는 *대통령령*[2]으로 정한 절차에 따라야 한다(법 제20조 제2항).

즉 법 제20조 제2항 후단의 규정에 위반되는 후원수당 산정 및 지급 기준 변경사항 미통지 행위는 다단계판매업자가 후원수당 산정 및 지급 기준을 변경하면서 현행 후원수당 산정 및 지급 기준과 함께 변경할 후원수당 산정 및 지급 기준, 변경 사유 및 적용일을 그 적용일 3개월 이전에 다단계판매원에게 통지하지 아니한 경우에 성립한다. 다만, 후원수당 산정 및 지급 기준 변경이 다단계판매원 모두에게 이익이 되거나 후원수당 산정 및 지급 기준 변경에 대해 다단계판매원 전원의 동의를 받은 경우에는 3개월 이전 통지절차 없이 즉시 후원수당 산정 및 지급 기준을 변경할 수 있다.

다단계판매업자가 다단계판매원에게 후원수당으로 지급할 수 있는 총액은 다단계판매업자가 다단계판매원에게 공급한 재화등의 가격(부가가치세를 포함)

---

1) 공정거래위원회 보도자료(2019. 7. 19).
2) 제28조(후원수당 산정 및 지급 기준의 변경) ① 법 제20조제2항 및 제29조제3항에 따른 후원수당의 산정 및 지급 기준을 변경하려는 경우에는 변경할 기준, 변경 사유 및 적용일을 명시하여 현행 후원수당의 산정 및 지급 기준과 함께 그 적용일 3개월 이전에 다단계판매원 또는 후원방문판매원에게 통지(전자우편 또는 휴대전화 문자메시지를 이용한 통지를 포함)하여야 한다. 다만, 후원수당의 산정 및 지급 기준의 변경이 다단계판매원 또는 후원방문판매원 모두에게 이익이 되거나 다단계판매원 또는 후원방문판매원 전원의 동의를 받은 경우에는 즉시 변경할 수 있다. ② 전자우편 또는 휴대전화 문자메시지를 이용한 제1항의 통지는 사전에 전자우편 또는 휴대전화 문자메시지를 통하여 통지받을 것을 명시적으로 동의한 다단계판매원 또는 후원방문판매원에 대해서만 한다. ③ 제1항에 따른 통지를 할 경우 주소 불명 등의 사유로 개별 통지가 불가능한 다단계판매원 또는 후원방문판매원에 대해서는 제1항에 따른 통지사항을 사보(社報)에 게재하거나 1개월 이상의 기간 동안 홈페이지에 게시함으로써 제1항에 따른 통지를 갈음할 수 있다.

합계액(이하 "가격합계액")의 100분의 35에 해당하는 금액을 초과하여서는 아니
되며, 가격합계액 및 후원수당 등의 구체적인 산정 방법은 다음과 같다(법 제20
조 제3항): ① 가격합계액은 출고 또는 제공 시점을 기준으로 할 것(제1호), ②
후원수당 지급액은 그 후원수당의 지급 사유가 발생한 시점을 기준으로 할 것
(제2호), ③ 가격합계액 및 후원수당은 1년을 단위로 산정할 것(다만, 다단계판매
영업기간이 1년 미만인 경우에는 다단계판매업자의 실제 영업기간을 기준으로 함)(제3
호), ④ 가격합계액을 산정할 때 위탁의 방법으로 재화등을 공급하는 경우에는
위탁을 받은 다단계판매업자가 다단계판매원에게 판매한 가격을 기준으로 하고,
중개의 방법으로 재화등을 공급하는 경우에는 다단계판매자가 중개를 의뢰한
사업자로부터 받은 수수료를 기준으로 한다(제4호).

　　계약당사자로 나타나지 아니하고 계약체결을 소개만 한 경우는 중개이며
(<몬토토의 방문판매법 위반행위 건>3), <(앤알커뮤니케이션의 방문판매법 위반행위
건>).4) 직접 판매계약의 당사자가 되는 경우는 위탁매매이다(<아이원, 엔엑스티
의 방문판매법 위반행위 건>).5) 각 지점에 지급한 지점운영비도 후원수당으로 본
다(<고려한백(주)의 방문판매법 위반행위 건>).6) 기준이 되는 가격합계액은 중개
매매로 인한 수수료합계액(<몬토토의 방문판매법 위반행위 건>),7) 단말기 판매
및 이동통신서비스 가입유치의 각 수수료합계액(<봄코리아의 방문판매법 위반행
위 건>),8) 충전금 중 실제사용된 금액, 즉 손익계산서상 '통신매출'로 계상된 부
분(<(앤알커뮤니케이션의 방문판매법 위반행위 건>)9)이다.

　　법원이 법위반으로 인정한 사례는 다음과 같다.

> "중개매매로 인한 수수료합계액을 기준으로 과대한 후원수당을 지급한 행위는 방
> 문판매법위반임"(<몬토토의 방문판매법 위반행위 건>)10)

　　법원이 법위반으로 인정하지 않은 사례는 다음과 같다.

---

3) 서고판 2010. 7. 1. 2010누2021.
4) 서고판 2018. 2. 7. 2017누35549(대판 2018. 6. 15. 2018두37915).
5) 서고판 2017. 1. 12. 2016누50336(대판 2017. 5. 26. 2017두34179).
6) 서고판 2017. 9. 29. 2016누82210(대판 2018. 2. 8. 2017두67100).
7) 서고판 2010. 7. 1. 2010누2021.
8) 서고판 2017. 10. 20. 2016누47828(대판 2019. 3. 15. 2017두71925).
9) 서고판 2018. 2. 7. 2017누35549(대판 2018. 6. 15. 2018두37915).
10) 서고판 2010. 7. 1. 2010누2021.

> "단말기 판매 및 이동통신서비스 가입유치의 각 수수료합계액을 기준으로 법정
> 후원수당 지급총액 한도초과를 판단한 것은 정당하고, 지급한 후원수당이 정당한
> 가격합계액의 35%를 초과한다고 볼 만한 사정이 없음"(<봄코리아의 방문판매법
> 위반행위 건>).11)

　　"다단계판매업자가 다단계판매원에게 후원수당으로 지급할 수 있는 총액은
다단계판매업자가 다단계판매원에게 공급한 재화등의 가격(부가가치세 포함)의
합계액의 35%에 해당하는 금액 범위 이내"를 「특수판매 지침」에서는 다음과 같
이 예시하고 있다[Ⅲ. 4.(5)].

> • 특정 다단계판매원에게 그 판매원의 매출 실적 대비 50%가 넘는 후원수당을
> 　지급하였으나, 전체 소속 판매원에 대한 후원수당 지급액은 전체 매출액의 35%
> 　이하일 경우
> 　⇒ 후원수당의 총액범위는 모든 판매원에게 공급한 물품의 총합계액, 즉 당해 회사
> 　　의 전체 매출액을 의미하므로, 전체 매출액의 35%에 해당하는 금액의 범위 내
> 　　에서 특정 다단계판매원에게 후원수당을 지급하는 것은 법에 위반되지 아니함.
> • 판매실적과 관계없이 불특정 다수의 판매원을 대상으로 제품가격을 할인하여 판
> 　매하는 것은 후원수당에 포함되지 않음.
> 　⇒ 다만 판매실적 등 다단계판매업자가 요구하는 일정 요건을 달성한 특정 판매
> 　　원을 대상으로 제품가격을 할인하여 판매하는 것은 판매실적에 따라 지급하
> 　　는 경제적 이익의 제공에 해당하므로 후원수당에 포함됨.

Ⅲ. 후원수당의 산정·지급 명세 등의 열람

　　다단계판매업자는 다단계판매원이 요구하는 경우 후원수당의 산정·지급
명세 등의 열람을 허용하여야 한다(법 제20조 제4항).

---

11) 서고판 2017. 10. 20. 2016누47828(대판 2019. 3. 15. 2017두71925).

제21조(후원수당 관련 표시·광고 등)

① 다단계판매업자는 다단계판매원이 되려는 사람 또는 다단계판매원에게 다단계판매원이 받게 될 후원수당이나 소매이익(다단계판매원이 재화등을 판매하여 얻는 이익을 말한다)에 관하여 거짓 또는 과장된 정보를 제공하여서는 아니 된다.

② 다단계판매업자는 다단계판매원이 되려는 사람 또는 다단계판매원에게 전체 다단계판매원에 대한 평균 후원수당 등 후원수당의 지급 현황에 관한 정보를 총리령으로 정하는 기준에 따라 고지하여야 한다.

③ 다단계판매업자는 다단계조직의 운영 방식 또는 활동 내용에 관하여 거짓 또는 과장된 사실을 유포하여서는 아니 된다.

후원수당 관련 정보는 *총리령*[1]으로 정하고 있다.

---

1) 제19조(후원수당 정보 제공 시 포함할 사항) 다단계판매업자 또는 후원방문판매업자는 법 제21조제2항 및 제29조제3항에 따라 다단계판매원이나 후원방문판매원이 되려는 사람 또는 다단계판매원이나 후원방문판매원에게 후원수당의 지급 현황에 관한 정보를 고지할 때에는 평균 후원수당과 후원수당의 분포를 알 수 있도록 도표로 작성된 서식으로 하여야 한다.

제22조(다단계판매원의 등록 및 탈퇴 등)

① 다단계판매업자는 다단계판매원이 되려는 사람 또는 다단계판매원에게 등록, 자격 유
지 또는 유리한 후원수당 지급기준의 적용을 조건으로 과다한 재화등의 구입 등 대
통령령으로 정하는 수준을 초과한 부담을 지게 하여서는 아니 된다.

② 다단계판매자는 다단계판매원에게 일정 수의 하위판매원을 모집하도록 의무를 지게
하거나 특정인을 그의 동의 없이 자신의 하위판매원으로 등록하여서는 아니 된다.

③ 다단계판매업자는 다단계판매원이 제15조제2항 각 호의 어느 하나에 해당하는 경우
에는 그 다단계판매원을 탈퇴시켜야 한다.

④ 다단계판매원은 언제든지 다단계판매업자에게 탈퇴 의사를 표시하고 탈퇴할 수 있으
며, 다단계판매업자는 다단계판매원의 탈퇴에 조건을 붙여서는 아니 된다.

⑤ 다단계판매업자는 탈퇴한 다단계판매원의 판매행위 등으로 소비자피해가 발생하지
아니하도록 다단계판매원 수첩을 회수하는 등 필요한 조치를 하여야 한다.

 목   차

[참고사례]

(주)다이너스티인터내셔날의 방문판매법위반행위 건(공정거래위원회 2006. 10. 26. 의
결 제2006-242호; 서울고등법원 2007. 12. 20. 선고 2007누7293 판결); 한강라이프 방
문판매법 위반행위 건(공정거래위원회 2014. 3. 3. 의결 제2014-043호; 서울고등법원
2015. 4. 2. 2014누3602 판결; 대법원 2015. 12. 24 선고 2015두41395 판결); (주)카나이
코리아의 방문판매법 위반행위 건[공정거래위원회 2015. 10. 2. 의결 제2015-344호; 서
울고등법원 2016. 12. 22. 선고 2016누33768 판결; 대법원 2017. 4. 28. 선고 2017두
32647(심리불속행 기각) 판결]; 위나라이트코리아(주)의 방문판매법 위반행위 건[공정거래
위원회 2015. 10. 2. 의결 제2015-343호; 서울고등법원 2017. 7. 14. 선고 2016누
34112 판결; 대법원 2017. 12. 7. 선고 2017두57578(심리불속행 기각) 판결]; 봄코리아
의 방문판매법 위반행위 건[서울고등법원 2017. 10. 20. 선고 2016누47828 판결; 대법원
2019. 3. 15. 선고 2017두71925(심리불속행 기각) 판결]

I. 다단계판매원 등에 대한 초과부담의 금지의무

　　다단계판매업자는 다단계판매원이 되려는 사람 또는 다단계판매원에게 등록, 자격 유지 또는 유리한 후원수당 지급기준의 적용을 조건으로 과다한 재화 등의 구입 등 *대통령*[1]으로 정하는 수준을 초과한 부담을 지게 하여서는 아니 된다(법 제22조 제1항).

　　구 방문판매법 제22조 제1항 소정의 '자격유지의 조건'이라 함은 단순히 다단계판매원이 자신의 자격을 유지하기 위한 조건뿐만 아니라 다단계판매원이 다단계판매업의 본질적인 요소라 할 수 있는 후원수당을 제대로 수령할 수 있는 자격을 유지하기 위한 조건까지 포함한다고 보아야 한다(<(주)다이너스티인터내셔날의 방문판매법위반행위 건>).[2]

　　법 제22조 제1항이 금지하는 '재화 구입 등 부담부과행위'는 판매원으로 하여금 그 등록과 자격유지 또는 유리한 후원수당 지급기준의 적용을 조건으로 일정한 수준 이상의 물품 구매실적을 달성할 것을 요구하는 것을 의미(2007도6241)하는 반면, 제24조 제1항 제1호 전단이 금지하는 행위는 '재화 등의 거래 없이 금전거래를 하는 행위'이고, 제4호가 금지하는 행위는 물품 구매가 없더라도 무조건 어떠한 명목으로든 일정한 수준 이상의 금품을 납부할 의무를 판매원에게 부과하는 행위를 의미한다. 따라서 승급제도[3]는 일정한 수준 이상의 물품 구매실적을 달성할 것을 요구하는 것은 아니므로, 방문판매법 제22조 제1항이 금지하는 '재화 구입 등 부담 부과 행위'에 해당하지 않는다(<한강라이프 방문판매법 위반행위 건>).[4]

　　연간 5만원이 넘는 통신상품을 일반회원 본인이 직접 구매하거나 제3자에

---

1) 제29조(다단계판매원 또는 후원방문판매원에 대한 부담 범위) 법 제22조제1항(법 제29조제3항에 따라 준용되는 경우를 포함)에서 "대통령령으로 정하는 수준"이란 연간 5만원을 말한다. 이 경우 다단계판매원 또는 후원방문판매원이 되려는 자, 다단계판매원·후원방문판매원 또는 그 하위판매원의 판매실적과 구매실적에 따라 후원수당의 지급기준을 달리하는 행위는 재화 등을 구매하도록 하는 부담으로 보지 아니한다.

2) 서고판 2007. 12. 20. 2007누7293. 다단계판매원이 후원수당을 전액 지급받기 위한 조건으로 다단계판매원으로 하여금 매주 주간 유지실적을 달성하도록 하고 이를 달성하지 못할 경우에는 발생한 수당의 10%만 지급받도록 한 행위는 '자격유지의 조건으로 과도한 부담을 지우는 행위'에 해당한다.

3) 설계사가 200만원을 지급하면 지점장이 되고, 지점장이 300만원을 지급하면 지사장이 되며, 설계사가 500만원을 지급하면 곧바로 지사장이 될 수 있는 제도

4) 대판 2015. 12. 24. 2015두41395.

게 이를 판매하여 본인명의의 매출을 발생시킬 것을 요구하는 승급조건은 다단
계판매원이 되려는 자에게 등록을 조건으로 '재화 등 연간 5만원 이상의 부담을
지게 하는 행위'에 해당한다(<봄코리아의 방문판매법 위반행위 건>).5)

'유리한'이라는 용어는 상대적 개념으로서 아직 후원수당을 지급받지 않아
비교대상이 존재하지 않는 회원에게는 '유리한 후원수당 지급기준의 적용'이라
는 조건을 적용하기 어려우므로 '다단계판매원이 되려는 사람'인 회원에게는 적
용할 수 없다(<(주)카나이코리아의 방문판매법 위반행위 건>).6)

시행령 제29조의 해석 관련, 판매실적이 아무리 많아도 본인 구매실적이
없는 이상 다단계판매원의 등록, 자격유지, 유리한 후원수당 지급기준의 적용에
관한 각 요건을 충족시킬 수 없도록 하여 다단계판매원이 되려는 자와 다단계
판매원에게 재화 등을 구매하도록 하는 부담을 지우도록 한 후원수당 지급기준
은 방문판매법 시행령 제29조에 정해진 '판매실적과 구매실적에 따라 지급기준
을 달리하는 행위'에 해당한다고 볼 수 없다(<위나라이트코리아(주)의 방문판매법
위반행위 건>).7)

「특수판매 지침」에서는 다음과 같이 예시하고 있다[Ⅲ. 4.(7)]

• 다단계판매원·후원방문판매원을 모집하면서 "정회원"이 되는 요건으로 반드시
본인 명의로 회사 구입가 25만원 상당의 컴퓨터 모뎀 단말기 등을 대금 77만원
이상에 구입하여야만 정회원이 될 수 있고, 정회원이 된 후 고율의 후원수당을
지급받는다고 현혹하여 다단계판매원·후원방문판매원이 되고자 하는 자로부터
다단계판매원·후원방문판매원인 정회원 등록조건부 물품구입비 명목으로 1인당
77만원 이상을 받은 행위

• 다단계판매원을 모집하면서 업체의 수당을 받을 수 있는 다단계판매원인 속칭 "아
이비오(IBO)회원"이 되는 요건으로 저가의 건강보조식품 등을 제공하면서 반드시
본인 명의로 40만원 이상을 납입하여야만 IBO 회원이 될 수 있고 IBO 회원이 된
후 실적에 따라 고율의 수당을 지급받을 수 있다고 하여 다단계판매원인 IBO회원

---

5) 서고판 2017. 10. 20. 2016누47828(대판 2019. 3. 15. 2017두71925).

6) 서고판 2016. 12. 22. 2016누33768(대판 2017. 4. 28. 2017두32647). 이 사건 승급조항에서
Pre-IBO직급이 되어야만 후원수당을 지급받을 수 있다는 사실을 법리에 비추어 보면, 이 사
건 승급조항에서의 회원은 방문판매법상의 다단계판매원에 해당하지는 아니하고 방문판매법
제22조 제1항 및 시행령 제29조의 다단계판매원이 되려는 사람 내지 다단계판매원이 되려는
자에 해당한다.

7) 서고판 2017. 7. 14. 2016누34112(대판 2017. 12. 7. 2017두57578).

등록조건부 물품구입비 명목으로 1인당 40만원 이상의 금원을 받은 행위

다단계판매자는 다단계판매원에게 일정 수의 하위판매원을 모집하도록 의무를 지게 하거나 특정인을 그의 동의 없이 자신의 하위판매원으로 등록하여서는 아니 된다(법 제22조 제3항).

Ⅱ. 다단계판매원의 탈퇴조치 의무

다단계판매업자는 다단계판매원이 제15조 제2항 각 호[8])의 어느 하나에 해당하는 경우에는 그 다단계판매원을 탈퇴시켜야 한다(법 제22조 제3항).

다단계판매원은 언제든지 다단계판매업자에게 탈퇴 의사를 표시하고 탈퇴할 수 있으며, 다단계판매업자는 다단계판매원의 탈퇴에 조건을 붙여서는 아니된다(법 제22조 제4항).

다단계판매업자는 탈퇴한 다단계판매원의 판매행위 등으로 소비자피해가 발생하지 아니하도록 다단계판매원 수첩을 회수하는 등 필요한 조치를 하여야한다(법 제22조 제4항).

---

8) 제15조(다단계판매원) ② 다음 각 호의 어느 하나에 해당하는 자는 다단계판매원으로 등록할수 없다. 1. 국가공무원, 지방공무원, 교육공무원 및 「사립학교법」에 따른 교원 2. 미성년자.다만, 제4호 또는 제5호에 해당하지 아니하는 법정대리인의 동의를 받은 경우는 제외한다. 3.법인 4. 다단계판매업자의 지배주주 또는 임직원 5. 제49조에 따른 시정조치를 2회 이상 받은자. 다만, 마지막 시정조치에 대한 이행을 완료한 날부터 3년이 지난 자는 제외한다. 6. 이 법을 위반하여 징역의 실형을 선고받고 그 집행이 종료되거나(집행이 종료된 것으로 보는 경우를 포함) 집행이 면제된 날부터 5년이 지나지 아니한 자 7. 이 법을 위반하여 형의 집행유예를선고받고 그 유예기간 중에 있는 자

제23조(금지행위)

① 다단계판매자는 다음 각 호의 어느 하나에 해당하는 행위를 하여서는 아니 된다.

1. 재화등의 판매에 관한 계약의 체결을 강요하거나 청약철회등 또는 계약 해지를 방해할 목적으로 상대방을 위협하는 행위

2. 거짓 또는 과장된 사실을 알리거나 기만적 방법을 사용하여 상대방과의 거래를 유도하거나 청약철회등 또는 계약 해지를 방해하는 행위 또는 재화등의 가격·품질 등에 대하여 거짓 사실을 알리거나 실제보다도 현저히 우량하거나 유리한 것으로 오인시킬 수 있는 행위

3. 청약철회등이나 계약 해지를 방해할 목적으로 주소·전화번호 등을 변경하는 행위

4. 분쟁이나 불만 처리에 필요한 인력 또는 설비가 부족한 상태를 상당 기간 방치하여 상대방에게 피해를 주는 행위

5. 상대방의 청약이 없는데도 일방적으로 재화등을 공급하고 재화등의 대금을 청구하는 등 상대방에게 재화등을 강제로 판매하거나 하위판매원에게 재화등을 판매하는 행위

6. 소비자가 재화를 구매하거나 용역을 제공받을 의사가 없음을 밝혔는데도 전화, 팩스, 컴퓨터통신 등을 통하여 재화를 구매하거나 용역을 제공받도록 강요하는 행위

7. 다단계판매업자에게 고용되지 아니한 다단계판매원을 다단계판매업자에게 고용된 사람으로 오인하게 하거나 다단계판매원으로 등록하지 아니한 사람을 다단계판매원으로 활동하게 하는 행위

8. 제37조에 따른 소비자피해보상보험계약등을 체결하지 아니하고 영업하는 행위

9. 상대방에게 판매하는 개별 재화등의 가격을 대통령령으로 정하는 금액을 초과하도록 정하여 판매하는 행위

10. 본인의 허락을 받지 아니하거나 허락받은 범위를 넘어 소비자에 관한 정보를 이용하는 행위. 다만, 다음 각 목의 어느 하나에 해당하는 경우는 제외한다.

   가. 재화등의 배송 등 소비자와의 계약을 이행하기 위하여 불가피한 경우로서 대통령령으로 정하는 경우

   나. 재화등의 거래에 따른 대금을 정산하기 위하여 필요한 경우

   다. 도용을 방지하기 위하여 본인임을 확인할 때 필요한 경우로서 대통령령으로 정하는 경우

   라. 법률의 규정 또는 법률에 따라 필요한 불가피한 사유가 있는 경우

11. 다단계판매조직 및 다단계판매원의 지위를 양도·양수하는 행위. 다만, 다단계판매원의 지위를 상속하는 경우 또는 사업의 양도·양수·합병의 경우에는 그러하지 아니하다.

② 다단계판매업자는 다단계판매원으로 하여금 제1항의 금지행위를 하도록 교사(敎唆)하거나 방조(幇助)하여서는 아니 된다.

③ 공정거래위원회는 이 법 위반행위의 방지 및 소비자피해의 예방을 위하여 다단계판매자가 지켜야 할 기준을 정하여 고시할 수 있다.

목 차

[참고사례]

캐리어자판판매(주)의 방문판매법 위반행위 건(공정거래위원회 2005. 11. 21. 의결 제2005-235호; 서울고등법원 2007. 1. 31. 선고 2005누29589 판결); (주)웰빙테크의 방문판매법 위반행위 건(공정거래위원회 2012. 8. 28. 의결 제2012-180호; 서울고등법원 2013. 12. 26. 선고 2012누36233 판결)

Ⅰ. 금지행위의 유형

다단계판매자는 다음의 어느 하나에 해당하는 행위를 하여서는 아니 된다(법 제24조 제1항).

1. 상대방 위협 행위

금지행위의 첫 번째 유형은 재화등의 판매에 관한 계약의 체결을 강요하거나 청약철회등 또는 계약 해지를 방해할 목적으로 상대방을 위협하는 행위(제1호)이다.

방문판매법 제23조 제1항 제1호의 '강요'를 인정하기 위하여 반드시 소비자의 의사결정의 자유를 제한하거나 의사실행의 자유를 방해할 정도로 겁을 먹게 할 만한 해악의 고지가 필요하다고 볼 수 없다(<(주)웰빙테크의 방문판매법 위반행위 건>).[1]

법원이 법위반으로 인정한 사례는 다음과 같다.

> "기존회원들이 신규회원들에게 가입을 유도하는 과정에서 물품을 구매하고 다단계판매원이 되도록 계속 요구하거나 여러 명이 돌아가면서 계속 회유·설득하여 심리적으로 압박감을 준 행위는 소비자의 의사결정의 자유를 제한하는 행위로서 소비자의 의사에 반하여 다단계판매원 가입을 강요하는 행위"(<월빙테크의 방문판매법 위반행위 건>).[2]

2. 거짓 또는 과장, 기만적 거래 유도 및 청약철회등 방해등 행위

금지행위의 두 번째 유형은 거짓 또는 과장된 사실을 알리거나 기만적 방법을 사용하여 상대방과의 거래를 유도하거나 청약철회등 또는 계약 해지를 방해하는 행위 또는 재화등의 가격·품질 등에 대하여 거짓 사실을 알리거나 실제보다도 현저히 우량하거나 유리한 것으로 오인시킬 수 있는 행위(제2호)이다.

방문판매법 제23조 제1항 제2호의 '기만적 방법을 사용하여 상대방과의 거래를 유인하는 행위'란 거래에 있어 중요한 사항에 관한 구체적 사실을 신의성실의 의무에 비추어 비난받을 정도의 방법으로 은폐하거나 축소하는 등 소비자를 속이거나 소비자로 하여금 잘못 알게 할 우려가 있는 행위를 말하며, 그로 인하여 소비자가 유인될 우려가 있으면 족하고 반드시 소비자 유인의 결과가 발생함을 요하지는 않는다(<(주)웰빙테크의 방문판매법 위반행위 건>).[3]

---

1) 서고판 2013. 12. 26. 2012누36233.
2) 서고판 2013. 12. 26. 2012누36233.
3) 서고판 2013. 12. 26. 2012누36233.

법원이 법위반으로 인정한 사례는 다음과 같다.

"다단계판매업체임을 숨기고 다단계판매원 가입을 유도한 행위, 사실과 다르게 다단계판매원 가입후 3~6개월 내에 매월 500~800만원씩 벌수 있다는 내용으로 가입을 유도한 행위, 높은 소득을 올리기 위해서는 대출을 받아 물품을 구매함으로써 보다 상위 직급의 다단계판매원으로 가입하여야 한다고 소비자를 유인한 행위, 다단계판매원이 구매한 상품을 개봉하거나 일부 사용하도록 유도함으로써 환불 또는 청약철회를 하지 못하도록 하는 행위는 모두 허위 또는 과장된 사실을 알리거나 기만적 방법을 사용하여 상대방과 거래를 유도하거나 청약철회 또는 계약해지를 방해하는 행위임"(<월빙테크의 방문판매법 위반행위 건>).[4]

법원이 법위반으로 인정하지 않은 사례는 다음과 같다.

"자판기를 설치하여 하루에 100잔정도 판매하면, 재료비와 자판기 할부대금 월 21만원을 빼고 30만원 정도의 이익이 발생하고, 위 식당은 수익이 잘 나올 자리므로 손해는 보지 않을 것 같다"는 발언에 대하여 구체적인 이익을 보장하는 것으로 볼 수 없고 따라서 사업권유방식으로 자판기 구매를 권유하면서 허위·과장된 사실을 알리거나 기만적 방법을 사용한 것으로 볼 수 없음(<캐리어자판판매(주)의 방문판매법 위반행위 건>).[5]

3. 주소 · 전화번호 등 변경 행위

금지행위의 세 번째 유형은 청약철회등이나 계약 해지를 방해할 목적으로 주소·전화번호 등을 변경하는 행위(제3호)이다.

4. 불만처리 인력 또는 설비 부족 방치 행위

금지행위의 네 번째 유형은 분쟁이나 불만 처리에 필요한 인력 또는 설비가 부족한 상태를 상당 기간 방치하여 상대방에게 피해를 주는 행위(제4호)이다.

---

4) 서고판 2013. 12. 26. 2012누36233.

5) 서고판 2007. 1. 31. 2005누29589.

5. 재화등 강제 판매 및 하위판매원에 대한 재화등 판매 행위

금지행위의 다섯 번째 유형은 상대방의 청약이 없는데도 일방적으로 재화등을 공급하고 재화등의 대금을 청구하는 등 상대방에게 재화등을 강제로 판매하거나 하위판매원에게 재화등을 판매하는 행위(제5호)이다.

6. 재화 구매 또는 용역 제공 강요 행위

금지행위의 여섯 번째 유형은 소비자가 재화를 구매하거나 용역을 제공받을 의사가 없음을 밝혔는데도 전화, 팩스, 컴퓨터통신 등을 통하여 재화를 구매하거나 용역을 제공받도록 강요하는 행위(제6호)이다.

7. 다단계판매원 오인행위 또는 미등록 다단계판매원 활동 교사 행위

금지행위의 일곱 번째 유형은 다단계판매업자에게 고용되지 아니한 다단계판매원을 다단계판매업자에게 고용된 사람으로 오인하게 하거나 다단계판매원으로 등록하지 아니한 사람을 다단계판매원으로 활동하게 하는 행위이다(제7호).

다단계판매업자·후원방문판매업자의 피용자가 아닌 다단계판매원·후원방문판매원을 다단계판매업자·후원방문판매업자에게 고용된 자로 오인하게 하는 행위를 「특수판매 지침」에서는 다음과 같이 예시하고 있다[Ⅲ. 4.(8)].

• 다단계판매원·후원방문판매원 직급 명칭으로 '이사, 부장, 과장' 등의 명칭을 사용하여 다단계판매업자·후원방문판매업자에게 고용된 직원으로 오인하게 하는 직급명칭을 사용하는 행위

⇒ 한편, '컨설턴트 및 매니저' 등 피고용인으로 오인될 우려가 있는 명칭을 사용하는 경우에는 다단계판매원·후원방문판매원의 명함에 독립적 사업자임을 병기하는 등의 방법으로 고용된 자로 오인되지 않도록 하여야 함.

---

8. 소비자피해보상보험계약등 미체결 영업 행위

금지행위의 여덟 번째 유형은 제37조에 따른 소비자피해보상보험계약등을 체결하지 아니하고 영업하는 행위(제8호)이다.

9. 기준금액 초과 판매 행위

금지행위의 아홉 번째 유형은 상대방에게 판매하는 개별 재화등의 가격을 *대통령령*[6]으로 정하는 금액을 초과하도록 정하여 판매하는 행위(제9호)이다.

<아이원, 엔엑스티의 방문판매법 위반행위 건> 관련 행정소송에서 법원은 낱개 재화의 가격이 160만원 이하라 하더라도 그 재화 여러 개를 하나의 판매단위로 묶어 160만원 이상의 가격으로 판매하는 경우에는 방문판매법 규정에 위배된다고 보고, 다만 단말기와 이동통신서비스는 분리되어 판매되고 판매주체와 법적 성격이 모두 다르므로 하나로 묶어 판매하는 경우에 해당하지 않고 합한 가격을 기준으로 160만원의 초과여부를 판단하는 것은 법률규정의 가능한 해석범위를 넘은 것으로 판단하였다.[7]

「특수판매 지침」에서는 다음과 같이 예시하고 있다.

• 개별 재화의 가격이 160만원 이하이지만 판매된 개별 재화가 그 자체로서 사실상 사용가치가 없어서 다른 재화를 추가로 구매하여야 사용가치가 있는 경우는 이들 재화들의 가격의 합계로 160만원 초과 여부를 판단함.
  ⇒ 주된 재화의 기능에 반드시 필요한 재화를 세트로 판매하는 경우, 주된 재화의 품질과 성능유지나 안전을 위하여 필요한 재화를 세트로 판매하는 경우 또는 분리하여 개별적으로 판매하는 것이 기술적으로 매우 곤란하거나 상당한 비용을 요구하는 경우 이들 재화를 세트로 판매하는 경우는 세트를 개별 재화로 간주하여 160만원 초과 여부를 판단함.

• 할부판매 또는 재화 등의 소유권 이전을 전제로 한 리스계약의 경우 160만원 초과 여부는 할부금 또는 리스사용료 전체 가격으로 판단함.

• 용역(일정한 시설을 이용하거나 용역의 제공을 받을 수 있는 권리)의 판매인 경우는 그 용역을 제공하기로 한 계약 기간 동안의 총가격이 160만원을 초과하여서는 아니 됨.
  ⇒ 용역 제공 계약기간이 1년이라면 1년 동안의 공급 가격이 160만원 이하이어야 하고, 계약기간이 2년이라면 2년 동안의 공급 가격이 160만원 이하이어야 함.

---

[6] 제30조(판매상품 등에 대한 가격 제한) 법 제23조제1항제9호(법 제29조제3항에 따라 준용되는 경우를 포함)에서 "대통령령으로 정하는 금액"이란 160만원(부가가치세가 포함된 금액)을 말한다.
[7] 서고판 2017. 1. 12. 2016누50336(대판 2017. 5. 26. 2017두34179).

> • 위탁 또는 중개의 방식으로 재화등을 판매할 경우, 다단계판매자가 위탁 또는
> 중개를 의뢰한 사업자로부터 받은 수수료가 아니라 다단계판매원 또는 소비자에
> 게 판매한 가격이 160만원을 초과하여서는 아니 됨.

10. 소비자 정보 이용 행위

금지행위의 열 번째 유형은 본인의 허락을 받지 아니하거나 허락받은 범위
를 넘어 소비자에 관한 정보를 이용하는 행위(다만, ① 재화등의 배송 등 소비자와
의 계약을 이행하기 위하여 불가피한 경우로서 *대통령령*)으로 정하는 경우(가목), ②
재화등의 거래에 따른 대금을 정산하기 위하여 필요한 경우(나목), ③ 도용을 방지하
기 위하여 본인임을 확인할 때 필요한 경우로서 *대통령령*)으로 정하는 경우(다목), ④
법률의 규정 또는 법률에 따라 필요한 불가피한 사유가 있는 경우(라목)의 어느 하나
에 해당하는 경우는 제외)(제10호)이다.

11. 다단계판매조직 및 다단계판매원 지위 양도·양수 행위

금지행위의 열한 번째 유형은 다단계판매조직 및 다단계판매원의 지위를
양도·양수하는 행위(다만, 다단계판매원의 지위를 상속하는 경우 또는 사업의 양도·
양수·합병의 경우는 제외)(제11호)이다. 「특수판매 지침」에서는 다음과 같이 예시
하고 있다[Ⅲ. 4.(0)].

---

8) 제31조(재화등의 배송 등을 위한 소비자정보의 이용) 법 제23조제1항제10호가목(법 제29조
   제3항에 따라 준용되는 경우를 포함)에서 "대통령령으로 정하는 경우"란 다음 각 호의 경우를
   말한다. 1. 재화등의 배송 또는 전송을 업으로 하는 자 중 해당 재화등의 배송 또는 전송을
   위탁받은 자에게 소비자에 관한 정보를 제공하는 경우 2. 재화등의 설치, 사후 서비스, 그 밖
   에 약정한 서비스의 제공을 업으로 하는 자 중 해당 서비스의 제공을 위탁받은 자에게 소비자
   에 관한 정보를 제공하는 경우 3. 법 제37조에 따른 소비자피해보상보험계약등을 체결한 소
   비자피해 보상금 지급의무자에게 소비자에 관한 정보를 제공하는 경우
9) 제32조(도용 방지를 위한 본인 확인에 필요한 소비자정보의 이용) 법 제23조제1항제10호다
   목(법 제29조제3항에 따라 준용되는 경우를 포함한다)에서 "대통령령으로 정하는 경우"란 다
   음 각 호의 경우를 말한다. 1. 소비자의 신원 및 실명이나 본인의 진의를 확인하기 위하여 다
   음 각 목의 어느 하나에 해당하는 자에게 소비자에 관한 정보를 제공하는 경우 가. 「전기통신
   사업법」 제5조제3항제1호에 따른 기간통신사업자 나. 「신용정보의 이용 및 보호에 관한 법률」
   제2조제5호에 따른 신용정보회사 다. 해당 거래에 따른 대금결제와 직접 관련된 결제업자 라.
   법령에 따라 또는 법령에 따른 인가·허가를 받아 도용 방지를 위한 실명 확인을 업으로 하는
   자 2. 미성년자와의 거래 시 법정대리인의 동의 여부를 확인하기 위하여 이용하는 경우

• 판매원 A가 다단계판매원 결격자에 해당하게 되자 자신의 다단계판매원 지위를
  배우자인 B에게 양도하는 경우
  ⇒ 이 경우, 판매원 지위의 양도를 허용해 준 다단계판매업자도 방조행위 금지
    규정 위반으로 처벌받음.

Ⅱ. 교사 · 방조행위 금지

다단계판매업자는 다단계판매원으로 하여금 제1항의 금지행위를 하도록 교
사(敎唆)하거나 방조(幇助)하여서는 아니 된다(법 제23조 제2항).

Ⅲ. 법 위반행위 방지 및 소비자피해 예방 기준 고시제정

공정거래위원회는 이 법 위반행위의 방지 및 소비자피해의 예방을 위하여
다단계판매자가 지켜야 할 기준을 정하여 고시할 수 있다(법 제23조 제3항).

제24조(사행적 판매원 확장행위 등의 금지)

① 누구든지 다단계판매조직 또는 이와 비슷하게 단계적으로 가입한 자로 구성된 조직을 이용하여 다음 각 호의 어느 하나에 해당하는 행위를 하여서는 아니 된다.<개정 2013. 5. 28.>

1. 재화등의 거래 없이 금전거래를 하거나 재화등의 거래를 가장하여 사실상 금전거래만을 하는 행위로서 다음 각 목의 어느 하나에 해당하는 행위

   가. 판매원에게 재화등을 그 취득가격이나 시장가격보다 10배 이상과 같이 현저히 높은 가격으로 판매하면서 후원수당을 지급하는 행위

   나. 판매원과 재화등의 판매계약을 체결한 후 그에 상당하는 재화등을 정당한 사유 없이 공급하지 아니하면서 후원수당을 지급하는 행위

   다. 그 밖에 판매업자의 재화등의 공급능력, 소비자에 대한 재화등의 공급실적, 판매업자와 소비자 사이의 재화등의 공급계약이나 판매계약, 후원수당의 지급조건 등에 비추어 그 거래의 실질이 사실상 금전거래인 행위

2. 판매원 또는 판매원이 되려는 자에게 하위판매원 모집 자체에 대하여 경제적 이익을 지급하거나 정당한 사유 없이 후원수당 외의 경제적 이익을 지급하는 행위

3. 제20조제3항(제29조제3항에 따라 준용되는 경우를 포함한다)에 위반되는 후원수당의 지급을 약속하여 판매원을 모집하거나 가입을 권유하는 행위

4. 판매원 또는 판매원이 되려는 자에게 가입비, 판매 보조 물품, 개인 할당 판매액, 교육비 등 그 명칭이나 형태와 상관없이 10만원 이하로서 대통령령으로 정하는 수준을 초과한 비용 또는 그 밖의 금품을 징수하는 등 의무를 부과하는 행위

5. 판매원에 대하여 상품권[그 명칭이나 형태와 상관없이 발행자가 일정한 금액이나 재화등의 수량이 기재된 무기명증표를 발행하고 그 소지자가 발행자 또는 발행자가 지정하는 자(이하 이 조에서 "발행자등"이라 한다)에게 이를 제시 또는 교부하거나 그 밖의 방법으로 사용함으로써 그 증표에 기재된 내용에 따라 발행자등으로부터 재화등을 제공받을 수 있는 유가증권을 말한다. 이하 이 조에서 같다]을 판매하는 행위로서 다음 각 목의 어느 하나에 해당하는 행위

   가. 판매업자가 소비자에게 판매한 상품권을 다시 매입하거나 다른 자로 하여금 매입하도록 하는 행위

   나. 발행자등의 재화등의 공급능력, 소비자에 대한 재화등의 공급실적, 상품권의 발행규모 등에 비추어 그 실질이 재화등의 거래를 위한 것으로 볼 수 없는 수준의 후원수당을 지급하는 행위

6. 사회적인 관계 등을 이용하여 다른 사람에게 판매원으로 등록하도록 강요하거나 재화등을 구매하도록 강요하는 행위

7. 판매원 또는 판매원이 되려는 사람에게 본인의 의사에 반하여 교육·합숙 등을 강요하는 행위

8. 판매원을 모집하기 위한 것이라는 목적을 명확하게 밝히지 아니하고 취업·부업 알선, 설명회, 교육회 등을 거짓 명목으로 내세워 유인하는 행위

② 다단계판매업자는 다단계판매원으로 하여금 제1항의 금지행위를 하도록 교사하거나 방조하여서는 아니 된다.

목 차

[참고문헌]

단행본: 공정거래위원회, 공정거래백서, 2018

[참고사례]

다단계판매업자의 방문판매법 위반행위 건[서울지방법원 1998. 2. 26. 선고 97노6953 판결; 대법원 1998. 8. 21. 선고 98도882(방문판매등에관한법률위반) 판결]; 라은실업의 방문판매법 위반행위 건[서울지방법원 1998. 7. 7. 선고 97노6953 판결; 대법원 1999. 11. 23. 선고 98도2366(방문판매등에관한법률위반) 판결]; (주)앤알커뮤니케이션의 방문판매법 위반행위 건[공정거래위원회 2017. 1. 18. 의결 제2017−023호; 서울고등법원 2018. 2. 7. 선고 2017누35549 판결; 대법원 2018. 6. 15. 선고 2018두37915(심리불속행 기각) 판결]

Ⅰ. 금지행위의 유형

누구든지 다단계판매조직 또는 이와 비슷하게 단계적으로 가입한 자로 구성된 조직을 이용하여 다음 각 호의 어느 하나에 해당하는 행위를 하여서는 아니 된다(법 제24조 제1항).

1. 무거래 금전거래 및 가장 금전거래

금지행위의 첫 번째 유형은 재화등의 거래 없이 금전거래를 하거나 재화등의 거래를 가장하여 사실상 금전거래만을 하는 행위로서 ① 판매원에게 재화등을 그 취득가격이나 시장가격보다 10배 이상과 같이 현저히 높은 가격으로 판매하면서 후원수당을 지급하는 행위(가목), ② 판매원과 재화등의 판매계약을 체결한 후 그에 상당하는 재화등을 정당한 사유 없이 공급하지 아니하면서 후원수당을 지급하는 행위(나목), ③ 그 밖에 판매업자의 재화등의 공급능력, 소비자에 대한 재화등의 공급실적, 판매업자와 소비자 사이의 재화등의 공급계약이나 판매계약, 후원수당의 지급조건 등에 비추어 그 거래의 실질이 사실상 금전거래인 행위(다목)의 어느 하나에 해당하는 행위(제1호)이다.

법 제24조 제1항 제1호 다목의 행위는 ① 다단계판매조직 또는 이와 비슷하게 단계적으로 가입한 자로 구성된 조직을 이용하여, ② 판매업자의 재화 등의 공급능력, 소비자에 대한 재화 등의 공급실적, 판매업자와 소비자 사이의 재화 등의 공급계약이나 판매계약, 후원수당의 지급조건 등에 비추어 그 거래의 실질이 사실상의 금전거래인 경우에 성립한다. 또한, 「특수판매 지침」에서는 2006년 제정 당시부터 줄곧 '판매업자가 판매원에게 재화 등을 공급하지 않고 판매원으로부터 미리 재화 등의 대금명목 등으로 선수금 등을 지급받은 후 재화 등을 공급하지 않은 상태에서 판매원에게 수당명목 등으로 지급하는 선급금 등의 잔액규모가 통상적인 범위를 현저히 초과하는 경우'를 재화 등의 거래를 가장한 사실상의 금전거래 행위로 예시하고 있다.

'재화 등의 거래없이 금전거래만을 하거나 재화 등의 거래를 가장하여 사실상 금전거래를만을 하는 행위'란 재화 등을 주고 받지 아니하고 오로지 금전수수만을 하거나, 재화 등의 거래를 빙자하여 외형상으로는 재화 등의 거래가 있는 것처럼 보이나 실제로는 재화 등의 거래가 없거나 매우 미미한 정도로만 이루어져 그 실질적 목적은 금전의 수수에만 있는 경우를 의미한다(<(주)앤알커뮤니케이션의 방문판매법 위반행위 건>).[1]

법원이 법위반으로 인정하지 않은 사례는 다음과 같다.

> "셀프 프로모션을 통하여 1인당 1,200만원의 고액의 선불금액을 충전하도록 유도하였지만, 다단계판매원은 소비자에게 위 선불금액의 재판매가 가능하였고, 실제로 선불금액의 상당한 부분이 소비자에게 유·무상으로 양도되어 소비자에 의해 재화 등의 거래로 이루어진 이상, 셀프 프로모션을 통해 선불금액의 판매가액을 재무제표상 선수금으로 계상하였다는 이유만으로 재화 등의 공급없는 사실상의 금전거래라 볼 수 없음"(<(주)앤알커뮤니케이션의 방문판매법 위반행위 건>)[2]

「특수판매 지침」에서는 다음과 같이 예시하고 있다[Ⅲ. 4.(11)].

> • A라는 자가 자신의 상품을 구매한 자들을 대상으로 단순히 구매한 순서에 따라 다단계판매조직과 유사하게 다단계조직을 구성한 후 동 다단계조직의 구성원들로 하여금 일정 금액을 투자하도록 하고 이들이 하위에 다른 ○명을 다단계조직에 가입시켜 일정금액을 투자하도록 할 경우 투자금액의 ◎배 정도에 달하는 금액을 지급하는 방식으로 행한 영업행위
> ⇒ 법 제2조 규정에 의한 다단계판매조직이 아니더라도 이와 유사하게 단계적으로 가입한 자로 구성된 조직을 이용하여 이 법을 위반한 경우에 해당함.
>
> • B라는 자가 조합원(출자자)을 모집하면서 조합원을 대상으로 단순히 가입한 순서에 따라 다단계판매조직과 유사하게 조직을 구성한 후, 동 조직의 구성원들로 하여금 출자자를 모집하도록 하고 이들의 하위에 출자자가 모여 일정금액이 될 경우 투자금액의 몇 배에 달하는 금액을 지급하는 방식으로 행한 영업행위
>
> • 인터넷 사이트를 회원제로 운영하면서 신규 회원의 가입은 기존 회원의 추천을 통하여 이루어지며 재화등의 거래가 없더라도 가입비·연간 회비 등의 명목으로 거둔 금액을 상위의 추천 회원들에게 일정 비율로 분배하는 행위
>
> • 재화등에 대한 재고 보유량 또는 생산능력이 거의 없음에도 불구하고 그 재화등을 이용할 수 있는 것처럼 상품권을 판매하거나, 판매된 상품권이 재화등으로 교환되어지는 비율이 현저히 낮은 경우

---

1) 서고판 2018. 2. 7. 2017누35549(대판 2018. 6. 15. 2018두37915).
2) 서고판 2018. 2. 7. 2017누35549(대판 2018. 6. 15. 2018두37915).

- 일부 물품을 실제로 판매원들이 수령하였다고 하더라도 그 물품을 판매하거나 소비하기 위한 목적이 아니라, 그 거래로 인하여 실질적으로 판매원들이 취득하려고 한 것은 물품 자체보다는 물품 값을 빼고도 납입한 원금 이상의 수당 지급이 보장되는 점수를 받기 위한 것임이 상당한 경우(2006고합107)
  ⇒ 예를 들어, 일정 금액 이상의 물품을 구입하고 판매원이 된 후 1단위를 속칭 30만 SV(평균 41만 원)로 하여 투자한도 제한 없이 투자하면 판매업자가 그 투자금 중 일부를 수당지급에 사용하고, 수당, 운영비, 물품대금 등을 제외한 자금은 수익사업에 투자하며, 그 투자금 10단위 약 410만원에 대하여 원금을 초과하는 540만원을, 100단위 약 4,100만원에 대하여 원금을 초과하는 7,560만원을 판매원에게 지급한다고 하여 물품거래보다는 투자를 통한 원금 이상의 수당 지급을 받는 것을 목적으로 하는 것은 법 위반행위에 해당함.

- 상품의 가격이 일반 시장에서 거래되는 시중가격과 달리 현저히 고가로 거래되는 행위
  ⇒ 예를 들어, 시중가 1만원짜리 상품을 100만원, 시중가 5만원짜리 상품을 129만원에 판매 또는 구입하도록 하는 행위는 동 재화를 판매 또는 소비하기 위한 목적이라고 볼 수 없음.

- 판매업자가 판매원에게 재화등을 공급하지 않고 판매원으로부터 미리 재화등의 대금명목 등으로 선수금 등을 지급받은 후 재화등을 공급하지 않은 상태에서 판매원에게 수당명목 등으로 지급하는 선급금 등의 잔액규모가 통상적인 범위를 현저히 초과하는 경우
  ⇒ 통상적인 거래는 판매업자가 판매원으로부터 구입 대금을 받고 재화등을 최장 7일 이내에 공급하면서 1월 이내 후원수당을 지급하므로, 선수금 및 선급금이 거의 발생하지 않음.

2. 모집 자체에 대한 경제적 이익 지급 또는 후원수당 외 경제적 이익 지급 행위

금지행위의 두 번째 유형은 판매원 또는 판매원이 되려는 자에게 하위판매원 모집 자체에 대하여 경제적 이익을 지급하거나 정당한 사유 없이 후원수당 외의 경제적 이익을 지급하는 행위(제2호)이다.

법원이 법위반으로 인정하지 않은 사례는 다음과 같다.

"원심은, 피고인은 공소외 주식회사라는 상호로 다단계판매업 등록을 한 다음, 다단계판매원 희망자가 1주일간 교육을 받고 1인당 280만 원 상당의 물품을 구입하면 다단계판매원으로 가입시키고, 그 다단계판매원이 친구 등을 하위판매원들로 가입시키고 총 1천만 원의 매출을 올리면 '부장'의 호칭을 부여하여 매출액의 25%에 해당하는 전체 후원수당 중 52%를 지급하고, '부장'이 다시 하위판매원들로 하여금 그 하위판매원들을 가입시키고 4천만 원의 매출을 올리면 '부이사'의 호칭을 부여하여 후원수당 중 8%를 지급하며, 같은 방법으로 하위판매원들의 매출액이 6천만 원이 되면 '이사'의 호칭을 부여하여 후원수당의 24%를, 매출액이 2억 원이 되면 '상무'의 호칭를 부여하여 후원수당의 8%를, 다시 매출액이 3억 원에 이르면 '전무'의 호칭을 부여하여 후원수당의 8%를 지급하는 방법으로 다단계판매업을 영위하면서, 1995. 8. 2.경 공소외 박기표로 하여금 신규 판매원 가입조건으로 280만 원 상당의 건강보조식품 등을 구입하도록 한 것을 비롯하여, 그 무렵부터 1997. 1. 31.경까지 사이에 약 571명의 다단계판매원들을 같은 방법으로 가입시켜 다단계판매조직을 운영함으로써, 방문판매등에관한법률 제45조 제1항 제11호에 의하여 금지되는 '하위판매원 모집 자체에 대하여 경제적 이익을 지급하는 행위'를 하였다는 요지의 공소사실에 대하여, 위 회사의 다단계판매원은 하위판매원들이 상품을 구입하거나 판매하면 그 판매액의 25%에 해당하는 후원수당을 그 직급에 따라 일정한 비율로 분배받는 사실이 인정되므로 이는 후원수당을 지급받은 것에 불과하고, 위의 금지행위에 해당한다고 할 수 없다는 이유로 무죄를 선고하였음. 방문판매등에관한법률 제2조 제10호는 "후원수당"이라 함은 다단계판매에 있어서 어떤 다단계판매원에게 속하는 하위판매원들에 대한 상품의 판매 또는 용역의 제공과 관련된 조직관리 및 교육훈련을 위하여 그 다단계판매원에게 지급되는 경제적 이익을 말한다고 정의하고, 같은 법 제41조 제1항, 제3항은 다단계판매업자가 다단계판매원에게 후원수당으로 지급할 수 있는 총액을 대통령령이 정하는 범위 이내로 제한하되, 다단계판매원이 소비자에게 직접 상품을 판매하거나 용역을 제공하여 얻는 소매이익 외에 다단계판매업자가 다단계판매원에게 지급하는 경제적 이익은 명칭 여하에 불구하고 모두 이를 후원수당으로 본다고 규정하고 있으며, 같은 법 제45조 제1항 제11호는 하위판매원 모집 자체에 대하여 경제적 이익을 지급하거나 다단계판매원에게 후원수당 외의 경제적 이익을 지급하는 행위를 금지하고 있는바, 이와 같은 관계 법률규정의 취지와 기록에 나타난 사실관계에 비추어 살펴보면, 피고인이 위 회사를 운영하면서 다단계판매원들에게 지급한 위의 금원은, 하위판매원으로 가입하는 자가 상품을 구입하거나 판매한 경우 그 매출액에 대하여 법정한도 내에서 정하여진 비율에 따라 후원수당을 책정하고, 이를 그 직급에 따라 다단계판매원들에게 일정한 비율로 분배하여 준 것으로서, 이는 위 법률의 규정에 의하여 다단계판매원들에게 지급이 허용된 후원수당의 범위 내에 포함된다고 할 것이며, 보통의 경우 하위판매원의 가입 시에 그가 상품을 구매 또는 판매하여 매출액이 생기게 됨으로 인하여 다단계판매원에 대한 금원의 지급원인도 아울러 발생한다고 하더라도, 그 금원이 하위판매원 모집 자체에 대한 경제적 이익에 해당한다고 볼 수는 없음"(<다단계판매업자의 방문판매법 위반행위 건>)3)

「특수판매 지침」에서는 다음과 같이 예시하고 있다.

- 다단계판매원·후원방문판매원이 하위 판매원을 모집할 경우, 금 1냥에서 금 5돈까지 경품을 지급하는 경우는 모집 자체에 대하여 경제적 이익을 지급하는 경우에 해당됨.
- 하위 판매원의 가입 시에 그가 재화등을 구매 또는 판매하여 매출액이 생기는 경우, 그 매출로 인해 발생한 후원수당의 범위 내에서 다단계판매원·후원방문판매원들의 직급에 따라 금전을 지급한 경우는 모집 자체에 대하여 경제적 이익을 지급하는 경우에 해당되지 않음.
- 다단계판매원·후원방문판매원에게 재화등의 샘플·카탈로그를 제공하거나, 영업활동과 관련하여 센터비용 지원 또는 교통비·휴대폰 요금을 대납하는 등 경제적 혜택이 판매활동에 필요한 경비의 성격을 지니며 지급받은 다단계판매원·후원방문판매원이 개인적으로 처분하기 어려운 경우에는 "정당한 사유"가 있는 경우로서 동 규정에 위반되지 않음.
  ⇒ 다만, 교통비·휴대폰요금 등 판매원의 개인적 용도로 사용될 수 있는 비용의 경우에는 판매용도로 사용되었음을 입증할 수 있어야 함.

3. 제20조 제3항 위반 후원수당 지급 약속 행위

금지행위의 세 번째 유형은 제20조 제3항(제29조 제3항에 따라 준용되는 경우를 포함)에 위반되는 후원수당의 지급을 약속하여 판매원을 모집하거나 가입을 권유하는 행위를 하여서는 아니 된다(제3호).

---

3) 대판 1998. 8. 21. 98도882(방문판매등에관한법률위반).

4. 과다 비용 또는 금품 징수 등 행위

금지행위의 네 번째 유형은 판매원 또는 판매원이 되려는 자에게 가입비, 판매 보조 물품, 개인 할당 판매액, 교육비 등 그 명칭이나 형태와 상관없이 10만원 이하로서 *대통령령*[4]으로 정하는 수준을 초과한 비용 또는 그 밖의 금품을 징수하는 등 의무를 부과하는 행위(제4호)이다.

법원이 법위반으로 인정하지 않은 사례는 다음과 같다.

> "라은실업의 최하위 다단계판매원인 디스트리뷰터가 상위의 2단계인 실버 디스트리뷰터로 승급하기 위해서는 물건을 구입하고 판매원으로 가입한 경우는 금 10,000,000원의 판매실적을 올려야 하고, 물건을 구입하지 않고 판매원으로 가입한 경우는 금 16,000,000원의 판매실적이 있어야 하며, 3단계인 골드 디스트리뷰터로 승급을 하기 위해서는 3개월 누진 판매액이 금 80,000,000원 이상이어야 하고, 4단계인 에메랄드 디스트리뷰터로 승급하기 위해서는 하위판매원 중 1인이 골드 디스트리뷰터로 승급하면 자동적으로 승급을 하며, 5단계인 다이아몬드 디스트리뷰터로 승급하기 위해서는 3개월 누진 판매액이 금 200,000,000원 이상이어야 하고, 6단계인 슈퍼 다이아몬드 디스트리뷰터로 승급하기 위해서는 하위판매원 중 1인이 다이아몬드 디스트리뷰터로 승급하면 자동적으로 승급을 하며, 또 판매원의 지위에 따라 후원수당의 비율만을 달리 정하고 있는 사실을 인정한 다음, 판매실적의 고저에 따라 후원수당의 비율을 달리 적용하여 자기 또는 하위판매원의 판매실적이 일정 수준을 상회하면 후원수당의 비율을 더 높게 인정해 주는 것은 다단계판매업자가 매출신장을 위하여 마련할 수 있는 초보적인 동기부여장치로서 허용되는 것으로 보아야 할 것이므로 피고인들이 정하고 있는 위 승급제도가 방

---

[4] 제33조(의무 부과 수준) 법 제24조제1항제4호(법 제29조제3항에 따라 준용되는 경우를 포함한다)에서 "대통령령으로 정하는 수준"이란 다음 각 호의 어느 하나에 해당하는 금액 또는 각 호의 구분에 따른 금액의 연간 총합계 5만원을 말한다. 1. 다단계판매원 또는 후원방문판매원의 가입비 또는 회원자격 갱신의 경우: 1만원. 이 경우 가입비 및 갱신회비는 가입 및 갱신을 위하여 다단계판매업자 또는 후원방문판매업자가 지출하는 실제 비용을 초과할 수 없다. 2. 판매 보조 물품을 구입하도록 의무를 부과하는 경우: 다단계판매원 또는 후원방문판매원 1인당 연간 3만원. 이 경우 판매 보조 물품의 공급대가로 다단계판매원 또는 후원방문판매원으로부터 징수하는 금액은 다단계판매업자 또는 후원방문판매업자가 그 판매 보조 물품을 공급하는 데 드는 비용(그 비용이 판매 보조 물품의 시장가격 상당액을 초과하는 경우에는 시장가격을 말한다)을 초과할 수 없다. 3. 교육을 받도록 의무를 부과하는 경우: 소비자보호 등을 위한 법령 준수에 관한 교육 등 공정거래위원회가 정하는 내용의 교육으로 한정하며, 다단계판매원 또는 후원방문판매 1인당 연간 3만원. 이 경우 징수하는 교육비는 실제 비용을 초과할 수 없다. 4. 제1호부터 제3호까지 외의 것으로서 명칭이나 형태에 상관없이 비용 또는 그 밖의 금품을 징수하는 등 의무를 부과하는 경우: 1인당 연간 3만원

문판매등에관한법률 제45조 제1항 제3호에서 금지하고 있는 '다단계판매원이 되고자 하는 자 또는 다단계판매원에게 부담을 지게 하는 행위'에 해당하지 않음"(<라은실업의 방문판매법 위반행위 건>)[5]

「특수판매 지침」에서는 다음과 같이 규정하고 있다.

Ⅲ. 3. 다.(7) 다단계판매원·후원방문판매원이 되고자 하는 자 또는 다단계판매원·후원방문판매원에게 가입비, 판매보조물품, 개인할당판매액, 교육비 등 그 명칭 및 형태여하를 불문하고 연간 총합계가 5만원 이상의 비용 그 밖에 금품을 징수하는 등 의무를 부과하는 행위를 예시하면 다음과 같다.

<예시>
• 후원수당을 받는 다단계판매원·후원방문판매원이 되기 위해서는 단순히 다단계판매조직·후원방문판매조직에 판매원으로 가입하는 것으로는 부족하여 ◎◎원 이상의 제품을 구매하여 ○○PV 실적이 있어야 하는 경우로서 수당을 받는 다단계판매원으로 등록하거나 후원방문판매원으로 가입하기 위해서 일정액의 물품을 반드시 구입하도록 하는 행위

• 다단계판매원으로 등록하거나 후원방문판매원으로 가입할 때 판매원등록비 및 회원증 제작비용 등의 명목으로 1만원을 초과한 가입비를 징수하는 행위

• 다단계판매원·후원방문판매원이 판매활동을 함에 있어 상품의 효능을 보여주기 위한 실험도구 등 판매보조물품의 대가로 연간 3만원을 초과하여 징수하는 행위

• 다단계판매업자·후원방문판매업자가 주관·후원 또는 제3자가 주최하는 교육행사에 다단계판매원·후원방문판매원이 자기 계발 등을 위하여 자발적으로 비용을 부담하고 참가하는 경우
  ⇒ 이 경우는 의무를 부과하는 행위에 해당되지 않음. 다만, 해당 교육에 참가할 것을 알리는 초청장 등에서 교육에 참석하지 아니할 경우 등록, 자격유지 또는 유리한 후원수당의 지급기준을 적용받기 위한 조건에서 제외된다고 명시하거나 기타의 방법으로 사실상 참석을 의무화하여 5만원을 초과한 비용을 징수하는 경우는 의무를 부과하는 행위에 해당됨.

※ 방문판매, 전화권유판매의 경우에는 방문판매자등이 방문판매원등에게 1인당 연간 2만원을 초과한 비용을 징수하거나 재화 등 구매 의무 부과를 금지하고 있음.

---

5) 대판 1999. 11. 23. 98도2366(방문판매등에관한법률위반).

　방문판매법 제24조(사행적 판매원 확장 행위 등의 금지) 제1항 제4호에서는 다단계판매업자 등이 판매원 등에게 명칭이나 형태와 상관없이 10만 원 이하의 대통령령으로 정하는 수준을 초과한 비용 또는 금품을 징수하는 등의 의무를 부과하는 행위를 금지하고 있으나, 기존 시행령 제33조(의무 부과 수준)에서는 금액 수준을 정하면서 가입비, 판매 보조 물품 구입비, 교육비 3가지 유형만을 구분하고 있어 다른 유형의 비용 또는 금품 징수 등 의무 부과 행위는 금지되지 않는 것으로 오해될 소지가 있었다.[6] 이에, 2018년 3월 13일 방문판매법 시행령 개정시 가입비, 판매 보조 물품 구입비, 교육비 이외에 각종 명칭이나 형태와 상관없이 금품 또는 비용 등의 의무를 부과하는 경우에도 그 금액이 연간 3만 원을 넘지 못하도록 하는 규정을 신설하였다(방문판매법 시행령 제33조 제4호).

5. 부당한 상품권 판매 행위

　금지행위의 다섯 번째 유형은 판매원에 대하여 상품권[그 명칭이나 형태와 상관없이 발행자가 일정한 금액이나 재화등의 수량이 기재된 무기명증표를 발행하고 그 소지자가 발행자 또는 발행자가 지정하는 자(이하 이 조에서 "발행자 등")에게 이를 제시 또는 교부하거나 그 밖의 방법으로 사용함으로써 그 증표에 기재된 내용에 따라 발행자등으로부터 재화등을 제공받을 수 있는 유가증권]을 판매하는 행위로서 ① 판매업자가 소비자에게 판매한 상품권을 다시 매입하거나 다른 자로 하여금 매입하도록 하는 행위(가목), ② 발행자등의 재화등의 공급능력, 소비자에 대한 재화등의 공급실적, 상품권의 발행규모 등에 비추어 그 실질이 재화등의 거래를 위한 것으로 볼 수 없는 수준의 후원수당을 지급하는 행위(나목)의 어느 하나에 해당하는 행위(제5호)이다.

6. 판매원 등록 강요 또는 재화등 구매 강요 행위

　금지행위의 여섯 번째 유형은 사회적인 관계 등을 이용하여 다른 사람에게 판매원으로 등록하도록 강요하거나 재화등을 구매하도록 강요하는 행위(제6호)이다.

---

6) 공정거래백서(2018), 37면.

7. 교육 · 합숙 등 강요 행위

금지행위의 일곱 번째 유형은 판매원 또는 판매원이 되려는 사람에게 본인의 의사에 반하여 교육 · 합숙 등을 강요하는 행위(제7호)이다.

8. 취업 · 부업 알선, 설명회, 교육회 등을 통한 유인 행위

금지행위의 여덟 번째 유형은 판매원을 모집하기 위한 것이라는 목적을 명확하게 밝히지 아니하고 취업 · 부업 알선, 설명회, 교육회 등을 거짓 명목으로 내세워 유인하는 행위를 하여서는 아니 된다(제8호).

Ⅱ. 교사 · 방조행위 금지

다단계판매업자는 다단계판매원으로 하여금 제1항의 금지행위를 하도록 교사하거나 방조하여서는 아니 된다(법 제24조 제2항).

제25조(소비자 등의 침해정지 요청)

제23조 또는 제24조를 위반한 다단계판매자의 행위로 이익을 침해받거나 침해받을 우려가 있는 자 또는 대통령령으로 정하는 소비자단체 등은 그 행위가 현저한 손해를 주거나 줄 우려가 있는 경우에는 그 행위에 대하여 대통령령으로 정하는 바에 따라 공정거래위원회에 침해의 정지에 필요한 조치를 요청할 수 있다.

제23조 또는 제24조를 위반한 다단계판매자의 행위로 이익을 침해받거나 침해받을 우려가 있는 자 또는 *대통령령*[1]으로 정하는 소비자단체 등은 그 행위가 현저한 손해를 주거나 줄 우려가 있는 경우에는 그 행위에 대하여 *대통령령*[2]으로 정하는 바에 따라 공정거래위원회에 침해의 정지에 필요한 조치를 요청할 수 있다.

침해중지요청이라는 요건 면에서는 소비자기본법 제70조의 소비자단체소송과 유사하나, 단체외에 침해받거나 침해받을 우려가 있는 자도 요청할 수 있으며, 법원에 소송제기가 아닌 공정거래위원회에 요청하는 점이 다르다.

---

1) 제34조(침해정지 요청권자 및 침해정지 요청의 절차) ① 법 제25조(법 제29조제3항에 따라 준용되는 경우를 포함)에서 "대통령령으로 정하는 소비자단체 등"이란 다음 각 호의 어느 하나에 해당하는 법인 또는 단체를 말한다. 1. 「소비자기본법」 제29조에 따라 등록한 소비자단체 2. 「소비자기본법」 제33조에 따라 설립된 한국소비자원 3. 「민법」 제32조에 따라 다단계판매 또는 후원방문판매와 관련한 소비자보호를 목적으로 설립한 비영리법인

2) 제34조(침해정지 요청권자 및 침해정지 요청의 절차) ② 법 제25조 및 제29조제3항에 따라 침해의 정지에 필요한 조치를 요청하려는 자는 다음 각 호의 사항을 적은 서면을 공정거래위원회에 제출하여야 한다. 1. 침해의 정지에 필요한 조치 요청의 대상이 되는 다단계판매업자·후원방문판매업자 또는 다단계판매원·후원방문판매원 및 위법행위의 내용 2. 위법행위로 인하여 침해받거나 침해받을 우려가 있는 이익이나 피해의 내용 3. 침해의 정지에 필요한 조치의 내용

제26조(다단계판매업자의 휴업기간 중 업무처리 등)

① 다단계판매업자는 그 휴업기간 또는 영업정지기간 중에도 제17조제1항에 따라 준용되는 제8조제1항 및 제3항에 따른 청약철회등의 업무와 제18조제1항부터 제8항까지의 규정에 따른 청약철회등에 따른 업무를 계속하여야 한다.

② 다단계판매원은 다단계판매업자가 폐업하거나 그 등록이 취소된 경우 그 폐업 또는 등록취소 당시 판매하지 못한 재화등을 다른 사람에게 판매한 때에는 그 다단계판매원이 청약철회등에 따라 반환되는 재화등을 반환받고, 재화등을 반환받은 날부터 3영업일 이내에 재화등의 대금을 환급하여야 한다.

③ 제13조제1항에 따라 공정거래위원회에 등록하거나 시·도지사에게 등록한 다단계판매업자가 파산선고를 받거나 관할 세무서에 폐업신고를 한 경우 또는 6개월을 초과하여 영업을 하지 아니하는 등 실질적으로 영업을 할 수 없다고 판단되는 경우에는 등록을 받은 행정기관의 장은 그 등록을 직권으로 말소할 수 있다.

제27조(주소 변경 등의 공고)

다단계판매업자가 다음 각 호의 어느 하나에 해당하는 경우 공정거래위원회 또는 시·도지사는 총리령으로 정하는 바에 따라 그 사실을 공고하여야 한다.

1. 상호 또는 주된 사업장의 주소·전화번호를 변경한 경우
2. 제13조제3항에 따른 휴업신고 또는 폐업신고를 한 경우
3. 제49조제4항 또는 제5항에 따라 영업정지처분을 받거나 등록이 취소된 경우

주소변경 등 공고에 대하여 *총리령*[1]으로 정하고 있다.

---

1) 제20조(주소 변경 등의 공고) 공정거래위원회 또는 시·도지사는 법 제27조 및 제29조제3항에 따라 다단계판매업자 또는 후원방문판매업자의 주소 변경 등을 공고할 때에는 관보, 해당 지방자치단체에서 발행하는 공보 또는 일간신문(「신문 등의 진흥에 관한 법률」 제2조제1호가목에 따른 일반일간신문 중 전국을 대상으로 발행되는 신문)에 게재하거나 게시판에 게시하는 방법으로 하여야 한다. 다만, 다단계판매업자 또는 후원방문판매업자의 등록이 취소된 경우에는 관보 또는 일간신문에 게재하여야 한다.

제28조(다단계판매업자의 책임)

① 다단계판매업자는 다단계판매원이 자신의 하위판매원을 모집하거나 다단계판매업자의 재화등을 소비자에게 판매할 때 제23조 또는 제24조를 위반하지 아니하도록 다단계판매원에게 해당 규정의 내용을 서면이나 전자우편으로 고지하여야 한다.

② 다단계판매업자가 제1항에 따른 고지의무를 게을리한 경우에 다단계판매원이 제23조 또는 제24조를 위반하여 다른 다단계판매원 또는 소비자에게 입힌 재산상 손해는 대통령령으로 정하는 바에 따라 다단계판매업자가 배상 책임을 진다. 이 경우 다단계판매업자는 다단계판매원에게 구상권을 행사할 수 있다.

다단계판매업자가 고지의무를 게을리한 경우 다른 다단계판매원 또는 소비자에게 입힌 재산상 손해는 *대통령령*[1])으로 정하고 있다.

---

1) 제35조(다단계판매업자 또는 후원방문판매업자가 고지의무를 게을리한 경우 손해배상책임의 기준) 법 제28조제2항 전단 및 제29조제3항에 따른 다단계판매업자 또는 후원방문판매업자의 배상 책임 기준은 다단계판매원 또는 후원방문판매원의 위반행위와 상당인과관계(相當因果關係)가 있는 손해액을 기준으로 하되, 위반행위의 관련 매출액을 한도로 한다.

제29조(후원방문판매자의 의무)

① 후원방문판매자는 후원방문판매원에게 판매원 자신의 직근 하위판매원이 아닌 다른 후원방문판매원의 구매·판매 등의 실적과 관련하여 후원수당을 지급하거나 이러한 지급을 약속하여 후원방문판매원을 모집하는 행위를 하여서는 아니 된다.

② 제3항에도 불구하고 후원방문판매업자가 후원방문판매원에게 공급한 재화등의 100분의 70 이상을 판매원이 아닌 소비자에게 판매한 경우에는 대통령령으로 정하는 바에 따라 제20조제3항, 제23조제1항제8호·제9호 및 제37조를 적용하지 아니한다.

③ 후원방문판매자에게 다음 각 호의 규정을 준용한다. 이 경우 "다단계판매"는 "후원방문판매"로, "방문판매자등"과 "다단계판매자"는 "후원방문판매자"로, "방문판매업자등"과 "다단계판매업자"는 "후원방문판매업자"로, "방문판매원등"과 "다단계판매원"은 "후원방문판매원"으로, "다단계판매조직"은 "후원방문판매조직"으로 본다.

1. 제6조, 제13조, 제14조 및 제15조제2항. 다만, 제13조제1항제2호는 준용하지 아니하며, 제13조제1항제3호는 "제37조에 따른 소비자피해보상보험계약등의 체결 증명서류 또는 제29조제2항에 해당함을 증명하는 서류"로 본다.

2. 제16조부터 제28조까지의 규정. 이 경우 제20조제3항 각 호 외의 부분 중 "100분의 35"는 "100분의 38"로 본다.

목 차

I. 금지행위

후원방문판매자는 후원방문판매원에게 판매원 자신의 직근 하위판매원이 아닌 다른 후원방문판매원의 구매·판매 등의 실적과 관련하여 후원수당을 지급하거나 이러한 지급을 약속하여 후원방문판매원을 모집하는 행위를 하여서는 아니 된다(법 제29조 제1항).

Ⅱ. 준용규정

후원방문판매자에게 ① 제6조, 제13조, 제14조 및 제15조 제2항(다만, 제13조 제1항 제2호는 준용하지 아니하며, 제13조 제1항 제3호는 "제37조에 따른 소비자피해보상보험계약등의 체결 증명서류 또는 제29조 제2항에 해당함을 증명하는 서류")(제1호), ② 제16조부터 제28조까지의 규정(이 경우 제20조 제3항 각 호 외의 부분 중 "100분의 35"는 "100분의 38")(제2호)을 준용한다. 이 경우 "다단계판매"는 "후원방문판매"로, "방문판매자등"과 "다단계판매자"는 "후원방문판매자"로, "방문판매업자등"과 "다단계판매업자"는 "후원방문판매업자"로, "방문판매원등"과 "다단계판매원"은 "후원방문판매원"으로, "다단계판매조직"은 "후원방문판매조직"으로 본다(법 제29조 제3항).

"후원방문판매업자가 후원방문판매원에게 후원수당으로 지급할 수 있는 총액은 후원방문판매업자가 후원방문판매원에게 공급한 재화등의 가격(부가가치세 포함)의 합계액의 38%에 해당하는 금액 범위 이내"를 「특수판매 지침」에서는 다음과 같이 예시하고 있다[Ⅲ. 4.(5)]

• 특정 후원방문판매원에게 그 판매원의 매출 실적 대비 50%가 넘는 후원수당을 지급하였으나, 전체 소속 판매원에 대한 후원수당 지급 총액은 전체 매출액의 38% 이하일 경우
⇒ 모든 판매원에게 지급한 후원수당 총액이 모든 판매원에게 공급한 물품가액의 총합계액, 즉 당해 회사 전체 매출액의 38% 이내이면 되므로, 이를 충족하는 경우 특정 후원방문판매원에게 그 판매원의 매출 실적 대비 38%를 초과하는 후원수당을 지급하더라도 법에 위반되지 아니함.

Ⅲ. 재화등의 100분의 70 이상을 소비자에게 판매한 경우

제3항에도 불구하고 후원방문판매업자가 후원방문판매원에게 공급한 재화등의 100분의 70 이상을 판매원이 아닌 소비자에게 판매한 경우에는 *대통령령*[1]

---

1) 제36조(후원방문판매업자의 최종소비자 판매비중 산정기준) 법 제29조제2항에 따라 후원방문판매업자가 후원방문판매원에게 공급한 재화등에서 판매원이 아닌 소비자에게 판매한 재화등의 비중(이하 "최종소비자 판매비중")을 산정하는 기준은 별표 1과 같다.

으로 정하는 바에 따라 제20조 제3항(후원수당 지급총액 제한), 제23조 제1항 제8호(소비자피해보상보험계약등 미체결)·제9호(판매상품 등에 대한 가격 제한) 및 제37조(소비자피해보상보험계약등의 체결의무)를 적용하지 아니한다(법 제29조 제2항).

　　시행령에서는 최종소비자 판매비중 산정기준에 대하여 다음과 같이 규정하고 있다(시행령 별표1).

최종소비자 판매비중 산정기준(제36조 관련)

1. 최종소비자 판매비중은 다음 계산식에 따라 산정한다.

 • 최종소비자 판매비중 = $\dfrac{\text{판매가격 합계액}}{\text{공급가격 합계액}}$

 • 공급가격 합계액 = 후원방문판매업자가 후원방문판매원에게 공급한 재화등의 가격 × 후원방문판매원에게 공급한 재화등의 수량

 • 판매가격 합계액 = 후원방문판매업자가 후원방문판매원에게 공급한 재화등의 가격 × 후원방문판매원이 소비자에게 판매한 재화등의 수량

2. 제1호에 따른 계산식의 각 항목은 다음 각 목의 기준에 따라 산정한다.

　가. 후원방문판매업자가 후원방문판매원에게 공급한 재화등의 가격은 부가가치세를 포함한 가격을 기준으로 한다.

　나. 후원방문판매원이 소비자에게 판매(재판매를 포함한다)한 재화등의 수량은 후원방문판매원이 아닌 소비자(최종소비자)에게 판매한 수량을 말한다. 다만, 후원방문판매원으로부터 재화등을 구입한 소비자가 구입한 날부터 14일 이내에 해당 후원방문판매업자의 후원방문판매원으로 가입한 경우에는 해당 금액을 판매가격 합계액에서 제외한다.

　다. 공급가격 합계액과 판매가격 합계액은 후원방문판매원에게 출고되거나 제공된 시점을 기준으로 산정한다.

　라. 공급가격 합계액과 판매가격 합계액은 직전 사업연도를 기준으로 산정한다. 다만, 총리령으로 정하는 월간 기준의 자료를 첨부해야 한다.

　마. 후원방문판매 영업기간이 1년 미만인 경우에는 후원방문판매업자의 실제 영업기간을 기준으로 하되, 후원방문판매 등록 이전에 방문판매 영업을 해온 경우에는 방문판매 판매자료를 이용하여 산정할 수 있다.

3. 최종소비자 판매비중 관련 자료는 계약서, 영수증 또는 정보처리시스템 등에 의해 증명될 수 있는 자료로 한정하며, 사업자가 임의로 작성한 내용은 인정되지 않는다.

　　관련하여 「특수판매 지침」에서는 다음과 같이 규정하고 있다[Ⅲ. 4.(12)].

- 최종소비자 판매비중은 다음 계산식에 따라 산정함.

- 최종소비자 판매비중=

  (공급가격합계액)후원방문판매업자가 후원방문판매원에게 공급한 재화등의가격
  ×후원방문판매원에게 공급한 재화등의 수량

  (판매가격합계액)후원방문판매업자가 후원방문판매원에게 공급한 재화등의가격
  ×후원방문판매원이 소비자에게 판매한 재화등의 수량

- 최종소비자 판매비중은 원칙적으로 직전 사업연도를 기준으로 하여 산정하고, 영업기간이 1년 미만인 경우에는 실제 영업기간을 기준으로 산정할 수 있음.

- 최종소비자 판매비중 관련 자료는 계약서, 영수증 또는 정보처리시스템 등에 의해 증명될 수 있는 자료인 바, 신용카드영수증, 현금영수증 또는 후원방문판매업자가 자체 사용 중에 있는 전산프로그램 등이 이에 해당함.

- 사업의 양수도가 있는 경우, 양수 사업자는 최종소비자 판매비중 산정시 양도 사업자 당시의 매출자료를 사용할 수 있음.

<예시>
- 후원방문판매업자가 개당 800원인 A상품과 개당 2,000원인 B상품을 판매원에게 각각 30개, 50개를 공급하고, 판매원은 소비자에게 그중 각각 15개, 40개를 판매한 것을 가정할 경우

  ⇒ 공급가격합계액=((800원×30)+(2,000원×50))=124,000원이고, 판매가격합계액=((800원×15)+(2,000원×40))=92,000원이므로, 최종소비자 판매비중은 92,000÷124,000=74.19%임.

제4장

계속거래 및 사업권유거래

제30조(계속거래업자등의 소비자에 대한 정보제공의무 등)

① 계속거래 또는 사업권유거래(이하 "계속거래등"이라 한다)를 업으로 하는 자(이하 "계속거래업자등"이라 한다)는 대통령령으로 정하는 금액 및 기간 이상을 거래조건으로 하는 계속거래등에 관한 계약을 체결하는 경우에는 계약을 체결하기 전에 소비자(사업권유거래에서 재화등을 구매하는 자를 포함한다. 이하 이 장에서 같다)가 계약 내용을 이해할 수 있도록 다음 각 호의 사항을 설명하여야 한다.

1. 계속거래업자등의 성명(법인인 경우에는 대표자의 성명을 말한다), 상호, 주소, 전화번호 및 전자우편주소

2. 계속거래를 통하여 판매하는 재화등(계속거래와 관련하여 따로 구입할 필요가 있는 다른 재화등이 있는 경우에는 그 재화등을 포함한다)이나 사업권유거래를 통하여 판매하는 재화등의 명칭, 종류 및 내용

3. 재화등의 대금(가입비, 설치비 등 명칭에 상관없이 재화등의 거래와 관련하여 지급하는 모든 금액을 포함한다. 이하 이 장에서 같다)과 그 지급 시기 및 방법

4. 재화등의 거래방법과 거래 기간 및 시기

5. 사업권유거래의 경우에는 제공되는 사업에 관한 거래조건으로 대통령령으로 정하는 사항

6. 제31조에 따른 계약 해지와 그 행사방법·효과에 관한 사항 및 해지권의 행사에 필요한 서식

7. 소비자피해 보상, 재화등에 대한 불만 및 소비자와 사업자 사이의 분쟁 처리에 관한 사항

8. 거래에 관한 약관

9. 그 밖에 거래 여부 판단에 영향을 주는 거래조건 또는 소비자피해 구제에 필요한 사항으로서 대통령령으로 정하는 사항

② 계속거래업자등은 재화등의 판매에 관한 계약을 체결할 때에는 제1항 각 호의 사항을 적은 계약서를 소비자에게 발급하여야 한다.

③ 계속거래를 업으로 하는 자는 소비자에게 용역을 공급하는 계약으로서 소비자의 별도 의사표시가 없는 한 자동으로 갱신되는 계약을 체결한 경우에는 그 계약 종료일의 50일 전부터 20일 전까지의 기간에 소비자에게 종료일이 다가오고 있음을 서면이나 전자우편으로 통지하여야 한다. 다만, 거래기간이 2개월 이내의 계약인 경우나 소비자가 재계약 체결 또는 계약 갱신의 의사를 표시한 경우에는 그 통지를 생략할 수 있다.

④ 계속거래업자등이 미성년자와 제1항에 따른 계약을 체결하는 경우에는 제7조제3항을 준용한다.

⑤ 계속거래업자등은 제1항 및 제2항에 따라 소비자에게 설명하거나 표시한 거래조건을 신의에 좇아 성실하게 이행하여야 한다.

 목 차

I. 계속거래업자등의 계약체결전 정보제공의무

계속거래 또는 사업권유거래(이하 "계속거래등")를 업으로 하는 자(이하 "계속거래업자등")는 *대통령령*[1]으로 정하는 금액 및 기간 이상을 거래조건으로 하는 계속거래등에 관한 계약을 체결하는 경우에는 계약을 체결하기 전에 소비자(사업권유거래에서 재화등을 구매하는 자를 포함)가 계약 내용을 이해할 수 있도록 ① 계속거래업자등의 성명(법인인 경우에는 대표자의 성명), 상호, 주소, 전화번호

---

1) 제37조(계속거래 또는 사업권유거래의 금액·기간 기준) 법 제30조제1항 각 호 외의 부분에서 "대통령령으로 정하는 금액 및 기간"이란 각각 10만원 및 3개월을 말한다. 다만, 사업권유거래의 경우에는 기간에 관계없이 그 금액을 30만원으로 한다.

및 전자우편주소(제1호), ② 계속거래를 통하여 판매하는 재화등(계속거래와 관련하여 따로 구입할 필요가 있는 다른 재화등이 있는 경우에는 그 재화등을 포함)이나 사업권유거래를 통하여 판매하는 재화등의 명칭, 종류 및 내용(제2호), ③ 재화등의 대금(가입비, 설치비 등 명칭에 상관없이 재화등의 거래와 관련하여 지급하는 모든 금액을 포함)과 그 지급 시기 및 방법(제3호), ④ 재화등의 거래방법과 거래기간 및 시기(제4호), ⑤ 사업권유거래의 경우에는 제공되는 사업에 관한 거래조건으로 대통령령으로 정하는 사항2)(제5호), ⑥ 제31조에 따른 계약 해지와 그 행사방법·효과에 관한 사항 및 해지권의 행사에 필요한 서식(제6호), ⑦ 소비자피해 보상, 재화등에 대한 불만 및 소비자와 사업자 사이의 분쟁 처리에 관한 사항(제7호), ⑧ 거래에 관한 약관(제8호), ⑨ 그 밖에 거래 여부 판단에 영향을 주는 거래조건 또는 소비자피해 구제에 필요한 사항으로서 *대통령령*3)으로 정하는 사항(제9호)을 설명하여야 한다(법 제30조 제1항).

Ⅱ. 계약서 교부의무

계속거래업자등은 재화등의 판매에 관한 계약을 체결할 때에는 제1항 각 호의 사항을 적은 계약서를 소비자에게 발급하여야 한다(법 제30조 제2항).

Ⅲ. 종료일 통지의무

계속거래를 업으로 하는 자는 소비자에게 용역을 공급하는 계약으로서 소비자의 별도 의사표시가 없는 한 자동으로 갱신되는 계약을 체결한 경우에는 그 계약 종료일의 50일 전부터 20일 전까지의 기간에 소비자에게 종료일이 다가오고 있음을 서면이나 전자우편으로 통지하여야 한다. 다만, 거래기간이 2개

---

2) 제38조(사업권유거래 시 소비자에게 설명해야 할 사항) 법 제30조제1항제5호에서 "대통령령으로 정하는 사항"이란 재화등을 구매하는 경우 사업자가 제공하는 사업기회에 의하여 얻게 되는 이익이나 그 보장에 관한 조건을 말한다.

3) 제39조(그 밖에 소비자에게 설명해야 할 사항) 법 제30조제1항제9호에서 "대통령령으로 정하는 사항"이란 판매일시·판매지역·판매수량·인도지역 등 판매조건과 관련하여 제한이 있는 경우 그 내용에 관한 사항을 말한다.

월 이내의 계약인 경우나 소비자가 재계약 체결 또는 계약 갱신의 의사를 표시
한 경우에는 그 통지를 생략할 수 있다(법 제30조 제3항).

Ⅳ. 미성년자와의 계약

계속거래업자등이 미성년자와 제1항에 따른 계약을 체결하는 경우에는 제7
조 제3항을 준용한다(법 제30조 제4항).

Ⅴ. 신의성실의무

계속거래업자등은 제1항 및 제2항에 따라 소비자에게 설명하거나 표시한
거래조건을 신의에 좇아 성실하게 이행하여야 한다(법 제30조 제5항).

제31조(계약의 해지)

계속거래업자등과 계속거래등의 계약을 체결한 소비자는 계약기간 중 언제든지 계약을
해지할 수 있다. 다만, 다른 법률에 별도의 규정이 있거나 거래의 안전 등을 위하여 대
통령령으로 정하는 경우에는 그러하지 아니하다.

계약해지 제한 사유에 대하여 *대통령령*1)으로 정하고 있다.

---

1) 제40조(계속거래 또는 사업권유거래의 계약 해지 제한 사유) 법 제31조 단서에서 "대통령령으
　로 정하는 경우"란 소비자(사업권유거래의 상대방을 포함)의 주문에 의하여 개별적으로 생산
　되는 재화등에 대한 것으로서 계약 해지를 인정하면 계속거래업자 또는 사업권유거래업자(이
　하 "계속거래업자등")에게 회복할 수 없는 중대한 피해가 예상되는 경우로서 사전에 해당 거
　래에 대하여 별도로 그 사실을 고지하고 소비자의 서면(전자문서를 포함) 동의를 받은 경우를
　말한다.

제32조(계약 해지 또는 해제의 효과와 위약금 등)

① 계속거래업자등은 자신의 책임이 없는 사유로 계속거래등의 계약이 해지 또는 해제된 경우 소비자에게 해지 또는 해제로 발생하는 손실을 현저하게 초과하는 위약금을 청구하여서는 아니 되고, 가입비나 그 밖에 명칭에 상관없이 실제 공급된 재화등의 대가를 초과하여 수령한 대금의 환급을 부당하게 거부하여서는 아니 된다.

② 계속거래등의 계약이 해지 또는 해제된 경우 소비자는 반환할 수 있는 재화등을 계속거래업자등에게 반환할 수 있으며, 계속거래업자등은 대통령령으로 정하는 바에 따라 대금 환급 또는 위약금 경감 등의 조치를 하여야 한다.

③ 계속거래업자등은 자신의 책임이 없는 사유로 계약이 해지 또는 해제된 경우 소비자로부터 받은 재화등의 대금(재화등이 반환된 경우 환급하여야 할 금액을 포함한다)이 이미 공급한 재화등의 대금에 위약금을 더한 금액보다 많으면 그 차액을 소비자에게 환급하여야 한다. 이 경우 환급이 지연되는 경우에는 총리령으로 정하는 지연기간에 대한 지연배상금을 함께 환급하여야 한다.

④ 공정거래위원회는 제1항에 따른 위약금 청구와 제2항에 따른 대금 환급 또는 위약금 경감과 관련된 분쟁을 방지하기 위하여 필요한 경우 위약금 및 대금의 환급에 관한 산정기준을 정하여 고시할 수 있다.

계속거래업자등은 *대통령령*[1])으로 정하는 바에 따라 대금 환급 또는 위약금 경감 등의 조치를 하여야 하며 환급이 지연되는 경우에는 *총리령*[2])으로 정하는 지연기간에 대한 지연배상금을 함께 환급하여야 한다.

공정거래위원회는 「계속거래 등의 해지·해제에 따른 위약금 및 대금의 환급에 관한 산정기준」[3])을 제정·운영하고 있다.

---

1) 제41조(재화등의 반환에 따른 대금 환급 또는 위약금 경감) ① 법 제32조제2항에 따라 소비자가 재화등을 반환하는 경우 계속거래업자등은 반환받은 재화등의 가치에 상당하는 금액을 계약의 해지 또는 해제에 따라 지급하여야 할 환급금에 더하거나 청구할 수 있는 위약금에서 **빼**야 한다. ② 계속거래업자등은 제1항에 따라 환급금을 증액하거나 위약금을 감액하는 경우 재화등을 반환받은 날부터 3영업일 이내에 증액되거나 감액된 금액을 소비자에게 반환하거나, 재화등의 대금 등 소비자로부터 받을 금액이 있는 경우에는 증액되거나 감액된 금액을 **빼고** 청구하여야 한다. 계속거래업자등이 전단의 조치를 지연한 경우에는 총리령으로 정하는 지연기간에 대한 지연배상금을 지급하여야 한다. ③ 제1항에 따라 반환받은 재화등의 가치에 상당하는 금액을 산정할 때에는 재화등의 시장가격이나 감가상각 등을 고려하여야 한다.

2) 제22조(계속거래 환급 지연 시 지연기간 계산기준) 법 제32조제3항 후단에서 "총리령으로 정하는 지연기간"이란 3영업일 이상 지연된 경우의 그 지연일수를 말한다.

3) 공정거래위원회고시 제2019-9호(2017. 11. 19).

제33조(거래기록 등의 열람)

계속거래업자등은 대통령령으로 정하는 바에 따라 재화등의 거래기록 등을 언제든지 소비자가 열람할 수 있게 하여야 한다.

거래기록 열람 방법에 대하여 *대통령령*[1])으로 정하고 있다.

---

1) 제42조(계속거래업자등의 거래기록 등의 열람) 계속거래업자등은 법 제33조에 따라 재화등의 거래기록 등을 방문·전화 또는 인터넷 등을 통하여 즉시 열람할 수 있도록 필요한 조치를 하여야 하고, 소비자가 우편 등의 방법으로 열람요청을 하는 경우 3영업일 이내에 관련 자료를 발송하여야 한다.

제34조(금지행위 등)

① 계속거래업자등은 다음 각 호의 어느 하나에 해당하는 행위를 하여서는 아니 된다.

1. 계속거래등의 계약을 체결하게 하거나 계약의 해지 또는 해제를 방해하기 위하여 소비자를 위협하는 행위

2. 거짓 또는 과장된 사실을 알리거나 기만적 방법을 사용하여 소비자를 유인 또는 거래하거나 계약의 해지 또는 해제를 방해하는 행위

3. 계속거래등에 필요한 재화등을 통상적인 거래가격보다 현저히 비싼 가격으로 구입하게 하는 행위

4. 소비자가 계속거래등의 계약을 해지 또는 해제하였는데도 정당한 사유 없이 이에 따른 조치를 지연하거나 거부하는 행위

5. 계약의 해지 또는 해제를 방해할 목적으로 주소·전화번호 등을 변경하는 행위

6. 분쟁이나 불만 처리에 필요한 인력 또는 설비가 부족한 상태를 상당 기간 방치하여 소비자에게 피해를 주는 행위

7. 소비자의 청약이 없는데도 일방적으로 재화등을 공급하고 재화등의 대금을 청구하는 행위

8. 소비자가 재화를 구매하거나 용역을 제공받을 의사가 없음을 밝혔는데도 전화, 팩스, 전자우편 등을 통하여 재화를 구매하거나 용역을 제공받도록 강요하는 행위

② 공정거래위원회는 이 법 위반행위의 방지 및 소비자피해의 예방을 위하여 계속거래업자등이 지켜야 할 기준을 정하여 고시할 수 있다.

목 차

[참고사례]

레티프골프클럽의 방문판매법 위반행위 건(공정거래위원회 2017. 5. 2. 의결 제2017

−160호)

Ⅰ. 금지행위의 유형

계속거래업자등은 다음의 어느 하나에 해당하는 행위를 하여서는 아니 된다(법 제34조 제1항).

1. 소비자 위협 행위

금지행위의 첫 번째 유형은 계속거래등의 계약을 체결하게 하거나 계약의 해지 또는 해제를 방해하기 위하여 소비자를 위협하는 행위(제1호)이다.

2. 거짓·과장, 기만적 거래 유도 또는 계약 해지 등 방해 행위

금지행위의 두 번째 유형은 거짓 또는 과장된 사실을 알리거나 기만적 방법을 사용하여 소비자를 유인 또는 거래하거나 계약의 해지 또는 해제를 방해하는 행위(제2호)이다.

3. 현저한 고가 구입 행위

금지행위의 세 번째 유형은 계속거래등에 필요한 재화등을 통상적인 거래가격보다 현저히 비싼 가격으로 구입하게 하는 행위(제2호)이다.

4. 계약 해지 또는 해제 후 조치 지연 및 거부 행위

금지행위의 네 번째 유형은 소비자가 계속거래등의 계약을 해지 또는 해제하였는데도 정당한 사유 없이 이에 따른 조치를 지연하거나 거부하는 행위(제4호)이다.

5. 주소·전화번호 등 변경 행위

금지행위의 다섯 번째 유형은 계약의 해지 또는 해제를 방해할 목적으로 주소·전화번호 등을 변경하는 행위(제5호)이다.

6. 분쟁처리 인력 또는 설비 부족 방치 행위

금지행위의 여섯 번째 유형은 분쟁이나 불만 처리에 필요한 인력 또는 설비가 부족한 상태를 상당 기간 방치하여 소비자에게 피해를 주는 행위이다(제6호).

7. 일방적 재화등 공급과 대금 청구 행위

금지행위의 일곱 번째 유형은 소비자의 청약이 없는데도 일방적으로 재화등을 공급하고 재화등의 대금을 청구하는 행위(제7호)이다.

8. 재화 구매 또는 용역 제공 강요 행위

금지행위의 여덟 번째 유형은 소비자가 재화를 구매하거나 용역을 제공받을 의사가 없음을 밝혔는데도 전화, 팩스, 전자우편 등을 통하여 재화를 구매하거나 용역을 제공받도록 강요하는 행위를 하여서는 아니 된다(제8호).

Ⅱ. 법위반행위 방지 및 소비자 피해예방 기준 고시제정

공정거래위원회는 이 법 위반행위의 방지 및 소비자피해의 예방을 위하여 계속거래업자등이 지켜야 할 기준을 정하여 고시할 수 있다(법 제34조 제2항).

제**5**장

▼

소비자권익의 보호

제35조(소비자보호지침의 제정 등)

① 공정거래위원회는 특수판매에서의 건전한 거래질서 확립 및 소비자(다단계판매원, 후원방문판매원 및 사업권유거래의 상대방을 포함한다. 이하 이 장에서 같다)의 보호를 위하여 사업자의 자율적 준수를 유도하기 위한 지침(이하 "소비자보호지침"이라 한다)을 관련 분야의 거래당사자, 기관 및 단체의 의견을 들어 정할 수 있다.

② 특수판매를 업으로 하는 자(이하 "특수판매업자"라 한다)는 그가 사용하는 약관 등 계약의 내용이 소비자보호지침의 내용보다 소비자에게 불리한 경우 소비자보호지침과 다르게 정한 그 계약의 내용을 소비자가 알기 쉽게 표시하거나 고지하여야 한다.

제36조(특수판매업자의 입증책임)

① 다음 각 호의 사항에 관하여 계약 상대방과 다툼이 있는 경우에는 특수판매업자가 이를 증명하여야 한다. 이 경우 특수판매업자는 증명에 필요한 통화 내용 등에 대한 거래기록을 대통령령으로 정하는 바에 따라 보관할 수 있다.

  1. 재화등의 훼손에 대한 소비자의 책임 유무
  2. 계약이 체결된 사실 및 그 시기
  3. 재화등의 공급 사실 및 그 시기
  4. 계약서의 발급 사실 및 그 시기
  5. 입증책임에 관한 별도의 약정이 없는 그 밖의 거래 사실

② 특수판매업자는 제1항에 따른 증명에 필요한 통화내용 등 거래기록을 미리 보존할 수 있다. 이 경우 특수판매업자는 거래기록을 그 대상·범위·기간 및 열람 방법 등에 관하여 대통령령으로 정하는 바에 따라 보존하여야 한다.

특수판매업자는 증명에 필요한 통화 내용 등에 대한 거래기록을 *대통령령*[1]으로 정하는 바에 따라 보관할 수 있으며 증명에 필요한 통화내용 등 거래기록을 미리 보존하는 경우 특수판매업자는 거래기록을 그 대상·범위·기간 및 열람 방법 등에 관하여 *대통령령*[2]으로 정하는 바에 따라 보존하여야 한다.

1) 제43조(특수판매업자가 보관·보존하는 거래기록 등) ① 법 제36조제1항 및 제2항에 따라 특수판매업자가 보관하거나 보존할 수 있는 거래기록은 다음 각 호와 같다. 1. 표시·광고에 관한 기록 2. 계약 또는 청약철회등에 관한 기록 3. 대금결제 및 재화등의 공급에 관한 기록 4. 소비자의 불만 또는 분쟁처리에 관한 기록 ② 특수판매업자가 법 제36조제1항에 따른 증명에 필요한 통화내용 등 거래기록을 법 제36조제2항에 따라 보존하는 경우에는 보존기간을 계약일부터 3개월 이상으로 한다. ③ 소비자는 특수판매업자가 제1항과 제2항에 따라 보관하거나 보존하는 거래기록에 대하여 방문·전화·팩스 또는 전자우편 등의 방법으로 열람을 요청할 수 있으며, 특수판매업자는 그 요청에 따라야 한다.
2) 제43조(특수판매업자가 보관·보존하는 거래기록 등) ① 법 제36조제1항 및 제2항에 따라 특수판매업자가 보관하거나 보존할 수 있는 거래기록은 다음 각 호와 같다. 1. 표시·광고에 관한 기록 2. 계약 또는 청약철회등에 관한 기록 3. 대금결제 및 재화등의 공급에 관한 기록 4. 소비자의 불만 또는 분쟁처리에 관한 기록 ② 특수판매업자가 법 제36조제1항에 따른 증명에 필요한 통화내용 등 거래기록을 법 제36조제2항에 따라 보존하는 경우에는 보존기간을 계약일부터 3개월 이상으로 한다. ③ 소비자는 특수판매업자가 제1항과 제2항에 따라 보관하거나 보존하는 거래기록에 대하여 방문·전화·팩스 또는 전자우편 등의 방법으로 열람을 요청할 수 있으며, 특수판매업자는 그 요청에 따라야 한다.

제37조(소비자피해보상보험계약등)

① 제13조제1항 및 제29조제3항에 따라 등록하려는 다단계판매업자 및 후원방문판매업자는 다음 각 호의 어느 하나에 해당하는 계약(이하 "소비자피해보상보험계약등"이라 한다)을 체결하여야 한다.

　　1. 소비자피해 보상을 위한 보험계약

　　2. 소비자피해 보상금의 지급을 확보하기 위한 채무지급보증계약

　　3. 제38조에 따라 설립된 공제조합과의 공제계약

② 공정거래위원회는 방문판매등 및 계속거래등에서의 소비자보호를 위하여 소비자피해보상보험계약등을 체결하도록 권장할 수 있다.

③ 소비자피해보상보험계약등의 내용은 이 법 위반행위로 인한 소비자피해를 보상하기에 적절한 수준이어야 하며, 그 구체적인 기준은 대통령령으로 정한다.

④ 소비자피해보상보험계약등에 따라 소비자피해 보상금을 지급할 의무가 있는 자는 그 지급 사유가 발생한 경우에는 지체 없이 이를 지급하여야 하고, 이를 지연한 경우에는 지연배상금을 지급하여야 한다.

⑤ 소비자피해보상보험계약등을 체결 또는 유지하는 다단계판매업자와 후원방문판매업자는 매출액 등의 자료를 제출할 때 거짓 자료를 제출하여서는 아니 된다.

⑥ 소비자피해보상보험계약등을 체결한 자는 그 사실을 나타내는 표지를 사용할 수 있다.

⑦ 소비자피해보상보험계약등을 체결하지 아니한 자는 제6항에 따른 표지를 사용하거나 이와 비슷한 표지를 제작 또는 사용하여서는 아니 된다.

목　차

I. 소비자피해보상보험계약등의 체결의무 및 권장

제13조 제1항 및 제29조 제3항에 따라 등록하려는 다단계판매업자 및 후원

방문판매업자는 ① 소비자피해 보상을 위한 보험계약(제1호), ② 소비자피해 보
상금의 지급을 확보하기 위한 채무지급보증계약(제2호), ③ 제38조에 따라 설립
된 공제조합과의 공제계약(제3호)의 어느 하나에 해당하는 계약(이하 "소비자피해
보상보험계약등")을 체결하여야 한다(법 제37조 제1항).

　　보험계약금액의 기준에 대하여 공정거래위원회는 「소비자피해보상보험 등
에서의 보험계약금액에 관한 기준고시」[1]를 제정·운영하고 있다. 공정거래위원
회는 방문판매등 및 계속거래등에서의 소비자보호를 위하여 소비자피해보상보
험계약등을 체결하도록 권장할 수 있다(법 제37조 제2항).

Ⅱ. 계약등의 내용 및 기준

　　소비자피해보상보험계약등의 내용은 이 법 위반행위로 인한 소비자피해를
보상하기에 적절한 수준이어야 하며, 그 구체적인 기준은 *대통령령*[2]으로 정한

---

1) 공정거래위원회고시 제2015－15호(2015. 10. 23).

2) 제44조(소비자피해보상보험계약등) ① 법 제37조제1항에 따라 다단계판매업자 또는 후원방
　문판매업자가 체결하는 소비자피해보상보험계약등(이하 "소비자피해보상보험계약등")은 다음
　각 호의 요건을 충족하여야 한다. 1. 청약철회등의 권리행사에 따라 발생하는 대금 환급의무
　의 불이행 또는 재화등의 공급의무 불이행 등으로 인한 소비자피해를 보상하는 것을 그 내용
　으로 할 것 2. 피보험자 또는 수혜자는 해당 소비자피해보상보험계약등을 체결한 자가 판매하
　는 재화등의 구매자로 할 것 3. 계약금액은 재화등의 매매대금을 한도로 공정거래위원회가 정
　하여 고시하는 규모 이상으로 할 것 4. 소비자(다단계판매원 또는 후원방문판매원을 포함)가
　신속하고 쉽게 피해보상을 받을 수 있도록 하고, 보상이 지연되는 경우 지연배상금이 지급되
　도록 할 것 5. 정당한 사유 없이 소비자의 의사표시 방법을 제한하거나 소비자에게 지나친 입
　증책임의 부담을 부과하지 아니할 것 6. 정당한 사유 없이 피해보상의 범위나 보험자 또는 재
　화등의 판매자의 책임을 한정하지 아니할 것 7. 소비자에게 예상하기 어려운 위험이나 손해를
　줄 우려가 있거나 부당하게 불리한 약정을 두지 아니할 것 8. 소비자피해보상보험계약등의 계
　약을 체결하여 거래하는 기간은 1년 이상으로 하고, 정당한 사유 없이 계약 해지의 요건을 쉽
　게 정하여 소비자에게 불이익을 주지 아니할 것 9. 보험계약 또는 채무지급보증계약의 경우에
　는 「보험업법」 제2조제6호에 따른 보험회사 또는 「은행법」 제2조제1항제2호에 따른 은행(이
　하 이 호에서 "보험회사등")과 체결할 것. 다만, 후원방문판매업자는 다음 각 목의 요건을 모
　두 충족하는 다른 후원방문판매업자와 제1호부터 제8호까지의 요건을 충족하는 채무지급보증
　계약을 체결할 수 있다. 가. 재화등의 매매·위탁판매 등 계속적 거래관계가 있는 다른 후원방
　문판매업자 나. 계속적 거래관계가 있는 후원방문판매업자를 위하여 보험회사등 또는 법 제
　38조에 따라 설립된 공제조합(이하 "공제조합")과 소비자피해보상보험계약등을 체결한 다른
　후원방문판매업자 ② 법 제37조제2항에 따라 공정거래위원회가 체결하도록 권장하는 소비자
　피해보상보험계약등은 제1항제1호부터 제7호까지 및 제9호의 요건을 충족하여야 한다. ③ 제
　1항과 제2항에서 규정한 사항 외에 재화등이나 거래의 특성에 따른 소비자피해보상보험계약
　등의 구체적인 기준, 피해보상의 내용 및 절차와 소비자피해보상보험계약등의 표지 사용에 필

다(법 제37조 제3항).

Ⅲ. 계약등에 따른 보상금지급의무

소비자피해보상보험계약등에 따라 소비자피해 보상금을 지급할 의무가 있
는 자는 그 지급 사유가 발생한 경우에는 지체 없이 이를 지급하여야 하고, 이
를 지연한 경우에는 지연배상금을 지급하여야 한다(법 제37조 제4항).

Ⅳ. 다단계판매업자와 후원방문판매업자의 허위자료제출 금지의무

소비자피해보상보험계약등을 체결 또는 유지하는 다단계판매업자와 후원방
문판매업자는 매출액 등의 자료를 제출할 때 거짓 자료를 제출하여서는 아니
된다(법 제37조 제5항).

V. 보험계약등을 체결한 자의 표지사용권

소비자피해보상보험계약등을 체결한 자는 그 사실을 나타내는 표지를 사용
할 수 있다(법 제37조 제6항). 소비자피해보상보험계약등을 체결하지 아니한 자
는 제6항에 따른 표지를 사용하거나 이와 비슷한 표지를 제작 또는 사용하여서
는 아니 된다(법 제37조 제7항).

요한 사항은 총리령으로 정한다.
총리령 23조(소비자피해보상보험) ① 법 제37조제1항에 따른 소비자피해보상보험계약등(이
하 "소비자피해보상보험계약등"이라 한다)의 보험금은 해당 소비자피해보상보험계약등을 체결
한 다단계판매업자 또는 후원방문판매업자가 판매하는 재화등의 구매자가 직접 받을 수 있도
록 하여야 한다. ② 소비자피해보상보험계약등을 체결한 다단계판매업자 또는 후원방문판매업
자는 소비자피해보상보험계약등이 성립된 후 재화등의 구매자가 지체 없이 보험계약등을 체
결한 사실 및 그 내용을 쉽게 알 수 있도록 하여야 한다.

제38조(공제조합의 설립)

① 제5조제1항에 따라 신고하거나 제13조제1항 또는 제29조제3항에 따라 등록한 사업자는 소비자피해보상에 대한 보상금 지급을 책임지는 보험사업 등 제37조제1항제3호에 따른 공제사업을 운영하기 위하여 공정거래위원회의 인가를 받아 공제조합(이하 "공제조합"이라 한다)을 설립할 수 있으며, 인가의 기준은 대통령령으로 정한다.

② 공제조합은 법인으로 하며, 주된 사무소의 소재지에서 설립등기를 함으로써 성립한다.

③ 공제조합에 가입한 자는 공제사업의 수행에 필요한 출자금 등을 조합에 내야 한다.

④ 공제조합의 기본재산은 대통령령으로 정하는 바에 따라 가입한 자의 출자금 등으로 조성하되, 공제조합의 기본재산의 운영에 관한 사항은 공정거래위원회의 인가를 받아야 한다. 다만, 정부는 예산의 범위에서 출연(出捐)하거나 보조할 수 있다.

⑤ 공제조합의 가입자격, 임원에 관한 사항 및 출자금의 부담기준에 관한 사항은 정관으로 정한다.

⑥ 공제조합의 설립인가 절차, 정관 기재 사항, 운영, 이사회의 구성 및 권한, 임원의 선임, 감독 등에 관하여 필요한 사항은 대통령령으로 정한다.

⑦ 공제조합이 제1항에 따른 공제사업을 하려는 경우에는 공제규정을 정하여 공정거래위원회의 인가를 받아야 한다. 공제규정을 변경하려는 경우에도 또한 같다.

⑧ 제7항의 공제규정에는 공제사업의 범위, 공제료, 공제사업에 충당하기 위한 책임준비금 등 공제사업의 운영에 필요한 사항을 정하여야 한다.

⑨ 공제조합에 관하여 이 법에 규정된 것을 제외하고는 「민법」 중 사단법인에 관한 규정을 준용한다.

⑩ 이 법에 따른 공제조합의 사업에 대하여는 「보험업법」을 적용하지 아니한다.

 목 차

Ⅰ. 공제조합의 설립 및 인가

제5조 제1항에 따라 신고하거나 제13조 제1항 또는 제29조 제3항에 따라 등록한 사업자는 소비자피해보상에 대한 보상금 지급을 책임지는 보험사업 등 제37조 제1항 제3호에 따른 공제사업을 운영하기 위하여 공정거래위원회의 인가를 받아 공제조합(이하 "공제조합")을 설립할 수 있으며, 인가의 기준은 *대통령령*1)으로 정한다(법 제38조 제1항).

공제조합이 제1항에 따른 공제사업을 하려는 경우에는 공제규정을 정하여 공정거래위원회의 인가를 받아야 한다. 공제규정을 변경하려는 경우에도 또한 같다(법 제38조 제7항). 제7항의 공제규정에는 공제사업의 범위, 공제료, 공제사업에 충당하기 위한 책임준비금 등 공제사업의 운영에 필요한 사항을 정하여야 한다(법 제38조 제8항).

공제조합의 설립인가 절차, 정관 기재 사항, 운영, 이사회의 구성 및 권한, 임원의 선임, 감독 등에 관하여 필요한 사항은 *대통령령*2)으로 정한다(법 제38조

---

1) 제45조(공제조합의 인가 등) ① 공제조합을 설립하려는 경우에는 10인 이상이 발기(發起)하고, 조합원 2분의 1 이상의 동의를 받아 창립총회에서 정관을 작성한 후 공정거래위원회에 인가를 신청하여야 한다. ② 공정거래위원회는 제1항에 따른 인가를 하였을 때에는 그 사실을 공고하여야 한다.

2) 제47조(공제조합의 정관 기재사항) 공제조합의 정관 기재사항은 다음 각 호와 같다. <u>1. 목적 2. 명칭 3. 사무소의 소재지 4. 출자 1좌(座)의 금액과 납입방법 및 지분 계산에 관한 사항 5. 조합원의 자격과 가입·탈퇴에 관한 사항 6. 자산 및 회계에 관한 사항 7. 총회의 구성 및 운영에 관한 사항 8. 이사회에 관한 사항 9. 임직원에 관한 사항 10. 임원추천위원회의 구성, 추천위원의 결격사유 및 운영에 관한 사항 11. 공정거래위원회가 임직원에 대하여 징계·해임을 요구할 경우 그 처리 절차 등에 관한 사항 12. 융자에 관한 사항 13. 업무와 그 집행에 관한 사항 14. 정관의 변경에 관한 사항 15. 해산과 잔여재산의 처리에 관한 사항 16. 공고의 방법에 관한 사항</u>
제47조의2(공제조합의 임원) ① 공제조합에 이사장 1명을 포함하여 7명 이상 15명 이하의 이사와 2명 이하의 감사를 둔다. ② 이사의 종류, 이사·감사의 자격·정수·임기, 선임방법 등은 정관으로 정한다. ③ 이사장은 이사 중에서 정관으로 정하는 바에 따라 총회에서 선임한다.
제47조의3(공제조합의 이사회) ① 공제조합에 이사회를 둔다. ② 이사회는 이사장을 포함한 이사로 구성된다. ③ 이사장은 이사회를 소집하고 그 의장이 된다. ④ 이사회는 재적이사 과반수의 출석과 출석이사 과반수의 찬성으로 의결한다. ⑤ 이사회는 다음 각 호의 사항을 심의·의결한다. <u>1. 사업계획에 관한 사항 2. 업무운영 및 관리에 관한 기본방침 3. 총회의 소집과 총회에 상정할 사항 4. 예산안에 관한 사항 5. 차입금에 관한 사항 6. 중요한 자산의 취득과 처분 7. 그 밖에 정관으로 정하는 사항</u>
제48조(공제조합의 운영 및 감독) ① 공제조합은 매 사업연도의 총수입과 총지출을 예산으로 편성하여 사업연도가 시작되기 1개월 전까지 공정거래위원회에 제출하여야 한다. ② 공제조합은 매 사업연도 경과 후 2개월 이내에 결산을 완료하고 결산보고서에 대차대조표와 손익계산서를 첨부하여 공정거래위원회에 제출하여야 한다. ③ 공제조합은 제2항에 따라 공정거래위원

제6항). 현재 직접판매공제조합 및 한국특수판매공제조합의 2개 조합이 운영중
이다.

Ⅱ. 설립등기

공제조합은 법인으로 하며, 주된 사무소의 소재지에서 설립등기를 함으로
써 성립한다(법 제38조 제2항).

Ⅲ. 공제조합의 출자금

공제조합에 가입한 자는 공제사업의 수행에 필요한 출자금 등을 조합에 내
야 한다(법 제38조 제3항).

공제조합의 기본재산은 *대통령령*3)으로 정하는 바에 따라 가입한 자의 출자
금 등으로 조성하되, 공제조합의 기본재산의 운영에 관한 사항은 공정거래위원
회의 인가를 받아야 한다. 다만, 정부는 예산의 범위에서 출연(出捐)하거나 보조
할 수 있다(법 제38조 제4항).

공제조합의 가입자격, 임원에 관한 사항 및 출자금의 부담기준에 관한 사항
은 정관으로 정한다(법 제38조 제5항).

Ⅳ. 「보험업법」과의 관계

이 법에 따른 공제조합의 사업에 대하여는 「보험업법」을 적용하지 아니한
다(법 제38조 제10항).

회에 제출한 대차대조표와 손익계산서를 주된 사무소 및 지부에 갖추어 두고, 대차대조표는
공고하여야 한다.
3) 제46조(출자금) 법 제38조제4항 본문에 따라 공제조합의 출자금은 200억원 이상으로 한다.

제39조(공제조합의 감독)

① 공정거래위원회는 필요하다고 인정하면 공제조합에 대하여 업무 및 회계에 관한 보고서 제출 또는 그 밖에 필요한 조치를 명하거나 소속 공무원으로 하여금 공제조합의 업무 및 회계 상황을 조사하거나 장부 또는 그 밖의 서류를 검사하게 할 수 있다.

② 공정거래위원회는 공제조합의 운영 및 업무 집행 등이 법령이나 정관 등에 적합하지 아니한 경우 그 시정을 명할 수 있고, 그 밖에 소비자의 피해 구제 등과 관련하여 필요한 경우에는 적합한 조치를 요구할 수 있다.

③ 공정거래위원회는 공제조합의 임직원이 다음 각 호의 어느 하나에 해당하는 경우에는 관련 임직원에 대한 징계·해임을 요구하거나 해당 위반행위를 시정하도록 명할 수 있다.

　1. 제38조제7항에 따른 공제규정을 위반하여 업무를 처리한 경우

　2. 제2항에 따른 시정명령이나 조치를 이행하지 아니한 경우

④ 제1항에 따라 조사 또는 검사를 하는 공무원은 그 권한을 표시하는 증표를 지니고 이를 관계인에게 보여주어야 한다.

제40조(공제조합의 사업)

공제조합은 다음 각 호의 사업을 시행한다.

1. 소비자피해 보상을 위한 공제사업 및 소비자의 권익보호를 위한 공익사업
2. 소비자피해 예방과 홍보를 위한 출판 및 교육 사업
3. 시장의 건전한 발전을 위한 자율정화사업
4. 공정거래위원회로부터 위탁받은 사업
5. 그 밖에 정관으로 정하는 사업

제41조(특수판매 소비자단체 등의 지원)

공정거래위원회는 특수판매에서의 공정거래질서 확립 및 소비자권익 보호를 위한 사업을 시행하는 기관 또는 단체에 대하여 예산의 범위에서 필요한 지원을 할 수 있다.

제42조(전화권유판매 수신거부의사 등록시스템 등)

① 공정거래위원회는 전화권유판매자의 행위로부터 소비자를 보호하기 위하여 소비자가 수신거부의사를 명시적으로 표시하여 등록할 수 있는 수신거부의사 등록시스템(이하 이 조에서 "등록시스템"이라 한다)을 구축할 수 있다.

② 전화권유판매자는 전화권유판매를 하려는 경우에는 대통령령으로 정하는 바에 따라 등록시스템에서 소비자의 수신거부의사 등록 여부를 확인하여야 하며, 전화권유판매 수신거부의사를 등록한 소비자에게 전화권유판매를 하여서는 아니 된다. 다만, 전화권유판매업자가 총리령으로 정하는 바에 따라 소비자로부터 개별적인 동의를 받은 경우에는 그러하지 아니하다.

③ 공정거래위원회는 등록시스템의 운용을 다음 각 호의 어느 하나에 해당하는 기관 또는 단체에 위탁할 수 있으며, 해당 기관 또는 단체에 그 원활한 운용에 필요한 비용의 전부 또는 일부를 지원할 수 있다.

　1. 「소비자기본법」에 따라 설립된 기관 또는 등록된 소비자단체

　2. 그 밖에 제54조에 따라 등록된 사업자단체 또는 다른 법률에 따라 소비자보호를 위하여 설립된 기관 또는 단체

④ 제3항에 따라 운용을 위탁받을 수 있는 대상 기관 또는 단체의 선정 절차 및 기준은 대통령령으로 정한다.

⑤ 공정거래위원회는 제3항에 따른 위탁사무의 적정한 운용 및 관리를 위하여 필요하다고 인정하는 경우에는 자료의 제출을 요구하거나 소속 공무원으로 하여금 해당 위탁사무를 조사하게 할 수 있다. 이 경우 조사의 방법·절차 등에 관하여는 대통령령으로 정한다.

⑥ 공정거래위원회는 제3항에 따라 위탁사업자로 선정된 자가 제1호 또는 제2호에 해당하게 된 경우에는 그 선정을 취소하여야 하며, 제3호 또는 제4호에 해당하게 된 경우에는 그 선정을 취소할 수 있다.

　1. 거짓 또는 부정한 방법으로 위탁사업자로 선정된 경우

　2. 등록시스템을 제1항에 따른 목적 외의 목적으로 이용하거나 제3자로 하여금 이용하게 한 경우

　3. 제4항에 따른 선정기준을 충족하지 못하게 된 경우

　4. 제5항에 따른 조사 결과 원래의 선정 목적을 달성하기 어렵다고 인정되는 경우

⑦ 제1항부터 제6항까지에서 규정한 사항 외에 등록시스템의 구축 및 운영에 관하여 필요한 사항은 총리령으로 정한다.

목 차

Ⅰ. 등록시스템의 구축

공정거래위원회는 전화권유판매자의 행위로부터 소비자를 보호하기 위하여 소비자가 수신거부의사를 명시적으로 표시하여 등록할 수 있는 수신거부의사 등록시스템("등록시스템")을 구축할 수 있다(법 제42조 제1항).

공정거래위원회는 무분별한 전화권유판매로 인한 소비자 불편을 해소하기 위해 2014년 '전화권유판매 수신거부의사등록시스템'을 구축하고 이를 한국소비 자원에 위탁하여 운영하고 있다. 해당 시스템은 전화권유판매자로부터의 전화 수신을 원치 않는 소비자가 자신의 전화번호를 수신거부의사등록시스템(두낫콜 시스템, www.donotcall.go.kr)에 등록하면 전화권유판매업자들이 월 1회 이상 해 당 전화번호를 확인하여 전화를 하지 않도록 하는 방식으로 운영되고 있다.

Ⅱ. 등록 여부의 확인

전화권유판매자는 전화권유판매를 하려는 경우에는 *대통령령*[1]으로 정하는 바에 따라 등록시스템에서 소비자의 수신거부의사 등록 여부를 확인하여야 하 며, 전화권유판매 수신거부의사를 등록한 소비자에게 전화권유판매를 하여서는 아니 된다. 다만, 전화권유판매업자가 *총리령*[2]으로 정하는 바에 따라 소비자로

---

1) 제49조(전화권유판매 수신거부의사의 확인방법 등) ① 법 제42조제2항 본문에 따라 전화권유 판매를 하려는 전화권유판매자는 법 제42조제1항에 따른 전화권유판매 수신거부의사 등록시스 템(이하 이 조에서 "등록시스템")에 공정거래위원회가 확인하여 게시한 소비자의 전화권유판 매 수신거부의사를 월 1회 이상 확인하여야 한다.

2) 제24조(수신거부의사 확인의 예외) 법 제42조제2항 단서에 따라 전화권유판매업자는 전화권 유판매의 대상과 방법, 전화권유판매 수신동의 철회 방법 등을 소비자에게 고지하고 미리 동

부터 개별적인 동의를 받은 경우에는 그러하지 아니하다(법 제42조 제2항).

소비자는 전화권유판매 수신거부의사를 등록할 수 있으며, 위반업체에 대하여 해명요청 및 신고를 할 수 있고, 사업자는 월 1회 이상 자신의 전화권유판매 리스트를 두낫콜시스템에 등록된 수신거부리스트와 대조하여야 한다. 그리고 지자체는 소비자의 신고를 접수하고, 사업자에게 신고에 대한 답변을 요청하고, 조사결과를 등록할 수 있다.

Ⅲ. 등록시스템운용의 위탁

공정거래위원회는 등록시스템의 운용을 ① 「소비자기본법」에 따라 설립된 기관 또는 등록된 소비자단체(제1호), ② 그 밖에 제54조에 따라 등록된 사업자단체 또는 다른 법률에 따라 소비자보호를 위하여 설립된 기관 또는 단체(제2호)의 어느 하나에 해당하는 기관 또는 단체에 위탁할 수 있으며, 해당 기관 또는 단체에 그 원활한 운용에 필요한 비용의 전부 또는 일부를 지원할 수 있다(법 제42조 제3항). 제3항에 따라 운용을 위탁받을 수 있는 대상 기관 또는 단체의 선정 절차 및 기준은 *대통령령*[3]으로 정한다(법 제42조 제4항).

현재 한국소비자원에서 위탁운영 중이다.

공정거래위원회는 제3항에 따른 위탁사무의 적정한 운용 및 관리를 위하여 필요하다고 인정하는 경우에는 자료의 제출을 요구하거나 소속 공무원으로 하여금 해당 위탁사무를 조사하게 할 수 있다. 이 경우 조사의 방법·절차 등에 관하여는 *대통령령*[4]으로 정한다(법 제42조 제5항).

의를 받은 경우에만 전화권유판매 수신거부의사 등록시스템에서 소비자의 전화권유판매 수신거부의사를 확인하지 아니하고 전화권유판매를 할 수 있다.

3) 제49조(전화권유판매 수신거부의사의 확인방법 등) ② 공정거래위원회는 법 제42조제4항에 따라 등록시스템의 운영을 위탁할 기관 또는 단체를 선정하는 경우에는 관계 분야 전문가의 의견을 들어 다음 각 호의 기준을 모두 충족하는 기관 또는 단체 중에서 선정한다. <u>1. 등록시스템 운영에 필요한 법률지식 및 전산지식을 갖춘 전문인력을 보유할 것 2. 등록시스템의 안정적 운영과 개인정보 보호에 필요한 전산설비 등 물적 시설을 갖출 것</u>

4) 제49조(전화권유판매 수신거부의사의 확인방법 등) ③ 공정거래위원회는 법 제42조제5항 전단에 따른 조사를 하는 경우에는 조사목적, 조사기간 및 조사내용 등을 포함한 조사계획을 조사 대상자에게 미리 알려야 한다.

Ⅳ. 선정취소

공정거래위원회는 제3항에 따라 위탁사업자로 선정된 자가 ① 거짓 또는 부정한 방법으로 위탁사업자로 선정된 경우(제1호), ② 등록시스템을 제1항에 따른 목적 외의 목적으로 이용하거나 제3자로 하여금 이용하게 한 경우에 해당하게 된 경우에는 그 선정을 취소하여야 하며(제2호), ③ 제4항에 따른 선정기준을 충족하지 못하게 된 경우(제3호), ④ 제5항에 따른 조사 결과 원래의 선정 목적을 달성하기 어렵다고 인정되는 경우(제4호)에 해당하게 된 경우에는 그 선정을 취소할 수 있다(법 제42조 제6항).

Ⅴ. 기타 필요사항

제1항부터 제6항까지에서 규정한 사항 외에 등록시스템의 구축 및 운영에 관하여 필요한 사항은 *총리령*으로 정한다(법 제42조 제7항).

제6장

조사 및 감독

제43조(위반행위의 조사 등)

① 공정거래위원회, 시·도지사 또는 시장·군수·구청장(이하 "행정청"이라 한다)은 이 법을 위반한 사실이 있다고 인정할 때에는 직권으로 필요한 조사를 할 수 있다. 다만, 다단계판매 및 후원방문판매와 관련된 규정의 위반 사실에 대하여는 공정거래위원회 또는 시·도지사가 조사를 할 수 있다.

② 시·도지사 또는 시장·군수·구청장이 제1항에 따른 조사를 하려는 경우에는 공정거래위원회에 통보하여야 하며, 공정거래위원회는 조사 등이 중복될 우려가 있는 경우에는 시·도지사 또는 시장·군수·구청장에게 조사의 중지를 요청할 수 있다. 이 경우 요청을 받은 시·도지사 또는 시장·군수·구청장은 상당한 이유가 없으면 그 조사를 중지하여야 한다.

③ 행정청은 제1항에 따라 조사를 한 경우에는 그 결과(조사 결과 시정조치명령 등의 처분을 하려는 경우에는 그 처분의 내용을 포함한다)를 해당 건의 당사자에게 문서로 알려야 한다.

④ 공정거래위원회는 제1항의 조사를 위하여 「소비자기본법」 제33조에 따른 한국소비자원(이하 이 조에서 "한국소비자원"이라 한다)과 합동으로 조사반을 구성할 수 있다. 이 경우 조사반의 구성과 조사에 관한 구체적 방법과 절차, 그 밖에 필요한 사항은 대통령령으로 정한다.

⑤ 공정거래위원회는 합동조사반의 구성원이 되는 한국소비자원 임직원에 대하여 예산의 범위에서 수당이나 여비를 지급할 수 있다.

⑥ 제4항에 따라 해당 업무를 담당하는 한국소비자원의 임직원은 「형법」 제127조와 제129조부터 제132조까지의 규정에 따른 벌칙을 적용할 때에는 공무원으로 본다.

⑦ 누구든지 이 법의 규정에 위반되는 사실이 있다고 인정할 때에는 그 사실을 행정청에 신고할 수 있다. 다만, 다단계판매 및 후원방문판매와 관련된 규정에 위반되는 사

실에 대하여는 공정거래위원회 또는 시·도지사에게 신고할 수 있다.

⑧ 공정거래위원회는 이 법을 위반하는 행위가 끝난 날부터 5년이 지난 경우 그 위반행위에 대하여는 제49조에 따른 시정조치를 명하거나 제51조에 따른 과징금을 부과하지 아니한다. 다만, 시정조치 또는 과징금 부과처분이 판결의 취지에 따라 취소된 경우로서 그 판결 이유에 따라 새로운 처분을 하는 경우에는 그러하지 아니하다.

 목　차

I. 직권조사

공정거래위원회, 시·도지사 또는 시장·군수·구청장(이하 "행정청")은 이 법을 위반한 사실이 있다고 인정할 때에는 직권으로 필요한 조사를 할 수 있다. 다만, 다단계판매 및 후원방문판매와 관련된 규정의 위반 사실에 대하여는 공정거래위원회 또는 시·도지사가 조사를 할 수 있다(법 제43조 제1항).

공정거래위원회는 제1항의 조사를 위하여 「소비자기본법」 제33조에 따른 한국소비자원(이하 이 조에서 "한국소비자원")과 합동으로 조사반을 구성할 수 있다. 이 경우 조사반의 구성과 조사에 관한 구체적 방법과 절차, 그 밖에 필요한 사항은 *대통령령*[1]으로 정한다(법 제43조 제4항).

II. 신고

누구든지 이 법의 규정에 위반되는 사실이 있다고 인정할 때에는 그 사실

---

1) 제50조(조사반의 구성 등) ① 법 제43조제4항에 따른 조사반(이하 이 조에서 "조사반")은 반장 및 반원으로 구성하고, 반장은 공정거래위원회 소속 공무원으로 하며, 반원은 공정거래위원회 소속 공무원과 한국소비자원장이 지정한 소속 직원으로 한다. ② 공정거래위원회는 조사반을 구성할 필요가 있는 경우에는 미리 조사기간, 조사대상, 조사에 필요한 인원 등을 적은 문서로 한국소비자원장에게 반원을 지정해 줄 것을 요청하여야 한다. ③ 조사반의 조사 등의 활동은 반장의 지휘·감독을 받아 실시한다.

을 행정청에 신고할 수 있다. 다만, 다단계판매 및 후원방문판매와 관련된 규정
에 위반되는 사실에 대하여는 공정거래위원회 또는 시·도지사에게 신고할 수
있다(법 제43조 제7항).

Ⅲ. 처분시효

공정거래위원회는 이 법을 위반하는 행위가 끝난 날부터 5년이 지난 경우
그 위반행위에 대하여는 제49조에 따른 시정조치를 명하거나 제51조에 따른 과
징금을 부과하지 아니한다. 다만, 시정조치 또는 과징금 부과처분이 판결의 취
지에 따라 취소된 경우로서 그 판결 이유에 따라 새로운 처분을 하는 경우에는
그러하지 아니하다(법 제43조 제8항).

제43조의2(실태조사 등)

① 공정거래위원회는 특수판매에서의 건전한 거래질서 확립 및 소비자 보호를 위하여 특수판매에 대한 실태조사와 교육을 실시할 수 있다.

② 제1항에 따른 실태조사의 방법, 절차 등에 필요한 사항은 대통령령으로 정한다.

[본조신설 2014. 1. 28.]

실태조사의 방법, 절차 등에 필요한 사항은 *대통령령*1)으로 정한다.

---

1) 제50조의2(실태조사의 방법 및 절차 등) ① 법 제43조의2제1항에 따른 실태조사(이하 이 조에서 "실태조사")의 범위는 다음 각 호와 같다. 1. 특수판매(법 제4조제1항 본문에 따른 특수판매)에 의한 소비자피해에 관한 사항 2. 특수판매업자(법 제35조제2항에 따른 특수판매업자)의 매출액 등 특수판매 시장의 현황에 관한 사항 3. 특수판매 분야의 유통구조에 관한 사항 4. 그 밖에 특수판매 분야의 건전한 거래질서 확립 및 소비자 보호를 위한 정책의 수립·시행에 필요한 사항 ② 공정거래위원회는 실태조사를 하는 경우에는 조사목적, 조사기간 및 조사내용 등을 포함한 조사계획을 조사 대상자에게 미리 알려야 한다. ③ 공정거래위원회는 실태조사를 다음 각 호의 어느 하나에 해당하는 자에게 의뢰하여 실시할 수 있다. 1. 법 제38조에 따라 설립된 공제조합 2. 법 제42조제3항 각 호에 따른 기관 또는 단체 3. 「정부출연연구기관 등의 설립·운영 및 육성에 관한 법률」 제2조에 따른 정부출연연구기관 4. 특수판매를 통하여 거래되는 재화등의 해당 산업 소관 중앙행정기관의 장이 설립을 허가한 단체·협회로서 해당 산업의 사업자로 구성된 단체·협회

제44조(포상금의 지급)

① 공정거래위원회는 다음 각 호의 어느 하나에 해당하는 위반행위를 신고 또는 제보하
고 이를 입증할 수 있는 증거자료를 제출한 자에 대하여 예산의 범위에서 포상금을
지급할 수 있다.

   1. 제13조제1항 또는 제29조제3항을 위반하여 등록을 하지 아니하고 다단계판매조
직 또는 후원방문판매조직을 개설·관리 또는 운영하는 행위

   2. 제24조를 위반한 행위

② 제1항에 따른 포상금의 지급대상이 되는 이 법 위반행위 및 포상금 지급대상자의 범
위, 포상금 지급의 기준·절차 등에 관하여 필요한 사항은 대통령령으로 정한다.

    포상금의 지급대상이 되는 이 법 위반행위 및 포상금 지급대상자의 범위,
포상금 지급의 기준·절차 등에 관하여 필요한 사항은 *대통령령*[1])으로 정한다.

---

1) 제51조(포상금의 지급) ① 법 제44조제1항에 따른 포상금 지급대상자는 법 제44조제1항 각
호의 위반행위를 신고하거나 제보하고, 이를 증명할 수 있는 증거자료를 최초로 제출한 자로
한다. 다만, 그 위반행위를 한 사업자 및 그 사업자의 임직원으로서 해당 위반행위에 관여한
사람은 제외한다. ② 공정거래위원회는 특별한 사정이 있는 경우를 제외하고는 신고 또는 제
보된 행위를 법 위반행위로 의결한 날[이의신청이 있는 경우에는 재결(裁決)한 날]부터 3개월
이내에 포상금을 지급한다. ③ 포상금의 지급에 관여한 조사공무원은 신고자 또는 제보자의
신원 등 신고 또는 제보와 관련된 사항을 타인에게 제공하거나 누설해서는 아니 된다. ④ 포
상금 지급기준은 1천만원의 한도에서 공정거래위원회가 정하여 고시한다. ⑤ 포상금의 지급에
관한 사항을 심의하기 위하여 공정거래위원회에 신고포상금 심의위원회(이하 이 조에서 "심의
위원회")를 둘 수 있다. ⑥ 심의위원회의 설치·운영에 관한 사항, 그 밖에 포상금의 지급에 필
요한 사항은 공정거래위원회가 정하여 고시한다.

제44조의2(포상금의 환수 등)

① 공정거래위원회는 제44조제1항에 따라 포상금을 지급한 후 다음 각 호의 어느 하나에 해당하는 사실이 발견된 경우에는 해당 포상금을 지급받은 자에게 반환할 금액을 통지하여야 하고, 해당 포상금을 지급받은 자는 그 통지를 받은 날부터 30일 이내에 이를 납부하여야 한다.

1. 위법 또는 부당한 방법의 증거수집, 허위신고, 거짓진술, 증거위조 등 부정한 방법으로 포상금을 지급받은 경우
2. 동일한 원인으로 다른 법령에 따라 포상금 등을 지급받은 경우
3. 그 밖에 착오 등의 사유로 포상금이 잘못 지급된 경우

② 공정거래위원회는 제1항에 따라 포상금을 반환하여야 할 자가 납부 기한까지 그 금액을 납부하지 아니한 때에는 국세 체납처분의 예에 따라 징수할 수 있다.

[본조신설 2018. 6. 12.]

제45조(부당행위에 대한 정보의 공개)

공정거래위원회는 특수판매의 공정거래질서 확립과 소비자피해 예방을 위하여 필요한 경우에는 대통령령으로 정하는 바에 따라 특수판매업자의 이 법 위반행위에 대한 조사결과 등 부당행위에 대한 정보를 공개할 수 있다.

정보 공개에 대하여 *대통령령*[1]으로 정하고 있다.

---

1) 제52조(부당행위 등에 대한 정보 공개 등) ① 공정거래위원회는 법 제45조에 따라 부당행위에 대한 정보를 공개하려는 경우에는 사전에 해당 사업자에게 공개되는 정보의 내용을 통보하여 소명(疏明)할 기회를 주어야 한다. ② 공정거래위원회는 제1항에 따른 정보 및 소명 사실 등을 소비자에게 널리 알릴 수 있도록 공정거래위원회 홈페이지 등에 공개할 수 있다.

제46조(평가 · 인증 사업의 공정화)

① 특수판매의 공정거래질서 확립 및 소비자보호를 위하여 관련 특수판매업자의 평가 · 인증 등의 업무를 하는 자(이하 "평가 · 인증사업자"라 한다)는 그 명칭에 상관없이 대통령령으로 정하는 바에 따라 그 평가 · 인증에 관한 기준 · 방법 등을 공시하고, 그에 따라 공정하게 평가 · 인증하여야 한다.

② 제1항에 따른 평가 · 인증의 기준 및 방법은 특수판매업자가 거래의 공정화 및 소비자보호를 위하여 기울인 노력과 그 성과에 관한 정보를 전달하는 데에 적절한 것이어야 한다.

③ 공정거래위원회는 평가 · 인증사업자에게 운용 상황 등에 관한 자료를 제출하도록 할 수 있다.

공시 내용에 대하여 *대통령령*[1])으로 정하고 있다.

---

1) 제53조(평가 · 인증 사업의 공정화) ① 법 제46조제1항에 따른 평가 · 인증사업자는 다음 각 호의 사항을 공정거래위원회가 정하는 바에 따라 공시하여야 한다. 1. 평가 · 인증사업자의 명칭 2. 평가 · 인증사업자의 주소 또는 사업소의 소재지 3. 평가 · 인증 범위 4. 평가 · 인증 업무 개시일 5. 평가 · 인증의 기준, 절차 및 방법에 관한 사항 ② 제1항 각 호의 사항은 소비자가 쉽게 열람 · 확인할 수 있는 방법으로 공시하여야 한다.

제47조(보고 및 감독)

① 시·도지사 또는 시장·군수·구청장은 제48조에 따른 시정권고를 하는 경우에는 대통령령으로 정하는 바에 따라 공정거래위원회에 보고하여야 한다.

② 공정거래위원회는 이 법의 효율적인 시행을 위하여 필요하다고 인정할 때에는 그 소관 사항에 관하여 시·도지사 또는 시장·군수·구청장 등에게 조사·확인 또는 자료의 제출을 요구하거나 그 밖에 시정에 필요한 조치를 하도록 요구할 수 있다. 이 경우 시·도지사 또는 시장·군수·구청장은 특별한 사유가 없으면 이에 따라야 한다.

시정권고의 보고의무에 대하여 *대통령령*[1]으로 정하고 있다.

---

1) 제54조(보고 의무) 시·도지사 또는 시장·군수·구청장은 시정권고 또는 처분을 한 경우에는 법 제47조제1항에 따라 지체 없이 공정거래위원회에 보고하여야 한다. 이 경우 전자문서로 보고할 수 있다.

제**7**장

시정조치 및 과징금 부과

제48조(위반행위의 시정권고)

① 행정청은 사업자가 이 법에 위반되는 행위를 하거나 이 법에 따른 의무를 이행하지 아니하는 경우 제49조에 따른 시정조치를 하기 전에 그 사업자가 해당 행위의 중지, 이 법에 따른 의무의 이행, 그 밖에 소비자피해 예방 및 구제에 필요한 조치를 하도록 시정 방안을 정하여 그 사업자에게 이에 따를 것을 권고할 수 있다. 이 경우 해당 사업자가 그 권고를 수락한 경우에는 제3항에 따라 시정조치가 내려진 것으로 본다는 뜻을 함께 통지하여야 한다.

② 제1항에 따라 시정권고를 받은 사업자는 그 통지를 받은 날부터 10일 이내에 그 권고의 수락 여부를 시정권고를 한 행정청에 통지하여야 한다.

③ 제1항에 따라 시정권고를 받은 사업자가 이를 수락한 때에는 제49조에 따른 시정조치가 내려진 것으로 본다.

　　행정청은 제49조에 따른 시정조치를 하기 전에 그 사업자가 해당 행위의 중지, 이 법에 따른 의무의 이행, 그 밖에 소비자피해 예방 및 구제에 필요한 조치를 하도록 시정 방안을 정하여 그 사업자에게 이에 따를 것을 권고할 수 있다.

제49조(시정조치 등)

① 공정거래위원회는 사업자가 다음 각 호의 어느 하나(제29조제3항에 따라 준용되는 경우를 포함한다)에 해당하는 행위를 하거나 이 법에 따른 의무를 이행하지 아니하는 경우 해당 사업자 등에 대하여 그 시정을 위한 조치를 명할 수 있다. <개정 2018. 6. 12., 2021. 4. 20.>

1. 제5조제1항부터 제3항까지, 제6조, 제7조제1항부터 제3항까지 및 제5항, 제7조의2, 제8조제5항, 제9조, 제10조제1항, 제12조제1항, 제13조제1항부터 제3항까지 및 제7항, 제14조부터 제24조까지, 제26조제1항 및 제2항, 제28조, 제29조제1항 및 제2항, 제30조, 제32조제1항부터 제3항까지, 제33조, 제35조제2항, 제37조제1항 · 제4항 · 제5항 및 제7항, 제42조제2항, 제46조제1항 및 제2항, 제55조를 위반하는 경우

2. 제11조제1항 각 호의 어느 하나, 제23조제1항 각 호의 어느 하나, 제24조제1항 각 호의 어느 하나 또는 제34조제1항 각 호의 어느 하나에 해당하는 금지행위를 한 경우

3. 제36조제2항 후단에 따라 거래기록을 보존하는 특수판매업자가 거래기록의 대상 · 범위 · 기간 및 열람 방법 등에 관하여 대통령령으로 정하는 바에 따라 보존하지 아니한 경우

② 제1항에 따른 시정을 위한 조치는 다음 각 호의 어느 하나에 해당하는 조치를 포함한다.

1. 해당 위반행위의 중지

2. 이 법에 규정된 의무의 이행

3. 시정조치를 받은 사실의 공표

4. 소비자피해 예방 및 구제에 필요한 조치

5. 그 밖에 시정을 위하여 필요한 조치

③ 제2항제3호에 따른 시정조치를 받은 사실의 공표에 필요한 사항은 대통령령으로 정한다.

④ 공정거래위원회는 사업자가 다음 각 호의 어느 하나에 해당하는 경우에는 대통령령으로 정하는 바에 따라 1년 이내의 기간을 정하여 그 영업의 전부 또는 일부의 정지를 명할 수 있다.

1. 제1항의 시정조치에도 불구하고 최근 3년간 같은 위반행위가 2회 이상 반복되는 경우(행위의 기준은 처분일로 한다)

2. 시정조치를 이행하지 아니한 경우

3. 시정조치만으로는 소비자피해를 방지하기 어렵거나 소비자에 대한 피해보상이 불가능하다고 판단되는 경우

⑤ 공정거래위원회 또는 시·도지사는 사업자가 제1호에 해당하는 경우(제29조제3항에 따라 준용되는 경우를 포함한다)에는 그 등록을 취소하여야 하고, 제2호부터 제4호까지의 규정에 해당하는 경우(제29조제3항에 따라 준용되는 경우를 포함한다)에는 대통령령으로 정하는 바에 따라 그 등록을 취소할 수 있다.

1. 속임수나 그 밖의 부정한 방법으로 제13조제1항에 따른 등록을 한 경우

2. 제14조 각 호의 결격사유에 해당하게 된 경우

3. 소비자피해보상보험계약등이 해지된 경우

4. 영업정지기간 중에 영업을 하는 경우

목 차

[참고사례]

(주)에스티씨인터내셔널의 방문판매법 위반행위 건(공정거래위원회 2006. 10. 26. 의결 제2006-241호; 서울고등법원 2007. 10. 31. 선고 2007누8272 판결; 대법원 2009. 10. 15. 선고 2007두25299 판결); **디케이코퍼레이션의 방문판매법 위반행위 건**[공정거래위원회; 서울고등법원 2007. 12. 20. 선고 2007누6320 판결; 대법원 2008. 4. 24. 선고 2008두2293(심리불속행 기각) 판결]

I. 시정조치

공정거래위원회는 사업자가 ① 제5조 제1항부터 제3항까지, 제6조, 제7조 제1항부터 제3항까지 및 제5항, 제7조의2, 제8조 제5항, 제9조, 제10조 제1항, 제12조 제1항, 제13조 제1항부터 제3항까지 및 제7항, 제14조부터 제24조까지, 제26조 제1항 및 제2항, 제28조, 제29조 제1항 및 제2항, 제30조, 제32조 제1항부터 제3항까지, 제33조, 제35조 제2항, 제37조 제1항·제4항·제5항 및 제7항,

제42조 제2항, 제46조 제1항 및 제2항, 제55조를 위반하는 경우(제1호), ② 제11조 제1항 각 호의 어느 하나, 제23조 제1항 각 호의 어느 하나, 제24조 제1항 각 호의 어느 하나 또는 제34조 제1항 각 호의 어느 하나에 해당하는 금지행위를 한 경우(제2호), ③ 제36조 제2항 후단에 따라 거래기록을 보존하는 특수판매업자가 거래기록의 대상·범위·기간 및 열람 방법 등에 관하여 *대통령령*으로 정하는 바에 따라 보존하지 아니한 경우(제3호)의 어느 하나(제29조 제3항에 따라 준용되는 경우를 포함)에 해당하는 행위를 하거나 이 법에 따른 의무를 이행하지 아니하는 경우 해당 사업자 등에 대하여 그 시정을 위한 조치를 명할 수 있다(법 제49조 제1항).

제1항에 따른 시정을 위한 조치는 ① 해당 위반행위의 중지(제1호), ② 이 법에 규정된 의무의 이행(제2호), ③ 시정조치를 받은 사실의 공표(제3호), ④ 소비자피해 예방 및 구제에 필요한 조치(제4호), ⑤ 그 밖에 시정을 위하여 필요한 조치(제5호)의 어느 하나에 해당하는 조치를 포함한다(법 제49조 제2항), 제2항 제3호에 따른 시정조치를 받은 사실의 공표에 필요한 사항은 *대통령령*[1]으로 정한다(법 제49조 제3항).

법원이 법위반으로 인정하지 않은 사례는 다음과 같다.

> "다른 위반회사와는 달리 '무등록다단계판매행위의 중지' 조치나 '추천제도의 폐지' 등의 조치를 명하는 대신에 다단계판매영업을 하도록 하되 소비자들에게 발생한 피해를 예방하기 위해 다단계판매영업을 하도록 하되 소비자들에게 발생할 피해를 예방하기 위하여 다단계판매업체로 등록하게 하여 정부나 지방자치단체로부터 적절한 규제를 받도록 하고 소비자들의 피해를 부보하는 보험이나 공제조합계약을 체결하도록 함으로써 영업을 양성화 시키면서 동시에 소비자들을 보호하는 것이 규제목적에 가장 적합하다고 판단하여 '다단계판매업의 등록'조치를 명한 것으로 보이고 비례의 원칙 및 과잉금지의 원칙에 위반되는 등의 재량권의 일탈·남용이 있다고 할 수 없음"(<디케이코퍼레이션의 방문판매법 위반행위 건>).[2]

---

1) 제55조(시정조치를 받은 사실의 공표) 공정거래위원회는 법 제49조제3항에 따라 사업자 등에 대하여 시정조치를 받은 사실의 공표를 명하는 경우에는 다음 각 호의 사항을 고려하여 공표의 내용 및 그 횟수 등을 정하여 명하여야 한다. <u>1. 위반행위의 내용 및 정도 2. 위반행위의 기간 및 횟수 3. 위반행위로 인하여 발생한 소비자피해의 범위 및 정도</u>

2) 서고판 2007. 12. 20. 2007누6320(대판 2008. 4. 24. 2008두2293).

Ⅱ. 영업정지

공정거래위원회는 사업자가 ① 제1항의 시정조치에도 불구하고 최근 3년간 같은 위반행위가 2회 이상 반복되는 경우(행위의 기준은 처분일)(제1호), ② 시정조치를 이행하지 아니한 경우(제2호), ③ 시정조치만으로는 소비자피해를 방지하기 어렵거나 소비자에 대한 피해보상이 불가능하다고 판단되는 경우(제3호)의 어느 하나에 해당하는 경우에는 *대통령령*3)으로 정하는 바에 따라 1년 이내의 기간을 정하여 그 영업의 전부 또는 일부의 정지를 명할 수 있다(법 제49조 제4항).

대법원은 '시정조치만으로는 소비자피해를 방지하기 어려운' 경우라 함은 소비자피해를 방지하기 위하여 시정조치와는 별도로 영업의 전부 또는 일부의 정지를 명하거나 이에 갈음하여 과징금을 부과하는 것이 법 위반행위에 대한 유효하고 적절한 제재수단이라고 인정되는 경우를 의미하고, 이때 반드시 이미 시정조치를 받았음에도 불구하고 이 법 위반행위를 반복할 것을 그 요건으로 하지는 않는다고 보는 것이 상당하다고 판시하였다(<(주)에스티씨인터내셔널의 방문판매법 위반행위 건>).4)

Ⅲ. 등록취소

공정거래위원회 또는 시·도지사는 사업자가 ① 속임수나 그 밖의 부정한 방법으로 제13조제1항에 따른 등록을 한 경우(제29조제3항에 따라 준용되는 경우를 포함)(제1호)에는 그 등록을 취소하여야 하고, ② 제14조 각 호의 결격사유에 해당하게 된 경우(제2호), ③ 소비자피해보상보험계약등이 해지된 경우(제3호), ④ 영업정지기간 중에 영업을 하는 경우(제29조제3항에 따라 준용되는 경우를 포함)(제4호)에는 *대통령령*5)으로 정하는 바에 따라 그 등록을 취소할 수 있다(법 제49조 제5항).

---

3) 제56조(영업의 정지 및 등록취소 기준) 법 제49조제4항 및 제5항에 따른 영업정지 및 등록취소 기준은 별표 2와 같다.

4) 대판 2009. 10. 15. 2007두25299.

5) 제56조(영업의 정지 및 등록취소 기준) 법 제49조제4항 및 제5항에 따른 영업정지 및 등록취소 기준은 별표 2와 같다.

제50조(소비자피해분쟁조정의 요청)

① 행정청은 이 법 위반행위와 관련하여 소비자의 피해 구제 신청이 있으면 제48조에 따른 시정권고 또는 제49조에 따른 시정조치를 하기 전에 특수판매에 관한 소비자보호 관련 업무를 수행하는 기관 또는 단체 가운데 대통령령으로 정하는 소비자피해분쟁조정기구에 그 조정을 의뢰할 수 있다.

② 행정청은 제1항에 따라 의뢰된 조정안을 당사자가 수락하고 이행하는 경우에는 제49조에 따른 시정조치를 하지 아니한다는 뜻을 당사자에게 알려야 한다.

③ 공정거래위원회는 제1항에 따라 의뢰된 조정안을 당사자가 수락하고 이행한 경우에는 대통령령으로 정하는 바에 따라 제49조에 따른 시정조치를 하지 아니한다. 이 경우 제43조제8항은 적용하지 아니한다.

④ 공정거래위원회는 제1항에 따라 분쟁의 조정을 의뢰하는 경우 예산의 범위에서 해당 분쟁의 조정에 필요한 예산을 지원할 수 있다.

행정청은 *대통령령*[1]으로 정하는 소비자피해분쟁조정기구에 그 조정을 의뢰할 수 있다. 의뢰된 조정안을 당사자가 수락하고 이행한 경우에는 *대통령령*[2]으로 정하는 바에 따라 제49조에 따른 시정조치를 하지 아니한다.

---

1) 제57조(소비자피해분쟁조정기구) 법 제50조제1항에서 "대통령령으로 정하는 소비자피해분쟁조정기구"란 다음 각 호의 기구를 말한다. 1. 「소비자기본법」 제33조에 따라 설립된 한국소비자원 2. 시·도지사가 「소비자기본법」 제16조 및 같은 법 시행령 제7조에 따라 설치한 소비자피해구제기구 3. 그 밖에 소비자보호 관련 법령에 따라 설치·운영되는 분쟁조정기구

2) 58조(소비자피해분쟁조정 조정안 수락 및 이행 시 시정조치를 하지 아니한다는 확인 등) ① 법 제50조에 따른 분쟁조정의 당사자는 소비자피해분쟁조정기구의 조정안을 이행하였음을 증명하는 서류를 그 이행한 날부터 10일 이내에 공정거래위원회에 제출하고, 법 제49조에 따른 시정조치를 하지 아니한다는 확인을 해 줄 것을 요청할 수 있다. ② 제1항의 요청을 받은 공정거래위원회는 시정조치를 하지 아니하는 대상 등을 사업자에게 통지하여야 한다.

제50조의2(동의의결)

① 공정거래위원회의 조사나 심의를 받고 있는 사업자 또는 사업자단체(이하 이 조부터 제50조의4까지의 규정에서 "신청인"이라 한다)는 해당 조사나 심의의 대상이 되는 행위(이하 이 조부터 제50조의4까지의 규정에서 "해당 행위"라 한다)로 인한 불공정한 거래내용 등의 자발적 해결, 소비자의 피해구제 및 거래질서의 개선 등을 위하여 제3항에 따른 동의의결을 하여 줄 것을 공정거래위원회에 신청할 수 있다. 다만, 동의의결이 있기 전 신청인이 신청을 취소하는 경우 공정거래위원회는 동의의결을 하지 아니하고 이 법에 따른 심의 절차를 진행하여야 한다.

② 신청인이 제1항에 따른 신청을 하는 경우 다음 각 호의 사항을 기재한 서면으로 하여야 한다.

 1. 해당 행위를 특정할 수 있는 사실관계
 2. 해당 행위의 중지, 원상회복 등 경쟁질서의 회복이나 거래질서의 적극적 개선을 위하여 필요한 시정방안
 3. 그 밖에 소비자, 다른 사업자 등의 피해를 구제하거나 예방하기 위하여 필요한 시정방안

③ 공정거래위원회는 해당 행위의 사실관계에 대한 조사를 마친 후 제2항제2호 및 제3호에 따른 시정방안(이하 "시정방안"이라 한다)이 다음 각 호의 요건을 모두 충족한다고 판단되는 경우에는 해당 행위 관련 심의 절차를 중단하고 시정방안과 같은 취지의 의결(이하 "동의의결"이라 한다)을 할 수 있다. 이 경우 신청인과의 협의를 거쳐 시정방안을 수정할 수 있다.

 1. 해당 행위가 이 법을 위반한 것으로 판단될 경우에 예상되는 시정조치 및 그 밖의 제재와 균형을 이룰 것
 2. 공정하고 자유로운 경쟁질서나 거래질서를 회복시키거나 소비자, 다른 사업자 등을 보호하기에 적절하다고 인정될 것

④ 공정거래위원회의 동의의결은 해당 행위가 이 법에 위반된다고 인정한 것을 의미하지 아니하며, 누구든지 신청인이 동의의결을 받은 사실을 들어 해당 행위가 이 법에 위반된다고 주장할 수 없다.

[본조신설 2022. 1. 4.]

목　차

I. 동의의결의 신청

공정거래위원회의 조사나 심의를 받고 있는 사업자 또는 사업자단체(이하 이 조부터 제50조의4까지의 규정에서 "신청인")는 해당 조사나 심의의 대상이 되는 행위(이하 이 조부터 제50조의4까지의 규정에서 "해당 행위")로 인한 불공정한 거래 내용 등의 자발적 해결, 소비자의 피해구제 및 거래질서의 개선 등을 위하여 제3항에 따른 동의의결을 하여 줄 것을 공정거래위원회에 신청할 수 있다. 다만, 동의의결이 있기 전 신청인이 신청을 취소하는 경우 공정거래위원회는 동의의결을 하지 아니하고 이 법에 따른 심의 절차를 진행하여야 한다(법 제50조의2 제1항).

신청인이 제1항에 따른 신청을 하는 경우 ① 해당 행위를 특정할 수 있는 사실관계(제1호), ② 해당 행위의 중지, 원상회복 등 경쟁질서의 회복이나 거래질서의 적극적 개선을 위하여 필요한 시정방안(제2호), ③ 그 밖에 소비자, 다른 사업자 등의 피해를 구제하거나 예방하기 위하여 필요한 시정방안(제3호)의 사항을 기재한 서면으로 하여야 한다(법 제50조의2 제2항).

2022. 1. 4. 법 개정시 방문판매법에 동의의결제도가 도입되었다.

II. 동의의결의 요건

공정거래위원회는 해당 행위의 사실관계에 대한 조사를 마친 후 제2항 제2호 및 제3호에 따른 시정방안(이하 "시정방안")이 ① 해당 행위가 이 법을 위반한 것으로 판단될 경우에 예상되는 시정조치 및 그 밖의 제재와 균형을 이룰 것(제1호), ② 공정하고 자유로운 경쟁질서나 거래질서를 회복시키거나 소비자,

다른 사업자 등을 보호하기에 적절하다고 인정될 것(제2호)의 요건을 모두 충족한다고 판단되는 경우에는 해당 행위 관련 심의 절차를 중단하고 시정방안과 같은 취지의 의결(이하 "동의의결"이라 한다)을 할 수 있다. 이 경우 신청인과의 협의를 거쳐 시정방안을 수정할 수 있다(법 제50조의2 제3항).

Ⅲ. 동의의결과 법위반 여부

공정거래위원회의 동의의결은 해당 행위가 이 법에 위반된다고 인정한 것을 의미하지 아니하며, 누구든지 신청인이 동의의결을 받은 사실을 들어 해당 행위가 이 법에 위반된다고 주장할 수 없다(법 제50조의2 제4항).

제50조의3(동의의결 절차)

① 공정거래위원회는 신속한 조치의 필요성, 소비자 피해의 직접 보상 필요성 등을 종
  합적으로 고려하여 동의의결 절차의 개시 여부를 결정하여야 한다.

② 공정거래위원회는 동의의결을 하기 전에 30일 이상의 기간을 정하여 다음 각 호의
  사항을 신고인 등 이해관계인에게 통지하거나, 관보 또는 공정거래위원회의 인터넷
  홈페이지에 공고하는 등의 방법으로 의견을 제출할 기회를 주어야 한다.

  1. 해당 행위의 개요

  2. 관계 법령 조항

  3. 시정방안(제50조의2제3항 후단에 따라 시정방안이 수정된 경우에는 그 수정된
     시정방안을 말한다)

  4. 해당 행위와 관련하여 신고인 등 이해관계인의 이해를 돕는 그 밖의 정보. 다만,
     사업상 또는 사생활의 비밀 보호나 그 밖에 공익상 공개하기에 적절하지 아니한
     것은 제외한다.

③ 공정거래위원회는 제2항 각 호의 사항을 관계 행정기관의 장에게 통보하고 그 의견
  을 들어야 한다. 다만, 제58조부터 제64조까지의 규정이 적용되는 행위에 대해서는
  검찰총장과 협의하여야 한다.

④ 공정거래위원회는 동의의결을 하거나 이를 취소하는 경우에는 「독점규제 및 공정거래
  에 관한 법률」 제59조의 구분에 따른 회의의 심의·의결을 거쳐야 한다.

⑤ 동의의결을 받은 신청인은 제4항의 의결에 따라 동의의결의 이행계획과 이행결과를
  공정거래위원회에 제출하여야 한다.

⑥ 공정거래위원회는 제5항에 따라 제출된 이행계획의 이행 여부를 점검할 수 있고, 동
  의의결을 받은 신청인에게 그 이행에 관련된 자료의 제출을 요청할 수 있다.

⑦ 공정거래위원회는 제6항에 따른 이행계획의 이행 여부 점검 등 동의의결의 이행관리
  에 관한 업무를 대통령령으로 정하는 바에 따라 조정원 또는 「소비자기본법」 제33조
  에 따른 한국소비자원(이하 "소비자원"이라 한다)에 위탁할 수 있다.

⑧ 제7항에 따른 위탁을 받은 기관의 장은 제5항에 따라 신청인이 제출한 동의의결의 이
  행계획과 이행결과에 대한 이행관리 현황을 분기별로 공정거래위원회에 보고하여야
  한다. 다만, 공정거래위원회의 현황 보고 요구가 있는 경우 즉시 이에 따라야 한다.

⑨ 제7항에 따른 위탁을 받은 기관의 장은 동의의결을 받은 신청인이 그 이행을 게을리
  하거나 이행하지 아니하는 경우에는 지체 없이 그 사실을 공정거래위원회에 통보하
  여야 한다.

⑩ 제50조의2제2항에 따른 서면의 신청 방법, 의견 조회 방법, 심의·의결 절차, 조정
   원 또는 소비자원에 대한 이행관리 업무의 위탁 절차 등 그 밖의 세부 사항은 공정
   거래위원회가 정하여 고시할 수 있다.

[본조신설 2022. 1. 4.]

 목 차

I. 절차개시 여부의 결정

공정거래위원회는 신속한 조치의 필요성, 소비자 피해의 직접 보상 필요성
등을 종합적으로 고려하여 동의의결 절차의 개시 여부를 결정하여야 한다(제50
조의3 제1항).

Ⅱ. 의견제출기간의 부여

공정거래위원회는 동의의결을 하기 전에 30일 이상의 기간을 정하여 ① 해
당 행위의 개요(제1호), ② 관계 법령 조항(제2호), ③ 시정방안(제50조의2제3항
후단에 따라 시정방안이 수정된 경우에는 그 수정된 시정방안)(제3호), ④ 해당 행위
와 관련하여 신고인 등 이해관계인의 이해를 돕는 그 밖의 정보(다만, 사업상 또
는 사생활의 비밀 보호나 그 밖에 공익상 공개하기에 적절하지 아니한 것은 제외)(제4
호)를 신고인 등 이해관계인에게 통지하거나, 관보 또는 공정거래위원회의 인터
넷 홈페이지에 공고하는 등의 방법으로 의견을 제출할 기회를 주어야 한다(제50
조의3 제2항).

Ⅲ. 관계기관의 의견청취 및 검찰총장과의 협의

공정거래위원회는 제2항 각 호의 사항을 관계 행정기관의 장에게 통보하고 그 의견을 들어야 한다. 다만, 제58조부터 제64조까지의 규정이 적용되는 행위에 대해서는 검찰총장과 협의하여야 한다(제50조의3 제3항).

Ⅳ. 동의의결 및 취소

공정거래위원회는 동의의결을 하거나 이를 취소하는 경우에는 「독점규제법」제59조의 구분에 따른 회의의 심의·의결을 거쳐야 한다(제50조의3 제4항).

Ⅴ. 이행계획과 결과의 제출

동의의결을 받은 신청인은 제4항의 의결에 따라 동의의결의 이행계획과 이행결과를 공정거래위원회에 제출하여야 한다(제50조의3 제5항).

Ⅵ. 이행여부 점검 등

1. 자료제출요청

공정거래위원회는 제5항에 따라 제출된 이행계획의 이행 여부를 점검할 수 있고, 동의의결을 받은 신청인에게 그 이행에 관련된 자료의 제출을 요청할 수 있다(제50조의3 제6항).

2. 이행관리업무의 위탁

공정거래위원회는 제6항에 따른 이행계획의 이행 여부 점검 등 동의의결의 이행관리에 관한 업무를 *대통령령*[1])으로 정하는 바에 따라 조정원 또는 「소비자

---

1) 제58조의2(동의의결의 이행관리에 관한 업무의 위탁) 공정거래위원회는 법 제50조의3제7항에

기본법」 제33조에 따른 한국소비자원(이하 "소비자원")에 위탁할 수 있다(제50조
의3 제7항). 제7항에 따른 위탁을 받은 기관의 장은 제5항에 따라 신청인이 제출
한 동의의결의 이행계획과 이행결과에 대한 이행관리 현황을 분기별로 공정거
래위원회에 보고하여야 한다. 다만, 공정거래위원회의 현황 보고 요구가 있는
경우 즉시 이에 따라야 하며(제50조의3 제8항), 동의의결을 받은 신청인이 그 이
행을 게을리하거나 이행하지 아니하는 경우에는 지체 없이 그 사실을 공정거래
위원회에 통보하여야 한다(제50조의3 제9항).

    제50조의2 제2항에 따른 서면의 신청 방법, 의견 조회 방법, 심의·의결 절
차, 조정원 또는 소비자원에 대한 이행관리 업무의 위탁 절차 등 그 밖의 세부
사항은 공정거래위원회가 정하여 고시할 수 있다(제50조의3 제10항).

    따라 같은 조 제6항에 따른 동의의결 이행계획의 이행 여부 점검 업무와 그 이행에 관련된 자
료의 제출 요청 업무를 「소비자기본법」 제33조에 따른 한국소비자원에 위탁한다.

제50조의4(동의의결의 취소)

① 공정거래위원회는 다음 각 호의 어느 하나에 해당하는 경우에는 동의의결을 취소할 수 있다.

1. 동의의결의 기초가 된 시장상황 등 사실관계의 현저한 변경 등으로 인하여 시정 방안이 적정하지 아니하게 된 경우

2. 신청인이 제공한 불완전하거나 부정확한 정보로 인하여 동의의결을 하게 되었거나, 신청인이 거짓 또는 그 밖의 부정한 방법으로 동의의결을 받은 경우

3. 신청인이 정당한 이유 없이 동의의결을 이행하지 아니하는 경우

② 제1항제1호에 따라 동의의결을 취소하는 경우 신청인이 제50조의2제1항에 따라 동의의결을 하여줄 것을 신청하면 공정거래위원회는 다시 동의의결을 할 수 있다. 이 경우 제50조의2부터 제50조의5까지의 규정을 적용한다.

③ 제1항제2호 또는 제3호에 따라 동의의결을 취소하는 경우 공정거래위원회는 제50조의2제3항에 따라 중단된 해당 행위 관련 심의절차를 계속하여 진행할 수 있다.

[본조신설 2022. 1. 4.]

제50조의5(이행강제금)

① 공정거래위원회는 정당한 이유 없이 동의의결 시 정한 이행기한까지 동의의결을 이행하지 아니한 자에게 동의의결이 이행되거나 취소되기 전까지 이행기한이 지난 날부터 1일당 200만원 이하의 이행강제금을 부과할 수 있다.

② 이행강제금의 부과·납부·징수 및 환급 등에 관하여는 「독점규제 및 공정거래에 관한 법률」 제16조제2항 및 제3항을 준용한다.

[본조신설 2022. 1. 4.]

제51조(과징금)

① 공정거래위원회는 제49조제4항에 따른 영업정지를 갈음하여 해당 사업자에 대하여
대통령령으로 정하는 위반행위 관련 매출액을 초과하지 아니하는 범위에서 과징금을
부과할 수 있다. 이 경우 관련 매출액이 없거나 이를 산정할 수 없는 등의 경우에는
5천만원을 초과하지 아니하는 범위에서 과징금을 부과할 수 있다.

② 공정거래위원회는 제1항에 따른 과징금을 부과할 때 다음 각 호의 사항을 고려하여
야 한다.

   1. 위반행위로 인한 소비자피해 정도

   2. 소비자피해에 대한 사업자의 보상노력 정도

   3. 위반행위로 취득한 이익의 규모

   4. 위반행위의 내용·기간 및 횟수 등

③ 공정거래위원회는 이 법을 위반한 사업자인 회사의 합병이 있는 경우에는 그 회사가
한 위반행위를 합병 후 존속하거나 합병으로 새로 설립된 회사가 한 행위로 보아 과
징금을 부과·징수할 수 있다.

④ 삭제<2018. 6. 12.>

⑤ 제1항에 따른 과징금의 부과기준은 대통령령으로 정한다.

 목 차

[참고사례]

  (주)에스티씨인터내셔널의 방문판매법 위반행위 건(공정거래위원회 의결 제2006-241
호; 서울고등법원 2007. 10. 31. 선고 2007누8272 판결); 위나라이트코리아(주)의 방문판
매법 위반행위 건[공정거래위원회 2015. 10. 2. 의결 제2015-343호; 서울고등법원
2017. 7. 14. 선고 2016누34112 판결; 대법원 2017. 12. 7. 선고 2017두57578(심리불속
행 기각) 판결]; (주)앤알커뮤니케이션의 방문판매법 위반행위 건[공정거래위원회 2018.
12. 10. 의결 제2018-373호; 서울고등법원 2018. 2. 7. 선고 2017누35549 판결; 대법
원 2018. 6. 15. 선고 2018두37915(심리불속행 기각) 판결]

Ⅰ. 과징금의 부과기준

공정거래위원회는 제49조 제4항에 따른 영업정지를 갈음하여 해당 사업자에 대하여 *대통령령*[1]으로 정하는 위반행위 관련 매출액을 초과하지 아니하는 범위에서 과징금을 부과할 수 있다.[2] 이 경우 관련 매출액이 없거나 이를 산정할 수 없는 등의 경우에는 5천만원을 초과하지 아니하는 범위에서 과징금을 부과할 수 있다(법 제51조 제1항).

제1항에 따른 과징금의 부과기준은 *대통령령*[3]으로 정한다(법 제51조 제5항).

지급한도초과의 후원수당 지급 관련하여, 후원수당 지급총액 한도초과 행위는 매출발생의 직접적인 원인이다(<에스티인터내셔널의 방문판매법 위반행위 건>).[4] <(주)앤알커뮤니케이션의 방문판매법 위반행위 건> 관련 행정소송에서 대법원은 위탁 판매 관련하여 관련 매출액은 위탁판매 수수료가 아니라 위탁판매대금으로 보는 것이 타당하며, 매출에누리는 관련매출액에 포함되는 것이 상당하다고 본다.[5]

이에 공정거래위원회는 「방문판매 등에 관한 법률 위반사업자에 대한 과징금 고시」[6]를 제정·운영하고 있다.

---

1) 제60조(위반행위 관련 매출액의 산정) 법 제51조제1항 전단에서 "대통령령으로 정하는 위반행위 관련 매출액"이란 다음 각 호의 구분에 따른 금액을 말한다. 다만, 해당 위반행위가 다음 각 호의 경우 중 둘 이상에 해당하는 경우에는 그 중 큰 금액을 말한다. 1. 해당 위반행위가 매출이나 소비자피해 발생의 직접적인 원인이 아닌 경우: 해당 위반행위의 발생 시점부터 종료 시점(해당 행위가 과징금 부과처분 시까지 종료되지 아니한 경우에는 과징금 부과처분을 명하는 공정거래위원회의 의결일을 해당 행위의 종료일)까지의 매출액의 10퍼센트에 해당하는 금액. 다만, 위반행위가 특정 분야에 한정된 경우에는 해당 분야 매출액을 기준으로 한다. 2. 해당 위반행위가 매출 발생의 직접적 원인이 된 경우: 해당 위반행위와 상당인과관계가 있는 매출액 전액에 해당하는 금액 3. 해당 위반행위가 소비자피해 발생의 직접적 원인이 된 경우: 해당 위반행위로 인하여 피해가 발생한 매출액 전액에 해당하는 금액

2) 제59조(과징금의 부과 및 납부) ① 공정거래위원회는 법 제51조에 따라 과징금을 부과할 때에는 그 위반행위의 종별과 해당 과징금의 금액 등을 명시하여 이를 납부할 것을 서면으로 통지하여야 한다. ② 제1항에 따라 통지를 받은 자는 통지를 받은 날부터 60일 이내에 과징금을 공정거래위원회가 정하는 수납기관에 내야 한다. 다만, 천재지변이나 그 밖의 부득이한 사유로 그 기간 내에 과징금을 낼 수 없을 때에는 그 사유가 없어진 날부터 30일 이내에 내야 한다.

3) 제61조(과징금의 부과기준) ① 법 제51조제5항에 따른 과징금의 부과기준은 별표 3과 같다. ② 이 영에서 규정한 사항 외에 과징금의 부과에 필요한 세부기준은 공정거래위원회가 정하여 고시한다. 「방문판매 등에 관한 법률 위반사업자에 대한 과징금 고시」[공정거래위원회고시 제2015-15호(2015. 10. 23)]

4) 대판 2009. 10. 15. 2007두25299. 보상플랜 자체가 12만원 이상의 부담 부과를 정하고 있었던 이상, 이를 통해 발생한 매출액 전액에 대한 소비자 피해를 인정할 수 있다.

5) 서고판 2018. 2. 7. 2017누35549(대판 2018. 6. 15. 2018두37915).

6) 공정거래위원회고시 제2021-48호(2021. 12. 29).

공정거래위원회가 영업정지에 갈음하여 과징금을 부과한 것은 재량권 범위
내의 행위이며 공정거래위원회는 과징금 부과 및 구체적인 수액에 대하여 결정
할 재량권이 있다(<(주)에스티씨인터내셔널의 방문판매법위반행위 건>).[7]

관련하여 다음과 같은 사례가 있다.

"과징금부과처분은 1일당 평균 매출액의 100분의 30에 해당하는 금액을 기준으로
하므로 이것은 영업정지처분을 선택하는 것과 비교해서 과다한 것으로 볼 수 없
고, 가장 무거운 처분기준인 2분의 1 한도로 제한된 영업정지일수가 곱해지는 이
상 과징금부과처분에도 둘 이상의 위반사항이 경합하는 사정이 충분히 반영되는
것으로 볼 수 있음"(<위나라이트코리아(주)의 방문판매법 위반행위 건>),[8] "소
제기 직전에 보상플랜을 변경한 경우 적극적으로 방문판매법 위반행위의 효과를
제거하거나 시정하려는 노력을 했다고 보기 어려움"(<위나라이트코리아(주)의 방
문판매법 위반행위 건>)[9]

공정거래위원회는 제1항에 따른 과징금을 부과할 때 ① 위반행위로 인한
소비자피해 정도(제1호), ② 소비자피해에 대한 사업자의 보상노력 정도(제2호),
③ 위반행위로 취득한 이익의 규모(제3호), ④ 위반행위의 내용·기간 및 횟수
등(제4호)을 고려하여야 한다(법 제51조 제2항).

Ⅱ. 합병의 경우 과징금 부과·징수

공정거래위원회는 이 법을 위반한 사업자인 회사의 합병이 있는 경우에는
그 회사가 한 위반행위를 합병 후 존속하거나 합병으로 새로 설립된 회사가 한
행위로 보아 과징금을 부과·징수할 수 있다(법 제51조 제3항).

---

7) 서고판 2007. 10. 31. 2007누8272.
8) 서고판 2017. 7. 14. 2016누34112(대판 2017. 12. 7. 2017두57578).
9) 서고판 2017. 7. 14. 2016누34112(대판 2017. 12. 7. 2017두57578).

보칙

제52조(소비자 등에게 불리한 계약의 금지)

제7조, 제7조의2, 제8조부터 제10조까지, 제16조부터 제19조까지, 제30조부터 제32조까지의 규정 중 어느 하나를 위반한 계약으로서 소비자에게 불리한 것은 효력이 없다.<개정 2018. 6. 12.>

「특수판매 지침」에서는 다음과 같이 예시하고 있다(Ⅲ. 3. 마).

- '반환되는 재화가 합리적으로 판단하여 손상되지 아니하고 개봉되지 않았으며 변질되지 않은 조건하에서만 가능'하다는 내용을 계약서상에 기재한 경우라도 법 규정에 의한 청약철회등을 방해하지 못함.
- '제3자에게 회원권의 양도를 조건으로 계약 해지가 가능'하다는 내용을 계약서상에 기재한 경우라도 법 규정에 의한 계약 해지권을 방해하지 못함.

제53조(전속관할)

특수판매와 관련된 소(訴)는 제소 당시 소비자 주소를, 주소가 없는 경우에는 거소를 관할하는 지방법원의 전속관할로 한다. 다만, 제소 당시 소비자의 주소 또는 거소가 분명하지 아니한 경우에는 「민사소송법」의 관계 규정을 준용한다.

제54조(사업자단체의 등록)

① 특수판매의 건전한 발전과 소비자의 신뢰도 제고, 그 밖에 공동이익의 증진을 위한
목적으로 설립된 사업자단체는 대통령령으로 정하는 바에 따라 공정거래위원회에 등
록할 수 있다.

② 제1항에 따른 등록의 요건, 방법 및 절차 등에 관하여 필요한 사항은 대통령령으로
정한다.

특수판매의 건전한 발전과 소비자의 신뢰도 제고, 그 밖에 공동이익의 증진
을 위한 목적으로 설립된 사업자단체는 *대통령령*으로 정하는 바에 따라 공정거
래위원회에 등록할 수 있으며, 등록의 요건, 방법 및 절차 등에 관하여 필요한
사항은 *대통령령*[1]으로 정한다.

---

1) 제62조(사업자단체의 등록) ① 법 제54조제1항에 따라 등록하려는 사업자단체는 다음 각 호의
사항을 적은 신청서를 공정거래위원회에 제출하여야 한다.
  1. 목적 2. 명칭 3. 주된 사무소, 지부의 주소 및 홈페이지 주소 4. 대표자의 성명·주민등록번
  호·주소·전화번호·전자우편주소 5. 설립 연월일 6. 회원의 수(지부의 회원 수를 포함한다)
  7. 사업 내용 ② 제1항의 신청서에는 정관과 다음 각 호에 관한 자료를 첨부하여야 한다. 1.
  인력·재정 상황 및 재원 확보 방안 2. 주요 설비의 목록 및 성능 ③ 법 제54조제1항에 따라
  등록한 사업자단체는 제1항제1호부터 제4호까지, 제6호 및 제7호와 제2항 각 호의 사항이 변
  경되었을 때에는 변경된 날부터 20일 이내에 공정거래위원회에 통보하여야 한다.

제55조(소비자에 관한 정보의 오용·남용 및 도용 방지 등)

특수판매업자가 소비자에 관한 정보를 수집·이용하는 경우에는 「전자상거래 등에서의 소비자보호에 관한 법률」 제11조를 준용한다. 이 경우 "전자상거래 또는 통신판매"는 "특수판매"로 본다.

사업자가 특수판매와 관련된 소비자의 정보를 공정하지 않게 수집·이용하는 행위를 「특수판매지침」[1])에서는 다음과 같이 예시하고 있다(Ⅲ. 3. 라).

> • 소비자에게 재화 등의 3개월 무료 이용 등 이익 제공을 약속하면서 당해 소비자에 관한 정보를 수집한 후 그 약속을 이행하지 않은 행위

---

1) 공정거래위원회예규 제235호(2015. 10. 23).

제56조(권한의 위임 · 위탁)

① 이 법에 따른 공정거래위원회의 권한은 그 일부를 대통령령으로 정하는 바에 따라 소속 기관의 장 또는 시 · 도지사에게 위임하거나 다른 행정기관의 장에게 위탁할 수 있다.

② 이 법에 따른 시 · 도지사의 권한은 그 일부를 대통령령으로 정하는 바에 따라 시장 · 군수 · 구청장에게 위임할 수 있다.

③ 공정거래위원회는 이 법을 효율적으로 집행하기 위하여 필요한 경우 사무의 일부를 제54조에 따라 등록한 사업자단체에 위탁할 수 있다.

④ 제1항부터 제3항까지의 규정에 따라 위임하거나 위탁한 사무에 대한 감독, 처리 · 보고, 조사 · 확인, 자료의 제출 또는 시정에 필요한 조치의 요구 등에 관하여 필요한 사항은 대통령령으로 정한다.

⑤ 제3항 또는 제42조제3항에 따라 사무를 위탁받은 자의 임직원은 「형법」제129조부터 제132조까지의 규정에 따른 벌칙을 적용할 때에는 공무원으로 본다.

 목 차

I. 공정거래위원회의 권한 위임 · 위탁

이 법에 따른 공정거래위원회의 권한은 그 일부를 *대통령령*[1]으로 정하는

---

1) 제62조(사업자단체의 등록) ① 법 제54조제1항에 따라 등록하려는 사업자단체는 다음 각 호의 사항을 적은 신청서를 공정거래위원회에 제출하여야 한다. 1. 목적 2. 명칭 3. 주된 사무소, 지부의 주소 및 홈페이지 주소 4. 대표자의 성명 · 주민등록번호 · 주소 · 전화번호 · 전자우편주소 5. 설립 연월일 6. 회원의 수(지부의 회원 수를 포함) 7. 사업 내용 ② 제1항의 신청서에는 정관과 다음 각 호에 관한 자료를 첨부하여야 한다. 1. 인력 · 재정 상황 및 재원 확보 방안 2. 주요 설비의 목록 및 성능 ③ 법 제54조제1항에 따라 등록한 사업자단체는 제1항제1호부터 제4호까지, 제6호 및 제7호와 제2항 각 호의 사항이 변경되었을 때에는 변경된 날부터 20일 이내에 공정거래위원회에 통보하여야 한다.

바에 따라 소속 기관의 장 또는 시·도지사에게 위임하거나 다른 행정기관의 장
에게 위탁할 수 있다(법 제56조 제1항).

　　공정거래위원회는 이 법을 효율적으로 집행하기 위하여 필요한 경우 사무의
일부를 제54조에 따라 등록한 사업자단체에 위탁할 수 있다(법 제56조 제3항).

Ⅱ. 시·도지사의 권한 위임

　　이 법에 따른 시·도지사의 권한은 그 일부를 *대통령령*으로 정하는 바에 따
라 시장·군수·구청장에게 위임할 수 있다(법 제56조 제2항).

Ⅲ. 위임·위탁사무 감독 등

　　제1항부터 제3항까지의 규정에 따라 위임하거나 위탁한 사무에 대한 감독,
처리·보고, 조사·확인, 자료의 제출 또는 시정에 필요한 조치의 요구 등에 관
하여 필요한 사항은 *대통령령*으로 정한다(법 제56조 제4항).

제57조(「독점규제 및 공정거래에 관한 법률」의 준용)

① 이 법에 따른 공정거래위원회의 심의 · 의결에 관하여는 「독점규제 및 공정거래에 관한 법률」 제64조부터 제68조까지 및 제93조를 준용한다. <개정 2020. 12. 29.>

② 이 법 위반행위에 대한 행정청의 조사 등에 관하여는 「독점규제 및 공정거래에 관한 법률」 제81조제1항 · 제2항 · 제3항 · 제6항 및 제9항을 준용한다. <개정 2020. 12. 29.>

③ 이 법에 따른 공정거래위원회의 처분 및 제56조에 따라 위임된 시 · 도지사의 처분에 대한 이의신청, 시정조치명령의 집행정지, 소의 제기 및 불복의 소의 전속관할에 관하여는 「독점규제 및 공정거래에 관한 법률」 제96조부터 제101조까지의 규정을 준용한다. <개정 2020. 12. 29.>

④ 이 법에 따른 과징금의 부과 · 징수에 관하여는 「독점규제 및 공정거래에 관한 법률」 제103조부터 제107조까지의 규정을 준용한다. <신설 2018. 6. 12., 2020. 12. 29.>

⑤ 이 법에 따른 직무에 종사하거나 종사하였던 공정거래위원회의 위원 또는 공무원 및 제50조의3에 따른 이행관리 업무를 담당하거나 담당하였던 사람에 대하여는 「독점규제 및 공정거래에 관한 법률」 제119조를 준용한다. <개정 2018. 6. 12., 2020. 12. 29., 2022. 1. 4.>

⑥ 제50조의3에 따른 이행관리 업무를 담당하거나 담당하였던 사람에 대하여는 「독점규제 및 공정거래에 관한 법률」 제123조제2항을 준용한다. <신설 2022. 1. 4.>

제9장

벌칙

제58조(벌칙)

① 다음 각 호의 어느 하나에 해당하는 자(제29조제3항에 따라 준용되는 경우를 포함한다)는 7년 이하의 징역 또는 2억원 이하의 벌금에 처한다. 이 경우 다음 각 호의 어느 하나에 해당하는 자가 이 법 위반행위와 관련하여 판매하거나 거래한 대금 총액의 3배에 해당하는 금액이 2억원을 초과할 때에는 7년 이하의 징역 또는 판매하거나 거래한 대금 총액의 3배에 해당하는 금액 이하의 벌금에 처한다.

1. 제13조제1항에 따른 등록을 하지 아니하고(제49조제5항에 따라 등록이 취소된 경우를 포함한다) 다단계판매조직이나 후원방문판매조직을 개설·관리 또는 운영한 자

2. 거짓이나 그 밖의 부정한 방법으로 제13조제1항에 따른 등록을 하고 다단계판매조직이나 후원방문판매조직을 개설·관리 또는 운영한 자

3. 제23조제1항제8호에 따른 금지행위를 한 자

4. 제24조제1항 또는 제2항에 따른 금지행위를 한 자

② 제1항의 징역형과 벌금형은 병과(倂科)할 수 있다.

[참고사례]

헌법재판소 2012. 4. 24. 2009헌바329 결정(합헌 결정); 한라상조외 1의 방문판매법 위반행위 건(공정거래위원회; 서울고등법원 2009. 5. 28. 선고 2008누34810 판결)

다단계판매조직 또는 이와 비슷하게 단계적으로 가입한 자로 구성된 조직을 이용하여 "재화등의 거래 없이 금전거래를 하거나 재화등의 거래를 가장하

여 사실상 금전거래만을 하는 행위"에 대해 형사처벌을 하는 규정이 죄형법정
주의의 명확성원칙에 위반되는지 여부에 대하여 헌법재판소는 다음과 같이 판
시하였다.

"첫째, '다단계판매'의 의미에 대하여 "방문판매법의 관련 규정을 살펴보면 다단계
판매의 의미는 '① 판매원의 가입이 단계적으로 이루어져 가입한 판매원의 단계가
3단계 이상일 것, ② 하위단계의 판매원은 그 상위단계 판매원으로부터 재화 등
을 구입한 소비자일 것, ③ 판매원을 단계적으로 가입하도록 권유하는 데 있어 판
매 및 가입유치 활동에 대한 경제적 이익(소매이익과 후원수당)의 부여가 유인으
로 활용될 것' 요건을 갖추어야 하며, 대법원도 같은 취지로 판시(대법원 2009. 4.
9. 선고 2008두17424 판결 등 참조)"하고 있으며, 둘째, '다단계조직과 유사하게
단계적으로 가입한 자로 구성된 다단계조직'[1]의 의미 및 규제 필요성에 대하여,
"'이와 유사하게'라는 부분이 다소 추상적이지만, 이 건 법률조항의 입법취지, 관
련 규정, 법원의 축적된 해석 등을 종합적으로 고려하면 그 의미를 충분히 파악할
수 있음. '방문판매법 제2조 제5호의 요건을 모두 갖춘 다단계판매조직에는 해당
하지 아니하지만 다단계판매의 개념적 구성요소를 상당부분 갖춘 조직으로서 다
단계판매조직으로서의 실질을 유지하고 있는 조직'을 의미한다"고 하고, "방문판
매법상 다단계판매 조직의 해당 요건 중 일부를 고의적으로 누락 내지 변형시킨
다단계판매조직은 법적 규율을 피해 다단계판매를 금전투자의 수단으로 악용한다
는 점에서 그 규제의 필요성이 더 큰 한편, 그 조직과 형태가 매우 다양하며 나날
이 변화·발전되고 있으므로 입법자가 그 형태와 유형을 일일이 열거하여 규정하
는 것은 매우 어려운 상황이므로 그 구성요건을 완화하여 규정할 필요성이 있다"
고 하고, 셋째, '재화 등의 거래 없이 금전거래만을 하거나 재화 등의 거래를 가장
하여 사실상 금전거래만을 하는 행위'의 의미에 대해서는 "'재화 등의 주고받음이
없이 오로지 금전수수만을 하거나, 재화 등의 거래를 빙자하여 외형상으로는 재화
등의 거래가 있는 것처럼 보이나 실제로는 재화 등의 거래가 없거나 매우 미미한
정도로만 이루어져 그 실질적 목적은 금전의 수수에만 있는 경우'를 의미하며, 구
체적인 건에서 당해 재화 등의 객관적 가치 및 공급가액의 적정성, 공급 받는 자
의 사용·소비의도 유무, 투자금의 회수 예정 여부 등 제반사정을 종합하여 판단
가능하다"고 판시하였으며, 넷째, '재화 등'의 범위에 상품권이 포함되는지 여부에
관하여 "상품권은 상품과 교환할 수 있는 무기명유가증권으로서 상품과의 교환을
예정하고 있어 상품과 동일시되는 것은 아니지만 상품권이 그 자체로 거래의 객
체가 됨은 물론 다단계판매업자들이 상품권을 재화와 마찬가지로 거래의 객체로
삼아 유통시키고 있는 현실에 비추어 볼 때 방문판매법에서 상품권을 '재화 등'과

같이 취급하여 규율할 필요성이 있다"고 판시하고 있음.[2] 즉 구성요건이 다소 광범위하여 법관의 보충적인 해석이 필요하더라도 건전한 상식과 통상적인 법감정을 가진 사람으로 하여금 적용 대상자와 금지되는 행위를 충분히 알 수 있도록 규정하였거나, 다른 규정들과의 체계 조화적 해석 등을 통해 다의적 해석의 우려 없이 그 의미가 구체화될 수 있다면 죄형법정주의의 명확성원칙에 위배된다고 할 수 없음(헌재결 2004. 11. 25. 2003헌바104 등 참조)"[3]

법 제58조 이하 고발에 대해서는 「방문판매 등에 관한 법률 등 위반행위에 대한 고발지침」[4]을 제정·운영하고 있다.

고발은 수사의 단서에 불과할 뿐, 그 자체로 국민의 권리의무에 영향을 미치는 것이 아니므로 항고소송의 대상이 되는 행정처분이 아니다(<한라상조외 1의 방문판매법 위반행위 건>).[5]

---

1) 현행규정에서는 "다단계판매조직 또는 이와 비슷하게 단계적으로 가입한 자로 구성된 조직"으로 개정되었다.

2) 헌재결 2012. 4. 24. 2009헌바329.

3) 헌재결 2012. 4. 24. 2009헌바329.

4) 공정거래위원회예규 제252호(2016. 8. 1). 방문판매법, 전자상거래법, 할부거래법에 공히 적용된다.

5) 서고판 2009. 5. 28. 2008누34810.

제59조(벌칙)

① 다음 각 호의 어느 하나에 해당하는 자는 5년 이하의 징역 또는 1억 5천만원 이하의 벌금에 처한다. 다만, 제29조제3항에 따라 준용되는 경우에는 3년 이하의 징역 또는 1억원 이하의 벌금에 처한다.

1. 제22조제2항을 위반한 자
2. 제23조제1항제1호 또는 제2호에 따른 금지행위를 한 자
3. 제29조제1항에 따른 금지행위를 한 자

② 제1항의 징역형과 벌금형은 병과할 수 있다.

제60조(벌칙)

① 다음 각 호의 어느 하나에 해당하는 자는 3년 이하의 징역 또는 1억원 이하의 벌금에 처한다. 다만, 제29조제3항에 따라 준용되는 경우에는 2년 이하의 징역 또는 5천만원 이하의 벌금에 처한다.

1. 제13조제2항 또는 제3항을 위반하여 거짓으로 신고한 자
2. 제15조제5항에 따른 다단계판매원 수첩에 거짓 사실을 기재한 자
3. 제18조제2항을 위반하여 재화등의 대금을 환급하지 아니한 자
4. 제20조제3항 또는 제5항을 위반한 자
5. 제21조제1항 또는 제3항을 위반한 자
6. 제22조제1항 또는 제4항을 위반한 자
7. 제23조제1항제3호·제5호·제7호 또는 제11호에 따른 금지행위를 한 자
8. 제37조제5항을 위반하여 소비자피해보상보험계약등의 체결 또는 유지에 관하여 거짓 자료를 제출한 사업자
9. 제37조제7항을 위반하여 같은 조 제6항에 따른 표지를 사용하거나 이와 비슷한 표지를 제작 또는 사용한 자
10. 제49조제1항에 따른 시정조치명령을 따르지 아니한 자
11. 제49조제4항에 따른 영업정지명령을 위반하여 영업을 한 자

② 제1항의 징역형과 벌금형은 병과할 수 있다.

제61조(벌칙)

① 다음 각 호의 어느 하나에 해당하는 자는 2년 이하의 징역 또는 5천만원 이하의 벌금에 처한다.

　　1.　제11조제1항제1호·제2호 또는 제5호에 해당하는 금지행위를 한 자

　　2.　제34조제1항제1호·제2호 또는 제5호에 해당하는 금지행위를 한 자

② 제1항의 징역형과 벌금형은 병과할 수 있다.

제62조(벌칙)

다음 각 호의 어느 하나에 해당하는 자(제29조제3항에 따라 준용되는 경우를 포함한다)는 1년 이하의 징역 또는 3천만원 이하의 벌금에 처한다.<개정 2013. 5. 28., 2016. 3. 29., 2021. 4. 20.>

1.　제5조제1항을 위반하여 신고를 하지 아니하거나 거짓으로 신고한 자

2.　제11조제1항제3호에 따른 금지행위를 한 자

3.　제12조제1항 또는 제26조제1항을 위반하여 휴업기간 또는 영업정지기간 중에 계속하여야 할 업무를 계속하지 아니한 자

4.　제13조제7항을 위반하여 자료를 제출하지 아니하거나 거짓 자료를 제출한 자

5.　제15조제1항에 따른 등록을 하지 아니하고 실질적으로 다단계판매원으로 활동한 자

6.　제15조제2항제1호 또는 제3호부터 제7호까지의 규정에 따라 다단계판매원으로 등록할 수 없는 자임에도 불구하고 다단계판매원으로 등록한 자

7.　제15조제2항제2호를 위반하여 미성년자를 다단계판매원으로 가입시킨 다단계판매자

8.　제15조제3항에 따른 다단계판매원 등록증에 거짓 사실을 적은 자

9.　제15조제4항을 위반하여 다단계판매원 등록부를 거짓으로 작성한 자

10.　제23조제1항제9호에 따른 금지행위를 한 자

11.　제33조에 따른 재화등의 거래기록 등을 거짓으로 작성한 자

제63조(벌칙)

다음 각 호의 어느 하나에 해당하는 자(제29조제3항에 따라 준용되는 경우를 포함한다)는 1천만원 이하의 벌금에 처한다.

1. 제6조제3항을 위반하여 성명 등을 거짓으로 밝힌 자
2. 제7조제2항, 제16조 또는 제30조제2항에 따른 계약서를 발급할 때 거짓 내용이 적힌 계약서를 발급한 자
3. 제11조제1항제4호 또는 제7호에 따른 금지행위를 한 자
4. 제34조제1항제3호 · 제4호 또는 제7호에 따른 금지행위를 한 자

제64조(벌칙)

제57조제4항에 따라 준용되는 「독점규제 및 공정거래에 관한 법률」 제119조를 위반한 자는 2년 이하의 징역 또는 200만원 이하의 벌금에 처한다.<개정 2018. 6. 12., 2020. 12. 29.>

제65조(양벌규정 등)

① 법인의 대표자나 법인 또는 개인의 대리인, 사용인, 그 밖의 종업원이 그 법인 또는 개인의 업무에 관하여 제58조부터 제63조까지의 어느 하나에 해당하는 위반행위를 하면 그 행위자를 벌하는 외에 그 법인 또는 개인에게도 해당 조문의 벌금형을 과(科)한다. 다만, 법인 또는 개인이 그 위반행위를 방지하기 위하여 해당 업무에 관하여 상당한 주의와 감독을 게을리하지 아니한 경우에는 그러하지 아니하다.
② 제58조부터 제63조까지의 어느 하나에 해당하는 위반행위를 한 자 또는 제1항에 따라 벌금형이 부과되는 법인 또는 개인이 이미 공정거래위원회 또는 시 · 도지사의 처분을 받거나 소비자의 피해를 보상한 경우에는 제58조부터 제63조까지의 규정에 따른 형을 감경하거나 면제할 수 있다.

제66조(과태료)

① 사업자 또는 사업자단체가 제1호 또는 제2호에 해당하는 경우에는 3천만원 이하, 제
3호에 해당하는 경우에는 5천만원 이하의 과태료를 부과하고, 사업자 또는 사업자단
체의 임원 또는 종업원, 그 밖의 이해관계인이 제1호 또는 제2호에 해당하는 경우에
는 500만원 이하, 제3호에 해당하는 경우에는 1천만원 이하의 과태료를 부과한다.
<신설 2018. 6. 12., 2020. 12. 29.>
1. 제57조제2항에 따라 준용되는「독점규제 및 공정거래에 관한 법률」제81조제1항
제1호에 따른 출석처분을 받은 당사자 중 정당한 사유 없이 출석하지 아니한 자
2. 제57조제2항에 따라 준용되는「독점규제 및 공정거래에 관한 법률」제81조제1항
제3호 또는 같은 조 제6항에 따른 보고 또는 필요한 자료나 물건을 제출하지 아
니하거나 거짓으로 보고하거나 거짓 자료나 물건을 제출한 자
3. 제57조제2항에 따라 준용되는「독점규제 및 공정거래에 관한 법률」제81조제2항
및 제3항에 따른 조사를 거부ㆍ방해 또는 기피한 자
② 다음 각 호의 어느 하나에 해당하는 자(제29조제3항에 따라 준용되는 경우를 포함한
다)에게는 1천만원 이하의 과태료를 부과한다.<개정 2018. 6. 12.>
1. 제9조를 위반하여 재화등의 대금을 환급하지 아니하거나 환급에 필요한 조치를
하지 아니한 자
2. 제11조제1항제6호, 제23조제1항제4호 또는 제34조제1항제6호에 따른 금지행위를
한 자
3. 제11조제1항제8호, 제23조제1항제6호 또는 제34조제1항제8호에 따른 금지행위를
한 자
4. 제13조제2항 또는 제3항을 위반하여 신고를 하지 아니한 자
5. 제15조제3항에 따른 다단계판매원 등록증 또는 같은 조 제5항에 따른 다단계판
매원 수첩을 발급하지 아니한 자
6. 제15조제4항을 위반하여 다단계판매원 등록부를 작성하지 아니한 자 또는 다단
계판매원의 신원을 확인할 수 있도록 하지 아니한 자
7. 제23조제1항제10호에 따른 금지행위를 한 자
8. 제32조를 위반하여 위약금을 과다하게 청구하거나 대금 환급을 거부한 자
9. 제42조제2항을 위반하여 소비자에게 전화권유판매를 한 자
10. 삭제<2018. 6. 12.>
11. 삭제<2018. 6. 12.>

12. 삭제<2018. 6. 12.>

③ 다음 각 호의 어느 하나에 해당하는 자(제29조제3항에 따라 준용되는 경우를 포함한
　 다)에게는 500만원 이하의 과태료를 부과한다.<개정 2018. 6. 12.>

　 1. 제5조제2항 및 제3항에 따른 신고를 하지 아니하거나 거짓으로 신고한 자

　 2. 제6조제1항을 위반하여 방문판매원등의 명부를 작성하지 아니하거나 같은 조 제
　 　 2항을 위반하여 방문판매원의 신원을 확인할 수 있도록 하지 아니한 자 또는 같
　 　 은 조 제3항을 위반하여 성명 등을 밝히지 아니한 자

　 3. 제7조제2항, 제16조 또는 제30조제2항에 따른 계약서를 발급하지 아니한 자

　 3의 2. 제7조의2제1항을 위반하여 소비자의 동의를 받아 통화내용 중 계약에 관한
　 　 　 　 사항을 계약일부터 3개월 이상 보존하지 아니하거나 같은 조 제2항을 위반
　 　 　 　 하여 소비자의 통화내용 열람 요청을 따르지 아니한 자

　 4. 제20조제2항을 위반하여 후원수당의 산정 및 지급 기준을 변경한 자

　 5. 제20조제4항을 위반하여 후원수당의 산정·지급 명세 등의 열람을 허용하지 아
　 　 니한 자

　 6. 제30조제3항을 위반하여 소비자에게 계약 종료일을 통지하지 아니한 자

　 7. 제33조에 따른 재화등의 거래기록 등을 소비자가 열람할 수 있도록 하지 아니한 자

④ 제57조제1항에 따라 준용되는「독점규제 및 공정거래에 관한 법률」제66조를 위반하
　 여 질서유지의 명령을 따르지 아니한 자에게는 100만원 이하의 과태료를 부과한다.
　 <개정 2018. 6. 12., 2020. 12. 29.>

⑤ 제1항부터 제4항까지에 따른 과태료는 행정청이 부과·징수한다. 다만, 다단계판매
　 및 후원방문판매와 관련된 규정에 따른 과태료는 공정거래위원회 또는 시·도지사가
　 부과·징수한다.<개정 2018. 6. 12.>

⑥ 제1항부터 제4항까지에 따른 과태료의 부과기준은 대통령령으로 정한다.<개정 2018.
　 6. 12.>

[참고사례]

　 (주)웰빙테크의 방문판매법 위반행위 건(공정거래위원회 2012. 8. 28. 의결 제
2012－180호; 서울고등법원 2013. 12. 26. 선고 2012누36233 판결); 몬토토(주)의 방문판
매법 위반행위 건(공정거래위원회 2009. 12. 14. 의결 제2009－272호; 서울고등법원
2010. 7. 1. 선고 2010누2021 판결; 대법원 2010. 10. 28. 선고 2010두14985 판결)

제1항부터 제3항까지의 규정에 따른 과태료는 행정청이 부과·징수하며, 다만, 다단계판매 및 후원방문판매와 관련된 규정에 따른 과태료는 공정거래위원회 또는 시·도지사가 부과·징수한다.

방문판매법에 의하여 부과된 과태료처분의 당부는 최종적으로 비송사건절차법에 의한 절차에 의하여만 판단되어야 하므로 그 과태료처분은 행정소송의 대상이 되는 행정처분이라고 볼 수 없다(<몬토토(주)의 방문판매법 위반행위 건>[1] <(주)웰빙테크의 방문판매법 위반행위 건>).[2]

제1항부터 제3항까지의 규정에 따른 과태료의 부과기준은 *대통령령*[3]으로 정한다.

제67조(과태료에 관한 규정의 특례)

제66조의 과태료에 관한 규정을 적용할 때 제51조에 따라 과징금을 부과한 행위에 대해서는 과태료를 부과할 수 없다.
[본조신설 2017. 11. 28.]

[참고문헌]

단행본: 공정거래위원회, 공정거래백서, 2018

본 조는 방문판매법상 청약 철회에 따른 대금 환급 의무(동법 제9조) 등을 위반하는 경우, 동일한 위반 행위에 금전적 제재의 성격을 지닌 과징금과 과태료가 중복적으로 부과될 수 있어 헌법상 '과잉금지의 원칙'에 반할 우려가 있는 점을 개선하기 위해 신설되었다.[1]

---

1) 대판 2010. 10. 28. 2010두14985.
2) 서고판 2013. 12. 26. 2012누36233.
3) 제63조(과태료의 부과기준) 법 제66조제1항부터 제4항까지의 규정에 따른 과태료의 부과기준은 별표 4와 같다.
1) 공정거래백서(2018), 36면.

제 **7** 편

전자상거래법

▼

▼

제 1 장

총칙

제1조(목적)

이 법은 전자상거래 및 통신판매 등에 의한 재화 또는 용역의 공정한 거래에 관한 사항
을 규정함으로써 소비자의 권익을 보호하고 시장의 신뢰도를 높여 국민경제의 건전한
발전에 이바지함을 목적으로 한다.
[전문개정 2012. 2. 17.]

[참고문헌]

단행본: 손진화, 전자상거래법(제2판), 신조사, 2013

전자상거래(electronic commerce)는 컴퓨터 등의 정보처리시스템을 통하여
가상공간에서 전자적 방법으로 이루어지는 상거래이다.[1] 인터넷의 발달로 전자
상거래 비중이 증가하고 이로 인한 소비자의 피해 가능성이 높아짐에 따라 방
문판매법에 규정되어 있는 종전의 통신판매제도만으로는 이에 대처하기에 한계
가 있어 통신판매에 관한 사항을 별도로 분리하여 이 법의 적용대상으로 하고,
전자상거래에 있어서 통신판매업자 등이 준수하여야 할 사항을 규정하며, 법령
상 의무를 위반한 자에 대한 시정정조치명령·과징금제도 등을 도입함으로써 공
정한 거래질서를 확립하고 소비자를 보호하기 위해 2002. 3. 30. 전자상거래법
이 제정되었다.[2]

---

1) 손진화, 16면.
2) 【제정이유】[시행 2002. 7. 1.][법률 제6687호, 2002. 3. 30., 제정]

제2조(정의)

이 법에서 사용하는 용어의 뜻은 다음과 같다.<개정 2012. 6. 1.>

1. "전자상거래"란 전자거래(「전자문서 및 전자거래 기본법」 제2조제5호에 따른 전자거래를 말한다. 이하 같다)의 방법으로 상행위(商行爲)를 하는 것을 말한다.

2. "통신판매"란 우편·전기통신, 그 밖에 총리령으로 정하는 방법으로 재화 또는 용역(일정한 시설을 이용하거나 용역을 제공받을 수 있는 권리를 포함한다. 이하 같다)의 판매에 관한 정보를 제공하고 소비자의 청약을 받아 재화 또는 용역(이하 "재화등"이라 한다)을 판매하는 것을 말한다. 다만, 「방문판매 등에 관한 법률」 제2조제3호에 따른 전화권유판매는 통신판매의 범위에서 제외한다.

3. "통신판매업자"란 통신판매를 업(業)으로 하는 자 또는 그와의 약정에 따라 통신판매업무를 수행하는 자를 말한다.

4. "통신판매중개"란 사이버몰(컴퓨터 등과 정보통신설비를 이용하여 재화등을 거래할 수 있도록 설정된 가상의 영업장을 말한다. 이하 같다)의 이용을 허락하거나 그 밖에 총리령으로 정하는 방법으로 거래 당사자 간의 통신판매를 알선하는 행위를 말한다.

5. "소비자"란 다음 각 목의 어느 하나에 해당하는 자를 말한다.

    가. 사업자가 제공하는 재화등을 소비생활을 위하여 사용(이용을 포함한다. 이하 같다)하는 자

    나. 가목 외의 자로서 사실상 가목의 자와 같은 지위 및 거래조건으로 거래하는 자 등 대통령령으로 정하는 자

6. "사업자"란 물품을 제조(가공 또는 포장을 포함한다. 이하 같다)·수입·판매하거나 용역을 제공하는 자를 말한다.

🗒 목 차

[참고문헌]

    단행본: 손진화, 전자상거래법(제2판), 신조사, 2013

    논문: 김윤정, 전자상거래소비자보호법 전면개편방안, 2019년 한국경쟁법학회 동계학술대회, 2019; 최요섭, 디지털 인플루언서 마케팅과 전자상거래 소비자보호법상 규율, 2019년 한국경쟁법학회 동계학술대회, 2019

[참고사례]

    (주)우리홈쇼핑 외 8개사의 전자상거래법 위반행위 건(공정거래위원회 2012. 7. 12. 의결 제2012－112~120호; 서울고등법원 2013. 5. 15. 선고 2012누24728 판결); 포워드 벤처스의 전자상거래법 위반행위 건(공정거래위원회 2013. 12. 12. 의결 제2013－208호; 서울고등법원 2014. 9. 4. 선고 2014누41390 판결)

Ⅰ. 전자상거래

    "전자상거래"란 전자거래(「전자문서 및 전자거래 기본법」 제2조 제5호에 따른 전자거래)의 방법으로 상행위(商行爲)를 하는 것을 말한다(제1호).

1. 전자상거래의 의의

    전자상거래는 '정보처리시스템을 이용하여 전자우편, 전자문서교환, 전자지급 등 전자적 방법에 의하여 가상공간(cyber space)에서 이루어지는 상거래'로 정의한다.[1] 전형적인 전자상거래는 컴퓨터를 사용하여 인터넷을 통하여 재화나 용역을 거래하는 것이며, 인터넷을 통하여 재화나 용역의 거래계약을 체결하고 오프라인으로 이행하는 경우, 전화통화에 의하여 거래계약을 체결하고 인터넷을 통하여 이행하는 경우 등도 전자거래에 포함된다.[2] 전자금융거래를 전자문서로 하는 경우에는 전자거래에 해당한다.[3] 그러나 순수한 지급수단으로 이를 이용

---

1) 손진화, 28면.

2) 손진화, 29면.

3) 전자금융거래법 제2조(정의) 이 법에서 사용하는 용어의 정의는 다음과 같다. 1. "전자금융거래"라 함은 금융회사 또는 전자금융업자가 전자적 장치를 통하여 금융상품 및 서비스를 제공(이하 "전자금융업무")하고, 이용자가 금융회사 또는 전자금융업자의 종사자와 직접 대면하거나 의사소통을 하지 아니하고 자동화된 방식으로 이를 이용하는 거래를 말한다.

하는 경우에는 전자거래에 해당하지 않는다.4) 이를 한편 "전자지급거래"라 함은 자금을 주는 자(이하 "지급인")가 금융회사 또는 전자금융업자로 하여금 전자지급수단을 이용하여 자금을 받는 자(이하 "수취인")에게 자금을 이동하게 하는 전자금융거래를 말한다(「전자금융거래법」 제2조 제1호).

전자상거래는 거래의 주체에 따라 기업간(B2B), 기업·소비자간(B2C), 기업·정부간(B2G), 정부·소비자간(G2C), 소비자간(C2C)5) 전자상거래(transaction)로, 거래의 내용에 따라 전자상거래 매매,6) 인터넷 중개, 인터넷 콘텐츠 서비스, 인터넷 포털 서비스로 구분된다.7) 전자상거래는 전자약관에 기초하여 이루어지는데, 이는 일반약관과 다르지 않으며 약관의 작성, 명시 및 설명의무, 약관의 해석, 불공정약관의 무효 등 약관규제법의 규제를 받는다.8)

2. 전자거래

「전자문서 및 전자거래 기본법」 제2조에 따르면 "전자거래"란 재화나 용역을 거래할 때 그 전부 또는 일부가 전자문서에 의하여 처리되는 거래를 말한다(제5호). 그리고 "전자문서"란 정보처리시스템에 의하여 전자적 형태로 작성, 송신·수신 또는 저장된 정보를 말한다(제1호). 전자문서는 다른 법률에 특별한 규정이 있는 경우를 제외하고는 전자적 형태로 되어 있다는 이유로 문서로서의 효력이 부인되지 아니한다(동법 제4조).

3. 상행위

상행위의 개념에 대해서는 상법에서 규정하고 있다. 상법 제46조에서는 기본적 상행위로 영업으로 하는 행위를 열거하고 있고,9) 제47조에서는 보조적 상

---

4) 제2조(정의) 이 법에서 사용하는 용어의 정의는 다음과 같다. 2. "전자지급거래"라 함은 자금을 주는 자(이하 "지급인")가 금융회사 또는 전자금융업자로 하여금 전자지급수단을 이용하여 자금을 받는 자(이하 "수취인"이라 한다)에게 자금을 이동하게 하는 전자금융거래를 말한다. 11. "전자지급수단"이라 함은 전자자금이체, 직불전자지급수단, 선불전자지급수단, 전자화폐, 신용카드, 전자채권 그 밖에 전자적 방법에 따른 지급수단을 말한다.
5) eBay. 옥션, P2P방식의 음원거래(MP3)가 예이다.
6) 새로운 유형으로 소셜커머스가 등장하고 있다.
7) 자세한 내용은 손진화, 33~35면 참조.
8) 손진화, 77면 이하.
9) 상법 제46조(기본적 상행위) 영업으로 하는 다음의 행위를 상행위라 한다. 그러나 오로지 임

행위로 상인이 영업을 위하여 하는 행위를 규정하고 있다.[10] 그 외에 공법적 상행위도 포함되며,[11] 일방적 상행위도 상행위에 포함된다.[12]

Ⅱ. 통신판매

　　“통신판매”란 우편·전기통신, 그 밖에 *총리령*[13]으로 정하는 방법으로 재화 또는 용역(일정한 시설을 이용하거나 용역을 제공받을 수 있는 권리를 포함)의 판매에 관한 정보를 제공하고 소비자의 청약을 받아 재화 또는 용역(이하 “재화등”)을 판매하는 것을 말한다. 다만, 「방문판매법」 제2조 제3호에 따른 전화권유판매는 통신판매의 범위에서 제외한다(제2호).

　　전자상거래와 통신판매는 배타적인 개념이 아니며, 인터넷 쇼핑몰을 통한 거래, TV홈쇼핑 거래 등은 대부분 전자상거래이면서 동시에 통신판매에 해당한다. 그러나 광고물·전단지 등에 의한 거래는 통신판매에 속하지만 전자상거래는 아니다.[14] 현행법상 통신판매에 대한 규정은 전자상거래에도 적용이 된다.

　　「전자상거래 등에서의 소비자보호 지침」[15](이하 “전자상거래 지침”)에서는

금을 받을 목적으로 물건을 제조하거나 노무에 종사하는 자의 행위는 그러하지 아니하다. 1. 동산, 부동산, 유가증권 기타의 재산의 매매 2. 동산, 부동산, 유가증권 기타의 재산의 임대차 3. 제조, 가공 또는 수선에 관한 행위 4. 전기, 전파, 가스 또는 물의 공급에 관한 행위 5. 작업 또는 노무의 도급의 인수 6. 출판, 인쇄 또는 촬영에 관한 행위 7. 광고, 통신 또는 정보에 관한 행위 8. 수신·여신·환 기타의 금융거래 9. 공중(公衆)이 이용하는 시설에 의한 거래 10. 상행위의 대리의 인수 11. 중개에 관한 행위 12. 위탁매매 기타의 주선에 관한 행위 13. 운송의 인수 14. 임치의 인수 15. 신탁의 인수 16. 상호부금 기타 이와 유사한 행위 17. 보험 18. 광물 또는 토석의 채취에 관한 행위 19. 기계, 시설, 그 밖의 재산의 금융리스에 관한 행위 20. 상호·상표 등의 사용허락에 의한 영업에 관한 행위 21. 영업상 채권의 매입·회수 등에 관한 행위 22. 신용카드, 전자화폐 등을 이용한 지급결제 업무의 인수

10) 상법 제47조(보조적 상행위) ① 상인이 영업을 위하여 하는 행위는 상행위로 본다. ② 상인의 행위는 영업을 위하여 하는 것으로 추정한다.

11) 상법 제2조(공법인의 상행위) 공법인의 상행위에 대하여는 법령에 다른 규정이 없는 경우에 한하여 본법을 적용한다.

12) 상법 제3조(일방적 상행위) 당사자중 그 1인의 행위가 상행위인 때에는 전원에 대하여 본법을 적용한다.

13) 제2조(통신판매에 관한 정보의 제공방법 등) 「전자상거래 등에서의 소비자보호에 관한 법률」 (이하 “법”) 제2조제2호 본문에서 “총리령으로 정하는 방법”이란 다음 각 호의 방법을 말한다. 1. 광고물·광고시설물·전단지·방송·신문 및 잡지 등을 이용하는 방법 2. 판매자와 직접 대면하지 아니하고 우편환·우편대체·지로 및 계좌이체 등을 이용하는 방법

14) 손진화, 37면.

15) 공정거래위원회고시 제2015-7호(2015. 8. 20).

"'통신판매'는 사업자의 판매에 관한 정보제공 및 소비자의 청약이 직접 대면하지 아니하고 이루어진 것을 의미한다"고 규정하고, 다음과 같이 예시하고 있다 (II. 2. 가).

---

(1) 갑은 인터넷상의 사이버몰에서 을의 제품광고를 본 후, 을의 상점을 직접 방문하여 제품을 구입하였다.

⇒ 이는 판매에 관한 정보의 제공이 비대면으로 이루어진 것일 뿐 청약이 비대면으로 이루어진 것이 아니므로 통신판매에 해당하지 않는다.

(2) 사업자 C는 음식점 D의 음식을 저렴한 가격에 제공받을 수 있도록 금액이나 수량이 기재된 증표(이하 '이용권'이라 함)를 자신이 운영하는 사이버몰에서 판매하였다.

⇒ 사업자 C는 비대면으로 이용권에 관한 정보를 제공하고 청약을 받아 재화 등의 이용권을 판매하고 있으므로 통신판매에 해당한다.

(3) 사업자 E는 자신의 사이버몰에 해외 사이버몰에서 판매하는 재화등에 관한 정보를 제공하고 소비자의 청약을 통하여 대금을 미리 지급 받은 후 해외 사이버몰에서 해당 재화등을 구매하여 소비자에게 배송하였다.

⇒ 사업자 E는 비대면으로 해외 사이버몰의 재화등에 관한 정보를 제공하고 청약을 받아 해당 재화등을 판매하고 있으므로 통신판매에 해당한다.

(4) 사업자 F는 자신의 사이버몰에 해외 사이버몰에서 판매하는 재화등의 배송 용역에 관한 정보를 제공하고 소비자의 청약을 받아 소비자가 해외 사이버몰에서 구매한 재화등의 배송 용역을 제공하였다.

⇒ 사업자 F는 비대면으로 해외 사이버몰의 재화등의 배송 용역에 관한 정보를 제공하고 청약을 받아 해당 용역을 판매하고 있으므로 통신판매에 해당한다.

III. 통신판매업자

"통신판매업자"란 통신판매를 업(業)으로 하는 자 또는 그와의 약정에 따라 통신판매업무를 수행하는 자를 말한다(제3호).

「전자상거래 지침」에서는 "통신판매를 업으로 하는 자와의 약정에 따라 통신판매업무를 수행하는 자"를 다음과 같이 예시하고 있다(II. 2. 나).

- A신용카드사는 통신판매업자인 B여행사를 위하여 A신용카드사 자신의 명의로 발행되는 카탈로그를 이용하여 B여행사의 여행상품에 대한 판매의 정보를 제공하고 고객으로부터 동 여행상품에 대한 청약을 비대면으로 접수하여 여행상품 판매업무를 수행하였다.

  ⇒ 이러한 경우, A신용카드사는 통신판매업자(B여행사)와의 약정에 따라 통신판매업무를 수행하는 자로서 통신판매업자에 해당한다.

  반면에 A신용카드사가 자신의 명의로 발행되는 우편물에 B여행사를 위하여 여행상품에 대한 판매의 정보를 제공하고 청약의 접수 및 판매는 B여행사에서 이루어지는 경우,

  ⇒ A카드사는 통신판매업자에 해당하지 아니한다(이 경우 통신판매중개자에는 해당).

Ⅳ. 통신판매중개

"통신판매중개"란 사이버몰(컴퓨터 등과 정보통신설비를 이용하여 재화등을 거래할 수 있도록 설정된 가상의 영업장)의 이용을 허락하거나 그 밖에 *총리령*[16]으로 정하는 방법으로 거래 당사자 간의 통신판매를 알선하는 행위를 말한다(제4호). 예컨대 오픈마켓, 소셜커머스, O2O(online to offline), 종합쇼핑몰, 포털사이트, TV홈쇼핑 계열 사업자가 포함된다.[17]

통신판매업자는 거래의 당사자가 되나 통신판매중개자는 거래의 알선(중개)을 할 뿐 거래의 당사자가 아니라는 점에서 구별된다.<포워드벤처스의 전자상거래법 위반행위 건>[18]

Ⅴ. 소비자

"소비자"란 ① 사업자가 제공하는 재화등을 소비생활을 위하여 사용(이용을

---

16) 제3조(통신판매 거래의 알선 방법) 법 제2조제4호에서 "총리령으로 정하는 방법"이란 자신의 명의로 통신판매를 위한 광고수단을 제공하거나 그 광고수단에 자신의 이름을 표시하여 통신판매에 관한 정보의 제공이나 청약의 접수 등 통신판매의 일부를 수행하는 것을 말한다.

17) 김윤정, 한국경쟁법학회 동계학술대회(2019), 46면.

18) 서고판 2014. 9. 4. 2014누41390.

포함)하는 자(가목), ② ① 외의 자로서 사실상 ①과 같은 지위 및 거래조건으로
거래하는 자 등 *대통령령*[19])으로 정하는 자(나목)의 어느 하나에 해당하는 자를
말한다(제5호).

　　최근 들어 가상통화에 대한 사회적 관심이 급증하고 있다. 가상화폐[20])거래
는 개인간에 자유롭게 이루어지고 있어 전자상거래법의 적용대상인 사업자－소
비자간 거래가 아니며, 가상화폐는 소비생활이 아닌 투자목적으로 이용되는 디
지털 재화이므로 가상화폐거래는 전자상거래법상 통신판매로 보기 곤란하다.

Ⅵ. 사업자

　　"사업자"란 물품을 제조(가공 또는 포장을 포함)·수입·판매하거나 용역을
제공하는 자를 말한다(제6호).

　　전자상거래법상 '제조'의 의미에 관하여 법원은 다음과 같이 해석하고 있다.

> "전자상거래법은 제2조 제6호에서 "'사업자'란 물품을 제조(가공 또는 포장을 포
> 함)·수입·판매하거나 용역을 제공하는 자를 말한다"고 규정할 뿐, '제조'라는 용
> 어의 뜻을 별도로 정의하고 있지 않고, 품질경영 및 공산품안전관리법 제2조 제6
> 호는 "'공산품안전관리'란 공산품의 취급 및 사용으로 인하여 발생하는 소비자의
> 생명·신체에 대한 위해, 재산상 피해 또는 자연환경의 훼손을 방지하기 위하여
> 공산품의 제조(생산·조립 및 가공을 말함)·수입·판매 등을 관리하는 활동을 말
> 한다"라고 규정하고 있으며, 제품안전기본법 제3조 제2호는 "사업자란 제품을 생
> 산·조립·가공 또는 수입·판매하는 자를 말한다"라고 규정하고 있음. 이와 같은

---

19) 제2조(소비자의 범위) 「전자상거래 등에서의 소비자보호에 관한 법률」(이하 "법") 제2조제5
　　호나목에서 "대통령령으로 정하는 자"란 사업자가 제공하는 재화 또는 용역(이하 "재화등")을
　　소비생활 외의 목적에 사용하거나 이용하는 자로서 다음 각 호의 어느 하나에 해당하는 자를
　　말한다. 1. 재화등을 최종적으로 사용하거나 이용하는 자. 다만, 재화등을 원재료(중간재를 포
　　함) 및 자본재로 사용하는 자는 제외한다. 2. 법 제3조제1항 단서에 해당하는 사업자로서 재
　　화등을 구매하는 자(해당 재화등을 판매한 자에 대한 관계로 한정) 3. 재화등을 농업(축산업
　　을 포함) 또는 어업 활동을 위하여 구입한 자. 다만, 「원양산업발전법」 제6조제1항에 따라 해
　　양수산부장관의 허가를 받은 원양어업자는 제외한다.
20) 가상통화(virtual currency)는 합의된 정의는 없으나, 주요 국제기구 등에 따르면 중앙은행·금
　　융기관이 아닌 민간에서 발행한 "가치의 전자적 표시(digital representation of value)"를 의미
　　한다. 2009. 1월 최초의 가상통화인 비트코인 등장 이후 이더리움, 리플 등 다수의 가상통화가
　　개발되어 유통 중이다. 가상통화(virtual currency) 현황 및 대응방향, 금융위원회 내부자료
　　(2017. 8).

> '제조'에 관한 법 규정의 내용과 국어사전의 의미를 종합하여 보면, 전자상거래법
> 상의 '제조'란 물품을 생산, 조립, 가공 또는 포장하는 것을 말하고, 가구상품의
> '제조사'란 가구상품을 생산, 조립, 가공 또는 포장하는 사업자를 말함"(<(주)우리
> 홈쇼핑 외 8개사의 전자상거래법 위반행위 건>)21)

디지털 경제시대에서 디지털 인플루언서의 사업자성에 대해서도 논의가 있
는데, 최근 유튜버와 같이, 광고 영상 노출에 따른 수익을 받는 경우, 특히 영리
를 목적으로 계속적·반복적으로 활동하는 경우에는 사업자성을 인정할 수 있다
고 한다.22)

---

21) 서고판 2013. 5. 15. 2012누24728.
22) 최요섭, 한국경쟁법학회 동계학술대회(2019), 19면.

제3조(적용제외)

① 이 법의 규정은 사업자(「방문판매 등에 관한 법률」 제2조제6호의 다단계판매원은 제
외한다. 이하 이 항에서 같다)가 상행위를 목적으로 구입하는 거래에는 적용하지 아
니한다. 다만, 사업자라 하더라도 사실상 소비자와 같은 지위에서 다른 소비자와 같
은 거래조건으로 거래하는 경우에는 그러하지 아니하다.

② 제13조제2항에 따른 계약내용에 관한 서면(전자문서를 포함한다. 이하 같다)의 교부
의무에 관한 규정은 다음 각 호의 거래에는 적용하지 아니한다. 다만, 제1호의 경우
에는 총리령으로 정하는 바에 따라 계약내용에 관한 서면의 내용이나 교부의 방법을
다르게 할 수 있다.

1. 소비자가 이미 잘 알고 있는 약관 또는 정형화된 거래방법에 따라 수시로 거래
   하는 경우로서 총리령으로 정하는 거래

2. 다른 법률(「민법」 및 「방문판매 등에 관한 법률」은 제외한다)에 이 법의 규정과
   다른 방법으로 하는 계약서 교부의무 등이 규정되어 있는 거래

③ 통신판매업자가 아닌 자 사이의 통신판매중개를 하는 통신판매업자에 대하여는 제13
조부터 제15조까지, 제17조부터 제19조까지의 규정을 적용하지 아니한다.

④ 「자본시장과 금융투자업에 관한 법률」의 투자매매업자·투자중개업자가 하는 증권거
래, 대통령령으로 정하는 금융회사 등이 하는 금융상품거래 및 일상 생활용품, 음식
료 등을 인접지역에 판매하기 위한 거래에 대하여는 제12조부터 제15조까지, 제17조
부터 제20조까지 및 제20조의2를 적용하지 아니한다.

[전문개정 2012. 2. 17.]

 목 차

Ⅰ. 상행위를 목적으로 구입하는 거래

이 법의 규정은 사업자(「방문판매 등에 관한 법률」 제2조 제6호의 다단계판매
원은 제외)가 상행위를 목적으로 구입하는 거래에는 적용하지 아니한다. 다만,
사업자라 하더라도 사실상 소비자와 같은 지위에서 다른 소비자와 같은 거래조
건으로 거래하는 경우에는 그러하지 아니하다(법 제3조 제1항).

Ⅱ. 약관 또는 정형화된 거래 등에 대한 서면교부의무

제13조 제2항에 따른 계약내용에 관한 서면(전자문서를 포함)의 교부의무에
관한 규정은 ① 소비자가 이미 잘 알고 있는 약관 또는 정형화된 거래방법에
따라 수시로 거래하는 경우로서 *총리령*1)으로 정하는 거래(제1호), ② 다른 법률
(「민법」 및 「방문판매법」은 제외)에 이 법의 규정과 다른 방법으로 하는 계약서
교부의무 등이 규정되어 있는 거래(제2호)에는 적용하지 아니한다. 다만, ①의
경우에는 *총리령*으로 정하는 바에 따라 계약내용에 관한 서면의 내용이나 교부
의 방법을 다르게 할 수 있다(법 제3조 제2항).

Ⅲ. 통신판매업자가 아닌 자 사이의 통신판매중개를 하는 통신판매업자

통신판매업자가 아닌 자 사이의 통신판매중개를 하는 통신판매업자에 대하
여는 제13조부터 제15조까지, 제17조부터 제19조까지의 규정을 적용하지 아니
한다(법 제3조 제3항).

「전자상거래 지침」에서는 다음과 같이 예시하고 있다(Ⅱ. 2. 다).

• 통신판매중개를 하는 사업자 A가 운영하는 사이버몰에서 통신판매를 업으로 하

---

1) 제4조(정형화된 거래방법에 따른 수시 거래) ① 법 제3조제2항제1호에서 "총리령으로 정하는
거래"란 유·무선 전화기 등으로 전화정보서비스를 이용하는 경우 등과 같이 법 제13조제2항
에 따른 계약내용에 관한 서면(「전자문서 및 전자거래 기본법」 제2조제1호에 따른 전자문서
를 포함) 교부가 곤란한 거래를 말한다. 제1항에 따른 거래의 경우에는 거래 전에 미리 재화
또는 용역(이하 "재화등")의 제공자의 성명·연락처 및 재화등의 내용·이용요금 등을 밝히고,
거래 후에 거래대금 결제내용을 통보하여야 한다.

지 아니하는 개인 B의 재화등에 대한 판매정보의 제공과 청약의 접수 등이 이루어지는 경우,

⇒ A는 '통신판매업자가 아닌 자 사이의 통신판매중개를 하는 통신판매업자'에 해당된다.

반면에 생활정보제공사이트를 운영하는 사업자 C가 의뢰자 B의 재화등에 대한 판매정보만을 제공하고 청약 등은 의뢰자 B가 전화로 직접 받는 경우,

⇒ C는 '통신판매업자가 아닌 자 사이의 통신판매중개를 하는 통신판매업자'에는 해당되지 않는다.

Ⅳ. 증권거래, 금융상품거래 및 일상 생활용품, 음식료 등을 인접지역에 판매하기 위한 거래

「자본시장과 금융투자업에 관한 법률」의 투자매매업자·투자중개업자가 하는 증권거래, *대통령령*[2]으로 정하는 금융회사 등이 하는 금융상품거래 및 일상 생활용품, 음식료 등을 인접지역에 판매하기 위한 거래에 대하여는 제12조부터 제15조까지, 제17조부터 제20조까지 및 제20조의2[3]를 적용하지 아니한다(법 제3조 제4항).

제4조(다른 법률과의 관계)

전자상거래 또는 통신판매에서의 소비자보호에 관하여 이 법과 다른 법률이 경합하는 경우에는 이 법을 우선 적용한다. 다만, 다른 법률을 적용하는 것이 소비자에게 유리한 경우에는 그 법을 적용한다.

[전문개정 2012. 2. 17.]

---

2) 제3조(법 적용 제외대상인 금융상품의 범위) 법 제3조제4항에서 "대통령령으로 정하는 금융회사 등이 하는 금융상품거래"란 다음 각 호의 금융회사 등이 직접 취급하는 금융상품거래를 말한다. 1. 「금융위원회의 설치 등에 관한 법률」 제38조제1호부터 제8호까지의 기관 2. 「대부업 등의 등록 및 금융이용자 보호에 관한 법률」 제3조에 따라 등록한 대부업자 또는 대부중개업자 3. 다른 법령에 따라 설립된 금융회사 또는 중앙행정기관의 인가·허가 등을 받아 설립된 금융회사

3) 제12조(통신판매업자의 신고 등), 제13조(신원 및 거래조건에 대한 정보의 제공), 제14조(청약확인 등), 제15조(재화등의 공급 등), 제17조(청약철회등), 제18조(청약철회등의 효과), 제19조(손해배상청구금액의 제한 등), 제20조(통신판매중개자의 의무와 책임), 제20조의2(통신판매중개자 및 통신판매중개의뢰자의 책임).

제2장

전자상거래 및 통신판매

제5조(전자문서의 활용)

① 「전자문서 및 전자거래 기본법」 제6조제2항제2호에도 불구하고 사업자가 소비자와 미리 전자문서로 거래할 것을 약정하여 지정한 주소(「전자문서 및 전자거래 기본법」 제2조제2호의 정보처리시스템을 말한다)로 전자문서(「전자문서 및 전자거래 기본법」 제2조제1호에 따른 전자문서를 말한다. 이하 같다)를 송신하지 아니한 경우에는 그 사업자는 해당 전자문서에 의한 권리를 주장할 수 없다. 다만, 긴급한 경우, 소비자도 이미 전자문서로 거래할 것을 예정하고 있는 경우, 소비자가 전자문서를 출력한 경우 등 대통령령으로 정하는 경우에는 그러하지 아니하다.<개정 2012. 6. 1.>

② 사업자는 전자서명(「전자서명법」 제2조제2호에 따른 전자서명을 말한다. 이하 같다)을 한 전자문서를 사용하려면 대통령령으로 정하는 바에 따라 그 전자문서의 효력, 수령 절차 및 방법 등을 소비자에게 고지하여야 한다.

③ 사업자는 전자문서를 사용할 때 소비자에게 특정한 전자서명 방법을 이용하도록 강요(특수한 표준 등을 이용함으로써 사실상 특정한 전자서명 방법의 이용이 강제되는 경우를 포함한다)하여서는 아니 되고, 소비자가 선택한 전자서명 방법의 사용을 부당하게 제한하여서는 아니 된다.

④ 전자상거래를 하는 사업자는 소비자의 회원 가입, 계약의 청약, 소비자 관련 정보의 제공 등을 전자문서를 통하여 할 수 있도록 하는 경우에는 회원탈퇴, 청약의 철회, 계약의 해지·해제·변경, 정보의 제공 및 이용에 관한 동의의 철회 등도 전자문서를 통하여 할 수 있도록 하여야 한다.

⑤ 전자상거래를 하는 사업자는 소비자가 재화등의 거래와 관련한 확인·증명을 전자문서로 제공하여 줄 것을 요청한 경우 이에 따라야 한다.

⑥ 전자상거래를 하는 사업자가 전자문서로 제공하기 어려운 기술적 이유나 보안상 이유가 명백하여 이를 소비자에게 미리 고지한 경우에는 제4항과 제5항을 적용하지 아

니한다.

⑦ 전자상거래를 하는 사업자가 제4항과 제5항에 따른 의무를 이행할 때 해당 사이버몰의 구축 및 운영과 관련된 사업자들은 그 의무 이행에 필요한 조치를 하는 등 협력하여야 한다.

[전문개정 2012. 2. 17.]

 목 차

I. 전자문서 거래의 사전약정의무

「전자문서 및 전자거래 기본법」 제6조 제2항 제2호[1])에도 불구하고 사업자가 소비자와 미리 전자문서로 거래할 것을 약정하여 지정한 주소(「전자문서 및 전자거래 기본법」 제2조 제2호의 정보처리시스템)로 전자문서(「전자문서 및 전자거래 기본법」 제2조 제1호에 따른 전자문서)를 송신하지 아니한 경우에는 그 사업자는 해당 전자문서에 의한 권리를 주장할 수 없다. 다만, 긴급한 경우, 소비자도 이미 전자문서로 거래할 것을 예정하고 있는 경우, 소비자가 전자문서를 출력한 경우 등 *대통령령*[2])으로 정하는 경우에는 그러하지 아니하다(법 제5조 제1항).

송신과 수신의 시기는 정보처리시스템에의 입력한 때와 입력된 때를 기준으로 한다.[3]) 그리고 작성자의 대리인이나 자동 컴퓨터 프로그램 등에 의해 이

---

1) 제6조(송신·수신의 시기 및 장소) ② 전자문서는 다음 각 호의 어느 하나에 해당하는 때에 수신된 것으로 본다. 2. 수신자가 전자문서를 수신할 정보처리시스템을 지정하지 아니한 경우: 수신자가 관리하는 정보처리시스템에 입력된 때

2) 제4조(약정하지 아니한 주소로 송신된 전자문서의 효력인정) 법 제5조제1항 단서에서 "대통령령으로 정하는 경우"란 다음 각 호의 경우를 말한다. 1. 소비자와 특정한 전자우편주소로 2회 이상 거래한 경우에 그 전자우편주소로 「전자문서 및 전자거래 기본법」 제2조제1호에 따른 전자문서(이하 "전자문서")를 송신한 경우 2. 소비자가 전자문서를 출력한 경우 3. 소비자의 이익에 반하지 아니하고 그 소비자도 해당 전자문서의 효력을 부인하지 아니하는 경우 4. 긴급하게 연락할 필요성이 있고 전자우편 외에 다른 수단을 활용할 수 없는 경우

3) 전자문서 및 전자거래 기본법 제6조(송신·수신의 시기 및 장소) ① 전자문서(전자화문서를 포함한다. 이하 같다)는 수신자 또는 그 대리인이 해당 전자문서를 수신할 수 있는 정보처리

루어진 의사표시도 작성자의 의사표시로 인정된다.[4]

Ⅱ. 소비자 고지의무

　　전자서명(「전자서명법」 제2조 제2호에 따른 전자서명)을 한 전자문서를 사용하려면 *대통령령*[5]으로 정하는 바에 따라 그 전자문서의 효력, 수령 절차 및 방법 등을 소비자에게 고지하여야 한다(법 제5조 제2항).

Ⅲ. 특정 전자서명 방법 이용강요의 금지의무

　　전자문서를 사용할 때 소비자에게 특정한 전자서명 방법을 이용하도록 강요(특수한 표준 등을 이용함으로써 사실상 특정한 전자서명 방법의 이용이 강제되는 경우를 포함)하여서는 아니 되고, 소비자가 선택한 전자서명 방법의 사용을 부당하게 제한하여서는 아니 된다(법 제5조 제3항).

Ⅳ. 전자문서의 제공의무

　　소비자의 회원 가입, 계약의 청약, 소비자 관련 정보의 제공 등을 전자문서를 통하여 할 수 있도록 하는 경우에는 회원탈퇴, 청약의 철회, 계약의 해지·해제·변경, 정보의 제공 및 이용에 관한 동의의 철회 등도 전자문서를 통하여

시스템에 입력한 때에 송신된 것으로 본다. ② 전자문서는 다음 각 호의 어느 하나에 해당하는 때에 수신된 것으로 본다. 1. 수신자가 전자문서를 수신할 정보처리시스템을 지정한 경우: 지정된 정보처리시스템에 입력된 때. 다만, 전자문서가 지정된 정보처리시스템이 아닌 정보처리시스템에 입력된 경우에는 수신자가 이를 출력한 때를 말한다. 2. 수신자가 전자문서를 수신할 정보처리시스템을 지정하지 아니한 경우: 수신자가 관리하는 정보처리시스템에 입력된 때

4) 전자문서 및 전자거래 기본법 제7조(작성자가 송신한 것으로 보는 경우) ① 다음 각 호의 어느 하나에 해당하는 전자문서에 포함된 의사표시는 작성자가 송신한 것으로 본다. 1. 작성자의 대리인에 의하여 송신된 전자문서 2. 자동으로 전자문서를 송신·수신하도록 구성된 컴퓨터프로그램이나 그 밖의 전자적 수단에 의하여 송신된 전자문서

5) 제5조(전자서명의 효력 등 고지절차) 사업자는 법 제5조제2항에 따라 다음 각 호의 사항을 「전자서명법」 제2조제2호에 따른 전자서명(이하 "전자서명"이라 한다)을 한 전자문서가 포함된 전자우편의 본문에 표시하거나 미리 소비자에게 고지하여야 한다. 1. 전자서명을 한 전자문서의 효력 2. 전자서명을 한 전자문서의 출력방법

할 수 있도록 하여야 한다(법 제5조 제4항).

관련하여 「전자상거래 지침」에서는 다음과 같이 규정하고 있다(Ⅱ. 3. 가).

> 전자상거래를 하는 사업자는 소비자가 전자문서로 회원가입 신청, 재화등의 구입
> 에 관한 청약, 소비자관련 정보 제공 및 이용 동의 등을 할 수 있도록 하는 경우,
> 회원탈퇴, 청약의 철회 또는 변경, 계약의 변경 또는 해지 · 해제, 정보 제공 및 이
> 용 동의의 철회 또는 변경 등도 동일한 방법으로 할 수 있도록 하여야 한다. 여기
> 서 전자문서란 회원가입 · 탈퇴 신청 양식, 전자우편, 사이버몰의 상담게시판 등을
> 포함한 정보처리시스템에 의해 전자적 형태로 작성 · 송신 · 수신 · 저장될 수 있는
> 정보 일체를 말한다.

소비자가 재화등의 거래와 관련한 확인 · 증명을 전자문서로 제공하여 줄
것을 요청한 경우 이에 따라야 한다(법 제5조 제5항).

관련하여 「전자상거래 지침」에서는 다음과 같이 규정하고 있다(Ⅱ. 3. 나).

> 전자상거래를 하는 사업자는 세금계산서, 현금영수증, 구매계약서 등 소비자가 재
> 화등의 거래와 관련한 각종 확인 · 증명을 전자문서로 제공해 줄 것을 요청하는
> 경우 이를 제공하여야 한다.

전자문서로 제공하기 어려운 기술적 이유나 보안상 이유가 명백하여 이를
소비자에게 미리 고지한 경우에는 제4항과 제5항을 적용하지 아니한다(법 제5조
제6항).

전자상거래를 하는 사업자가 제4항과 제5항에 따른 의무를 이행할 때 해당
사이버몰의 구축 및 운영과 관련된 사업자들은 그 의무 이행에 필요한 조치를
하는 등 협력하여야 한다(법 제5조 제7항).

관련하여 「전자상거래 지침」에서는 다음과 같이 규정하고 있다(Ⅱ. 3. 다).

> 전자상거래를 하는 사업자가 가. 및 나.와 관련한 의무를 이행할 때 통신판매중개
> 자, 호스팅서비스제공자 등과 같이 해당 사이버몰의 구축 및 운영에 관련된 사업
> 자들은 그 의무 이행에 필요한 조치 등을 위하여 협력하여야 한다.

제6조(거래기록의 보존 등)

① 사업자는 전자상거래 및 통신판매에서의 표시·광고, 계약내용 및 그 이행 등 거래에 관한 기록을 상당한 기간 보존하여야 한다. 이 경우 소비자가 쉽게 거래기록을 열람·보존할 수 있는 방법을 제공하여야 한다.

② 제1항에 따라 사업자가 보존하여야 할 거래기록 및 그와 관련된 개인정보(성명·주소·전자우편주소 등 거래의 주체를 식별할 수 있는 정보로 한정한다)는 소비자가 개인정보의 이용에 관한 동의를 철회하는 경우에도 「정보통신망 이용촉진 및 정보보호 등에 관한 법률」 등 대통령령으로 정하는 개인정보보호와 관련된 법률의 규정에도 불구하고 이를 보존할 수 있다.<개정 2016. 3. 29.>

③ 제1항에 따라 사업자가 보존하는 거래기록의 대상·범위·기간 및 소비자에게 제공하는 열람·보존의 방법 등에 관하여 필요한 사항은 대통령령으로 정한다.

[전문개정 2012. 2. 17.]

　　사업자가 보존하여야 할 거래기록 및 그와 관련된 개인정보(성명·주소·전자우편주소 등 거래의 주체를 식별할 수 있는 정보로 한정)는 소비자가 개인정보의 이용에 관한 동의를 철회하는 경우에도 「정보통신망 이용촉진 및 정보보호 등에 관한 법률」 등 *대통령령*1)으로 정하는 개인정보보호와 관련된 법률의 규정에도 불구하고 이를 보존할 수 있다.

　　그리고 사업자가 보존하는 거래기록의 대상·범위·기간 및 소비자에게 제공하는 열람·보존의 방법 등에 관하여 필요한 사항은 *대통령령*2)으로 정한다.

---

1) 제5조의2(개인정보 보호와 관련된 법률의 예외적 적용) 법 제6조제2항에서 "「정보통신망 이용촉진 및 정보보호 등에 관한 법률」 등 대통령령으로 정하는 개인정보보호와 관련된 법률의 규정"이란 다음 각 호의 규정을 말한다. 1. 삭제<2020. 8. 4.> 2. 「개인정보 보호법」 제21조제1항 본문, 제36조제2항 및 제37조제4항 및 제39조의7제3항 3. 「신용정보의 이용 및 보호에 관한 법률」 제37조제1항 본문

2) 제6조(사업자가 보존하는 거래기록의 대상 등) ① 법 제6조제3항에 따라 사업자가 보존하여야 할 거래기록의 대상·범위 및 기간은 다음 각 호와 같다. 다만, 법 제20조제1항에 따른 통신판매중개자(이하 "통신판매중개자"라 한다)는 자신의 정보처리시스템을 통하여 처리한 기록의 범위에서 다음 각 호의 거래기록을 보존하여야 한다. 1. 표시·광고에 관한 기록: 6개월 2. 계약 또는 청약철회 등에 관한 기록: 5년 3. 대금결제 및 재화등의 공급에 관한 기록: 5년 4. 소비자의 불만 또는 분쟁처리에 관한 기록: 3년 ② 법 제6조제3항에 따라 사업자가 소비자에게 제공하여야 할 거래기록의 열람·보존의 방법은 다음 각 호와 같다. 1. 거래가 이루어진

「전자상거래 지침」에서는 "법 제6조 및 시행령 제6조 제2항의 거래기록(그와 관련된 개인정보를 포함) 열람과 관련하여 사업자가 조치하여야 할 사항"을 같이 규정하고 있다(Ⅱ. 4).

> 가. 사이버몰을 통하여 거래가 이루어진 경우 거래당사자인 소비자에게 해당사이버몰에서 거래기록을 열람·확인할 수 있도록 하여야 한다.
> 나. 사이버몰이외의 수단을 통해 거래가 이루어진 경우, 거래당사자인 소비자에게 전화, 팩스, 인터넷 등을 통하여 쉽게 거래기록을 열람·확인할 수 있도록 하여야 한다.
> 다. 소비자가 사업자의 사업활동을 방해할 목적으로 동일한 거래기록의 열람을 계속, 반복적으로 요구하는 경우는 위 가., 나. 규정의 예외로 한다.

해당 사이버몰(법 제2조제4호의 사이버몰)에서 거래당사자인 소비자가 거래기록을 열람·확인할 수 있도록 하고, 전자문서의 형태로 정보처리시스템 등에 저장할 수 있도록 할 것 2. 거래당사자인 소비자와의 거래기록을 그 소비자의 희망에 따라 방문, 전화, 팩스 또는 전자우편 등의 방법으로 열람하거나 복사할 수 있도록 할 것. 다만, 거래기록 중에 「저작권법」 제4조부터 제6조까지의 규정에 따른 저작물(「저작권법」에 따라 복사할 수 있는 저작물은 제외)이 있는 경우에는 그에 대한 복사는 거부할 수 있다. 3. 사업자가 법 제6조제2항에 따라 개인정보의 이용에 관한 동의를 철회한 소비자의 거래기록 및 개인정보를 보존하는 경우에는 개인정보의 이용에 관한 동의를 철회하지 아니한 소비자의 거래기록 및 개인정보와 별도로 보존할 것

제7조(조작 실수 등의 방지)

사업자는 전자상거래에서 소비자의 조작 실수 등으로 인한 의사표시의 착오 등으로 발생하는 피해를 예방할 수 있도록 거래 대금이 부과되는 시점이나 청약 전에 그 내용을 확인하거나 바로잡는 데에 필요한 절차를 마련하여야 한다.

[전문개정 2012. 2. 17.]

「전자상거래 지침」에서는 "사업자가 소비자의 조작실수를 방지하기 위해 필요한 절차 및 통신판매업자가 소비자로 하여금 청약의 내용을 확인하고 정정 또는 취소할 수 있도록 하는 적절한 절차"를 다음과 같이 예시하고 있다(Ⅱ. 5. 가).

> (1) 사이버몰에서 거래가 이루어지는 경우에는 결제화면으로 연결되기 전의 화면이나 팝업화면을 통하여 청약의 내용을 다시 확인할 수 있도록 하고 소비자에게 청약내용에 따라 청약절차를 계속 진행할 것인지를 확인하는 방법
> (2) TV홈쇼핑과 카탈로그 쇼핑의 경우에는 전화주문시 청약의 중요내용을 설명하고 소비자에게 그 내용대로 청약절차를 계속할 것인지를 묻는 방법

그리고 사업자가 소비자에게 청약내용을 확인할 수 있도록 하거나 설명하는 경우에는 가격 등 중요정보를 소비자가 명백히 인식할 수 있도록 조치하는 방법을 다음과 같이 예시하고 있다(Ⅱ. 5. 나).

> (1) 재화등의 가격을 아라비아 숫자와 한글표기를 병기하는 등 소비자의 시각적 착오를 방지하는 방법
> (2) 전화주문시 재화등의 가격을 반복해서 들려주는 방법 등

제8조(전자적 대금지급의 신뢰 확보)

① 사업자가 대통령령으로 정하는 전자적 수단에 의한 거래대금의 지급(이하 "전자적 대
금지급"이라 한다)방법을 이용하는 경우 사업자와 전자결제수단 발행자, 전자결제서
비스 제공자 등 대통령령으로 정하는 전자적 대금지급 관련자(이하 "전자결제업자등"
이라 한다)는 관련 정보의 보안 유지에 필요한 조치를 하여야 한다.

② 사업자와 전자결제업자등은 전자적 대금지급이 이루어지는 경우 소비자의 청약의사
가 진정한 의사 표시에 의한 것인지를 확인하기 위하여 다음 각 호의 사항에 대하여
명확히 고지하고, 고지한 사항에 대한 소비자의 확인절차를 대통령령으로 정하는 바
에 따라 마련하여야 한다.

  1. 재화등의 내용 및 종류
  2. 재화등의 가격
  3. 용역의 제공기간

③ 사업자와 전자결제업자등은 전자적 대금지급이 이루어진 경우에는 전자문서의 송신
등 총리령으로 정하는 방법으로 소비자에게 그 사실을 알리고, 언제든지 소비자가
전자적 대금지급과 관련한 자료를 열람할 수 있게 하여야 한다.

④ 사이버몰에서 사용되는 전자적 대금지급 방법으로서 재화등을 구입·이용하기 위하여
미리 대가를 지불하는 방식의 결제수단의 발행자는 총리령으로 정하는 바에 따라 그
결제수단의 신뢰도 확인과 관련된 사항, 사용상의 제한이나 그 밖의 주의 사항 등을
표시하거나 고지하여야 한다.

⑤ 사업자와 소비자 사이에 전자적 대금지급과 관련하여 다툼이 있는 경우 전자결제업
자등은 대금지급 관련 정보의 열람을 허용하는 등 대통령령으로 정하는 바에 따라
그 분쟁의 해결에 협조하여야 한다.

[전문개정 2012. 2. 17.]

 목 차

[참고문헌]

단행본: 손진화, 전자상거래법(제2판), 신조사, 2013

논문: 정재훈, 전자상거래상 청약의사의 확인과 소비자보호의 문제 - 디지털 음악 시장의 자동결제상품 가격인상 건에 대한 판결 검토 - , 경쟁법연구 제37호, 한국경쟁 법학회, 법문사, 2018. 5

[참고사례]

씨제이이앤엠(주)의 전자상거래법 위반행위 건(공정거래위원회 2014. 9. 25. 의결 제 2014 - 208호; 서울고등법원 2015. 9. 24 선고 2014누66856 판결); (주)소리바다의 전자 상거래법 위반행위 건(공정거래위원회 2014. 9. 25. 의결 제2014 - 206호; 서울고등법원 2015. 5. 27 선고 2014누67248 판결); (주)로엔엔터테인먼트의 전자상거래법 위반행위 건 (공정거래위원회 2014. 9. 25. 의결 제2014 - 209호; 서울고등법원 2015. 6. 15 선고 2014누66283 판결)

Ⅰ. 전자결제업자등의 정보보안 유지 의무

사업자가 *대통령령*[1])으로 정하는 전자적 수단에 의한 거래대금의 지급(이하 "전자적 대금지급")방법을 이용하는 경우 사업자와 전자결제수단 발행자, 전자결 제서비스 제공자 등 *대통령령*[2])으로 정하는 전자적 대금지급 관련자(이하 "전자 결제업자등")는 관련 정보의 보안 유지에 필요한 조치를 하여야 한다(법 제8조 제 1항).[3]) "전자지급거래"라 함은 자금을 주는 자("지급인")가 금융회사 또는 전자금

---

1) 제7조(전자적 대금지급) 법 제8조제1항에서 "대통령령으로 정하는 전자적 수단에 의한 거래 대금의 지급"이란 전자문서의 형태로 이루어지는 대금결제를 말한다. 다만, 대면하여 본인 여 부를 확인한 경우는 제외한다.

2) 제8조(전자결제업자등) 법 제8조제1항에서 "전자결제수단 발행자, 전자결제서비스 제공자 등 대통령령으로 정하는 전자적 대금지급 관련자"란 해당 전자결제수단의 발행자, 전자결제서비 스 제공자 및 해당 전자결제수단을 통한 전자결제서비스의 이행을 보조하거나 중개하는 자 (이하 "전자결제업자등")로서 다음 각 호의 어느 하나에 해당하는 자를 말한다. 1. 「은행법」 등 법령의 규정에 따른 금융회사로서 계좌이체업무를 수행하는 금융회사 2. 「여신전문금융업 법」 제2조제2호의2에 따른 신용카드업자 3. 전자적 매체 또는 정보처리시스템에 화폐가치 또 는 그에 상응하는 가치를 기록·저장하였다가 재화등의 구매 시 지급하는 결제수단의 발행자 4. 「정보통신망 이용촉진 및 정보보호 등에 관한 법률」 제2조제3호에 따른 정보통신서비스 제공자 5. 「정보통신망 이용촉진 및 정보보호 등에 관한 법률」 제2조제11호에 따른 통신과금 서비스제공자 6. 전자결제 대행 또는 중개서비스 사업자.

3) 대금지급과 관련하여 지급(payment)이란 거래당사자가 금전채무의 변제를 위하여 현금, 유

융업자로 하여금 전자지급수단을 이용하여 자금을 받는 자("수취인")에게 자금을 이동하게 하는 전자금융거래를 말한다(「전자금융거래법」 제2조 제2호). "전자지급수단"이라 함은 전자자금이체, 직불전자지급수단, 선불전자지급수단,[4] 전자화폐,[5] 신용카드, 전자채권 그 밖에 전자적 방법에 따른 지급수단을 말한다(「전자금융거래법」 제2조 제11호).[6]

가증권 등의 지급수단을 수수하는 행위로서, 변제를 위한 급부행위이며, 결제(settlement)는 거래당사자가 유가증권·자금이체 등 현금이 아닌 지급수단으로 지급을 할 경우에 금융통신망을 통하여 금융기관 사이에 청산을 함으로써 변제의 효과를 생기게 하는 행위이다. 손진화, 181면.

4) T−money 등을 예로 들 수 있다. 전자화폐와는 구별된다. 전자화폐는 그 자체에 일정한 금전적 가치가 소재하고 있으므로 가치소재형 지급수단인데 반해, 선불전자지급수단은 일정한 물품 또는 용역을 구입할 수 있는 권리를 표시하므로 가치표시형 지급수단이다. 손진화, 207면.

5) 전자지갑, 스마트카드 등을 예로 들 수 있다.

6) 전자금융거래법 제2조(정의) 이 법에서 사용하는 용어의 정의는 다음과 같다. 12. "전자자금이체"라 함은 지급인과 수취인 사이에 자금을 지급할 목적으로 금융회사 또는 전자금융업자에 개설된 계좌(금융회사에 연결된 계좌)에서 다른 계좌로 전자적 장치에 의하여 다음 각 목의 어느 하나에 해당하는 방법으로 자금을 이체하는 것을 말한다. 가. 금융회사 또는 전자금융업자에 대한 지급인의 지급지시 나. 금융회사 또는 전자금융업자에 대한 수취인의 추심지시(이하 "추심이체") 13. "직불전자지급수단"이라 함은 이용자와 가맹점간에 전자적 방법에 따라 금융회사의 계좌에서 자금을 이체하는 등의 방법으로 재화 또는 용역의 제공과 그 대가의 지급을 동시에 이행할 수 있도록 금융회사 또는 전자금융업자가 발행한 증표(자금을 융통받을 수 있는 증표를 제외) 또는 그 증표에 관한 정보를 말한다. 14. "선불전자지급수단"이라 함은 이전 가능한 금전적 가치가 전자적 방법으로 저장되어 발행된 증표 또는 그 증표에 관한 정보로서 다음 각 목의 요건을 모두 갖춘 것을 말한다. 다만, 전자화폐를 제외한다. 가. 발행인(대통령령이 정하는 특수관계인을 포함) 외의 제3자로부터 재화 또는 용역을 구입하고 그 대가를 지급하는데 사용될 것 나. 구입할 수 있는 재화 또는 용역의 범위가 2개 업종(「통계법」 제22조제1항의 규정에 따라 통계청장이 고시하는 한국표준산업분류의 중분류상의 업종을 말)이상일 것 15. "전자화폐"라 함은 이전 가능한 금전적 가치가 전자적 방법으로 저장되어 발행된 증표 또는 그 증표에 관한 정보로서 다음 각 목의 요건을 모두 갖춘 것을 말한다. 가. 대통령령이 정하는 기준 이상의 지역 및 가맹점에서 이용될 것 나. 제14호 가목의 요건을 충족할 것 다. 구입할 수 있는 재화 또는 용역의 범위가 5개 이상으로서 대통령령이 정하는 업종 수 이상일 것 라. 현금 또는 예금과 동일한 가치로 교환되어 발행될 것 마. 발행자에 의하여 현금 또는 예금으로 교환이 보장될 것 16. "전자채권"이라 함은 다음 각 목의 요건을 갖춘 전자문서에 기재된 채권자의 금전채권을 말한다. 가. 채무자가 채권자를 지정할 것 나. 전자채권에 채무의 내용이 기재되어 있을 것 다. 「전자서명법」 제2조제3호의 공인전자서명이 있을 것 라. 금융회사를 거쳐 제29조제1항의 규정에 따른 전자채권관리기관(이하 "전자채권관리기관")에 등록될 것 마. 채무자가 채권자에게 가목 내지 다목의 요건을 모두 갖춘 전자문서를 「전자문서 및 전자거래 기본법」 제6조제1항에 따라 송신하고 채권자가 이를 같은 법 제6조제2항의 규정에 따라 수신할 것; 포인트나 마일리지도 재화 또는 용역의 구입을 위하여 전자적 방법으로 지급될 수 있는 경우에는 선불형 지급수단이고 또한 가치표시형 지급수단에 해당한다고 볼 수 있다. 손진화, 227면.

Ⅱ. 청약의사의 확인

　　사업자와 전자결제업자등은 전자적 대금지급이 이루어지는 경우 소비자의 청약의사가 진정한 의사 표시에 의한 것인지를 확인하기 위하여 ① 재화등의 내용 및 종류(제1호), ② 재화등의 가격(제2호), ③ 용역의 제공기간(제3호)에 대하여 명확히 고지하고, 고지한 사항에 대한 소비자의 확인절차를 *대통령령*[7]으로 정하는 바에 따라 마련하여야 한다(법 제8조 제2항).

　　자신의 인터넷사이트를 통하여 판매하는 '음악감상' 등 8개 월정액 상품의 가격을 인상하면서 이러한 사실을 사전에 이메일과 사이트 공지 등을 통해 가입자에게 고지하였으나 기존 가입자들이 변경된 재화 등의 내용 및 종류, 가격, 용역의 제공기간을 확인하고 동의여부를 선택할 수 있도록 전자적 대금 결제창을 제공하여 동의 확인절차를 진행하지 않은 행위에 대하여 법원은 다음과 같이 판단하였다.

> "자동결제조항에 의한 묵시적 갱신은 대금 등 계약조건이 기존 그대로 유지되는 것을 전제로 하는 것이므로, 소비자나 사업자 중 일방이 기존의 계약조건에 변경을 가하려고 하는 경우에는, 양 당사자사 사이에 변경된 계약조건에 관한 새로운 합의가 있지 않는 한 계약이 묵시적으로 자동 갱신 또는 연장된다고 볼 수 없고 기존 계약은 계약기간이 만료되면 종료되며, 원고가 소비자로부터 서비스 제공에 대한 인상된 이용대금을 지급받기 위하여는 소비자와 사이에 인상된 이용대금에 관한 새로운 합의가 이루어져야만 하며, 기존 이용자들에게 가격 인상을 고지한 행위는 법률적 구속을 받으려는 의사, 즉 법적 효과의사가 결여된 '청약의 유인'에 해당함"(<씨제이이앤엠㈜의 전자상거래법 위반행위 건>)[8]

---

[7] 제9조(전자적 대금지급 고지 확인절차) 사업자와 전자결제업자등은 법 제8조제2항 각 호의 사항에 대하여 소비자가 확인하고 동의 여부를 선택할 수 있도록 전자결제업자등이 마련한 전자적 대금 결제창을 소비자에게 제공하여야 한다. 이 경우 사업자와 전자결제업자등은 소비자가 직접 동의 여부를 선택하기 전에 미리 동의한다는 표시를 하여 제공하는 방식으로 확인절차를 진행해서는 아니 된다.

[8] 서고판 2015. 9. 24. 2014누66856; 동 판결에 대한 비판으로 정재훈, 경쟁법연구 제37호(2018. 5), 291~293면, 305면 참조. 계약기간 만료, 당사자의 해지 등 사유가 없음에도 자동갱신되는 계약이 종료되었다고 볼 근거가 없는 점, 판례의 입론에서는 가격인상의 고지로 동일 소비자에 대하여 일괄적으로 가격이 종료되어야 한다고 보아야 한다는 점, 이메일 통보행위는 사업자의 청약유인행위가 아닌 청약으로 보아야 한다는 점 등을 지적하고 있다. 한편 법률의 입법 목적에 비추어 보면 전자적 대금지급이 이루어지는 경우로서 소비자가 상품의 중요정보를 제대로 인지하지 못하거나 소비자가 인지한 상품정보와 다르게 대금지급이 이루어지는 것을 차단할 필요가 있는 의사결정단계에서 소비자의 의사를 물어보는 것이 타당하므로 소비자의 의

전자적 대금지급이 이루어지는 경우 소비자의 청약의사가 진정한 의사표시에 의한 것인지 확인하기 위하여 사업자와 전자결제업자등이 소비자에게 전자적 대금 결제창을 제공해야 하는데 「전자상거래 지침」에서는 다음과 같이 예시하고 있다(II. 6).

---

(1) 무료 이벤트 사용기간이 경과하면 유료 월정액자동결제로 전환되는 재화등을 공급하는 경우, 소비자가 재화등의 내용 및 종류, 재화등의 가격, 용역의 제공기간 등을 확인하고 동의여부를 선택할 수 있도록 유료로 전환되어 전자적 대금지급이 이루어지는 시점에서 전자결제업자등이 마련한 전자적 대금 결제창을 소비자에게 제공해야 한다. 다만, 무료 이벤트가 유료 월정액자동결제 계약에 부수된 것으로 유료로 전환되는 시기가 명확하고 소비자가 그 전환 시기에 동의하는 경우에는 무료 이벤트 사용 시작 시점에서 전자적 대금 결제창을 소비자에게 제공할 수 있다.

(2) 월정액자동결제가 이루어지는 재화등을 공급하는 사업자가 매달 결제되는 가격을 변경한 경우, 소비자가 재화등의 내용 및 종류, 재화등의 변경된 가격, 용역의 제공기간 등을 확인하고 동의여부를 선택할 수 있도록 변경된 가격으로 전자적 대금지급이 이루어지는 시점에서 전자결제업자등이 마련한 전자적 대금 결제창을 소비자에게 제공해야 한다.

III. 소비자 고지 및 열람의무

사업자와 전자결제업자등은 전자적 대금지급이 이루어진 경우에는 전자문서의 송신 등 *총리령*[9])으로 정하는 방법으로 소비자에게 그 사실을 알리고, 언제든지 소비자가 전자적 대금지급과 관련한 자료를 열람할 수 있게 하여야 한다(법 제8조 제3항).

관련하여 「전자상거래 지침」에서는 "사업자와 전자결제업자등이 전자적 대

사가 실질적 청약인지, 승낙인지를 묻지 않고 계약변경의 경우에도 전자상거래법 제8조제2항이 적용되는 것으로 해석할 수 있다고 한다.

9) 제5조(소비자에 대한 전자적 대금지급 사실의 통지) 법 제8조제3항에서 "전자문서의 송신 등 총리령으로 정하는 방법"이란 전화·팩스·휴대전화 등을 이용하여 소비자에게 신속하게 전자적 대금지급 사실을 알리고, 매월 정해진 날짜에 이용요금을 고지할 때 재화등을 공급한 사업자별로 거래내용과 이용요금, 연락처(전화번호·전자우편주소 등)를 표시하는 것을 말한다. 다만, 소비자의 동의를 받은 경우에는 통지 또는 표시를 생략할 수 있다.

금지급 사실을 소비자에게 통지할 때에는 전자우편, 전화, 휴대전화단문메시지 (SMS), 팩스 등을 이용하여 즉시 통지하는 것을 원칙으로 한다. 다만, 대면하여 본인여부를 확인한 경우와 소비자의 동의를 얻은 경우에는 통지를 생략할 수 있다"고 규정하고, 사업자가 소비자에게 전자적 대금 지급 사실을 통지하는 방법을 다음과 같이 예시하고 있다(Ⅱ. 6. 나).

(1) 사이버몰에서 거래가 이루어진 경우에는 전자우편, 휴대전화단문메시지에 의한 통지
(2) TV홈쇼핑과 카탈로그쇼핑 등 전화로 주문하는 경우에는 사이버몰의 통지 방식 외에 전화주문시 구매자에게 일반사항 6.라. (1)이 정하는 내용을 고지하는 방법에 의한 통지도 가능

또한 통지와 관련하여, 사업자와 전자결제업자등은 소비자의 혼란을 방지하기 위하여 그 통지내용을 다음과 같이 구분하여 통지할 수 있다고 규정히고 있다.

(1) 사업자의 통지내용: 구입상품의 가격, 지불조건 등 구매관련 중요정보
(2) 전자결제업자등의 통지내용: 결제자명, 결제일시, 결제수단, 결제금액, 할부여부 등 결제관련정보

그리고 "통지의 대상이 되는 소비자는 사업자가 전자적 대금지급 사실을 통지하는 경우에는 재화등을 주문한 자, 전자결제업자등이 통지하는 경우에는 대금을 지급하는 자로 한다. 한편, 전자결제대행사업자(PG) 등이 통지의 대상이 되는 소비자에 대한 정보를 가지고 있지 않은 경우에는 최종결제업자인 신용카드업자, 유·무선통신업자 등의 통지로 갈음할 수 있다"고 규정하고 다음을 예시하고 있다(Ⅱ. 6. 다).

• 갑이 을의 ID로 A 사업자가 운영하는 사이버몰에 접속하여 자신(갑)이 가지고 있는 B 신용카드를 사용하여 재화등을 구매하는 경우에 A 사업자는 을에게, B 신용카드사는 갑에게 통지한다.

법 시행규칙 제5조의 규정과 관련하여, 사업자와 전자결제업자등이 매월 일정기일에 이용요금을 고지함에 있어 재화등을 공급한 사업자별로 거래내역과

이용요금을 표시하는 경우, 그 표시의 방법은 서면, 전자우편, 팩스 등에 의한
다. 다만, 홈페이지 등을 통하여 소비자가 확인할 수 있도록 조치하고 소비자에
게 그러한 사실을 통지한 경우에는 표시한 것으로 간주한다. 이 경우에도 소비
자가 특정한 방법에 의한 표시를 요청하는 경우에는 그에 따라야 한다(「전자상
거래 지침」 II. 6).

Ⅳ. 사전대가 지불방식 결제수단의 발행자의 표시 및 고지의무

사이버몰에서 사용되는 전자적 대금지급 방법으로서 재화등을 구입·이용
하기 위하여 미리 대가를 지불하는 방식의 결제수단의 발행자는 *총리령*[10]으로
정하는 바에 따라 그 결제수단의 신뢰도 확인과 관련된 사항, 사용상의 제한이
나 그 밖의 주의 사항 등을 표시하거나 고지하여야 한다(법 제8조 제4항).

Ⅴ. 분쟁해결 협조의무

사업자와 소비자 사이에 전자적 대금지급과 관련하여 다툼이 있는 경우 전
자결제업자등은 대금지급 관련 정보의 열람을 허용하는 등 *대통령령*[11]으로 정
하는 바에 따라 그 분쟁의 해결에 협조하여야 한다(법 제8조 제5항).

---

10) 제6조(결제수단 발행자의 고지) 법 제8조제4항에 따른 결제수단의 발행자는 다음 각 호의 사
   항을 소비자에게 고지하여야 한다. 1. 대표자의 성명, 주된 사무소의 주소, 전화번호, 전자우편
   주소, 자본금의 규모 및 자기자본 현황 등 2. 법 제24조제1항에 따른 소비자피해보상보험계약
   등(이하 "소비자피해보상보험계약등")의 체결사실 및 계약내용(채무지급보증 범위를 포함한
   다)과 그 확인에 필요한 사항 3. 남은 금액의 현금 반환과 관련된 사항 4. 반품 시 처리기준
   및 현금화와 관련된 사항 5. 해당 결제수단을 사용할 수 있는 사이버몰 현황 6. 해당 결제수
   단의 사용상 제한 및 주의사항 7. 그 밖에 소비자에게 표시 또는 고지를 하지 아니하는 경우
   해당 결제수단을 사용하는 소비자에게 피해를 줄 우려가 있다고 인정되는 사항
11) 제10조(전자적 대금지급 관련 분쟁의 해결) 법 제8조제5항에 따라 전자결제업자등은 분쟁해결
   을 위하여 사업자나 소비자가 분쟁발생 사실을 소명하여 요청하는 경우 분쟁해결에 필요한
   범위에서 다음 각 호의 사항에 대하여 지체 없이 협조하여야 한다. 1. 분쟁의 원인이 된 대금
   지급과 관련된 정보(고객인증 관련 정보를 포함한다)의 열람·복사 허용 2. 분쟁의 원인이 된
   대금지급에 대한 전자결제업자등의 보안유지 조치 관련 정보의 열람·복사 허용. 다만, 공개할
   경우 보안유지에 장애가 발생할 우려가 있는 정보에 대해서는 공개를 거부할 수 있다.

제9조(배송사업자 등의 협력)

① 전자상거래나 통신판매에 따라 재화등을 배송[「정보통신망 이용촉진 및 정보보호 등에 관한 법률」 제2조제1항제1호의 정보통신망(이하 "정보통신망"이라 한다)을 통한 전송을 포함한다]하는 사업자는 배송 사고나 배송 장애 등으로 분쟁이 발생하는 경우에는 대통령령으로 정하는 바에 따라 그 분쟁의 해결에 협조하여야 한다.

② 호스팅서비스(사업자가 전자상거래를 할 수 있도록 사이버몰 구축 및 서버 관리 등을 하여주는 서비스를 말한다. 이하 이 조에서 같다)를 제공하는 자는 사업자와 호스팅서비스에 관한 이용계약을 체결하는 경우 사업자의 신원을 확인하기 위한 조치를 취하여야 한다.

③ 사업자와 소비자 사이에 분쟁이 발생하는 경우 호스팅서비스를 제공하는 자는 다음 각 호의 어느 하나에 해당하는 자의 요청에 따라 사업자의 신원정보 등 대통령령으로 정하는 자료를 제공함으로써 그 분쟁의 해결에 협조하여야 한다.<개정 2016. 3. 29.>

1. 분쟁의 당사자인 소비자(소비자가 소송을 제기하는 경우에 한정한다)
2. 공정거래위원회
3. 특별시장·광역시장·특별자치시장·도지사·특별자치도지사(이하 "시·도지사"라 한다) 또는 시장·군수·구청장(자치구의 구청장을 말한다. 이하 같다)
4. 수사기관
5. 그 밖에 분쟁해결을 위하여 필요하다고 인정되어 대통령령으로 정한 자

[전문개정 2012. 2. 17.]

목 차

Ⅰ. 배송사업자의 분쟁해결 협조의무

전자상거래나 통신판매에 따라 재화등을 배송[「정보통신망 이용촉진 및 정보보호 등에 관한 법률」 제2조 제1항 제1호의 정보통신망(이하 "정보통신망")을 통한 전송을 포함]하는 사업자는 배송 사고나 배송 장애 등으로 분쟁이 발생하는 경우에는 *대통령령*[1])으로 정하는 바에 따라 그 분쟁의 해결에 협조하여야 한다(법 제9조 제1항).

Ⅱ. 호스팅서비스제공자의 신원확인 조치의무

호스팅서비스(사업자가 전자상거래를 할 수 있도록 사이버몰 구축 및 서버 관리 등을 하여주는 서비스)를 제공하는 자는 사업자와 호스팅서비스에 관한 이용계약을 체결하는 경우 사업자의 신원을 확인하기 위한 조치를 취하여야 한다(법 제9조 제2항).

Ⅲ. 호스팅서비스제공자의 분쟁해결 협조의무

사업자와 소비자 사이에 분쟁이 발생하는 경우 호스팅서비스를 제공하는 자는 ① 분쟁의 당사자인 소비자(소비자가 소송을 제기하는 경우에 한정)(제1호), ② 공정거래위원회(제2호), ③ 특별시장·광역시장·특별자치시장·도지사·특별자치도지사(이하 "시·도지사") 또는 시장·군수·구청장(자치구의 구청장)(제3호), ④ 수사기관(제4호), ⑤ 그 밖에 분쟁해결을 위하여 필요하다고 인정되어 *대통령령*[2])으로 정한 자(제5호)의 어느 하나에 해당하는 자의 요청에 따라 사업자의 신

---

1) 제11조(배송사업자 등의 분쟁해결 협조) 재화등의 배송을 하는 사업자는 법 제9조제1항에 따라 소비자가 분쟁의 발생 사실을 소명하여 요청하는 경우 분쟁해결에 필요한 범위에서 다음 각 호의 사항에 대하여 지체 없이 협조하여야 한다. 1. 배송 관련 기록의 열람·제공 2. 사고 또는 장애 관련 사실의 확인을 위한 기록 열람

2) 제11조의2(호스팅서비스를 제공하는 자의 분쟁해결 협조) ② 법 제9조제3항제5호에서 "대통령령으로 정한 자"란 다음 각 호의 기구를 말한다. 1. 「소비자기본법」 제33조에 따라 설립된 한국소비자원(이하 "한국소비자원") 2. 「소비자기본법」 제60조에 따라 설립된 소비자분쟁조정위원회(이하 "소비자분쟁조정위원회") 3. 「전자문서 및 전자거래 기본법」 제32조에 따라 설립된

원정보 등 *대통령령*[3]으로 정하는 자료를 제공함으로써 그 분쟁의 해결에 협조하여야 한다(법 제9조 제3항).

전자문서·전자거래분쟁조정위원회(이하 "전자거래분쟁조정위원회") 4. 「콘텐츠산업 진흥법」 제29조에 따라 설립된 콘텐츠분쟁조정위원회(이하 "콘텐츠분쟁조정위원회")

3) 제11조의2(호스팅서비스를 제공하는 자의 분쟁해결 협조) ① 법 제9조제3항 각 호 외의 부분에서 "사업자의 신원정보 등 대통령령으로 정하는 자료"란 다음 각 호의 자료를 말한다. 1. 사업자의 성명 및 주민등록번호(법 제9조제3항제1호에 따른 소비자가 요청하는 경우에는 생년월일) 2. 상호[법인인 경우에는 대표자의 성명 및 주민등록번호(법 제9조제3항제1호에 따른 소비자가 요청하는 경우에는 생년월일)를 포함], 주소 및 전화번호

제9조의2(전자게시판서비스제공자의 책임)

① 「정보통신망 이용촉진 및 정보보호 등에 관한 법률」 제2조제1항제9호의 게시판을 운영하는 같은 항 제3호의 정보통신서비스 제공자(이하 "전자게시판서비스 제공자"라 한다)는 해당 게시판을 이용하여 통신판매 또는 통신판매중개가 이루어지는 경우 이로 인한 소비자피해가 발생하지 아니하도록 다음 각 호의 사항을 이행하여야 한다.

1. 게시판을 이용하여 통신판매 또는 통신판매중개를 업으로 하는 자(이하 "게시판 이용 통신판매업자등"이라 한다)가 이 법에 따른 의무를 준수하도록 안내하고 권고할 것
2. 게시판 이용 통신판매업자등과 소비자 사이에 이 법과 관련하여 분쟁이 발생한 경우 소비자의 요청에 따라 제33조에 따른 소비자피해 분쟁조정기구에 소비자의 피해구제신청을 대행하는 장치를 마련하고 대통령령으로 정하는 바에 따라 운영할 것
3. 그 밖에 소비자피해를 방지하기 위하여 필요한 사항으로서 대통령령으로 정하는 사항

② 전자게시판서비스 제공자는 게시판 이용 통신판매업자등에 대하여 제13조제1항제1호 및 제2호의 신원정보를 확인하기 위한 조치를 취하여야 한다.

③ 전자게시판서비스 제공자는 게시판 이용 통신판매업자등과 소비자 사이에 분쟁이 발생하는 경우 다음 각 호의 어느 하나에 해당하는 자의 요청에 따라 제2항에 따른 신원 확인 조치를 통하여 얻은 게시판 이용 통신판매업자등의 신원정보를 제공하여 그 분쟁의 해결에 협조하여야 한다.

1. 제33조에 따른 소비자피해 분쟁조정기구
2. 공정거래위원회
3. 시·도지사 또는 시장·군수·구청장

[본조신설 2016. 3. 29.]

 목 차

Ⅰ. 전자게시판 서비스제공자의 소비자피해 방지의무

「정보통신망 이용촉진 및 정보보호 등에 관한 법률」 제2조 제1항 제9호[1]의 게시판을 운영하는 같은 항 제3호의 정보통신서비스 제공자(이하 "전자게시판서비스 제공자")는 해당 게시판을 이용하여 통신판매 또는 통신판매중개가 이루어지는 경우 이로 인한 소비자피해가 발생하지 아니하도록 ① 게시판을 이용하여 통신판매 또는 통신판매중개를 업으로 하는 자(이하 "게시판 이용 통신판매업자 등")가 이 법에 따른 의무를 준수하도록 안내하고 권고할 것(제1호), ② 게시판 이용 통신판매업자등과 소비자 사이에 이 법과 관련하여 분쟁이 발생한 경우 소비자의 요청에 따라 제33조에 따른 소비자피해 분쟁조정기구에 소비자의 피해구제신청을 대행하는 장치를 마련하고 *대통령령*[2]으로 정하는 바에 따라 운영할 것(제2호), ③ 그 밖에 소비자피해를 방지하기 위하여 필요한 사항으로서 *대통령령*[3]으로 정하는 사항(제3호)을 이행하여야 한다(법 제9조의2 제1항).

이는 카페·블로그 서비스를 통해 방문자 수 증대 및 검색광고 유치 등 상당한 이익을 누리고 있는 포털사이트 등에게 소속 카페·블로그가 이 법상의 의무를 준수하도록 관리하는 일정한 책임을 부여한 것이다.[4]

---

1) "게시판이란 그 명칭과 관계없이 정보통신망을 이용하여 일반에게 공개할 목적으로 부호·문자·음성·음향·화상·동영상 등의 정보를 이용자가 게재할 수 있는 컴퓨터프로그램이나 기술적 장치를 말한다."

2) 제11조의3(소비자 피해구제신청 대행 장치의 운영 방법) ① 「정보통신망 이용촉진 및 정보보호 등에 관한 법률」 제2조제1항제9호의 게시판을 운영하는 같은 항 제3호의 정보통신서비스 제공자(이하 "전자게시판서비스 제공자")는 법 제9조의2제1항제2호에 따라 소비자의 피해구제신청을 대행하기 위한 장치를 다음 각 호의 방법에 따라 운영하여야 한다. <u>1. 소비자가 법 제33조제1항에 따른 소비자피해 분쟁조정기구(이하 "소비자피해 분쟁조정기구")를 선택할 수 있도록 해당 게시판에 소비자피해 분쟁조정기구의 업무와 피해구제절차를 표시할 것 2. 소비자가 피해구제신청의 대행을 요청하는 경우 전자게시판서비스 제공자가 피해구제신청을 대행해 준다는 사실과 그 대행 절차를 표시할 것</u> ② 전자게시판서비스 제공자는 소비자가 피해구제신청의 대행을 요청하는 경우에는 3영업일 이내에 소비자가 요청하는 소비자피해 분쟁조정기구에 소비자의 요청사항을 전달하고 그 사실을 소비자에게 지체 없이 알려야 한다.

3) 제11조의3(소비자 피해구제신청 대행 장치의 운영 방법) ③ 법 제9조의2제1항제3호에서 "대통령령으로 정하는 사항"이란 법 제9조의2제1항제1호·제2호, 같은 조제2항 및 제3항에 따른 내용을 전자게시판서비스 제공자가 이행하여야 할 사항으로 약관에 규정하는 것을 말한다.

4) 【개정이유】 [시행 2016. 9. 30.][법률 제14142호, 2016. 3. 29., 일부개정]

Ⅱ. 신원정보의 확인조치의무

　　전자게시판서비스 제공자는 게시판 이용 통신판매업자등에 대하여 제13조 제1항 제1호 및 제2호의 신원정보를 확인하기 위한 조치를 취하여야 한다(법 제9조의2 제2항).

Ⅲ. 분쟁해결 협조의무

　　게시판 이용 통신판매업자등과 소비자 사이에 분쟁이 발생하는 경우 ① 제33조에 따른 소비자피해 분쟁조정기구(제1호), ② 공정거래위원회(제2호), ③ 시·도지사 또는 시장·군수·구청장(제3호)의 어느 하나에 해당하는 자의 요청에 따라 제2항에 따른 신원 확인 조치를 통하여 얻은 게시판 이용 통신판매업자등의 신원정보를 제공하여 그 분쟁의 해결에 협조하여야 한다(법 제9조의2 제3항).

제10조(사이버몰의 운영)

① 전자상거래를 하는 사이버몰의 운영자는 소비자가 사업자의 신원 등을 쉽게 알 수 있도록 다음 각 호의 사항을 총리령으로 정하는 바에 따라 표시하여야 한다.

1. 상호 및 대표자 성명
2. 영업소가 있는 곳의 주소(소비자의 불만을 처리할 수 있는 곳의 주소를 포함한다)
3. 전화번호 · 전자우편주소
4. 사업자등록번호
5. 사이버몰의 이용약관
6. 그 밖에 소비자보호를 위하여 필요한 사항으로서 대통령령으로 정하는 사항

② 제1항에 따른 사이버몰의 운영자는 그 사이버몰에서 이 법을 위반한 행위가 이루어지는 경우 운영자가 조치하여야 할 부분이 있으면 시정에 필요한 조치에 협력하여야 한다.

[전문개정 2012. 2. 17.]

　　전자상거래를 하는 사이버몰의 운영자는 소비자가 사업자의 신원 등을 쉽게 알 수 있도록 다음 ① 상호 및 대표자 성명, ② 영업소가 있는 곳의 주소(소비자의 불만을 처리할 수 있는 곳의 주소를 포함), ③ 전화번호 · 전자우편주소, ④ 사업자등록번호, ⑤ 사이버몰의 이용약관, ⑥ 그 밖에 소비자보호를 위하여 필요한 사항으로서 *대통령령*1)으로 정하는 사항을 *총리령*2)으로 정하는 바에 따라 표시하여야 한다.

---

1) 제11조의4(사이버몰의 표시) 법 제10조제1항제6호에서 "대통령령으로 정하는 사항"이란 법 제9조제2항에 따른 호스팅서비스(이하 "호스팅서비스")를 제공하는 자의 상호를 말한다.

2) 제7조(사이버몰 운영자의 표시방법) ① 전자상거래를 하는 사이버몰의 운영자는 법 제10조제1항제1호부터 제6호까지의 사항을 소비자가 알아보기 쉽도록 사이버몰의 초기 화면에 표시하여야 한다. 다만, 법 제10조제1항제5호의 사항은 소비자가 연결 화면을 통하여 볼 수 있도록 할 수 있다. ② 전자상거래를 하는 사이버몰의 운영자는 제1항에 따라 표시한 사항의 진위 여부를 소비자가 쉽게 확인할 수 있도록 공정거래위원회가 법 제12조제4항 및 「전자상거래 등에서의 소비자보호에 관한 법률 시행령」(이하 "영") 제19조에 따라 정보를 공개하는 사업자 정보 공개페이지를 사이버몰의 초기 화면에 연결하여야 한다. ③ 전자상거래를 하는 사이버몰의 운영자로서 출력에 제한이 있는 휴대전화 등과 같은 기기를 이용하여 거래하는 사업자는 법 제10조제1항제1호부터 제6호까지의 사항이 사이버몰의 화면에 순차적으로 나타나도록 할 수 있다. 이 경우 대표자 성명, 사업자등록번호 및 사이버몰의 이용약관은 그 내용을 확인할 수 있는 방법을 화면에 나타나게 하는 것으로 대신할 수 있다.

제11조(소비자에 관한 정보의 이용 등)

① 사업자는 전자상거래 또는 통신판매를 위하여 소비자에 관한 정보를 수집하거나 이용(제3자에게 제공하는 경우를 포함한다. 이하 같다)할 때는 「정보통신망 이용촉진 및 정보보호 등에 관한 법률」 등 관계 규정에 따라 이를 공정하게 수집하거나 이용하여야 한다.

② 사업자는 재화등을 거래함에 있어서 소비자에 관한 정보가 도용되어 해당 소비자에게 재산상의 손해가 발생하였거나 발생할 우려가 있는 특별한 사유가 있는 경우에는 본인 확인이나 피해의 회복 등 대통령령으로 정하는 필요한 조치를 취하여야 한다.

[전문개정 2012. 2. 17.]

 목 차

[참고사례]

에스케이브로드밴드(주)[변경전: 하나로텔레콤(주)]의 전자상거래소비자보호법 위반행위 건(공정거래위원회 2008. 9. 8. 의결 제2008-260호; 서울고등법원 2009. 7. 1. 선고 2008누26918 판결)

I. 정보의 공정한 수집 및 이용의무

사업자는 전자상거래 또는 통신판매를 위하여 소비자에 관한 정보를 수집하거나 이용(제3자에게 제공하는 경우를 포함)할 때는 「정보통신망 이용촉진 및 정보보호 등에 관한 법률」 등 관계 규정에 따라 이를 공정하게 수집하거나 이용하여야 한다(법 제11조 제1항).

「전자상거래 지침」에서는 법 위반 행위로 다음과 같이 예시하고 있다(II. 7. 가).

• 소비자에게 3개월 무료 이용 등의 이익 제공을 약속하면서 당해 소비자에 관한 정보를 수집한 뒤, 실제로는 약속을 이행하지 않는 행위

Ⅱ. 본인 확인 및 피해 회복 조치의무

재화등을 거래함에 있어서 소비자에 관한 정보가 도용되어 해당 소비자에게 재산상의 손해가 발생하였거나 발생할 우려가 있는 특별한 사유가 있는 경우에는 본인 확인이나 피해의 회복 등 *대통령령*[1])으로 정하는 필요한 조치를 취하여야 한다(법 제11조 제2항).

「전자상거래 지침」에서는 다음과 같이 예시하고 있다(Ⅱ. 7. 나).

(1) 사업자는 소비자정보의 도용여부확인과 관련하여 본인확인 방법으로 휴대폰 인증, 전자정부 주민등록진위확인서비스, 공인인증서 등의 방법 중 2가지 이상을 갖추고, 그 중 소비자가 선택한 방법에 의하여 본인확인절차를 거쳐야 한다.
(2) 소비자가 본인에 대한 관련거래 기록 제공을 요청하는 경우 사업자는 본인확인절차를 거친 후 소비자 본인에게(미성년자의 법정대리인이 요청하는 경우에는 그 법정대리인에게) 거래일시, 목적물, 거래금액, 거래상대방, 결제업자 등의 관련거래 기록을 제공하여야 한다.
(3) 소비자가 자신에 관한 정보가 도용되었음을 사업자에게 신고한 경우, 사업자는 신고를 접수한 직원의 성명을 알려주는 등 신고접수 및 처리상황을 쉽게 확인할 수 있는 방법을 그 소비자에게 알려야 한다.

그리고 사업자가 도용에 의하여 변조된 소비자에 관한 정보의 원상회복을 위하여 취하여야 할 조치를 다음과 같이 예시하고 있다(Ⅱ. 7. 다).

---

[1] 제12조(소비자에 관한 정보의 확인 등) 법 제11조제2항에서 "본인 확인이나 피해의 회복 등 대통령령으로 정하는 필요한 조치"란 다음 각 호의 어느 하나를 말한다. 1. 소비자 본인이 요청하는 경우 도용 여부의 확인 및 해당 소비자에 대한 관련 거래 기록의 제공 2. 도용에 의하여 변조된 소비자에 관한 정보의 원상회복 3. 도용에 의한 피해의 회복

• 소비자의 정보가 도용되어 당해 소비자의 계정(ID), 비밀번호, 신용카드번호, 유
  무선전화번호, 주소 등 소비자정보가 변조된 경우 사업자는 즉시 원상회복을 위
  한 조치를 취하여야 한다.

하나로텔레콤이 은행과의 제휴 신용카드를 전화권유판매 사업자를 통해 모
집하면서 초고속인터넷서비스 가입자 정보를 전화권유판매 사업자에게 제공한
행위와 관련하여, 서울고등법원은 "'정보의 도용'이란 제3자가 타인의 개인정보
를 불법적인 방법으로 사용하는 경우뿐만 아니라 적법하게 취득하여 관리하고
있는 개인정보를 정보주체의 동의를 받지 않거나 동의를 받은 범위를 넘어 사
용하는 경우도 포함된다"고 판시하였다(<에스케이브로드밴드(주)[변경전: 하나로텔
레콤(주)]의 전자상거래소비자보호법 위반행위 건>).[2] 즉 전자상거래법 제11조 제2
항은 제11조 제1항 및 제21조 제1항 6호 등 다른 개인정보보호 규정과는 달리
개인정보보호를 위한 사업자에 대한 1차적인 보호의무를 목적으로 한 것이 아
니라 개인정보가 침해된 후 피해의 최소화와 피해확산방지를 위한 사업자에 대
한 2차적인 조치의무를 목적으로 한 것인 바, 소비자보호의 측면에서 볼 때 소
비자 피해의 최소화 및 확산방지를 위한 조치를 취함에 있어서 개인정보 침해
주체가 누구인지(제3자인지 아닌지)에 따라 이를 달리 구분할 필요가 전혀 없는
점 등을 그 이유로 보았다. 그리고 정보통신망법적용 여부에 관하여 전자상거래
법이 정보통신망법에 대하여 특별법 관계에 있고 양 법률의 소비자 보호에 관
한 규정 내용에 비추어 볼 때 정보통신망법이 소비자에게 특별히 더 유리하다
고 보기는 어려운 점 등을 볼 때 공정거래위원회가 이 건 처분에 전자상거래법
을 적용한 것은 적법하다고 보았다.

---

2) 서고판 2009. 7. 1. 2008누26918.

제12조(통신판매업자의 신고 등)

① 통신판매업자는 대통령령으로 정하는 바에 따라 다음 각 호의 사항을 공정거래위원
회 또는 특별자치시장·특별자치도지사·시장·군수·구청장에게 신고하여야 한다. 다
만, 통신판매의 거래횟수, 거래규모 등이 공정거래위원회가 고시로 정하는 기준 이하
인 경우에는 그러하지 아니하다.<개정 2016. 3. 29.>

  1. 상호(법인인 경우에는 대표자의 성명 및 주민등록번호를 포함한다), 주소, 전화번호

  2. 전자우편주소, 인터넷도메인 이름, 호스트서버의 소재지

  3. 그 밖에 사업자의 신원 확인을 위하여 필요한 사항으로서 대통령령으로 정하는
    사항

② 통신판매업자가 제1항에 따라 신고한 사항을 변경하려면 대통령령으로 정하는 바에
따라 신고하여야 한다.

③ 제1항에 따라 신고한 통신판매업자는 그 영업을 휴업 또는 폐업하거나 휴업한 후 영
업을 다시 시작할 때에는 대통령령으로 정하는 바에 따라 신고하여야 한다.

④ 공정거래위원회는 제1항에 따라 신고한 통신판매업자의 정보를 대통령령으로 정하는
바에 따라 공개할 수 있다.

통신판매업자는 *대통령령*[1]으로 정하는 바에 따라 ① 상호(법인인 경우에는

---

1) 제13조(통신판매업자의 신고절차) ① 법 제12조제1항에 따라 신고를 하려는 통신판매업자는
총리령으로 정하는 신고서(전자문서로 된 신고서를 포함)를 주된 사무소의 소재지를 관할하는
특별자치시장·특별자치도지사·시장·군수·구청장(자치구의 구청장)에게 제출(주된 사무소의
소재지가 외국인 경우에는 공정거래위원회에 제출)하여야 한다. 이 경우 해당 통신판매업자가
법 제15조제1항 본문에 따른 선지급식 통신판매를 하려는 경우에는 다음 각 호의 서류를 함께
제출하여야 한다. 1. 법 제13조제2항제10호에 따른 결제대금예치의 이용 또는 법 제24조제1항
각 호에 따른 소비자피해보상보험계약등의 체결을 증명하기 위하여 총리령으로 정하는 양식의
서류 2. 법 제24조제3항 각 호에 따른 거래의 경우에는 이에 대한 소명자료 ② 제1항에 따라
신고서를 제출받은 공정거래위원회 또는 특별자치시장·특별자치도지사·시장·군수·구청장은
「전자정부법」 제36조제1항에 따른 행정정보의 공동이용을 통하여 다음 각 호의 서류를 확인
하여야 하며, 신고인이 제1호 단서 또는 제2호의 확인에 동의하지 아니하는 경우에는 해당 서
류(제2호의 경우에는 그 사본을 말한다)를 제출하도록 하여야 한다. 1. 법인 등기사항증명서
(법인인 경우만 해당한다). 다만, 그 법인의 설립 등기 전에 신고를 하는 경우에는 법인 설립
을 위한 발기인의 주민등록번호가 포함된 주민등록표 초본을 말한다. 2. 사업자등록증 ③ 제1
항의 신고를 받은 공정거래위원회 또는 특별자치시장·특별자치도지사·시장·군수·구청장은
총리령으로 정하는 신고증을 교부하여야 한다.
총리령 제8조(통신판매업자의 신고) ① 법 제12조제1항 및 영 제13조제1항 각 호 외의 부분
전단에 따라 신고하려는 통신판매업자는 별지 제1호서식의 통신판매업 신고서를 공정거래위원
회 또는 특별자치시장·특별자치도지사·시장·군수·구청장(자치구의 구청장을 말한다. 이하

대표자의 성명 및 주민등록번호를 포함), 주소, 전화번호, ② 전자우편주소, 인터넷 도메인 이름, 호스트서버의 소재지, ③ 그 밖에 사업자의 신원 확인을 위하여 필요한 사항으로서 *대통령령*[2]으로 정하는 사항을 공정거래위원회 또는 특별자치시장·특별자치도지사·시장·군수·구청장에게 신고하여야 한다. 다만, 통신판매의 거래횟수, 거래규모 등이 공정거래위원회가 고시로 정하는 기준 이하인 경우에는 그러하지 아니하다.

제1항에 따라 통신판매업 신고 면제 기준에 관한 사항을 정하기 위하여 「통신판매업 신고 면제 기준에 대한 고시」[3]를 운영하고 있다.

통신판매업자가 제1항에 따라 신고한 사항을 변경하려면 *대통령령*[4]으로 정하는 바에 따라 신고하여야 한다.

제1항에 따라 신고한 통신판매업자는 그 영업을 휴업 또는 폐업하거나 휴업한 후 영업을 다시 시작할 때에는 *대통령령*[5]으로 정하는 바에 따라 신고하여

같다)에게 제출하여야 한다. 다만, 신규로 신고하는 경우로서 인터넷도메인 이름 및 호스트서버 소재지를 적을 수 없는 경우에는 제3항에 따른 신고증의 교부일부터 30일 이내에 이를 보완하여야 한다. ② 영 제13조제1항제1호에서 "총리령으로 정하는 양식의 서류"란 별지 제2호서식의 구매안전서비스 이용 확인증 또는 별지 제2호의2서식의 결제대금예치 이용 확인증을 말한다. 이 경우 별지 제2호의2서식의 결제대금예치 이용 확인증을 제출하는 경우에는 영 제19조의3제1항에 따른 자가 통신판매중개자에게 결제대금예치를 제공하고 있음을 증명하는 서류를 첨부하여야 한다. ③ 제1항에 따른 신고를 받은 공정거래위원회 또는 특별자치시장·특별자치도지사·시장·군수·구청장은 별지 제3호서식의 통신판매업 신고증을 교부하여야 한다.

2) 제15조(통신판매업자의 신고사항) 법 제12조제1항제3호에서 "대통령령으로 정하는 사항"이란 사업자의 성명 및 주민등록번호(개인인 경우만 해당)를 말한다.

3) 공정거래위원회고시 제2022-4호(2022. 4. 5.). 제2조(통신판매업 신고 면제 기준) ① 다음 각 호의 하나에 해당하는 통신판매업자는 법 제12조제1항에 따른 통신판매업 신고를 아니할 수 있다. 1. 직전년도 동안 통신판매의 거래횟수가 50회 미만인 경우 2. 「부가가치세법」 제2조제4호의 간이과세자인 경우 ② 청약철회 등의 경우에는 제1항의 통신판매의 거래횟수에 산입하지 아니한다.

4) 제16조(통신판매업자의 변경신고) ① 법 제12조제2항에 따라 변경신고를 하려는 자는 해당 변경사항이 발생한 날부터 15일 이내에 총리령으로 정하는 신고서에 그 변경사항을 증명하는 서류를 첨부하여 공정거래위원회 또는 특별자치시장·특별자치도지사·시장·군수·구청장에게 제출하여야 한다. ② 제1항의 신고를 받은 공정거래위원회 또는 특별자치시장·특별자치도지사·시장·군수·구청장은 변경사항을 확인하고 변경사항이 기재된 신고증을 다시 발급하여야 한다.
총리령 제9조(신고사항의 변경신고) 법 제12조제2항 및 영 제16조제1항에 따라 변경신고를 하려는 통신판매업자는 별지 제4호서식의 통신판매업 변경신고서에 그 변경사항을 증명하는 서류와 통신판매업 신고증(신고증 기재사항이 변경된 경우만 해당한다)을 첨부하여 공정거래위원회 또는 특별자치시장·특별자치도지사·시장·군수·구청장에게 제출하여야 한다.

5) 제17조(영업의 휴업·폐업 또는 휴업 후 영업재개의 신고) 법 제12조제3항에 따라 통신판매업자가 그 영업을 휴업 또는 폐업하거나 휴업한 후 영업을 다시 시작할 때에는 미리 총리령으로 정하는 신고서를 공정거래위원회 또는 특별자치시장·특별자치도지사·시장·군수·구청장에게 제출하여야 한다. 다만, 폐업신고를 하는 경우에는 종전의 신고증 또는 사유서(신고증을 분실

야 한다.

　　공정거래위원회는 제1항에 따라 신고한 통신판매업자의 정보를 *대통령령*[6]으로 정하는 바에 따라 공개할 수 있다.

하거나 신고증이 훼손되어 첨부할 수 없는 경우로 한정한다)를 첨부하여야 한다.

총리령 제10조(휴업·폐업 등의 신고) ① 법 제12조제3항 및 영 제17조에 따라 영업을 휴업 또는 폐업하거나 휴업한 후 영업을 다시 시작하려는 통신판매업자는 별지 제5호서식의 통신판매업 휴업·폐업·영업재개 신고서를 영업의 휴업·폐업 또는 영업재개 5일 전에 공정거래위원회 또는 특별자치시장·특별자치도지사·시장·군수·구청장에게 제출하여야 한다. ② 제1항에 따라 폐업 신고를 하려는 자가 「부가가치세법」 제8조제6항에 따른 폐업 신고를 같이 하려는 경우에는 제1항에 따른 폐업신고서에 「부가가치세법 시행규칙」 별지 제9호서식의 폐업신고서를 함께 제출하여야 한다. 이 경우 특별자치시장·특별자치도지사·시장·군수·구청장은 함께 제출받은 폐업신고서를 지체 없이 관할 세무서장에게 송부(정보통신망을 이용한 송부를 포함)하여야 한다. ③ 관할 세무서장이 「부가가치세법 시행령」 제13조제5항에 따라 제1항에 따른 폐업 신고를 받아 이를 해당 특별자치시장·특별자치도지사·시장·군수·구청장에게 송부한 경우에는 제1항에 따른 폐업신고서가 제출된 것으로 본다.

제18조(전자문서에 의한 신고) ① 제13조·제16조 및 제17조에 따른 신고를 전자문서로 하는 경우에는 공정거래위원회가 정한 정보처리시스템에 의하여 신고할 수 있다. ② 제1항에 따라 전자문서에 의한 신고를 할 때 전자문서에 의한 자료 제출이 곤란한 사항은 1개월 내에 우편 등을 통하여 보완할 수 있으며, 보완한 경우에는 전자문서로 신고한 날에 신고한 것으로 본다. ③ 제1항 및 제2항에서 규정한 사항 외에 전자문서에 의한 신고수리업무의 처리에 필요한 사항은 총리령으로 정한다.

총리령 제11조(전자문서에 의한 신고업무) ① 영 제18조제1항에 따라 전자문서로 신고하려는 자는 「전자서명법」 제2조제3호에 따른 공인전자서명 또는 이에 준하는 암호화 및 전자서명 기술을 사용한 인증시스템을 통한 전자서명을 이용할 수 있다. ② 특별자치시장·특별자치도지사·시장·군수 또는 구청장은 제1항에 따른 전자문서에 의한 신고를 처리하기 위하여 자신이 운영하는 홈페이지에서 공정거래위원회가 정한 정보처리시스템으로 쉽게 연결될 수 있도록 하여야 한다.

6) 제19조(통신판매업자에 대한 정보의 공개) ① 공정거래위원회는 법 제12조제4항에 따라 통신판매업자의 정보를 공개하는 경우 그 통신판매업자에게 공개하는 내용과 방법을 미리 알려야 하고, 사실과 다른 내용을 정정할 수 있는 기회를 주어야 한다. ② 공정거래위원회가 제1항에 따라 통신판매업자의 정보를 공개하는 경우 통신판매업자(법인인 경우에는 그 대표자를 포함한다)의 주민등록번호는 공개하지 아니한다.

제13조(신원 및 거래조건에 대한 정보의 제공)

① 통신판매업자가 재화등의 거래에 관한 청약을 받을 목적으로 표시·광고를 할 때에는 그 표시·광고에 다음 각 호의 사항을 포함하여야 한다.<개정 2016. 3. 29.>

1. 상호 및 대표자 성명
2. 주소·전화번호·전자우편주소
3. 제12조에 따라 공정거래위원회 또는 특별자치시장·특별자치도지사·시장·군수·구청장에게 한 신고의 신고번호와 그 신고를 받은 기관의 이름 등 신고를 확인할 수 있는 사항

② 통신판매업자는 소비자가 계약체결 전에 재화등에 대한 거래조건을 정확하게 이해하고 실수나 착오 없이 거래할 수 있도록 다음 각 호의 사항을 적절한 방법으로 표시·광고하거나 고지하여야 하며, 계약이 체결되면 계약자에게 다음 각 호의 사항이 기재된 계약내용에 관한 서면을 재화등을 공급할 때까지 교부하여야 한다. 다만, 계약자의 권리를 침해하지 아니하는 범위에서 대통령령으로 정하는 사유가 있는 경우에는 계약자를 갈음하여 재화등을 공급받는 자에게 계약내용에 관한 서면을 교부할 수 있다.

1. 재화등의 공급자 및 판매자의 상호, 대표자의 성명·주소 및 전화번호 등
2. 재화등의 명칭·종류 및 내용

2의 2. 재화등의 정보에 관한 사항. 이 경우 제품에 표시된 기재로 계약내용에 관한 서면에의 기재를 갈음할 수 있다.

3. 재화등의 가격(가격이 결정되어 있지 아니한 경우에는 가격을 결정하는 구체적인 방법)과 그 지급방법 및 지급시기
4. 재화등의 공급방법 및 공급시기
5. 청약의 철회 및 계약의 해제(이하 "청약철회등"이라 한다)의 기한·행사방법 및 효과에 관한 사항(청약철회등의 권리를 행사하는 데에 필요한 서식을 포함한다)
6. 재화등의 교환·반품·보증과 그 대금 환불 및 환불의 지연에 따른 배상금 지급의 조건·절차
7. 전자매체로 공급할 수 있는 재화등의 전송·설치 등을 할 때 필요한 기술적 사항
8. 소비자피해보상의 처리, 재화등에 대한 불만 처리 및 소비자와 사업자 사이의 분쟁 처리에 관한 사항
9. 거래에 관한 약관(그 약관의 내용을 확인할 수 있는 방법을 포함한다)
10. 소비자가 구매의 안전을 위하여 원하는 경우에는 재화등을 공급받을 때까지 대통

령령으로 정하는 제3자에게 그 재화등의 결제대금을 예치하는 것(이하 "결제대금
예치"라 한다)의 이용을 선택할 수 있다는 사항 또는 통신판매업자의 제24조제1
항에 따른 소비자피해보상보험계약등의 체결을 선택할 수 있다는 사항(제15조제1
항에 따른 선지급식 통신판매의 경우에만 해당하며, 제24조제3항에 각 호의 어느
하나에 해당하는 거래를 하는 경우는 제외한다)

11. 그 밖에 소비자의 구매 여부 판단에 영향을 주는 거래조건 또는 소비자피해의
구제에 필요한 사항으로서 대통령령으로 정하는 사항

③ 통신판매업자는 미성년자와 재화등의 거래에 관한 계약을 체결할 때에는 법정대리인
이 그 계약에 동의하지 아니하면 미성년자 본인 또는 법정대리인이 그 계약을 취소
할 수 있다는 내용을 미성년자에게 고지하여야 한다.

④ 공정거래위원회는 제1항 및 제2항에 따른 통신판매업자의 상호 등에 관한 사항, 재
화등의 정보에 관한 사항과 거래조건에 대한 표시·광고 및 고지의 내용과 방법을
정하여 고시할 수 있다. 이 경우 거래방법이나 재화등의 특성을 고려하여 그 표시·
광고 및 고지의 내용과 방법을 다르게 정할 수 있다.

⑤ 통신판매업자는 제2항에 따라 소비자에게 표시·광고하거나 고지한 거래조건을 신의
를 지켜 성실하게 이행하여야 한다.

[전문개정 2012. 2. 17.]

목 차

I. 청약목적 표시·광고시 정보제공의무

통신판매업자가 재화등의 거래에 관한 청약을 받을 목적으로 표시·광고를
할 때에는 그 표시·광고에 ① 상호 및 대표자 성명(제1호), ② 주소·전화번호·
전자우편주소(제2호), ③ 제12조에 따라 공정거래위원회 또는 특별자치시장·특

별자치도지사·시장·군수·구청장에게 한 신고의 신고번호와 그 신고를 받은 기
관의 이름 등 신고를 확인할 수 있는 사항(제3호)을 포함하여야 한다(법 제13조
제1항).

Ⅱ. 계약체결시 정보제공 및 계약서 교부의무

통신판매업자는 소비자가 계약체결 전에 재화등에 대한 거래조건을 정확하
게 이해하고 실수나 착오 없이 거래할 수 있도록 ① 재화등의 공급자 및 판매
자의 상호, 대표자의 성명·주소 및 전화번호 등(제1호), ② 재화등의 명칭·종류
및 내용(제2호), ② 의2. 재화등의 정보에 관한 사항(이 경우 제품에 표시된 기재로
계약내용에 관한 서면에의 기재를 갈음할 수 있음)(제2의2호), ③ 재화등의 가격(가
격이 결정되어 있지 아니한 경우에는 가격을 결정하는 구체적인 방법)과 그 지급방법
및 지급시기(제3호), ④ 재화등의 공급방법 및 공급시기(제4호), ⑤ 청약의 철회
및 계약의 해제(이하 "청약철회등")의 기한·행사방법 및 효과에 관한 사항(청약철
회등의 권리를 행사하는 데에 필요한 서식을 포함)(제5호), ⑥ 재화등의 교환·반품·
보증과 그 대금 환불 및 환불의 지연에 따른 배상금 지급의 조건·절차(제6호),
⑦ 전자매체로 공급할 수 있는 재화등의 전송·설치 등을 할 때 필요한 기술적
사항(제7호), ⑧ 소비자피해보상의 처리, 재화등에 대한 불만 처리 및 소비자와
사업자 사이의 분쟁 처리에 관한 사항(제8호), ⑨ 거래에 관한 약관(그 약관의 내
용을 확인할 수 있는 방법을 포함)(제9호), ⑩ 소비자가 구매의 안전을 위하여 원
하는 경우에는 재화등을 공급받을 때까지 *대통령령*1)으로 정하는 제3자에게 그

---

1) 제19조의3(제3자의 범위 등) ① 법 제13조제2항제10호에서 "대통령령으로 정하는 제3자"란
다음 각 호의 어느 하나에 해당하는 자를 말한다. 1. 법 제13조제2항제10호의 결제대금예치
업무를 하기 위하여 「전자금융거래법」 제28조제2항제5호 및 같은 법 시행령 제15조제3항제1
호에 따라 금융위원회에 등록한 자로서 다음 각 목의 요건을 모두 갖춘 사업자 가. 법 제24조
제1항에 따른 소비자피해보상보험계약등(이하 "소비자피해보상보험계약등"이라 한다)을 체결
할 것 나. 「금융위원회의 설치 등에 관한 법률」 제38조 각 호의 기관 또는 「우체국예금·보험
에 관한 법률」에 따른 체신관서에 결제대금의 예치만을 위한 계좌로 개설·통보한 계좌에 소
비자의 결제대금을 예치할 것 2. 「전자금융거래법」 제28조제2항 각 호 외의 부분 단서에 따른
금융기관 ② 제1항제1호에 따른 사업자가 같은 호 가목에 따라 체결하여야 하는 소비자피해
보상보험계약등은 다음 각 호의 요건을 모두 갖추어야 한다. 1. 사업자가 제28조의3제4호에
따라 소비자에게 결제대금을 환급하지 아니하거나 할 수 없게 됨에 따른 피해를 보상하는 것
을 그 내용으로 할 것 2. 피보험자 또는 수혜자는 결제대금을 예치한 소비자로 할 것 3. 소비
자피해보상보험계약등의 계약금액은 소비자가 예치한 결제대금 잔액의 100분의 10 이상의 금

재화등의 결제대금을 예치하는 것(이하 "결제대금예치")[2]의 이용을 선택할 수 있다는 사항 또는 통신판매업자의 제24조 제1항에 따른 소비자피해보상보험계약 등의 체결을 선택할 수 있다는 사항(제15조 제1항에 따른 선지급식 통신판매의 경우에만 해당하며, 제24조 제3항에 각 호의 어느 하나에 해당하는 거래를 하는 경우는 제외)(제10호), ⑪ 그 밖에 소비자의 구매 여부 판단에 영향을 주는 거래조건 또는 소비자피해의 구제에 필요한 사항으로서 *대통령령*[3]으로 정하는 사항(제11호)을 적절한 방법으로 표시·광고하거나 고지하여야 하며, 계약이 체결되면 계약자에게 위 각 호의 사항이 기재된 계약내용에 관한 서면을 재화등을 공급할 때까지 교부하여야 한다. 다만, 계약자의 권리를 침해하지 아니하는 범위에서 *대통령령*[4]으로 정하는 사유가 있는 경우에는 계약자를 갈음하여 재화등을 공급받는 자에게 계약내용에 관한 서면을 교부할 수 있다(법 제13조 제2항).

위 제8호 및 제10호의 규정 관련하여 공정거래위원회는 「구매안전서비스에 대한 통신판매업자의 표시·광고 또는 고지의 방법에 관한 고시」[5]를 제정·운영하고 있다.

통신판매업자는 제2항에 따라 소비자에게 표시·광고하거나 고지한 거래조건을 신의를 지켜 성실하게 이행하여야 한다(법 제13조 제4항).

액으로 할 것(계약금액의 변경이 필요한 경우에는 보험계약을 지체 없이 조정하되, 계약금액을 수시로 변경하는 것이 곤란한 경우에는 매월 말일의 결제대금 잔액을 기준으로 보험계약을 조정할 것) 4. 정당한 사유 없이 피해자의 범위나 보험자 또는 사업자의 책임을 한정하지 아니할 것 5. 소비자가 쉽고 신속하게 피해보상을 받을 수 있도록 하고, 보상이 지연되는 경우에는 지연배상금이 지급되도록 할 것 6. 정당한 사유 없이 소비자의 의사표시 방법을 제한하거나 소비자에게 지나친 입증책임의 부담을 부과하지 아니할 것 7. 소비자에게 예상하기 어려운 위험이나 손해를 줄 우려가 있거나 부당하게 불리한 약정을 두지 아니할 것 8. 보험계약 또는 채무지급보증계약은 「보험업법」 제2조제6호에 따른 보험회사 또는 「은행법」 제2조제1항 제2호에 따른 은행과 체결할 것

2) '에스크로(escrow)'라고 한다; 2004년 하프플라자 등의 인터넷쇼핑몰 사기사건을 계기로 2005년 3월 개정 전자상거래법에서 에스크로제도를 도입하였다.

3) 제20조(계약서의 기재사항) 법 제13조제2항제11호에서 "대통령령으로 정하는 사항"이란 다음 각 호의 사항을 말한다. 1. 재화등의 가격 외에 교환·반품 비용 등 소비자가 추가로 부담하여야 할 사항이 있는 경우 그 내용 및 금액 2. 판매일시, 판매지역, 판매수량, 인도지역 등 판매조건과 관련하여 제한이 있는 경우 그 내용

4) 제19조의2(재화등을 공급받는 자에 대한 계약내용 관련 서면 교부) 법 제13조제2항 각 호 외의 부분 단서에서 "대통령령으로 정하는 사유가 있는 경우"란 다음 각 호의 어느 하나에 해당하는 경우를 말한다. 1. 계약자가 재화등을 공급받는 자에게 계약내용에 관한 서면(전자문서를 포함한다)을 교부하도록 동의한 경우 2. 통신판매업자가 고의 또는 과실 없이 계약자의 주소(전자우편주소를 포함한다)를 알 수 없어 계약자에게 계약내용에 관한 서면(전자문서를 포함한다)을 교부할 수 없는 경우

5) 공정거래위원회고시 제2022-6호(2022. 4. 5.).

Ⅲ. 미성년자와 계약체결시 고지의무

통신판매업자는 미성년자와 재화등의 거래에 관한 계약을 체결할 때에는 법정대리인이 그 계약에 동의하지 아니하면 미성년자 본인 또는 법정대리인이 그 계약을 취소할 수 있다는 내용을 미성년자에게 고지하여야 한다(법 제13조 제3항).

Ⅳ. 고시제정

공정거래위원회는 제1항 및 제2항에 따른 통신판매업자의 상호 등에 관한 사항, 재화등의 정보에 관한 사항과 거래조건에 대한 표시·광고 및 고지의 내용과 방법을 정하여 고시할 수 있다. 이 경우 거래방법이나 재화등의 특성을 고려하여 그 표시·광고 및 고지의 내용과 방법을 다르게 정할 수 있다(법 제13조 제4항).

이에 따라 공정거래위원회는 「전자상거래 등에서의 상품 등의 정보제공에 관한 고시」[6]를 운용하고 있다.

---

6) 공정거래위원회고시 제2022-15호(2022. 8. 3).

제14조(청약확인 등)

① 통신판매업자는 소비자로부터 재화등의 거래에 관한 청약을 받으면 청약 의사표시의
수신 확인 및 판매 가능 여부에 관한 정보를 소비자에게 신속하게 알려야 한다.
② 통신판매업자는 계약체결 전에 소비자가 청약내용을 확인하고, 정정하거나 취소할 수
있도록 적절한 절차를 갖추어야 한다.
[전문개정 2012. 2. 17.]

[참고문헌]

단행본: 손진화, 전자상거래법(제2판), 신조사, 2013

전자상거래에서도 계약의 청약과 승낙이 필요하며, 의사표시의 효력은 원
칙적으로 도달주의에 의하고 있다.[1] 그러나 격지자간 계약의 성립은 발송주의
에 의한다.[2] 한편 민법 제528조 제1항과 본 조와의 모순에 대하여 통설인 해제
조건설에 의하면 승락기간을 정한 격지자사이의 계약은 승락기간내에 승낙의
부도달을 해제조건으로 하여 승낙의 통지를 발송한 때에 성립한다고 해석한다.
이를 전자상거래에 적용하면 전자상거래를 격지자간 계약으로 보는 경우 계약
은 승낙의 부도달을 해제조건으로 하여 승낙 통지를 발송한 때 성립한다고 보
아야 한다.

전자상거래에서는 청약과 승락이 전자적 방법, 즉 전자우편·전자문서 등의
전자적 통신문에 의하거나 버튼 클릭 또는 내용물의 다운로드에 의하고 전송되
는 순간 상대방에게 도달되므로 민법상 도달주의를 그대로 적용하기 어렵다.[3]
따라서 본 규정도 비대면으로 이루어지는 전자상거래에 있어 판매자가 쇼핑몰
에 게시한 상품정보를 보고 구매자(소비자)가 구매의사를 밝혀, 인적 사항과 수
령지·주소 등을 기입하고 구매대금의 결제를 하는 것을 '청약'으로 보고, 이에
대하여 판매자가 구매자의 구매의사에 대한 수신 확인 및 판매 가능여부에 대
한 정보를 구매자에게 통지하는 것을 법률상 '승낙'으로 본다는 취지로 규정한
것이다.[4]

---

1) 민법 제111조(의사표시의 효력발생시기) ① 상대방이 있는 의사표시는 상대방에게 도달한 때
에 그 효력이 생긴다.
2) 민법 제531조(격지자간의 계약성립시기) 격지자간의 계약은 승낙의 통지를 발송한 때에 성립
한다; 손진화, 102면.
3) 손진화, 96~97면.
4) 손진화, 97면.

제15조(재화등의 공급 등)

① 통신판매업자는 소비자가 청약을 한 날부터 7일 이내에 재화등의 공급에 필요한 조치를 하여야 하고, 소비자가 재화등을 공급받기 전에 미리 재화등의 대금을 전부 또는 일부 지급하는 통신판매(이하 "선지급식 통신판매"라 한다)의 경우에는 소비자가 그 대금을 전부 또는 일부 지급한 날부터 3영업일 이내에 재화등의 공급을 위하여 필요한 조치를 하여야 한다. 다만, 소비자와 통신판매업자 간에 재화등의 공급시기에 관하여 따로 약정한 것이 있는 경우에는 그러하지 아니하다.

② 통신판매업자는 청약을 받은 재화등을 공급하기 곤란하다는 것을 알았을 때에는 지체 없이 그 사유를 소비자에게 알려야 하고, 선지급식 통신판매의 경우에는 소비자가 그 대금의 전부 또는 일부를 지급한 날부터 3영업일 이내에 환급하거나 환급에 필요한 조치를 하여야 한다.

③ 통신판매업자는 소비자가 재화등의 공급 절차 및 진행 상황을 확인할 수 있도록 적절한 조치를 하여야 한다. 이 경우 공정거래위원회는 그 조치에 필요한 사항을 정하여 고시할 수 있다.

④ 제2항에 따라 선지급식 통신판매에서 재화등의 대금을 환급하거나 환급에 필요한 조치를 하여야 하는 경우에는 제18조제1항부터 제5항까지의 규정을 준용한다.

[전문개정 2012. 2. 17.]

 목　차

I. 통신판매업자의 재화등 공급 조치의무

통신판매업자는 소비자가 청약을 한 날부터 7일 이내에 재화등의 공급에 필요한 조치를 하여야 하고, 소비자가 재화등을 공급받기 전에 미리 재화등의 대금을 전부 또는 일부 지급하는 통신판매(이하 "선지급식 통신판매")의 경우에는 소비자가 그 대금을 전부 또는 일부 지급한 날부터 3영업일 이내에 재화등의 공급을 위하여 필요한 조치를 하여야 한다. 다만, 소비자와 통신판매업자 간에 재화등의 공급시기에 관하여 따로 약정한 것이 있는 경우에는 그러하지 아니하다(법 제15조 제1항).

공급에 필요한 조치와 관련하여 「전자상거래 지침」에서는 다음과 같이 예시하고 있다(Ⅱ. 8. 가).

---

(1) 주문제작의 경우에 주문제작을 의뢰하는 행위
(2) 물품배송을 위해 배송업자에게 최소한의 소비자정보를 제공하고 배송을 지시하는 행위

Ⅱ. 재화등 공급곤란의 경우 조치의무

통신판매업자는 청약을 받은 재화등을 공급하기 곤란하다는 것을 알았을 때에는 지체 없이 그 사유를 소비자에게 알려야 하고, 선지급식 통신판매의 경우에는 소비자가 그 대금의 전부 또는 일부를 지급한 날부터 3영업일 이내에 환급하거나 환급에 필요한 조치를 하여야 한다(법 제15조 제2항).

비록 통신판매업자가 청약을 받은 재화를 공급하기 곤란하여 대금을 환급하거나 환급에 필요한 조치를 취하였다 하더라도, 허위·과장 등의 방법을 사용하여 소비자를 유인한 행위에 대한 책임은 면할 수 없으며 그러한 경우를 「전자상거래 지침」에서는 다음과 같이 예시하고 있다(Ⅱ. 8. 나).

• 소비자로 하여금 자신의 사이트나 홈쇼핑, 카탈로그 등에 청약유인 목적으로 일부 제품의 가격을 허위로 기재한 뒤, 동제품의 공급이 곤란하다는 이유를 들어 대금을 환급하는 경우

제2항에 따라 선지급식 통신판매에서 재화등의 대금을 환급하거나 환급에 필요한 조치를 하여야 하는 경우에는 제18조 제1항부터 제5항까지의 규정을 준용한다(법 제15조 제4항).

통신판매업자는 소비자가 재화등의 공급 절차 및 진행 상황을 확인할 수 있도록 적절한 조치를 하여야 한다. 이 경우 공정거래위원회는 그 조치에 필요한 사항을 정하여 고시할 수 있다(법 제15조 제3항).

제16조 삭제<2005. 3. 31.>

제17조(청약철회등)

① 통신판매업자와 재화등의 구매에 관한 계약을 체결한 소비자는 다음 각 호의 기간 (거래당사자가 다음 각 호의 기간보다 긴 기간으로 약정한 경우에는 그 기간을 말한다) 이내에 해당 계약에 관한 청약철회등을 할 수 있다.<개정 2016. 3. 29.>

1. 제13조제2항에 따른 계약내용에 관한 서면을 받은 날부터 7일. 다만, 그 서면을 받은 때보다 재화등의 공급이 늦게 이루어진 경우에는 재화등을 공급받거나 재화등의 공급이 시작된 날부터 7일

2. 제13조제2항에 따른 계약내용에 관한 서면을 받지 아니한 경우, 통신판매업자의 주소 등이 적혀 있지 아니한 서면을 받은 경우 또는 통신판매업자의 주소 변경 등의 사유로 제1호의 기간에 청약철회등을 할 수 없는 경우에는 통신판매업자의 주소를 안 날 또는 알 수 있었던 날부터 7일

3. 제21조제1항제1호 또는 제2호의 청약철회등에 대한 방해 행위가 있는 경우에는 그 방해 행위가 종료한 날부터 7일

② 소비자는 다음 각 호의 어느 하나에 해당하는 경우에는 통신판매업자의 의사에 반하여 제1항에 따른 청약철회등을 할 수 없다. 다만, 통신판매업자가 제6항에 따른 조치를 하지 아니하는 경우에는 제2호부터 제5호까지의 규정에 해당하는 경우에도 청약철회등을 할 수 있다.<개정 2016. 3. 29.>

1. 소비자에게 책임이 있는 사유로 재화등이 멸실되거나 훼손된 경우. 다만, 재화등의 내용을 확인하기 위하여 포장 등을 훼손한 경우는 제외한다.

2. 소비자의 사용 또는 일부 소비로 재화등의 가치가 현저히 감소한 경우

3. 시간이 지나 다시 판매하기 곤란할 정도로 재화등의 가치가 현저히 감소한 경우

4. 복제가 가능한 재화등의 포장을 훼손한 경우

5. 용역 또는 「문화산업진흥 기본법」 제2조제5호의 디지털콘텐츠의 제공이 개시된 경우. 다만, 가분적 용역 또는 가분적 디지털콘텐츠로 구성된 계약의 경우에는 제공이 개시되지 아니한 부분에 대하여는 그러하지 아니하다.

6. 그 밖에 거래의 안전을 위하여 대통령령으로 정하는 경우

③ 소비자는 제1항 및 제2항에도 불구하고 재화등의 내용이 표시·광고의 내용과 다르거나 계약내용과 다르게 이행된 경우에는 그 재화등을 공급받은 날부터 3개월 이내, 그 사실을 안 날 또는 알 수 있었던 날부터 30일 이내에 청약철회등을 할 수 있다.

④ 제1항 또는 제3항에 따른 청약철회등을 서면으로 하는 경우에는 그 의사표시가 적힌

서면을 발송한 날에 그 효력이 발생한다.

⑤ 제1항부터 제3항까지의 규정을 적용할 때 재화등의 훼손에 대하여 소비자의 책임이 있는지 여부, 재화등의 구매에 관한 계약이 체결된 사실 및 그 시기, 재화등의 공급 사실 및 그 시기 등에 관하여 다툼이 있는 경우에는 통신판매업자가 이를 증명하여 야 한다.

⑥ 통신판매업자는 제2항제2호부터 제5호까지의 규정에 따라 청약철회등이 불가능한 재 화등의 경우에는 그 사실을 재화등의 포장이나 그 밖에 소비자가 쉽게 알 수 있는 곳에 명확하게 표시하거나 시험 사용 상품을 제공하는 등의 방법으로 청약철회등의 권리 행사가 방해받지 아니하도록 조치하여야 한다. 다만, 제2항제5호 중 디지털콘텐 츠에 대하여 소비자가 청약철회등을 할 수 없는 경우에는 청약철회등이 불가능하다 는 사실의 표시와 함께 대통령령으로 정하는 바에 따라 시험 사용 상품을 제공하는 등의 방법으로 청약철회등의 권리 행사가 방해받지 아니하도록 하여야 한다.<개정 2016. 3. 29.>

 목 차

Ⅰ. 청약철회의 기간

통신판매업자와 재화등의 구매에 관한 계약을 체결한 소비자는 ① 제13조 제2항에 따른 계약내용에 관한 서면을 받은 날부터 7일(다만, 그 서면을 받은 때 보다 재화등의 공급이 늦게 이루어진 경우에는 재화등을 공급받거나 재화등의 공급이 시작된 날부터 7일)(제1호), ② 제13조 제2항에 따른 계약내용에 관한 서면을 받 지 아니한 경우, 통신판매업자의 주소 등이 적혀 있지 아니한 서면을 받은 경우 또는 통신판매업자의 주소 변경 등의 사유로 제1호의 기간에 청약철회등을 할 수 없는 경우에는 통신판매업자의 주소를 안 날 또는 알 수 있었던 날부터 7일 (제2호), ③ 제21조 제1항 제1호 또는 제2호의 청약철회등에 대한 방해 행위가

있는 경우에는 그 방해 행위가 종료한 날부터 7일(제3호)의 기간(거래당사자가
①~③의 기간보다 긴 기간으로 약정한 경우에는 그 기간) 이내에 해당 계약에 관한
청약철회등을 할 수 있다(법 제17조 제1항).

Ⅱ. 청약철회의 제한

소비자는 ① 소비자에게 책임이 있는 사유로 재화등이 멸실되거나 훼손된
경우(다만, 재화등의 내용을 확인하기 위하여 포장 등을 훼손한 경우는 제외)(제1호),
② 소비자의 사용 또는 일부 소비로 재화등의 가치가 현저히 감소한 경우(제2
호),[1] ③ 시간이 지나 다시 판매하기 곤란할 정도로 재화등의 가치가 현저히 감
소한 경우(제3호), ④ 복제가 가능한 재화등의 포장을 훼손한 경우(제4호), ⑤ 용
역 또는 「문화산업진흥 기본법」 제2조 제5호의 디지털콘텐츠의 제공이 개시된
경우(다만, 가분적 용역 또는 가분적 디지털콘텐츠로 구성된 계약의 경우에는 제공이
개시되지 아니한 부분에 대하여는 그러하지 아니함)(제5호), ⑥ 그 밖에 거래의 안전
을 위하여 *대통령령*[2]으로 정하는 경우(제6호)의 어느 하나에 해당하는 경우에는
통신판매업자의 의사에 반하여 제1항에 따른 청약철회등을 할 수 없다. 다만,
통신판매업자가 제6항에 따른 조치를 하지 아니하는 경우에는 제2호부터 제5호
까지의 규정에 해당하는 경우에도 청약철회등을 할 수 있다(법 제17조 제2항).

통신판매업자는 제2항 제2호부터 제5호까지의 규정에 따라 청약철회등이
불가능한 재화등의 경우에는 그 사실을 재화등의 포장이나 그 밖에 소비자가
쉽게 알 수 있는 곳에 명확하게 표시하거나 시험 사용 상품을 제공하는 등의

---

1) 소비자가 전자상거래 등의 방식으로 휴대폰 단말기를 구매하여 개통·사용한 경우에 사업자들
   은 전자상거래 등의 청약철회 제한 사유에 해당한다고 주장하며 청약철회를 거부하는 사례가
   많다. 이에 한국소비자연맹은 이동통신서비스 계약의 청약철회를 인정하지 않는 이동통신사를
   대상으로 전자상거래법 및 방문판매법 위반의 금지를 청구하는 단체소송을 제기하였으나, 서
   울중앙지방법원은 SKT소송에서 이미 개통된 이동통신서비스는 청약철회 제한사유에 해당한다
   고 판단하였고(2017. 8. 31.), 이에 한국소비자연맹은 항소를 하였다. 단순히 포장을 훼손하였
   다고 하여 청약철회를 거부하는 것은 인정되지 않으며 개통·사용된 경우 휴대폰 가치하락 등
   제반사정을 개별·구체적으로 고려하여 청약철회 인정여부를 판단하는 것이 타당하다고 본다.
2) 제21조(청약철회등의 제한) 법 제17조제2항제6호에서 "대통령령으로 정하는 경우"란 소비자의
   주문에 따라 개별적으로 생산되는 재화등 또는 이와 유사한 재화등에 대하여 법 제13조제2항
   제5호에 따른 청약철회등(이하 "청약철회등")을 인정하는 경우 통신판매업자에게 회복할 수
   없는 중대한 피해가 예상되는 경우로서 사전에 해당 거래에 대하여 별도로 그 사실을 고지하
   고 소비자의 서면(전자문서를 포함)에 의한 동의를 받은 경우를 말한다.

방법으로 청약철회등의 권리 행사가 방해받지 아니하도록 조치하여야 한다. 다만, 제2항 제5호 중 디지털콘텐츠에 대하여 소비자가 청약철회등을 할 수 없는 경우에는 청약철회등이 불가능하다는 사실의 표시와 함께 *대통령령*으로 정하는 바[3])에 따라 시험 사용 상품을 제공하는 등의 방법으로 청약철회등의 권리 행사가 방해받지 아니하도록 하여야 한다(법 제17조 제6항).

Ⅲ. 절대적 청약철회의 사유

소비자는 제1항 및 제2항에도 불구하고 재화등의 내용이 표시·광고의 내용과 다르거나 계약내용과 다르게 이행된 경우에는 그 재화등을 공급받은 날부터 3개월 이내, 그 사실을 안 날 또는 알 수 있었던 날부터 30일 이내에 청약철회등을 할 수 있다(법 제17조 제3항).

Ⅳ. 철회의 효력발생

제1항 또는 제3항에 따른 청약철회등을 서면으로 하는 경우에는 그 의사표시가 적힌 서면을 발송한 날에 그 효력이 발생한다(법 제17조 제4항).

Ⅴ. 분쟁시 입증책임

제1항부터 제3항까지의 규정을 적용할 때 재화등의 훼손에 대하여 소비자의 책임이 있는지 여부, 재화등의 구매에 관한 계약이 체결된 사실 및 그 시기, 재화등의 공급사실 및 그 시기 등에 관하여 다툼이 있는 경우에는 통신판매업자가 이를 증명하여야 한다(법 제17조 제5항).

---

3) 제21조의2(시험 사용 상품 등의 제공 방법) 통신판매업자는 법 제17조제6항 단서에 따라 다음 각 호의 구분에 따른 방법 중 하나 이상의 방법으로 소비자에게 시험 사용 상품 등을 제공하여야 한다. 1. 일부 이용의 허용: 디지털콘텐츠의 일부를 미리보기, 미리듣기 등으로 제공 2. 한시적 이용의 허용: 일정 사용기간을 설정하여 디지털콘텐츠 제공 3. 체험용 디지털콘텐츠 제공: 일부 제한된 기능만을 사용할 수 있는 디지털콘텐츠 제공 4. 제1호부터 제3호까지의 방법으로 시험 사용 상품 등을 제공하기 곤란한 경우: 디지털콘텐츠에 관한 정보 제공

제18조(청약철회등의 효과)

① 소비자는 제17조제1항 또는 제3항에 따라 청약철회등을 한 경우에는 이미 공급받은 재화등을 반환하여야 한다. 다만, 이미 공급받은 재화등이 용역 또는 디지털콘텐츠인 경우에는 그러하지 아니하다.<개정 2016. 3. 29.>

② 통신판매업자(소비자로부터 재화등의 대금을 받은 자 또는 소비자와 통신판매에 관한 계약을 체결한 자를 포함한다. 이하 제2항부터 제10항까지의 규정에서 같다)는 다음 각 호의 어느 하나에 해당하는 날부터 3영업일 이내에 이미 지급받은 재화등의 대금을 환급하여야 한다. 이 경우 통신판매업자가 소비자에게 재화등의 대금 환급을 지연한 때에는 그 지연기간에 대하여 연 100분의 40 이내의 범위에서 「은행법」에 따른 은행이 적용하는 연체금리 등 경제사정을 고려하여 대통령령으로 정하는 이율을 곱하여 산정한 지연이자(이하 "지연배상금"이라 한다)를 지급하여야 한다.<개정 2016. 3. 29.>

1. 통신판매업자가 재화를 공급한 경우에는 제1항 본문에 따라 재화를 반환받은 날
2. 통신판매업자가 용역 또는 디지털콘텐츠를 공급한 경우에는 제17조제1항 또는 제3항에 따라 청약철회등을 한 날
3. 통신판매업자가 재화등을 공급하지 아니한 경우에는 제17조제1항 또는 제3항에 따라 청약철회등을 한 날

③ 통신판매업자는 제1항 및 제2항에 따라 재화등의 대금을 환급할 때 소비자가 「여신전문금융업법」 제2조제3호에 따른 신용카드나 그 밖에 대통령령으로 정하는 결제수단으로 재화등의 대금을 지급한 경우에는 지체 없이 해당 결제수단을 제공한 사업자(이하 "결제업자"라 한다)에게 재화등의 대금 청구를 정지하거나 취소하도록 요청하여야 한다. 다만, 통신판매업자가 결제업자로부터 해당 재화등의 대금을 이미 받은 때에는 지체 없이 그 대금을 결제업자에게 환급하고, 그 사실을 소비자에게 알려야 한다.

④ 제3항 단서에 따라 통신판매업자로부터 재화등의 대금을 환급받은 결제업자는 그 환급받은 금액을 지체 없이 소비자에게 환급하거나 환급에 필요한 조치를 하여야 한다.

⑤ 제3항 단서에 해당하는 통신판매업자 중 환급을 지연하여 소비자가 대금을 결제하게 한 통신판매업자는 그 지연기간에 대한 지연배상금을 소비자에게 지급하여야 한다.

⑥ 소비자는 통신판매업자가 제3항 단서에도 불구하고 정당한 사유 없이 결제업자에게 대금을 환급하지 아니하는 경우에는 결제업자에게 그 통신판매업자에 대한 다른 채무와 통신판매업자로부터 환급받을 금액을 상계(相計)할 것을 요청할 수 있다. 이 경

우 결제업자는 대통령령으로 정하는 바에 따라 그 통신판매업자에 대한 다른 채무와 상계할 수 있다.

⑦ 소비자는 결제업자가 제6항에 따른 상계를 정당한 사유 없이 게을리한 경우에는 결제업자에 대하여 대금의 결제를 거부할 수 있다. 이 경우 통신판매업자와 결제업자는 그 결제 거부를 이유로 그 소비자를 약정한 기일까지 채무를 변제하지 아니한 자로 처리하는 등 소비자에게 불이익을 주는 행위를 하여서는 아니 된다.

⑧ 제1항의 경우 통신판매업자는 이미 재화등이 일부 사용되거나 일부 소비된 경우에는 그 재화등의 일부 사용 또는 일부 소비에 의하여 소비자가 얻은 이익 또는 그 재화등의 공급에 든 비용에 상당하는 금액으로서 대통령령으로 정하는 범위의 금액을 소비자에게 청구할 수 있다.

⑨ 제17조제1항에 따른 청약철회등의 경우 공급받은 재화등의 반환에 필요한 비용은 소비자가 부담하며, 통신판매업자는 소비자에게 청약철회등을 이유로 위약금이나 손해배상을 청구할 수 없다.

⑩ 제17조제3항에 따른 청약철회등의 경우 재화등의 반환에 필요한 비용은 통신판매업자가 부담한다.

⑪ 통신판매업자, 재화등의 대금을 받은 자 또는 소비자와 통신판매에 관한 계약을 체결한 자가 동일인이 아닌 경우에 이들은 제17조제1항 및 제3항에 따른 청약철회등에 의한 제1항부터 제7항까지의 규정에 따른 재화등의 대금 환급과 관련한 의무의 이행에 대하여 연대하여 책임을 진다.

[전문개정 2012. 2. 17.]

 목　차

Ⅰ. 소비자의 재화 반환의무

소비자는 법 제17조 제1항 또는 제3항에 따라 청약철회등을 한 경우에는 이미 공급받은 재화등을 반환하여야 한다. 다만, 이미 공급받은 재화등이 용역 또는 디지털콘텐츠인 경우에는 그러하지 아니하다(법 제18조 제1항).

제1항의 경우 통신판매업자는 이미 재화등이 일부 사용되거나 일부 소비된 경우에는 그 재화등의 일부 사용 또는 일부 소비에 의하여 소비자가 얻은 이익 또는 그 재화등의 공급에 든 비용에 상당하는 금액으로서 *대통령령*[1])으로 정하는 범위의 금액을 소비자에게 청구할 수 있다(법 제18조 제8항).

Ⅱ. 통신판매업자의 환급의무

통신판매업자(소비자로부터 재화등의 대금을 받은 자 또는 소비자와 통신판매에 관한 계약을 체결한 자를 포함)는 ① 통신판매업자가 재화를 공급한 경우에는 제1항 본문에 따라 재화를 반환받은 날(제1호), ② 통신판매업자가 용역 또는 디지털콘텐츠를 공급한 경우에는 제1항 또는 제3항에 따라 청약철회등을 한 날(제2호), ③ 통신판매업자가 재화등을 공급하지 아니한 경우에는 제1항 또는 제3항에 따라 청약철회등을 한 날(제3호)부터 3영업일 이내에 이미 지급받은 재화등의 대금을 환급하여야 한다. 이 경우 통신판매업자가 소비자에게 재화등의 대금 환급을 지연한 때에는 그 지연기간에 대하여 연 100분의 40 이내의 범위에서 「은행법」에 따른 은행이 적용하는 연체금리 등 경제사정을 고려하여 *대통령령*[2])으로 정하는 이율을 곱하여 산정한 지연이자(이하 "지연배상금")를 지급하여야 한다(법 제18조 제2항).

종래 공정거래위원회가 정하여 고시하도록 하고 있으나, 이는 거래당사자의 예측가능성을 저해하고 행정부의 자의적인 행정입법으로 인하여 국민의 재

---

1) 제24조(재화등이 일부 소비된 경우의 비용청구 범위) 법 제18조제8항에서 "대통령령으로 정하는 범위의 금액"이란 다음 각 호의 비용을 말한다. 1. 재화등의 사용으로 소모성 부품의 재판매가 곤란하거나 재판매가격이 현저히 하락하는 경우에는 해당 소모성 부품의 공급에 든 비용 2. 다수의 동일한 가분물로 구성된 재화등의 경우에는 소비자의 일부 소비로 인하여 소비된 부분의 공급에 든 비용

2) 제21조의3(지연배상금의 이율) 법 제18조제2항 각 호 외의 부분 후단에서 "대통령령으로 정하는 이율"이란 연 100분의 15를 말한다.

산권이 침해될 여지가 있어서 대통령령으로 정하도록 하였다.[3]

Ⅲ. 결제업자의 대금 청구 정지 · 취소 요청의무

통신판매업자는 제1항 및 제2항에 따라 재화등의 대금을 환급할 때 소비자
가 「여신전문금융업법」 제2조 제3호에 따른 신용카드나 그 밖에 *대통령령*[4]으로
정하는 결제수단으로 재화등의 대금을 지급한 경우에는 지체 없이 해당 결제수
단을 제공한 사업자(이하 "결제업자")에게 재화등의 대금 청구를 정지하거나 취
소하도록 요청하여야 한다. 다만, 통신판매업자가 결제업자로부터 해당 재화등
의 대금을 이미 받은 때에는 지체 없이 그 대금을 결제업자에게 환급하고, 그
사실을 소비자에게 알려야 한다(법 제18조 제3항).

1. 환급의무

제3항 단서에 따라 통신판매업자로부터 재화등의 대금을 환급받은 결제업
자는 그 환급받은 금액을 지체 없이 소비자에게 환급하거나 환급에 필요한 조
치를 하여야 한다(법 제18조 제4항).

2. 지연배상금 지급의무

제3항 단서에 해당하는 통신판매업자 중 환급을 지연하여 소비자가 대금을
결제하게 한 통신판매업자는 그 지연기간에 대한 지연배상금을 소비자에게 지
급하여야 한다(법 제18조 제5항).

---

3) 【개정이유】 [시행 2007. 10. 20.][법률 제8538호, 2007. 7. 19., 일부개정]

4) 제22조(청약철회등에 따른 대금 청구의 정지 또는 취소 대상 결제수단) 법 제18조제3항 본문
   에서 "대통령령으로 정하는 결제수단"이란 재화등을 구입한 소비자가 직접 지급하는 현금(계
   좌이체에 의한 지급을 포함) 외의 결제수단으로서 해당 결제수단을 제공한 사업자(이하 "결제
   업자")에게 청구를 정지 또는 취소하거나 환급하는 경우 해당 소비자에게 환급한 것과 같은
   효과가 발생하는 결제수단을 말한다.

Ⅳ. 소비자의 상계요청권 및 대금결제 거부권

소비자는 통신판매업자가 제3항 단서에도 불구하고 정당한 사유 없이 결제
업자에게 대금을 환급하지 아니하는 경우에는 결제업자에게 그 통신판매업자에
대한 다른 채무와 통신판매업자로부터 환급받을 금액을 상계(相計)할 것을 요청
할 수 있다. 이 경우 결제업자는 *대통령령*⁵⁾으로 정하는 바에 따라 그 통신판매
업자에 대한 다른 채무와 상계할 수 있다(법 제18조 제6항).

소비자는 결제업자가 제6항에 따른 상계를 정당한 사유 없이 게을리한 경
우에는 결제업자에 대하여 대금의 결제를 거부할 수 있다. 이 경우 통신판매업
자와 결제업자는 그 결제 거부를 이유로 그 소비자를 약정한 기일까지 채무를
변제하지 아니한 자로 처리하는 등 소비자에게 불이익을 주는 행위를 하여서는
아니 된다(법 제18조 제7항).

Ⅴ. 비용부담

제17조 제1항에 따른 청약철회등의 경우 공급받은 재화등의 반환에 필요
한 비용은 소비자가 부담하며, 통신판매업자는 소비자에게 청약철회등을 이유로
위약금이나 손해배상을 청구할 수 없다(법 제18조 제9항).

소비자의 청약철회등이 있는 경우 통신판매업자는 반환에 필요한 배송 비
용만을 요구해야 하며, 사이버몰 등의 운영상 수반되는 인건비, 운송비, 포장비,
보관비 등의 비용 또는 취소수수료, 반품위약(공제)금 등 추가적인 금액을 요구
해서는 안 된다. 재화등의 반환에 필요한 비용 외에 부당하게 추가적인 금액을
요구한 경우를 「전자상거래 지침」에서는 다음과 같이 예시하고 있다(Ⅱ. 9. 가.).

---

5) 제23조(채무의 상계) ① 결제업자는 소비자가 다음 각 호의 방법으로 상계(相計)를 요청할 경
   우 법 제18조제6항 후단에 따라 즉시 상계할 수 있다. 1. 환급금액 등을 적은 서면(전자문서를
   포함한다)에 의할 것 2. 법 제17조제1항 각 호 또는 같은 조제3항의 기간 내에 청약철회등을
   한 사실 및 법 제18조제1항에 따라 재화등을 반환하였음을 증명하는 자료(소비자가 재화등을
   계약서에 적힌 통신판매업자의 주소로 반환하였으나 수취 거절된 경우에는 그 증명자료)를 첨
   부할 것 ② 결제업자는 제1항에 따라 상계한 경우 그 사실 및 금액명세 등을 적은 서면(전자
   문서를 포함)을 해당 통신판매업자 및 소비자에게 지체 없이 보내야 한다. ③ 제1항 및 제2항
   에서 규정한 사항 외에 결제업자의 상계에 필요한 사항은 총리령으로 정한다.

> (1) 사이버몰을 운영하는 사업자로부터 구입한 의류를 반품하는데 반품배송비 외
>   에 창고보관비, 상품 주문에 소요된 인건비 등을 추가적으로 요구하는 경우
> (2) 사이버몰을 운영하는 사업자에게 어학시험을 신청한 후 신청일부터 7일 이내
>   에 취소를 하였고, 시험일까지 충분한 기간이 남아 해당 시험의 응시좌석을
>   다시 판매할 수 있음에도 시험 신청기간이 도과하였다는 등의 이유로 응시료
>   의 40%를 취소수수료로 부과하고 차액을 돌려주는 경우

제17조 제3항에 따른 청약철회등의 경우 재화등의 반환에 필요한 비용은
통신판매업자가 부담한다(법 제18조 제10항).

제19조(손해배상청구금액의 제한 등)

① 소비자에게 책임이 있는 사유로 재화등의 판매에 관한 계약이 해제된 경우 통신판매
   업자가 소비자에게 청구하는 손해배상액은 다음 각 호의 구분에 따라 정한 금액에
   대금미납에 따른 지연배상금을 더한 금액을 초과할 수 없다.
  1. 공급한 재화등이 반환된 경우: 다음 각 목의 금액 중 큰 금액
    가. 반환된 재화등의 통상 사용료 또는 그 사용으로 통상 얻을 수 있는 이익에
        해당하는 금액
    나. 반환된 재화등의 판매가액(販賣價額)에서 그 재화등이 반환된 당시의 가액을
        뺀 금액
  2. 공급한 재화등이 반환되지 아니한 경우: 그 재화등의 판매가액에 해당하는 금액
② 공정거래위원회는 통신판매업자와 소비자 간의 손해배상청구에 따른 분쟁의 원활한
   해결을 위하여 필요하면 제1항에 따른 손해배상액을 산정하기 위한 기준을 정하여
   고시할 수 있다.
[전문개정 2012. 2. 17.]

제20조(통신판매중개자의 의무와 책임)

① 통신판매중개를 하는 자(이하 "통신판매중개자"라 한다)는 자신이 통신판매의 당사자
가 아니라는 사실을 소비자가 쉽게 알 수 있도록 총리령으로 정하는 방법으로 미리
고지하여야 한다.<개정 2016. 3. 29.>

② 통신판매중개를 업으로 하는 자(이하 "통신판매중개업자"라 한다)는 통신판매중개를
의뢰한 자(이하 "통신판매중개의뢰자"라 한다)가 사업자인 경우에는 그 성명(사업자
가 법인인 경우에는 그 명칭과 대표자의 성명·주소·전화번호 등 대통령령으로 정하
는 사항을 확인하여 청약이 이루어지기 전까지 소비자에게 제공하여야 하고, 통신판
매중개의뢰자가 사업자가 아닌 경우에는 그 성명·전화번호 등 대통령령으로 정하는
사항을 확인하여 거래의 당사자들에게 상대방에 관한 정보를 열람할 수 있는 방법을
제공하여야 한다.<개정 2016. 3. 29.>

③ 통신판매중개자는 사이버몰 등을 이용함으로써 발생하는 불만이나 분쟁의 해결을 위
하여 그 원인 및 피해의 파악 등 필요한 조치를 신속히 시행하여야 한다. 이 경우
필요한 조치의 구체적인 내용과 방법 등은 대통령령으로 정한다.

[전문개정 2012. 2. 17.]
[제목개정 2016. 3. 29.]

 목 차

[참고문헌]
　　단행본: 손진화, 전자상거래법(제2판), 신조사, 2013

Ⅰ. 통신판매중개자의 고지의무

　　통신판매중개자는 거래 당사자 사이에 통신판매계약이 체결되도록 알선하

여 조력하는 행위를 하는데 불과하고 통신판매계약은 당사자 사이에 체결되는
것으므로 그 계약과 관련하여 원칙적으로 어떠한 책임을 지지 않는다고 볼 수
있다.[1] 통신판매중개를 하는 자(이하 "통신판매중개자")는 자신이 통신판매의 당
사자가 아니라는 사실을 소비자가 쉽게 알 수 있도록 *총리령*[2]으로 정하는 방법
으로 미리 고지하여야 한다(법 제20조 제1항).

　「전자상거래 지침」에서는 다음과 같이 규정하고 있다(Ⅱ. 2.).

마. 법 제20조 제1항과 관련하여, 통신판매중개자가 재화등을 판매함에 있어서 통
　신판매업자로서의 책임이 없다는 사실을 약정하는 경우에 단순히 약관의 일부
　조항에 그 내용을 포함하여 소비자의 동의서명을 받는 것만으로는 불충분하
　며, 소비자가 해당 사실에 대해서 충분히 인식할 수 있도록 개별적으로 설명
　등 필요한 조치를 하여야 한다.

• 또한 통신판매업자로서의 책임이 없다는 사실을 고지하는 경우에는 단순히 사이
　트의 하단 등에 표시하는 것만으로는 불충분하며, 이동 중 팝업화면에 고지하거
　나 결제 등 중요한 거래절차에 있어 소비자가 충분히 인식할 수 있도록 조치하
　여야 한다.

바. 어떠한 사업자가 통신판매업자인지 통신판매중개자인지 구별이 불분명한 경우
　에는(ⅰ) 사업자가 자신은 통신판매중개자에 불과하며 통신판매에 따른 법적
　책임은 제3의 의뢰자에게 있음을 소비자들이 알기 쉬운 방법으로 약정하거나
　고지하였는지 여부,(ⅱ) 대금결제가 통신판매중개를 의뢰한 자와의 거래임을
　소비자가 충분히 인식할 수 있도록 결제화면에서 표시하는 등 필요한 조치를
　하였는지 여부,(ⅲ) 통신판매에 따른 매출이익이 직접 자신의 수익이 되는지
　아니면 단순히 중개수수료 수익만을 얻는 것인지 등의 회계처리 방법 등을 종
　합적으로 고려하여 판단한다.

---

1) 손진화, 300면.
2) 제11조의2(통신판매 당사자가 아니라는 사실의 고지방법) ① 법 제20조제1항에서 "총리령으로
　정하는 방법"이란 통신판매중개자가 운영하는 사이버몰의 초기 화면에 알리는 한편, 다음 각
　호의 구분에 따라 추가적으로 알리는 방법을 말한다. 1. 통신판매중개자가 자신의 명의로 표
　시·광고를 하는 경우: 그 표시·광고를 하는 매체의 첫 번째 면에 알릴 것 2. 통신판매중개자
　가 법 제13조제2항에 따른 계약내용에 관한 서면을 교부하는 경우: 그 서면에 알릴 것 3. 통
　신판매중개자가 청약의 방법을 제공하는 경우: 법 제14조에 따른 청약내용의 확인·정정·취
　소에 대한 절차에서 알릴 것 ② 통신판매중개자가 제1항제2호 및 제3호의 사항을 알릴 때 그
　글씨의 크기는 계약 당사자를 고지하는 글씨와 같거나 그보다 더 크게 하여야 한다.

사. 포털사이트 등에서 단순히 띠(배너)를 게시하고 동 띠를 클릭하는 경우 다른
   사이트로 이동하여 거래가 이루어지는 경우에는 띠를 게시한 사이트에서 통신
   판매에 필요한 절차의 중요한 일부가 수행된 것이 아니므로 띠가 게시된 사이
   트를 운영하는 사업자를 통신판매중개자라고 할 수 없다.

• 그러나 포털사이트 등에서 띠를 통하여 이동한 사이트가 당해 포털사이트 등과
  전혀 다른 사이트임을 소비자가 명백히 인식할 수 있도록 충분히 조치하지 아니
  하여

- 소비자들이 해당 띠와 연결된 사이트가 당해 포털사이트 등에 의하여 운영되는
  것이라고 신뢰할 수 있었던 경우에는, 당해 포털사이트 등을 운영하는 사업자
  는 통신판매중개자 또는 통신판매업자로서의 책임을 진다.

II. 통신판매중개업자의 정보제공의무

　　통신판매중개를 업으로 하는 자(이하 "통신판매중개업자")는 통신판매중개를
의뢰한 자(이하 "통신판매중개의뢰자")가 사업자인 경우에는 그 성명(사업자가 법
인인 경우에는 그 명칭과 대표자의 성명·주소·전화번호 등 *대통령령*3)으로 정
하는 사항을 확인하여 청약이 이루어지기 전까지 소비자에게 제공하여야 하고,
통신판매중개의뢰자가 사업자가 아닌 경우에는 그 성명·전화번호 등 *대통령
령*4)으로 정하는 사항을 확인하여 거래의 당사자들에게 상대방에 관한 정보를

---

3) 제25조(통신판매중개업자의 정보제공) ① 법 제20조제2항에서 "성명(사업자가 법인인 경우에
   는 그 명칭과 대표자의 성명)·주소·전화번호 등 대통령령으로 정하는 사항"이란 법 제13조제
   1항 각 호의 사항(사업자가 법인이 아닌 경우 그 대표자의 성명을 갈음하여 사업자의 성명)
   및 사업자등록번호를 말하고, 법 제20조제2항에 따른 통신판매중개업자(이하 "통신판매중개업
   자"라 한다)가 다음 각 호의 정보를 보유한 경우에는 이를 포함한다. 1. 「전자서명법」 제2조제
   8호에 따른 전자서명인증사업자(이하 "전자서명인증사업자"라 한다) 또는 「신용정보의 이용
   및 보호에 관한 법률」에 따른 개인신용평가회사, 개인사업자신용평가회사 및 본인신용정보관
   리회사(이하 이 조에서 "신용정보회사"라 한다) 등을 통하여 확인한 신원정보 2. 해당 통신판
   매중개업자가 제공하는 통신판매중개의뢰자의 신용도에 관한 정보
4) 제25조(통신판매중개업자의 정보제공) ② 법 제20조제2항에서 "성명·전화번호 등 대통령령으
   로 정하는 사항"이란 통신판매중개의뢰자의 성명, 생년월일, 주소, 전화번호 및 전자우편주소
   를 말하고, 통신판매중개업자가 다음 각 호의 정보를 보유한 경우에는 이를 포함한다. 1. 전자
   서명인증사업자 또는 신용정보회사 등을 통하여 확인한 신원정보 2. 해당 통신판매중개업자가
   제공하는 통신판매중개의뢰자의 신용도에 관한 정보

열람할 수 있는 방법을 제공하여야 한다(법 제20조 제2항). 통신판매중개자는 중개의뢰자에 대하여 중개수수료를 청구할 수 있다.

「전자상거래 지침」에서는 '통신판매업자인 통신판매중개자'를 다음과 같이 예시하고 있다(Ⅱ. 2. 라).

- 사이버몰의 이용을 허락하는 방법으로 통신판매중개를 하는 사업자 A가 운영하는 사이버몰에서 중개의뢰자인 통신판매업자 B의 재화등에 대한 판매정보의 제공과 청약의 접수 등이 이루어지는 경우,
  ⇒ 해당 사이버몰을 운영하는 사업자 A는 '통신판매업자인 통신판매중개자'에 해당된다.

  – 반면에 가격비교사이트처럼 통신판매업자 B의 재화등에 관한 가격관련 정보만 제공되는 경우,
  ⇒ 가격비교사이트를 운영하는 사업자 C는 '통신판매업자인 통신판매중개자'에 해당되지 아니한다.

Ⅲ. 통신판매중개자의 불만 및 분쟁해결의무

통신판매중개자는 사이버몰 등을 이용함으로써 발생하는 불만이나 분쟁의 해결을 위하여 그 원인 및 피해의 파악 등 필요한 조치를 신속히 시행하여야 한다. 이 경우 필요한 조치의 구체적인 내용과 방법 등은 *대통령령*[5]으로 정한다(법 제20조 제3항).

---

5) 제25조의2(소비자 불만이나 분쟁해결을 위한 필요한 조치의 내용과 방법 등) 통신판매중개자는 법 제20조제3항에 따라 다음 각 호의 조치를 시행하여야 한다. 1. 통신판매중개의뢰자와 소비자 사이에 발생하는 분쟁이나 불만을 접수·처리하는 인력 및 설비를 갖출 것 2. 통신판매중개자 또는 통신판매중개의뢰자에 의하여 발생한 불만이나 분쟁을 해결하기 위한 기준을 사전에 마련하여 사이버몰에 고지할 것 3. 소비자 불만이나 분쟁의 원인 등을 조사하여 3영업일이내에 진행 경과를 소비자에게 알리고 10영업일 이내에 조사 결과 또는 처리방안을 소비자에게 알릴 것

제20조의2(통신판매중개자 및 통신판매중개의뢰자의 책임)

① 통신판매중개자는 제20조제1항의 고지를 하지 아니한 경우 통신판매중개의뢰자의 고의 또는 과실로 소비자에게 발생한 재산상 손해에 대하여 통신판매중개의뢰자와 연대하여 배상할 책임을 진다.

② 통신판매중개자는 제20조제2항에 따라 소비자에게 정보 또는 정보를 열람할 수 있는 방법을 제공하지 아니하거나 제공한 정보가 사실과 달라 소비자에게 발생한 재산상 손해에 대하여 통신판매중개의뢰자와 연대하여 배상할 책임을 진다. 다만, 소비자에게 피해가 가지 아니하도록 상당한 주의를 기울인 경우에는 그러하지 아니하다.

③ 제20조제1항에 따른 고지에도 불구하고 통신판매업자인 통신판매중개자는 제12조부터 제15조까지, 제17조 및 제18조에 따른 통신판매업자의 책임을 면하지 못한다. 다만, 통신판매업자의 의뢰를 받아 통신판매를 중개하는 경우 통신판매중개의뢰자가 책임을 지는 것으로 약정하여 소비자에게 고지한 부분에 대하여는 통신판매중개의뢰자가 책임을 진다.

④ 통신판매중개의뢰자(사업자의 경우에 한정한다)는 통신판매중개자의 고의 또는 과실로 소비자에게 발생한 재산상 손해에 대하여 통신판매중개자의 행위라는 이유로 면책되지 아니한다. 다만, 소비자에게 피해가 가지 아니하도록 상당한 주의를 기울인 경우에는 그러하지 아니하다.

[본조신설 2012. 2. 17.]

 목　차

I. 통신판매중개자와 통신판매중개의뢰자의 연대책임

통신판매중개자는 제20조 제1항의 고지를 하지 아니한 경우 통신판매중개의뢰자의 고의 또는 과실로 소비자에게 발생한 재산상 손해에 대하여 통신판매중개의뢰자와 연대하여 배상할 책임을 진다(법 제20조의2 제1항).

통신판매중개자는 제20조 제2항에 따라 소비자에게 정보 또는 정보를 열람할 수 있는 방법을 제공하지 아니하거나 제공한 정보가 사실과 달라 소비자에게 발생한 재산상 손해에 대하여 통신판매중개의뢰자와 연대하여 배상할 책임을 진다. 다만, 소비자에게 피해가 가지 아니하도록 상당한 주의를 기울인 경우에는 그러하지 아니하다(법 제20조의2 제2항).

Ⅱ. 통신판매업자인 통신판매 중개자로서의 책임

제20조 제1항에 따른 고지에도 불구하고 통신판매업자인 통신판매중개자는 제12조부터 제15조까지, 제17조 및 제18조에 따른 통신판매업자의 책임을 면하지 못한다. 다만, 통신판매업자의 의뢰를 받아 통신판매를 중개하는 경우 통신판매중개의뢰자가 책임을 지는 것으로 약정하여 소비자에게 고지한 부분에 대하여는 통신판매중개의뢰자가 책임을 진다(법 제20조의2 제3항).

Ⅲ. 통신판매중개의뢰자(사업자)의 책임

통신판매중개의뢰자(사업자의 경우에 한정)는 통신판매중개자의 고의 또는 과실로 소비자에게 발생한 재산상 손해에 대하여 통신판매중개자의 행위라는 이유로 면책되지 아니한다. 다만, 소비자에게 피해가 가지 아니하도록 상당한 주의를 기울인 경우에는 그러하지 아니하다(법 제20조의2 제4항).

제20조의3(통신판매의 중요한 일부 업무를 수행하는 통신판매중개업자의 책임)

통신판매에 관한 거래과정에서 다음 각 호의 업무를 수행하는 통신판매중개업자는 통신판매업자가 해당 각 호의 각 목에 따른 의무를 이행하지 아니하는 경우에는 이를 대신하여 이행하여야 한다. 이 경우 제7조 및 제8조의 "사업자"와 제13조제2항제5호 및 제14조제1항의 "통신판매업자"는 "통신판매중개업자"로 본다.

1. 통신판매중개업자가 청약의 접수를 받는 경우
   가. 제13조제2항제5호에 따른 정보의 제공
   나. 제14조제1항에 따른 청약의 확인
   다. 그 밖에 소비자피해를 방지하기 위하여 필요한 사항으로서 대통령령으로 정하는 사항
2. 통신판매중개업자가 재화등의 대금을 지급받는 경우
   가. 제7조에 따른 조작 실수 등의 방지
   나. 제8조에 따른 전자적 대금지급의 신뢰 확보
   다. 그 밖에 소비자피해를 방지하기 위하여 필요한 사항으로서 대통령령으로 정하는 사항

[본조신설 2016. 3. 29.]

본 조는 통신판매 중개업자가 통신판매의 중요 일부업무를 수행하는 경우 청약과 관련된 의무와 대금지급 관련 의무를 대신 수행해야 함을 규정하고 있다.

제21조(금지행위)

① 전자상거래를 하는 사업자 또는 통신판매업자는 다음 각 호의 어느 하나에 해당하는 행위를 하여서는 아니 된다.

1. 거짓 또는 과장된 사실을 알리거나 기만적 방법을 사용하여 소비자를 유인 또는 소비자와 거래하거나 청약철회등 또는 계약의 해지를 방해하는 행위

2. 청약철회등을 방해할 목적으로 주소, 전화번호, 인터넷도메인 이름 등을 변경하거나 폐지하는 행위

3. 분쟁이나 불만처리에 필요한 인력 또는 설비의 부족을 상당기간 방치하여 소비자에게 피해를 주는 행위

4. 소비자의 청약이 없음에도 불구하고 일방적으로 재화등을 공급하고 그 대금을 청구하거나 재화등의 공급 없이 대금을 청구하는 행위

5. 소비자가 재화를 구매하거나 용역을 제공받을 의사가 없음을 밝혔음에도 불구하고 전화, 팩스, 컴퓨터통신 또는 전자우편 등을 통하여 재화를 구매하거나 용역을 제공받도록 강요하는 행위

6. 본인의 허락을 받지 아니하거나 허락받은 범위를 넘어 소비자에 관한 정보를 이용하는 행위. 다만, 다음 각 목의 어느 하나에 해당하는 경우는 제외한다.
   가. 재화등의 배송 등 소비자와의 계약을 이행하기 위하여 불가피한 경우로서 대통령령으로 정하는 경우
   나. 재화등의 거래에 따른 대금정산을 위하여 필요한 경우
   다. 도용방지를 위하여 본인 확인에 필요한 경우로서 대통령령으로 정하는 경우
   라. 법률의 규정 또는 법률에 따라 필요한 불가피한 사유가 있는 경우

7. 소비자의 동의를 받지 아니하거나 총리령으로 정하는 방법에 따라 쉽고 명확하게 소비자에게 설명·고지하지 아니하고 컴퓨터프로그램 등이 설치되게 하는 행위

② 공정거래위원회는 이 법 위반행위를 방지하고 소비자피해를 예방하기 위하여 전자상거래를 하는 사업자 또는 통신판매업자가 준수하여야 할 기준을 정하여 고시할 수 있다.

[전문개정 2012. 2. 17.]

🗒 목 차

[참고문헌]

　　단행본: 손진화, 전자상거래법(제2판), 신조사, 2013

　　논문: 권국현, 광고관련 법령 위반을 탓할 수 없는 정당한 사유의 존부에 대하여
－대법원 2012. 6. 28. 선고 2010두24371 판결, 광고판례백선, 한국인터넷광고재단,
2019

[참고사례]

　　(주)이베이코리아의 전자상거래법 위반행위 건(공정거래위원회 2009. 4. 13. 의결 제
2009－095호; 서울고등법원 2010. 10. 7. 선고 2009누27642 판결; 대법원 2012. 6. 28.
선고 2010두24371 판결); (주)이베이코리아의 전자상거래법 위반행위 건(공정거래위원회
2011. 6. 16. 의결 제2011－078호; 서울고등법원 2012. 1. 18. 선고 2011누24134 판결);
(주)이베이옥션 및 SK텔레콤(주)의 전자상거래법 위반행위 건[공정거래위원회 2011. 6. 16.
제2011－077, 078호; 서울고등법원 2011. 12. 8. 선고 2011누24127 판결(이베이옥션)
및 2011. 12. 15 선고 2011누24745 판결(SK텔레콤)]; 에스케이텔레콤(주)의 전자상거래법
위반행위 건(공정거래위원회 2011. 6. 16. 의결 제2011－077호; 서울고등법원 2011. 12.
15. 선고 2011누24745 판결; 대법원 2014. 6. 26. 선고 2012두1815 판결); (주)이베이코
리아 전자상거래법 위반행위 건(공정거래위원회 2011. 6. 16. 의결 제2011－079호; 서울
고등법원 2011. 12. 8. 선고 2011누24127 판결; 대법원 2014. 6. 26. 선고 2012두1525
판결); 옥스퍼드교육(주)의 전자상거래법 위반행위 건[공정거래위원회 2012. 8. 6. 제
2012－149호; 서울고등법원 2013. 4. 17. 선고 2012누25820 판결; 대법원 2013. 8. 22.
선고 2013두9083 판결(심리불속행기각)]; 에이제이렌터카(주)의 전자상거래법 위반행위 건
(공정거래위원회 2012. 8. 31. 의결 제2012－211호; 서울고등법원 2013. 7. 19. 선고
2013누1913 판결); (주)우리홈쇼핑 외 8개사의 전자상거래법 위반행위 건(공정거래위원회
2012. 7. 12. 의결 제2012－112~120호; 서울고등법원 2013. 5. 15. 선고 2012누24728

판결); (주)온라인투어의 전자상거래법 위반행위 건[공정거래위원회 2013. 12. 19. 의결 제 2013-216호; 서울고등법원 2014. 11. 26. 선고 2014누41635 판결; 대법원 2015. 3. 26. 2014누46737(심리불속행 기각) 판결]

Ⅰ. 금지행위의 유형

전자상거래를 하는 사업자 또는 통신판매업자는 다음의 어느 하나에 해당하는 행위를 하여서는 아니 된다(법 제21조 제1항).

1. 거짓·과장, 기만적 거래 유도 및 청약철회등 방해 행위

금지행위의 첫 번째 유형은 거짓 또는 과장된 사실을 알리거나 기만적 방법을 사용하여 소비자를 유인 또는 소비자와 거래하거나 청약철회등 또는 계약의 해지를 방해하는 행위(제1호)이다.

전자상거래법 제21조 제1항 제1호에 규정된 '허위 또는 과장된 사실을 알려 소비자를 유인하는 행위'란 거래에 있어 중요한 사항에 관하여 사실과 다르게 광고하거나 사실을 지나치게 부풀려 광고하여 소비자를 속이거나 소비자로 하여금 잘못 알게 할 우려가 있는 행위를 말하고, 그로 인하여 소비자가 유인될 우려가 있으면 족하고 반드시 소비자 유인의 결과가 발생함을 요하지 않으며, 그 행위가 소비자를 속이거나 소비자로 하여금 잘못 알게 할 우려가 있는지 여부는 보통의 주의력을 가진 일반 소비자가 당해 행위를 받아들이는 전체적·궁극적 인상을 기준으로 객관적으로 판단하여야 한다(<에이제이렌터카(주)의 전자상거래법 위반행위 건>).[1] '거짓 사실을 알려 소비자와 거래한 행위' 규정에서 '거짓 사실을 알린 행위'와 '거래의 성립'사이에 인과관계가 존재할 필요는 없으며, 거짓 사실을 알려 소비자로 하여금 거래의 내용에 영향을 미치는 사항을 잘못 알게 한 채 소비자와 거래하는 행위가 포함되는 것으로 해석함이 타당하다(<(주)온라인투어의 전자상거래법 위반행위 건>).[2]

'기만적 방법을 사용하여 소비자를 유인하는 행위'는 소비자가 재화 또는

---

1) 서고판 2013. 7. 19. 2013누1913.
2) 서고판 2014. 11. 26. 2014누41635[대판 2015. 3. 26. 2014누46737(심리불속행 기각)].

용역을 구매하는 데 영향을 미칠 수 있는 사실의 전부 또는 일부를 은폐, 누락하거나 또는 축소하는 등의 방법으로 소비자의 주의나 흥미를 일으키는 행위 자체를 뜻하며, 유인행위가 성립하기 위해서는 소비자를 속이거나 소비자로 하여금 잘못 알게 할 우려가 있는 행위만으로 충분하고 그 행위로 소비자가 유인되는 결과의 발생까지 있어야 하는 것은 아니다(<(주)이베이코리아 전자상거래법 위반행위 건>[3]<에스케이텔레콤(주)의 전자상거래법 위반행위 건>).[4]

위반자의 고의·과실이 필요한지 여부에 관하여 법원은 다음과 같이 판단하였다.

> "'SALE 7,900 옥션'배너광고는 처음부터 허위의 사실을 알려 소비자를 유인하는 행위로서 전자상거래법 제21조 제1항 제1호에 해당한다고 보아야하고, 배너광고를 직접 제작하지 않았다고 하여 광고내용이 허위임을 알지 못하였거나 허위광고를 한 것이 정당하다고 보기 어려우며, 사업자가 전자상거래법에서 정한 허위·과장광고를 하면서 반드시 그 행위에 대한 주관적인 인식을 가지고 있어야 하는 것은 아님", "행정법규 위반에 대하여 가하는 제재조치는 행정목적의 달성을 위하여 행정법규위반이라는 객관적 사실에 착안하여 가하는 제재이므로, 위반자가 그 의무를 알지 못하는 것이 무리가 아니었다고 할 수 있어 그것을 정당시 할 수 있는 사정이 있을 때 또는 의무의 이행을 당사자에게 기대하는 것이 무리라고 하는 사정이 있을 때 또는 의무의 이행을 당사자에게 기대하는 것이 무리라고 하는 사정이 있을 때 등 의무해태를 탓할 수 있는 정당한 사유가 있는 경우 등의 특별한 사정이 없는 한 위반자에게 고의나 과실이 없다 하더라도 부과될 수 있음"(<(주)이베이코리아 전자상거래법 위반행위 건>)[5]

「전자상거래 지침」에서는 '거짓 또는 과장된 사실을 알리거나 기만적 방법을 사용하여 청약철회등 또는 계약의 해지를 방해'하는 행위를 다음과 같이 예시하고 있다(Ⅱ. 9. 나).

> (1) '화이트색상 구두와 세일상품은 반품이 불가합니다'라는 문구를 사이버몰에 게시하는 등 사업자가 특정색상소재의 상품, 세일특가상품 등에 대해 반품 또는

---

3) 대판 2014. 6. 26. 2012두1525.
4) 대판 2014. 6. 26. 2012두1815.
5) 대판 2014. 6. 26. 2012두1525; 대판 2014. 6. 26. 2012두1815.

> 환불이 불가능하다고 사이버몰에 표시하고 소비자에게 안내하는 경우
> (2) '불량으로 인한 환불은 물건 수령 후 5일 내에 고객센터로 신청한 경우에 한
> 해서 가능'이라는 문구를 사이버몰에 게시하는 등 사업자가 법에서 정한 청약
> 철회 가능 기간을 임의적으로 축소하여 사이버몰에 표시하고 소비자에게 안
> 내하는 경우

또한 '거짓 또는 과장된 사실을 알리거나 기만적 방법을 사용하여 소비자를
유인 또는 거래'하는 행위를 다음과 같이 예시하고 있다(Ⅱ. 10. 가).

> (1) 휴대폰으로 광고문자메시지를 전송하면서 ① 유료에 대한 표시를 하지 않거
> 나, ② "연락했는데 연락이 없네요"등의 표현을 쓰거나, ③ 당첨상술을 쓰는
> 방법 등에 의하여 소비자로 하여금 전화를 걸게 하는 경우
> (2) 휴대폰에 광고문자 메시지를 전송하거나 사이버몰에 광고를 하면서 해당 메시
> 지를 삭제하거나 취소, 거부하는 버튼을 누르는 경우 자신의 번호 또는 사이
> 트로 연결되게 하는 등의 기만적인 방법으로 자신의 번호나 사이트로 연결되
> 도록 하는 경우
> (3) 인터넷상의 띠광고를 하루에 일정횟수 보면 그 만큼의 할부금을 소비자의 계
> 좌로 입금해 주는 조건으로 고가의 PC를 매우 저렴한 가격에 마련할 수 있는
> 기회라고 광고하여 구입하였으나, 실제로는 1~2개월 후에는 입금이 중단되는
> 경우
> (4) 실제로는 판매수량에 제한이 있음에도 불구하고 이를 표시하지 않고 시중가의
> 50%에 판매한다는 광고를 하여 소비자로 하여금 주문만 하면 구매할 수 있는
> 것으로 오인하게 한 경우
> (5) 사이버몰에서 판매하는 재화등의 품질 및 배송 등과 관련하여 사업자에게 불
> 리한 이용후기를 삭제하거나 사업자에게 고용된 자 또는 사이버몰이 후원하
> 고 있는 소비자로 하여금 거짓으로 사업자에게 유리한 이용후기를 작성하도
> 록 한 경우
> (6) 사업자가 광고비를 받았다는 사실을 소비자에게 알리지 않고 '베스트, 추천, 기
> 대, 화제' 등의 명칭을 붙여 재화등을 소개함으로써 소비자로 하여금 재화등에
> 대한 합리적인 평가가 토대가 되어 추천된 재화등으로 오인하게 한 경우
> (7) 사업자가 숙박, 식사, 레저활동 등을 결합한 여행 상품을 판매하면서 여행 관
> 련 상품들의 주요 정보를 보여주는 자신의 사이버몰 내 화면에 결합상품 중
> 일부만 포함된 가격을 해당 결합상품의 가격인 것처럼 표시함으로써 해당 결

합상품을 실제 가격보다 저렴한 상품인 것으로 오인하게 한 경우
(8) 사업자에게 고용된 자가 대량으로 재화등을 구매한 후 취소하는 방법으로 재
    화등의 구매자 수를 과장하여 표시함으로써 소비자에게 인기있는 재화등으로
    오인하게 한 경우

법원이 법위반으로 인정한 사례는 다음과 같다.

"자신의 인터넷 오픈마켓에 상품을 인기도, 베스트셀러 순위로 정렬함에 있어서
이와 관련 없는 부가서비스 구입 여부, 가격대별 가중치 등을 반영하였음에도 이
를 알리지 않은 행위"(<(주)이베이옥션 및 SK텔레콤(주)의 전자상거래법 위반행
위 건>),6) "포털사이트 네이버(www.naver.com) 초기화면에 ① 옵션가 판매방식
으로 인해 실제 판매가격이 21,800원인 나이키 슬리퍼를 마치 7,900원에 판매하는
것처럼 ✔SALE 7,900원 웹 배너광고를 게재하였고('08. 7. 25.~'08. 7. 29.), ② 9,900원
인 나이키 상품이 없음에도 마치 판매하고 있는 것처럼 ✔나이키 9,900원 웹 배너광고
를 한 행위('08. 8. 22.~'08. 8. 24.)"(<(주)이베이코리아의 전자상거래법 위반행위
건>),7) "영어캠프 참가자를 모집하면서 뉴질랜드학생의 영어캠프 참여가 아직
확정되지 않은 상태임에도 마치 확정된 것처럼 광고한 것과, '8인 1실'에서 1실은
침실을 의미하는 것임에도 주방 및 거실까지 포함시킨 등 행위"(<옥스퍼드교육
(주)의 전자상거래법 위반행위 건>),8) "전 신고요금에 비하여 59~116% 인상된
요금을 신고한 후 이를 정상가격으로 표시하고, 이를 기준으로 할인율을 산정하여
인터넷 사이트에 표시한 행위"(<에이제이렌터카(주)의 전자상거래법 위반행위
건>),9) "사이버몰의 화면에 가구상품의 제조과정에 관여하지 않은 상표가구업체
를 제조사로 표시한 것은, 상표가 소비자의 가구상품 선택에 중요한 구매결정요소
인 점, 비대면거래라는 통신판매 특성상 소비자는 원고들이 제공하는 가구상품 제
조사에 관한 정보를 신뢰하고 거래여부를 결정할 수밖에 없는 점 등을 감안할 때
허위표시에 기인하여 소비자를 오인하게 하는 행위"(<(주)이베이코리아의 전자상
거래법 위반행위 건>),10) "전자상거래업체가 사이버몰을 통한 해외여행상품 판매
시 유류할증료 및 항공택스 금액을 자신이 항공사에 지급하여야 하는 금액보다
높은 금액으로 소비자에게 안내하여 지급받은 행위"(<(주)온라인투어의 전자상거
래법 위반행위 건>),11) "인터넷 오픈마켓 옥션에 통신판매중개의뢰자들의 상품목
록을 '옥션랭킹순', '판매인기순' 및 '누적판매순' 등으로 구분하여 전시하고, 그 중
'옥션랭킹순'의 목록을 다시 '프리미엄 상품'과 '일반상품'으로 구분하여 전시하면
서 제품의 특성과는 관련 없이 부가서비스를 구입한 상품에 대해서만 '프리미엄

상품'영역에 전시한 행위"(<주>이베이코리아 전자상거래법 위반행위 건>),[12) "인
터넷 오픈마켓 11번가를 운영하면서　ⅰ) '인기도순'으로 통신판매중개의뢰자들의
상품을 전시함에 있어 '인기도'와 상관없는 부가서비스 구입여부를 상품전시 순위
에 반영하여 정렬하고,　ⅱ) '베스트셀러' 코너에 통신판매중개의뢰자들의 상품을
전시함에 있어 '베스트셀러' 선정기준에 가격대별 가중치를 부여한다는 사실을 소
비자에게 알리지 않고 가격대별 가중치를 부여하여 높은 가격의 상품을 우선적으
로 전시한 행위 등"(<에스케이텔레콤(주)의 전자상거래법 위반행위 건>).[13)

2. 주소, 전화번호등 변경 및 폐지 행위

금지행위의 두 번째 유형은 청약철회등을 방해할 목적으로 주소, 전화번호,
인터넷도메인 이름 등을 변경하거나 폐지하는 행위(제2호)이다.

3. 분쟁처리 인력 또는 설비 부족 방치 행위

금지행위의 세 번째 유형은 분쟁이나 불만처리에 필요한 인력 또는 설비의
부족을 상당기간 방치하여 소비자에게 피해를 주는 행위(제3호)이다.
통신판매업자는 소비자와 계약체결 전에 '소비자 피해보상의 처리, 재화 등
에 대한 판매불만 처리 및 소비자와 사업자 사이의 분쟁처리에 관한 사항'을 광
고하거나 고지해야 하며, 계약체결이 되면 재화 공급때까지 동 내용이 포함된
계약서를 교부하여야 한다(법 제13조 제2항 제6호).

---

6) 서고판 2012. 1. 18. 2011누24134; 서고판 2011. 12. 8. 2011누24127 및 2011. 12. 15 2011누
24745.

7) 대판 2012. 6. 28. 2010두24371. 동 판결에 대한 해설로 권국현, 광고판례백선(2019), 870~874
면 참조.

8) 서고판 2013. 4. 17. 2012누25820[대판 2013. 8. 22. 2013두9083(심리불속행기각)].

9) 서고판 2013. 7. 19. 2013누1913.

10) 서고판 2013. 5. 15. 2012누24728.

11) 서고판 2014. 11. 26. 2014누41635[대판 2015. 3. 26. 2014누46737(심리불속행 기각)]. 상품구
매에 있어서 중요한 영향을 미치는 요소인 가격에 관한 사실의 일부를 은폐 · 누락해서 소비자
로 하여금 이를 잘못 알게 함으로써 소비자에게 불리한 내용으로 거래한 것에 해당된다고 판
시하였다.

12) 대판 2014. 6. 26. 2012두1525.

13) 대판 2014. 6. 26. 2012두1815.

「전자상거래 지침」에서는 다음과 같이 예시하고 있다(Ⅱ. 나).

> (1) 소비자가 불만사항에 대한 사업자의 이메일 또는 팩스 답변이 불충분하여 직
>   접 전화통화를 하고자 함에도 불구하고, 사업자가 이메일 또는 팩스를 통해서
>   만 불만처리를 할 수 있도록 하고 전화통화를 거부하는 경우
> (2) 상담원이 부족하여 소비자가 통상의 경우 상담원과 통화할 수 없거나 ARS 등
>   을 통해 여러 단계를 거치게 하면서 결국 상담원과는 통화가 되지 않도록 기
>   술적 장치를 해 놓은 경우
> (3) 소비자가 사업자와의 전화통화가 이루어지지 않아 자동 안내된 콜백 안내에
>   따라 자신의 전화번호를 남겼음에도 불구하고 사업자가 3영업일 이내에 전화
>   를 하지 않는 경우. 다만, 소비자가 전화번호를 잘못 남겼거나 소비자의 부재
>   등으로 부득이하게 연락이 지연된 경우를 제외
> (4) 사업자가 이메일 주소를 허위로 기재하거나 메일수신서버를 차단하여 소비자
>   가 이메일을 보낼 수 없는 경우

4. 일방적 재화공급 또는 대금청구 행위

금지행위의 네 번째 유형은 소비자의 청약이 없음에도 불구하고 일방적으
로 재화등을 공급하고 그 대금을 청구하거나 재화등의 공급 없이 대금을 청구
하는 행위(제4호)이다.

「전자상거래 지침」에서는 법위반 행위에 대하여 다음과 같이 예시하고 있
다(Ⅱ. 10. 다).

> • 소비자가 사업자와의 전화통화를 통해 상품안내를 받고 고객의 신용도를 조사한
>   다는 명목하에 신용카드번호를 알려주었으나 재화등의 구입 의사를 표시하지는
>   않았음에도 불구하고, 사업자가 임의로 재화를 공급하고 소비자의 신용카드로
>   결제를 하는 경우

5. 재화구매 등 강요 행위

금지행위의 다섯 번째 유형은 소비자가 재화를 구매하거나 용역을 제공받
을 의사가 없음을 밝혔음에 불구하고 전화, 팩스, 컴퓨터통신 또는 전자우편 등

을 통하여 재화를 구매하거나 용역을 제공받도록 강요하는 행위(제5호)이다.

6. 정보이용 행위

금지행위의 여섯 번째 유형은 본인의 허락을 받지 아니하거나 허락받은 범위를 넘어 소비자에 관한 정보를 이용하는 행위(다만 ① 재화등의 배송 등 소비자와의 계약을 이행하기 위하여 불가피한 경우로서 *대통령령*[14]으로 정하는 경우(가목), ② 재화등의 거래에 따른 대금정산을 위하여 필요한 경우(나목), ③ 도용방지를 위하여 본인 확인에 필요한 경우로서 *대통령령*[15]으로 정하는 경우(다목), ④ 법률의 규정 또는 법률에 따라 필요한 불가피한 사유가 있는 경우(라목)는 제외)(제6호)이다.

7. 컴퓨터프로그램 등 설치 행위

금지행위의 일곱 번째 유형은 소비자의 동의를 받지 아니하거나 총리령[16]으로 정하는 방법에 따라 쉽고 명확하게 소비자에게 설명·고지하지 아니하고 컴퓨터프로그램 등이 설치되게 하는 행위를 하여서는 아니 된다(제7호).

예를 들어 소비자의 동의나 설명이 없는 포장개봉방식 계약(srink－wrap agreement)[17]이나, 클릭온 계약(click－on agreement)[18]의 경우 문제가 될 수 있다.

14) 제26조(재화등의 배송 등을 위한 소비자정보의 이용) 법 제21조제1항제6호가목에서 "대통령령으로 정하는 경우"란 다음 각 호의 경우를 말한다. 1. 재화등의 배송 또는 전송을 업으로 하는 자로서 해당 배송 또는 전송을 위탁받은 자에게 제공하는 경우 2. 재화등의 설치, 사후 서비스, 그 밖에 약정한 서비스의 제공을 업으로 하는 자로서 해당 서비스의 제공을 위탁받은 자에게 제공하는 경우

15) 제27조(도용방지를 위한 소비자정보의 이용) 법 제21조제1항제6호다목에서 "대통령령으로 정하는 경우"란 다음 각 호의 경우를 말한다. 1. 소비자의 신원 및 실명 여부나 본인의 진의 여부를 확인하기 위하여 다음 각 목의 어느 하나에 해당하는 자에게 제공하는 경우 가. 「전기통신사업법」 제5조제3항제1호에 따른 기간통신사업자 나. 「신용정보의 이용 및 보호에 관한 법률」에 따른 신용정보회사 및 신용정보집중기관 다. 해당 거래에 따른 대금결제와 직접 관련된 전자결제업자등 라. 법령 또는 법령의 규정에 따른 인·허가에 의하여 도용방지를 위한 실명확인을 업으로 하는 자 2. 미성년자와의 거래에서 법정대리인의 동의 여부를 확인하기 위하여 이용하는 경우

16) 제11조의3(컴퓨터프로그램 등의 설치 시 소비자에 대한 설명·고지) 법 제21조제1항제7호에서 "총리령으로 정하는 방법"이란 컴퓨터프로그램이 설치되기 전에 컴퓨터프로그램의 용량, 기능, 기존의 컴퓨터 프로그램에 미치는 영향, 제거방법 등의 중요사항을 소비자에게 알리는 것을 말한다.

17) 밀봉하여 포장한 디지털정보상품(소프트웨어 CD－ROM 제품)을 구매자가 개봉하는 경우에 동봉한 계약조건에 동의하는 것으로 간주하여 성립하는 계약. 손진화, 99면.

Ⅱ. 고시제정

공정거래위원회는 이 법 위반행위를 방지하고 소비자피해를 예방하기 위하여 전자상거래를 하는 사업자 또는 통신판매업자가 준수하여야 할 기준을 정하여 고시할 수 있다(법 제21조 제2항).

제22조(휴업기간 등에서의 청약철회등의 업무처리 등)

① 통신판매업자는 휴업기간이나 영업정지기간에도 제17조제1항 및 제3항에 따른 청약철회등의 업무와 제18조제1항부터 제5항까지의 규정에 따른 청약철회등에 따른 대금환급과 관련된 업무를 계속하여야 한다.

② 통신판매업자가 폐업신고를 하지 아니한 상태에서 파산선고를 받는 등 실질적으로 영업을 할 수 없는 것으로 판단되는 경우에는 제12조제1항에 따른 신고를 받은 공정거래위원회 또는 특별자치시장·특별자치도지사·시장·군수·구청장은 직권으로 신고사항을 말소할 수 있다. <개정 2016. 3. 29.>

[전문개정 2012. 2. 17.]

본 조는 휴업이나 영업정지, 폐업신고를 하지 않은 상태에서의 파산선고 등 경우 소비자피해를 방지하기 위한 규정이다.

---

18) 계약조건에 동의하는 취지로 클릭하는 방식에 의하여 성립하는 계약을 말한다.

제 3 장

소비자 권익의 보호

제23조(전자상거래 등에서의 소비자보호지침의 제정 등)

① 공정거래위원회는 전자상거래 또는 통신판매에서의 건전한 거래질서의 확립 및 소비자보호를 위하여 사업자의 자율적 준수를 유도하기 위한 지침(이하 "소비자보호지침"이라 한다)을 관련 분야의 거래당사자, 기관 및 단체의 의견을 들어 정할 수 있다.

② 사업자는 그가 사용하는 약관이 소비자보호지침의 내용보다 소비자에게 불리한 경우에는 소비자보호지침과 다르게 정한 약관의 내용을 소비자가 알기 쉽게 표시하거나 고지하여야 한다.

[전문개정 2012. 2. 17.]

이에 따라 공정거래위원회는 「전자상거래 지침」을 제정·운영하고 있다.

제24조(소비자피해보상보험계약등)

① 공정거래위원회는 전자상거래 또는 통신판매에서 소비자를 보호하기 위하여 관련 사업자에게 다음 각 호의 어느 하나에 해당하는 계약(이하 "소비자피해보상보험계약등"이라 한다)을 체결하도록 권장할 수 있다. 다만, 제8조제4항에 따른 결제수단의 발행자는 소비자피해보상보험계약등을 체결하여야 한다.

 1. 「보험업법」에 따른 보험계약

 2. 소비자피해보상금의 지급을 확보하기 위한 「금융위원회의 설치 등에 관한 법률」 제38조에 따른 기관과의 채무지급보증계약

 3. 제10항에 따라 설립된 공제조합과의 공제계약

② 통신판매업자는 제1항에도 불구하고 선지급식 통신판매를 할 때 소비자가 제13조제2항제10호에 따른 결제대금예치의 이용 또는 통신판매업자의 소비자피해보상보험계약등의 체결을 선택한 경우에는 소비자가 결제대금예치를 이용하도록 하거나 소비자피해보상보험계약등을 체결하여야 한다.

③ 제2항은 소비자가 다음 각 호의 어느 하나에 해당하는 거래를 하는 경우에는 적용하지 아니한다.

 1. 삭제<2013. 5. 28.>

 2. 「여신전문금융업법」 제2조제3호에 따른 신용카드로 재화등의 대금을 지급하는 거래. 이 경우 소비자가 재화등을 배송받지 못한 때에는 「여신전문금융업법」 제2조제2호의2에 따른 신용카드업자는 구매대금 결제 취소 등 소비자피해의 예방 및 회복을 위하여 협력하여야 한다.

 3. 정보통신망으로 전송되거나 제13조제2항제10호에 따른 제3자가 배송을 확인할 수 없는 재화등을 구매하는 거래

 4. 일정기간에 걸쳐 분할되어 공급되는 재화등을 구매하는 거래

 5. 다른 법률에 따라 소비자의 구매안전이 충분히 갖추어진 경우 또는 제1호부터 제4호까지의 규정과 유사한 사유로 결제대금예치 또는 소비자피해보상보험계약등의 체결이 필요하지 아니하거나 곤란하다고 공정거래위원회가 정하여 고시하는 거래

④ 제2항에 따른 결제대금예치의 이용 또는 소비자피해보상보험계약등의 체결에 필요한 사항은 대통령령으로 정한다.

⑤ 소비자피해보상보험계약등은 이 법 위반행위로 인한 소비자피해를 보상하거나 제8조제4항에 따른 결제수단 발행자의 신뢰성을 확보하기에 적절한 수준이어야 하며, 그

구체적인 기준은 대통령령으로 정한다.

⑥ 소비자피해보상보험계약등에 따라 소비자피해보상금을 지급할 의무가 있는 자는 그 지급 사유가 발생하면 지체 없이 소비자피해보상금을 지급하여야 하고, 이를 지연한 경우에는 지연배상금을 지급하여야 한다.

⑦ 소비자피해보상보험계약등을 체결하려는 사업자는 소비자피해보상보험계약등을 체결하기 위하여 매출액 등의 자료를 제출할 때 거짓 자료를 제출하여서는 아니 된다.

⑧ 소비자피해보상보험계약등을 체결한 사업자는 그 사실을 나타내는 표지를 사용할 수 있으나, 소비자피해보상보험계약등을 체결하지 아니한 사업자는 그 표지를 사용하거나 이와 유사한 표지를 제작 또는 사용하여서는 아니 된다.

⑨ 제2항에 따른 결제대금예치의 이용에 관하여는 제8항을 준용한다.

⑩ 전자상거래를 하는 사업자 또는 통신판매업자는 제1항에 따른 소비자보호를 위하여 공제조합을 설립할 수 있다. 이 경우 공제조합의 설립 및 운영에 관하여는 「방문판매 등에 관한 법률」 제38조를 준용하되, 같은 조 제1항 중 "제5조제1항에 따라 신고하거나 제13조제1항 또는 제29조제3항에 따라 등록한 사업자"는 "전자상거래를 하는 사업자 또는 통신판매업자"로, "제37조제1항제3호"는 "「전자상거래 등에서의 소비자보호에 관한 법률」 제24조제1항제3호"로 보고, 같은 조 제9항 및 제10항 중 "이 법"은 각각 "「전자상거래 등에서의 소비자보호에 관한 법률」"로 본다.

[전문개정 2012. 2. 17.]

목 차

[참고문헌]
　단행본: 손진화, 전자상거래법(제2판), 신조사, 2013

Ⅰ. 소비자피해보상보험계약 등의 체결권장

공정거래위원회는 전자상거래 또는 통신판매에서 소비자를 보호하기 위하여 관련 사업자에게 ① 「보험업법」에 따른 보험계약(제1호), ② 소비자피해보상금의 지급을 확보하기 위한 「금융위원회의 설치 등에 관한 법률」 제38조에 따른 기관과의 채무지급보증계약(제2호), ③ 제10항에 따라 설립된 공제조합과의 공제계약(제3호)의 어느 하나에 해당하는 계약(이하 "소비자피해보상보험계약등")을 체결하도록 권장할 수 있다.1) 다만, 제8조 제4항에 따른 결제수단의 발행자는 소비자피해보상보험계약등을 체결하여야 한다(법 제24조 제1항).

1. 「보험업법」에 따른 보험계약

보험계약은 당사자 일방이 약정한 보험료를 지급하고 재산 또는 생명이나 신체에 불확정한 사고가 발생할 경우에 상대방이 일정한 보험금이나 그 밖의 급여를 지급할 것을 약정함으로써 효력이 생긴다(「상법」 제638조). 전자상거래법이 규정하는 보험계약으로는 보증보험계약이 체결되는 것이 보통이다.

이행보증보험이란 채무자인 보험계약자가 보험증권에 기재된 주계약에서 정한 채무를 이행하지 아니함으로써 채권자인 피보험자가 입은 손해를 약정에 따라 보상하는 특수 형태의 보험이며, 특히 이행(하자)보증보험은 채무자인 계약자가 도급 또는 매매계약에 대하여 준공검사 또는 검수를 받은 후 하자담보 책임기간 안에 발생한 하자에 대하여 그 보수 또는 보완청구를 받았음에도 이를 이행하지 않을 경우 채권자인 피보험자가 입은 손해를 보상하는 것이다. 일반적으로 손해보험은 '자기를 위한 보험계약'이므로 계약당사자가 피보험자(보험계약자)와 보험회사인 2당사자로 구성되는 반면 이행보증보험은 '타인을 위한 보험계약'이므로 계약당사자가 보험계약자 - 피보험자 - 보증보험회사로 3당사자로

---

1) 제28조(소비자피해보상보험계약등) ① 법 제24조제1항 각 호 외의 부분 본문에 따라 공정거래위원회가 체결하도록 권장하는 소비자피해보상보험계약등은 다음 각 호의 사항을 충족하여야 한다. 1. 청약철회등의 권리 행사에 따라 발생하는 대금환급의무의 불이행 또는 재화등의 공급의무 불이행 등으로 인한 소비자피해를 보상하는 것을 그 내용으로 할 것 2. 피보험자 또는 수혜자는 해당 소비자피해보상보험계약등을 체결한 자가 판매하는 재화등의 구매자로 할 것 3. 계약금액은 재화등의 매매대금을 한도로 공정거래위원회가 정한 규모 이상으로 할 것 4. 정당한 사유 없이 피해보상의 범위나 보험자 또는 재화등의 판매자의 책임을 한정하지 아니할 것 5. 제19조의3제2항제5호부터 제8호까지의 사항.

구성되고, 보험계약자는 주계약의 채무자로서 채무의 이행에 일차적인 책임을 부담하고, 피보험자는 주계약의 채권자로서 보험계약자의 채무불이행시 보증보험회사에 보험금을 청구할 권리를 가진다. 그리고 보험회사는 보험계약자로부터 보험료를 받고 보험계약자의 채무불이행 등으로 인하여 피보험자가 손해를 입었을 경우 이를 보상할 의무가 있으며, 보험금이 지급되면 보험계약자에 대하여 구상권을 행사한다.[2]

2. 채무지급보증계약

채무지급보증계약이란 금융회사가 사업자(채무자)의 거래 상대방에 대한 채무의 지급을 보증하고 사업자가 금융회사에게 수수료를 지급하는 계약을 말한다.[3]

3. 공제계약

공제계약이란 다수의 경제주체가 보험료에 상당하는 일정한 금액을 납입하고 일정한 사고가 발생한 경우에 가입자에게 미리 정한 일정한 급액을 지급하는 계약이다.[4] 법 제24조 제10항에 따른 공제조합과의 공제계약을 의미하는데 현재 공제조합은 설립되어 있지 않다.

Ⅲ. 선지급식 통신판매의 경우 소비자피해보상보험계약 등의 체결의무

통신판매업자는 제1항에도 불구하고 선지급식 통신판매를 할 때 소비자가 제13조 제2항 제10호에 따른 결제대금예치의 이용 또는 통신판매업자의 소비자피해보상보험계약등의 체결을 선택한 경우에는 소비자가 결제대금예치를 이용하도록 하거나 소비자피해보상보험계약등을 체결하여야 한다(법 제24조 제2항).[5]

---

2) 이상 공정거래위원회 보도자료(2018. 12. 13.).

3) 손진화, 292면.

4) 손진화, 293면.

5) 제28조(소비자피해보상보험계약등) ② 법 제24조제2항에 따라 선지급식 통신판매를 하는 통신판매업자는 제13조제1항 각 호의 서류를 법 제12조제1항에 따라 통신판매업의 신고를 한

비대면, 무점포의 선불식(先拂式) 거래관행으로 인하여 통신판매거래의 안
전성 및 신뢰성에 취약한 부분이 있고, 소비자의 피해가 증가하고 있는데 대한
조치였다.6)

제2항은 소비자가 ① 「여신전문금융업법」 제2조 제3호에 따른 신용카드로
재화등의 대금을 지급하는 거래(이 경우 소비자가 재화등을 배송받지 못한 때에는
「여신전문금융업법」 제2조제2호의2에 따른 신용카드업자는 구매대금 결제 취소 등 소
비자피해의 예방 및 회복을 위하여 협력하여야 함)(제2호), ② 정보통신망으로 전송
되거나 제13조 제2항 제10호에 따른 제3자가 배송을 확인할 수 없는 재화등을
구매하는 거래(제3호), ③ 일정기간에 걸쳐 분할되어 공급되는 재화등을 구매하
는 거래(제4호), ④ 다른 법률에 따라 소비자의 구매안전이 충분히 갖추어진 경
우 또는 제1호부터 제4호까지의 규정과 유사한 사유로 결제대금예치 또는 소비
자피해보상보험계약등의 체결이 필요하지 아니하거나 곤란하다고 공정거래위원
회가 정하여 고시하는 거래7)(제5호)의 어느 하나에 해당하는 거래를 하는 경우
에는 적용하지 아니한다(법 제24조 제3항). 2013년 법 개정 전에는 제1호(소비자가
5만원 이하의 재화를 구매하는 소액거래를 하는 경우)가 규정되었으나 삭제되었다.

제2항에 따른 결제대금예치의 이용 또는 소비자피해보상보험계약등의 체결
에 필요한 사항은 *대통령령*8)으로 정한다(법 제24조 제4항). 제2항에 따른 결제대

특별자치시장·특별자치도지사·시장·군수·구청장에게 선지급식 통신판매를 하기 전에 제출
하여야 한다.
6) 【개정이유】[시행 2005. 3. 31.][법률 제7487호, 2005. 3. 31., 일부개정]
7) 「결제대금 예치 또는 소비자피해보상보험계약 등의 체결이 면제되는 거래에 관한 고시」[공정
거래위원회고시 제2015－15호(2015. 10. 23.)] 소비자가 다음 각호에서 정한 사업자와 행하는
거래를 결제대금예치 또는 소비자피해보상보험계약 등의 체결이 필요하지 아니하거나 곤란한
거래로 고시합니다. 가. 국가기관 및 지방자치단체 나. 공공기관의운영에관한법률 제4조에 따
른 공공기관 다. 특별법에 의하여 공익적 목적으로 설립된 법인 라. 초·중등교육법 및 고등교
육법 기타 다른 법률에 의하여 설치된 각급 학교
8) 제28조의3(예치된 결제대금의 지급방법) 제19조의3제1항에 따른 제3자(이하 "제3자")는 예
치된 결제대금을 법 제24조제4항에 따라 다음 각 호의 방법으로 통신판매업자에게 지급하거
나 소비자에게 환급한다. 1. 제3자는 재화등을 구매한 소비자(그 소비자의 동의를 받은 경우
에는 재화등을 공급받을 자를 포함)에게 재화등을 공급받은 사실을 재화등을 공급받은 날부
터 3영업일(거래당사자가 3영업일보다 긴 기간으로 약정한 경우에는 그 기간) 이내에 통보해
주도록 요청하여야 하며, 소비자로부터 재화등을 공급받은 사실을 통보받은 후에 통신판매업
자에게 결제대금을 지급한다. 2. 제3자는 제1호에 따른 통보 요청 시에 소비자가 재화등을 공
급받은 날부터 3영업일이 지나도록 재화등을 공급받은 사실을 통보하지 아니하면 통신판매업
자에게 결제대금을 지급할 수 있다는 사실을 소비자에게 고지하여야 한다. 3. 소비자가 재화
등을 공급받은 날부터 3영업일이 지나도록 정당한 사유를 제시하지 아니하고 그 공급받은 사
실을 통보하지 아니하는 경우에는 다음 각 목의 어느 하나에 해당할 때에 통신판매업자에게

금예치의 이용에 관하여는 제8항을 준용한다(법 제24조 제9항).

Ⅲ. 소비자피해보상보험계약 등의 수준

소비자피해보상보험계약등은 이 법 위반행위로 인한 소비자피해를 보상하거나 제8조 제4항에 따른 결제수단 발행자의 신뢰성을 확보하기에 적절한 수준이어야 하며, 그 구체적인 기준은 *대통령령*)으로 정한다(법 제24조 제5항).

결제대금을 지급할 수 있다. 가. 소비자가 제2호에 따른 고지를 받고도 재화등을 공급받은 사실을 그 기간 내에 통보하지 아니하였을 때 나. 제3자가 제2호에 따른 고지를 하지 아니한 경우에는 제3자가 그 사실을 소비자에게 고지한 후 3영업일이 지났을 때 4. 제3자가 통신판매업자에게 결제대금을 지급하기 전에 소비자가 그 결제대금을 환급받을 사유가 발생한 경우에는 그 결제대금을 소비자에게 환급한다.

9) 제28조(소비자피해보상보험계약등) ③ 법 제24조제5항에 따라 소비자피해보상보험계약등은 다음 각 호의 요건을 모두 충족하여야 한다. 1. 전자결제수단을 구매한 소비자가 그 결제수단에서 정한 권리를 행사할 수 없어 발생하는 소비자피해를 보상하는 것을 내용으로 할 것 2. 피보험자 또는 수혜자가 전자결제수단의 구매자일 것 3. 계약금액은 전자결제수단 발행자가 발행하는 「상법」상 채권 유효기간 내에 있는 전자결제수단 발행잔액의 100분의 10 이내의 금액으로서 공정거래위원회가 정하는 금액[「금융위원회의 설치 등에 관한 법률」 제38조제1호부터 제8호까지의 기관(제6호의 겸영여신업자는 제외) 및 「우체국예금·보험에 관한 법률」에 따른 우체국예금 또는 우체국보험을 취급하는 체신관서에 예치된 금액은 제외하며, 다른 법령에 따라 이와 유사한 지급보증 등의 의무를 이행한 경우에는 해당 금액을 공제한 금액을 말한다] 이상으로 할 것 4. 정당한 사유 없이 피해보상의 범위나 보험자 또는 전자결제수단 발행자의 책임을 한정하지 아니할 것 5. 제19조의3제2항제5호부터 제8호까지의 사항

④ 제1항부터 제3항까지에서 규정한 사항 외에 재화등이나 거래의 특성에 따른 소비자피해보상보험계약등의 구체적인 기준이나 피해보상의 내용 및 절차와 소비자피해보상보험계약등의 표지사용에 필요한 사항은 총리령으로 정한다.

총리령 제12조(소비자피해보상보험계약등) ① 법 제24조제1항 각 호 외의 부분 본문에 따라 공정거래위원회가 체결하도록 권장하는 소비자피해보상보험계약등의 구체적인 기준은 다음 각 호와 같다. 1. 보험금은 해당 소비자피해보상보험계약등을 체결한 자가 판매하는 재화등의 구매자가 직접 수령할 수 있도록 할 것 2. 소비자피해보상보험계약등을 체결한 자는 보험계약 성립 후 재화등의 구매자가 지체 없이 보험계약을 체결한 사실 및 그 내용을 쉽게 알 수 있도록 할 것 ② 법 제24조제1항 각 호 외의 부분 단서에 따라 전자결제수단의 발행자가 체결하여야 하는 소비자피해보상보험계약등의 구체적인 기준은 다음 각 호와 같다. 1. 전자결제수단 발행잔액의 변동으로 영 제28조제3항제3호에 따른 계약금액의 변경이 필요한 경우에는 보험계약을 지체 없이 조정할 것. 다만, 전자결제수단 발행잔액의 변동이 잦은 등의 이유로 계약금액을 수시로 변경하는 것이 현실적으로 곤란한 경우에는 매월 말일의 전자결제수단 발행잔액을 기준으로 보험계약을 지체 없이 조정할 것 2. 보험금은 해당 소비자피해보상보험계약등을 체결한 자가 발행하는 전자결제수단의 구매자(전자결제수단이 전자결제수단의 구매자로부터 다른 소비자에게 권리 이전된 경우에는 최종적으로 권리 이전된 소비자를 말함)가 직접 수령할 수 있도록 할 것 ③ 법 제24조제1항 각 호 외의 부분 단서에 따라 전자결제수단의 발행자가 체결하여야 하는 소비자피해보상보험계약등의 피해보상 내용 및 절차는 다음 각 호와 같다. 1. 전자결제수단 발행자가 소비자에 대한 대금 환급의무를 이행하지 아니하거나 이행할

Ⅳ. 소비자피해보상금의 지급 및 지연배상 의무

소비자피해보상보험계약등에 따라 소비자피해보상금을 지급할 의무가 있는 자는 그 지급 사유가 발생하면 지체 없이 소비자피해보상금을 지급하여야 하고, 이를 지연한 경우에는 지연배상금을 지급하여야 한다(법 제24조 제6항).

Ⅴ. 사업자의 금지행위

소비자피해보상보험계약등을 체결하려는 사업자는 소비자피해보상보험계약 등을 체결하기 위하여 매출액 등의 자료를 제출할 때 거짓 자료를 제출하여서 는 아니 된다(법 제24조 제7항).

소비자피해보상보험계약등을 체결한 사업자는 그 사실을 나타내는 표지를 사용할 수 있으나, 소비자피해보상보험계약등을 체결하지 아니한 사업자는 그 표지를 사용하거나 이와 유사한 표지를 제작 또는 사용하여서는 아니 된다(법 제24조 제8항).

Ⅵ. 공제조합의 설립

전자상거래를 하는 사업자 또는 통신판매업자는 제1항에 따른 소비자보호 를 위하여 공제조합을 설립할 수 있다.[10]

수 없어서 해당 전자결제수단을 소지한 소비자가 결제수단에서 정한 권리를 행사할 수 없게 된 경우: 그 전자결제수단 발행자와 소비자피해보상보험계약등을 체결한 「보험업법」 제2조제 6호에 따른 보험회사 또는 「은행법」 제2조제1항제2호에 따른 은행(이하 이 항에서 "보험회사 또는 은행")은 30일 이상의 채권 신고기간을 두어 소비자로 하여금 채권 신고를 할 수 있도 록 할 것 2. 제1호에 따른 채권 신고기간 중 접수된 정당한 소비자의 채권 신고금액이 소비자 피해보상보험계약등의 계약금액을 초과하는 경우: 보험회사 또는 은행은 계약금액을 한도로 각 소비자의 정당한 채권신고금액을 기준으로 비례하여 균등하게 나누어 소비자의 피해를 보 상할 것

10) 제28조의4(공제조합의 인가 등) 법 제24조제10항에 따라 설립된 공제조합의 인가, 정관 기재 사항, 운영 및 감독에 관하여는 「방문판매 등에 관한 법률 시행령」 제45조, 제47조 및 제48조 를 준용한다.

제24조의2(구매권유광고 시 준수사항 등)

① 전자상거래를 하는 사업자 또는 통신판매업자가 전화, 팩스, 컴퓨터통신 또는 전자우편 등을 이용하여 재화를 구매하거나 용역을 제공받도록 권유하는 행위(이하 "구매권유광고"라 한다)를 할 때에는 이 법과 「정보통신망 이용촉진 및 정보보호 등에 관한 법률」 등 관계 법률의 규정을 준수하여야 한다.

② 공정거래위원회는 제1항을 위반하여 구매권유광고를 한 전자상거래를 하는 사업자 또는 통신판매업자에 대한 시정조치를 하기 위하여 방송통신위원회 등 관련 기관에 위반자의 신원정보를 요청할 수 있다. 이 경우 신원정보의 요청은 공정거래위원회가 위반자의 신원정보를 확보하기 곤란한 경우로 한정하며, 방송통신위원회 등 관련 기관은 「정보통신망 이용촉진 및 정보보호 등에 관한 법률」 제64조의2제1항에도 불구하고 공정거래위원회에 위반자의 신원정보를 제공할 수 있다.

[전문개정 2012. 2. 17.]

제25조(전자상거래소비자단체 등의 지원)

공정거래위원회는 전자상거래 및 통신판매에서 공정거래질서를 확립하고 소비자의 권익을 보호하기 위한 사업을 시행하는 기관 또는 단체에 예산의 범위에서 필요한 지원 등을 할 수 있다.

[전문개정 2012. 2. 17.]

조사 및 감독

제26조(위반행위의 조사 등)

① 공정거래위원회, 시·도지사 또는 시장·군수·구청장은 이 법을 위반한 사실이 있다고 인정할 때에는 직권으로 필요한 조사를 할 수 있다.

② 시·도지사 또는 시장·군수·구청장이 제1항에 따른 조사를 하려면 미리 시·도지사는 공정거래위원회에, 시장·군수·구청장은 공정거래위원회 및 시·도지사에게 통보하여야 하며, 공정거래위원회는 조사 등이 중복될 우려가 있는 경우에는 시·도지사 또는 시장·군수·구청장에게 조사의 중지를 요청할 수 있다. 이 경우 중지 요청을 받은 시·도지사 또는 시장·군수·구청장은 상당한 이유가 없으면 그 조사를 중지하여야 한다.

③ 공정거래위원회, 시·도지사 또는 시장·군수·구청장은 제1항 또는 제2항에 따라 조사를 한 경우에는 그 결과(조사 결과 시정조치명령 등의 처분을 하려는 경우에는 그 처분의 내용을 포함한다)를 해당 건의 당사자에게 서면으로 알려야 한다.

④ 누구든지 이 법의 규정에 위반되는 사실이 있다고 인정할 때에는 그 사실을 공정거래위원회, 시·도지사 또는 시장·군수·구청장에게 신고할 수 있다.

⑤ 공정거래위원회는 이 법을 위반하는 행위가 끝난 날부터 5년이 지난 경우에는 그 위반행위에 대하여 제32조에 따른 시정조치를 명하지 아니하거나 제34조에 따른 과징금을 부과하지 아니한다. 다만, 다음 각 호의 어느 하나에 해당하는 경우에는 그러하지 아니하다.<개정 2018. 6. 12.>

1. 제33조제1항에 따른 소비자피해 분쟁조정기구의 권고안이나 조정안을 당사자가 수락하고도 이를 이행하지 아니하는 경우

2. 법원의 판결에 따라 시정조치 또는 과징금 부과처분이 취소된 경우로서 그 판결 이유에 따라 새로운 처분을 하는 경우

⑥ 공정거래위원회는 제1항의 조사를 위하여 「소비자기본법」 제33조에 따른 한국소비자

원과 합동으로 조사반을 구성할 수 있다. 이 경우 조사반의 구성과 조사에 관한 구
체적인 방법과 절차, 그 밖에 필요한 사항은 대통령령으로 정한다.

⑦ 공정거래위원회는 제6항의 조사활동에 참여하는 한국소비자원의 임직원에게 예산의
범위에서 수당이나 여비를 지급할 수 있다.

[전문개정 2012. 2. 17.]

 목 차

I. 직권조사

공정거래위원회, 시·도지사 또는 시장·군수·구청장은 이 법을 위반한 사실
이 있다고 인정할 때에는 직권으로 필요한 조사를 할 수 있다(법 제26조 제1항).
공정거래위원회는 제1항의 조사를 위하여 「소비자기본법」 제33조에 따른
한국소비자원과 합동으로 조사반을 구성할 수 있다. 이 경우 조사반의 구성과
조사에 관한 구체적인 방법과 절차, 그 밖에 필요한 사항은 *대통령령*1)으로 정
한다(법 제26조 제6항). 공정거래위원회는 제6항의 조사활동에 참여하는 한국소
비자원의 임직원에게 예산의 범위에서 수당이나 여비를 지급할 수 있다(법 제26
조 제7항).

II. 신고

누구든지 이 법의 규정에 위반되는 사실이 있다고 인정할 때에는 그 사실

---

1) 제28조의5(조사반의 구성 등) ① 법 제26조제6항에 따른 조사반(이하 이 조에서 "조사반")은
반장 및 반원으로 구성한다. ② 제1항에 따른 반장은 공정거래위원회 소속 공무원으로 하고,
반원은 공정거래위원회 소속 공무원과 「소비자기본법」 제38조에 따른 한국소비자원장이 지정
한 소속 직원으로 한다. ③ 공정거래위원회는 조사반을 구성하려는 경우에는 미리 조사기간,
조사대상, 조사에 필요한 인원 등을 적은 문서로 한국소비자원장에게 반원을 지정해 줄 것을
요청하여야 한다. ④ 조사반의 조사 등의 활동은 반장의 지휘·감독을 받아 실시한다.

을 공정거래위원회, 시·도지사 또는 시장·군수·구청장에게 신고할 수 있다(법 제26조 제4항).

Ⅲ. 처분시효

공정거래위원회는 이 법을 위반하는 행위가 끝난 날부터 5년이 지난 경우에는 그 위반행위에 대하여 제32조에 따른 시정조치를 명하지 아니하거나 제34조에 따른 과징금을 부과하지 아니한다. 다만, ① 제33조 제1항에 따른 소비자 피해 분쟁조정기구의 권고안이나 조정안을 당사자가 수락하고도 이를 이행하지 아니하는 경우(제1호), ② 법원의 판결에 따라 시정조치 또는 과징금 부과처분이 취소된 경우(제2호)로서 그 판결이유에 따라 새로운 처분을 하는 경우의 어느 하나에 해당하는 경우에는 그러하지 아니하다(법 제26조 제5항).

제27조(공개정보 검색 등)

① 공정거래위원회는 전자상거래 및 통신판매의 공정거래질서를 확립하고 소비자피해를 예방하기 위하여 필요하면 전자적인 방법 등을 이용하여 사업자나 전자상거래 또는 통신판매에서의 소비자보호 관련 단체가 정보통신망에 공개한 공개정보를 검색할 수 있다.

② 사업자 또는 관련 단체는 제1항에 따른 공정거래위원회의 정보검색을 정당한 사유 없이 거부하거나 방해하여서는 아니 된다.

③ 공정거래위원회는 소비자피해에 관한 정보를 효율적으로 수집하고 이용하기 위하여 필요하면 대통령령으로 정하는 바에 따라 전자상거래나 통신판매에서의 소비자보호 관련 업무를 수행하는 기관이나 단체에 관련 자료를 제출하거나 공유하도록 요구할 수 있다.

④ 제3항에 따라 공정거래위원회로부터 자료 요구를 받은 기관이나 단체는 정당한 사유가 없으면 자료 제출이나 자료 공유를 거부하여서는 아니 된다.

[전문개정 2012. 2. 17.]

소비자보호 관련기관 또는 단체에 대한 자료제출에 대하여 *대통령령*[1]으로 정하고 있다.

제28조(위법행위 등에 대한 정보공개)

공정거래위원회는 전자상거래 및 통신판매의 공정거래질서를 확립하고 소비자피해를 예방하기 위하여 제27조제1항에 따라 검색된 정보 중 사업자가 이 법을 위반한 행위나 그 밖에 소비자피해의 예방을 위하여 필요한 관련 정보를 대통령령으로 정하는 바에 따라 공개할 수 있다.

[전문개정 2012. 2. 17.]

---

1) 제29조(소비자보호 관련 기관 또는 단체에 대한 자료제출 요구등) ① 법 제27조제3항에 따른 자료의 제출 또는 공유의 요구는 다음 각 호의 사항을 적은 서면(전자문서를 포함한다)으로 하여야 한다. 1. 목적 2. 사용 용도 3. 제출 또는 공유 대상 자료의 구체적인 범위 ② 공정거래위원회는 법 제27조제3항에 따라 전자상거래나 통신판매에서의 소비자보호 관련 업무를 수행하는 기관이나 단체로부터 받거나 공유하게 된 자료를 제1항에 따라 미리 알린 목적, 용도 외에 사용해서는 아니 된다.

정보 공개 등에 대하여 *대통령령*[1]으로 정하고 있다.

---

1) 제30조(위법행위 등에 대한 정보공개 등) ① 공정거래위원회는 법 제28조에 따라 정보를 공개
하려는 경우에는 사전에 해당 사업자에게 공개되는 정보의 내용을 통보하여 소명의 기회를
주어야 한다. ② 공정거래위원회는 제1항에 따른 정보 및 소명사실 등을 소비자가 널리 알 수
있도록 공정거래위원회 홈페이지 등에 공개할 수 있다.

제29조(평가 · 인증 사업의 공정화)

① 전자상거래 및 통신판매의 공정화와 소비자보호를 위하여 관련 사업자의 평가 · 인증 등의 업무를 수행하는 자(이하 "평가 · 인증 사업자"라 한다)는 그 명칭에 관계없이 대통령령으로 정하는 바에 따라 그 평가 · 인증에 관한 기준, 방법 등을 공시하고, 그에 따라 공정하게 평가 · 인증하여야 한다.

② 제1항에 따른 평가 · 인증의 기준 및 방법은 사업자가 거래의 공정화와 소비자보호를 위하여 한 노력과 그 성과에 관한 정보를 전달하는 데에 적절한 것이어야 한다.

③ 공정거래위원회는 평가 · 인증 사업자에게 운용 상황 등에 관한 자료를 제출하게 할 수 있다.

[전문개정 2012. 2. 17.]

공시 내용에 대하여 *대통령령*[1]으로 정하고 있다.

---

1) 제31조(평가 · 인증 사업의 공정화) ① 법 제29조제1항에 따른 평가 · 인증 사업자는 다음 각 호의 사항을 공정거래위원회가 정하는 바에 따라 공시하여야 한다. 1. 평가 · 인증 사업자의 명칭 2. 주소 또는 사업소의 소재지 3. 평가 · 인증 범위 4. 평가 · 인증 업무 개시일 5. 평가 · 인증의 기준 · 절차 및 방법에 관한 사항 ② 제1항 각 호의 사항은 소비자가 쉽게 열람 · 확인할 수 있는 방법으로 공시하여야 한다.

제30조(보고 및 감독)

① 제31조에 따라 시정권고를 하는 경우에는 시·도지사는 공정거래위원회에, 시장·군수·구청장은 공정거래위원회 및 시·도지사에게 대통령령으로 정하는 바에 따라 그 결과를 보고하여야 한다.

② 공정거래위원회는 이 법을 효율적으로 시행하기 위하여 필요하다고 인정할 때에는 그 소관 사항에 관하여 시·도지사 또는 시장·군수·구청장에게 조사·확인 또는 자료 제출을 요구하거나 그 밖에 시정에 필요한 조치를 할 것을 요구할 수 있다. 이 경우 해당 시·도지사 또는 시장·군수·구청장은 특별한 사유가 없으면 그 요구에 따라야 한다.

[전문개정 2012. 2. 17.]

시정권고 보고의무에 대하여 *대통령령*[1])으로 정하고 있다.

---

1) 제32조(보고의무) 법 제30조제1항에 따라 시정권고를 하는 경우 특별시장·광역시장·특별자치시장·도지사·특별자치도지사(이하 "시·도지사")는 공정거래위원회에 보고하고, 시장·군수·구청장은 공정거래위원회 및 시·도지사에게 지체 없이 보고하여야 한다. 이 경우 전자문서로 보고할 수 있다.

제5장

시정조치 및 과징금 부과

제31조(위반행위의 시정권고)

① 공정거래위원회, 시·도지사 또는 시장·군수·구청장은 사업자가 이 법을 위반하는 행위를 하거나 이 법에 따른 의무를 이행하지 아니한 경우에는 제32조의 시정조치를 명하기 전에 그 사업자가 그 위반행위를 중지하거나 이 법에 규정된 의무 또는 제32조에 따른 시정을 위하여 필요한 조치를 이행하도록 시정방안을 정하여 해당 사업자에게 이에 따를 것을 권고할 수 있다. 이 경우 그 사업자가 권고를 수락하면 제3항에 따라 시정조치를 명한 것으로 본다는 뜻을 함께 알려야 한다.

② 제1항에 따라 시정권고를 받은 사업자는 그 통지를 받은 날부터 10일 이내에 그 권고의 수락 여부를 그 권고를 한 행정청에 알려야 한다.

③ 제1항에 따라 시정권고를 받은 자가 그 권고를 수락하면 제32조에 따른 시정조치를 명한 것으로 본다.

[전문개정 2012. 2. 17.]

제32조의 시정조치를 명하기 전에 그 사업자가 그 위반행위를 중지하거나 이 법에 규정된 의무 또는 제32조에 따른 시정을 위하여 필요한 조치를 이행하도록 시정방안을 정하여 해당 사업자에게 이에 따를 것을 권고할 수 있다.

제32조(시정조치 등)

① 공정거래위원회는 사업자가 다음 각 호의 어느 하나에 해당하는 행위를 하거나 이 법에 따른 의무를 이행하지 아니하는 경우에는 해당 사업자에게 그 시정조치를 명할 수 있다.

1. 제5조제2항부터 제5항까지, 제6조제1항, 제7조, 제8조, 제9조부터 제11조까지, 제12조제1항부터 제3항까지, 제13조제1항부터 제3항까지 및 제5항, 제14조, 제15조, 제17조제1항부터 제3항까지 및 제5항, 제18조, 제19조제1항, 제20조, 제20조의2, 제22조제1항, 제23조제2항, 제24조제1항·제2항 및 제5항부터 제9항까지, 제27조제2항 및 제4항, 제29조제1항 및 제2항을 위반하는 행위

2. 제21조제1항 각 호의 금지행위 중 어느 하나에 해당하는 행위

② 제1항에 따른 시정조치는 다음 각 호의 어느 하나에 해당하는 조치를 말한다.

1. 해당 위반행위의 중지

2. 이 법에 규정된 의무의 이행

3. 시정조치를 받은 사실의 공표

4. 소비자피해 예방 및 구제에 필요한 조치

5. 그 밖에 위반행위의 시정을 위하여 필요한 조치

③ 제2항제3호에 따른 시정조치를 받은 사실의 공표에 필요한 사항과 같은 항 제4호에 따른 소비자피해 예방 및 구제에 필요한 조치의 구체적인 내용은 대통령령으로 정한다.

④ 공정거래위원회는 다음 각 호의 어느 하나에 해당하는 경우에는 대통령령으로 정하는 바에 따라 1년 이내의 기간을 정하여 그 영업의 전부 또는 일부의 정지를 명할 수 있다.<개정 2016. 3. 29., 2018. 6. 12.>

1. 제1항에 따른 시정조치명령에도 불구하고 위반행위가 대통령령으로 정하는 기준 이상으로 반복되는 경우

2. 시정조치명령에 따른 이행을 하지 아니한 경우

3. 시정조치만으로는 소비자피해의 방지가 어렵거나 소비자에 대한 피해보상이 불가능하다고 판단되는 경우

[전문개정 2012. 2. 17.]

목 차

[참고사례]
에스케이텔레콤(주)의 전자상거래법 위반행위 건(공정거래위원회 2011. 6. 16. 의결 제2011−077호; 서울고등법원 2011. 12. 15. 선고 2011누24745 판결; 대법원 2014. 6. 26. 선고 2012두1815 판결); (주)이베이코리아 전자상거래법 위반행위 건(공정거래위원회 2011. 6. 16. 의결 제2011−079호; 서울고등법원 2011. 12. 8. 선고 2011누24127 판결; 대법원 2014. 6. 26. 선고 2012두1525 판결); (주)이베이코리아의 전자상거래법 위반행위 건(공정거래위원회 2009. 4. 13. 의결 제2009−095호; 서울고등법원 2010. 10. 7. 선고 2009누27642 판결; 대법원 2012. 6. 28. 선고 2010두24371 판결); (주)우리홈쇼핑 외 8개 사의 전자상거래법 위반행위 건(공정거래위원회 2012. 7. 12. 의결 제2012−112~120호; 서울고등법원 2013. 5. 15. 선고 2012누24728 판결); 넷마블게임즈(주)의 전자상거래소비 자보호법 위반행위 건(공정거래위원회 2018. 5. 25. 의결 제2018−204호; 서울고등법원 2018. 12. 13. 선고 2018누55243 판결)

I. 시정조치

공정거래위원회는 사업자가 ① 제5조 제2항부터 제5항까지, 제6조 제1항, 제7조, 제8조, 제9조부터 제11조까지, 제12조 제1항부터 제3항까지, 제13조 제1항부터 제3항까지 및 제5항, 제14조, 제15조, 제17조 제1항부터 제3항까지 및 제5항, 제18조, 제19조 제1항, 제20조, 제20조의2, 제22조 제1항, 제23조 제2항, 제24조 제1항·제2항 및 제5항부터 제9항까지, 제27조 제2항 및 제4항, 제29조 제1항 및 제2항을 위반하는 행위(제1호), ② 제21조 제1항 각 호의 금지행위 중 어느 하나에 해당하는 행위(제2호)를 하거나 이 법에 따른 의무를 이행하지 아니하는 경우에는 해당 사업자에게 그 시정조치를 명할 수 있다(법 제32조 제1항).
제1항에 따른 시정조치는 ① 해당 위반행위의 중지(제1호), ② 이 법에 규정된 의무의 이행(제2호), ③ 시정조치를 받은 사실의 공표(제3호), ④ 소비자피

해 예방 및 구제에 필요한 조치(제4호), ⑤ 그 밖에 위반행위의 시정을 위하여 필요한 조치(제5호)의 어느 하나에 해당하는 조치를 말한다(법 제32조 제2항).

법원은 공표명령에 대해 다음과 같이 판단하고 있다.

> "시정조치의 하나로서 시정명령을 받은 사실의 공표를 규정하는 목적은 일반 공중이나 관련 사업자들이 법 위반에 대한 정보와 인식의 부족으로 피고의 시정조치에도 불구하고, 위법사실의 효과가 지속되고 피해가 계속되는 사례가 발생할 수 있으므로 조속히 법 위반에 대한 정보를 공개하는 등의 방법으로 일반 공중이나 관련 사업자들에게 널리 경고함으로써 계속되는 공공의 손해를 종식하고 위법행위가 재발하는 것을 방지하고자 함에 있음(대법원 2006. 5. 12. 선고2004두12315 판결 참고)"(<(주)우리홈쇼핑 외 8개사의 전자상거래법 위반행위 건>),[1] "공정거래위원회는 그 공표명령을 할 것인지 여부와 공표를 명할 경우에 어떠한 방법으로 공표하도록 할 것인지 등에 관하여 재량을 가진다고 봄"(<에스케이텔레콤(주)의 전자상거래법 위반행위 건>),[2] "공정거래위원회 예규인 '공정거래위원회로부터 시정명령을 받은 사실의 공표에 관한 운영지침'(이하 '공표지침')은 법위반행위로 시정명령을 받은 사업자에 대하여 공표를 명할 수 있는 요건 및 공표방법 등을 규정하고 있는데, 이는 그 형식 및 내용 등에 비추어 재량권 행사의 기준에 관한 행정청 내부의 사무처리준칙이라 할 것이고, 그 기준이 객관적으로 보아 합리적이 아니거나 타당하지 아니하여 재량권을 남용한 것이라고 인정되지 아니하는 이상 행정청의 의사는 가능한 한 존중되어야 함(대법원 2013. 11. 14. 선고 2011두28783 판결 등 참조)"(<(주)이베이코리아 전자상거래법 위반행위 건>,[3] <에스케이텔레콤(주)의 전자상거래법 위반행위 건>),[4] "손해가 발생한 이용자가 불특정 다수로 존재하고 있고, 원고가 이 사건 캐릭터의 판매를 중단하였다 하더라도 이미 재획득 이벤트가 수차례 반복되었고 판매된 캐릭터가 게임에서 계속 등장할 수 있으므로 공표명령의 요건을 충족하고 사회통념에 비추어 현저하게 타당성을 잃어 재량권을 일탈·남용한 위법이 없음"(<넷마블게임즈(주)의 전자상거래소비자보호법 위반행위 건>)[5]

법원이 공표명령 요건을 충족하였다고 본 사례는 다음과 같다.

---

1) 서고판 2013. 5. 15. 2012누24728.
2) 대판 2014. 6. 26. 2012두1815.
3) 대판 2014. 6. 26. 2012두1525.
4) 대판 2014. 6. 26. 2012두1815.
5) 서고판 2018. 12. 13. 2018누55243.

"이 건 행위는 당해 위반행위의 중지 등을 명한 시정명령에도 불구하고 위반사실의 효과가 지속되고 피해가 계속될 것이 명맥하여 이 건 행위로 인하여 소비자에게 남아있는 오인·기만적 효과를 제거할 필요가 있다고 인정되는 경우에 해당하므로, 이 건 공표명령은 공표지침에서 정한 공표요건을 충족함"(<(주)이베이코리아 전자상거래법 위반행위 건>),[6] "'11번가'를 이용하는 소비자들의 프리미엄, 베스트셀러, 인기도순 상품전시에 관한 잘못된 인식이 단기간에 해소되기는 어려울 것으로 보이는 점, 원고의 이 사건 행위는 소비자로 하여금 거래에서 중요한 사항인 품질이나 고객서비스에 관하여 오인을 일으킬 가능성이 큰 행위로서 그에 관한 소비자의 정보와 인식이 여전히 부족하다고 보이는 점, 그 위반행위의 기간이 2009. 11.부터 2010. 10.까지로 비교적 장기간인 점, 이 사건 위반행위는 오픈마켓에서 이루어진 것이어서 인터넷으로 공표하는 것이 더 효율적이라고 인정되고 공표지침에서도 그와 같은 경우 해당 웹사이트에 공표하게 할 수 있도록 규정하고 있는 점 등 그 판시와 같은 사정들을 종합하여, 원고의 이 사건 행위는 당해 위반행위의 중지 등을 명한 이 사건 시정명령에도 불구하고 위법사실의 효과가 지속되고 피해가 계속될 것이 명백하며 이 사건 행위로 인하여 소비자에게 남아있는 오인·기만적 효과를 제거할 필요가 있다고 인정되는 경우에 해당하므로, 이 사건 공표명령은 공표지침에서 정한 공표요건을 충족하였고, 거기에 재량권 일탈·남용의 위법이 없음"(<에스케이텔레콤(주)의 전자상거래법 위반행위 건>)[7]

법원이 공표명령요건이 충족되지 않았다고 본 사례는 다음과 같다.

"온라인 오픈마켓 사업자인 갑 주식회사가 포털사이트 초기화면에 "나이키 9,900 옥션"이라는 배너광고를 설치하였는데, 단기간에 모두 매진됨에 따라 입점업체가 상품목록에서 위 9,900원짜리 '나이키 상품'을 삭제하여 소비자가 더 이상 상품을 검색할 수 없게 되었음에도 배너광고에 광고상품이 여전히 표시되도록 방치한 사실에 대하여 갑 회사의 허위광고로 인한 고객유인행위에 의무 해태를 탓할 수 없는 정당한 사유가 인정된다고 보기는 어려우나, 공표명령의 요건을 충족하였다고 볼 수 없음"(<(주)이베이코리아 전자상거래법 위반행위 건>)[8]

제2항 제3호에 따른 시정조치를 받은 사실의 공표에 필요한 사항과 같은

---

6) 대판 2014. 6. 26. 2012두1525.

7) 대판 2014. 6. 26. 2012두1815.

8) 대판 2012. 6. 28. 2010두24371.

항 제4호에 따른 소비자피해 예방 및 구제에 필요한 조치의 구체적인 내용은 *대통령령*[9]으로 정한다(법 제32조 제3항).

'그밖에 시정에 필요한 조치' 관련 <에스케이텔레콤의 전자상거래법 위반 행위 건> 관련 행정소송에서 법원은 "원고의 기만적 방법에 의한 상품전시는 소비자에게 상품선택을 위한 올바른 정보를 제공하지 않는 것이므로 그와 유사한 상품전시를 반복할 경우에는 소비자에게 정확한 상품전시 기준을 알리도록 하는 내용의 시정명령를 한 것은 정당하고, 여기에 영업비밀의 침해나 재량권 일탈·남용의 위법이 없다"고 판시하였다.

Ⅱ. 영업정지

공정거래위원회는 ① 제1항에 따른 시정조치명령에도 불구하고 위반행위가 대통령령으로 정하는 기준 이상으로 위반행위가 반복되는 경우(제1호), ② 시정 조치명령에 따른 이행을 하지 아니한 경우(제2호), ③ 시정조치만으로는 소비자 피해의 방지가 현저히 곤란하다고 판단되는 경우(제3호)의 어느 하나에 해당하는 경우에는 *대통령령*[10]으로 정하는 바에 따라 1년 이내의 기간을 정하여 그 영업의 전부 또는 일부의 정지를 명할 수 있다(법 제32조 제4항).

---

9) 제33조(시정조치를 받은 사실의 공표 및 소비자피해 예방 및 구제에 필요한 조치) ① 공정거 래위원회는 법 제32조제3항에 따라 사업자에게 시정조치를 받은 사실의 공표를 명할 때에는 다음 각 호의 사항을 고려하여 공표의 내용 및 횟수 등을 정하여 명하여야 한다. <u>1. 위반행위 의 내용 및 정도 2. 위반행위의 기간 및 횟수 3. 위반행위로 인하여 발생한 소비자피해의 범 위 및 정도</u> ② 법 제32조제3항에 따른 소비자피해 예방 및 구제에 필요한 조치는 다음 각 호 와 같다. <u>1. 사업자와 소비자 사이에 발생하는 분쟁이나 불만 처리에 필요한 인력 또는 설비 를 구비하도록 의무를 부과하는 조치 2. 대금의 환급 거절 및 지연의 경우 재화등을 반환받은 날부터 3영업일을 초과한 시점부터 조치시점까지의 기간에 대하여 제21조의3에 따른 이율을 곱하여 산정한 이자를 더한 금액의 환급 조치 3. 재화등의 교환을 거절한 경우 교환 조치</u>

10) 제34조(영업의 정지) ① 법 제32조제4항에 따른 영업정지 처분의 기준은 별표 1과 같다. ② 법 제32조제4항제1호에서 "위반행위가 대통령령으로 정하는 기준 이상으로 반복되는 경우"란 시정조치일 이후 3년 이내에 같은 위반행위가 한 번 이상 반복되는 경우를 말한다.

제32조의2(임시중지명령)

① 공정거래위원회는 전자상거래를 하는 사업자 또는 통신판매업자의 전자상거래 또는 통신판매가 다음 각 호에 모두 해당하는 경우에는 전자상거래를 하는 사업자 또는 통신판매업자에 대하여 전자상거래 또는 통신판매의 전부 또는 일부를 대통령령으로 정하는 바에 따라 일시 중지할 것을 명할 수 있다.

1. 전자상거래 또는 통신판매가 제21조제1항제1호에 해당하는 것이 명백한 경우
2. 전자상거래 또는 통신판매로 인하여 소비자에게 재산상 손해가 발생하였고, 다수의 소비자에게 회복하기 어려운 손해가 확산될 우려가 있어 이를 예방할 긴급한 필요성이 인정되는 경우

② 공정거래위원회는 제1항에 따라 전자상거래 또는 통신판매의 전부 또는 일부를 일시 중지하기 위하여 필요한 경우 호스팅서비스를 제공하는 자, 통신판매중개자, 전자게시판서비스 제공자 등에게 해당 역무제공의 중단 등 대통령령으로 정하는 조치를 취할 것을 요청할 수 있으며, 그 요청을 받은 사업자는 정당한 사유가 없으면 이에 따라야 한다.

③ 「소비자기본법」 제29조에 따라 등록한 소비자단체나 그 밖에 대통령령으로 정하는 기관·단체는 전자상거래를 하는 사업자 또는 통신판매업자가 제1항의 경우에 해당한다고 인정될 때에는 서면(전자문서를 포함한다)으로 공정거래위원회에 그 전자상거래 또는 통신판매의 전부 또는 일부에 대하여 일시 중지를 명하도록 요청할 수 있다.

④ 제1항에 따른 명령에 불복하는 자는 그 명령을 받은 날부터 7일 이내에 공정거래위원회에 이의를 제기할 수 있다.

⑤ 공정거래위원회는 제1항에 따른 명령을 받은 자가 제4항에 따라 이의를 제기하였을 때에는 지체 없이 서울고등법원에 그 사실을 통보하여야 하며, 통보를 받은 서울고등법원은 「비송건절차법」에 따라 재판을 한다.

⑥ 제5항에 따른 재판을 할 때에는 「비송건절차법」 제15조를 적용하지 아니한다.

 목　차

[참고사례]

어썸의 전자상거래 및 통신판매 임시중지명령 건[공정거래위원회 2017. 10. 23. 의결 (임) 제2017-001호]

Ⅰ. 임시중지명령

공정거래위원회는 전자상거래를 하는 사업자 또는 통신판매업자의 전자상 거래 또는 통신판매가 ① 전자상거래 또는 통신판매가 제21조 제1항 제1호[1]에 해당하는 것이 명백한 경우(제1호), ② 전자상거래 또는 통신판매로 인하여 소비 자에게 재산상 손해가 발생하였고, 다수의 소비자에게 회복하기 어려운 손해가 확산될 우려가 있어 이를 예방할 긴급한 필요성이 인정되는 경우(제2호)에 모두 해당하는 경우에는 전자상거래를 하는 사업자 또는 통신판매업자에 대하여 전 자상거래 또는 통신판매의 전부 또는 일부를 *대통령령*[2]으로 정하는 바에 따라 일시 중지할 것을 명할 수 있다(법 제32조의2 제1항).

현행법 상 영업정지 제도는 증거자료의 확보 및 공정거래위원회의 의결에 장시간이 소요되어 피해 확산을 방지하는데 한계가 있으므로 전자상거래 분야 의 위법행위로 인한 소비자 피해의 확산을 신속하게 방지하기 위해 임시중지명 령제도를 도입하였다.[3]

<어썸의 전자상거래 및 통신판매 임시중지명령 건>[4]은 법 제32조의2 조 항 시행(2016. 9. 30.) 이후 최초 적용 사례이다. 동 건에서 공정거래위원회는 다 음과 같이 판단하였다.

> 법 제21조 제1항 제1호에 해당됨이 명백하고, 소비자에게 재산상 손해가 발생하 였을 뿐 아니라 다수의 소비자에게 회복하기 어려운 손해가 확산될 우려가 있어

---

1) "거짓 또는 과장된 사실을 알리거나 기만적 방법을 사용하여 소비자를 유인 또는 소비자와 거 래하거나 청약철회등 또는 계약의 해지를 방해하는 행위"
2) 제34조의2(임시중지명령의 방법 등) ① 공정거래위원회는 법 제32조의2제1항에 따라 법 제 32조제2항에 따른 시정조치 또는 같은 조제4항 각 호 외의 부분에 따른 영업의 전부 또는 일 부의 정지를 명하기 전까지 전자상거래나 통신판매의 전부 또는 일부를 일시 중지할 것을 명 할 수 있다.
3) 【개정이유】[시행 2016. 9. 30.][법률 제14142호, 2016. 3. 29., 일부개정]
4) 공정의 2017. 10. 23. 2017-001.

이를 예방할 긴급한 필요성이 인정되므로 피심인에게 '어썸의 전자상거래소비자보호법 위반행위에 대한 건'(사건번호 2017전자1722)에 대한 의결서를 받는 날까지 전자상거래 및 통신판매의 전부를 중지할 것을 명령하기로 함.

공정거래위원회는 제1항에 따라 전자상거래 또는 통신판매의 전부 또는 일부를 일시 중지하기 위하여 필요한 경우 호스팅서비스를 제공하는 자, 통신판매중개자, 전자게시판서비스 제공자 등에게 해당 역무제공의 중단 등 *대통령령*[5])으로 정하는 조치를 취할 것을 요청할 수 있으며, 그 요청을 받은 사업자는 정당한 사유가 없으면 이에 따라야 한다(법 제32조의2 제2항).

Ⅱ. 소비자단체 등의 임시중지명령 요청권

「소비자기본법」 제29조에 따라 등록한 소비자단체나 그 밖에 *대통령령*[6])으로 정하는 기관·단체는 전자상거래를 하는 사업자 또는 통신판매업자가 제1항의 경우에 해당한다고 인정될 때에는 서면(전자문서를 포함)으로 공정거래위원회에 그 전자상거래 또는 통신판매의 전부 또는 일부에 대하여 일시 중지를 명하도록 요청할 수 있다(법 제32조의2 제3항).

---

5) 제34조의2(임시중지명령의 방법 등) ② 법 제32조의2제2항에서 "해당 역무제공의 중단 등 대통령령으로 정하는 조치"란 해당 전자상거래를 하는 사업자 또는 통신판매업자에게 취하는 조치로서 다음 각 호의 구분에 따른 조치를 말한다. 1. 호스팅서비스를 제공하는 자: 호스팅서비스 제공 중단 2. 통신판매중개자: 사이버몰의 이용을 허락하는 행위 또는 거래 당사자 간의 통신판매를 알선하는 행위 중단 3. 전자게시판서비스 제공자: 전자게시판서비스 제공 중단 또는 전자게시판 게시물의 차단

6) 제34조의3(임시중지명령 요청의 방법) ① 법 제32조의2제3항에서 "대통령령으로 정하는 기관·단체"란 다음 각 호의 어느 하나에 해당하는 기관·단체를 말한다. 1. 한국소비자원 2. 소비자분쟁조정위원회 3. 전자거래분쟁조정위원회 4. 콘텐츠분쟁조정위원회 5. 그 밖에 소비자보호 관련 법령에 따라 설치·운영되는 분쟁조정기구 ② 법 제32조의2제3항에 따른 기관·단체가 같은 항에 따라 공정거래위원회에 일시 중지를 명하도록 요청하려면 다음 각 호의 사항을 적은 요청서를 공정거래위원회에 제출하여야 한다. 1. 소비자단체 또는 기관·단체의 명칭, 대표자의 성명·주소·전화번호 2. 전자상거래를 하는 사업자 또는 통신판매업자의 명칭 3. 일시 중지를 명하도록 요청하는 전자상거래 또는 통신판매의 내용 4. 일시 중지를 명하도록 요청하는 사유

Ⅲ. 불복절차

제1항에 따른 명령에 불복하는 자는 그 명령을 받은 날부터 7일 이내에 공정거래위원회에 이의를 제기할 수 있다(법 제32조의2 제4항).[7]

공정거래위원회는 제1항에 따른 명령을 받은 자가 제4항에 따라 이의를 제기하였을 때에는 지체 없이 서울고등법원에 그 사실을 통보하여야 하며, 통보를 받은 서울고등법원은 「비송건절차법」에 따라 재판을 한다(법 제32조의2 제5항).

---

7) 제34조의4(임시중지명령에 대한 이의제기) 법 제32조의2제4항에 따라 이의를 제기하려는 자는 이의제기 대상·내용 및 사유 등을 적은 신청서에 이의제기 사유나 내용을 증명하는 서류를 첨부하여 공정거래위원회에 제출하여야 한다.

제33조(소비자피해 분쟁조정의 요청)

① 공정거래위원회, 시·도지사 또는 시장·군수·구청장은 전자상거래 또는 통신판매에서의 이 법 위반행위와 관련하여 소비자의 피해구제신청이 있는 경우에는 제31조에 따른 시정권고 또는 제32조에 따른 시정조치 등을 하기 전에 전자상거래 또는 통신판매에서의 소비자보호 관련 업무를 수행하는 기관이나 단체 등 대통령령으로 정하는 소비자피해 분쟁조정기구(이하 "소비자피해 분쟁조정기구"라 한다)에 조정을 의뢰할 수 있다.

② 공정거래위원회, 시·도지사 또는 시장·군수·구청장은 소비자피해 분쟁조정기구의 권고안 또는 조정안을 당사자가 수락하고 이행한 경우에는 제32조에 따른 시정조치를 하지 아니한다는 뜻을 당사자에게 알려야 한다.

③ 소비자피해 분쟁조정기구의 권고안 또는 조정안을 당사자가 수락하고 이행한 경우에는 대통령령으로 정하는 바에 따라 제32조에 따른 시정조치를 하지 아니한다.

④ 공정거래위원회는 제1항에 따라 분쟁조정을 의뢰하는 경우에는 예산의 범위에서 그 분쟁조정에 필요한 예산을 지원할 수 있다.

⑤ 소비자피해 분쟁조정기구는 분쟁의 조정이 이루어진 경우에는 그 결과를, 조정이 이루어지지 아니한 경우에는 그 경위를 지체 없이 조정을 의뢰한 공정거래위원회, 시·도지사 또는 시장·군수·구청장에게 보고하여야 한다.

[전문개정 2012. 2. 17.]

 목　차

I. 조정의뢰

공정거래위원회, 시·도지사 또는 시장·군수·구청장은 전자상거래 또는 통신판매에서의 이 법 위반행위와 관련하여 소비자의 피해구제신청이 있는 경우에는 제31조에 따른 시정권고 또는 제32조에 따른 시정조치 등을 하기 전에 전자상거래 또는 통신판매에서의 소비자보호 관련 업무를 수행하는 기관이나 단체 등 *대통령령*[1]으로 정하는 소비자피해 분쟁조정기구(이하 "소비자피해 분쟁조정기구")에 조정을 의뢰할 수 있다(법 제33조 제1항). 공정거래위원회는 제1항에 따라 분쟁조정을 의뢰하는 경우에는 예산의 범위에서 그 분쟁조정에 필요한 예산을 지원할 수 있다(법 제33조 제4항).

Ⅱ. 조정이행의 효력

공정거래위원회, 시·도지사 또는 시장·군수·구청장은 소비자피해 분쟁조정기구의 권고안 또는 조정안을 당사자가 수락하고 이행한 경우에는 제32조에 따른 시정조치를 하지 아니한다는 뜻을 당사자에게 알려야 한다(법 제33조 제2항).

그리고 소비자피해 분쟁조정기구의 권고안 또는 조정안을 당사자가 수락하고 이행한 경우에는 *대통령령*[2]으로 정하는 바에 따라 제32조에 따른 시정조치를 하지 아니한다(법 제33조 제3항).

Ⅲ. 분쟁조정 결과 보고의무

소비자피해 분쟁조정기구는 분쟁의 조정이 이루어진 경우에는 그 결과를, 조정이 이루어지지 아니한 경우에는 그 경위를 지체 없이 조정을 의뢰한 공정거래위원회, 시·도지사 또는 시장·군수·구청장에게 보고하여야 한다(법 제33조 제5항).

---

1) 제35조(소비자피해 분쟁조정기구) 법 제33조제1항에서 "대통령령으로 정하는 소비자피해 분쟁조정기구"란 다음 각 호의 기구를 말한다. 1. 소비자분쟁조정위원회 2. 전자거래분쟁조정위원회 3. 콘텐츠분쟁조정위원회 4. 그 밖에 소비자보호 관련 법령에 따라 설치·운영되는 분쟁조정기구

2) 제36조(분쟁조정 조정안 수락 및 이행 시 시정조치를 하지 아니하는 절차 등) ① 법 제33조에 따른 분쟁조정의 당사자는 분쟁조정기구의 권고안 또는 조정안을 이행하였음을 확인하는 서류를 그 이행한 날부터 10일 이내에 공정거래위원회에 제출하고, 법 제32조에 따른 시정조치를 하지 아니한다는 확인을 요청할 수 있다. ② 제1항의 요청을 받은 공정거래위원회는 시정조치를 하지 아니하는 대상 등을 사업자에게 알려야 한다.

제34조(과징금)

① 공정거래위원회는 제32조제4항에 따른 영업정지가 소비자 등에게 심한 불편을 줄 우려가 있다고 인정하는 경우에는 그 영업의 전부 또는 일부의 정지를 갈음하여 해당 사업자에게 대통령령으로 정하는 위반행위 관련 매출액을 초과하지 아니하는 범위에서 과징금을 부과할 수 있다. 이 경우 관련 매출액이 없거나 그 매출액을 산정할 수 없는 경우 등에는 5천만원을 초과하지 아니하는 범위에서 과징금을 부과할 수 있다.

② 공정거래위원회는 제1항에 따라 그 영업의 전부 또는 일부의 정지를 갈음하여 과징금을 부과할 수 있는 판단 기준을 정하여 고시할 수 있다.

③ 공정거래위원회는 제1항에 따른 과징금을 부과할 때 다음 각 호의 사항을 고려하여야 한다.
　1. 위반행위로 인한 소비자피해의 정도
　2. 소비자피해에 대한 사업자의 보상노력 정도
　3. 위반행위로 취득한 이익의 규모
　4. 위반행위의 내용·기간 및 횟수 등

④ 공정거래위원회는 이 법을 위반한 사업자인 회사가 합병한 경우에는 그 회사가 한 위반행위를 합병 후 존속하거나 합병으로 설립된 회사가 한 행위로 보아 과징금을 부과·징수할 수 있다.

⑤ 삭제<2018. 6. 12.>

[전문개정 2012. 2. 17.]

📝 목 차

[참고사례]

넷마블게임즈(주)의 전자상거래소비자보호법 위반행위 건(공정거래위원회 2018. 5. 25. 의결 제2018-204호; 서울고등법원 2018. 12. 13. 선고 2018누55243 판결)

Ⅰ. 과징금의 부과기준

공정거래위원회는 제32조 제4항에 따른 영업정지가 소비자 등에게 심한 불편을 줄 우려가 있다고 인정하는 경우에는 그 영업의 전부 또는 일부의 정지를 갈음하여 해당 사업자에게 *대통령령*[1]으로 정하는 위반행위 관련 매출액을 초과하지 아니하는 범위에서 과징금을 부과할 수 있다.[2] 위반행위가 매출이나 소비자 피해의 직접적인 원인인 경우에는 해당금액, 아닌 경우에는 매출액의 10%를 과징금 상한으로 규정하고 있다. 이 경우 관련 매출액이 없거나 그 매출액을 산정할 수 없는 경우 등에는 5천만원을 초과하지 아니하는 범위에서 과징금을 부과할 수 있다(법 제34조 제1항).

공정거래위원회는 제1항에 따라 그 영업의 전부 또는 일부의 정지를 갈음하여 과징금을 부과할 수 있는 판단 기준을 정하여 고시할 수 있다(법 제34조 제2항). 이에 따라 공정거래위원회는 「전자상거래 소비자보호법 위반사업자에 대한 과징금 부과기준 고시」[3]를 제정·운영하고 있다.

Ⅱ. 과징금 부과시 고려요소

공정거래위원회는 제1항에 따른 과징금을 부과할 때 ① 위반행위로 인한

---

1) 제38조(과징금 부과를 위한 위반행위 관련 매출액 산정 등) ① 법 제34조제1항 전단에서 "대통령령으로 정하는 위반행위 관련 매출액"이란 다음 각 호의 어느 하나에 해당하는 금액을 말한다. 다만, 해당 위반행위가 제1호부터 제3호까지의 규정 가운데 둘 이상에 해당하는 경우에는 그 중 큰 금액을 말한다. 1. 해당 위반행위가 매출이나 소비자피해 발생의 직접적인 원인이 아닌 경우: 해당 위반행위의 발생시점으로부터 그 종료시점(해당 행위가 과징금부과 처분시까지 종료되지 아니한 경우에는 과징금 부과처분을 명하는 공정거래위원회의 의결일을 해당 행위의 종료일로 봄)까지의 매출액의 100분의 10에 해당하는 금액. 다만, 위반행위가 특정 분야에 한정된 경우에는 해당 분야 매출액을 기준으로 한다. 2. 해당 위반행위가 매출이 일어난 직접적 원인이 된 경우: 해당 위반행위와 상당인과관계가 있는 매출액 전액에 해당하는 금액 3. 해당 위반행위가 소비자피해에 직접적 원인이 된 경우: 해당 위반행위로 인하여 피해가 발생한 매출액 전액에 해당하는 금액 ② 법 제34조제1항에 따른 과징금의 부과기준은 별표 2와 같다. ③ 공정거래위원회는 이 영에서 규정한 사항 외에 과징금의 부과에 필요한 세부 기준을 정하여 고시할 수 있다.

2) 제37조(과징금 징수절차) ① 공정거래위원회는 과징금을 부과할 때에는 그 위반행위의 종류와 과징금의 금액 등을 분명하게 적은 서면으로 알려야 한다. ② 제1항에 따라 통지를 받은 자는 통지를 받은 날부터 60일 이내에 공정거래위원회가 정하는 수납기관에 과징금을 내야 한다. 다만, 천재지변이나 그 밖의 부득이한 사유로 그 기간 내에 과징금을 낼 수 없을 때에는 그 사유가 없어진 날부터 30일 이내에 내야 한다.

3) 공정거래위원회고시 제2021-49호(2021. 12. 29).

소비자피해의 정도(제1호), ② 소비자피해에 대한 사업자의 보상노력 정도(제2호), ③ 위반행위로 취득한 이익의 규모(제3호), ④ 위반행위의 내용·기간 및 횟수 등(제4호)의 사항을 고려하여야 한다(법 제34조 제3항).

　　<넷마블게임즈(주)의 전자상거래소비자보호법 위반행위 건> 관련 행정소송에서 서울고등법원은 "이사건 행위로 소비자들에게는 캐릭터를 얻기 위하여 소모한 게임머니 등의 피해가 발생하였고 원고는 이에 상응하는 경제적 이익을 얻었다고 볼 수 있으며, 과징금 부과기준에서는 위반행위로 인해 발생한 소비자피해를 전액 보상하거나 원상회복하는 조치를 감경사유로 규정하고 있는데, 원고가 소비자들에게 게임머니나 카드를 제공한 행위가 이에 해당한다고 보기 어려우므로, 이 사건 과징금 납부명령이 영업정지 처분과 비교할 때 과다하다고 볼 수 없고 오히려 원고에게 유리한 측면이 있다"고 판시하였다.[4]

Ⅲ. 합병시 과징금의 부과·징수 기준

　　공정거래위원회는 이 법을 위반한 사업자인 회사가 합병한 경우에는 그 회사가 한 위반행위를 합병 후 존속하거나 합병으로 설립된 회사가 한 행위로 보아 과징금을 부과·징수할 수 있다(법 제34조 제4항).

---

4) 서고판 2018. 12. 13. 2018누55243.

제6장

▼

보칙

제35조(소비자에게 불리한 계약의 금지)

제17조부터 제19조까지의 규정을 위반한 약정으로서 소비자에게 불리한 것은 효력이 없다.
[전문개정 2012. 2. 17.]

본 조는 청약철회 관련 소비자에게 불리하게 약정하는 것을 무효로 규정하고 있다.

제36조(전속관할)

통신판매업자와의 거래에 관련된 소(訴)는 소 제기 당시 소비자의 주소를 관할하는 지방법원의 전속관할로 하고, 주소가 없는 경우에는 거소(居所)를 관할하는 지방법원의 전속관할로 한다. 다만, 소 제기 당시 소비자의 주소 또는 거소가 분명하지 아니한 경우에는 그러하지 아니하다.
[전문개정 2012. 2. 17.]

제37조(사업자단체의 등록)

① 전자상거래와 통신판매업의 건전한 발전과 소비자에 대한 신뢰도의 제고, 그 밖에 공동 이익의 증진을 위하여 설립된 사업자단체는 대통령령으로 정하는 바에 따라 공정거래위원회에 등록할 수 있다.

② 제1항에 따른 등록의 요건·방법 및 절차 등에 관하여 필요한 사항은 대통령령으로 정한다.

[전문개정 2012. 2. 17.]

사업자단체는 *대통령령*1)으로 정하는 바에 따라 공정거래위원회에 등록할 수 있으며, 등록의 요건·방법 및 절차 등에 관하여 필요한 사항은 *대통령령*으로 정한다.

---

1) 제39조(사업자단체의 등록) ① 법 제37조제1항에 따라 등록하려는 사업자단체는 다음 각 호의 사항을 적은 신청서를 공정거래위원회에 제출하여야 한다. 1. 설립목적 2. 명칭 3. 주된 사무소·지부의 주소 및 홈페이지 주소 4. 대표자의 성명·주민등록번호와 주소, 전화번호 및 전자우편주소 5. 설립 연월일 6. 회원의 수(지부의 수를 포함) 7. 사업 내용 ② 제1항의 신청서에는 정관과 다음 각 호에 관한 자료를 첨부하여야 한다. 1. 인력, 재정 상황 및 재원확보 방안 2. 주요설비의 목록 및 성능 ③ 법 제37조제1항에 따라 등록한 사업자단체는 제1항제1호부터 제4호까지, 제6호 및 제7호와 제2항 각 호의 사항 중 변경된 사항이 있을 때에는 그 변경된 날부터 20일 이내에 공정거래위원회에 통보하여야 한다.

제38조(권한의 위임 · 위탁)

① 이 법에 따른 공정거래위원회의 권한은 대통령령으로 정하는 바에 따라 그 일부를 소속 기관의 장 또는 시 · 도지사에게 위임하거나 다른 행정기관의 장에게 위탁할 수 있다.

② 이 법에 따른 시 · 도지사의 권한은 대통령령으로 정하는 바에 따라 그 일부를 시장 · 군수 · 구청장에게 위임할 수 있다.

③ 공정거래위원회는 이 법을 효율적으로 집행하기 위하여 필요한 경우에는 사무의 일부를 제37조제1항에 따라 등록된 사업자단체에 위탁할 수 있다.

④ 공정거래위원회는 제3항에 따라 사무의 일부를 사업자단체에 위탁하는 경우에는 예산의 범위에서 그 위탁사무의 수행에 필요한 비용의 전부 또는 일부를 지원할 수 있다.

⑤ 제26조제6항 및 이 조 제3항에 따라 사무를 위탁받아 해당 업무를 수행하거나 수행하였던 자에 대하여는 「형법」 제127조, 제129조부터 제132조까지의 규정에 따른 벌칙을 적용할 때에는 공무원으로 본다.

[전문개정 2012. 2. 17.]

제39조(「독점규제 및 공정거래에 관한 법률」의 준용)

① 이 법에 따른 공정거래위원회의 심의 · 의결에 관하여는 「독점규제 및 공정거래에 관한 법률」 제64조부터 제68조까지 및 제93조를 준용한다. <개정 2020. 12. 29.>

② 이 법 위반행위에 대한 공정거래위원회, 시 · 도지사 또는 시장 · 군수 · 구청장의 조사 등에 관하여는 「독점규제 및 공정거래에 관한 법률」 제81조제1항 · 제2항 · 제3항 · 제6항 및 제9항을 준용한다. <개정 2020. 12. 29.>

③ 이 법에 따른 공정거래위원회의 처분 및 제38조에 따라 위임된 시 · 도지사의 처분에 대한 이의신청, 시정조치명령의 집행정지, 소의 제기 및 불복의 소의 전속관할에 관하여는 「독점규제 및 공정거래에 관한 법률」 제96조, 제97조 및 제99조부터 제101조까지의 규정을 준용한다. <개정 2020. 12. 29.>

④ 이 법에 따른 과징금의 부과 · 징수에 관하여는 「독점규제 및 공정거래에 관한 법률」 제103조부터 제107조까지의 규정을 준용한다. <신설 2018. 6. 12., 2020. 12. 29.>

⑤ 이 법에 따른 직무에 종사하거나 종사하였던 공정거래위원회의 위원 또는 공무원에 대하여는 「독점규제 및 공정거래에 관한 법률」 제119조를 준용한다. <개정 2018. 6. 12., 2020. 12. 29.>

[전문개정 2012. 2. 17.]

제 7 장

벌칙

제40조(벌칙)

제32조제1항에 따른 시정조치명령에 따르지 아니한 자는 3년 이하의 징역 또는 1억원 이하의 벌금에 처한다.

[전문개정 2012. 2. 17.]

제41조 삭제<2016. 3. 29.>

제42조(벌칙)

다음 각 호의 어느 하나에 해당하는 자는 3천만원 이하의 벌금에 처한다.

1. 제12조제1항에 따른 신고를 하지 아니하거나 거짓으로 신고한 자
2. 제24조제8항 및 제9항을 위반하여 소비자피해보상보험계약등을 체결하는 사실 또는 결제대금예치를 이용하도록 하는 사실을 나타내는 표지를 사용하거나 이와 유사한 표지를 제작하거나 사용한 자

[전문개정 2012. 2. 17.]

제43조(벌칙)

다음 각 호의 어느 하나에 해당하는 자는 1천만원 이하의 벌금에 처한다.

1. 제13조제1항에 따른 사업자의 신원정보에 관하여 거짓 정보를 제공한 자
2. 제13조제2항에 따른 거래조건에 관하여 거짓 정보를 제공한 자

[전문개정 2012. 2. 17.]

제44조(양벌규정)

법인의 대표자나 법인 또는 개인의 대리인, 사용인, 그 밖의 종업원이 그 법인 또는 개인의 업무에 관하여 제40조부터 제43조까지의 어느 하나에 해당하는 위반행위를 하면 그 행위자를 벌하는 외에 그 법인 또는 개인에게도 해당 조문의 벌금형을 과(科)한다. 다만, 법인 또는 개인이 그 위반행위를 방지하기 위하여 해당 업무에 관하여 상당한 주의와 감독을 게을리하지 아니한 경우에는 그러하지 아니하다.

[전문개정 2010. 3. 22.]

단서조항은 영업주가 종업원 등에 대한 관리·감독상 주의의무를 다한 경우에는 처벌을 면하게 함으로써 양벌규정에도 책임주의 원칙이 관철되도록 하려는 것이다.[1]

---

1) 【개정이유】[시행 2010. 3. 22.][법률 제10172호, 2010. 3. 22., 일부개정]

제45조(과태료)

① 제32조의2제1항을 위반하여 영업을 계속한 자에게는 1억원 이하의 과태료를 부과한다.<신설 2016. 3. 29.>

② 사업자 또는 사업자단체가 제1호 또는 제2호의 어느 하나에 해당하는 경우에는 3천만원 이하, 제3호에 해당하는 경우에는 5천만원 이하의 과태료를 부과하고, 사업자 또는 사업자단체의 임원 또는 종업원, 그 밖의 이해관계인이 제1호 또는 제2호의 어느 하나에 해당하는 경우에는 500만원 이하, 제3호에 해당하는 경우에는 1천만원 이하의 과태료를 부과한다. <신설 2018. 6. 12., 2020. 12. 29.>

1. 제39조제2항에 따라 준용되는 「독점규제 및 공정거래에 관한 법률」 제81조제1항 제1호에 따른 출석처분을 받은 당사자 중 정당한 사유 없이 출석하지 아니한 자

2. 제39조제2항에 따라 준용되는 「독점규제 및 공정거래에 관한 법률」 제81조제1항 제3호 또는 같은 조 제6항에 따른 보고를 하지 아니하거나 필요한 자료나 물건을 제출하지 아니하거나 거짓으로 보고하거나 거짓 자료나 물건을 제출한 자

3. 제39조제2항에 따라 준용되는 「독점규제 및 공정거래에 관한 법률」 제81조제2항 및 제3항에 따른 조사를 거부·방해 또는 기피한 자

③ 다음 각 호의 어느 하나에 해당하는 자에게는 1천만원 이하의 과태료를 부과한다. <개정 2016. 3. 29., 2018. 6. 12.>

1. 제9조의2제1항을 위반하여 소비자피해방지를 위한 사항을 이행하지 아니한 자

2. 제21조제1항제1호부터 제5호까지의 금지행위 중 어느 하나에 해당하는 행위를 한 자

3. 제8조제4항에 따른 결제수단의 발행자로서 제24조제1항 각 호 외의 부분 단서를 위반하여 소비자피해보상보험계약등을 체결하지 아니한 자

4. 제15조제1항에 따른 선지급식 통신판매업자로서 제24조제2항을 위반한 자

5. 제8조제4항에 따른 결제수단의 발행자로서 제24조제7항을 위반하여 거짓 자료를 제출하고 소비자피해보상보험계약등을 체결한 자

6. 제15조제1항에 따른 선지급식 통신판매업자로서 제24조제7항을 위반하여 거짓 자료를 제출하고 소비자피해보상보험계약등을 체결한 자

7. 제32조의2제2항을 위반하여 공정거래위원회의 요청을 따르지 아니한 자

8. 삭제<2018. 6. 12.>

9. 삭제<2018. 6. 12.>

10. 삭제<2018. 6. 12.>

④ 다음 각 호의 어느 하나에 해당하는 자에게는 500만원 이하의 과태료를 부과한다.<개정 2016. 3. 29., 2018. 6. 12.>

1. 제6조를 위반하여 거래기록을 보존하지 아니하거나 소비자에게 거래기록을 열람·보존할 수 있는 방법을 제공하지 아니한 자

2. 제10조제1항 또는 제13조제1항에 따른 사업자의 신원정보를 표시하지 아니한 자

3. 제12조제2항 및 제3항에 따른 신고를 하지 아니한 자

4. 제13조제2항을 위반하여 표시·광고하거나 고지를 하지 아니하거나 계약내용에 관한 서면을 계약자에게 교부하지 아니한 자

5. 제13조제3항을 위반하여 재화등의 거래에 관한 계약을 취소할 수 있다는 내용을 거래 상대방인 미성년자에게 고지하지 아니한 자

6. 제20조의3제1호가목을 위반하여 제13조제2항제5호에 관한 정보의 제공을 하지 아니한 자

⑤ 제39조제1항에 따라 준용되는 「독점규제 및 공정거래에 관한 법률」 제66조를 위반하여 질서유지의 명령을 따르지 아니한 자에게는 100만원 이하의 과태료를 부과한다.<신설 2018. 6. 12., 2020. 12. 29.>

⑥ 제1항부터 제4항까지에 따른 과태료는 공정거래위원회, 시·도지사 또는 시장·군수·구청장이 부과·징수한다.<개정 2016. 3. 29., 2018. 6. 12.>

⑦ 제5항에 따른 과태료는 공정거래위원회가 부과·징수한다.<신설 2018. 6. 12.>

⑧ 제1항부터 제5항까지에 따른 과태료의 부과기준은 대통령령으로 정한다.<신설 2018. 6. 12.>

[전문개정 2012. 2. 17.]

과태료의 부과기준은 *대통령령*[1]으로 정한다.

---

1) 제42조(과태료 부과기준) 법 제45조제1항부터 제5항까지의 규정에 따른 과태료의 부과기준은 별표 3과 같다.

제46조(과태료에 관한 규정 적용의 특례)

제45조의 과태료에 관한 규정을 적용할 때 제34조에 따라 과징금을 부과한 행위에 대해서는 과태료를 부과할 수 없다.
[본조신설 2017. 11. 28.]

동일한 위반행위에 대하여 과태료와 과징금을 동시에 부과하는 것은 과잉금지 원칙에 위반될 우려가 있으므로 2017. 11. 28. 법 개정시 동일한 위반 행위에 과징금을 부과한 경우 과태료를 부과할 수 없도록 하는 조항을 신설하였다.[1]

---

1) 【개정이유】 [시행 2018. 5. 29.] [법률 제15141호, 2017. 11. 28., 일부개정]

신동권

약력
경희대학교 법학과 및 동 대학원 법학석사
독일 마인츠 구텐베르크 대학원 법학석사(LL. M.) 및 법학박사(Dr. jur.)
제30회 행정고시 합격
대통령비서실 선임행정관
공정거래위원회 서울지방사무소장
공정거래위원회 카르텔조사국장
공정거래위원회 대변인
공정거래위원회 상임위원
공정거래위원회 사무처장
경제협력개발기구(OECD) 경쟁위원회 부의장
한국공정거래조정원 원장
연세대학교 법무대학원 겸임교수
고려대학교 대학원 법학과 강사
서울대학교 경영대학원 EMBA 강사
現 한국해양대학교 해운경영학과 석좌교수
現 한국개발연구원(KDI) 초빙연구위원

저서
Die "Essential Facilities"-Doktrin im europäischen Kartellrecht(Berlin, 2003)
독점규제법(박영사, 2020)
중소기업보호법(박영사, 2020)
경쟁정책과 공정거래법(박영사, 2023) 등

제 2 판
경제법 Ⅲ
소비자보호법

초판발행	2020년 1월 31일
제2판발행	2023년 4월 20일
지은이	신동권
펴낸이	안종만·안상준
편 집	장유나
기획/마케팅	조성호
표지디자인	이수빈
제 작	고철민·조영환
펴낸곳	(주) **박영시**
	서울특별시 금천구 가산디지털2로 53, 210호(가산동, 한라시그마밸리)
	등록 1959. 3. 11. 제300-1959-1호(倫)
전 화	02)733-6771
f a x	02)736-4818
e-mail	pys@pybook.co.kr
homepage	www.pybook.co.kr
ISBN	979-11-303-4370-9 93360

정 가   59,000원